北京东城年鉴

BEIJING DONGCHENG NIANJIAN

·2019·

北京市东城区地方志编纂委员会　编

方志出版社
Publishing House of Local Records

图书在版编目（CIP）数据

北京东城年鉴. 2019 / 北京市东城区地方志编纂委员会编. -- 北京：方志出版社，2019.12

ISBN 978-7-5144-4241-0

Ⅰ. ①北… Ⅱ. ①北… Ⅲ. ①东城区—2019—年鉴 Ⅳ. ①Z521.3

中国版本图书馆CIP数据核字（2020）第126090号

北京东城年鉴（2019）

编　　者： 北京市东城区地方志编纂委员会
责任编辑： 顾洁
出 版 者： 方志出版社
地址　北京市朝阳区潘家园东里9号（国家方志馆4层）
邮编　100021
网址　http://www.fzph.org
发　　行： 方志出版社图书经销中心
电话（010）67110500
经　　销： 各地新华书店
排　　版： 品欣工作室
印　　刷： 天津画中画印刷有限公司

开　　本： 889×1194　1/16
印　　张： 38.25
字　　数： 1417千字
版　　次： 2019年12月第1版　2019年12月第1次印刷
印　　数： 0001～2000册

ISBN 978-7-5144-4241-0　**定价：** 298.00元

东城区地方志编纂委员会

《北京东城年鉴》编辑部

序一

国务院办公厅2015年8月印发的《全国地方志事业发展规划纲要（2015—2020年）》（以下简称《规划纲要》）要求，到2020年要做到地方综合年鉴一年一鉴，公开出版，实现省、市、县三级综合年鉴全覆盖。《规划纲要》还要求，坚持存真求实，正确处理质量与进度的关系，将精品意识贯穿于年鉴编纂出版工作全过程。2015年12月，中国地方志指导小组办公室启动中国年鉴精品工程，将其与先期实施的中国志书精品工程视为姊妹工程，一道作为加强地方志质量建设的重要抓手。

实施中国年鉴精品工程有助于推动中华优秀传统文化传承发展。近年来，在党中央、国务院的高度重视和关心支持下，全国地方志事业发展迎来最好的发展时期。年鉴编纂发端于欧洲，鸦片战争后被引入我国，在我国走过了100多年的发展历史。在长期的编纂中，年鉴在内容和形式上不断发展，逐渐演变成为适合反映中国国情、具有鲜明中国特色的一种文化载体，并在改革开放后出现了快速发展的局面。2006年5月，国务院《地方志工作条例》颁布施行，明确将地方综合年鉴纳入地方志工作范畴，年鉴工作走上了有法可依的轨道。《规划纲要》出台，为从依法编鉴转变到依法治鉴指明了方向。2016年12月，中国地方志指导小组印发《全国年鉴事业发展规划（2016—2020年）》，更进一步明确了到2020年全国年鉴事业的任务书、时间表、路线图。经过多年的发展，年鉴工作已经成为地方志工作的重要组成部分，成为中华民族优秀文化传统的有机组成部分，其存史、育人、资政作用日益彰显。实施中国年鉴精品工程，是年鉴工作者紧扣时代脉搏、坚持创新发展的一项重要举措，对于坚定文化自信，传承弘扬好中华优秀传统文化意义重大。

实施中国年鉴精品工程有助于为全面建成小康社会提供更多智力支持和历史借鉴。党的十八大作出全面建成小康社会的战略部署。党的十八届五中全会提出到2020年如期实现全面建成小康社会的目标要求。完成《规划纲要》确定的目标任务是年鉴工作者的神圣使命，更是年鉴工作者以自身力量为全面建成小康社会献上的厚礼。一方面，可以更好地利用年鉴这种年度资料性文献，及时记录各地区在全面建成小康社会伟大征程中每年取得的新成绩和新经验、出现的新情况和新问题、涌现的优秀人物和典型事迹等；另一方面，可以更好地积累地情、国情资料，为推动经济社会发展和深化改革提供智力支持，为推进国家治理体系和治理能力现代化提供历史借鉴。

实施中国年鉴精品工程有助于全面推进地方志事业转型升级。地方志不是单纯修志编鉴工作，而是全体方志人“修志问道，以启未来”的一项事业，这项事业包含着巨大的时代担当与使命追求。地方志工作要在“五大建设”总体布局和“四个全面”战略布局中发挥与其自身价值、功能相匹配的作用，就要因时而谋、乘势而上、顺势而为，全面推进地方志事业转型升级。转型升级，当下最重要的目标就是完成“两全”目标，包括“年鉴全覆盖”目标；长远的目标就是基本形成地方志编修体系、理论研究和学科建设体系、质量保障体系、资源开发利用体系、工作保障体系“五位一体”的地方志事业发展综合体系，包括“五位一体”的年鉴事业发展综合体系。中国年鉴精品工程是一项探索工程，也是一项创新工程，是推进地方志事业转型升级的重要内容。通过实施中国年鉴精品工程，不仅有助于确保年鉴质量，不断编纂出版具有鲜明时代特征、年度特点和地域特色的精品年鉴，也有助于推动年鉴工作适应经济社会发展形势和时代需要，不断改革创新，与时俱进。

多年来，在中国地方志指导小组办公室的指导和全国各级地方志工作机构的共同努力下，年鉴种类数量快速增长，年鉴成果粲然可观，为实施中国年鉴精品工程奠定了坚实的基础。实施中国年鉴精品工程，就是要在全国地方志系统起到示范作用，进一步培育精品意识，打造精品年鉴，以点带面，在提高年鉴质量方面探索出一条切实可行之路，使这项探索工程和创新工程能够积累经验，发挥引领作用。

“万山磅礴，必有主峰；龙衮九章，但挈一领。”实施中国年鉴精品工程，是筑牢地方志事业特别是年鉴事业发展根基之举，其意义与价值不言而喻。但编修出年鉴精品佳作，绝非朝夕之功，需要付出长期艰辛的努力。希望通过实施中国年鉴精品工程，能够进一步推进年鉴质量建设，使年鉴真正成为传承中华民族优秀传统文化的重要载体，成为展示中国国情、地情的重要窗口，成为“为当代提供资政辅治之参考、为后世留下堪存堪鉴之记述”的资源宝库，在全面建成小康社会过程中作出更大贡献。

是为序。

中国社会科学院原副院长

中国地方志指导小组原常务副组长　李培林

序 二

地方志是中华优秀传统文化的根与魂，积淀着中华优秀传统文化最深层的精神追求，代表着中华民族独特的精神标识。新时代坚持和发展中国特色社会主义，更加需要深刻把握人类发展历史规律，更加需要编修出传承不辍的精品志鉴，才能使后代在对历史的深入思考中汲取智慧、走向未来。伟大的时代，为地方志发展提供了取之不尽、用之不竭的源泉，同时也为全国年鉴工作提供了极大的机遇。

党的十九大报告中明确提出“质量强国”，“努力实现更高质量、更有效率、更加公平、更可持续的发展”，这为年鉴事业高质量发展指明了方向。按时、保质完成《全国地方志事业发展规划纲要（2015—2020年）》规定的“两全目标”任务，打造一批资辅当前、存鉴后世、经得起历史检验的精品佳作，不仅是一种法定职责，而且具有重要的政治意义、现实意义和历史意义。中国特色社会主义进入新时代，年鉴事业也进入新时代，呈现快速、稳步发展态势，在各方面都取得了新的显著成绩，包括年鉴编纂进度大大加快，年鉴编纂范围不断扩大，年鉴资源优势得到充分发挥，年鉴开发利用水平全面提升，而且年鉴质量保障机制逐步完善、质量持续提升。因此，在全社会关注质量发展的黄金时期，尤其是在完成“两全目标”任务的关键期，在狠抓进度的时候，实施中国年鉴精品工程更是恰当其时。年鉴工作者要投身于时代，为时代放歌，书写复兴华章，把出品更多的精品年鉴使命落实在实现中国梦的恢宏大业中。

习近平总书记说，精品之所以“精”，就在于其思想精深、艺术精湛、制作精良。中国年鉴精品工程紧扣时代脉搏，拓宽视野，围绕人民群众的美好生活，用精品记录新时代，为新时代新气象新作为留下真实、鲜活、生动、翔实的记录。实施中国年鉴精品工程，既是全面贯彻落实《全国地方志事业发展规划纲要（2015—2020年）》的重要举措，也是培育精品意识和精品年鉴、提高年鉴质量的重要手段；既是发挥年鉴存史、资治、教化功能的根基所在，也是年鉴工作者坚持创新发展、传承弘扬中华优秀传统文化的关键步骤。这不仅有助于坚定文化自信，讲述好中国故事，传播好中国声音，更有助于为决胜全面建成小康社会提供更多智力支持和更大精神动力。

实施中国年鉴精品工程顺应地方志进入新时代的历史潮流。“充实之谓美，充实而有光辉之谓大。” 党的十九大报告指出，我国的社会主要矛盾已经转化为人民日益增长的美好生活需要和不平衡不充分的发展之间的矛盾。党章修正案、宪法修正案把习近平新时代中国特色社会主义思想确立为我们党和国家的行动指南，我国的发展进入到新的历史方位。为适应这些重大变化，党和国家随之出台更多重大的举措、推出更多有力的措施。年鉴如何全方位地、开创性地记述这些历史性变化，如何充分记述我们党领导人民进行的伟大斗争、建设的伟大工程、推进的伟大事业、实现的伟大梦想，是新时代地方志工作需要深入思考探究的问题。中国年鉴精品工程正是呼应新时代新变化新要求，致力于在全国地方志系统进一步培育精品意识、打造精品年鉴，从而以点带面，在提高年鉴质量方面探索出一条切实可行之路，充分发挥中国精品年鉴的辐射效应，引领带动全国范围内年鉴质量的全面提高，切实推动年鉴事业转型升级。

实施中国年鉴精品工程要全面把握以人民为中心的发展理念。以人民为中心，贯穿于改革开放以来我们党推进中国特色社会主义文化建设的全过程。新时代把握新机遇，年鉴作为记录新时代地方年度历史的重要载体，应当以习近平新时代中国特色社会主义思想为指导，牢固确立以人民为中心的理念。中国年鉴精品工程始终坚持人民是历史的创造者和改革开放事业的实践主体，始终坚持文化发展为人民服务、为社会主义服务，充分记录人民的首创精神，凸显人民在文化建设中的主体作用，不断满足人民的精神文化需求。年鉴工作要深深扎根于人民之中，坚持以事系人，记载人民群众中的先进典型，内容充分体现社会民生和为民服务的举措。在此基础上，实施中国年鉴精品工程还要建立精品长效机制，逐步推进精品年鉴传播最优化和效益最大化，使精品年鉴能够不断满足人民群众对美好生活的新需要新期待，在铸就中华文化新辉煌的过程中更好地构筑中国精神、中国价值、中国力量的方向上不断努力。

实施中国年鉴精品工程是坚定文化自信的体现。习近平总书记说，文化兴国运兴，文化强民族强。没有高度的文化自信，没有文化的繁荣兴盛，就没有中华民族的伟大复兴。中华优秀传统文化是中华民族的文化根脉，其蕴含的思想观念、人文精神、道德规范，不仅是我们中国人思想和精神的内核，对解决人类问题也有重要价值。地方志是中华优秀传统文化的精神之脉，是中华优秀传统文化基因的真正传承者和发展者。精品年鉴正是从中华民族世世代代形成和积累的优秀传统文化中汲取营养和智慧，记录传承的文化基因，记录思想精华，展现精神魅力。实施中国年鉴精品工程，以时代精神激活中华优秀传统文化的生命力，推进中华优秀传统文化创造性转化、创新性发展，把传承和弘扬中华优秀传统文化同坚定文化自信统一起来，有助于引导人民树立和坚持正确的历史观、民族观、国家观、文化观，不断增强中华民族的归属感、认同感、尊严感、荣誉感。

用精品记录新时代，用奋斗铸就新辉煌。地方志植根于历史，内涵于历史，镌刻于历史之上，是中华民族在漫长历史中形成的区别于其他民族的独特精神标识,精品年鉴是地方志的“守护者”“传承者”，是地方志成果创造性转化创新性发展的“探路者”“先行者”。习近平总书记强调，凡是传世之作、千古名篇，必然是笃定恒心、倾注心血的作品。希望全国年鉴工作者齐心协力，坚持历史唯物主义立场、观点、方法，立足中国、放眼世界，立时代之潮头，通古今之变化，发思想之先声，推出一批有思想穿透力的精品力作，培养一批年鉴专家，充分发挥存史、育人、资政作用，为推动全国年鉴事业转型升级作出新的更大贡献。

是为序。

中国地方志指导小组秘书长
中国地方志指导小组办公室主任 冀祥德

编辑说明

一、《北京东城年鉴》以马克思列宁主义、毛泽东思想、邓小平理论、“三个代表”重要思想、科学发展观、习近平新时代中国特色社会主义思想为指导，坚持辩证唯物主义和历史唯物主义的立场、观点和方法，坚持实事求是的原则，与时俱进，开拓创新，科学地反映客观情况。

二、《北京东城年鉴》是一部综合性资料性工具书，在中共北京市东城区委和北京市东城区人民政府的领导下，由区地方志编纂委员会主持编纂。自1996年开始，逐年编辑出版，2019年卷为总第23卷。

三、《北京东城年鉴（2019）》全面、系统地记载2018年度东城区在政治、经济、文化、社会等各个领域及各项事业发展变化的基本情况和发生的大事、要事、新事与有影响的事，记载取得的新成就、新进展、新经验，为各行各业、各方面人士了解东城、研究东城、建设东城提供信息和资料。

四、《北京东城年鉴（2019）》设有特载、专文、大事记、区情概览、中国共产党北京市东城区委员会、北京市东城区人民代表大会、北京市东城区人民政府、中国人民政治协商会议北京市东城区委员会、纪检监察、民主党派、人民团体、法治、军事、重点地区管理、经济管理、工业 建筑业、商业 对外经济、旅游、城市建设与管理、生态环境保护、科技、教育、文化、医疗卫生、体育、社会建设、社会生活、街道、人物 荣誉、统计资料、附录共31个类目。类目下设分目，分目下设条目。

五、《北京东城年鉴（2019）》收有东城区党、政、军、各民主党派、团体、街道和部分企业负责人名录，以及部分区域单位负责人名录。所列均以2018年内任职为限。还收有获得国家、北京市、区级奖励与荣誉称号的单位和个人名单。

六、《北京东城年鉴（2019）》所选文章、条目，均由各部门、单位确定专人撰写或提供，并经主管负责人审核。统计资料由区统计局提供。照片由区委宣传部、区新闻中心及各有关单位提供。

街道吹哨　部门报到

4 月 19 日，东城区委召开推进“街道吹哨、部门报到”动员部署会（张维民摄）

4 月 21 日，基层党组织和在职党员到社区报到（王峥摄）

6月20日，市委主要领导参加东四街道清洁日活动（张维民摄）

5月26日，交道口地区在职党员参加周末卫生大扫除（区新闻中心提供）

8月11日，东四四条胡同干部群众清理废弃物（张传东摄）

整治前

大佛寺东街乱象成历史：整治后（区新闻中心提供）

11月26日，媒体记者集体采访东城区开展街道吹哨部门报到工作情况（王峥摄）

文化强区　三年行动

《史家胡同》新书座谈会在史家胡同博物馆举办，一院一故事，汇成胡同史（张传东摄）

1月6日，举办南锣鼓巷戏剧展演季，营造戏剧东城氛围（刘立军摄）

4月20日，朝阳门街道朝西社区居民在阅读驿站共享读书心得（张传东摄）

7月5日，2018群众文化展演季在玉蜓公园市民文化广场拉开帷幕（王峥摄）

7 月 12 日，东城区首批志愿文化宣讲团成立（区新闻中心提供）

2018 年，北京市珐琅厂门口封堵开墙门脸建设文化浮雕（区新闻中心提供）

7 月 30 日，永外景泰社区建耕读空间（王峥摄）

7 月 30 日，耕读空间发放惠民卡（王峥摄）

8 月 22 日，网络大 V 东城行（闫文摄）

9 月 8 日，北京五中分校举办传统拜师礼，“叩开”国学文化节（刘立军摄）

10 月 28 日，原左安门角楼变身老北京图书馆投入使用一周年（王峥摄）

小巷管家　大有作为

4 月 25 日，小巷管家代表在招募启动仪式上宣誓（区新闻中心提供）

4 月 25 日，招募居民认领街巷（区新闻中心提供）

4 月 25 日，龙潭街道小巷管家周年庆（区新闻中心提供）

5月20日，区文明办、区城管委授予10人金牌小巷管家称号（张维民摄）

小巷管家码放共享单车（区新闻中心提供）

6月1日，交道口雨儿胡同小巷管家召开自治会商讨胡同管理（区新闻中心提供）

6月7日，小巷管家向居民征求意见（区新闻中心提供）

7月26日，南锣鼓巷小管家上岗（乔万万摄）

9月7日，小巷管家雨中清理下水口（区新闻中心提供）

营商环境　持续优化

2018 年，优化营商环境，东城在行动（张维民摄）

2018 年，东城区优化新设企业审批，由“多处跑”变“一窗办”，跑出北京新速度（闫文摄）

2018 年，区人力社保局持续提升经办便利度（区新闻中心提供）

4 月 13 日，区商务委政策“大篷车”进企业（区新闻中心提供）

2018 年，区政务服务中心打造高效政务服务（张维民摄）

冰雪运动　追逐冬奥

1 月 25 日，东城区中小学生冰雪运动系列活动全面启动（唐晨摄）

5 月 13 日，第一届东城区中小学生冰球联赛（徐鹏摄）

5月21日，体育馆路街道搭建仿真冰场向辖区居民免费开放（李乐乐摄）

8月23日，天坛体育中心建设模拟滑雪馆培训教师（唐晨摄）

9月12日，前门小学学生在模拟滑雪机上滑行（唐晨摄）

11 月 23 日，学生们学习打冰球（刘立军摄）

12 月 5 日，北京市第一届冬运会开幕，东城冰雪小将入场（区新闻中心提供）

12 月 23 日，东城区代表团在北京市第一届冬运会上获团体总分第一（区新闻中心提供）

阳光驿站　情暖东城

1月10日，东四街道设立暖心驿站（郝飞摄）

3月6日，普仁医院义诊服务送进长青园敬老院（张传东摄）

4月3日，社区居民参加乐龄游戏活动（区老龄办提供）

6月15日，多福巷驿站老人学习法国高比林壁毯编织技艺（区老龄办提供）

10月10日，东环养老驿站举办敬老生日会（区老龄办提供）

11月9日，居民在永外桃园养老驿站进行娱乐活动（辛桦摄）

11月15日，安化楼驿站开展独居老人关怀慰问活动（区老龄办提供）

胡同深处　精彩生活

2月7日，东四街道胡同“迷马”开赛（郝飞摄）

2月28日，游客喜游南锣鼓巷（交道口办事处提供）

2月28日，区文化委、区第二文化馆举办新春非遗庙会（区文化委提供）

4月3日，东四街道清明节主题教育活动在史家小学举行（郝飞摄）

5月25日，景山街道将胡同历史制成二维码，便于游客扫码听故事（景山街道办事处提供）

6月1日，六手联弹奏响胡同仲夏（朝阳门街道办事处提供）

8月3日，朝阳门街道向居民征集金点子（熊雄摄）

9月26日，居民赏花评花共庆中秋（张传东摄）

宠物公厕亮相小区
（东花市街道办事处提供）

目 录

特 载

专 文

大事记

区情概览

中国共产党北京市东城区委员会

北京市东城区人民代表大会

北京市东城区人民政府

中国人民政治协商会议北京市东城区委员会

纪检监察

民主党派

人民团体

法　治

军 事

重点地区管理

经济管理

工业 建筑业

商业 对外经济

旅 游

城市建设与管理

生态环境保护

科　技

教　育

文 化

医疗卫生

体 育

社会建设

社会生活

街 道

人物　荣誉

统计资料

附 录

索 引

CONTENTS

Local Documents (Excerpt)

Special Articles

Chronicle of Dongcheng District

Dongcheng Disrict Overview

Beijing Dongcheng District Committee of the Communist Party of China

The Standing Committee of Dongcheng District People's Congress

Dongcheng District People's Government

Dongcheng District Committee Of Chinese People's Political Consultative Conference

Discipline Supervision

Democratic Parties

People's Organizations

Rule of Law

Military Affairs

Important Area Management

Comprehensive Management of Economics

Industry · Architecture

Commerce · Foreign Economy

Tourism

City Construction and Management

Ecological Environment Protection

Science

Education

Culture

Medical and Health Services

Sports

Social Construction

Sub-districts

People and Awards

Statistics

Appendix

Index

特　载

故宫角楼（王建国摄）

加快建设“国际一流的和谐宜居之区”以优异成绩庆祝中华人民共和国成立70周年

2019年1月4日在中共东城区委十二届八次全会上的报告

中共东城区委书记　夏林茂

2018年工作回顾

2018年，在市委坚强领导下，常委会以习近平新时代中国特色社会主义思想和党的十九大精神为指引，深入贯彻市委各项决策部署，立足“四个中心”功能建设，聚焦“一条主线、四个重点”战略任务，强化党建引领、共建共享，坚持把方向、谋大事、抓党建、保平安。在全区上下团结协作、奋力拼搏下，顺利完成年度各项任务。预计全区常住人口减少2.7万人，较上年末下降3.2%；地区生产总值增长6%左右；区级一般公共预算收入完成175.62亿元，增长2%；人均可支配收入增长7%左右。经济社会发展保持了稳中提质的良好态势，“疏解整治促提升”取得显著成效，街区面貌发生深刻变化，群众获得感不断提高。

第一，全面从严治党迈上新台阶。我们坚持把抓好党建作为最大政绩，以政治建设为统领，全面履行从严治党主体责任，不断把党的建设新的伟大工程引向深入。

一是把学习贯彻习近平新时代中国特色社会主义思想作为首要任务。完善常委会会上学习、理论中心组学习制度，坚持以上率下、步步深入，认真抓好全区学习贯彻工作。将习近平新时代中国特色社会主义思想作为必讲内容和必学课程，举办6期学习贯彻十九大精神专题研讨班，对全区近千名处级干部进行全员轮训、开展专题读书活动，分3批对2800余名基层党组织书记进行集中培训，组织理论宣讲活动1900余场。结合庆祝改革开放40周年，推出专题片《40年，我和我的东城》，广泛开展“新时代新东城”摄影展、百姓宣讲等主题教育活动，大力宣传改革发展成就，有力推动习近平新时代中国特色社会主义思想入脑入心、落地生根。

二是“大党建”格局进一步完善。区委出台《关于推进全面从严治党的实施意见》及《东城区2018年落实全面从严治党主体责任重点任务分工》，制定印发《区委常委、区政府党员副区长指导督促分管联系部门单位党（工）委、党组抓党建工作制度》。修订完善党建工作责任和任务“两个清单”，并覆盖到每一个党支部。严格落实党管意识形态责任制，成立“区委网信办”“区融媒体中心”，强化了对讲座论坛、演艺场所等各类阵地的统筹管理。依托区委党校，加强智库建设。以深化“吹哨报到”改革为契机，建立党委领导下的改革指挥体系，优化调整街道机关党支部设置，在街道综合执法队同步成立党支部，党建引领作用得到有效发挥。

三是领导班子和干部队伍建设进一步加强。认真落实市委“四个不让”要求，优化领导班子和干部队伍综合分析研判，首次开展年度干部选拔任用工作情况通报，坚持围绕改革发展稳定需要选好干部、配强班子，建立优秀年轻干部人才库。集中举办5期“群众工作方法”专题研讨班，建立群众工作导师制，编写案例教材，实现对街道社区5600名干部全员轮训。注重在工作一线培养锻炼、考察识别干部，全年共选派70余人参与全区中心工作。坚持严管与厚爱相结合，抓好领导干部个人有关事项的填报、查核与处理，结合区委巡察开展选人用人和不担当不作为情况检查，完成超职数配备、违规兼职、经商办企业、“带病提拔”倒查等专项整治；制定关于建立健全容错纠错机制、加强干部关心关爱等文件，激励了干部担当作为。深化人才发展体制机制改革，研究起草高层次人才引进计划实施办法等文件，着力打造文化、科技创新等人才发展高地。

四是基层党组织建设水平进一步提升。制定《关于进一步加强党支部规范化建设的实施方案》，聚焦“五有”目标，深化“五规范五提升”内涵，实施“精准扶弱”提升计划，在各领域开展后进基层党组织整顿和中间状态党组织提升工作，社区党组织换届选举工作稳步推进。精心打磨17个基层党建示范点，集中打造31个“优秀社区党组织书记工作室”。推广“党员E先锋”基层党建综合管理平台，推动建立街道党校。创新“两新”组织党建工作体制机制，建立东城园党群服务中心，制定《关于推进小微企业党建社区化建设的意见（试行）》，成立区工商联非公企业党委，实现街道商会联合党委全覆盖。扎实做好“双报到”工作，全区所属351个法人单位党组织、22900名在职党员完成报到并常态化参与社区建设。健全区、街道、社区三级党建工作协调委员会，党组织资源统筹能力不断增强。

五是党风廉政建设进一步深化。以市委巡视为契机，第一时间贯彻落实全市警示教育大会精神，召开全区警示教育大会，坚持自查自纠、立行立改，切实把“两个维护”“三个一”“四个决不允许”体现在行动上。纵深推进纪检监察体制改革，积极探索监察职能向基层延伸。制定《十二届东城区委巡察工作规划》及相关制度，先后开展“四风”问题专项巡察、常规巡察等3轮巡察工作。完善全面从严治党主体责任检查考核，推进处级党政正职和纪检监察组织负责人向区纪委全会述责述廉，层层压紧压实管党治党责任。严明党的政治纪律和政治规矩，强化对“疏整促”、扫黑除恶、优化营商环境、扶贫协作等重大决策部署的监督检查。持续深化“为官不为、为官乱为”等专项治理，围绕党员干部长期不在岗、社区财务管理不规范等方面问题开展专项监督。深化运用监督执纪“四种形态”，建设廉政档案信息管理系统。始终保持惩治腐败高压态势，立案86件，结案82件，给予70人党纪政务处分，采取留置措施10人，移送司法机关13人，追逃3人。深入学习贯彻监察法、纪律处分条例，有效发挥“三祠”官德教育基地等作用，营造了崇廉拒腐的良好氛围。

第二，“三大攻坚战”取得新进展。我们坚决落实中央、市委部署，主动作为、统筹施策，全力打好“三大攻坚战”。

在风险防范方面，通过金融机构动态排查、一企一策分类管理、非法集资专项整治等方式，有效防范了金融领域不稳定因素。牢固树立“东城无小事”理念，以最高标准、最严要求抓好“中非合作论坛”安保维稳等各项工作，专群结合、群防群治，全面动员、广泛参与。全区上下以高度的政治责任感和饱满的工作热情，圆满实现“绝对安全、万无一失”总目标，向党和人民交上了合格答卷。扫黑除恶专项斗争取得阶段性成果，“雪亮工程”一期建设顺利通过验收，确保了社会和谐稳定。

在精准扶贫方面，坚持首善标准，自觉把5个地区的扶贫协作以及与怀柔结对协作任务作为分内事来办，拿出最好资源、真心实意帮扶。第一时间赴受援地调研对接，聚焦建档立卡贫困人口，制定三年行动计划，坚持“一区一方案”，建立区领导分别联系受援地制度和定期调度、监督考核等机制。投入2.37亿元做实产业帮扶等项目，组织10余所优质学校、9家医疗机构与受援地结对共建，成立全市首家“对口帮扶地区在京务工人员之家”，推动街道、企业深入开展“携手奔小康”行动。选派49名优秀干部和专业人才挂职帮扶，帮助崇礼、阿尔山打造10个党群活动中心。开展“党建引领、土豆接力”活动，帮助销售崇礼滞销土豆47.5万公斤，受益群众700多户。在深化对口帮扶的同时，切实加大区内困难群体托底保障和社会救助力度，全区1356个在职党支部与2191个低保家庭（含341名困难学生）结成对子，开展精准化志愿帮扶。

在污染防治方面，以建设“花园东城”为目标，制定贯彻落实市委市政府《关于全面加强生态环境保护坚决打好北京市污染防治攻坚战的意见》的实施意见和《东城区关于做好北京市环保督察反馈意见整改落实工作方案》《东城区蓝天保卫战2018年行动计划》《东城区土壤污染防治工作方案2018年重点任务分解》等文件。健全“河长制”工作体系，龙潭东湖水环境治理工程全面完成，市级考核断面水质全部达标。以超常规力度治理大气污染，全年人工检查重型柴油货车5万余辆，PM2.5年均浓度达到52微克/立方米，下降13.3%。全面推进“留白增绿”工作，建成新中街等4处大尺度公园和33处口袋公园；龙潭中湖改造规划面向全市征集民意，体现了“还湖于民”的理念。全区公园绿地500米服务半径覆盖率提升至92.48%，为市民提供了更多健身、休闲的绿色空间。

第三，“疏解整治促提升”取得显著成效。我们坚持稳中求进、破立并举，继续落实区委《关于在城市治理中强化党建引领推动共建共享的意见》精神，坚持疏解整治与优化提升同步推进，使更多街巷胡同美起来、静下来。

一是城市乱象基本消除，群众生活品质不断提升。修订完善产业指导目录，关停美博汇市场，世纪天鼎市场完成疏解进入转型升级阶段，改造提升金年丰等5个菜市场。协助完成天坛医院搬迁，新院区正式运行。完成新中西里3栋简易楼腾退项目，西河沿、天坛周边、望坛、西忠实里等棚改项目进入收尾阶段。持续深化“百街千巷”治理工作，完成916条街巷整治、提升任务，83条主次干道全部实现架空线入地，601条胡同全部实现通信架空线入地。拆除违法建设21.5万平方米，治理“开墙打洞”2017处，打造了西总布、景山东街、雍和宫大街、青龙胡同等一批精品街区。在全市率先编制生活性服务业设施规划，新建或规范提升各类便民商业网点110个、社区养老驿站17家，积极推进公厕品质提升。利用拆迁滞留区扩大停车供给，盘活停车资源，王府井地区成为全市首个“不停车街区”。

二是中轴线申遗扎实推进，老城保护取得新成绩。突出规划引领，制定“总规”实施工作方案，积极配合市级部门编制核心区控规，高标准编制南北池子、崇雍大街等城市设计导则，初步完成街区更新单元划分工作，风貌管控导则实现全覆盖，老城规划管控体系持续完善。组建中轴线申遗工作专班，聚焦钟鼓楼周边等5个片区和各遗产点，编制《东城区落实中轴线申遗工作方案》，完成社稷坛、太庙、天坛公园园内住户腾退。以中轴线申遗为契机，持续推进“历史文化精华区”建设。“东四胡同博物馆”建成开馆。前门草厂三至十条经过风貌恢复后精彩亮相，引入专业化运营团队，探索新老建筑、居民、文化共生的新路径，展示了“老胡同、新生活”优美景观。与故宫博物院签署战略合作协议，故宫艺术馆等落户前门地区。持续推动南锣鼓巷四条胡同修缮整治项目，以雨儿胡同为试点区域，研究制定留住居民院落设计方案，积极探索“共生院”改造路径，为下一步院落综合治理积累了经验。

三是发挥市民“主人翁”精神，社会共治氛围更加浓厚。出台《东城区街区责任规划师工作实施意见》《东城区街区责任规划师管理办法》以及《东城区关于进一步加强街巷长制的意见》 和《东城区关于进一步加强“小巷管家”队伍建设的意见》；整合“守望岗”等志愿者队伍，完善激励表彰机制，激发了多元参与治理的活力。持续深化“周末卫生大扫除”活动，突出党员带头、部门联动、社会参与。51家驻区中央、市属单位，1012个区属机关党支部，73000余人次参加活动，实现群众从“站着看”到“跟着干”再到“自己管”的转变，密切了党群干群和邻里关系。健全“门前三包”责任制，推广“小院公约”“花友汇”“停车自管会”等自治经验，“五民工作法”被民政部评为全国优秀社区工作法。

第四，以改革促发展、惠民生，重点领域改革扎实推进。我们坚决落实中央、市委重大改革部署，以问题为导向，加大改革攻坚力度，推进改革措施更好落地见效。

一是“街道吹哨、部门报到”改革取得突破。作为全市首选的改革试点区，我们加强顶层设计、深入基层调研，聚焦基层治理“最后一公里”难题，全市首个出台《东城区关于党建引领街道管理体制机制创新实现“街道吹哨、部门报到”的实施意见》和街道管理、城市管理等6个配套方案，明确了“三级管理、五方联动”总体改革目标。全面推开街道管理体制改革，将内设机构精简为“六办一委一队四中心”，在全市首创“社区专员”，使街道工作更好地“面向社区、面向群众、面向问题”，提升了统筹协调能力。把城管体制改革作为机构改革的突破口，健全区级城市管理统筹协调平台，构建“1+5+N”综合执法模式，完善网格化综合监督体系，明确45项“吹哨”标准和部门响应流程。通过“吹哨报到”机制，提升了基层党组织战斗力和城市管理效能，长期滞留的5000余件网格案件基本得到解决，初步形成简约高效的基层管理体制。

二是营商环境不断优化。出台《东城区进一步优化营商环境行动方案（2018年—2020年）》,积极推动政务服务“一门、一窗、一网、一次”改革，推动“1+4”联系服务重点企业制度和企业“服务包”制度等政策落地。制定“1+5”产业政策体系，聚焦文化、金融、信息服务业三大主导产业，统筹推动文化创新融合发展，举办文化金融峰会，“国家文化与金融合作示范区”创建取得重要进展。中关村东城园“高精尖”产业结构更加优化，地均产出、劳均产出均居全市之首；青龙文化创新街区精彩亮相。稳妥有序推进王府井步行街延长，成功举办王府井国际品牌节，高端引领作用更加明显。

三是民生领域改革持续深化。启动第三期学前教育行动计划，增加学位2000余个；持续推进“学区制”“学院制”改革，义务教育优质资源覆盖率达到97%。积极贯彻就业优先战略，“零就业家庭”动态保持为零。深化卫生体制改革和“国家医养结合试点区”建设，医联体总数达到9个，开展家庭医生精准签约服务试点，为群众提供了便捷高效的健康服务。完善“三级五方联动、分类精准供给”居家养老服务模式，区级养老服务指导中心投入运营。深入实施“文化强区”战略，起草东城区历史文化传承展示工作方案；人艺戏剧中心奠基；成功举办地坛、龙潭春节文化庙会、“全国话剧展演季”、永定门中秋诗会等品牌文化活动，推出10部讲述“东城故事”的原创话剧，微电影《花儿金》荣获第六届亚洲微电影艺术节最佳作品奖。

一年来，常委会带头牢固树立“四个意识”，切实发挥总揽全局、协调各方作用，完善了“四套班子一起上、四个轮子一起转”的工作机制。发挥统一战线优势，扎实开展政党协商，创办《议政建言直通车》，举办“戏剧东城”议政会，建立区级班子党员干部列名联系党外代表人士制度，成立东城新社会阶层联谊会，成功组织海峡两岸首届门球赛，积极引导商（协）会承接政府职能、参与社会治理。充分调动人大、政协和各民主党派、工商联、无党派等各界人士力量，加强工青妇等群团改革的领导，形成了凝心聚力、推动发展的强大合力。

以上报告的是2018年常委会的主要工作。一年来，我区各项工作都迈出积极步伐，发展方向更加明确，干事创业氛围更加浓厚，城市面貌更加亮丽，群众获得感更加增强。特别是我区率先推出的“小巷管家”“周末卫生大扫除”“责任规划师”等举措在全市推广，“街道吹哨、部门报到”改革走在全市前列，得到市委和社会各界的充分肯定，中央及市属媒体多次予以报道。这些成绩的取得，是市委坚强领导的结果，是全区各级党组织、广大党员干部群众开拓进取的结果。各级领导干部冲在一线，各部门、各单位迎难而上，做了大量富有成效的工作。尤其是街道等基层一线的同志，奋勇当先、连续作战，敢啃硬骨头，不怕苦和累，展现出了昂扬向上的精气神。在此，我代表常委会，向大家表示衷心的感谢并致以崇高的敬意！

在看到成绩的同时，常委会也清醒地认识到，我们还存在不少突出问题：加强“四个中心”功能建设，降低“四个密度”，提升区域整体品质方面还有很多不足；统筹推进街区更新、文脉传承、民生改善特别是院落综合治理工作，还面临许多难题；经济结构还处于调整阶段，下行压力加大，实现减量集约、高质量发展还需持续用力；

党建引领、共建共享的广度和深度仍需拓展；意识形态、基层党建、基础管理等工作仍有薄弱环节，为官不为、为政不廉等现象仍时有发生，等等。对此，我们将采取有效措施，认真加以解决。

牢记核心区职责使命，准确把握当前新形势、新要求

作为首都功能核心区，我区是全国政治中心、文化中心和国际交往中心的核心承载区，是历史文化名城保护的重点地区，是展示国家首都形象的重要窗口地区，地位特殊而重要，使命光荣而艰巨。我们要坚决贯彻习近平总书记对北京重要讲话精神，时刻牢记“核心”二字，以首善标准推进新版“总规”实施。要把全力服务保障首都功能作为全部要义，当好高质量发展的标杆，加快建设符合“四个中心”功能定位，政务环境优良、文化魅力彰显、人居环境一流的首都功能核心区。要主动对接、积极服务城市副中心和雄安新区建设发展，抓好与怀柔生态涵养区的结对协作，在服务京津冀协同发展大局中发挥核心区的示范引领作用。

当前，我区正处在爬坡过坎、全面提升的攻坚期。我们要客观分析形势，牢固树立忧患意识、机遇意识和责任意识。从国内外形势来看，受中美贸易摩擦等因素影响，我们面临的外部环境更加错综复杂，国内经济下行压力有所加大，长期积累的风险隐患有所暴露。从首都形势来看，今年大事多、喜事多，难事也多，新中国成立70周年庆祝活动、第二届“一带一路”国际合作高峰论坛、北京世界园艺博览会、亚洲文明对话大会等重大活动将在京举办，我区在各项重大活动中承担众多服务保障任务，点多线长面广，维护安全稳定任务异常繁重；市级机关入驻城市副中心后，核心区“四个服务”的标准将更高，对我们的城市治理能力提出了新的课题。总体来看，我们承担的任务将更艰巨，面临的挑战将更严峻，但是机遇大于挑战。我们要化挑战为动力，善于借势而为，进一步坚定改革发展的信心和决心。一是我国改革开放40年取得历史性成就，当前经济基本面依然向好；中央密集出台政策，发展环境不断改善。二是庆祝新中国成立70周年等重大活动的举办，为我们优化提升首都功能、统筹推进各方面工作提供了重要契机。三是以市级机关入驻城市副中心为标志，核心区政务服务、国际交往等功能更加凸显。随着核心区“控规”的落地和中轴线申遗进程的加快，市委市政府对老城保护复兴、街区更新、腾笼换鸟等政策支持力度在不断加大，为我们破解“二元结构”难题、提升整体品质指明了方向。四是“疏整促”行动得到越来越多群众和社会各界的理解、支持，共建美好家园的氛围日益浓厚；全区上下干事业、谋发展的劲头更足，党员干部在推动“党建引领、共建共享”过程中增强了本领、得到了锻炼，这是我们做好工作最坚实的保障。只要我们紧抓机遇、乘势而上，就完全有条件、有信心继续走在首都前列，推动东城经济社会发展全面上新水平。

2019年是中华人民共和国成立70周年，是全面建成小康社会关键之年。全区工作的总体要求是：以习近平新时代中国特色社会主义思想为指导，深入贯彻党的十九大和十九届三中全会、市委十二届七次全会精神，聚焦首都“四个中心”功能建设和全区“一条主线、四个重点”战略任务，以全面提升区域发展品质、实现高质量发展为目标，坚持稳中求进总基调，深入推进“总规”实施，更加注重党建引领、共建共享，更加注重提升群众获得感和满意度，以各方面工作的优异成绩庆祝中华人民共和国成立70周年。

2019年经济社会发展主要目标建议是：地区生产总值增长6%左右；区级一般公共预算收入增长3.5%左右；居民人均可支配收入增长与经济增长同步；常住人口规模、PM2.5年均浓度达到市级要求。

不断深化全面从严治党，全面提升党建工作水平

完成全年目标任务，关键在党。各级党组织要牢固树立“抓好党建是最大政绩”理念，结合市委巡视整改工作，以党的政治建设为统领，履行好管党治党政治责任，继续完善“大党建”格局，不断把党的建设新的伟大工程推向前进。

第一，强化思想政治引领，加强意识形态管控。结合“不忘初心、牢记使命”主题教育，深入学习贯彻习近平新时代中国特色社会主义思想，严守党的政治纪律和政治规矩，筑牢“四个意识”，真正把“两个维护”“三个一”“四个决不允许”落实到具体行动中。严格落实党建工作责任制，修订完善党建工作责任和任务“两个清单”，推动党建工作任务清单落实到每一个基层组织。深化区域化党建工作，深入挖掘单位、行业、社会等各领域党建资源，统筹推动“党建引领示范区”建设。依托“中国共产党早期组织在东城”主题展览，启动北大红楼中国共产党早期活动纪念地保护利用规划研究，打造独具特色的红色文化创新发展带。严格落实意识形态责任制，强化对各类文化演出市场、思想类协会学会、讲座论坛等的动态监管，加强网络意识形态管理，及时掌握处置苗头性、倾向性问题，坚决守住意识形态阵地，营造昂扬向上的社会舆论环境。

第二，着力打造高素质领导班子和干部人才队伍。

坚持新时期好干部标准和"四个不让"要求，结合机构改革，认真做好领导班子配备和调整，研究制定全区处级党政领导班子和干部队伍建设规划，继续在重点工作一线培养、选拔干部。制定2018—2022年干部教育培训规划，加强以习近平新时代中国特色社会主义思想为中心内容的理论教育和干部专业能力培训，做实群众工作方法等精准化培训。加强年轻干部的储备和培养选拔工作，着眼于干部队伍素质的整体提高，高标准推进公务员、选调生队伍建设。落实好干部关心关爱、容错纠错、交流轮岗等机制，激励干部新时代新担当新作为。出台关于建设东城区人才发展高地的实施意见，推动各项政策落地，为实现高质量发展提供人才支撑。

第三，进一步加强基层党组织建设。落实《中国共产党支部工作条例（试行）》，加强党支部标准化、规范化建设，持续开展后进党组织整顿和中间状态党组织提升工作。实施基层党建创新项目孵化工程，精心打磨基层党建示范点，实现"一街道一特色、一系统一亮点、一领域一品牌"。统筹推进商务楼宇和新经济组织、新社会组织等各领域基层党建工作，圆满完成社区"两委"换届选举。加强基层党组织带头人队伍建设，充分发挥"优秀社区党组织书记工作室"示范带动作用，努力培养社区党建后备人才。制定东城区关于加强公立医院党的建设的实施意见。扎实推进"双报到"工作。

第四，深入推进党风廉政建设。坚决落实"两个维护"，持之以恒落实中央八项规定精神，坚决破除形式主义、官僚主义；加强对政治纪律和政治规矩执行情况的监督检查，围绕机构改革、"疏整促"、扫黑除恶、精准扶贫等中心工作，强化监督执纪问责。把监察体制改革引向深入，推进巡察监督向社区延伸，进一步深化派驻机构改革，实现纪律监督、监察监督、派驻监督、巡察监督有效全覆盖。把整治群众身边的腐败和作风问题作为重中之重，扎实开展人防系统腐败问题专项治理；坚持依纪依法、精准有序惩治腐败，综合运用监督执纪"四种形态"，综合发挥查办案件的政治效果、纪法效果和社会效果。落实好全市和全区警示教育大会精神，推进纪律教育和廉政文化建设，扎紧扎牢制度的笼子，强化对权力运行的制约和监督，营造风清气正的政治生态。

第五，进一步发挥常委会总揽全局、协调各方的作用。常委会要认真贯彻落实《中国共产党地方委员会工作条例》，坚持"把方向、谋大局、定政策、促改革"，有效实施对各个领域的领导。健全"三重一大"集体决策程序，严格落实环境保护、安全生产等"党政同责、一岗双责"规定。支持区人大、区政府、区政协依法依章履行职能，充分发挥各民主党派、工商联、无党派和民族宗教界等统一战线各界人士的作用。加强对工青妇等人民团体的领导，深化群团改革，增强群团工作的政治性、先进性、群众性。坚持党管武装，全力争创全国双拥模范城"八连冠"。围绕重点工作，完善区级领导分片包干、领衔负责的专项推动机制，巩固"全区一盘棋"、上下抓落实的良好局面。

顺应人民对美好生活的新期待，全面提升区域发展品质

全面提升核心区发展品质，不断满足人民日益增长的美好生活需要，是我们一切工作的出发点和落脚点。全区上下要围绕新中国成立70周年庆祝活动这条主线，以"钉钉子"精神继续抓好"疏整促"等各项工作，突出抓好"全面提升"这篇大文章，让人民群众有更多获得感。

第一，以街区更新为抓手，着力提升人居环境。由街巷整治走向街区更新，有利于巩固"疏整促"成果，有利于老城保护与复兴，有利于促进共建共治共享。要把街区更新作为"总规"落地的重要抓手，更加注重政策集成、工作统筹、优化提升，努力营造更加和谐宜居、安宁美丽的城市环境。

一是突出规划引领，打造示范街区。进一步完善规划管控体系，继续配合市级部门编制好核心区控规，加快编制天坛周边、前门东区等"两轴"沿线重点地区详细规划。按照政务、文化、居住等功能定位，统筹推进便民网点配套、业态提升、风貌重塑、文化培育等各项工作，形成街区更新导则，逐年推进"一街道一街区"更新工作。推广雨儿胡同、草厂片区试点经验，围绕长安街、中轴线、崇雍大街沿线等重点区域，坚持集中连片整治提升，努力打造一批精品街区。

二是积极推进平房院落综合治理。随着"疏整促"的纵深推进，今后重点要逐步向平房院落延伸，这是检验街区更新成效的重要标尺。要以"周末卫生大扫除"为助推器，以综合执法为推动力，积极探索"申请式退租""恢复性修建"等可复制、可推广的新路径。加快研究出台平房院落综合治理、违建拆除、平移安置、房屋修缮等相关政策标准，制定留住居民自治公约。倡导新时代"共生院"改造理念，发动责任规划师和居民一起设计院落改造方案，做到"一院一策""一户一方案"，加强社区营造，努力实现建筑、居民、文化"三个共生"。

三是完善配套服务，补齐民生短板。坚持"民有所呼、我有所应"，切实办好群众家门口的事情。利用疏解腾退空间，新增提升一批各类便民商业网点，丰富业态功能，满足居民多样化需求，确保生活性服务业规划落地；根据不同区域功能定位，有序推进商业、旅游密度降低。按照"夏天不热、冬天不冷、全年无味"标准，继续

开展“厕所革命”。切实抓好“百街千巷”环境整治收尾工作，以平房区为重点，统筹抓好架空线入地工作，打造街巷清朗天际线；继续加大违法建设拆除力度，实现“开墙打洞”基本清零。推广王府井“不停车街区”模式，以“便捷小型化连锁化”为方向，打造国子监、青龙胡同等不停车街区，有条件的胡同尽快实现不停车目标。

四是加强精细化管理，建设“花园东城”。围绕重大活动服务保障，切实做好环境布置、整治提升等各项工作，巩固“疏整促”成果，健全长效管理机制，坚决杜绝反弹回潮现象，营造整洁优美的城市环境。持续深化平房区物业管理模式，并向条件成熟的院落、老旧小区延伸；用好“吹哨报到”机制，精细化管理每个街区、每条街巷。进一步推进垃圾分类管理，实现垃圾分类全覆盖。严格落实“河长制”“湖长制”，建设龙潭中湖综合性公园，推动龙潭三湖水系连通，围绕蓝天、碧水、净土三大行动计划，聚焦扬尘、重型柴油车、油烟等重点问题，坚决打好“污染防治攻坚战”。坚持“大尺度绿化”和“口袋公园”建设相结合，在建好安德等城市森林公园的基础上，突出留白增绿、见缝插绿、拆违还绿、能绿则绿，在平安大街、南北池子等重点大街开展树池连通，打造林荫大道，进一步提高公园绿地500米服务半径覆盖率，为群众营造“花园东城”及更加优美宜居的生态环境。

第二，坚持“文化强区”战略不动摇，着力提升“文化东城”影响力。以《东城区实施“文化强区”战略推进全国文化中心建设行动计划（2017年—2020年）》为抓手，做足文化这篇大文章，切实让各种文化资源和文化元素亮出来、活起来、动起来，让“文化东城”品牌更加响亮，切实发挥全国文化中心核心承载区的引领示范作用。

一是扎实做好中轴线申遗工作，推动老城保护复兴。加强专班力量，对标对表市级保护规划，完善中轴线申遗工作计划。聚焦钟鼓楼、天坛等5个片区和各遗产点建控地带、缓冲区域，加快推进皇史宬、宏恩观、正阳桥疏渠记方碑周边等文物住户腾退。基本完成南锣鼓巷四条胡同保护复兴项目，推进地铁八号线鼓楼大街站空间织补等9项风貌整治，集中连片推进前门东区、东四三至八条、雍和宫—国子监等历史文化精华区的建设。深入挖掘历史文化内涵，促进文物活态利用，加强老字号等非物质文化遗产保护传承。实施历史文化传承展示工程，通过多种形式，讲好“东城故事”，不断提升区域文化影响力。

二是突出“文商旅”融合发展，加快文化创新步伐。编制落实好王府井、前门等重点功能区新一轮发展规划，以建设高品位步行街和服务业扩大开放为抓手，增强商业街区对消费升级的带动作用，着力推动文化与商业、旅游等产业深度融合。以王府井步行街延长为带动，加快构建集高端商业、旅游休闲、文化体验等为一体的发展格局，努力打造“全国最好的商业街”。推动前门商业区业态转型升级，促进文化体验式消费。以中关村东城园为载体，打造“国家级文化和科技融合发展示范基地”。加快“国家文化与金融合作示范区”创建，设立“文化+”产业引导基金，推进北京文化金融服务中心等重点项目落地。

三是打造“戏剧东城”品牌，丰富群众文化生活。以体制机制创新为动力，加强跨层级、跨部门、跨行业各类文化资源整合，制定关于进一步推进“戏剧东城”建设的实施意见。推进北京国际戏剧中心、幸福剧院等项目建设，培育南锣鼓巷戏剧节、中国儿童戏剧节、北京国际青年戏剧节、北京喜剧节、中国话剧展演季等“戏剧东城”四季风尚，打造集创作、演出、交流、展示于一体的国家级戏剧文化平台，努力把东城建设成为国内一流并具有国际影响力的戏剧中心。巩固“国家公共文化服务体系示范区”创建成果，突出文化惠民，办好“孔庙国子监国学文化节”等品牌文化活动，增强群众的文化获得感。

第三，加快产业升级步伐，着力提升经济高质量发展水平。要立足核心区功能定位，积极推进腾笼换鸟，加速产业结构优化升级，突出高端化、特色化、差异化发展，推动经济实现高质量发展。

一是聚焦主导产业，抓好高精尖。进一步落实《东城区加快文化创新融合构建高精尖经济结构的实施意见》和产业发展、资金支持、空间利用、人才保障、营商环境等5方面配套政策，加快“1+5”产业政策体系落地。巩固提升文化产业，创新做强信息服务业，集聚壮大金融服务业，发挥三大主导产业对区域经济的引擎作用，构建文化经济引领、服务经济主导的高精尖经济体系，推动产业结构深度优化。

二是聚焦存量更新，抓好再利用。落实产业指导目录，加强业态管控，打好“优化提升”组合拳。以中粮广场、77文创园升级改造为示范，抓好一批商务楼宇改造升级，支持永外城、世纪天鼎等市场转型升级为文化产业园区，加速青龙文化创新街区、首创非遗产业园等项目建设。建立楼宇物业企业联动机制，强化楼宇招商引导，提高楼宇产出强度。

三是聚焦优化营商环境，抓好企业服务。深入落实营商环境三年行动方案，扎实推进政务服务“一网通办”工作和三级政务体系建设。完善企业“服务包”制度，通过“一企一策”切实解决企业实际问题，制定实施鼓励企业上市、人才激励等政策，为民营企业等各类市场主体营造公平竞争的良好发展环境。

第四，坚持以人民为中心，着力提升民生保障水平。要紧紧围绕满足“七有”要求和“五性”需求，围绕群众身边的操心事、烦心事、揪心事，以改革惠民生，不断满足群众日益增长的美好生活需要。

一是进一步改善群众居住条件。继续推进棚改在施项目的收尾工作。集中力量抓好宝华里重启项目，基本完成回迁区域搬迁。全力推动拆迁滞留区的环境整治和合理利用。继续推进老旧小区综合整治和加装电梯工作，切实改善老旧小区面貌。加大群众工作力度，完成年度简易楼腾退任务。

二是进一步推动公共服务优质均衡发展。贯彻全国、全市教育大会精神，开好全区教育大会。落实立德树人根本任务，推动体制机制改革创新，以体育、劳动教育为突破，发展青少年素质教育，打造高素质专业化干部教师队伍，建设教育强区，办好人民满意的教育。编制中长期养老服务体系规划，持续提升社区养老驿站运营水平，完善“三级五方联动、分类精准供给”居家养老服务模式。继续推进“国家医养结合试点区”建设，加快建立区级医养结合信息平台。深化医药卫生体制改革，持续推进社区卫生服务标准化、专业化、社会化建设，利用“医联体”构建完善的“金字塔”形分级诊疗制度，不断提高群众就医的便利性。结合冬奥会筹办，做好“全国全民健身运动模范区”创建工作。

三是进一步打好“精准扶贫攻坚战”。按照“保基本、抓重点、促提升”的思路，聚焦建档立卡贫困人口“两不愁三保障”目标，严格对标上级考核要求，狠抓扶贫项目落地，做实做细产业帮扶、教育卫生结对、人才支援、党建共建等方面工作，健全长效机制，着力打造对口扶贫协作典范，助力5个受援地区全部脱贫摘帽。用情做好区内困难群体的就业帮扶、社会保障等工作，健全结对子志愿帮扶工作，确保全面小康路上一个人都不掉队。

第五，强化党建引领、共建共享，着力提升社会治理水平。要继续落实区委《关于在城市治理中强化党建引领推动共建共享的意见》精神，完善党委领导、政府主导、社会协同、公众参与、法治保障的社会治理体制。

一是巩固深化“吹哨报到”改革成果，打通抓落实“最后一公里”。坚持以群众诉求为哨声，推进“街道吹哨、部门报到”工作向党建引领深化，向街道改革深化，向社区治理深化，向受理市民诉求、解决群众身边的问题深化，完善服务群众的有效响应机制。完成党政群机构改革，确保平稳有序。职能部门要进一步转变职能，突出“高站位、强统筹”，做到善于牵头、重心下移，定好政策、标准和程序，确保对中央和市委决策部署理解到位、宣传到位、落实到位。结合社区“两委”换届，落实好关于深化社区规范化建设的意见。坚持以服务居民为核心，深化社区减负，明确社区服务标准，通过建立矛盾纠纷化解机制、社区全响应服务制度等，着力健全“和谐社区”“平安社区”长效机制，引导社区做好“五民工作法”的执行者，当好居民代言人和专业管理部门监督者，回归居民自治组织的定位。

二是进一步创新社会治理，推动共建共治共享。做实各级党建工作协调委员会并切实发挥作用，广泛动员驻区单位、商（协）会等社会各方力量参与城市治理。推广普及“五民工作法”，完善“多元参与、协商共治”治理模式，继续擦亮“小巷管家”“停车自管会”“花友汇”等群众自治品牌。有效整合各类志愿服务资源，打造“孙茂芳工作室”“谢亮义务指路队”等更多具有东城特色的志愿服务品牌。

三是围绕重大活动服务保障，健全“平安东城”长效机制。全力做好庆祝新中国成立70周年等重大活动服务保障工作，是核心区首要的政治任务。全区上下要进一步提升政治站位，牢固树立“东城无小事”意识，提早谋划、周密部署，以最高标准、最严要求抓好安保维稳、城市运行保障等各项工作。要加强重点区域、重点部位安全防范，坚持专群结合、群防群治，擦亮“东城守望岗”等特色品牌，全面落实维稳第一责任，深入排查化解社会矛盾纠纷，健全突发事件应对处置机制，严格落实安全生产责任制。加大非法集资打击力度，继续打好防范化解金融风险攻坚战。要下好先手棋、打好主动仗，善于用新智慧、新思路、新方法破解维稳工作新问题，确保全区社会和谐稳定，确保重大活动万无一失，向党和人民交上一份满意的答卷。

东城区人民政府工作报告

2019年1月8日在东城区第十六届人民代表大会第五次会议上

东城区人民政府代区长　金　晖

2018年工作回顾

2018年，在市委市政府和区委的正确领导下，在区人大及其常委会、区政协的监督支持下，区政府坚持以习近平新时代中国特色社会主义思想为指导，深入学习贯彻党的十九大精神，以习近平总书记对北京重要讲话精神为根本遵循，立足首都功能核心区定位，对标对表北京新版总规目标要求，坚持新发展理念，紧紧围绕“一条主线、四个重点”战略任务，凝心聚力、攻坚克难，切实做好“四个服务”，圆满完成重大活动服务保障，较好地完成了全年各项目标任务。

预计全区地区生产总值增长6%左右；区级一般公共预算收入完成175.6亿元，增长2%；全社会固定资产投资完成285亿元；万元GDP能耗下降3.8%左右；居民人均可支配收入增长7%左右；城镇登记失业率控制在0.86%左右；PM2.5年均浓度52微克/立方米，下降13.3%。

一、推动“疏整促”，减量发展取得新成绩

工作体系不断完善。坚持先立后破、立破并举，注重优化提升，“疏整促”实现落点落图、叠图作战，城市乱象得到有效遏制，“大城市病”治理取得明显成效。研究制定5大类26项政策，建立健全10项工作机制，从城市功能修补、公共服务完善等8个维度做好优化提升。“百街千巷”环境整治提升实现设计、施工、管理一体化实施。出台疏解腾退地下空间再利用实施意见，编制完成生活性服务业设施规划和“留白增绿”三年行动计划。

疏解工作持续推进。坚持疏控结合，防反弹、控新增，关闭美博汇市场，完成世纪天鼎商户疏解，清退小商品市场6家。引进知名品牌入驻，助推百荣世贸商城转型升级。清理违规教育培训机构10家，关停无证幼儿园7所。继续压减4所中等职业技术学校招生规模，推动职业教育转型。清理违规小型医疗机构等36家。协助完成天坛医院整体搬迁。预计全区常住人口减少2.7万人，较上年末下降3.2%。

整治提升效果明显。故宫周边以及中轴线、长安街沿线等10个重点区域环境持续改善。15个专项行动稳步推进，拆除存量违建21.5万平方米，新生违建保持零增长；封堵违规“开墙打洞”2017处，42处占道经营挂账点位全部销账，城市管理类网格案件数量大幅下降。清理直管公房“居改商”590户，整治直管公房违规转租转借172户。清退群租房634户，整治住人地下空间74处。推行便利店“一区一照”，新建、规范便民服务网点110个，改造提升金年丰等5家菜市场。启动354座公厕改造升级，完成235座。基本完成868条支路胡同通信架空线入地梳理，83条主次干道全部实现架空线入地，清理规范3354块屋顶牌匾标识，重塑城市天际线。完成916条街巷整治、提升任务，打造了大佛寺东街等一批精品街巷，西总布、东四四条、史家胡同入选“10条北京最美街巷”。累计利用274处、17.8万平方米腾退空间用于改善民生、产业升级，完善公共服务设施。

二、落实“新总规”，城市治理实现新提升

规划管控体系持续完善。以北京新版总规为战略引领和刚性约束，开展核心区发展品质提升、街区更新等18项课题研究，推动核心区控制性详细规划编制，有序开展29项重点任务。王府井街区和前门东区整体规划编制基本完成。历史文化街区实现风貌保护管控导则全覆盖。高标准开展崇雍大街、前三门大街城市设计。街区责任规划师制度落地，搭建多元参与平台，完善考核监督机制，扎实推进老城整体保护复兴。全面完成国民经济和社会发展“十三五”规划中期评估。

城市更新改造稳步推进。编制东城区落实中轴线申遗工作方案，完成社稷坛、太庙、天坛公园园内住户腾退，实施法国兵营旧址、估衣会馆等文物腾退10处，修缮文物7处。完成宝华里项目控规调整，重新启动滞留区搬迁；调整崇外6号地、K11项目规划方案；基本完成马圈和金鱼池二期西项目搬迁工作。启动实施简易楼腾退21栋，稳步推进5个老旧小区整治试点任务，在18栋老旧楼房加装电梯。完成560处坑洼院落改造。望坛项目回迁房地块开工建设，位于顺义区和朝阳区的保障房项目实现开工1.3万套，通州区“两站一街”保障房项目竣工交用3728套，全年完成棚户区改造1019户。

交通治理能力有效提升。实现香河园西街等5条道路完工通车，完成雍和宫桥段等5处疏堵工程。挖潜地区停车资源，增加共享车位3300个，盘活6块拆迁滞留地建设13处停车场，新增停车位3800余个。王府井地区成为全市首个“无停车街区”，全区无停车胡同累计达到21条。大力推进路侧停车管理改革，规划路侧停车位5731个，电子

收费停车位缴费率位居全市第一。在全市首创交通事故视频辅助远程处理、违法停车智能化抓拍等模式。完成广渠门南滨河路等40公里自行车道慢行系统整治。

生态环境质量逐步改善。针对PM2.5和道路尘土残存量等重点指标，建立完善动态监测通报机制，处理扬尘案件3700余件；路查重型柴油车5万余辆，处罚9400余辆次，处罚量同比增长15倍。在全市率先开展餐饮油烟协同减排试点工作。锅炉低氮改造基本完成，更新“煤改电”电取暖设备4200余户。推动垃圾分类全覆盖，居民区实施垃圾“干湿分离”，730家驻区机关、企事业单位和2571家餐饮企业实现垃圾分类规范管理。建成新中街城市森林公园等4处大尺度绿地、33处口袋公园，完成屋顶绿化1.2万平方米，新建、改造绿化面积20万平方米，公园绿地500米服务半径覆盖率提升至92.48%。完成3.3公里管线改造，实现雨污分流。建立“河长+警长+检长”机制和湖长制，坚持河湖治理“一河（湖）一策”，市级考核断面水质全部达标。

多元主体参与形成合力。坚持政府引导、社会参与，不断完善城市治理体制机制。构建“1+5+N”执法体系，推动综合执法平台实体化运行，实现综合执法全程留痕、执法现场全程实录、问题处置全程追溯，“四公开”执法数据考核位列全市第一。加强基层民主协商，推进“国家级社会管理和公共服务综合标准化试点”工作，打造了“社区议事厅”“花友汇”等一批社区治理特色品牌，“五民工作法”获评全国优秀社区工作法。引导居民积极参与城市治理，充分发挥街巷长、小巷管家作用，解决问题纠纷16万余件。创新开展“周末卫生大扫除”活动，助推街区环境建设和民生改善，活动模式在全市推广。

三、聚焦“高精尖”，经济发展焕发新活力

产业政策更加精准。建立完善“1+5”产业政策体系，开展“高精尖”企业指数研究，建立重点企业运行大数据监测平台，实施18项产业促进措施。健全“1+4”联系服务重点企业机制，精准对接需求，建立“服务包”制度，开展“管家式”服务，走访企业899户次，收集问题318项，在区级层面已经有效解决223项。开展公平竞争审查，修订完善产业指导目录，严格实施产业禁限目录。

产业结构更为合理。大力推动信息服务、金融、文化三大主导产业发展。信息服务业增势强劲，实现增加值390亿元左右，同比增长16%左右，占GDP比重达到15.9%。金融业保持总体平稳，实现增加值570亿元左右，占GDP比重达到23.3%。文化创意产业发展趋势向好，实现增加值352亿元左右，占GDP比重达到14.4%，12家企业当选全国、北京市“文化企业30强”。以中粮广场改造升级为示范，大力推动腾笼换鸟、产业升级，发展质效不断提升。

功能区发展更趋完善。严格中关村东城园产业准入标准和约束条件，园区企业集聚优势逐步显现，美国好莱坞制作中心等一批文化品牌企业落户，地均、劳均产出均居中关村“一区十六园”首位。“创意点亮北京”活动成功举办，青龙文化创新街区精彩亮相。紧抓国家体育总局协会实体化改革契机，实现中国篮协、羽协等10家改制协会入驻龙潭湖国家体育产业示范基地。持续推动“国家文化与金融合作示范区”创建，支持华夏银行、杭州银行等成立文化金融专营机构，联合清华大学五道口金融学院成功举办“2018中国文化金融峰会”。全球音乐教育联盟项目落地前门地区，完成草厂三至十条整治提升，引入文华东方酒店，探索“居商共融”新模式。与故宫博物院开展战略合作，启动实施故宫艺术馆、文创馆项目。加快新东安等重点项目调整升级，启动王府井大街277号院整治提升，完成校尉胡同西侧环境整治，成功举办第六届北京王府井国际品牌节，街区国际影响力持续提升。

四、着力“惠民生”，群众生活得到新改善

教育发展优质均衡。深化学区制改革，稳步推进“健康成长2020工程”“文化传承2030工程”和“可持续发展2050工程”，义务教育优质资源覆盖率达到97%。实施第三期学前教育行动计划，增加学位2000余个。坚持学生在校每天1小时体育活动，启动儿童青少年近视防控行动，学生身体素质不断提升。在全国率先建立义务教育阶段学生艺术素质测评标准。加强校园安全管理，深化安全联动机制，中小学重点部位视频监控覆盖率达到98%，幼儿园达到100%。小学、初中学校课后服务实现全覆盖。完成区少年宫装修改造。开展“盟贯带团”内部轮岗交流4861人次，教师队伍建设不断加强。

全民健康协同发展。出台健康东城三年行动计划，开展“国家科学育儿试点区”建设。新增解放军总院第七医学中心医联体，建立以同仁医院为核心的眼耳鼻喉专科医联体，医联体总数达到10个。启动第三批重点专科建设工作，建立区医学影像诊断中心和医学检验中心。建立社区药品虚拟库房，提供送药到家服务。对签约居民试点开展家庭医生精准服务。完成10家区属医院和63家社区卫生服务机构信息系统互联互通，实现医疗费用快捷支付。基本公共卫生和基层卫生绩效考核成绩均居全市首位。以普仁医院为试点探索公立医院薪酬制度改革。区第一人民医院异地迁建项目开工。推动学校、单位体育设施向社会开放，完成地坛体育中心冰壶训练馆改建，天坛体育活动中心模拟滑雪馆投入使用。在十五届市运会上，东城区竞技项目、群众项目总成绩均位列第一，并荣获“体育道德风尚奖”。在首届市冬运会上，东城代表团取得了竞技项目团体总分、奖牌总数“双第一”的佳绩。

文化惠民内容丰富。以纪念改革开放40周年为主题，推出系列电视专题片《40年，我和我的东城》，开展170余项、3000余场群众文化展演活动。“书香东城”建设持续推进，新增阅读空间8处，吸引读者81万人次走进图书馆，王府井书店图书馆、角楼图书馆获评北京“十佳优读空间”。深化“戏剧东城”建设，推出10个原创剧目，成功举办全国话剧展演季等五大戏剧节。继续举办周末相声俱乐部、中秋诗会等品牌活动。打造中轴文化探访路线，“18小时寻找北京”活动网络直播阅读量达1.2亿人次。区文化遗产博物馆、东四胡同博物馆建成开馆，区文化活动中心、广和剧场主体完工，北京国际戏剧中心实现开工。9个街道100个社区实现公共文化设施社会化、专业化运营。

社会保障不断完善。实现登记失业人员就业9661人，保持“零就业家庭”动态为零。在全市率先打造居家养老紧急救助服务模式，居家养老服务标准化试点项目以优异成绩通过市级考核验收。新建17家社区养老服务驿站，区级老年配餐中心正式运营，试点建立区域养老服务联合体，完成200户家庭适老化改造。推进“国家医养结合试点区”建设，建成区老年医疗评估中心、服务中心和康复护理指导中心，实现区属医疗机构与16家养老机构合作对接，开展托底老人“一户一策”精准医疗服务。区残疾人综合服务中心投入使用。在全市率先开展送教上门，破解适龄重度残疾儿童入校就学、居家康复难题。完善精准帮扶机制，建成2个困难群众救助服务所。结对帮扶怀柔区低收入农户，扎实开展与崇礼等5个受援地区的扶贫协作，全年实施产业合作、人才支援等45个帮扶项目，投入资金2.37亿元。

公共安全有效巩固。实施城市安全隐患治理三年行动，对建筑施工等重点领域进行专项执法检查，497项挂账隐患全部完成整改，分批开展安全生产培训，全区安全生产事故总数同比下降50%。加强平房区消防安全工作，建设39条街巷、12公里的预设地下干式消防供水管路系统，建成819个小、微型消防站。建设电动自行车充电设施236处。安装家庭火灾烟感报警器6.5万个。“雪亮工程”新建、改建2874台监控探头。大力开展扫黑除恶专项斗争，打掉涉恶犯罪团伙4个，全区刑事发案总量和110刑事警情连续三年“双下降”。信访形势总体平稳，实现了“四个不发生”的工作目标。立足源头防范，开展金融机构动态排查、“一企一策”分类管理、非法集资专项整治，有效防范金融领域不稳定因素。全区中小学校、托幼机构及养老食堂全部实现“阳光餐饮”。食品、药品抽检合格率分别达到99.8%和100%。

五、深化“放管服”，政府自身建设迈上新台阶

营商环境不断优化。出台进一步优化营商环境三年行动方案。积极推动政务服务“一门、一窗、一网、一次”改革，完成区政务服务大厅升级改造，实施政务服务“一张网”建设，政务服务事项网上可咨询率、可办率均达到100%，43项高频办理事项实现“最多跑一次”。开展街道综合窗口和区域通办试点。持续推进“互联网+不动产登记”改革。健全完善社会信用体系和大数据支撑平台建设。

依法行政能力增强。办理各级人大代表议案、建议和政协委员提案382件，实现办结率和见面率100%，解决率和满意率双提升。建成区公共法律服务中心，组建政府法律顾问小组。实行重大行政决策预公开制度，完善利益相关方、公众、专家、媒体列席政府有关会议机制。建立重大决策出台前向区人大常委会报告制度，完善公众参与、风险评估、合法性审查等程序，不断推进科学民主依法决策。培训一线执法人员和法制干部940余名。开展法治政府建设评估和“七五”普法中期检查验收。

各项改革稳步推进。继续深化城市管理体制改革，进一步推动城市管理重心下移和力量下沉，构建指挥、执法、监督“三位一体”的城市管理工作格局和“三级管理、五方联动”的社会治理格局。全面推行“街道吹哨、部门报到”改革，明确45项“吹哨”标准和部门响应流程，长期滞留的5000余件网格案件基本得到解决。在全市率先实施街道管理体制改革，将内设机构精简为“六办一委一队四中心”，首创“社区专员”，着力打通抓落实“最后一公里”。建立社区准入联席会议机制，提高、规范社工待遇，推动社区工作重心回归社区自治和居民服务。聚焦重要行业和关键领域，整合区属国有企业资源，成立东城静态交通投资运营公司，筹划组建王府井街区运营管理公司，国有经济布局不断优化。组建直管公房经营管理集团，实现区属直管公房集中统一管理。

廉政建设成效明显。认真落实全面从严治党主体责任，通过召开全区廉政工作会、区政府党组廉政专题会以及开展主体责任检查考核等方式，研究部署、督促落实政府系统廉政建设。贯彻落实中央八项规定精神和市、区相关规定，围绕个别党员干部长期不在岗、社区财务管理不规范等问题开展专项监督。强化对“疏整促”工程建设、扶贫协作、优化营商环境、扫黑除恶等重大决策部署的监督检查。实现全区一级预算单位财务运行集中在线监管，预算执行审计100%全覆盖。完善公务员招考招聘和平时考核工作办法。出台国有企业违规经营投资责任追究暂行办法。严格公务用车和行政事业单位办公用房管理。严肃查处违纪违法问题，深化运用监督执纪“四种形态”，始终保持惩治腐败高压态势。

一年来，我区在国防动员、档案史志、保密安全、外事侨务、对台工作、民族宗教、职工发展、妇女儿童等

各方面均取得了新进展。

2019年主要任务

2019年是实施“十三五”规划的冲刺之年，是决胜全面建成小康社会第一个百年奋斗目标的关键之年，核心区转型发展面临着新形势、新任务。我们将迎来新中国成立70周年庆祝活动、第二届“一带一路”国际合作高峰论坛等一系列重大活动，这将对我们城市服务保障能力提出新的挑战。随着核心区“控规”的落地和中轴线申遗保护进程的加快，市委市政府不断加大对老城保护复兴、街区更新的政策资金支持力度，为我们破解“二元结构”难题、提升城市发展品质提供了新的机遇。“疏解整治促提升”专项行动得到越来越多人民群众和社会各界的理解、支持，共建共治共享美好家园的氛围日益浓厚，全区上下干事业、谋发展的劲头更足，这是我们做好工作最坚实的保障。按照区委十二届八次全会会议精神，我们确定了2019年政府工作总体思路，就是要以习近平新时代中国特色社会主义思想为指导，深入贯彻党的十九大和十九届三中全会、市委十二届七次全会精神，坚持稳中求进总基调，聚焦“四个中心”功能建设，落实市委打好“三大攻坚战”、抓好“三件大事”等决策部署，围绕区委确定的“一条主线，四个重点”战略任务，以落实新版总规为导向，以全面提升区域发展品质、实现高质量发展为目标，更加注重提升党建引领、共建共享的工作水平，更加注重提升首都功能服务保障能力，更加注重提升群众获得感和满意度，继续深入抓好“疏解整治促提升”等各项工作，营造整洁优美、繁荣稳定、和谐平安的发展环境，推进“国际一流的和谐宜居之区”建设再上新台阶，以优异成绩庆祝新中国成立70周年。

2019年全区经济社会发展主要预期目标是：地区生产总值增长6%左右；区级一般公共预算收入增长3.5%；居民人均可支配收入增长与经济增长同步；城镇登记失业率控制在2%以内；常住人口规模、PM2.5年均浓度和万元GDP能耗下降达到市级要求。

按照区委确定的全区工作总体要求，围绕政府工作的目标任务，我们要着重做好以下工作：

一、积极开展街区更新，推动“疏解整治促提升”向纵深发展。

二、持续优化营商环境，推动区域经济高质量发展。

三、加大民生保障力度，不断改善群众生活质量。

四、聚焦重大国事活动，全力做好服务保障工作。

五、切实提高政治站位，全面加强政府自身建设。

专文

玉河（王建国摄）

努力打造符合北京“四个中心”定位的核心区

中共东城区委书记　张家明

党的十九大描绘了决胜全面建成小康社会、夺取新时代中国特色社会主义伟大胜利的宏伟蓝图。2018年是全面贯彻党的十九大精神的开局之年。作为核心区，东城区正处在疏解整治促提升的攻坚期和城市管理服务的转型期。全区上下以习近平新时代中国特色社会主义思想为指引，全面贯彻落实党的十九大各项决策部署，以“一条主线、四个重点”战略任务为抓手，加快建设符合“四个中心”定位，政务环境优良、文化魅力彰显和人居环境一流的核心区，为贯彻党的十九大精神开好局、起好步。

用习近平新时代中国特色社会主义思想武装头脑、指导实践

核心区工作责任重大、千头万绪，强化思想理论武装是履行职责、做好工作最重要的前提。要高举习近平新时代中国特色社会主义思想这面伟大旗帜，不断把学习宣传贯彻党的十九大精神引向深入，在学懂弄通做实上下狠功夫，推动党的十九大精神在东城落地生根、形成生动实践。

一是强化理论武装，筑牢“四个意识”。过去五年，我们之所以能够进入新时代、取得历史性成就，最根本的原因在于有习近平新时代中国特色社会主义思想的科学指引。作为习近平总书记视察过的核心区，要牢固树立“四个意识”，模范践行“看北京首先要从政治上看”的要求，切实做到“三个一”“四个决不允许”，坚决维护党中央权威和集中统一领导，切实为党中央站好岗、放好哨。要结合即将开展的“不忘初心、牢记使命”主题教育，认真抓好理论中心组学习，抓好党员干部教育培训，自觉做习近平新时代中国特色社会主义思想的忠诚信仰者和自觉践行者。深挖区域红色资源，以“光辉起点·中国共产党早期组织在东城”主题展览、“三祠”官德基地为载体，设计开发具有东城特色的系列党史教育课程，打造一批党性教育基地，推动党的十九大精神入脑入心。

二是落实意识形态工作责任制，牢牢把握正确舆论导向。制定管理办法，加强对各类意识形态阵地的精准管理，强化网络意识形态管理。积极推动融媒体建设，占领主阵地，及时回应社会关切，主动发声、敢于发声，结合改革开放40周年等重要时间节点，积极宣传党的十九大精神以及近年来我区改革发展新成就，提振精气神、凝聚正能量。开展“红色讲坛·理论家走基层”活动，推动党的十九大精神进企业、进机关、进校园、进社区、进军营、进网站，做到家喻户晓、人人皆知。

三是抓好“四个结合”，不断提高学以致用水平。要把学习贯彻党的十九大精神与学习贯彻习近平总书记“两会”期间系列重要讲话、视察北京重要讲话精神紧密结合起来，与严格执行北京新总规紧密结合起来，与抓好“三件大事”、打好“三大攻坚战”、推动“疏解整治促提升”等中心工作紧密结合起来，与推动党建引领“街乡吹哨、部门报到”等重点改革紧密结合起来，大兴调研之风，抓住矛盾症结，找准解决办法，真正把党的十九大提出的战略部署转化为推动核心区发展的思路举措，做到对中央和市委决策部署认识到位、宣传到位、落实到位。要适应当前社会治理的新要求，不断提升党员干部管理能力、抓党建工作能力，切实做到“既要政治过硬也要本领高强”。

牢牢把握人民对美好生活的更高期待，坚定有序抓好“疏整促”，提升区域发展品质

党的十九大报告明确了以疏解非首都功能为“牛鼻子”推动京津冀协同发展的重大战略部署，将生态文明建设列为千年大计，将“美丽”列入社会主义现代化强国目标，将污染防治作为三大攻坚战之一。抓好疏解整治促提升工作，是贯彻党的十九大精神的实际行动，是实施北京新总规的有效举措。要继续坚持党建引领、共建共享，顺应群众对“便利性、宜居性、多样性、公正性、安全性”的新需求，更加注重疏解整治与优化提升同步推进，把提升区域整体发展品质作为重中之重，努力创造更加和谐宜居、更加安宁美丽的城市环境。

一是以新总规为引领，全力抓好区域整体品质提升。无论是疏解，还是整治，根本目的都是为了促提升。要按照新总规要求，下更大力气在促提升上做足文章，切实让核心区静下来、美起来，与“四个中心”“四个服务”相适应。强化业态管控，提升产业发展品质。以降低“四个密度”为核心，以商业、旅游等行业整体业态品质提升为重点，进一步研究平房区业态提升系列政策，制定胡同“负面清单”。统筹利用腾退空间，在规划便民商业等配套设施的基础上，以“文化+”为产业发展方向，加快文化与金融、商业、科技、旅游等产业深度融合，促进产业向“高精尖”发展。持续提升生态环境品质，全力打造“花园东城”。坚持“大尺度绿化”和“口袋公园”建设相结合，在抓好新中街、大通滨河公园二期等大型绿地的基础上，坚持留白增绿、见缝插绿、拆违还绿、能绿则绿，多为群众提供身边的绿色空间，特别是在树池联通上探索出新经验。打好污染防治攻坚战，做好大气污染防治、水环境治理和垃圾分类工作，推动龙潭三湖水系连通，

营造更加优美宜居的生态环境。巩固文明城区创建成果，健全志愿服务常态化机制，广泛发动党员干部群众开展“大扫除”、美化身边环境，不断将文明城区创建引向深入。

二是着力抓好平房区院落保护修缮，擦亮老城“金名片”。推动老城整体保护和复兴，必须做好平房区的修缮保护。多年来，平房区“二元结构”一直是老大难问题。随着“疏整促”的纵深推进，工作重点将逐步向院落延伸，这为解决平房区问题提供了历史契机。要按照“民生为先、安全第一、保护风貌”的原则，坚持分类施策、稳妥推进。对于简易楼类老旧楼房，坚持因地制宜、多措并举，全力消除安全隐患；对于传统胡同院落类平房，强化风貌管控，逐步改善居民居住条件；对于名人故居等文物建筑类房屋，以依法腾退为主，实施严格的风貌保护措施。抓紧研究直管公房改革、生活困难群体对接安置房源等配套政策，摸清平房院落底数，建立违法出租台账，打好拆违封堵等综合执法组合拳，严厉打击直管公房转租转借等违法行为。要以中轴线申遗为契机，更好传承历史文脉。推动社稷坛、太庙、皇史宬等文物腾退，抓好中轴沿线环境整治提升。加快推进南锣鼓巷、东四等6片历史文化精华区的“恢复性修建”工作，以工匠精神精雕细琢，努力把前门、隆福寺地区打造成老城保护的典范。

三是更好改善民生，不断提高群众获得感、幸福感、安全感。“疏整促”工作做得好不好，人民群众是阅卷人。要把以人民为中心的发展思想贯穿到各项工作全过程、各方面，把群众家门口的事、群众关心的事办实办好。要打好“学前教育攻坚战”，坚持公办民办并重，尽可能增加学前教育学位。要做好区内困难群体精准帮扶，加强对口帮扶和区域合作，助力受援地区如期脱贫。要牢固树立“东城无小事、事事连政治”意识，全面落实维护首都安全稳定第一责任，坚决打赢防范化解重大风险攻坚战。着眼于源头治理、依法治理，坚持专群结合、群防群治，整合志愿者队伍，健全商场、市场、医院等行业内保体系，擦亮“东城守望岗”志愿服务品牌，筑牢维护安全稳定的“铜墙铁壁”。

积极推动党建工作创新，努力建设“党建引领示范区”

党的十九大强调，“四个伟大”中起决定性作用的是党的建设新的伟大工程。各级党组织要以新时代党的建设总要求和八个方面重点任务为根本遵循，坚持党对一切工作的领导，推动全面从严治党进一步向纵深发展，创新党建工作思路和方法，着力打造党建引领示范区，不断增强党的政治领导力、思想引领力、群众组织力、社会号召力。

一是围绕“街乡吹哨、部门报到”，强化基层党建工作。“街乡吹哨、部门报到”是市委落实党的十九届三中全会精神、推进首都社会治理体系和治理能力现代化的重大举措。其核心要义就是坚持党建引领，提升各级党组织领导力和组织力，构建“三级管理、五方联动”机制，理顺区、街道、社区三级职能定位，充分发挥政府与市场、社会组织、社区、居民五方力量作用，破解基层治理“最后一公里”难题，形成多方参与、共治共享的合力。作为全市首选的试点区，东城要按照市委要求，深化城市管理、综合执法体制改革，完善区域化党建、物业党建联建机制，面向基层、面向群众、面向问题，切实增强城市治理统筹能力。要做好“五民工作法”（民事民提、民事民议、民事民决、民事民办、民事民评）的执行者，当好居民代言人和专业管理部门监督者。进一步夯实基层党建基础，加强党支部规范化建设，推进基层党建示范点建设，将示范点真正打造成为党员、群众积极参与的“活动点”，社区协商讨论的“议事点”，群众广泛沟通的“交流点”和传达贯彻中央、市委精神的“宣传点”。健全落实“党员先锋日”、困难家庭结对帮扶等制度，把全面从严治党要求落实到每个支部。

二是从严从实抓好班子带好队伍，做到忠诚干净担当。政治路线确定以后，干部就是决定性因素。要按照“四个不让”的要求，注重在全区中心工作、重点项目和基层一线培养锻炼、考察识别干部；完善优秀年轻干部到重点工作、重大项目挂职锻炼的常态化机制，牢固树立凭实绩用干部的导向；健全容错纠错机制，旗帜鲜明地给干事创业、不谋私利的干部撑腰鼓劲。要强化干部日常管理监督、分析研判，坚持抓早抓小、抓苗头，严格执行干部选拔任用工作“四项监督制度”，严格落实“凡提四必”“双签字”等措施，坚决防止“带病提拔”“带病上岗”。关心关爱干部，落实好带薪休假、健康体检等制度，加大对干部的谈心谈话和心理疏导，让广大干部时刻保持良好的工作状态和积极向上的精神面貌。

三是压实从严治党主体责任，构建“大党建”工作格局。抓党建必须抓责任制，抓责任制必须抓责任人，特别是要抓第一责任人。要严格落实党建工作责任制，修订完善“四个体系、两个清单”，健全“书记亲自抓，部门单位各负其责，班子成员一岗双责，一级抓一级，层层抓落实”的“大党建”工作格局。要强化政治纪律和组织纪律，综合运用监督执纪“四种形态”，紧盯“关键少数”，持之以恒正风肃纪。抓好“为官不为、为官乱为”问题专项治理和“严肃查处群众身边的不正之风和腐败问题”专项工作，坚决遏制“四风”反弹回潮。要继续深化纪检监察体制改革，发挥好巡察监督和派驻监督作用，综合运用区域文化资源推进廉政文化建设，广泛开展纪律教育和警示教育，营造风清气正的政治环境。

东城区党建引领行政体制改革和社会治理创新落实“街道吹哨，部门报到”的研究

中共东城区委书记　张家明

党的十九大指出，中国特色社会主义进入新时代，我国社会主要矛盾已经转化为人民日益增长的美好生活需要和不平衡不充分的发展的矛盾，在北京的具体表现就是市民对便利性、宜居性、多样性、公正性和安全性的要求日益突出和迫切。十九届三中全会对深化党和国家机构改革作出了重要部署，特别强调要构建简约高效的基层管理体制，推动治理重心下移，尽可能把资源、服务、管理放到基层，使基层有人有权有物，保证基层事情基层办、基层权力给基层、基层事情有人办。

对于创新社会治理，十九大报告也明确提出，打造共建共治共享的社会治理格局。加强社会治理制度建设，完善党委领导、政府负责、社会协同、公众参与、法治保障的社会治理体制，提高社会治理社会化、法治化、智能化、专业化水平。城市社区治理是城市治理中的重要部分。2015年中央城市工作会议明确提出，要尽最大可能推动政府、社会、市民同心同向行动，使政府有形之手、市场无形之手、市民勤劳之手同向发力，真正实现城市共治共管、共建共享。

一、新时代东城区城市治理面临的挑战和问题

当前北京市正在经历由“城”而“都”的深刻转型。以首善标准加强“四个中心”功能建设，做好“四个服务”，是首都发展的全部要义，“精治、共治、法治”是城市治理的必由之路。

（一）东城区作为首都功能核心区的城市治理难点和症结

东城区作为首都功能核心区，是全国政治中心、文化中心和国际交往中心的核心承载区，历史文化名城保护的重点地区，展示国家首都形象的重要窗口地区。

东城区特别是旧城平房区，既是古都历史风貌的精华展示区，也是“城市病”最集中的地区，人口密度大、环境脏乱、交通拥堵等问题日益凸显，倒逼着城市管理体制机制的加快创新。当前，平房区城市管理的最大难点在于公共空间的侵占和公共秩序的维护。前者体现在开墙打洞、堆物堆料、占道经营、违规停车等现象屡见不鲜，胡同空间陷入了“过度放牧”的“公地悲剧”；后者体现在废旧三轮车、自行车随意摆放，私装地桩地锁普遍，胡同公共空间已经被当地居民“领地化”。

应该看到，胡同的“公地悲剧”和公共空间“私人领地化”是问题不断发展、长期积累而没有得到及时有效治理的必然结果。它们突破了一道又一道不同层面的“防线”：法律法规防线—>行政管理防线—>社会监督防线—>邻里约束防线—>居民自治防线。在此意义上看，旧城胡同的乱象是政府管理失灵和社会调节失灵这种“双重失灵”共同作用下的结果，既缺乏法治的硬约束，也缺乏自治的软约束。

长期以来，之所以存在“管得了的看不见、看得见的管不了”的问题，症结就在于条块关系不清晰和体制机制上的缺陷。从现实来看，在城市管理具体工作中，条块分割、职能交叉、职责不清、多头管理、协调不畅、推诿扯皮等问题多有发生，城市管理水平距离中央及市委市政府要求，距离人民群众期待仍有较大差距。“街道吹哨、部门报到”，就是对条块关系的改进、调整和完善，是一种体制机制的创新，关键词是“赋权”“下沉”“增效”。

（二）东城区城市建设中的不平衡不充分问题

东城区目前的城市基层治理体系和治理能力发展中的一些不平衡不充分现象日益突显，主要表现在“三个不平衡”和“四个不充分”上。

一是在基层党建引领城市管理和社会治理中，存在着体制内党建强于体制外党建、组织覆盖强于功能发挥的不平衡；二是在“条专块统、以块为主”的行政管理体系中，存在着条块之间权力、资源和责任的不对等、条强块弱的不平衡；三是在党委领导、政府负责、社会协同、公众参与、法治保障的社会治理体制中，存在着政府大包大揽、社会参与有限的不对等和强政府、弱社会的不平衡。基层党组织和基层政府统筹各方、整合资源、协调利益、引导共治的制度建设和能力建设发展不充分；社区公共服务体系提供多层次、精准化公共产品的能力发展不充分；社会力量有序参与基层社会治理的活力发展不充分；基层治理队伍的专业化、职业化、体系化发展不充分。

这些不平衡、不充分现象，已成为制约东城区城市高质量发展和治理转型的重要瓶颈，迫切需要通过体制机制改革创新加以破解。

（三）从城市管理走向城市治理的必然之路

从城市管理走向城市治理是适应首都功能的一个重

大转型，也是必须完成的任务。“城市病”的问题不仅是由人口规模和人口密度急剧增加带来的居住、交通、环境、安全等方面的城市管理问题，也是由人口的高流动性、陌生性和原子化，以及缺乏相应的社会信任机制、规则意识和约束激励机制所导致的社会治理问题。如果仅仅依靠行政体制改革的推进而没有社会治理体制机制的创新作为配套跟进，很可能出现“行百里而半于九十”的局面。

因此，对于城市治理而言，加大行政资源投入力度和优化行政力量的组合配置是必不可少的重要基础。但如果缺少了社会治理创新和社会活力激发，其本质上仍然是在用强化的行政资源为社会失序“买单”。必须明确城市治理创新的核心内涵是在坚持和完善党的领导之下，重建保障和促进公共利益的基层公共秩序和公共规则。逐步培育和缔造有认同的“情感共同体”、有参与的“治理共同体”和有共享的“命运共同体”。把社区居民从原子化的“陌生人”转化为相互信任的“熟人”，再把“熟人”转化为“主人”，培育社区居民的主体意识、责任意识、权利意识、参与意识、协商意识和规则意识。

二、构建“一核两翼、三级五方”城市治理格局

（一）东城区“一核两翼、三级五方”的城市治理格局

党建引领街乡管理体制机制创新，实现“街乡吹哨、部门报到”是首都城市治理的一项重大改革和“1号课题”，也是破解城市治理“最后一公里”的重要举措。

东城区委立足实际，提出了“突出党建引领、走好群众路线、推动共治共享”的新理念新思路，并进行了积极有效的探索，先后出台了《关于在城市治理中强化党建引领推动共建共享的意见》《关于加强党的建设推动实现“街道吹哨、部门报到”的实施方案》“1+6”城管体制改革方案等重要文件。目标是坚持党领导下的精治共治法治一体化建设，着力构建运转高效、条块清晰、责任明确、群众满意的基层治理体系，加快推进首都社会治理体系和治理能力现代化。区级层面“高站位、强统筹”，街道层面“抓协调、强服务”，社区层面“重民生、强自治”，各类社会力量“聚合力、促发展”。

目前，东城区已形成“一核两翼、三级五方”的城市基层治理基本格局，即：以党的建设为改革创新的“核心”，把党建工作贯穿在城市管理和基层治理过程始终，全面发挥党建引领基层治理的“龙头”作用；以街道行政管理体制改革和社会治理体制创新构成“两翼”，通过街道行政体制改革来理顺政府内部（上下和条块）关系，通过社会治理创新来理清政府与社会的关系（权责边界）。具体而言，就是在党建引领之下，完成“街道吹哨，部门报到”的城市基层管理体制改革和“多元参与，共治共享”的社会治理体制创新两大任务，形成区－街道－社区的“三级管理”协同机制和政府、市场专业力量、社区、居民和社会组织的“五方联动”参与机制，从而推动首都核心功能区治理体系和治理能力现代化。

在这一整体格局中，“两翼”之间是彼此呼应，相辅相成的关系。行政管理体制改革为社会治理体制创新提供条件和保障，社会治理创新为行政体制改革提供支撑和协同。“三级管理、五方联动”体现出从城市管理向城市治理的方向性转变，只有“三级管理”，没有“五方联动”就是残缺和“跛足”的城市治理体系。

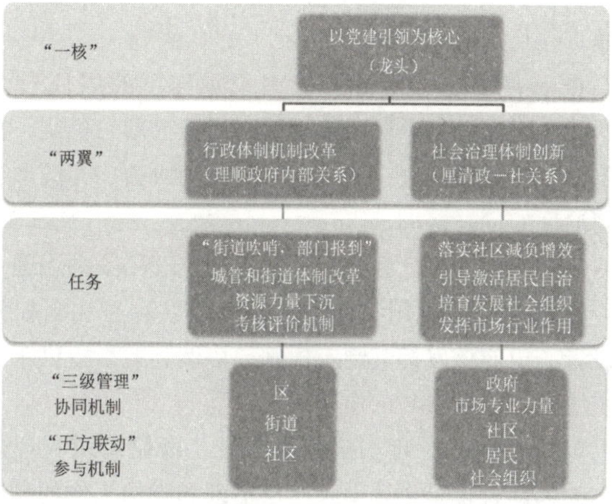

图 1：东城区城市治理体制改革的基本架构

（二）坚持以党建创新为所有工作的核心和引领全局的龙头

党建工作具有政治性、全局性、统领性、嵌入性和联通性（糅合性）的基本特点。党的领导是加强和完善城市管理与社会治理的核心。从基层实际看，党组织承担领导基层治理的职责还存在很多不适应的地方，比如，街道党工委的统筹协调功能还比较弱；城市内各领域基层党建工作融合还不够有效；体制外党建存在“走程序”的形式主义问题；党组织和党员在基层治理中有效发挥作用的途径还不够丰富等。

面对这些难题，必须把加强基层党的建设、巩固党的执政基础作为贯穿社会治理和基层建设始终的一条红线，充分发挥党组织在城市基层治理中的领导核心作用。

1.构建“嵌入式”大党建格局，发挥党建引领全局作用

近年来，东城区“嵌入式”大党建格局进一步完善，基层党组织建设水平不断提高。东城区把党建工作“嵌入”在战略任务和中心工作之中，让党组织“嵌入”到重点项目中，让党员“嵌入”到社区建设之中，坚持

“中心工作推进到哪里，党组织作用就发挥到哪里”。发挥各级党组织对行政组织、基层组织、群团组织、行业协会、两新组织等的引领力，以党建的政治优势和统领优势打破部门之间、条块之间的组织壁垒。

例如，区工会自觉融入“大党建”工作格局，服务中心工作。依托工会服务站、社区联合工会，设立数百个“暖心驿站”，针对环卫工人、快递员、平房物业工作者等户外劳动者开展“暖心行动”。区妇联积极参与配合中心工作，实施望坛棚改地区家庭矛盾调处综合服务项目，关心关注再婚妇女、失独母亲、单亲妈妈等群体的特殊需求，依法及时化解棚改地区家庭矛盾纠纷。望坛棚改项目的联合党委还被中组部确定为“两学一做”榜样。

今后，要进一步健全党组织领导下的居民自治机制、民主协商机制、群团带动机制、社会参与机制，把驻区单位广泛吸纳进来，形成党政群共同协商、共同参与、共同治理的良好格局。

2.突出街道和社区党组织的刚性治理和柔性治理

街道和社区党组织作为地区性公共利益和公权力的代表者，更应该发挥其制定规则、协调利益、提供平台、组织协商、引导参与的作用。

“街道吹哨、部门报到”工作，既是街道管理体制机制的创新，也是党建引领基层治理和党的工作的创新。推动党建工作与城市治理各项工作、“一条主线、四个重点”战略任务深度融合，有助于把党的政治和组织优势转化为城市治理优势。如果说整治违法行为体现出党建刚性的一面，增强基层党组织活力、发动党员群众参与社会治理更像是一项柔性工作。街道党工委更应注重理顺资源下沉后的行政条块的关系，社区党委更应注重社区融合和社会动员。

3.激发在职党员参与社区治理的积极性

基层党组织和在职党员向街道社区“双报到”与“街道吹哨，部门报到”的结合，是体现党建引领基层治理创新的重要举措。

目前在职党员社区报到的活动形式和内容还比较单一。如何让在职党员从“要我报到”转变到“我要报到”还需要不断探索和研究。对社区党组织而言，需要提高自身工作的开放性和透明度，努力创新方式，让在职党员从认识社区、了解社区开始，逐步转变为认同社区、关心社区和服务社区，让党员在参与社区建设的过程中有“成就感”，让群众在党员向社区报到的过程中有“获得感”。要梳理并建立社区的资源清单、问题清单和项目清单，可以为在职党员提供社区参与的“菜单”。同时，结合党建服务群众经费的使用，主动邀请在职党员代表参与项目的讨论、设计、实施和监督。

（三）不断拓展“街道吹哨，部门报到”的内涵

北京市在提炼“平谷探索”模式和其他各区典型经验的基础上，将“乡镇吹哨、部门报到”改为“街乡吹哨、部门报到”，向全市推广。“乡镇”和“街乡”的一字之差，标志着此项工作机制的三个转变：从郊区“重大问题整治”向城市日常治理的彻底转变，从联合执法链工作机制向全面推进基层治理运行模式的彻底转变，从一时一地的基层鲜活实践向制度化、科学化、系统化的体制机制改革彻底转变。

为此，东城区也在定位、广度、深度上不断拓展“街道吹哨，部门报道”的内涵。

1.街道办事处“统筹者”的定位更加明晰

作为区级政府的派出机构，街道既是行政体系的末端，也是基层的顶层，是城市政府与基层社会的重要连接点，是创新基层社会治理的关键所在。街道不仅仅是上级政府的执行者（“办事处”），也是辖区全面发展的“统筹者”。街道工作的“机关化”问题在很大程度上是由不合理的条块关系，各职能部门向街道单向布置任务、单向进行考核所导致的。区级各职能部门不应该把街道仅仅视为完成自己下派工作的“腿”，而要充分意识到街道是社区和居民的“头”，发挥着推动社区共治和指导基层自治的重要功能。

2.广度：将“部门报到”的内涵不断丰富拓展

“街道吹哨，部门报到”的初衷在于办好街道与部门职责交叉、条块关系不顺、需要合力推进的事，侧重于基层执法平台的搭建。但从长远发展来看，部门报到不应该停留和止步于综合执法方面，应该在实践中根据街道和社区的实际需求不断地丰富和拓展其内涵，特别需要在城市功能提升、小区物业管理、民生保障改善、社区服务提供、传统街区复兴方面还有很多的内容需要由相关部门发挥协同作用。针对一些难点重点问题或者历史遗留的疑难杂症，还需要采取多个部门“集体报到”的方式来合作解决，“部门报到”的对象应该是包括所有职能部门。比如，东四街道与区教委成社科携手，为社区居民打造“福禄课堂”开展丰富多彩的社区教育活动，以“街道吹哨，教育报到”的形式满足了社区居民的精神文化需求，同时拉近了街道与居民的关系。

3.深度：将“街道吹哨”工作机制向社区延伸

街道体制改革的目的是破解城市治理和公共服务的“最后一公里”难题。需要重视的是，社区（小区、胡同、院落）是基层治理的“最后一百米”甚至“最后几米”。如果少了这一末梢环节，“街道吹哨，部门报到”的改革效果就可能大打折扣。因此，应该把“吹哨报到”条块关系改革的红利真正延伸和落实到社区，积极探索街道党工委（书记）、街巷长、社区专员、社区党组织（书

记）四级“吹哨”，区级部门、街道各部门和中心、社会单位、基层党组织四方“报到”协调处理机制，形成“部门围着街道转”“街道围着社区转”“社区围着问题转”的块处理模式。

一是要完善分层分类吹哨机制。在街道层面，吹哨的问题集中在解决难点问题上；在社区层面，吹哨的问题主要集中加强社区日常管理和提高社区服务水平上；街巷层面吹哨的问题主要集中在社会动员上。

二是街道“吹哨”不应该是“见风就是雨”，看到一点表面现象，就急着把区里的相关部门召集而来。街道的“哨”要在充分调查研究、理清前因后果的基础之上才能吹的比较科学合理，进而实现有执法权主管部门一到，职责就能清晰起来。

三是互联互通是共享共治的前提。近年来，无论是各级部门，还是各级政府，都建立了自成体系的信息系统。这些系统在政府“条”与“块”的内部范围，都发挥了很大作用。但行政信息的价值，决不仅在于“有”，更在于“通”，在“通”的基础上，真正“用”到吹哨报到的实际工作中。因而，要打通信息共享的“最后一公里”，建立以公众需求为中心的信息共享模式。

三、优化行政管理体制机制，在“吹哨报到”中深化群众路线

人民城市人民建、人民城市为人民，推进城市治理的核心是让群众有获得感，让群众满意。为此，东城区坚持在“吹哨报到”中走好新形势下的群众路线，听群众诉求、请群众参与、让群众评判，把群众知晓、群众参与、群众满意作为工作的出发点和落脚点。

（一）将自上而下的“四问”与自下而上的“五民”有机结合起来

“四问于民”是政府走群众路线的实现形式。即“问政于民、问需于民、问计于民、问绩（效）于民”。“四问”不仅仅是政府的工作理念，更应该是工作方法和流程。特别是对于不擅长与基层群众打交道的各职能部门来说，无论是部门预算的编制、公共服务的提供和民生项目的设立都应该转换理念改进方法，通过合理规范的具体流程来真正落实“四问于民”。

“五民工作法”是居民自治和社区共治的有效手段和工作机制。通过民事民提（收集居民反映的各类急、难、热点问题）、民事民议（以社区议事厅为平台，邀请利益相关方讨论、达成共识）、民事民决（达成共识后拿出解决方案）、民事民办（以项目为单位，发动居民自己实施，政府支持）、民事民评（对项目进行评议反馈），形成了提出问题、解决问题的闭环流程。

（二）将“街巷长制”和“小巷管家”有机结合起来

东城区龙潭街道在全市首创“小巷管家”工作机制，在设立街巷长基础上，将“街巷长制”进行延伸，面向社会招募“小巷管家”，让地区居民、辖区单位职工等社会多元主体认领街巷，参与街巷的治理和环境建设。“街巷长制”是行政动员和责任传导机制，依靠的是政府体系内部的管理、考核和评价手段；“小巷管家”是社会动员和公众参与机制，依靠的是居民群众和社会内在的认同、志愿精神和激励手段，比较好地体现出城市治理的群众性、志愿性、参与性和日常性的特征。这一创新经验是对群众参与城市环境治理模式的积极探索，也是新时期党的群众路线实践在城市精细化管理与服务中的生动体现。

（三）将“堵”与“疏”、整治与提升有机结合起来

更加注重疏解与提升工作的紧密结合。不可否认，北京市之前的疏解与提升工作存在一定的脱节，造成了居民日常生活方面地段性和阶段性的供需失衡。以便民商业网点为例，目前开展的综合整治有力地打击了占道经营、无证无照、小散业态，但是品牌化、连锁化的便民商业网点、服务综合体供给不足的问题没有及时解决，给群众生活带来了不便。提升与疏解整治不能相互脱节，要坚持破立并举、先立后破，要坚持问题导向，吸取教训，补好短板。特别是对于群众在买菜购物、停车、养老等“刚需”，需要就选址、建设方案、服务商择优选择、服务质量监督等环节征求群众意见，推动民主协商。

探索地下空间的合理再利用。可向几个方面进行探索：一是用于开展社区活动和提供社区服务；二是解决部分的物业办公用房；三是为直接服务于城市管理的部分服务人员（比如平房区物业管理人员和城市协管人员）提供集体宿舍。可以考虑在符合法规、安全可控和管理到位的前提下，对地下空间加以改造（水电和安全设施等）为此类人员提供带有一定保障性的集体住宿（低租赁价格、低居住密度），由区属国有企业进行运营管理，通过建立和完善准入（入住条件）和退出机制来严格规范和管理。

（四）将“运动战”和“阵地战”有机结合起来

政府在过去的城市管理和环境整治中，往往习惯于采取集中力量打歼灭战的方式。但由于长效管理机制和群众参与机制不健全，往往会陷入集中整治－反弹－再整治的循环和怪圈。要实现城市治理从“运动战”到“阵地战”的转变，必须激发群众内在的参与积极性，发挥社区自我监督、自我约束的作用。

以东四街道为例，从2016年开始，“周末大扫除”

已经不间断地坚持了100次，参与大扫除的人数达到了10768人次。从清扫垃圾到拆除占道煤棚，从胡同公共空间逐渐延伸到院落内部，从平房区扩展到楼房区，从以干部为主到居民不断理解支持和参与，从“政府管”、“干部干”到居民“自己管”、“一起干”，居民参与率不断提高。与此同时，东四街道还举办了居民议事协商会，居民代表、环境建设责任设计师、物业管理公司等多方参与，制定《小院公约》，共同维护整治的长期效果并不断美化提升。

（五）做实社区专员，发挥政府与群众的桥梁纽带作用

社区专员是东城区落实“街道吹哨，部门报到”工作的特色创新，是体现力量下沉到基层，解决“最后一公里”难题的重要举措。

社区专员原则上由正科级领导干部担任，是各街道挑选出的精兵强将和骨干力量。于社区而言，社区专员扮演着引航员、联络员、组织员、指导员、服务员的角色。有助于整合社区难以整合的资源，解决社区难以解决的问题，协调社区难以协调的关系。于街道而言，社区专员更像是街道的感知器，能增加街道对居民意见需求的灵敏度和回应性，解决了以往意见需求自下而上传导时，由于传导过程长、传导层级多引发的信息衰竭问题，方便街道对各社区总体发展状况、重点难点问题、普遍迫切需求有更全局、深入、准确的了解把握和分析研判。

尽管社区专员制度运行时间不长，但其在加强社区力量、协调街道与社区关系、优化社区治理领导等方面的优势已初步显现。下一步需进一步健全完善社区专员的相关工作机制。包括保障社区专员深入社区的问题发现机制、畅通及时的问题反映机制（“直通车”）、协调各方的问题解决机制、社区专员工作过渡衔接机制、社区专员督导培训激励机制等。

（六）建立完善合理的社会治理人才体系

习近平总书记指出，加强和创新社会治理，关键是体制创新，核心是人。社会治理人才体系建设应在“专业化”和“多元化”上同步推进，并行发展。除专业化的社区工作者队伍外，多元化的“骨干居民”在社区治理过程中同样发挥着重要作用。因而，一个完整的社会治理人才体系应该包括：“领头雁”（社区书记）、社区专职工作者、公益领军人物、社区意见领袖、居民自组织和社团的带头人。为此，一方面要进一步分阶段、分层次、分批次、分专题地开展提升在职干部专业素质和能力的精准化培训，并依托“匠心工作坊”等培养一批高素质的社区后备人才；另一方面要加强“骨干居民”的发掘、引导和培育，探索设立社区骨干培训基金，并建立相应的激励保障机制。

（七）优化政府工作的考核评价机制

考核是政府所有工作的“指挥棒”。长期以来，造成条块关系不顺的一个重要原因就是“条对块”、“上对下”的考核评价过于强势，包括一些本应由部门主责的工作，也要求由街道负主要责任。多头考核也让基层不堪重负。因而，应由区委统一组织开展落实党建主体责任综合考评工作，切实解决多头考核问题。

依托区级、街道级网格中心，以区网格化考核评价机制为基础，建立“街道吹哨、部门报到”综合评价机制。做到“一哨一考核”“吹哨全留痕”，将网格系统评价结果与街道评价相结合，形成部门该次考核结果，纳入全区绩效考核总成绩。

加强街道对政府职能部门的评价在部门绩效中考核权重。对部门干部的考核机制和提拔机制，必须把在基层的一线工作经历作为重要的内容和考虑因素。

习近平总书记指出，“时代是出卷人，我们是答卷人，人民是阅卷人”。因而，一方面要完善公众参与机制，将公众评价作为考核各部门、各环节工作的重要标准；充分发挥公众监督平台作用，进一步畅通公众对城市管理进行监督的六大类渠道；完善公众满意度调查机制，搭建公众“提出问题—问题反馈—持续监督”的监督模式。另一方面，要建立街道办事处与基层群众性组织的履职履约双向评价机制，并将评价结果作为街道年终考核和人事任免的重要依据；同时，积极探索引入相对独立的第三方机构，引导居民评估社区和街道的工作。为了持续推进社区减负工作，应取消对社区的“一票否决”事项，建立以群众满意度为主要标准的社区工作综合评价机制。在平房区物业管理的工作评价机制中，也要逐步提高社区居民的评价权重。

四、完善社区治理体系，强化居民自治共治

社区治理不同于行政管理，效率对于行政管理尤其重要，活力对于社区治理则最为根本。在“街道吹哨，部门报到”改革中，基层社区发挥着及时发现传导问题、广泛动员群众参与、引导组织居民自治、传递和组织公共服务、协调社区各方利益矛盾的重要作用。

（一）同步推进社区减负和社区赋能

社区是否真正减负，改变社区“行政化”的积弊，应该作为衡量“吹哨报到”的重要标准之一。因而要建立社区公共事务准入制度，理清区职能部门、街道和基层群众性自治组织之间的职责边界，依法制定区职能部门和街道在社区治理方面的职责清单；完善基层群众性自治组织履行职责事项和协助政府工作事项清单；建立区职能部门下派社区工作事项联审制度，除法律、法规和规章有明确规定外，其他需要社区协助的工作事项，区级部门的需经区委区政府批准，依法需要社区协助的工作事项，应当为

其提供经费和必要工作条件。

（二）推广参与型社区协商模式，强化社区自治功能

需要建立社区协商的分类目录，根据社区公共事务的不同性质、涉及利益主体的多少、解决问题所需层级的高低等，从协商议题、协商主体、协商程序等环节加以仔细梳理、合理规范、分类指导，使协商成为社区的基本工作规范，各方主体愿协商、能协商和会协商。

探索通过楼院自管会、网格议事会等形式，加强居民自治最基础环节建设，不管是背街小巷还是老旧院落或小区，整治工作愈往城市空间肌理深入，就越需要普通居民群众的参与。

“五民工作法”的群众工作法和“多元参与、协商共治”的工作机制在推动社区协商过程中大有用武之地。具体实践中，可选取辖区内管理缺失的老旧小区和平房院落，政府先行介入，加大改造投入力度，完善公共设施，营造干净整洁的社区环境，引导社区居民开展社区自治，探索订立“居民自治公约”，后期逐步移交社区居民自我管理，自我服务。

（三）加强平房区物业管理和居民自治的融合度

目前，居民对于东城平房区物业的工作参与度仍然不够。单纯依靠政府的强力管控，难以取得社区居民的认同和支持，执法中会面临重重阻力，导致“法难责众”。

必须完善居民自治与物业企业衔接机制，协调、指导社区党组织加强平房区物业管理党建联建工作。积极搭建平房区居民自治平台，通过成立街巷环境理事会、招聘市容市貌监督员、订立居民公约、完善社区议事厅和院落（楼门）议事会制度、组织开放空间讨论、胡同茶馆等多种措施，引导居民群众有效参与平房区城市治理工作。要加大居民评价在平房区物业服务企业工作考核中的权重，还应该鼓励平房物业服务企业提高本地化用工的比例，找到专业管理和居民自治的结合点。

（四）善用“互联网＋社区治理”的思维模式和工作方式

“知屋漏者在宇下，知政失者在草野”，习近平总书记指出，网络就是草野，网民就是草根。在网络时代，领导干部要通过网络走好群众路线。

要借助城市管理的多网合一，推动社区治理的智能化、信息化和网络化。深入推进社区信息平台建设，搭建涵盖政府政务服务、社区民生服务、市场供需服务的社区信息平台。采用大数据信息分析平台，提升对社区治理以及居民多元诉求等情况的科学研判能力。重视新媒体的作用，加强网络舆情应对和舆论监督。充分发挥“社区全媒体”在基层治理中的重要作用，把社区报、社区网站和社区论坛、社区微信公众号、社区微博、社区微信群等不同媒介手段的各自优势相互结合起来，重视社区网络媒体在政策宣传、文明教育、传递舆情、反映民意、收集建议、凝聚共识等方面的作用。

（五）建立保障公共利益的社会信用约束体系

积极探索建立保障公共利益和公共秩序的社会信用约束体系。对于胡同里的车辆乱停放、盖违建、私自开墙打洞、群租房等违反法律法规、违反社区公约、侵犯公共利益的不道德行为全都纳入信用体系里来。通过对失信（失范）行为的记录和数据积累和利益关联，让失信人在未来的重要事项办理上为其过去的违法违规行为付出足够的代价。社会信用体系的建成是一个相对漫长的过程，但确实是符合“源头治理”的治本之道。例如，南锣鼓巷商会制定的《南锣公约》中建立了“黑色”名单制度。凡是被查处的南锣商户，均被列入“黑色”名单，并将在贷款、融资、审批等方面受到限制，形成“一处失信，处处受限”的约束力。

五、发挥市场力量在城市治理中的作用

在城市治理领域要引入市场力量，让专业的人做专业的事，不仅可以降低管理成本，也是城市管理服务体制改革的重要内容。

（一）不断完善平房区物业管理体制机制

在发挥市场作用方面，在平房区引入物业管理是东城区的创新之举。东城区作为城市核心区域，平房区比重较大。为此，东城区按照首善一流的标准，在平房区街道试点物业管理，应对城市管理服务过程中供给不足、供给质量低、供给效率不高等问题。东城区平房区物业管理包括环卫保洁、绿化养护、交通疏导、秩序维护、安全防范、设施巡查等方面内容。通过购买物业服务企业服务的

南锣鼓巷地区实行平房区物业管理（王建国摄）

方式，积极探索多元共治的“大城管”体制机制，推进城市管理服务体系的供给侧结构性改革，发展出“行政管理+市场化服务+居民自治”的城市管理服务新模式，推动城市管理服务的专业化、标准化、精准化、精细化、集约化、高效化，使得平房区环境的舒适性、有序性、安全性充分改善，平房区居民的满意度、参与度、文明度显著提升。

尽管平房区物业管理成效已经初步显现，但由于没有明确的法律政策可供遵循，没有现成的成熟经验可供借鉴，还需在接下来的实践过程中不断摸索总结、改进完善。一是要进一步厘清政府、市场、百姓之间的责权边界；二是要促进平房区物业管理服务体系建设和社会治理体系建设的同步推进和相互协同，通过搭建平台、整合资源、教授方法，将普通百姓吸纳至平房区环境整治的过程中；三是要进一步探索如何将平房区物业管理中形成的好的经验模式、体制机制，运用到老旧小区的准物业管理中。

（二）在民生服务领域尝试引入市场力量

在民生服务领域，政府首先要做的是保基本、兜底线，但是政府掌握的资源毕竟是有限的，怎么满足群众日益增长的多元化需求，除了财政的投入更要依靠市场的力量。市场能做的交给市场，社会能办的分给社会，政府该管的要管好，政府要做好顶层设计、定好标准、做好统筹。比如养老工作，东城区60岁以上老年人口约占1/4，按照“三级五方联动、分类精准供给”居家养老服务模式，需要引入大量的家政、助餐、助洁等各类服务企业。因此，要引导发动社会力量参与进来，形成多模式多渠道的供给，满足“一老一小”实际需求。

六、发挥社会中间层在城市治理中的重要作用

在城市治理中，群众对政府的信任不足和群众对政府的过度依赖往往同时存在。很多情况下，政府“冲”在第一线，直接面对原子化的社会个体，因而成为各种社会矛盾的直接发泄对象。

从社会阶层结构上来看，城市中产阶层是至关重要的社会中间层，能够在政治、经济和意识形态上发挥重要

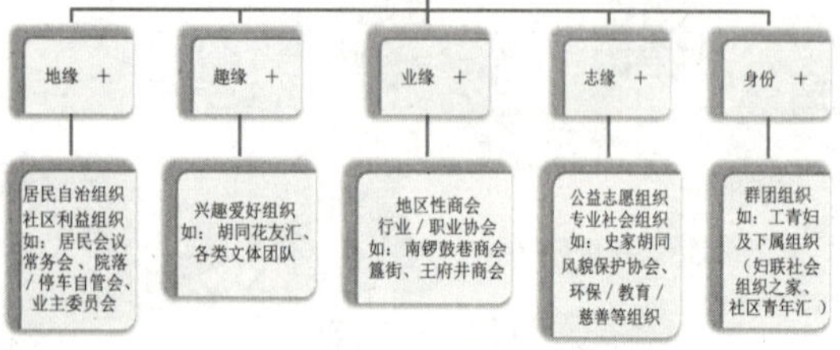

图 2：社会中间层的构成

的稳定功能。从社会组织结构和社会治理结构上来看，各类社区组织、社团、协会和社会组织是重要的社会中间层，发挥上传下达信息、协调矛盾冲突、整合利益关系、维护合法权益、规范群体行为等作用。

（一）鼓励支持地区商会参与街区治理

十八届三中全会强调要“加快实施政社分开，重点培育和优先发展行业协会商会类等社会组织，激发社会组织活力”。相比政府，商会组织更了解市场需求和企业、群众诉求，在行业自律、诚信建设和管理服务企业方面更加精准。为此，东城区委、区政府大胆创新，依托区工商联引领和街道配合支持，充分发挥基层商会组织“统战性、经济性、民间性相统一”的特性和优势，在引导基层商会组织参与城市管理和社会治理方面探索出了一条成功路子。

以南锣鼓巷商会为例，对于政府而言，它是配合中心工作的得力助手和工作抓手，对于会员商户而言，它是领路带头人和贴心服务者。东城区出台了北京首个历史文化街区（南锣鼓巷）《风貌保护管控导则》，把工商执照审批权的第一道准入门槛关交给商会。商会专门成立了业态提升委员会，通过初审把关、凝聚共识，引导会员企业自查自治，主动提升商业业态。商会制定了自治自律的《南锣公约》引导商户自觉遵守，采取“黑色”商户等措施进一步提升《公约》的权威性。商会党支部发挥带头引领作用，党员以身作则并向商户宣传政府政策。通过几年的不断实践，探索形成了商会积极参与街区治理的“南锣经验”，被全国工商联评为“十佳典范”。

从南锣商会的成功经验来看，下一步一方面要按照属地管理的原则，着力构建区工商联指导、街道党工委领导的商会党建工作格局，力争在全区17个街道商会实现商会联合党委全覆盖，促进形成“党建做引领，红色促发展”非公党建工作新局面。另一方面，要紧密围绕“疏解整治促提升”工作大局，引导商会组织有序承接政府职能、搭建政企沟通桥梁，将制定行业发展规划、标准和行规行约、协调行业诉求、行业自律等适宜于商协会承担的行业职能，逐步下放给商协会行使，重点在城市管理、社区卫生、养老服务、文化建设等领域，研究制定街道（地区）商会参与社会治理的具体内容。

（二）支持专业力量积极参与社会治理

在东城区近年来的城市治理和历史文化保护中，专业力量特别是多家规划设计单位和高校，在提供专业方案、推动社区协商、动员教育居民、引进社会资源等方面都发挥着重要作用。

例如，由居民、产权单位、社区、专家和志愿者等多方共同组成的群众性自治组织——史家胡同风貌保护协会，也是北京市首家胡同保护协会。协会联合相关专业人

士和志愿者开展了诸如传统四合院保护、胡同居民公约制定、院落公共环境提升、胡同史志和居民口述史整理、传统文化教育、菜市场改造提升、胡同厕所改造等一系列丰富而有创新的活动，发挥出不同于政府、社区的独特作用。东四南历史街区保护更新公众参与项目荣获“中国人居环境范例奖”。

在安定门街道方家胡同的疏解整治和“十无”示范街巷打造过程中，清华同衡城市规划设计院团队不仅承担了胡同规划的方案设计工作，而且对历史资源、人口结构和停车需求进行全面调查，推动养老驿站选址建成等，受到市领导和社区居民充分肯定。

专业力量参与社会治理是城市共建共治共享的具体体现。这些专业力量不仅包括规划、建筑和设计专业，还包括媒体、历史、人文等领域，专业力量的参与形式既可以是组织身份（科研单位、高校和相关媒体）也是个人身份（专家、志愿者）。为此，需要推动街道的责任规划师更加深入基层，向更“接地气”社区规划师转变。加大政府购买服务力度，同时为专业力量提供更好地参与平台。

（三）完善社会组织的培育平台

社会组织是社会治理多元主体之一，也是推进国家治理现代化的重要参与者、实践者。以群团组织为代表的枢纽型社会组织在东城区社会治理过程中发挥了重要引领作用。例如，作为全市首家成立的“东城区妇联社会组织之家”是由东城区妇联为业务主管单位、北京协作者提供专业支持的服务平台，为服务东城区妇女儿童及家庭的社会组织搭建平台、汇聚资源，在有序引导社会组织参与妇女儿童及家庭服务方面迈出了新的一步。

各类社区社会组织和居民自组织（如院落自管会、停车自管会等）在东城区社会治理过程中发挥了重要支持作用。以东四街道的胡同花友会为例，为进一步巩固疏解整治成果，探索胡同环境治理的长效机制，东四街道除引导胡同居民共同协商制定小院公约外，还培育扶持了7个胡同花友会，发动喜欢种花养草的居民在空地上开展绿化。胡同花友会从细微处着手，在城市管理过程中激发了社会治理活力，在社会治理过程中巩固了城市管理成效。

今后，要进一步完善“一个平台，三大服务体系”的社会组织培育模式，通过完善政府购买服务制度、出台政府购买服务目录、优化政府购买服务流程，逐步将辅助性、技术性、服务性行政事项，转移给社会组织和企事业单位执行，使政府职能“转得顺”；通过建设社会组织孵化指导中心、出台社会组织规范化建设管理意见、开展公益创投培育公益项目，让社会组织“接得住”；通过实施三级人才培养计划，开设“社会组织党建”研修班、开办社会组织“公益理念知识”大讲堂等，构建公益人才支撑体系，让社会组织“接得好”。进一步发挥东城区“一核两翼、三级五方”城市治理格局的优势，立足新时代新方位，落实新部署新要求，实现新作为新发展。

落实北京新版总规　提升核心区发展品质

东城区人民政府区长　金　晖

2017年2月，习近平总书记在视察北京工作时强调："疏解北京非首都功能，不是说北京不要发展了，北京要发展，而且要发展好，只是发展动力要转变、发展模式要创新、发展水平要提升。"9月，《北京城市总体规划（2016年—2035年）》（以下简称北京新版总规）颁布实施，减量集约发展成为北京现阶段转型发展的鲜明特征。当前，落实北京新版总规、提升核心发展品质，是东城区面临的一项重大理论和现实课题。本课题研究紧扣北京新版总规要求，结合核心区功能定位和工作实际，从探讨发展品质的内涵入手，深入分析了课题研究的意义及东城区现存的问题，并提出了加快建设国际一流的和谐宜居之区的对策建议。

一、北京新版总规与首都功能核心区发展品质之间的关系

（一）首都功能核心区发展品质的内涵

城市发展品质既受城市功能定位的直接影响，又体现城市功能定位的目标要求，其内涵十分丰富，主要涵盖城市政治、经济、文化、社会、生态等各方面的发展品质，是特定城市一定时期内经济社会各方面发展水平和质量的综合反映。

现阶段，首都功能核心区发展品质这一范畴是仅限于北京市东、西城区使用的专属概念，其内涵既具有一般城市发展品质的内涵，又具有首都功能核心区的特殊性，是与北京新版总规确定的核心区功能定位、发展目标相匹配的综合质量概念，涵盖了核心区政治、经济、文化、社会、生态建设诸方面的品质，体现为"创新、协调、绿色、开放、共享"的新发展理念在核心区的实现程度。

（二）提升核心区发展品质是落实北京新版总规的应有之义

首先，核心区发展品质的基本内涵是由北京新版总规确定的。北京新版总规确立了"核心区是国家政治中心、文化中心和国际交往中心的核心承载区，是历史文化名城保护的重点地区，是展示国家首都形象的重要窗口区"，明确了建设政务环境优良、空间布局优化、非首都功能疏解、人居环境一流的发展目标，这决定了核心区发展品质不仅包含"都"特有的全国政治中心、文化中心和国际交往中心的功能品质，而且兼具作为特大型城市的"城"所具有的经济、社会和生态方面的基础功能品质。

其次，提升核心区发展品质是落实新版总规的必然要求。在创新、协调、绿色、开放、共享理念指导下，北京新版总规紧紧围绕统筹推进经济社会"五位一体"总体布局和协调推进"四个全面"战略布局，紧密对接"两个一百年"奋斗目标，立足京津冀协同发展，坚持以人民为中心，坚持可持续发展，坚持一切从实际出发，确立了2020年、2035年、2050年三个首都发展的阶段性目标，涵盖了政治、经济、科技、文化、民生、城建、生态、城市治理以及国际化等方面，其中提升城市发展质量就是规划的指导思想，贯穿国际一流的和谐宜居之都建设的全过程。

因此，提升核心区发展品质是北京新版总规提出的明确要求，需要从经济社会"五位一体"建设和贯彻落实新发展理念的高度来把握，紧紧立足核心区功能定位，全面打造"政务环境优良、文化魅力彰显、人居环境一流"的首善之区。

二、落实北京新版总规、提升核心区发展品质的重要意义

当前，落实北京新版总规、提升核心发展品质，是核心区面临的一项长期的重大政治任务，也是推动东城区经济社会高质量发展的重要战略设计，具有极其重要的现实意义。

（一）贯彻落实以习近平同志为核心的党中央关于首都发展重大决策部署的必然要求

北京新版总规全面贯彻习总书记视察北京重要讲话精神，描绘了新时代首都未来发展的宏伟蓝图，为建设建设伟大社会主义祖国首都、迈向中华民族伟大复兴的大国首都、建设国际一流的和谐宜居之都指明了前进方向。提升核心区发展品质，就是要从国家和首都发展大局出发，深入落实习总书记两次视察北京重要讲话精神，落实总书记提出的"转变城市发展方式、完善城市治理体系，有效治理'大城市病'，不断提升城市发展质量、人居环境质量、人民生活品质、城市竞争力，实现城市可持续发展"的要求，全面落实北京新版总规各项要求，正确处理"都"与"城""一核"与"两翼"等重大关系，坚决服从和服务于京津冀协同发展、城市副中心建设、河北雄安新区建设等战略需要，推动党中央的重大决策部署在东城区落地生根、开花结果。

（二）为建设国际一流的和谐宜居之都贡献东城智慧、东城力量的使命担当

北京新版总规赋予核心区在首都整体格局中的"一

核”地位，这是核心区与其他兄弟区最大的不同。全国发展看首都，首都发展看核心区，特殊的地位和使命决定了核心区在建设国际一流的和谐宜居之都的历史进程中必须处于领跑位置，发挥示范引领作用。落实北京新版总规，提升核心区发展品质，是东城区顺应首都减量发展的新形势，履行核心区的责任担当，审时度势提出的一项着眼长远的战略构想，旨在以优化提升“都”的功能为主，谋划“城”的发展为辅，并以“城”的高品质来服务保障“都”功能的发挥，形成一批符合核心区更高要求的“东城标准”“东城品牌”“东城高地”，带动全市发展品质的整体提升，为建设国际一流和谐宜居之都做出应有的贡献。

（三）治理“大城市病”、实现东城区高质量发展的现实需要

北京超大城市治理的难题，也是“大城市病”的根源，就在于城市功能过度超载、各类资源错配并占据着大量城市空间，加剧了人口与资源环境的矛盾，制约着经济社会发展的质量。落实北京新版总规、提升核心区发展品质，就是要紧紧抓住疏解非首都功能这个牛鼻子，自觉遵循城市发展规律，坚定有序地把非首都功能向河北雄安新区等地疏解，将不适宜在核心区配置的首都功能向北京城市副中心疏解，加强“一核”与“两翼”之间的产业联动、创新互动和人才流动，发挥核心区的辐射带动作用，在疏解整治中破解各种难题，守住人口规模上限、生态红线和城市开发边界，实现高质量发展，不断满足人民群众美好生活的需要。

三、东城区现存的主要问题

2014年以来，在中央和市委、市政府领导下，东城区坚持以习近平总书记视察北京重要讲话精神为根本遵循，紧紧抓住疏解非首都功能这个“牛鼻子”，围绕“一条主线、四个重点”战略任务，统筹施策，加快落实首都“四个中心”城市战略定位，稳步推动从聚集资源求增长向疏解功能谋发展转变，很多工作走在全市前列。但是，与新时代面临的新形势新任务新要求相比，与新时代首都人民群众对美好生活的期盼相比，与北京新版总规各项要求相比，我区经济社会发展还有不少问题和短板，一些难题亟待解决，主要体现在以下五个方面：

一是政治、文化功能的主体地位还不突出，与经济、社会、生态功能不协调，南北城区发展还不均衡，城市功能和空间布局尚待调整优化。二是科技创新、文化创新带来的“双轮驱动”效用还不强，科技创新主要指标在全市占比过低（2017年东城区专利申请量仅为全市5.3%），“高精尖”产业结构尚在形成中，文化产业与其他产业融合发展程度不高，区域经济总体实力还需继续提高。三是统筹推进历史文化名城保护的体制机制还不健全，协调推进非区属产权文物腾退进展较慢，部分平房区的“大城市病”问题依然突出，丰富的文化资源活化利用不足，区域文化影响力和文化魅力没有充分展现。四是对外开放的广度与深度还需要拓展，国际交往中心功能还不完善,区域国际化水平有待提升。五是城市精治共治法治的标准还不高，多元参与不足，公共服务总体品质还不高，示范引领作用不突出，生态文明建设仍需加强，政务环境、人居环境品质还不高，国事外交活动服务保障能力有待提升。

四、落实北京新版总规、提升核心区发展品质的主要目标和基本原则

首都功能核心区具有政治、经济、文化、社会、生态功能，其中政治功能、文化功能是主体功能，经济功能、社会功能、生态功能是基础功能。落实北京新版总规、提升核心区发展品质的主要目的，就是要突出其主体功能，夯实基础功能，推动高质量发展，全面建成“国际一流的和谐宜居之区”。

（一）主要目标

——强化政治功能，营造安全、优良的政务环境，为中央党政军领导机关工作提供高效、优质服务。

——强化文化功能，擦亮首都历史文化“金名片”，全面展示大国首都形象和中华文化魅力。

——优化经济功能，推动高质量集约发展，区域经济实力全面提升。

——提升社会功能，社会充满活力，社会和谐安定，社会文明程度明显增强。

——完善生态功能，提升生态环境品质，“花园东城”美丽形象全面展现。

（二）基本原则

结合北京新版总规各项要求，联系东城区工作实际，提升核心区发展品质要遵循以下五条基本原则。

坚持改革创新。进一步深化改革、扩大开放，把创新摆在发展全局的核心位置，推动制度创新、科技创新、文化创新，破解发展的不平衡不充分问题，加快发展动力转换，以一流的创新成果带动更高质量的发展。

加强统筹协调。遵循城市工作规律，围绕服务保障首都功能这个中心，统筹处理“都”与“城”“一核”与“两翼”等重大关系，突出主体功能建设，营造一流的政务与人居环境，切实提升“四个服务”水平。

坚持整体保护。牢固树立“整体保护、全面保护、依法保护”理念，坚持以文化为魂，统筹老城历史文化资源，突出两轴政治、文化功能，传承文脉，留住乡愁，彰显核心区文化自信和大国首都的文化魅力。

坚持生态优先。践行绿色发展理念，把生态文明建设融入经济社会发展的全过程，以资源环境承载力为硬约

束，倒逼发展模式创新，走内涵式集约发展，推动城市可持续发展。

坚持共建共享。牢固树立城市治理的理念，坚持党建引领，创新方式方法，动员全社会力量，从人民群众对美好生活的“七有”要求与“五性”需求入手，引导人民群众有序参与，推动共建共享，提升公共服务品质，增进民生福祉。

五、落实北京新版总规、提升核心区发展品质的对策建议

站在当前首都发展新的历史起点上，东城区应始终坚持以习近平新时代中国特色社会主义思想为指导，牢固树立首善意识，遵循城市发展规律，全面落实北京新版总规，深入践行创新、协调、绿色、开放和共享发展理念，坚持以文化为魂，以提升首都核心功能、做好“四个服务”为核心，深化改革、开拓创新，努力开创东城区经济社会高质量发展的新局面，做到发展品质提升与迈向“两个一百年”奋斗目标和中华民族伟大复兴中国梦的历史进程相契合，不断满足人民群众美好生活的需要。

（一）坚持以改革创新为动力，加快推动文化、科技创新发展，发挥核心区的引领示范作用

坚持深化改革，以破除体制机制壁垒、释放要素活力为导向，切实转变“舍不得”“怕麻烦”的保守僵化心态，发挥创新驱动的核心作用，推动高质量发展，努力成为全球科技创新、文化创新的引领者。

推动城市治理创新。紧紧抓住疏解非首都功能这个牛鼻子，围绕核心区功能定位，由疏解非首都功能转向疏解非核心区功能，精准推进“规模控制”“功能减负”和“空间紧缩”，坚定有序地把“疏整促”工作引向深入，不断优化提升首都核心功能。把提升行政效能作为城市治理考核的核心内容，深化城市管理体制和街道管理体制改革，创新城市治理模式，完善“街道吹哨、部门报到”机制，推动管理重心下移，加强条块合作，充分发挥街道统筹调度作用，实现“民有所呼、我有所应”。牢固树立首善意识，以提升城市管理标准为重点，抓紧研究制定反映核心区更高要求的环卫作业、停车管理、道路施工养护等方面的标准体系，加快智慧城市建设，全面提升“精治、共治、法治”水平，修补城市功能，完善城市基础设施，营造一流的政务环境和人居环境。

王府井周边打造不停车街区（闫文摄）

激发文化创新活力。依托历史文化景观多的优势，以前门历史文化节、传统庙会等文化活动为平台，结合现代信息技术新手段，创新皇城文化、老北京民俗文化等特色文化的展览展示形式，结合体验式消费，推动文商旅相结合，提升老字号品牌影响力，让历史文化融入经济社会发展和人民生活中，做强“文化东城”品牌。全面实施“文化+”产业融合行动，促进文化与科技、金融、旅游、商业等产业融合创新，加快推进国家文化与金融合作示范区建设，充分发挥文化驱动的作用，引导企业做大做强，培育新的经济增长点。创新公共文化服务体制机制，完善区、街、社区三级公共文化服务体系，盘活疏解腾退空间资源，完善要素配置，强化公共文化有效供给，发挥公共文化服务资源优势，进一步做强“戏剧东城”和其他群众文化品牌，发挥全国公共文化示范区的引领示范作用。

提升科技创新能力。抓住新一轮科技革命和产业变革的契机，完善科技创新配套政策体系，以中关村东城园为龙头，加强科技创新平台建设，完善“苗圃—孵化器—加速器”创新培育链，培育各类创新企业，提升企业核心竞争力。完善创新激励机制，健全以政府投入为引导、企业投入为主体的科技投入机制，依托科技进步带动传统产业升级改造，积极培育符合核心区功能定位的知识技术密集型新兴产业、产业价值链高端环节和高端新兴业态。建立健全“高精尖”人才服务政策，创新人才引进、培养、激励等工作机制，积极培养一大批突破关键技术、引领学科发展、带动产业转型的领军人才。

（二）以加强主体功能建设为重点，带动完善经济功能，做好政务服务保障

落实首都“四个中心”功能建设各项要求，贯彻协调发展理念，突出“都”的功能建设，加强两轴的政治、文化功能，兼顾“城”的经济功能，推动由功能城市向文化城市的转变。

统筹推进政治功能建设。加强政治功能建设，是首都“四个中心”功能建设的首要任务。推动建立央地、军地议事协商和定期联络的常态化机制，主动加强与中央国家机关、中央单位、央企、部队的联系，密切央地、军地

合作，加快腾退被占用的重要文物，腾退空间优先用于保障中央政务功能需要，进一步优化提升政治功能。统筹推进政治功能与其他功能建设，以提升“四个服务”水平为核心，将优化功能结构与提高政务服务保障能力有机结合起来，把为中央服务与为群众服务有机结合起来，加强环境综合整治，完善公共服务配套设施，加强城市运行保障，落实建筑控高要求，重塑传统中轴线和长安街的壮美空间秩序，营造一流的政务环境。强化“东城无小事”的责任意识，加强“平安东城”长效机制建设，严格落实安全生产责任制，深入开展社会矛盾纠纷排查化解，完善社会治安防控体系，加强与毗邻区的协作，织密社会治安防控网络，全力维护安全稳定，高标准完成党和国家重大国事外交活动服务保障任务。

扎实推进文化功能建设。保护好首都历史文化“金名片”，是核心区肩负的神圣使命。坚持规划引领，加快编制统一的老城整体保护规划和核心区控制性详细规划，统筹历史文化资源的保护、开发与利用，以“中轴线申遗”为契机，完善街区更新顶层设计，全面推进“双轴、六片、三网、多点”保护工作，加快文物腾退修缮和环境综合整治，整体提升平房区和老城形象，打造老城复兴的标杆，展示“首都风范、古都风韵、时代风貌”的城市特色与魅力。深入挖掘新文化运动以来的历史文化资源，保护好北大红楼等红色历史文化遗存，紧紧围绕“中国人民站起来、富起来、强起来”这一主题，紧扣重大历史事件纪念节点，与中央、北京市或外省市有关单位联手，通过建立“五四运动”纪念碑、新文化运动风云人物雕塑园、红色文化展示、主体教育、党史研究等形式，传播中国故事、传承红色基因，打造首都文化的“东城高地”，让五四运动以来中国共产党建党、建国等光辉历史在首都窗口地区“活”起来。坚持以文化人，促进文化保护传承与文化旅游、文化产业与文化事业协调发展，充分利用辖区内丰富的文化资源，开展丰富多彩的文化品牌活动，不断提升市民文化修养和文明素质，展示东城人的精神风貌，彰显包容自信的文化品位。

提升经济发展品质。在主体功能建设优先的前提下，兼顾提升经济功能，疏存量、控增量，推动区域经济发展提质增效。优化功能区产业布局，加快产业转型升级，进一步提升中关村东城园的发展质量；实现王府井步行街延长，加快王府井地区升级改造与连片发展，完成前门东区修缮整治，整体提升前门地区业发展活力，全面打造世界知名的商业地标；抓住城南行动计划实施契机，加快推动永外地区、龙潭湖地区经济发展步伐，促进南北地区协调发展。聚焦“高精尖”发展方向，结合“北京标准”制定“东城标准”，进一步提高产业准入门槛和住宿、餐饮、零售等行业标准，淘汰不符合核心区定位的散乱业态，重点发展信息服务、金融和文化产业，尤其是高品质的特色文化产业，完善产业政策支持体系，推动转型升级，优化产业结构，提高楼宇产出强度，打造一批“高精尖”领军企业和示范园区，发挥对全市及“两翼”的辐射带动作用。深入实施“放管服”改革，深化三级政务服务体系建设，破除制约政务服务效能提升的瓶颈，完善政务“一张网”建设，打破信息孤岛，实现数据信息共享，率先全面优化营商环境，重点提升对中央企业和中央单位的服务效能，方便企业和群众办事，大幅度提高区域竞争力和市场活力。

（三）坚持绿色发展理念，提升环境质量，努力建设天蓝地绿水清、鸟语花香美丽的生态城市示范区

坚持人口资源环境相协调，践行绿色发展理念，统筹生产、生活、生态，保护生态环境，加强生态修复，打造生态城市新地标，推动可持续发展。

加强生态修复。坚持人随功能走、人随产业走，通过疏解非首都功能、“申请式腾退”“协议搬迁”等形式，坚决把过度聚集的非首都功能疏出去，把人口密度、商业密度降下来，为生态修复腾出可用的空间。以展现大国首都风范为重点，利用疏解腾退空间，做好天坛周边、大通滨河公园等处的大尺度绿化工作，高品质提供城市森林公园和社区花坛、绿色步道等绿色生态空间，完善公共绿地设施，健全日常监管与维护机制，提升环境品质。坚持水与城市协调发展，修复历史水系，严格落实河长制、湖长制，持续加强水体治理，实现龙潭三湖水系连通，打造蓝绿交融的宜人环境。

提高污染防治能力。从核心区实际出发，持续加大对扬尘污染、餐饮油烟污染的治理力度，发扬“一微克一微克去扣”的精神，加强区域协作，提升大气污染防治精细化水平，切实改善大气质量。严格控制能源消费、水资

前门三里河（闫文摄）

源消耗，加强面源污染治理、入河排水污染防治，加强水污染源监管和治理，切实改善水体质量，促进水资源综合治理与合理利用。

（四）坚持“请进来”“走出去”，全面提升区域国际化水平，加快建设具有全球影响力的大国首都窗口区

聚焦国际交往中心建设，以更加开放的胸怀、开阔的视野、自信的姿态走向世界，突出东城特色，深化对外开放与互利合作，提升区域国际化水平，展示大国首都良好形象和广泛的国际影响力。

加强功能建设。着眼于国际交往中心功能建设，深入挖掘区域历史文化资源，确定辖区内一些具有中国特色、文化底蕴深厚、可作为国事外交活动的场所，纳入重点项目实施高品质建设，强化国际交往中心功能。引入更多有影响的跨国公司总部、跨国公司、国际机构和专业性国际组织，积极组织或参与国际会议、国际会展、国际活动，推介东城资源，提升核心区的国际知名度和影响力。加强道路交通、旅游服务、提示警示等标识系统的国际标准化、智能化建设，对现有的地方性法规和规章进行清理和完善，提升国际化服务能力和规范化水平，增强国际交往服务保障能力。

深化国际交流与合作。贯彻国家总体外交战略，围绕“一带一路”外交战略格局优化友城布局，加强与周边国家友好往来，按照平等互利原则发展新友城。完善与国际友城中长期合作机制，加强政府高层往来，拓宽文化教育、城市管理、环境保护、经贸往来等领域的交流合作，加深与友城的联系。坚持“请进来”和“走出去”相结合，提升王府井国际品牌节、前门历史文化节等商业品牌的国际影响力，增强外事服务区域经济发展的能力；借助“地坛文化庙会全球行”等文化活动品牌，提升“文化东城”的国际影响力。

营造良好的国际交往环境。以国际安全社区、奥林匹克社区为标杆，加快建设一批符合国际标准、功能完善的国际化社区，建立一支专业化、国际化的社区人才队伍，打造适合国际人才和市场主体发展的“类海外”环境。以公共空间、区文化馆、图书馆、社区图书室等为依托，加快建设国际通用的交流场所，提高街区的社会开放度与适应性。构建多语种咨询服务体系，提升窗口行业服务人员的外语水平和涉外服务能力，全方位提高市民的国际交往素质与能力，营造高品质的开放多元包容自信的国际化环境。

（五）加强社会建设，推动共治共享，夯实社会基础

坚持共享发展理念，准确把握我国社会矛盾的重大变化，全面贯彻以人民为中心的发展思想，坚持以首善标准加强社会功能建设，发挥示范引领作用，不断满足人民群众美好生活的需要。

完善社会治理体系。健全“党委领导、政府主导、社会协同、公众参与、法治保障”的社会治理体制，完善“多元参与、协商共治”新型社区治理模式，深化“小巷管家”“守望岗”“停车自管会”“花友会”等群众自治品牌，完善区、街道两级社会组织服务平台，积极培育各类社会组织，加强社区工作者和社区志愿者队伍建设，推动政府治理和社会自我调节、居民自治良性互动，不断提升社区治理品质。

提升公共服务品质。坚持优质均衡发展方向，继续通过深化改革破除体制机制障碍，扩大优质公共服务资源供给，补齐民生短板，不断提升公共服务品质。认真落实全国、北京市教育大会精神，以提升各级各类教育质量为核心，以建设高素质的专业化师资队伍为关键，深化素质教育，深化学区制改革，优化学校布局，通过集团化办学、联盟校等创新优质资源共享方式，扩大优质教育资源覆盖面，增加普惠性学前教育资源供给，培育德智体美劳全面发展的社会主义事业接班人，发挥名师、名校长的引领示范作用。深入推进“健康东城”建设，深化医药卫生体制改革，依托医疗卫生资源丰富的优势，优化分级诊疗制度，加强紧凑型医联体建设，健全家庭医生签约服务机制，完善社区医疗卫生服务体系，不断提升服务居民的能力和服务质量。结合冬奥会筹办等契机，完善公共体育设施，加强健身活动公共场所建设，大力发展体育事业，深入开展“一街一品”全民健身活动。

加强社会保障。聚焦就业困难群体，落实就业帮扶机制，拓展残疾人就业渠道，确保“零就业家庭”保持动态为零。按照保基本、抓重点、促提升的工作思路，聚焦建档立卡贫困人口“两不愁三保障”要求，狠抓扶贫项目落地，帮助5个受援地区实现率先脱贫。完善最低生活保障制度，扩大社会救助覆盖面，对区内低收入居民实行逐户建档立卡，分类进行精准帮扶，不让一个人在全面小康路上掉队。积极应对人口老龄化，完善居家为基础、社区为依托、机构为补充、社会保障为支撑的普惠型养老服务体系，深化“三级五方联动、分类精准供给”居家养老服务模式，发挥政府与社会合力，整合资源，加强养老驿站、养老照料中心建设和运营管理，深化医养结合模式，全方位、高质量提供养老服务。

落实北京新版总规、提升核心区发展品质，是关系东城区经济社会长远发展的一项系统工程。让我们以习近平新时代中国特色社会主义思想为指导，充分依靠全区广大干部群众，发扬咬定青山不放松的劲头，持续用力，久久为功，用智慧和汗水谱写首都城市治理体系与治理能力现代化的光辉篇章，向党和人民交上一份满意的答卷。

附件：提升首都功能核心区发展品质指标体系

城市发展品质的评价指标体系主要包括政治功能评价指标、文化功能评价指标、经济功能评价指标、社会功能评价指标、生态功能评价指标等5个一级指标体系；其中，政治功能评价一级指标包括外事保障能力和政治参与程度2个二级指标，文化功能评价一级指标包括人口文化素质和文化传承能力2个二级指标，经济功能评价指标包括经济发展品质、创新环境、经济结构多元化等3个二级指标，社会功能评价指标包括收入分配、社会保障、公共服务等3个二级指标，生态功能评价一级指标包括1个二级指标人居环境改善，具体指标体系详见下表：

表1　**城市发展品质评价指标体系一览表**

一级指标	二级指标	三级指标	单　位	指标性质	数据来源
政治功能评价指标	外事保障能力	外事活动经费支出	万元	正向	东城区外事侨务办
		重大外事活动数量	次	正向	东城区外事侨务办
	政治参与程度	选民参选率	%	正向	相关研究报告数据
		每万人拥有社会组织数	个	正向	《北京市东城区统计年鉴》，《北京市东城区国民经济和社会发展第十三个五年规划纲要》
文化功能评价指标	人口文化素质	平均受教育年数	年	正向	根据相关数据资料测算
		新增就业人数增长率	%	正向	《北京市东城区统计年鉴》
		引进海外高层次人才创新创业人数	人	正向	东城区人力资源和社会保障局
	文化传承能力	公共图书馆总藏书数	万册（件）	正向	《北京市东城区国民经济和社会发展统计公报》
		举办文化活动数量	次	正向	《北京市东城区国民经济和社会发展统计公报》
		文物保护单位数量	个	正向	《北京市东城区国民经济和社会发展统计公报》
经济功能评价指标	经济发展品质	社会劳动生产率	元/人	正向	《北京市东城区国民经济和社会发展统计公报》
		规模以上企业占比	%	正向	《北京市东城区国民经济和社会发展统计公报》，《北京市东城区国民经济和社会发展第十三个五年规划纲要》
		GDP增速的标准差	（无量纲）	逆向	根据相关数据资料测算
经济功能评价指标	创新环境	R&D经费支出占GDP比重	%	正向	《北京市东城区统计年鉴》
		中小型企业贷款占总贷款比	%	正向	根据相关数据资料测算
		每万人申请专利数	件	正向	《北京市东城区统计年鉴》，《北京市“十三五”时期加强全国科技创新中心建设规划》
		发表科技论文、出版科技著作数	篇（种）	正向	《北京市东城区统计年鉴》
	经济结构多元化	外国籍常住人口占总常住人口比	%	正向	根据相关数据资料测算
		非公有制经济占GDP比重	%	正向	《北京市东城区统计年鉴》
		非公有制经济占总就业比例	%	正向	《北京市东城区统计年鉴》

续表1

一级指标	二级指标	三级指标	单 位	指标性质	数据来源
社会功能评价指标	收入分配	基尼系数	（无量纲）	逆向	根据相关数据资料测算
		劳动工资占GDP比	%	正向	根据相关数据资料测算
		资本收入总额占GDP比	%	正向	根据相关数据资料测算
	社会保障	社会保障支出占财政支出比	%	正向	根据相关数据资料测算
		居民养老保险参保率	%	正向	《北京市东城区统计年鉴》
		保障房覆盖面	%	正向	根据相关数据资料测算
		扶持残疾人数占残疾人总人数比	%	正向	根据相关数据资料测算
	公共服务	社区规范化建设覆盖率	%	正向	《北京市东城区统计年鉴》
		公共交通出行分担率	%	正向	《北京市东城区国民经济和社会发展第十三个五年规划纲要》
		优质教育资源覆盖率	%	正向	东城区教育委员会数据
		全民健身站点数量	个	正向	东城区体育局数据
		平均每千人口拥有执业(助理)医师数	位	正向	《北京市东城区统计年鉴》
生态功能评价指标	人居环境改善	万元GDP能耗	万tce/万元	逆向	《北京市东城区统计年鉴》
		PM2.5年均浓度	微克/立方米	逆向	《北京市全年空气质量状况报告》
		平均TDS值	PPM	逆向	东城区环保局数据
		污水处理及生活垃圾无害处理率	%	正向	《北京市东城区统计年鉴》
		城市绿地服务半径覆盖率	%	正向	东城区园林绿化局数据
		人均公园绿地面积	M2	正向	《北京市东城区统计年鉴》

·2019·
北京东城年鉴
BEIJING DONGCHENG NIANJIAN

大事记

世界文化遗产大运河北京段之玉河风貌（王建国摄）

大事记

1月

1月3日 北京市委书记蔡奇围绕“深入学习宣传贯彻党的十九大精神、习近平总书记视察北京重要讲话精神和市委十二届四次全会精神，加强党的建设，发挥基层党组织坚强战斗堡垒作用，推进城市精细化管理”到区调研。

1月8—11日 政协北京市东城区第十四届委员会第二次会议召开。

1月9日 区举办“就业帮扶，真情相助”就业援助月启动仪式暨专场招聘会。

1月9—11日 北京市东城区第十六届人民代表大会第四次会议召开。

1月10日 北京2022冬奥会官方特许商品零售店王府井工美大厦开业。

1月12日 区举行第三届北京钟鼓楼相声汇《笑动四方》专场演出。

1月16日 东城区被命名为北京市食品安全示范区。

1月17日 区召开区政府教育督导委员会成立大会。

1月19日 北京文博交流馆在智化寺重装开馆，成为北京首家可夜间开放的遗产类博物馆。

1月10日，北京2022奥委会官方特许商品零售店王府井工美大厦开业（王府井工美大厦提供）

1月22日 东城区人民政府与故宫博物院签署全面战略合作协议。

1月22—30日 区领导张家明、李先忠、金晖、于静、高丽萍出席北京市第十五届人民代表大会第一次会议。

1月25日 区中小学生冰雪运动系列活动在国家体育馆——鸟巢启动。

1月31日 区委印发《关于推进全面从严治党的实施意见》。

2月

2月3日 蔡奇率队在中关村雍和航星科技园开展“深入学习宣传贯彻党的十九大精神和习近平总书记视察北京重要讲话精神，优化城市功能和空间布局，积极推进腾笼换鸟，推动传统产业转型升级”主题现场推进会。

2月5日 东城区第十二届纪律检查委员会第三次全体会议召开。

2月6日 蔡奇参加东城区委常委班子2017年度民主生活会。

2月7日 全区领导干部大会召开。

2月8日 区党外人士迎新春座谈会召开。

2月9日 交通部部长李小鹏调研北京站地区春运工作。

同日 区举办文化艺术创作基地揭牌仪式。

2月12日 蔡奇围绕“党建引领街巷管理体制机制创新，实现街乡吹哨、部门报到”主题召开调研座谈会。

2月26日 区召开2017度党（工）委书记抓基层党建述职评议考核工作会。

3月

3月1日 区政府全体（扩大）会议暨深入推进疏解整治促提升促进生态文明与城市环境建设动员大会召开。

3月5日 东城区被评为国家健康促进试点区。

3月8日 北京市规划和国土资源管理委员会东城分局成立。

3月9日 区非公企业党建引领工作推进会暨街道商会联合党委授牌大会召开。

3月22日 东城区应急管理局正式挂牌。

3月27日 第三十八届北京青少年科技创新大赛中，北京汇文中学学生刘卓楷、北京市第二中学学生姜睿曦获“市长奖”。

3月29日 民政部部长黄树贤到区调研社区治理工作。

4月

4月3日 社稷坛文物腾退项目启动，首日实现签约率100%并完成全部居民交房工作。

4月7日 市委决定：免去李先忠中共北京市东城区委员会副书记、常委、委员职务，调北京市交通委员会工作；金晖任中共北京市东城区委员会常委、副书记。提名金晖为北京市东城区人民政府区长人选；建议免去金晖北京市东城区人大常委会主任职务，免去李先忠北京市东城区人民政府区长职务。

4月8日 蔡奇围绕“深入学习贯彻习近平新时代中国特色社会主义思想，加强历史文化名城保护，推进中轴线沿线重点地区综合整治，恢复传统空间秩序和优美景观”主题调研中轴线。

4月9日 区“戏润心灵”首届青少年戏剧节开幕。

4月10日 “雪国崇礼 户外天堂”中国·崇礼国际摄影展在王府井步行街开幕。

4月12日 蔡奇围绕“深入学习贯彻习近平新时代中国特色社会主义思想，以背街小巷整治提升为重要抓手，提高城市精细化管理水平”主题到区调研。

4月13日 市委常委、市纪委书记、市监委主任张硕辅到区纪委区监委调研纪检察工作。

4月19日 区推进“街道吹哨、部门报到”动员部署会召开。

同日 “东城大兴手拉手·两区职工一家亲”大兴旅游资源推介活动在太庙举办。

4月20日 2018北京文化周“保护传承中华瑰宝 展示北京历史文脉”北京非物质文化遗产展览展演活动在台湾高雄开幕。

4月22日 东花市街道垃圾分类资源化减量体系启动运行。

4月23日 区举行阅读推广联盟启动仪式 。近50家机构申请加入成员单位。

4月28日 蔡奇到东四街道二条社区报到，并参加周末卫生大扫除活动。

4月 东城文化云——东城区公共文化数字化服务平台上线试运行。

5月

5月3日 东城区与故宫博物院签署《故宫—前门项目合作协议》。

5月11日 第十一届北京中医药文化宣传周暨第十届地坛中医药健康文化节在地坛公园开幕。

5月12日 北京市委副书记、市长陈吉宁到区调研核心区停车治理工作。

5月16日 区政府廉政工作会议召开，区政府领导与区政府部门和街道代表签订《东城区2018年度党风廉政建设目标责任书》。

5月18日 区街道管理体制改革试点工作动员部署会召开。

5月19日 2018南锣鼓巷戏剧展演季开幕，以“戏剧让生活更美好”为主题，历时3个月。

同日 东城区历史文化遗产馆开馆。

5月22日 中央纪委委员、国家监委委员卢希调研北京市案件审理工作。

同日 区委区政府印发《东城区关于党建引领街道管理体制创新实现“街道吹哨、部门报到”的实施意见》。

5月28日 全国人大常委会副委员长沈跃跃到龙潭街道光明社区调研垃圾分类工作。

5月30日 区深化小巷管家志愿服务推进街巷治理工作大会召开。

5月11日，第十一届北京中医药文化宣传周暨第十届地坛中医药健康文化节开幕（区卫计委提供）

5月31日　市政协主席吉林到永定门城楼调研中轴线保护工作。

6月

6月4日　蔡奇实地调研王府中环项目。

6月6日　中共中央政治局委员、国务院副总理孙春兰到史家胡同小学调研学生体质健康工作。

6月8日　北京旅游“长城好汉”全球营销推广活动在明城墙遗址公园举行。

6月12日　区党政代表团赴怀柔区对接结对帮扶工作，签订结对帮扶协议。

6月13日　中关村科技园东城园天坛体育文化园揭牌仪式举行。

6月26日　蔡奇围绕“加强历史文化名城保护，推进中轴线申遗综合整治，逐步恢复历史景观的空间秩序”主题调研中轴线。

6月28日　蔡奇围绕“纪念建党97周年，以提升组织力为重点，把基层党组织建设成为坚强战斗堡垒”主题到东四街道基层党建联系点调研。

6月29日　东城区与河北省张家口市崇礼区、内蒙古自治区兴安盟阿尔山市合作办学签约仪式举行。

同日　区发布老字号文化推广形象“猫熊东东”，并公布年度重点商业活动安排。

6月30日　东城区首个园区党群服务中心——中关村东城园党群服务中心启用。

7月

7月2日　王府井图书馆正式开馆。

7月20日，天坛公园百年展览“古坛孕新生　名园惠万民”对公众开放（霍燚摄）

7月4日　市人大常委会主任李伟带队到区调研非机动车管理工作。

7月5日　国家税务总局北京市东城区税务局挂牌仪式举行。

同日　区举行群众文化展演季开幕式暨纪念改革开放40周年文艺演出，该届演出季以“唱响新时代　文化进万家”为主题，持续至10月。

7月6日　区融媒体中心正式挂牌成立。

7月10日　陈吉宁到区调研产业转型升级工作。

7月14日　第八届中国儿童戏剧节在中国儿童艺术剧院开幕。

7月20日　区委区政府印发《东城区关于加强和完善城市社会治理的实施方案》。

同日　天坛公园开放百年展览“古坛孕新生　名园惠万民”对公众开放。

7月27日　中共北京市东城区第十二届委员会第六次全体会议召开。

8月

8月7日　区召开2018年度征兵工作会。

8月9日　蔡奇围绕“加强城市精细化管理、推进街区整治提升”主题到区调研。

8月11日　区召开深化周末卫生大扫除活动部署会。

8月14—16日　区政协主席宋铁健带队赴阿尔山市对接扶贫协作与支援合作工作。

8月16日　区启动第四次经济普查单位清查登记。

8月19日　第十五届北京市运动会完赛，东城区获总成绩排名第一，共获奖牌411枚，其中金牌138枚、银牌136枚、铜牌137枚。

8月20日　陈吉宁调研自然博物馆建设工作。

8月21日　区成立全市首个疏解整治促提升主题宣传团。

8月23日　区召开历史文化名城保护工作委员会全会。

8月23—24日　区党政代表团赴崇礼区调研扶贫协作工作。

9月

9月2日　北京市第二中学朝阳学校揭牌仪式暨校园开放日、东城区学校与朝阳区合作办学协议签署仪式举行。

9月5日　老挝人民革命党中央委员、妇联主席因拉万·乔本潘率老挝妇女代表团到东四街道参观。

9月6日 全国政协副主席刘奇葆带队到区调研大运河文化带建设工作。

9月7日 区召开欢送2018年夏秋季新兵入伍大会。

同日 区举行2017文化创意产业白皮书发布会，同时区首个文化金融主题园区——天鼎218文化金融园区发布亮相。

9月11日 中央政治局委员、中宣部部长黄坤明到区调研。听取区概况和宣传思想文化工作情况汇报，调查北京剧目排练中心剧场，了解运营情况。

9月12日 蔡奇到王府井街区调研。

9月13日 北京市政协主席吉林率北京市全国政协委员到区考察，察看西打磨厂街、三里河综合整治项目和草厂地区胡同情况。

同日 2018东方新天地品牌节开幕。

9月16—18日 第三届“太和·世界古代文明保护论坛”在故宫博物院举行。

9月16—22日 2018北京时装周“亮相·王府井”活动举办。

9月18日 张秉贵100周年诞辰纪念活动举行。

9月20—21日 第六届北京王府井国际品牌节举行。

9月21日 市人大常委会主任李伟率全国人大北京团代表到区调研，察看胡同治理、拆违建绿、历史建筑修缮等情况。

9月26日 2018年北京国际设计周东城分会场“青龙文化创新街区”开街仪式举办。

9月30日 东城区在汇文中学彭雪枫纪念雕塑前举行烈士公祭仪式。

10月

10月8日 2017年东城区文化创意产业发展专项资金工作专题会暨文化创意产业联席会召开。

10月11日 工商分局为北京悠惠易购电子商务有限公司光明楼分公司发出首张“一区一照”营业执照。

10月12日 蔡奇围绕“落实全国教育大会精神，推进义务教育均衡发展”主题到区调研。

同日 吉林冰雪耀京华旅游文化推介展示活动在王府井步行街启动。

10月13日 蔡奇、陈吉宁等围绕加强历史文化名城保护推进中轴线申遗综合整治主题到区调研。

10月17日 东城区与故宫博物院签约故宫艺术馆项目。

10月18日 第十五届市运会东城区代表团召开总结大会。

同日 东四街道举行东四胡同博物馆开馆仪式。

东四博物馆（东四博物馆提供）

10月22日 第十三届北京文博会东城区分会场“创意东城”活动启动。

11月

11月3日 区文促中心与北京文科担保公司签署战略合作协议，打造“1+2+N”的服务功能体系。

11月5日 “新时代新东城——东城区庆祝改革开放40周年图片展”开幕式在王府井大街举办。

11月6日 全区街道管理体制改革全面推开工作动员部署会召开。

11月7日 北京汇文中学学生张诗雯、北京市第一七一中学学生汪晓娅，在中国科协、中国科学院、中国工程院、国家自然科学基金委等共同主办的第十八届“明天小小科学家”奖励活动中，获得“明天小小科学家”称号。全国共产生3人，其中东城占2人。

11月10日 蔡奇、陈吉宁到区调研检查全市重要民生实事项目落实情况。

同日 蔡奇到区调研南锣鼓巷地区四条胡同修缮整治项目雨儿胡同试点区域修缮整治提升工作情况。

11月13日 “戏剧东城·第二届全国话剧展演季”在首都剧场开幕。

11月14日 全国人大常委会副委员长、全国妇联主席沈跃跃到区调研家庭、家教、家风工作。

11月16日 全球音乐教育联盟项目签约仪式在东苑戏楼举行，东城区与中国音乐学院、全球音乐教育联盟三方签订战略合作协议。

11月20日 区委召开社区“两委”换届选举工作动员部署会。

11月21日 全区领导干部警示教育大会召开。

11月22日 太庙文物腾退项目正式启动签约工作。

西总布胡同（王建国摄）

11月23日　蔡奇围绕“推进党建引领街乡管理体制机制创新，实现街乡吹哨、部门报到”主题到区调研，并召开市委党的建设工作领导小组全体会议。

同日　北京市人民代表大会常务委员会决定任命张家明为北京市副市长。

11月27日　区机构改革工作领导小组第一次会议召开。

同日　在北京日报社主办的“北京最美街巷”评选活动中，东城区建国门街道西总布胡同、东四四条、史家胡同入选十大“北京最美街巷”。

12月

12月3日　区政务服务中心办事大厅重新对外办公。

12月4日　“五民工作法”被民政部评为全国优秀社区工作法。

12月6日　2018中国文化金融峰会暨首都文化产业投融资年会开幕。

12月7日　内蒙古兴安盟冬季旅游推介会暨阿尔山国际养生冰雪节新闻发布会在内蒙古大厦举行。

12月11日　宝华里危改项目重启动员会召开。

12月12日　金晖到区人民法院出庭应诉行政诉讼案件，对丰台某企业诉东城区人民政府和区食品药品监督管理局作为共同被告的3起“民告官”行政诉讼案件，金晖作为区政府行政机关负责人到庭参加应诉。

同日　区委区政府印发《东城区加快文化创新融合构建高精尖经济结构的实施意见》。

同日　区委区政府印发《东城区进一步优化营商环境行动方案（2018—2020年）》。

同日　东城区眼耳鼻喉专科医疗联合体成立。

12月19日　中共北京市东城区第十二届委员会第七次全体会议召开。

12月27日　北京国际戏剧中心工程建设项目施工奠基仪式在北京人民艺术剧院举行。

同日　北京171中学教育集团课程成果展演在人民大会堂举办。

12月28日　“走进北京历史文化街区”——东四胡同风貌图片展启动式在东四胡同博物馆举行。

同日　第八届北京特色周暨2018年地坛文化庙会·高雄之旅开幕仪式在高雄市举行。

区情概览

前门箭楼（王建国摄）

区情概览

基本地情

东城区是北京市中心城区、首都功能核心区之一。根据《北京城市总体规划（2016年—2035年）》，东城区的功能定位是全国政治中心、文化中心和国际交往中心的核心承载区，是历史文化名城保护的重点地区，是展示国家首都形象的重要窗口地区。境内的天安门广场是重大庆典、重要国务活动场所，王府井商业街是首都商业形象的代表之一。

地理位置

东城区地处北京市中心城区东部，地理坐标位于东经116° 23′ ~116° 27′，北纬39° 52′ ~39° 58′，面积41.84平方千米。东部、北部与朝阳区相连，南部同丰台区接壤，西部与西城区相接，东西最宽处5.2千米，南北最长处13.0千米。

建置沿革

《史记·周本纪》载：封帝尧之后于蓟，今东城区域属蓟。秦汉至隋唐，属蓟县、伐戎县。辽开泰元年（1012）设析津县，属析津县。金贞元元年（1153）改析津县为大兴县。1928年6月，改北京为北平，划为特别市，属北平特别市。1930年改北京特别市为河北省北平市，属河北省北平市。1931年11月，北平市各区改为按数字顺序排列。1945年8月，北平市在内城增设第七区，东城区域内有第一区、第三区、第八区、第十区全部、第五区、第六区、第七区、第十二区东半部和第十三区、第十五区、第十九区、第二十区部分。1949年9月，改北平为北京。1950年5月，北京市城区区划调整，将12个区合并为9个区。东城区域内有第一区、第三区、第七区全部和第五区、第六区、第九区东半部。1952年7月，撤销第五区，将其东半部分别并入第一区、第三区。同年9月，第一区改为东单区，第三区改为东四区；第七区改为崇文区，将被撤销的第九区东半部分并入。至此，东城区域有东单区、东四区、崇文区全部和前门区东半部。1958年5月，东单区、东四区合并，成立东城区；撤销前门区，将其东半部并入崇文区。2010年6月，崇文区东城区合并，成立新东城区。

行政区划

东城区设东华门、景山、交道口、安定门、北新桥、东四、朝阳门、建国门、东直门、和平里、前门、崇文门外、东花市、天坛、体育馆路、龙潭、永定门外17个街道，177个社区。另设有北京站地区管理处、王府井建设管理办公室和中关村科技园区东城园管委会。区政府驻景山街道。

人　口

2018年年底，户籍人口97.4万人，常住人口82.2万人，其中常住外来人口16.5万人。常住人口密度为19646人/平方千米。有汉族、回族、满族、蒙古族、朝鲜族、壮族等48个民族。

地形气候

地处永定河洪积冲积扇形地的脊背，从西北山区向东南缓慢下降的开阔平原上，地势由北向南缓倾。地形为缓倾斜冲积平原区。境内最高点位于南锣鼓巷，海拔49米，最低点位于龙潭东湖东南，海拔36米。气候属典型的暖温带大陆性季风气候，冬冷夏热，四季分明。多年平均气温11.5℃，1月平均气温-4.6℃，极端最低温度-20℃；7月平均气温25℃，极端最高气温40℃。最低月均温度-10℃，最高月均气温25.9℃。春季温暖，从4月初至6月初，平均气温12℃～13℃；夏季炎热，从6月初至9月初，平均气温24℃～25℃；秋季短暂，从9月初至10月底，平均气温12℃～13℃；冬季严寒，从10月底至次年4月初，平均气温-3℃～-4℃。年平均日照2556.9小时，年总辐射4937.6兆焦／平方米。年平均降水量626毫米，年平均降水日数71.2天。

历史文化

东城区大部位于明清北京城东部，从永定门到钟鼓楼7.8千米的传统中轴线纵贯全区。有北京市历史文化保护区18.5片、10.46平方千米，占全区总面积的25%，是全市历史文化遗存和胡同四合院最为密集的地区。有全国重点文物保护单位35项、北京市文物保护单位70项、东城区文物保护单位58项，其中故宫、天坛、大运河（玉河故道）入选《世界遗产名录》。有国家级非物质文化遗产31项、北京市级非物质文化遗产61项（含国家级）、东城区级非物质文化遗产157项（含国家级、市级）。智化寺京音乐在2006年6月被列入第一批国家非物质文化遗产名录。北京城中轴线古今标志性建筑除去景山万春亭均在东城区域内。1986年10月9日评选揭晓的“新北京十六景”，东城区有其三，分别是“天安丽日（天安门）”“紫禁余晖（故宫）”“圜丘清音（天坛公园）”，其中“天安丽日”位居榜首。

国民经济和社会发展

经济发展

经济总量　全区全年实现地区生产总值2425.7亿元，比2017年增长6.3%，其中第三产业实现增加值2336.1亿元，增长6.4%，占全区经济总量的96.3%；第二产业实现增加值89.6亿元，增长2.7%，占全区经济总量的3.7%。按常住人口计算，全区人均地区生产总值达到29万元（按年平均汇率折合4.4万美元）。

财政收支　全区一般公共预算收入175.6亿元，比2017年增长2%。其中增值税完成51.9亿元，增长14.4%；企业所得税完成51.3亿元，增长12.7%；房产税完成28.2亿元，增长8%；城市维护建设税完成13.5亿元，增长13%。全区一般公共预算支出（不含基金预算支出）完成251.6亿元，比2017年增长3.2%。城乡社区支出、教育支出、社会保障和就业支出是公共财政预算支出的主要方向，分别支出66.9亿元、65.5亿元、34.2亿元，占比达到66.2%。

固定资产投资　全年全社会固定资产投资比2017年增长1.2%。其中房地产开发投资增长176.3%。分产业看，第二产业投资比上年下降35.1%；第三产业投资增长2.3%。全区固定资产投资施工面积169.3万平方米，其中房地产开发施工面积121.5万平方米；全区固定资产投资竣工面积18.7万平方米，其中房地产开发竣工面积17.5万平方米。

消费　全年实现社会消费品零售总额1052.9亿元，比2017年增长3.1%。按行业分，零售业实现零售额674.9亿元，增长0.5%；批发业实现零售额264.8亿元，增长8.8%；住宿业实现零售额21.3亿元，增长2.0%；餐饮业实现零售额91.9亿元，增长7.3%。

对外经贸　全年新设外商投资企业65家，其中中外合资15家、外商独资50家。全年实现实际利用外资6.2亿美元，比2017年增长7.2%。全年实现进出口额1035.1亿元，比2017年增长2.2%。其中进口额830.1亿元，增长2.3%；出口额204.9亿元，增长1.9%。

产业发展　推动信息服务、金融、文化三大主导产业发展。信息服务业实现增加值396.2亿元，同比增长19.3%，占GDP比重达到16.3%。金融业实现增加值562.6亿元，同比增长5.3%，占GDP比重达到23.2%。文化及相关产业实现增加值240亿元，同比增长8.8%，占GDP比重达到9.9%，12家企业当选全国、北京市“文化企业30强”。

非首都功能疏解

疏解工作　修订完善产业指导目录，关停美博汇市场，世纪天鼎市场完成疏解进入转型升级阶段，改造提升金年丰等5个菜市场。协助完成天坛医院搬迁，新院区正式运行。完成新中西里3栋简易楼腾退项目，西河沿、天坛周边、望坛、西忠实里等棚改项目进入收尾阶段。

“百街千巷”治理　完成916条街巷整治、提升任务，83条主次干道全部实现架空线入地，601条胡同全部实现通信架空线入地。拆除违法建设21.5万平方米，治理“开墙打洞”2017处，打造西总布、景山东街、雍和宫大

改造后的前门东区胡同（刘立军摄）

街、青龙胡同等一批精品街区。在全市率先编制生活性服务业设施规划，新建或规范提升各类便民商业网点110个、社区养老驿站17家，推进公厕品质提升。

城市建设与管理

规划管控 开展核心区发展品质提升、街区更新等18项课题研究，推动核心区控制性详细规划编制，有序开展29项重点任务。王府井街区和前门东区整体规划编制基本完成。历史文化街区实现风貌保护管控导则全覆盖。高标准开展崇雍大街、前三门大街城市设计，扎实推进老城整体保护复兴。

城市改造 编制东城区落实中轴线申遗工作方案，完成社稷坛、太庙、天坛公园园内住户腾退，实施法国兵营旧址、估衣会馆等文物腾退10处，修缮文物7处。完成宝华里项目控规调整，重新启动滞留区搬迁；调整崇外6号地、K11项目规划方案；基本完成马圈和金鱼池二期西项目搬迁工作。启动实施简易楼腾退21栋，推进5个老旧小区整治试点任务，在18栋老旧楼房加装电梯。完成560处坑洼院落改造。望坛项目回迁房地块开工建设，位于顺义区和朝阳区的保障房项目实现开工1.3万套，通州区“两站一街”保障房项目竣工交用3728套，全年完成棚户区改造1019户。

交通治理 实现香河园西街等5条道路完工通车，完成雍和宫桥段等5处疏堵工程。挖潜地区停车资源，增加共享车位3300个，盘活6块拆迁滞留地建设13处停车场，新增停车位3800余个。王府井地区成为全市首个无停车街区，全区无停车胡同累计达到21条。推进路侧停车管理改革，规划路侧停车位5731个，电子收费停车位缴费率位居全市第一。在全市首创交通事故视频辅助远程处理、违法停车智能化抓拍等模式。完成广渠门南滨河路等40千米自行车道慢行系统整治。

生态环境 建立完善PM2.5和道路尘土残存量等重点指标动态监测通报机制，处理扬尘案件3700余件；路查重型柴油车5万余辆，处罚9400余辆次，处罚量同比增长15倍。在全市率先开展餐饮油烟协同减排试点工作。锅炉低氮改造基本完成，更新“煤改电”电取暖设备4200余户。推动垃圾分类全覆盖，居民区实施垃圾“干湿分离”，730家驻区机关、企事业单位和2571家餐饮企业实现垃圾分类规范管理。建成新中街城市森林公园等4处大尺度绿地、33处口袋公园，完成屋顶绿化1.2万平方米，新建、改造绿化面积20万平方米，公园绿地500米服务半径覆盖率提升至92.48%。完成3.3千米管线改造，实现雨污分流。建立“河长+警长+检长”机制和湖长制，坚持河湖治理“一河（湖）一策”，市级考核断面水质全部达标。

科技 教育 文化 卫生 体育

科技 全区技术合同交易成交项目3446项，合同成交总金额476.4亿元，其中技术交易额436.5亿元。全年专利申请量11880 件，专利授权量 7289 件。

教育 启动第三期学前教育行动计划，增加学位2000余个；持续推进“学区制”“学院制”改革，义务教育优质资源覆盖率达到97%。在全国率先建立义务教育阶段学生艺术素质测评标准。加强校园安全管理，中小学重点部位视频监控覆盖率达到98%，幼儿园达到100%。完成区少年宫装修改造。开展“盟贯带团”内部轮岗交流4861人次。

文化 实施“文化强区”战略，与故宫博物院签署战略合作协议，故宫艺术馆等落户前门地区。以纪念改革开放40周年为主题，推出系列电视专题片《40年，我和我的东城》，开展170余项、3000余场群众文化展演活动。书香东城建设持续推进，新增阅读空间8处，吸引读者81万人次走进图书馆，王府井书店图书馆、角楼图书馆获评北京“十佳优读空间”。深化戏剧东城建设，推出10个讲述“东城故事”的原创剧目，微电影《花儿金》荣获第六届亚洲微电影艺术节最佳作品奖。成功举办全国话剧展演季等五大戏剧节。继续举办周末相声俱乐部、中秋诗会等品牌活动。打造中轴文化探访路线，“18小时寻找北京”活动网络直播阅读量达1.2亿人次。区文化遗产博物馆、东四胡同博物馆建成开馆，区文化活动中心、广和剧场主体完工，北京国际戏剧中心实现开工，人艺戏剧中心奠基。9个街道100个社区实现公共文化设施社会化、专业化运营。

12 月 12 日，同仁医院东城区眼耳鼻喉专科医联体签约仪式举行（区卫计委提供）

卫生 深化卫生体制改革和国家医养结合试点区建设，医联体总数达到10个。出台健康东城三年行动计划，开展国家科学育儿试点区建设。启动第三批重点专科建设工作，建立区医学影像诊断中心和医学检验中心。建立社区药品虚拟库房，提供送药到家服务。对签约居民试点开展家庭医生精准服务。完成10家区属医院和63家社区卫生服务机构信息系统互联互通，实现医疗费用快捷支付。基本公共卫生和基层卫生绩效考核成绩均居全市首位。以普仁医院为试点探索公立医院薪酬制度改革。区第一人民医院异地迁建项目开工。

体育 全年举办体育活动253次，参加体育活动人次40万人次。推动学校、单位体育设施向社会开放，完成地坛体育中心冰壶训练馆改建，天坛体育活动中心模拟滑雪馆投入使用。在十五届市运会上，东城区竞技项目、群众项目总成绩均位列第一，获体育道德风尚奖。在首届市冬运会上，东城代表团取得竞技项目团体总分、奖牌总数“双第一”。东城区输送运动员获奖牌总数224块，其中国际级比赛奖牌22块，国内级比赛奖牌19块，省市级比赛奖牌183块。

社会服务管理和社会保障

就业和社会保障 全年全区城镇新增就业人员2.83万人，年末实有城镇登记失业人员4671人，城镇登记失业率为0.86%，失业人员再就业9661人，城镇登记失业人员就业率为65.27%。全区参加基本养老、基本医疗、失业、工伤和生育保险人数分别为148.17万人、163.04万人、115.71万人、102.35万人和97.77万人，分别比2017年增长3.00%、0.75%、3.46%、8.31%、4.59%。全区享受城市居民最低生活保障家庭数为6329个，城市居民最低生活保障的人数为1.01万人，城市低保资金实际支出1.3亿元。区残疾人综合服务中心投入使用。新建17家社区养老服务驿站，完成200户家庭适老化改造。实现区属医疗机构与16家养老机构合作对接，开展托底老人“一户一策”精准医疗服务。年末全区各类收养性单位17家，床位1144张，收养各类人员775人。

居民生活 全年全区居民人均可支配收入达到7.55万元，比2017年增长7.5%；居民人均消费支出4.9万元，比2017年增长6.2%；恩格尔系数为20.4%，比2017年下降1.5个百分点。

社会治理 构建“1+5+N”执法体系，推动综合执法平台实体化运行，实现综合执法全程留痕、执法现场全程实录、问题处置全程追溯，“四公开”执法数据考核位列全市第一。加强基层民主协商，打造社区议事厅、花友汇等一批社区治理特色品牌，“五民工作法”获评全国优秀社区工作法。发挥街巷长、小巷管家作用，解决问题纠纷16万余件。创新开展周末卫生大扫除活动，助推街区环境建设和民生改善，活动模式在全市推广。

公共安全 497项挂账隐患全部整改，分批开展安全生产培训，全区安全生产事故总数同比下降50%。加强平房区消防安全，建设39条街巷、12千米的预设地下干式消防供水管路系统，建成819个小、微型消防站。建设电动自行车充电设施236处。安装家庭火灾烟感报警器6.5万个。雪亮工程新建、改建2874台监控探头。开展扫黑除恶专项斗争，破获涉恶犯罪团伙4个，全区刑事发案总量和110刑事警情连续3年双下降。全区中小学校、托幼机构及养老食堂全部实现“阳光餐饮”。食品、药品抽检合格率分别达到99.8%和100%。

10月10日，现代戏之家到三和老年公寓慰问演出
（区民政局提供）

党的建设

思想理论建设

将习近平新时代中国特色社会主义思想作为必讲内容和必学课程，举办6期学习贯彻十九大精神专题研讨班，对全区处级干部1000人进行全员轮训、开展专题读书活动，分3批对基层党组织书记2800余人进行集中培训，组织理论宣讲活动1900余场。

“大党建”格局构建

区委制订、修订有关制度，落实全面从严治党主体责任。落实党管意识形态责任制，成立区委网信办、区融

4月9日，东城区第一期群众工作方法专题研讨班开班
（区委组织部提供）

媒体中心，强化对讲座论坛、演艺场所等各类阵地的统筹管理。依托区委党校，加强智库建设。以深化“吹哨报到”改革为契机，建立党委领导下的改革指挥体系，优化调整街道机关党支部设置，在街道综合执法队同步成立党支部，党建引领作用得到有效发挥。

领导班子和干部队伍建设

首次开展年度干部选拔任用工作情况通报，建立优秀年轻干部人才库。集中举办5期群众工作方法专题研讨班，建立群众工作导师制，实现对街道社区干部5600人全员轮训。全年共选派70余人参与全区中心工作。开展选人用人和不担当不作为情况检查，完成超职数配备、违规兼职、经商办企业、“带病提拔”倒查等专项整治；制订关于建立健全容错纠错机制、加强干部关心关爱等制度。深化人才发展体制机制改革，研究起草高层次人才引进计划实施办法，着力打造文化、科技创新等人才发展高地。

基层党组织建设

开展后进基层党组织整顿和中间状态党组织提升工作。精心打磨17个基层党建示范点，集中打造31个优秀社区党组织书记工作室。推广“党员E先锋”基层党建综合管理平台，推动建立街道党校。创新“两新”组织党建工作体制机制，建立东城园党群服务中心，成立区工商联非公企业党委，实现街道商会联合党委全覆盖。扎实做好“双报到”工作，全区所属351个法人单位党组织、在职党员2.29万人完成报到并常态化参与社区建设。

党风廉政建设

召开全区警示教育大会。制订《十二届东城区委巡察工作规划》及相关制度，先后开展“四风”问题专项巡察、常规巡察等3轮巡察工作。推进处级党政正职和纪检监察组织负责人向区纪委全会述责述廉。持续深化“为官不为、为官乱为”等专项治理，围绕党员干部长期不在岗、社区财务管理不规范等方面问题开展专项监督。深化运用监督执纪“四种形态”，建设廉政档案信息管理系统。保持惩治腐败高压态势，立案86件，结案82件，给予70人党纪政务处分，采取留置措施10人，移送司法机关13人，追逃3人。

（胡　澄　刘　婷）

中国共产党北京市东城区委员会

7 月 27 日，中共北京市东城区第十二届委员会第六次全体会议召开（张传东摄）

综　述

2018年，中共北京市东城区委员会以习近平新时代中国特色社会主义思想和中共十九大精神为指引，深入贯彻市委各项决策部署，立足“四个中心”功能建设，聚焦“一条主线、四个重点”战略任务，强化党建引领、共建共享，坚持把方向、谋大事、抓党建、保平安，发挥总揽全局、协调各方作用，完成各项任务。召开区委全会2次，区委常委会38次，审议议题265项；区委常委（扩大）会议3次，审议议题12项；区委书记专题会80次，研究议题112项。

全面从严治党。把学习贯彻习近平新时代中国特色社会主义思想作为首要任务。完善常委会会上学习、理论中心组学习制度，坚持以上率下、步步深入，抓好全区学习贯彻工作。通过举办学习研讨班、理论宣传讲座、摄影展、主题教育等活动学习贯彻十九大精神，推动习近平新时代中国特色社会主义思想的学习。完善“大党建”格局。区委出台《关于推进全面从严治党的实施意见》及《东城区2018年落实全面从严治党主体责任重点任务分工》，制订印发《区委常委、区政府党员副区长指导督促分管联系部门单位党（工）委、党组抓党建工作制度》。修订完善党建工作责任和任务“两个清单”，并覆盖到每个党支部。落实党管意识形态责任制，以深化“吹哨报到”改革为契机，建立党委领导下的改革指挥体系，优化调整街道机关党支部设置，在街道综合执法队同步成立党支部，党建引领作用得到有效发挥。制订《关于进一步加强党支部规范化建设的实施方案》，开展后进基层党组织整顿，提升中间状态党组织，推进社区党组织换届。打磨17个基层党建示范点，建立31个优秀社区党组织书记工作室。创新“两新”组织党建工作体制机制，制订《关于推进小微企业党建社区化建设的意见（试行）》，成立区工商联非公企业党委，实现街道商会联合党委全覆盖。健全区、街道、社区三级党建工作协调委员会，增强党组织资源统筹能力。加强领导班子和干部队伍建设。落实市委“四个不让”要求，优化领导班子和干部队伍综合分析研判，首次开展年度干部选拔任用工作情况通报，建立优秀年轻干部人才库和群众工作导师制。选派70余人参与全区中心工作，在工作一线培养锻炼、考察识别干部。坚持严管与厚爱相结合，激励干部担当作为。深化人才发展体制机制改革，打造文化、科技创新等人才发展高地。深化党风廉政建设。推进纪检监察体制改革，探索监察职能向基层延伸。完善全面从严治党主体责任检查考核，推进处级党政正职和纪检监察组织负责人向区纪委全会述责述廉，层层压紧压实管党治党责任。严明党的政治纪律和政治规矩，建设廉政档案信息管理系统。保持惩治腐败高压态势。学习贯彻监察法、纪律处分条例，发挥“三祠”官德教育基地等作用，营造崇廉拒腐的良好氛围。

“三大攻坚战”进展。通过金融机构动态排查、一企一策分类管理、非法集资专项整治等方式，防范金融领域不稳定因素；扫黑除恶专项斗争取得阶段性成果，“雪亮工程”一期建设通过验收，确保社会和谐稳定。承担5个地区的扶贫协作以及与怀柔结对协作任务，投入2.37亿元做实产业帮扶等项目，组织10余所优质学校、9家医疗机构与受援地结对共建，成立全市首家对口帮扶地区在京务工人员之家，推动街道、企业深入开展携手奔小康行动；选派优秀干部和专业人才49人挂职帮扶，帮助崇礼、阿尔山打造10个党群活动中心；加大区内困难群体托底保障和社会救助力度，全区1356个在职党支部与2191个低保家庭（含困难学生341人）结成对子，开展精准化志愿帮扶。以建设花园东城为目标，制订《东城区关于做好北京市环保督察反馈意见整改落实工作方案》《东城区蓝天保卫战2018年行动计划》《东城区土壤污染防治工作方案2018年重点任务分解》等文件；建立“河长+警长+检长”机制和湖长制，坚持河湖

6月13—15日，张家明到西藏拉萨慰问援藏干部并调研当雄县扶贫项目（张传东摄）

治理“一河（湖）一策”，市级考核断面水质全部达标；治理大气污染，PM2.5年均浓度达到52微克/立方米，下降13.3%。完成屋顶绿化1.2万平方米，新建、改造绿化面积20万平方米，建成新中街等4处大尺度公园和33处口袋公园；全区公园绿地500米服务半径覆盖率提升至92.48%，为市民提供更多健身、休闲的绿色空间。

疏解整治。修订完善产业指导目录，严格实施产业禁限目录。关停美博汇市场，世纪天鼎市场完成疏解进入转型升级阶段，改造提升金年丰等5个菜市场。完成新中西里3栋简易楼腾退项目，西河沿、天坛周边、望坛、西忠实里等棚改项目进入收尾阶段。持续深化“百街千巷”治理工作，完成916条街巷整治、提升任务，83条主次干道全部实现架空线入地，601条胡同全部实现通信架空线入地。拆除违法建设21.5万平方米，治理“开墙打洞”2017处，打造西总布、景山东街、雍和宫大街、青龙胡同等一批精品街区。在全市率先编制生活性服务业设施规划，新建或规范提升各类便民商业网点110个、社区养老驿站17家，推进公厕品质提升。利用拆迁滞留区扩大停车供给，盘活停车资源，王府井地区成为全市首个不停车街区。编制南北池子、崇雍大街等城市设计导则，组建中轴线申遗工作专班，编制《东城区落实中轴线申遗工作方案》，完成社稷坛、太庙、天坛公园园内住户腾退。以中轴线申遗为契机，推进历史文化精华区建设。出台《东城区街区责任规划师工作实施意见》《东城区街区责任规划师管理办法》以及《东城区关于进一步加强街巷长制的意见》和《东城区关于进一步加强“小巷管家”队伍建设的意见》；整合“守望岗”等志愿者队伍，完善激励表彰机制，激发多元参与治理的活力。健全门前三包责任制，推广小院公约、花友汇、停车自管会等自治经验，“五民工作法”被民政部评为全国优秀社区工作法。

重点领域改革。出台《东城区关于党建引领街道管理体制机制创新实现“街道吹哨、部门报到”的实施意见》和街道管理、城市管理等6个配套方案，明确“三级管理、五方联动”总体改革目标。全面推开街道管理体制改革，将内设机构精简为“六办一委一队四中心”，在全市首创“社区专员”。健全区级城市管理统筹协调平台，构建“1+5+N”综合执法模式，完善网格化综合监督体系，明确45项“吹哨”标准和部门响应流程。出台《东城区进一步优化营商环境行动方案（2018年—2020年）》，推动政务服务“一门、一窗、一网、一次”改革，推动“1+4”联系服务重点企业制度和企业“服务包”制度等政策落地。制订“1+5”产业政策体系，聚焦文化、金融、信息服务业三大主导产业，统筹推动文化创新融合发展，举办文化金融峰会，创建国家文化与金融合作示范区取得进展。中关村东城园“高精尖”产业结构更加优化，地均产出、劳均产出均居全市之首；青龙文化创新街区亮相。启动第三期学前教育行动计划，增加学位2000余个；持续推进学区制、学院制改革，义务教育优质资源覆盖率达97%。实现登记失业人员就业9661人，“零就业家庭”动态为零。医联体达到9个，开展家庭医生精准签约服务试点。完善三级五方联动、分类精准供给居家养老服务模式，区级养老服务指导中心投入运营。实施文化强区战略，起草东城区历史文化传承展示工作方案。

（刘婷）

重要会议和活动

【区委全会】7月27日，十二届区委六次全会召开。会议传达市委十二届五次全会精神，区委书记张家明代表区委常委会作工作报告，区长金晖作上半年经济社会发展情况和下半年重点工作安排的报告，审议通过《中共北京市东城区第十二届委员会第六次全体会议决议》，张家明作总结讲

12月19日，中共北京市东城区第十二届委员会第七次全体会议召开（张传东摄）

话。12月19日，召开十二届区委七次全会。张家明作关于《北京市东城区机构改革方案（送审稿）》的说明，审议通过《北京市东城区机构改革方案（送审稿）》和《中共北京市东城区第十二届委员会第七次全体会议决议》，张家明作总结讲话。

（李奕成）

表2 **2018年东城区委常委会会议主要议题一览表**

日期	会次	议题
1月2日	十二届38次	研究干部任免事宜
1月3日	十二届39次	听取区城管执法局关于申请追加“百街千巷”拆除违法建设、治理违规“开墙打洞”2017年财政专项资金的汇报，区安全监管局关于《北京市东城区安全生产督察办法（试行）》的汇报，区委组织部关于2017年全区处级干部年度健康体检情况的汇报，区委组织部关于区委常委班子2017年度民主生活会方案的汇报
1月18日	十二届40次	研究区纪委拟定的关于推进全面从严治党的实施意见、区委组织部拟定的区委常委会关于2017年度干部选拔任用工作情况的报告，听取区委组织部关于撤销区房地二中心党委和成立北京京宏投资发展有限公司党委的汇报、区文明办关于全国文明城区复查迎检工作有关情况的汇报、区民政局关于东城区2018年春节期间开展走访慰问送温暖活动工作安排的汇报、区商务委关于东城区落实《深化改革推进北京市服务业扩大开放综合试点工作方案》实施方案的汇报
2月1日	十二届41次	听取区纪委关于十二届区纪委三次全会工作方案和工作报告起草情况的汇报、关于2017年东城区党风廉政建设责任制专项检查考核结果的汇报及区委组织部关于进一步加强党支部规范化建设有关安排的汇报；研究区政府办公室拟定的《关于东城区2017年重要实事完成情况及东城区2018年重要实事编制情况的报告》
2月11日	十二届42次	研究区委组织部拟定的《关于2017年度东城区党（工）委书记抓基层党建述职评议考核工作会方案》、区人大常委会党组拟定的《北京市东城区人大常委会2018年工作要点（草案）》，听取区安全监管局关于东城区2017年安全生产工作情况的汇报、区委宣传部关于全国、北京市宣传部长会议精神及2017年东城区宣传思想文化工作总结和2018年重点工作的汇报、区烟花办关于《东城区2018年元旦春节烟花爆竹安全管理工作方案》的汇报
2月28日	十二届43次	听取区委组织部关于全国、全市组织部长会议精神及东城区2017年组织工作总结和2018年重点工作的汇报，区委政法委关于中央、北京市委政法工作会议精神及东城区委2017年政法工作总结、2018年重点工作和区委政法工作会议安排的汇报，区安监局关于《东城区关于中共北京市委、北京市人民政府安全生产第十督察组督察反馈意见整改情况的报告》的汇报，区政府办公室关于召开2018年东城区政府全体（扩大）会议暨深入推进疏解整治促提升促进生态文明与城市环境建设动员大会安排意见的汇报，区人力社保局关于给予东城区2017年度“疏解整治促提升”专项行动表现突出的集体和个人通报表扬的汇报；区总工会关于2018年全国五一劳动奖状、奖章和工人先锋号推荐评选工作的汇报；研究区政府办公室拟定的2018年东城区政府折子工程，区发展改革委拟定的东城区2018年“疏解整治促提升”工作方案，区政协党组拟定的区政协常委会2018年工作要点
3月2日	十二届44次	听取区委组织部关于撤销市规划委东城分局党组、市国土局东城分局党组和成立市规划国土委东城分局党组的汇报，研究干部任免事宜
3月7日	十二届45次	听取区委统战部关于全国、全市有关统战工作会议精神及东城区2017年统战工作总结和2018年重点工作的汇报，区委办公室关于召开东城区2018年党建工作会议的安排意见的汇报，区委宣传部关于东城区委区政府理论学习中心组2018年理论学习工作计划的汇报；研究区委研究室拟定的区委常委会2018年工作要点
3月21日	十二届46次	听取区委组织部关于东城区2017年度落实党建主体责任综合考核评价（“三级联创”考核）情况的汇报，区委研究室关于东城区调查研究工作2017年总结和2018年重点工作、重点课题的汇报，区委老干部局关于东城区老干部工作情况和《关于进一步加强和改进离退休干部工作的实施意见》起草情况的汇报，区体育局关于东城区代表团参加北京市第十五届运动会工作方案的汇报，区总工会关于2018年首都劳动奖状、奖章和北京市工人先锋号东城区推荐评选工作的汇报；研究区委研究室拟定的《中共北京市东城区委常委班子2017年度民主生活会查摆问题整改方案》，区委统战部拟定的《东城区2018年政党协商计划》，区有关人员违纪问题的处理意见
3月30日	十二届47次	研究干部任免事宜

续表2

日 期	会 次	议 题
4月4日	十二届48次	研究区委办公室拟定的《区委2018年工作目标责任制（折子工程）》和《区委常委会2018年议题计划及任务分解安排》，区委改革办拟定的《东城区委全面深化改革领导小组2018年工作要点》，区委党建办拟定的《区委常委、区政府党员副区长指导督促分管联系部门单位党（工）委、党组抓党建工作制度》；听取区委组织部关于制订《严格落实干部带薪年休假制度的通知》有关情况的汇报，区人大常委会党组关于《东城区人民代表大会常务委员会讨论、决定重大事项的规定（试行草案）》有关情况的汇报，区纪委关于东城区2017年信访举报和执纪审查情况的汇报
4月7日	十二届49次	研究干部任免事宜
4月18日	十二届50次	听取区委组织部关于2017年区级干部年度考核等次及奖励建议名单有关情况的汇报、区委社会工委关于《东城区党建引领街道管理体制机制创新实现“街道吹哨、部门报到”的实施意见》起草情况及相关工作部署会安排的汇报、区文明办关于东城区精神文明建设2018年工作要点和召开东城区精神文明建设工作大会安排的汇报、区信访办关于东城区2017年信访工作情况及2018年工作安排的汇报、区信息办关于“智慧东城”2017年信息化项目建设成效及2018年工作思路与项目资金安排的汇报、区发展改革委关于2018年东城区政府投资基本建设项目及资金安排建议的汇报、区总工会关于举办东城区庆祝五一国际劳动节表彰先进集体和先进个人暨关心户外劳动者启动“温情理发、夏日送爽”活动的汇报；研究区委统战部拟定的《东城区区级党员领导干部列名联系党外代表人士工作制度》、区环保局拟定的《东城区蓝天保卫战2018年行动计划》
5月2日	十二届51次	听取区委办公室关于2017年区委常委会议定事项落实情况的汇报、区人大常委会党组关于《关于完善人大代表联系人民群众制度的实施意见（草案）》起草情况的汇报、区发展改革委关于东城区2018年一季度经济社会发展形势分析的汇报、区产促局关于兑现2017年度东城区上市挂牌企业政策奖励有关情况的汇报、区人力社保局关于《东城区机关事业单位招考招聘工作管理办法（试行）》有关情况的汇报、团区委关于东城区共青团2017年工作情况和2018年重点工作的汇报、区妇联关于东城区妇联2017年工作情况和2018年重点工作的汇报
5月16日	十二届52次	听取区委组织部关于《进一步推进在职党支部与低保家庭、困难学生结对子工作方案》有关情况的汇报、关于成立东城区律师行业党委的汇报，区人大常委会党组关于修改《北京市东城区国家工作人员宪法宣誓组织办法》和《北京市东城区人大常委会会议宪法宣誓规程》有关情况的汇报，区民族宗教办关于《推荐第八届首都民族团结进步先进集体、先进个人工作方案》有关情况的汇报，区政协关于加强区政协委员队伍建设的意见和加强区政协常委会自身建设的意见有关情况的汇报；通报区级领导班子2017年度考核测评结果
5月30日	十二届53次	听取区纪委关于《关于开展全市扶贫协作专项工作监督的情况报告》和区开展扶贫协作监督工作情况的汇报、关于市党风廉政建设责任制检查考核反馈意见及区整改方案的汇报，区国资委关于构建区属直管公房经营管理集团总体安排的汇报、关于北京崇文新世界房地产发展有限公司合作续期有关事项的汇报，区外联办关于东城区2018年扶贫协作与支援合作工作要点有关情况的汇报，规划国土东城分局关于归还北京市规土委预拨土地储备项目前期成本有关情况的汇报，区文明办《关于进一步深化“门前三包”责任制的意见》起草情况的汇报
6月20日	十二届54次	听取区委组织部关于东城区2017年度处级干部考核奖励工作情况的汇报、关于做好纪念中国共产党成立97周年有关工作安排的汇报，区委党建办关于《东城区2018年落实全面从严治党主体责任重点任务分工》有关情况的汇报、关于《加强部门联动进一步深化“周末卫生大扫除”活动的工作方案》有关情况的汇报，区民族宗教办关于《第八届首都民族团结进步奖东城推荐先进集体、先进个人名单》有关情况的汇报，区财政局关于东城区2017年决算草案报告的汇报，区审计局关于东城区2017年度预算执行和其他财政收支审计工作报告的汇报；研究区有关人员违纪问题的处理意见
7月5日	十二届55次	听取区委组织部关于中央、市委关于新时代激励干部新担当新作为、加强改进选调生工作及推进基层党建工作重点任务有关会议精神的汇报和关于东城区2017年处级领导班子和领导干部综合情况分析的汇报及关于设立北京市东城区国家税务局、地方税务局联合党委和北京市东城区政务服务中心党组更名有关情况的汇报，区人力社保局关于给予“望坛”棚户区重点项目表现突出单位及个人及时奖励和通报表扬情况的汇报、关于《东城区科级及以下公务员平时考核实施方案》有关情况的汇报，区环保局关于《东城区土壤污染防治工作方案2018年重点任务分解》有关情况的汇报、关于做好北京市环境保护督察反馈意见整改落实工作方案的汇报，区食品药品监管局关于《东城区落实食品安全党政同责的实施意见》有关情况的汇报，区信访办关于2018年1-4月信访工作情况的汇报，区总工会关于东城区总工会工作情况的汇报

续表2

日期	会次	议题
7月18日	十二届56次	研究区委办公室拟定的关于召开区委十二届六次全会的安排意见、区委研究室拟定的区委十二届六次全会报告、区政府研究室拟定的东城区2018年上半年经济社会发展情况和下半年重点工作安排、区发展改革委拟定的东城区2018年国民经济和社会发展计划上半年执行情况的报告，听取区发展改革委关于东城区2018年上半年“疏解整治促提升”工作进展情况和民意调查情况的汇报、区安全监管局关于东城区2018年上半年安全生产工作情况的汇报、区城管委关于申请拨付2018年东城区“百街千巷”环境整治提升工程资金有关情况的汇报、区委组织部关于东城区2017年度选人用人工作“一报告两评议”测评结果分析报告的汇报
7月27日	十二届57次	听取全会审议区委常委会工作报告、上半年经济社会发展工作情况和下半年重点工作安排及决议（草案）情况的汇报
8月7日	十二届58次	听取区人武部关于东城区国防后备力量建设及人武部改革有关情况的汇报，区审计局关于东城区2017年经济责任审计工作总结和下一步工作重点的汇报，区财政局关于东城区2018年上半年预算执行情况的汇报、关于东城区2018年预算调整初步方案的汇报；研究区委组织部拟定的《关于建立容错纠错机制激励干部干事创业担当作为的实施意见（试行）》和《关于切实加强干部关心关爱的若干意见（试行）》，区人力社保局拟定的《东城区2018年事业单位招聘需求计划》
8月15日	十二届59次	听取区纪委关于2018年上半年东城区纪检监察工作完成情况及下半年工作安排的汇报、关于开展2018年东城区全面从严治党主体责任专项检查考核有关情况的汇报、关于追逃追赃工作情况的汇报、关于2018年1—7月信访举报和审查调查情况的汇报、关于对相关单位公车管理问题予以问责情况的汇报，研究关于召开全区领导干部警示教育大会的安排意见和区有关人员违纪问题的处理意见
8月28日	十二届60次	听取区委组织部关于《东城区基层党组织党建活动经费管理实施细则》和《东城区社区党组织服务群众经费管理实施细则》有关情况的汇报、区委宣传部关于《东城区历史文化传承展示工作方案》有关情况的汇报、区产促局关于2017年度东城区税源建设政策兑现工作情况的汇报、王府井建管办关于《第六届北京王府井国际品牌节总体方案和组织工作方案》有关情况的汇报
9月12日	十二届61次	听取区委组织部关于全市组织工作会议主要精神的汇报、区环保局关于全面加强生态环境保护坚决打好北京市污染防治攻坚战实施意见的汇报、区外侨办关于东城区与葡萄牙奥埃拉斯市建立友好城市关系的汇报
9月26日	十二届62次	听取区编办关于《东城区机构改革工作方案》有关情况的汇报、区财政局关于申请追加街道办事处“街道吹哨、部门报到”统筹保障经费的汇报、区环卫中心关于申请2018年厕所革命项目资金的汇报，研究区有关人员违纪问题的处理意见
10月10日	十二届63次	听取区发展改革委关于《东城区国民经济和社会发展第十三个五年规划纲要》实施情况中期评估的汇报、区司法局关于东城区“七五”普法（2016—2020年）中期法治宣传教育工作情况的汇报、区住建委关于申请2018年文物腾退资金的汇报、区外联办关于申请追加扶贫协作和支援合作工作财政资金的汇报、区国资委关于《东城区国有企业违规经营投资责任追究暂行办法》有关情况的汇报，研究区委巡察办拟定的《十二届东城区委巡察工作规划》和巡察相关工作规则
10月17日	十二届64次	听取区社会办关于《东城区2018年规范社区工作者工资待遇方案》有关情况的汇报，研究干部任免事宜
10月31日	十二届65次	听取区委社会工委关于成立东城区党建工作协调委员会有关情况的汇报、团区委关于东城区青年联合会第六届委员会换届工作方案的汇报、区发展改革委关于《东城区2018年1-3季度经济社会发展形势分析》有关情况的汇报，研究区发展改革委拟定的《东城区加快文化创新融合 构建高精尖经济结构的实施意见》和《东城区进一步优化营商环境行动方案（2018年—2020年）》、区财政局拟定的《东城区构建高精尖经济结构人才激励办法》
11月7日	十二届66次	听取区人大常委会党组关于召开东城区第十六届人民代表大会第五次会议有关情况的汇报，区委组织部关于补选东城区第十六届人民代表大会代表候选人初步人选建议名单的汇报、关于区环卫中心党委换届选举筹备情况的汇报、关于东城区社区“两委”换届选举工作安排的汇报，区政协党组关于召开政协东城区第十四届委员会第三次会议有关情况的汇报，区委统战部关于2018年调整增补政协东城区第十四届委员会委员工作方案的汇报，区文明办关于2017—2018年度首都精神文明建设奖推荐人选的汇报；研究区人大常委会党组拟定的《东城区人大常委会关于补选东城区第十六届人大代表工作实施方案（草案）》，区产促局拟定的《东城区支持金融业发展的若干意见》

续表2

日 期	会 次	议 题
11月14日	十二届67次	研究区产促局拟定的《东城区促进信息服务业发展的若干意见》和《东城区关于鼓励企业上市挂牌融资的若干措施》、区信息办拟定的《关于组织实施东城区大数据建设的工作方案（2018—2020年）》
11月21日	十二届68次	听取区人大常委会党组关于在龙潭第130选区补选东城区第十六届人大代表的情况汇报、区城管委关于《东城区垃圾分类全覆盖工作方案》有关情况的汇报、区卫生计生委关于申请拨付东城区第一人民医院异地迁建项目建设用地定安里地块土地成本的汇报，研究区有关人员违纪问题的处理意见
11月23日	十二届69次	研究推荐区政协副主席人选有关事宜和干部任免事宜
12月5日	十二届70次	听取区委组织部关于召开全区组织工作会议有关情况的汇报、关于成立中共北京市东城区宝华里危改项目有关情况的汇报，区委党建办关于东城区委2018年落实全面从严治党主体责任有关情况的汇报，区政协党组关于东城区贯彻落实中央、市委加强新时代政协党的建设工作精神有关工作的汇报，永定门外街道关于重新启动宝华里危改项目有关情况的汇报，区委统战部关于2018年调整增补政协东城区第十四届委员会委员有关人选情况的汇报；研究区人大常委会党组拟定的区人大常委会工作报告，区政协党组拟定的区政协常委会工作报告和政协东城区十四届委员会第三次会议选举办法
12月7日	十二届71次	听取区委组织部关于补选区第十六届人民代表大会代表和北京市第十五届人民代表大会代表人选建议名单的汇报、关于制订落实街道相关职权系列文件有关情况的汇报，区发展改革委关于《东城区“留白增绿”行动计划（2018年—2020年）》有关情况的汇报，区纪委关于开展东城区人防系统腐败问题专项治理工作有关情况的汇报
12月12日	十二届72次	研究区委办公室拟定的关于召开十二届区委七次全会的安排意见，区委研究室拟定的区委常委会工作报告，区政府研究室拟定的区政府工作报告，区委党建办拟定的2018年区委常委会抓党建工作情况报告，区发展改革委拟定的东城区2018年国民经济和社会发展计划执行情况与2019年国民经济和社会发展计划草案，区财政局拟定的东城区2019年预算安排、2018年预算执行情况和2019年预算草案的报告，区人民法院工作报告和区人民检察院工作报告，区委组织部、区编办拟定的东城区机构改革方案；听取区委组织部关于东城区第十六届人民代表大会第五次会议各项建议名单及选举办法的汇报、关于补选东城区第十六届人大代表提名推荐和考核审查情况的汇报
12月19日	十二届73次	听取全会审议《北京市东城区机构改革方案（送审稿）》及决议（草案）情况的汇报
12月19日	十二届74次	听取区财政局关于调整2019年经济指标计划有关情况的汇报
12月29日	十二届75次	研究区委办公室拟定的关于召开区委十二届八次全会的安排意见、区委组织部拟定的区委常委会班子2018年度民主生活会方案、区发展改革委拟定的《东城区产业指导目录（2018年版）》、区有关人员违纪问题的处理意见；听取区纪委关于东城区2018年处级单位党政主要领导向区纪委全会述责述廉情况的汇报，区编办关于《北京市东城区机构改革方案（送审稿）》做进一步修改情况的汇报，区发展改革委关于《东城区疏解整治促提升专项行动2019年工作计划》有关情况的汇报，区文化委关于成立东城区元旦、春节、元宵节期间文化活动指挥体系有关情况的汇报，区园林绿化中心关于《第三十四届地坛、第三十六届龙潭春节文化庙会总体方案》的汇报，区安全监管局关于东城区今冬明春安全生产工作情况的汇报

（李奕成）

表3

2018年东城区委书记专题会议题一览表

日 期	会 次	议 题
1月15日	1次	听取区统计局关于建立区经济社会发展指标体系及东城园经济发展监测指标体系有关情况的汇报、东四街道关于2018年拟重点解决问题清单的汇报、区委组织部关于2017年全区处级干部选拔任用通报工作有关情况的汇报
1月30日	2次	听取区政府办关于《东城区2018年在直接关系群众生活方面拟办的重要实事（征求意见稿）》编制情况的汇报

续表3

日期	会次	议题
2月5日	3次	听取区教委关于制订《东城区第三期学前教育行动计划（2018—2020年）》情况的汇报
2月6日	4次	听取区综治办关于东城区2017年社会治安综合治理(平安建设)工作考核奖励情况的汇报
2月22日	5次	听取区人力社保局关于东城区2017年度考核奖励工作情况的汇报和东城园管委会关于龙潭湖地区环境整治提升项目工作情况的汇报
2月24日	6次	研究“街道吹哨、部门报到”工作
2月27日	7次	研究全国“两会”期间东城区安保维稳工作
3月6日	8次	研究区委常委会2018年工作要点
3月6日	9次	研究“街道吹哨、部门报到”工作
3月8日	10次	听取区人力社保局关于2017—2018年度公务员招考和事业单位招聘情况的汇报、区机关事务管理服务中心关于区属行政事业单位房产清理情况的汇报
3月12日	11次	听取区委组织部关于处级干部2017年度考核优秀等次及奖励指标推荐和分配工作方案的汇报
3月13日	12次	听取区编办关于区城管委“三定”规定修订及其事业单位机构编制调整建议的汇报
3月19日	13次	听取区委巡察办关于派出巡察组参加各区交叉巡察工作情况的汇报和关于十二届区委第二轮巡察工作情况的汇报
3月21日	14次	听取区民政局关于社区建设工作情况的汇报
3月26日	15次	研究南北池子大街整治提升设计方案和城市设计导则编制工作
3月27日	16次	研究“街道吹哨、部门报到”工作
3月28日	17次	听取区编办关于区城管委所属事业单位机构编制调整的建议
3月30日	18次	听取区网格中心关于东城区网格化综合管理平台落实“街道吹哨、部门报到”相关工作情况的汇报
3月31日	19次	听取区城管执法局关于东城区综合执法实体化运行平台建设方案的汇报和区委党建办《关于在全区推广“周末卫生大扫除”工作经验的指导意见》起草情况的汇报
4月2日	20次	听取区委组织部关于制订《严格落实干部带薪年休假制度通知》有关情况的汇报和区文明办关于东城区2017年精神文明建设工作总结及2018年工作要点
4月3日	21次	听取区有关部门关于“街道吹哨、部门报到”系列文件制订情况的汇报
4月17日	22次	听取巡察办关于追加交叉巡察工作经费有关情况的汇报和各巡察组关于十二届区委第二轮巡察工作情况的汇报
4月23日	23次	听取区外联办关于东城区对口帮扶工作有关情况的汇报
4月24日	24次	听取区环卫中心关于“厕所革命”工作安排情况的汇报
5月4日	25次	研究“街道吹哨、部门报到”各专项工作方案
5月7日	26次	听取第一、二巡察组关于十二届区委第二轮巡察问题线索的汇报和巡察办关于《十二届区委第一、二轮巡察问题的通报》的汇报

续表3

日　期	会　次	议　题
5月7日	27次	听取区委宣传部关于“初心——中国共产党的孕育与创建”主题展览筹备情况的汇报和区新闻中心关于推动东城区媒体融合发展工作思路的汇报
5月14日	28次	听取王府井建管办关于王府井商业区2018年转型升级工作方案及重点项目有关工作情况的汇报
5月28日	29次	听取区外联办关于东城区2018年扶贫协作与支援合作工作要点有关情况的汇报
5月29日	30次	听取区园林绿化中心关于龙潭中湖环境整治提升工程相关情况的汇报
6月4日	31次	听取规划国土东城分局关于《东城区落实北京城市总体规划实施工作方案(2018年-2020年)》起草情况的汇报
6月5日	32次	听取区住建委关于东城区落实中轴线申遗工作方案有关情况的汇报
6月7日	33次	听取区委研究室关于《城市复兴视角下的街巷治理——东城区专题研究报告》实施方案的汇报
6月21日	34次	听取区新闻中心关于推动东城区媒体融合发展工作思路的汇报
6月25日	35次	听取关于2018年“百街千巷”环境整治提升雍和宫大街路段设计方案的汇报
7月2日	36次	研究2018海峡两岸（北京）体育交流活动门球项目相关工作情况
7月4日	37次	听取朝阳区委派出各巡察组关于“四风”问题专项巡察工作情况的汇报
7月11日	38次	听取区委社会工委关于“街道吹哨、部门报到”工作进展情况的汇报和区委党建办关于深化“周末卫生大扫除”活动工作部署会方案的汇报
7月11日	39次	听取区委宣传部关于建设东城区文化艺术创作基地有关情况的汇报和区文促中心关于东城区文化创意产业发展情况的汇报
7月17日	40次	研究十二届区委六次全会有关文稿起草工作
7月25日	41次	听取区住建委关于2018年历史文化名城委员会全会方案有关情况的汇报和关于推进东城区落实中轴线申遗工作有关情况的汇报
7月30日	42次	听取区人大常委会相关工作情况的汇报
8月6日	43次	听取王府井建管办关于第六届北京王府井国际品牌节总体方案和组织工作方案的汇报，研究校尉胡同西侧环境整治提升设计方案
8月10日	44次	听取区委党建办关于修改完善《关于加强部门联动进一步深化“周末卫生大扫除”活动的工作方案》和召开工作部署会有关情况的汇报，研究“街道吹哨、部门报到”工作进展情况和下一步安排
8月13日	45次	听取区房屋征收中心关于北京国际戏剧中心扩建工程项目收尾阶段征收工作有关情况的汇报
8月17日	46次	研究安保维稳相关工作情况
8月21日	47次	听取区检察院关于首席大检察官到区开展未成年人法治教育活动方案的汇报和区信息办关于组织实施东城区大数据建设工作方案的汇报
8月23日	48次	研究区委宣传部拟定的《东城区庆祝改革开放40周年活动安排》，听取区委宣传部关于开展东城区历史文化挖掘传承展示工作有关情况的汇报
8月24日	49次	听取区委巡察办关于《十二届东城区委巡察工作规划》起草情况的汇报

续表3

日 期	会 次	议 题
8月29日	50次	研究王府井步行街延长所涉及区域近期交通解决方案及相关工作进展情况
9月1日	51次	研究东城区平房院落综合治理相关工作情况
9月5日	52次	研究王府井步行街延长实施方案，听取区园林绿化中心关于龙潭中湖环境整治提升工作进展情况和民意征集方案的汇报
9月11日	53次	听取区法院关于建设天坛人民法庭相关情况的汇报
9月14日	54次	听取区住建委关于中轴线申遗工作进展及2019年计划编制情况的汇报
9月17日	55次	听取区“街道吹哨、部门报到”相关工作进展情况的汇报和区委社会工委关于成立党建工作协调委员会相关事项的汇报，研究《关于进一步深化社区规范化建设工作的意见》
9月24日	56次	听取区园林绿化局关于“留白增绿”相关工作情况的汇报，研究龙潭中湖环境整治提升工作民意征集方案
9月24日	57次	听取区城管委关于架空线入地及规范梳理工作情况的汇报
9月25日	58次	听取区委研究室关于“城市复兴视角下东城区街区更新研究”课题进展情况的汇报
9月26日	59次	听取区编办关于东城区机构改革工作方案的汇报
9月29日	60次	研究2018年“百街千巷”雍和宫大街南段建筑提升及全线景观、交通设计方案
10月5日	61次	听取区城管委关于东城区交通综合治理工作情况的汇报、北京站地区管委会关于北京站周边秩序综合整治工作情况的汇报和区环保局关于东城区环境保护工作情况的汇报
10月6日	62次	听取区委研究室关于“城市复兴视角下东城区街区更新研究”课题进展情况的汇报
10月8日	63次	听取区委研究室关于东城区系列专题研究调研方案的汇报
10月9日	64次	听取区委教育工委、区教委关于学习贯彻全国教育大会精神和迎接市领导调研及北京市教育大会召开有关情况的汇报
10月9日	65次	听取区编办关于街道管理体制改革试点情况及推广方案的汇报和区委组织部关于市领导到区调研街道管理体制改革试点工作发言材料起草情况的汇报
10月11日	66次	听取区委教育工委、区教委关于市领导到区调研教育工作有关文稿起草情况的汇报，区国资委关于东直门交通枢纽暨东华国际广场商务区项目情况的汇报和天街集团关于与故宫博物院世茂集团合作建设故宫艺术馆有关情况的汇报
10月12日	67次	听取区住建委关于市领导调研区推进中轴线申遗综合整治工作有关文稿起草情况的汇报
10月16日	68次	听取区文化委关于戏剧东城·第二届全国话剧展演季工作方案的汇报
10月20日	69次	听取公安分局关于王府井等重点地区反恐维稳防控体系建设有关情况的汇报
10月29日	70次	听取区文明办关于《东城区关于加强新形势下志愿服务工作的意见》起草情况的汇报
11月2日	71次	研究《关于建立区政府向区人大常委会报告国有资产管理情况制度的意见》，关于补选东城区第十六届人大代表工作的实施方案，关于开展东城区优秀法官、优秀检察官、优秀人民警察荣誉称号评选工作的方案，《东城区人大常委会深入学习贯彻习近平总书记关于坚持和完善人民代表大会制度重要思想的工作方案》
11月2日	72次	听取区房屋征收中心关于北京国际戏剧中心扩建工程项目有关情况的汇报

续表3

日　期	会　次	议　题
11月4日	73次	研究南锣鼓巷地区四条胡同修缮整治项目有关情况
11月6日	74次	研究《东城区意识形态工作责任制落实情况报告》和意识形态相关工作
11月8日	75次	研究南锣鼓巷地区雨儿胡同修缮整治工作有关情况
11月9日	76次	听取区发展改革委关于东城区2019年“疏解整治促提升”专项行动计划安排和相关意见建议的汇报
11月13日	77次	听取区委社会工委关于进一步深化社区规范化建设工作方案的汇报、区委巡察办关于第五轮巡察工作有关情况的汇报和关于拟向市委巡视组汇报十二届区委开展巡察工作情况的汇报稿
11月27日	78次	听取区委组织部关于制订落实街道相关职权系列文件的情况汇报
11月27日	79次	研究草厂地区院落修缮整治提升相关工作
12月13日	80次	听取区委社会工委关于筹备召开东城区党建工作协调委员会成立大会暨“周末卫生大扫除”工作推进会工作方案和团区委关于东城区青年联合会第六届委员会换届工作筹备情况的汇报

（李奕成）

表4

2018年东城区委书记主要调研一览表

日　期	主要内容
1月2日	到区人力社保局调研构建和谐劳动关系工作
1月4日	到新中西里20~22号简易楼征收腾退项目指挥部调研，听取项目进展汇报
1月19日	检查方家胡同整治工作，要求加强胡同车辆管理和花箱摆放等环境布置工作，进一步强化居民自治
2月8日	到朝阳门街道户外职工休息点、东四街道商会暖心驿站、南锣鼓巷咂摸餐厅、过客酒吧两处“暖心工程”免费早餐提供点，调研为户外劳动者提供暖心服务情况
2月18日	检查节日期间南锣鼓巷安全管控工作
2月24日	到北新桥街道5“xin”党建服务空间和红桥市场党建引领示范点调研基层党建工作
3月6日	到北京站检查全国“两会”服务保障工作
3月10日	到地铁8号线三期04标段施工工地、望坛拆迁区扬尘污染控制和永定门桥机动车尾气排放路检点检查环保工作
3月16日	到龙潭街道光明社区、为民服务分中心、街道综合服务大厅、东花市街道社会服务管理分中心围绕“街乡吹哨、部门报到”开展专题调研
3月19日	到朝阳门街道后拐棒胡同甲2号楼和东四七条胡同围绕“街乡吹哨、部门报到”开展专题调研
3月22日	围绕“街道吹哨、部门报到”到区网格中心开展专题调研
3月30日	到皇史宬、中山公园调研中轴线申遗综合整治项目。到新中街城市森林公园建设工程现场检查全民义务植树日活动前期准备工作

续表4

日　期	主要内容
4月11日	到建国门街道西总布胡同、东直门街道王家园胡同35号院、景山街道三眼井胡同调研背街小巷综合整治提升工作
4月17日	到联合办税服务大厅、24小时自助办税厅、互联网自助办税厅等服务区域及区政务服务中心调研优化营商环境工作
4月23日	调研区委老干部局工作
4月26～27日	到张家口市崇礼区对接对口帮扶工作
5月1日	“五一”期间，到165中学、王府井地铁站、王府井APM商场、北京火车站开展安全检查
5月9—13日	到内蒙古自治区兴安盟阿尔山市、乌兰察布市化德县调研对接扶贫协作工作
5月19日	到南护城河、龙潭湖水循环站调研河长制工作推进情况
5月28日	调研王府中环项目
6月1日	到东直门街道调研街道体制改革工作，听取工作汇报
6月5日	调研北新桥街道，在东四十四条胡同、板桥胡同、石雀胡同、新太仓胡同、簋街等街巷围绕环境秩序、整治提升以及民生保障等调研走访
6月8日	到永定门外街道沙子口斜街调研背街小巷治理工作
6月9日	召开街道管理体制试点改革调研座谈会
6月11日	调研北新桥、交道口、安定门地区，察看背街小巷环境治理、架空线入地、工地扬尘管理、停车位施划、胡同单停单行、“垃圾不落地”等工作
6月12日	赴怀柔区开展对接结对帮扶工作
6月13—15日	到拉萨市当雄县调研扶贫协作工作
6月19日	到玉蜓桥雨水泵站、玉蜓公园防汛物资仓库、新景商务楼工地、东四北大街435号低洼院检查防汛工作
7月13日	调研人民武装部工作
7月16日	到京诚集团景山、朝阳门房管公司维修段、京宏公司崇东房管分公司、钱粮胡同15号和19号、礼士胡同11号等平房院落检查防汛工作
7月17日	到景山街道纳福胡同11号、交道口街道前圆恩寺胡同1号、8号院检查防汛工作
	调研区体育场馆建设情况并看望市第十五届运动会东城代表团运动员
7月19日	调研两岸体育交流活动门球项目筹备保障工作
7月20日	到东直门街道新中街社区卫生服务站、朝阳门街道社区卫生服务中心调研区社区卫生工作
7月24日	到体育馆路街道崇外六号地视察防汛工作
8月7日	到东华门街道、和平里街道、北新桥街道调研街区环境整治提升工作
8月11日	到东四街道调研环境整治情况
8月13日	到北新桥街道文体中心、景山街道市民文化休闲中心调研区公共文化服务工作

续表4

日　期	主要内容
8月22日	到天坛公园泰元门、清华寺二期文物腾退项目现场、陈独秀旧居调研文物腾退及保护利用工作
	到永定门外街道李村社区、天坛街道金鱼池西区社区、体育馆街道法华南里社区调研社区建设工作
8月24日	到朝阳门街道演乐社区、东四街道六条社区、东直门街道新中街社区调研社区建设工作
8月27日	调研前门地区文化项目
8月28日	到崇文门饭店、王府井APM商场、海坛宾馆、李先生餐馆检查中非合作论坛服务保障工作
8月30日	到伍连德旧居、华南圭旧居、欧阳予倩故居、茅盾故居调研文物腾退及保护利用工作
8月31日	检查法制教育活动筹备情况并慰问公安交通干警和区安监局工作人员
9月3日	检查中非合作论坛服务保障工作
9月6日	调研东华门街道机动车禁停情况
9月12日	到体育馆路街道营房西街小区、东花市街道东花市北里西区、东直门街道胡家园东区调研老旧小区综合整治工作
9月18日	检查大佛寺东街和育群胡同察看架空线入地、胡同停车和环境整治工作
9月26日	到北京国际戏剧中心扩建工程项目现场调研
9月30日	到东交民巷天主教堂（市级文保单位）、原比利时使馆（全国文保单位）、王府井新华书店、灯市口悠惠万家便民服务综合体实地检查国庆节前安全及市场供应情况
10月1日	到前门大街开展节日安全检查
10月4日	到南锣鼓巷南口、故宫北口、黄化门社区、五道营社区、东四二条社区、东直门交通枢纽检查国庆期间服务保障情况
10月9日	围绕“提高生活性服务业品质，促进便利店行业发展”主题到广渠门中学、全家便利店王府井店、便利蜂便利店北京INN店调研
10月16日	到朝阳门街道朝西社区、交道口街道后圆恩寺胡同、南锣鼓巷主街调研社区建设工作
10月23—24日	赴十堰市郧阳区考察调研南水北调对口协作工作
10月31日	围绕“基层党建创新，引领基层社会治理创新”主题到东四街道调研
	到北京国际戏剧中心扩建工程项目现场调研
11月5日	调研北新桥地区环境秩序、整治提升等情况
11月19日	专题研究前门地区未来发展
11月28日	到前门街道草厂地区调研院落情况
12月9日	调研前门东草厂院落提升改造项目
12月15日	调研区崇文科技馆文化创意创客课程推进情况

（李奕成）

2月7日，东城区领导干部大会召开（闫文摄）

【区领导干部大会】2月7日，区领导干部大会召开，区长李先忠主持。会议传达北京市委书记蔡奇在区委常委班子2017年度民主生活会上的讲话精神，部署城市运行、安全生产和安保维稳工作。

（李奕成）

【全区领导干部警示教育大会】11月21日，全区领导干部警示教育大会召开，通报全面从严治党方面存在的突出问题和典型案例，分析党风廉政建设形势，剖析2017年警示教育大会以来仍不收手、不收敛、不知止的典型案例，发挥案件警醒震慑作用。大会设62个会场，全区正科职以上领导干部2450人参加。

（杨睿颖）

【党派团体协商通报会】3月27日，党派团体协商通报会召开，张家明主持。通报区纪检监察2017年工作开展情况和2018年工作任务安排。各民主党派和工商联负责人、无党派代表人士参加。7月25日召开，张家明主持。会议就中共东城区委十二届六次全会工作报告与区上半年经济社会发展情况和下半年重点工作安排进行协商，听取各民主党派、工商联负责人和无党派代表人士意见建议。12月18日召开，张家明主持。会议就区政协有关人事事项听取各民主党派、无党派人士和各人民团体意见。12月25日召开，张家明主持。会议就区级领导班子成员人事变动情况和区委、区政府工作报告听取各民主党派、无党派人士和各人民团体意见。

（李奕成）

【落实党建工作责任制】2018年，制订印发区委常委、区政府党员副区长指导督促分管联系部门单位党（工）委、党组抓党建工作制度，压实党建工作责任，为推动区级领导履行分管领域全面从严治党政治责任具体化提供制度保障，区委常委和党员副区长14人通过现场调研、讲党课、参加民主生活会等形式，指导分管联系部门单位党建工作463次。制订印发区委党建工作领导小组会议议题管理办法，加强和改进领导小组工作，提升领导小组会议议题管理制度化、规范化水平。修订完善党建工作责任和任务“两个清单”，推动任务清单与落实党建工作主体责任综合考评标准融合。

（杨睿颖）

【落实党风廉政建设主体责任】2018年，对全区贯彻落实“清单式”分值管理办法进行督促检查和跟踪指导，会同有关部门制订延伸检查考核方案。制订个性化党风廉政建设目标责任书，区四套班子领导及基层单位党政主要负责人签订目标责任书126份，涉及区领导26人和基层单位100家党政正职。研究制订落实全面从严治党主体责任重点任务分工，由区领导19人、牵头单位39家完成具体工作73项。按照学习培训、研究部署、监督检查、整改落实、谈心谈话等5大

7月25日，东城区党派团体协商通报会召开（区委办提供）

类，修订印制发放党风廉政建设主体责任记录本。

（杨睿颖）

【周末卫生大扫除活动】2018年，围绕贯彻落实“街道吹哨、部门报到”工作，针对背街小巷、平房院落环境脏乱差等突出问题，总结推广东四街道周末卫生大扫除工作经验，两次召开动员部署大会，制订《推广东四街道大扫除活动方案》《加强部门联动进一步深化大扫除活动方案》，建立党建引领、统筹协调等4个机制，形成“街道统筹，部门联动，综合整治，规划提升，物业跟进，自治管理”工作格局，得到市委肯定并在全市推广。活动共计51家驻区中央、市属单位，1012个区属机关党支部，7.31万人次党员干部群众参加，全区环境面貌显著改善。挖掘大扫除活动的先进经验和典型做法，在全区征集21个典型案例，形成大扫除活动典型案例汇编，促进学习和相互交流。加强对大扫除活动督促指导，对各街道大扫除活动开展情况摸底调查，查找突出问题，形成分析报告。

（杨睿颖）

重大决策

【全面从严治党责任】1月31日，区委印发《关于推进全面从严治党的实施意见》，提出7方面重点任务：把党的政治建设摆在首位，切实肩负管党治党政治责任；加强党的思想建设，落实好意识形态责任制；加强党的组织建设，打造忠诚干净担当干部队伍；加强党的作风建设，不断深化中央八项规定精神落实；严明党的纪律建设，有效发挥其治本之策；健全制度体系，强化制度治党的刚性约束力；深入推进反腐败斗争，始终保持党的先进性、纯洁性。

（李奕成）

【党建引领街道管理体制机制创新】5月22日，区委区政府印发《东城区关于党建引领街道管理体制机制创新实现“街道吹哨、部门报到”的实施意见》，提出4方面推进措施：强化党建引领，提升党组织领导力和组织力；深化体制改革，构建运行高效的工作职能体系；加强机制创新，打造“三级管理、五方联动”的治理工作格局；完善基础保障，提升社会治理水平。

（李奕成）

【城市社区治理】7月20日，区委区政府印发《东城区关于加强和完善城市社区治理的实施方案》，提出5方面实施意见：充分认识加强和完善城市社区治理的重要意义；准确把握加强和完善城市社区治理的指导思想、基本原则和总体目标；强化共治理念，健全完善社区治理体系；创新治理方式，增强社区治理能力；分类施策，加强社区治理保障体系建设。

（李奕成）

【高精尖经济结构构建】12月12日，区委区政府印发《东城区加快文化创新融合构建高精尖经济结构的实施意见》，提出4方面主要任务：加快疏解提升，打造产业承载新空间；加大精准扶持，重构产业组织新生态；加强分类施策，激活产业升级新资源；加速服务优化，营造产业发展新环境。

（李奕成）

【优化营商环境】12月12日，区委区政府印发《东城区进一步优化营商环境行动方案（2018年—2020年）》，提出4方面主要任务：优化打造更加高效的政务环境，展现“效率东城”；创新打造更加优越的投资环境，建设“开放东城”；统筹打造更加优质的要素环境，营造“活力东城”；严格打造更加公平的市场环境，塑造“诚信东城”。

（李奕成）

组织建设

【概况】中共北京市东城区委组织部（简称区委组织部）是负责全区组织工作、干部工作、人才工作的区委工作部门。内设办公室、调研信息组（新闻办公室）、干部调配组（公务员管理组）、干部一组、干部二组、干部监督组、干部教育培训组、人才工作协调组、组织组、组织指导组、党员教育管理组、党员电化教育组。编制52人、实有42人。

2018年，完成6期全区处级干部学习十九大精神集中轮训；参与“街道吹哨、部门报到”重大改革，在全市第一个启动街道管理体制改革试点工作，制订街道106项职责清单，将街道内设机构精简为“六办一委一队四中心”（“六办”：综合保障办公室、党群工作办公室、社区建设办公室、民生保障办公室、城市管理办公室、社区平安办公室。“一委”：纪工委。“一队”：综合执法队。“四中心”：党建服务中心、社区服务中心、政务服务中心、网格化服务管理中心），首创社区专员，编制《社区专员工作手册》，解决联系服务群众“最后一公里”难题；牵头承担区机构改革工作领导小组办公室职责，加强对机构改革工作的组织领导和统筹协调；抓党建促对口支援地区脱贫攻坚，与河北张家口崇礼区、内蒙古阿尔山市签订基层党建共建协议，精选28个街道社区党组织与受援地基层党组织结对，发挥首都核心区党建工作优势；全年任免处级干部322人次，其中提拔任用37人；开展年轻干部走访调研，动态掌握以30岁左右为主体的副处、正科级年轻干部约110人，把学历高、年纪轻、有潜力的干部提前放到街道一线、关键岗位磨炼；推进党支部规范化建设，实施精准扶弱提升计划，在各领域开展后进基层党组织整顿和中间状态党组织提升工作；全区推广使用“党员E先锋”基层党建综合管理平台，在各领域打磨17个基层党建示范点，打造31个优秀社区党组织书记工作室，推进区级党员教育培训基地建设，首批打造5大类30个教育培训基地；在17个街道建成街道党校，持续开展千面党旗展风采，万名党员做奉献志愿服务活动；围绕打造文化、金融、基础教育、特色医药、科技、商务服务、体育产业七大人才发展高地，系统性、整体性、协同性谋划全区人才工作，深化专家人才联系服务工作。

（张子介）

【城市基层党建】1月5日，城市基层党建工作会召开，宋铁健主持。区委常委陈本宇传达全市城市基层党建工作座谈会和书记蔡奇调研东城基层党建工作的讲话精神，王清旺部署全区城市基层党建工作，张家明出席并讲话。区委党建领导小组成员，相关部门主要负责人，区委各党（工）委书记、副书记，街道工委组织人事部部长，社区党组织书记，非公企业、社会组织党组织书记代表，驻区单位代表等近1000人参加。11月8日，开展对全区互联网企业的摸查，各党（工）委向重点互联网企业选派党建指导员，加强工作指导和对互联网企业党组织负责人培训，并将互联网企业党组织书记述职工作纳入党工委党组织书记述职范围。12月26日，党建工作协调委员会成立暨周末卫生大扫除工作推进会召开。宋铁健主持并介绍区党建工作协调委员会成立相关情况，总结全区开展周末卫生大扫除活动情况，部署下一步工作。最高人民法院、交道口街道、团区委负责人作表态发言。张家明出席并讲话，民政部、文化和旅游部等19家驻区单位党组织代表，23家区相关部门、17个街道主要负责人参会。

（张子介）

【社会领域党建】1月3日，开展社区党的建设三级联创活动“五星级”社区党组织考核，采取社区自评、街道初评、区级复评的三级考评方式，评选出53个“五星级”社区党组织。6月27日，北京市社会领域纪念中国共产党成立97周年暨党建工作推进会上，区推选的4大类、22个北京市社会领域先进基层党组织、优秀共产党员、优秀党务工作者、优秀党建活动品牌获表彰。6月，构建党建工作协调委员会工作体系，建立街道、社区党建工作协调委员会并召开会议。8月初至9月，区“五星级”社区党组织开放日系列活动举办，采取实地观摩、查阅资料、座谈交流等形式全面开放。东直门街道清水苑社区党委和东花市街道南里社区党委集中开放，其他获评的“五星级”社区党组织按照日程安排开放。

（孙晓飞）

【人才创新创业引导基金】1月，由第三方机构对基金进行绩效评价，形成《北京市东城区政府投资基金绩效评价报告》，评定级别为良好。10月，经市发改委系统评分，引导基金得分96.16分（满分120分）。2018年，重点研究基金支持公共性领域人才发展和特色产业领域人才创新创业模式，累计投资企业15家，投资金额4800余万元，带动社会创投、产业资本、金融资本等投入3.4亿元，为东城区引入创新创业企业12家，引进高层次人才318人。

（张子介）

【处级干部年度考核】1月至6月，推进2017年度处级班子和领导干部年度考核。完善考核评价机制，改进考核方式方法，首次对全区处级党政正职年度考核优秀等次实行单独核算、统筹推荐，坚持优秀奖励指标向基层倾斜。对在疏解整治促提升和中共十九大、一带一路高峰论坛安保维稳中表现突出的干部给予专项奖励。通过组织撰写领导干部述职述德述廉报告、开展年度考核测评、统计反馈测评结果、下达奖励指标、提出建议等次、征求各方面意见、会议研究决定等环节，完成对全区单位91家处级干部880人的考核奖励。

（张子介）

【党员关怀帮扶】元旦、春节和“七一”前，开展走访慰问中华人民共和国前老党员、生活困难党员和优秀党员活动，下拨慰问资金448.5万元，慰问区级以上困难党员450余人。2月13日，开展区领导亲情陪伴敬老院老人过大年活动，区领导张家明、金晖、宋铁健、王清旺、陈本宇、赵凌云等到北新桥敬老院，陪伴敬老院老人共度春节。5月，制订《东城区三级生活困难党员帮扶专项资金使用管理工作暂行办法》，建立生活困难党员基础台账，明确帮扶范围、细化申报程序，实现对困难党员的动态管理和精准帮扶。6月15日至7月31日，全区各级党组织集中开展共产党员献爱心捐献活动，全区党员4.04万人、群众9023人捐献善款231.63万元。

（张子介）

【党支部规范化建设】2月9日，与区委党建办联合召开全区党支部规范化建设工作部署会。区委卫生计生工委、区住建委机关党委、朝阳门街道史家社区党委作交流发言，王清旺讲话，区委各直属党（工）委书记、副书记、组织部（科）长参加。8月28日，联合区财政局共同印发《东城区基层党组织党建活动经费管理实施细则（试行）》和《东城区社区党组织服务群众经费管理实施细则（试行）》，提出按照党员年人均不低于400元核定基层党组织党建活动经费，建立健全经费动态增长机制。经费的使用管理情况，接受上级党委组织部门及财政、审计部门的监督检查并作为各级党（工）委书记抓基层党建述职评议考核和基层党建考评的重要内容。

（张子介）

【基层党建述职评议考核】2月26日，召开2017年度党（工）委书记抓基层党建述职评议考核工作会。区委27个党（工）委书记现场述职，1个党（工）委进行书面述职。区委常委、区委党建工作领导小组成员，部分区党代表、区人大代表、区政协委员、基层干部和群众代表88人参加。12月21日，印发《关于做好2018年度全区基层党建述职评议考核工作的方案》，部署全区基层党建工作述职评议考核工作。

（张子介）

【落实党建主体责任】3月20日，区委常委会审议通过2017年度落实党建主体责任“五个好”党（工）委名单，其中东四街道工委、东花市街道工委、朝阳门街道工委、龙潭街道工委、和平里街道工委为“五个好”街道工委；区委教工委、区文化委党委、区委卫计工委为“五个好”党（工）委并向全区通报，做好向各党（工）委反馈各部分分值和各部门评分明细等工作。8月21日，印发《东城区2018年度落实党建主体责任综合考评（“三级联创”考核）标准》，根据全区中心工作和年度党建工作重点任务的调整，将“街道吹哨、部门报到”等工作纳入其中，指标项目比2017年减少21项，进一步减轻基层负担。

（张子介）

【区党代表任期制工作】3月29—30日，区党代会基层一线代表履职专题培训班举办。5月10—11日，组织部分区党代表赴崇礼开展“手拉手—心连心—走进崇礼冬奥行”活动。5月29日，组织部分基层一线代表参加领导干部大讲堂学习。8月29—30日，分两批组织区党代表40人赴前门三里河考察环境提升工程现状，并赴红桥市场考察基层党建示范点建设情况。做好区党代表分期分批列席区委全会、重大决策征求意见、参与重要干部民主推荐等工作。2018年办结区党代表提议34件。

（张子介）

【干部教育培训】3月，总结41个本土化案例，自编《新时代群众工作方法研究——群众工作在东城》教材完成。4月9日至6月8日，举办5期群众工作方法专题研讨班，以中国共产党开展群众工作的相关理论以及东城区开展群众工作的案例为主要内容开展培训研讨，建立群众工作导师制，邀请街道一线处级干部17人授课，社区书记9人参与分组讨论，对全区街道处级干部300人全员轮训，对全区街道及社区干部5600余人开展延伸培训。5月29日，领导干部大讲堂举办，邀请中央党校教授作“艰难困苦，玉汝于成——读《习近平的七年知青岁月》析干部成长之道”专题报告，局处级干部以及部分党代表、优秀人才代表近500人参加。6月25—29日，东城区·崇礼区脱贫攻坚领导力提升培训班举办，邀请中央、市委、区委党校的专家学者授课，采取课堂教学、现场教学等形式，培训对口帮扶地区乡镇党委书记、发改委等重要职能部门干部41人，来自内蒙古、河北、湖北等对口扶贫协作地区的干部22人参加年轻班、中青班等跟班学习。7月，选派处级干部3人参加清华大学领导力提升高级研修班。2018年主办重点培训项目22期，培训1578人次，局处级领导干部52人作专题辅导。利用中国纪检监察学院、清华大学等优质资源，与相关委办局联合举办学法用法、社会治理等6期专题培训班，提升分管处级干部专业能力。全年举办副处级领导干部进修班2期、新任处级领导干部培训班1期、中青年干部培训班1期、年轻干部培训班3期，其中中青班坚持“1+3+X”（“1”指一条主线，即在中青年干部培训中始终坚持以党史教育为重点，将党性教育贯穿于理论学习、革命传统教育、党日活动等党性教育活动之中；“3”指为进一步拓展教学方式开展的三项教学活动，即读书活动、同伴式教学和综合素质答辩；“X”是指中青班课程体系中的教学单元根据形势任务的新变化和干部培训的新需求进行及时调整和回应）培训模式，年轻班开展“我推荐的一句习近平总书记讲话”、经典理论著作读书会、“群众工作零距离”等教学活动。协助完成中组部3个班次、局处级干部3人，市委组织部33个班次、局处级干部68人的调训工作。

（张子介）

【基层党组织和在职党员双报到】4月9日，印发《关于深化“四服务四带头”进一步做好基层党组织和在职党员“双报到”工作的通知》。4月底，全区所属法人单位党组织351个、在职党员2.29万人完成报到，接收市、区两级法人单位党组织715个、在职党员3.12万人报到。8月15日，为规范在职党员服务工作，印发《关于进一步深化在职党员回社区（村）报到服务工作的通知》。

（张子介）

【干部关心关爱】4月，制订印发《关于严格落实干部带薪年休假制度的通知》，贯彻落实年休假制度。9月，制订印发《关于建立容错纠错机制激励干部干事创业担当作为的实施意见（试行）》《关于切实加强干部关心关爱的若干意见（试行）》，健全完善干部激励机制和容错纠错机制，为敢于担当的干部担当，为敢于负责的干部负责，营造想干事、能干事、干成事的氛围。制订印发《东城区区管干部走访慰问办法（试行）》，2018年走访慰问干部58人。组织完成全区处级干部823人健康体检，协助完成局级领导健康体检。

（张子介）

【党员志愿服务】4月起，配合周末卫生大扫除活动，组织全区机关党组织和党员到街道、社区清理卫生死角、清除安全隐患，全区参与活动的党员干部群众达8.18万人次。2018年，制订《东城区在职党支部与低保

11月6日，东城区街道管理体制改革全面推开工作动员部署会召开
（区委组织部提供）

家庭、困难学生结对子方案》，全区机关、国有企事业单位、非公企业和社会组织在职党支部1356个与全区低保家庭2191个（含困难学生341人）结成对子，开展精准化志愿帮扶。

（张子介）

【党员教育管理】5月15—17日，区社会领域党务工作者培训班举办。开设推进十九大精神学习、社会领域党建工作、党章学习、舆情思维和舆情素养培训等课程，增强非公有制经济组织和社会组织党组织书记和党务工作者的党性修养、自身素质和业务能力。非公有制经济组织和社会组织党组织书记、党务工作者150余人参加。5月，完成区律师协会委员会变更隶属关系工作。7月17—19日，社区党组织书记培训班举办。解读党的十九大精神及习近平新时代中国特色社会主义思想，对组织换届、党建经费、党员教育管理、群众工作方法等进行讲授。全区社区党组织书记、各街道组织人事部长及部分崇礼区和阿尔山市社区党组织书记代表220余人参加。聘请离退休党员干部128人担任非公有制经济组织党建工作指导员，充实社会领域党务工作者队伍。2018年，在所属非公企业党组织中开展党支部规范化建设和非公企业党组织与低保户结对帮扶，完成党费收缴工作和所属党组织2017年度基层党组织书记述职评议考核，完成所属党组织党员19人发展和基层党组织45个党组织、党员441人党内统计，完成市、区两级困难党员的申报、慰问，指导所属党组织完成《十年长安梦 党建谱新篇》的拍摄。指导所属党组织区律师协会党委和长安责任保险股份有限公司党委召开专题组织生活会及民主评议党员工作，完成所属党组织2016年度基层党组织书记述职评议工作。

（孙晓飞）

【年轻干部专题调研】5月，开展全区35岁以下正科级干部情况统计工作，摸清全区年轻干部底数，召开年轻干部调研走访工作部署会。6月1—15日，开展优秀年轻干部调研走访，坚持标准，从严把关，深入调研，通过综合分析、认真比选，研究确定35岁以下副处级、正科级优秀年轻干部建议人选110人，建立优秀年轻干部人才库，在发现储备工作的基础上，分层分级加强跟踪、培养和选拔，推进全区优秀年轻干部队伍建设。

（张子介）

【党建引领街道吹哨部门报到】6月4日，印发《关于加强党的建设推动实现“街道吹哨、部门报到”的实施方案》。6月14日，市委党建研究会课题组到区调研党建引领“街乡吹哨、部门报到”，在东直门街道召开座谈会，了解街道党建引领“街乡吹哨、部门报到”落实情况和遇到的突出问题，并参观东四街道党群活动服务中心。11月6日，街道管理体制改革全面推开工作动员部署会召开。张家明总结区在街道管理体制改革试点工作中的经验，他强调，强化组织领导，做到责任到位、措施到位；讲政治顾大局，更加主动地适应新体制；加强思想引导，为改革凝聚人心、汇聚力量；严明纪律要求，确保政令畅通、令行禁止；强化统筹兼顾，做到工作不断、标准不降。市委组织部副部长、市委老干部局局长，市委编办副主任出席。11月12—17日，第二期社区专员培训班举办，围绕基层组织建设、社区管理、社区自治等方面开展培训，提升其履职能力。新任社区专员及助理120余人参加。11月19日，发挥社区专员在密切联系群众、推动社区自治、解决实际困难等方面作用，向全区印发《东城区社区专员工作手册（试行）》。12月14日，制订印发《东城区政府职能部门向街道派出机构领导人员任免事先征求街道意见的实施办法（试行）》《东城区政府职能部门派出机构领导人员和街道综合执法派驻人员考核的实施意见（试行）》，赋予街道任免建议权和考核评价权等职权，强化街道党工委在基层治理中的领导地位，有效破解基层治理条块分割、有责无权等突出问题，形成条块结合、科学高效的权力运行工作体制，提升城市基层治理水平。

（张子介）

【党员教育培训】6月13日，全区新党员培训班举办。围绕学习贯彻习近平新时代中国特色社会主义思想，加强理想信念教育、增强党员意识开展专题辅导，新党员551人参加。6月26日，纪念中国共产党成立97周年座谈会召开，金晖主持，张家明出席并讲话。区领导宋铁健及区委各党（工）委书记、副书记和部分先进党组织负责人、优秀党员和优秀党务工作者代表参加。2018年，挖掘区域红色资源，首批打造5大类30个教育培训基地，明确菜单式服务、预约免费开放、培训学时双登记、基地动态管理4项管理机制，为基层党组织特别是驻区单位、“两新”组织党组织开展活动和实践教学提供支持和服务。在全区17个街道建成街道党校，让基层党员走进党校接受系统培训，提升服务中心推动发展的能力。建立党员教育培训师资库，遴选理论过硬、实践经验丰富的区委党校老师、党员领导干部、党务工作者和先进模范人物64人，组成党员教育培训专兼职教师队伍。2018年举办3期入党积极分子培训班，近400人参加。选树宣传基层党组织和党员先进典型，利用东城基层党建微信公众号“每周一星”专栏宣传党员19人先进事迹。推荐魏发团、孙颖2人先进事迹入选市党员教育宣传片《为你而歌》。

（张子介）

【组工信息宣传】6月13—15日，全区组织系统信息宣传培训班举办，区委各直属党（工）委的信息员、宣传员40余人参加。其间，召开全区组织系统信息宣传工作会议，部署全区组织系统信息宣传工作。区委各直属党（工）委主管组织人事工作的领导、组织人事部门负责人和培训班全体学员参会。2018年编发《东城组工动态》20期，报送信息被《北京信息》采用2条，被《北京组工动态》采用19条，被《东城信息》采用125条。在《中国组织人事报》《党建文汇》《北京支部生活》等各类媒体发稿11篇。区委组织部被评为信息报送先进单位。组织网宣员发布影响力文章1517篇，其中一类文章57篇、二类文章79篇，中组部通报表扬14篇，市委组织部通报表扬67篇。

（张子介）

【基层党组织书记队伍建设】7月17—19日，社区党组织书记集中轮训培训班举办，围绕提升社区党组织书记履职能力开展培训，全区社区党组织书记、各街道组织人事部长和部分崇礼区和阿尔山市社区党组织书记代表220余人参加。9月3日，印发《关于做好全区基层党组织书记集中轮训工作的通知》，在全区范围内启动基层党组织书记集中轮训。9月7日，优秀社区党组织书记工作室授牌仪式暨工作推进会召开，向17个街道的优秀社区党组织书记31人颁发以其名字命名的工作室牌匾，他们以导师身份带领年轻骨干社区工作者针对基层党组织建设、社区治理等问题开展培养、交流、课题研究。9月26—29日，优秀社区党组织书记和党建后备人才培训班召开，首次引进模拟演练方式，并组织学员前往亚运村地瓜社区及东湖街道利泽西园一区社区参观学习优秀基层党建工作经验，全区优秀社区党组织书记、社区党建后备人才、街道工委组织人事部部长及内蒙古化德县基层党务工作者131人参加。

（张子介）

【社区党组织换届选举】11月20日，社区“两委”换届选举工作动员部署会召开。部署全区社区党组织、社区居委会换届选举及严肃换届选举纪律工作，张家明出席并讲话。区社区“两委”换届选举工作领导小组及办公室成员，各街道有关人员参加。12月起，开展社区党组织换届选举工作，全区177个社区全部一次性选举成功，书记、主任人选吻合度100%。选举产生社区党委171个党委、6个党总支，其中社区党组织班子9委制的1个、7委制的44个、5委制的132个。

（张子介）

【处级干部基本情况】至2018年底，全区党政机关、事业单位有处级干部866人，其中领导职务629人（正处职156人、副处职473人），非领导职务237人。有处级女干部290人，占处级干部总数33.49%，其中女领导干部213人（正处42人，副处171人），占领导干部总数33.86%；处级少数民族干部60人，占处级干部总数6.93%；党外干部31人，占处级干部总数3.58%。处级干部年龄结构：35岁以下4人，36～40岁74人，41～45岁89人，46～50岁206人，51～55岁304人，56岁以上189人，平均年龄50.63岁。处级干部学历结构：研究生学历224人，大学学历622人，大专学历20人。全年任免处级干部312人次，其中提拔任用处级干部37人（领导职务14人、非领导职务23人）；平级交流领导干部16人（正处级7人、副处级9人）；兼职任免、退休等任免干部259人次。处级干部任前公示31期共39人次，其中正处级10人（含调任人员1人）、副处级29人（含交流到重要岗位1人）。安置担任正团级领导职务满3年的军转干部4人。

（张子介）

【挂职锻炼】2018年，选派干部3人、专业技术人才38人到内蒙古、河北等扶贫协作地区挂职。接收来自中央金融机构、市委组织部、市政协机关、高校以及西藏、内蒙古、河北等省份干部28人到区挂职锻炼。

（张子介）

【选调生工作】2018年，把选调生纳入公务员统一招考，按照不低于2019年度公务员招录计划10%的比例招考选调生，结合全区机构改革和事业发展实际，统筹考虑结构性专业人才需要，坚持向街道倾斜，专门拿出20个选调生岗位招考优秀应届大学毕业生，作为全区优秀年轻干部人才储备。

（张子介）

【干部档案管理】2018年，审核接收

干部档案62卷，转出干部档案10卷，日常接收干部档案材料1.32万份。提供各类档案查借阅服务2.28万次。启动区管2200卷退休干部档案的电子档案制作工作。

（张子介）

【公务员信息采集及统计年报】2018年，会同区人力社保局完成全区公务员及参公人员5684人的信息采集和统计。开展全区干部信息库数据维护，维护全区处级干部959人信息集1.82万项，生成公务员、参照公务员管理的群团机关和事业单位工作人员、地方各级领导班子成员、各级机关、事业单位处级干部、地方党政领导班子优秀年轻干部情况、事业单位领导人员情况等8套报表。东城区被评为2017年北京市公务员信息采集和统计年报优秀等次单位。

（张子介）

【领导干部个人有关事项报告】完成市管干部45人个人有关事项报告的送审和转交。完成处级干部908人个人有关事项报告的审核、系统录入和汇总综合。2018年对干部176人开展抽查，其中重点抽查83人，随机抽查93人，对漏报情节较轻的32人批评教育，对漏报情节较重的2人取消考察对象资格、3人给予诫勉处理。

（张子介）

【选人用人检查】2018年，制订《结合巡察开展选人用人工作专项检查工作办法》和《开展不担当不作为问题检查的实施方案》，将干部担当作为情况作为选人用人检查的重要内容。结合区委巡察对10家单位进行选人用人检查，对其中8家单位开展不担当不作为问题的专项检查，对2家单位的下属机构进行延伸检查。对离任书记4人进行检查，规范各单位干部选拔任用工作。

（张子介）

【从严管理干部专项整治】11月，开展2017年度“带病提拔”集中倒查，未发现全区存在“带病提拔”情况。2018年，开展领导干部兼职管理自查，全区有局、处级退休干部36人在社会团体兼职，均履行审批备案程序。完成处级领导干部在企业兼职任职、经商办企业专项查核，将干部10人的问题线索移交纪委，其余44人均整改完毕。对21家单位的科级干部28人在企业兼任法人的情况进行清理。全年完成全区超职数配备的科级干部13人整改消化。

（张子介）

【组织部门提醒函询诫勉】加强干部日常管理监督，针对经济责任审计、选人用人检查、一报告两评议、个人有关事项报告查核、信访举报、专项整治等工作中发现的问题，2018年约谈提醒干部15人，批评教育32人，函询28人，诫勉3人。

（张子介）

【领导干部经济责任审计】2018年，委托区审计局对处级领导干部20人开展经济责任审计，其中任中审计10人、离任审计10人，同时对领导干部1人开展自然资源资产任中审计，均未发现违反廉洁自律的情况。

（张子介）

【涉组涉干信访受理查核】加大涉组涉干信访查核办理力度，强化跟踪督办落实。2018年收到信访举报件403件（含重件322件），已办结397件。对反映干部选拔任用工作和领导干部的信访举报，及时查核处理，抓好督查落实。

（张子介）

【党员队伍建设】2018年发展党员576人，其中女党员331人，占57.47%，35岁以下党员354人，占61.46%，大专以上学历553人，占96.01%。至年底，全区基层党组织3074个，其中党委265个，党总支116个，党支部2693个。全区党员总数86142人，比2017年增加2297人。其中女党员42221人，占党员总数49.01%；35岁及以下党员12545人，占党员总数14.56%；60岁以上党员40412人，占党员总数46.91%；具有高中、中技及以上学历72080人，占党员总数83.68%；大学专科学历16826人，占党员总数19.53%；大学本科及以上学历36479人，占党员总数42.35%。

（张子介）

【建设人才发展高地】2018年，与中国人事科学研究院合作开展关于建设区人才发展高地的课题研究，调研全市15个区相关人才政策，召开工作推进会6次，制订《关于建设东城区人才发展高地的实施意见》，提出未来五年人才工作的发展目标和重点，打造文化人才、金融人才、基础教育人才、医药人才、科技创新人才、现代服务业人才和体育人才七大人才发展高地。加强人才发展体制机制改革理论研究，完成《立足首都“四个中心”战略定位，打造核心区创新人才发展高地——深入学习习近平总书记关于人才工作的重要论述》调研报告，获中央人才工作协调小组办公室主办的学习习近平关于人才工作重要论述征文活动一等奖。

（张子介）

【优秀人才联系服务】2018年，进行前期需求调研，挖掘现有房源和保障性房源，起草《东城区人才保障性住房管理办法》、管理细则和拟分配方案。分两批组织专家人才39人赴吉林省长白山休假，春节前夕走访联系专家人才190人，组织专家人才47人到协和医院体检。

（张子介）

【优秀人才培养资助】2018年，经过项目初审、通讯评审、现场评审和征求意见4个阶段，资助优秀人才92人，金额213.2万元。推荐的2人获第十三批市有突出贡献的科学、技术、管理人才称号。推荐110个优秀人才项目和3个集体项目申报市优秀人才培养资助。推荐卫生教育领域专家人才2人参加京津冀高层次人才国情研修班。

（张子介）

【党建研究】组织党建研究会会员单位和区委组织部各组室开展课题研究，形成调研报告62篇。完成年度立项重点课题《关于新时代干部队伍专业化问题的研究——以北京市东城区为例》，获市党建研究会立项课题三等奖。择优向市党建研究会推荐5篇会员单位自选课题报告，其中区委党建办撰写的《构建“大党建”工作格局的实践与思考》、区委党校撰写的《南锣鼓巷商会党建引领社会治理研究报告》分获自选课题一、二等奖。2018年编发《东城党建研究》杂志2期。

（张子介）

【对口扶贫】2018年，与河北张家口崇礼区、内蒙古阿尔山市签订基层党建共建和人才合作协议，精选28个街道社区党组织与受援地基层党组织结对，发挥首都核心区党建工作优势，助推当地基层党建创新。在崇礼、阿尔山选定10个基础薄弱的社区（村），投入400万元建设10个党群活动服务中心，打造凝聚服务党员群众的示范平台。坚持扶志与扶智相结合，采取专班、插班、跟班等形式，为崇礼、阿尔山、化德等地培训领导干部、基层党务工作者6批114人次。针对崇礼地区土豆大量滞销的实际困难，开展“党建引领、土豆接力”活动，推动互联网与基层党建的融合，发挥党组织党员示范带动效应，动员社会力量参与，将滞销的47.5万公斤土豆全部销售一空。

（张子介）

【组工干部队伍建设】4月16～18日，全区组工干部培训班举办。围绕习近平治国理政新理念新思想新战略的科学内涵、党内政治文化与组工文化、北京市人才工作总体情况和政策介绍、北京市推动街道吹哨部门报到工作等内容培训，机关12个组室负责人就各组业务工作进行讲解和现场答疑。全区各单位组织（人事）部部长、科长和部分组工干部124人参加。

（张子介）

【一报告两评议】协助市委组织部完成区委2017年度干部选拔任用一报告两评议工作。对全区89家处级单位的干部选拔任用工作和新选拔任用（交流）的正科职干部279人进行评议，3443人参加评议，发放评议表5764份，收回5756份。根据评议结果进行全区排名，要求得分低于全区平均值的单位进行分析整改并监督落实。2018年，受理批复干部选拔任用工作有关事项报告2件。

（张子介）

【政工职评】2018年，经申报、评审、征求意见等程序，2人获高级政工师资格，21人获政工师资格，3人获助理政工师资格。

（张子介）

【局处级领导班子民主生活会】1月，制订《区委常委班子民主生活会工作方案》，在全区范围内征集对区委常委班子和班子成员的意见建议。2月，召开区委常委班子民主生活会“会诊会”和年度民主生活会，市委书记蔡奇全程参加区委常委班子年度民主生活会。指导区人大常委会党组、区政府党组、区政协党组开好年度民主生活会。部署全区处级领导班子年度民主生活会工作，制订《督导工作方案》，成立督导组，对94家单位领导班子民主生活会工作全程督导，严格把关，做到“全覆盖，无遗漏”，2月底全部召开完毕。

（张子介）

【党员教育电视片观摩交流】4月，开展第五届党员教育电视片观摩交流活动，机关事业单位、社区、国企、非公企业等46家单位参与，收集作品51部。经初、评审，遴选16部作品参加全市不忘初心、牢记使命主题微视频观摩交流，15部作品入围展播，获一等奖2个、二等奖4个、三等奖2个及最佳创新奖，区委组织部获优秀组织奖。获奖影片在东城基层党建微信公众号、东城区协同办公平台门户首页及东城区高清交互数字电视服务平台播放。

（张子介）

【全区组织工作会议】12月13日，全区组织工作会议召开，区长金晖主持。区政协主席宋铁健传达全国、全市组织工作会议精神，区委常委、组织部部长王清旺作总结讲话。区发展改革委党组、东四街道工委、区委教工委分别就领导班子和干部队伍建设、基层党建、人才工作作交流发言。张家明总结全区党的建设和组织工作的实践经验，分析存在差距和问题，并提出要求：以政治建设为统领，把讲政治的要求全面融入组织工作各个方面；加强党的组织体系建设，全面提升基层党建质量和水平，在健全组织网络中提高质量，在夯实基层基础中增强实效，在服务基层治理中激发活力；坚持正确选人用人导向，锻造堪当核心区发展重任的高素质干部队伍；扛起党管人才的政治责任，为加快建设国际一流的和谐宜居之区集聚更多优秀人才。区委区政府各部、委、办、局，各街道，各区级人民团体、各企事业单位党（工）委、党组主要负责人，全区各单位主管组织人事工作的处级领导及组织人事部门负责人参加。

（张子介）

宣传教育

【概况】中共北京市东城区委宣传部（简称区委宣传部）是主管全区宣传思想文化工作的区委工作部门。设办公室、理论科、宣传科、舆情科、文化科，编制23人、实有21人。

2018年，以纪念改革开放40周年为契机，统筹全区理论学习、意识形态、社会宣传、新闻宣传和舆论引

11 月 5 日，东城区纪念改革开放 40 周年图片展在王府井大街举办（刘立军摄）

导、文化发展工作。制订《东城区庆祝改革开放40周年活动安排》，开展“新时代 新东城”主题图片展、“唱响新时代 共筑中国梦”主题歌咏比赛、“弘扬劳模精神·共建美丽东城”——庆祝改革开放40周年全国劳模事迹展、“欢乐送人民 坚守十五年”——庆祝北京周末相声俱乐部成立15周年暨改革开放40周年惠民演出、“我和我家”改革开放40年家庭展等10余项区级重点活动以及各类文化活动200余场。制订《东城区委2018年意识形态工作责任制项目内容（折子工程）》，健全意识形态研究报告、会商研判、情况通报、主动引导、风险防控和管控处置5项制度。与全区各党（工）委书记签订意识形态工作责任书，开展意识形态领域专题调研。成立区网络安全与信息化领导小组办公室，制订《2018年东城区加强互联网舆论引导工作重点任务》，完善《东城区舆情预警工作制度》。健全7x24小时区级舆情采集平台，实现“网络+平面媒体+电视媒体”的舆情采集全覆盖，打造集“收集预警—分析研判—处置回应”于一体的舆情工作链。依托“职能部门+街道+社会”三级社会面舆情信息队伍，加强对社情民意及突发舆情的收集。推进《实施“文化强区”战略、推进全国文化中心建设行动计划（2017—2020）》，制订《东城区委文化体制机制改革专项小组2018年重点任务实施方案》，开展“文化+旅游+商业”模式研究，打造故宫以东、地坛文化庙会走出去等品牌，形成以文化体验为核心的文商旅融合发展格局，并在全市文化旅游融合现场推进会上推广。筹建区推进全国文化中心中轴线申遗专项工作组，聚焦天坛周边、前门地区、故宫周边、南锣鼓巷、钟鼓楼周边5个片区和11个文化遗产点制订《东城区落实中轴线申遗工作方案》。推进公共文化服务，采取菜单式管理、订单式服务模式，开展送演出进社区活动。举办新年音乐会、组织我们的中国梦——文化进万家活动、百姓周末大舞台等全区重点文化展演活动3000余场，惠及群众达300万人次。

（冯宏梅）

【网络安全服务保障】1月22日，印发《关于设立中共北京市东城区委网络安全和信息化领导小组办公室的通知》，区设立中共北京市东城区委网络安全和信息化领导小组办公室。6月11日，区委组织部宣布任命决定。2018年，围绕全国及北京市的重要时期工作，与区信息办、区公安分局等部门加强工作联动，完成重点时期辖区网络安全的服务保障。按照市委网信办工作要求，统计梳理全区党政机关网站资产情况和网站信息情况，建立党政机关各部门、国有企业、教育机构、医疗机构等在内的全区党政机关网站基础台账，对全区44家网站信息和62个网站资产进行信息备案。

（冯宏梅）

【互联网宣传】6月23日，与新浪微博党委联合组织的光辉起点东城行活动，邀请网络名人到东城参观走访。东城官微发起并主持#光辉起点东城行#超级话题，累计阅读量超过2280万人次，参与讨论2万人。12月10日，“北京东城”微信公众平台正式上线“东城新媒体矩阵”，将全区各委办局及下属单位、街道等81个政务微博和131个政务微信公众号纳入其中。“北京东城”微信公众号获市百姓宣讲活动优秀微传播奖。12月17日，与北京电视台合作，推出10集大型人文系列专题片《40年，我和我的东城》，东城官微以专题片播出为契机，发起并主持#我和东城的故事#话题，在对专题片进行推广的同时开展故事征集、有奖转发活动，邀请网友分享在东城学习、生活、工作的故事，致敬改革开放。阅读量超5622万人次，讨论量超5万人次。其中预告片单条微博阅读量突破430万人次。在《人民日报》联合新浪微博发布的《2018政务指数·微博影响力报告》中，在全国十大基层社区微博中，龙潭街道官方微博“@龙潭街道”以总分67.78位居第二。在全国十大商务微博中，区商务委官方微博“@东城区商务委at北京”以总分62.93排名第二。在北京十大党政新闻发布微博中，区官方微博“@北京东城”、王府井建管办官方微博“@王府井”分别位列第三、第九名。在北京十大旅游局微博中，区旅游委官方微博“东城旅游”排名第二。2018年，累计向“96010”诉求受理平台上报网友诉求177起，全部受理完结并及时向网民公开回应。开通并认证“北京东城”官方抖音账号，推出21条内容，播放量超160万人次，粉丝数达1.7万人。全年“北京东城”官方微博在新浪平台发布微博3980条，累计粉丝77.9万人。“北京东城”微信公众号累计推送内容547条，阅读量达64.8万人次。与北京时间加强合作，对永定门中秋诗会进行视频直播报道，观看量达12.6万人次。

（韩苗苗）

【历史文化传承】9月，制订《东城区历史文化传承展示工作方案（2018年—2021年）》，提出围绕改革开放40周年、中华人民共和国成立70周年、全面建成小康社会和中国共产党成立100周年4个主题，通过拍摄专题片和微视频、出版书籍、打造网络IP等形式，推出一批优秀文艺作品，彰显首都风范、古都风韵、时代风貌的城市特色。12月，在纪念改革开放40周年之际，推出10集人文纪录专题片《40年，我和我的东城》，在北京广播电视台《这里是北京》栏目播出，展现40年来东城区城市发展变迁和“疏整促”成果，平均每天累计收视0.55%，在同类题材专题片中收视率遥遥领先。同时，在新浪微博策划推出#我和东城的故事#话题，播出期间阅读量超过5600万，在银屏和线上引发广泛反响。

（冯宏梅）

【理论学习教育】组织指导区、处两级理论学习中心组学习贯彻习近平新时代中国特色社会主义思想。制订印发《东城区委理论学习中心组2018年学习计划》，将习近平新时代中国特色社会主义思想和中共十九大精神作为重要学习内容，聚焦全区一条主线、四个重点战略任务，利用专家辅导、集体参观、现场调研等形式，开展全面依法治国、全面深化改革、意识形态、舆论引导、监察法等12个专题的25次集中学习。制订印发《2018年东城区党（工）委（党组）理论学习中心组学习指导意见》，明确习近平新时代中国特色社会主义思想12项学习重点，分专题学习习近平新时代中国特色社会主义思想的时代背景、科学体系、精神实质和实践要求。深化处级中心组“一学一报”和学习通报制度，规范处级中心组学习反馈和督导，28个党（工）委组织理论学习512场。落实理论学习中心组巡听制度，持续开展巡听——互评互学，切实做到以督促学，确保理论学习贯彻落实不走过场。

（冯宏梅）

【理论宣讲】制订印发《关于开展2018年“红色讲坛”系列理论宣讲活动的通知》，规划宣讲安排、规范宣讲流程、整合宣讲资源。利用理论家走基层、周末社区大讲堂、形势政策报告会、千人党课等学习形式，开展理论宣讲活动1919场。组织“红色讲坛·理论座谈会”，邀请首都师范大学教授作《新思想领航新征程——认真学习习近平新时代中国特色社会主义思想的意义与内涵》专题讲座。开展宣讲家杯评选，征集优秀报告（党课）32部，其中3件作品被评为专家组优秀作品、4件作品被评为基层组优秀作品。更新“红色讲坛·理论学习精品超市”专家授课视频，配发理论学习书籍5730册，实现线上线下同步学习。

（冯宏梅）

【思想政治工作研究】依托区思想政治工作研究会和哲学社会科学应用对策研究东城区基地，总结提炼和广泛宣传街道管理体制改革、疏解整治促提升等中心工作推进中的经验做法，并将实践经验在理论层面总结，形成一批理论成果。邀请市委党校、北京师范大学教授成立专家委员会，持续推进区智库建设，通过课题指导等形式为宣传思想工作提供智力支持。开展区优秀处级干部理论文章和党课报告评选，征集处级干部理论文章369篇、党课报告35部，评选理论文章获奖作品60篇、党课报告获奖作品28部，印发《东城区处级干部优秀理论文章汇编》。推荐优秀研究成果参加全市丹柯杯优秀成果评选，6篇成果获奖，宣传部获优秀组织奖。开展宣传文化重点课题研究7项，2项区级研究课题入选市思想政治工作研究会基层重点课题。开展推优工作，区发改委党组、东四街道工委、龙潭街道幸福社区党委获第十四届市思想政治工作优秀单位称号；3人获第十四届市优秀思想政治工作者称号。

（冯宏梅）

【百姓宣讲活动】2018年，开展“回首40载 奋进新东城”百姓宣讲活动。全区有宣讲团190余支、百姓宣讲员1400余人，开展宣讲100余场，到兄弟区开展巡讲8场。成立全市首支疏解整治促提升百姓宣讲团，由疏解整治促提升专项行动一线的参与者和亲历者，讲述各自平凡鲜活的感人故事，展现全区干部群众齐心协力打赢“疏整促”攻坚战的决心和信心，以及团结一致、奋发有为的精神风貌。推荐东直门街道食药所干部1人、朝阳门街道社区居民1人入选市我与改革开放百姓宣讲团。区委宣传部、区“回首40载 奋进新东城”区级团及部分宣讲员分别获市百姓宣讲先进单位、优秀宣讲团、优秀宣讲员、优秀网络宣讲员、优秀组织员等称号。

（冯宏梅）

【典型宣传】2018年，梯次推荐中国好人榜身边好人、首都精神文明建设奖、北京榜样等榜样人物117人，其中2人获中国好人榜身边好人称号，1个团队和7人入选北京榜样。区特殊教育学校校长1人、龙潭街道夕照寺社区居民1人被评为北京榜样年度榜样，区获奖人数名列全市第一，并在全市介绍典型经验。组织东城榜样评选活动，评选感动东城道德模范10人、东城榜样20人。开展志愿服务温暖东城学雷锋志愿服务推动日、重点周、宣传月活动，并命名景山街道钟鼓社区家和万事兴调解之家志愿服务站、第一人民医院携手健康志愿服务站等学雷锋教育实践基地10个、区地税局金色税徽志愿服务队、金街青年突击队等学雷锋品牌团队10个。全区有学雷锋教育实践基地65个、学雷锋品牌团队80个。印发《东城区市民文明礼仪读本》《东城区市民公共文明行为规范》。以做反省、唱歌曲、学模范、诵经典、做承诺、送吉祥6种形式，开展道德讲堂活动358次，营造崇德向善的环境。开展礼让斑马线专项行动广场舞比赛，区选送的东交民巷小学舞蹈《我爱斑马线》获全市一等奖。

（冯宏梅）

【培育践行社会主义核心价值观】2018年，走进北京历史文化街区——东四胡同风貌图片展举办，该展分历代舆图话变迁、寻踪踏痕访古迹、教化育人泽后世、人文荟萃居胜地、历史传承延文脉、风貌保护展风采6个部分，用210余张图片配以文字说明，介绍东四地区的历史和现状，让更多人了解胡同、了解胡同生活，传承和保护古都北京的文化遗产。配合央视在前门大街组织庆祝国庆专题片"快闪"拍摄活动，在传统媒体和新媒体广泛传播。参加中宣部第三届社会主义核心价值观微电影征集展示，报送微电影7个。参加最美中国人摄影作品征集活动，入选作品57幅。组织全区党员干部、非公企业员工2万余人观看电影《青年马克思》。

（冯宏梅）

【群众性爱国主义教育活动】2018年，修订《东城区爱国主义教育基地管理办法》，制订《东城区革命历史类纪念设施、遗址和爱国主义教育基地工作联席会议制度》。召开全区爱国主义教育基地工作联席会议，中国妇女儿童博物馆、中国华侨历史博物馆被命名为北京市爱国主义教育基地。完成对全区各级各类爱国主义教育基地在意识形态领域的排查工作。组织全区干部群众开展改革开放话成就 不忘初心跟党走主题参观寻访活动，受众1万余人。

（冯宏梅）

【光辉起点主题展】制订《关于北大红楼中国共产党早期活动纪念地保护利用的工作方案（草案）》，挖掘北大红楼周边中国共产党早期活动纪念地红色文化资源。建立全区红色文化资源台账，对遗址的历史沿革、产权归属、使用情况、文保情况等信息逐一核实登记，拍摄留存影像资料。与中央党史研究室、市委党史研究室、北京大学、中国文化遗产研究院、北京新文化运动纪念馆、新华社、《光明日报》等单位专家学者和专业机构研究探讨东城红色文化资源的挖掘、传承及区域功能定位等工作。2018年，"光辉起点·中国共产党早期组织在东城"主题展览接待中央、市、区200余家单位、6000余人次参观学习。

（冯宏梅）

【舆情分析研判和舆论引导】2018年编发《每日舆情》249期、《东城舆情》72期。加强舆情分析研判，及时反映社情民意，编发专报，下发《近期全区宣传要点》7期，指导各单位通过自办媒体有序开展舆论引导工作。

（冯宏梅）

【重大主题新闻宣传】2018年，在中央及市属各平面媒体上发稿7048篇，比2017年增长12.31%，其中头版751篇，头条510篇，整版458个。召开新闻发布会、新闻通气会201场。围绕街道大部制改革召开新闻发布会4次，组织并邀请中央及市属主流媒体集中采访。其中《人民日报》刊发"破解社会治理'最后一公里'难题"，《北京日报》头版头条刊发"东城三街道试点'大部制'改革"。围绕"党建引领 精治共治法治"和"街道吹哨 部门报到"主题，组织并邀请《人民日报》、新华社、《北京日报》等进行为期2天的采访，发稿30余篇。其中《中国青年报》头条刊发"北京东城区'小巷管家'大有作为"，《北京日报》头版头条刊发图文报道"京城唯一南北向胡同群整治后亮相"。围绕周末大扫除组织新闻发布会、集体采访7次，发稿76篇。其中头版17篇，头条9篇，整版2个。其中《北京日报》头版刊发"东四居民签'小院公约'共同守护环境整治成果"，《北京晚报》整版刊发图文报道"周末大扫除'扮靓'居民院"。围绕文化东城主题，组织各类区级文化活动新闻发布会25场，发稿306篇。其中《光明日报》刊发"北京：'东城区庆祝改革开放40周年图片展'亮相"，《中国青年报》刊发"纪念改革开放40周年专场曲艺惠民演出拉开序幕"等。

（韩苗苗）

【宣传文化干部培训班】5月28—31日，全区宣传文化干部培训班举办。围绕学习贯彻习近平新时代中国特色社会主义思想和中共十九大精神、意识形态工作、区情等内容，采取专家授课、座谈交流等形式培训，宣传干部40余人参加。

（冯宏梅）

【区融媒体平台建设】7月6日，东城区融媒体中心正式揭牌成立。市领导杜飞进与区领导张家明一同揭牌。2018年，区融媒体中心建成统一平台下五大发布渠道（《新东城报》、北京电视台"都市阳光"栏目、"美丽东城"网络电视、"北京东城"官方微博、"北京东城"微信公众号）的融媒体宣传格局，并分别与北京电视台、歌华集团、新浪微博等媒体机构签订战略合作协议。同时，聘请《人民日报》、新华社、中央电视台、

7月6日，东城区融媒体中心挂牌仪式（刘立军摄）

《北京日报》、北京电视台等中央及市属媒体的资深媒体人及社会专业机构、网络大V，组建融媒体智库，探索媒体融合背景下的工作新模式，加强融媒体中心各平台间的联动性。

（韩苗苗）

【传统节日文化活动】9月，制订《东城区2018—2019年传统节日文化活动实施方案》，以我们的节日——春节、元宵节、清明节、端午节、七夕节、中秋节、重阳节为重点，以福、忆、和、爱、月、孝为核心要义，开展传统节日文化活动，用优秀传统文化点亮人民群众的家国情怀。中秋节期间，以“月圆京城 情系中华”为主题，在永定门南广场举办中秋诗会，带动钟鼓楼、左安门角楼、簋街、南锣鼓巷、五道营胡同等活动点，推出38项、106场中秋文化活动。国庆节期间，在永定门南广场举办我爱你中国灯光秀，以我爱你中国为核心元素，以国旗图案、天安门、长城等象征中华民族和中国精神的图片，以激光投影映射在永定门城楼城墙上，展现古老城门的全新形象。

（冯宏梅）

统一战线

【概况】中共北京市东城区委统一战线工作部（简称区委统战部）是负责全区统一战线工作的区委工作部门。下设办公室、党派组、新的社会阶层人士工作组、综合组和调研室5个内设机构，区台办与区委统战部合署办公，行政编制21人、实有18人。区委统战部下设公益一类参公事业单位东城区党外人士教育研究中心，编制4人、实有2人。

2018年，加强政治引领，开展纪念改革开放40周年主题活动，围绕纪念中共中央发布“五一口号”70周年，开展“五个一”（一次现场教学、一场书画笔会、一次纪念征文、一次参观学习、一次交流座谈）系列活动，举办民主党派“一把手”培训班、党外干部培训班、基层统战干部培训班等。开展政党协商，就4大类19项议题与各民主党派、工商联和无党派人士进行7次协商，建立区级党员领导干部列名联系党外代表人士工作制度，区级党员领导干部27人与党外代表人士81人开展经常性联系，创办《议政建言直通车》，年内出刊13期，其中专报10期，畅通党外人士建言献策渠道。开展“5·6”民族团结宣传月活动，完成首都民族团结进步奖东城区推荐工作和宗教专项治理、宗教督查迎检工作。成立东城新的社会阶层人士联谊会，理事134人，全市首创轮值会长制度，指导成立2个基层新阶层联谊组织，推动建立新阶层统战工作实践创新基地1个、示范点14个。统战信息在全市统战信息得分360分，位列全市第一。区委统战部获全国统战信息工作二等奖、市统战系统信息工作优秀单位一等奖、市统战理论研究与调查研究优秀组织单位，区委统战部《关于进一步提升政党协商质量和水平的研究》获市委统战部统一战线理论研究和调查研究优秀成果二等奖。

（王蕊）

【纪念“五一口号”70周年活动】开展“五个一”系列活动，采取现场教学、书画笔会、纪念征文、参观学习、交流座谈的形式。3月15日，开展征文活动，收集纪念文章73篇，并在东城统战微信公众号专栏刊登16篇。4月8—12日，组织各民主党派赴民主党派发源地重庆开展现场教学。4月19日，书画笔会举办，书画家15人笔墨抒怀，区领导汤钦飞出席。4月26日，与区政协联合举办“不忘合作初心 继续携手前进”参观学习活动，区领导宋铁健、汤钦飞、周家雷等及各民主党派负责人、部分全国、市、区政协委员130余人赴故宫博物院现场参观学习。5月7日，座谈会召开，各民主党派主要负责人和无党派人士代表围绕主题发言，区领导汤钦飞出席。

（王蕊）

【协商通报】3月27日，党派团体协商通报会召开，种磊通报区纪检监察2017年开展情况和2018年工作任务安排，各民主党派和工商联负责人、无党派代表人士就区纪检监察工作进行民主协商，区领导张家明、汤钦飞出席。7月25日，党派团体协商通报会召开，就中共东城区委十二届六次全会工作报告、区上半年经济社会发展情况和下半年重点工作安排，听取各民主党派、工商联负责人和无党派代表人士意见建议，区领导张家明、金晖、宋铁健、汤钦飞及各党派团体主要负责人出席。12月18日，党派团体协商通报会召开，就区政协有关人事事项听取各民主党派、无党派人士和各人民团体意见，区领导张家明、宋铁健、汤钦飞、王清旺、陈本宇及各党派团体主要负责人出席。12月25日，党派团体协商会召开，就区级领导班子成员人事变动情况、中共东城区委十二届八次全会工作报告、北京市东城区人民政府工作报告听取各民主党派、无党派人士和各人民团体意见，区领导张家明、金晖、汤钦飞、陈本宇及各党派团体主要负责人出席。

（王蕊）

【教育培训】4月2日，为期两周的民主党派工作会暨区民主党派“一把手”培训班开班，培训采取模块式教学，内容涵盖政治理论、区情教育、能力素质3个模块。区委常委、统战部部长汤钦飞作开班动员，各民主党派区委主委及领导班子成员参加。5月16—18日，基层统战干部培训班举办，听取坚持宗教中国化方向、习近平新时代统一战线思想等专题讲座，就统战业务工作进行讨论，区各有关部门、各街道、有关团体负责统战工作的领导和统战干部100余人参加。9月10日，为期10天的新的社会阶层人士统战工作培训班暨东城新联会政策理论培训班开班。市委统战部副部长、市新联会常务副会长出席并作专题报告，培训班采取定制课程、线上线下教学相结合、现场教学与异地教学相结合的方式进行，其间，举办戏剧东城主题论坛，征集意见建议40余条。区领导汤钦飞、新联会理事、37家新阶层人士统战工作联席会议成员单位统战工作主管领导和干部100余人参加，线上线下受训人数200余人。10月10—11日，党外干部培训班举办，听取十九大精神解读、当前全市党外代表人士队伍建设工作任务及党外干部履职要求等专题讲座，就提升履职能力、增强干部教育培训工作等话题交流讨论，区领导汤钦飞作开班动员，全区各有关单位处级、科级党外干部70余人参加。

（王蕊）

【海联会工作】4月13日，北京东城海外联谊会召开第二届理事会第一次会议。听取审议第一届理事会工作报告、财务报告，审议通过《北京东城海外联谊会章程（修正案）》，通报法定代表人变更情况，选举1人任北京东城海外联谊会第二届理事会会长，1人任常务副会长，11人任副会长，1人任秘书长，35人任常务理事。区领导汤钦飞、理事85人参加。7月2—6日，东城海外联谊会理事研讨班举办。就国际关系、京津冀一体化、百街千巷整治提升工程等开展专题讲座，并赴宁波进行现场教学，海联会理事80余人参加。8月16日，海联会城市规划与治理委员会组织理事近30人赴河北雄安新区考察学习京津冀协同发展战略和城市发展规划经验。

（王蕊）

【知联会工作】5月7日，会长扩大会议召开，就工作计划和小组活动申报情况交流研讨，区领导汤钦飞，区政协副主席、东城知联会会长颜华参加。5月28—29日，组织理事35人赴河北邯郸开展文保工作调研，在铜雀三台遗址、邺城遗址博物馆等现场教学，了解邺城遗址维护修缮和文物发掘保护情况，东城知联会会长颜华、九三学社区委主委参加。6月22日，组织部分理事开展“非遗”技艺传承人进校园推进工作调研，走进五十四中学旁听京剧塑脸谱制作技艺、绢塑工艺等课程，观摩体验绢花制作，与师生座谈交流。

（王蕊）

【民进市委专项民主监督】7月16日，市政协副秘书长、民进市委副主委李昕对区开展疏解整治促提升专项民主监督工作进行座谈，听取《民进北京市委对口东城区开展疏解整治促提升民主监督工作实施方案（2018—2020）（征求意见稿）》和区疏解整治促提升的整体工作情况，并就下一步工作交换意见。区领导汤钦飞参加。9月18日，市领导李昕带领调研检查工作组开展专项民主监督，实地考察前门三里河及草厂七至九条胡同、东四四至六条胡同，听取疏解整治促提升专项行动计划落实情况并就存在困难及问题交换意见，区领导汤钦飞参加。9月21日，民进市委对口东城区疏解整治促提升专项民主监督工作启动会召开，听取区疏解整治促提升工作情况，就民主监督情况进行交流座谈，全国人大常委、民进中央副主席、市人大常委会副主任、民进北京市委主委庞丽娟，民进市委副主委李春生、李昕，区领导张家明、金晖、汤钦飞等参加。10月26日，民进市委对口东城区疏解整治促提升专项民主监督工作座谈会召开，就健全专项民主监督工作机制、推动解决疏解整治促提升工作困难及问题等交流研讨，市领导李昕、区领导汤钦飞及区发改委、区住建委等相关部门负责人参加。11月9日，民进市委疏解整治促提升专项民主监督工作区情通报会召开，听取区疏解整治促提升工作的主要内容、重点任务和成绩做法，市领导李昕、区领导汤钦飞参加，民主党派代表50人列席。会后，调研检查工作组赴景山街道三眼井胡同、嵩祝院西巷实地检查，听取景山街道相关汇报。

（王蕊）

【新联会工作】7月31日，东城新的社会阶层人士联谊会（简称东城新联

7月31日，北京东城新的社会阶层人士联谊会成立大会召开（马可摄）

会）成立大会召开。选举全国政协委员、知名影视导演、新沂诚成影业发展有限公司艺术总监刘家成为东城新联会第一届理事会会长，选举产生第一届理事会班子成员15人，常务理事39人。市委统战部常务副部长周开让、区领导汤钦飞、理事110人参加。11月15日，东城社区养老新形式座谈暨高龄独居老人关怀公益活动举办，实地参观龙潭街道安化楼社区养老服务驿站，就养老驿站发挥作用交流座谈，走访高龄老人并送去慰问品，新联会会长、理事20人参加。11月19日，在天脉聚源（北京）教育科技有限公司举办感受党日主题活动，听取党史小故事、党建新探索等专题报告，开展线上线下交流互动。区领导汤钦飞、新联会理事20余人参加。12月13日，在青年湖公园举办悦心越健康、东城新阶层健步走活动，区领导汤钦飞、新联会等联谊组织者中的新阶层代表人士30余人参加。

（王蕊）

【“戏剧东城”议政会】 10月24日，加强“戏剧东城”建设区情通报会召开，听取“戏剧东城”建设区情介绍，并实地考察区第一文化馆，了解剧场运营情况，文化领域相关区政协委员、统战代表人士20余人参加。12月4日，区政协和区委统战部联合举办促进文化强区战略实施、加强“戏剧东城”建设议政会，政协委员和统战代表人士15人围绕精准定位“戏剧东城”品牌、加大宣传力度、优化戏剧生态结构、创新教育戏剧4个方面作主题发言和自由发言，形成意见建议40余条。区领导金晖、宋铁健、汤钦飞等及各党派团体、工商联主要负责人出席。

（王蕊）

【党外人士迎新春座谈会】 2月8日，召开党外人士迎新春座谈会，民革区委主委、九三学社区委主委、区工商联主席、区天主教爱国会主席、雍和宫副管家等党外代表人5人士围绕2017年主要工作、2018年工作思路及对中共东城区委的意见建议依次发言。张家明代表区四套班子向统一战线各界人士致以新春问候，对统一战线为区委、区政府中心工作提供支持表示感谢，指出要贯彻落实习近平总书记在2月6日同各民主党派中央、全国工商联负责人和无党派人士代表座谈中提出的指示要求，开展政党协商，统一战线各界要继续高举“五一口号”的旗帜，不忘合作初心，继续携手前进，为加快建设国际一流的和谐宜居之区而努力奋斗。李先忠、宋铁健、汤钦飞等区领导同区民主党派、工商联负责人及无党派、宗教界、侨届等统一战线各界代表人士交流座谈。

（王蕊）

【倍格倡议】 2月9日，新的社会阶层代表人士座谈会召开，新的社会阶层代表人士20人向全区新阶层人士发出“同心同向同行，建功新时代、迈向新目标、共赴新征程”的倡议，因倡议在新的社会阶层人士统战工作实践创新示范点“倍格创业”提出，故称“倍格倡议”。

（王蕊）

【区委统战工作领导小组会议】 3月27日，中共东城区委召开统一战线工作领导小组第三次全体（扩大）会议。会议通报领导小组成员名单调整变化情况、讨论通过工作要点。区领导张家明、宋铁健、汤钦飞、赵凌云出席，23家成员单位主要负责人、全区17个街道工委书记约40人参加。

（王蕊）

【齐静调研统战工作】 3月29日，市委常委、统战部部长齐静，市委副秘书长赵玉金一行8人到区调研统战工作开展情况，实地考察南锣鼓巷，听取商会参与街区环境整治提升工作情况、东城园东方嘉诚新的社会阶层统战工作开展情况，随后召开座谈会听取全区统战工作情况，区领导宋铁健、汤钦飞，区委统战部相关负责人参加。

（王蕊）

【列名联系党外代表人士制度】 4月18日区委常委会研究通过，明确区级班子中的中共党员领导干部列名联系党外代表人士2～3人，通过谈心谈话、走访慰问、考察调研等方式联谊交友、合作共事，深化政治共识，听取党外代表人士意见建议，促进区委区政府科学民主决策。

（王蕊）

决策研究

【概况】中共北京市东城区委研究室（简称区委研究室）、中共北京市东城区委全面深化改革领导小组办公室（简称区委改革办），一个机构、两块牌子，区委研究室是负责区委综合性政策研究部门，为区委科学决策服务的区委工作机构，区委改革办承办区委全面深化改革领导小组的日常事务。内设办公室（协调科）、调研科、文稿科、改革科，机关行政编制18人、实有17人。

2018年，强化以文辅政和参谋咨询，完成区委各项重点文稿任务，为区委科学决策提供智力支持和有效参考。组织召开或参与多项专题调研会、座谈会、协调会、论证会及其他形式的调研活动30余次。完成各类文稿撰写及修改201篇约67万余字；编发《东城调研》12期、《调研工作动态》45期、《东城改革工作简报》12期；加强与国务院发展研究中心、中国社会科学院、党建研究会、方迪研究院以及市委研究室、北京市社科院、首都社会经济发展研究所等相关单位的业务交往。区委研究室获第十三届北京市调查研究工作先进单位，区领导张家明主持的调研成果《关于做好核心区疏解整治促提升工作的思考》获全市优秀调研成果一等奖。

（闫喆）

【与相关决策研究系统交流】2月1日，市委研究室到安定门街道方家胡同调研修缮整治效果，了解区推进架空线入地、提升胡同养老和社区商业服务等情况；到东四街道东门仓胡同察看背街小巷环境整治成果，了解南新仓景观修复和文物保护利用情况，观看区“百街千巷”成果展示片。4月19日，市委办公厅党刊室到景山街道三眼井胡同调研环境整治提升状况，到新中街城市森林公园调研核心区“留白增绿”进展情况。4月26日，接待市委研究室就加强基层党建工作到东四四条胡同等地调研座谈。5月25日，市委研究室就背街小巷环境整治提升工作到崇文门外街道国瑞北路、西花市大街调研座谈城市治理难题、停车秩序管理、发动群众共治共享等问题。8月24日，市委研究室就城市复兴视角下的街巷治理问题研究到区调研难点问题及相关政策瓶颈。9月14日，顺义区委区政府研究室就智慧城市建设经验到区实地调研。10月12日，天津市河北区委研究室（改革办）到区调研街道管理体制改革工作，并参观史家胡同博物馆和史家社区。11月8日，市委研究室围绕“吹哨报到”、周末卫生大扫除、街道管理体制改革及社区规范化管理等到区调研座谈。12月21日，接待市委研究室就市委书记调研课题《城市复兴视角下的街区更新问题研究》到区调研座谈。

（闫喆）

【社会治理创新课题】3月14日，相关科室人员到东直门街道参与党建引领“街道吹哨、部门报到”调研。4月17日，陪同区领导到西城展览路街道调研“街道吹哨、部门报到”及街道管理体制改革。4月28日，区委研究室研究讨论《东城区党建引领行政体制改革和社会治理创新落实“街道吹哨，部门报到”的研究》重点调研课题前期开展情况。5月31日，6月1日、12日、22日，区委研究室联合中国社科院社会学研究所，分5次召开课题调研座谈，区城管委、城管执法监察局、网格中心、区委组织部、党建办、区编委、区委社会工委、民政局、东城规土分局、住建委、房管局、商务委、财政局、区委统战部、区工商联、区总工会、团区委、区妇联、区委宣传部、区文明办、环保局围绕“街道吹哨、部门报到”就各自领域工作开展情况及面临问题进行沟通及讨论。7月23日，相关科室人员陪同区领导到东四街道调研街道管理体制改革。课题11月形成初稿，2019年2月课题结项，报市委研究室。

（闫喆）

【全面深化改革组织协调】3月27日、5月8日、7月5日、10月19日、11月13日、12月27日，区委全面深化改革领导小组召开6次全体会议。审议通过2017年度改革工作总结、2018年

5月8日，十二届区委全面深化改革领导小组召开第六次全体会议（区委研究室提供）

度改革工作要点，修订《领导小组工作规则》《专项小组工作规则》及《办公室工作细则》，审议通过《关于加强党的建设推动实现“街道吹哨、部门报到”实施方案》《街道管理体制改革方案》及试点工作安排、《关于加强和完善城市社区治理的实施办法》《落实“街道吹哨、部门报到”推动城市管理体制改革实施方案》《落实“街道吹哨、部门报到”推动城市管理综合执法平台实体化运行实施方案》《落实“街道吹哨、部门报到”构建网格化综合监督体系实施方案》《落实“街道吹哨、部门报到”工作安排（折子工程）》《东城区文联深化改革方案》《东城区关于进一步推进安全生产领域改革发展的实施办法》《东城区街道管理体制改革全面推开工作方案》和动员部署会方案、《关于建立区政府向区人大常委会报告国有资产管理情况制度的意见》《东城区关于深化党建引领“街道吹哨、部门报到”工作的方案》及任务分解、《关于进一步深化社区规范化建设工作的意见（试行）》，通报重点改革任务进展情况。

（闫喆）

【街巷治理专题研究课题】5月28日，起草《城市复兴视角下的街巷治理东城区专题研究报告》实施方案（初稿）。6月7日，经区委书记专题会讨论通过实施方案。7月19日，形成专题研究报告初稿，区城管委、区住建委、区房管局、区房屋征收中心、京诚集团对专题报告初稿提建议和意见，根据部门职责，提出街巷治理面临的突出问题及制约因素，推进工作重点及需北京市协调解决的问题建议。8月23日，赴北京规划展览馆及前门地区调研考察，进一步了解北京城市整体规划历史及区典型街区案例特点。10月14—17日、10月31日至11月3日，分别赴厦门市思明区、福州市鼓楼区、上海市黄浦区、广州市越秀区、深圳市福田区学习调研城市更新、历史文化街区风貌保护及社会治理等方面的先进经验。经不断讨论修改，2019年2月完成课题。

（闫喆）

【起草区委重要文稿】2018年，起草中共东城区委十二届六次和八次全会报告、决议、年度区委常委会工作要点。围绕市委全会、重大活动、中央市委领导调研、市委巡视工作、“街道吹哨、部门报到”、中轴线申遗、周末卫生大扫除、文化强区、中非合作论坛北京峰会、小巷管家、天坛和望坛重点工程、全面深化改革工作、党风廉政建设、社会治理体、结对帮扶、街区更新等中心工作起草工作汇报、典型发言及约稿文章。

（闫喆）

【调研报告理论文章发表】2018年，区领导张家明的调研报告《关于做好核心区疏解整治促提升工作的思考》在《工作研究》（特刊）第2期上刊登，《东城区坚持党建引领推进共治共享的实践探索》在《北京调研》第2期上刊登，理论文章《凝聚各方力量推动共建共享 努力建设“党建引领示范区”》在《北京工作》第8期上刊登。区领导李先忠的调研报告《东城区历史文化街区有机更新路径研究》在《工作研究》第1期上刊登。区领导王兆康的调研报告《关于东城区文化创意产业发展情况的专题调研报告》在《工作研究》第1期上刊登。区领导王红的调研报告《关于推进东城区科技创新工作的调研报告》在《工作研究》（特刊）第2期上刊登。区城管执法监察局的调研报告《关于推进东城区拆除违法建设工作的思考与探索》在《北京工作》第1期上刊登。区园林绿化局的理论文章《让森林走进城市，让城市拥抱森林》、东四街道的理论文章《“三个面向”推动基层治理创新》在《北京工作》第7期上刊登。前门街道工委的理论文章《前门街道“一两三四”工作法——创建“十有十无”示范街区的实践与思考》在《北京调研》第3期上刊登。交道口街道工委的调研报告《关于探索南锣鼓巷地区社会治理新模式的思考》在《北京调研》第10期上刊登。区委理论文章《加快建设“国际一流的和谐宜居之区”》在《北京工作》第8期上刊登。区委研究室的调研课题《在线城市治理中强化党建引领、推动共建共享的研究》在《东城党建研究》第2期上刊登。

（闫喆）

【统筹全区调研课题】3月21日，十二届区委常委会第46次会议审议通过《关于东城区调查研究工作2017年总结和2018年重点工作、重点课题的汇报》，确定31个区级重点课题，135个区委关注课题。其中《东城区党建引领行政体制改革和社会治理创新落实“街道吹哨，部门报到”的研究》和《落实北京新版“总规”，提升核心区发展品质》被列为全市重点课题，并于2019年年初结项完成。

（闫喆）

【业务培训】4月12—13日，调研、改革干部培训班举办。市委研究室领导就做好文稿起草工作分享经验和体会，市社会科学院副院长结合《北京城市总体规划（2016年—2035年）》对核心区发展定位，阐述规划编制的历史背景和基本特点，就新时代推进规划落地进行解读。区教委、东直门街道工委和龙潭街道工委结合各自工作，交流分享以改革和调研工作的新成效推动部门中心工作的典型经验。全区各单位负责调研、改革工作的主管领导及专、兼职干部100余人参加。

（闫喆）

对台工作

【概况】中共东城区委台湾工作办公

室、东城区人民政府台湾事务办公室（简称区台办）是区委、区政府主管对台工作的职能部门，与区委统战部合署办公，承担组织、指导、管理、协调有关对台工作职能。编制4人、实有4人。

2018年，贯彻中央对台工作大政方针，把握两岸和平发展主题。区对台工作与各项工作相结合，发挥资源优势，深入岛内开展基层对台交流活动，协助各街道举办台海形势报告会17场次，邀请知名台湾问题专家、学者授课，达到街道系统涉台宣传教育全覆盖，提升街道干部、广大群众的涉台意识。启动入岛宣传项目，与《北京日报》报业集团合作，每月出版一期，为期一年。在岛内《真晨报》专版推介东城区经济、文化、社会发展状况等内容。完成公职、非公职人员赴台审批约500人次。

（周薇）

【台湾映像魅力展】2月16—20日，第七届地坛庙会——台湾映像魅力展举办。邀请台湾台北市花东区阿美族原潮舞集表演团体展示台湾少数民族风采，通过北京台商联谊会东城分会组织在京台商展卖台湾特色商品，介绍台湾风土人情。本届魅力展共有10大展位（参与包装食品百货展位的台商28家），其中公益展位1个，另外有小吃展位2个。台湾同胞70余人在地坛庙会与京城百姓共庆狗年新春。台湾映像魅力展区域日均接待游客10万余人次，5日共接待游客50万余人次，总销售额超过200万元。

（周薇）

【非物质文化遗产展演】4月20—27日，精选市级、区级景泰蓝制作技艺、雕漆技艺、北京玉雕等非遗项目21个及文艺节目10个赴台，在高雄佛光山佛陀纪念馆举办为期8天的非物质文化遗产展览展演。活动以“传统 融合”为主题，邀请高雄鼓山区、盐埕区、冈山区的民众、学校参与。开幕式邀请来宾500余人，约有300里民代表到场祝贺，展演活动期间各项参与受众8万余人次，15万人次通过FaceBook、Youtube等关注活动。

（周薇）

【对台工作领导小组会】6月5日，对台工作领导小组会召开，金晖主持。会议传达中央、市委对台工作会议精神及北京市对台专项工作会议精神，总结区对台工作情况，部署下半年重点工作。张家明提出要求：学习贯彻习近平总书记对台工作重要思想，增强政治自觉；坚定信心，乘势而上，扎实推进新形势下区对台工作。汤钦飞、赵凌云及领导小组各成员50人参会。

（周薇）

【承担门球项目比赛】7月18—24日，海峡两岸（北京）体育交流运动会在京举办。两岸运动员近4000人分别在北京9所高校和5个区县进行13个项目的比赛、展演和交流。东城区承担门球项目比赛的组织及台湾参赛团队的来访接待工作。该项目有代表队96支、运动员约500人参加。其中大陆代表队52支（其中东城区代表队8支）291人，台湾代表队44支229人，分别在“三人制”“五人制”分项比赛中角逐298场次。台湾彰化弘道队获女子五人制冠军，北京U梦队获男子五人制冠军，东城福和队获男子三人制冠军，顺义潮白队获女子三人制冠军。台湾参赛团队中年龄最大者81岁，最小者13岁，60%的人员为首次来京。

（周薇）

【基层广场舞蹈交流活动】10月29日至11月2日，基层广场舞蹈交流活动举办，东花市、东直门、天坛、前门、朝阳门、龙潭、北新桥8个街道同时接待5支高雄民间广场舞蹈团队来访。活动期间，两岸基层民众在9个社区进行9场广场舞表演互动活动。各街道充分调动辖区资源，落实“一街一特色”要求，精心组织，细致安排，组织来访团队重点参访民居，切身体验、了解北京城市管理、民生保障、养老服务、社区管理等方面的情况。

（周薇）

【文化名人助力涉台交流】2018年，打造传统艺术进校园、进社区交流项目。以相声演员、广播电视节目主持人应宁及其团队为主力，加强与台湾各地尤其是高雄中小学及校外

4月20—27日，北京特色周·非物质文化遗产展演举办（区台办提供）

艺术教育机构的合作。4次赴台先后到台北（中国文化大学、淡水润福银发专用住宅、台北吴兆南相声剧艺社、台北曲艺团）、高雄（盐埕区濑南里社区、高雄海企会、高雄师大附属小学、鼓山区河边里社区、冈山区筧桥里社区）、台中（花妈艺术工作室）、台东（台东高级商业职业学校）、金门（金城中学、金门高粱酒厂）进行文化交流、慰问演出、专业辅导。并带领台湾学生参加由中国曲艺家协会主办的第八届全国少儿曲艺展演、由北京曲艺家协会主办的北京少儿曲艺大赛、由中央电视台主办的首届相声小品大赛、央视少儿频道《大手牵小手》栏目的录制等。

（周薇）

保密管理

【概况】中共北京市东城区委保密委员会办公室（简称区委保密办）和北京市东城区国家保密局（简称区保密局）是“一个机构、两块牌子”，由中共北京市东城区委办公室管理。区委保密办（区保密局）既是中共北京市东城区委保密委员会的日常办事机构，又是负责全区行政区域内保守国家秘密工作的政府职能部门，内设宣传法规科和技术检查科。

2018年，围绕市、区中心工作，落实党管保密原则，抓“十三五”保密事业发展规划和“七五”保密普法规划中期检查。完成处级干部、涉密人员保密教育千人培训计划。开展“践行保密法，护航新时代”“4·15”全民国家安全日、“坚定信念，砥砺前行”保密法治宣传月、“12·4”国家宪法日等主题宣传。组织保密干部参观护航新时代主题展览，学习政治、军事、网络等16个领域相关安全知识。全年举办保密知识讲座、培训10次，培训1200人次，发放宣传资料5种、5000余份（册）。规范定密、人员、网络、涉密会议等保密管理，做好日常保密监督检查。开展非涉密计算机三级联查，完成区属单位年度保密自查自评现场督查，双随机现场检查社会资质企业5家，加强高考、成人考等考务保密检查。清理保密行政职权，修订权力清单和责任清单，落实行政许可和行政处罚双公示制度，加强保密依法行政。被评为2014—2017年度北京市保密工作系统先进集体。

（王景波）

【保密宣传】2月，以重温红色往事，传承保密传统为主题，开展保密宣传活动，为全区涉密人员配发书籍《红色往事：镌刻在党旗上的保密故事》，重温红色往事中党的保密历史和优良传统。区保密局从全区各单位报送的120篇征文稿件中选取25篇优秀作品，编发《东城区“重温红色往事，传承保密传统”主题读书征文选编》。

（王景波）

【党校学员保密教育培训】3月28日，在区第一期副处级领导干部进修班、科级青年干部培训班上，区保密局副局长围绕保密工作的基本问题、保密管理工作要求和违法违纪法律责任三方面内容，为区委党校春季主体班学员100余人作专题报告。

（王景波）

【全民国家安全教育日】4月15日，在地坛公园西门设置宣传展台，组织践行保密法，护航新时代主题保密法治宣传活动，播放保密教育视频短片，发放《中华人民共和国保密法》《履行保密义务 维护国家安全》宣传折页、保密法治宣传书签等宣传资料1500余份。通过短信平台向全区各涉密单位保密工作主管领导、科室负责人和保密干部及区委办等重要部门全体工作人员近400人发送保密和国家安全教育提醒短信。

（王景波）

【涉密人员轮训】4月18日、19日、25日、26日，分4批前往北京交通大学保密教育实训平台，组织培训处级干部、涉密人员400人。至4月底，累计组织涉密人员轮训8批，培训1080余人。完成千人培训计划。

（王景波）

【区委保密委员会全体会】5月18日，区委保密委员会全体会召开，陈本宇主持并讲话，会议传达中央、市委保密委全体会议以及全国、全市保密工作会议精神，学习中央保密委、市委保密委有关情况通报，调整区委保密委员会成员单位，听取区委保密办2017年工作汇报，研究部署2018年工作。区委保密委组成人员28人出席。

（王景波）

【保密依法行政】5月28日，科室人员到区教育考试中心开展高考保密检查。6月5日，科室人员到高考考点校进行保密抽查。6月7—8日，做好考试期间应急值守。8月至10月，科室人员对全区107家单位进行保密自查自评全面现场检查，合格率100%。2018年受理并初审国家秘密载体印制资质（乙级）申请1件，调查涉嫌泄露国家秘密线索1件。

（王景波）

【市保密督导检查评定优秀】8月3日，市保密局领导带队到区督导检查“十三五”保密事业发展规划和“七五”保密普法规划中期落实情况。检查组听取汇报、查阅资料、实地察看和技术抽查，对区保密工作给予肯定，综合评定结果为优秀。

（王景波）

【非涉密计算机三级联查】8月，开展非涉密网络保密检查，设置区保密局—各单位保密办—计算机使用人三级权限，制作《非涉密计算机检查记录单》《非涉密计算机保密检查报告表》，分4批对全区各单位进行专题培训和部署。累计自查检查接入政务外网的计算机6935台。

（王景波）

【保密委主任讲保密史党课】9月12日，保密委主任讲保密史党课活动举办。以传承红色基因，筑牢保密防线为主题，介绍党的保密工作历史和传统、当前保密工作面临的严峻形势、新时代保密工作的新理念新举措。全区各单位党委办公室主任、行政办公室主任党员干部200余人参加。

（王景波）

【保密法治宣传月】开展坚定信念砥砺前行主题系列宣传活动。组织各单位理论中心组学习观看《保密警示教育系列片》。9月18日，与区教委联合在北京市第二十七中学举办区保密教育进校园活动，向学校赠送保密教育图书，组织师生观看《手机背后的课网》警示教育片、《泄密就在身边》宣传挂图，发放保密法制教育书签近500份。9月20日，组织全区保密干部100余人对保密工作的难点和问题，以及如何开展下步工作进行研讨交流。10月19日，区委保密办人员为区直机关基层党组织书记培训班学员80余人授课培训。10月23日，区委保密办人员为区安监局机关干部100余人作保密教育专题报告。期间，先后组织1100余人学习观看《胜利之盾》，累计发放《北京市机关、单位保密管理实务》《北京市保密干部教育培训辅导材料》《保密宣传挂图》、保密法治教育书签、折页等宣传资料2000余份（册）。

（王景波）

【保密干部业务培训】9月20—21日，保密干部业务培训举办。传达学习市委保密委有关文件精神，通报《东城区“七五”保密法治宣传教育规划》中期实施情况，讲解定密、涉密人员、网络、涉密会议等保密管理业务。全区各单位专兼职保密干部100余人参加。

（王景波）

【保密三大管理】2018年，在全市率先试点编制《国家秘密事项一览表》；健全定密管理制度，强化定密责任人备案管理，开展定密业务培训，规范原始定密、派生定密、申请定密工作程序和文书表单。加强涉密人员全环节管理；规范党政机关工勤服务人员、借调和聘用人员保密管理。优化政务外网开通审核流程，强化各单位的前置保密审核，规范非涉密计算机管理；推进政务外网内部邮件和.gov邮箱使用，加强各单位信息发布的保密审查。

（王景波）

【技术服务保障】加强涉密会议保密管理，规范涉密会议的界定、管理、技术保障等要求，统一制作、张贴警示标识。2018年为区级重要会议活动提供保密服务保障93次。全年组织集中销毁文件3次，服务单位208家次，销毁文件 1675袋，销毁硬盘、光盘、硒鼓等712件。

（王景波）

9月18日，区保密局与区教委联合举办区保密教育进校园赠书活动（王景波摄）

机构编制管理

【概况】东城区机构编制委员会（简称区编委）是区委、区政府负责行政管理体制改革、机构改革和机构编制管理工作的决策、协调、监督机构。东城区机构编制委员会办公室（简称区编办）是区编委的常设办事机构，内设机构编制管理一科、机构编制管理二科、审改科、监督检查科4个科室，编制15人、实有13人。

2018年，完成街道管理体制改革，推进区级机构改革和事业单位分类改革，深化行政审批制度改革，盘活机构编制资源，优化机构编制资源配置，为全区机构编制工作提供保障。加强队伍建设，发挥党建引领作用，开展庆祝改革开放40周年活动、参观廉政教育基地、党员到社区报到、加强对外交流，与中编办监督检查局联合开展党日活动，推动队伍凝心聚力。（戴怡）

【完成街道管理体制改革】2018年，制订《东城区街道管理体制改革方案》《试点街道机构编制调整改革方案》等配套文件，并选取东直门、东四、朝阳门3个街道进行改革试点。在总结试点经验基础上修订完善《东城区街道管理体制改革全面推开工作方案》，将街道工委、办事处内设机构综合设置为六办一委，即综合保障办公室、党群工作办公室、社区建设办公室、民生保障办公室、社区平安办公室和城市管理办公室，纪工委（监察组）保持不变。以街道城管执法队为主体，从公安、工商、食品药品监管、交通、消防等部门抽调执法人员组建街道综合执法队，设立社区专员，统一设置党建服务中心、社区服务中心、政务服务中心、网格化服务管理中心4个事业单位，为各街道核增事业编制。

（戴怡）

【推进区级机构改革】2018年，起草《东城区机构改革工作方案》，成立区机构改革工作领导小组及其办公室，在调研访谈和征求意见的基础上，经机构改革工作领导小组会议研究讨论通过，形成《东城区机构改革方案（送审稿）》，经区机构改革工作领导小组会、中共东城区第十二届区委常委会第72次会议和中共东城区第十二届委员会第七次全体会审议通过，上报市委、市政府。

（戴怡）

【开展事业单位分类改革】2018年，做好全区经营类事业单位改革工作，先后撤销区房地二中心及所属16个事业单位，区民政局所属老年康复休养中心、王府井建管办所属市政工程指挥中心、区文委所属包装资料馆、职工住宅管理处、网点规划管理处等5个事业单位。推进区房管局、区文委所属的5家机构转企。收回15家区属经营类事业单位经费自理空编。

（戴怡）

【为新增幼儿园批编】2018年，成立东城区革新里幼儿园、东华门幼儿园分园、东城区春江幼儿园、东城区天坛南里幼儿园等4家幼儿园。

（戴怡）

【深化行政审批制度改革】2018年，按照市区级清单基本要素“五统一”要求，开展动态对应权力清单调整，中介服务事项清理规范清单和保留事项目录清单，各类证明事项取消调整清单，梳理精简政务服务（公共服务）事项。为加强区三级政务体系建设，在区级层面完成政务服务中心更名为政务服务办公室的调整，在街道统一综合设置街道政务服务中心。

（戴怡）

【机构编制调整】2018年，在北京市东城区国际教育交流中心加挂北京市东城区港澳台教育交流中心牌子；将原北京市东城区劳动监察大队更名为北京市东城区劳动保障监察队；将由区信息办承担的信息化推进、网络信息安全协调等职责划转至区委网信办（区互联网信息办公室）；为区委宣传部调整部分内设科室；为东城区教育招生考试中心设置7个内设机构；将区民政局所属北京市东城区城市居民最低生活保障事务中心更名为北京市东城区困难群众救助服务指导中心，加挂北京市东城区居民经济状况核对中心牌子；将北京市东城区政务服务中心更名为北京市东城区政务服务管理办公室；经区编委同意将原区房地一中心、区房地二中心承担的直管公房行政管理职责划转至区房管局；增强学前教育督查力量，由北京市东城区教师研修中心承担学前教育督查工作。

（戴怡）

【统一社会信用代码赋码】2018年办理区属党政机关和群众团体统一社会信用代码赋码17个（初领1个、变更16个）。

（闫冬）

【事业单位登记管理】2018年，完成事业单位法人年报492个，其中区机构编制部门批准设立的事业单位473个，其他组织利用国有资产举办的事业单位19个。完成事业单位法人登记117个，其中新设立登记7个、变更登记97个、注销登记7个、证书补领6个。事业单位法人公示信息抽查12个。

（闫冬）

老干部管理

【概况】中共东城区委老干部局（简称区委老干部局）是负责指导管理区离休干部、处级（含）以上退休干部工作的职能部门。内设办公室、调研科、政治待遇科、生活待遇科、宣传科、企管科，编制17人，实有公务员17人，机关工勤1人；下设东城区老干部活动中心（正科级参公事业单位），编制43人、实有参公人员34人，事业工勤3人。全区离退休干部2769人，其中区属离休干部791人，易地来京安置离休干部50人，副处级以上退休干部1928人。

2018年，紧扣全面从严治党主题，加强离退休干部政治建设、思想建设、组织建设和作风建设，突出党建引领，围绕首都“四个中心”建设、助力“三件大事”“街乡吹哨，部门报到”等重点工作，定期召开老干部区情通报会、形势报告会，举办7期培训班，受众达2000人。引导离退休干部发挥自身优势，参与社会治理，在推进城市管理体系和治理能力现代化中帮智出力，传递正能量。全区老干部宣讲员60余人，全年围绕纪念改革开放40年等主题累计宣讲90余场次，受众近5000人次。通过座谈研讨、参观考察、征文写作等形式，收集整理老同志意见建议109条，为区领导决策提供参考。加强信息化、规范化、精准化建设，创新离退休干部服务管理方式方法，加大离退休干部特困帮扶和走访慰问力度，抓好离退休干部服务管理。撰写的调研报告《以提升组织力为重点发挥老同志在社会治理中作用的实践与探索》被市老干部局评为市老干部工作系统调研成果一等奖，调研报告《新形势下离退休干部工作领导责任制工作机制研究》被评为三等奖。

（唐铮）

【老干部发挥作用】1月19日，与市文联、区文联、区总工会联合举办“我们的中国梦”——文化进万家2018首都艺术家走进东城慰问演出暨东城区离退休老干部、一线职工、劳动模范新春团拜会。市文联、区委老干部局、区文联、区总工会有关负责人及区离退休干部、一线职工、劳动模范代表800余人参加。11月10日，在2018京津冀银发达人大型评选活动中，2人获十佳银发达人，1人获优秀银发达人称号，区委老干部局获优秀组织奖。2018年，与区老干部书画研究会、区书画协会到北新桥街道、东直门街道开展6次主题公益志愿活动，为社区居民送去书画作品及主题展览、为敬老院老人送去公益演出。区老干部宣讲团走进龙潭街道板厂南里社区及幸福社区、北新桥街道北官厅社区、体育馆路街道葱店社区、局机关离退休干部党支部、老干部党校培训班、干部工作人员季度例会、北京人民广播电台《老年之友——北京老干部之声》节目，开展主题宣讲8次。东四街道八条社区“暖心帮帮团”，为社区空巢、独居老人提供精准帮扶。老干部舆情信息员队伍，为老同志建言献策搭建平台。选聘非公经济组织党建工作指导员130人，指导非公有制经济组织党建工作。组建老党员先锋队139支、3970余人参加。

（唐铮）

【老干部关怀工作】春节前，新老区级领导联谊会、老干部新春团拜会举办。春节期间为全区离休干部、配偶无工作和易地安置离休干部拨发送温暖慰问金61.15万元。春节、“七一”“十一”前走访慰问离退休干部。为65岁以下处级退休干部办理区属公园年票。4月至7月，组织全区离退休干部1559人在松乔体检中心、瑞慈体检中心、爱康国宾博惠体检中心体检。开展送政策、送信息、送服务上门活动。为离休干部611人提供120急救呼叫器服务。协调三元公司为区抗战离休干部118人每日送牛奶。

（唐铮）

【落实老干部工作责任制】2018年初，在全区老干部工作培训班上，部署落实离退休干部工作领导责任制相关工作。年中，在第二季度老干部工作例会上，下发《东城区离退休干部工作领导责任制日常工作考核手册》，强化日常考核标准。年底，组织区各单位开展自查，与组织部沟通协调，将离退休干部工作纳入全区党建主体责任综合考评，对17个街道工委及11家党工委开展集中检查。组织部分单位老干部工作人员召开东城区落实离退休干部工作领导责任制工作交流会，就本单位2018年离退休干部工作开展情况进行汇报交流。

（唐铮）

【思想政治建设】3月15日，区老干部读书会召开核心组会议，围绕学习中共十九届三中全会和全国“两会”精神进行交流。4月18日，区老干部读书会举办学习辅导讲座（观看光盘），老干部读书会成员30人参加。6月22日，组织老党员先锋队骨干代表50人赴国家博物馆参观“真理的力量——纪念马克思诞辰200周年”主题展览。7月10日，区老干部读书会召开学习研讨会。围绕如何正确认识理解中国特色社会主义进入新时代，中国社会主要矛盾的转化研讨交流。读书会核心组成员及老干部党支部书记代表参加。9月19—21日，组织区退休干部代表70余人赴山东临沂学习考察。考察临沂市老干部（老年）大学和老干部活动中心，瞻仰孟良崮烈士陵园，参观孟良崮战役纪念馆和沂蒙红嫂纪念馆。围绕如何加强离退休干部党建工作、继承革命传统进一步发挥正能量作用等方面交流。10月26日,区老干部读书会和思想政治工作研究会联合举办研讨会。围绕中国特色社会主义进入新时代的基本内涵、标志及在新时代要有新认知和新作为等方面交流学习理解和感悟。读书会和思政会核心组成人员参加。10月30—31日，处级及以上干部座谈会召开。围绕离岗不离党，退休不褪色，学习习近平新时代中国特色社会主义思想等内容座谈交流。观看《不忘初心　再起航》专题片，并参观中国空间技术研究院航天展示中心和海淀区非物质文化遗产科学城。老干部19人参加。

（唐铮）

【队伍建设】3月29—30日，老干部工作培训班举办。邀请市委党校教授对学习贯彻党的十九大精神专题辅导，通报2017年离退休干部工作领导责任制检查情况，并部署2018年老干部工作，解读《关于进一步加强和改进离退休干部工作的实施意见》，并分组讨论。区各单位老干部工作主管领导、老干部工作人员150余人参加。4月28—30日，组织区老干部工作人员开展新时代新征程网络答题活动，160人参与。5月31日，第二季度老干部工作例会召开，部署离退休干部党组织建设、落实生活待遇、加强宣传宣讲等工作。区老干部工作人员80余人参加。9月14日，组织部分基层老干部工作人员参观东城南里东区社区养老服务驿站和朝阳区和平街寸草春晖养老机构和平里分院。11月22日，第四季度老干部工作例会暨政治学习培训召开，传达市老干部局局长关于《谈谈加强和改进学习》讲话精神，观看《习近平新时代中国特色社会主义思想的科学内涵》辅导报告，区老干部工作人员90余人参加。

（唐铮）

【老干部党支部建设】5月10日，区委老干部党校第一期暨离退休干部党支部书记培训班举办。北京行政学院教授、市老干部局政治待遇处处长、区委党校副教授从不同角度就学习贯彻习近平新时代中国特色社会主义思想、党的十九大精神及落实从严治党要求与加强党组织建设等方面进行专题辅导。会后发放《东城区关于进一

5月24—25日，区老党员先锋队“不忘初心 牢记使命”主题活动举行
（区委老干部局提供）

步加强和改进离退休干部工作的实施意见》等文件汇编和《习近平讲故事》等资料。10月15—17日，为期3天的老干部党校（区国资系统）培训班举办。邀请中央党校国际战略研究院研究室副主任和区委党校社区建设教研室副主任分别就《当前国际形势与中国外交战略》和《北京城市总体规划（2016—2035）》专题辅导，并以结合老同志政治优势、经验优势、威望优势，进一步发挥正能量作用为题分组讨论。参观北京现代汽车有限公司现代化的生产工艺。区国资委系统单位老同志近80人参加。2018年举办7期，800余人参加。

（唐铮）

【主题活动】2018年，结合“不忘初心 继续前行”主题活动和重要节庆日，组织老干部开展文艺会演、书画摄影展、主题参观等活动。5月24—25日，区委老干部党校、老党员先锋队专题培训班暨“不忘初心 牢记使命”主题活动举办。总结全区老党员先锋队工作，部署2018年重点任务。安定门街道老党员先锋队、和平里医院老党员先锋队和景山街道景东社区老党员先锋队的老同志3人交流发言。播放《不忘初心 牢记使命 共圆中国梦——东城区老党员先锋队积极传递正能量》专题片，展示反映东城区老党员先锋队建设成果和活动风采的展板及工作资料。市委党校副教授和和平里医院急诊科副主任医师围绕贯彻落实新党章及急救技能进行专题培训。市老干部局领导及部分系统、区老干部工作主管领导和全区各领域的老党员先锋队队长、骨干成员代表、各街道老干部工作人员120余人参加。6月28日，离退休干部纪念建党97周年暨助力社会治理，传递正能量座谈会召开。龙潭街道十大“金牌管家”梁萍介绍小巷管家的日常工作及经验体会。老同志围绕助力社会治理，传递正能量的主题交流讨论。区离退休干部党支部书记、老干部宣讲团、老党员先锋队、非公党建指导员代表参加。6月，全区老党员先锋队重点开展医疗义诊、文化传承、扶贫济困、便民服务、心理疏导、法律咨询、环境整治、党建指导、环保宣传、义卖捐赠等30个志愿服务项目。全区离退休干部开展建言献策、巡逻安保、矛盾化解、绿色发展、关心青少年等活动，服务群众、奉献社会，发挥好党员的政治引领和先锋模范作用。10月16日，庆重阳老干部专题邮集展览活动举办。集邮组离退休干部7人制作的10部邮集参展，展示收藏邮品1000余件，并邀请集邮专家对参展邮集点评。10月31日，与区关工委、东四九条小学联合举办“老少同堂·喜庆改革开放四十年”文艺演出。老同志们表演的民乐合奏、舞蹈、合唱、太极扇等节目，与少年儿童同台献艺，共庆改革开放40年。

（唐铮）

【形势报告会】8月22日，老干部区情通报会召开，王清旺主持。金晖通报区经济社会发展情况，区委老干部工作领导小组成员单位的负责人及区老干部、老干部工作人员280余人参加。11月14日，形势报告会举办。邀请中国国际战略学会高级顾问作“我国海上安全形势”专题报告。全区离退休干部、老干部工作人员320余人参加。

（唐铮）

【离退休干部服务工作】10月22—24日，区老干部大学培训班举办。邀请市社会科学院研究员、区委党校政法教研室主任、区老年大学校长分别以《社区离退休干部工作与社区治理》《全面加强党的纪律建设》《适应社会老龄化，努力办好老年教育》专题辅导。观看《参与社会治理 发挥正光正热》区老党员先锋队工作专题片，老干部宣讲员现场宣讲。与会人员以如何在社会治理中进一步发挥老同志正能量作用为题交流讨论。全区街道老干部工作人员、部分社区书记、街道老干部大学分校及社区分课堂老干部学员代表110余人参加。2018年，聘请社会康复护理机构，在本局接管企业离休干部中开展专业化、个性化的康复护理服务试点工作，将医院康复、护理、保健、预防等服务延伸到离休干部家中，帮助高龄离休干部改善健康状况、提高自理能力。

（唐铮）

【老干部工作会议】3月26日，老干部工作会议召开，宋铁健主持。张家明通报2017年全区经济社会发展情况和2018年重点工作任务，并对做好全区老干部工作提出明确要求。王清旺代表区委老干部工作领导小组作工作报告。北新桥街道退休干部、区人力社保局离退休干部党总支、和平里街道工委作交流发言。区领导金晖等及区委老干部工作领导小组成员、原区级四套班子老领导、老干部党支部成员、老干部先锋队和老干部宣讲团成员、各街道工委书记、各单位主管领导和老干部工作人员260余人参加。

（唐铮）

直属机关党建

【概况】中共北京市东城区委区直属机关工作委员会（简称机关工委）是负责区直机关党的建设和思想政治工作的区委派出机构。内设办公室、组织部（纪工委）、宣传部（团工委、工会），行政编制13人，实有13人。机关工委下设（所属）74个党组织，612个基层党支部，共有党员14337人，其中在职党员6981人、离退休党员4245人、人才职介存档党员3111人。

2018年，聚焦区委"一条主线、四个重点"战略任务，压实全面从严治党主体责任，提升机关党组织组织力，提高机关党的建设质量，发挥党建引领作用，加强党建规范化建设，为推进国际一流的和谐宜居之区建设再上新台阶提供思想和组织保证。开展"墨香东城 新春送福"春联征集展示、"不忘初心 砥砺前行"健步走、"唱响新时代 共筑中国梦"主题歌咏比赛、纪念改革开放40周年征文讲演、区直属机关运动会和跳绳比赛。在全区重大工作和活动中，发挥区直机关党组织战斗堡垒作用和党员先锋模范作用，投身全区各项中心工作,持续开展"强引领、当先锋、志愿服务到基层"主题党日活动，完成"健康行走"东城徒步大会、国家公祭日区纪念活动等临时性任务。

（孙慕星）

【思想建设】为机关各党组织发放《2018理论热点——新时代面对面》200册，以专家授课、百姓宣讲、征文、讲故事、宣传栏、机关党建通讯专刊为载体，宣传习近平新时代中国特色社会主义思想，把学习宣传贯彻十九大精神引向深入。举办千人党课，邀请北师大马克思主义学院党委副书记为机关党员干部进行"习近平新时代中国特色社会主义思想"专题讲座。区委党校政法教研室主任以"贯彻习近平新时代中国特色社会主义思想和党的十九大精神"为主题，为机关党组织书记和党务干部进行专题理论辅导。组织区直机关系统党员干部500人参观"真理的力量马克思诞辰200周年"主题展，观看影片《青年马克思》，重温马克思崇高精神和光辉思想，坚定机关干部理想信念。将意识形态工作纳入年度折子工程，修改完善工委意识形态工作制度，加强意识形态阵地管理。邀请区委宣传部为党组织书记和党务干部以《浅谈意识形态工作》为题，进行专题辅导培训。各基层党组织开展党员志愿服务活动，为贫困对象送知识、送服务、送政策，从精神上、物质上给予帮助。开展"我们的节日"群众文化活动，展示机关文化魅力。做好为中国好人榜样点赞活动，区法院金薇入选中国好人榜身边好人候选人。深化"书香东城"全民阅读活动，给各基层党组织配发理论书籍，开展党员读书交流活动。

（孙慕星）

【组织建设】2018年，召开工委委员会议3次、工委书记会议27次、基层党组织书记会议8次、全体党员干部会议43次。召开党建工作会，总结2017年机关党建工作，部署2018年机关党建重点任务，下发工作要点，明确责任和目标。抓好基层党组织专项述职工作，71个直属党组织和各基层党组织全部述职，工委委员、党建联组长现场点评和打分。落实基层党组织民主生活会和民主评议党员工作，区直机关系统在职党支部579个，全部按照要求召开组织生活会，参加民主评议的党员人数1.21万人。加强党组织规范化建设，围绕"一规一表一册一网"（"一规"即《党支部工作规范》，"一表"即《学习活动年度安排表》，"一册"即《党支部工作手册》，"一网"即北京长城网、"党员E先锋"等网络服务平台）、党组织评星定级、党员积分以及"党员E先锋"、党组织党员双报到等进行培训。抓好党组织和党员日常管理，全年发展新党员76人，审批党员转正81人，基层党组织按期换届14个。做好党代表服务管理，制订区直机关党代表组年度活动计划，举办党代表培训班，开展党代表"强素质促履职"读书活动，组织党代表60人到社区养老驿站实地调研。分层次开展党员教育管理，举办党组织书记培训班，提高机关党组织书记政治素质、现代管理理念和领导能力。做好党务干部日常管理和培训，对中央和市区委精神、三会一课、统战工作、保密工作、党员信息支持服务系统使用等内容开展专题培训。开展入党积极分子培训，84人参加。抓好普通党员干部教育培训，利用三会一课、主题党日、千人党课、红色讲坛、理论专家走基层等载体，定期开展主题教育，邀请财政部科研院教授作"推动经济高质量发展，决胜全面建成小康社会——2018年政府工作报告学习"专题报告。完成《新时代做好机关党组织宣传思想文化工作的理论和实践思考》专项调研。全年撰写机关干部思想动态调查1篇，报送舆情信息13条，掌握机关干部思想状况，完成相关工作的调研、协调和落实。完善宣传载体建设，利用《东城机关党建通讯》、微信群、宣传橱窗、党务政务公开栏，做好重大主题活动和热点亮点宣传，编辑《东城机关党建通讯》2期，更新宣传橱窗3期，制作纪念改革开放40年征文汇编、讲演选编、歌咏比赛图册专刊、运动会和跳绳比赛图册专刊等2000余册下发各党组织。加强完善网络宣传和百姓宣讲新媒体矩阵建设，对区直机关23家单位公众微博微信、165人参与的机关新媒体矩阵队伍加强监督管理。

（孙慕星）

【党风廉政建设】2018年，召开党风廉政专题会议，总结2017年工作，部署2018年工作，梳理需要落实的16项重点工作，建立工作台账。开展述职述责述廉工作，组织区直机关党组织书记述职述责述廉，并现场评议打分，组织工委全体干部，利用组织生活会进行述职述责述廉。抓好经常性教育，利用纪委下发的典型教育材料选编、问题通报和党纪条规，组织全体干部开展学习教育，筑牢思想防线。开展廉政文化活动，参加区纪委举办的廉政书画展、廉政曲艺专场，组织参观廉政文化教育点、廊坊法制教育基地，提升反腐倡廉意识。开展纪检工作调研，与区纪委区监委、区委党校联合开展区直机关基层党组织中发挥纪检委员作用的专题调研。落实签字背书、工作报告、党务公开制度，对于党员发展、预备党员转正、党组织换届选举、党费收缴使用情况，通过公示栏、权利公开平台等载体，向党员干部群众公开，接受监督。

（孙慕星）

【群团工作】2018年，为工会会员办理职工互助京卡、公园年卡，购买生日蛋糕，发放节日慰问品，开展“5元看大片”活动。为劳动模范和先进工作者发放节日慰问金和礼品，协助总工会开展劳模疗养和学习工作。以“健康生活 快乐工作”为主题，举办拔河、登山、划船、健步走等活动，参加区总工会、地区体协组织的各种文体活动，累计参与5000人。贯彻落实区群团工作会议精神，注重加强对团员青年和女干部职工的教育引导。深化机关青年思想教育，开展“学习总书记讲话 做合格共青团员”教育实践活动。弘扬“当代雷锋”孙茂芳志愿服务精神，进社区、养老院开展志愿服务活动。开展“弘扬生态文明、建设美丽北京”义务植树活动。围绕服务机关青年，开展“午间一小时”瑜伽练习、机关单身青年参加联谊会和“不忘初心，纪念改革开放讲故事”比赛活动。春节和六一儿童节期间，组织机关团干部到隆福寺社区看望结对的贫困家庭儿童。以窗口单位、服务行业为重点，发挥巾帼文明示范岗和巾帼志愿者作用。三八妇女节开展“美丽人生 健康伴我”健康讲座，机关妇委会开展“巾帼建功”标兵和“最美家庭”推荐工作。

（孙慕星）

【扶贫济困】建立健全关心关爱机关党员干部机制,持续开展“党心连民心，亲情进万家”活动。元旦、春节期间走访慰问困难党员300余人，发放慰问金70.4万元。“七一”前夕，慰问困难党员160人，发放慰问金36.6万元。开展共产党员献爱心捐献活动，捐款40余万元。开展“博爱在京城”捐款活动，捐款16万余元，用于帮助因病致困的机关干部。完善困难党员帮扶机制，做好困难党员走访慰问、党员重大疾病日常帮扶、中华人民共和国成立前老党员困难帮扶等工作。协调红十字会等有关部门，为因病致困的机关干部申请救助金。

（孙慕星）

【党建引领】2018年，以各类党建活动为载体，发挥党建引领作用，创新机关党建。开展“墨香东城 新春送福”春联征集展示活动，组织机关党员干部写春联、送福字2000余幅。开展“不忘初心 砥砺前行”健步走活动，81天的比赛将线上红色虚拟路线和线下科学健走相结合，区直机关机关干部1800余人参加，产生优秀健走集体20个、健走达人132人、万步达人180人、减重达人10人。举办“唱响新时代 共筑中国梦”主题歌咏比赛，区直机关直属党组织70个党员2000余人组成54支代表队参赛，通过初赛、复赛，14支代表队进入决赛，3支代表队获一等奖，5支代表队获二

6月27日，区直机关举行“唱响新时代 共筑中国梦”纪念建党97周年歌咏比赛（崔南翔摄）

等奖，6支代表队获三等奖。开展区直机关“不忘初心跟党走 砥砺奋进再扬帆”征文，收集征文200余篇，选出40篇优秀征文制作选编下发。开展区直机关“回首四十载 扬帆新时代”故事征集、讲演系列活动，征集作品200余篇，各党组织举办讲演比赛50余场，63人进入决赛，获一、二、三等奖各10人。组织机关干部500人参观“伟大的变革”庆祝改革开放40周年大型展览。承办市委讲师团“我与改革开放40年”东城首场宣讲，机关干部200余人参加。举办区直属机关运动会和跳绳比赛，区领导带头参赛，70个党组织的6500余人报名。

（孙慕星）

党校教育

【概况】中共北京市东城区委党校（简称区委党校），挂北京市东城区行政学院、北京市东城区社会主义学院牌子。区委党校是培养全区党员领导干部和理论干部的学校，也是区委的哲学社会科学研究机构；区行政学院是教育培训全区公务员的主渠道；区社会主义学院是培训全区民主党派、无党派人士和统一战线其他方面代表人士及统战工作干部和理论研究人才的基地。内设16个科室：办公室、机关党委办公室、基本理论教研室、政法教研室、管理教研室、社区建设教研室、科研科、教务科、培训一科、培训二科、对外培训科、信息科、财务科、老干部科、综合管理科、综合服务科。编制87人、实有教职工73人，其中列入参照《中华人民共和国公务员法》管理范围人员54人，事业编制人员19人（其中高级职称7人、中级职称5人）。

2018年，完成各类培训班次94个，培训学员累计7100余人次。其中主体班30个，1927人次；其他培训班64个，约5200人次。配合区委组织部制订《关于推动在区委各党（工）委建立基层党校的实施方案》，推动全区17个街道建立街道党校，14人纳入区级党员教育培训师资库。区委党校被评为第八届（2013—2018年度）首都民族团结进步先进集体，并获中共北京市委党校（北京行政学院）颁发的优秀科研工作组织奖。

（王丽英）

【年轻干部培训班】3月5—30日、7月16—20日、9月3—7日，区委党校举办3期年轻干部培训班。课程设置分理论与党性教育、能力建设两个单元，包括课堂授课、班级活动、小组讨论、案例教学等教学模式。理论与党性教育单元主要培训习近平新时代中国特色社会主义理论、党史、党章、党规、党纪等；能力建设单元主要培训市情区情、思维与能力素质提高。年轻干部125人参加。

（王丽英）

【副处级领导干部进修班】3月5—30日、9月3—29日，区委党校举办两期副处级领导干部进修班。课程设置与教学活动分为理论教育、党性教育、能力培训和教学活动4个模块。理论教育包括《习近平治国理政新理念新思想新战略的科学内涵》《坚持和平发展道路 构建人类命运共同体》《四个伟大的历史使命》等课程；党性教育包括《认真学习党章 严格遵守党章》《从党史看民主集中制与集体领导》《政德建设研究》等课程；能力培训包括《提高舆情应对能力》《提升运用大数据与互联网思维能力》等；教学活动包括现场教学、小组研讨、学员论坛等形式。副处级领导干部92人参加。

（王丽英）

【处级领导干部专题研修班】4月9日至6月8日，区委党校举办5期群众工作方法专题研讨班，主要课程有《群众工作的理论、历史与现实》《东城区群众工作方法》《和群众的沟通技巧》《加强基层党组织建设，做好新时代群众工作》《不忘初心 深刻理解“以人民为中心的发展思想”》等，综合采取课堂教学、现场教学、分组研讨、交流发言等教学形式。263人参加。11月12—16日，区委党校举办公共管理专题研修班，主要课程有《公共安全与应急管理》《当前国际形势和中国国家安全》

9月3日，区委党校举办2018年度秋季开学典礼（白冠明摄）

《国学智慧与领导之道》《传统文化与现代管理》《提升领导干部媒体应对能力》《博弈论与行政管理策略》等，48人参加。11月19—23日，区委党校举办社会治理专题研修班，主要课程有《北京城市总体规划》《城市管理和社区建设》《中国社会治理改革》等，34人参加。

（王丽英）

【公务员科级任职培训班】4月9—27日、10月8—26日，区委党校举办两期公务员科级任职培训班。培训班以探讨政府治理创新为主线，以提升科级公务员政治素质、业务素质为重点，全面提高履行公共服务职责的能力，更好地适应东城首都功能核心区的定位。培训课程包括当前形势、政府管理创新和行政能力3大板块，涉及课程《十九大精神及习近平新时代中国特色社会主义思想解读》《古都风貌保护利用的探索——以东南角楼为例》《科长的职位分析和素质要求》《舆情信息的收集与分析研判》《结合十九大精神，学习领会新宪法修正案》等。培训方式有专题讲座、案例式教学、现场教学、实地参观、讨论交流等形式，突出学员参与，鼓励学员在教学相长、学学相长的过程中提高自身综合素质和履职能力。科级干部107人参加。

（王丽英）

【公务员初任培训班】4月9—27日、10月8—26日、11月5—23日，区委党校举办公务员初任培训班3期。培训以“服务群众，做一名人民满意的公务员”为主题，以了解区情和熟悉工作规范为主线，全面提高新任公务员适应岗位要求和本职工作的能力。课程包括《十九大精神及习近平新时代中国特色社会主义思想解读》《现代政府与现代公务员》《〈中华人民共和国公务员法〉及配套法规解读》《公务员职业道德建设》《机构编制工作和东城区机构编制概况》《东城区区情》等，运用案例课、演示课、参观座谈等教学形式，引导学员了解国家公务员的权力义务和行为规范，了解相关法律制度等，树立全心全意为人民服务的思想。参训学员173人。

（王丽英）

【中青年干部培训班】9月3日至11月2日，区委党校举办中青年干部培训班。遵循以学员为主题、教师为主导的教学原则，以党性教育为主线，以提高综合素质和能力为目的，设置理论教育、党性教育、能力培训、党性实践和综合知识5大教学板块。采用邀请知名专家学者、政府官员专题讲授，以及研讨式、模拟式、体验式、案例式、同伴式教学和现场教学等互动式教学方法，围绕党性锻炼展开读书论坛、学员论坛、与先进典型面对面、党性分析汇报会、警示教育、异地考察等活动。理论教育包括《习近平新时代中国特色社会主义思想的精神实质与丰富内涵》《当前国际形势及“一带一路”建设》《群众路线与调查研究》等；党性教育包括《中国共产党97年的历程与启示》《中国特色社会主义的形成与发展》《从党史看民主集中制》等；能力培训包括《团队执行力建设》《提高中青年干部沟通协调能力》《中青年干部的心理健康与心理调适》等。中青年干部32人参加。

（王丽英）

【统一战线领域代表人士培训班】2018年举办统一战线各领域代表人士培训班5期，参训学员550人。包括区民主党派工作会议暨东城区民主党派“一把手”培训班，参训120人；民建、九三学社、台盟区委——‘不忘合作初心 继续携手前进’骨干成员培训班，参训92人；民革、致公党、侨联骨干成员培训班，参训84人；民盟、民进、农工党区委联合学习培训班，参训89人；宗教界人士培训班，参训165人。统一战线各领域代表人士培训班以坚定走中国特色社会主义道路为主题，深入开展新时代中国特色社会主义理论体系、中国特色社会主义制度和社会主义核心价值体系教育，以基础理论、政治素养、统战政策、法律知识、能力培养为主要内容的教学布局，设置“一个主题、三个教育、五个教学模块”课程体系，强化共识教育，突出能力培养。

（王丽英）

【课题研究】2018年开展16项区级课题研究，包括区委常委6人牵头的9项课题，8篇研究成果获包括市工商联党组书记以及区委书记、区长在内的区委常委7人批示。其中《中国共产党孕育与创建的“红楼精神”》《“街道吹哨、部门报到”的党建五个引领模式》《周末卫生大扫除五统工作法》《城市管理综合执法平台五化经验》《社区治理八化经验》等研究成果为区委、区政府决策提供有利参考。通过引进师资、挂职锻炼、科研项目和推行有效竞争激励，促进挂职出成果、成果进课堂，科研出文章，文章进课堂，呈现出科研与教学培训、智库建设和理论引领3个方面高度融合、一体化发展的特点。

（王丽英）

【校刊编印】2018年，编印校刊《培训主阵地》4期，校刊内设领导讲话、经典导读、东城视窗、东城发展之我见、党建、社区治理、社会主义核心价值观、党校科研、考察报告、社科基地专栏、史海撷英、视野等10余个栏目。紧跟时事热点，优化校刊《培训主阵地》内容，分期增设“两会专栏”等，加强对党章党规、习近平新时代中国特色社会主义思想学习宣传。刊登文章100余篇，28万余字。校刊寄发全覆盖，寄发近5000册。

（王丽英）

党史征研

【概况】中共北京市东城区委党史工作办公室（简称区委党史办）与区地方志编纂委员会办公室合署办公，正处级参公事业单位，负责全区党史、地方志工作。内设综合科、党研科、方志科、编辑科，编制16人、实有15人。

2018年，收集区委主要工作和重大举措等有关资料、政府折子工程、政府在直接关系群众生活方面办的重要实事进展与落实情况等资料，以为存史；提升拓展《初心——中国共产党的孕育与创建》主题展；收集整理2017年度组织史资料；继续编写《中国共产党北京市东城区历史》；完成马克思主义在中国的早期传播史料丛书（4辑）终审稿，交付出版社出版；开展党史研究、学术交流、宣传教育等,在省市级及以上期刊或专题文集中发表论文9篇，入选各学术研讨会论文5篇；在区级期刊或杂志发表论文和宣传文章3篇；编辑出版《东城史志》季刊总第96~99期。

（马德川）

【史料征集】2018年，收到全区近100家单位的组织史相关资料，完成区2010—2017年度组织史资料归纳整理；推进北平军事调处执行部资料征集，先后赴山东济南，河南信阳、罗山，湖北大悟、武汉，山西临汾、太原等地收集档案、报刊资料和口述资料20余万字，照片30余幅；收集整理北平军事调处执行部存续期间的《新华日报》《大公报》等报刊资料10余万字。

（马德川）

【专题研究】2018年，开展中国共产党早期组织在东城、北平军事调处执行部、马克思主义在中国的早期传播3项专题研究，为《初心——中国共产党的孕育与创建》主题展提供史料，完成《军事调处执行部大事长编》35万字，完成《和战漩涡中的北平军事调处执行部》初稿5万余字，完成《马克思主义在中国的早期传播史料丛书》3册终审稿，交付出版社出版。

（马德川）

【学术成果】2018年，在省市级及以上期刊或专题文集中发表《有关北平军事调处执行部公开文献资料综述》《北平军事调处执行历史研究述评》《永不脱离群众——刘少奇关于党群关系若干重要思想述论》等论文9篇，在区级期刊或杂志发表《意识形态工作要发扬“五强”精神》等论文和宣传文章3篇；入选各学术研讨会论文5篇，其中《周恩来与1946年广东军事调处》入选第五届周恩来研究国际学术研讨会；《永不脱离群众——刘少奇关于党群关系若干重要思想述论》入选刘少奇与中华民族伟大复兴学术研讨会并获优秀论文二等奖；《改革开放40年的历史分期问题研究述评》入选北京市庆祝改革开放40周年学术研讨会；《从“思想界明星”到“政治领袖”：陈独秀在北京胡同华丽转身的历史轨迹》《新时代关于陈独秀问题的研究述评》入选新文化运动与马克思主义传播学术研讨会。

（马德川）

【党史宣传】2018年，开展以“讴歌新东城 唱响新时代——庆祝改革开放40周年”为主题的宣传月活动，开展党史“四进”（进机关、基层、社区、学校）活动，到市南水北调南干渠管理处、北京工业大学、海运仓社区等单位讲党课9次，向区食药监局、九道湾社区等单位赠送党史书籍及《京华英烈》等视频光盘200余件。

（马德川）

【提升主题展】2018年，提升拓展《初心——中国共产党的孕育与创建》主题展，承担课题研究、展陈方案设计与论证、展陈大纲和脚本编写与论证、文字图片音像等资料收集与史实把关、文物复制、展览设计制作布置、撰写文案等工作，先后赴上海、济南和俄罗斯的莫斯科开展专题调研和收集资料。

（马德川）

【史志季刊】2018年，编辑《东城史志》4期（总第96~99期），约32万字，以资料板块存史、以研究板块资政、以宣教板块育人。配合庆祝改革开放40周年采访《实践是检验真理的唯一标准》一文起草修改者之一、中央党校教授沈宝祥，刊登其口述史料；编辑刊登原东城区、原崇文区有关真理问题讨论与贯彻十一届三中全会史料；配合《中华人民共和国英雄烈士保护法》的实施，采访一级英模、空军原副司令员张积慧，请其为刊物题词撰文。每期向域内各单位发放1000册，向市委党史研究室、市地方志编纂委员会、北京党史学会、各区县史志办等部门赠送200余册，向外省市地级以上党史部门交流100余册，刊物被国家哲学社会科学学术期刊数据库全文收入，被国家图书馆、国家博物馆、首都图书馆等文博单位列为馆藏刊物。

（马德川）

【联络员队伍建设】4月12—13日，全区党史工作联络员培训会召开，部署2017年度全区党史资料征集工作，以改革开放40年的历程与启示、学习贯彻新党章为主题作专题讲座，100余人参加；组织全区党史工作联络员参观伟大的变革——庆祝改革开放40周年大型展览。

（马德川）

【业务交流】9月17—22日，赴山西省太原市分别与中共山西省委党史办、中共太原市委党史研究室就北平军事调处执行部在山西太原、沁县、大同、侯马（临汾）等执行小组以及山西（太原）早期党组织与北京（东城）早期党组织关系的有关情况和资

4月12—13日，全区党史工作联络员培训会召开（王建国摄）

料进行交流，查阅《山西文史资料全编》《晋绥日报》《黄河》杂志等，搜集相关党史资料。

（马德川）

综合服务

【概况】区委办公室是负责协助区委领导和区委机关处理日常工作的综合办事机构，内设区委督查室、区密码管理局2个副处级机构和区委值班室、协办科、信息科、秘书科、法规科、综合科、党建规划协调科、党建督导考核科8个科室，区委督查室内设决策督查科、专项查办科2个科室，区密码管理局内设密码管理科、信息化管理科2个科室，区党委数据服务中心是区委办公室正科级纳入规范管理的事业单位。全办有公务员编制56人（含局级领导4人），事业编制6人，实有54人（含局级领导4人、事业编制6人）。

2018年，学习贯彻中共十九大精神和习近平新时代中国特色社会主义精神，领会蔡奇对全市党办工作的指示要求和全市党委秘书长会议要求，围绕四个中心功能建设、落实北京市总体规划、疏解整治促提升、“街道吹哨、部门报到”等全区中心工作，把握新形势新任务对党委办公部门提出的新要求，围绕中心、服务大局、求真务实、积极创新，推进各项工作。服务保障市安全生产督察反馈会、中非论坛北京峰会维稳安保工作会等区委重要会议161次。全年召开主任会议21次，审议议题82项。组织召开区委、人大、政府、政协、纪委办公室主任会5次，对全区重点工作事项进行提前沟通安排。参加区委“三级联创”考核及“三重一大”规范性文件检查，出具审核意见110余份。根据《区委2018年工作目标责任制（折子工程）》，对区委折子工程所确定的12个方面、105项工作落实情况逐项核查。完成29件民主党派（团体）提案、政协委员提案和人大建议的接收、拟办、交办工作。探索推动党建引领基层社会治理的有效途径，针对背街小巷、平房院落环境脏乱差等问题，总结推广东四街道周末卫生大扫除工作经验，制订《推广东四街道大扫除活动方案》和《加强部门联动进一步深化大扫除活动方案》，明确中轴线和崇雍大街沿线各街道每年推出一批示范院落的目标，建立党建引领、统筹协调等4个机制，形成“街道统筹，部门联动，综合整治，规划提升，物业跟进，自治管理”工作格局。

（杨睿颖）

【区领导调研策划】2018年，完成中央和市领导视察调研活动50余次，其中市委主要领导调研33次。落实领导干部深入基层单位调研制度，突出问题导向，围绕疏解非首都功能和推动京津冀协同发展，针对中轴线申遗综合整治项目、街道体制改革、社区建设工作、党建工作、疏解整治促提升等主题开展调研活动120余次。服务保障区领导出席全市领导干部会议、区委全会、“街道吹哨、部门报到”动员部署会、市委第二巡视组相关会议等重要会议100余次。完成区领导出席故宫博物院与区政府全面战略合作协议签约仪式、纪念三八妇女节108周年、王府井品牌节系列活动、烈士纪念日公祭等重要活动的服务保障工作32次，走访慰问类服务保障工作16次，对外交往活动6次。

（杨睿颖）

【督查工作】2018年督查12项重点工作、105项区委折子工程的落实情况，办理市、区领导批示件、信593件，办理媒体反映问题督办件101件。完成1件人大代表建议和28件党派（团体）、政协委员提案及14件党代表提议的办理工作，满意率100%。

（杨睿颖）

【公文制发及流转】2018年印发各类区委文件122件，其中东发13件、东文73件、东办通报10期、东办发26件。向市委报备党内规范性文件26期，报备率和及时率均为100%。办理中央市委文件传阅1332件，转办各类函件1135件（同比增长60%），收到并办理市委主要领导批示123件（同比增长132%），其他市领导批

3月23日，党委系统办公室工作会议召开（杨睿颖摄）

示32件，编制《区领导批示摘编》14期，收录区领导重要批示467条。办理全区各部门对中央市委文件的查考利用181件。

（杨睿颖）

【信息工作】2018年编发《东城信息》835期，其中普刊250期、增刊300期、专刊13期、专报21期、《重要事项》251期（普刊246期、专报5期），采编信息5000余条（篇）。全年报送市委信息1000余条，被《北京信息》采用信息152条（篇）。6篇信息得到蔡奇等市领导批示，94条信息得到区委主要领导批示。

（杨睿颖）

【党委系统信息化】党政机关视频会议成为常态化会议形式，承担工作部署、调度指挥和工作会商等职能。2018年累计保障市、区各类重要视频会议65次，参会1.8万余人次。

（杨睿颖）

【党办体系建设】2018年，组织召开全区党办系统工作部署会议，传达市委主要领导重要讲话精神和全市党委系统办公室主任会议精神，通报区委办年度工作重点安排。与区政府办联合开展全区办公系统业务培训，讲授全区经济形势任务、信息写作、督查办理、公文处理、应急处置等业务知识，并搭建办公部门沟通与融合的平台。全区110家单位的党办、行政办干部184人及承担办公室职能的部门人员参加。实施党办干部培养工程，搭建全区党办干部成长交流平台，从全区党办系统借调干部12人到区委办公室以干代训，输送1人到市委办公厅挂职锻炼，接收市委研究室干部1人到办公室挂职锻炼。

（杨睿颖）

【加强党建工作谋划部署】2018年，召开党建工作会，制订区委各部门党建工作要点汇编，部署各领域党建工作重点任务。发挥党建工作领导小组议事协调作用，加强议题研究，2018年组织召开23次领导小组会议，研究议题65个，涵盖“街道吹哨、部门报到”、全面从严治党主体责任、巡察工作、周末卫生大扫除、“三级联创”等内容。研究制订党建工作要点，明确重点项目，确定9大方面39条、212项具体任务，对涉及全区层面的50项重点项目开展半年书面督导，推动要点落实。

（杨睿颖）

【推动党建督导考核】2018年，针对全区全面从严治党主体责任重点任务分工的推进和完成情况，对各牵头单位督促检查并形成工作报告。对涉及区级层面的50项党建重点项目进行书面督导，推动工作落实。发挥党委主体责任运行管理平台作用，加强对各部门、各单位党建工作的日常监督、检查和指导。

（杨睿颖）

中国共产党北京市东城区委员会领导人员

书　　记	张家明			
副 书 记	李先忠（2月免）	金　晖（女，4月任）	宋铁健	
常务委员	张家明	李先忠（2月免）	金　晖（女，4月任）	宋铁健
	陈之常（6月免）	汤钦飞	徐文敖（2月任）	张立新（女）
	种　磊	周家雷	王清旺	陈本宇

东城区委系统工作机构负责人

办公室主任	陈本宇
保密委员会办公室主任	王佑明（兼，8月免）
组织部部长	王清旺
宣传部部长	周家雷
新闻中心主任	王铁峰
精神文明建设委员会办公室主任	周桂芳（女）
统战部部长	汤钦飞
台湾工作办公室主任	王宝祥
研究室主任	石利生
老干部局局长	李长华
社会工作委员会书记	严　岩（女）
直属机关工作委员会书记	王清旺（兼）
教育工作委员会书记	刘　藻（女）
卫生和计划生育工作委员会书记	贾红梅（女）
党校校长	宋铁健（兼）
社会主义学院院长	汤钦飞（兼）
党史工作办公室主任	彭积冬

东城区政府工作机构、群团组织党委（组）书记

政府办公室党组书记	王　森
政府研究室党组书记	吴　笛（满族）
发展和改革委员会党组书记	陈军义
科学技术委员会党组书记	邱少军
住房和城市建设委员会党组书记	刘景地
城市综合管理委员会党组书记	卿　川（1月免）
商务委员会党组书记	王万青
文化委员会党委书记	王伟东（8月任）
	张恩东（8月免）
国有资产监督管理委员会党委书记	李连喜
民族宗教事务办公室党组书记	雷新隆（畲族）
外事侨务办公室党组书记	谢霄鹏
法制办公室党组书记	李凌波
信访办公室党组书记	邱宏庆
信息化工作办公室党组书记	饶景东（8月任）
	李英华（8月免）
对外联络服务办公室党组书记	武　鸿
重大项目协调办公室党组书记	张立新（女，1月任）
	许利平（1月免）
产业和投资促进局党组书记	于锋池（6月任）
	陈　平（3月免）
民政局党组书记	姬　峰（6月任）
	李小洁（女，6月免）

司法局党组书记 李利平（女）

财政局党组书记 崔燕生（8月任）

马增辉（8月免）

人力资源和社会保障局党组书记 王佑明（8月任）

邵惠安（8月免）

环境保护局党组书记 董险峰（7月任）

审计局党组书记 侯立华（女）

安全生产监督管理局党组书记 陈　君

体育局党委书记 耿学森（8月任）

马振星（8月免）

统计局党组书记 杨　峰

园林绿化局党委书记 梁成才

旅游发展委员会党组书记 李雪敏（女）

民防局党组书记 王迪生

房屋管理局党组书记 刘海军

市国土资源局东城分局党组书记 王震雪（女，3月免）

市规划和国土资源管理委员会东城分局党组书记 邵　培（3月任）

税务局党组书记 赵增科（10月任）

市工商行政管理局东城分局党组书记 韩　非

质量技术监督局党组书记 邢　磊

东城区食品药品监督管理局党组书记 王厚廷

政务服务管理办公室党组书记 关　波（满族，7月任）

政务服务中心党组书记 尹广枢（1月免）

中关村科技园区东城园工作委员会书记 李照宏

前门大街管理委员会党组书记 李卫华

北京站地区管理委员会党组书记 刘宗琦

城市管理综合行政执法监察局党组书记 吴志辉

网格化服务管理中心党组书记 张　伟（8月任）

李光升（8月免）

东二环交通商务区建设管理办公室党组书记 杨　桦（9月任）

王府井地区建设管理办公室党组书记 葛俊凯（兼）

档案局党组书记 胡家文

机关事务管理服务中心党组书记 张春燕（女，8月任）

连秉坤（8月免）

环境卫生服务中心党委书记 李勇泉（12月任）

李庆君（女，12月免）

房屋征收事务中心党组书记 刘志刚

房屋土地经营管理二中心党委书记 康哲才（1月免）

烟草专卖局党组书记 李　梅（女）

总工会党组书记 王先勇

共青团东城区委党组书记 李晓光（4月任）

妇女联合会党组书记 杨立萍（女）

科学技术协会党组书记 李小康

工商业联合会党组书记 郝国信

归国华侨联合会党组书记 谭　菲（女）

残疾人联合会党组书记 从艳梅（女）

红十字会党组书记 郭树楠（4月免）

文学艺术界联合会党组书记 王富国（满族）

北京市东城区人民代表大会

1月8日，东城区第十六届人民代表大会第四次会议召开（区人大提供）

综　述

2018年，区人大常委会结合首都功能核心区定位，聚焦“一条主线、四个重点”战略任务，全面执行区十六届人大四次会议决议，依法履行宪法和法律赋予的职责，统筹安排审议、视察、检查等各项工作和重要活动，保证党的路线方针政策和决策部署在人大工作中得到全面贯彻和有效执行。

重要会议。2018年，区人大常委召开7次常委会会议，听取、审议议题38项，其中听取、审议“一府两院”专项工作报告13个，计划、预算、决算和审计报告6个，依法作出决议、决定11个，图文直播2项议案办理情况。召开主任会议18次，研究讨论议题76项；开展法律法规实施情况检查3项；备案审查规范性文件5件；依法补选区人大代表16人和市人大代表1人；任免国家机关工作人员43人次；组织17人任前法律知识考试、6人进行宪法宣誓。

监督工作。围绕区委重大工作部署和核心区功能建设开展监督，听取、审议区政府关于百街千巷环境整治提升、区上半年疏解整治促提升、区生活性服务业设施规划和建设等工作报告，推动相关领域工作。针对破解大城市病治理难题，听取社区治理工作报告，选取老旧小区、平房、楼宇等不同类型15个社区抽样调查，推动完善多元主体参与的城市治理长效机制，形成政府治理和社会调节、居民自治良性互动格局。听取区政府关于贯彻落实市委市政府《关于全面加强生态环境保护，坚决打好北京市污染防治攻坚战的意见》、东城区环境状况和环境保护目标完成情况报告，提出坚持目标导向，确保重点任务完成。围绕人民群众重大关切开展监督，听取区政府关于贯彻落实“健康北京2030”规划纲要，全面推进健康东城建设情况报告、区教委和幼儿园工作汇报、区政府关于打击经济领域犯罪和电信诈骗情况报告。围绕预算编制和执行开展监督，加强重点支出与重大投资项目监督，加强对部门预算监督，加强对政府债务审查监督。围绕司法和监察体制改革开展监督，听取区法院专项工作报告、区检察院关于全面深化检察改革工作情况报告、区监察委关于坚持两个维护，确保重大决策部署贯彻落实和推动反腐败各项工作情况报告。围绕法律法规贯彻实施开展监督，对《北京市烟花爆竹安全管理规定》《北京市消防条例》《北京市生活垃圾管理条例》贯彻实施情况开展执法检查。

讨论决定重大事项工作。审议通过《东城区人民代表大会常务委员会讨论、决定重大事项的规定（试行）》，明确界定十一类重大事项，确定工作机制、程序以及决议决定实施的监督和保障措施。按照讨论决定重大事项规定，听取和审议区政府关于2017年度重要实事完成情况及2018年度重要实事编制情况报告，并作出决议；研究制订《东城区人大常委会关于听取和审议东城区国民经济和社会发展第十三个五年规划纲要实施情况中期评估报告的专题调研工作方案》，成立专题调研工作领导小组，听取和审议区政府工作报告，审查批准部分指标调整方案。

议案办理工作。督办在疏解整治促提升中，深入推进街巷环境整治，促进腾退空间用于民生改善、加大文物腾退力度，保护传承优秀传统文化两项议案。

代表工作。落实区人大常委会主任、副主任接待人大代表制度，加强代表联络站建设，畅通代表意见建议解决反馈渠道。组织代表列席区人大常委会、政府常务会及全区其他重要会议，旁听区法院公开审理案件，参加检察院开放日活动及视察、检查、调研、座谈等各项活动。举办市人大代表履职学习班和区人大代表专题培训班，提升代表依法履职能力。依法开展人大代表补选工作。

（郭媛媛）

重要会议

【十六届人大四次会议】1月8—11日，东城区第十六届人民代表大会第四次会议召开。区长金晖主持大会开幕式，区领导张家明、李先忠等出席。会议期间，代表审议东城区人民政府工作报告、东城区2017年国民经济和社会发展计划执行情况与2018年计划草案的报告、东城区2017年预算执行情况和2018年预算草案的报告、东城区人大常委会工作报告、东城区人民法院工作报告及东城区人民检察院工作报告，并通过关于各项报告决议，开展代表咨询活动。

（郭媛媛）

表5 **2018年东城区人大常委会会议一览表**

时 间	会 次	议 题
2月13日	第9次	传达贯彻市十五届人大一次会议精神，审议通过东城区人大常委会2018年工作要点及主要议题安排，听取和审议区政府关于2017年重要实事完成情况及东城区2018年重要实事编制情况的报告，审议通过东城区第十六届人民代表大会第四次会议代表建议办理工作意见，审议通过关于组织开展“走百街千巷，促环境提升”代表主题活动的实施方案，听取东城区人大常委会各街道工作委员会2017年工作报告，审议通过有关人事任免事项，被任命人员进行宪法宣誓
4月8日	第10次	听取和审议东城区人大常委会执法检查组关于东城区贯彻实施《北京市烟花爆竹安全管理规定》执法检查情况的报告，审议通过东城区人民代表大会常务委员会讨论、决定重大事项的规定（试行草案），审议通过有关人事任免事项，被任命人员进行宪法宣誓
6月28日	第11次	听取和审议区政府关于东城区2017年决算草案的报告以及关于东城区2017年度预算执行和其他财政收支的审计工作报告，作出关于批准东城区2017年决算的决议；听取区政府关于打击经济领域犯罪和电信诈骗工作情况的报告；审议通过北京市东城区人大常委会关于修改《北京市东城区国家工作人员宪法宣誓组织办法》的决定；审议通过北京市东城区人大常委会关于修改《北京市东城区人大常委会会议宪法宣誓规程》的决定；听取和审议东城区第十六届人民代表大会常务委员会代表资格审查委员会关于个别代表的代表资格的报告；审议通过有关人事免职事项
8月30日	第12次	听取和审议区政府关于东城区2018年国民经济和社会发展计划上半年执行情况的报告；听取和审议区政府关于东城区2018年上半年预算执行情况的报告；听取和审议区政府关于东城区2018年预算调整方案的报告；听取和审议东城区人大常委会执法检查组关于东城区贯彻实施《北京市生活垃圾管理条例》执法检查情况的报告；听取区政府关于实施“健康北京2030”规划纲要，全面推进健康东城建设情况的报告；听取区法院关于基本解决执行难工作情况的报告；审议通过有关人事任免事项；被任命人员进行宪法宣誓
10月29日	第13次	听取和审议区政府关于加大文物腾退力度，保护传承优秀传统文化议案办理情况的报告，并进行网络图文直播；听取和审议区政府关于东城区“十三五”规划纲要实施情况的中期评估报告；听取和审议区政府关于“百街千巷”环境整治提升工作进展情况的报告；听取东城区关于贯彻落实市委市政府《关于全面加强生态环境保护，坚决打好北京市污染防治攻坚战的意见》的实施意见的报告；听取区政府关于开展“七五”普法工作情况的报告；听取和审议东城区第十六届人民代表大会常务委员会代表资格审查委员会关于个别代表的代表资格的报告；审议通过有关人事任免事项
11月22日	第14次	听取和审议区政府关于在疏解整治促提升中，深入推进街巷环境整治，促进腾退空间用于民生改善议案办理情况的报告；听取和审议区政府关于东城区 2017 年度预算执行和其他财政收支审计查出问题的整改情况的报告；作出关于召开区十六届人大五次会议的决定；听取和审议区政府关于东城区第十六届人民代表大会第四次会议代表建议、批评和意见办理情况的报告；听取和审议区人大常委会关于东城区第十六届人民代表大会第四次会议代表建议、批评和意见督办工作的报告；听取和审议东城区第十六届人民代表大会常务委员会代表资格审查委员会关于个别代表的代表资格的报告；作出关于补选东城区第十六届人大代表的决定，并通过补选工作实施方案
12月21日	第15次	听取区政府关于东城区社区治理工作情况的报告，听取区政府关于东城区环境状况和环境保护目标完成情况的报告，听取和审议东城区第十六届人民代表大会常务委员会代表资格审查委员会关于补选代表的代表资格审查报告（草案），讨论北京市东城区人民代表大会常务委员会工作报告（草案），讨论区十六届人大五次会议有关事宜，并通过预备会议议程和列席人员名单及选举事项

（郭媛媛）

【主任会议】2018年，区人大常委会召开主任会议18次。研究通过区贯彻实施《北京市烟花爆竹安全管理规定》情况工作方案；听取和审议区政府关于加大文物腾退力度，保护传承优秀传统文化议案办理情况报告工作方案；听取和审议区政府关于在疏解整治促提升中深入推进街巷环境整治，促进腾退空间用于民生改善议案办理情况报告工作方案；关于区“十三五”规划纲要实施情况中期评估报告调研工作方案；区人大常委会2018年监督工作计划；检查区贯彻实施《北京市生活垃圾管理条例》情况工作方案；关于区人民代表大会议案办理审议工作规程；关于检查法律法规实施情况工作规程；2018年区人大常委会主任、副主任接待人大代表工作方案；区人大预算联网机房管理规定；关于补选区第十六届人大代表有关事宜。听取区人大各专门委员会2018年工作要点汇报；区政府有关部门关于区十六届人大四次会议代表建议办理情况报告；区政府关于区中小学优秀传统文化传承工作报告；区人大有关委员会赴外省市学习考察情况汇报；区第十六届人民代表大会常务委员会代表资格审查委员会关于个别代表代表资格报告（草案）；区政府关于区2018年上半年疏解整治促提升工作进展情况汇报；区政府关于区第十六届人大常委会第五次会议对区人民政府关于实施历史文化街区—南锣鼓巷地区保护复兴计划情况报告审议意见研究处理情况报告；区检察院关于全面深化检察改革工作情况报告；区政府关于加强社区卫生标准化建设，提高医疗服务水平工作情况报告；区政府关于区重大项目进展情况报告；区政府关于区第十六届人大常委会第六次会议对区贯彻落实《北京市全民健身条例》，促进中小学生身体健康工作情况报告审议意见的研究处理情况报告；听取和审议区“十三五”规划纲要实施情况中期评估报告工作调研情况报告（讨论稿）；关于区十六届人大四次会议建议督办情况汇报；关于2019年部分单位部门预算初审情况汇报；区政府关于区生活性服务业设施规划和建设情况报告；区纪检监察工作情况汇报；区政府关于区第十六届人大常委会第七次会议对区人民政府关于推进居家养老服务体系建设，加快养老服务事业发展议案办理情况报告审议意见的研究处理情况报告；区政府关于区第十六届人大常委会第七次会议对区人民政府关于推进老旧小区综合治理，提升物业服务管理水平议案办理情况报告审议意见的研究处理情况报告。通过关于区贯彻实施《北京市烟花爆竹安全管理规定》情况执法检查报告审议意见；对区贯彻实施《北京市生活垃圾管理条例》情况执法检查报告审议意见；对区“2018年国民经济和社会发展计划上半年执行情况的报告”的审议意见；区人大常委会对“东城区2018年上半年预算执行情况的报告”审议意见；对区国民经济和社会发展第十三个五年规划纲要实施情况中期评估报告审议意见；对区政府关于加大文物腾退力度，保护传承优秀传统文化议案办理情况报告审议意见；对百街千巷、环境综合整治提升工作情况报告审议意见；对区政府关于在疏解整治促提升中深入推进街巷环境整治，促进腾退空间用于民生改善议案办理情况报告审议意见；对区2017年度预算执行和其他财政收支审计查出问题整改情况报告审议意见。

（郭媛媛）

6月28日，东城区第十六届人民代表大会常务委员会第十一次会议召开（区人大提供）

人事任免

【任命人员】2018年，区人大常委会召开5次常委会，依法选举任命区国家机关工作人员22人。2月13日，第9次常委会决定：谭树刚为北京市东城区人大常委会代表联络室副主任；冯晓光、黄莹荧、荣慧、任毅、万红玉、刘虹蕴为北京市东城区人民法院审判员；陈刚、张洪铭、郭莹、高乐奇、汪珮琳、曲志鸿为北京市东城区人民检察院检察员。4月8日，第10次常委会决定：金晖为北京市东城区人民政府副区长，并代理北京市东城区人民政府区长职务；陈平为北京市东城区人大常委会财政经济办公室主任。8月30日，第12次常委会决定：刘亚光为北京市东城区人民政府副区长（挂职至2019年8月）；于锋池为北京市东城区产业和投资促进局局长；王佑明为北京市东城区人力资源和社会保障局局长；李益岚为北京市东城区人民法院民事审判第五庭庭长。10月29日，第13次常委会决定：杨继良为北京市东城区人民法院立案一庭副庭长。11月22日，第14常委会决定：周浩为北京市东城区人民法院审判员；王丹为北京市东成区人民法院审判员。

（王梅　郭媛媛）

【接受辞职人员】2018年，区人大常委会召开2次常委会，接受辞职人员3人。4月8日，第10次常委会决定：李先忠辞去北京市东城区人民政府区长职务，并报北京市东城区人民代表大会备案。金晖辞去北京市东城区第十六届人民代表大会常务委员会主任职务，并报北京市东城区人民代表大会备案。6月28日，第11次常委会决定：陈之常辞去北京市东城区人民政府副区长职务，并报北京市东城区人民代表大会备案。

（王梅　郭媛媛）

【免职人员】2018年，区人大常委会召开6次常委会，依法免去区国家机关工作人员22人。2月13日，第9次常委会决定：免去王永跃北京市东城区人大常委会代表联络室副主任职务，免去张金伟北京市东城区人民法院审判员职务。4月8日，第10次常委会决定：免去张国熙北京市东城区人大常委会财政经济办公室主任职务。6月28日，第11次常委会决定：免去张思强、何大力北京市东城区人民检察院检察员职务。8月30日，第12次常委会决定：免去陈平北京市东城区产业和投资促进局局长职务，免去赵刚北京市东城区人力资源和社会保障局局长职务，免去田国庆北京市东城区人民法院审判委员会委员、审判员职务，免去佟永英北京市东城区人民法院未成年人案件审判庭庭长、审判委员会委员、审判员职务，免去田世跃北京市东城区人民法院审判员职务，免去乔志民、王彤、冯诞生、高建荣北京市东城区人民法院人民陪审员职务，免去董芳北京市东城区人民法院人民陪审员职务。10月29日，第13次常委会决定：免去杨继良北京市东城区人民法院民事审判第六庭副庭长职务，免去罗成芳北京市东城区人民法院审判委员会委员、审判员职务，免去王裴裴、李紫来、廖莎、郝婷婷北京市东城区人民法院审判员职务。11月22日，第14常委会决定：免去赵连海北京市东城区人民法院审判员职务。

（王梅　郭媛媛）

民主监督

【“十三五”规划中期评估调研】3月19日，区人大常委会召开“十三五”规划实施情况中期评估专题调研工作筹备会。会议研究《东城区人大常委会关于听取和审议东城区国民经济和社会发展第十三个五年规划纲要实施情况中期评估报告的专题调研工作方案（讨论稿）》。区领导金晖、于静、毛炯、王中华、王兆康参加会议。5月31日，区人大常委会召开区“十三五”规划中期评估专题调研培训会。会议介绍评估工作建站情况，就评估调研原则和重点等进行讲解。人大常委会副主任王兆康出席，各专题调研组成员、区人大机关干部参会。8月22日，教科文卫体委员会到区食品药品监控中心专题调研，人大常委会副主任王中华参加并听取关于区“十三五”规划纲要折子工程主要指标、重点任务完成情况和监督中心建设情况汇报。8月23日，财政经济委员会组织召开座谈会。会议听取区政府相关部门关于区“十三五”规划纲要折子工程主要指标、重点任务完成情况，存在主要问题及下一步工作措施的汇报。王兆康出席。8月27日，区人大常委会召开“十三五”规划中期评估专题调研领导小组会议。听取区发改委关于“十三五”规划实施情况中期评估工作进展情况报告，区人大常委会各室就工作进展情况进行汇报。人大常委会副主任于静参会。10月9日，财政经济委员会召开第九次会议，听取区政府《关于东城区国民经济和社会发展第十三个五年规划纲要实施情况的中期评估报告》《关于东城区国民经济和社会发展第十三个五年规划纲要部分指标调整方案的说明》，财经委员围绕中期评估报告进行讨论并初步审查调整方案（草案）。

（郭媛媛）

【社区自治功能发挥专题调研】9月19日，区人大常委会召开社区自治功能发挥专题调研启动会。实地考察东直门街道工人体育馆社区王家园35号院整治提升情况，听取东直门和东四街道部分社区关于社区自治情况汇报。区人大常委会副主任毛炯参加。9月28日，毛炯带领区人大常委会社区自治功能发挥专题调研组实地调研建国门街道赵堂子12号院和街道社区社会组织联合会，围绕社区居民自治工作与建国门、朝阳门、东华门街道部分社区工作者座谈交流。

（郭媛媛）

【财政经济监督】5月9日，王兆康调研财政预算监督重点工作开展情况。5月14日，王兆康调研区审计局2017年预算执行审计工作情况。5月30日，区人大常委会召开财政经济委员会第七次（扩大）会议。听取和初审区政府《关于东城区2017年决算草案的报告》，听取和审议区政府《关于2017年预算执行情况和其他财政收支的审计工作报告》。7月30日，区人大财政经济委员会召开第八次会议。听取和审议区政府关于区2018年国民经济和社会发展计划上半年执行情况报告、区2018年上半年预算执行情况报告；听取上半年区经济运行分析报告、区2018年重大投资项目上半年执行情况报告和区2018年重点支出上半年执行情况报告。王兆康参会。11月12日，区人大财政经济委员会召开第十次会议。会议听取区政府关于东城区第十六届人民代表大会第三次会议对关于区2017年疏解整治促提升工作情况报告审议意见的研究处理情况报告，听取和审议区政府关于在疏解整治促提升中，深入推进街巷环境整治，促进腾退空间用于民生改善议案办理情况报告和关于区2017年度预算执行和其他财政收支审计查出问题整改情况报告等。王兆康参会。12月4日，财政经济委员会召开第十一次会议。听取和初审《关于东城区2018年国民经济和社会发展计划执行情况与2019年计划草案报告》《关于东城区2018年预算执行情况和2019年预算草案初步方案的报告》；听取和审议《关于东城区2018年重点支出执行情况和2019年重点支出安排情况的说明》《关于东城区2018年重大投资项目执行及2019年重大投资项目安排情况的说明》；听取《关于东城区2018年经济运行情况报告》《区人大各专门委员会对2019年部门预算进行初步审查情况的汇总》《关于2018年税收完成情况及2019年计划的报告》（书面）；讨论和通过《北京市东城区第十六届人民代表大会财政经济委员会2018年工作报告》。王兆康出席，区人大常委会预算监督顾问和预算监督代表小组成员，区发改委、财政局、统计局主要负责人列席。

（吴楠　郭媛媛）

【法治监督】1月18日，毛炯与东城公安分局就《北京市烟花爆竹安全管理规定》执法检查相关工作进行情况沟通。听取东城公安分局关于元旦、春节期间烟花爆竹安全管理工作总体安排情况，并就执法检查步骤和细节进行对接。2月6日，组织召开关于检查东城区贯彻实施《北京市烟花爆竹安全管理规定》动员部署会。会议通报区人大常委会关于检查区贯彻实施《北京市烟花爆竹安全管理规定》情况工作方案，安排执法检查组分组和集中视察事项，听取区政府关于贯彻实施《北京市烟花爆竹安全管理规定》情况汇报，毛炯参加。2月9日，开展《北京市烟花爆竹安全管理规定》执法检查视察活动，先后到和平里街道地坛社区、北新桥街道民安社区，对贯彻实施法规情况进行检查。听取地坛社区春节期间安全工作汇报和民安社区本年烟花爆竹禁放工作汇报。现场查阅文件资料，实地查看紧急处置消防设施。3月16日，法制委员会召开第五次会议。讨论通过区人大常委会配合市人大常委会开展《北京市消防条例》执法检查工作方案，听取区民政局关于区第十六届人大常委会第七次会议对养老议案办理情况报告审议意见处理方案和东城公安分局关于区贯彻实施《北京市烟花爆竹安全管理规定》情况汇报等。毛炯出席。3月19—20日，毛炯带队检查区贯彻执行《北京市消防条例》情况。听取区贯彻实施《北京市消防条例》情况报告，实地视察东花市街道枣苑社区消防安全体验馆、国家认可评定中心及国瑞购物中心、龙潭街道“科技巡安”消防巡逻车演练、前门街道草厂头条微型消防站地下干式消防供水系统消防演练。6月12日，法制委员会召开第六次会议。会议听取并讨论区政府关于惩治经济领域犯罪和电信诈骗工作情况报告；区法院、区检察院上半年工作报告等。毛炯参加。8月31日，组织人大代表旁听法院案件庭审，区领导种磊、毛炯和市区人大代表及区人大常委会机关干部70余人参加。10月16日，毛炯参加司法局预算初审会议，听取区司法局关于2019年部门预算编制审核情况汇报。12月5日，法制委员会召开第八次会议。会议听取并讨论区人民法院该年工作报告、区检察院本年工作报告和区政府关于社区治理工作情况报告等。毛炯参加。

（郭媛媛）

3月19日，区人大常委会领导带队到东花市街道现场检查消防设备（区人大提供）

【教科文卫体监督】4月19日，教科文卫体委员会召开第六次会议。听取关于教育系统优秀传统文化教育推进情况汇报，观摩前门外国语学校传统文化特色课程。王中华参加。5月16日，王中华带队赴区卫计委调研。听取关于十六届人大四次会议代表建议办理情况和关于编印《东城区落实〈健康北京2030规划纲要〉三年行动计划》汇报，询问了解卫计委承办代表建议办理情况，并就相关问题进行互动。5月17日，王中华主持召开东城区学前教育座谈会。听取区教委关于区第三期学前教育行动计划和几所幼儿园各自情况汇报，与会人员进行交流。教科文卫体委员会委员、部分区人大代表，区教委及4所市级示范幼儿园负责人参加。7月3日，教科文卫体委员会召开第七次会议。实地考察北京市鼓楼中医医院，听取医院关于博士站工作进展情况汇报，区卫计委关于区落实《健康北京2030规划纲要》3年行动计划（2018—2020年）工作情况汇报；备案审查规范性文件。8月29日，教科文卫体委员会开展关于加强社区卫生服务站建设工作专题调研，王中华参加并实地考察台基厂社区卫生服务站、新景家园社区卫生服务站，听取区政府关于加强社区卫生服务站建设，提高医疗服务水平工作情况汇报。

（潘冬京　郭媛媛）

【城建环保监督】5月7日，区人大常委会召开执法检查组第一次全体会议，就检查区政府贯彻实施《北京市生活垃圾管理条例》情况进行动员部署，许汇参加。6月27日，《北京市生活垃圾管理条例》执法检查组对区实施条例情况和百街千巷环境整治提升工作进展情况进行视察。现场检查体育馆路街道法华寺南里社区生活垃圾管理情况和龙潭街道幸福社区垃圾分类情况，实地视察西总布胡同和三眼井胡同。人大常委会副主任许汇参加。8月22日，许汇、高丽萍到东花市街道调研垃圾分类实施情况，听取街道、社区及相关企业在“再生资源回收体系+厨余垃圾运行体系”两网融合、引导居民正确分类处理再生资源和厨余垃圾等方面成功做法，考察垃圾分类从投放到收集、转运等各环节工作流程。9月19日，许汇与部分区人大城建环保委员会委员调研区重大项目进展情况，现场察看区城市更新改造沙盘，听取工作汇报。10月9日，区人大城建环保委员会组织部分委员到区园林绿化局调研2019年部门预算初步审查情况，许汇参加。10月22日，区人大城建环保委员会视察区百街千巷环境整治提升工程并召开第九次会议，许汇参加活动。12月7日，城建环保委员会召开第十次会议。会议初审区政府《关于环境状况和环境保护目标完成情况的报告》，并实地考察国控天坛环境空气监测子站。许汇参加。

（郭媛媛）

议案督办

【财政经济议案督办】4月19日，财经办组织召开东城区第十六届人民代表大会第四次会议经济方面议案办理工作协调会。会议介绍《东城区人大常委会关于听取和审议区政府〈关于“在疏解整治促提升中，深入推进街巷环境整治，促进腾退空间用于民生改善”议案办理情况的报告〉的工作方案》《关于“在疏解整治促提升中，深入推进街巷环境整治，促进腾退空间用于民生改善”议案办理工作方案》，与会人员就如何加强与代表沟通，提高办理实效等介绍经验，并围绕热点、难点问题进行研究。王兆康出席。7月4日，财经办组织召开东城区第十六届人民代表大会第四次会议经济方面议案办理工作推进会。会议介绍议案办理进展情况，并就重点、难点问题进行交流。王兆康出席。7月19日，财政经济委员会组织召开东城区第十六届人民代表大会第四次会议经济方面议案办理工作推进会，王兆康出席。7月30日，王兆康带队专题调研在疏解整治促提升中，深入推进街巷环境整治，促进腾退空间用于民生改善议案办理情况，考察东花市大街整治提升现状及东华市街道腾退空间再利用项目，听取情况汇报。11月12日，区人大财政经济委员

4月19日，东城区第十六届人民代表大会第四次会议经济方面议案办理工作推进会召开（区人大提供）

会召开第十次会议，听取和审议区发改委《关于在疏解整治促提升中，深入推进街巷环境整治，促进腾退空间用于民生改善议案办理情况的报告》。11月22日，区第十六届人大常委会第十四次会议听取和审议区政府《关于“在疏解整治促提升中，深入推进街巷环境整治，促进腾退空间用于民生改善”议案办理情况的报告》，并进行现场询问和网络图文直播。

（吴楠　郭媛媛）

【教科文卫体议案督办】4月10日，教科文卫体委员会组织召开议案办理工作协调会议，研究制订工作方案，成立督办议案专题调研组。5月29日，王中华召开关于“加大文物腾退力度，保护传承优秀传统文化”议案专题调研组第一次全体会议，带队专题调研，实地察看皇史宬、太庙、法国兵营等文物腾退项目，了解腾退进展情况。10月12日，教科文卫体委员会召开专题会议，听取委员、代表意见。10月19日，召开区人大常委会议案办理沟通会。会议就“加大文物腾退力度，保护传承优秀传统文化”议案办理有关内容和情况进行沟通，张立新就代表关心问题做现场解答。王中华出席，部分人大代表、区人大教科文卫体办公室、区住建委、区文化委相关负责人参加。

（潘冬京　郭媛媛）

代表活动

【代表工作】1月11日，区人大常委会召开市、区代表联席会议。区17个代表团团长围绕“一条主线、四个重点”战略任务以及人民群众普遍关心的问题提出18项建议，委托市人大代表提交北京市十五届人大一次会议。市人大代表13人分别认领建议。区领导金晖、于静、高丽萍参加。3月8日，召开人大街工委办公室主任例会。会议对区人大常委会2018年代表工作、“走百街千巷，促环境提升”代表主题活动、完善人大代表联系人民群众制度实施意见落实、一季度代表联组活动相关工作、市代表联系人大街工委安排等进行部署，并就如何做好2018年工作进行座谈。高丽萍出席。3月30日，金晖接待区人大代表20余人，围绕完善人大代表联系人民群众制度机制、人大代表联络站工作平台和网络平台、代表建议督办等问题进行交流，听取意见建议。高丽萍参加。5月29日，毛炯接待区人大代表14人，围绕百街千巷治理中的社会参与问题，结合走访、调研情况进行交流。6月1日，召开第二次人大街工委办公室主任例会。会议部署第二、三季度代表联组活动，通报代表履职登记情况，征求对《中共北京市东城区人大常委会党组关于加强全区人大代表联络站规范化建设的指导意见》意见。高丽萍出席。6月13日，高丽萍与石景山区人大常委会副主任高洪雁一行就人大代表工作开展座谈，调研东花市南里社区人大代表联络站建设情况。6月29日，于静到东四街道调研代表工作和街道管理体制改革过程中人大工作人员配备和工作部署情况。听取东四街道代表之家建设和社区代表联络站建设进展情况汇报并实地察看。7月24日，王中华接待区人大代表，代表16人围绕街巷拆违整治腾退的空间利用问题，反应百姓诉求和走访调研情况，并提出意见建议。8月7日，市十五届人大代表东城团举行2018年年中活动。活动传达市委十二届五次全会精神和市人大常委会上半年工作情况。于静、高丽萍参加。8月28日，王兆康接待市区人大代表，围绕推进东城区生活性服务业提升情况听取代表14人意见。9月29日，许汇接待区人大代表，围绕做好街巷环境综合整治提升工作，结合百姓诉求和走访调研情况，听取区人大代表16人意见建议。10月26日，于静、高丽萍到通州区人大学习考察，就代表工作和机构设置情况进行座谈。10月30日，高丽萍接待区人大代表。听取代表13人关于建议办理工作及督办工作情况意见建议。11月14日，召开人大街工委办公室主任例会。会议就开展学习习近平坚持和完善人民代表大会制度重要思想工作进行部署；区人民代表大会前集中视察工作；区人民代表大会前走访选民，撰写议案、建议工作；区人民代表大会前联组活动工作；在部分街道进行区人大代表补选工作。高丽萍参加。11月23日，召开代表会前集中视察工作会议。会议听取代表联络室和区政府办关于代表会前集中考察准备工作情况。于静、高丽萍出席。区人大常委会各室、区新闻中心、区政府办负责人参加。11月27日，于静接待区人大代表。人大代表12人结合工作实际，围绕疏解整治促提升、养老、社区治理工作和2019年人大工作任务交流座谈。11月28~29日，组织全体代表开展会前集中考察活动。区领导及区人大代表260余人参加。11月29日，教科文卫体委员会组织代表开展历史文化传承与保护项目专题视察活动。实地考察区非遗博物馆和区历史文化遗产博物馆，区领导及代表80余人参加。

（郭媛媛）

【代表建议督办】3月15日，区人大常委会召开区2018年人大代表建议及政协提案交办工作会议。会议强调，区政府及其职能部门要加强对建议办理工作的统筹协调和沟通联系，提高办理实效。高丽萍出席。4月19日，召开代表建议督办推进会。会议介绍区政府2018年代表建议办理工作思路及区人大常委会代表联络室关于前期建议督办工作情况介绍。高丽萍参加。5月10日，高丽萍重点督办建议办理情况。听取景山街道负责人关于82号、93号建议办理进展情况的汇报。5月30日，高丽萍参加人大安定门街工委代表建议督办会暨第二季度代表联组活动。听取区房管局、区卫计委、区教委等关于代表建议办理情况汇报。6月13日，区人大法制委员会组织召开推进胡家园地区环境整治工作进程建议办理情况答复会议，毛炯参加。

（郭媛媛）

【代表联络站建设】3月1日，金晖到和平里街道调研考察代表联络站建设工作，实地察看东河沿社区和交通社区人大代表联络站，听取工作汇报并提出要求。4月28日，区人大常委会召开代表联络站建设工作部署暨现场会。与会人员参观东花市南里社区人大代表联络站，并听取情况介绍和观看宣传片；3个试点街道汇报代表联络站建设情况；代表联络室部署下一阶段工作。高丽萍参加。5月10日，高丽萍调研人大代表联络站建设。听取关于人大景山街工委人大代表联络站规范化建设工作情况汇报，实地察看黄化门社区人大代表联络站建设情况。5月17日，高丽萍调研天坛街道代表联络站建设，实地察看东晓市社区、西园子社区代表联络站筹建和代表建议办理情况。5月24日，于静参加安定门街道花园社区人大代表联络站示范站建设观摩会。6月14日，高丽萍调研北新桥门楼社区代表联络站建设情况。听取北新桥代表联络站建设整体推进方案，并现场参观门楼社区代表联络站建站环境。6月15日，于静、高丽萍到东直门街道就街道管理体制改革中人大工作、代表联络站建设等相关工作进行调研。6月21日，高丽萍调研人大龙潭街工委人大代表联络站建设情况。考察幸福社区人大代表联络站，听取关于龙潭地区人大代表联络站建设情况，并进行交流。6月27日，高丽萍带队调研前门地区人大代表联络站建设情况。实地察看建设银行前门支行代表之家和草厂社区代表联络站建设情况，并听取前门街道代表建议办理情况汇报，考察首都文明街巷草厂七、八、九条胡同升级改造建设成果。9月18日，高丽萍到崇文门外街道调研代表联络站建设情况。听取人大崇外街工委社区代表联络站建设进展情况汇报，实地察看新怡家园社区代表联络站。9月19日，于静、高丽萍到朝阳门街道调研代表联络站建设情况和街道管理体制改革情况。听取人大朝阳门街工委社区代表联络站建设和街道管理体制改革情况汇报，实地察看礼士社区代表联络站。9月28日，高丽萍到体育馆路街道调研代表联络站建设情况。听取情况汇报并调研代表联络站建设情况。

（郭媛媛）

【代表履职培训】6月4—6日，代表联络室组织市人大代表40人参加市代表履职学习班。代表学习中华人民共和国宪法、北京市市情、法、检两院职能及代表如何审查计划和预算报告，参加如何履职等专题讲座，并围绕习近平总书记关于人民代表大会制度思想进行讨论。于静、高丽萍参加。8月1—3日，举办2018年区第十六届人大代表专题培训班。传达区委十二届六次全会精神，金晖代表区政府作区上半年经济社会发展情况和下半年重点工作安排报告；区人大常委会、区人民法院、区人民检察院分别以书面形式向代表作半年工作情况通报。市人大常委会、中国社会科学院法学研究所、中国国际问题研究院等单位作专题辅导报告。于静、毛炯、王中华、许汇、高丽萍、蓝向东参加。

（郭媛媛）

【代表补选】11月16日，区第十六届人大代表补选工作领导小组召开筹备会议，高丽萍主持。会议就补选工作方案、补选办法和区委推荐的代表初步候选人名单及考察工作进行说明。于静、周彤参加。11月22日，区人大代表补选工作领导小组召开第一次会议，高丽萍主持。会议宣读补选区第十六届人民代表大会代表决定；宣布补选工作领导小组成员名单；学习补选工作实施方案；通过补选办法、补选代表资格审查工作意见、补选工作领导小组办公室各组工作职责。11月26日，区选办召开人大代表补选工作会。会议听取各选区选民登记进展情况汇报，对下阶段补选工作进行部署和培训并解答问题。高丽萍参加。12月14日，区人大代表补选工作领导小组召开第二次会议。会议听取各补选地区关于第二阶段工作情况和第三阶段召开选民小组会议及推荐代表候选人情况汇报，确定正式代表候选人名单，并布置投票选举有关工作。于静、高丽萍参加。12月17日，区领导检查补选区人大代表投票站布置工作。毛炯、王中华、王兆康、许汇、高丽萍分别带队，实地检查各选区投票站布置情况，听取前期工作介绍，查阅相关文件资料。12月18日，区领导实地察看人大代表补选工作投票情况。吴松元、于静、毛炯、王中华、王兆康、许汇、高丽萍分别带队，实地察看补选工作投票情况，对投票站秩序、工作人员服务给予肯定。12月19日，区人大代表补选工作领导小组召开第三次会议，高丽萍主持。会议听取选举结果情况汇报，依法确认选举结果合法有效。

（郭媛媛）

东城区第十六届人民代表大会常务委员会组成人员

主　任	金　晖（4月免）		
副主任	于　静（女）	毛　炯	王中华
	王兆康	许　汇	高丽萍（女）
	张树华		
委　员	丁文理	丁迪红（女）	马　龙（回族）
	王先勇	王　欢（女）	王崇恩（回族）
	王瑞芝（女，蒙古族）		王　曦
	毛惠华	方国根	尹向敏（女）
	叶江川	宁　洁（女）	朱传芳
	任万平（女）	危天倪（女）	刘红宇（女）
	许金玉（女）	李冬亮	杨立新（女，回族）
	杨　梅（女）	吴之梅（女，蒙古族）	何志才
	张卫民	张苏晶（女）	陈晓梅（女）
	范文华（女）	罗　强	周秋来
	郝兆阳	柳学全	童之磊
	曾文军（女）		

东城区人大常委会工作机构负责人

办公室主任	朱传芳	财政经济办公室主任	陈　平
研究室主任	宁　洁（女）	教科文卫体办公室主任	张智敏（女）
代表联络室主任	毛惠华	城建环保办公室主任	陈晓梅（女）
法制办公室主任	周秋来	预算工作室主任	许金玉（女）

北京市东城区人民政府

5月16日，东城区政府2018年廉政工作会议召开（张维民摄）

综　述

2018年，全区地区生产总值初步数2425.7亿元，同比增长6.3%；区级一般公共预算收入完成175.6亿元，增长2%；全社会固定资产投资完成285亿元；万元GDP能耗下降3.8%左右；居民人均可支配收入增长7%左右；城镇登记失业率控制在0.86%左右；PM2.5年均浓度52微克/立方米，下降13.3%。

推动减量发展。坚持先立后破，立破并举，注重优化提升。研究制订5大类26项政策，建立健全10项工作机制，从城市功能修补、公共服务完善等8个维度做好优化提升。"百街千巷"环境整治提升实现设计、施工、管理一体化实施。出台疏解腾退地下空间再利用实施意见，编制完成生活性服务业设施规划和"留白增绿"3年行动计划。坚持疏控结合，防反弹、控新增，关闭美博汇市场，完成世纪天鼎商户疏解，清退小商品市场6家。引进知名品牌入驻，助推百荣世贸商城转型升级。清理违规教育培训机构10家，关停无证幼儿园7所。继续压减4所中等职业技术学校招生规模，推动职业教育转型。清理违规小型医疗机构等36家。协助完成天坛医院整体搬迁。故宫周边以及中轴线、长安街沿线等10个重点区域环境持续改善。拆除存量违建21.5万平方米，新生违建保持零增长；封堵违规开墙打洞2017处，42处占道经营挂账点位全部销账，城市管理类网格案件数量大幅下降。清理直管公房居改商590户，整治直管公房违规转租转借172户。清退群租房634户，整治住人地下空间74处。推行便利店"一区一照"，新建、规范便民服务网点110个，改造提升金年丰等5家菜市场。启动354座公厕改造升级，完成235座。基本完成868条支路胡同通信架空线入地梳理，83条主次干道全部实现架空线入地，清理规范3354块屋顶牌匾标识。完成916条街巷整治、提升任务，打造大佛寺东街等一批精品街巷，西总布、东四四条、史家胡同入选10条"北京最美街巷"。累计利用274处、17.8万平方米腾退空间用于改善民生、产业升级，完善公共服务设施。

提升城市治理。以北京新版总规为战略引领和刚性约束，开展核心区发展品质提升、街区更新等18项课题研究，推动核心区控制性详细规划编制，有序开展29项重点任务。王府井街区和前门东区整体规划编制基本完成。历史文化街区实现风貌保护管控导则全覆盖。高标准开展崇雍大街、前三门大街城市设计。街区责任规划师制度落地，搭建多元参与平台，完善考核监督机制，扎实推进老城整体保护复兴。全面完成国民经济和社会发展"十三五"规划中期评估。编制东城区落实中轴线申遗工作方案，完成社稷坛、太庙、天坛公园园内住户腾退，实施法国兵营旧址、估衣会馆等文物腾退10处，修缮文物7处。完成宝华里项目控规调整，重新启动滞留区搬迁；调整崇外6号地、K11项目规划方案；基本完成马圈和金鱼池二期西项目搬迁工作。启动实施简易楼腾退21栋，稳步推进5个老旧小区整治试点任务，在18栋老旧楼房加装电梯。完成560处坑洼院落改造。望坛项目回迁房地块开工建设，位于顺义区和朝阳区的保障房项目实现开工1.3万套，通州区"两站一街"保障房项目竣工交用3728套，全年完成棚户区改造1019户。实现香河园西街等5条道路完工通车，完成雍和宫桥段等5处疏堵工程。挖潜地区停车资源，增加共享车位3300个，盘活6块拆迁滞留地建设13处停车场，新增停车位3800余个。王府井地区成为全市首个无停车街区，全区无停车胡同累计达到21条。推进路侧停车管理改革，规划路侧停车位5731个，电子收费停车位缴费率位居全市第一。在全市首创交通事故视频辅助远程处理、违法停车智能化抓拍等模式。完成广渠门南滨河路等40公里自行车道慢行系统整治。针对PM2.5和道路尘土残存量等重点指标，建立完善动态监测通报机制，处理扬尘案件3700余件；路查重型柴油车5万余辆，处罚9400余辆次，处罚量同比增长15倍。在全市率先开展餐饮油烟协同减排试点工作。锅炉低氮改造基本完成，更新煤改电电取暖设备4200余户。推动垃圾分类全覆盖，居民区实施垃圾干湿分离，730家驻区机关、企事业单位和2571家餐饮企业实现垃圾分类规范管理。建成新中街城市森林公园等4处大尺度绿地、33处口袋公园，完成屋顶绿化1.2万平方米，新建、改造绿化面积20万平方米，公园绿地500米服务半径覆盖率提升至92.48%。完成3.3公里管线改造，实现雨污分流。建立"河长+警长+检长"机制和湖长制，坚持河湖治理一河（湖）一策，市级考核断面水质全部达标。构建"1+5+N"执法体系，推动综合执法平台实体化运行，实现综合执法全程留痕、执法现场全程实录、问题处置全程追溯，"四公开"执法数据考核位列全市第一。加强基层民主协商，推进国家级社会管理和公共服务综合标准化试点工作，打造社区议事厅、花友汇等一批社区治理特色品牌，五民工作法获评全国优秀社区工作法。引导居民参与城市治理，发挥街巷长、小巷管家作用，解决问题纠纷16万余件。创新开展"周末卫生大扫除"活动，助推街区环境建设和民生改善，活动模式在全市推广。

焕发经济活力。建立完善"1+5"产业政策体系，开展高精尖企业指数研究，建立重点企业运行大数据监测平台，实施18项产业促进措施。健全“1+4”联系服务重点企业机制，精准对接需求，建立服务包制度，开展管家式服务，走访企业899户次，收集问题318项，在区级层面有效解决223项。开展公平竞争审查，修订完善产业指导目录，严格实施产业禁限目录。大力推动信息服务、金融、文化三大主导产业发展。信息服务业增势强劲，金融业保持总体平稳，文化创意产业发展趋势向好，以中粮广场改造升级为示范，大力推动“腾笼换鸟”、产业升级，发展质效不断提升。严格中关村东城园产业准入标准和约束条件，园区企业集聚优势逐步显现，美国好莱坞制作中心等一批文化品牌企业落户，地均、劳均产出均居中关村一区十六园首位。创意点亮北京活动成功举办，青龙文化创新街区精彩亮相。实现中国篮协、羽协等10家改制协会入驻龙潭湖国家体育产业示范基地。支持华夏银行、杭州银行等成立文化金融专营机构，联合清华大学五道口金融学院成功举办2018中国文化金融峰会。全球音乐教育联盟项目落地前门地区，完成草厂三至十条整治提升，与故宫博物院开展战略合作，启动实施故宫艺术馆、文创馆项目。加快新东安等重点项目调整升级，启动王府井大街277号院整治提升，完成校尉胡同西侧环境整治，成功举办第六届北京王府井国际品牌节。

改善群众生活。深化学区制改革，义务教育优质资源覆盖率达97%。实施第三期学前教育行动计划，增加学位2000余个。在全国率先建立义务教育阶段学生艺术素质测评标准。完成区少年宫装修改造。开展盟贯带团内部轮岗交流4861人次。出台健康东城三年行动计划，开展国家科学育儿试点区建设。新增解放军总院第七医学中心医联体，建立以同仁医院为核心的眼耳鼻喉专科医联体，医联体总数达到10个。启动第三批重点专科建设工作，建立区医学影像诊断中心和医学检验中心。建立社区药品虚拟库房，提供送药到家服务。对签约居民试点开展家庭医生精准服务。完成10家区属医院和63家社区卫生服务机构信息系统互联互通，实现医疗费用快捷支付。基本公共卫生和基层卫生绩效考核成绩均居全市首位。以普仁医院为试点探索公立医院薪酬制度改革。区第一人民医院异地迁建项目开工。完成地坛体育中心冰壶训练馆改建，天坛体育活动中心模拟滑雪馆投入使用。以纪念改革开放40周年为主题，推出系列电视专题片《40年，我和我的东城》，开展170余项、3000余场群众文化展演活动。“书香东城”建设持续推进，新增阅读空间8处，吸引读者81万人次走进图书馆，王府井书店图书馆、角楼图书馆获评北京十佳优读空间。深化戏剧东城建设，推出10个原创剧目，成功举办全国话剧展演季等五大戏剧节。继续举办周末相声俱乐部、中秋诗会等品牌活动。打造中轴文化探访路线9个街道、100个社区实现公共文化设施社会化、专业化运营。实现登记失业人员就业9661人，保持零就业家庭动态为零。在全市率先打造居家养老紧急救助服务模式，新建17家社区养老服务驿站，区级老年配餐中心正式运营，试点建立区域养老服务联合体，完成200户家庭适老化改造。推进国家医养结合试点区建设，建成区老年医疗评估中心、服务中心和康复护理指导中心，实现区属医疗机构与16家养老机构合作对接，开展托底老人一户一策精准医疗服务。区残疾人综合服务中心投入使用。在全市率先开展送教上门，破解适龄重度残疾儿童入校就学、居家康复难题。完善精准帮扶机制，建成2个困难群众救助服务所。结对帮扶怀柔区低收入农户，扎实开展与崇礼等5个受援地区的扶贫协作，全年实施产业合作、人才支援等45个帮扶项目，投入资金2.37亿元。实施城市安全隐患治理三年行动，对建筑施工等重点领域进行专项执法检查，497项挂账隐患全部完成整改，分批开展安全生产培训，全区安全生产事故总数同比下降50%。加强平房区消防安全工作，建设39条街巷、12公里的预设地下干式消防供水管路系统，建成819个小、微型消防站。建设电动自行车充电设施236处。安装家庭火灾烟感报警器6.5万个。“雪亮工程”新建、改建2874台监控探头。开展扫黑除恶专项斗争，破获涉恶犯罪团伙4个，全区刑事发案总量和110刑事警情连续三年双下降。信访形势总体平稳，开展金融机构动态排查、一企一策分类管理、非法集资专项整治。全区中小学校、托幼机构及养老食堂全部实现阳光餐饮。食品、药品抽检合格率分别达到99.8%和100%。

加强政府自身建设。出台进一步优化营商环境三年行动方案。推动政务服务“一门、一窗、一网、一次”改革，完成区政务服务大厅升级改造，实施政务服务一张网建设，政务服务事项网上可咨询率、可办率均达100%，43项高频办理事项实现最多跑一次。开展街道综合窗口和区域通办试点。持续推进互联网+不动产登记改革。健全完善社会信用体系和大数据支撑平台建设。办理各级人大代表议案、建议和政协委员提案382件，实现办结率和见面率100%，解决率和满意率双提升。建成区公共法律服务中心，组建政府法律顾问小组。实行重大行政决策预公开制度。建立重大决策出台前向区人大常委会报告制度。培训一线执法人员和法制干部940余人。开展法治政府建设评估和“七五”普法中期检查验收。深化城市管理体制改革，推动城市管理重心下移和力量下沉，构建指挥、执法、监督三位一体城市管理工作格局和三级管理、五方联动社会治理格局。全面推行“街道吹哨、部

3月1日，东城区政府全体（扩大）会议暨深入推进疏解整治促提升促进生态文明与城市环境建设动员大会召开（闫文摄）

门报到”改革，明确45项吹哨标准和部门响应流程，长期滞留的5000余件网格案件基本得到解决。在全市率先实施街道管理体制改革，将内设机构精简为“六办一委一队四中心”综合保障办公室、党群工作办公室、社区建设办公室、民生保障办公室、社会平安办公室和城市管理办公室；纪工委（监察组）；街道综合执法队；党建服务中心、社区服务中心、政务服务中心、网格化服务管理中心（综治中心），首创社区专员。建立社区准入联席会议机制，提高、规范社工待遇。聚焦重要行业和关键领域，整合区属国有企业资源，成立东城静态交通投资运营公司，筹划组建王府井街区运营管理公司。组建直管公房经营管理集团，实现区属直管公房集中统一管理。落实全面从严治党主体责任，通过召开全区廉政工作会、区政府党组廉政专题会以及开展主体责任检查考核等方式，研究部署、督促落实政府系统廉政建设。实现全区一级预算单位财务运行集中在线监管，预算执行审计100%全覆盖。完善公务员招考招聘和平时考核工作办法。出台国有企业违规经营投资责任追究暂行办法。严格公务用车和行政事业单位办公用房管理。严肃查处违纪违法问题，深化运用监督执纪“四种形态”，始终保持惩治腐败高压态势。

（郑亚男）

重要会议和活动

【区政府全体（扩大）会】3月1日，区政府全体（扩大）会议暨深入推进疏解整治促提升促进生态文明与城市环境建设动员大会召开。会议播放2017年东城区疏解整治促提升工作总结视频。宣读区2017年度疏解整治促提升专项行动表现突出集体和个人给予通报表扬的决定，区领导向受表扬代表颁发荣誉证书。部署2018年疏解整治促提升和“百街千巷”环境整治提升及生态环境建设工作。房管局、北新桥街道、永定门外街道作经验交流。李先忠与部门、街道代表签订2018年疏解整治促提升工作目标责任书，并部署2018年政府工作。区领导张家明等出席，区政府各部门、各街道主要领导及通报表扬集体和个人代表参加，区委部门、各民主党派、区属企业相关单位领导，非公企业代表、党风廉政监督员、特邀监察员等列席。

（郑亚男）

表6　**2018年东城区政府常务会一览表**

日　期	会　次	题　　目
1月15日	第33次	领导干部学法：《中华人民共和国标准化法》解读；区商务委关于报审《东城区〈落实深化改革推进北京市服务业扩大开放综合试点工作方案〉实施方案》的请示；区民政局关于报审2018年春节期间开展走访慰问送温暖活动工作安排的请示；区人力社保局关于人事任免事项的请示
1月31日	第34次	区安监局关于东城区2017年安全生产工作情况通报；李先忠区长传达蔡奇对“全市严厉打击违法用地违法建设专项行动工作进展情况周报（2017年12月25日—2017年12月31日）”的批示精神；区政府办关于报审《关于东城区2017年重要实事完成情况及东城区2018年重要实事编制情况的报告》（送审稿）的请示；区政府办关于报审《2018年东城区政府折子工程》（征求意见稿）的请示；区国资委关于企业领导人员任免的请示；区人力社保局关于人事任免事项的请示

续表6

日　期	会　次	题　　目
2月27日	第35次	区人力社保局关于人事任免事项的请示
3月12日	第36次	领导干部学法：《中华人民共和国人民调解法》解读；区政府办关于市、区“两会”期间人大代表议案、建议和政协提案有关工作的请示；区教委关于报审《东城区第三期学前教育行动计划（2018—2020年）》的请示；区网格中心关于2017年东城区网格化监管情况的通报
3月22日	第37次	区人力社保局关于人事任免事项的请示
4月13日	第38次	区安监局关于东城区2018年一季度安全生产工作情况的通报；陈之常通报东城区2017年度市政府绩效考评结果；区产促局关于报审区营商环境评价工作的请示；区发改委关于报审2018年东城区政府投资基本建设项目及资金安排建议的请示；区环保局关于报审《东城区蓝天保卫战2018行动计划》的请示；区信访办关于东城区2017年信访工作情况及2018年工作安排的通报；区人力社保局关于人事任免事项的请示
4月25日	第39次	区发改委关于报审东城区2018年一季度经济社会发展形势分析的请示；区人力社保局关于报审《东城区机关事业单位招考招聘工作管理办法（试行）》的请示；区教委关于报审《2018年东城区义务教育阶段入学工作意见》《东城区2018年非本市户籍适龄儿童少年入学审核实施细则》《东城区2018年本市户籍无房家庭承租人子女入学实施细则》的请示
5月15日	第40次	区政府办关于报审《东城区人民政府工作规则》（修订版）的请示；区法制办关于报审《东城区行政执法专项考评工作通报（2017年度）》的请示；区城管委关于报审《2018年东城区缓解交通拥堵工作方案》的请示；区网格中心关于东城区2018年一季度网格化监管情况通报；区食药局关于报审《东城区落实食品安全党政同责的实施意见》的请示
5月28日	第41次	区人力社保局关于人事任免事项的请示
6月6日	第42次	区监委通报2017年北京市查处违反中央八项规定精神问题；区审计局关于东城区2017年经济责任审计中发现的主要问题及2018年工作重点的通报；区财政局关于报审东城区2017年决算草案报告的请示；区审计局关于报审东城区2017年度预算执行和其他财政收支的审计工作报告的请示；区人力社保局关于给予望坛棚户区改造重点项目表现突出单位及个人及时奖励和通报表扬的请示；区统计局关于东城区开展第四次全国经济普查工作的请示；区环保局关于东城区2018年一季度空气质量状况及蓝天保卫战行动计划进展情况的通报；区信访办关于东城区2018年1—4月信访工作情况的通报；区人力社保局关于人事任免事项的请示
6月25日	第43次	葛俊凯传达国务院打赢脱贫攻坚战三年行动电视电话会议精神，金晖提工作要求；区发改委关于报审《东城区国民经济和社会发展第十三个五年规划中期评估工作方案》的请示；区环保局关于报审《东城区关于做好北京市环境保护督察反馈意见整改落实工作方案》的请示；区环保局关于报审《东城区土壤污染防治工作方案2018年重点任务分解》的请示；区人力社保局关于人事任免事项的请示
7月11日	第44次	领导干部学法：《北京市社会救助实施办法》解读；区产促局关于报审《东城区关于鼓励企业上市挂牌融资的若干措施》的请示；区城管委关于报审《关于开展东城区“清河行动”的实施方案》的请示；区发改委关于报审《东城区关于加快文化创新融合 构建高精尖经济结构的实施意见》的请示；区国资委关于企业领导人员任免的请示；区人力社保局关于人事任免事项的请示
7月17日	第45次	区安监局关于东城区2018年上半年安全生产工作情况的通报；区发改委关于报审《东城区2018年国民经济和社会发展计划上半年执行情况的报告》的请示；区政府研究室关于报审《东城区2018年上半年经济社会发展情况和下半年重点工作安排》的请示
7月30日	第46次	区财政局关于报审《关于东城区2018年上半年预算执行情况的报告》的请示；区财政局关于报审《关于东城区2018年预算调整方案的报告》的请示；区网格化服务管理中心关于2018年上半年城市管理综合监督情况的汇报；区人力社保局关于人事任免事项的请示

续表6

日 期	会 次	题 目
8月13日	第47次	区法制办关于报审《东城区行政执法规范化建设实施方案（2018—2020）》的请示；区法制办关于报审《东城区行政复议、行政诉讼案件统计分析报告（2017年度）》的请示；区卫计委关于报审《东城区落实〈健康北京2030规划纲要〉三年行动计划（2018—2020年）》的请示；区人力社保局关于人事任免事项的请示
8月20日	第48次	区人力社保局关于人事任免事项的请示
9月17日	第49次	中粮广场总经理关于重构楼宇新生态，助推东城大发展的讲座；规土分局讲解东城区街区更新工作；东城区关于北京市打赢蓝天保卫战三年行动计划暨2018—2019年秋冬季攻坚行动动员部署会议；区政府办关于对《东城区人民政府工作规则》个别条款进行修订的请示；区房管局关于报审《东城区拆迁滞留项目现场管理办法》的请示
9月28日	第50次	领导干部学法：《北京市第四中级人民法院2017年东城区人民政府涉诉行政案件司法审查报告》解读；召开东城区安委会2018年第四次全会；区发改委关于报审《东城区国民经济和社会发展第十三个五年规划纲要》实施情况的中期评估报告的请示；区城管委关于东城区2018年防汛工作情况的汇报；区环保局关于东城区1—8月空气质量状况及蓝天保卫战行动计划进展情况的汇报；区政府法制办关于报审《东城区行政执法专项工作通报（2018年度上半年）》的请示；区政府法制办关于报审《东城区法治政府建设评估研究报告》的请示；区司法局关于东城区“七五”普法中期法治宣传教育工作情况的汇报；区人力社保局关于人事任免事项的请示
10月15日	第51次	区人力社保局关于人事任免事项的请示
10月22日	第52次	区发改委关于报审《东城区进一步优化营商环境行动方案（2018年—2020年）》的请示；区发改委关于报审《东城区加快文化创新融合、构建高精尖经济结构的实施意见》的请示；区发改委关于报审《东城区2018年1—3季度经济社会发展形势分析》的请示；区政府督查室关于东城区2018年年中公众满意度调查结果的通报；区住建委关于报审《东城区人民政府关于“加大文物腾退力度，保护传承优秀传统文化”议案办理情况》的请示；区网格中心关于2018年1-9月网格化监管情况通报；区环保局关于报审《东城区空气重污染应急预案（2018年修订）》的请示；区人力社保局关于人事任免事项的请示
11月5日	第53次	区发改委关于报审《关于“在疏解整治促提升中，深入推进街巷环境整治，促进腾退空间用于民生改善”议案办理情况的报告》的请示；区审计局关于报审《东城区2017年度预算执行和其他财政收支审计查出问题的整改情况报告》的请示；区环保局关于报审《东城区打赢蓝天保卫战三年行动计划》的请示；东城园管委会关于报审《中关村东城园构建高精尖产业用地管理办法》的请示；区税务局关于东城区国税地税征管体制改革工作情况的汇报；区民政局关于东城区社区“两委”换届选举工作安排的汇报；区政务服务办关于东城区三级政务服务体系建设工作进展情况的汇报
11月13日	第54次	区财政局关于全区1—10月份财政支出进度及疏解整治促提升资金支出情况的通报；区政府办关于报审《关于东城区第十六届人民代表大会第四次会议代表建议、批评和意见办理情况的报告》的请示；区教委关于全国和北京市教育大会会议精神的通报
11月19日	第55次	区人力社保局关于人事任免事项的请示
11月26日	第56次	传达蔡奇、陈吉宁调研东西城工作座谈会有关精神；区政府办关于报审《东城区人民政府关于“三重一大”事项集体决策的实施办法（修订稿）》的请示；区政府办关于报审《区政府重大决策出台前向区人大常委会报告工作办法》的请示；区发改委关于报审《东城区产业指导目录（2018年版）》的请示；区发改委关于报审《东城区“留白增绿”行动计划（2018年-2020年）》的请示；区环保局关于报审《关于东城区环境状况和环境保护目标完成情况的报告》的请示；区政务服务办关于东城区网上办事工作进展情况的汇报；区商务委关于报审《东城区生活性服务业发展专项资金管理办法》与《东城区2018年度生活性服务业发展专项资金项目申报指南》的请示；关于企业领导人员任免的请示

续表6

日　期	会　次	题　　目
12月10日	第57次	领导干部学法：《地方党政领导干部安全生产责任制规定》解读；召开东城区安委会2018年第五次全会；区政府研究室关于报审《东城区人民政府工作报告（征求意见稿）》的请示；区发改委关于报审《东城区2018年国民经济和社会发展计划执行情况与2019年国民经济和社会发展计划草案的报告》的请示；区财政局关于报审东城区2019年预算安排的请示；区财政局关于报审《东城区2018年预算执行情况和2019年预算草案的报告》的请示；区城管委关于2018年东城区河长制湖长制工作情况的汇报；区人力社保局关于人事任免事项的请示

（郑亚男）

表7

2018年东城区政府专题会一览表

日　期	题　　目
1月10日	区城管委关于报审东城区2018年春节节日景观布置工作方案的请示；区政府台办关于报审东城区2018年因公赴台交流项目计划的请示
1月22日	区烟花办关于报审《东城区2018年元旦春节期间烟花爆竹安全管理工作方案》的请示；区房管局关于发布《新中西里20—22号简易楼腾退及环境整治项目房屋征收决定》的请示；公安分局关于加快推进公安分局幸福大街办公区建设解决相关实际需求的请示；东城园管委会关于申请龙潭湖地区环境整治提升项目前期经费的请示
1月31日	区发改委关于报审《东城区2018年“疏解整治促提升”工作方案》的请示；区体育局关于报审《东城区代表团参加北京市第十五届运动会工作方案》的请示；区城管委关于申请调整2017年生活垃圾处理费专项资金的请示；区商务委关于申请拨付2017年度生活性服务业品质提升项目补助资金的请示
2月5日	区人力社保局关于报审《东城区科级及以下公务员平时考核实施方案》的请示；区地税局关于区级预算单位集中扣缴个人所得税工作情况的报告；区城管委关于申请2017年东城区支路胡同电力架空线入地工程资金的请示；前门管委会关于报审《前门商业区安防设施改造方案》的请示；区残联关于报审进一步整合优化残疾人服务设施有关情况的请示；区外侨办关于报审2018年外事工作有关情况的请示
2月27日	区安监局关于报审《东城区关于中共北京市委、北京市人民政府安全生产第十督察组督察反馈意见整改情况的报告》的请示；东城公安分局关于强化流管员队伍规范建设的请示；区政府办关于报审2018年东城区政府全体（扩大）会议暨深入推进疏解整治促提升促进生态文明与城市环境建设动员大会安排意见的请示；区人力社保局关于给予东城区2017年度“疏解整治促提升”专项行动表现突出的集体和个人通报表扬的请示；区产促局关于兑现2017年度东城区上市挂牌企业政策奖励的请示；区产促局关于给予中银金融资产投资有限公司、中国人民财产保险股份有限公司北京市分公司一事一议政策的请示；区外联办关于调整追加对口帮扶资金的请示
3月12日	区产促局关于兑现2017年度东城区上市挂牌企业政策奖励的请示；区产促局关于兑现2017年度《东城区关于促进产业发展的暂行办法》政策奖励的请示；区残联关于建设东城区残疾人康复、辅具与托养服务中心所需经费的请示
3月20日	东城规土分局关于报审尽快归还市规土委预拨土地储备项目前期成本的请示；区国资委关于天街集团申请银行贷款的请示；区环保局关于报审《北京市东城区第二次全国污染源普查实施方案》的请示；区环保局关于报审《东城区2018年柴油车监管工作方案》的请示；区城管委关于报审《加强东城区停车管理的工作方案》的请示；区政府台办关于赴台举办2018年北京文化周“保护传承中华瑰宝 展示北京历史文脉”北京非物质文化遗产展活动的请示
4月13日	区发改委关于东城区2018年一季度“疏解整治促提升”工作进展情况的通报；区城管执法局关于报审追加保安服务费用的请示；区信息办关于报审“智慧东城”2017年信息化项目成果及2018年项目与资金安排的请示

续表7

日　期	题　　目
4月25日	区机关服务中心关于天坛街道办事处新址装修改造工程新增项目追加经费的请示；区国资委关于报审将建远公司财政借款转为财政拨款的请示；区卫计委关于报审《第十届地坛中医药健康文化节活动方案》的请示；区产促局关于兑现2017年度东城区上市挂牌企业政策奖励的请示；区产促局关于东城区优化营商环境工作进展以及东城区优化营商环境若干措施的汇报
5月15日	区文化委关于中国话剧诞生110周年·戏剧东城10周年—全国话剧优秀新剧目展演季活动经费的请示；区民宗侨办关于报审《关于推荐第八届首都民族团结进步先进集体、先进个人的工作方案》的请示；区国资委关于报审构建区属直管公房经营管理集团总体安排的请示
5月28日	区房管局关于开展全区房屋核查工作的请示；区住建委关于申请退还地铁十四号线永定门外站西革新里燕墩周边用地拆迁补偿资金的请示；东城规土分局关于街区责任规划师工作情况的汇报；京宏公司（原房地二中心）关于申请拨付区房地二中心2018年离退休职工经费补助的请示；区国资委关于北京崇文新世界房地产发展有限公司继续合作事项的报告；区城管委关于东城区2018年防汛工作情况的汇报
6月6日	区城管执法局关于报审《东城区落实“街道吹哨、部门报到”推动城市管理综合执法平台实体化运行实施方案》及部署会相关安排的请示
6月11日	区发改委关于2017年度东城区支持鼓励节约能源项目及资金安排建议的请示；天坛街道关于追加天坛街道办公新址购置家具、厨具、空调、电视机等设备所需经费的请示；区城管委关于与市排水集团签订工作委托协议和安排中水管线建设资金的请示；区环保局关于报审《北京市东城区第二次全国污染源普查预算报告书》的请示；区民宗办关于报审《第八届首都民族团结进步奖东城区推荐先进集体、先进个人名单》的请示；区外侨办关于侨务工作有关事项的请示；区教委关于报审《东城区关于加强学校美育工作的实施意见》的请示
6月14日	通报市政府专题会关于十六区、北京经济技术开发区“高精尖”产业调研情况的精神和要求；区城管委关于安排2018年东城区“百街千巷”环境整治提升工作第一批资金的请示；区城管委关于安排重点地区加装违法停车智能抓拍探头经费的请示；区城管委关于申请2018年东城区垃圾分类工作资金的请示；区环卫中心关于申请2018年厕所革命启动资金的请示；区教委关于二中朝阳学校、汇文中学垂杨柳学校合作办学工作的汇报
6月21日	区网格中心关于报审《东城区落实“街道吹哨、部门报到”构建网格化综合监督体系实施方案》的请示；北新桥街道关于申请青龙文化创新街区项目2018年重点工作任务资金的请示；区环卫中心关于申请2018年厕所革命启动资金的请示；区园林绿化中心关于申请正义路街心花园修缮整治工作资金的请示
6月25日	区住建委关于报审朝阳区定福家园A组团项目定向安置房价格审核的请示；区住建委关于设立东城区保障性住房专业运营管理机构的请示；区发改委关于报审《东城区联系服务重点企业总体工作方案》的请示；东华门街道关于东华门街道办事处追加2018年经费预算的请示；区人力社保局关于报审《东城区科级及以下公务员平时考核实施方案》的请示；区教委关于大兴经济技术开发区与北京二中继续合作办学的请示
6月30日	区环保局关于报审《东城区大气污染防治精细化提升工作方案》及《东四、天坛街道大气污染防治精细化提升工作方案》的请示；区环保局关于报审东四、天坛街道大气污染防治精细化提升工作资金预算的请示；区城管委关于安排2018年东城区“百街千巷”环境整治提升工作第二批资金的请示；区城管委关于东城区环境综合整治工程相关工作的汇报
7月11日	区发改委关于东城区2018年1—6月“疏解整治促提升”工作进展情况的汇报；区发改委关于报审《东城区关于加强疏解腾退地下空间再利用管理的实施意见》的请示；区房管局关于开展重点地区6栋直管公房简易楼腾退及环境整治工作的请示；区财政局关于报审《东城区构建高精尖经济结构人才激励办法》的请示；区城管执法局关于报审追加东城区综合执法信息平台建设经费的请示；区城管委关于安排2018年东城区“百街千巷”环境整治提升工作第三批资金的请示；区城管委关于东城区环境综合整治工程的汇报
7月17日	区编办关于深入推进东城区从事生产经营活动事业单位改革工作进展情况的汇报；区环卫中心关于报审东四、天坛街道精细化深度保洁作业资金预算的请示；区城管委关于安排2018年东城区“百街千巷”环境整治提升工作第四批资金的请示；龙潭街道关于拨付幸福南里10号楼、光明楼21号楼火灾善后处置相关费用的请示；体育馆路街道关于崇外六号地危房修缮的请示；公安分局关于申请政治中心区防控体系建设专项经费的请示

续表7

日　期	题　　目
7月30日	区房管局关于报审东城区老旧小区综合整治相关工作的请示；区房管局关于报审东城区2018年直管公房平房修缮工作的请示；东城规土分局关于报审《东城区推进〈首都功能核心区控制性详细规划〉编制工作任务》的请示；区信息办关于报审《关于组织实施东城区大数据建设的工作方案（2018—2020年）》的请示；区教委关于报审《东城区特殊教育提升计划（2017—2020年）》的请示
8月6日	区园林绿化局关于报审《试点街道园林绿化裸露地生态治理设计方案》的请示；交道口街道关于报审《关于实施历史文化街区—南锣鼓巷地区保护复兴计划情况的报告》的请示；区城管委关于申请组建东城区停车协管员队伍资金的请示；区城管委关于东城区路侧停车电子收费施工建设所需资金的请示；区城管委关于安排2018年东城区“百街千巷”环境整治提升工作“留白增绿”资金的请示；区人力社保局关于报审东城区2018年事业单位招聘需求计划的请示；前门街道关于拨付草厂地区排除隐患实施燃气改电工作启动经费的请示
8月13日	区发改委关于东城区2018年1—7月“疏解整治促提升”工作进展情况的汇报；区发改委关于报审《东城区2018年疏解整治促提升工作考评实施细则》的请示；区发改委关于完善固定资产投资项目管理工作机制相关情况的汇报；消防支队关于招录60名政府专职（合同制）消防员的请示；政务服务办关于增加政务服务中心大厅辅助工作人员的请示；东华门街道关于申请依法关闭东华门美食坊夜市工作经费的请示；区文化委关于申请玉河南段考古发掘一期工程款的请示；区教委关于区教委系统所属三家单位申请设备购置、校舍维修等经费的请示
8月20日	传达市政府2018年国务院大督查迎检工作推进会精神，审议《东城区迎接2018年国务院大督查工作方案》；区发改委关于报审以区政府、区政府办公室名义发文存量文件公平竞争审查清理结果的请示；区房管局关于报审《东城区直管公房“居改商”清理整治工作方案》的请示；区旅游委关于报审《利山二期项目（公寓式酒店）预售销售暂行办法（草案）》的请示；区产促局关于2017年度东城区税源建设政策兑现工作的请示；区城管委关于申请追加架空线入地工程道路绿化修复费用的请示；王府井建管办关于申请追加王府井地区综合宣传及王府井消费地图评选发布活动后续资金的请示
8月27日	区环保局关于报审《东城区关于贯彻落实市委市政府〈关于全面加强生态环境保护坚决打好北京市污染防治攻坚战的意见〉的实施意见》的请示；王府井建管办关于报审《第六届北京王府井国际品牌节总体方案和组织工作方案》的请示；区房屋征收中心、天坛街道关于报审天坛周边简易楼腾退范围内环境整治方案的请示；京诚集团关于报审南中轴路周边棚户区改造项目环境整治方案的请示；区城管委关于申请王府井地区交通综合治理工作相关经费的请示；北京站管委会关于追加北京站地区管委会联防指挥中心信息化建设项目经费的请示；区教委关于申请解决古城驾校相关问题所需资金的请示；区人力社保局关于报审东城区2018年安置农村地区劳动力劳务派遣公司选择方式的请示；体育馆路街道关于设立崇外六号地项目应急抢险保障资金的请示；东四街道关于申请办公用房节能改造项目资金借转拨的请示
9月10日	区发改委关于东城区2018年1—8月“疏解整治促提升”工作进展情况及2019年工作思路的汇报；区编办关于报审《东城区关于深入推进从事生产经营活动事业单位改革的工作方案》的请示；区统计局关于报审东城区“高精尖”企业指数研究测算结果的请示；区外侨办关于报审东城区与葡萄牙奥埃拉斯市建立友好城市关系的请示；区产促局关于报审工银瑞信、国民信托享受一事一议政策的请示；区环卫中心关于申请2018年厕所革命项目资金的请示；永定门外街道关于申请2018年下半年工作经费的请示；区城管执法局关于追加2018年东城区拆违封堵工程专项资金的请示；区财政局关于追加街道办事处“街道吹哨、部门报到”服务群众经费的请示；区安监局关于申请预算经费调整使用项目的请示；区体育局关于报审2018年体育彩票公益金市对区专项转移支付资金分配方案的请示
9月17日	区编办关于报审区城管委“三定”规定的请示；区财政局关于报审《东城区财政性资金使用和管理办法》（修订版）的请示；区房管局关于发布北极阁头条、后椅子胡同道路工程项目房屋征收补偿方案征求公众意见的请示；区民防局关于拨付区人防备用指挥中心后续建筑环境基础工程建设费的请示
9月25日	区住建委关于报审2018年文物腾退资金需求的请示；区外联办关于追加扶贫协作和支援合作工作财政资金的请示；区统计局关于报审国家统计局东城调查队组建工作的请示；区社会办关于报审《东城区2018年规范社区工作者工资待遇方案》的请示；区国资委关于报审《东城区国有企业违规经营投资责任追究暂行办法》的请示；区机关事务管理服务中心关于安排龙潭路10号老干部活动中心消防安全改造工程经费的请示；区机关事务管理服务中心关于安排区委、区政府1号楼办公楼中央空调整体改造工程经费的请示；区文化委关于报审《戏剧东城·第二届全国话剧新剧目展演季工作方案》的请示

续表7

日　期	题　　目
9月28日	区国资委关于报审金鱼池中区3号楼腾退工作方案和腾退办法的请示；区园林绿化中心关于申请第三十三届地坛、第三十五届龙潭春节文化庙会经费补贴的请示；区环保局关于启动东城区2018年“煤改电”新增峰谷电表及电取暖设备、老旧电取暖设备更新工作的请示
10月15日	区发改委关于东城区2018年1—9月“疏解整治促提升”工作进展情况的汇报；交道口街道关于报审《关于进一步推进南锣鼓巷地区四条胡同修缮整治工作方案》的请示；区国资委关于报审2018年地坛文化庙会全球行·高雄之旅方案的请示
10月22日	区住建委关于报审定福庄与豆各庄项目部分定向安置房源置换工作的请示；区房管局关于报审东华门、景山、安定门、东四地区12栋直管公房腾退工作方案的汇报
10月24日	区财政局关于报审《东城区构建高精尖经济结构人才激励办法》的请示；区产促局关于报审《东城区促进信息服务业发展的若干意见》的请示；区产促局关于报审《东城区支持金融业发展的若干意见》的请示；区人力社保局关于报审《优化我区人才服务推动高精尖产业发展若干具体措施》的请示；区环保局关于报审《东城区进一步强化扬尘污染控制工作方案》的请示；区环保局关于报审《东城区2018—2019年秋冬季大气污染综合治理攻坚措施细化任务分解表》的请示
11月5日	区发改委关于东城区2018年1—10月“疏解整治促提升”工作进展情况的汇报；区民政局关于东城区社区规模调整情况的汇报；区台办关于对台交流工作有关情况的汇报
11月13日	区城管委关于报审《东城区垃圾分类全覆盖工作方案》的请示；东城规土分局关于对东城区定安里土地一级开发项目成本进行审核的请示；区卫计委关于拨付东城区第一人民医院异地迁建项目建设用地定安里地块土地成本的请示；永定门外街道关于重新启动宝华里危改项目有关工作的汇报；区国资委关于北京市东城区房屋修建工程公司增资的请示；区民政局关于申请“精准帮扶”需求调查工作所需资金的请示
11月19日	区文促中心关于东城区2017年度文化创意产业发展专项资金评审结果及使用计划的汇报；永定门外街道关于报审《北京市东城区宝华里危改项目拆迁补偿安置实施办法》的请示；区城管委关于报审《北京市东城区水土保持规划（2017年—2030年）》的请示
11月21日	区住建委、房屋征收中心关于太庙文物腾退项目工作情况的汇报；永定门外街道关于报审《宝华里危改项目指挥部工作议事规则》的请示；交道口街道关于报审《南锣鼓巷地区四条胡同修缮整治项目雨儿胡同示范区修缮整治提升工作方案》的请示
11月27日	规土分局关于东城区落实北京市工程建设项目审批制度改革工作情况的汇报；规土分局关于东城区2018年土地督查整改工作情况的汇报；规土分局关于报审《东城区2019年度建设用地供应计划建议方案》的请示；规土分局关于开展东城区第三次全国国土调查工作的请示；区文促中心关于报审《东城区“文菁计划”实施办法》的请示；区体育局关于报审第二批2018年体育彩票公益金市对区专项转移支付资金分配方案的请示
12月10日	区发改委关于东城区2018年1—11月“疏解整治促提升”工作进展及2019年工作计划制订情况的汇报；区园林绿化中心关于报审《第三十四届地坛 第三十六届龙潭春节文化庙会总体方案》的请示
12月11日	区改善办关于改善办机构撤销前期工作完成情况及上交公维资金等事宜的汇报；区城管执法局关于对部分街道2017年拆违封堵工程进行资金结算的请示；区安监局关于报审《东城区关于安全隐患治理项目库建立及项目资金管理使用实施意见》的请示；区国资委关于天街集团与北控集团组成联合体参与鼓楼大街站织补项目投标的请示；区城管委关于申请安排2012—2014年煤改电工程结算资金尾款的请示
12月18日	区城管委关于申请东城区2018年坑洼院及排水管线改造工程资金的请示；区财政局关于调整2019年部分经济指标计划的请示；区产促局关于给予中国石化销售有限公司北京石油分公司、中国石化集团资产经营管理有限公司北京石油分公司一事一议政策扶持的请示；区产促局关于兑现2017年度东城区上市挂牌企业政策奖励的请示；区产促局关于拨付工银瑞信基金管理有限公司一事一议政策扶持资金的请示；东城园管委会关于报审中关村东城园管委会与恒信东方文化股份有限公司战略合作协议的请示

（郑亚男）

表8

2018 年东城区区长主要调研一览表

时　间	内　容	参加调研人员
1月4日	李先忠走访中国移动北京公司并签署战略合作协议。参观客户体验中心，了解移动通信发展历程，体验虚拟现实、智能控制等高科技应用。召开座谈会，听取企业总体发展经营、智慧城市管理发展与应用等情况介绍，向企业颁发“东城区百强企业”牌匾	陈之常
1月18日	李先忠调研龙潭湖地区环境整治提升工作。实地察看龙潭三湖水体治理、中湖湖心岛及周边环境，听取相关项目进展情况汇报，要求相关单位加强组织协调，形成工作合力，细化职责分工，明确目标路径，确保各项工作稳步推进	陈之常　陈献森
2月10日	李先忠到龙潭公园检查庙会筹备工作。实地察看庙会展棚等临时设施搭建及园容布置等情况，听取筹备工作情况汇报，要求落实责任，注重细节，强化安全防范措施，保障各类硬件设施安全牢固，确保各环节不出任何问题，充分体现公益性、主题性、文化性、协同性和安全性	
4月9日	金晖调研“百街千巷”环境整治提升工作。实地察看沙滩北街、三眼井胡同、北新桥三条、王家园35号院和西总布胡同环境整治工作情况，听取相关工作情况汇报，要求精细施工，注重质量，注意细节，最大限度降低施工对周边居民的影响；多方征求百姓意见，对停车问题和机动车非法运营问题建立长效治理机制；加大对平房院落的治理力度，让百姓获得更多实惠	陈之常
4月11日	金晖调研优化营商环境工作。在政务服务中心察看办事大厅窗口设置和服务运行情况，听取工作主要做法和存在问题。在区不动产登记中心，陪同中央纪委驻自然资源部纪检组组长、自然资源部党组成员冯志礼调研不动产登记的相关流程及存在问题。在区联合办税服务大厅察看服务厅等服务区域工作运行情况，听取税务部门在优化营商环境工作中的主要做法和存在问题汇报	张立新
4月23日	金晖4月23日调研龙潭湖地区环境整治提升项目。实地了解龙潭三湖连通方案有关情况，在龙潭中湖中心岛察看遗存建筑现状。在龙潭湖地区环境整治指挥部召开座谈会，听取项目进展和下一步工作安排等情况汇报，并提出具体工作要求	陈之常　陈献森
4月26日	金晖调研走访王府井地区企业。在王府中环项目察看四合院、蛇形画廊室外展亭建设情况，听取香港置地公司关于项目试营业阶段有关情况及王府中环片区文化+商业发展战略构想。在北京apm听取负责人关于商场运行情况、升级改造计划介绍	葛俊凯
5月7日	金晖到前门地区调研。乘坐铛铛车了解前门文化体验区业态情况，实地察看G10和G11项目地块、鲜鱼口街业态，观看前门地区规划建设沙盘演示，察看B1项目建设情况和草厂地区胡同整治提升、公共卫生间、文华东方酒店项目建设、文物修缮等工作进展情况。召开座谈会，听取前门地区整体工作情况汇报	葛俊凯
5月23日	金晖调研天坛周边项目。实地察看天坛东里北区1-8号简易楼腾退项目进展，天坛南里西区18号楼平移安置的简易楼建设和户型设计，未腾退平房区、非宅和已拆除楼体利用，以及南中轴路环境整治项目进展等情况。在腾退项目总指挥部结合展板了解项目整体情况，并主持召开座谈会，听取项目工作进展、存在的问题和下一步工作计划等情况汇报	赵凌云
6月9日	金晖到北新桥街道和东城园管委会调研。在雍和宫大街实地察看街面环境秩序情况，听取大街整治提升情况汇报。在青龙胡同和藏经馆胡同实地察看环境秩序，听取青龙文化创新街区项目情况汇报，并现场调度相关点位整治提升工作。在东城园管委会召开座谈会，听取园区发展情况汇报。金晖肯定东城园发展所取得的成绩，要求深入研究东城园空间规划和产业规划，探索产业转型升级新模式，完善产业促进体系，确保产业政策落地，加快推进青龙胡同和藏经馆胡同二次升级	葛俊凯
6月29日	金晖到网格中心调研网格化服务管理平台工作。要求网格中心在“街道吹哨、部门报到”工作中充分发挥优势，继续擦亮东城网格化品牌；不断拓展问题来源渠道，提升信息化支撑手段，研究大数据应用，利用购买服务的方式建立科学的决策支持系统；在网格员管理服务和机制体制上下功夫，采取专业化的手段灵活利用监督员经费预算，拓展网格平台对接渠道，将企业、物业公司、共享单车企业等各类社会力量有序纳入网格化管理体系	陈献森

续表8

时 间	内 容	参加调研人员
7月21日	金晖调研雍和宫周边、青龙胡同环境整治工作。在雍和宫大街实地察看北段街面环境整治工作进展和施工管理工作；在藏经馆胡同和青龙胡同实地察看胡同环境秩序，结合设计图了解雍和广场、青龙地块等整治方案，听取北京国际设计周主宾城市活动相关保障工作汇报	陈献森
8月14日	金晖到区税务局调研。了解国地税合署办公情况，慰问工作人员，召开座谈会，听取区税收征管体制改革工作进展情况和面临的困难问题	
8月15日	金晖调研区产业结构调整升级工作。在永生巷4号院（原北京三露厂）察看园区基本情况，了解文创园区功能定位、首创非遗创新发展平台等相关情况和园区发展面临的困难。在德必WE国际文化创意中心察看园区环境、各办公区域和时空视点公司，与入驻企业交流，了解园区清退古玩批发零售商户、引入专业公司经营管理、吸引文创企业入驻等入驻企业运营情况。在世纪天鼎购物广场察看经营业态、商户清退、建筑空间等情况，听取疏解腾退和下一步规划设计、招商引资计划等情况汇报	
9月14日	金晖调研产业转型升级工作。在京粮集团大磨坊有限公司了解原面粉厂腾退迁址后厂房和办公用房更新改造及规划使用设想有关工作情况。在永外城文化用品市场察看市场疏解腾退情况，了解未来产业提升有关工作设想	刘亚光
9月22日	金晖调研景山街道文化活动中心建设。察看文化中心建设进展、功能布局及停车场建设情况，听取运维管理、功能定位及需协调解决的问题等汇报，并现场协调解决相关问题	陈献森
10月10日	金晖调研天坛地区重点项目进展情况和环保工作。在天坛公园环保监测子站察看监测系统运行情况，听取监测数据采集、天坛地区扬尘治理等情况汇报；在天坛公园泰元门和广利门察看园内文物腾退项目进展情况；登广利门旁坛墙察看天坛周边57栋简易楼腾退项目及地面苫盖、扬尘控制等环保措施落实情况	陈献森
11月20日	金晖到北京市第二中学调研。围绕落实全国和北京市教育大会精神、推进新一轮教育改革进行座谈交流，听取区教育发展成果、北京市二中教育教学工作等情况汇报，以及对区打造教育人才高地、推进教育体制机制改革等的意见建议	刘俊彩
11月20日	金晖调研太庙文物腾退工作。实地察看劳动人民文化宫东北侧居民院、签约大厅，了解项目现状、签约准备工作情况。召开项目工作会，听取腾退项目概况及工作进展、签约工作方案、风险防控预案等汇报	张立新
11月23日	金晖调研隆福寺项目。实地调研隆福寺街东段环境现状，察看隆福广场搬迁滞留等情况，并召开座谈会，听取项目总体定位及各项工作进展情况汇报	张立新 周家雷　许汇
12月1日	金晖检查落实空气重污染黄色预警应对工作。检查首都机场线西延项目工地空气重污染预警期间停止作业施工、降尘苫盖等措施落实情况，沿途检查地区道路洒水降尘作业工作情况，要求全区各单位坚决落实重污染应对措施，检查力度不减、频次不降，开展全天候巡查，确保全区不出现扬尘违规问题	
12月27日	金晖调研和平里街道便民商业网点建设运营情况。实地察看东单菜市场和平里店、日日生鲜超市和平里店社区商业便民服务综合体，对便民业态搭载等工作提出具体指导意见，要求从讲政治的高度重视便民商业网点建设，坚持民意为本、以群众需求为中心，不断优化布局、丰富业态、提升品质	葛俊凯

（郑亚男）

【市安全生产督察反馈会】1月5日，市委市政府安全生产第十督察组对东城区督察情况反馈会召开。会议肯定东城区安全生产工作成绩，要求提高政治站位、增强忧患意识，增强做好安全生产工作紧迫感和责任感；增强敏感性，防范“灰犀牛”，抓好城市重点地区、重点行业领域安全监管；完善体制机制，弥补漏洞盲区，推动监管责任落实到位；强化监管执法，反复抓抓反复，倒逼企业主体责任落实；加强队伍建设，提升能力素质，切实提高安全生产执法检查水平。区领导张家明、李先忠和相关部门、街道企业负责人参加。

（郑亚男）

【廉政工作会】5月16日，区政府2018年廉政工作会议召开。传达国务院第一次廉政工作电视电话会议和北京市政府第一次廉政工作电视电话会议精神。区政府领导与区政府部门和街道代表签订《东城区2018年度党风廉政建设目标责任书》。

（郑亚男）

【与故宫博物院签战略合作协议】1月22日，故宫博物院与东城区人民政府全面战略合作协议签约仪式在故宫建福宫举行，双方签署《全面战略合作协议》。文化部党组成员、故宫博物院院长单霁翔及副院长4人，区领导张家明、李先忠等参加。

（郑亚男）

【社稷坛项目完成全部居民签约】4月3日，社稷坛文物腾退项目启动首日实现签约率100%并完成全部居民交房工作。该项目位于中山公园西门内，涉及居民5户，成为东西城中轴线申遗综合整治重点任务中首个启动并完成的文物腾退项目。项目成立由北京市公园管理中心与东城区政府共同领导的腾退小组，确定腾退工作、补偿方案及实施模式，于3月底基本完成资金对接、房源筹备、居民动员等准备工作。

（郑亚男）

【综合执法平台实体化运行会】6月8日，区综合执法平台实体化运行部署会召开。部署做强做实区街两级平台、完善工作机制、提升执法能力等工作。区领导金晖等参加并提出要求。

（郑亚男）

【扶贫协作支援合作领导小组会】6月26日，区扶贫协作和支援合作工作领导小组第一次全体会议召开。听取相关单位工作汇报，传达国务院扶贫开发领导小组打赢脱贫攻坚战3年行动电视电话会议精神，要求将助力扶贫协作作为首要政治任务和政治责任，切实抓好扶贫协作各项工作的贯彻落实，坚持高标准高质量完成各项任务。张家明等区领导参加。

（郑亚男）

【政务服务体系建设领导小组会】8月1日，区政务服务体系建设领导小组第一次会议召开。听取区三级政务服务体系建设情况汇报，并审议相关工作方案。区领导金晖等参加并强调要盘活区级政务资源，做好政务服务专业大厅改革和街道事项改革。充实政务服务人员，合理安排政务服务中心辅助人员，提高效率、节约行政成本。关注群众感受，推动改革措施落地，提高企业、群众体验感和获得感。通过互联网+政务服务改革，增加企业网上办事的比例，创新自助办、上门办等服务方式。

（郑亚男）

【世纪天鼎市场正式闭市】9月17日，世纪天鼎商品交易市场正式闭市。市场于2003年建成并对外营业，建筑面积约3万平方米，500余户商户，从业人员2000余人。2014年起逐步开展改造升级，至7月31日，大部分商户合同到期并陆续撤出，疏解面积预计达1.6万余平方米。市场腾退后将进行改造升级为天鼎218文化金融园区，打造东城首个文化金融主题园区，聚焦发展文化创意、文化金融和文化科技等高端业态。

（郑亚男）

【大气污染防治攻坚动员部署会】10月17日，区打赢大气污染防治秋冬季攻坚战动员部署会召开。部署区打赢大气污染防治秋冬季攻坚战各项任务。要求提高政治站位，按照一岗双责、党政同责要求，层层传导压力，严格落实行业管理责任和属地监管责任，按照任务分工，密集开展督查检查，坚持空气质量改善和重点任务进展情况的排名、通报制度。张家明强调要认清形势，提高认识，增强改善

1月22日，东城区政府与故宫博物院签署全面战略合作协议（闫文摄）

11 月 3 日，东城区对口帮扶地区特色产品推介会开幕（刘立军摄）

空气质量紧迫感和使命感。明确职责，聚焦重点，加强监管和督查。金晖等区四套班子领导出席，区大气污染综合治理领导小组成员单位主要负责人参加。

（郑亚男）

【对口帮扶地区特色产品推介会】11月3日，区对口帮扶地区特色产品推介会暨第二届湖北·十堰郧阳特色产品北京展销会开幕。会议介绍商贸领域扶贫协作、展会整体情况，参展企业代表发言，龙潭街道与郧阳区大柳树乡、前门管委会与郧阳区青曲镇现场签订框架协议。展销会设展位70个，参展企业60余家，展销对口帮扶地区特色农产品300余种，销售额、订单金额均超500万元。水利部、市扶贫援合办、市南水北调办、湖北郧阳领导及区领导金晖等参加。

（郑亚男）

【中国文化金融峰会在东城举办】12月6日，由清华大学五道口金融学院和东城区委区政府主办的2018中国文化金融峰会暨首都文化产业投融资年会在北京饭店开幕。峰会以开放与融合——文化金融发展新机遇为主题，包括金融改革为文化产业发展带来的新机遇、文化科技金融的三螺旋效应、城市复兴与文化金融的融合、文化产业投资热点趋势与文化金融新模式4个主题论坛。知名学者、企业家30人发表主题演讲，《东城区支持金融业发展办法》《东城区关于鼓励企业上市挂牌融资的若干措施》等产业政策发布。文化和旅游部、清华大学金融学院、市委宣传部、市文资办及市有关部门负责人，区领导金晖、周家雷等参加。

（郑亚男）

12 月 6 日，东城区委区政府与清华大学五道口学院联合主办 2018 中国文化金融峰会（王峥摄）

【宝华里危改项目重启动员会】12月11日，宝华里危改项目重启动员会召开。现场观看《克难题、解民忧、办实事》宝华里现状纪实片，宣布宝华里危改项目指挥部组建方案和成立宝华里危改项目临时党委的决定，并为宝华里危改项目指挥部、临时党委、危改之家授牌。永定门外街道负责人、抽调干部代表、项目实施主体负责人分别表态发言。金晖等领导参加并作动员部署讲话，要求提高认识、鼓足干劲、善作善成，以对党和人民高度负责的态度，举全区之力组织好、谋划好各项工作，打造具有标杆效应的民心工程、人民满意工程。

（郑亚男）

政务服务管理

【概况】3月，东城区政务服务中心更名为东城区政务服务管理办公室（简称区政务服务办），主要职责为组织实施本级政务服务工作，指导街道政务服务相关工作；指导推进政务服务体系建设和服务方式创新；负责本级政务服务中心建设、运行和监督管理；指导、协调、监督同级专业大厅和下级政务服务中心建设、运行和管理；协调推进“互联网+政务服务”建设等，内设办公室、宣传教育科、协调指导科3个行政科室和行政事务保障中心1个事业单位。人员编制12人、实有12人，纳入工资规范管理事业编制14人、实有11人。

2018年，区政务服务办完成区“四风”巡察及整改任务，加强制度建设和机关规范化建设，规范内部管理。落实党风廉政建设主体责任，坚持党风廉政建设工作计划性、科学性，健全责任体系。区政务服务中心大楼升级改造正式启动，区政务服务中心大厅开门办公。进驻区级政务服务事项717项，实现前台综合受理、后台分类审批、统一窗口出件的综合受理运行模式。以大楼优化改造为契机，不断完善政务服务功能定位，制订《区政务服务中心窗口运行管理方案》，推出全时服务、容缺服务、自助服务、定制服务和物流服务五大便民举措。加快网上办事工作，确定网上办事工作所涉及委办局和事项、使用区级系统和无系统事项清单。将全部政务服务事项纳入网上咨询范围，在线咨询比例达100%。推进“一门、一窗、一网、一次”工作，建设“一窗式”审批服务平台。开展“一张网”建设，加强顶层设计，制订出台工作实施方案，完善组织领导，明确工作任务，统筹建设集信息公开、网上办事、效能监察、公共服务于一体具有东城特色的统一政务服务平台。完成世界银行营商环境检查和国务院大督查工作，开展街道综合窗口和全区通办试点工作，推进三级政务服务中心标准化建设，开展区级政务服务事项标准化梳理，确保区级事项全市统一、街道事项全区统一，市区两级、线上线下事项标准一致。

（李坤）

【三级政务服务体系建设】2018年，区政务服务办调整修订区政务服务体系建设领导小组成员及职责，发挥协调、指导、监督、服务职能，推动区深化放管服改革转变政府职能重点任务落实。开展减事项、减证明、减环节和减材料工作，梳理、规范区级政务服务事项1289项、街道级政务服务事项195项、社区级政务服务事项43项，编制11项办好一件事主题事项清单，梳理完成43个高频事项。完善三级政务服务体系建设，构建贯通区、街道、社区的“1+8+17+X+N”（1个区级政务服务中心，8个拥有专业政务服务分中心的委办局，17个街道政务服务中心，X个社区服务站，N个政务服务站）三级政务服务实体平台和网上服务平台，推行“前台综合受理、后台分类审批、窗口统一出件”的“一窗”综合受理模式，实现717项区级政务服务事项在区政务服务中心“一窗受理”，实现195项街道级政务服务事项在东直门、东四、朝阳门三个试点街道政务服务中心“一窗受理”。开展街道、社区政务服务事项标准化工作，在东直门、东四、朝阳门街道政务服务中心统一195项街道级政务服务事项规范和办事指南、43项社区政务服务事项清单。推动同一事项同等条件无差别受理、同标准办理、实现31项街道级政务服务事项“全区通办”。统一三级政务服务机构名称、加挂牌匾。

（肖芳）

【优化营商环境】2018年，区政务服务办打造政务服务智慧政务、综合窗口、政务服务人才队伍建设“三大标杆”。携手区工商分局、税务、人力社保、公安、银行等，设立新设企业审批专区，提供“咨询—填报—提交—领取”全流程帮办一体化服务，实现内资新设企业从提交申请到领取发票完成企业设立全流程5天办结，较之前所需22天缩短78%，实现“一窗式”服务。在分中心推行“综合窗口”工作模式；增设“水、电、气、热”服务窗口，推行“一站式”窗口服务，公开办事流程，明确办理时间。专设政务宣传栏及窗口、区政务服务网上办事平台、区政务服务中心政务微信等线上线下方式，扩大营商环境政策宣传覆盖率及影响力。组织开展全区优化营商环境政策及政务服

4月17日，区领导到区政务服务中心调研大厅优化营商环境工作
（区政务服务办提供）

务规范化培训，培训各级政务服务大厅基层窗口人员和后台审批人员1040人。采用“四不两直”方式，突击检查区8个专业大厅和17个街道政务服务大厅，梳理排查信息化电子设备200余台。

（李菲　肖芳）

【行政审批】5月，金宝街52号大楼优化升级改造，改造后区政务服务中心为1~5层，面积由3130平方米扩大至6560平方米。进驻部门33个，进驻事项717项，设置对外窗口58个。2018年接待办事咨询30余万人次，受理企业、市民行政许可和服务类事项申请9.76万件，办结事项9.72万件，牵头负责区级部门政务服务（公共服务）事项培训、填报、梳理、审核工作。组织37家单位完成区政务服务事项梳理审核，通过上门指导、集中会审等形式开展系统审核工作，区级事项填报、审核事项1289个。牵头负责区投资项目在线审批监管平台建设工作，督促、催办、重点事项零办件进行监测，对8家单位、80个事项零办件现象进行调研汇总数据，并形成说明汇总表报送市经信委，对4家单位、46项事项预警展开催办，对1家单位协调补充信息4条，对1家单位、14项事项开展用码补录工作指导。

（李菲）

【办理咨询】2018年，区政务服务办接听企业和办事人咨询电话1.1万件，网上在线咨询回复711件，政务微信回复3461件。回复12345非紧急救助派单15件，总体回复率100%。

（李菲）

【效能监察】2018年，区政务服务办举办城区政务服务办工商联会员企业开放日活动。组织工商联部分会员企业家代表参观中心办事大厅并座谈。邀请企业家代表对进驻窗口单位在办事效率、服务态度等方面打分评价，并将结果计入季度窗口行政效能考评。完成2017年度进驻窗口单位绩效考评和人员考核评优工作。开展日常巡查334次，组织电话暗访40次。实施办件催办80次。接待线上线下群众来电来访80余次，咨询答复60余次。办理15次，未产生一起回访事件，答复满意率100%。组织召开考核会7次，报送考核专报12期，信息8篇。收到锦旗25面，表扬信13封。

（王叶红）

人事管理

【概况】东城区人力资源和社会保障局（简称区人力社保局），是负责区人力资源和社会保障工作的区政府工作部门。设办公室、党群工作办公室、宣传调研科、法制科、公务员管理科、教育培训科、就业促进科（失业保险科）、职业能力建设科、流动调配科（军官转业安置办公室）、专业技术人员管理科（事业单位人事管理科）、劳动关系科、机关事业单位工资福利科、医疗保险科（公费医疗办公室）、养老保险科、工伤保险科、社会保险基金监督办公室、劳动人事争议调解仲裁科、劳动监察科、信访办公室、财务科、人事科、离退休老干部管理科、行风建设办公室、综合科24个内设机构。下设社保中心、医保中心、劳服中心、劳动人事仲裁院、劳动保障监察队、劳动鉴定中心6个参照公务员法管理事业单位，人力资源公共服务中心、职业技能鉴定管理中心、人事考试中心、信息管理中心、机关服务中心、军转安置中心、职业能力建设指导中心、专家顾问联络办公室8个事业单位。编制727人、实有619人，其中局机关105人，事业单位514人。

2018年，区人力社保局落实双报到工作，22个党支部组织党员435人参加“四服务四带头”活动，664人次参加周末卫生大扫除。加强党风廉政建设，梳理廉政风险点117个，涉及118个重点岗位，逐一制订防控举措，修订《印章管理办法》，制订《数字证书管理暂行办法》，开展密钥、保险柜管理专项检查，修订《以案倒查廉政风险工作实施细则》，召

2018年，人力社保政务服务电话咨询中心正式上线运行（谭菲摄）

开全局警示教育大会3次，组织廉政教育活动12次。全区就业形势保持稳定，超额完成农村转移劳动力1500人安置工作，成立全市首家对口帮扶地区在京务工人员之家，推荐创业项目铁甲钢拳外骨骼机器人获市创业组第一名，并晋级全国决赛获“创翼之星”大奖。提升社保经办业务服务水平，整合全局业务咨询电话，成立人力社保政务服务电话咨询中心，电话接听率达90%，服务对象满意率达99%，被评为北京市人力资源和社会保障系统优质服务窗口单位、年度社保重点业务工作目标考核优胜单位，1人获全国人力资源和社会保障法治知识竞赛晋级赛优秀奖。区劳动监察大队被评为市无拖欠工资工作先进单位、市劳动保障监察工作先进单位，4人获市年度优秀劳动保障监察员，1人获年度市人力资源和社会保障系统第二届最美人力社保人。区劳动仲裁院被评为市劳动人事争议调解仲裁系统综合工作先进单位，并得到市劳动人事争议仲裁委员会书面通报表彰，推进女职工权益争议审理庭建设，被评为年度市工人先锋号，5人获年度市劳动人事争议调解仲裁系统优秀仲裁员。

（何晓晖）

【公务员考试录用】2018年，区45家单位申报考试录用公务员计划，公布招考职位129个，进入面试考生634人。通过面试、体检、考察程序确定拟录用人员147人。其中自愿放弃3人，体检不合格1人，考察不合格1人，延期录用2人。

（何晓晖）

【公务员考核】2018年，区人力社保局制订印发《东城区科级及以下公务员平时考核实施方案（试行）》，将德、能、勤、绩、廉五方面一级指标划分共性和个性指标，根据本单位公务员岗位职责和工作要求制订量化评分细则，完善公务员考核制度体系，健全考核工作机制，突出考核正向激励作用。

（何晓晖）

【公务员培训】2018年，区人力社保局组织8期主体培训班，其中公务员初任培训3期、科级公务员任职培训2期、科级领导干部更新知识培训2期、军转干部培训1期，累计培训467人。组织7期专题培训班，其中组织人事干部知识更新培训班2期、公共管理专题研修班1期、青年公务员能力提升培训班1期、高校专题研修班2期，累计培训515人。举办安全生产专题培训班2期，累计培训186人；会同区法制办对行政执法人员开展大轮训3期，累计培训940人；协助区文促中心申请市级高研班1期，举办年度区文化金融研修班，累计培训111人。组织完成区干部6000余人的在线学习系统报名、调动、信息调整等维护工作。

（何晓晖）

【专业技术人才推荐】2018年，区人力社保局推荐3人参加领军人才职称“直通车”评审，推荐4人享受政府特殊津贴，推荐6家单位申报博士后科研工作站。

（何晓晖）

【事业单位招聘】2018年，区属146家事业单位招录818人，教育系统426人，卫生系统258人。

（何晓晖）

【退休审批】2018年，区人力社保局审批退休1.45万人，其中正常退休1.23万人、特殊工种提前退休1517人，占总退休人数10.5%。

（何晓晖）

【人才引进】区人力社保局主持召开人才引进工作研讨会、东城园人才引进工作座谈会、百强企业人才引进座谈会，赴区重点企业实地走访调研，了解企业人才需求；制订《优化东城区人才服务推动高精尖产业发展的若干具体措施》，开辟人才引进绿色通道、优先通道、便捷通道、特殊通道。2018年，引进人才52人，办理北京市工作居住证 2526人，其中新办998人，续办1528人。

（何晓晖）

【积分落户】2018年，区人力社保局受理申报人数1.06万人，取得落户资格541人。

（何晓晖）

【军转安置】2018年，区人力社保局完成军转干部127人安置，接收自主择业军转干部227人，落实住房补贴等类项待遇1.6亿元。

（何晓晖）

【编外用工管理】2018年，区人力社保局组织区社会办、区卫计委、公安分局等19家使用编外人员较多单位召开座谈会2次，摸查区内编外用工规模、用工形式、人员情况、工资水平等基础信息，到街道等部门实地走访调研，建立区级统筹、整合优化管理机制，搭建编外用工信息管理库，实现编外用工总量有效控制、种类减少、政策健全。

（何晓晖）

【组织人事考试】2018年，区人力社保局完成17项考试项目，13项考试报名现场资格审核，21项项目证书发放。全区参加人事考试16.15万人次，其中专业技术资格考试5.15万人次，执业资格考试5.21万人次，公务员考试3.6万人次，其他类考试2.19万人次。

（何晓晖）

信息化管理

【概况】东城区信息化工作办公室（简称区信息办）是区信息化工作领导小组的办事机构，负责区信息化工作的政府工作部门。主要职责是统筹规划、综合协调、监督管理全区信息化工作，全面推进电子政务、电子商务、智慧社区的建设和信息资源开发利用，组织有关信息化工作的行业管理、宣传、培训、技术服务和国内外交流合作。内设综合管理科、应用推广科、电子政务科；下设信息中心和信息资源管理服务中心2个科级事业单位。行政编9人、实有10人，事业编41人、实有36人。

2018年，推进智慧东城建设，以大数据应用为引领，助力区域经济与社会协调发展，将信息网络安全生产检查常态化，将数字网站管理运维规范化，打造网络安全和公共服务发展体系。建立区社会信用体系建设联席会议制度，编制发布《2018年东城区社会信用体系建设重点工作任务》《东城区社会信用体系建设三年重点工作任务（2018—2020年）》。完成网站整合任务，实现一区一网建设目标。全区67家部门网站全部实现整合，完成规范网站和域名名称工作。数字东城网站在全市政府网站普查中连续9个季度普查合格率达100%。在年度市政府绩效考评中，东城区政府网站建设管理绩效考评获满分。

（韩笑）

【优化营商环境】2018年，区信息化办启动“信用东城”网站和区信用信息管理服务平台建设，为区信用信息共享提供平台支撑。建设北京市王府井商圈信用监管及经济监测综合服务管理平台，创新开展信用商圈试点。建设区重点企业运行大数据监测平台，加强区重点企业运行监测。建立“优化营商环境 东城在行动”专题网站，构建部门专题优化营商环境栏目。推进双公示工作，及时督促各委办局报送双公示内容，协助区卫计委通过市双公示第二季度抽检。

（韩笑）

【政务信息化服务】2018年，区信息化办改造区政务服务中心大楼，构建全市统一联通的线上线下信息化政务服务大厅，提供市区及部门间协作共享环境。完善政务服务管理体系，建设市公共资源交易服务平台区分平台，完成与市级公共资源交易平台对接与数据上报；规范行政权力运行，建设政府采购系统，完善政务服务供给。提升政务服务工作效率，建设一窗式审批服务平台，实现并联审批、三级联动、通接通办、统一评价、统一监督及窗口服务便民服务。

（韩笑）

【信息化助力医药分开综合改革】2018年，区信息化办开展区域人口健康信息平台（三期）、区社区卫生服务APP平台（二期）、市和平里医院远程门诊系统建设，综合推进区优质医疗卫生资源合理分配，提高医疗卫生便民服务水平，拓展医疗健康管理方式，实现区属医院和社区卫生服务机构医疗资源互联互通和统一管理。

（韩笑）

【雪亮工程视频监控】2018年，雪亮工程一期建成联网与共享平台和社会图像资源整合平台2个二级平台，23个三级视频共享平台，实现二、三级平台10G互联和100%建设，全面提升东城区视频监控能力。汇聚、整合全区重点公共区域内摄像机7205路、重点社会单位探头8564个，公共区域监控探头密度达137个/平方公里，主要大街、重点区域实现100%覆盖。建设人脸抓拍摄像机377台、车辆卡口摄像机420台、微卡口摄像机114台。通过人脸、车卡抓拍系统预警抓获在逃及布控预警人员100余人。

（韩笑）

【部门预算信息化项目评审】2018年，区信息化办完成2019年区部门预算信息化项目评审工作，征集项目235个，申报金额5.26亿元；经与申报单位沟通交流，9次专家评审，聘请会计事务所进行资金评审，最终审定项目121个，审定金额2.73亿元，审减率48%。

（韩笑）

【电子政务网络安全检查】2018年，检查、梳理区互联网区域所有网站及面向公众提供服务的105个系统运行状态。联系系统责任单位，确认问题网站状态，关停无法访问的系统。开展系列安全检查与应急演练工作。

（韩笑）

【通过软件正版化检查】3月14日、12月20日，分别通过市版权局软件正

11月7日，“诚信建设万里行”宣传活动在骑章胡同社区举办（区信息办提供）

版化检查组对区2017年和2018年软件正版化检查。检查组现场检查各单位材料，实地抽查建国门街道、区国资委、区信息办、区卫计委、区动监所、区卫生监督所、北新桥街道、区科委、区教委、区国资委、区朝阳门社卫中心和区体育馆路社卫中心等单位正版化工作。全区及卫生计生系统软件正版化工作得到检查组认可。

（韩笑）

【数字东城网站建设】8月，区信息化办修订《数字东城网站管理办法》。围绕重点工作推出9个专题；加强网上互动，提升满意度，2018年区长信箱收件1989件，办结1865件，处理完成全部网民纠错信息14个。信息更新量2.81万条，发布视频85个。

（韩笑）

【宣传咨询】11月7日，区信息办、体育馆路街道和区信息化协会举办“诚信建设万里行”和无线电管理宣传咨询活动。现场解答群众问题，发放宣传材料200余份，接受群众咨询100余人次。

（韩笑）

【社会信用体系建设联席会】11月22日，区信息化办召开社会信用体系建设联席会议。会议介绍国家、北京市社会信用体系建设情况，听取各单位年度信用重点工作任务完成和区信用工作情况，部署下一步工作安排，通报双公示工作并就《东城区社会信用体系建设三年重点工作任务（2018—2020年）（征求意见稿）》提出修改意见。区社会信用体系建设联席会成员单位（42家委办局、17个街道办）参会。

（韩笑）

【工作培训】10月15日，区信息化办召开区国家机关软件正版化工作培训会，邀请北京市使用正版软件工作联席会议办公室、北京市版权产业联盟的专家授课，解读软件正版化的政策文件和计算机软件授权规范，对99家单位信息化骨干100余人进行软件正版化相关知识及检查考核相关工作培训。部署2018年软件正版化迎检工作，要求各单位按照《东城区2018年软件正版化工作推进方案》要求，做好自查整改。12月27日，召开区双公示信息上报工作培训会。解读双公示工作评估机制、双公示工作新文件和新标准，培训系统上报流程。区29家单位50余人参加。

（韩笑）

信访工作

【概况】中共东城区委、区政府信访办公室（简称区信访办），是区委、区政府受理人民群众来信来访的职能部门，内设综合科、来访接待科、来信办理科、排查调处科、复查复核科、督查宣教科，行政编制22人、实有20人。

2018年，受理群众来信来访9207件次，同比下降4.7%，其中来信2744件次，来访6463批、8477人次。发生区级集体访68批、1210人次，同比分别下降24.4%和30.9%；发生市级集体访39批、547人次，同比分别下降43.5%和47.4%。受理信访事项复查申请54件，全部办结。群众到市政府申请信访复核11件，均维持区意见。

（张静）

【重大活动保障】2018年，区领导参与信访接待日活动23人次，接待信访群众30余人，批阅来信来访事项47件。区信访办在重大活动期间召开调度会，加大信访协调工作力度。专人负责市第二巡视组进驻东城巡视期间的信访件承办，协同相关单位做好巡视组驻地秩序保障。参与市、区重大活动保障170余次。

（张静）

【疑难问题化解】2018年，区信访办召开区信访联席会2次，化解疑难信访问题4件，协调研究疑难问题7件；召开各类信访问题协调会近70次，联合接待信访人60余人次。

（张静）

【第三方参与信访】2018年，发挥第三方力量参与信访矛盾化解优势，对群众提供法律咨询和心理疏导服务。律师为群众提供法律咨询190余人次，心理咨询师为信访人及信访干部240余人进行心理疏导服务。

（张静）

6月26日，区信访办开展信访宣传日活动（区信访办提供）

【培训交流】2018年，区信访办举办全区性信访工作培训4次。组织重点委办局、街道办事处主管信访工作领导及曾在区信访办挂职锻炼或工作人员研讨会，听取意见建议。与新疆维吾尔自治区信访局、大兴区信访办、密云区信访办等单位进行业务交流。与阿尔山市信访局签订《京蒙结对共建帮扶框架协议》，进行智力帮扶。

（张静）

【依法分类处理信访诉求】4月19—20日，区信访办举办依法分类处理信访诉求专题培训班，组织重点委办局信访工作主管领导和干部现场观摩区人保局及区城管执法分局经验做法，北京电视台现场采访，于5月7日在特别关注栏目播出。7月12—13日，开展街道系统依法分类处理信访诉求工作专项培训。

（张静）

【信访宣传】6月22日至7月21日，开展主题为坚持以人民为中心，推动法治信访建设信访宣传月活动。发放信访知识宣传页1万余份，宣传品6000份。向国家信访局、北京市信访办等汇报、宣传区信访工作经验成效。在《人民信访》杂志上发表2篇文章，在《北京信访》杂志上发表3篇文章，市信访办微信公众号多次宣传。

（张静）

调查研究

【概况】东城区人民政府研究室（简称区政府研究室）是承担综合性政策研究和咨询任务的区政府工作部门。内设综合科、调研科，行政编制8人、实有8人。

2018年，围绕全区中心工作和重大任务，完成政府工作报告、区政府全会、领导重要讲话等文稿130余篇，约37万字。组织召开调研座谈会、专家研讨会及实地走访等各类调研活动20余次，加强与中国社会科学院、北京市社会科学院、清华大学、中国人民大学等相关研究机构的交流，形成调研报告3篇，编辑《区长参考》4篇。配合市政府研究室开展与东城相关的各项工作。

（唐志立）

【重要文稿起草撰写】2018年，完成《2018年北京市东城区人民政府工作报告》《2018年上半年经济社会发展情况和下半年重点工作安排》，区政府全会等区领导报告、讲话撰写。牵头起草市委第二巡视组巡视、市审计局开展经济责任审计期间重要汇报材料撰写。起草《扎实推进“疏整促”，全面提升城市品质》汇报，支持民进市委开展专项民主监督。

（唐志立）

【课题调研】2018年，围绕落实北京新版总规落地推动，构建大调研工作格局，统筹区政府落实北京新版总规，提升核心区发展品质“1+8”系列课题研究（1个主课题和8个子课题），与北京市社会科学院合作主责完成1个主课题，形成约5万字主报告。通过实地调研、委托研究机构、征求相关单位意见等方式，组织开展新型会展经济、减量发展与空间资源再利用等专项调研，形成调研报告2篇。深入基层对疏解整治促提升、“街道吹哨、部门报到”等重点工作进行调查研究和经验总结。编辑《东城区文物腾退路径研究》《东城区促进特色会展经济发展的建议》《关于近期老旧小区综合整治的经验和建议》《区重点工作总结六则》4篇《区长参考》。

（唐志立）

【服务区域发展】2018年，加强与区政府各部门工作配合，起草区政府廉政工作会议讲话、优化营商环境工作汇报、综合执法平台实体化运行部署会上的讲话、北京王府井国际品牌节致辞等文稿。协助市政府研究室开展疏解整治促提升推进情况、科技手段在背街小巷整治中的运用等有关调研，为市政府文稿提供相关区情材料。

（唐志立）

6月7日，“落实北京新版总规提升核心区发展品质”课题开题会召开（区政府研究室提供）

外事 侨务

【概况】东城区人民政府外事侨务办公室（简称区外事侨务办）是区政府负责外事、港澳及侨务事务的职能部门。内设综合科、国际交流侨务科、因公出入境管理科。机关行政编制14人、实有13人。

2018年，服务中央总体外交和首都外事大局，为中非合作论坛北京峰会等重大活动提供优质服务保障，接待法国总统夫人、俄罗斯副总理等重要党宾国宾团组参观钟鼓楼、时间博物馆，接待南非非洲人国民大会全国执委研修班代表团等100余人次参观考察福祥社区基层党建。举办城市发展与文化传承国际友城研讨会，创历届研讨会规模之最。完成东城区与俄罗斯莫斯科市中央区结好10周年系列活动。与葡萄牙奥埃拉斯市签订友好交流合作备忘录，国际友城数量增至27个。2018年完成132个团组412人次的任务申报及护签工作，其中党政干部团组32个61人次，同比党政干部团组下降23.3%，非党政干部团组下降16%，全区团组整体下降17.9%。助力北京国际交往中心建设，开展区国际交往中心建设资源摸底，形成《全面加强国际友城工作，加快建设“国际一流和谐宜居之区”》《东城区关于加强友城工作意见》。制订印发《东城区“十三五”时期侨务工作规划（2016—2020）》和贯彻北京市侨务精神的实施办法。开展困侨家庭精准扶贫，向市级困侨29人、区级困侨4人发放生活补助18万余元。崇文门外街道新怡家园社区获全国为侨服务公共服务示范单位称号。

（刘昕炜）

【服务保障中央外交首都外事】1月10日，完成法国总统夫人布丽吉特·马克龙参观钟鼓楼保障任务。2月6日，副区长葛俊凯会见英国怡和集团主席亨利·凯瑟克爵士一行，对怡和集团为东城区经济社会发展作出的贡献表示感谢，并希望王府中环项目发挥高端零售的辐射带动作用，参与王府井二次规划和新一轮转型升级进程，探索更多古都风貌与高端业态融合模式。4月4日，完成新加坡国家发展部代表团一行34人考察区老年大学、三里河修复工程、前门大街历史风貌保护情况任务。5月10日，金晖会见国际奥委会副主席、萨马兰奇体育基金会创始人兼理事长胡安·安东尼奥·萨马兰奇，感谢萨马兰奇家族关心和支持东城区体育事业发展，希望借助萨马兰奇体育发展基金会平台，吸引更多优质国际体育资源，推动龙潭湖国际体育文化公园发展。5月25日，完成朝鲜外务省亚洲局副局长金明日率朝鲜青年外交官代表团一行15人参观前门大街，考察区历史风貌保护情况接待任务。5月29日，完成奥地利国民议会副议长多丽丝·布雷斯率奥中友协高级人士代表团一行15人参观区前门三里河更新改造项目接待任务。6月9日，接待完成文化中国·华星艺术团高级研修班代表团一行80余人参观，并听取前门地区传统文化、非物质文化遗产、市井民俗等历史文化及风貌保护、文物修缮情况汇报。6月25日，完成法国总理夫人伊迪丝·菲利普参观朝阳门街道史家胡同博物馆接待任务。8月10日，金晖会见日本东京都市町村友好代表团一行。9月5日，完成老挝人民革命党中央委员、妇联主席因拉万·乔本潘率老挝妇女代表团一行9人参观东四街道奥林匹克社区文化体育中心接待任务。10月16日，区委常委周家雷会见伊朗文化遗产、手工艺及旅游部主席顾问兼安全总司司长贾瓦德·贾汉巴尼率领的伊朗文博旅游代表团一行7人，表示东城非常重视加强与“一带一路”国家关系，愿与伊方在文化、旅游等领域积极开展交往合作。10月22日，完成美国华盛顿市前市长安东尼·威廉一行3人参观区77文化创意产业园、前门三里河和西打磨厂更新改造项目接待任务。10月29日，完成巴布亚新几内亚人民全国代表大会党主席斯凯瑞·帕兰加一行3人参观交道口街道福祥社区，考察区基层党建工作情况接待任务。10月30日，完成俄罗斯副总理塔季扬娜·戈利科娃参观东方保利时间博物馆接待任务。11月15日，完成非洲人国民大会全国执委罗纳多·拉莫拉率南非非洲人国民大会全国执委研修班代表团一行23人参观玉河博物馆、齐白石旧居纪念馆，与交道口街道福祥社区党建示范点交流活动接待任务。同日，完成柬埔寨人民党中央委员、中央外事委员会副主

7月24—28日，东城区代表团赴日本参加第二届中日韩三区青少年篮球比赛交流活动（区外事侨务办提供）

席、国会议员索斯亚拉率柬埔寨人民党高级干部考察团一行33人参观考察区反腐倡廉警示教育基地接待任务。11月27日，完成日本公明党总部财务局局长纲野正广率公明党总部职员代表团一行6人到交道口街道福祥社区参观考察基层党建工作接待任务。12月12日，副区长葛俊凯会见丹麦大使馆商务参赞晏森一行，就中丹双方在青龙文化创新街区项目合作进行沟通交流。

（刘昕炜）

【国际友城交往】1月31日，副区长赵凌云会见马耳他中国友好协会代表团一行，与马中友协主席雷诺·卡莱亚就共同促进东城与马耳他姆迪纳市友好交往进行会谈，表示愿意继续促进两市在文化、旅游、艺术等领域友好合作。7月24—28日，区政府代表团一行17人赴日本参加第二届中日韩三区青少年篮球比赛交流活动，北京东城区、韩国首尔中浪区、日本东京都目黑区代表队分别获得一、二、三名。代表团还参加日本茶道体验和传统剑道表演体验等交流活动。8月10日，金晖会见日本东京都目黑区区长青木英二，就巩固和发展两区友谊提出意见。9月17—18日，区委书记张家明分别会见马耳他姆迪纳市市长彼得·约瑟夫·桑特·曼杜卡率领的政府代表团和韩国首尔市钟路区区长金永棕率领的政府代表团。9月17—18日，金晖分别会见德国柏林市夏洛滕堡—威尔敏斯多夫区区长莱茵哈德·瑙曼率领的政府代表团、马耳他姆迪纳市市长彼得·约瑟夫·桑特·曼杜卡率领的政府代表团、韩国首尔市钟路区区长金永棕率领的政府代表团、蒙古乌兰巴托市苏赫巴特尔区区长宝丽尔玛·呼和夫率领的政府代表团等。9月18日，金晖会见葡萄牙奥埃拉斯市市长伊萨尔迪诺·莫莱伊斯率领的政府代表团一行，共同签署《中华人民共和国北京市东城区与葡萄牙共和国奥埃拉斯市友好交流备忘录》，奥埃拉斯市成为东城区第27个国际友好城区。9月18—21日，举办与俄罗斯莫斯科市中央区结好10周年系列活动，两区继续签署友好交流合作协议，并在龙潭公园共同种植一颗象征友谊的海棠树。9月19日，国际友好城区集体会见和研讨会召开。区领导会见各国际友城代表团团长。举办主题为城市发展与文化传承国际友城研讨会，赵凌云主持，张家明致辞。金晖发表《传承传统文化，推进街区更新》演讲。韩国首尔市钟路区区长金永棕，德国柏林市夏洛滕堡—威尔姆思多夫区区长莱茵哈德·瑙曼，蒙古乌兰巴托市苏赫巴特尔区区长宝丽尔玛·呼和夫，马耳他姆迪纳市市长彼得·约瑟夫·桑特·曼杜卡，葡萄牙奥埃拉斯市市长伊萨尔迪诺·莫莱伊斯，法国伊西雷穆利诺市副市长克莱尔·萨博，俄罗斯莫斯科市中央区副区长季乌诺娃·拉丽萨，土耳其安卡拉市昌卡亚区副区长阿尼尔·赛温驰，韩国首尔市瑞草区文化行政局局长曹景淳及各友城代表团成员参加。9月20日，赵凌云分别会见法国伊西雷穆利诺市副市长克莱尔·萨博率领的政府代表团、土耳其安卡拉市昌卡亚区副区长阿尼尔·赛温驰率领的政府代表团、俄罗斯莫斯科市中央区副区长季乌诺娃·拉丽萨率领的政府代表团等。

（刘昕炜）

【涉外服务与管理】2018年，完成外国主流媒体采访报道钟鼓楼除夕活动、西班牙巴斯克公共电视采访109中学西语特色教育活动等境外媒体采访事宜。完成驻区企业申办APEC商务旅行卡和邀请外国人来华审核工作，继续做好领事保护进校园、进社区活动。举办东城区涉外突发事件应急培训、第八期高级英语培训班、国际形势讲座等，完成年度北京市外语游园会东城区分会场等市民讲外语活动。对王府井、南锣等地区进行英语标识校对。

（刘昕炜）

【涉侨事务】制订印发区《“十三五”时期侨务工作规划（2016—2020）》和贯彻北京市侨务精神实施办法。完善为侨公共服务体系建设，推进社区侨务工作，崇文门外街道新怡家园社区获全国为侨服务公共服务示范单位称号。开展困侨家庭精准扶贫，2018年向市级困侨29人、区级困侨4人发放生活补助18万余元。简化涉侨公共服务事项办理流程，推进6项涉侨事项改革。举办侨务培训班，接待立方杯华侨华人合唱比赛代表团等华人华侨团体来访，全面展示区历史风貌保护、文创产业发展、旧城更新改造等工作成果。广泛涵养德国、奥地利、葡萄牙等地华人华侨资源，推动外事侨务融合发展。

（刘昕炜）

【因公出国（境）管理】制订全区因公出国（境）计划，遵守外事纪律和各项规定，从严从实安排出访任务。执行团组审批，强化事中事后监管，完善因公出国（境）信息公开与成果共享机制，提升出访实效。实施出国经费和额度双重管理，2018年，完成133个团组、412人次任务申报及护签，其中党政干部团组33个61人次，同比下降23.3%。非党政干部团组下降16%，全区团组整体下降17.9%。

（刘昕炜）

国内交流合作

【概况】东城区对外联络服务办公室（简称区外联办）是负责全区对外联系服务工作的区政府工作部门，承担联系服务驻区中央单位、外省市驻京办事机构的综合协调服务和日常联系交流；组织并参与实施东城区扶贫协作和支援合作工作；组织协调东城区与国内友好市区的友好交流。全区有驻区中央国家机关26家，外省市驻京办事机构40家，对口帮扶协作地区5个，国内友好城区53个。内设综合科、对外联络科、对口帮扶和区域合作科。行政编制13人、实有11人。

2018年，建立组织有序、制度完备、机制高效、监督有力的工作体系，投入专项帮扶资金3200万元，同比增加60%，深挖脱贫攻坚根本之策，搭建平台营造共帮互助社会氛围，全面开展思想扶贫、人才扶贫、产业扶贫、就业扶贫、教育扶贫、医疗扶贫、文化扶贫等，推动东城区与河北、内蒙古、西藏、湖北等地的5个贫困市、县携手脱贫攻坚取得重要成果，继续在全市扶贫协作中保持前列。健全与中央单位常态化沟通机制，推动高层交流对话常态化，打造共驻共建品牌活动，促进央地资源合作共享，与驻区单位形成开放、共享的发展格局，获评首都民族团结进步奖。

（单洁萍）

【共驻共建活动】4月1日，开展年度首都义务植树日活动。公安部、中央编办等中央国家机关代表出席活动，与驻区各部队领导和战士、全国先进工作者、全国劳模以及区绿委成员、最美家庭、社区青年汇、小学生等各界代表200余人植树增绿，区四套班子主要领导率四套班子成员出席活动。5月15日，区第四届外联杯乒乓球邀请赛暨东城区第十二届和谐杯乒乓球比赛启动仪式在地坛体育馆举行。有关领导出席并为比赛开球，驻区中央企事业单位及外省市驻京办事机构25家单位组队参赛。12月28日，举办新年音乐会，驻区中央和北京市机关、事业单位领导，驻区部队领导及官兵代表，区四套班子领导与区各界代表近1000人参加。

（单洁萍）

【服务驻区中央单位】建立健全与驻区单位常态化沟通机制，落实驻区中央单位工作座谈会制度、服务中央单位联系人工作会制度等。加大落实区领导走访中央单位制度力度，2018年安排区主要领导走访中央编办、公安部、交通运输部、最高人民法院等，通过主动服务、上门沟通促进央地议事交流与合作对话。落实服务驻区单位工作季报制度并使之常态化，发挥各领域联系服务作用，突出对驻区单位服务的针对性与时效性。发挥服务中央单位领导小组作用，整合全区相关力量，协调落实中央单位意见需求，征求各方面意见建议24项，涉及城市管理、交通秩序、共建合作、子女入学等。根据各单位需求重点，落实服务中央单位督查督办责任制度，首次建立办理工作折子工程，启动服务事项分级协调机制，针对中央单位个性化需求进行特事特办，加强分析研判。建立与中央单位开展脱贫攻坚的携手共帮模式，组织30余家中央单位在政策支持、人才支援、技术指导、消费扶贫、公益捐助等方面发挥资源优势，构建扶贫协作工作大格局。

（单洁萍）

【对口帮扶协作】2018年，与河北、内蒙古、西藏、湖北等地5个贫困市、县携手脱贫攻坚取得重要成果，在全市帮扶合作中保持前列。创办总协调人制度，党政主要领导赴携手奔小康地区调研对接全覆盖，与受援地区密切合作，做到扶贫结对各层级全覆盖，实现“一县一策一方案”。在向市财政上缴援助资金2.05亿元基础上，又投入财政资金3200余万元用于脱贫攻坚，同比增加60%。通过万企帮万村精准扶贫行动，与受援地区80个贫困村签署共建协议，组织社会各界向受援地区捐赠款物510万元。加大人才支持力度，区优秀中青年干部16人扎根受援地区脱贫一线；校际结对总量达到44所，优秀干部教师全职支教16人，覆盖从幼儿园到高中以及职业教育各个阶段，并开展深度合作办学；与11家卫生院所结对，医务骨干驻点帮扶12人。深化产业合作，引导企业到受援地区投资超13.2亿元，通过建立利益联结机制或吸纳就业使建档立卡贫困人口增收脱贫，加强农超对接，拓宽受援地区特色农产品进京渠道，线上线下累计销售额超2300万元，建立劳务协作精准对接机制，在受援地区建立劳务实训基地14个，在全市首创在京务工人员之家，纳入对象1100余人。

（单洁萍）

【京冀对口帮扶】2018年，东城区与崇礼区围绕冬奥冰雪主题，重点开展教育医疗、冰雪旅游、酒店服务等方面人才交流，通过光伏电站、冰雪项目等产业扶贫带动贫困人口脱贫。区领导于4月26日、11月16日带队赴崇礼区对接，实地调研1个贫困村、深入2个贫困户。深化结对帮扶，两地共20家街道、6家社区互结对子，13家企业与20个贫困村签署共建协议，东城区4所学校结对、3家医院与崇礼区4所学校、4家医院结对共建。选派处科级干部3人在崇礼脱贫一线挂职；派驻优秀教师全职支教，挂牌教师研修基地及景山崇礼分校，开展深度合作办学；选派医疗骨干驻点帮扶，通过北京尤迈慈善基金会搭建平台为建档立卡贫困人口远程会诊。引导企业落地投资超3.5亿元，安置劳动力1500余人就业；拓宽崇礼区特色农产品进京渠道，线上线下累计销售额约459万元，其中“党建引领 土豆接力”公益行动带动450吨滞销土豆进入北京市场，惠及农户700余户。大力促进就业脱贫，建立5个服装加工、安保等方面的劳务实训基地；举办技能培训班，培训建档立卡贫困户1604人，培训致富带头人161人，带动贫困人口5856人；组织崇礼贫困学生23人到京就读职业学校。

（单洁萍）

【北京内蒙古对口帮扶】2018年，

6月，东城区与当雄县召开扶贫协作工作座谈会（区外联办提供）

与内蒙古乌兰察布市化德县、兴安盟阿尔山市开展对口帮扶。以光伏电站项目为抓手，加大扶贫车间推广力度，强化服装加工、畜牧养殖、家政服务等技能培训，助力化德县完成脱贫攻坚。深化结对帮扶，6家街道、6个社区与化德县6家乡镇、7个贫困村结对，实现街道乡镇结对全覆盖；29家企业与26个贫困村签署共建协议，实现21个深度贫困村结对全覆盖，7所学校、2家医院与化德县11所学校、4家医院结对共建，实现化德县级中小学结对全覆盖。选派科级干部1人在化德县挂职，派驻干部教师2人支教，选派校长、教师100余人开展异地培训、讲座，选派医生2人蹲点帮扶，专家70人开展义诊和上门送诊活动，通过北京尤迈慈善基金会搭建平台为建档立卡贫困人口远程会诊；选派专业技术人才20人赴化德县开展长期帮扶。引导企业投资超9.7亿元，投资140余万元建设厂房；拓宽特色农产品进京渠道，线上线下累计销售额约1453万元；吸纳贫困人口1304人就近就业，年人均增收1.2万元。建立6个劳务实训基地，举办技能培训班，培训建档立卡贫困户345人，培训致富带头人83人，创业成功37人，带动贫困人口114人；组织贫困学生3人就读职业学校。4月，与阿尔山市建立结对关系，结合旅游资源和林下经济特色，发展旅游产业和绿色经济，以明水河镇西口村改造工程为切入点巩固脱贫成效。深化结对帮扶，8家街道、6家社区与阿尔山市4家街道和4家乡镇、4家社区和2个贫困村结对，实现街道乡镇结对全覆盖；3家企业与1家社区和3个村（2个贫困村）签署共建协议；1所学校、2家医院与阿尔山市1所学校、3家医院结对共建。选派处科级干部2人扎根阿尔山市脱贫一线挂职；北京二中与阿尔山市二中结对，开展深度合作办学，挂牌教师研修基地，派驻干部教师6人全职支教；选派医生2人蹲点帮扶，专家27人开展义诊和上门送诊活动，数百人受益。拓宽阿尔山特色农产品进京渠道，线上线下累计销售额约524万元；组织国旅等旅行社开通阿尔山旅游专线，带动旅游收入50余亿元。建立劳务实训基地3个，举办技能培训班，培训建档立卡贫困户955人，培训致富带头人5人，带动贫困人口90人，组织阿尔山贫困学生2人就读职业学校。2018年，张家明带队赴化德县及阿尔山市开展调研对接，召开高层联席会议，全面推动工作落实。

（单洁萍）

【京藏对口支援】2018年，东城区与当雄县结合文化旅游资源和高原特色产品，重点打造文化旅游品牌项目、拓宽净土产品销售渠道，加大牦牛肉产业支持力度，提高农牧民收入。深化结对帮扶，两地共16家街道互结对子，实现街道乡镇结对全覆盖，26家企业、商会与29个贫困村签署共建协议，实现贫困村结对全覆盖，2所学校结对共建。选派局处级干部3人赴拉萨市挂职；组织骨干教师10人赴当雄县进行各学科交流，开展远程语文同步教学课程，培训当地语文教师36人；搭建远程会诊平台，为建档立卡贫困人口远程会诊。以“企业+牧场+牧民”模式，建设多种业态产业；拓宽特色农产品进京渠道，打造当雄矿泉水、牦牛肉等特色产业宣传合作平台；打造文化旅游品牌，在京推介当雄虫草文化旅游节活动，组织旅行社实地考察旅游资源和产品线路，研究输送客源。协助当雄打造“一曲、一节、一剧目”及动漫电影等文化产业，邀请文创企业参与当雄文化发展，通过文艺创作等形式，推动文化领域合作交流。区职介中心与当雄县人保局结对，就提供职业指导服务、开发工作岗位、开展招聘活动等工作开展合作。张家明带队赴当雄县开展调研对接，召开高层联席会议，全面推动工作落实。

（单洁萍）

【考察交流】2018年，协调联系外省市、友好城区到区考察交流54批次640人次，同比上升58.82%，涉及网格化管理、棚户区改造、街道吹哨部门报到等领域工作。邀请驻区驻京联络机构开展交流活动，向驻京联络机构宣传东城区政策法规，为服务东城区与各地经济社会发展创造条件。高标准完成全国大型会议的服务保障任务，代表东城区完成天津代表团到京参加科博会、文博会等大型活动接待服务工作。

（单洁萍）

档案管理

【概况】东城区档案局是区政府负责档案工作的行政管理部门。区档案馆是收藏区域内符合进馆范围档案的综合性档案馆，是区政府直属机构，是区档案安全保管基地、爱国主义教育基地、档案利用服务中心、政府信息公开查阅中心和电子文件管理中心。东城区档案局馆（简称区档案局馆）为“一套机构、两块牌子”，是参照《公务员法》管理的行政事业单位。区档案馆为国家一级档案馆，分南馆（幸福大街32号）、北馆（外交部街甲28号）两地办公，设有查档接待室、档案阅览室、档案展览室等服务设施，为利用者提供档案查阅、已公开政府信息查阅、档案事务咨询、电话及来函代查、档案展览参观等服务。内设办公室、法制科、业务指导一科、业务指导二科、档案管理一科、档案管理二科、接收征集科、编研科、社会教育科、信息技术科、人事财务科、档案利用科。人员编制52人、实有49人。

2018年，新办展览《2017年“疏解整治促提升”专项行动成果展览》。在报刊、网站发布信息79条，其中《北京档案工作信息》刊发31条。出版《东城记忆》专刊1期。区档案馆新馆建设项目列入市档案局、市委督查室、市政府督查室专项督查，一期工程已进入验收阶段。

（吴海琰）

【基础业务建设】2018年，开展档案整理、编目等基础工作，完成130余个全宗430余份全宗卷材料整理。档案开放鉴定，完成馆藏档案1.5万余件开放初审、0.9万余件开放复审。完成馆藏民国档案1093个案卷、8690件文件级目录采集、著录工作并上报市档案馆。

（吴海琰）

6月11日，区档案局举办主题为档案见证改革开放第十届档案馆日活动
（区档案局提供）

【业务监督指导】2018年，加强区不同门类、载体档案管理，印发《北京市东城区档案局关于进一步加强专门档案管理工作的通知》《北京市东城区档案局关于开展专门档案清查统计工作的通知》；向17个街道制发《北京市东城区档案局关于街道管理体制改革中加强档案工作的通知》；会同区园林局召开新一轮百万亩造林绿化档案工作专题座谈会，以确保工程竣工后顺利通过北京市档案局档案验收；向区属企业制发《北京市东城区档案局关于落实〈企业境外档案管理办法〉的通知》；向承担2018年市重点建设项目区属法人单位制发《北京市东城区档案局关于做好2018年市重点建设项目档案管理登记工作的通知》。2018年，对4家单位开展机关档案工作测评，对通过测评满3年的28家单位进行复查；对67家单位进行档案业务监督指导469人次；对36家单位进行档案业务专项培训666人次。

（吴海琰）

【档案接收征集】2018年，接收天坛街道办事处等4个单位全宗档案1202卷，馆藏纸质档案总量达到34.53万卷、2.74万件。围绕左安门东南角楼及角楼图书馆、前门大街及西打磨厂修缮整治项目、西河沿改造项目、地坛和龙潭庙会等民俗文化活动等开展城市记忆拍摄，拍摄照片230张。

（吴海琰）

【档案信息化建设】2018年，完成1万余卷馆藏档案数字化。加快推动全区档案管理系统运行，完成系统正式上线、系统推广调查摸底、系统试点工作等，进入使用阶段。开展电子文件中心建设，协助区属20余家单位完成档案数据修改整理500余批次。根据市档案局要求完成馆藏婚姻档案文件目录45.39万条、数字化副本193.32万件电子数据报送，并完成跨馆利用系统调试。

（吴海琰）

【档案编研】2018年，编撰《东城决策纪实（1999—2004年）》，记录中共东城区第八届委员会常委会历次会议情况，主要内容为常委会会议纪要汇编。完成《北京东城年鉴（2018卷）》《北京档案年鉴（2017）》《北京档案年鉴

（2018）》和区党史资料征集工作；修改《北京档案年鉴（2015）》《北京档案年鉴（2016）》。

（吴海琰）

【档案利用服务】2018年，接待查档利用者1.11万人次，利用档案8891卷（件），出具凭证近1万份，为群众办理退休、户口迁移、核实工龄、保险补助、婚姻状况等提供有效凭证；为区重大活动、京津冀协同发展、全区机构改革、军人军属信息采集等提供档案查阅服务。制订并印发《北京市东城区档案馆档案利用工作实施细则》，规范档案利用工作。配合政府信息公开协查120余次，出具协查回执60余份，提供档案资料1000余份。开展大力优化营商环境，打造优质高效政务服务专项工作。

（吴海琰）

【行政执法监督】5月11日，北京市档案工作依法行政现场会在东城区召开。国家档案局政策法规司、北京市档案局（馆）、区领导和16个区局（馆）主要领导等110余人出席。2018年，对21家区属单位开展档案行政执法双随机检查，受理实名举报档案违法案件1件。

（吴海琰）

【教育培训】5月14日，区档案专业知识面授培训班开班，区属单位档案员60人参加，完成5天40学时面授培训、24学时网上档案人员基础知识培训。

（吴海琰）

【档案馆日活动】6月11日，举办主题为档案见证改革开放第十届档案馆日活动。开展东城人讲东城故事主题论坛、《2017年“疏解整治促提升”专项行动成果展览》《奥林匹克在东城展览》“雷锋精神放光芒，助人为乐我传承”牵手聚力活动等，开展参观交流、开放利用、发放资料、服务咨询、互动体验、精品展览、微博交流等活动。发放各类档案知识宣传资料1000余份。发布互动微博20余条，2000余人参与微博互动。区属各单位档案员、社区工作者、新闻记者和社会公众500余人参加。

（吴海琰）

【档案法宣传】6月至9月开展第九届档案法宣传月、档案见证北京征文活动、我与宪法优秀微视频征集展播活动、举办第十届档案馆日行政执法检查等进行法治宣传教育。7月12日，档案法治宣传培训会举办，区档案局领导班子成员、区属各单位主管档案工作领导、档案工作人员和区档案局干部160余人参加。

（吴海琰）

【爱国主义教育基地活动】继续筹备区档案馆新馆展览老街古巷竞风流—东城区街巷胡同记忆展；开放《东城区档案馆馆藏陈列展》《京城活雷锋——孙茂芳》展览，2018年，接待社会各界参观2480人次。

（吴海琰）

综合服务

【概况】东城区人民政府办公室（简称区政府办）是协助区领导处理区政府日常工作的政府工作部门。设文书科、秘书科、信息科、政府信息公开办公室、办信科、联络科、综合科、财务科、人事科、协办科10个内设机构和北京市东城区突发事件应急委员会办公室（简称区应急办）、北京市东城区人民政府督查室（简称区政府督查室）。区应急办为东城区突发事件应急委员会的常设办事机构，加挂东城区应急指挥中心（简称区应急指挥中心）牌子，设应急指挥科（与区政府值班室合署办公）、应急保障科和宣教预案科。区政府督查室（设决策督查科和专项督查科），加挂东城区政府绩效管理办公室牌子。行政编制75人、实有73人。

2018年，发挥参谋助手作用，增强服务水平。提高信息刊物质量，发挥上情下达、下情上传平台作用，准确反映区领导重要活动、重要指示和区重点工作、主要成绩。通过拟定年度议题计划、严格会议审批、坚持“周二无会日制度”、注重现场调研等，持续压缩会议数量，合理安排议题、严控会议规模、加强会前沟通，大幅提高会议效率和质量。履行督办督查职能，做好年度国务院大督查迎检工作，开展优化营商环境、空气重污染应对、秋冬季大气污染防治攻坚措施落实等现场检查，落实高精尖产业发展、北京站综合整治、垃圾不落地等城市环境治理专项督查。持续提高政府绩效管理水平，聚焦基层减负，优化绩效考评方式，强化基层评价力度，组织完成区政府绩效考评各项工作。做好区领导联络服务保障工作，安排重点工作调研、走访慰问等。切实提升应急管理水平，完成全国“两会”、中非论坛北京峰会等重大会议活动的应急服务保障任务，完善区应急预案体系建设。加强信件督办，完善办信工作流程，提高办事效率。以政务公开标准化规范化试点为契机，促进公开工作提质增效。把公开透明作为政府工作的基本制度，将政务公开贯穿政务运行全过程，完善重大决策预公开制度和政策解读工作机制，深入贯彻五公开，持续推进政务工作公开透明。健全完善政府信息和政务公开相关制度、机制、流程，完成全国基层政务公开标准化规范化试点工作。规范公文流转工作流程，狠抓公文办理环节。完善公文催办管理系统，提高公文办理效率和办理质量。做好议案、建议和提案办理，加强过程管控，注重督查督办，实现建议提案解决率和代表委员满意率双提升。

（郑亚男）

【信息工作】2018年，编辑《昨日区情》264期、《东城手机报》249期、《东城政务舆情》304期。向市政府

1月5日，市委、市政府安全生产第十督查组对区督察情况反馈会召开（王峥摄）

办公厅报送信息420余条、舆情信息900余条，被《昨日市情》专、普刊采用140条，特刊采用11篇，舆情信息采用23条，约稿采用2条，领导批示16条。完成市政府各类会议背景材料准备工作63次。

（郑亚男）

【会务办理】2018年，坚持年初征集议题、提前催报、多会合一、严格报批、控制时长、控制规模、主动对接沟通等措施，增强会议统筹力度，压减会议数量，提升会议效率和质量，为依法科学民主决策提供保障。2018年累计办理各类会议312次，安排上会议题311个。

（郑亚男）

【政府督查】2018年，持续督查市政府工作目标责任书、市区折子工程、市区重要实事、区政府会议重要议定事项及区领导重要批示批办事项等473项具体任务落实情况。督办城市环境管理类问题61件、涉及问题77个。制订年度区政府绩效管理工作实施方案，优化调整区政府部门和街道绩效考评体系，个性化编制各单位年度绩效任务，研究增设“街道吹哨、部门报到”综合评价考评指标，推动区政府部门和街道构建联动协作格局。

（郑亚男）

【政务值班和领导联络】2018年，协调安排服务保障主要领导出席各类活动200余次。其中协调保障主要领导调研疏解整治促提升、中轴线保护、王府井转型升级、南锣地区修缮整治、优化营商环境等专项和重点工作100余次；安排检查防汛、空气重污染应对、重大活动安保等重要活动50余次；组织走访企业、慰问地区困难群众和党员等50余次。

（郑亚男）

【应急管理】2018年，完成全国“两会”、中非论坛北京峰会等重大会议活动的应急服务保障任务。完善全区应急预案体系建设，包括总体预案1个、各类专项预案34个、部门预案221个、部门现场处置预案196个；街道（地区）总体预案21个、专项预案140个、现场处置预案54个、社区应急预案258个。完成《加强城市应急管理筑牢城市安全防线》研究报告和《东城区“十三五”时期应急体系发展规划实施中期评估报告》，组织开展“5·12”防灾减灾日、安全生产月、“11·9”消防宣传日等主题宣传培训活动200余场次，覆盖群众16万余人次。加强重点时段、重要节日期间应急值守，健全落实三级24小时带值班制度。2018年接报和协调处置各级各类突发事件227起。制订发布《东城区暴雨预警响应联动机制》，优化防汛联动响应机制。推动应急专业队伍建设，完善应急专家体系，补充应急保障物资和装备，完成5处应急避难场所的提升规划建设。

（郑亚男）

【来信办理】提高办信质量，细化来信督办，优化流程，明确时限，督促各单位加强重点工作回应力度，及时把问题化解在萌芽状态。2018年接收信件2083件，办结率99.30%，及时率98.59%。

（郑亚男）

【政府信息和政务公开】落实市、区政务公开工作要点，推进政务工作公开透明，加强政策解读回应，梳理编制政务公开事项全清单，提升服务实效，优化政务公开平台，强化制度建设，完成全国基层政务公开标准化规范化试点工作。落实中央和北京市有关重点领域公开工作要求，围绕京津冀协同发展、三大攻坚战、疏解整治促提升专项行动、建设全国科技创新中心和全国文化中心、优化营商环境和保障改善民生等工作做好政府信息公开。2018年，主动公开政府信息5.2万条，制发并主动公开规范性文件12个，主动公开重点领域政府信息5130条。收到依申请公开申请1063件，办结1048件（包括2017年结转申请）。

（郑亚男）

【公文流转】推进信息化平台建设和使用，提高无纸化办公水平。严把公文审核关，完善公文流转流程，通过公文催办系统促公文办理工作，提高办理效率和办理质量。做好文书档案整理及电子归档工作。2018年，制发公文959件，办理流转各类公文9288件，催办公文972件，办结率达98.15%。

（郑亚男）

【议案建议提案办理】坚持高位统筹，层层落实责任，加强督查督办，注重办理实效，提高办理质量。2018年，办理全国政协提案2件，北京市人大代表建议16件，政协委员提案17件，东城区人大代表议案、建议154件，政协提案193件，合计382件，建议提案办结率和代表委员见面率做到双100%，建议提案解决率和代表委员满意率做到双提升。

（郑亚男）

2018年，区管理中心组织消防培训（区管理中心提供）

机关事务管理

【概况】东城区机关事务管理服务中心（简称区管理中心）是区直属正处级事业单位，经费全额拨款，工资纳入公务员规范管理。承担区委、区人大、区政府、区政协机关及部分行政事业单位的机关事务管理及服务保障工作。内设办公室、人事科、财务科、国有资产监督管理科、基建科、办公用房管理科、公共机构节能监督管理科、安全综合科、车辆管理科、综合服务科、膳食科、接待科、管理一科、管理二科、管理三科、管理四科、管理五科17个科室，编制74人、实有72人。下辖一个差额拨款事业单位东城区人民政府机关服务中心，编制40人、实有34人。

2018年，以满足机关干部职工服务需求为出发点和落脚点，执行机关事务“十三五”规划，提升政治意识，依法管理，开展信息化建设，努力推进机关事务工作精细化规范化科学化。完成疏解整治任务，严格国有资产管理和公车管理，做好服务保障工作。紧抓安全管理不放松，与60家委办局签订安全责任书，明确安全责任，及时消除安全隐患。开展第九届岗位技能培训。

（刘瑞杰）

【完成疏解整治任务】2018年，明确目标任务，细化每季度、每月、每周清理计划，实地核查，建立总结进展常态化和排名榜激励机制，加强部门联合协作，巩固清理成果。提前完成全年任务目标，累计清理房产32处，占2018年目标103.23%，疏解人口276人，占2018年目标102.6%。

（刘瑞杰）

【财政资金管理】2018年，完成42家财务代管单位2017年决算公开6.3亿元，编制2018年预算6.9亿元。配合区审计局、巡察组对6家单位进行预算审计，对5家单位主要领导进行经济责任审计，增强财务风险防范意识。

（刘瑞杰）

【国有资产管理】2018年，处置资产1.13万件，涉及50家单位，总额6279.31万元，资产处置妥善，流程规范严谨。做好涉及机构改革部门及代管部门资产清查工作，对40家单位4400件固定资产进行核对、清查，总额2198万元。

（刘瑞杰）

【安全管理】2018年，与60家委办局签订安全责任书，明确安全责任人；制订保安、中控、消防、监控工作标准及考评细则，涵盖区域管理、秩序维护、技术监控等8个方面、176项内容；修订应急预案，坚持每月组织1次微型消防站拉动演练。完成大型活动及施工执勤保障60余次，出动安保人员300余人次，疏导车辆1.82万余台次。开展安全检查15次，监控维保巡查238次，消防维保巡查264次，电气消防检查16处，出具检查报告32份，及时消除隐患，确保院落安全。

（刘瑞杰）

【基建工程管理】2018年，完成政务服务中心大楼改造、幸福大街32号院办公楼外立面装修改造工程，推进区委区政府1号楼空调维修改造等年度重点项目；完成各直管院落各类维修改造工程125项。在工程管理上强化预算评审，制订项目资金支出计划，严格执行工程质量管理标准和质量检查制度，建设精品工程。

（刘瑞杰）

【公务用车管理】为全区党政机关、事业单位及国有企业公务用车790辆加装车载信息化终端设备，初步形成全区一张网公务用车信息化管理体系；推进综合执法平台车辆实现资产统一、户头统一、外观喷涂统一，完成88台执法车辆资产调拨、车辆过户，实现96台执法车外观喷涂统一，公车使用更加公开透明。2018年保障安全派车5万余台次，安全行驶150余万公里。

（刘瑞杰）

【服务保障】2018年，开展机关院落卫生检查800余次，全面卫生清洁12次。各类物资维修更换3200余件次，配置家具190件，收回调整家具800余件次。接转电话26万余次。提供美发服务4920余次，洗衣服务1.42万件，文印服务190万印。采购办公用品253.87万元。发放报刊近11万份，送递报刊730余次，码放自行车、电动车1400余辆。

（刘瑞杰）

【探索节能管理新模式】2018年，打造节能示范项目建设，规划政务服务中心各楼层监测安装点位，设计节能监测系统。开展能耗统计，按月统计、核对各管辖院落能耗数据，汇总、分析、研判。加强节能宣传，在东四、交道口街道开展公共机构节能宣传活动。

（刘瑞杰）

【办好普惠实事】2018年，保障12个食堂机关干部职工4700余人就餐、加值班餐130余万次；推进阳光餐饮工程，完成食堂及后厨明厨亮灶。保障科级及以下在职、退休干部职工、非编人员体检891人次。医疗保健门诊诊疗1230余人次，外出保健350余人次，疫苗接种500余人次。保障各项会议接待3200余次16万余人次。

（刘瑞杰）

【第九届岗位技能竞赛】2月，开展第九届岗位技能竞赛，分预赛和决赛两部分，设置安全保卫、车辆维修、膳食、综合服务、接待礼仪5类、11个项目，职工200余人参与。

（刘瑞杰）

东城区人民政府领导人

区　长	金　晖（女，4月任代区长）		李先忠（4月免）
副区长	陈之常（6月免）	张立新（女）	陈献森
	葛俊凯	赵凌云（女）	薛国强
	刘俊彩（女）	王冬斌	刘亚光（挂职，8月任）

东城区人民政府系统工作机构负责人

政府办公室主任	王　森	国有资产监督管理委员会主任	白京涛
政府研究室主任	吴　笛（满族）	社会建设工作办公室主任	严　岩（女）
国家保密局局长	王佑明（兼，2月任，8月免）	民族宗教事务办公室主任	雷新隆（畲族）
		外事侨务办公室主任	谢霄鹏
发展和改革委员会主任	刘　健（女）	法制办公室主任	李凌波
教育委员会主任	周玉玲（女）	信访办公室主任	邱宏庆
区政府教育督导室主任	付　葵（女）	信息化工作办公室主任	饶景东
科学技术委员会主任	孙占军	对外联络服务办公室主任	武　鸿
住房和城市建设委员会主任	高崇耀	重大项目协调办公室主任	张立新（女，兼）
城市综合管理委员会主任	韩卫国	台湾事务办公室主任	王宝祥
商务委员会主任	王万青	防范和处理邪教问题办公室主任	王　磊（回族）
文化委员会主任	王伟东	产业和投资促进局局长	于锋池（8月任）
卫生和计划生育委员会主任	林　杉		陈　平（8月免）

民政局局长　李小洁（女）
司法局局长　李利平（女）
财政局局长　崔燕生
人力资源和社会保障局局长　王佑明（8月任）
赵　刚（8月免）
机构编制委员会办公室主任　邵惠安
环境保护局局长　董险峰
审计局局长　侯立华（女）
安全生产监督管理局局长　陈　君
体育局局长　耿学森
统计局局长　杨　峰
园林绿化局局长　梁成才
园林绿化管理中心主任　梁成才（6月任）
旅游发展委员会主任　李雪敏（女）
民防局（地震局）局长　王迪生
房屋管理局局长　张晓峰
市国土资源局东城分局局长　林　毅（3月免）
市规划和国土资源管理委员会东城分局局长
邵　培（3月任）
税务局局长　赵增科（10月任）
市工商行政管理局东城分局局长　韩　非
质量技术监督局局长　邢　磊
东城区食品药品监督管理局局长　王厚廷
经济社会调查队队长　孙书振
政务服务中心主任　关　波（满族）
中关村科技园区东城园管理委员会主任
陈之常（兼，6月免）
前门大街管理委员会主任　李卫华
北京站地区管理委员会主任　薛国强（兼）
城市管理综合行政执法监察局局长
吴志辉
网格化服务管理中心主任　张　伟
东二环交通商务区建设管理办公室主任
杨　桦（10月任）
王府井地区建设管理办公室主任　葛俊凯（兼）
行政学院院长　金　晖（女，兼，4月任）
李先忠（兼，4月免）
档案局（馆）局（馆）长　胡家文
地方志编纂委员会办公室主任　彭积冬
机关事务管理服务中心主任　张春燕（女）
老龄工作委员会办公室主任　王　桁
环境卫生服务中心主任　李勇泉
房屋征收事务中心主任　刘志刚
房屋土地经营管理二中心主任　康哲才（1月免）
烟草专卖局局长　李　梅（女）

中国人民政治协商会议北京市东城区委员会

1月8日，市、区领导在政协北京市东城区第十四届二次会议上为获奖委员颁奖（张源摄）

综 述

2018年，区政协把握团结、民主两大主题，依靠和团结带领全体政协委员，围绕中心，服务大局，全面履行政治协商、民主监督、参政议政职能。

政治理论学习。深入学习贯彻中共十九大精神，学习贯彻习近平总书记关于加强和改进人民政协工作重要思想，举办学习报告会、政协大讲堂、委员培训班，发挥网络、微信等新媒体和《新东城报》等宣传阵地作用，把全体委员的思想和行动统一到中央和市委、区委的重大决策部署上来，牢固树立四个意识，坚定四个自信，坚决做到两个维护。全年参加系列学习活动政协委员、机关干部达1000余人次，提交心得体会、理论文章35篇，有11篇收录在北京市政协理论学习论文集。受邀参加全国政协理论研讨会、京津冀蒙片区座谈会和北京市政协系统视频会议，并作交流发言。

政治协商。围绕党建引领下的街道吹哨部门报到，深入推进疏解整治促提升，进一步提高城市精细化管理水平，东城区历史文化发掘与展示，召开专题议政性常委会议，向区委、区政府报送建议案，得到区委、区政府高度重视并由相关部门推动落实。召开东城区楼宇经济和营商环境双政协商会，邀请区政府主管领导和相关部门负责人参加，通报改善营商环境主要做法，开展专题研讨，就如何增强企业活力等提出意见建议。坚持民主协商、平等议政，密切与各民主党派、工商联和无党派人士沟通联系，与区委统战部联合举办戏剧东城专题议政会，各民主党派、工商联提交大会发言材料21篇、提案24件。

4月26日，区政协举办“不忘合作初心继续携手前进”主题活动（区政协提供）

民主监督。围绕落实民生“七有”“五性”要求，聚焦大气污染治理、学前教育、医联体建设等开展监督性调研视察。建立健全城市管理和环境保护、民生建设、财政预算、社会管理综合治理4个民主监督组，围绕垃圾分类、文物修缮和保护、财政预算执行、重大项目支出、雪亮工程建设运行情况等开展监督。选派委员44人担任党风廉政监督员、人民陪审员、特约监督员，有针对性地开展监督活动。

参政议政。围绕党建引领下的街道吹哨、部门报到课题，形成“关于强化街道在城市治理中的基础地位，构建具有核心区特点的城市治理体系”建议案；围绕深入推进疏解整治促提升，进一步提高城市精细化管理水平课题，形成专题调研报告；针对污染防治攻坚战中城市垃圾治理难题，组织委员实地考察垃圾分类体系全覆盖试点街道，提出建立规范化垃圾分类、资源化减量服务运行体系，提高财政资金使用效率等意见建议；围绕东城区历史文化发掘与展示课题，提出18条对策建议，形成专题调研报告；围绕优化营商环境，组织委员到上海考察G60松江科创走廊和城市概念软件信息服务园，总结上海借助区位优势，充分利用区域资源，加快重大产业项目落地先进经验。2018年收到提案232件、立案220件、办复提案220件，满意率达94.4%，176件提案的意见建议被采纳、问题得到解决，占提案总数的80%。区领导7人、政协委员34人、15家政府部门负责人参与重点提案督办工作，提案办理创新做法在市政协工作会上作交流发言。收集社情民意820条，编报社情民意信息163篇，反映民生类信息占42%。20篇信息被上级单位采用。

（杨林泽）

重要会议

【第十四届委员会第二次会议】1月8—11日，政协北京市东城区第十四届委员会第二次会议在北京国际会议中心举行。区政协主席宋甘澍作区政协十四届委员会常务委员会工作报告，政协副主席毕博闻作关于区政协十四届一次会议以来提案工作情况报告，与会委员列席北京市东城区第十六届人民代表大会第四次会议开幕会，听取并讨论区长李先忠所作政府工作报告，对各项报告表示赞同。大会选举宋铁键为政协北京市东城区第十四届委员会主席，举办以“聚焦新时代新使命、共谋新东城新发展”为主题的大会发言。听取提案委员会关于第十四届委员会第二次会议期间提案审查情况报告，审议通过《中国人民政治协商会议北京市东城区委员会第十四届委员会第二次会议决议》。市政协副主席闫仲秋出席开幕式，闭幕式上区委书记张家明作重要讲话，区长金晖出席。

（杨林泽）

【主席会议】2018年，区政协召开主席会议7次。通过《中国人民政治协商会议北京市东城区第十四届委员会关于主席、副主席、秘书长工作分工调整的决定（草案）》《中国人民政治协商会议北京市东城区第十四届委员会城市管理和环境保护民主监督小组工作规则（草案）》《北京市东城区政协学习贯彻习近平总书记关于加强和改进人民政协工作的重要思想方案（草案）》《中国人民政治协商会议北京市东城区第十四届委员会关于进一步加强和改进调查研究工作实施办法（草案）》《中国人民政治协商会议北京市东城区第十四届委员会关于聘请特邀信息员的决定（草案）》《中国人民政治协商会议北京市东城区第十四届委员会关于委员外出学习考察的相关规定（草案）》《中国人民政治协商会议北京市东城区第十四届委员会关于推荐区政协委员担任东城区人力资源和社会保障局社会监督员名单（草案）》《中国人民政治协商会议北京市东城区委员会重点提案遴选与督办办法（草案）》《中国人民政治协商会议北京市东城区委员会优秀提案评选表彰实施细则（草案）》《中国人民政治协商会议北京市东城区第十四届委员会民生建设民主监督小组工作规则（草案）》《中国人民政治协商会议北京市东城区第十四届委员会民生建设民主监督小组组长、副组长、成员名单（草案）》《中国人民政治协商会议北京市东城区第十四届委员会第三次会议秘书处各组负责人名单（草案）》《政协北京市东城区委员会常委委员提交年度履职报告工作办法（试行）（草案）》《中国人民政治协商会议北京市东城区第十四届委员会关于表彰2018年度优秀提案的决定（草案）》《中国人民政治协商会议北京市东城区第十四届委员会关于表彰2018年度社情民意信息工作先进单位的决定（草案）》《中国人民政治协商会议北京市东城区第十四届委员会关于表彰2018年度优秀社情民意信息工作者的决定（草案）》《中国人民政治协商会议北京市东城区委员会提案审查工作细则（草案）》。

（杨林泽）

表9 **2018年东城区政协常委会一览表**

时　间	会　次	议　题
1月10日	第7次	听取各组讨论区政协两个报告、区政府工作报告，人事事项和推选监票人情况汇报；审议通过区政协有关人事事项，《中国人民政治协商会议北京市东城区第十四届委员会第二次会议总监票人、副总监票人、监票人名单（草案）》《中国人民政治协商会议北京市东城区第十四届委员会提案委员会关于第二次会议期间提案审查情况的报告（草案）》《中国人民政治协商会议北京市东城区第十四届委员会第二次会议决议（草案）》
3月30日	第8次	传达学习全国“两会”精神；通报关于主席、副主席、秘书长工作分工调整的决定；审议通过区政协常委会2018年工作要点（草案）和相关人事事项；审议区政协各专门委员会2018年工作计划
6月22日	第9次	部署《东城区政协学习贯彻习近平总书记关于加强和改进人民政协工作的重要思想方案》，审议通过《关于加强委员队伍建设的意见》《委员履职工作规则》《中国人民政治协商会议北京市东城区第十四届委员会常务委员会关于加强自身建设的意见（草案）》《中国人民政治协商会议北京市东城区第十四届委员会常务委员会关于调整部分专门委员会副主任的决定（草案）》

续表9

时 间	会 次	议 题
8月30日	第10次	就“强化街道在城市治理中的基础地位，构建具有核心区特点的城市治理体系”组织开展专题议政协商。审议通过相关建议案，区政协主席宋铁健讲话，副区长赵凌云及政府相关部门负责人与政协常委面对面，共议城市治理要计
10月30日	第11次	围绕“深入推进‘疏解整治促提升’，进一步提高城区精细化管理水平”议题开展专题协商议政，传达学习北京市政协系统党的建设工作会精神，传达中共中央政治局委员、中共北京市委书记蔡奇在工作会上的讲话精神，明确蔡奇书记强调的当前和今后一个时期加强政协党的建设重要意义、总体要求，以及全面落实好加强政协系统党的建设各项任务
12月20日	第12次	就“东城区历史文化发掘与展示”开展协商议政，审议通过《关于东城区历史文化发掘与展示的建议案（草案）》建议案，审议通过关于召开区政协十四届三次会议的决定和常委会工作报告、提案工作报告等有关文件，审议通过有关人事事项

（杨林泽）

参政议政

【专题调研】2018年，围绕党建引领下的“街道吹哨、部门报到”，联合市政协第一调研组开展调查研究、专题议政。开展各类调研议政活动18次，累计142人次参加，形成关于强化街道在城市治理中的基础地位，构建具有核心区特点的城市治理体系建议案。围绕深入推进疏解整治促提升，进一步提高城市精细化管理水平课题，到相关区属部门、街道走访交流，发放调查问卷，召开调研协商会、专题座谈会，实地察看簋街、崇文门外大街、西总布胡同，考察区城市管理和环境现状，与被访单位负责人、居民代表、设计专家等进行交流，研究总结区在环境品质、空间秩序、文物保护、街巷整治等方面存在问题。组织委员110余人开展“崇雍大街·我们的街区”委员沙龙活动，与区属相关部门和项目负责人座谈交流，总结建设性意见建议，形成专题调研报告。围绕东城区历史文化发掘与展示，成立专题调研组，历时8个月，先后走访中国书法家协会主席苏士澍、北京市社会科学院院长王学勤等专家学者，邀请多所在京院校专家学者召开恳谈会，开展调研、视察、研讨等各类活动26次，280余人次参与，总结提炼文化资源方面6类问题，提出18条对策建议，形成专题调研报告。探索边调研边转化创新工作模式，“40年，我和我的东城”等9项意见建议成果得到转化。围绕优化营商环境，组织召开东城区楼宇经济和营商环境“双政”协商会，开展专题研讨，就如何增强企业活力、加强生态建设、创新驱动及金融驱动机制、吸引留住优秀人才等提出意见建议。

（杨林泽）

11月26日，区政协召开“双政”协商座谈会（区政协提供）

【提案建议】2018年，区各民主党派、人民团体和政协委员提案232件，立案220件，立案率94.8%。其中党派团体提案24件，界别提案5件，委员提案191件。内容涉及全区经济、政治、文化、社会和生态文明建设等方面。所有提案全部按期办结，办复率100%。委员对办理情况满意率达94.4%。提案建议被采纳、问题得到解决176件，占提案总数80%。

（杨林泽）

【社情民意】新聘特约信息员27人，加强业务培训，提高政策水平和业务能力。2018年收集社情民意820条，编报信息163篇，反映民生信息占42%。20篇信息被上级单位采用，其中4篇被全国政协采用，2篇被市委采用，3篇被市政府采用，11篇被市政协采用，11篇被区委、区政府采用。全年编报《社情民意》普刊、专报44期。反映社情民意信息工作连续多年保持全市前列，获先进单位称号。

（杨林泽）

10月24日，区政协组织委员开展民主监督视察活动（区政协提供）

民主监督

【监督视察】1月25日，政协副主席毕博闻听取体育馆路街道关于安全隐患排查整治、环境秩序管理、走访慰问弱势群体、信访维稳等工作落实情况，了解工作困难、采取措施及下一步工作方向。1月31日，政协副主席李铁生到交道口地区检查指导春节和“两会”前维稳安全工作。2月12日，毕博闻带队检查法华寺安全隐患整改、消防设施配备和人员疏散情况。3月12日，毕博闻到体育馆路街道指导检查空气重污染应急工作。3月13日，王红到建国门街道检查全国“两会”安保维稳工作和空气重污染应对工作。4月17日，毕博闻率部分社法委委员视察天坛街道养老照料中心运营情况，重点了解中心为失能老人提供医疗康复个性化服务和营养配餐等，并围绕区养老照料中心建设进行座谈。5月8日，委员实地视察建国门街道西总布胡同环境整治提升情况。5月11日，组织委员到西城区什刹海街道考察综合执法实体化平台建设及“街道吹哨，部门报到”工作情况。5月25日，社法委召开专项监督调研座谈会，交道口、东花市、龙潭、东直门等街道结合财政保障和队伍建设等，介绍街道职责和相应权利保障、条块职责划分、工作衔接现状及存在问题，与会委员就相关问题与街道领导进行沟通交流。5月29日，社法委召开专项监督调研视察座谈会，对朝阳门街道权责匹配、综合执法、队伍建设、经费保障及职责清单、考核评价等问题进行互动交流。6月19日，社法委召开专项监督调研座谈会，与区财政局就如何为提升街道自主经费保障水平建言献策进行专题研究。7月26日，工会界别联合社会福利和社会保障界别委员到东花市街道开展工会法律服务工作调研。8月3日，工会界别委员到体育馆路街道进行工会法律服务工作专项调研。10月23日，李铁生到交道口街道检查秋冬季大气污染防治工作情况。毕博闻到体育馆路街道检查指导大气污染扬尘控制工作落实情况。11月15日，毕博闻到体育馆路街道检查空气重污染期间工作落实情况。

（杨林泽）

【民主监督小组】3月21日，部分委员到区监察委员会考察座谈。8月31日，部分委员在区人民法院旁听公职人员贪污受贿案件公开审理。9月19日，召开财政预算民主监督小组工作会议，听取区教委关于区少年宫修缮资金使用情况及少年宫新宫建设情况汇报，区财政局关于东城区上半年财政预算执行情况报告。财政预算民主监督小组成员和无党派界别部分委员参加。10月11日，城市管理和环境保护民主监督小组开展垃圾分类工作视察调研，委员实地视察东花市街道忠实里社区垃圾分类情况，视察厨余垃圾投放桶站、厨余垃圾收集站、再生资源回收网点、湿垃圾（厨余垃圾）分类投放、分类收集、分类运输运行体系，现场与居民互动了解厨余垃圾分类投放情况、干垃圾（再生资源）分类回收资源化减量运行流程及情况。11月9日，陪同市政协城建环保委员会调研区建筑物牌匾标识规范治理工作。

（杨林泽）

4 月 12 日，经济界别委员参观考察驻园区科技企业（区政协提供）

海湖镇洙水村开展扶贫慰问活动。1月30日，东华门街道活动小组组织委员参加东华门街道南池子大街、北池子大街、东华门大街环境提升工程设计方案评审会。3月22日，召开年度政协委员街道活动小组工作会。4月19日，东花市街道活动小组召开年度工作会，组织参观花市社区博物馆。8月23日，体育馆路街道活动小组参加中非合作论坛维稳安保和服务保障工作动员部署会。10月19日，颜华到和平里街道调研委员街道活动小组工作情况，了解委员进社区活动开展情况，与街道探讨如何更好发挥委员主体作用参与社区建设工作。

（杨林泽）

【工作交流】3月27日，区政协到北京市政协走访交流。4月17日，广东湛江霞山区政协到区就医疗卫生事业和文化创意产业等考察调研。4月18日，毕博闻带领提案委部分委员、区委办和区政府办提案办理主要负责人，赴海淀区政协学习交流。4月27日，颜华到西城区政协学习交流。5月7日，西藏拉萨城关区政协副主席索朗巴珠带队就委员履职服务管理工作到区考察调研。

委员活动

【界别活动】1月4日，组织经济、特邀界别参观临汾会馆历史文化展，实地察看前门地区旧城整体保护更新情况。3月7日，妇联界别委员在区养老服务指导中心开展“幸福养老，巾帼助力”庆三八活动。4月12日，经济界别参观中关村雍和燕都信息服务产业园、地毯博物馆和驻园区科技企业。7月12日，工会界别委员到东四街道开展工会法律服务工作专项调研。7月26日，工会界别联合社会福利和社会保障界别委员到东花市街道开展工会法律服务工作调研视察活动。8月3日，工会界别委员到体育馆路街道进行工会法律服务工作专项调研。10月19日，召开委员兴趣活动小组工作筹备会。11月22日，文化体育界别委员在史家胡同博物馆召开联组活动。

（杨林泽）

【委员培训】8月7日，区政协举办“我们的街区—崇雍大街”主题沙龙活动。市政协研究室、提案委负责人分别围绕高质量撰写社情民意和委员提案作专题辅导；中国扇子协会会长应邀就传承中华历史文化作主题宣讲。8月8日，东城区政协委员暑期学习班进行业务培训、学习交流、学习总结。12月21日，召开新增补委员培训会，就社情民意信息、提案、委员履职进行专题培训。

（杨林泽）

【街道活动小组】1月12日，交道口街道活动小组组织委员到平谷区金

8 月 8 日，东城区政协 2018 年暑期委员学习班开班（区政协提供）

5月8日，颜华到朝阳区政协学习交流。5月10日，市政协副主席牛青山及市老城整体保护调研组调研视察东皇城根城墙遗址公园老城墙保护情况。5月15日，京蒙对口帮扶地区内蒙古自治区乌兰察布市人大常委会主任徐志明、政协主席云淮率代表团到区对接交流。市政协民族和宗教委员会主任池维生带队到区走访调研民族宗教工作。5月16日，大兴区政协社会法制和民族宗教委员会委员到区参观考察。6月28日，江苏徐州云龙区政协主席李学东一行到区考察调研“街道吹哨 部门报到”工作。7月11日，牛青山及市文史和学习委部分委员到区史家胡同小学，参加由非物质文化遗产保护项目程氏针灸和中国社会福利基金会共同发起的“暖心工程——护眼计划”项目启动仪式。8月1日，李铁生带领文史和学习委员会部分委员到海淀区政协交流。8月22日，通州区政协副主席石宝玉带领调研组到区开展“厕所革命”工作专题调研。9月12日，广州白云区政协副主席徐晓东一行到区学习考察社工组织建设情况。9月19日，河北廊坊政协副主席周廷生一行到区就“智慧社区”调研考察。10月23—26日，颜华一行7人赴上海学习考察，与黄浦区、静安区和普陀区政协分别座谈并实地调研。11月29日，珠海市政协秘书长王毅带队就委员履职服务管理工作到区调研。

（杨林泽）

中国人民政治协商会议
北京市东城区第十四届委员会常务委员会人员

主　　席　宋铁健

副 主 席　王　红（女）　颜　华（女）　李铁生　毕博闻　姚卫海　朱岩石　肖　燚

秘 书 长　赵茂杰

常务委员（以姓氏笔画为序）

于鸿雁	马水清	马宝刚	王宝祥	王富国
石广志	叶晓溪	闪增宏	任继霞（女）	刘志刚
许睢宁	苏　平	李　辉（女，民盟）		李　辉（女，致公党）
李小康	李拥军	李建安	李晓光	李照宏
杨　壮	杨　菲（女）	杨金魁	吴志辉	吴国清
余晓辉（女）	沉　浮	宋东方（女）	张　东	张　伟（女）
张　玮	张　威（女）	张　瑾（女）	张小梅（女）	张晓娟（女）
陈　芃（女）	陈　靖（女）	苑晓红（女）	周玉玲（女）	周旭辉
周丽霞（女）	郑　欣（女）	房峥嵘（女）	赵青仲	郝国信
郝金明	徐　岩	徐建胜	高　阳	高崇耀
崔媛媛（女）	康玉杰	谢德春	雷新隆	蔡燕霞（女）
谭　菲（女）				

东城区政协专门委员会负责人

提案委员会主任	方　芳（女）
文史和学习委员会主任	王富国
经济科技委员会主任	李照宏
城建环保委员会主任	高崇耀
教文卫体委员会主任	周玉玲（女）
社会和法制委员会主任	李小洁（女）
民族和宗教委员会主任	雷新隆（畲族）
港澳台侨委员会主任	谭　菲（女）

东城区政协机关工作机构负责人

办公室主任	刘　洁（女，3月任）
	高秀文（女，3月免）
研究室主任	李　华（女，8月免）
专委会工作一室主任	韩小平（女）
专委会工作二室主任	徐　龙（3月任）
	刘　洁（女，3月免）
专委会工作三室主任	侯文君
专委会工作四室主任	方　芳（女）
专委会工作五室主任	高秀文（女，3月任）
	徐　龙（3月免）

纪检监察

1 月 25 日，2017 年度东城区纪检监察系统述职述责述廉工作会召开（崔玉邦摄）

综　述

2018年，全区纪检监察系统以习近平新时代中国特色社会主义思想和中共十九大精神为指引，树立“四个意识”，坚决落实“两个维护”，履行党章和宪法赋予的职责，聚焦主责主业，坚持稳中求进，各项工作取得新进展。

政治建设。加强对学习贯彻习近平新时代中国特色社会主义思想和党的十九大精神情况的监督检查，坚决维护习近平总书记党中央的核心、全党的核心地位，坚决维护党中央权威和集中统一领导。层层推进全面从严治党政治责任落实。协助区委制订执行《关于推进全面从严治党的实施意见》等制度，做好分析反腐败形势、召开全面从严治党专题常委会等工作，及时向分管区领导及各部门通报巡察、主体责任检查考核、日常执纪监督等情况。履行好监督第一职责。围绕机构改革、“街道吹哨、部门报到”、大气污染防治、人防系统腐败问题专项治理等方面工作，加大监督执纪问责力度，确保区委重大决策部署贯彻落实。

纪律检查和监察体制改革。推进纪法贯通、法法衔接，规范完善工作流程、深入监察体制改革，配套文书。依托区反腐败协调小组，深化与公检法机关及审计、财政、工商等部门的协作配合。推进与派驻派出机构的上下联动，建立监督执纪月度通报和季度分析制度，开展派驻派出机构履行监督责任情况检查考核，加大信访和个案指导力度，形成整体合力。

拓展作风建设成果。密切关注作风问题新动向，坚持逢节必提醒、逢节必开展明察暗访，紧盯违规公款消费、违规发放福利、公车私用等问题，发现问题线索70余件。深化“为官不为”和“为官乱为”问题以及“严肃查处群众身边的不正之风和腐败问题”专项治理，重点纠正在落实中央和市委、区委部署的重要工作、重点任务中，表态多、调门高，行动少、落实差等形式主义、官僚主义问题。

保持惩治腐败高压态势。抓案件查处，巩固发展反腐败压倒性态势，加大审查调查工作力度，坚持反腐败力度不减、节奏不变、尺度不松，多措并举深挖案件来源，多管齐下加大督办力度，多道防线保证办案安全。多种方式做好审查调查后续工作，积极构建“三不”机制，持续加强政风肃纪反腐巩固发展，督促解决制度漏洞，营造风清气正的良好政治生态。

（周易）

重要活动与服务保障

【概况】中共东城区纪律检查委员会、东城区监察委员会（简称区纪委区监委）是党统一领导下的反腐败工作机构，履行党的纪律检查、国家监察两项职能，实行一套工作机构、两个机关名称。内设机构17个：办公室、组织部（机关党委）、宣传部、研究室、信访室、党风政风监督室、案件监督管理室、案件审理室、第一纪检监察室、第二纪检监察室、第三纪检监察室、第四纪检监察室、第五纪检监察室、第六纪检监察室、第七纪检监察室、第八纪检监察室、第九纪检监察室。行政编制136人、实有117人。代管区委巡察办，编制5人、实有5人。所属事业单位区电子监察中心行政人员编制6人、实有5人。派驻纪检监察组编制120人（含事业编8人）、实有93人。

2018年，做好市、区级领导调研接待工作和区纪委全会、全区纪检监察系统半年工作会等重要会议的筹备和保障工作。在全区纪检监察系统开展大学习大培训大调研，组织开展“增强监督执纪实效”专题调研、研讨。讲好东城全面从严治党故事，将纪律作为理论中心组学习、党校课程、党组织生活的重要内容，做好宪法、监察法和党纪处分条例的学习宣传，组建监察法宣讲团开展宣讲，落实全市警示教育大会精神，协助区委组织召开年度警示教育大会，及时

4月20日，区监委举行开放日活动（陈庆摄）

向全区通报和向社会公布违纪违法典型案例，以案促教、促改、促建。运用全区文化资源做好反腐倡廉警示教育，在区监委成立周年之际，开展开放日活动。“廉政东城”微博连续五年在全市纪检监察系统官方微博中排名第一，纪检监察信息工作名列全市第一。

（徐休明　周易）

【区纪委全会】2月5日，召开区纪委十二届三次全会，宋铁健主持。会议传达十九届中央纪委二次全会精神和市纪委十二届三次全会精神。区委常委、区纪委书记、区监委主任种磊代表区纪委常委会作工作报告。全会审议通过区纪委常委会工作报告和全会决议，向第八届区党风廉政监督员、特邀监察员颁发聘任书。张家明等区领导班子成员，区法人民院院长、区人民检察院检察长，区纪委委员，区委巡察办、各巡察组负责人及相关负责人；区属各单位党组（委）主要负责人、各街道工委书记、纪工委书记、副书记，区纪委区监委各派驻纪检监察组组长、副组长，机关各部门负责人、处级纪检员及区第八届党风廉政监督员、特邀监察员等参会。8月3日，召开区纪检监察半年工作会。会议传达市委十二届五次全会和区委十二届六次全会精神。种磊代表区纪委常委会作全区纪检监察半年工作报告，部署下半年重点工作任务。部分机关纪检监察室、派驻纪检监察组和街道纪工委负责人作交流发言，种磊作总结讲话。区纪委委员、区监委委员，区纪委区监委机关、各派驻纪检监察组、区委巡察办全体干部，区委各巡察组、各街道纪工委、区直机关纪工委、法检“两院”纪检组负责人，各双管单位、区属企业纪检监察工作负责人和第八届区级“两员”等参会。

（周易）

【专题培训】2月27日至3月1日，举办区纪检监察系统业务培训班。围绕如何在新形势下开展执纪监督工作、如何做好基层纪检监察工作、落实总规抓好纪检监察工作等专题授课，并组织参训学员座谈研讨。纪检监察系统干部228人参训。5月3—7日，委托中国纪检监察学院举办区纪检监察干部学习贯彻中共十九大精神和《中华人民共和国监察法》专题培训班，系统及区内31家单位处级领导89人参训。

（徐休明）

【廉政教育宣传】3月底，制作两款监察法宣传海报1200张，两款廉政宣传海报2000余张，向全区各社区、医院、学校等基层单位发放。4月，打造形式新颖、互动性强的“东城监委一周年”手机动画，短时间内浏览量逾3万人次。举办区纪委区监委机关开放日活动，邀请监察对象代表、人大等监督部门代表、媒体记者代表等40余人参观办公场所、区反腐倡廉警示教育基地等地。组建监察法宣讲团，以监察法新增6类监察对象为主要宣讲对象，面向辖区内街道、社区、校园、企业、医院等有针对性地开展主题宣讲活动50余场。邀请区内行业代表4人录制监察法公益宣传片，在王府井步行街和国瑞城LED大屏滚动播放。6月7日，举办“不忘初心 牢记使命”——东城区第十届群众性勤廉书画作品展，征集作品450幅，参展作品148幅。8月28日，与区文联联合举办“不忘初心 牢记使命”廉政曲艺专场演出。11月5日，与文委、区文联联合打造廉政话剧《清白人间》，组织全区党员和监察对象代表近400人观看。2018年，在廉政在线指尖学堂在线学习测试上推出聚焦十九大篇、党章篇、监察法篇、条例篇4套专题测试，总答题人数约1.3万人，总答题次数8.1万次。拍摄高琦案警示教育片和区党风廉政建设责任制检查汇报片《东城区2018年全面从严治党工作纪实》。“古韵正声”网站编辑发布原创区纪检监察工作信息2800余条，转载各大主流媒体纪检监察工作相关时事热点、理论文章等近2000条，网站全年访问量4.5万人，访问次数8万余人次，浏览量达24万人次；“廉政东城”微信公众号推送内容76期139条，粉丝增长超过三分之一；“廉政东城”官方微博粉丝近7万人，在市纪检监察系统官方微博中名列第一。在中央纪委网

11月15日，柬埔寨高级干部考察团参观东城区反腐倡廉警示教育基地
（陈庆摄）

站、《中国纪检监察报》《中国纪检监察杂志》3家中央纪委媒体登载信息12篇，在市纪检监察网站登载信息71篇，在“清风北京”微信公众号登载信息16篇，在《新东城报》登载信息36篇。反腐倡廉警示教育基地接待中央部委和外国高级访问团在内的社会各界参观400余批次1.7万余人次。三祠官德教育基地接待来访团体和散客3万余人次。

（程禹嘉）

【纪检组织工作】10月，起草《关于社区纪检组织设置的意见》，并作为《关于认真做好全区社区“两委”换届选举工作的意见》附件，经区委常委会审议通过，以区委名义制发。11月，选派机关干部参加市纪委组织的业务能力测试，5人因成绩优秀得到市纪委表彰。2018年，针对派驻机构特点，制订派驻纪检监察组管理办法、考核考察暂行办法等，明确派驻机构工作职责，规范派驻机构干部日常管理。全年受理纪检监察干部问题线索9件，谈话函询9件，办结9件（含2017年2件）。

（徐休明）

【制订法规工作制度】2018年，制订《关于推进全面从严治党的实施意见》《十二届东城区委巡察工作规划》《东城区纪委区监委派驻纪检监察组管理办法（试行）》《东城区纪委区监委信访举报工作规程（试行）》《关于贯彻落实〈北京市纪委市监委机关开展问责工作程序规定〉的实施细则（试行）》《对区管干部开展任职廉政谈话办法》《东城区纪委区监委关于对受党纪政务处分、问责处理党员、公职人员开展回访关爱的办法（试行）》《东城区纪委区监委科级及以下公务员平时考核实施方案（试行）》等16项制度。

（李劭凯）

【开展调研】修订《东城区纪检监察系统调查研究工作制度》，落实重点课题调研、区委关注课题调研、专项课题调研的三级调研课题责任制。2018年，纪检监察系统围绕纪检监察工作重点难点问题开展调研，形成《以审计监督助推巡察监督的思考与对策》《东城区“疏整促”工程项目实施中存在的问题及对策建议》《党组织教育管理监督党员问题与对策研究》《监察体制改革后如何在执纪审查环节把握监督执纪“四种形态”问题研究》等调研报告47篇。《东城区纪检监察重复信访举报特点分析及对策研究》获市纪检监察系统年度优秀调研成果二等奖。针对纪检监察体制改革后各单位关于如何履行监督这一纪检监察首要职责认识不清、途径不多的问题，举办增强监督执纪实效专题研讨，收到论文66篇，其中43篇优秀论文编辑成册，遴选其中4篇在区纪检监察半年工作会上作交流发言。

（李劭凯）

【纪检监察信息】2018年，编印25期《东城纪检监察信息》，向区委办、政府办分别报送信息190余条（篇），向市纪委报送信息近100篇，近100篇信息被《东城信息》（普刊）采用，20篇信息被《北京纪检监察信息》（普刊）采用，3篇专报被《北京纪检监察信息》（专报）采用，其中“职业资格证书考试中的利益链条问题应引起重视”专报得到市纪委市监委主要领导批示。在全市全年纪检监察系统信息工作数次通报中，东城区位列第一。

（王艳秋）

监督执纪

【概况】2018年，压实全面从严治党政治责任，严明党的政治纪律和政治规矩，围绕管党治党责任履行不到位等问题，对涉及人员及单位党组织进行问责追责。加强全区政治生态的分析研判，对各处级单位领导班子及党政领导干部进行廉政画像，推进廉政档案系统建设。加大主体责任日常检查考核力度和个性化指标所占比重，在区教委、区卫计委等8家单位开展纪检委员协助基层党组织落实管党治党责任试点，推进处级党政正职和纪检监察组织负责人向区纪委全会述责述廉。切实履行监督第一职责，围绕全区重点工作加大监督执纪问责力度，确保重大决策部署得到贯彻落实。推进与派驻派出机构的上下联动，建立监督执纪月度通报和季度分析制度，开展派驻派出机构履行监督责任情况检查考核，加大信访和个案指导力度，形成整体合力。开展“四风”问题交叉专项巡察和常规巡察，研究促进巡察监督与审计监督深度融合，探索开展“巡街道带社区”，建立巡察信息共享和工作联动机制。

（周易）

【落实中央八项规定精神】元旦、春节、“五一”、端午及中秋、国庆等重要节点前夕，进一步整合反腐败资源，聚焦“关键少数”，坚决查处隐形变异的“四风”问题，印发《2018年春节及全国“两会”期间强化监督执纪工作的实施方案》《关于强化2018年“五一”、端午期间监督执纪问责工作的通知》《关于强化“中秋”“国庆”期间监督检查力度坚决防止“四风”问题反弹的工作通知》《关于持之以恒正风肃纪确保2019年元旦春节风清气正的通知》，向全区处级以上党员领导干部“点对点”发送廉政短信，严明纪律要求。做好节前明察暗访，紧盯违规公款消费、公车私用等问题，对大型超市、饭店等场所开展明察暗访17批次，发现问题线索70余条。9月19日、12月28日，通报查处的违反中央八项规定精神问题典型案件，发挥警示教育作用。完善纪检监察与税务、财政等部门问题线索移送机制，定期调取全区党政机关财务支出数据分析排查。注重日常通报曝光，2018年查处曝光违反中央八项规定精神、侵害群众利益的典型案件24件。深化“为官不为”和“为官乱为”问题以及严肃查处群众身边的不正之风和腐败问题专项治理，重点纠正在落实中央和市委、区委部署的重要工作、重点任务中，表态多、调门高，行动少、落实差等形式主义、官僚主义问题。

（崔玉邦）

【派出派驻工作】1月4日，与区委组织部联合召开街道系统监察组干部宣布大会，会上宣读对区监委派出17家街道监察组组长和副组长的任命决定。2018年，各街道纪工委（监察组）向工委会提交全面从严治党、党风廉政建设和反腐败工作议题建议160余项，与街道、社区干部进行廉政谈话260余次，开展各类巡查活动170余次，接收、受理信访举报近170件次，进行谈话函询140余人次，强化对街道班子议事决策过程监督，严把选人用人廉洁关口，围绕市区和街道重点工作开展专项监督检查治理，在重大节日和重大活动期间实施定点定时监督，依法依规对街道管辖范围内行使公权力的公职人员监督，并协助区监察委员会开展调查。各派驻纪检组参加监督单位各类会议670余次，与各级干部谈心谈话690余次，进行巡查活动340余次，受理信访举报和问题线索近520件次，进行谈话函询114人次，围绕监督单位工作特点，坚持目标导向和问题导向相统一，协助监督单位党组织推进全面从严治党，重点对相关单位党委（组）、领导班子成员特别是“一把手”贯彻执行民主集中制、中央及市区重大决策部署、“三重一大”决策制度、落实主体责任、党风廉政建设责任制、干部选拔任用、落实中央八项规定等工作情况进行监督，创新监督方式方法，发挥监督“探头”作用，协助指导监督单位开展党风廉政建设和反腐败工作。

（周易）

2月5日，区领导向东城区第八届“两员”颁发聘书（崔玉邦摄）

【“两员”队伍建设】1月30日，印发《关于授予董骛、魏燕等15名同志“荣誉特邀监察员”“荣誉党风廉政监督员”称号的决定》《关于表彰东城区第七届优秀特邀监察员优秀党风廉政监督员的决定》。2月1日，召开区第七届特邀监察员、党风廉政监督员工作总结会。表彰荣誉特邀监察员10人、荣誉党风廉政监督员5人、优秀特邀监察员13人、优秀党风廉政监督员11人。同日，印发《关于聘请东城区第八届特邀监察员、党风廉政监督员的通知》，聘任第八届区级“两员”50人。4月20—21日，召开第八届“两员”培训工作会。结合纪检监察体制改革，优化和完善“两员”的监督方式和工作方法。组织“两员”列席区政府常委会、政府扩大会等会议，参与全面从严治党主体责任检查、重要节点暗访、现场述责述廉等工作，发挥“两员”监督职能。

（崔玉邦）

【全面从严治党工作】2月5日，印发《关于2017年东城区党风廉政建设责任制检查考核情况的通报》，纪（工）委、派驻纪检监察组主要负责人向区纪委全会述责述廉工作会，街道纪工委、派驻纪检监察组和机关部室负责人9人就2017年主要工作情况、存在问题及2018年工作思路现场述职述责述廉。3月9日，结合2017年区党风廉政建设责任制专项检查结果，对78家检查单位书面反馈，督促其整改落实。6月6日，针对市反腐倡廉领导小组对东城区党风廉政建设责任制检查考核反馈意见，制订专门整改工作方案，明确20项改进措施以及牵头单位，并抓好任务落实。7月26日，印发区全面从严治党主体责任延伸检查考核方案及指标体系，按照交叉互查的原则，检查学校、医院、企业、社区等4个领域、68家单位落实全面从严治党主体责任，对存在问题的单位进行通报并提出工作建议。8月20日，印发区全面从严治党主体责任专项检查考核工作方案及指标体系。8月28日，组织新任领导干部52人接受集体廉政谈话。9月28日，召开区处级单位党政主要领导向区纪委全会述责述廉工作会。体育馆路街道、区委社会工委（区社会办）、区民政局党政主要领导现场述责述廉，并回答与会人员提出有关党风廉政建

8月28日，区纪委区监委书记种磊与全区新任处级领导干部进行集体廉政谈话（陈庆摄）

设领域的热点难点问题。种磊、赵凌云参会。10月16日，制订《对区管干部开展任职廉政谈话的办法》。10月17日，市纪委市监委第六监督检查室对区委落实主体责任情况及区纪委区监委近期重点工作开展监督检查，听取区纪委区监委落实监督责任的情况汇报。12月28日，市纪委市监委第六监督监察室采用“四不两直”方式对区贯彻落实全面从严治党主体责任情况开展监督检查，指出存在的相关问题和薄弱环节，要求东城区加强问题整改，落实好全面从严治党主体责任。在8家单位开展纪检委员协助基层党组织落实管党治党责任试点，探索全面从严治党向基层延伸的有效途径。 2018年，协助区委制订《区委常委会带头落实全面从严治党主体责任的实施办法》《关于落实全面从严治党的实施意见》等制度，并将任务细化分解到各责任部门。

（崔玉邦）

【专项监督】4月2日，印发《关于开展“疏解整治促提升”工程建设项目专项监督检查的工作方案》，对近3年1791个工程项目开展拉网式检查，对20个单位逐一问题反馈，督促各单位加强整改，完善相关管理制度。建立监督执纪月度通报和季度分析制度，通报机关纪检监察室、派驻纪检监察组和街道纪工委等的执纪监督工作。针对社区财务管理不规范被立案的社区工作者较多的情况，开展对社区现金管理专项监督检查。5月14日，印发《强化扶贫协作监督执纪问责工作实施方案》，与4个扶贫协作地区纪检监察机关建立工作机制，推动扶贫协作工作廉洁高效开展。5月25日，区纪委区监委与张家口市崇礼区纪委区监委建立扶贫协作监督执纪问责工作机制的协议。6月20日，印发《关于关平训长期不在岗经商办企业问题的通报》《关于开展东城区党员干部长期不在岗问题专项整治工作的通知》，在全区开展党员干部长期不在岗问题专项整治。11月20日，印发《关于在社区“两委”换届选举中加强正风肃纪的工作方案》，对全区177个社区党委书记以及社区“两委”委员拉网式排查。2018年，建立健全廉政档案系统，将全区处级、科级及以下干部纳入廉政档案的范围，整合录入数据10万余条，发挥廉政档案信息系统在信息查询、问题梳理、分析汇总等方面的支撑作用。

（崔玉邦）

【巡察工作】10月16日，区委印发《十二届东城区委巡察工作规划》，印发区委巡察工作领导小组、区委巡察组和区委巡察工作领导小组办公室工作规则。12月14日，区委组织部、区委巡察办联合印发《东城区结合巡察开展选人用人工作专项检查工作实施办法》。2018年，区委启动第三、第四、第五轮3个轮次的巡察，分别是：第三轮对东四街道、区政务服务中心、东方信达总公司，第四轮

5月25日，北京市东城区与河北省张家口市崇礼区对接扶贫协作监督执纪工作（陈庆摄）

对区委宣传部（含新闻中心、文促中心）、区体育局、区文委、区文联、区文明办、区司法局、永定门外街道、东华门街道，第五轮对区国资委、佳源公司、区城管执法局、区委老干部局、区环卫中心、东城园管委会、区发改委、区统计局、景山街道开展巡察，同时对永定门外、东华门、景山3个街道的全部40个社区党委开展侵害群众利益不正之风问题专项巡察。其中按照市委巡视巡察工作统一部署和要求，第三轮巡察为“四风”问题专项巡察，采取交叉巡察方式，由朝阳区委派出3个巡察组，分别对东城区上述3个单位进行巡察，巡察组受东城区委和巡察工作领导小组领导，向东城区委负责并报告工作；同时，东城区委派出3个巡察组赴西城区开展巡察工作。各轮巡察结束后，均召开区委巡察工作领导小组会和区委书记专题会议，听取巡察工作情况和巡察问题线索汇报，研究巡察重点工作。区委各巡察组及时向被巡察单位党组织主要负责人和被巡察单位反馈巡察意见。张家明、金晖、种磊等区领导分别出席巡察反馈会。

（冯健）

【责任追究】2018年，印发《关于贯彻落实〈北京市纪委市监委机关开展问责工作程序规定〉的实施细则（试行）》。严明党的政治纪律和政治规矩，围绕管党治党责任履行不到位等问题，全年对22人及2家单位党组织进行问责追责。

（崔玉邦）

【大数据应用】2018年，运用大数据比对出区公职人员42人存在涉嫌违规参股、管理私营企业的情况，涉及全区200余家单位近400辆公车私用现象，违规参股办企业案件、公车私用类案件占区纪委区监委立案查办案件总数30%。向全区印发《关于网络违规行为问责的通报》2次。

（姜月娇）

12月25日，区召开反腐败协调小组会议（陈庆摄）

审查调查

【概况】2018年，全区纪检监察系统落实“惩前毖后，治病救人”方针，保持惩治腐败高压态势。大力推进纪法贯通、法法衔接，对问题线索处置及移送、审查调查措施使用、涉案款物处置等工作流程、配套文书进行规范完善。依托区反腐败协调小组，深化与公检法机关及审计、财政、工商等部门的协作配合。发挥信访举报职能，推进信、访、网、电举报一体受理。加强对重点地区、单位及工作领域信访举报情况的分析研判，为开展日常监督、巡察等工作提供信息支撑和工作指向。运用大数据、监督检查、深挖案中案等方式发现问题线索，发挥“上下一体、多方联动”专案化作战模式的优势，加强与公检法等机关的协作，专案组综合运用多种措施和方式推进案件办理，重点查处一批大案要案及专案，持续发挥高压震慑作用。

（周易）

【追逃追赃】3月8日，市纪委市监委相关负责人到区调研指导推进国家监察体制改革试点特别是开展国际追逃追赃工作，听取区纪委区监委2017年开展追逃追赃工作情况及2018年工作方向、思路、重点工作对象情况的汇报，对东城区纪委区监委在追逃追赃工作中所做大量工作和取得成效表示肯定。2018年成功追回在逃人员3人。潜逃异地8年的挪用公款犯罪嫌疑人崔某在山东济宁警方协助下被成功抓获，由区监委将其押解回京。外逃加拿大7年的单位行贿罪犯罪嫌疑人吴某经劝返主动回国自首。吴某是铁道部专案在逃的最后1个嫌疑人，对其成功劝返标志铁道部专案画上句号。外逃加拿大14年的职务犯罪嫌疑人刘某劝返回国投案自首，此为国家监委、最高人民法院、最高人民检察院、公安部、外交部等五部委联合发布《关于敦促职务犯罪案件境外在逃人员投案自首的公告》后，北京市成功劝返的首位“红通人员”，也是市区追逃部门统筹协调、持续发力取得的重要战果。

（杨凯）

【涉嫌违纪违法案件】5月16日，经区纪委区监委研究，决定对北京市崇远投资经营公司原党委书记、董事长高某涉嫌严重违纪违法问题进行立案审查。该案是东城区监察委员会成立后查出的第一例正处职干部（区委委员）涉嫌违纪违法的案例。5月23日，经区纪委区监委执纪审查专题会讨论并报区委、市监委批准，对高某采取留置措施，区监委对其涉嫌严重职务违法行为开展调查。

（杨凯）

【办案协作配合】5月21日，会同区检察院召开协作办案联席会议，就双方在查办党员和公职人员涉嫌违纪违法案件中如何加强配合进行讨论，并形成区纪委区监委与区人民检察院协作办案联席会会议纪要，原则通过相关协作机制。12月25日，召开区反腐败协调小组会议，种磊主持。会议研究《关于在查办党员和公职人员涉嫌违纪违法犯罪案件中加强协作配合的实施细则（试行）》并同意报请区委常委会研究通过，传达关于追逃追赃工作的指示精神并通报区追逃追赃情况。区委组织部、区委政法委、区人民法院、区人民检察院、东城公安分局等小组成员单位主要领导参加。

（秦健立）

【信访举报及办理】2018年，受理纪内信访举报821件次，接待来访群众1234批、1397人，召开信访排查会27次。做好重点时期矛盾隐患排查工作，在全国“两会”等重点时期未发生到中央纪委、市纪委集体访与非正常访。开展重点信访举报件督办工作，对23件重点信访举报挂账督办。强化对信访举报情况分析研判，形成12期信访月报报区委主要领导，向区委常委会专题汇报2次。

（阳威）

【案件监督管理与审理】2018年，制发《东城区纪委区监委关于问题线索移送的工作流程》，制订问题线索五查工作要点，召开问题线索集体排查会18次，呈报问题线索单批件68件，按照会议研究意见及领导批示处置问题线索840件。重视办案过程安全，区纪委区监委机关抽调干部1人长期驻在办案谈话区负责监督和协调，另配备专职安保2人，为办案谈话区加装安检门，安装同步录音录像设备，与市第六医院续签医疗绿色通道协议，制订《关于“办案医疗保障”应急预案》，印发执纪审查安全工作手册，不定期开展办案安全专题培训。全年谈话区使用400余次，启用绿色通道60余人次，临时调动安保30余人次。2018年，全区纪检监察系统处置问题线索1250件，办结715件；新立案86件，结案82件；给予党纪处分64人，政务处分23人，双重处分17人，移送司法机关13人，采取留置措施10人；运用监督执纪“四种形态”处理党员、监察对象1013人次，其中“第一种形态”934人次，“第二种形态”41人次，“第三种形态”25人次，“第四种形态”13人次。全年审结违纪违法案件84件，其中审结直查案件47件，派驻单位移送统一审理案件21件，批复案件15件，解除处分案件1件。审结问责案件5件，给予党纪政务处分72人，其中给予违法违纪人员重处分30人。审结职务违法犯罪案件13件，移送司法机关13人。在做好审理工作的同时，落实案件的处分执行，规范处分执行工作具体要求，明确处分执行主责部门和具体执行工作的方式方法，开展已结案件处分执行情况检查，查出执行问题20余件次，已要求整改，修订完善纪律处分执行告知书，细化处分执行具体工作。按照监督执纪工作考核办法要求，制订案件质量评查标准，从办案程序、证据标准、期间时限等方面细化量化，提升区纪委区监委案件办理总体质量。

（秦健立　韩坤呈）

中国共产党北京市东城区纪律检查委员会（北京市东城区监察委员会）领导

书　记（主　任）　　种　磊

副书记（副主任）　　陈　岗　李　婧（女）　姚志刚

民主党派

11 月 16 日，致公党东城区委组织党员到国家博物馆参观“庆祝改革开放 40 周年”展览（致公党东城区委提供）

中国国民党革命委员会北京市东城区委员会

【概况】中国国民党革命委员会北京市东城区委员会（简称民革东城区委），成立于2011年7月。2016年5月召开中国国民党革命委员会北京市东城区第二次代表大会，选举产生民革东城区第二届委员会。有主委1人，副主委3人，专职副主委1人、秘书长1人，委员17人。下设调研、社情民意信息、祖国统一、学习宣传、经社（文化）、青年与妇女、老龄文史、法制（人资环）8个专项委员会。基层支部16个，民革党员878人，其中全国政协委员2人、市政协委员6人（其中常委1人）、区政协委员22人（其中副主席1人，常委2人），民革中央委员2人、民革市委委员4人（其中副主委1人、常委3人），区人大代表3人，担任各级特约监察员5人，各级人民法院人民陪审员8人，年度新发展民革党员32人。区民革党员中具有台胞、港澳同胞和海外侨胞（简称三胞）关系的400余人。

2018年，学习贯彻中共十九大和民革十三大精神，围绕市、区中心工作和发展大局，开展“不忘合作初心，继续携手前进”主题教育活动，开展民革成立70周年、“五一口号”发布70周年、改革开放40周年等纪念活动。召开主委会议6次、全委会议1次。举办党员培训班、传达全国“两会”精神报告会，组织党员赴重庆市区委党校学习，参加东城区民主党派“一把手”培训班。党员1人被评为民革中央参政议政工作先进个人。

（冯燕）

【调研与提案】在全区统战系统参政议政优秀调研成果评比中，《深化疏解整治促提升打造首都核心区南门户——永外新区》获咨政奖。对《东城区平房院落保护及合理利用路径研究》《互联网+新型养老模式在东城区医养结合中的探索》《关于学前教育的调研报告》《东城区脊髓损伤者基本状况及需求的调研报告》《冰球运动发展相关问题调研》等调研课题深入考察调研，形成调研成果10项，党派提案3件。在区政协十四届三次全会上，党派提案《关于深化疏解整治促提升，打造首都核心区南门户——永外新区的建议》和2篇个人提案被评为年度优秀提案。

（冯燕）

【社情民意信息】2018年报送社情民意信息112篇，其中民革市委采纳29篇，区政协采纳23篇。区领导批示2篇，市政协采纳4篇，市委市政府采纳1篇，市委统战部采纳4篇。获2017年度东城区统战系统信息工作优秀单位二等奖，党员1人被评为优秀信息员。在政协东城区第十四届委员会第三次会议上，被评为年度社情民意信息工作先进单位。

（冯燕）

【民主协商】围绕区委、区政府工作报告，重点从疏解整治与环境优化提升、街道管理体制改革、学前教育、平房区胡同保护、医养结合等方面提出意见建议。推荐文化领域党员参加统战部和政协联合组织的戏剧东城建设议政沙龙活动。

（冯燕）

【民主监督】党员5人担任区特约监察员，党员5人被任命为各级人民法院人民陪审员。党员积极代表民革履行职责，参加多个单位多种形式的民主监督活动。

（冯燕）

【主题活动】开展“不忘合作初心，继续携手前进”主题教育活动。参加区委统战部举办东城区民主党派“一把手”培训班。联合致公党、侨联在北京、重庆两地举办骨干党员培训班。组织党员参观伟大变革——庆祝改革开放40周年大型展览、“真理的力量——纪念马克思诞辰200周年”主题展览，观看央视《共铸辉煌》5集纪录片。开展纪念中共中央发布“五一口号”70周年、民革成立70周年系列活动。开展纪念征文活动，共

6月23日，“忆风雨历程70载，颂不忘初心百年梦”文艺汇演举办
（民革东城区委提供）

征集文章、诗歌、广播剧剧本等原创作品27篇，部分作品在民革市委纪念“五一口号”朗诵会上朗诵。举办“忆风雨历程70载，颂不忘初心百年梦”文艺会演。倡导讲好民革故事，做好民革宣传，征集先进典型和优秀事迹故事并择优上报和刊登。党员1人撰写文章“周恩来对黄维的半生恩情”在周恩来与统一战线主题征文活动中获二等奖。9月，受邀赴天津市滨海新区开展题为“与改革同行，谱合作新篇”调研考察活动。开展我与改革开放故事征文活动，共征集文章及诗歌作品8篇，其中党员1人撰写的文章“我与改革开放”获民革中央“改革开放四十周年”征文评比一等奖。

（冯燕）

【祖国统一工作】配合民革中央、市委开展涉台青年交流活动。党员1人协同民革中央接待第二届台湾励志青年大陆参访团；协助民革中央联络部接待台湾“杰青团”，承接台湾青年6人暑期实习生在华灿工场实习；参与接待台湾上市公司协会参访团一行到民革中央机关访问；参加民革中央主办的两岸新锐设计竞赛——华灿奖颁奖典礼。党员1人执笔完成《落实中央惠台政策，积极打造东城区对台工作首善之区》调研报告。组织召开迎中秋三胞联谊会，解读“惠台三十一条”，介绍台湾最新选情以及2017年东城区政府对台工作情况，并交流对台工作体会。民革中央、中共东城区委统战部、区台办等单位领导出席会议。

（冯燕）

【社会服务】民革东城中山书画院先后到北京中医医院、武警总队执勤第四支队开展慰问联谊活动。赴内蒙古自治区乌兰察布市国家级贫困县化德县开展以捐赠、义诊、笔会交流、考察为主要内容的精准扶贫活动，向当地捐助价值近4万元物资。连续第四年走进内蒙古自治区锡林郭勒盟阿巴嘎旗查干诺尔镇，开展绿色公益行植树活动，栽种怪柳3500棵，100棵小树，树苗及养护共投入1.8万元，已全部存活。与北京公益服务发展促进会联合举办东城民革博爱牵手西部温暖计划活动，现场捐赠价值4.3万元物品。连续4年到怀柔区为当地村民爱心义诊。到交道口街道走访辖区困难群众，向141户送去价值5000余元爱心小米。联合中国康复研究中心举办第二届“关爱残疾儿童，传递公益力量”扶残助残活动。联合东城区残联开展庆祝国际残疾人日——东城区脊髓损伤者“幸福生活”公益扶助活动，党员1人向全区脊髓损伤患者每人捐献防褥疮床垫50个。组织发动党员参与预定崇礼滞销土豆活动，开设民革专属购买通道，订购土豆637份3.2吨。

（冯燕）

【法制工作】举办集资诈骗法律常识问题法律知识讲座。赴北京市第二中级人民法院对北京法院三项规程实施情况进行专项调研，完成《关于北京法院刑事审判“三项规程”实施情况的调研报告》。

（冯燕）

【老龄文史工作】两节期间，慰问老党员和困难党员110人。10月，举办“纪念改革开放四十年·喜庆重阳节”联谊慰问活动。

（冯燕）

中国民主同盟北京市东城区委员会

【概况】中国民主同盟北京市东城区委员会（简称民盟东城区委），成立于1998年11月。2016年5月22日，召开民盟东城区第二届代表大会，选举产生新一届领导集体，领导集体由主委1人，常务副主委1人，副主委4人，秘书长1人组成。下设工作机构，即“五部”“九委”及“三会一团”。其中区委下设组织部、参政议政部、宣传部、社会服务部、专委会工作部五部；教育、文化、卫生、体育、经济、科技、妇女、老龄9个专门工作委员会；统战理论研究会、社情民意信息工作委员会、《东城盟讯》编委会、民盟东城区委艺术团。有民盟基层委员会2个，基层总

9月17日，民盟东城区委社情民意信息暨新盟员培训班开班
（民盟东城区委提供）

支1个，基层支部57个（区属单位支部24个，市属单位支部4个，中央单位支部29个），盟员1748人。盟员6人当选新一届民盟中央委员。盟员中任全国政协委员1人；市人大代表4人；市政协委员3人；区人大代表7人，其中任区人大常委2人；区第十四届政协委员19人，其中任区政协常委5人。民盟中央委员6人，民盟市委委员9人。任市委、市政府特约监察员2人，区委、区政府特约监察员5人。

2018年，民盟东城区委深入学习贯彻中共十九大精神和习近平新时代中国特色社会主义思想以及统一战线理论知识，参加盟中央、盟市委和中共区委统战部组织各种理论学习班、专题研究班和党派干部骨干培训班，围绕区大事、要事开展调查研究，了解和反映群众要求，参政议政，履行参政党职能，组织盟员开展社会服务、慰问等活动。被东城区政协授予2017年度社情民意信息工作先进单位称号；被中共东城区委统战部授予东城区统战系统信息工作优秀单位一等奖。

（翟洋）

【组织建设】6月26日，民盟区委主委、常务副主委等一行9人参加民盟北京市委组织工作会议。10月10日，民盟区委常务副主委带队参加民盟市委区委区工委直属基层组织负责人工作会议。2018年发展新盟员82人，全区盟员1748人。保持民盟化教育、科技、文化为主界别优势。全年召开2次主委会，4次全委扩大会。完善盟区委“五部”“九委”“三会一团”组织构架。实施“四四三”分层组织管理模式，即贯彻支部工作“四个一”、专委会工作“四个一”和盟员发展“三个一”工作要求。形成区委委员联系支部、调查研究工作、社情民意信息员培训、组织发展等一系列自身建设机制。研究制订《民盟东城区委加强组织发展工作的实施细则》。

（翟洋）

【调研与提案】在政协东城区第十四届委员会第二次会议上，《关于加强东城区皇城历史文脉保护的建议》被评为2017年度党派团体优秀提案。常务副主委等3人提交《关于加强东城区养老服务人员队伍建设的建议》和副主委等4人提交《关于北京市东城区第一人民医院异地迁建项目的建议》被评为2017年度委员优秀提案。9月26日，民盟区委卫生专委会赴东城区东花市社区卫生服务中心，就辖区家庭医生签约服务开展情况进行调研。

（翟洋）

7月，民盟东城区委帮扶云南省临沧市支教活动（民盟东城区委提供）

【民主协商】协商会前组织区委委员、支部主委、政协委员、人大代表以及参政议政骨干盟员对区政府工作报告、区委工作报告及其他重要文件征求意见建议，对《东城区2017年党风廉政建设和反腐败工作情况进行通报并对2018年工作任务安排》进行协商，盟区委组织区委委员、支部主委、政协委员、人大代表，特别是盟内兼有党员身份的盟员研读文件征求意见建议，为政党协商凝聚集体智慧。

（翟洋）

【社情民意信息】区委通过开展社情民意信息工作，凝聚盟内智慧和力量，关注民生、反映民意，助力东城发展。开办新盟员社情民意信息暨培训班，新盟员51人参加培训。以定期发布的信息热点需求为重点，做好参政议政骨干盟员约稿工作，确保信息稿件的质量和水平。2018年，民盟区委共报送社情民意信息169篇，市委市政府采用1篇，市人大采用1篇，市政协采用2篇，民盟市委采用70篇，区委区政府采用1篇，区政协采用19篇，区领导批示2篇。区委统战部《议政建言直通车》采用8篇，5份建议得到区委书记、区长批示。盟员3人获得2017年度区政协优秀社情民意信息工作者称号。盟员1人获得中共区委统战部优秀信息员称号。

（翟洋）

【思想建设】春节前夕，区委进行新春慰问走访，主委、副主委走访慰问离退休老主委。区委委员分别走访联系支部离退休老主委。举办迎春电影招待会，组织盟员观看教育片《厉害了，我的国》，三八妇女节参观中国园林博物馆，九九重阳节举办同心杯棋类交流赛。两次组织盟员60余人参观“真理的力量——纪念马克思诞辰200周年”展和庆祝改革开放40周年展览。联合区社会主义学院与民进、农工党区委共同举办为期10天盟员骨干学习班，赴江苏省无锡市委党校学习。在东城民盟之家网站和《东城盟讯》开设专栏，刊载盟员“五一口号”纪念文章、理论文章11篇。2篇优秀纪念文章被选登在东城统战微信公众号上。组织盟员撰写原创诗歌《民盟七十年，命运紧相连，携手共产党，荣辱都向前》，并参加民盟市委汇报演出。10月24日，区委常务副主委带队赴民盟中国农业大学委员会盟员之家参观学习。

（翟洋）

【社会服务】3月，东城盟员前往内蒙古翁牛特旗爱心服务地，送医送药开展学雷锋志愿服务活动。7月，组织民盟青年骨干教师，赴云南省临沧市临翔区教师进修学校开展为期5天“民盟同心·烛光支教”活动，开展示范课观摩点评，对当地教师进行专题讲座。10月，开展“民盟同心·医疗帮扶河南新县行”义诊系列活动。民盟区委主委带队民盟医疗界专家盟员赴河南省信阳市新县人民医院和中医院开展义诊，通过门诊、手术教学，专家会诊，座谈交流等形式，接待就诊病人200余人次。

（翟洋）

【支部活动】1月7日，长征支部在东城区建国门街道办事处举行年度总结会，支部主委及盟员13人出席。2月，东城经济支部开展“弘扬敬老美德，尽展时代风采”为主题的支部活动，为天坛兆如养老照料中心老人送温暖。3月19日，中国医学科学院支部新班子成员召开座谈会。3月20日，22中支部召开2018学年度第一次会议。支部主委就区支教工作的调整建议及该支部建设工作的问题组织交流讨论。5月，民盟东城区委新闻出版总署支部、外经贸支部和崇文经济支部联合开展支部活动，参观中国法院博物馆。6月，民盟东城经济支部足球队成立并开展训练活动。7月，东城长征支部召开新任班子工作会议。长征支部加强盟员学习，启动研习会系列活动，并利用新媒体开展党建学习。9月，民盟东城经济支部组织盟员30余人参加非遗传统文化——“面人郎”面塑活动。10月，崇文科技支部组织20余人，赴门头沟区清水镇参加第九届北京国际山地徒步大会。

（翟洋）

【参加党政重要会议】1月5日、11月8日，组织区委班子成员和骨干盟员分别参加区民主党派、工商联负责人和无党派代表人士征求意见座谈会和区党外人士议政建言工作部署会。3月，民盟东城区委主委出席东城区党派团体协商通报会，就东城区纪检监察2017年工作开展情况和2018年工作任务安排代表民盟作发言。7月25日，区委主委和常务副主委出席东城区党派团体协商通报会，就中共东城区委十二届六次全会工作报告与东城区2018年上半年经济社会发展情况和下半年重点工作安排代表民盟区委作发言。10月、11月，组织区委班子成员和骨干盟员分别参加加强戏剧东城建设工作区情通报会和东城区疏解整治促提升工作区情通报会，盟员1人提出相关建议。12月18日，区委主委出席东城区党派团体协商通报会，就东城区有关人事安排代表民盟区委表态。12月25日，区委主委和常务副主委出席东城区党派团体协商通报会，就东城区级领导班子成员人事变动情况（区政府区长、人大常委会主任、人大常委会委员候选人建议人选）、《中共东城区委十二届八次全会工作报告（征求意见稿）》和《北京市东城区人民政府工作报告（征求意见稿）》代表民盟区委作发言。

（翟洋）

中国民主建国会北京市东城区委员会

【概况】中国民主建国会北京市东城区委员会（简称民建东城区委），1956年10月成立民建东城区工作委员会（民建市委派出机构），2001年11月成立民建东城区委员会。2011年6月18日，成立民建东城区第一届委员会。2016年5月28日，民建东城区召

7月16日，民建东城区委组织青年委员参观政协文史馆（民建东城区委提供）

开第二次代表大会，选举产生民建东城区第二届委员会领导集体：主委1人，副主委7人，秘书长1人，区委委员24人。民建东城区委有支部44个，专委会14个，会员1856人。会员中，有全国政协委员5人，北京市政协委员5人，北京市人大代表3人，区人大常委会代表12人，区政协委员19人，区人大常委会副主任1人、区人大常委3人，区政协常委3人。

2018年，民建东城区委结合调研工作召开年初部署会、期中推进会、期末结题会，先后到区委、办、局、街道开展调研和座谈7次，召开专题议政研讨会2次，参加“戏剧东城”协商议政会系列活动。做好“人才存量”和“人才增量”工作，优化会员队伍，制订《民建东城区委2018年工作任务分解表》，细分任务32项，按季度对工作任务进行划分，明确责任单位和牵头责任人。调动新会员积极性，增强组织凝聚力、向心力。组织区委委员、支部主委和专委会主任30余人赴河北省丰宁满族自治县土城镇苇子沟村和李泉窝铺村调研精准扶贫工作。

（路泽真）

【组织建设】2018年吸收83人加入民建组织，通过率近100%。接受民建市委转入会员5人。发挥基层支部和专委会的作用，建立专委会委员退出机制制度；对在会务工作中作出成绩的优秀会员53人予以表彰。注重调动新会员积极性，增强组织凝聚力、向心力。支部和专委会开展活动覆盖率达98%。

（路泽真）

【调研与提案】3月25日，参议委组织召开调研课题开题会，对民建市委、民建东城区委的重点调研课题进行讨论，申报调研课题10余项，集中在文化遗产保护、发挥东城区文化产业优势等领域。5月12日，参议委组织召开如何撰写高质量调研报告培训会议。培训内容包括围绕要点、热点、难点问题并结合自身行业专业优势选好调研课题；做好周密调研计划并采取科学方法进行实地调研；撰写文字简练结构严谨的调研报告。9月16日，参议委召开2018年调研工作期中会议，汇总调研工作进展情况，讨论重点调研课题，推进调研工作顺利进行。10月27日，参议委组织召开2018年调研课题研讨会，就课题组调研报告内容展开研究讨论。特邀有关领导进行点评指导。全年共向民建北京市委报送《关于中国去杠杆的路径研究》《从行政法平衡论试论政企关系及国企改革》等15篇调研报告。

（路泽真）

【社情民意信息】1月至11月，共反映各类信息206篇，其中全国政协采用1篇，市委、市政府、市政协采用3篇，区领导批示4篇，民建市委采用19篇，东城区政协采用27篇。民建东城区委被评为区政协优秀信息单位。将撰写社情民意信息工作纳入新会员培训体系，发布每个时期信息报送重点，出台《关于加强社情民意信息工作办法》，加强组织领导，规范程序流程，建立激励机制，并将其作为年终评选优秀支部和会员的条件之一。2018年召开信息培训会3次。将撰写信息工作纳入新会员培训体系，及时发布每个时期信息报送重点，社情民意信息会员26人被评为优秀信息员，9个支部被评为社情民意信息工作优秀单位。

（路泽真）

【民主协商】1月5日、11月8日，组织区委班子成员和骨干会员分别参加区民主党派、工商联负责人和无党派代表人士征求意见座谈会和区党外人士议政建言工作部署会。3月，班子成员出席东城区党派团体协商通报会，就东城区纪检监察2017年工作开展情况和2018年工作任务建言。7月25日，区人大常委会副主任、民建东城区委主委和专职副主委出席东城区党派团体协商通报会，主委就中共东城区委十二届六次全会工作报告与东城区2018年上半年经济社会发展情况和下半年重点工作发言。10月、11月，组织区委班子成员和骨干会员分别参加加强戏剧东城建设区情通报会和东城区疏解整治促提升工作区情通报会，并提出相关建议。12月18日，专职副主委出席东城区党派团体协商通报会，就东城区有关人事安排代表民建区委表态。12月25日，班子成员出席东城区党派团体协商通报会，就东城区级领导班子成员人事变动情况（区政府区长、人大常委会主任、人大常委会委员候选人建议人选）、《中共东城区委十二届八次全会工作报告（征求意见稿）》和《北京市东城区人民政府工作报告（征求意见稿）》发言。

（路泽真）

【社会服务】组织区社会服务专委会和医疗专委会医疗专家、道德模范，赴河北省丰宁县波罗诺镇6个村送棉衣、棉被和慰问金近10万元；赴河北省丰宁满族自治县黄旗镇乐国村开展义诊活动，为村民100余人进行义诊；会员企业购置22.5吨崇礼土豆，免费发放到东城交道口街道7个社区和东华门街道12个社区贫困家庭4400余户；同仁支部专家走进永外街道松林里社区为居民进行医疗保健知识讲座并开展义诊；法制委联合景山支部，赴景山街道钟鼓社区居委会为居民开展普法宣传；科二支部常年开展捐资助学活动。

（路泽真）

【参加党政重要会议】1月10日，东城区召开党外人士迎新春座谈会，区委书记张家明等出席会议，民建东城区委主委，专职副主委参加会议。2月13日，民建专职副主委参加2017年东城区政府全体（扩大）会议暨疏解整治促提升工作动员部署会，部署区政府2018年工作。3月1日，专职副主委参加2018年东城区政府全体（扩大）

会议暨深入推进疏解整治促提升促进生态文明与城市环境建设动员大会。

（路泽真）

中国民主促进会北京市东城区委员会

【概况】中国民主促进会北京市东城区委员会（简称民进东城区委），2011年6月11日，成立第一届民进东城区委员会。2016年5月29日，换届选举，成立第二届民进东城区委员会，罗强当选民进东城区委第一届和第二届主委。有基层支部54个，会员1471人。会员中全国政协委员1人，市人大代表2人（其中常委1人），市政协委员3人（其中常委1人），区人大代表9人（其中常委1人），区政协委员15人（常委2人），担任中共东城区委、区政府特约监察员4人。

2018年，深入学习贯彻中共十九大精神，扎实推进坚持和发展中国特色社会主义学习实践活动，继承和发扬多党合作的优良传统，紧紧围绕东城区中心工作，发挥自身特点和优势，履行参政议政、民主监督、服务社会职能。民进东城区委获民进北京市委上年度参政议政优秀组织一等奖和民进北京市委宣传思想工作先进集体，会员1人获民进全国宣传思想工作先进个人，会员1人调研报告被评为民进北京市委上年度优秀调研成果一等奖，会员1人调研报告被评为民进北京市委上年度优秀调研成果三等奖。会员1人建议被评为民进北京市委2017年度优秀信息成果一等奖，会员1人的建议被评为民进北京市委2017年度优秀信息成果二等奖，会员2人建议被评为民进北京市委2017年度优秀信息成果三等奖。

（陈颖）

10月27日，民进东城文化综合支部赴南锣鼓巷调研（民进东城区委提供）

【支部活动与组织建设】1月26日，民进东城区委组织会员参加迎新春观影活动，会员近500人参加。春节前，区委班子带队走访慰问老领导15人。3月9日，民进东城区委组织庆三八妇女节女会员参观工美集团聚艺创意园，会员86人参加。3月13日，组织会员观看爱国主义电影《厉害了，我的国》，会员近100人参加。3月30日，民进东城区委召开“双年评优”总结表彰会。4月10日，民进东城区委委派专职干部1人参加民进中央举办的纪念“五一口号”发布70周年座谈会。4月12—14日，民进人教社支部赴深圳开展纪念改革开放40周年主题学习活动，回顾改革开放伟大历程。4月13日，民进东城区委组织青年会员8人参加北京市委联合丰台区工委举办纪念中共中央发布“五一口号”70周年健步走活动；民进北京自然博物馆支部召开支部会议，讨论调研课题申报方向。4月19日，民进东城区委组织会员1人参加中共东城区委统战部组织纪念中共中央发布“五一口号”70周年书画笔会，书写书法作品6幅，绘画作品1幅。5月18日，民进东城区委与民进北京市委监督委员会20余人在北京市第五十中学召开工作交流会，交流换届以来区委开展各项工作取得成绩经验。5月30日—31日，民进小教联二支部会员1人参加民进中央办公厅举办的2018年基础教育改革座谈会。6月15日，民进东城区委召开二届六次领导班子工作会，审议工作经费使用情况，回顾区委第二季度工作，讨论第三季度工作计划，重点研究推进调研工作和社会服务工作情况。7月7日，民进东城文化综合支部召开下半年工作推进会，总结前一阶段工作完成情况，部署下一段工作。7月8日，民进北京市第五十四中学支部参观北京观复博物馆。7月22日，民进东城区委组织会员30人到国家博物馆参观“真理的力量——纪念马克思诞辰200周年”主题展览。7月27日，民进东城青委会召开一届一次会议，会上讨论通过《民进东城区委青年工作委员会工作细则》，并就如何开展青委会工作提出自己的思考和设想。8月15日，民进东城区委举办传统文化走进生活讲座，会员40余人参加讲座。8月23—24日，民进东城区委举办暑期培训班，进行会章会史理论学习，回顾民进发展史，同时为会员传授摄影知识，布置下阶段工作任务。民进基层支部主任和参政议政骨干60人参加。9月12日，民进北京市第二中学分校支部召开主题座谈会，庆祝第三十四个教师节，学习习近平总书记在全国教育工作会议上重要讲话。9月12日，民进东城职高联合支部召开“讲会史 学会章”学习活动暨年度新学期工作部署交流会。9月13日，民进东城回民小学支部召开2018—2019学年第一次会议，传达民进东城区委暑期班会议精神，学习会章会史，并讨论疏解整治促提升民主监督工作，确定观察员名单。10月12日，民进东城区委举办迎接重阳节活动，组织会员70余人参观中国园林博物馆。10月19日，民进东城区委组织会员40人参观故宫博物院。11月1—2日，民进东城区委组织支部主要负责人7人参加民进北京市委基层组织负责人学习班。11月6—9日，民进、民盟、农工党调研课题组一行12人联合赴浙江省绍兴市柯桥区就医养结合及助残康复工作进行调研。11月15日、16日，民进北京市文汇中学支部会员5人带领初二学生417人和民进东城区委组织会员20人参观国家博物馆举办的伟大的变革——纪念改革开放40年专题展览。11月16日，东城民进教育研修学院支部到“WM北京1978”调研交流。11月21日，民进北京自然博物馆支部与民进赣州市华商律师支部进行交流座谈，畅谈民进基层组织建设前景。11月28日，民进东城金融支部召开成立大会，共20人参会。

（陈颖）

【调研与提案】5月18日，民进人教社支部会员参加民进海淀区文化与科技融合发展调研座谈会。5月26日，民进东城经济综合支部召开年度支部参政议政会。7月13日，民进东城区委和九三学社东城区委召开联合调研课题研讨会，研讨课题进行中问题和经验，确定下阶段调研重点，组员14人参加研讨会。7月14日，民进东城区委召开2018年调研工作中期推进会。8个课题组负责人分别汇报本课题组前阶段调研进度，对调研中反映的问题进行分析。7月27—29日，民进东城区委举办年度新会员参政议政培训班，就如何做好调研和社情民意信息工作进行专题培训，40余人参加培训班。9月27日，民进东城文化综合支部走进东城区南锣鼓巷，进行关于南锣商区现存老北京传统文化现状的课题调研。10月18日，为丰富充实调研报告内容，民进东城文化综合支部组织课题组成员赴天津文化街和天津鼓楼调研。11月19—22日，民进北京自然博物馆支部赴江西赣州就城区园林绿化等方面工作展开调研活动。12月1日，民进东城区委召开年度调研课题结题会和专项民主监督会，课题组成员分别从课题立项初衷、调研过程、提出建议及存在问题进行详细解读，民进东城区委专职副主委传达市委统战部在专项民主监督工作培训班精神，总结民进区委年度参政议政工作，部署下年参政议政工作，30余人参会。2018年，上报8篇调研报告，1篇调研报告作为党派联合调研提交中共东城区委统战部，被评为东城区民主党派、无党派参政议政优秀调研献策成果，民进东城区委被评为民进北京市委2017年度参政议政优秀组织一等奖，3篇调研报告提交民进市委，1篇调研被民进北京市委采用，3篇调研转化为东城区政协提案。《关于北京市静态交通提升的建议》被评为民进北京市委2017年度优秀调研成果一等奖，《自闭症谱系障碍儿童教育困境》被评为民进北京市委2017年度优秀调研成果三等奖。

（陈颖）

7月27—29日，民进东城区委举办新会员参政议政培训班
（民进东城区委提供）

【社情民意信息】5月11—12日，民进东城区委和农工党东城区委联合召开社情民意信息骨干培训班。就如何做好建言献策工作，及如何围绕区政府中心工作做好调研，写好社情民意信息等进行培训。30余人参加培训。2018年民进东城区委报送社情民意信息212条，全国政协采用1条，民进中央采用1条，北京市委市政府采用2条，市政协采用1条，民进北京市委采用16条，市领导批示2条，东城区政协采用17条，区领导批示3条，中共东城区委统战部采用20条。会员4

人执笔社情民意信息分别获得民进北京市委2017年优秀信息成果一等奖1个，二等奖1个，三等奖2个。民进东城区委被东城区政协评选为社情民意信息工作先进单位。会员1人获东城区统战系统优秀信息员。

（陈颖）

【民主协商与民主监督】3月27日、7月25日、12月25日，民进东城区委参加3次东城区民主党派团体协商通报会，就东城区重要事项发表意见，围绕文化服务品质提升工作、社区环境整治工作等方面提出建议。9月18日，民进东城区委组织骨干会员与民进市委委员到东城区开展疏解整治促提升专项民主监督实地检查工作。9月21日，东城区召开民进市委对口东城区疏解整治促提升专项民主监督工作启动会，民进东城区委组织会员13人参加。11月30日，民进东城区委联合民盟东城区委共同举办区情通报会。

（陈颖）

中国农工民主党北京市东城区委员会

【概况】中国农工民主党北京市东城区委员会（简称农工党东城区委），2011年成立，现为第二届。内设主任委员1人，副主任委员6人，委员14人，下辖22个支部，党员930人。党员中有全国政协委员2人，市政协常委1人，市政协委员1人，区政协常委1人、委员6人，市人大代表1人、区人大常委1人，区人大代表1人，农工党中央委员2人，农工党市委常委3人，农工党市委委员1人，担任区各级特约监察员及监督员4人。

2018年，召开2次主委会，3次全委（扩大）会。开展调研撰写提案，积极建言献策。上报调研报告4篇，参加中共东城区委、区委统战部组织的各种通报协商会。组织义诊咨询，服务社会。参加政治协商会议，履行参政党职责。组织社会服务活动9次。

（梁轩）

【组织建设】2月1日，召开年度工作总结会，中共东城区委常委、统战部部长等领导5人出席会议并讲话。2月2日，召开区委主委会，确定年度工作计划。4月20日，召开二届六次全委（扩大）会，重点学习习近平总书记在政协联组会上讲话，总结2017年参政议政工作，通报2018年统战部协商工作安排，梳理2018年度第一季度工作，布置一季度工作任务，并对2018年区委申报的6个调研课题进行详尽介绍，广泛征集党员建议意见。5月18日，组织退休党员参观中国园林博物馆。5月，组织区委委员、支部主任参加区委举办为期10天的不忘合作初心，继续携手前进主题学习班。8月14—17日，组织青年党员15人参加京津冀新时代新思想理论学习研讨班，学习塞罕坝精神。10月18日，为庆祝重阳节，举办退休党员观影活动。11月1日，召开二届七次全委（扩大）会，传达《中国农工民主党北京市委员会关于开展“三学一讲”专题活动的通知》精神，学习宪法修正案，通报近期工作、2018年度社情民意报送情况及新党员发展情况，布置届中调整工作、年终总结工作及青年委员会成立工作，并针对2018年度调研课题广泛征集党员意见建议。11月28日，召开中青年骨干党员座谈会，组建青年工作委员会。12月21—22日，召开本年工作总结会、农工党东城区委二届八次全委（扩大）会和骨干党员培训会，本次会议，区委和各支部分别就年度工作完成情况进行总结；布置2019年工作任务；评选出2017年至2018年度先进支部；传达农工党中央第十六届中央委员会第二次全体会议精神；宣布青年工作委员会人选名单；布置节前走访等工作；请中国社科院经济专家为骨干党员分析讲解国内经济发展面临的压力，农工党市委专职副主委出席并讲话。

（梁轩）

【民主协商】2018年，参加3次东城区民主党派团体协商通报会，就东城区重要人事任免发表意见，围绕社区

4月20日，农工党东城区委召开二届六次全委（扩大）会（农工党东城区委提供）

卫生工作、医疗体制改革、学前教育等问题提出建议。

（梁轩）

【调研与提案】2018年，围绕市、区中心工作，成立课题组开展调研。完成《关于北京老城历史街区保护与更新的调研》《关于北京市东城区幼儿学前教育现状思考》《关于加快推进东城区医养护一体化模式》《新视域下东城区学前教育优质均衡发展现状与建议》4篇调研报告。以《完善养老驿站运营 推动居家养老发展》为题在区政协三次大会上发言。

（梁轩）

【社情民意信息】2018年，向农工党北京市委宣传处、东城区政协、中共东城区委统战部报送社情民意信息90条，获全国政协采用1篇，农工党中央采用1篇，北京市委统战部采用4篇，农工党市委采用15篇，区领导批示2篇。

（梁轩）

【社会服务】按照农工党市委“8+1”项目要求，安排党员1人定期到对口帮扶区（门头沟区）军庄镇卫生服务中心出诊。6月，组织党员11人到河北省雄安新区安新县义诊。7月，北京医院支部和社科院支部联合到卢龙县医院开展医学知识讲座和义诊。8月，联合东直门医院支部，组织党员专家17人赴陕西省铜川市革命老区开展健康义诊扶贫。10月，按照农工党中央安排，联合大兴区工委，组织党员5人到安徽省六安市金寨县开展义诊和医疗培训。组织党员17人到门头沟区清水镇开展义诊活动。东二支部联合六院、中医院、东城区第一人民医院和文化支部，到密云区福利院开展“爱心撑起微笑的伞”敬老服务和义诊活动，北京中医院支部到顺义区开展义诊活动。11月3—5日，组织党员5人随东城区委统战部到内蒙古巴彦淖尔市磴口县为当地群众义诊并与当地医护人员座谈交流。11月中旬，北京医院支部派党员参加贵州省毕节市大方县对口扶贫，培训当地医护人员。

（梁轩）

中国致公党北京市东城区委员会

【概况】中国致公党北京市东城区委员会（简称致公党东城区委），成立于2011年6月25日，第二届委员会于2016年6月5日召开。有主委1人，常务副主委1人，副主委3人，副主委兼秘书长1人，委员10人。设1个参政议政领导小组和7个专委会。基层支部13个，党员446人。党员中有致公党中央委员2人、各专委会委员21人。致公党市委常委2人、委员4人，监督委员会委员2人，各专委会副主任5人、秘书长1人，委员33人。市人大代表1人，区人大常委1人、代表2人。全国政协委员1人，市政协委员1人，区政协常委3人、委员8人。区侨联副主席2人、常委2人、委员3人。区特约监察员、监督员3人。

2018年，深入学习贯彻中共十九大精神和致公中央十五大精神，开展中共中央发布“五一口号”70周年纪念活动，举办“不忘合作初心，继续携手前进”专题教育活动，稳步推进组织发展工作，围绕市区中心工作，积极参政议政，参加民主协商，开展社会服务。11月，区委被中国致公党中央委员会评为2013—2017参政议政工作先进集体，9人被致公党中央评为参政议政工作先进个人。

（李辉）

【调研与提案】1月8—11日，在区政协第十四届委员会第二次会议上，致公党东城区委提出《关于以“伪市场”治理推动人口有效疏解的建议》被评为党派团体优秀提案，4人提案被评为委员优秀提案，4人被评为优秀政协委员，1人被评为优秀社情民意信息工作者，1人代表致公界别作题为《关于整合生活垃圾与再生资源回收“两网合一”的建议》大会发言。3月9日，区委组织在中央社院进修班学习致公党学员，考察调研南锣鼓巷、段祺瑞执政府、明城墙遗址、前门三里河、前门步行街等旧城历史文化保护片区。3月下旬，在区统战系统信息工作表彰会上，致公党、民革区委联合调研被评为参政议政优秀调研成果咨政奖。5月4日，召开调研课题开题会，确定调研课题和调研组成员。6月13日，召开调研课题推进会，通报调研工作进展情况。8月6日，召开联合调研座谈会，邀请区城管委、城管执法局、园林绿化局等部门领导介绍关于实现“街道吹哨、部门报到”推进落实城市管理体制改革目标任务，以及在实际工作中面临突出问题和困难。9月6—8日，调研组成员赴上海市静安区、徐汇区，对街道、社区、网格中心等地进行考察调研并座谈交流。10月26日，区委组织召开中医药精准扶贫调研座谈会。11月8日，致公党、民革东城区委召开联合调研结题会，对调研报告的内容、建议等进行修改完善。

（李辉）

【社情民意信息】2018年报送社情民意信息71篇。致公党中央采用4篇，致公党市委采用43篇，市委统战部采用1篇，市政协采用2篇，区政协采用20篇，市领导批示1篇。在致公党市委参政议政表彰会上，1人撰写的《关于建立全国医保信息共享平台的建议》等5篇、1人撰写的《关于从源头搞好垃圾和废旧物资回收处理的建议》等2篇、1人撰写的《关于打造新型社区便利店助力居家养老的建议》、1人撰写的《关于补齐我国与“一带一路”沿线“重点国家”人文交流领域短板的建议》被评为优秀社情民意信息。在区统战系统信息工作

8月31日至9月1日，致公党东城区委组织医务专家9人赴怀柔区汤河口镇开展“致惠送诊”公益服务义诊活动（致公党东城区委提供）

表彰会上，致公党东城区委获信息工作优秀单位一等奖，1人被评为区统战系统优秀信息员。

（李辉）

【民主协商】1月5日，1人参加中共东城区委统战部座谈会，就中共东城区委常委班子及常委（连同区人大、区政府、区政协班子及区级党员领导干部）学习领会习近平新时代中国特色社会主义思想，坚定维护以习近平为核心的党中央权威和集中统一领导，全面贯彻落实中共十九大各项决策部署，加强自身建设等方面提出意见建议。3月27日，主委等2人参加东城区党派团体协商通报会，就东城区纪检监察2017年工作开展情况和2018年工作任务安排进行协商，并提出意见建议。7月25日，2人参加东城区党派团体协商通报会，就《中共东城区委十二届六次全会工作报告（征求意见稿）》《关于东城区2018年上半年经济社会发展情况和下半年重点工作安排（征求意见稿）》进行协商，并提出意见建议。11月9日，3人参加东城区疏解整治促提升工作区情通报会。11月8日，1人参加本年东城区政协委员调整增补工作动员部署会。12月25日，2人参加区委召开党派团体协商通报会。

（李辉）

【组织活动】1月19日，区委召开2017年度工作总结大会暨迎新春联欢会，中共东城区委常委、统战部部长，致公党北京市委专职副主委等领导出席会议。2月7日，区委召开老干部迎新春座谈会，区委班子成员4人出席。春节前夕，主委带领班子成员走访慰问原主委，各支部委员代表致公市委、区委分别走访慰问老党员，送去慰问品和新春祝福。3月6日，区委与东城区社区卫生管理中心、东城区教师研修中心联合开展以关爱女人宫颈癌疫苗为主题的讲座。5月11日，组织老党员30余人参观东城区三里河公园，了解疏解整治促提升工作情况。6月7日，区委召开中信集团支部委员会换届选举会议，按照组织程序选举出新一届支部主委和委员。6月26日，区委召开第一、二、六支部委员调整工作会议，新增补支部副主委3人。9月29日，区委召开部分支部党员调整会议，对第一、二、三、六、九支部人员进行调整分配。10月17日重阳节，组织老党员20余人参观北京市珐琅厂独特传统工艺，感受文化东城深厚底蕴。11月7日，4个支部联合开展活动，组织党员到东城区网格化服务管理中心参观学习。12月17日，第九支部组织召开年度工作总结会，区委主委等班子成员5人参加。2018年发展新党员14人，从外区转入3人，转出4人。

（李辉）

【社会服务】由致公党东城区委委员发起并协助有关部门举办第三届钟鼓楼相声汇，于1月11—14日演出，市、区以及致公中央领导参加。1月底，党员1人代表区委赴三门峡卢氏县走访慰问10户困难家庭，送上米面油等食品。7月7日，区委发起致惠公益精准帮扶计划，联合爱心企业家，向东花市地区10户家庭发放助学金3万元。7月17日，开展冬病夏治三伏贴活动，为34人贴敷三伏贴。7月26至27日，与民建东城区委联合组织医务专家10人赴河北省丰宁县黄旗镇乐国村，为患者100余人义诊。8月31日至9月1日，组织医务专家9人赴怀柔区汤河口镇开展公益服务义诊活动，为患者100余人义诊。10月20～22日，医疗专家3人，参加致公党北京市委与国家民委联合举办“中华民族一家亲”卫生下基层走进重庆南川少数民族地区送医送诊活动，患者近300人得到专家们的诊疗建议。区委董氏集团支部给延吉市受灾地区捐款10万元；为河北滦县教师捐款10万元；还为军队、学校等地捐赠价值1268万元的米、面、油等有机食品。该支部还积极参加环境治理，为北京十八里店乡环境建设捐赠1000万元。

（李辉）

【思想建设】1月20日，区委举办学习贯彻中共十九大精神专题报告会。

3月28日，区委委员等20余人参加学习致公党市委组织的传达全国“两会”精神及“五一口号”专题报告会。4月2—12日，区委部分成员参加区委统战部举办的本年东城区民主党派工作会议暨东城区民主党派“一把手”培训班。4月19日，2人代表区委参加区委统战部举办的纪念中共中央发布“五一口号”书画笔会。4月27日、5月19日，各支部分别组织支部党员到中国政协文史馆，参观《大道同行——从“五一口号”到协商建国重要史事回顾展》。5月4日，区委召开第二届第八次委员（扩大）会议，主委传达2018《宪法》新精神，讲解纪念“五一口号”意义。5月7日，主委等2人参加中共东城区委纪念中共中央发布“五一口号”70周年座谈会，主委代表区委进行《不忘初心倡导联合，与时俱进引领四新》交流发言。5月23日至6月1日，区委联合民革东城区委、东城区侨联一同举办“不忘合作初心 继续携手前进”主题培训班，13人参加，培训班采用专题授课、异地培训、讨论交流等多种教学形式。9月28日，区委举办年度参政议政培训班，党员50余人参加，邀请东城区议政建言直通车主编作《怎样做好调查研究和社情民意反映工作》讲座，主委带领大家学习新修订的《中国致公党章程》。11月16日，组织党员20人前往国家博物馆参观“伟大的变革”——祝改革开放40周年大型展览。

（李辉）

【参加党政重要会议】2月8日，1人参加东城区党外人士迎新春座谈会。5月7日，主委等2人参加区统战部召开纪念中共中央发布“五一口号”70周年座谈会。5月21日，2人参加区统战部召开民主党派联合调研中期推进会。7月4日，2人参加区统战部召开东城区扶贫协作和支援合作工作情况通报会。8月7—8日，致公党界别区政协常委1人、政协委员3人参加区政协“担当政治使命提升履职能力 维护良好形象”政协委员暑期学习班。10月22日，1人参加区统战部召开加强戏剧东城建设议政工作部署会。12月4日，4人参加促进文化强区战略实施、加强戏剧东城建设议政会。

（李辉）

九三学社北京市东城区委员会

【概况】九三学社北京市东城区委员会（简称九三学社东城区委）成立于2011年7月3日，第二届委员会于2016年6月11日召开，主委1人，副主委5人，专职副主委兼秘书长1人，委员16人，下辖妇女、青年、参政议政、老龄四个委员会。有支社20个，社员943人。社员中有全国人大代表2人、市人大代表1人、区人大代表5人，全国政协委员6人、市政协委员3人（其中常委1人），区政协委员12人（其中政协副主席1人，常委2人，政协关系在其他区县2人）。

2018年，学习贯彻中共十八大、十九大及社中央十大、十一大等一系列重要精神，贯彻学习习近平新时代中国特色社会主义思想，围绕全市、全区中心工作，以“新时代 新使命 新社员 新担当”为口号带领广大社员履行参政议政、民主监督和参加中国共产党领导的政治协商等职能。开展义诊2次。召开调研报告研讨会3次。举办“东青汇”信息大赛。被九三学社中央组织部评为年度九三学社先进集体，被九三学社中央办公厅评为年度机关正规化建设交叉检查工作组织奖、年度机关正规化建设交叉检查市级组织机关工作成效奖，1人获评2018年度九三学社先进个人，47人获2017—2018年度社北京市委优秀社员。

（卢迪）

【组织建设】6月，九三学社东城区委社员10人担任九三学社中央专门委员会、工作委员会领导，其中农林专门委副主任2人，法律专门委主任1人，社会建设专门委副主任1人，科普工作委副主任1人，促创工作委主任1人，副主任2人。12月7日，九三学社国家安全生产监督管理总局支社

6月29日，九三学社北京市东城区委会举办“东青汇”信息大赛
（九三学社东城区委提供）

完成换届选举，选举产生第六届支社委员会委员3人。12月14日，九三学社崇文综合支社完成换届选举，选举产生第五届支社委员会委员7人，向离任支委3人颁发顾问聘书。12月21日，九三学社文物美术支社完成支社换届，选举产生第九届支社委员会委员6人；社北京市委组织部干部2人走访社东城区委，就近期国家部委机构调整、疏解整治促提升带来的支社更名、支社调整以及2019年社员发展等交换意见。12月27日，九三学社东城区委有社员5人入选东城区青联第六届委员会，社员1人连任副主席，社员4人任委员；社籍1人在其他区县的社员也入选，任新一届区青联常委。九三学社东城区委社员7人入选东城区级领导重点联系对象名单，社籍在其他区县的社员1人入选。

（卢迪）

【调研与提案】2018年，向区政协十四届二次会议提交《关于适应北京区划调整要求，切实加强我区历史文化名城保护的建议》《关于优化东城区食品安全检验检测体系的建议》《关于东城区中小学校园突发事件快速处理的建议》3个党派提案、向中共东城区委统战部提交调研报告3份。2017年，向区政协十四届一次会议提交的《关于有效运用法治手段助力东城区非首都功能疏解的建议》获得2017年党派团体优秀提案，区委副主委提交的《关于规范区域内自行车“共享单车”管理的建议》获得政协十四届二次大会2017年委员优秀提案，九三学社员1人获得2017年度优秀九三学社社情民意信息工作者。4月15—16日，九三学社东城区委召开二届七次全委（扩大）会暨课题研讨会，主委1人、副主委3人，参政议政专家4人出席，社员60余人参加。传达九三学社北京市委文化北京专项行动精神，就征集到的8个调研方向开展讨论，确定5个调研课题。5月9日，九三学社东城区委配合九三学社北京市委赴东四街道开展文化北京专项调研。调研组听取东四街道就辖区胡同风貌保护与疏解整治促提升工作成果，进行实地参观。课题组还赴商务印书馆涵芬楼书店调研。九三学社商务印书馆支社主委、商务印书馆副总经理就商务印书馆建馆历史和首都核心区书店经营遇到的问题与课题组专家交换意见。6月8日，九三学社北京东城科技园区支社组织社员以及北京市养老服务、健康咨询等相关机构专家和从业人员赴北京市未来科学城中粮营养健康研究院，调研企业在老年营养健康食品研发方面的进展。7月5—12日，交通支社副主委1人随九三学社中央脱贫攻坚民主监督调研组赴陕西省商南县开展专项调研，并就发现的易地扶贫搬迁工程征地费用存在无法列支问题建言。10月9日，民进东城区委、九三学社东城区委、九三学社通州区工委联合赴东四街道开展社区文化中心建设专题调研。听取东四街道关于东四奥林匹克社区文化中心、胡同整治、花友会组织的情况汇报。双方就疏解整治促提升、文化活动品牌建设等问题交换意见。10月19日，九三学社东城区委召开调研课题中期推进会，副主委2人到会。街巷文化、独居老人巡访、家庭医生、交通管理4个课题组分别汇报调研课题初稿。11月30日，九三学社东城区委召开二届八次全委（扩大）会暨调研课题结题论证会。就4个党派调研报告进行研讨，选出2份报告转化为区政协十四届三次会议的党派提案。

（卢迪）

【社情民意信息】4月，获东城区统战系统社情民意信息工作一等奖。2018年，上报社情民意信息93条，主要涉及古城保护、民生福祉、城市管理、社会建设等领域。

（卢迪）

【政党协商】3月26日，区委副主委1人参加东城区党风廉政建设和反腐败工作通报会，并代表九三学社东城区委肯定东城区纪委、区监察委2017年各项工作取得的成绩，并就2018年全区纪检工作提出建言。5月7日，区委委员1人出席东城区党派协商通报会并发言，着重回顾九三学社响应中共“五一口号”的历史。7月25日，专职副主委出席东城区党派团体协商通报会，就中共东城区委十二届六次全会工作报告与东城区2018年上半年经济社会发展情况和下半年重点工作安排，代表九三学社发言。11月12日，九三学社东城第二综合支社社员1人（人艺国家一级演员）在参加前期专题调研后，代表九三学社东城区委在加强戏剧东城建设工作区情通报会建言。12月18日，专职副主委1人出席东城区党派团体协商通报会，就有关人事安排代表九三学社东城区委表态。12月25日，区委副主委1人出席东城区党派团体协商通报会，代表九三学社东城区委在文化街区建设和家庭医生建设两方面建言：建议区名城办联合相关单位有序开展历史文化街区的保护与利用；在历史文化街区标识建设体现精细化管理；车站站牌、街巷指示牌等加入历史文化街区元素；尝试将已经消失的老城墙、名人故居的演变历程、胡同风貌等通过VR体验、二维码宣传、网络推广等多媒体手段进行还原。将全区中医师纳入全科医生管理，有效提升全科医生对弱势群体、慢性病人群体等重点人群的签约率。

（卢迪）

【民主监督】2月1日，社员2人被聘为东城区第八届特邀监督员。6月8—14日，国家林业局支社副主委，受邀参加社中央副主席、社北京市委主委刘忠范率队赴陕西省镇巴县，就脱贫攻坚工作进行深入民主监督。

（卢迪）

【社会服务】2月8日，九三学社东

4 月 16 日，九三学社东城区委组织社员参观平西抗战纪念馆
（九三学社东城区委提供）

城区委选派东城第一综合支社北京市疾病预防控制中心专家社员2人，到龙潭街道文化活动中心为属地居民50余人，开展送科普进属地社会服务活动，讲解肺炎疫苗、HPV病毒疫苗、流感疫苗相关知识。3月9日，九三学社东城区委组织北京口腔医院支社社员3人到东城区培智学校为学生、家长及特教老师开展口腔知识讲座及现场义诊活动。区委副主委1人、专职副主委等领导参加。4月8—11日，九三学社东城区委受中国社会科学院扶贫开发办邀请，组织专家社员8人赴国家级贫困县江西省上犹县开展义诊及培训。副主委1人，专职副主委及九三学社中国社会科学院支社主委参加，赴上犹县寺下镇、黄埠镇两地开展义诊，共计服务700余人次，分别在上犹县人民医院和中医医院开展带教，共计指导医卫人员50余人次。

（卢迪）

【社务活动】1月至2月，区委联合基层支社慰问资深社员50人。3月，九三学社东城区委社员40余人赴朝阳区市民终身教育学校参加关爱女性 营造幸福喜迎国际劳动妇女节108周年主题活动。九三学社北京口腔医院支社社员3人到东城区培智学校为学生、家长及特教老师开展口腔知识讲座及现场义诊活动。九三学社东城区委在东宫电影院组织社员近50人观看主旋律电影《厉害了，我的国》。在东单体育馆羽毛球馆举办第二届科学杯羽毛球赛，社员近30人参加活动。4月，社员撰写纪念中共中央发布“五一口号”70周年纪念文章5篇，诗歌1首。联合子瞻书画院，承办东城区各党派纪念中共中央发布“五一口号”70周年书画笔会。30余人参加本次活动，创作书画作品，共同纪念70年前的伟大壮举。骨干社员3人参加东城区统战部组织的东城区2018年民主党派工作会议暨东城区民主党派“一把手”培训班异地教学，赴九三学社中央成立旧址纪念碑缅怀九三学社先贤。组织骨干社员近30人赴平谷区鱼子山抗日战争纪念馆，缅怀为抗击日寇牺牲的革命先烈。社东城区委联合民建、台盟东城区委组织骨干社员12人赴湖南湘潭缅怀革命伟人。5月，由九三学社北京市委组织的青工委换届大会暨“创新有术”青年活动创新设计大赛票选，任命社东城区委社员2人为社市委第二届青工委固定执行委员1人、竞选执委1人。第一综合支社组织社员参观网络安全核心公司360公司。崇文综合支社联合九三学社国家发改委支社举行科普系列活动发枝荟第十六期——科学世界创业记，活动由崇文综合支社社员、九三学社中央科普委员会副主任、果壳网CEO主讲。民建、九三学社、台盟东城区委不忘合作初心 继续携手前进骨干成员学习班在东城区社会主义学院举行结业式，区委委员2人作为学员代表进行学习体会交流。6月，九三学社东城区委老龄委组织退休社员20余人参观朝阳区安贞社区生活馆。崇文综合支社联合九三学社东城区委妇女委员会组织社员15人到果壳网参观。九三学社朝阳科技支社、东城科技园支社、东城第二综合支社、昌平科技园支社联合举办普法活动，社员30余人参加。活动邀请东城科技园区支社社员作题为《如何用法律思维分析社会问题》的公益讲座。10月，九三学社东城法律支社与商务支社社员10余人，赴房山区周口店镇驷马沟村药王谷，了解社北京市委科技服务重点扶贫项目实施情况。11月，组织骨干社员赴国家博物馆参观改革开放40周年大型展览，副主委2人参加。12月，中共联通在线信息科技有限公司党委在京召开第一次统战（扩大）视频工作会议，九三学社社员2人应邀出席。九三学社东城区委为子瞻书画教育中心挂牌“文化北京·东城九三书画培训基地”，社北京市委社工部、东城区委统战部、九三学社东城区委领导及社员20人出席。九三学社东城区委“文

化北京 东城九三阅读基地”挂牌仪式暨九三学社东城科技园区支社成立五周年庆祝活动，在角楼图书馆举行。社北京市委副秘书长、九三学社东城区委主委、副主委3人及社员60余人出席活动。社东城区委发出《“新时代 新使命 新社员 新担当”争做一名无愧时代的首都核心区九三学社社员的倡议》。

（卢迪）

【机关正规化建设】5月，九三学社东城区委被九三学社中央和九三学社北京市委确定为2018年度机关建设检查和机关能力建设检查“双检”单位，落实九三学社中央下达机关建设任务，落实制度建设、档案标准化建设等各方面要求。7月，按照九三学社中央部署，机关干部1人随九三学社北京市委、九三学社贵州省委检查团赴青海西宁市，对九三学社青海省委、九三学社西宁市委开展机关建设交叉检查。8月，九三学社东城区委赴九三学社海淀区委开展机关建设迎检专题交流。九三学社东城区委接受社北京市委办公室关于社中央2018年度机关建设交叉检查预检查。九三学社北京市委及区委、区工委专职干部9人参会。9月，九三学社东城区委接受九三学社河北省委、九三学社内蒙古自治区委检查团的机关能力建设交叉检查。检查组经核对打分：九三学社东城区委在档案建设和机关运行效果方面完全达标，在制度建设、办文流程等方面应继续落实九三学社中央提出的要求。10月，九三学社东城区委，轮值主持东城区民主党派机关干部集中学习，专职干部2人分别宣读《监察法》及其有关释义。各民主党派机关干部近20人参加。11月，机关干部1人随九三学社北京市委领导赴云南腾冲，出席九三学社全国机关建设暨交叉检查工作总结交流会。12月，机关干部1人随九三学社北京市委领导赴广东湛江，参加全国机关建设交叉检查工作研讨培训班。在会上，九三学社中央办公厅授予九三学社东城区委2018年度机关正规化建设交叉检查工作组织奖和2018年度机关正规化建设交叉检查市级组织机关工作成效奖。

（卢迪）

台湾民主自治同盟北京市东城区委员会

【概况】台湾民主自治同盟北京市东城区委员会（简称台盟东城区委），成立于2011年6月，有盟员99人，设台盟中央、全国台联、在职、乐龄4个支部，有区委委员9人，设主任委员1人、副主任委员4人，其中专职副主委1人。盟员中有全国人大代表1人、全国政协委员4人、市人大代表2人、市政协委员5人、区人大代表1人、区政协委员5人，担任最高人民法院特约监督员1人、市区各级特约监察员3人、北京市人民检察院特约检查员1人、北京市政府人民建议征集特邀建议人3人、区党风廉政监督员3人。

2018年，台盟东城区委主委会召开3次会议，区委会召开4次会议。区委发挥团队力量，及时信息沟通，集体决策，充分协商。在区重视组织建设、制度建设，做好政治交接为主线，以提升参政能力为重点，进一步强化中青年骨干和基层盟员思想建设，推荐盟员参加中共东城区委、台盟北京市委、北京市社会主义学院等部门组织的各种学习培训班，安排所有盟员参加学习活动。全年盟员66人、190人次参加贯彻落实十九大会议精神、习近平总书记系列重要讲话精神、纪念中共中央“五一口号”发布70周年、骨干成员培训、盟史教育等方面学习培训班和报告会。台盟东城区委获台盟中央本年地市级参政议政先进集体、台盟中央参政议政市级组织参政议政突出进步奖。

（王玉燕）

【组织建设】4月，经台盟区委领导班子讨论后，向区委统战部推荐盟

11月11日，纪念台盟成立71周年暨北京市区级组织成立20周年座谈会召开
（台盟东城区委提供）

员5人为东城区党外代表人士。8月23日，乐龄支部组织盟员14人及部分台胞参观在台湾会馆举办的雾峰林家历史特展，全国台联原会长汪毅夫、台盟东城区委专职副主委参加活动。9月21日，乐龄支部组织盟员16人及部分台胞举行中秋座谈会，支部盟员轮流发言，就各自对支部活动认识、活动特色、开展形式、内容创新等方面分别提出自己看法和意见，台盟东城区委专职副主委参加座谈会。11月11日，纪念台盟成立71周年暨台盟北京市区级组织成立20周年座谈会召开，东城区盟员20余人参加，东城区盟员12人及盟务工作者1人获得区级组织建设贡献奖。根据《东城区青年联合会第六届委员会委员组成方案及推荐办法》，结合台盟东城区委工作实际，按照推荐工作标准、程序，成立考察小组，通过个别谈话、信息审核等方式进行考察，全面了解推荐人选有关情况，准确核实推荐人选个人信息，经台盟区委领导班子讨论后，建议提名青年盟员3人为东城区青年联合会第六届委员会委员候选人选。

（王玉燕）

3月17日，盟员参加植树活动（台盟东城区委提供）

【调研与提案】1月，在政协东城区十四届二次会议和人大东城区十六届四次会议上，提交《关于进一步促进创意产业在东城区的发展的建议》《关于加强西营房胡同9号院综合治理的建议》党派团体提案、《关于进一步促进创意产业在东城区的发展的建议》政协大会发言，代表和委员提交《关于完善养老驿站供需服务对接的建议》等5件个人建议和提案，1人被评为上年度优秀政协委员，2017年区政协大会期间递交《关于在东城社区文化建设中融入台湾经验的建议》团体提案被评为党派团体优秀提案，1人提交《关于望坛棚户区改造项目房屋征收工作的几点建议》被评为委员优秀提案，2人被评为2017年优秀社情民意信息工作者，台盟东城区委被评为2017年优秀社情民意信息工作先进单位。3月，在东城区统战系统2017年参政议政工作评选中，调研报告《进一步发挥东城文化资源优势，促进中心区文化市场建设》获得东城统战系统上年度参政议政优秀调研成果创新奖。12月28日，台盟北京市委年度参政议政工作总结会召开，调研报告《社区管理与服务的创新形式》获得台盟市委区级组织年度优秀调研报告三等奖，盟员2人获得台盟市委区级组织年度参政议政先进个人。2018年，开展调研3项，盟员参与台盟市委调研10项，其中《关于提升北京对口支援地区精准扶贫实效的调研》《关于建立两岸文化交流基地，促进全国文化中心建设的调研》是市区联动课题，《社区管理与服务的创新形式》是与民建东城区委的联合调研，课题组从6月起先后赴景山、东四、东直门、朝阳门等街道及区社工委调研，并于10月赴广州、深圳调研，通过比较北京与广东地区在社区规划、社区党建、政府服务厅办事效率、企业改革创新等方面，提供资料和数据支撑，为东城社区建设提供经验和思路。2018年，召开调研工作会4次，与相关单位座谈10次。

（王玉燕）

【社情民意信息】1月，在政协东城区十四届二次会议上，被东城区政协评为2017年优秀社情民意信息工作先进单位，2人被东城区政协评为2017年优秀社情民意信息工作者；在政协北京市十三届一次会议上，1人被评为北京市政协系统2017年度信息工作先进个人，1人被聘为十三届北京市政协社情民意信息工作顾问。3月，在东城区统战系统上年度参政议政工作评选中，获得信息优秀工作单位二等奖，1人被评为优秀信息员。12月28日，台盟北京市委年度参政议政工作总结会召开，3人被评为年度信息先进一等奖，8人被评为年度信息先进二等奖，7人被评为年度信息先进优秀奖。2018年，收到信息线索和素材10条，报送社会、经济、民生、对台等建议类信息108条，其中市委、市政府、市政协采用3条，台盟市委采用37条，区委、区政府采用2条，区政协采用17

条，区委统战部采用28条，市领导批示1条，区领导批示2条。得到《关于北京市海绵城市建设的建议》被市政府采用并被市领导批示，《关于加快推广“法人一证通”应用，优化营商环境的建议》被市政府采用，《关于解决和平里街道青年湖社区多处路灯多年缺失的建议》《关于优化营商环境的几点建议》2条被区领导批示并交办城管委、科委及政务中心，得到城管委、科委、政务中心办理情况报告。

（王玉燕）

【民主协商】1月5日、11月8日，组织区委班子成员和骨干盟员分别参加区民主党派、工商联负责人和无党派代表人士征求意见座谈会和区党外人士议政建言工作部署会，专职副主委就关心在京台湾中小微企业及个体经营者等相关问题提出具体建议。3月，副主委出席东城区党派团体协商通报会，就东城区纪检监察2017年工作开展情况和2018年工作任务安排代表台盟区委发言。7月25日，区政协副主席、台盟东城区委主委和专职副主委1人出席东城区党派团体协商通报会，主委就中共东城区委十二届六次全会工作报告与东城区上半年经济社会发展情况和下半年重点工作安排代表台盟区委发言。10月、11月，组织区委班子成员和骨干盟员分别参加加强戏剧东城建设工作区情通报会、东城区疏解整治促提升工作区情通报会，副主委1人提出相关建议。12月18日，专职副主委1人出席东城区党派团体协商通报会，就东城区有关人事安排代表台盟区委表态。12月25日，专职副主委1人和副主委1人出席东城区党派团体协商通报会，就东城区级领导班子成员人事变动情况（区长、人大常委会主任、人大常委会委员候选人建议人选）、《中共东城区委十二届八次全会工作报告（征求意见稿）》和《北京市东城区人民政府工作报告（征求意见稿）》代表台盟区委发言。

（王玉燕）

【民主监督】1月10日、10月11日，盟员中的最高人民法院特约监督员1人参加最高人民法院特约监督员工作座谈会和最高人民法院第三届特约监督员聘任仪式。4月20日，盟员中的区纪委特邀监察员2人参加区“两员”培训会。7月3日，盟员中的区纪委特邀监察员1人参加区委统战部（台办）党风廉政工作会。8月18日、22日，盟员中区纪委特邀监察员1人参加东城区国有企业领导人员面试、东城区国资委党委直属党组织上半年落实党建工作主体责任情况汇报会。9月28日、10月16日，盟员中区纪委特邀监察员1人参加东城区处级单位党政领导述职述廉会议、东城区纪委检查建远集团公司东城区在通州区搬迁项目活动。11月1—2日，盟员中北京市政府特邀建议人3人参加北京市政府特邀建议人培训会。11月29日，盟员中区纪委特邀监察员1人参加东城环卫中心党风廉政建设工作专题汇报会、两员与派驻纪检监察组、监督单位党风廉政建设专题座谈会。2018年盟员中各级部门特约监督员、特约监察员、特约检查员、特邀建议人参加相关会议及活动22人次。

（王玉燕）

【参加党政重要会议】2月8日，区政协副主席、主委，专职副主委1人参加东城区党外人士迎新春座谈会。3月1日，专职副主委1人参加东城区政府全体（扩大）会议暨深入推进疏解整治促提升促进生态文明与城市环境建设动员大会。

（王玉燕）

【二届五次全委会】2月13日，台盟东城区委第二届第五次全委会召开，东城区政协副主席、台盟东城区委主委及区委委员7人参加会议，会议讨论年度工作计划、研究并制订区委第一季度工作安排、研讨台盟东城区委年度参政议政课题。主委表示，学习宣传贯彻落实好中共十九大会议精神，是当前和今后一个时期的首要政治任务。

（王玉燕）

【二届六次全委会】8月15日，台盟东城区委第二届第六次全委会召开，东城区政协副主席、台盟东城区委主委及区委委员7人参加会议，传达台盟北京市委和中共东城区委统战部近期有关工作安排；讨论有关台盟东城区第二届委员会副主任委员调整事项；部署下半年区委盟务工作。

（王玉燕）

【二届七次全委会】10月12日，台盟东城区委第二届第七次全委会召开，会前，中共东城区委常委、统战部部长与台盟市委专职副主委座谈，交流台盟组织建设工作情况。台盟北京市委副主委、中共东城区委统战部副部长出席会议，东城区政协副主席、台盟东城区委及区委委员8人参加会议。会议完成台盟东城区第二届委员会届中调整，审议并通过《台盟北京市东城区第二届委员会届中补选副主任委员选举办法（草案）》《台盟北京市东城区第二届委员会届中补选副主任委员候选人名单（草案）》，选举产生台盟北京市东城区第二届委员会副主任委员1人。

（王玉燕）

【二届八次全委（扩大）会】11月3日，台盟东城区委第二届第八次全委（扩大）会召开，东城区政协副主席、台盟东城区委主委及区委委员、支部负责人12人参加会议，回顾区委前3个季度工作完成情况，汇报届中调整完成情况，说明区委2018年底前主要工作安排并讨论2019年度区委盟务工作。

（王玉燕）

【“五一口号”发布70周年活动】4月20～29日，台盟东城区委举办纪念“五一口号”不忘合作初心、继续携手前进骨干成员学习班，骨干盟员9人及专职干部参加培训。6月19日，在首都统一战线纪念“五一口号”发布70周年征文活动总结交流会上，市委统战部表彰征文获奖个人和单位代表，1人获三等奖，征文刊登在东城统战微信公众号上。

（王玉燕）

【暑期读书班】9月7—8日，台盟东城区委年度暑期读书班开赴，培训班传达蔡奇在党外人士协商座谈会上的讲话精神，结合参政党自身建设要求，举办中国新型政党制度和盟章盟史专题讲座，并进行拓展训练和分组讨论。学员们在交流中表示，今后要继续深入学习我国新型政党制度深刻内涵，贯彻落实台盟章程各项规定和盟内工作任务要求，继承和发扬台盟光荣传统，通过自身的不断努力，做新时代合格台盟盟员。全国人大常委、北京市政协副主席、台盟北京市委主委陈军，台盟中央组织部副部长，台盟北京市委副主委，台盟北京市委秘书长，东城区政协副主席、台盟东城区委主委出席开班仪式，台盟东城区委骨干盟员、机关干部及申请入盟台胞共18人参加学习班。

（王玉燕）

【第五期读书和捐书活动】6月，开展台盟东城区委在职盟员第五期读书活动。区委推荐十八大、十九大会议读物以及纪念台盟成立70周年相关读物，读书活动参与率达50%以上。盟员将自己读过的知识类、文教类图书捐给甘肃省兰州市榆中县第六中学，捐献笔记本电脑和书包、背包给当地贫困学生。8月，专职副主委带队赴甘肃省榆中县六中开展捐资助学活动，向榆中县六中学生捐赠1000本图书及笔记本电脑和书包等。

（王玉燕）

东城区民主党派负责人

中国国民党革命委员会北京市东城区委员会主委	姚卫海
中国民主同盟北京市东城区委员会主委	柳学全
中国民主建国会北京市东城区委员会主委	张树华
中国民主促进会北京市东城区委员会主委	罗　强
中国农工民主党北京市东城区委员会主委	危天倪（女）
中国致公党北京市东城区委员会主委	杨金生
九三学社北京市东城区委员会主委	朱岩石
台湾民主自治同盟北京市东城区委员会主委	肖　燚

人民团体

8 月 28 日，在风尚剧场举办不忘初心牢记使命专场演出（区文联提供）

东城区总工会

【概况】北京市东城区总工会（简称区总工会）是区委领导下的人民团体，是党联系职工群众的桥梁纽带。内设办公室（经费审查办公室）、人事部、基层组织建设部、宣教部、劳动生产和劳模工作部、权益部、法律部、财务部。有行政在编人员33人，含工勤编制2人。有下属事业单位6个，编制202人。全区工会组织1970个，覆盖单位1.15万家，会员18.4万人。

2018年，全区各级工会，深入贯彻落实中国工会十七大精神，围绕首都“四个中心”建设和东城区“一条主线、四个重点”战略任务，勇于担当、攻坚克难，完成全年目标任务，区总工会被评为全国推动厂务公开民主管理工作先进单位，全国安康杯竞赛先进单位、全国互助保障先进单位称号。

（殷琼）

【庆“五一”暨劳模表彰大会】4月24日，东城区总工会举办东城区庆祝“五一”国际劳动节表彰先进集体和先进个人大会。区委书记张家明等区领导首先为2018年荣获先进个人颁发奖章，为先进集体代表授旗，并为退休劳模代表献花，向其致以节日问候和崇高敬意。随后，全国五一劳动奖章获得代表作为新当选的模范代表宣读倡议书。各系统主要领导和17个街道代表100余人参加。2018年，共评选出全国五一劳动奖章1人，全国工人先锋号2人，首都劳动奖章11人，首都劳动奖状2个，北京市工人先锋号4个。

（殷琼）

【劳模工作扎实推进】2018年，在时传祥纪念馆举办全国劳模先进事迹展，该展览也被列入区委宣传部“改革开放话成就·不忘初心跟党走”主题参观寻访活动。通过宣讲、座谈、多媒体宣传等形式大力弘扬劳模精神，在《劳动午报》《新东城工会报》和区总工会网站上深入宣传先进人物典型事迹。开展走近身边的劳模和劳模大讲堂活动17场，对劳模创新工作室和创新成果进行评选给予资金支持，鼓励劳模发挥作用，促进成果转化。关心劳模身心健康，开展在职劳模专享活动，做好劳模体检、休疗养工作。开展首届“东城工匠”评选命名工作。在全区各街道、各系统广泛推行地区工匠、系统工匠培养和评选基础上，12月18日，2018年首届东城工匠命名表彰暨工匠之歌发布会在东城区崇文工人文化宫召开，会上表彰年新命名东城工匠12人。为职工创新工作室、优秀技术创新项目等颁发奖牌和证书，同时发布10首新创作工匠之歌。

（殷琼）

【技能人才队伍建设】紧贴经济和社会需要，在全区范围内开展“皇城logo”设计大赛；在中药企业、药店等职工中开展中药炮制、抓药等岗位练兵活动。鼓励和指导各街道工会发挥自身优势组织特色技能比赛和岗位练兵。继续开展名师带徒活动，鼓励技术人才发挥引领示范作用，将技术和手艺传承下去。继续开展高级工助推工作，制订技师和高级技师配套助推方案。将创新工作室和创新成果推荐评选向重点产业的一线技术岗位倾斜，推动提高一线职工创新积极性和主动性。健全推荐评选制度，建立专家评委团队，将评选结果进行公示，确保评选工作公开、公平、公正。检查创新工作室开展情况，推动成果转化。评选出职工创新工作室6家、创新成果5项。发挥区职工技术协会骨干力量作用，在不同行业开展各具特色的培训、交流、竞赛等活动，提高职工技术技能水平。

（殷琼）

【引导职工依法维权】加强工会劳动法律监督员队伍建设，联合劳动部门开展监督检查1878次，重点加强对涉及拖欠农民工工资等问题预警排查，在中非合作论坛北京峰会、“两节”等特殊时期，加大劳动关系预警排查力度。召开街道劳动争议调解联动机制现场交流会，推动联动机制进一步向基层延伸。在区劳动人事争议仲裁院设立接待窗口和调解室，全年共受理劳动争议1323件，调解成功729件，涉及金额1554.3万元。参与处置家园网等重大劳动关系事件，配合相关部门做好职工稳定工作。开展法律援助，完成法律援助案件55件。工会法律宣传工作稳步推进，加强法治宣传阵地建设，建立龙潭湖法治主题公园、崇文工人文化宫法治宣传长廊，通过“菜单式”、案例大讲堂等形式开展普法活动，参与职工6.5万人次。开展“尊法守法·携手筑梦”农民工公益法律服务专项行动。

（殷琼）

【集体协商工作提质增效】推出4+4+N协商，将涉及职工切身利益问题纳入协商内容，不断提升职工获得感和幸福感。金漆镶嵌、便宜坊、珐琅厂等企业，对持证职工每月给予50元到1000元不等技能职称补贴。宏源餐饮建立宏源奖学金、奖励年假和旅游基金、通岗奖励制度，调动职工提升技能素质积极性。在市总集体协商四看四查督导检查中，获总分第一名；东城首创的“4+4+N”协商和行业议事会模式，作为全市协商工作成果在全总作经验介绍。

（殷琼）

【推进厂务公开民主管理工作】加强以职代会为基本形式民主管理制度建设。严格落实职代会实施细则、厂务公开工作制度。区领导4人带队，分别到国资系统、非公系统、事业单位调研检查，有力推进区厂务公开民主管理工作。指导京诚、京宏合并和经营类事业单位在改革中严格履行民

9月18日，第八届“挥笔聚焦新东城”职工书画摄影展摄影类作品一等奖《漓江渔火》（杨烁摄）

主程序。环卫中心等基层工会先后建立“五个一”等适合系统单位的多样化公开形式，厂务公开民主管理工作持续加强，代表北京市迎接第十次全国厂务公开民主管理工作调研检查。依托工商局企业登记信息系统，调查摸底公司制企业董事会、监事会情况，推动职工董事、监事工作不断拓展。

（殷琼）

【“五月的鲜花”群众歌咏活动】7月初，开始组织专场比赛，包括歌唱类、器乐类、语言类、舞蹈类4个专场，涵盖歌唱、舞蹈、器乐、诗朗诵、相声、小品、快板等表演形式。区总工会共征集近100个文艺节目，从中推选出部分优秀节目参加汇报演出和市级比赛。东城区职工合唱团获市总工会举办的第三十五届“五月的鲜花”合唱比赛三等奖。区有关领导和群众1000余人参加。9月20日，东城区第九届“五月的鲜花”群众歌咏活动汇报演出在崇文工人文化宫红剧场举办。区委、区总工会、区文联领导出席，劳模代表和职工代表参加。与会领导为优秀组织单位颁发证书。

（殷琼）

【文体活动】7月19日，东城区职工合唱团参加由市总工会在国家图书馆音乐厅主办的第三十五届“五月的鲜花”合唱比赛。获三等奖、最佳指挥奖。10月，由区总工会联合区住建委共同主办，区职工文促会及褚柏林演艺公司承办的慰问演出队，到安定门保障房工地，为一线工人演出。还举办趣味性强、普及性广的体育活动，举办篮球赛、羽毛球比赛、保龄球比赛、智力运动会等体育活动。开展餐饮行业趣味体育项目，通过竞技比赛激发职工热情、凝聚职工力量。为职工2000余人免费体质测试，建立职工体质状况档案，为职工运动健身提供科学指导。为职工6000余人免费开展心理咨询体验。

（殷琼）

【职工读书活动】开展读一本好书，做一个好人活动，加强与区图书馆合作，通过举办读书沙龙活动、设立读书导师、制作2017年职工优秀读后感作品集等，鼓励、带领职工多读书、读好书。

（殷琼）

【职工素质建设工程】适应首都和区功能定位对职工人才结构的需求，整合文化教育资源，培养高素质人才、技能人才和创新人才，提高职工队伍整体素质。2018年素质教育面授与交流结合、理论与实操结合、传统与特色结合、集中与上门相结合，结合各单位职工需求，有针对性的开设特色班，近1万人参加培训。开展在职职工学历技能双助推计划，将学历教育和职业技能培训有机结合，免费培养优秀职工150余人完成学历教育。发挥工人文化宫教育培训基地优势，开展常态化知识技能培训，举办包括书法、绘画、摄影、舞蹈、器乐、健身、心理等培训班100余场，培训职工近2万人次。

（殷琼）

【职工书画摄影展】8月28日，区总工会在崇文工人文化宫幸福小剧场举办第九届“挥笔聚焦新东城”职工书画摄影展评活动。活动中，部分书画爱好者和历届获奖职工进行现场笔会，吸引参观者欣赏，会后参观职工书画摄影展。此活动已连续举办9届，2018年活动中共展出职工书画作品163件，摄影作品461幅。

（殷琼）

【困难帮扶】依托暖心驿站送温暖，2018年建立暖心驿站644个，服务场所遍布全区街巷，为户外劳动者提供饮水小憩场地，“两节”期间以一杯暖茶，温情暖冬为主题开展暖心行动，投入30万元为平房物业人员2500人送上暖手暖脚包及鱼肉等节日慰问品。1月30日，区总工会在花家怡园东直门店三层为辖区户外劳动者、外来务工人员，举办冬日里的关怀送温暖活动。精准实施物质、就业、医疗、助学帮扶，困难职工由30人减少到10人，脱困率达72%。推动43家直属基层工会制订应急救助办法，应急帮扶体系初步建立，促进分级帮扶实化细化。2月7日，区有关领导慰问困难职工。举办庆“六一”慰问困难职工子女和读书活动，为全区14周岁以下困难职工子女15人送上价值400元的少儿图书购书券和100元儿童食品；为全区困难职工5人送去励志、心得感悟等类别书籍。

（殷琼）

【就业帮扶】以促进就业、共创和谐为主题，举办就业援助月、春风行动、民营企业招聘月等招聘会6场，提供岗位信息9556条，现场达成就业意向407人，为企业和职工搭建起就业服务平台，受到企业和职工欢迎。

（殷琼）

【交友联谊活动】通过购买社会组织服务方式丰富交友联谊活动内容和形式。全区各级工会以情缘东城、幸福一生为主题开展12场交友活动，吸引单身职工650人参加。

（殷琼）

【普惠服务】推出教育培训、文化体育、娱乐休闲、生活服务、健康服务五大类服务项目266个。服务项目坚持重要节点和日常服务项目相结合，长期项目和短期项目相结合，坚持普惠性、常态性、精准性。依托“12351”职工服务平台开展推出龙潭湖冰雪嘉年华、亲子儿童剧、5元看大片、畅游海底世界、优惠学车、凯撒旅游、同日升优惠购粮油等会员专享活动，服务职工1.9万人次，项目参与率达102.76%，职工真正享受到参加工会带来实惠。

（殷琼）

【女职工服务】8月，区总工会女职工委员会举行首批巾帼匠心创新工作室授牌仪式，对北京华江文化有限公司鲁娟等13个以女劳模、女性高技能人才为技术带头人的创新工作室进行表彰。举办青春禁忌游戏女职工话剧专场，丰富女职工文化生活；帮助指导基层单位新建母婴关爱室12个，并对新建母婴关爱室给予一定资金支持。

（殷琼）

共青团东城区委员会

【概况】共青团东城区委员会（简称团区委）是在东城区委、区政府领导下，负责全区共青团工作的群众团体机关。设办公室、基层工作部、社会服务与权益部3个内设机构，设书记1人，副书记3人，机关行政编制16人、实有14人。至年底，全区有基层团委64个、团工委21个、团总支33个、团支部1582个。团干部总人数为1023人，其中专职团干部29人，占2.83%。

2018年，开展新青年城市体验营活动9次；专职社工胜任力培训活动3次；开设3家新青年学堂；支持“一汇一品”创新项目44个，投入经费24.6万元；21家社区青年汇开展自主活动1241次，直接参与青年2.68万人次。元旦、春节走访慰问困难青少年355人，发放慰问金20.54万元，物资价值2.21万元；东城区合适成年人队伍93人，全年派出合适成年人47人次、开展涉诉未成年人社会调查30例、帮扶教育12人次。有效配合未成年人案件的审理工作，维护未成年人合法权益。

（李小宇）

【基层团组织建设】3月27日，共青团北京市东城区十一届四次全委会召开，经全委会卸职、递补后，共青团北京市东城区第十一届委员会由委员38人、候补委员3人组成。4月12日，组织召开共青团北京市东城区十一届五次全委扩大会，团区委十一届委员、候补委员及各街道团工委负责人37人参加。6月8日，团市委改革督导组一行4人到团区委以检查文件材料、召开工作座谈会的形式，对东城共青团改革推进落实情况开展督导检查。

（李小宇）

【青年人才工作】4月12日，组织30余人开展组织动员青年服务党政大局东城区五大青年行动志愿服务团青年干部思想汇活动。5月8日，招录配备基层团建督导员17人，组织召开基层团建督导员报到见面会。5月24日，为发挥楼宇青年群体分委员会议事决事作用，开展深化基层团建、切实服务青年专委员会工作研究。6月，北京市青年榜样15人走进东城区17个街道面向团干部和团员青年集中开展宣讲活动，覆盖团干部、团员青年

4月1日，团区委组织青年参加植树活动（杨海燕摄）

近500人。7月4日，为探索新颖的团干部教育形式，组织团干部20余人开展VR（虚拟现实）团课。7月5日，组织东城共青团团干部近40人开展团的十八大精神学习传达座谈会。10月18日，组织80余人参加东城共青团学习习近平总书记“7·2”重要讲话和团的十八大精神专题培训班。10月19日，组织90余人赴雄安新区开展东城共青团立足核心区发展，践行跟党走初心主题教育活动。12月7日，组织130余人参加深化改革跟党走、青春建功新时代东城区第九期团干部调训班。

（李小宇）

【青少年思想引导】向全区各基层团组织印发《关于实施东城共青团“青年大学习”行动的工作要点》。构建导学、讲学、研学、比学、践学、督学六位一体学习体系。开展青少年主题教育实践活动。组织动员团员青年开展北京青年榜样进街道宣讲、青年汇·学习社等系列主题活动。召开集贤聚智建东城 强国一代有我在五四青年节倾听青年心声座谈会。制订《关于开展2018年东城区青少年主题教育实践活动的安排》，全面启动青少年思想道德教育工作。动员广大团员青年服务区域中心工作。面向全区各基层团组织开展寻找青年眼中最美东城街巷（花园）活动，通过寻访、拍摄和评选展示等活动，了解东城，爱上东城，奉献东城。组织青年通过“团干部+青年汇社工+志愿者”工作模式为“光辉起点·中国共产党早期组织在东城”等展览提供讲解服务。组织东城青年榜样获奖者代表举行东城青年榜样进社区 服务城市管理工作者活动，为平房物业区一线员工送去中医养生、理发、修脚等暖心服务。接待来自海南省三沙市永兴学校师生15人开展参观研学和爱国主义教育活动。带领师生们参观方家胡同小学、孔庙和国子监等历史文化教育点。

（李小宇）

【社区青年汇建设】发挥团区委主责作用，完成儿童暑期寒假成长营、新青年城市体验营、新青年学堂、青春助力文化中心建设等市级各项工作任务。联合海巢HOT·社区青年汇、CC·社区青年汇和胡同文化馆·社区青年汇开展Diversity·国际文化交流活动，继续开展社区青年汇文化体育季、“午间一小时”等区级特色活动，激励更多青年扎根东城建设发展。召开社区青年汇“一汇一品”创新项目专题报告会，年度社区青年汇“一汇一品”创新项目共计批复项目47个，提供资金支持47.5万元。先后接待全国团县委书记进修班、德国、日本、柬埔寨、亚非青年联谊会、澳门青联等青年代表团20余批次、500余人参观交流。关爱青年汇社工，鼓励他们参加各类培训与考试，为大家配备复习资料；每季度举办社工集体生日会、社工年度恳谈会；同时在社工交通补助、文体活动等关心他们。在东城住房紧张、房租高涨情况下，协调解决社工集体宿舍问题。在2018年上半年社区青年汇中期总结表彰中，4家社区青年汇入选社区青年汇优秀服务项目，获奖率达57%；6家社区青年汇入选最受青年欢迎群体活动，获奖率60%。

（李小宇）

【社区青年汇交流】1月，广东团省委调研团一行分别到北新桥街道海巢HOT·社区青年汇、朝阳门街道胡同文化馆·社区青年汇参观。3月，共青团惠州大亚湾经济技术开发区委员会赴海巢HOT·社区青年汇参观；山西团省委来京交流参观团到东城区龙潭街道CC·社区青年汇大本营进行参观和交流。5月，第一期全国团县委书记进修班一行80余人赴海巢HOT·社区青年汇交流学习。6月，澳门青联访问团赴海巢HOT·社区青年汇交流学习。7月，东盟青年干部（老挝）代表团赴海巢HOT·社区青年汇参观交流；为促进团中央购买青少年社会工作服务专题调研活动，以团中央书记处书记为代表的考察团到东城区海巢HOT·社区青年汇参观调研，团中央社会联络部及天津、北京、山西、内蒙古、辽宁等13个省（区、市）相关部门主要负责人60余人参加。9月，德国勃兰登堡州青年联合会代表团 赴海巢HOT·社区青年汇学习交流；亚非青年体验传统文化团赴朝阳门街道胡同文化馆·社区青年汇、龙潭街道CC·社区青年汇参观交流学习；张家口市团委赴海巢HOT·社区青年汇参观交流。10月，全国团市委班子成员进修班一行45人到东城区北新桥街道海巢HOT·社区青年汇参观交流；日本交流团参观朝阳门街道胡同文化馆·社区青年汇。11月，大同团干部一行60人到海巢HOT·社区青年汇交流学习；柬埔寨青年联合会代表团赴海巢HOT·社区青年汇交流学习。12月，广东省团委参观龙潭街道CC·社区青年汇。

（李小宇）

【全媒体宣传网络】7月，通过“东城小伙伴儿”邀请青年参加东城青年榜样，对4个集体及个人21人开展人气投票，粉丝超过2万人参与，投票数超过24万余张，阅读量超过27万条。全年推送图文消息489条，总阅读人数达4.84万人，阅读量达1.02万次，粉丝关注人数同比增长109.5%。11月，“一天到晚在东城”主题文章通过东城小伙伴儿发布，得到广泛好评。在团十八大召开期间，团区委微信公众号发布关于贯彻团十八大精神的文章10余篇，并开展团十八大知识答题竞赛。依托新媒体资源，在北京头条APP以及微信公众号“东城小伙伴儿”设置专栏，在全团范围内开展冬奥答题活动，发动团员青年参与答题，参与人数达1.4万余人。

（李小宇）

【社区青年汇文化体育季活动】9月、10月、12月，先后举办“青春梦想活力飞Young”东城社区青年汇青年文化体育活动季之青年游泳比赛、羽毛球比赛及冰蹴球比赛，参与青年300余人。

（李小宇）

【青年志愿者工作】1月，完成北京市第三批五星级志愿者推选，东城区优秀志愿者106人获北京市五星级志愿者荣誉。3月1日，孙茂芳志愿服务总队带领青年志愿者前往龙潭西湖公园，参加由区文明办主办“传承雷锋精神 共享志愿服务”学雷锋志愿服务推动月启动仪式现场宣传服务活动。4月10日，东城区骨干青年志愿者到望坛棚改征收项目现场，参与预签约志愿服务。4月，面向广大青年志愿者发出题为“百街千巷连你我 志愿青春献东城”的行动倡议，号召青年志愿者争当助力东城区百街千巷环境整治行动的倡导者、先行者和捍卫者。5月2日，东城青年志愿者协会组织青年志愿者20余人到北京新文化运动纪念馆，开展“当好东道主 文明迎峰会”主题绿色骑行活动。5月，第二十七个全国助残日主题活动期间，团区委发动广大青年志愿者，深入温馨家园、职康站等助残志愿服务阵地，开展阳光助残志愿服务活动。6月高考期间，组织青年志愿者在宏志中学、东直门中学、北京市第五十中学、二十七中等8个考点周边开展志愿服务活动，累计参与青年志愿者120余人，直接服务考生及家长900余人次。6月30日，团区委机关党支部组织机关全体党员在北京站广场开展综合保障志愿服务。7月，在各基层团组织和团员青年中部署开展“街巷小支书 青春‘十’力派”主题实践活动，动员各级共青团组织、团员青年参与百街千巷环境整治提升行动。8月26日，团区委联合走进崇高公益团队，带领东城青年志愿者36人代表走进内蒙古锡林郭勒浑善达克沙地及河北省张家口市馒头营村，开展为期2天植绿护绿志愿服务活动。8月31日，东城团区委、景山街道联合举办东城青年说——街巷治理中的青春故事分享会。9月16日，正式启动“微蓝北京”——北京站广场综合保障志愿服务项目。10月，各基层团组织、志愿服务团队共开展敬老志愿服务活动20余项，参与青年志愿者400余人次，温暖贴心、丰富多彩的志愿服务活动受到老年人欢迎。11月8—9日，东城团区委为优秀志愿者48人提供体检服务。12月26日，团区委组织青年志愿者专场观影活动，青年志愿者100余人相聚一堂，观看影片《北平以北》。

（李小宇）

【希望工程】将工作站工作与重点青少年个案帮扶工作结合起来，对贫困青少年进行资助和帮扶。4月，为高三学生3人完成学子阳光项目申报。5月，工作站下发希望之星奖学金，品学兼优、家庭经济困难青少年8人获得1.4万元捐助。

（李小宇）

【重点青少年服务管理】依托重点青少年信息管理系统，全面收集掌握有不良行为普通学校学生、涉嫌犯罪未成年人、服刑人员未成年人子女、未成年人社区矫正人员、青少年等7类工作对象基本情况。区重点青少年信息系统，共筛录入困境青少年1229人，逐一录入个性化帮扶方案，录入帮扶记录1万余条。各街道团工委确定帮扶对象及其个性化需求，开展有针对性个案帮扶，确定年度帮扶对象788人。4月至12月，开展精准帮扶青春助跑心理疏导、书香伴成长、U+100课业辅导、青联委员在行动、冰雪嘉年华等区级项目库活动。全年开展个案帮扶15例，社工进行个案服务110余次，组织开展小组活动4次。12月，参加北京市预防青少年违法犯罪工作年度考核，总结梳理全年东城区预防青少年违法犯罪工作。

（李小宇）

【涉诉未成年人权益保护体系】在合适成年人队伍中引入高校志愿者55人，为每人制作统一工作证。2018年派出合适成年人62人次，开展涉诉未成年人社会调查工作22例，帮教22次，实现京籍、非京籍全覆盖。办案过程全覆盖；附条件不起诉制度得到落实，犯罪记录封存制度在公检法司实施。

（李小宇）

【青少年法制宣传教育】3月、6月，在全区范围组织开展禁毒宣传系列活动，举办讲座、知识竞赛、演讲比赛、宣传活动等40场，覆盖青少年2100余人。在全国“两会”、一带一路峰会、中共十九大，在非首都功能疏解、百街千巷整治等重点工程上，团委承担重要维稳任务，预青组紧密围绕区域特点，开展青少年普法宣传教育，帮助青少年培养守法意识与自护技能，引导青少年提高公共安全敏锐度。寒暑假开展星光自护活动，2018年开展39场，覆盖青少年1470余人；组织开展青少年禁毒宣传周系列活动，举办各类宣传活动29场，覆盖青少年1万余人。在第二十七个国际禁毒日，组织区青少年赴中央戏剧学院实验剧场集体观看禁毒专场演出《蒲公英》，在青少年群体中普及禁毒相关知识。以新媒体的有效利用为切入点，举办防艾宣传活动24场，覆盖青少年3300余人，发放防艾宣传品1500余份，通过微信、微博进行防艾知识分享1000余次。

（李小宇）

【送温暖活动】1月至2月，开展元旦、春节送温暖活动，团委共走访慰问青少年家庭259户，发放慰问金20.6万元，发放物资700份，收集微心愿300个。联合区委组织部发起区委党支部参与精准帮扶困难学生结对帮扶困难学生对接工作，为贫困青少年342人送去党和政府的关心和共青团组织的温暖，为有困难的青少年解决实际困难。联合区第一图书馆，为全区生活困难家庭青少年1695人赠送书香东城全民阅读电子卡，为青少年463人免费办理北京市公共图书馆联合读者卡。联合恒丰银行开展助力东城共青团精准帮扶青少年圆梦计划专场活动。举办快递从业青年服务月系列活动，为快递小哥700人送上贴心服务。

（李小宇）

【法治副校（园）长工作】开展法治副校长队伍摸排。重新汇总整理法治副校长工作负责人、联络员情况，全面掌握法治副校长队伍实际情况，将部分人员予以及时替换或变更，确保工作连续性和常态化。探索推动在幼儿园配备法治副园长，强化教学科研，录制示范课光盘，加大对青少年和幼儿安全保障力度。

（李小宇）

10月26—30日，“我和我家”改革开放40年家庭展暨东城区最美家庭评比活动在东城区第一文化馆举行（刘秋菊摄）

东城区妇女联合会

【概况】东城区妇女联合会（简称区妇联）是区委领导下的群众团体，是党联系妇女群众的桥梁和纽带，其基本职能是代表和维护妇女权益，促进男女平等。下设办公室、组宣部、权益部、儿童部（包括区妇儿工委办公室）。机关行政编制数15人、工勤编制数3人、实有人员17人。全区有街道妇联17个，社区妇联177个，机关妇委会81个。

2018年，坚持面向基层、务实服务妇女，保持全市前列工作水平。举办“爱的支撑”东城区家庭先进典型表彰大会，表彰在参与全区疏解整治促提升、和谐社区建设、传承家风、家庭教育等方面有突出表现的优秀家庭代表40人。举办“我和我家”改革开放40年家庭展，展示40年国家发展带给家庭生活巨变。在全区各行业各系统持续开展“巾帼心向党 建功新时代”主题活动1198场，为区卫计委、国资委、环卫中心3个系统一线职业女性450人提供手工技能培训。开展传承中华文化感受非遗魅力、“重阳敬老·传家风”等家庭教育实践活动1555场。启动家庭领读人计划和“为你翻书”读书分享项目。成立最美家庭宣讲团，开展家风故事汇宣讲活动55场。全区有全国五好家庭3户、全国最美家庭4户、首都最美家庭21户。在全市成立首家社会组织之家，制订《东城区妇联社会组织之家公约》并成立联席工作委员会，涵盖健康安全、家庭教育等6大类、28家社会组织，全年开展社会组织党建科学化系统化建设等活动12场，586人参与。三级妇联与社会组织合作实施巧娘技能提升、手牵手志愿互助等项目69个，投入资金183万元，服务覆盖人群2.5万人次。发挥区巧娘协会公益平台作用服务妇女居家就业，开展手工技能培训178场，受益人群6000余人。举办不让毒品进我家、“建设法治东城 巾帼在行动”大型户外法治宣传咨询活动，发放宣传品2500件，现场咨询近800人。扎实做好信访接待工作，“12338”妇女维权热线平台全年累计接待家庭矛盾纠纷、劳动权益保护等4类信访诉求50件，回复满意度100%。2018年发布政务微博623条，微信179期，文章阅读量同比增加200%。

（张明旭）

【十三届三、四次执委会】3月15日，召开十三届三次执委（扩大）会。区妇联主席做《以党的十九大精神引领妇联组织改革创新 为建设“国际一流的和谐宜居之区”贡献力量》工作报告。执委代表3人，分别围绕上年履职情况进行交流发言。区委常委、统战部部长汤钦飞到会并讲话。区委领导，区纪委、区监委派驻组，区妇联执委、17个街道主管妇联领导、机关妇委会主任、各民主党派机关妇委会主任、市妇女代表大会代表、区政协妇联界别委员，妇联所属社会组织负责人及事业单位负责人100余人参会。11月28日，召开十三届四次执委（扩大）会议暨中国妇女十二大精神宣讲会。会议传达妇女第十二次全国代表大会会议精神。邀请参加中国妇女第十二次全国代表大会代表3人就学习情况进行宣讲。区妇联领导就学习贯彻中国妇女十二大会议精神和下一步工作提出要求。区妇联第十三届执委、机关妇委会主任、区街两级妇联干部、下属事业单位及社会组织负责人80余人参会。

（张明旭）

【两节送温暖】元旦、春节期间，区妇联争取市、区慰问金、慰问品共计15.9万元，重点走访和慰问单亲困难母亲家庭、老妇救会主任、贫困妇女、患癌贫困妇女、困难失独母亲等共290人。送去慰问金、慰问品和东城巧娘亲手制作的中国结、春联、福字。市区妇联领导及区领导相继参加入户走访慰问活动。

（张明旭）

【纪念三八妇女节108周年】3月5日，在77文创园剧场召开以“爱的支撑”为主题的纪念三八国际妇女节108周年暨东城区家庭先进典型表彰大会。会上观看自创情景剧《东城一家人》。大会对区和谐家庭标兵17人、区和谐家庭164人，好邻居标兵17人、好邻居164人，双合格好家长标兵10人、双合格好家长100人进行表彰。现场访谈一线女职工。同时启动东城区2018年寻找最美家庭活动。汤钦飞出席并致辞。北京市妇联领导，区领导及北京市妇女代表、区人大女代表、政协女委员、街道妇联主管领导、全区各行各业优秀女性代表200余人参加。

（张明旭）

【儿童安全自护能力提升项目】2月1—6日，区妇儿工委分别在崇文门外街道和北新桥街道开展“关注儿童安全 守护儿童成长”儿童安全自护能力提升项目第一阶段活动，活动覆盖周边龙潭街道、东花市街道、和平里街道和东直门街道儿童和家长300人。活动现场，老师为孩子们讲解各种报警、紧急救助电话使用方式，用模拟家庭环境带领孩子们排查家庭隐患，讲解危险物品存放和处置，学习体验紧急包扎，提升孩子安全意识和技能。

（张明旭）

【妇女儿童发展规划中期部署】4月12日，召开东城区妇儿工委2018年工作会暨“十三五”妇女儿童发展规划中期评估部署会。区妇联主席做题为《不忘初心，牢记使命，统筹推进妇女儿童事业全面发展》工作报告。印发《关于做好〈东城区“十三五”妇女儿童发展规划〉中期监测评估督导工作的通知》，对中期评估工作进行专题部署。有关领导及区妇儿工委成员单位主管领导近60余人参加。8月1日，北京市“十三五”妇女儿童规划中期评估督导组一行16人到区督导。区领导赵凌云做《强化政府责任 整合多方资源 统筹推进妇女儿童事业全面发展》工作报告。区级重点监测的31项指标中，已达标27项（其中妇女规划20项，儿童规划7项），达标率87%。市督导组一行到金宝街空间企业孵化基地和东直门街道网格化服务管理中心，实地考察女性社会组织发挥作用情况和街道网格化管理工作情况。区领导及51个成员单位主管领导参加督导检查。

（张明旭）

【儿童发展与保护论坛】11月29日，举办“守护未来”儿童发展与保护主题论坛。论坛邀请社区儿童之家工作者、参与儿童服务的社会组织管理者、家长、专家学者分别围绕儿童之家现状、面临的困境、未来发展等方面分享观点，提出建议意见。观看东城区社区儿童之家创建工作宣传片。东城区妇儿工委发布《北京市东城区儿童之家规范化建设指南及工具手册》。市妇联有关领导区领导及区妇儿工委51个成员单位主管领导、社区儿童之家工作者、社会组织负责人及一线儿童工作者、部分区人大代表、政协委员近100人参加论坛。

（张明旭）

【龙潭妇女儿童活动中心成立】5月26日，东城区妇联、龙潭街道妇联共同开展“筑梦好家园·向快乐出发”庆“六一”活动暨龙潭街道妇女儿童活动中心成立仪式。有关领导到会并为龙潭街道妇女儿童活动中心捐赠玩具、书籍等物品。孩子们参加快乐贯穿衣食住行 亲子大闯关庆“六一”游戏体验互动活动。光明社区妇联主席与大家分享自己工作感悟与幸福瞬间；小巷管家与街巷小当家进行参与街巷议事、设计作品展示；家庭代表与大家分享自己治家之道与家风传承；龙潭街道工委书记及与会领导共同为活动中心揭牌。东城区已经建立165个儿童之家，居全市之首。

（张明旭）

【读书分享活动】六一儿童节前夕，区妇联开展走进北京市第九十六中学“为你翻书”读书分享系列活动。活动选取美国作家海伦·凯勒励志著作《假如给我三天光明》，分享嘉宾中国人民大学、经济科学大学教授从享受读书乐趣展开分享；国家级轮椅冰壶教练介绍国家轮椅冰壶队克服身体障碍，刻苦训练，勇夺冬奥会金牌励志故事；心理学博士、心理治疗师用自身成长经历，倡议学生们要珍惜幸福，认真感受每一天，感受身边的美好。学生们就这本书，展开互动交流。

（张明旭）

【政策法规性别平等座谈会】6月5日，区人大法制委员会妇女小组、区妇儿工委办公室联合召开政策法规性别平等评估工作座谈会，对政策法规性别平等评估工作，向部分区人大代表征求意见。座谈会上，中华女子学院党组书记、教授就如何科学构建政策法规性别平等评估机制，从理论基础、现实基础和要素3个方面进行讲授。区妇儿工委办公室从评估意义、评估内容、评估方式等方面向与会代表介绍东城区开展政策法规性别平等评估工作目标、步骤、程序，与会代表们分别发言。区人大常委会副主任毛炯出席座谈会并讲话。

（张明旭）

【爱国主义教育基地寻访活动】7月

31日，区妇联组织辖区青少年走进爱国主义教育基地孔庙和国子监参观。东城区家庭教育专家团成员，带着孩子们参观院内198座进士题名碑、孔庙主建筑大成殿及具有700余年历史的触奸柏、十三经碑林、专供皇帝讲学的宫殿辟雍大殿等主要建筑，并进行详细讲解。期间，孩子及家长们还观看中国礼乐文化展演。社区青少年及家长80余人参加活动。

（张明旭）

【对口帮扶工作】4月至10月，按照对口支援工作要求，以帮脱贫为宗旨，妇联干部及社会组织之家成员东城巧娘协会、女企协、仁合公益负责人等多次走进崇礼、阿尔山、拉萨市当雄县和十堰市郧阳区，围绕当地社区妇女之家、儿童之家建设、旅游纪念品开发、职业技能培训等方面，发动社会力量参与对口帮扶。2018年累计为接受援助地区捐赠书包、书籍、衣物等价值365万元。

（张明旭）

【中韩女性技能应用示范项目】9月17—21日，由北京市妇联指导，韩中文化经济友好协会、北京市妇女国际交流中心等单位支持，东城区妇女儿童活动中心、东城区女企业家协会联合承办的2018中韩女性花艺技能创业应用示范推广项目在北新桥街道社区活动中心举办。邀请韩国花艺技能大赛金奖指导老师、2010国际残疾人技能奥运花艺装饰金牌指导金玎姬老师授课，学员25人获得结业证书。韩中文化经济友好协会会长金英爱、金玎姬老师、北京市妇女国际交流中心主任以及东城区妇联主席、东城区女企业家协会会长等领导出席结业式并讲话。

（张明旭）

【单身青年联谊会】3月17日，东城区“转角遇到TA 爱情恋恋看”单身青年联谊活动在新怡商务楼举办。活动由东城区妇女联合会主办，崇文门外街道工委办事处协办、北京市友联婚姻家庭咨询服务中心承办，来自辖区内驻区单位、商务楼宇、机关事业等单位的单身青年200余人参加活动。共有6对青年牵手成功。

（张明旭）

【家庭综合服务项目对接会】4月3日，在东城区第一文化馆召开东城区妇联社会组织之家成立暨“5·15”家庭综合服务项目资源对接会。成立全市首家社会组织之家，通过《东城区妇联社会组织之家公约》，委员会成员、东城区鸿睿家庭教育研究中心宣读倡议书。市区妇联领导为社会组织之家成立揭牌。区妇联领导介绍515家庭综合服务项目基本情况，并向17个街道、177个社区发布项目购买意向和需求，成功对接69个项目。市区妇联及社区妇联干部600余人参加会议。

（张明旭）

【拓宽基层组织覆盖面】3月22日，红桥市场妇女委员会正式成立。经过市场商户推选，红桥市场第一次妇女代表大会确定正式代表50人。代表大会首先听取红桥市场妇女委员会筹备工作报告，随后采用差额选举方式，选举产生红桥市场妇女委员会第一届委员会委员11人。经红桥市场妇女委员会第一届委员会第一次全体委员会议，选举产生红桥市场妇女委员会主任1人，副主任3人。11月30日，北京商鲲教育控股集团妇女委员会正式揭牌成立。新成立的商鲲集团妇女委员会按照准确定位、积极探索、稳步推进、务求实效总体思路开展活动。有关领导及北京商鲲教育控股集团有关人员100余人参加会议。

（张明旭）

【女性专场招聘会】3月8日，区妇联与区人社局共同举办以“春风送岗位 共圆就业梦”为主题的女性专场招聘会。中检精标科技开发（北京）有限公司、北京联华快客便利超市有限公司、北京国安宾馆有限公司等16家企业，提供1318个岗位，涵盖销售主管、信息录入、话务接听、行政专员等工种，针对女性需要照顾家庭的特点，专门设置工作时间相对比较灵活的咨询师、家政服务等岗位。活动共发放宣传材料400余份，300人参加招聘会，35人与用人单位达成初步就业意向。

（张明旭）

【工作培训】5月29日至6月6日，妇联在北京市财贸职业学院东城校区举办巾帼亲情服务队素质提升暨心理疏导技能培训。培训班邀请心理专家通过视频、音乐、图片等形式进行授课，涉及心理健康基础、沟通与倾听、心理问题识别和转介、压力的自我调适、婚姻家庭及亲子关系辅导训练和团体辅导等。学员102人参加培训。9月20—21日，北京市妇女干部学校和东城区妇女联合会，共同举办基层妇联主席培训班暨新任基层妇联组织成员初任培训班。区委党校社区建设教研室副主任从基础与背景、内涵与方略、目标与意义解读“习近平新时代中国特色社会主义思想”。北京大学社会学系教授、博士生导师就如何调整心理状态，处理工作和生活中的各种关系讲述“助人自助——女性自我成长”。北京市政协委员、东城区政协民族宗教委员会副主任从国家宗教政策和当前我国民族宗教工作的现状、发展情况讲解“新时期民族宗教工作形势”。区妇联副主席讲授妇联历史沿革、《章程》解读、妇联主要工作等内容。区、街道、社区妇联干部和区直机关党工委妇委会主任共180余人参加培训学习。11月12—17日，区委组织部、区妇联联合在清华大学举办“成就卓越领导·塑造魅力女性”处级女领导干部专题培训班。培训班围绕新形势要求和女性领导特点，学习女性管理者角色认知、创新思维与科学决策、情商与女性领导力等内容。培训中传达中国妇女第十二次妇女代表大会主要精神。全区处级女领导干部50人参加培训。

（张明旭）

【友好往来】6月26日，深圳市妇儿工委一行90余人到东城区考察社区儿童之家创建工作。区妇联介绍东城区“3+2+N+N工作法”及创建儿童之家的总体情况。东直门街道妇联介绍围绕地区儿童需求开展“三点半”课堂、社区早教活动等情况。北京市协作者社会工作发展中心从社会组织如何参与儿童之家运营和服务的角度做重点介绍。深圳市妇儿工委一行实地参观东直门街道综合文体服务中心。6月29—30日，崇礼区妇联一行14人到区学习考察。区妇联、东四街道、女企协和东城巧娘协会的负责人参加接待。考察团了解东城妇联服务女性创业方面的做法，参观东四奥林匹克社区文体中心，参加交流座谈会。巧娘协会会长介绍巧娘工作室10年发展历程和妇女居家就业、灵活就业情况。区女企业家协会会长介绍建会宗旨、工作经验和成效。区妇联介绍妇女之家、儿童之家和创业就业工作情况。9月5日，区妇联在东四街道彩虹工作室，接待老挝妇女代表团一行9人，代表团参观东四街道奥林匹克社区文化体育中心，听取对社区妇联组织和妇女之家、儿童之家建设情况介绍。观看东四彩虹工作室巧娘们编织作品，体验中国结制作、传统宫扇画法。

（张明旭）

东城区科学技术协会

【概况】东城区科学技术协会（简称东城区科协），是东城区科技工作者的群众组织，是中共东城区委领导下的人民团体，是党和政府联系科技工作者的桥梁和纽带，是推动科技事业发展的重要力量。设置办公室、科普部、学会部3个科室，有公务员编制8人、实有8人，工勤编制1人、实有1人。至年底，有基层学会（协会）33个，其中街道科协17个，专业协会16个，会员2万余人。

2018年，坚持为科技工作者服务、为创新驱动发展服务、为提高全民科学素质服务、为党和政府科学决策服务职责定位，开展决策咨询，学术交流研究，科学知识普及，科技成就宣传和科普平台建设，科普工作者培训等工作。实施科普信息化建设和“互联网+科普”行动，推进东城科普微信公众号科普内容、表达形式、传播方式、运营管理的机制创新，全年推送科普文章600余篇。

（李海曼）

【科技工作日活动】5月30日全国科技工作者日，组织部分科协常委及有关专家20余人到京东方集团和北汽新能源汽车有限公司参观。在参观企业新成果的同时，学习借鉴企业开展党建工作和党风廉政建设方面的好做法、好经验。

（蒋晓京）

【科普之夏】7月至9月，组织辖区17个街道开展东城区第二十届科普之夏活动。活动期间，开展暑期青少年科技制作、参观科普基地、广场科普舞起来、节能环保等科普活动200余项，8000余人次参与。在北京广场科普舞起来活动中，东城区代表队获得全市第一名。

（马元）

【全国科普日活动】9月15日，全国科普日主场活动在自然博物馆举办。活动邀请中国实验动物学会、北京古观象台等国家级学会及市区权威科普机构，围绕创新引领时代，智慧点亮生活科普日主题，结合自然博物馆观众年龄结构和实际需求设计科普内容。活动展出展板100余块，发放宣传资料2万余份，近6000人受益。

（马元）

【青少年科技教育】组织全区近100所中、小学学生开展青少年科技创新大赛、青少年机器人竞赛、动手做竞赛等大型竞赛活动，7万余人次参加。在第十八届“明天小小科学家”活动中，汇文中学张诗雯同学的新型抗炎因子IL37在神经系统中的功能初探、北京市第一七一中学汪晓娅同学的胶体光子晶体结构色的调控及彩画打印研究，赢得“明天小小科学家”称号，该称号全国仅有3人，东城区有2人。东城区还获一等奖2人，二等

5月30日，区科协组织部分科协成员参观北京汽车新能源汽车有限公司
（区科协提供）

奖2人，三等奖4人，入围奖1人。在第三十三届全国青少年科技创新大赛中，获一等奖1人，二等奖2人。参加第三十八届北京市青少年科技创新大赛、第十九届北京市青少年后备人才培养计划、第十七届北京市青少年科技创新市长奖评比、第十九届北京市青少年机器人竞赛，东城均取得优异成绩。

（刘跃进）

【社区科普益民计划】完成2017年社区科普益民计划检查，组织实施2018年度科普益民计划，2个项目申报并获得市科普益民计划专项资金40万元。

（万延伟）

【学术交流活动】开展学术研讨、建议征集、专家论坛和委员提案建言活动。完成市科协课题《首都海外留学归国科技工作者创新创业现状调研》，为市政府制订海外留学归国科技工作者政策提供数据。各学会开展学术交流、研讨、征文征集等活动，共征集论文40余篇，召开研讨会6场、举办培训交流20次。

（蒋晓京）

【金桥工程】2018年，东城区向市科协申报110个项目，创历年项目数量新高。5个项目获得资金支持，位列各区科协前列。分别为首都医科大学附属北京同仁医院《GSTAI基因功能单核苷酸（SNP）多态性与儿童高危神经母细胞瘤复发及移植毒副作用的机制》，北京医院《基于亲子细胞系和凋亡机制的无创产前检测游离DNA参考物质的研究》和《关节腔注射间充质干细胞治疗中早期膝关节骨关节炎的临床研究》，3个项目各获得种子资金4万元；北京市和平里医院《运动训练在稳定性冠心病患者治疗中的应用价值》项目获种子资金3万元；首都医科大学附属北京天坛医院《北京市急诊科输血现况调查》项目获种子资金2万元。通过实施金桥工程，引导企业与科研院所、高等院校之间联系。

（蒋晓京）

东城区归国华侨联合会

【概况】东城区归国华侨联合会（简称区侨联），成立于1985年6月，是由归侨侨眷组成的人民团体，是党和政府联系归侨侨眷的桥梁和纽带。侨联工作的职能是群众工作、参政议政、维护权益、海外联谊。编制4人、实有4人。无内设机构。有街道侨联17个和教委、卫计委2个系统侨联和区归国人员联谊会。

2018年，召开二届三次全委（扩大）会；“侨之家”建设取得新成绩；市侨联领导多次调研；开展纪念改革开放40周年、走访慰问、志愿者服务、区归国留学人员联谊会等活动，组织侨界骨干赴台交流；举办侨界代表性人士培训班和“亲情中华·汉语桥”北京情思夏令营北京营东城区主题日活动。在第十次全国归侨侨眷代表大会上，2人被评为全国归侨侨眷先进个人，1人被评为全国侨联系统先进个人。

（窦跃斌）

【二届三次全委（扩大）会】3月9日召开，会议邀请东城区侨界新当选的北京市人大代表和北京市政协委员介绍北京市两会相关情况；传达市侨联十四届五次全会精神；总结区侨联2017年工作，研究部署2018年工作。区侨联委员和全区19个基层侨联组织负责人参加。

（窦跃斌）

【赴台交流】5月11—17日，组织侨界代表性人士10人赴台，以加强文化交流，推动侨界合作为主题，与台湾侨界人士和普通民众广泛接触，先后与台湾侨联总会、台湾中华经济文化发展促进会等社团交流，达到开阔眼界、广交朋友、加强交流目的。

（窦跃斌）

【志愿服务活动】6月29日，联合和平里医院和医杏林先锋党建示范站和医杏林志愿服务队与北京疾控中心志愿服务队、航星科技志愿服务队、地坛社区党委在地坛公园举行庆七一志愿先锋服务活动。区领导及有关单位负责人参加志愿服务活动。现场发放宣传材料800余份，志愿者300人及社区归侨侨眷和群众参加。9月20日爱牙日，携手和平里医院、区特殊教育

9月20日，“医教携手共建杏林关爱同行”志愿服务活动在区特殊教育学校启动（区侨联提供）

学校、区教育研修学院，与区卫计委侨联和区教委侨联，走进东城区特殊教育学校，开展医教携手共建 杏林关爱同行志愿服务活动，向特教学校的师生普及牙病防治知识，同时为特教学校师生义诊。

（窦跃斌）

【走访慰问】春节、“七一”、国庆前夕，对全区30户孤、寡、病、残归侨侨眷，2户结对共建党员家庭及帮扶的1户低保户家庭，展开送温暖慰问活动，送去相关慰问品和慰问款。

（窦跃斌）

【培训侨界代表人士】5月23日至6月1日，与民革区委和致公党区委联合举办不忘合作初心，继续携手前行培训班，听取北京城市总体规划解读和东城区社区治理工作情况报告；在禄米仓胡同5号实地探访现存最古老的京音乐和史家胡同京味胡同文化，在全国政协文史馆参观大道同行——从“五一口号”到协商建国重要史事回顾展并进行座谈交流。赴重庆市南岸区社会主义学院听取当地相关人员授课和现场讲解抗战时期民主统战人士发挥积极作用历史，区侨联委员和专兼职干部13人参加培训。10月11—12日，举办侨界代表性人士培训班，传达中国侨联第十次代表大会议精神；请专业人士讲解北京市总体规划，全区19个基层侨联委员、区侨联委员及侨联机关干部110余人参加。

（窦跃斌）

【夏令营活动】7月15日，“亲情中华·汉语桥”北京情思夏令营北京营，在天坛青少年活动中心进行舞狮表演、京剧扮相等有中国传统特色文化体验活动。来自新西兰、澳大利亚、美国、奥地利等国家的营员34人参加。营员们还参观孔庙、国子监博物馆。

（窦跃斌）

【纪念改革开放40周年】10月30日，以走过40年为主题，举办纪念改革开放40周年座谈会，老归侨7人结合自己归国的学习工作和生活经历，以切身感受和生动语言，畅谈改革开放40年给祖国及个人生活带来的新变化，区侨联机关干部和老归侨45人参加座谈会。

（窦跃斌）

【侨之家建设】指导全区19个基层侨联在原有侨胞之家基础上，对侨胞之家软硬件进行升级改造，建成有阵地、有队伍、有活动、有服务、有制度、有保障的“六有”标准侨之家。推荐东花市街道侨联和龙潭街道侨联、教委系统侨联的侨之家成为市侨联系统侨之家示范单位。12月27日，市侨联参观组一行40余人，参观东花市街道侨联和龙潭街道侨联，听取2个街道侨联组织介绍。区侨联主席、东花市街道工委书记、龙潭街道工委副书记分别就区侨联系统和2个街道侨联组织侨之家建设，进行经验介绍。

（窦跃斌）

【归联会活动】4月29日，区侨联、区归国留学归国人员联谊会在奥森公园开展春季草坪读书会活动，部分侨眷和新侨（海归）们参加活动。市侨联联络维权部、区侨联有关负责人和部分侨联委员、区归国留学人员参加并分享自己喜爱的书籍，各抒己见，分享观点。11月21日，组织区侨联委和区归国留学人员30余人赴雄安新区参观。参观雄安达实智慧展厅、市民服务中心（包括规划园）、深圳建科院伊工社、伊街坊、头等舱公司展厅等。参观后进行交流座谈。

（窦跃斌）

【参政议政】1月，参加区政协十四届委员会第二次会议，提交《关于公共文化服务体系建设的几点建议》和《关于加强全区国防教育的建议》团体提案2件，侨界委员提交个人提案11件；列席区人大会议，听取区2018年度政府工作报告。3月，参加区政府扩大会；参加区委统战部召开的信息调研会；参加统战系统党风廉政建设工作会；参加北京市侨联第十四届委员会第五次次扩大会议。参加中共东城区委统一战线工作领导小组会议；参加中共市委常委、统战部长到东城调研座谈会。4月，参加中共东城区委党外代表性人士工作推荐部署会；参加区长主持召开的区长联系单位工作汇报会；参加中共东城区委统战部、东城区政协共同承办纪念“五一口号”发表70周年纪念活动。5月，参加东城区基层统战干部培训

12月27日，北京市东城区青年联合会第六届委员会第一次全体会议召开
（东城青联提供）

班；参加东城区街道体制改革试点工作动员部署会；参加北京市侨联十四届六次全委会，选举出席中国侨联第十次归侨侨眷代表大会代表。10月，参加统战部召开党外人士议政建言工作部署会。11月，参加全区领导干部大会，进行民主推荐；参加全区警示教育大会；参加街道体制改革全面推开工作动员部署会。12月，参加中共东城区委第十二届委员会第七次全体会议；参加东城区组织工作会议；参加东城区统战系统党风廉政建设工作会议。

（谭菲）

东城区青年联合会

【概况】东城区青年联合会（简称东城青联）是东城区委、区政府领导下，团结和引领全区各族各界青年的爱国统一战线组织。区青联第六届委员会于2018年12月换届，来自东城区各界、各行各业的青年代表300人参加。会议通过五届青联工作报告，审议并通过《北京市东城区青年联合会工作细则（修正案）（草案）》《北京市东城区青年联合会委员履职规范（试行）（草案）》《北京市东城区青联委员直接联系青年制度（试行）（草案）》，并选举产生六届青联委员会。第六届委员会设9个界别，分别是：公共管理与政法界别、新的社会阶层和社会组织界别、科学技术与教育界别、经济金融界别、文化体育界别、医药卫生界别、新闻出版与传媒界别、港澳台民宗侨界别、青少年工作与劳动模范界别。有青联委员共300人。委员会设主席1人，常务副主席1人，副主席9人，秘书长1人。

2018年，东城区青联认真贯彻落实中共十九大精神，深入学习习近平新时代中国特色社会主义思想，依托“一条主线、四个重点”战略任务，围绕疏解非首都功能和推动京津冀协同发展这条主线，广泛团结、引领和服务全区各族各界、各行各业青年，不断提高组织号召力、凝聚力和影响力，推动全区青年各项工作深入开展。

（陈明秀）

【品牌沙龙活动】东城青联全年开展沙龙活动30余场，参与者300余人次。以沙龙活动为载体，加强界别间交流。组织委员40余人携家属赴故宫博物院开展“一窗一世界”文化主题沙龙活动，感受工匠精神；组织青联委员20余人和热心青年人参加2018年新年太极健康交流活动。邀请委员10余人参加2018摇滚马拉松活动。文化新闻界别组织开展聆听弦乐经典、筑梦文化东城艺术体验系列活动，将交响乐、弦乐、歌剧、京剧等艺术表现形式向广大青年普及。青联足球队组织多场友谊赛，东城青联篮球队，每周组织训练活动。

（陈明秀）

【推荐优秀人才】通过北京市青年企业家协会推荐、北京市突出贡献评选、东城区党外人士理事会推荐等多种形式，多渠道培养和发现优秀青年人才。东城青年优秀企业家8人被推选为北京市青年企业家协会会员、青年党外人士4人被推选为东城区党外人士代表，推荐委员5人加入东城区党外人士理事会、推荐委员2人参加第十三批北京市有突出贡献科学、技术、管理人才评选。

（陈明秀）

东城区工商业联合会

【概况】东城区工商业联合会（简称区工商联）成立于1951年，有基层组织38家，其中街道商会17家、特色街区商会6家、重点地区商会1家、科技园区商会1家、楼宇商会1家、异地驻京商会2家、功能性商会10家。机关内设办公室、宣传教育科、会员科（商会管理科）和经济服务科，编制17人、实有17人。至2018年底，有会员2400余人，其中市人大代表7人、区人大代表37人，包括区人大常委3人；市政协委员9人、区政协委员68人，包括区政协常委12人。

2018年，成立区工商联非公企业党委（全市首家），在全市工商联系统率先实现全区17个街道商会建立联合党委全覆盖。推动构建形成党建领导统战、统战促进党建、共建服务发展的非公领域党建工作格局。宏源餐饮连续13年慰问一线公安和交通干警，捐赠价值40余万元矿泉水1.4万箱，送去非公企业爱心。开展非公党建调研报告，形成《东城区工商联加强新时代非公企业党建工作的实践与思考》调研报告，其中经验部分北京东城“六抓六新”模式推动非公党建工作新发展先后被《中华工商时报》《中国工商》《工商联信息》（第21期）全文刊登，获2018年度创新中国特别奖。12月26日，在全国工商联十二届二次执委会议上，被人力资源社会保障部和全国工商联授予全国工商联系统先进集体荣誉称号。举办东城区非公企业党组织迎“七一”·同心向党和谐杯乒乓球比赛，获北京市第十二届和谐杯乒乓球比赛系列活动优秀组织奖。与区文联联合举办“中国梦 东城美”庆祝改革开放40周年文艺演出，展示非公经济人士热爱党、心向党、跟党走，勇于创新、敢于拼搏、乐于奉献的良好精神面貌。被评为北京市就业创业工作先进集体。推荐北京市优秀中国特色社会主义事业建设者2人、市光彩事业促进会理事30人、区新社会阶层人士联谊会理事9人、区青年榜样3人、区巾帼建功标兵1人、区巾帼文明岗2家。推荐“2018·感动东城”道德模范1

人，推荐申报首都学雷锋志愿服务站1家。

（郑江）

【非公企业党建】1月26日，召开建立街道商会联合党委工作布置会。3月9日，召开非公企业党建引领工作推进会暨街道商会联合党委授牌大会。区委书记、市工商联党组副书记出席会议并讲话。区委常委、统战部长及区相关委办局负责人、各街道工委书记、商会主管领导、商会联合党委班子成员和商会会长、骨干会员、专职工作者300余人参加。3月30日，召开非公企业党委工作会议。宣读区社工委《关于〈关于成立东城区工商联非公企业"功能型"党委的请示〉的批复》，明确党委委员5人的职责分工，布置党委2018年工作要点。研究制订《关于街道商会联合党委工作的指导意见（试行）》，进一步明确街道商会联合党委工作的指导思想、工作原则、职能作用、基础保障等。7月10日，召开突出党建引领服务中心工作培训会，市委统战部副部长、市工商联党组书记、常务副主席，区委常委、统战部部长汤钦飞出席会议并讲话。40家顾问单位主管领导、各街道主管商会工作的领导和工作人员、街道商会联合党委书记、基层商会会长及骨干会员代表500余人参加。表彰10个先进党组织和优秀共产党员10人，编印《书记谈党建》《典型展风采 红色促发展》，加强理想信念教育，指导街道商会开展文化体验、公益慰问、文艺党课等党建活动。举办东城区非公企业党组织"迎七一·同心向党"和谐杯乒乓球比赛，展示非公企业党员风采。指导联合党委明确党委班子成员的职责分工，定期召开工作会议，研究商会和联合党委工作。推进街道商会联合党委工作站和非公企业党建基地试点工作。推荐北京市非公有制经济组织党建示范单位25家、推荐和申报党员驿站示范点单位10家。

（郑江）

【商会参与社会治理】引导商（协）会参与和服务百街千巷环境整治提升工作，实现所属商（协）会及会员企业在全区178条主要大街、1005条背街小巷参与小巷管家工作全覆盖100%和会员参与率100%。推广南锣经验和簋街模式，指导基层商会开展自治工作，督促会员企业落实门前三包责任制，实现商会自律、自管、自治。通过实施龙潭街道商会联合党委集结哨项目、永外街道商会24小时应急服务队项目，盘活地区各类资源，形成党政群共商共治机制，破解地区发展难题。指导朝阳门街道商会、景山街道商会、北新桥街道商会组建朝景新商会联盟，促进商会资源整合、发展壮大。牵头制订《落实2018年区折子工程第52项工作计划》，建立《东城区工商联基层商会协会参与社会治理、承接政府服务事项工作台账》，与区编办及各协办单位密切配合，在东花市街道商会、东直门街道商会、永外街道商会、体育商会、企业行业协会等商会以政府购买服务的形式，进行承接辅助性服务试点，通过东直门街道商会定制上门体检、企业行业协会精准帮扶入户调查、体育商会承接市运会东城代表团和快乐周末等项目的成功运作，探索形成可复制、可推广、可持续的商（协）会承接政府转移职能的新方案。

（郑江）

【非公经济人士理想信念教育实践】5月至7月，在清华大学举办第二期优秀企业家综合能力提升高级研修班，区工商联、商会两套班子成员、执委以及青年企业家、重点会员50人参加学习。引导非公经济人士增强爱国、敬业、诚信、守法、贡献意识，进一步坚定理想信念，提升综合素质。10月10日，组织举办东城区第二十二期非公经济人士培训班，传达9月27日习近平总书记在辽宁省考察时的重要讲话精神，及时反映企业发展中的问题和建议，坚定企业发展信心。11月5日，召开学习贯彻习近平总书记关于民营企业座谈会重要讲话精神座谈会，提振企业发展信心。组织会员参加中宣部第三届社会主义核心价值观主题微电影征集展示和"东城榜样"主题活动。推进"七五"普法规划在非公企业落实，系统总结2016年以来

3月9日，非公企业党建引领工作推进会暨街道商会联合党委授牌大会召开
（区工商联提供）

法治宣传教育工作情况，在基层商会中广泛开展《中华人民共和国宪法》学习宣传活动。

（郑江）

【参政议政】加强与政协委员、人大代表沟通联系，传达有关方针政策、收集意见建议。在政协全会上，提交2个团体提案，政协委员42人提交59件提案，其中团体提案《关于深化推动商（协）会参与社会治理工作的建议》被列为区政协主席重点督办提案。在区人大全会上，人大代表10人提交建议13条。

（郑江）

【商会建设】12月10—11日，召开2018年商会工作研讨培训班，市工商联党组副书记、副主席区委常委、统战部部长出席会议并讲话。区工商联各基层商（协）会主管领导和商会工作负责人，各基层商（协）会会长和街道商会联合党委班子成员及骨干会员代表、专职工作者200人参加。全年发展新会员171家，其中文化创意、互联网科技、金融服务等符合东城区功能定位产业占比60%以上，进一步优化会员结构。围绕承接政府职能转移和参与社会治理等重点工作，发展思诚社区基金会、北京协作者社会工作协会等多家社会组织入会。健全完善《基层商会经费使用管理办法》《基层商会档案管理办法》等规章制度，指导28家已注册商会完成2017年度年检工作。组织商会参加年检工作、会费管理、国地税知识、社团组织评级等专题培训，推荐并指导2家街道商会参加社会组织评级。

（郑江）

【服务会员】3月21日，在全市率先组织非公企业代表走进服务大厅开放日活动。发挥工商联窗口职能作用，开展协调服务，帮助解决会员企业生产经营难题40余件。完成116家北京市2017年度上规模民营企业调研工作，东城区32家企业入围北京民营企业百强榜单。4月，与区产促局联合举办东城区优化营商环境政策培训会。组织会员企业参加“9+N政策解读会”、开展法律咨询日等活动，帮助企业了解政策信息、拓宽融资渠道、维护合法权益、构建和谐劳动关系。首次采取“早餐会”形式，搭建政企对接新平台。9月28日，区长金晖主持召开政企联谊早餐会，与民营企业家在共进早餐中面对面沟通交流。来自不同行业的7家区工商联骨干会员企业家参加早餐会，分别向区领导汇报企业发展状况和存在的困难、问题，围绕政策宣传落地、商会参与社会治理、文化科技产业发展、公共服务项目运营等方面提出意见、建议。11月9日，金晖组织召开民营企业专场政企联谊早餐会，获2018北京市民营企业百强榜单7家区工商联会员代表参加。围绕习近平总书记在民营经济发展座谈会上讲话精神，针对东城区民营经济发展中痛点难点，如文化企业融资难、企业转型升级过程亟须政府支持、重点产业项目落地、人才引进等问题进行务实高效沟通交流。12月17—21日，与区司法局、区律协共同举办法律服务进商会和民营企业法治体检活动，为民营企业提供多场免费法律服务，解答230余家企业提出的100余条问题，实现法律服务全覆盖，东城工商联被评为北京市就业创业工作先进集体、东城区就业工作先进单位。

（郑江）

【合作交流】2月，体育产业商会与酒店行业协会缔结友好商会，东城区老字号协会、东城区信息化协会、东城区科技产业商会签订战略合作协议。4月，与来访甘南州工商联、商务局座谈交流。9月14—17日，区委常委、统战部部长带领区工商联骨干会员企业赴内蒙古磴口县进行经贸考察。制订2018年度对外交流考察工作计划，与福建厦门、福建平潭综合试验区、河南新县、河北迁安、河北遵化、河北涿州、内蒙古磴口、内蒙古阿尔山、内蒙古兴安盟、内蒙古化德等地区工商联签订友好商会协议，建立合作共建关系。先后接待内蒙古磴口、阿尔山，西藏城关，河北崇礼、唐山、迁安、遵化，天津红桥等地区工商联到区考察，开展工作交流和项目推介活动，为会员企业在京外投资发展提供服务。

（郑江）

【调查研究】5月16—19日，带领区工商联考察团一行20余人，赴河南省新县考察交流，与大别山干部学院及当地政府部门负责人、企业家座谈。南锣鼓巷商会、会员企业北京东方道朴文化资产运营管理有限公司分别与新县招商办签订合作意向协议。开展非公党建调研，形成《东城区工商联加强新时代非公企业党建工作的实践与思考》调研报告，其中北京东城“六抓六新”模式推动非公党建工作新发展，在全国工商联《工商联信息》第21期刊载，得到市联党组书记、区委书记、区委统战部部长批示，申报全国统战工作实践创新成果和全国工商联“创新中国”奖项。完成《引领民营企业家践行社会主义核心价值观的实践与思考》《东城区工商联青年创业者协会实践探索与思考》调研。

（郑江）

【对口帮扶】制订《东城区工商联2018年扶贫协作和支援合作工作要点》等6个工作计划，围绕产业帮扶、智力帮扶、用工帮扶、捐赠帮扶，与“4+1+1”受援地区工商联建立友好商会关系，加强商会组织和会员企业互动合作。先后与41个贫困村签署对口帮扶协议，在中草药产业、旅游开发、特色产品销售、职业技术培训等方面开展企业合作，崇礼光伏项目、崇礼冬奥法律服务、郧阳职业教育、当雄诺布庄园等10余个项目落实推进。为帮扶贫困地区捐款27万余元，捐赠图书等物资价值19.5万余元。组织基层商协会积极参与“爱心土豆”接力活动，45家会员企业购买近150吨土豆。推荐全国就业扶贫基地和典型企业2家。企业家1人作为援藏项目特殊贡献者，被市委市政府评为第八届首都民族团结进步先进个人。

（郑江）

【光彩事业】持续擦亮“百千工程”品牌。坚持12年开展为千户家庭送温暖活动，共有550余家会员企业参与，累计捐款、捐物、提供服务价值274万余元，惠及贫困家庭2800余户和其他受助群体2500余人。连续3年开展“手拉手·共成长”资助百名品学兼优贫困生活动，青年企业家64人与东城区品学兼优贫困学生100人签署一对一资助协议，捐款金额39.8万元。2018年，受助学生中有2人以超过600分的优异成绩考入大学，1人取得第十五届市运会游泳比赛第一名。

（郑江）

【原工商业者工作】审核发放原工商业者及遗孀困难补助130余人次27.75万余元，接待原工商业者家属来信来访10余人次，收到表扬信1封。

（郑江）

【宣传培训】3月28—29日，召开2018年信息工作培训会，区工商联各基层商会、企业信息员130余人参加培训。11月26日，召开2018年度信息员总结培训会，各基层商会、企业信息员120余人参加会议。创办工商联微信公众号，关注对象覆盖骨干会员近800人。健全完善网站+信息机+微信公众号+手机捆绑互联宣传模式，实现信息发送在会员企业中全覆盖。全年编发《手机快讯（彩信）》96期，《工商联简报》96期；维护更新区工商联网站、部门要闻、图片新闻等栏目信息100余条；发布政务微博280余篇。被上级单位及媒体采纳刊登的信息稿件共137篇。信息工作在市工商联系统和东城区统战系统排名第一。

（郑江）

东城区人民团体负责人

总工会主席	许　汇
共青团东城区委书记	李晓光
青年联合会主席	李晓光（兼）
妇女联合会主席	杨立萍（女）
科学技术协会主席	李小康
工商业联合会主席	王　曦
归国华侨联合会主席	谭　菲（女）

法 治

11月30日，东城区举办“国家宪法日法治文化你我他”法治文艺节目展演（刘晨摄）

综述

2018年，全区法治工作在提升依法行政能力、重点时期和重大活动期间的安全保卫等社会面防控以及防范化解重大风险，维护社会安全稳定等方面取得显著成绩。

依法行政。加强区三级公共法律服务实体和网络平台建设，依托区法律援助中心挂牌成立区级公共法律服务中心，组建政府法律顾问小组。实行重大行政决策预公开制度，完善利益相关方、公众、专家、媒体列席政府有关会议机制。建立重大决策出台前向区人大常委会报告制度，完善公众参与、风险评估、合法性审查等程序，不断推进科学民主依法决策。实行全区行政规范性文件制发统一登记、统一编号、统一印发“三统一”制度，不断提升行政规范性文件审核能力和水平。依托东城区法治教育培训基地，按照全员参训、分批轮训、分类集中的方式分三期对一线执法人员和法制干部940人进行培训。开展法治政府建设评估和“七五”普法中期检查验收。经过多次探讨和修改完善，形成具有公信力和说服力的《东城区法治政府建设评估研究报告》并下发全区。

群防群治及社会面防控工作。高度重视重点时期、重大活动期间的社会面防控工作，对重点工作切实做到有计划、有方案、有措施、有总结。着眼“守望岗”信息化长远建设，注重“东城守望岗”移动终端功能开发，及时有效统计守望岗人员的上岗时长、上岗人数、上岗执勤率和搜集情报线索，实现守望岗点位和管理的智能化。开展违法群租房和地下空间整治“利剑行动”，加强地下空间腾退再利用工作，协调对接可用于公益性居住宿舍的地下空间。推进社会治安重点地区整治，督促相关主责部门及属地街道加强对重点地区突出问题的整治力度。

防范化解重大风险，维护社会安全稳定。深入开展扫黑除恶专项斗争和“守护·2018平安行动”，全年破获刑事案件1452起、刑事拘留1310人，打掉涉恶犯罪团伙23个，命案继续保持必破势头，入室盗窃、扒窃等多发性侵财案件得到有效遏制，全区刑事发案总量和110刑事警情连续3年“双下降”。“雪亮工程”新建、改建2874台监控探头。依托“6+N”机制，强化联合执法、常态查控，依法查处治安案件1.1万余起、治安拘留2387余人，秩序类警情同比下降15%，北京站、崇文门、永定门外等复杂区域治安状况明显好转，社会治安环境持续净化。推进矛盾纠纷大排查大化解专项行动，重点开展体育馆路“六号地”、望坛、宝华里和前门等“疏整促”重点地区矛盾纠纷排查化解工作。立足源头防范，开展金融机构动态排查、“一企一策”分类管理、非法集资专项整治，有效防范金融领域不稳定因素。（赵妍）

政法委工作

【概况】中共东城区委政法委员会（简称区委政法委）是区委领导和管理政法工作的部门。内设办公室、法制科、政治部，行政编制12人、实有12人。区维稳办是区维护稳定领导小组的常设办事机构，设在区委政法委，行政编制4人、实有4人。

2018年，全面贯彻中央、市委政法工作会议精神，围绕区委“一条主线、四个重点”战略任务部署全区政法工作。以维护政治安全为首要任务，以提高对各类风险预测预警预防能力为着力点，以强化法治服务保障、加强司法为民为切入点，组织召开中央媒体集体采访活动保障工作专题会，扫黑除恶专项斗争专题会，公共安全隐患问题协调会，重点征收及宝华里项目协调会等。以深化改革、现代化科技运用为动力，全面提升政法工作和政法系统党的建设水平，加强政法干部队伍十九大精神学习培训，依托微信公众号、网络信息等现代化手段学习外地省、市先进工作经验，为推动国际一流的和谐宜居之区建设发挥自身作用。

（姜云飞）

【重大活动及节日期间安保部署】2月13日，区委政法委召开春节及庙会期间安保工作专题会。区领导陈本宇、王冬斌出席会议并讲话，相关部门负责同志参加。听取社会治安形势汇报及庙会相关工作情况，部署春节期间社会面防控工作，就相关问题进行讨论并提出意见。2月28日，召开东城区全国“两会”安保工作部署会，区委书记张家明出席会议并讲话，区委常委陈本宇主持，区领导王冬斌、薛国强出席会议并部署工作，相关部分和各街道、地区主要领导参加。会议分析安保工作面临形势，并结合区服务保障全国“两会”任务部署安保维稳和信访工作。

（姜云飞）

【烟花爆竹禁放专题会】2月13日，区委政法委召开烟花爆竹禁放工作专题会议，区领导陈本宇、王冬斌出席会议并讲话，相关部门负责同志参加。会议听取相关工作情况汇报，指出要充分发动治安志愿者，做好宣传、看护工作并安排好消防专业力量做好备勤、处置。

（姜云飞）

【扫黑除恶专项斗争专题会议】5月25日，区委政法委召开区迎接市扫黑除恶专项斗争督导检查工作专题会议。会议通报市扫黑除恶专项斗争督导检查工作相关情况，并汇报区扫黑除恶专项斗争进展情况、存在问题及下步工作重点。各参会单位领导结合工作进行补充发言。会议要求建立区扫黑除恶专项斗争组织领导体系，健全机制，定期召开会商会。设立举报电话，24小时值守。陈本宇主持会议，王冬斌出席并讲话，相关单位负责同志参加。

（姜云飞）

【重点征收及宝华里项目协调会】6月13日，区委政法委召开区重点征收项目及宝华里项目相关问题工作协调会。会议听取区征收项目收尾阶段签约未腾房工作和关于宝华里项目相关问题汇报，与会人员进行交流研讨，北京市委政法委法制处参与研讨并传达市高级人民法院相关文件精神，强调各部门要结合工作实际，加强研究拟定可操作性强的新思路。本着认真解决历史遗留问题的态度，以公平正义为原则，妥善处理项目争议焦点问题。区领导陈本宇、张立新出席，北京市委政法委法制处及相关单位负责人参加。

（姜云飞）

【区委政法委员会（扩大）会议】8月1日，区委政法委召开东城区政法委员会（扩大）会议。传达市委十二届五次、区委十二届六次全会精神和市委政法委员会（扩大）会议精神；审议《中共东城区委政法委员会全体会议制度》；区公安分局、区法院、区检察院、区司法局、区民政局、区安全分局、区综治办、区委防范办汇报上半年重点工作及下半年主要工作安排；区公安分局、区民政局、区人力社保局、区卫计委、区金融办通报金融风险防范等重点工作情况。会议强调要高度警惕，预防风险，围绕近期重点工作，做好区安全稳定工作并结合中非合作论坛北京峰会、改革开放40周年等重要任务做好服务保障工作。要加速推进雪亮工程工作进度。继续深入推进扫黑除恶专项斗争和区金融风险防控。区领导薛国强、赵军、蓝向东出席会议，区政法单位及各街道、地区主要领导和主管领导等参加会议。陈本宇主持。

（姜云飞）

【公共安全隐患问题协调会】8月1日，区委政法委召开解决灯市口大街同福夹道公共安全隐患问题协调会。与会单位分别通报解决同福夹道公共安全隐患问题，就近解决胡同停车问题，解决相关居民的房屋安置问题等工作情况和存在的诸多隐患、问题，并提出解决办法、措施。区领导徐文熬、陈献森，区委政法委、区教委、区城管委、区国资委、区交通支队、区消防支队、区城管执法局、东华街道工委以及景山学校、166中学、北京卫戍区东城第五干休所灯市口服务站、空政电视艺术中心、崇远公司等单位领导参加。陈本宇主持会议。

（姜云飞）

社会治安综合治理

【概况】东城区社会治安综合治理委员会办公室（简称区综治办）是东城区社会治安综合治理委员会（简称区综治委）的办事机构。负责组织协调区综治委各成员单位及各街道（地区）社会治安综合治理工作和有关重大活动；宣传贯彻社会治安综合治理的方针、政策和有关法律法规，督促落实社会治安综合治理各项措施；统筹计划和安排一定时期社会治安综合治理工作，研究制订社会治安综合治理规章制度，推动有关部门参与社会治安综合治理；负责社会治安综合治理工作督促检查，提出奖惩建议和总结表彰意见；对社会治安综合治理工作中出现的新情况、新问题加强调研，提出意见和建议；负责社会治安综合治理工作文件起草和专群结合、群防群治先进集体及先进个人表彰工作。设综合科、指导科、督导科、联络科、流管科5个科室，实有20人。

2018年，把防控风险、服务发展、破解难题、补齐短板摆在突出位置，以加强社会面防控、推进雪亮工程建设、加强守望岗品牌建设、治理违法群租房、地下空间整治、铁路护路联防、社会治安重点地区整治等为重点，提升群众安全感和满意度。治理违法群租房624户，完成全年任务量104%，疏解人口4380人，完成全年任务量121.67%，涉及房屋面积4.08万平方米。整治地下空间74处，占全年挂账任务104.23%；涉及面积6.13万平方米；疏解影响人口5385人，完成全年任务指标203.51%。完成全部挂账整治任务。加强地下空间腾退再利用，协调对接可用于公益性居住宿舍地下空间。

（刘春乐）

【社会面防控】2018年，建立社会面防控专群力量实名制工作台账，明确专业警力和群防群治力量的分工和配合等级机制。落实守望岗志愿者与公安民警力量投入、组织指挥双对接、社会面巡逻防控作战单元和上勤时间双同步等机制。组织群防群治力量6.9万余人参与区3135个守望岗防控值守，协助公安、武警等做好春节、“两会”、中非论坛北京峰会等重大活动、敏感时期重点地区、部位防控。累计启动等级防控76天，投入各类群防群治力量424.2万人次。

（刘春乐）

【守望岗队伍建设】2018年，加快东城守望岗移动终端开发，建立人员签到、问题上报、防控等级发布等功能，加大志愿者培训力度，明确职责任务，落实实名制上岗执勤。组织慰问125个社区。

（刘春乐）

【雪亮工程综治应用】2018年，新建改建高清视频监控网、人脸识别网、高空瞭望网等各类监控探头2346台，智能抓取网摄像机、车辆识别网摄像机等微卡摄像机534台。联网共享整合，形成“一主多分”共享格局，建设完成区共享平台和委办局分平台。接入学校、医院等99家社会资源计1.01万路图像。完成181台综治视联网视频会议系统安装和全区光缆铺设。建成视图信息综合应用门户，开发完成大数据可视化展示服务、即时通信、勤务指挥等模块14个。完善综治应用系统建设，调整8项功能模块。

（刘春乐）

【社会治安重点地区整治】2018年，确定3处市级、3处区级和21处街级挂账社会治安重点地区，1处后评价地区，为2018年挂账整治重点地区，督促相关主责部门及属地街道加强对重点地区突出问题整治力度。组织检查组，定期对市、区、街三级挂账重点地区整治工作情况开展实地检查，并将检查情况纳入每月综治工作通报。

（刘春乐）

【铁路护路联防宣传月】5月26日，市“共建平安铁路，共享铁路平安”爱路护路主题宣传月活动主会场启动仪式在明城墙遗址公园举行，各街道（地区）5月26日至6月25日开展集中宣传活动。组织属地街道在沿线开展宣传。

（刘春乐）

法治政府建设

【概况】东城区人民政府法制办公室（简称区政府法制办）是区政府综合管理法制工作的职能部门。下设综合科、文审科、行政复议接待科、行政复议案件办理科和行政执法监督科5个科室。行政编制15人、事业编制11人、实有26人。

2018年，贯彻落实《北京市东城区法治政府建设实施意见（2015—2020年）》《东城区法治政府建设年度重点工作任务分解书》，完善重大行政决策公众参与、专家论证、风险评估、合法性审查、集体讨论决定等程序，明确纳入年度重大决策目录事项按规定程序进行合法性审查。评估法治政府建设情况，形成《东城区法治政府建设评估研究报告》，查找短板，落实规划。深化行政规范性文件审查备案，组织开展规范性文件清理工作。推行法律顾问制度，法治服务保障融入中心工作。加强执法人员培训，提高依法履职能力。应对行政复议、行政诉讼案件持续高发，实现行政复议、应诉工作量、质双提升，防范化解矛盾纠纷。坚持源头治理，以防为主、依法调解、多元处置，完善东城特色行政调解工作体系。加强行政执法考评和规范化建设。

（涂新文 于惠洋）

【审核备案清理区政府文件】2018年，加强以区政府或区政府办名义下发的行政规范性文件、部门自行制订的行政规范性文件清理工作。审核清理开展公平竞争、生态环境保护两方面有关文件。对41件公平竞争行政规范性文件，建议保留23件，修改8件，废止10件。对5件生态环境保护行政规范性文件予以保留。清理结果经区政府审议并对外公布。

（兰秋月）

【办理行政复议应诉案件】2018年，区政府接待来访190人次，收到行政复议申请126件，受理117件，审结行政复议案件96件。纠正行政机关违法或不当行为案件5件。办理以区政府为被告的行政诉讼一审案件560件，审结325件，其中一审撤销被诉行政行为3件，二审被部分确认违法9件，撤销1件。办理区政府作为行政复议被申请人案件31件，审结12件，其中撤销行政行为2件。

（胡耀彬）

【法制服务】2018年，研究破解旧城更新改造，参与处理宝华里、望坛、天坛周边简易楼腾退、金鱼池二期、利山大厦二期、社稷坛文物腾退、南锣鼓巷修缮整治、西忠实里、新中西里等重大项目审核论证。参加各项目法律研讨会，分析研讨土地开发、补偿标准等重点难点问题。完成公文合法性审查156件，上会材料合法性审查86件，政府信息公开合法性审查295件，出具法律意见83份。

（兰秋月）

【加强考评强化执法监督】2018年，对全区32个行政执法部门执法情况开展专项考评和半年通报。考评结果报告政府通报全区，纳入被考评单位全年绩效考评指标。组织完成年度行政执法工作计划报备，审核编制《北京市东城区2018年度行政执法计划汇编》，做好重点地区、重大活

5月至6月，区政府法制办举办3期依法行政教育培训班（区政府法制办提供）

动、重要时期执法检查。落实“放管服”工作方案，开展“双随机、一公开”监督工作，实施评估行政执法规范化建设，制订《东城区行政执法规范化建设实施方案（2018—2020）》。

（吴泉河）

【行政处罚案卷评查】2018年，对全区27个执法部门121本行政处罚案卷进行评查、抽验，其中优秀卷111卷，合格卷9卷，不合格卷1卷。通过案卷评查规范行政执法程序，提高行政执法质量水平。

（吴泉河）

【强化培训】2018年，按照全员参训、分批轮训、分类集中方式分3期对全区执法人员和法制干部940人，进行全方位封闭式军事化学习培训。

（涂新文　于惠洋）

【聘请法律顾问】1月30日，区政府法制办举行区政府法律顾问聘任仪式并召开法制工作疑难问题研讨会。全区62个部门、15个街道办事处聘请的法律顾问合同完成备案。出台《东城区法律顾问工作考核制度》，建立《区政府法律顾问工作档案》。

（兰秋月）

公　安

东城公安分局

【概况】北京市公安局东城分局（简称东城公安分局）受北京市公安局和东城区委、区政府双重领导，依照法律赋予的权利维护国家安全和社会治安秩序，保护人民，惩罚犯罪，保持国家长治久安。局机关内设17个业务部门，下设户籍派出所20个，治安派出所5个。12月16日，完成机构编制优化调整。

2018年，完成“10+N”机构编制优化调整，健全完善区反恐维稳实体化运行新模式，完成全国“两会”、清明节、中非论坛等安保任务。处理好安保与维稳、超常规与常态化关系，提升重大安保组织能力和超高密度实战能力。处理各类警情10万件，其中刑事警情2366件，治安警情4284件，实现警情盯办零失误。接报经济案件警情634起，受理案件365起，立案侦办338起，破获案件59起，刑事拘留261人。移送起诉31人，逮捕129人，办理取保候审80人。接报社区入室盗窃案248起，同比下降15.4%。开展扫黑除恶专项斗争和“守护 · 2018平安行动”，破获刑事案件1716起、刑事拘留1429人，打掉涉恶犯罪团伙25个，延续命案必破势头，有效遏制入室盗窃、扒窃等多发性侵财案件。破获毒品案件44起，收缴毒品2.1公斤，禁毒社会化治理体系基本形成。依法查处治安案件1.1万余起、治安拘留2496人，治安秩序类警情同比下降11.5%，北京站、崇文门、永定门外等复杂区域治安状况好转，社会治安环境持续净化。与市社科院合作开展以提升群众安全感为核心的大课题研究，提升以环境、秩序、服务为衡量标准的城市综合安全品质。平房区消防安全防护体系基本形成，消防监督执法主要指标实现四个提升，火警起数实现五连降。交通堵点得到有效缓解，胡同静态停车治理经验在主城区得到应用推广。开展出租房屋整治、小旅馆清理腾退、集体户口整顿专项行动，超额完成年度疏整促目标任务。完成全年流动人口非首都功能疏解任务，实现流动人口下降3.8%。做好上访人员专项维稳工作。提速公安行政审批服务效能，办理各类证件22万余件，只跑一次便民承诺得以兑现。推进党员社区民警“进班子”、流管员队伍扩编、街区综合执法平台搭建和群防群治力量整合等工作，推行“一区多格、一格一警”，社区民警从209人增加至351人，社区可防性案件同比下降20%，调处各类邻里矛盾纠纷5368件。出台完善受案立案制度实施意见、基层所队案管组工作细则等规范性文件及扫黑除恶、涉访维稳、中美贸易摩擦等执法指引，推出创新深化执法培训等改革举措，组织开展强化执法理念大讨论大查摆大剖析、侦审一体化业务技能大比武等活动，会同区相关部门共同研究疏解整治促提升中执法规范化工作。突出党建引领，重构职能部门，内设机构从26个减少至17个。2018年，2个集体获省部级荣誉称号，干警36人获省部级荣誉称号。集体8个获市级荣誉称号，干警10人获市级荣誉称号。看守所民警周茂丽在大民大会堂春节团拜会上受到习近平接见。集体2个、干警2人荣立二等功。

（李露云）

【执行多项警卫勤务】2018年，东城公安分局完成各类警卫勤务3941起，投入执勤警力56.3万人次。其中现场勤务1834起，投入执勤警力19.72万人次；路线警卫勤务1086起，投入执勤警力19.53万人次；临时住地警卫勤务224起，投入执勤警力5300人次。完成29起市委主要领导到辖区视察活动警卫工作，部署警力837人次。

（李露云）

【防范化解暴力恐怖风险】2018年，东城公安分局提请区委区政府审议通过《加强重点地区反恐防恐建设实施方案》，打造王府井样板并逐步推广落实，统筹反恐防恐“一盘棋”。推进区反恐办实体化运行，会同中国人民公安大学开展反恐风险评估，重新起草《东城区处置恐怖袭击事件基本预案》，建立区级反恐督察通报制度。

（李露云）

【防范化解金融安全风险】2018年，东城公安分局推动制订《东城区P2P网贷机构风险专项整治工作方案》

《金融突发事件应急预案》，会同金融、工商等部门开展金融风险控增清存工程和涉众风险“六必查”，压减全区P2P网贷机构存量。全年破获涉众型经济案件18起、刑事拘留123人。

（李露云）

【推进扫黑除恶专项斗争】2018年，东城公安分局抓获“九类涉恶因素类”违法犯罪人员224人，逮捕178人、移送起诉111人，破获“涉恶因素类”团伙25个，破获“九类涉恶因素类”案件121起，破案率80.7%。

（李露云）

【禁毒宣传】依托“6·1禁毒法纪念日”“6·26国际禁毒日”等重点时间节点，在全区范围内开展各类禁毒宣传活动400余次；设立歌华有线美丽东城禁毒宣传专栏，开通东城禁毒微信公众号，依托新媒体提升禁毒宣传覆盖面。

（李露云）

【社区警务室7×24小时工作机制】2018年，发挥80个社区7×24小时警务模式优势，值班警力科学组织辅警力量，加强对社区高发案部位、高发案时段巡逻防控，震慑打击现行犯罪。接待群众1.6万人，就近处警3800余次，调处矛盾纠纷1891件，配合职能部门开展清理整治315次。

（李露云）

【社区物技防建设】2018年，对新景社区、西革新里社区等7个小区及点位，投入50余万元，安装530余个红外监控探头，安装探头地区入室盗窃案件同比下降69%；采取项目资金补贴方式，拨付专项资金100万元，帮扶各街道、派出所智慧小区建设。新安装周界报警8个，楼宇对讲118个，防盗门623户，推广新型防盗门锁芯1000余个。

（李露云）

【“铁铲”专项行动】2018年，通过摸排建档、联合整治、挂牌督办、完善定期会商、联合执法检查等工作机制，与西城、朝阳联手挤压交界部位秩序问题。查扣清理非法运营黑摩的、黑三轮950辆，治安拘留非法运营人员317人，刑事拘留2人；配合区城管委、交通支队开展联合夜查136次。

（李露云）

【大型活动安全监管】2018年，抽调警力1.12万人次，完成224项、612场次各类群众性活动安全监管。期间，抓获拘留以上违法犯罪嫌疑人18人，清理游商180余人次，调解纠纷37件次，受理求助150余起，安检审查115万余人次。

（李露云）

【推行旅店人脸比对系统】2018年，针对持他人身份证件登记入住问题，协调市局治安管理总队，在辖区宾馆旅店安装人脸识别比对系统，采集比对住店旅客身份证信息和人脸信息，确保人证一致。7月17日，在永定门外七天酒店天坛南门店，经人脸识别设备比对，查获持他人证件办理入住登记和访客登记的卖嫖人员2人。

（李露云）

【惩治医院“号贩子”】惩治涉医诈骗扰序类违法犯罪，针对同仁医院、协和医院、天坛医院和北京中医医院“号贩子”问题，开展专项打击、专项治理，全面落实“网格化”管控措施。2018年，查获“号贩子”112人，其中治安拘留100人、警告12人。

（李露云）

【开发智慧警务】2018年，新建改建监控探头2667部、整合社会图像8750路；启动“大数据”云支撑平台和基础资源池建设，“时空云图”大数据情报分析系统上线运行。制订《首都政治中心区智能防控体系建设东城实施规划》，依托人脸识别系统预警查获540人，形成覆盖全区的智能预警网络。

（李露云）

【开展涉外惩治清整】2018年，以外国人生活聚集区，易涉足场所为重点地区，以涉外违法高发群体、敏感国家人员为惩治重点，清理整治重点地区、场所、部位，联合出动警力1530人次，重点走访、检查社区579个次，检查涉外出租房1974间次、涉外留宿单位1067家次，查验境外人员1779人次，确保社会面涉外治安秩序良好。

（李露云）

【便民新举措】2018年，完善基础设

8月24日，“中非论坛”安保警师大会召开（东城公安分局提供）

施建设和便民利民服务措施，初步建立出入境大厅24小时电子自助服务。开通派出所评价系统二维码电子收费功能。9月1日，正式开通网上户政办公业务系统，实现网上业务咨询，办理户籍和身份证业务事务预约和预审核；全区20个受理点办理港澳台居住证。

（李露云）

【重要活动安保】3月，完成全国“两会”期间专项警卫及政治安全、反恐防恐、涉访维稳、社会面防控等任务，确保辖区党和国家领导同志及入住代表绝对安全；确保44项会议活动安全顺利进行；确保人民大会堂会场外围和4处住地、20条行车路线安保警卫工作万无一失。9月3—4日，在中非合作论坛北京峰会期间累计投入、牵动组织各类安保力量72.4万人次，完成开闭幕式、欢迎晚宴、圆桌会议等825起安保警卫任务。

（李露云）

【搭建综合执法平台】5月，通过搭建区、街两级综合执法平台，科学配备执法力量实体化运行，实行街道吹哨部门报到执法新模式，形成政府主导、动员参与的组织保障格局。从一线优选出民警48人派驻，支持保障平台高效运转。

（李露云）

【宣传活动】5月15日，东城分局在新世界商场一期广场开展题为“与民同心，为您守护”打击防范经济犯罪宣传日活动。出动警力25人，发放宣传折页1200份、宣传礼品2600套，解答群众咨询500余次。市局经侦总队和区相关领导参加。5月23日，在新世界商场二期广场开展“只跑一次”制度主题宣传活动。与会领导参观申办护照等出入境证件“只跑一次”办理清单活动展板，与群众互动交流。出动警力20余人，发放宣传材料500余份，解答群众咨询150余次。市公安局、市出入境管理总队和区分局领导参加。

5月23日，东城公安分局开展“只跑一次”制度主题宣传活动
（东城公安分局提供）

（李露云）

【简化办理无犯罪记录证明手续】8月27日，简化为群众开具无犯罪记录证明手续，开通网上网下及全流程业务办理，实现可委托办理，缩短办理时限。9月开通派综平台核查流转模块，实现局内核查流转简化，避免群众多跑路。

（李露云）

【组建打击犯罪合成作战中心】9月21日，东城分局打击犯罪合成作战中心完成基础设施建设，正式投入运行。其职能作用为自主研判、统筹协调全区刑事案件，类案串并、自主打击；针对重大、敏感、重点案件采取各警种协同上案、紧急处置的方式，实现快侦快破；针对专项工作，依托多部门联动，提供精准侦查方向，提升攻坚克难能力。承担区级反诈中心职责任务。

（李露云）

【五型监所创建通过考核验收】12月19日、21日，东城分局看守所、拘留所分别通过公安部监管局和市局监所管理总队考核组对“五型监所”创建年度评估验收。东城区拘留所在《关于对2018年度“五型监所”创建活动评估考核结果进行公示的公告》中被评定为最高荣誉“四星监所”，并被评为“五型监所”优秀创建单位。

（李露云）

表10　**2018年东城公安分局派出所一览表**

单位名称	地　址	电　话
安定门派出所	豆腐池胡同11号	84081556
安外大街派出所	地坛公园西门外	84081567

续表10

单位名称	地　址	电　话
北京站派出所	盔甲厂胡同甲4号	84081568
北新桥派出所	东内北小街西羊管胡同10号	84081553
朝阳门派出所	朝内南小街121号	84081551
崇文门派出所	国瑞城区中区9号楼	84081172
东方广场派出所	王府井大街218-1号	84081569
东花市派出所	东花市北里西区2号楼	84081171
东华门派出所	锡拉胡同8号	84081559
东交民巷派出所	北京市东交民巷甲9号	84081566
东四派出所	东四五条170号	84081552
东直门派出所	新中街9号	84081554
和平里派出所	和平里中街六区5号楼	84081555
建国门派出所	金宝街69号	84081550
交道口派出所	板厂胡同7号	84081557
景山派出所	什锦花园33号	64042045
龙潭派出所	光明西街3号	84081176
前门大街派出所	长巷二条1号	84081178
前门派出所	西打磨厂街51号	84081175
体育馆路派出所	东壁街16号	84081174
天坛派出所	清华街46号	84081173
王府井派出所	王府井菜厂胡同5号	84081561
永外派出所	永外大街88号	84081177

（李露云）

天安门地区公安分局

【概况】北京市公安局天安门地区分局（简称天安门地区分局），负责天安门地区的治安、消防、侦查、内保、外事管理和警卫等工作。为正处级建制机构，内设机构14个。12月，成立毛主席纪念堂警务工作站。

2018年，完成全国“两会”、中非论坛、国庆节和每月1日升旗仪式等重大安保任务，推进天安门城楼修缮工程和改革开放40周年成就展安全监管工作。创新实施长安街“两道防线”举措，改进警卫形式，做到少扰民、不扰民。把中非论坛安保作为全年首要政治任务，围绕故宫、人民大会堂、长安街沿线等核心区域，强化“两道防线”举措、24小时制高点管控、低慢小反制等措施，确保峰会期间高规格警卫任务万无一失。以防范街头政治活动为重点，围绕人民大会堂、广场国旗区、金水桥主桥等重要阵地，强化民警、武警、辅警三警联动机制，强化群防群治力量盯控措

10月31日，天安门地区分局组织北京市第三幼儿园、中山公园管理处等相关部门开展联合防暴处突演练（天安门地区分局提供）

施和远端过滤、外围安检工作力度，核录1400万余人次，防范处置突出情况2100余起，未发生任何聚集滋事情况。牵头地区反恐工作，严密预案制订，深化群防群治，协调落实反恐经费保障到位，组织地区单位开展防驾车冲闯、防重点目标滋事等5次综合演练。开展强基础、增活力、促发展基层团组织规范化建设系列活动、传承红色基因、走好从警之路系列忠诚教育活动、当合格天安门警察·做忠诚广场卫士大讨论活动和最美警察·广场卫士评选表彰活动。组织策划“天安门地区分局的前世今生”等多个主题宣传活动。集体1个、干警3人获北京市政法系统荣誉称号，干警2人分别获北京榜样（最美警察）和北京市三八红旗奖章。

（涂曦）

【升国旗仪式安保】1月1日起，天安门广场升降旗和国旗哨位守卫任务由中国人民解放军担负，武警天安门国旗护卫队完成历史使命，转隶中国人民解放军三军仪仗队。针对新情况，研究制订日常、每月1日、重要节点、重大节日4个等级升旗勤务，针对不同级别，确定安保措施和投入力量，科学推进。提前制订重要升旗勤务安保方案，牵头成立北京市公安局升国旗仪式安保指挥部，协调有关部门参战，确保勤务万无一失。1月1日、10月1日2个重要升旗仪式共接待观礼群众23.5万人，确保升旗现场秩序井然。

（涂曦）

【重大活动安保】3月1—20日，全国政协十三届一次会议和全国人大十三届一次会议先后在人民大会堂召开，强化外围封控、制高点管控、备勤力量前置等工作措施，确保会场外围安全。9月2—3日，中非合作论坛北京峰会在人民大会堂举行，以党委统一领导为根本、以核心警卫为牵动、以风险管控为基础、以队伍管理为保障，完成中非论坛安保任务。9月30日，烈士纪念日向人民英雄纪念碑敬献花篮仪式在天安门广场举行，中央领导、首都各界群众代表3000余人参加。完成制高点管控、场地清场安检、现场外围控制、路线警卫等工作，确保活动顺利进行和现场安全。

（涂曦）

【基础信息管控】2018年，围绕地区水、电、气、热、油等要害部位，组织开展50余次、6000余项基础信息滚动摸排。梳理地区制高点、井盖等基础信息，建立完备工作台账强化管控。对长跑节、马拉松等大型群众性活动，提前开展基础信息动态摸排，逐一开展背景核查，确保绝对安全。紧盯精神病人滋事肇祸隐患，建立滋事人员信息库，实施分类管理、等级管控、全面清查。

（涂曦）

【科技手段运用】2018年，推进高清监控系统升级改造、“门钉”APP系统开发、人脸识别系统、国旗区周界报警系统等7个建设项目。架设37路人脸识别点位和22台立式核录桩，完善布控范围，指导一线精准查控重点人员2400余人。落实市局执法办案

9月29日，天安门地区分局民警在广场巡逻查控（天安门地区分局提供）

中心必建项目要求，加大智能语音识别、网上案管及考评系统建设力度，推进执法办案智慧APP系统应用和涉案财物网上管理工作，最大限度缩减纸上办公环节、提高工作效率。

（涂曦）

【依法严打严控】2018年，紧盯黑导游、流浪乞讨、无照商贩等影响群众满意度的秩序类顽疾，持续开展多波次高压打整行动，依法处理各类扰序2万余人次，行政拘留620余人次，查扣移交物品1万余件。

（涂曦）

【破获非法批发窝点】7月31日，会同地区城管分局等单位，组成跨区域联合执法小分队，破获1个非法批发窝点，抓获违法人员3人，查获电动车2辆、冰柜2台、矿泉水24箱、“老冰棍”70箱、遮阳帽1300余顶、玩具2200余件、贴画3000余张、雨具7000余件、挂件1万余件。北京电视台等多家媒体相继进行报道。

（涂曦）

【110宣传日活动】1月10日，在天安门端门院内开展“110·守护新时代美好生活”主题日宣传活动。向过往群众发放宣传海报100份、手册50份、日历50份、购物袋50份，征集群众意见100份，并就110接处警服务工作、冬季防火、烟花爆竹禁放等进行宣传讲解。分局领导和内设机构相关领导参加。

（涂曦）

东城交通支队

【概况】北京市公安局公安交通管理局东城交通支队（简称东城交通支队）是全员行政执法单位，主要担负东城区的道路交通秩序维护、特勤交通保卫、交通事故处理、交通安全宣传和规划维护交通设施等项工作。下设11个行政办公机构。

2018年，完成中非合作论坛北京峰会安保等重大国事、外事活动安保任务，交通综合治理和缓拥堵等中心工作取得新成效。加强缓堵及事故预防，依靠政府，联合公安、交管、城管综合执法力量，推进属地协同共治。开展胡同僵尸车、长期堆物堆料、废旧自行车乱停乱放等城市交通痼疾顽症整治16次，清理地桩地锁189个，建筑材料废弃物地方点16处。加强环卫、施工建设单位作业施工监管。结合季节作业特点提前向相关城市环境、绿化、建筑行业部门下发事故预防通知书，组织专题培训9场次，签订交通安全责任书510余份，发放各类培训资料5种、1500余份。

（付少琨）

【交通警卫】2018年，东城交通支队完成特勤警卫任务4481次，出动警力6.2万人次。其中一级616次，一级疏导73次；二级373次，二级疏导448次；三级1142次，三级疏导1829次。

（付少琨）

【122处警】2018年，接各类122报警9.16万次，其中交通事故报警4.85万次；交通拥堵报警4901次，同比上升28.43%；群众求助及情况反映3.81万次，同比下降47.73%。

（付少琨）

【交通秩序管理】2018年，路面现场处罚机动车违法行为30.36万起，其中处罚货车违法行为2.14万起，处罚酒后违法行为767起，处罚涉牌（12分）违法314起，电视监控录入违法停车行为19.09万起。拘留非司机172人，扣留二、三轮摩托车302辆，粘贴违法停车告知单28.83万张，拖车904辆。

（付少琨）

【交通设施管理】2018年，完善物防设施，在金宝街地区、协和医院周边、东单北大街、东单三条、校尉胡同、晨光街、南北池子等道路安装隔离护栏2000余米，便道桩240余根，禁停标志56面，施划禁停标线3000余米，并配合属地街道对煤渣、韶九、锡拉等9条胡同推进无车胡同建设。在非现场执法设备达到全覆盖的15条大街，试探性拆除1500米机非隔离护栏，美化道路空间。

（付少琨）

【交通事故处理】2018年，管界发生交通事故1.24万起，同比上升5%，因交通事故受伤4813人，同比下降2.4%，交通事故死亡23人，同比下降20.7%。其中重大事故23起，伤9人，亡23人；一般程序事故180起，

6月13日，交通安全主题宣传活动在簋街举行（东城交通支队提供）

伤169人；简易事故1.22万起，伤4635人；后找事故1335起。受理复核案件118起。行政拘留245人，刑事拘留149人。收到群众锦旗16面，表扬信1封。

（付少琨）

【交通执法监督管理】2018年，行政复议案件342件，行政复议案件撤变率为零；行政诉讼12件，行政诉讼败诉率为零；办理审核危险驾驶案138件；审核拘留卷245件，交通肇事11件。

（付少琨）

【加强监督执法检查】2018年，联合运管处、安监局举行不同行业、不同准驾车型驾驶员培训6场，实现专业系统驾驶员全员无遗漏普法培训。召开系统公开处理大会、安全生产通报会、重点单位约谈等会议49场次。对252家专业系统单位采取禁驶措施，挂黄牌整改单位31家，建议单位转岗辞退驾驶人员14人。签订各类交通安全责任书318份。10月底，完成专业违法双率考核平稳下降年度任务，并保持年度低位。

（付少琨）

【安定门立交桥区照明改造】2018年，结合安定门东西滨河路单行线改造，联络市城市照明管理中心调研安定门桥区附近4个桥区照明情况，调整路灯照明，预防桥区路灯照明昏暗引发交通事故，改善安全出行环境。

（付少琨）

【交通科技建设】2018年，在校尉胡同、东单三条等重要勤务路线，北京站、北京南站等重点地区，灯市口大街、南北池子、南北河沿等34条重点道路新建违停设备120套，实现一套监控设备抓拍周边2~3处违法地点，采集违法8.5万起，同比增加70%。7月，在簋街建设一套投屏系统，循环宣传播放违停图片，营造违法停车治理声势。

（付少琨）

【交通安全宣传】4月起，各级交通安全组织联合区文明办在9个路口发动志愿者100余人次，开展劝阻闯灯越线、不文明交通行为宣传活动。10月，校园卫士志愿者小分队在14所小学，开展校园门前交通秩序维护。6月13日，联合区交通安全委员会、北新桥街道、簋街商会举行“绿色出行，文明观赛，规范停车，我不酒驾”交通安全主题宣传活动。确保世界杯赛事期间簋街秩序井然，社会治安良好，交通畅通有序。全年各级交通安全组织开展普法宣教活动153场次。发放各类宣传资料2万余份。

（付少琨）

8月2日，导师制人才培养机制启动（区人民检察院提供）

检 察

【概况】东城区人民检察院（简称区检察院）是国家法律监督机关，行使检察权，对人民代表大会及其常务委员会负责并报告工作，受市检察院领导。内设办公室、政治处等17个部门。

2018年，受理各类案件4633件，办结4047件，发挥监督、审查、追诉基本职能作用。7月，开始试行捕诉一体工作机制，成立经济犯罪和网络电信犯罪检察部，设置国家安全犯罪案件办案组，形成刑事检察、经济犯罪检察、国家安全和公共安全检察、职务犯罪检察“四位一体”工作新格局。整合审查逮捕和审查起诉形成办案合力，强化引导侦查提高办案质效。加强人才培养工作，实施导师制工程，于年初印发《关于落实素质强检战略，实施导师制的工作意见》。8月2日，导师17人和学员9人举行导师制结对仪式。结合辖区特点和群众法治需求，开展法律进机关、进企业、进单位、进交通枢纽、进景区、进军营等普法活动23次，受众6000余人次。11月，与区教委、团区委签订《关于检校共建推进法治校园建设的合作协议》。获市检察机关年度“双一流”创建活动综合先进单位称号。1个办案组被评为北京市检察机关2018年度“优秀办案组织”，干警1人被评为北京市检察机关年度优秀检察官。在第六届检察业务竞赛活动中，干警7人被评为业务标兵，干警3人被评为业务能手。

（胡晓彤）

【刑事检察】2018年，受理审查逮捕案件857件、1201人，同比上升

14.3%、23.4%，依法批捕524件、703人，不批捕327件、474人；受理审查起诉案件853件、1090人，同比下降6.9%、6.3%，依法提起公诉596件、715人，不起诉128件、171人。法院一审判决586件、707人，诉判一致率99.8%。贯彻中央、市委有黑必扫、有恶必除、有伞必打、有腐必反、有乱必治、除恶务尽要求，与公安司法机关建立办案衔接机制，引导侦查取证，办理涉黑案件1件、23人、涉恶案件4件、17人、涉乱案件5件、19人。

（胡晓彤）

【刑事侦查监督】2018年，监督公安机关立案39人、撤案30件。完善“两法衔接”工作机制，建议行政执法机关移送犯罪案件67件，公安机关立案39人，法院判决10人。选派检察官常驻公安机关执法办案管理中心检察室，同步监督公安机关执法办案，开展现场巡查162次，监督公安机关办理刑事案件851件、1350人，抽查案件档案76件、76人。推进“两法衔接”工作，对辖区有暴力虚开增值税专用发票的12家企业立案，为国家挽回税款320万余元。10月，张玉芳销售假药案在年度全市两个专项立案监督活动精品案件中被评为优秀案件。

（胡晓彤）

【刑事审判监督】2018年，区检察院提出刑事抗诉案件3件，促成公检法三机关共同开展类案自查自纠专项工作。依法办理羁押必要性审查案件117件，提出变更强制措施建议并被采纳11件。建立裁判文书同步审查数据库，选取危险驾驶、生产销售假药、诈骗、故意伤害、盗窃、贪污受贿等领域十大典型抗诉案件进行汇编，形成《抗诉案例汇编》，指导一线办案，提高监督质效。

（胡晓彤）

【未成年人检察】2018年，批准逮捕29件、32人，提起公诉31件、23人，办理未成年人行政监督案件1件。坚持对未成年犯罪嫌疑人“少捕慎诉”原则，不批准逮捕6件、7人、不起诉6件、6人，涉罪未成年人不捕率54.5%、不诉率70%。借助社会各方力量搭建和完善帮教平台，对未成年犯罪嫌疑人开展法律援助5次、社会调查4次、跟踪帮教8人。坚持开展未成年被害人救助，开展心理疏导7次、救助3人。成立性侵未成年人案件办案组，从心理疏导、经济救助、疾病治疗等方面，为被害人提供特殊帮助和保护。推进校园欺凌防治，结合2起校园欺凌案件，协助学校加强未成年人法治教育。举办“守望·传承——纪念北京东城未检工作30周年暨防治校园欺凌研讨会”，邀请教育、司法实务部门和专家学者，交流研讨校园欺凌现状、成因、防治难点问题及对策。

（胡晓彤）

【经济和网络电信犯罪检察】2018年，批准逮捕84件127人，提起公诉150件、252人。惩治涉众型经济犯罪，依法批捕、起诉152件、264人，其中包括涉及投资人7万余人、涉案金额145亿余元的华赢凯来、安信普华等重大涉众型经济犯罪案件。“华赢凯来”专案组经过10个月努力，最终改变案件定性，由非法吸收公众存款改为集资诈骗。办理一批利用摄像头窥探个人隐私、网络刷单骗保案等新型疑难复杂案件。

（胡晓彤）

【职务犯罪检察】2018年，依法审查起诉职务犯罪案件13件14人。按照线索管辖规定，推进遗留线索移交工作，分两批移送区属线索48件、卷宗74册，分两批移送市属线索56件、卷宗122册，上交央管线索5件、卷宗9册。与区监委开展在逃案件移交协商，至年底，向区监委移交第一批在逃案件6件、6人。探索完善与区监委对接机制，在全市率先适用刑事拘留措施衔接留置案件，完成《中华人民共和国监察法》实施后全市首例职务犯罪不起诉案件并进行公开宣告。

（胡晓彤）

【刑事执行监督】2018年，区检察院开展驻看守所检察235天，其中开展出入所检察700余人次、病犯住院检察106人次，参与清监工作14次，保证在押人员合法权益不受侵害。开展监外执行检察，核查监外执行剥权人员15次，进行社区矫正检察206次，制发书面纠正违法通知书5份。开展捕后羁押必要性审查119件（次），提出变更强制措施建议18件。针对刑事执行检察中发现的一般性问题，提出口头建议、口头纠正36次，均予以采纳和纠正。

（胡晓彤）

【民事行政检察监督】2018年，办理民事诉讼监督案件40件，释法说理、息诉服判正确判决、裁定，向法院发出纠正违法类检察建议2份、再审检察建议1份，提请抗诉2件，均获上级院支持。办理行政诉讼监督案件8件，针对法院迟延送达法律文书制发检察建议1份。民事、行政公益诉讼立案20件，移送上级院审查起诉4件5人，发出诉前检察建议12份，收到书面回复11份。民事、行政公益诉讼立案20件，移送上级院审查起诉4件5人，发出诉前检察建议12份，收到书面回复11份。与区住建委、文委等政府部门，以及劳动人民文化宫、天坛公园管理处、中山公园管理处等，探讨文物腾退法律保障问题，为太庙、天坛、社稷坛等重点文物顺利腾退提供法治保障。

（胡晓彤）

【检察管理监督及调研】2018年，发挥案件监督平台闭环监控作用，发起流程监督1601件，针对执法办案不规范情况，向办案部门进行口头提示和纠正386次，对1873件案件进行质量评查。完成调研性课题、类案研究、案例分析等文章65篇。在《检察日报》《检察研究参考》《湖北大学学报》等报纸、杂志、书籍上公开发

表16篇。参与完成市人民检察院重点课题1篇，中标完成关注课题2篇。

（胡晓彤）

【化解社会矛盾】2018年，坚持将释法说理贯穿矛盾化解始终，累计接待群众来访799批、1.28万人次，妥善处置涉众型经济犯罪案件集体访114批、5683人次。与公安机关密切配合，提升重大、复杂信访事件应急处置能力，将矛盾化解在基层。研究突出问题治理对策，针对涉众型经济犯罪同比上升23.6%，集体访批次同比上升3.2倍、人次同比上升9.8倍情况，组建涉众型经济犯罪防治策略研究课题组，形成防治报告。

（胡晓彤）

【检务公开】2018年，推送东检微讯手机报47期。专题报告《全面深化检察改革工作情况》，专题通报《当前我区涉众型经济犯罪产生的原因及防治建议》。公开案件程序性信息2071条、法律文书689份，受理电话咨询4000余次、微信预约服务760余次。发布官方微博900余条、微信200余条，同比上升86%、54%。借助首都政法综治网平台，全程直播检察长在北京市第十一中学讲授的法治课，在线观看量38.4万人次。

（胡晓彤）

【第六届检察业务竞赛】4月19日，区检察院召开年度检察业务竞赛活动动员部署会，部署业务竞赛活动培训工作方案。5月，组织全体业务条线检察人员参加市检察院统一考试。6月至7月，根据全市统一考试情况，分析查找知识结构缺漏项，组织干警开展业务培训和岗位练兵。8月，按竞赛要求，选拔推荐业务能力强、实践经验丰富、工作实绩突出的检察人员参赛。9月至10月，为参加全市决赛选手提供保障，保证顺利参赛。最终在全市检察机关第六届业务竞赛中有8个项目干警10人（业务标兵7人，业务能手3人）入围十佳人选。

（胡晓彤）

法　院

【概况】东城区人民法院（简称区法院）是国家审判机关、负责审理辖区内刑事、民事、商事、行政等一审案件。内设监察室、审判管理办公室等36个机构，下设事业单位机关后勤服务中心。

2018年，受理各类案件3.92万件，结案3.95万件，结案率为92%。一审案件服判息诉率88.5%。区法院获东城区优秀青少年法治教育实践基地、北京市先进法院、首都文明单位标兵、北京市档案工作先进单位称号。行政庭被评为北京市法院先进集体，民专庭被评为北京市三八红旗集体，司法警察大队被评为北京市法院司法警察规范化管理标兵警队。1个审判团队被评为首届北京法院模范审判团队，2个团队被评为先进审判团队。1人被全国人大代表表扬，被评为东城青年榜样。1人获北京市三八红旗奖章，1人被评为全国法院知识产权审判工作先进个人，1人被评为全国法院家事审判先进个人，1人荣登年度中国好人榜，1人被评为北京市政法系统优秀党务工作者、北京市优秀思想政治工作者，1人被评为北京法院诉讼服务先进个人。3篇裁判文书分别获评北京市法院优秀裁判文书一等奖、二等奖、优秀奖，1人在全国法院优秀案例评析活动中获三等奖；19篇案例入选《中国法院年度案例》，执二庭案例被评为北京法院为疏解整治促提升专项行动提供司法保障优秀案例，5人学术论文在全国及北京法院第三十届学术讨论会中获奖，5篇调研课题获市法院优秀调研课题三等奖，1篇司法建议获北京法院优秀司法建议二等奖。

（王永欣　毕晓燕）

【刑事审判】2018年，审结刑事案件672件，判处罪犯753人。开展扫黑除恶专项斗争，成立专项斗争领导小组，健全组织架构，加强专业审判力量，建立扫黑除恶内外联动机制，依法快审严判。妥善审判涉众型经济犯罪，受理非法吸收公众存款案件60件，审结29件。依法严惩贪污贿赂等职务犯罪，保持惩治腐败高压态势。

（王永欣　毕晓燕）

【民事审判】2018年，审结民事案件1.74万件。审理西河沿、宝华里等危改地区涉及房屋拆迁安置补偿的涉众型纠纷。审结涉及军队停止有偿服务案件30余件。继续推进家事审判改革。审理因企业转型、外迁引发的涉及劳动者群体性维权的劳动争议纠纷。推行用人单位即时偿付制度，由法院督促履行、即调即执彻底化解纠纷，即时履行金额1700万余元。破解医疗纠纷审理，建立疑难复杂案件论证会、法官列席鉴定听证会、与医疗机构定期开展讨论会三项机制。

（王永欣　毕晓燕）

【商事审判】2018年，审结商事案件6188件。针对民间借贷纠纷激增态势，惩治虚假诉讼和隐藏于合法形式的违法犯罪行为，防控金融风险，保护中小投资者合法权益。加强公司纠纷、破产和消费者权益保护相关案件审理，贯彻对民营企业依法平等保护理念，引导公司规范治理、市场主体诚信经营，为优化区营商环境提供有力司法保障。

（王永欣　毕晓燕）

【知识产权审判】2018年，审结知产案件2517件。加强对中华老字号企业、文化创意企业知识产权的保护，提增侵权赔偿力度。延伸审判职能，对辖区重点行业、企业在维权保障、风险防控等方面加强司法指引。建立司法与行政保护协作机制，构建跨区域知识产权保护格局。采用区块链云取证数据对案件进行判决，推进互联网技术在司法领域运用。

（王永欣　毕晓燕）

【行政审判】2018年，审结行政诉讼案件1077件、行政非诉执行案件443件。推进行政机关负责人出庭应诉工作，时任东城区代区长金晖以行政机关负责人身份出庭应诉，规范行政应诉工作，促进法治政府建设。通过司法建议、联席座谈等途径促进行政机关规范对非公企业的行政处罚行为，以优化法治环境保障非公经济健康发展。

（王永欣　毕晓燕）

【案件执行】2018年，执结案件1.12万件，执行到位金额43.63亿元。拘留被执行人83人次，罚款49.6万元，限制消费1.26万人次，公布失信被执行人名单5413人次，被执行人1247人履行全部义务，履行金额1.35亿元。建立终本案件回头查工作机制，对2016年以来未实际执结案件进行全面复查；代表北京市法院接受基本解决执行难第三方评估，2016—2018年有财产可供执行案件法定期限内结案率96.9%；终本程序案件总体合格率98.9%；执行信访案件办结率100%；首次执行案件整体执结率95.7%。相关执行案例入选北京法院为疏解整治促提升专项行动提供司法保障优秀案例。新华社《政务智库报告》等予以专题推介。

（王永欣　毕晓燕）

【司法便民】2018年，以北京法院诉讼服务微信公众号为载体，完善网上引导、网上立案、诉讼信息自动推送等功能，强化线上线下诉讼服务联动集成。与律师协会和公证处就电子送达、公证送达开展合作。与区属文化创意产业开展司法协作，运用电子送达方式提升案件材料送达效率。与北京市红十字会999急救中心设立绿色通道，高效处置应急突发事件。对涉民生执行案件，采取优先执行、上门发款、集中发还。对获得胜诉但暂时难以得到执行、经济生活困难群众17人进行救助，发放司法救助专项资金113万元。

（王永欣　毕晓燕）

【司法公开】2018年，创建“东城法院”微信公众号，推送各类信息70余条，累计阅读量3万余人次。裁判文书上网率100%。办理给大法官留言15人次，审判信息网留言409人次，“12368”语音服务平台留言4390人次。法官受邀参与录制北京电视台网络直播节目“法官来了”，点击量累计500万次。加强与区教委、团区委合作，开展青少年法治教育活动。法官自导自演法治情景剧，送法入社区。邀请区人大代表、政协委员到院旁听案件90余人次，组织市区人大代表联络活动9次。邀请区人大机关干部到院参加宪法日活动。

（王永欣　毕晓燕）

【审判管理】2018年，建立三方会商机制，实现收案预估与实况反馈有机结合；以问题为导向，制作审判质效综合“体检表”，紧扣短板指标指导督促相关部门进行改善。组织案件质量专项评查，对3000余件案件开展自查互查。

（王永欣　毕晓燕）

【司法体制改革】2018年，健全以员额法官为中心的审判团队，落实院庭长办案要求，院长结案17件，副院长人均结案84件，庭长人均结案223件。约请陪审员参与审理各类案件6976件，完善陪审员自主管理机制，提供菜单式培训课程。首次采用法官3人+陪审员4人的7人大合议庭模式公开审理案件。完成派出法庭选址工作。完善1+X多元调解工作模式。将1.55万件民商事案件导出至多元调解，占全部民商事案件收案总量62.4%，调解成功2207件。速裁法官人均结案1071件，以7%的员额法官审结全院33.8%的民商事案件。常驻人民调解员7人调解成功1700余件。新拓展3家行业调解组织参与诉前调解，与法院合作的调解机构增至6家，调解成功135件。与市律协合作，聘任律师调解员70人开展诉前调解，探索专业调解+速裁审判对接模式。

（王永欣　毕晓燕）

【审学研一体化】2018年，完善调研课题、信息考核制度，完成重点调研课题16项，组织报送案例97篇，编发信息简报108篇。举办全院性大型培训10期。

（王永欣　毕晓燕）

【外事接待】4月25日，瑞士最高法院首席大法官一行10人到院访问，参观法院阳光大厅并在外事法庭旁听案

9月13日，中共东城区人民法院机关委员会民三庭党支部在西花市南里社区开展普法活动（区人民法院提供）

件。6月12日，比利时最高法院院长德克特一行4人到院访问，参观法院阳光大厅并在外事法庭旁听刑事案件，双方就如何进一步有效地提高审判效率等进行交流。11月20日，比利时众议院司法委员会代表团一行9人到院访问，参观法院并旁听案件，双方就庭审内容进行探讨。

（王永欣　毕晓燕）

1月10日，区司法局在施工现场为农民工提供法律援助（区司法局提供）

司法行政

【概况】东城区司法局（简称区司法局）承担组织开展法治宣传教育和基层依法治理，监督、管理和指导律师、公证、法律援助、基层法律服务及人民调解工作，组织指导社区服刑人员和刑满释放人员的教育管理等工作任务，概括为法治宣传、法律服务、法治保障三项职能。同时承担区法治宣传教育领导小组、区综治委特殊人群专项组、区综治委多元矛盾调解专项组和司法力量进网格领导小组办公室日常工作。内设办公室、社区矫正和安置帮教科、法制宣传科、律师行业监督管理科、律师行业综合指导科、公证工作管理科、矛盾调解指导科、基层指导科、法律援助指导科、法制科、行财科、组织人事科、监察科、党群工作办公室14个机构，下辖17个街道司法所。机关、司法所共有公务员编制118个（其中机关57人、司法所61人）、实有110人。直属事业单位4家，其中区法律援助中心、区阳光中途之家为全额拨款事业单位，东方公证处、信德公证处为自收自支事业单位，事业编制48个、实有36人。

2018年，推进公共法律服务体系建设。依托区法援中心挂牌成立区级公共法律服务中心，落实街道、社区公共法律服务工作站（室）实体平台选址。完成律协换届，开展律师事务所巡察检查172次。规范公证执业活动，对出生、学历、职称、证书等四类公证事项实行最多跑一次服务。开展刑事案件认罪认罚从宽制度及刑事审判阶段律师辩护全覆盖两项试点，全年办理法律援助案件415件，解答法律咨询5800人次。开展对司法鉴定机构和司法鉴定人执业监管，依法依规受理和调查处理针对司法鉴定行业投诉，全年接待来电、来信、咨询170余人次，受理行政投诉27件。完成中非合作论坛等重点时期安保任务。开展“两类人员”排查整治和衔接安置，成立区信访诉求人民调解委员会。全年调解案件1767件，成功1710件，成功率96.8%。指导律师依法依规办理重大敏感案件，确保律师队伍稳定。开展扫黑除恶辩护律师案件指导，全区现有律师事务所307家，律师3921人，律师队伍基本稳定。以“法律十进‘七五’行”活动为载体，开展普法大讲堂、法律知识竞答、法治交通伴您行等活动。策划印制“疏整促”、扫黑除恶、优化营商环境等各类法治东城建设宣传海报2万余份。全年处理信访件21件、政法民生热线16件、区网格件8件。举办“法治文化你我他”法治文艺节目展演及法治文艺大赛颁奖典礼。与河北张家口市崇礼区对口帮扶，并就崇礼区司法行政保障冬奥会筹备工作及律师服务、法治宣传、社区矫正等主要帮扶需求进行研讨。全年行政检查302件，行政处罚6件，处理行政诉讼8件，行政复议7件，依申请政府信息公开案件6件。1个集体获全国人民调解工作先进集体，1人获全国人民调解工作先进个人。

（张成雷）

【农民工维权服务】1月至2月，区多元调解专项组办公室建立调解绿色通道和矛盾纠纷流通引导机制，针对农民工群体开展专项性矛盾纠纷排查化解。区法律援助中心在全区45个在建工地、农民工2000余人中开展情系农民工，法律援助在行动活动，发放《农民工法律援助服务手册》等法律宣传资料和编织袋等宣传品200余份。针对拖欠工资、工伤赔偿、劳动保护等劳动争议问题，进行现场讲解和咨询，办理农民工法律援助案件197件，避免（挽回）经济损失近200万元。

（张成雷）

【人民调解员宣誓制度】3月1日，

来自区人民调解协会、行、专业调委会、诉前调委会和街道、社区的人民调解员代表及全国模范调解员、北京市先进人民调解员在东四街道司法所，进行人民调解员宣誓，标志东城区人民调解员宣誓制度正式建立。此次宣誓以元宵节团圆的文化传统与家和万事兴的社区和谐理念相结合，人民调解员和谐之源与第一道防线职业定位得到强化。

（张成雷）

【国际妇女节法律援助】3月5日，区法律援助中心借助区妇联主办“建设法治东城·巾帼在行动”宣传活动平台，在雍和宫大街开展妇女儿童法律援助宣传活动。为过往行人发放《中华人民共和国婚姻法》《中华人民共和国反家暴法》法律援助宣传折页等1000余份，提供法律咨询30余人次。

（张成雷）

【全民国家安全教育日宣传活动】4月15日，区司法局在地坛公园西门外设立总体国家安全观主题宣传活动主会场，重点围绕维护政治安全、打造反奸防谍钢铁长城等开展宣传，向参与群众1000余人发放印有“12339”举报受理内容宣传折页1500张、各类宣传品5000份。为辖区17个街道配备8500套总体国家安全观宣传套装。从各中小学校维护国家安全主题班会，撰写我与国家安全一句话感言等活动中，征集评选优秀感言30条进行展示。各街道围绕政治安全、经济安全等8个方面，通过制作展板、主题党课等形式，开展国家安全宣传教育活动。

（张成雷）

【区公共法律服务中心成立】4月16日，东城区公共法律服务中心正式向社会挂牌亮相。中心采取3+X工作模式，凸显“互联网+公共法律服务”特色，密切与各工作站（室）沟通和联系，为百姓提供法律服务，全年办理法律援助案件415件，解答法律咨询5800余人次。

（张成雷）

【区律师行业党委成立】5月30日，律师行业党委成立大会召开。会议宣读《中共北京市东城区委组织部关于中共北京市东城区律师协会委员会更名和变更隶属关系的通知》，区司法局领导作表态发言。区委组织部、区直机关工委、区委社会工委、区司法局、区律师行业、区律师协会代表等出席。

（张成雷）

【区法治宣传教育领导小组会】6月8日，区司法局召开区法治宣传教育领导小组会。会议总结2017年区法治宣传教育工作，部署本年法治宣传教育工作任务，通报区“七五”普法中期检查验收等重点工作。区领导陈本宇、毛炯、薛国强出席，区法宣领导小组全体成员参加。

（张成雷）

【第八届区司法行政开放日活动】6月22—23日，区司法局举办主题为司法行政在身边——公共法律服务伴你行第八届司法行政开放日活动。设置法律援助中心、天同律师事务所、东方公证处、阳光中途之家及街道司法所开放点21个。各开放点现场展示电子宣传海报，为居民群众现场讲解公证、律师、矫正帮教、法律援助等司法行政工作内容。发放相关资料、便民手册及宣传品6000余份，接待群众咨询200余人次，下载关注各类司法行政公众号二维码540余人次，组织填写调查问卷500人次，征集群众意见33条。

（张成雷）

【处级领导干部学法用法研讨班】6月25—29日，区司法局联合区委组织部举办处级领导干部学法用法专题研讨班，各单位负责法治宣传、依法行政主管领导36人参加。研讨班针对时代要求和工作实际，从依法治国思想、法治政府建设、领导干部法治思维和法治能力养成等方面进行培训。除讲授重点法律法规外，还通过以案释法、庭审旁听、模拟法庭和交流研讨等多种教学形式，搭建法律学习交流平台。

（张成雷）

【律师事务所执业检查考核】4月16日至7月底，区司法局对全区293家律师事务所执业资质、办理许可备案、业务开展、内部管理、财务审计、受到奖惩、网上信息登记等开展年度执业考核，走访律所31家。通过口头、书面等形式对27家存在问题的律师事务所提出限期整改要求。针对问题逐项提出整改，并现场进行执法记录。集中处理4件投诉，为当事人挽回损失10万余元。律师重点人7人、4家重点律所负责人进行集中约谈。

（张成雷）

【公共法律服务进军营活动】八一建军节期间，区司法局组织开展公共法律服务进军营军人军属专项维权系列服务活动。区法援中心开设军人军属法律援助服务绿色通道，简化受理审查程序，对伤病残等有特殊困难军人军属实行上门受理等服务。崇外街道法援工作站邀请律师到花市消防中队开展“学习新宪法，踏上新征程”宪法修正案法律知识讲座，官兵100余人参加，并提供法律咨询现场服务。全区各法援工作站开展军人军属公共法律援助服务维权活动20场，发放宣传材料、宣传品等3500余份，提供咨询服务100余人次。

（张成雷）

【法治文艺节目展演】11月30日，“沐宪法之光 建法治东城 同心共筑中国梦 法治文艺耀东城”东城区第六届“法治文化你我他”法治文艺节目展演暨本年法治文艺大赛颁奖典礼，在区第一图书馆影剧院举行。市司法局副局长徐明江、区领导薛国强、毕博闻等出席，相关单位干部和群众代表500余人观看演出。大赛评出一、二、三等奖、优秀节目奖和优秀组织奖，进行表彰并颁发获奖证书。

（张成雷）

【司法行政开放点活动】12月4日，区司法局开展主题为弘扬宪法精神走进司法行政第一届全国司法行政系统开放日东城区开放点活动，全区设置开放点18个，包括区公共法律服务中心、区属公证处、律师事务所、各街道司法所、阳光矫正中心等。各开放点为群众现场讲解司法行政工作，播放宪法宣传公益片，提供法律咨询。区司法局、17个司法所领导在各开放点向群众述职述廉。在活动主会场区公共法律服务中心举行区公共法律服务中心揭牌仪式，市民800余人参加。发放相关资料、便民手册及宣传品8400余份，接待群众法律咨询110余人次，组织填写调查问卷370人次，举办讲座6场、270余人次。

（张成雷）

12月2日，"宪法"宣传周活动中举行律师集体宣誓仪式（区司法局提供）

【区人民调解协会第二届代表会】12月18日，区人民调解协会第二届会员代表大会在区委党校报告厅召开。审议通过第二届区人民调解协会主席团名单，组成大会主席团。听取《北京市东城区人民调解协会第一届理事会工作报告》，审议通过《北京市东城区人民调解协会第二届理事、监事选举办法》和总监票人、监票人名单，选举理事会、监事会成员，选举会长、副会长、监事长。大会向新当选的理事和监事发放《中华人民共和国宪法》宣誓本，并开展协会全体理事、监事党风廉政教育。各街道社区、专业调解组织和成员单位会员代表100人参加。

（张成雷）

【"12·4"宪法宣传周活动】12月，区法宣办组织区属职能部门及街道办事处30余家单位召开国家宪法日法宣工作推进会，策划开展法治文化你我他、法治东城微专项宪法知识答题、全区社会面宪法氛围营造等各类宪法主题宣传活动；设计制作宪法公益宣传片投放全区；为90余家重点单位配发宪法、《全面推进依法治国党员干部读本》，为170余个社区发放宪法宣传海报、宣传折页、宪法读本。全区各单位开展各类宪法宣传学习活动1000余场，累计发放宪法海报、读本、宣传品10万余份，覆盖全区机关、社区家庭、楼宇企业、商场店铺、景区枢纽等各类场所。

（张成雷）

【民营企业法治体检】12月，区司法局组建由律师160人组成的区律师服务民营企业团队，下设10个工作组，深入区17个街道工商联分会，通过召开座谈会、发放《东城区民营企业法律服务需求调查问卷》、宣讲政策法规、现场解答法律咨询、走访民营企业等方式，开展民营企业法治体检活动。确定重点民营企业300余家，区司法局召开座谈会17场，开展业务培训300人次，开展法制讲座17场，开展法律咨询144次，提供法律意见建议75个，防范法律风险33个，研究个案30个，走访商会17个，走访重点企业44家，了解企业法律服务需求，提供有针对性的法律服务。

（张成雷）

表11　**2018年东城区驻区公证处一览表**

序　号	单位名称	地　　址	联系电话
1	东方公证处	安定门外大街168号	84217034
2	信德公证处	珠市口东大街4号三层3-A1	67124408

（张成雷）

表12

2018年东城区驻区律师事务所一览表

序号	所名	地址	电话
1	君合律师事务所	建国门北大街8号华润大厦20层	85191300
2	中闻律师事务所	东直门南大街甲3号居然大厦18楼	51783535
3	尚公律师事务所	东长安街10号长安大厦三层	65288888
4	亿嘉律师事务所	东长安街1号东方广场经贸城西三办公楼5层4号	57837929
5	惠诚律师事务所	新中街68号聚龙花园8号楼4层403室	66080518
6	东卫律师事务所	朝阳门北大街8号富华大厦D3B	65542826 65542827
7	颐合中鸿律师事务所	建内大街7号光华长安大厦2座1908-1911	65178866
8	易和律师事务所	安德路甲61号2号楼红都商务中心8层	84261892
9	君永律师事务所	安定门外大街2号安贞大厦1403室	64482400
10	君致律师事务所	新中街66号富东大厦	65518581
11	中凯律师事务所	安德路甲61号红都商务会馆6层B1-616	64522110
12	逢时律师事务所	龙潭路乙3号伟图大厦507室	67110422
13	安衡律师事务所	天坛东路72号万福大厦502	67185418
14	汉坤律师事务所	东长安街一号“东方广场”东方经贸城C1座9层3-7单元	85255500
15	博圣律师事务所	安外大街11号（华府景园C座403）	84122562
16	普贤律师事务所	建国门内大街18号恒基中心办三1002	65176246 65172002
17	纵横律师事务所	朝阳门北大街8号富华大厦F座8A	85229377
18	在明律师事务所	广渠门外广渠家园5号楼首东国际大厦A座9层901（产权楼层8层）	52190888
19	双利律师事务所	广渠门内大街16号环境新闻出版大楼10层1012.1013.1010.1011号	67167813
20	策略律师事务所	东直门南大街1号北京来福士中心办公楼六层601	85197758
21	信利律师事务所	建内大街18号恒基中心一座609-611 100005	65186980
22	天济律师事务所	朝阳门外大街8号富华大厦富华大厦D座7层J室	65546647 65546648
23	立方律师事务所	东四十条甲22号南新仓国际大厦A1105	64096099
24	冠腾律师事务所	安定路甲26号	64428696

续表12

序 号	所 名	地 址	电 话
25	上海锦天城（北京）律师事务所	东长安街1号东方广场东方经贸城中一办公楼六层4，5，6，7，8室	85230688
26	大铭律师事务所	王府井大街99号A510	4008989365
27	国宏律师事务所	东直门南大街华普中心I段中汇广场B座1008	57636616
28	翱翔律师事务所	朝内大街188号鸿安国际商务大厦A座601	65170813
29	汇佳律师事务所	安定门东大街29号雍和大厦C708	64097966 64097977
30	雷杰展达律师事务所	东中街29号东环广场写字楼B座6K	84893636
31	中通策成律师事务所	绿景馨园13号楼605-609	67192880
32	立天律师事务所	东直门南大街9号华普花园A－201	84094991
33	京工律师事务所	东直门外大街48号1幢11C	84477669
34	世嘉律师事务所	朝阳门北大街8号富华大厦D座14A 100027	65543621
35	京博律师事务所	东方银座A座17D	65546271
36	众一律师事务所	工体北路18幢一层1009房间	64096085
37	航舵律师事务所	建国门内大街七号光华长安大厦2座1118室	65185686
38	金开律师事务所	朝阳门北大街8号富华大厦D座14层E室	65546900
39	天咨律师事务所	东直门外小街甲2号正东国际大厦A座25I	84479588
40	植德律师事务所	建国门北大街5号6层627	65186806
41	天澜律师事务所	东水井胡同5号楼北京INN A801	58642935
42	现代律师事务所	东打磨厂街7号宝鼎中心B座1001室	67083101 67083008
43	大悦律师事务所	南竹竿胡同2号1幢5层20612、20615	84041996
44	海维律师事务所	东四十条甲22号南新仓商务大厦A座603	64096907
45	卓纬律师事务所	东长安街1号东方广场东方经贸中一办公楼六层1A-2室	85870068
46	中地律师事务所	分司厅胡同17号院3-5-001室	65598812
47	同一源律师事务所	广渠门内大街80号通正国际大厦10层1007室	67060988
48	奥东律师事务所	东二环王家园胡同10号金泰商之苑128室	64097155
49	智正律师事务所	东长安街1号东方广场东方经贸城西三办公楼11层12B室	85185606

续表12

序号	所名	地址	电话
50	明仁律师事务所	崇文门大街3号7层南办701、718	67127076
51	融商律师事务所	崇外大街11号新成文化大厦B座915室	67080211－0217
52	泰明律师事务所	东兴隆街56号北京商界A段823	67126363
53	国理律师事务所	沙滩北街15号法学研究所南楼二层　100720	64069888
54	鼎尚律师事务所	建国门北大街5号建国五号大厦1126室	65170355
55	正义律师事务所	东交民巷27号旁门最高人民检察院招待所117室	65247544
56	维诗律师事务所	建国门内大街7号光华长安大厦1座1009	65101010
57	易理律师事务所	王府井大街176号丹耀大厦710室	65541866
58	天同律师事务所	南河沿大街南湾子10号	51669666
59	中誉威圣律师事务所	建国门北大街5号四层401	58309377
60	星林律师事务所	东长安街10号长安大厦七层709室	65286768
61	包诚律师事务所	左安门内左安溪园2号楼5单元1703号	67180166
62	盛法律师事务所	新中西街2号新中大厦9层9F	65533106
63	润禾律师事务所	中剪子巷17号府学商务楼316室	64011995
64	华龙律师事务所	演乐胡同100号315室	64046956
65	铭基律师事务所	建国门内大街18号恒基中心办二915单元	85879990
66	上海江三角律师事务所北京分所	建国门内大街8号中粮广场C座212	64183018
67	孚晟律师事务所	王府井大街99号世纪大厦A622	85189170
68	秦华律师事务所	东打磨厂街7号宝鼎中心c座写字楼627室	67081171
69	万企律师事务所	安定路20号1号楼303	68711130
70	东方恒信律师事务所	朝内大街188号鸿安国际商务大厦c座602	65181255
71	元昊律师事务所	朝内大街188号鸿安国际商务大厦B座1202	65235981
72	远望律师事务所	朝内大街75号院8号楼7-101室	84031646
73	博颢律师事务所	光明路11号天玉大厦６０８室	51902336
74	德达律师事务所	王府井世纪大厦 A811G A811H	65265257
75	里仁律师事务所	朝阳门内大街南竹杆胡同2号银河SOHO B座20809	59576070

续表12

序 号	所 名	地 址	电 话
76	创世律师事务所	新中街68号聚龙花园8号楼804	65510006
77	嘉宋律师事务所	建国门内大街金成建国5号827室	51296373
78	广东广大律师事务所北京分所	东长安街1号东方广场C1座601室	85870186
79	凯普律师事务所	崇外大街16号国瑞大厦806B室	67020375
80	中勉律师事务所	崇文门外大街3号新世界中心写字楼A座903室	51296080
81	京一律师事务所	天坛东里乙48号北京爱华宾馆6002室	66060577
82	旷博律师事务所	天坛东路72号安衡大厦三层316室	84045112 84042583
83	京安律师事务所	南竹竿胡同6号楼4层11号	58646616
84	华秀律师事务所	金成建国5号1201室	65183521
85	魏启学律师事务所	北三环东路36号2号楼C1910房间	58256366-6206
86	祥伦律师事务所	东城区灯市口大街33号国中商业大厦903A	85870158
87	劭和明地律师事务所	雍和大厦A座802	64097797
88	汇京律师事务所	建国门内大街18号恒基中心办公楼三座709单元	65177168
89	恒方永圆律师事务所	东长安街6号137、141	51019879
90	地平天成律师事务所	和平里东街18号林11楼首层4门	64221866
91	久瑞律师事务所	安定门东大街28号立骏大厦1号楼AZUO 12-03	67192891
92	金韬律师事务所	安乐林路77号二层268室	87643721
93	勤道律师事务所	广渠门内白桥大街22号北京市工商联大厦712	67186802
94	世宁（寅嘉）律师事务所	东直门南大街9号华普花园D座305	84094429
95	雍泽律师事务所	安定门东滨河路3号院雍泽园703室	51026630
96	融道律师事务所	东花市南里东区8-2-702	87756125
97	中政律师事务所	幸福大街甲39号德惠写字楼B座111	67191776
98	广东唯杰律师事务所	安定门外大街189号宝景大厦1804	87743586
99	志霖律师事务所	安定门东大街28号雍和大厦D座1508	64097197-8083

续表12

序 号	所 名	地 址	电 话
100	上海通力律师事务所北京分所	建国门北大街8号华润大厦401单元	85192266
101	至元律师事务所	崇文门外大街16号国瑞大厦9层901	87555029
102	联法律师事务所	建内大街18号恒基中心一座22层 100005	65180808
103	众贺律师事务所	交道口北头条5号	84019684
104	厚坤律师事务所	朝阳门北大街8号富华大厦D座18-1	65546592
105	包律师律师事务所	东花市北里西区24号楼宝润苑C座1212号	67186426
106	富睿康道律师事务所	王府井大街99号世纪大厦A702室	65280089
107	志德律师事务所	和平里兴化路甲9号	84095359
108	观峰律师事务所	东直门外小街甲2号9层902号	84478988
109	中广承平律师事务所	东花市南里富贵园一区3号楼4单元101	51662369
110	铎声律师事务所	府学胡同甲1号4009室	64016667
111	国钦律师事务所	广渠门外南街危改小区A地块A8商品住宅楼19层1904室	57793799-802
112	普诚律师事务所	兴隆街58号513室	67091471
113	泓天律师事务所	广渠门北里36号3号楼1单元302室	51231620
114	大正—国都律师事务所	东直门外大街48号东方银座B座21A	84549254
115	昊方律师事务所	朝阳门南小街22号楼5单元204	63401068
116	法准律师事务所	东直门南大街9号华普花园B座602	84094609
117	龙谷律师事务所	安定门东大街28号1号楼D单元1001号	13901119260
118	上海嘉华律师事务所	安定门西滨河路9号中成集团大厦10层1012	62256025
119	国泰世良律师事务所	广渠门南小街领行国际1号楼2单元701-702室	67111263
120	沣谊律师事务所	灯市口大街33号国中商业大厦422室	65289685
121	翰佳律师事务所	广渠门南水关甲7号华威国际公寓1302室	67151166-1302
122	新能源律师事务所	前门东大街3号首都大酒店415	68928883
123	国乐律师事务所	东水井胡同11号楼3层3A08	63519781 56224898
124	鼎昊律师事务所	朝阳门内南小街6号楼302	65281828 65286988

续表12

序 号	所 名	地 址	电 话
125	尚赢律师事务所	东直门外正东国际大厦A座16E	13501309108
126	雍鼎律师事务所	安定门东滨河路3号院8-301	51026267
127	百度律师事务所	龙潭路甲3号翔龙大厦C23室	67158618
128	刘松涛律师事务所	广渠门内大街80号通正国际大厦912室	51696633
129	天宇律师事务所	东交民巷27号旁门	65241973
130	联力律师事务所	建国门南大街7号北京万豪中心A801B	62513263
131	恒盈律师事务所	金鱼池中街1号院1号楼1层A142	65265707
132	乾理律师事务所	东长安街33号北京饭店6050室	65232365
133	孙中伟律师事务所	王府井大街277号2503室（好友世界商场写字楼五层）	65221448
134	昂晟律师事务所	东兴隆街56号北京商界A723	67016878
135	利生律师事务所	交道口北头条1号	84031889
136	泰维律师事务所	朝阳门北大街8号富华大厦F座607	65546886
137	安和利律师事务所	朝阳门北大街8号富华大厦D座13—A	85306211
138	广东德法理律师事务所（北京）	崇外大街新怡家园甲3号六层610、612室	67091903
139	秉源律师事务所	安德里北街甲17号（三秀涵雅305室）	84139085
140	博悦睿（健强）律师事务所	朝阳门内东水井胡同11号A308	84477396
141	时信律师事务所	广渠门内大街80号通正国际大厦1016室	87551993
142	雷盾城律师事务所	东花市北里西区宝润苑A-403	59105858-8030
143	上海九州丰泽（北京）律师事务所	建国门北大街8号华润大厦1201	58111980
144	营天律师事务所	东长安街6号242室	65280757
145	贵银律师事务所	东直门南大街9号华普花园B座240	84254977
146	安律律师事务所	崇文门新世界家园2号楼3单元201室	65140912
147	天彦昊律师事务所	崇文门外大街3号新世界中心10层1005室	13521859872
148	来硕律师事务所	地坛公园方泽轩南小院	64252899
149	体源律师事务所	体育馆路11号东楼408	67119172

续表12

序号	所名	地址	电话
150	英舜律师事务所	小牌坊胡同甲7号银河SOHO中心11层51201.51202.51230.51231	65206269
151	提顿律师事务所	灯市口大街33号国中商业大厦519室	87765058
152	金盈律师事务所	崇文门外大街3号11层南办1109-1110室	67087710
153	泽公（董人友）律师事务所	忠实里西区5号楼803室	87749023
154	泽永律师事务所	东四西大街46号3号楼3	53303551 58641330
155	张玉卿律师事务所	广渠家园4号楼2104室	87513227
156	子英律师事务所	和平里中街27号203室	61740307
157	王培亮律师事务所	王家园胡同10号金泰商之苑大厦219	52831956
158	丁道林律师事务所	朝阳门内大街199号	68320366
159	苏向祥律师事务所	东直门南大街9号华普花园D座503	84094110
160	震鑫律师事务所	东长安街一号东方广场E2座1901	85200298
161	王海平律师事务所	王府井大街2号华侨大厦三层303A室	
162	人达律师事务所	东四十条24号青蓝大厦926	84021155-927
163	知润律师事务所	广渠门内大街90号楼4层办公410	85229129
164	衡熠律师事务所	建国门内大街18号恒基中心汇豪阁1117室	65179636
165	天津益清（北京）律师事务所	崇文门外大街11号新城文化大厦B座413	85725562
166	尚孚律师事务所	朝阳门内大街288号院1号楼12层1508	50960069
167	明儒律师事务所	夕照寺中街21号	
168	劦众律师事务所	安定门外大街136号地坛体育大厦4层A0406-074号房	64732889
169	采安律师事务所	北三环东路36号环球贸易中心A座1706室	56830600
170	道熠律师事务所	东大地街1号鑫企旺写字楼	
171	如日律师事务所	和平里西街七区10号楼北京国土和平里招待所221房间	60510926
172	国枫律师事务所	建国门内大街26号新闻大厦7层	88004488
173	国澜律师事务所	建国门南大街5号1号楼1209室	65594012
174	金虎律师事务所	南竹竿胡同2号1幢2层10225	65973386

续表12

序号	所名	地址	电话
175	锦略律师事务所	安定门外大街138号10层A座1006	53358375
176	京湃律师事务所	广渠门内大街80号通正大厦610	57793279
177	京云律师事务所	建国门内大街18号1102室	65181102
178	俊理律师事务所	交道口东大街四号楼二层2-10号	56266176
179	格韬（蓝评）律师事务所	建国门大街18号办公楼二座五层516	81030228
180	罗孚律师事务所	花园胡同3号5号楼508室	51491086
181	求法律师事务所	和平里西街七区10号楼416室	13366326188
182	博仁律师事务所	龙潭路1、乙1号7号楼315号	87878895
183	端澄律师事务所	建国门北大街5号19层2123	85072085
184	融世律师事务所	王府井大街2号华侨大厦3层333室	65267205
185	天稳律师事务所	前门东大街3号首都大酒店二层	58159988
186	初亭（同诺）律师事务所	崇文门外大街8号院1号楼东座5层503号	67081288
187	哲茂律师事务所	小牌坊胡同甲7号银河搜候中心20801	65206308
188	中投律师事务所	东长安街1号东方广场东方经贸城东一办公楼七层11,12室	85215555
189	凯锐律师事务所	王府井大街99号世纪大厦A611B	65140734
190	泓韵律师事务所	广渠门内大街16号中国环境新闻出版大厦910-911	67112939 81982299
191	方略律师事务所	南竹竿胡同2号银河SOHO中心D座50928	65206371
192	嘉善律师事务所	朝阳门北大街8号富华大厦D座12层A室	65541832
193	圣运律师事务所	广渠门内大街41号雍贵中心B座9层	61908088
194	京才律师事务所	朝阳门北大街8号5-27-007	65546068
195	豪尊律师事务所	龙潭路甲3号翔龙大厦尔层B19东号	652323888
196	山东国杰（北京）律师事务所	广渠门北里55号金桥国际公寓酒店A1015室	57299248
198	盛美（瀚仁）律师事务所	建国门南大街7号楼D座41504室	65599708
199	典谟律师事务所	南竹竿胡同2号银河SOHO中心D座A座6层10620	65206339

续表12

序号	所名	地址	电话
200	多禾律师事务所	天坛东路74号北玻大厦106B	67110909
201	东权律师事务所	东长安街1号东方广场东方经贸城东二座1604室	85189318
202	东环律师事务所	南竹竿胡同6号	58641867
203	中灏律师事务所	和平里东街15号航天物资大厦新3甲7	13651179946
204	宇宙律师事务所	东交民巷30-4	85113969
205	商伴律师事务所	建国门内大街18号恒基中心办公楼一座704单元	65181749
206	创法律师事务所	东长安街一号东方广场东方经贸城C1座1108单元	85254613
207	崇厚律师事务所	崇文门外大街甲2号新怡商务楼B座1105号	67080650
208	戎和律师事务所	东直门外小街甲2号正东国际大厦B座北门9层901号	84682129
209	秀中律师事务所	建国门内大街8号中粮广场B座1217室	65252448
210	晨野律师事务所	东四十条甲22号南新仓商务大厦1幢A506	51690456
211	康德律师事务所	安定门东大街28号1号楼D单元1208	64097002
212	纳诚律师事务所	珠市口大街4号楼4-4-21	57789352
213	中昂律师事务所	建国门内大街18号恒基中心办公三座806单元	57114193
214	九英律师事务所	白桥大街15号嘉禾国信312	57482352
215	成竺律师事务所	黑芝麻胡同7号	82220067
216	美银律师事务所	东直门外小街甲2号正东国际大厦A座22B	84470699
217	信美律师事务所	南竹竿胡同6号楼9层11-074	58643554
218	睿乾律师事务所	南竹竿胡同2号1幢10层51106	58428058
219	辽宁伯宁（北京）律师事务所	建国门内大街7号6层12室	65186566
220	创博律师事务所	东直门南大街14-4保利大厦写字楼八层869室	65530400
221	金博大律师事务所	建国门北大街5号金城建国5号823室	85072088
222	力行律师事务所	夕照寺街16号院4-3-310	68536451
223	曲和直律师事务所	建国门内大街18号公寓	85082391
224	法贤律师事务所	东四十条甲22号南新仓商务大厦B1119室	52192815
225	海伦律师事务所	崇文门外大街11号10层1019	

续表12

序　号	所　名	地　　址	电　话
226	本度律师事务所	建国门新闻大厦405	65127280
227	浩云律师事务所	建国门内18号恒基中心办二座1105	
228	英云（顾云）律师事务所	建国门内18号恒基中心办二座1101	65188697
229	安徽华人律师事务所	朝阳门内大街18号2号楼516室	65506800
230	厚瑞律师事务所	永定门西滨河路8好远7号楼中海地产广场东塔二层201内03-2室	
231	广盈律师事务所	建国门南大街7号万豪中心A座805	85175028
232	世联新纪元律师事务所	建国门内大街7号6层08	65150285
233	方嘉律师事务所	东兴隆街58号8层806	64097483
234	砾洲律师事务所	夕照寺东玖大厦A座205	87190199
235	瀚世中阅律师事务所	龙潭路3号翔龙大厦二层B10号	67122060
236	伟雄律师事务所	和平里西街七区10号楼国土和平里招待所224房	18600845183
237	信汉律师事务所	南竹竿胡同2号1幢8层20910	85175352
238	元陆律师事务所	海运仓胡同1号瀚海海仓大厦4层4008室	
239	广东安华理达律师事务所	建国门南大街7号C座506室	85151326
240	山东鼎元（北京）律师事务所	崇外大街新怡家园甲3号楼7层708	
241	西诺律师事务所	东长安街1号汇贤豪庭989室	
242	树衡律师事务所	东水井胡同11号楼12层15B05	58641699
243	昌运（博迪）律师事务所	南竹竿胡同1号朝阳门soho6层701	65206156
244	瑞铭永嘉律师事务所	南竹竿胡同2号银河soho1幢2-119	65206630
245	中书律师事务所	灯市口大街33号国中商业大厦722室	51695769
246	先平律师事务所	东长安街10号长安大厦711	68187519
247	臻观律师事务所	东长安街1号东方广场东方经贸城东一办公楼910室	58116270
248	汉博律师事务所	法华寺南里34号天华公馆2座526室	67035752

续表12

序号	所名	地址	电话
249	星臻律师事务所	东直门大街48号1幢7层07L	
250	威泽律师事务所	东大街1号鑫企旺写字楼	
251	慕公律师事务所	光明路13号12号楼3018房间	87199531
252	和丰律师事务所	建国门北大街5号2020	65182189
253	高商律师事务所	安定路甲26号	64428696
254	尚权律师事务所	东四十条甲22层1号楼4层A502	51262080
255	丽水律师事务所	新中东街3号院1号楼4层622	
256	瑾瑞律师事务所	广渠门内大街45号10层45-（10）02室	59361532
257	晟信律师事务所	崇外大街44号大康大厦5层596室	80441066
258	霖理律师事务所	东直门南大街十四号4号楼保利大厦写字楼七层777室	64631731
259	上海市浩信（北京）律师事务所	建国门内大街7号9层15	59111063
260	正海律师事务所	南新仓大厦A座307	85862508
261	嘉诚泰和律师事务所	建国门内大街18号5层办公楼三座524	64402648
262	腾轩律师事务所	建国门内大街18号办--810单元	
263	方利律师事务所	朝阳门内大街288号院516	
264	中济律师事务所	崇文门东打磨厂街7号宝鼎中心666室	57553031
265	丰友律师事务所	东打磨厂街7号宝鼎中心写字楼9层902室	67081111
266	东灵通律师事务所	朝阳门南小街18号楼24-25号B11室	
267	众怀律师事务所	朝阳门内大街288号院1号楼3层330	65288781
268	大燕律师事务所	王府井东街8号澳门中心写字楼8层802室	56106667
269	信睿律师事务所	建国门内大街7号光华长安大厦2座820	88820160
270	锦臻律师事务所	东直门外大街46号天恒大厦3层319	64687882
271	浙江天册律师事务所	哈德门中心写字楼东座6层603、604	
272	普然律师事务所	建国门内大街7号16层16层22室	65244155
273	风展律师事务所	新中街68号8号楼401	65539883
274	汇讼律师事务所	崇文门外大街3号12层南办1213	67089389

续表12

序号	所名	地址	电话
275	端睿律师事务所	建国门内大街18号一座办公楼7层702号	65244588
276	浙江阳光时代（北京）律师事务所	建国门内大街8号中粮广场C座512-517	63168077
277	荟高律师事务所	东长安街1号东方广场东方经贸城西二办公楼10层4室	85181521转11
278	特派律师事务所	灯市口大街33号8层817	
279	格韵律师事务所	哈德门广场东座504-1	67154861
280	天斗律师事务所	建国门内大街18号北京恒基中心2座609室	
281	欣融律师事务所	幸福大街幸福家园7号楼（商务花园）1102	67168121
282	正公律师事务所	建国门内大街18号恒基中心办公楼一座709-710	
283	凯联律师事务所	建国门内大街7号8层03室	65102698
284	思诺律师事务所	东交民巷28号及后门11幢3层302室	85179188
285	君泽君律师事务所	金宝街89号金宝大厦11层02、03、04、05、06、07、08、09	66523388
286	浩硕律师事务所	南竹竿胡同2号1幢6层20717	85150461
287	瀚方律师事务所	东四十条甲22号1幢南新仓商务大厦A610室	
288	广东华科律师事务所	天坛东路80号459室	65261235
289	致敦律师事务所	东四十条甲22号南新仓商务大厦A座603室	64096909
290	天津允公律师事务所	哈德门广场西座1104	59725290
291	中然律师事务所	灯市口大街33号国中商业大厦503A	68333166
292	安诺律师事务所	建国门南大街5号金龙大厦3号楼3102室	66001536
293	华尔泰律师事务所	安化北里18号院5楼3至4层07	87551178

（王辉）

表13

2018年东城区司法所一览表

序号	单位名称	地址	邮编	联系人	联系电话
1	和平里司法所	和平里中街甲27号	100013	田红立	84226030
2	安定门司法所	方家胡同19号	100007	陈东亚	64067183
3	交道口司法所	土儿胡同10号楼二层	100009	李　威	64029694

续表13

序 号	单位名称	地 址	邮 编	联系人	联系电话
4	景山司法所	连米胡同16号	100010	冉翠微	84017954
5	东华门司法所	东厂北巷甲4号	100006	高 云	65248621
6	东直门司法所	新中街66号	100027	王 虹	64165479
7	北新桥司法所	民安小区北新桥社区服务中心	100007	徐立章	64034116
8	东四司法所	东四六条17号	100007	王永恒	64001548
9	朝阳门司法所	西水井胡同3号	100010	张 竹	65125881
10	建国门司法所	朝内南小街18号楼	100005	孙幼军	65142699
11	前门司法所	前门东小街甲2号	100051	王 岚	67016543
12	崇文门外司法所	西花市南里东区14号楼	100062	王晓峰	67010401
13	天坛司法所	西草市东街66号	100050	罗 胤	67025835
14	龙潭司法所	光明楼23号龙潭街道办事处院内	100061	胡忠武	67166372
15	体育馆路司法所	体育馆路西路1号	100061	沈 蓉	67108258
16	东花市司法所	东花市北里中区甲25号楼301室	100062	姜 宏	67188642
17	永外司法所	沙子口路70号食品工业研究所南楼三层	100075	张晓燕	67227507

（张成雷）

东城区法治机构负责人

政法委书记 陈本宇
政法委员会政治部主任 李祎星（满族）
维护稳定工作领导小组办公室主任
赵小平
综合治理委员会办公室主任
王伟民
法制办公室主任 李凌波
司法局局长 李利平（女）
区人民法院院长 赵 军
区人民检察院检察长 贺 卫（4月任）
蓝向东（4月免）

市公安局东城分局局长 王冬斌
政委 辛光跃
天安门地区公安分局局长
刘 锋
政委 田 峡
市公安局公安交通管理局
东城交通支队支队长
空 缺
政委 金连成

军　事

武警战士进行军事训练（武警执勤二支队提供）

区人武部

【概况】东城区人民武装部（简称区人武部）受北京卫戍区和中共东城区委、区政府双重领导，是区委的军事部和区政府的兵役机关。

2018年，坚持以中共十九大和习主席强军思想为指导，以深化改革和国防后备力量建设为重点，着力在抓思想铸军魂、抓备战强素质、抓班子强队伍、抓制度促规范、抓作风正风气上下功夫使实劲，狠抓工作落实，较好完成各项工作任务，先后被北京市、北京卫戍区评为先进人武部和先进旅团级单位党委。

（郝诗国）

【民兵训练】2018年，抓好民兵组织整顿，区组织民兵整组试点工作被《国防》杂志刊载报道。编实建强民兵常备应急分队，定期开展防火、应急等训练演练，确保遇有突发情况能快速到位。按照短时间、勤集中思路，抓好民兵训练，分4批次完成民兵年度射击任务。

（郝诗国）

【兵员征集】2月，开始兵役登记。5月，区人武部召开征兵业务会，组织军地相关部门、高校和街道学习领会上级政策精神，摸清兵员底数。召开区征兵领导小组和征兵动员大会，发布征兵命令，把高校作为征集重点，深入动员指导，搞好政策解答。全区发放征兵宣传资料1万余份，宣传板报190块。

（郝诗国）

【民兵执勤】2018年，全国“两会”和中非合作论坛北京峰会期间，组织出动民兵对辖区内二环路、东长安街沿线桥梁和过街通道进行定点守护，上报并协助处理各类突发社情100余次，开展便民服务1000余次，被中国民兵微信公众号推出宣扬。

（郝诗国）

【有效处置停偿项目】2018年，在区停偿军地协调工作领导小组指导下，由人武部牵头，协调区属25个委办局、17个街道和10个驻区部队单位，完成27个停偿项目的关停和善后，其中24个按时终止收回，3个移交托管，善后问题均得到有效处置。

（郝诗国）

【区委常委议军会】8月7日，区人武部召开区委常委议军会，听取区人武部关于东城区国防后备力量建设情况汇报，研究审议人武部办公条件改善、随军家属就业安置等事项。

（郝诗国）

【区党管武装工作会】8月8日，区人武部召开区党管武装工作会部署全区党管武装工作，表彰先进单位和先进个人，东华门街道、崇文门外街道作书面述职，区委书记张家明提出四点意见。

（郝诗国）

【入伍新兵欢送会】9月7日，区人武部召开欢送夏秋季新兵入伍大会。会议宣读入伍批准书，表彰部分东城籍优秀现役军人和优秀军属，新兵代表、家长代表和接兵部队代表发言。区长金晖出席并提出要求，有关领导，区征兵工作领导小组成员单位，各街道办事处主任，市属公司武装部和有关高校武装部领导，新兵家长参加。

（郝诗国）

【慰问入伍新战士】12月12—13日，区领导徐文熬、赵凌云，分别带队前往顺义、丰台、房山，看望慰问武警执勤一支队、卫戍区一师某团、武警执勤二支队新训官兵，受到部队欢迎。

（郝诗国）

驻区部队

中国人民解放军66381部队

【概况】中国人民解放军66381部队组建于1954年11月8日，前身为中共中央社会调查部便衣队，是一支有着光荣历史的警卫部队。至2018年，主要担负保卫党中央、中央军委以及党政军首脑机关、首长住地等重要目标的警卫任务，分布于北京市10个区划内。

2018年，坚持习近平新时代中国特色社会主义思想和习近平强军思想为指导，以强军目标为统领，坚决贯彻上级党委决策部署，聚焦备战打仗主业主责，夯基固本抓建基层，厉行法治从严治军，完成以警卫执勤为中心、以练兵备战为重点的各项任务。官兵自主创演的节目《应急拉动》获得陆军创作二等奖和表演三等奖，2名官兵被上级评为“张思德式忠诚卫士”，先后有56人和8个集体荣立三等功。

（田少华）

【安全警卫】2018年，完成全国“两会”代表住地警卫任务，高标准完成常设勤务和专项警卫勤务，妥善处置上访数百起千余人次，查处不符证件数百起，处置火灾隐患和制止个人极端行为多起。

（田少华）

【双拥共建】坚持和发扬“在东城、爱东城、建东城”优良传统，形成“军民同心、育人为本、无私奉献、持之以恒”共建精神。随军干部家属6人落户，干部子女3人入读东城重点学校，立功受奖官兵12人参加东城区双拥疗养活动。4月，参加东城区义务植树活动。5月，东城区民政局领导到部队开展主题党日活动。6月，参加东城区拔河比赛。7月，安定门街道到部队开展军事日活动，8月，参加安定门街道秋季运动会开幕式表演。9月，佑安医院到部队开展主题党日活动。10月，部分官兵观看2018年东城区群众文化展演季文艺演出。11月，区人武部、区双拥办、安定门街道到新兵营慰问。

（田少华）

武警北京市总队执勤第一支队

【概况】中国人民武装警察部队北

京市总队执勤第一支队（简称武警执勤一支队），前身为武警北京市总队二师第十支队。2018年1月，因编制体制调整，由团级支队升级为旅级支队，主要担负天安门及周边重要目标执勤安保、处突反恐等任务。

2018年，支队新一届党委紧跟习主席思想步伐，深化理论武装，统筹推进“传承红色基因，担当强军重任”主题教育和“培育忠诚卫士，锻造忠诚之师”专项教育，政治建队做法在武警部队推广。聚力纠治和平积弊，全面贯彻落实新《大纲》，支队被总队评为军事训练先进单位，正规化执勤优秀单位。2人立二等功，64人立三等功，1人被总队表彰为十佳“四会”政治教员，支队被总队表彰为基层建设先进支队。

（涂述健）

【安全警卫】2018年，完成全国“两会”、中非合作论坛、改革开放四十周年庆祝大会安保为重点的2000余起临时任务，妥善处理各类有碍安全情况4236起12036人次。

（涂述健）

【双拥共建】2018年，坚持和发扬“驻东城、爱东城、建东城”优良传统，多次参加义务植树、献血、铲冰除雪、清扫街巷等活动，组织军医赴正义路社区巡诊。加强与区委政法委，人社局，民政局，园林局等36个区属单位沟通联络，随军干部家属12人落户，干部子女15人入读东城重点学校。东城区委常委、区武装部政委徐文熬等领导多次到支队走访慰问，为支队建设提供大力支持。

（涂述健）

武警北京市总队执勤第二支队

【概况】中国人民武装警察部队北京市总队执勤第二支队（简称武警执勤二支队）。1月，推进军队改革，落实军旅营体制编制，由团升旅，担负警卫、守卫、巡逻三大类勤务以及防区内处突、反恐、抢险救灾任务。

2月2日，执勤战士背着扭伤脚的老人赶火车（武警执勤二支队提供）

2018年，以习主席训词训令精神为指引，履行“两个维护”神圣使命，突出抓班子带队伍、抓能力保中心、抓经常打基础、抓秩序建安全、抓作风正风气，开展“学训词、铸军魂、开新篇”学习教育，抓条令学习，推进9处“智慧磐石”工程，首创引入公安“天网”系统，忠诚教育经验做法在《人民武警报》刊发。43人立个人三等功，2人分别被武警部队评为十佳“四会”政治教员、优秀教练员。

（夏永杰）

【安全警卫】2018年，完成北京站春运、全国“两会”、中非合作高峰论坛安保等重大任务，坚守29处固定目标，完成近1600场次临时勤务，处置突发情况10起、59人次，救助群众2次。

（夏永杰）

【双拥共建】2018年，坚持驻东城、爱东城、建东城理念，开展拥政爱民工作，加强与区委组织部、宣传部和政法委、人社局、民政局、园林局等62个区属单位沟通联络，随军干部家属42人落户，干部子女23人入读东城重点学校。2月，完成各类庙会安保等临时勤务；3月24日，左家庄五龙亭朗诵团到支队文艺演出；4月，参加区植树活动；“八一”前，副区长赵凌云、区民政局、财政局、工商局、交道口街道等到支队走访慰问；11月，赵凌云到支队新训大队慰问新兵。

（夏永杰）

人民防空

【概况】东城区民防局（简称区民防局），挂东城区地震局（简称区地震局）牌子。是负责全区人民防空、防震减灾相关工作的区政府工作部门。内设办公室、工程建设管理科、指挥通信科、法制科、防震减灾科。在编公务员22人、工勤2人。下辖正科级全额拨款事业单位2个，其中区人防工程管理服务中心，在编17人、实有14人；区民防指挥通信中心，在编22人、实有16人。

2018年，紧扣疏解整治、安全发展和服务民生等主题，完成疏解整治促提升专项整治及再利用工作。加强早期巷道式人防工程回填整治和人防地下室维护维修。加强执法监督，优化营商环境，做好审批服务。完成年度防汛工作。制订下发国际民防日、防灾减灾日、国防教育日等宣传活动工作方案，对学校、街道、社区、居民开展宣传活动、发放宣传品。推进社区民防和地震应急避难场所建设，

12 月 24—25 日，人民防空专业队授旗仪式在北方应急救援基地举行
（区民防局提供）

全区177个社区全部建立民防体系，31个主要大型社区基础管理型民防建设工作全面完成。新增11处应急避难场所，举办防空防灾知识大讲堂40场次，加强街道民防宣教中心维护管理，组织重点时段向社会开放服务。落实安全生产责任制，做好人防工程安全生产工作，被北京市安全生产委员会评为年度北京市区级行业部门履行安全生产监管（管理）职责示范单位。

（王跃明）

【工程建设管理】2018年，建立整治台账、进度实施时间表、标注作战图，推动人防工程住人腾退工作。完成人防工程清理整治41处，达到考核验收标准，完成率100%，疏解人口1491人。完成年度市人防办承担涉及区人防为民办实事项目，利用新结建人防工程1处，向社会提供400个停车位。结合腾退人防工程，梳理50处公开发布为社会使用，补充服务城市配套功能。制订早期人防工程回填整治方案。完成77处无口部早期人防工程探测和3处拟保留早期人防工程安全评估。编制区3年维护维修计划，完成14处人防工程专业维护维修，开展跑水、漏电、设备设施损坏等日常维护维修。

（王跃明）

【安全度汛】2018年，做好应急物资储备和设备检修，修改完善防汛工作方案和应急预案，组织防汛应急抢险演练和拉练。开展汛前普查，明确重点防汛部位，层层签订防汛责任书。汛期前发现并处置6处险情和隐患，处置人防工程险情17处，确保汛期人防安全，未发生相关事故。

（王跃明）

【指挥通信】2018年，区民防局完成9月15日全民国防教育日暨警报试鸣日演练宣传活动，指挥部12个工作组的牵头单位领导参加演练。东花市街道东花市南里、枣苑社区居民200人，和回民实验小学师生280人同步开展人员疏散掩蔽演练。完成10月16—19日市防空袭室内推演任务。

（王跃明）

【应急救援队伍】2018年，重组人防专业应急救援队并按要求组织训练，8月、12月，在南口镇北方应急救援培训基地分别举办2期人防专业应急救援队培训班。11月，完成11支人防专业队、64支中队整组，涉及1734人、600余件装备，新建信息防护专业队、心理干预专业队、伪装防护专业队。12月24—25日组织专业队中队以上领导干部业务培训，副区长薛国强为专业队授旗。

（王跃明）

【行政执法】2018年，清理收回29处长期侵占人防工程，依法检查450人次，办理人防工程违法行政处罚案件11件，约谈违规单位13人次、督察整改11件，罚款总额3.18万元。办理人防网上行政许可，签续批准使用行政许可118件，网上办理竣工验收备案许可4件，案件处理和审批结果在部门网站公示。

（王跃明）

东城区军事机构负责人

中国人民解放军北京市东城区人民武装部党委第一书记		张家明
	部长	于洪源
	政委	徐文熬
民防局（地震局）局长		王迪生
区公安消防支队支队长		李　军
中国人民解放军 66381 部队团长		田英贺
	政委	张树鹰
中国人民武装警察部队北京市总队执勤第一支队支队长		刘彦武
	政委	王建华
中国人民武装警察部队北京市总队执勤第二支队支队长		段会喜
	政委	杨京栋

重点地区管理

王府中环蛇形美术馆（李婉摄）

北京站地区管理

【概况】北京市人民政府北京站地区管理委员会（简称北京站地区管委会），为负责组织协调北京站地区管理工作的市政府派出机构，委托东城区政府代管。负责北京站地区的综合管理，组织协调北京站地区公安、工商管理、城市管理、园林绿化、市政市容、环境卫生等工作。设办公室（监察处）、行政财务处、综合治理办公室、商务管理处、城建管理处、联防指挥中心（应急指挥办公室），直属事业单位北京站地区环卫所。行政编制26人、在编21人，事业编制10人、在编7人。

2018年，管委会客运管理正常有序，全年发送旅客1183.8万人次，下车旅客1117万人次，完成专运警卫任务316次。完成春（暑）运、国庆黄金周大客流及高峰论坛等重点时期服务保障；百街千巷工作顺利验收，地区环境进一步提升；物防技防多措并举，交通秩序改善取得成效；落实市、区政府工作要求，高标准开展北京站地区综合整治；完成办公新址搬迁，启动监控指挥信息化平台建设，为推动地区综合管理水平上台阶打下基础。

（李红杰）

【客运管理】管委会制订春（暑）运工作方案、应急预案，召开动员部署会，明确职责任务，提出工作要求；组织各单位落实各项工作措施。2月1日至3月12日春运期间，发送旅客409.8万人次，下车旅客395.4万人次；7月1日至8月31日暑运期间，发送旅客774万人次，下车旅客721.6万人次；地铁北京站共运送乘客533万人次。春运期间清理各类扰序人员2344人，协调有关部门拘留51人，抓获网上在逃人员57人、涉毒人员1人；查获各类危险品1.6万件；查扣非法运营车辆188辆；查处出租汽车各类违章368起；纠正车辆违章2000余起，贴条180余张，拖车20余起；查处无照经营97起，没收小商品200余件；查扣小广告1万余张；开展联合执法20次；组织安全检查40次；检查商户700余户次。暑运期间清理各类扰序人员3792人次，协调有关部门拘留68人，查扣非法运营车辆170辆，查处出租汽车各类违章434起；纠正车辆违章2490余起；查处无照经营120起，没收小商品1750余件；查扣小广告1300余张；救助、劝离流浪乞讨人员120人次，清理无主堆物5车（清洁车），开展联合执法38次。

（李红杰　陆江）

【全国“两会”期间社会面防控】管委会制订《北京站地区2018年全国“两会”安全服务保障工作方案》，召开站区各相关单位“两会”安保工作协调会，明确各单位、各部门工作职责，站区各单位、各部门做到思想上全员发动，行动上部门联动，专项治理确保秩序有效控制。按要求启动社会面等级防控，每天出动执法力量595人，服务保障单位共4家，服务保障人员184人，设置9个治安志愿守望岗，动员群防群治力量200余人参与站区秩序维护，确保全国“两会”代表、委员抵离京安全。

（李红杰　陆江）

【开通网约车定制公交停靠点】2018年，管委会协调相关部门开通北京站西街南北各1个网约车停靠点，1个位于北京站第二落客区最南侧车道，1个位于北京站西广场斜侧停车场内，方便网约车停靠运营；开通北京站东街定制公交车停靠点，为旅客出行提供多种选择；北京站停车场入口处增设引导牌，引导接送站车辆合理停靠。

（李红杰　王锐锋）

【站区设施改造】2018年，管委会在北京站西街南侧增设机动车和非机动车道隔离护栏844米，北京站东街南侧规范路口分流护栏363米，重新施划反光标线282平方米，增设护栏反光警示标志牌27块、广场周边旅客进站引导标识牌11块。

（李红杰　王锐锋）

11月9日，北京站管委会在一层候车大厅开展消防宣传活动（吴国红摄）

【联合执法】2018年，管委会针对北京站地区存在的各类扰序问题，结合春（暑）运、全国“两会”、中非论坛，组织站区公安、交通、城管、环卫等单位开展联合执法行动。全年组织联合执法行动330余次，出动执法力量1200余人次，保安2000余人次，保洁人员400余人次，清理无照游商1100余起，贴条处理机动车乱停50余辆次，劝离乱停机动车5000余辆次，处理、劝离三轮、残摩60余辆次，劝离流浪乞讨人员400余人次，清理乞讨人员堆物约110余车次（清洁车）。

（李红杰　陆江）

【安全生产防火专项整治】2018年，管委会调整北京地区安全生产、防火安全委员会人员，完善组织机构，与地区115家社会单位和20家在地区履行执法职能部门签订安全生产责任书。对安全生产工作加强宣传，举办灭火器材发放仪式，为47家生产经营商户及单位发放灭火器180具、消防栓贴52套。联合北京火车站及站内商户共同开展消防演练活动，召开北京站地区安全生产宣传月动员培训会，对辖区2家微型消防站进行实地检查拉动，检验微型消防站处置初起火情的反应速度。在北京火车站一层大厅举办宣传咨询日活动，活动当日发放各类宣传品2万份，为1000余人提供安全咨询服务。邀请国家安监总局技术研究中心专家与北京社区安全科技促进会工作人员，在辖区内开展创建安全社区诊断工作，逐一进行重要点位的隐患排查诊断。开展北京站地区小餐馆、小旅馆环境整治，检查小餐馆、小旅馆40家，出动500余人次，检查中对隐患问题立即整改17处，限期整改26处，安全提示6家，约谈6家，消防处罚2家，罚款3万元。

（李红杰　吴国红）

【清理非法小广告】2018年，管委会清理粘贴类非法小广告50余万张，收缴散发类非法小广告150余万张。在清理非法小广告工作中发现、控制小广告张贴人员50人，移送执法部门查处。

（李红杰　王锐锋）

王府井地区建设管理

【概况】北京市东城区王府井地区建设管理办公室（简称王府井建管办），为全额拨款事业单位。主要职责是研究制订王府井商业区建设管理和发展的有关规划、规定和措施并组织实施；协调工商、公安、交通等部门对王府井商业区进行综合管理，统计分析运营指标，促进经济发展；会同有关部门办理王府井商业区市政基础设施建设立项、可行性报告、方案设计、开工建设事宜；会同有关部门审定王府井商业区各项户外活动等。设行政办公室、组织人事部、项目工程部、综合管理部、商业发展部5个部门。编制47人、在编40人。

2018年，建管办坚持规划引领，推进商务部步行街改造提升试点建设。“1+3”规划（整体规划和业态、交通、景观专项规划）形成阶段性成果，引导街区整体转型升级。制订步行街延长实施方案，稳步推进第一阶段北延实施工作。持续优化提升交通组织，全面实现王府井大街周边15条街巷胡同机动车禁停。全面完成王府井地区楼顶19处、32块广告牌匾的拆除，恢复建筑天际线，编制完成王府井地区广告牌匾导则，启动墙面广告牌匾规范重设。完成校尉胡同西侧环境整治，以拆违消隐、腾退公共空间为着力点，全面启动王府井大街277号院整治工作。完成王府井地区业态规划编制和东城区“十三五”时期王府井商业区发展规划中期评估报告。成功举办第六届北京王府井国际品牌节，持续提升街区国际影响力。获首都文明单位标兵、首都学雷锋志愿服务岗、北京市安全社区、东城区年度疏解整治促提升专项行动表现突出集体称号。

（吴云萍）

【第六届北京王府井国际品牌节】9月20日，第六届北京王府井国际品牌节开幕式暨“国际品牌　开放商街”主题论坛在北京饭店国际会展中心举行。该届品牌节涵盖国际交流、评选发布、文化艺术和品牌展示四大板块

9月20日，第六届北京王府井国际品牌节开幕（李婉摄）

9月16日，北京时装周亮相王府井（李婉摄）

17项活动，主要包括举办3场国际高端论坛，与国内外13条商业名街共同发布《王府井共识》；评选发布2018《王府井消费地图》，公布十大舒适落脚地、十大异国美食、十大传统味道、十大伴手礼、十大网红店、十大趣玩部落、十大文艺圣地、十大驻颜基地、十大品质酒店、十大时尚品牌；主场活动外，还有中华老字号技艺展、故宫文化主题文创展、北京时装周、维密摄影展等高品质文化艺术展示活动，知名品牌主题日活动同时在王府井步行街及地区商业企业店内举办。

（吴云萍）

【综合治理静态交通】2018年，建管办依托王府井商业区转型升级平台，全面启动静态交通综合治理。主持编制完成《王府井步行街延长交通组织规划方案》，通过公配建车位共享、鼓励居民停车入地等政策措施，率先实现王府井大街周边15条街巷胡同禁停，畅通胡同微循环；先试先行，研究探索建设智慧交通引导系统，在商业区内科学规划18个非机动车停放点，对非机动车管理企业加强绩效考核，依靠大街保安、保洁、志愿者解决非机动车停车乱象问题。

（吴云萍）

【疏解整治促提升工作】2018年，建管办疏解人口409人，包括拆除违法建设疏解影响人口106人和产业提升疏解影响人口303人。完成校尉胡同西侧环卫工人宿舍腾退、临建商户清退，拆除临建3082平方米；开展王府井大街277号院内违建现场踏勘、台账录入及核验，全面摸底调研地块情况；编制《王府井大街277号院整治提升工作方案（2018—2019）》及《王府井大街277号院整治提升第一阶段（拆违消隐）实施方案》，全面启动第一阶段拆违消隐工作；将片区及临街商户作为统一规划主体，加强区域规划定位研究，引导经营方主动调整升级。

（吴云萍）

【优化街区营商环境】2018年，建管办打造王府井国际化消费区域、文化区域、交流服务平台，试点推行商事主体登记代办窗口与企业网点一体化服务，增强服务国际交往功能。研究制订《王府井街区推进服务业扩大开放建设国际交往中心示范园区工作方案》，开展持续性制度化重点企业走访，及时协调解决企业发展中的问题，广泛吸纳企业对街区发展的意见建议，完善文明商户创建；推动王府井商圈信用监管及经济监测综合服务管理平台建设。鼓励商会会员参与广告牌匾、夜景照明等街区规划和治理等项工作，推动地区双微运营，通过异业联盟等形式，引导街区商旅文产业融合发展。

（吴云萍）

【综合管理】2018年，建管办完成15次重要节点安全维稳和服务保障任务，春节、中秋节、国庆节等10个重要节假日，全国“两会”、中非合作

9月21日，王府井消费地图在东方君悦大酒店发布（李婉摄）

论坛北京峰会、第六届北京王府井国际品牌节等3个国家级重要会议期间，推进综合执法常态化、制度化，逐步实现地区公共安全防控体系建设工作的立体化、成果化，确保地区全年管理有效、秩序井然、平安稳定。

（吴云萍）

【商务部首批步行街改造试点】12月，商务部为推动步行街改造提升，优化消费环境，培育一批具有国际国内领先水平的步行街，在全国选出11条步行街开展改造提升试点工作，王府井大街作为北京市唯一一条步行街入选。

（吴云萍）

6月16日，前门管委会开展第十七个全国“安全生产月”和“安全生产万里行”宣传活动（前门管委会提供）

前门大街建设管理

【概况】北京市前门大街管理委员会（简称前门管委会）是东城区政府派出机构，负责前门商业区综合管理和促进该地区经济发展工作。主要职责是研究制订前门商业区建设、发展规划及相关管理规定和措施，经有关部门批准后组织实施。负责协调相关部门挖掘、整理、展示前门历史文化；负责前门历史文化展示区整体产业发展规划；负责前门地区产业发展工作。负责协调相关部门对前门商业区实施综合管理和社会治安综合治理；负责前门商业区各类户外活动的审核、监管。协调市、区相关部门对前门商业区公共设施、市政基础设施、户外广告、牌匾进行规划管理；统一管理前门商业区建筑物的室内外装修、装饰。负责整合前门商业区资源，优化产业布局，争取政策支持，提升发展环境，引导经济又好又快发展。组织相关部门指导商业区招商工作，监管商业区运营，规范经营秩序，服务企业发展。负责前门商业区的对外宣传、联络和重要信息发布。负责前门商业区社会经济信息、咨询和建议收集工作，组织相关单位对前门商业区运营情况进行统计、监测、分析。前门管委会设办公室（纪检监察科）、产业发展科、综合管理科。行政编制11人、人事关系调出2人、实有在编8人，下属正科级事业单位北京市前门商业区服务中心人员编制20人、人事关系调入1人、实有在编16人。

2018年，前门商业区可用于商业的面积为14.63万平方米，招商完成14.18万平方米，出租率达97%。有商户196家，其中中华民族品牌189家，占96%；老字号商铺31家，占16%；国际品牌7家，占4%。编制商业区提升改造方案，推进高品位步行街建设；深入推动招商运行模式创新，推动招商运营方式由出租逐步转为联营，采用风险共担，流水分成模式推动街区收益提升；简化室内装修手续，提高室内外装修、广告牌匾审批效率；强化规划编制工作，丰富文化活动，为文化传承营造良好氛围；前门商业区日均接待游客7.7万人次，实现街区进一步繁荣发展。

（崔银玲）

【文化体验式消费街区建设】2018年，管委会协调天街集团编制前门商业街改造提升方案。完善招商运营监督管理，推进前门商业区转型升级。坚持文化体验式消费街区定位，前门商业区引进和改造提升一批文化体验式商铺，其中包括故宫文创、老北京微缩景观——京城记等，并在原有老字号基础上，新引进丰年灌肠、馄饨侯、四联美发等一批知名度较高的京味老字号，丰富区域业态类型，促进产业融合发展，提升街区整体品质。招商运营方式由出租逐步转为联营，采用风险共担，流水分成模式，通过利益共享让业主和商户成为利益攸关方，使被动营销转为主动营销，将企业风险降到最低。

（崔银玲）

【重点工程建设有序推进】2018年，管委会加快推进前门西区剩余地块工程建设。前门西区已完成约22万平方米建设任务，A区21个地块全部建成；C2、C4、B4地块，引进终端用户永新华韵；B5主体结构完成，外立面施工完成；B14地下结构施工已经完成；B15地块尚未施工，B16基坑土方完成；G10、G11地块均与北京轨道建设管理公司签订代建框架协议。

（崔银玲）

【前门历史文化挖掘展示】2018年，管委会配合专业机构编制的《建设前门历史文化展示区 打造首都文化金名片》《前门商业区2018年—2020年产业发展规划》完成初稿。配合商户在商业区举办“雕琢刻印、祈福纳祥”寒亭杨家埠杨洛书木版年画展、帕米尔高原上的明珠塔县文化展、“山海经·中国馆文化周启动仪式暨陈爱莲从艺65周年艺术展”等文化活动，以文化传承带动商业发展。

（崔银玲）

10月9日，前门管委会组织召开安全社区终评迎检工作部署会
（前门管委会提供）

【综合治理】2018年，管委会统筹驻街职能部门、业主单位及街区保安、街区商户等各方力量，完成元旦、春节、中秋、国庆等重点时段和中非合作论坛北京峰会等重大活动期间安全维稳和服务保障。开展百街千巷环境整治，发挥街巷长工作机制作用，全年发现各类环境问题21件，均已妥善处理；以街区全覆盖巡控为抓手，确保违法建设动态清零；以安防设施升级改造为重点，对街区19个出入口集中改造，提升街区环境水平，加强机动车和非机动车管理，提升街区公共设施服务能力。服务商户，提高街区商户获得感。遇有极端天气预警通知时，第一时间启动预警天气安全提示和巡查机制，确保前门大街公共设施、外立面广告牌匾等设施安全；深入开展安全生产、消防安全日常检查及专项检查，强化安全生产、消防安全宣传教育，提高商户安全生产和消防安全的意识和能力。10月，前门商业区完成市级安全社区创建评审。坚持综合执法组例会制度，搭建驻区各主体间沟通平台，及时解决热点、难点问题。上半年实现综合执法平台实体化运行，整合优化执法力量，实现统一管理、统一办公、统一考核。

（崔银玲）

经济管理

7月5日，东城区税务局挂牌成立（岑明摄）

经济改革和社会发展

【概况】东城区发展和改革委员会（简称区发改委），是负责辖区国民经济和社会发展统筹协调、经济体制改革综合协调的区政府工作部门。内设办公室、发展规划科、国民经济综合科、固定资产投资科、资源节约与环境保护科、价格收费管理科、经济体制改革科、能源监察科（东城区电力管理办公室）、法规科（东城区重大项目稽查办公室）、组织人事科（党务办公室）、人口发展科、协同与功能疏解科12个科室，编制49人、实有47人；工勤3人、实有3人。所属区物价检查所内设综合科、案件复审科、医疗和药品价格检查科、收费检查科、价格检查科、市场检查科、社会监督科7个科室，编制42人、实有38人。东城区价格认证中心系区发改委所属纳入工资规范管理事业单位，编制8人、实有8人。

2018年，全区经济总体稳中向好，重点工作扎实推进，主要指标实现预期。全区地区生产总值实现2425.7亿元，增长6.3%；万元GDP能耗下降3.24%。全区疏解整治促提升各领域涉及各类人口变化10.78万人次，完成全年任务的118.6%；常住人口82.2万人，比2017年末减少2.9万人。制订《2018年疏整促提升工作方案》《东城区2018年疏解整治促提升工作考评实施细则》《东城区“留白增绿”行动计划（2018—2020年）》，修订《东城区产业指导目录（2018年版）》，推进落实各项任务。发布《东城区加快文化创新融合构建高精尖经济结构的实施意见》，制订并落实促进高精尖产业发展的18项措施，精准服务4类494家重点对象。推进公平竞争审查工作，清理存量文件542份，完成新增文件补审、审查161份。推动有效投资落地，实现固定资产投资平稳增长，制订投资指标分解落实方案，简化审批事项办理流程，压缩办理时限，牵头推进开工前各项审批手续办理。关注百姓关切，履行社会服务保障职能，完成节能目标责任评价考核迎检和节能审查，拨付支持鼓励节约能源项目资金581.8万元，完成区内15家重点用能单位能源审计。做好区管政府定价、规范涉企经营性收费、居民生活必需品监测预警。开展价格法实施20周年系列宣传。受理答复政府信息依申请公开59件，办理14件行政复议与诉讼案件。举办“节能降耗、保卫蓝天”主题节能宣传周、节能宣传四进活动（即节能宣传进机关、进企业、进社区、进校园）。出台《东城区促进信息服务业发展的若干意见》，《意见》共10条，从贡献突出、产业聚集、快速成长、获奖奖励、企业入驻奖励、房租补贴等方面对新成立、新迁入的重点企业和高成长老企业给予扶持，多维度促进信息服务业发展。开展“不忘初心 牢记使命”主题教育，制订《东城区发改委2018年落实全面从严治党主体责任重点任务分工》，层层签订党风廉政建设责任书32份。全年走访慰问离退休干部及困难老党员18人次。

（戴卫兵　贾巍）

6月15日，区发改委在新世界商场开展“价格法”宣传活动（刘伟杰摄）

【年度计划报告】1月9日，区发改委所做《关于北京市东城区2017年国民经济和社会发展计划执行情况与2018年国民经济和社会发展计划草案的报告》经区第十六届人民代表大会第四次会议审议通过。

（刘冰）

【固定资产投资管理】2018年，区发改委完成固定资产投资288.2亿元，其中建安投资70.5亿元；争取市政府资金约9.29亿元、安排区财政性基本建设资金6亿元（含2亿元市级奖励资金），保障区重点项目建设；研究制订《关于完善固定资产投资项目管理工作机制的意见》；编制《2018年东城区投资项目计划大本》《2018年东城区投资项目作战图》。

（高婷）

【连续4年常住人口下降】3月1日，区发改委召开年度东城区政府全体（扩大）会议暨深入推进疏解整治促提升促进生态文明与城市环境建设动员大会，与辖区25个职能部门、17个街道、3个地区管委会签订《2018年疏解整治促提升工作目标责任书》。集中开展10个重点区域整治提升，推进15个专项及百街千巷环境整治提升行动。2018年，全区常住人口下降3.4%，实现常住人口连续4年持续下降。

（杨健）

【投资东城行活动】9月27日，区发改委举办投资东城行活动。驻京中外商协会、行业协会、企业代表100余人参会，10个楼宇（园区）项目设置展台，直接与企业代表现场对接洽谈。

（李文博）

【价格管理与监测】2018年，区发改委监测居民副食品、成品油、液化气、日用消费品等300余个商品价格，上报监测数据4万余项，报送主要生活必需品价格动态、价格预警等信息近100篇。区发改委检查辖区内医院、商场、停车场、电商等2873家，立案339起，经济制裁总金额293.1万元，办理群众价格投诉举报2663件，完成涉案财产价格认定437件，案值金额631.96万元。

（刘伟杰　李疏定）

【优化营商环境】2018年，区发改委制订《东城区进一步优化营商环境三年行动方案》，推进优化区域营商环境，牵头走访企业899户次，解决需求223项。建立重点企业服务包制度，当好服务总管家，实施一企一策，帮助企业解决实际问题。全年送出企业专属服务包62个，其中为民营企业送出47个，支持民营企业发展。

（刘伟杰）

【"十三五"规划中期评估】2018年，区发改委进行《东城区国民经济和社会发展第十三个五年规划纲要》和33个专项规划中期评估，完成《关于东城区国民经济和社会发展第十三个五年规划纲要实施情况的中期评估报告》，结合东城区经济社会发展实际和"十三五"后期形势预判，制订《规划纲要部分指标调整方案》。

（刘素萍）

【"1+5"产业政策体系】2018年，区发改委牵头梳理修订全区产业政策，形成"1+5"产业政策体系。"1"即《东城区加快文化创新融合构建高精尖经济结构的实施意见》，宏观指引全区产业发展；"5"是指产业发展、资金支持、空间利用、人才保障以及营商环境5大类支撑政策，做好政策配套服务。

（刘冰）

【疏整促四有宣传体系】2018年，区发改委在全区主要大街悬挂疏整促宣传横幅、在177个社区张贴系列海报展板728块、发放折页近1万份；制作2018年工作纪实片、工作画册，梳理制作疏整促工作合集7类10册163万余字；编发疏整促宣传工作周报50期、月报12期，舆情监测到网民对东城疏整促的正面、中性评论始终保持在90%以上。

（李明博）

【腾退空间再利用】2018年，区发改委出台《东城区腾退地下空间再利用的意见》，提出鼓励地下空间用于便民商业服务、社区文教体服务、交通设施服务及社区办公服务等4个方向，累计利用274处、17.8万平方米腾退空间用于改善民生、产业升级、完善公共服务设施。

（陈志洲）

【回应民生关切】2018年，区发改委办理信访件53件，"12345"投诉举报案件1780件，主动公开政府信息643件，依申请公开信息65件，公示《价格行政处罚决定书》262份。

（戴卫兵）

10月18日，区物价检查所在东城区妇幼保健医院开展价格服务进万家活动
（李毓定摄）

财　政

【概况】东城区财政局（简称区财政局）是区政府综合经济管理部门，主要职能是负责全区财政收支、财税政策、财政监督、行政事业单位国有资产管理、财务会计管理等工作。内设办公室、综合科、法制科、财政监

督科、预算科、税政科、街道财政管理科、国库科、绩效评价科、行政事业资产管理科、行政政法科、教科文科、社会保障科、经济建设一科、经济建设二科、政府采购管理科（挂东城区政府控制社会集团购买力办公室牌子）、企业科、国有资本经营预算科、金融科、会计科、行政科、人事教育科、机关党委办公室、离退休干部科24个科室，下属东城区票据管理中心、机关服务中心等事业单位10个，公务员编制105人，机关工人编制10人，事业编制124人，在编176人。

2018年，区财政局首次召开全局党建工作会议，统筹领导党建工作，严肃党内政治生活，提升党建规范化建设水平，做好党建带团建、带工建、带妇建，使群团组织建设与党建工作形成合力。制订《东城区财政局机关党委党建经费管理实施细则（试行）》《东城区财政局试行党员积分管理工作方案》，组织局机关及指导各党支部开展主题党日活动32次。局党组专题研究党风廉政建设工作25次。召开处、科级领导干部现场述责述廉大会，强化处、科级领导干部一岗双责意识。推广使用东城区财政局党风廉政建设责任制主体责任管理系统，全年党组理论中心组学习研讨16次，参加区委理论学习中心组扩大学习15人次，严格落实三会一课制度，召开专题组织生活会并开展党员民主评议，安排集中学习内容109项，各党支部组织集中学习、研讨80余次，全局讲党课10场次。落实处级领导干部培训31人次，选派64人次参加区科级公务员任职培训、科级领导干部能力提升研修班、年轻干部培训班等。在职党员120余人社区报到，参与治安维护、卫生清扫、图书捐赠等367项公益活动。修订《东城区财政局工作规则》，提高财政履职效率。坚持财政收入月调度、季分析，多角度测算并实时监控财政收入变动情况。引入企业26户，促进财政增收。组建优化营商环境工作专班，清理涉企收费，全区行政事业性涉企收费项目减少到3项，将代理记账业务审批时间由原来的10个工作日缩短为1个工作日。梳理37项在施在建重大建设项目资金情况。安排市区资金2.98亿元推进绿化景观提升、湖水治理、重点公园等项目提升改造，安排资金1.45亿元支持煤改清洁能源、清煤降氮等环境治理工程，促进改善城市生态环境。

（马建文）

【公共预算收支情况】2018年，一般公共预算收入175.62亿元，完成全年任务的100%，同比增长2%，一般公共预算支出251.57亿元，完成年度预算的92.4%，同比增长3.2%。政府性基金预算收入3772万元，完成年度预算的122.1%。支出49554万元，完成年度预算的97.8%。城乡居民养老保险（含老年保障）基金收入 7610.21万元，完成年度预算的100.1%，支出共计 7129.24万元，完成年度预算的98.2%。国有资本经营预算收入7475万元，完成年度预算的108.40%。支出5678万元，完成年度预算的100%，调入一般公共预算2007万元。

（马建文）

【财政收入】2018年，增值税完成51.92亿元，为年度预算的103.8%，同比增长14.4%。居民人均可支配收入平稳增长、社会消费快速增长，年初部分企业缴纳大额税款、资管产品开征增值税带动增收。企业所得税完成51.31亿元，为年度预算的97.0%，同比增长12.7%。未完成预算主要是部分企业税款入库规模低于预期。同比增长较快是部分企业股权转让、分红派息及部分稽查案件产生一次性大额税款入库。房产税完成28.19亿元，为年度预算的107.2%，同比增长8.0%。超额完成预算是作为房产税计征依据的租金收入平稳增长带动增收，同时部分企业转让房产入库一次性大额税款及税务部门查补税款带动增长。土地增值税完成2.48亿元，为年度预算的47.7%，同比下降88.9%。未完成预算是土地增值税清算进度存在较大不确定性，部分清算项目税款未能如期入库。同比下降较多是2017年同期部分房地产项目清算，入库一次性税款合计20亿元，显著抬高收入基数。城市维护建设税完成13.5亿元，为年度预算的103.0%，同比增长13.0%。超额完成预算是作为计税依据的增值税总体增幅高于年初预期。印花税完成7.03亿元，为年度预算的86.7%，同比下降7.8%。未完成预算是2018年企业股权转让、合同签署等一次性交易低于年初预期。同比下降较多是2017年同期大额一次性交易较多，抬高基数。车船税完成2.82亿元，为年度预算的92.5%，同比下降5.2%。同比略有下降是受市财政调库节奏影响，2017年入库13个月的车船税，基数较高。城镇土地使用税完成7633万元，为年度预算的103.1%，同比增长3.7%。超额完成预算是按照属地征收政策，城镇土地使用税正常增长。营业税完成773万元，同比下降34.8%。受营改增税制改革政策影响，不再征收营业税，企业补缴以前年度零星税款情况减少。资源税完成515万元，为年度预算的139.2%，同比增长34.8%。是部分企业入库一次性资源税带动增长。专项收入完成10.67亿元，为年度预算的114.9%，同比增长64.2%。专项收入包括教育费附加收入和残保金收入。其中教育费附加收入完成3.39亿元，同比增长13.6%，受作为计税依据的增值税总体增长较快带动增收；残保金收入完成7.29亿元，同比增长107.1%，同比增收较多是受残保金入库时间差异影响。行政事业性收费收入完成1.43亿元，为年度预算的51.2%，同比增长82.4%。未完成预算是落实中央和北京市减税降费政策要求，收入规模低于年初预期。罚没收入完成3976万元，为年度预算的79.5%，同比下降

12.3%。未完成预算是重大违法案件减少，大额一次性罚没收入低于年初预期。国有资源（资产）有偿使用收入等其他收入完成4.94亿元，为年度预算的137.3%，同比增长200.9%。超额完成预算是部分企业上缴售房项目结余款16亿元带动增收。

（马建文）

【财政支出】2018年，一般公共服务支出29.14亿元，同比增长28.3%。是落实绩效工资政策等人员经费支出和严格控制一般性项目支出。公共安全支出完成20.71亿元，同比增长18.2%。是保障政法部门正常运转经费支出。教育支出65.48亿元，同比增长3.0%，为落实高中课改实验室等教育资源改革经费，安排引资改造回收校舍资金，保障教育改革经费等。科学技术支出1.19亿元，同比下降38.6%。下降较多原因是2017年拨付信息化项目尾款、视频监控联网及系统建设运维工程款5403万元，导致基数增加。支出是加大政府支持科技创新力度，保障实施智慧东城行动计划，提升应用系统技术服务能力，支持开展科普宣传活动。文化体育与传媒支出完成8.29亿元，同比增长45.4%。增长较多的原因是拨付前门会馆、老城风貌保护及文物腾退资金2.71亿元。支出是安排街道文化活动中心运营维护经费，保障文化场馆正常运转经费，增强文化产业发展动力，促进文化信息资源共享，依托体育生活化社区建设，带动群众体育事业发展。社会保障和就业支出34.15亿元，同比增长17.9%。是统筹做好就业和社会保障工作等。医疗卫生与计划生育支出18.5亿元，同比增长12.9%。是落实基本公共卫生服务、卫生防病、妇幼保健等专项经费等。节能环保支出2.66亿元，同比下降36.5%。下降较多的原因是2017年拨付老旧小区综合整治资金1.4亿元，导致基数增加。支出是拨付东城区燃气（油）锅炉低氮燃烧技术改造工作经费、抗震节能改造工程款，兑现支持鼓励节约能源项目资金，加大对机动车排放管理力度及对大气污染治理投入力度。城乡社区支出66.89亿元，同比增长17.19%。是进一步加大环境整治资金投入力度等。住房保障支出完成1.57亿元，同比下降72.2%。下降原因是2017年拨付委托管理房屋及其附属设施安全和正常使用维修费、棚户区修缮等资金3.38亿元，导致基数增加。支出用于棚户区改造、平房修缮等保障民生类重大工程资金投入，修缮直管公房，落实保障性住房租金补贴政策专项资金。其他支出2.98亿元，同比增长15.6%。是拨付2017年经济建设突出贡献企业奖励款支持企业发展，按照规定向市财政上缴粮食风险基金等专项支出。

（马建文）

【提升街道财务管理能力】2018年，区财政局开展专题调研，从财政体制改革、完善预算制度等方面提出提升街道自主经费保障能力的建议。在固定资产、预算管理、环境整治工程专项资金7个方面开展社区财务检查。17个街道办事处、177个社区全部参加财务专业培训，提升街道、社区财务管理能力。投入街道吹哨、部门报到统筹保障经费 1.7亿元。

（马建文）

【推进惠民工程建设】2018年，区财政局支持区属医疗机构综合改革，安排项目资金4.8亿元，改善和提高区属医疗机构就医环境和服务能力。制订《东城区街道社区养老服务驿站租金补助管理暂行办法》，支持开展辖区医养结合试点和居家养老工作。安排住房保障1.57亿元，用于棚户区改造、平房修缮工程。制订《东城区支持学前教育事业发展专项补助资金管理办法（暂行）》，安排市区补助资金2.1亿元，明确补助范围和补助标准。合理安排区级就业再就业资金，制订农民工工资应急保障金实施细则，及时按规定拨付资金保证政府工程零拖欠。

（马建文）

【公共安全保障与服务】2018年，全区公共安全支出16.35亿元，更新执法装备，提高公共安全突发事件应对能力，建设中非论坛智能化防控体系，安排社会建设项目经费，用于社区党组织建设，构建枢纽型社会组织工作体系。安排市区两级资金8622万元，加强基层公共文化建设，打造文化东城品牌，丰富群众文化生活。安排群众体育工作经费8036万元，开展全民健身、青少年冰雪运动等。

（马建文）

【财政基础工作】2018年，区财政局启动行政事业单位政府会计改革试点工作。管理三公经费、六费及相关经费，进一步明确差旅费、会议费、培训费等各项支出范围及标准，规范资金使用。制订政府购买服务项目绩效评价工作管理办法，提高资金使用效益。完成年度东城区国有控股企业财务会计决算、财务月报、外商投资企业财务会计决算和财务快报工作。完成年度会计专业技术初、中、高级资格无纸化考试东城考区工作。建设东城金财工程安全体系、国库业务电子化信息系统二期工程。强化票据监督管理，推进建设路侧停车系统财政电子票据管理系统工程。

（马建文）

【预算绩效管理】区财政局扩大绩效评价范围，将政府性基金预算和国有资本经营预算纳入绩效评价工作范围，事前、事中、事后全过程预算绩效管理全覆盖，注重评价结果应用，资金使用问效。2018年，开展项目评价405个（含自评），评价资金规模77.1亿元。17家预算单位支出绩效评价资金规模11.3 亿元。

（马建文）

【国库管理】2018年，区财政直接支付电子化业务上线运行，提供流程、效率、安全三重保障，将区房

2月5日，区财政局召开部门预算信息公开会（索彦军摄）

管局、区住建委等部门的下属二级单位纳入改革范围，建立健全库款管理责任制，定期研判库款形势，分析库款构成，国库现金管理操作120亿元，收益3868万元，发放公务卡累计5614张，公务消费支出2840万元。

（马建文）

【国有资产管理】2018年，区财政局清理房产32处，占年度目标103.23%，疏解人口276人，占年度目标102.60%。专项清理整治行政事业单位自管住宅房产，统计房产288处，总面积1.77万平方米。推进建立国有资产管理情况报告制度，编制并报送辖区国有资产综合报告。全年收缴企业国有资本收益7475万元，为年度预算的108.4%。

（马建文）

【提高资金使用效益】2018年，东城区盘活存量资金比例达91.6%，提前1个月实现全年任务目标，清理收回各类财政性结余资金10.5亿元，累计可动用存量资金17.9亿元，计划安排支持区重点建设项目、解决历史遗留问题等。

（马建文）

【财政公开】2018年，区财政局接受各界监督，除涉密单位外，部门预、决算公开全覆盖，财政拨款收支细化公开至项级科目，一般公共预算基本支出细化公开至款级科目，预算项目支出情况细化到二级单位。

（马建文）

【财政监督】2018年，全区一级预算单位财务运行集中在线监管。区财政局加强风险防控机制建设，廉政风险防控牵头部门建立完善专项风险管理办法，规范操作流程，编制2017年度地区（部门）行政事业单位内部控制报告，提升内部控制规范管理水平。落实区人大及常委会对预算草案、预算执行、预算调整、决算情况的审议意见和建议。对17个街道组织开展内控检查和评价，对177个社区开展社区经济事项检查，检查69家行政事业单位、区属企业财经纪律执行情况及会计信息质量，检查重点向二级预算单位、基层单位、资金使用末端单位延伸，专题检查社会团体、民办非企业、代理记账行业。全年监督检查案件442件，处罚11件。

（马建文）

【承接社团会费票据管理职责】2018年1月1日起，原由市民政局负责的社团会费票据管理职责下放至区财政局负责。区财政局印制社团会费专用收据。全年，辖区38家社团免费领取会费专用收据38本，每本50份，计1900份。

（马建文）

税　务

【概况】国家税务总局北京市东城区税务局（简称区税务局），受国家税务总局北京市税务局和东城区政府双重领导，贯彻执行国家各项经济、税收政策，组织各项税收收入，维护和规范税收秩序，促进国家经济持续、快速、健康发展。2018年7月5日，由原北京市东城区国家税务局（简称原区国税局）和原北京市东城区地方税务局（简称原区地税局）合并而成。共有机构42个，其中内设办公室、法制科、货物与劳务税科、所得税科、财产和行为税科、社会保险费和非税收入科、收入核算科、纳税服务科、征收管理科、国际税收管理科、税收经济分析科、税收风险管理局、财务管理科、人事教育科、考核考评科15个职能科室，另设机关党委（党建工作科）、老干部科、纪检组，第一税务所、东华门税务所等22个派出机构，纳税服务中心、信息中心2个事业单位。全局有工作人员1219人，其中公务员1174人、工勤人员34人、事业干部11人。

2018年，区税务局构建“党建+规范管理、组织生活、阵地建设、群团建设”工作格局，落实在职党员与基层党组织双报到，开展党员承诺践诺、党员亮牌服务、新征程新作为等主题活动。面向一线执法干部组织专题案例警示教育1500人次，邀请特邀监督员27人明察暗访。开展谈话、函询、通报等形式的“咬耳扯袖”15人次。在关键节点突击检查廉政纪律落实情况，严防“四风”问题反弹回潮。落实国税地税征管体制改革工作，成立征管体制改革工作领导小组，整合税收工作机制，实现组织框架和业务内容全覆盖，完成合并挂牌、系统上线、机构调整、社保费、非税收入征管职责划转等各项改革任务。根据人随事走、因需微调、适当流动的非领导职务人员配备原则，原正科级领导干部96人，改任副职54人。两天内完成主体办公场所搬迁调整，做到一次融合、一次到位。全年听取纪检专题工作汇报24次，党组会、（联合）党委会、局长办公会研究党风廉政建设议题16次，逐级签订个性化责任书。开展“学条例 守规矩 做表率”主题教育活动，筑牢思想堤坝。组织参加总局青年才俊及后备干部培训、岗位脱产培训7期、专门业务培训48期、初任培训等5000余人次。现有三师（注册会计师、税务师、国家司法资格考试）70人，2018年新增7人，税务干部中三师占比6%。原区国税局稽查局被授予首都劳动奖状，原区地税局第一税务所被授予北京市三八红旗集体称号，1人获年度北京榜样提名奖，1人被授予首都劳动奖章。

（郑妍）

【组织收入与管理】2018年，坚持依法治税，发挥税收职能，分析研判税收形势，定期召开税收分析会，制订税务所税收预测准确率按月通报制度。关注中央税制改革方向、实施步骤及政策调整等对组织收入带来的影响，结合宏观经济运行相关情况和数据变化，分析税收政策调整对区域税收的影响。完成各项税费收入968.8亿元，同比增收101亿元，增长11.6%；完成税收收入933.9亿元，同比增收92.2亿元，增长11%；完成一般公共预算收入492.7亿元，同比增收75.2亿元，增长18%，其中完成区级公共预算收入169.6亿元，完成全年计划169.5亿元的100.1%，超收0.1亿元，占全区财政收入175.6亿元的96.6%。

（郑妍）

【国地税征管体制改革】7月5日，原区国税局、原区地税局合并，109个科级机构缩减为42个。区税务局制订机构改革过渡期征管业务工作方案、税源户管理调整方案等8项制度，建立税源管理日常征管事项交流联办机制。比对原国地税税源登记情况，摸清税源底数，完善东城区重点税源企业联系制度和分类管理制度，分批次清理数据。成立负责契税和房地产交易、车辆购置税业务、境外代表机构、个体税源管理等专业税务所，细化管理模式，提升管理效能。

（郑妍）

【征收管理】2018年，区税务局优化注销流程，对符合前置条件的纳税人由5天办结变为即时办结。加大欠税清缴力度，累计清理欠税近10亿元。落实出口退税管理规范，建立要求、表单、流程、时限四统一退税工作规程。专项调研京外注册、在京经营企业。通过税务约谈、责令限期缴税等方式，入库房产税、城镇土地使用税及滞纳金合计791万元。开展2017年企业所得税汇算清缴及后续管理工作，申报率100%。为237户市局级列名大企业及410户区级重点税源企业实施数据监控和采集，开展风险分析和应对。

（郑妍）

【纳税服务】2018年，区税务局选派业务骨干进驻新办企业全程联办服务大厅，实现符合条件当天领票。优化办税流程和互联网厅建设，实现144项涉税事项最多跑一次，66项涉税事项全程网上办。依托北京东城税微信公众号，累计超过14万人次通过微信预约办税，日均取号量800余次，占大厅实际办理业务量的100%。上线智能应答微信平台，累计交互量7万余次。举办问需求优服务座谈会，局领导带队走访辖区重点税源、民营企业，邀请代表企业参与支持民营企业发展主题座谈会，解决办税痛点、堵点。

（郑妍）

【税收政策扶持】2018年，区税务局落实多项结构性减税新政，小微企业、科技型中小企业税收优惠享受率达100%。落实增值税降低税率、留抵退税政策，延续图书批发、零售企业免征增值税政策。成立个人所得税改革专项领导小组，完成全区个税扣

4月26日，东城税务局在东直门中学开展“税法”宣传进校园活动（吴为摄）

缴单位的培训辅导工作全覆盖，印制各类宣传材料28.5万余册。

（郑妍）

【国际税收】2018年，区税务局拟定外国常驻代表机构税收管理工作操作规程，规范代表处管理；通过申报管理，加强非居民企业汇算清缴管理；通过第三方信息核查，加强对非居民企业股权转让的管理。利用税收情报交换增加税收风险辨识度，拓展非居民税收管理工作覆盖面。加强关联申报管理和同期资料审核，强化反避税工作。

（郑妍）

【风险防控】2018年，区税务局自查自纠完成3.42万份存量房交易案卷、482份注销（迁移）税务登记案卷、597份股权变动个税征管事项案卷。对潜在卖壳风险企业和长期休眠高持票企业开展风险核查，将风险防控环节向事前延伸。利用市国土局土地出让信息，约谈入库契税1.3亿元。分析个人股权转让情况，组织缴纳个税及滞纳金5339万元。组织开展接受异常凭证专项核查，对走逃和拒不缴纳税款的纳税人依法采取强制执行措施，通过阻止法定代表人出境等措施对其予以惩戒。

（郑妍）

【服务区域经济】2018年，区税务局围绕全区疏整促工作，研判高精尖产业发展状况，挖掘报送信息，推动调研课题成果转化为专项汇报。发挥税收职能，与区财政局、发改委、产促局等组成联合税源建设工作专班，开辟迁入企业绿色通道。2018年，已迁入东城区企业17户，其中13户为年纳税超千万大户，迁入后共计入库税款7.91亿元。加强对非居民企业股权转让管理及非居民企业享受税收协定后续管理，帮助辖区“走出去”企业降低涉税风险。

（郑妍）

【税收宣传】2018年，区税务局累计在报刊、电视、广播和新媒体上刊发新闻稿件约100篇。参加北京税务系统公益广告大赛，获得视频类一等奖、动漫类二等奖、广播类二等奖。推进青少年普法宣传教育，开展“求索为马 知税趁年华”青少年普法活动。组织参加由总局税收宣传中心主办我身边的税收故事主题征文并获优秀奖。和北京税务博物馆联合组织美好生活从宪在开始。承办市局优化营商环境集中采访税务专场新闻发布活动。配合《税收天地》栏目，录制提供和优化税收营商环境专题节目。撰写新个人所得税法政策问题解答新闻稿件，印制《个人所得税扣缴申报指引》等宣传资料28.5万余册，北京东城税务微信公众号累计推送个税改革文章62篇，文章阅读量5.6万人次。

（郑妍）

金融服务

【概况】东城区产业和投资促进局（金融服务办公室）（简称区产促局、金融办），是负责辖区产业和投资促进工作及金融产业发展工作的政府工作部门。区产促局（金融办）内设办公室（监察科）、产业发展科、投资促进科、中小企业发展科、金融发展科、金融服务科6个科室。行政编制29人、实有28人。所属事业单位东城区产业发展服务中心，事业编制22人、实有19人。

2018年，区产促局召开党风廉政专题会10次，党组书记讲党课2次，集中传达学习上级精神15次。落实一岗双责，层层传导压力，逐级签订党风廉政建设责任书13份。修订完善涉权事项13项、权力运行流程图6张，填报主体责任运行平台42项。完成区级政协提案13件，其中主办1件、单办3件、会办9件。入场检查辖区9家小贷公司、13家融担公司和2家要素市场，约谈融担、小贷、要素市场负责人40次。组织党员32人、入党积极分子1人、预备党员1人、群众6人参加博爱在京城捐献活动，捐款2250元。

（鞠茂生）

【服务企业】2018年，区产促局组织企业上市政策培训会、融资对接会3场，参加企业60家次。完成13家企业上市挂牌融资兑现资金1680.43万元。至年底，全区有上市企业22家，新三板挂牌企业87家。

（鞠茂生）

【风险防范】2018年，区产促局利用大数据监测预警平台和信息报送机制，加大对P2P网贷机构和涉非风险企业舆情信息和数据信息监测，监测企业8338家。全面宣传与集中宣传相结合，多维度开展防范非法集资知识普及。在辖区社区、街道等群众集散地，发放宣传资料和宣传品3.7万余份。联合区各委办局在崇文门新世界一期广场举办“5·15与民同心 为您守护”防范金融风险宣传日暨防范非法集资宣传月启动仪式。联合区工商分局、崇外街道开展“坚决依法取缔传销·维护社会和谐稳定”为主题的防范金融风险宣传活动。

（鞠茂生）

【典当行业】2018年，东城区有注册典当法人单位45家，北京金柜典当有限公司、北京同祥典当有限公司、北京博泰典当有限公司、北京运通典当有限公司、北京昊融典当有限公司、北京如家典当有限公司、北京广信典当有限公司、北京富贵典当有限公司、北京汇金典当有限公司、北京兴源典当有限公司、北京通银典当有限公司、北京隆德典当有限公司、北京汇融典当有限公司、北京信达典当有限公司、北京恒金典当有限公司、北京龙禹典当有限公司、北京钰融典当有限公司、北京恒生源典当有限公司、北京融百佳典当有限公司、北京福中达典当有限公司、北京瑞益丰

4月15日，区产促局举办防范打击非法集资宣传活动（区产促局提供）

典当有限公司、北京金艺桥典当有限公司、北京融合汇通典当有限公司、北京东方鼎业典当有限公司、北京泰富亨通典当有限公司、北京东方艺宝典当有限公司、北京中利金海典当有限公司、北京鑫敏恒永平典当有限公司、北京宝恒典当有限责任公司、北京民生典当有限责任公司、北京中合典当有限责任公司、北京融达典当有限责任公司、北京华诚典当有限责任公司、北京嘉义典当有限责任公司、北京华夏典当有限责任公司、北京汇德典当有限责任公司、北京晟源典当有限责任公司、北京鼎丰典当有限责任公司、北京德荣典当有限责任公司、北京顺德发典当有限责任公司、北京恒盛通典当有限责任公司、北京鑫汇融泰典当有限责任公司、北京中泰万和典当有限责任公司、卓世恒立（北京）典当有限公司、宏伟典当有限公司。

有分支机构12家，北京信邦典当有限公司东城分公司、北京昌隆典当有限公司东城分公司、北京通银典当有限公司崇文门分公司、北京宝瑞通典当行有限责任公司东城分公司、北京宝瑞通典当行有限责任公司东城第二分公司、北京宝瑞通典当行有限责任公司华达通分公司、北京宝恒典当有限责任公司东城分公司、北京都市典当有限责任公司东四分公司、北京市银达典当有限责任公司崇文分公司、北京市银达典当有限责任公司东城分公司、北京市金保典当行有限责任公司东城分公司、北京市阜昌典当行有限责任公司灯市口分公司。

有从业人员1394人。全行业资产总额31.9亿元。全年典当总额272.5亿元，上缴税金9554.4万元。

（孙凌）

【工行北京东城支行】中国工商银行股份有限公司北京东城支行（简称工行北京东城支行）内设公司金融业务部、个人融资业务部、机构金融业务部、零售金融业务部、国际业务部、综合管理部、运行管理部、财务会计部、信贷与投资管理部、内控保卫部、监察室11个部室及银行卡业务、电子银行业务、小企业金融业务、个人融资业务4个直营团队，下辖支行营业室、东四支行、北新桥支行、安定门支行、海运仓支行、新中街支行、东直门支行、东直门内大街支行、万国城支行、工体北路支行、交道口支行、东四头条支行、平安支行、隆福支行14家网点支行，有员工496人。

4月18日，工行北京东城支行开展金融知识进军区活动（滕芳摄）

2018年，工行北京东城支行坚持不唯所有制、不唯大小、不唯行业、只唯优劣的信贷原则，分析外部经济发展形势和融资市场环境，拓展和储备市场，平衡信贷投向和节奏，巩固信贷管理成果。按照大小新优策略要求，坚持存量与增量并轨管理，规模与质量协同发展，保持贷款业务发展良好质态。全行法人不良贷款率连续9年保持为零，连续13年未发生法人信贷资产下迁徙及新增不良，资产质量与信贷规模同步发展。人民币贷款时点余额（不含贴现）较年初新增33.45亿元，完成全年任务的142%。人民币储蓄存款时点余额较年初增长7.2亿元，日均余额较年初增长5.01亿元。挖掘中间业务收入增长潜力，把握市场走势，关注不确定性因素，围绕中间业务重点产品账、潜力产品账和创新抵补账任务清单，逐科目、逐产品、逐项目梳理研究，形成增收方案，抓好落实，固本强基与转型升级相结合。代理及个人理财、投资银行、代理及对公理财业务收入超过4000万元。其中法人房地产贷款余额较年初净增额排名分行第一，对公新开户总量排名分行第四以及人民币贷款余额（不含贴现）较年初增量排名分行第五。落实总分行内控合规战略方针，被总行授予年度全国城区支行四十强，被北京分行授予国际业务综合贡献奖、资产托管先进支行、运行管理专业十佳支行等称号，新中街网点支行获评年度客户体验提升先进网点，东四网点支行获评年度服务五星级网点、总行五星级服务示范单位，北新桥网点支行获年度代发工资业务劳动竞赛三十强网点称号。

（李　澈）

【工行北京崇文支行】中国工商银行股份有限公司北京崇文支行（简称工行北京崇文支行）内设综合管理部、内控保卫部、监察室、财务会计部、运行管理部、信贷与投资管理部、零售金融业务部、机构金融业务部、公司金融业务部、个人融资业务部10个部室，信用卡业务、私人银行业务、大客户业务3个直营团队，下辖体育馆路支行、永定门分理处、新世界支行、东花市支行、马家堡支行、崇文门外大街支行、左安门支行、广渠门支行、夕照寺支行、天坛东路支行、大都市支行、龙潭支行、南站支行、百荣世贸支行14家网点支行，有员工500人。

2018年，工行北京崇文支行创新渠道服务模式，拓展服务辐射范围；打造客户服务能力，注重提升服务质量；加强存款产品创新，紧贴市场业务需求。人民币存款日均余额较年初增长32.05亿元，其中对公存款日均余额较年初增长28.02亿元。 持续深耕客户资源，推进信贷结构调整。以灵活定价、创新产品和高效服务，实现总体规模的跨越。贷款余额较年初增加17.50亿元，不良法人信贷资产继续保持为零，实现资产业务量质协调发展。发扬奋斗精神，落实优良作风，持续推进经营转型和业务创新。中间业务收入同比保持正数增长，实现经营发展有效转型。贯彻总、分行决策部署和金融监管要求，坚持两个从严，服务实体，严控风险，稳中求进、创新求进，专注经营、专业经营，保持稳健发展势头。压紧压实内控案防主体责任，将合规要求纳入日常经营管理，抓关键少数，抓绝大多数，统一思想，步调一致。防控重点领域案件，明确防范重点，落实案防责任，解决主要矛盾，健全管理机制，完善治理措施，引导案防机制落地，做好各类风险防控。

（战昶明）

【工行北京王府井支行】中国工商银行股份有限公司北京王府井支行（简称工行北京王府井支行）内设综合管理部、机构金融业务部、运行财务管理部、零售金融业务部、信贷与投资管理部、监察室、公司金融业务部、集团客户金融业务部、国际业务部、内控保卫部、个人融资业务部11个部室及私人银行业务、银行卡业务、小企业金融业务、电子银行4个直营团队,下辖金街支行、北京站支行、东长安街支行、东四南支行、新东安支行、禄米仓支行、华润大厦支行、电信大楼支行、灯市口支行、朝内大街支行、东华门支行、正义路支行、支行营业室、台基厂支行14个网点支行及朝南储蓄所，有员工480人。

2018年，工行北京王府井支行各项业务安全平稳运营。与客户沟通，了解客户经营发展方向和融资需求，通过行内银团、并购贷款等方式，为贷款扭负为正奠定基础。调整业务发展思路，调动部室和网点资源，推动普惠金融业务发展。注重中长期贷款资源，改变短期贷款占比偏高现状，增加长期贷款占比，提高贷款稳定性。发展发债、投行等业务，加大银团业务和融资顾问业务营销力度，推进全产品营销策略，整合已有资源，增加客户黏性。本外币存款时点余额较年初增长10.97%，本外币贷款日均余额较年初增长2.16%。公司贷款时点余额较年初净增4.56亿元，个人贷款余额较年初净增3.07亿元。人民币对公存款时点余额完成全年任务的257%；对公存款日均完成全年任务的226%。储蓄存款时点余额完成全年任务的217.77%，储蓄存款日均余额完成全年任务的88.28%。坚持全产品营销理念，不唯业务，只唯客户，增加客户黏度；做好重点项目跟踪营销，持续加大投行业务拓展力度；推行项目制工作模式，以重点客户为核心，整合资源，挖掘客户潜力，力争各条线全面开花，实现牵一发动全身快速响应效能，推动中间收入稳步上涨。树立六大标杆意识（持续扩大同业占比、持续优化资产质量、持续做大经营效益、持续提高考核排名、持续加强内控案防管理、持续提升服务口碑），秉承三要三不要工作原则

4月27日，工行北京王府井支行员工向客户宣传第四套人民币部分券别兑换事宜（王彦超摄）

（遇到不足和矛盾，要首先查找主观原因，不要简单地强调客观；要首先查找内因，不要简单地归咎于外因；要首先立足于自身解决问题，不要简单地要政策、要资源），每天多做1%，推动改革创新与经营转型，推进合规文化建设，合规文化理念渗透经营管理全过程。开展固本强化年主题活动，组织员工学习刑法读本，引导员工知法、懂法、守法，不触犯法律高压线，坚守职业操守，抵制违法犯罪活动。新东安支行获年度中国银行业文明规范服务千佳示范单位。

（赵　敏）

【建行北京东四支行】中国建设银行股份有限公司北京东四支行(简称建行北京东四支行)内设综合管理部、业务管理部、纪检监察部、公司业务部、集团客户部、新兴金融业务部、普惠金融事业部、个人金融部、信用卡业务部、住房金融业务部10个部门，下辖建行北京东四支行营业部、海油支行、朝内大街支行、东方广场支行、平安大街支行、王府井支行、王府井大街支行7个网点，有员工230人。

2018年，建行北京东四支行本外币全口径存款时点余额1023.42亿元。本外币各项贷款时点余额262.18亿元。本外币企业存款日均余额386.20亿元，较年初增加21.51亿元。信贷业务较年初增加44.39亿元。中间业务收入2.65亿元。对公加权有效客户2.14万户，较年初增加4583户，分行计划完成率269%。个人业务中收增长额1284万元，点均中收923万元。个人存款点均新增5275万元。代发工资业务增长额13.6亿元，完成年度计划任务指标98.45%。加权个人有效客户点均新增8681户，完成全年计划任务指标124.02%。线上房源签约284笔，有存房3套，建融公寓注册6871户。“8+1口径”普惠金融贷款余额12.62亿元，较年初新增12.06亿元，供应链融资发放额近40亿元，建立建筑类企业客户批量拓展普惠金融业务创新发展模式，储备相关项目10余个。金融科技平台完成全年指标任务数。与东城区房屋经营管理中心、中国房地产开发集团有限公司、北京合盛四方房地产经纪有限公司、北京土木人房地产经纪有限公司、北京创业公社投资发展有限公司签署合作协议。落实党建主体责任，强化党风廉政建设工作，制订《学习宣传贯彻党的十九大精神实施方案》《基层党组织工作实施细则》《党风廉政建设工作计划》《深化“四风”整治工作措施清单》，细化基层党建工作，推进

4月19日，中国科学院大学到建行北京东四支行交流党建及业务工作（冯洁摄）

措施落实。发布《经营管理全面责任制考核体系实施细则》，增加基层党建工作在网点综合考核中权重比例。设立总分行党员之家示范点3家，党员示范岗、党员示范窗口16个。成立由一把手负责的文明创建领导小组暨企业文化建设推进领导小组，将文明建设工作纳入支行战略工作计划中，落实文明创建工作机制。组织“迈向新时代 开启新征程”主题宣讲活动。与总分行审计、中科院大学、国务院政策研究室、东城区政府等重点客户开展交流共建活动10余次。组织上门营销和服务活动40余次。把规矩纪律挺在前面，牢固树立四个意识和忠诚、勤勉、担当的工作作风。全行不忘初心，以落实三大战略、履行大行职责、提升员工满意度幸福感为使命，建设规模大行，实施效益强行目标。调整业务结构，深挖存量客户，做大新兴业务，提升经营管理及业务发展水平。明确存款立行、中收强行、客户兴行经营理念。被区委、区政府授予2018年东城区百强企业称号。

（唐淑玉　冯　洁）

【农行北京东城支行】 中国农业银行股份有限公司北京东城支行（简称农行北京东城支行）下设综合管理部、纪委办公室/监察室/内控合规部/安全保卫部、风险/信用管理部、公司业务部、网络金融部、运营财会部、国际金融部、个人金融部8个部门；东城支行营业部1家营业部；东四北支行、青年湖支行、和平里东街支行、建国门支行、健德支行、惠新里支行、长安支行、交道口支行、东单支行、奥园支行、银街支行、朝阳门支行、太阳宫支行13家二级支行，有在册员工372人。

2018年，农行北京东城支行采取总、分、支行三级联动营销模式，将营销重点定位为区域性、集团型大客户和大项目。优化客户结构，对内创造良好营销环境，对外加大拓展力度，构建面向客户、上下联动、分层负责、协调高效营销体系。个人大资金、私人银行业务、个人贷款、三方存管业务、代发工资等客户基础型业务进展明显。突出营销重点，优化资产业务，把控风险防范。掌握石油、能源、烟草等央企在京总部及央企金融板块业务需求，增强业务深度，配合推进国企改革、机构改革及业务创新。开展银医合作、银政合作，拓展合作品种。不断调整、优化信贷客户结构，拓展优质客户、储备优质项目，加强与房地产企业、二手房中介公司合作，以网捷贷、质押贷款等线上业务为抓手，抓好个贷业务发展。以业务发展带动中间业务收入，加大考核客户拓展、重点产品营销力度，在保持传统结算业务存量份额不下降基础上，依靠投行业务、互联网金融和黄金租赁等业务，提升新兴业务对中间业务收入占比。拓展大客户、大项目带来的投资银行业务收入，扩大理财融资业务品种。开展综合管理提升年活动，在基层党建、客户建设、基础管理、技能服务、机关作风5个方面做实做细，加强管理能力建设，促进业务健康发展。推进建设风险管理体系，明确责任，健全机制，及时揭示风险隐患，严防新业务领域风险。化解不良贷款风险，实现不良贷款余额和占比双降，达到三化二无标准。运营管理质量稳步提升，被分行推选申报总行运营质量管理先进单位。强化平安银行建设，健德支行被推选为总行三化三达标先进单位。召开青年员工座谈会，帮助青年员工做好职业规划，丰富职工业余生活，提高员工薪酬满意度。全年本外币核心存款时点余额增长4.68%，对公存款余额增长6.76%，储蓄存款余额增长0.56%；对公贷款余额增长25.47%。

（张　宇）

5月13日，农行北京东城支行组织“活力青年，奋斗东城”拓展活动
（农行北京东城支行提供）

【农行北京崇文支行】中国农业银行股份有限公司北京崇文支行（简称农行北京崇文支行）内设综合管理部、公司业务部、个人金融部、国际金融部/机构业务部、网络金融部、运营财会部、风险管理部/信用管理部、纪委办公室/监察室/内控合规部/安全保卫部8个部门。下辖营业部、前门支行、龙潭支行、崇文门支行、

富贵园支行、宣外支行，先农坛支行、世贸支行、广渠路支行、劲松中街支行、永太支行、南三环支行与永外支行（合署办公）、建欣苑支行13个二级支行。2018年裁撤富力支行。有在职员工264人。

2018年，农行北京崇文支行做好存量客户维护工作，开展走出去专项活动，优化客户结构。紧盯指标，优质项目实现新突破，稳固优质客户的良好合作关系，开拓市场渠道，实现稳存拓新。通过上下联动，加强与政府部门、事业单位的沟通交流，锁定优质财政、机构、部队、北京市国资委以及房地产客户，两户营销取得新进展。着力发展新兴业务，在债券借贷、债券承销等方面实现零的突破，成立崇文门普惠金融专营机构，借助东城区创建文化与金融合作示范区的契机，打造文创产业普惠金融品牌。推进个人优质客户分层维护工作，固资吸金。开展“厅堂渗透”和“外拓营销”活动，行外吸金、堵漏防流失。分户到人、定向化提升名单制边际资源，多渠道、多岗位推动信用卡营销。择机优化调整营销队伍，加大培训、考核，落实个客升降级和淘汰制度，加强通报、督导、辅导，提升营销能力和服务水平。严守案防风险底线，防控信用、操作、声誉、道德风险，提升双基管理水平。优化资源配置，修订费用配置管理办法，加强信贷精细化管理，落实净表计划，核销不良贷款，提高资产处置成效。推进三化三铁创建，提高员工管理水平。主体业务指标稳中有增，储蓄市场份额提升，扩大中间业务增长点，拓展优质客户，发展新兴业务。时点存款全口径余额比年初增加80.08亿元。日均存款全口径余额较年初增加63.93亿元。

（楼沁阳）

【中行北京崇文支行】中国银行股份有限公司北京崇文支行（简称中行北京崇文支行）内设公司业务部、公司产品部、个人金融部、个贷部、银行卡部、风险内控部、计划财会部、监察部、综合管理部9个部室，下辖崇文支行营业部、崇文门支行、崇外大街支行、劲松支行、方庄支行、潘家园支行、双井支行、恒基中心支行、现代城支行、大北窑支行、东大桥路支行、东花市支行、光华东支行、松榆里支行、广渠门支行、针织路支行、科丰桥南支行、百子湾支行18家网点支行，有在岗职工476人。

2018年，中行北京崇文支行进行公司贷款项目储备及工作进程管理，贷款业务新增9.08%，公司条线普惠金融余额新增176.22%。开拓零售贷款一、二手房贷市场，扩大麦田等10家公司签约量，二手房贷放款总量新增1.75%。发展消费金融业务，将“中银E贷”产品作为个贷业务发展新的增长点，较2017年新增53.91%。调整公司存款期限结构，提升低成本存款占比，增幅9.29%；落地金融机构客户9家，金融机构存款新增105.84%。实现万达集团等代发薪较年初新增12.30%。提供大额存单、表内理财等产品，人民币储蓄日均存款较年初新增3.91%。在公司板块发挥金融市场业务优势，践行客户跟随，对公保值业务同比进步1021.4%，金融市场中间收入同比增长192.5%；与9家金融机构客户开展债券分销业务合作，拓客数位列全辖第一。在个人金融板块成立个人金融条线专家小组，深入分析市场和产品，个人金融市场业务发展模式被分行及总行推广。以6家财富中心为依托，组织资本市场讲座、贵金属品鉴会、儿童话剧、亲子活动、育儿讲座等特色活动30场，开展进企业、进社区营销活动140余场，增加客户黏性。多渠道带动分期业务多元发展，加强互联网支付业务，其中2家正式上线。新建或修订各项规章制度14项，建立覆盖各条线50余人的专职检查队伍，组织开展内控案防主题活动7次，走进社区宣传金融知识10余次，在分行消保知识宣传比赛获第一名并参与人行展演，配合分行开展“普及金融知识，守住钱袋子”社区宣传活动，获人民银行好评。崇文支行营业部获中国银行业文明规范服务

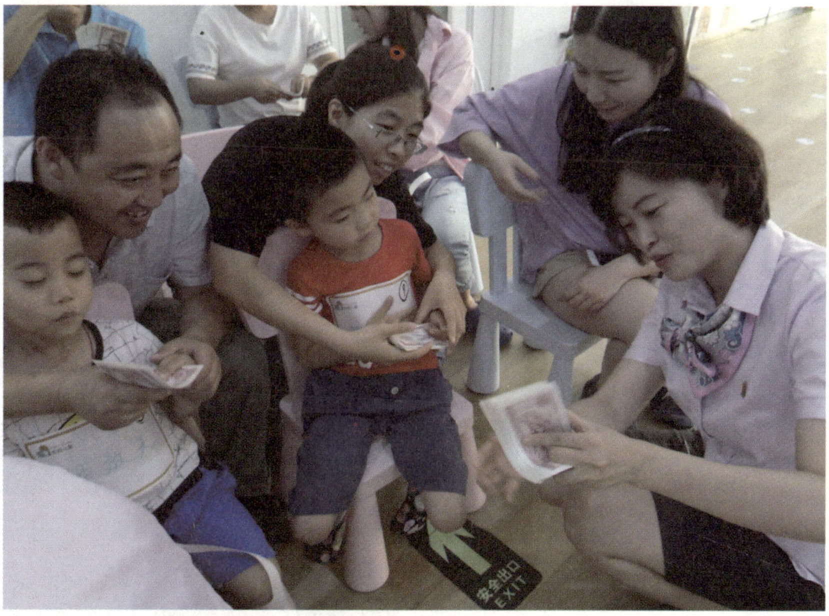

6月2日，农行北京崇文支行举办“小小银行家·亲子共成长”主题活动
（楼沁阳摄）

9月26日，中行崇文支行进社区开展支付清算系统宣传月活动（石灿红摄）

千佳示范单位称号。

（方菲菲）

【人保北京东城支公司】中国人民财产保险股份有限公司北京市东城支公司（简称人保北京东城支公司）设车商业务一部、车商业务二部、车险团体业务部、代理业务部、非车险直销业务部、综合部、东四十条出单分中心7个部门，有员工101人。

2018年，人保北京东城支公司实现机动车辆险保费48577亿元，同比增长-2.86%，占业务总收入70.95%；财产险保费收入1052.40万元，同比增长13.08%，占业务总收入1.54%；责任险保费1.26亿元，同比增长-8.04%，占业务总收入18.35%；意外健康险保费收入5912万元，同比增长1682%，占业务总收入8.63%；货运险保费收入126万元，同比增长97.02%，占业务总收入0.2%。中标2018—2019年度东城区公共管理综合保险项目。区政府与人保财险北京分公司签署合作协议，区政府作为投保人，投入财政资金200万元，为全区党政机关、事业单位和人民团体组织统一投保，包括行政区域公众责任保险以及自然灾害、见义勇为、恐怖主义袭击、重大食品安全、职业中毒、突发环境污染、甲类传染病、精神病人伤人等在内的多项无责救助责任保险。人保北京东城支公司、崇文支公司共同组建专业团队负责对接服务。总结2017年度服务工作，设计印制《2018—2019年度东城区政府公共管理安全综合保险服务手册》，发至全区各有关单位。联合崇文支公司组建24人综合服务团队，在区安全生产宣传咨询月、安责险制度宣传周活动期间，配合区行业主管部门开展安责险宣讲、培训、签单工作。举办会议20余场，参会企业2000余家。组织车险业务经验分享与经营能力、财产险经营分析和高风险业务承保管理业务培训会，总经理讲解车险业务工作重点，要求学会算经账营，控制高风险高赔付业务，以利润为中心，提高车险业务经营管理水平。综合部培训讲师分析年度财产业务，对比盈亏情况、新续保数据，讲解企财险高风险承保管理规定，强调管理流程和承保要求，业务员和销售员100人参加。长久世达4S店举办开业6年店庆暨售车促销活动，人保北京东城支公司总经理室及业务员8人受邀参加店庆并出席捷豹I-PACE新车发布会，并配合店庆开展为期2天的保险续保回馈活动，出具保单101笔，收取保险费110万元。与国家大剧院合作项目——预订票务取消费用损失险，经过两年运作，正式上线。这是北京分公司系统首个演出票务类创新型险种。预订票务取消险是被保险人提前预订国家大剧院演出门票

12月，人保北京东城支公司组织主题党日活动（杨金凯摄）

后，因情况突发，致使无法按期出席，造成票务金额损失，保险公司按比例向被保险人赔偿保险金。票务取消险发挥保险作用，降低门票预订者无法按期观看演出，造成票款损失风险，同时降低演出主办商或演出票分销商运营风险，消除运营纠纷，全年出具保单827单。鲁诺汽车金融项目累计出具保单1.61万单，保险金额16.89亿元，单均保额10.46万元，总保费2700.67万元，人保北京东城支公司份额内保费1494.29万元。推进诉讼保全保险，推广服务模式，组建诉保展业团队，签单诉讼保全保险8笔，保费收入74.4万余元。围绕集团公司提出的“3411”工程(推动3家保险子公司转型,推进实施四大战略，即创新驱动发展战略、数字化战略、一体化战略、国际化战略,打好一场中心城市攻坚战，守住一条不发生系统性风险底线)，推动东城支公司发展转型，坚持稳健经营，提升发展能力、盈利能力和服务能力，倡导内勤服务外勤，外勤服务客户。制订《东城支公司2018年“三重一大”决策实施办法》《东城支公司考勤管理暂行办法》《东城支公司假期管理办法》《东城支公司劳动纪律管理暂行办法》等规章制度，党建和业务双促进，联合党支部组织党建和业务交流6次，召开相关会议5次，培训6次。设计人保北京东城支公司专有业务审核表，设立四级审核岗，按照业务员信息收集整理、出单中心单证需求、风控/业务管理风险审核、部门经理审核、分管领导审核流程，实现逐级审核签字确认，逐笔核算业务，分析风险，审核通过方可出具保单，实现科学有效管控风险和管理业务。为区内有关委办局及街道（地区）等61家单位开展保险培训宣导。组织全体员工赴怀柔雁栖湖参观APEC会址，开展环湖健步走活动；开展PICC爱心日捐款活动，87人捐款1190元。开展系列反洗钱宣传活动。组织全体党员、入党积极分子、青年业务骨干集体参观庆祝改革开放40周年大型展览。全年保险费收入6.85亿元，同比增长4.58%。

（杨金凯）

东城区金融及保险机构负责人

中国工商银行股份有限公司
北京东城支行行长、党委书记　王耕欣（6月任）
　　苗鸿祥（6月免）
中国工商银行股份有限公司
北京崇文支行行长、党委书记　肖　斌
中国工商银行股份有限公司
北京王府井支行行长、党委书记　聂建文
中国建设银行股份有限公司
北京东四支行行长、党委书记　吴庆慧
中国农业银行股份有限公司
北京东城支行行长、党委书记　广　淼
中国农业银行股份有限公司
北京崇文支行行长、党委书记　陈　婷
中国银行股份有限公司
北京崇文支行行长、党委书记　张　娅
中国人民财产保险股份有限公司
北京市东城支公司
总经理　宋玉森（11月免）
党支部书记　梁建生（11月任）
　　宋玉森（11月免）

统　计

【概况】东城区统计局、东城区经济社会调查队（简称东城局队）是负责辖区统计调查和国民经济核算工作的职能部门。实行融合办公的一体化管理模式，内设办公室、调查队办公室（党群工作办公室）、人事科、宣传调研科、法规科、计算机管理科、综合统计科、普查中心/数据中心、功能区统计所/监测调查科、工业城建统计科、社会科技统计科、能源监测科、服务业调查科、商调队、住户调查科、专项统计调查科、价格调查科、统计执法检查队、城调队（人口统计科）19个科室。向全区17个街道派出17个统计所。东城局队编制198人、实有172人。

2018年，东城局队定期监测全区批发零售业、住宿餐饮业、服务业、工业、金融等行业运行情况，被调查单位涵盖除第一产业外的全部18

5月3日，区统计局举办诚信统计守信践诺活动（东城局队提供）

个行业门类；对东城区投资消费、居民生活、消费价格、生产价格、房地产价格、劳动就业、科技文化、能源消耗等进行监测；召开会商会和经济形势分析会10次，强化重点指标监测预警分析；完善通信大数据人口动态监测体系和疏解整治促提升动态监测机制；开展百家企业调研和高精尖企业指数测算，认定高精尖企业名单；定期向区领导决策支持系统提供统计数据和统计分析。贯彻落实党的十九大精神，两学一做学习教育常态化制度化，落实三会一课制度，逐级签订党风廉政建设责任书45份，理论中心组学习28次，与建国门街道、前门街道8户低保家庭结对帮扶。组队参加区直属机关“唱响新时代 共筑中国梦”歌咏比赛获小合唱三等奖，创作普法宣传教育影子剧《调查进行时》获市统计局“同心共筑中国梦 法治文艺京城行”法治文艺大赛一等奖和市统计系统第八届文化艺术节文艺会演二等奖，被评为区2017年度疏解整治促提升专项行动表现突出集体和2015—2017年度首都文明单位标兵。

（刘琳琳）

【疏解整治促提升监测】东城局队完善疏整促监测指标体系，重点监测各类专项行动完成量和任务完成进度，掌握发展态势，开展预警分析。2018年撰写监测周报36期，月报10期，及时将全区疏整促工作进展情况上报区委区政府，为区领导决策提供数据支撑。开展数据质量核查，针对拆除违法建设、开墙打洞治理、地下空间整治等8个领域开展4次核查，涉及17个街道1200个项目。实地检查项目疏解情况和效果，分析查找疏整促工作中存在的反弹问题，为服务疏整促工作提供意见建议。

（刘琳琳）

【第四次全国经济普查】6月至12月，东城局队进行第四次全国经济普查，调查标准时点为2018年12月31日24时。6月6日，区政府常务会听取关于全区第四次全国经济普查工作情况汇报，审议通过《北京市东城区人民政府关于开展第四次全国经济普查的通知》，6月21日印发。7月24日，召开区第四次全国经济普查领导小组第一次会议。8月9—17日，举办经济普查培训会。8月14日，召开经济普查单位清查动员会。8月16日，邀请新闻媒体记者观摩东城区第四次全国经济普查清查首日入户登记。9月13日，市经普办主任到东城区督导经济普查工作开展情况。9月20日，开展以走进四经普为主题的统计开放日活动。9月28日，清查经济普查单位。10月13日，召开东城区第四次全国经济普查单位清查工作推进会。10月15—19日，抽查单位清查质量。12月14日，编印《东城经普》特刊，随《新东城报》发行5.5万份。12月21日，举办第四次全国经济普查宣传日活动。全区177个社区悬挂软质横幅200条，张贴宣传画800余张，制作易拉宝1800余个。东城局队完成机构组建、经费保障、方案制订、“两员”选调、宣传动员、普查小区划分及绘图工作、集中督导、单位清查等各阶段工作。

（刘琳琳）

【人口抽样调查】9月至12月，东城局队开展年度辖区人口抽样调查，调查标准时点为2018年11月1日0时。8月17日，召开年度人口抽样调查样本核实工作会。9月25日，召开工作部署会。9月26日，举办小区图绘制培训会。10月10—11日，召开业务培训会。东城局队完成组织领导、样本核实、经费保障、机构组建，人员选聘、调查宣传、入户登记、集中督导、质量控制和数据评估等阶段工作。全区在57个社区的被调查小区悬挂横幅，张贴宣传画、一封信各计1000余张，在入户摸底期间各街道均制作摸底入户宣传品，计17种，8000余个。在入户登记期间，发放一封信和入户宣传品，计1.7万份。东城区年度人口抽样调查涉及全区17个街道，107个调查小区，入户调查登记1万余户、2.81万余人。

（刘琳琳）

【大数据监测平台上线运行】2018年，东城局队在平台整合11个政府部门31个指标数据及外部政府网站、主流媒体、互联网渠道等37类数据，监测重点企业1241家，形成企业动态数据库，量化评估重点企业经营状态，掌握重点企业产业组织、资源整合、经营布局及运营变化等情况，宏观展现东城区整体发展情况，跟踪监测重点领域和重点企业，为政府各部门基础信息资源积累及有效开发利用、为区域经济管理和发展提供新的角度和思路。

（刘琳琳）

【专项调查】2018年，完成专项调查17项，其中东城局队协助北京总队6项，主要有北京市养老现状与需求、改革开放40年民生状况、北京市全面从严治党民意调查、新设立小微企业和个体经营户跟踪情况等；协助市统计局4项，为家庭医生服务需求、市企业发展状况及小微企业融资状况等；自主调查7项，有东城区群众安全感、簋街商户基本情况、区腾退空间再利用情况监测、区营商环境满意度、区疏解整治促提升效果民意调查以及东城区商务楼宇基本情况等方面。

（刘琳琳）

【统计工作培训】5月29日，东城局队举办《财务管理办法》《预算资金收支管理办法》《采购管理办法》《公务卡管理办法》培训会。7月3日，举办数据查询分析系统使用培训会。10月18日，开展保密工作培训。12月12—14日，组织年度统计年报和2019年定期统计工作布置会。全年举办涉及专业、统计所、网络培训等统计业务培训79场，发布9期《年报指南》，召开7次年报例会。

（刘琳琳）

【信用体系建设】2018年，东城局队开展统计诚信单位评定工作。印发《东城区2018年度统计诚信单位建设工作实施方案》，完善诚信统计评估机制。评选8家年度统计诚信单位，1家企业的经验材料在《数据》上刊载。

（刘琳琳）

【课题研究和工作调研】2018年，东城局队开展统计科研课题12项，均已结项。其中区领导关注课题2项、重点研究课题5项、自主研究项目5项。研究内容涉及新经济、高精尖经济结构、全国文化中心区、总消费、非首都功能疏解等全社会重点关注领域。落实区委区政府关于加强监测重点企业要求，调研辖区102家企业和单位，摸清企业基本情况和最新发展，把握行业发展趋势。组织开展领导调研88次，收集意见建议39条，协调解决问题35个。

（刘琳琳）

【统计服务】2018年，东城局队编印《2017年东城区经济发展统计报告》《北京市城六区主要数据汇编》《东城区2017年国民经济和社会发展统计公报》《北京东城区经济发展月报》《数说东城2017》《北京市东城区统计年鉴2017年》等统计产品，完善《统计快报》《领导决策系统》等报送制度。撰写统计报告、经济快讯、统计快报、领导决策系统等各类统计分析信息211篇，《“疏解整治促提升”效果民意调查开展情况》《文化创意产业发展统计报告》《入境旅游情况》等6篇报告获区领导批示；网站发布统计数据和信息209条，向全区各有关部门提供统计数据21.9万余笔。

（刘琳琳）

【统计执法】2018年，东城局队执法检查420家单位，完成市局下发250家检查任务的168%。立案单位185家，其中执法检查简易程序当场处罚单位108家、简易程序查处迟报单位2家、执法检查一般程序立案单位75家。全年罚款金额74万元，行政执法职权履行率23.8%。未发生行政复议、行政诉讼，全面落实双随机一公开制度。

（刘琳琳）

【法治宣传教育】2018年，东城局队开展诚信统计守信践诺系列活动；组织统计普法进党校、进社区活动；围绕第四次全国经济普查进行法治宣传，强化普查工作人员责任意识和法律意识，开展送法下基层活动，宣讲《全国经济普查条例》；组织纪念统计法颁布35周年知识竞赛；“七五”普法中期工作回顾被区法宣办以专刊形式在全区推广并列为全区法治宣传工作突出单位范围。利用统计年报和定期统计报表工作布置培训会，对70家单位7000余人进行统计普法宣传。

（刘琳琳）

审　计

【概况】东城区审计局（简称区审计局）是负责辖区审计工作的区政府工作部门，受区政府和市审计局双重领导。主要职责为依照《中华人民共和国宪法》《中华人民共和国审计法》有关规定，审计监督区年度财政预算执行情况，区政府重点投资建设项目情况，区行政事业单位财务收支情况，区属国有企业及国有控股企业资产负债损益情况，区行政事业单位处级领导干部和国有企业及国有控股企业领导人员经济责任履行情况等，对区政府和市审计局负责并报告工作。内设办公室、人事科、综合科、复核法制科、固定资产投资审计科、经贸审计科、行政事业审计科、财政审计科、街道财政审计科、社保环保审计科、经济责任审计科、内部审计指导科、信息管理办公室13个科室，东城区审计事务中心1个财政补助事业单位，编制70人、实有66人。

2018年，区审计局审计单位53个，其中审计46个、专项审计调查7个；查出问题金额31.15亿元，其中违规金额821万元、管理不规范金额31.07亿元；审计发现非金额计量问题140个；损益（收支）不实金额37万元；出具审计报告和专项审计调查报告83篇，被批示、采用41篇次；审计处理处罚金额890万元，其中应上缴财政890万元；移送司法机关、纪检监察机关和有关部门处理事项1件，移送处理金额13万元；审计促进整改落实有关问题资金20万元；审计提出建议114条，被采纳49条；推动被审计单位制订整改措施91项；提

5月23日，区审计局召开2018年经济责任审计工作启动会（张会摄）

交审计信息188篇，被批示、采用66篇次。利用东城区数字化审计平台实现东城区“三公”经费核查全覆盖，并形成汇总分析报告上报区政府，披露的82项问题中，通过数据分析查处的审计问题为38项，占审计发现问题的46%，加大对违纪违规问题发掘力度。梳理修订人事管理24项、行政运行69项、审计业务12项制度。组织各类学习教育培训69次。完成督察督办事项130项。区审计局在市审计局运动会上，获第九届运动会体育道德风尚奖。行政事业审计科1人撰写《基于DC审计局数字化审计平台的数据分析模型构建及应用》，获市审计局第四届北京审计青年论坛征文二等奖。

（吴兰）

【财政审计】区审计局组织2018年度区级预算执行和其他财政收支审计，确定区教委、卫计委、城管委为每年必审重点部门。继续对机关事务管理中心代管的41家单位“揭盖”，启动对17个街道办事处的轮审机制。延伸审计31个二级及以下单位，提高审计按照资金流布阵的能力。首次在财政预算编制培训会上向全区各部门通报审计中发现的问题，并在区政府党组会上进行通报，提高审计效果。

（吴兰）

【经济责任审计】2018年，区审计局扩大任中审计比重，任中审计比例达到50%。同步审计政府部门及国有企业党政领导干部。开展自然资源资产经济责任审计，聘请专业机构检测水质，运用大数据客观评价被审计河长履行生态责任情况。抽调业务骨干8人配合市审计局开展东城区委书记、区长经济责任审计工作。

（吴兰）

【固定资产投资审计】2018年，区审计局建设项目审计数量比2017年提升80%。以审计专报方式按年度及重要事项向政府报送审计结果，实现质量效益型转变。加强对百街千巷、架空线入地等非基建项目审计，监督资金流向。采取跟踪审计动态监督与专项审计、决算审计常态化监督相结合、对建设项目指导和检查相结合的方式，全面监督政府投资项目。复核社会机构出具的结算报告，提高审计质量水平。

（吴兰）

【专项资金审计调查】2018年，区审计局审计调查戏剧东城等项目。围绕百姓关注的热点难点，增加学前教育、燃气（油）锅炉低氮改造等方面绩效审计内容。跟踪审计雪亮工程、次支路建设工程等重点项目。配合区纪委、区城管执法局等部门，联合开展拆违封堵专项检查，运用审计专业发挥监督职责。

（吴兰）

【企业审计】2018年，区审计局统筹安排区属一级国有企业领导干部经济责任审计和财务收支审计，五年内（2017年至2021年）将轮审一遍。审计内容涵盖企业领导干部党政同责审计、企业经营性房产管理使用、企业本级和其下属公司审计，重点关注区属企业资产管理效益情况，关注东城区“老字号”经营发展状况，分析企业发展战略。

（吴兰）

【内部审计】2018年，区审计局在内部审计中坚持自查自纠结合三公经费大数据筛查，区委巡察要现场走访查验，提升走访比例。组织15家单位内审人员自查区重点投资项目进度及资金支付情况，形成专项报告报区政府。利用《东城内审》专刊宣传审计知识，加大问题披露，扩大审计影响力。

（吴兰）

安全生产监督管理

【概况】东城区安全生产监督管理局（简称区安监局）是负责辖区安全生产综合监督管理的区政府工作部门。内设办公室、组织人事科、综合协调科、法制宣传科、事故应急监察科、危险化学品管理科、职业安全监督科、职业安全综合科（标准化办公室）8个科室，行政编制35人，工勤编制1人，实有36人。东城区安全生产执法监察大队为区安监局所属参照公务员管理事业单位，参公事业编制33人、实有28人。

6月16日，区安监局举办安全生产咨询日活动（区安监局提供）

2018年，区安监局落实安全生产综合监管工作机制和手段，印发《关于进一步推进安全生产领域改革发展的实施办法》，开展安全生产“十三五”规划中期评估和加强城市应急管理筑牢城市安全防线课题调研，启动安全发展示范城市创建工作，推进安全生产标准化达标创建，编制隐患清单，开展安全生产宣传教育活动，推进城市安全隐患专项治理三年行动和安全生产执法检查，完成全国“两会”、中非论坛等重要政治活动安全保障工作。全年未发生较大及具有较大社会影响事故，全区安全生产形势持续稳定。年内实现事故起数和伤亡人数双下降工作目标，东城区被北京市评为安全生产工作重大进步单位。

（付连刚）

【安全生产控制考核指标管理】2018年，全区未发生工矿商贸、铁路交通、生产经营性火灾和农业机械、特种设备亡人事故。发生生产安全事故1起，死亡1人，发生生产经营性道路交通事故5起，死亡5人，各类生产安全事故死亡总数同比下降50%，未发生较大安全生产事故和重大影响事故。

（付连刚）

【安全生产执法检查】2018年，区安监局完成春节庙会、雍和宫春节觐香、全国“两会”、中非合作论坛北京峰会等10余项大型活动安全生产保障以及疏解整治促提升各项安全生产综合执法任务，加强监管直管加油站、存在职业病危害因素企业，针对有限空间作业开展不间断执法检查。全年检查生产经营单位2140家次，人均73.79件，立案处罚406起，人均14件，执法履职率9.43%，罚款金额231万元，处理投诉举报及信访86件，曝光2批8家存在重大安全隐患生产经营单位，与2017年相比，检查量增长到118.8%，处罚数增长到123.4%，执法履职率增长到110.9%。

（付连刚）

【安全生产专项整治】2018年，区安委会办公室制订《东城区2018年度安全生产重点工作任务》。专项整治和检查电动车、文物古建、建筑工地、物业和综合楼宇、地下空间、有限空间、燃气安全、危险化学品、非经营性加油站、安全生产培训、职业卫生等。核查524处挂账隐患回头看。组织全区百日安全集中检查及隐患整治。开展东城区危险化学品安全综合治理三年行动，完成300余家危化使用单位风险辨识、等级评定。建立安全风险分布档案和重大危险源数据库并绘制电子分布图。完成7家经营性加油站贯标改造任务，关停2家，提升4家非经营性加油站安全水平。

（付连刚）

【安全生产宣传】2018年，区安监局完成安全生产月主题咨询日、主题周等宣教活动；开展安全生产六进活动，建设完成朝阳门街道试点；打造安全生产纵贯线应急演练、我们的安全城市安全宣教等特色活动；联合区教委组织第二届安全小达人主题绘画剪纸比赛，建设东城特色校园安全文化品牌；联合区有关部门组织东城区职工安全生产培训暨消防安全运动会、新入职专职安全员急救实操演练培训、《中华人民共和国职业病防治法》宣传周、有限空间地方标准培训等活动。在《新东城报》开设安全生产专栏，发布安全生产动态；向《中国应急管理报》投稿，刊登稿件5篇；微信平台更新安全生产知识、业务动态安全小达人等活动在BTV北京新闻频道都市阳光栏目播出4次，并被多家网络平台及刊物报道登载。

（付连刚）

【安全生产教育培训】2018年，区安监局完成生产经营单位主要负责人和安全生产管理人员6868人北京市安全生产大培训试点工作；组织安全生产明白人培训，集中授课和在线学习同步进行，累计培训5500人；组织区委理论学习中心组成员、全区各单位党政一把手和安全主管领导等300余人参加《地方党政领导干部安全生产责任制规定》专题报告会；组织区安全监管处级主管领导、干部及执法人员安全生产教育培训班3期，主管领导54人、干部及执法人员165人参加。

（付连刚）

【危险化学品经营单位行政审批】2018年，区安监局行政许可网上行政审批率100%。全年受理完成危险化学品行政许可到期换证16家，变更申请3家，注销5家，劝退30家申请，危化经营单位数量缩减至50家，实现总量控制目标。

（付连刚）

【企业安全生产标准化达标创建】2018年，区安监局推进安全生产标准化达标创建和隐患清单编制，实施工作手段三强化（强化工作融合、强化统筹调度、强化推动行业主管部门履职）、四突出（突出宣传培训、突出质量管控、突出评审程序、突出隐患排查整改）。全年市级下达年度标准化达标任务500家，全区实际完成1263家，超额完成152.6%，并督促企业做好隐患排查信息系统应用工作。

（付连刚）

【专职安全员队伍建设】2018年，区安监局组织3批次招录，招聘安全员189人。至年底，有439人，其中街道268人，职能部门171人。在制度、监督、宣传、培训、保障5个方面，提升专职安全员队伍规范管理和个人业务素质。增订管理制度10项，制订督查工作方案，设立督查小组，定期通报督查监督情况，规范检查行为，强化社会监督。创办《专职安全员月报》，建立安全员检查队微信公众号，培训专职安全员，面授与远程培训相结合，理论与实操相结合，专题分训与主题集训相结合。组织参加全市职工技协杯比赛，提升专职安全员业务技能，提高综合素质。安监系统执法人员和专职安全员执法装备配备率超过50%；落实专职安全员工资增长及发放方案，专职安全员38人轮岗。2018年，全区17个街道和3个地区安全生产检查队规范化建设100%达标（850分以上），优秀率85%（950分以上）；12个区级职能部门规范化建设100%达标。专职安全员年度排查企业1.83万家，检查覆盖100%；检查7.78万家次，人均检查量330.88家次，全市排名第一；人均责改下达量70.43份，全市排名第三；发现隐患2.81万条，99%完成整改。日常检查99.94%使用移动终端，82.66%隐患照片上传，分别位居全市第五和第一。

（付连刚）

【安全生产责任保险投保】区安监局印发《东城区2018年度安全生产责任保险制度推广“东安工程”工作方案》，明确辖区安责险推广范围，分解指标，以属地推广与行业推广相结合、安责险推广与标准化创建相结合、安责险推广与隐患排查治理相结合方式推进工作。2018年，累计投保企业2891家，完成市局任务的121%。

（付连刚）

工商行政管理

【概况】北京市工商行政管理局东城分局（简称东城工商分局），是政府市场经济秩序监管部门。负责区域内宣传、贯彻、实施工商行政管理法律、法规及规章。内设办公室、人事教育科、监察科、机关党委、工会、计划财务科、法制科、登记注册科、企业监督科、网络监督管理科、市场监督管理科、商标监督管理科、广告监督管理科、合同监督管理科、消费者权益保护科、商品质量监督管理科16个科室；内设稽查大队，下设综合科、执法协作科、专业执法一科、专业执法二科4个科室。下设12个工商所，即永定门工商所、幸福大街工商所、天坛工商所、前门工商所、建国门工商所、王府井工商所、东朝工商所、景山工商所、东直门工商所、北新桥工商所、安交工商所、和平里工商所。检查站1个，即北京站检查站。事业单位5个，即信息档案中心、后勤服务中心、工商学会、消费者协会、私营个体经济协会。干部职工433人，其中公务员编制372人、事业编制55人、工人6人。

2018年，东城工商分局按照“五强化五提升”思路，担当作为、改革创新、监管执法、社会共治，完成全年目标任务，实现干部状态、辖区环境、营商环境、市场环境、消费环境五大提升。关停住宅内经营主体1771户，处置墙封照存、打而不绝现象。强化党建统领，分局党组集中学习研讨16次，梳理分局政治生态问题清单13类46条，制订举措11项。以“青莲”品牌创新促进廉政文化建设，推

2018年，区工商分局实现新设企业只去一个窗口五天办好全程手续（何筱强摄）

进两学一做学习教育制度化常态化。

（王晓晔）

【登记注册】东城工商分局提升网上登记服务水平，内资有限公司新设全程电子化比率达90%以上。新增自助打照机和自助查询机，申请人刷身份证可以营业执照“秒”领取，扫描二维码实时查询个人业务办理进度。每月约有200户企业受益于容缺受理机制，将最多跑一次落到实处。在辖区19个市级创业孵化平台设立工商协调服务互动中心。推出包括变更登记不往返、容缺材料不核驳、轻微违法不教条等“十个不”举措，从登记注册、市场监管、服务企业等方面推动优化东城区营商环境。2018年，东城区新设主体3838户，实有市场主体7.57万户，同比下降7.38%；其中企业6.32万户，同比增长4.51%，个体工商户1.25万户，同比下降19.58%。

（王晓晔）

【非首都核心功能疏解】2018年，东城工商分局限制登记禁限行业市场主体219户，其中企业175户，个体工商户44户。建筑业、电力、热力、燃气、水生产和供应业等东城区禁限行业零增长，交通运输、仓储和邮政业、房地产业、批发和零售业同比下降。存量企业个体比为4.71：1，高于2017年同期4.09：1，534户个体实现简易注销。

（王晓晔）

【查处取缔无证无照】东城工商分局召开东城区2018年度无证无照经营治理工作推进会，惩治无证无照，全区无证无照经营聚集区零增长、无证无照经营主体动态清零。年初，挂账无证无照经营主体104户，涉及446人。2018年，关停并销账无证无照主体129户，减少人口641人，完成全部计划点位。

（王晓晔）

【消费者权益保护】2018年，“12315”系统接收消费者投诉1万件，企业快速和解平台办结2509件，工商部门办结6663件，总办结9172件，办结率91.71%。召开2017年东城区市场消费环境状况发布会，通报投诉举报情况、投诉热点和消费趋势，介绍消费维权工作亮点和监管执法工作重点，向社会公众发布消费建议。打造东城区11条特色街区放心消费联盟，形成工商牵头、商会参与、企业自律、消费者监督的维权体系。开展品质消费社区行消费教育引导和消费体验活动，制作消费维权口袋书，突出消费提示和消费警示。建立常态化和规范化消费投诉公示制度。

（王晓晔）

【信用监管】东城工商分局完成2017年度年报公示，企业年报率96.57%，个体工商户年报率99.18%。累计抽查经营主体6500户次，列入企业经营异常名录6015户次，标记个体工商户经营异常状态768户次，累计办理清户案件2435件。在崇外街道基层信用监管体系基础上，探索开发区级企业信用协同监管平台，将信用监管及联合惩戒范围拓宽到全区市场主体。

（王晓晔）

【商标监管】2018年，受理商标申请2.85万件，注册1.98万件，有效注册量9.27万件。双打立案138件，办结116件，罚没款1075.96万元。打造掌握特点、明确重点、突破难点、重构关键节点的“四点共圆”监管工作法，查处服务行业商标侵权典型案件。制作《北京市东城区2017年商标发展分析报告》，在中关村科技园区东城园设立辖区第一个商标品牌指导站。整合原有驰名、著名商标、老字号商标、特色街区商标、非物质文化遗产商标数据库，建立健全区域商标品牌数据库。

（王晓晔）

【广告监管】2018年，东城工商分局落实《广告监测及录入规范》，完成全区平面媒体广告分级监测，监测录入辖区568种平面媒体广告27.56万条。甄别1852条违法广告线索，向稽查大队移转1044件。全年办结广告案件993件，罚没款520.76万元，辖区广告违法率下降至0.26%。开展互联网广告专项整治、互联网金融领域广告专项整治，立案调查120件互联网案件，已结案55件，罚没款282.77万元。

（王晓晔）

【合同监管】2018年，东城工商分局检查风险房地产经纪机构70户，重点防控地区和规范管理地区等区域房地产经纪机构61户，行政指导131次，2家重点指导的房地产经纪机构投诉量为零。办理动产抵押登记18件，涉及主债权金额12.75亿元。制作使用合同示范文本、维护自身权益宣传画，张贴在全区177个社区。制作《教育培训服务合同》《箱包购买合同》《票务网订票务合同》3个区域性文本。合同类案件立案226件，结案204件。

（王晓晔）

【商品质量监管】2018年，东城工商分局开展商品质量抽检379组，涉及成品油、珠宝玉石、小家电、成人服装、电动自行车、儿童服装、儿童玩具等26类商品，合格率63.7%。推进质量无忧工程，实地走访首批试点单位，调研推进情况，完善“3+2+1”质量无忧管理模式；与台湾商会东城分会交流座谈，突破传统行业限制，扩大试点单位范围，借助行业协会、商会和特色街区的标杆作用，树立质量无忧工程品牌效应，强化企业自律意识和质量管理水平。

（王晓晔）

【有形市场监管】2018年，东城工商分局关停心满诚农副产品市场、鸿运金宝农副产品市场、世纪天鼎小商品市场。金年丰农副产品市场转型为超市。升级改造东花市南里市场、天泽祥市场、新民市场、百荣商城二期部分区域。全区有形市场疏解面积2.83万平方米、人口3436人、商户1543户。清理空壳市场5家，清理市场内虚数304户。全区市场内商户主体存量8107户，比2017年下降23%。

（王晓晔）

【专项执法检查】2018年，东城工商分局开展商标侵权、违规销售电动车、违法有奖销售等专项整治行动30余项。办结各类案件2066件，罚没款1810.11万元，履行相关职权94项。查处假冒苹果手机维修店系列侵权案，开具900万元罚单，成为2018年全市商标侵权案件单笔处罚金额最高的案件。

（王晓晔）

质量技术监督

【概况】东城区质量技术监督局（简称区质监局）负责贯彻、实施有关质量技术监督方面的法律、法规、规章和政策。机关设办公室、法制科、产品质量监督管理科、标准化科、计量监督科、特种设备安全监察科和稽查队，编制49人、实有45人。下设组织机构代码管理中心、计量检测所、特种设备检测所3个直属事业单位，编制95人、实有86人。

2018年，区质监局落实《党政领导干部选拔任用工作条例》《四项监督制度》，层层签订党风廉政建设责任书131份。召开党风廉政建设形势分析会5次，组织典型案例廉政警示教育6次。全年理论中心组学习13次，交流讨论70人次。各支部组织学习活动50次。对照党风廉政建设和反腐败工作重点任务，各支部制订6项17条个性化措施。基层党组织、党员84人完成双报到。96人次参加社区周末卫生大扫除和社区党建工作，向社区做出服务承诺31条，提出意见建议9条，做党建实事6件。梳理区级公共服务事项，整合事项目录，减少申请材料，压缩办理时限，所有事项全部实现网上办结。监督指导获证检验检测机构完成资质认定，监督检查自查及年度报告上报。专项整治CCC违法行为、认证检测乱象。组织“5·20”世界计量日社区宣传服务活动。围绕学习十九大精神、质量提升行动、高风险电梯隐患整治、重大活动服务保障等重点工作，向区委区政府、市局报送信息290篇，被各级媒体采用143篇次，其中市局网站刊登70篇，微博刊登21篇，《北京质监》发表署名文章4篇。组织全局信息宣传培训1次。全年接收办理通知文件4364件，制发正式公文42件。

（范梦娅）

【重大活动服务保障】2018年，区质监局组织全国“两会”、第八届国际电影节、中非合作论坛北京峰会等重大活动特种设备服务保障工作，检查单位68家，检查检验设备573台。2月，监督检查“两会”代表、委员驻地，要求限期整改发现的问题，发放《特种设备使用单位安全告知书》《重大活动、重要会议特种设备服务保障风险控制技术要求》，督促使用单位、维护保养单位制订服务保障措施和应急工作预案，加强安全管理、落实安全主体责任。7月，联合北京市特种设备检测中心、东城区特种设备检测所，对中非合作论坛北京峰会会议驻地开展特种设备服务保障工作。

（范梦娅）

【特种设备安全隐患治理】2018年3月，区质监局召开年度高风险电梯隐患整治工作部署暨电梯应急工作培训会，通报《北京市质量技术监督局关于通报2017年全市高风险电梯安全评估情况的函》和东城区高风险电梯安全评估情况，并对2017年评估的高风险电梯部署隐患整治。结合电梯定期检验，逐台摸排高风险电梯，集中力量开展老旧居民住宅电梯隐患整治。按照市级为民办实事计划，303台电梯风险治理工作全部完成。

（范梦娅）

【产品质量监督管理】2018年，区质监局安全监管电动车、环保、消防、食品相关产品，保辖区产品质量安全。建立基于产品质量安全风险管理的分类分级监管机制。维护企业数据库信息494条，发放《质量安全主体责任告知书》。检查生产企业55家，处罚10起，处罚事由涉及生产、销售不符合保障人体健康和人身、财产安全的国家标准的毛绒玩具、蓝色背带熊、充电器、双层纱布有袖抱袋和车用尿素溶液等产品；销售未经CCC认证的蓝牙音箱；未经资质认定开展检验检测业务擅自向社会出具具有证明作用数据、结果以及使用未经强制检定的验光镜片箱等。处置20家风险监测不合格产品企业开展，将《产品质量安全风险处置工作通知书》送达相关企业，敦促企业查找产品不合格原因，并限期整改。立案查处北京融欣伟业科技发展有限公司、北京润德鸿图科技发展有限公司、北京瑞森缘商贸有限公司、北京联飞翔科技股份有限公司、北京旺乐高婴幼儿用品制造中心等8家生产不符合标准产品企业，按照有关规定指导企业召回不合格产品。

（范梦娅）

【质量提升行动】2018年，区质监局完成《关于东城区质量提升工作的调研报告》，形成《质量提升实施方案（报审稿）》，包含10个方面、22项任务。结合原国家质检总局质量管理司意见和建议，提出14项创建工作改进措施，并推进落实。

（范梦娅）

【质量月活动】2018年9月，区质监局举办质量月活动。主题为加快推进质量提升，助力首都高质量发展。在百荣世贸商城举办年度质量月活动暨强制性认证产品工作培训会，120余人参加。从强制性产品认证制度、政策法规规章、认证流程、实施规则及进货产品把控5个方面讲解CCC认证。配合市质监局组织年度质量月安全知识巡讲活动，请专家走进和平里社区，讲解计量与特种设备相关知识。

9月，区质监局在中小学生中开展蓝天工程实践活动（周杨摄）

召开年度东城区标准化工作会，总结东城区在产品、工程、服务、环境等领域应用标准化技术、推动区域质量发展的经验、做法和成功案例。

（范梦娅）

【标准化建设】2018年，区质监局推动东城区网格化数据信息和体育场馆公共服务申报成为国家级综合标准化试点项目，纳入政府工作任务。7月，东城区居家养老服务标准化试点通过国家级考核验收，试点区域服务质量满意度达90%以上。辖区8家单位9项标准获年度中国标准创新贡献奖标准项目一、二、三等奖，1家单位获组织奖。组织参加第十二届北京市优秀标准化论文征集和宣讲活动，质监局和地坛体育馆共同撰写的《关于区属体育场馆公共服务标准化的路径研究》获二等奖。组织企业参加技术标准制修订补助工作，辖区5家单位的9项国际、国家和地方标准获得市级标准补助93万元。

（范梦娅）

【计量监管】2018年，区质监局加强与人民群众身体健康和切身利益相关的贸易结算、安全防护、医疗卫生、环境保护等重点领域计量监管。巩固蓝天保卫战治理成果，全区13家加油站100%完成油气回收在线监控改造防爆验收，56台加油机、228条加油枪受检率100%。

（范梦娅）

【在学生中开展计量宣传教育】2018年，区质监局发挥中小学质量教育实践基地作用，开展蓝天工程中小学生计量实践活动，演示力学、光学等6个项目，宣传计量知识，全年寒暑假开班17期，授课学生177人次。

（范梦娅）

【组织机构代码管理】区质监局审核受理申请规定内的行政许可事项和行政服务事项，向行政许可及服务事项来人、来电咨询和受理业务提供帮助。2018年，办理行政许可319件，送达292件，补齐补正141件，撤销0件。办理开工告知23件。处理电话咨询1071个，接待来人咨询310人。

（范梦娅）

【依法行政】2018年，区质监局组织执法活动1697起，行政处罚案件521起，人均处罚20.8起。行政处罚案件按时效公开，公开率100%。受理政府信息公开申请7件，均按规定及时回复。被行政复议1起；未出现行政诉讼。

（范梦娅）

【技术机构检验检测】2018年，区质监局特种设备定期检验1.23万台套，特种设备监督检验389台套。完成计量强制检定3万余台件。

（范梦娅）

食品药品监督管理

【概况】东城区食品药品监督管理局（简称区食药监局）是北京市食品药品监督管理局在东城区负责辖区食品（含食品添加剂）、药品（含中药、民族药）、医疗器械、保健食品、化妆品（统称食品药品）监督管理工作，统一受理食品药品行政许可申请及食品药品安全问题举报的派出机构，加挂东城区食品药品安全委员会办公室牌子，承担东城区食品药品安全委员会具体工作。区食药监局由区、街道两级监管机构构成，局机关设置12个科室、1个稽查大队、政务服务中心及食品药品安全监控中心2个事业单位，增设档案中心、应急中心、信息中心；街道设立17个食品药品监督管理所，加挂街道食品药品安全委员会办公室牌子。有公务员163人、事业编制25人、工勤4人、食品药品安全监察员118人。

2018年，区食药监局推进两学一做学习教育常态化制度化，各党支部集中学习300余次，组织主题党日活动100余次，落实领导干部讲党课制度，征集党课报告30余篇。开展不忘初心、牢记使命教育，收集征文39篇，其中2篇获区级奖项，8篇获市级奖项，1篇被市委宣传部选中参加北京市百姓宣讲团。全年党组专题梳理和研究部署从严治党工作20次，制作个性化党风廉政建设责任书，全员逐级签订。干部队伍交流，轮岗41人次，避免权力固化，开展谈心谈话200余人次。全员培训覆盖率100%，在线学习、自学讨论人均时长超过110学时。建立监察员工资待遇增长机制，优化管理培训制度，人均培训超过40学时，监察员留得下、干得好。坚持人、财、物向基层倾斜，持续增强基层监管力量，争取区财政经费1722.91万元，比2017年增加22.13万元，同比增长1.3%。17个街道食品药品监督管理所办公用房总面积由2013年履职时的783.2平方米增至5010.7平方米，平均面积294.75平方米，行政办公用房面积达标，有12个街道食药监管所获示范所称号，其余5个为达标所。完成全国“两会”、中非论坛等重大活动及重要节日食品药品安全保障任务。

（吴晓斌）

【日常执法监管】2018年，区食药监局创新监管手段，在食品生产、流通、餐饮等环节实施标准化现场检查制度，制订监督检查规范和年度监管工作计划，持证主体按风险等级分类监管，按规定监管频次覆盖检查，建立食品安全日常监管台账登记制度。加强智慧监管，运用大数据提升治理现代化水平，围绕监管检查、稽查办案、检验监测、网络食品监管等业务，实施“互联网+”监管项目，全面提升食品安全保障覆盖面，监管情况及时录入监管系统，做到执法有痕。建立并执行信息公开制度，在市、区食药局网站公示食品处罚、召回、抽检信息。综合运用全项目检查、飞行检查、跟踪检查等多种监管手段，精准打击违法犯罪。与湖北、山西等地签订直供框架协议，实现源头共治、全程共管、责任共担。深化食用农产品产地准出、销地准入和产销衔接机制，要求猪肉从定点屠宰企业购入，牛羊肉推行产地追溯身份码，禽蛋水产品及豆制品的等高风险食品实施场厂挂钩动态化管理，鼓励商超与肉、菜生产基地建立直供直销机制，有效降低输入性风险。科所联动，力量下沉，着力解决基层执法和许可难题。对接街道综合执法平台，提供业务培训和工作指导，派驻专人参与日常巡查，联合整治食药安全隐患。街道吹哨、部门报到608次，发现问题60个，100%解决问题。

（吴晓斌）

【专项检查整治】区食药监局严打严控无照无证餐饮，实现辖区无照无证餐饮动态清零，2018年，挂账任务完成率100%。监管主体总数从2013年的2.71万家下降到1.17万家，其中食品经营主体下降51.7%，化妆品经营主体下降90.3%，药械生产经营企业接近零增长。开展畜禽水产品、校园周边、网络订餐、食品保健、食品欺诈和虚假宣传等系列专项整治，根据日常监管、检验检测、投诉举报等数据，开展季度研判，建立风险隐患排查清单，综合治理重点食品风险，将风险管控贯穿于食品安全监管全过程。区食药安办牵头对部分中小学、托幼机构和养老机构开展“一老一小”食品安全与卫生防病专项联合检查，督促相关机构强化主体责任，降低食源性疾患风险。联合区教委等部门每学期对学生食堂、学生集体用餐配送单位和校园周边开展综合治理和专项检查，拉网式排查校园周边食品安全风险隐患，有效监管小餐饮、小食杂店。

（吴晓斌）

【依法监督处罚联动机制】区食药监局制订《北京市东城区食品药品监督管理局案件审查委员会层级监督工作管理办法（试行）》，提高行政处罚案件办理质量，加强行政处罚案件层级监督管理。对发现或通报的食品违法行为和问题产品，及时通报、移交、查处，并进行依法追溯、召回及规范处置。对违法犯罪零容忍，持续深化畜禽水产品等专项整治行动，加强行刑衔接力度。与公安分局联合搭建“所所衔接”执法平台，17个食药所与23个派出所签订合作协议，建立起以两法衔接联席会制度、日常联动执法制度、案件办理绿色通道制度、食品药品专业培训制度组成的基层行刑衔接工作机制。2018年行政处罚1060件，罚没款927.6万元，涉刑案件移送1件。

（吴晓斌）

【办理投诉举报】2018年，区食药监局对各类投诉举报有诉必应、有应必查、有查必复，全年受理投诉举报4537件，100%按时办结和回复。区食药安办印发《北京市东城区关于举报食品药品安全违法行为举报人保护制度》，鼓励食品生产经营企业员工举报违法行为，建立举报人保护制度。

（吴晓斌）

【加强监测抽验】区食药安办每年制订统一的食品抽检监测计划，将蔬菜、猪油、大米、小麦粉、食用油、豆制品、灭菌乳品、蛋及蛋制品八类重点食品纳入区级评价指标体系，将食品抽检合格率纳入区折子工程，区政府办公室每月督查进展情况，组织开展食用农产品抽检，检测项目按季度轮换，全覆盖兽药残留、农药残留、污染物、重金属4大类61个检测项目。2018年，食品抽检1.46万件，合格率99.8%；药品抽检812件，合格率100%。

（吴晓斌）

【大型活动保障】2018年，区食药监局采取“三维立体”保障模式，完成龙潭地坛庙会、全国“两会”、中非论坛、中网公开赛等重大活动保障，抽检5738件，保障100万人次用餐安全，实现零事故目标，收到全国人民代表大会会务组等社会各界表扬信30余封。

（吴晓斌）

【优化市场环境】2018年，区食药监局优化审批程序，通过“互联网+”、上门服务等手段，提升办事效率。许可时限由20个工作日压缩到5个工作日内，餐饮许可延续工作实现属地食药所办理。2018年受理5627件（食品4192件、药品487件、医疗器械948件），按时办结率达100%，其中1日办结1540件，占比27%。推进放心肉、菜示范超市建设。通过产地直供、信息化技术、定向检测等手段，

4月28日，东城区成立10人组成的食品安全小监督员队伍（赵立仪摄）

强化源头规范和过程严控，实现肉菜产品扫码可查、全程可溯、质量可控，并保持已获得称号企业的平台数据上传质量标准，督促区内追溯节点按时按质上报数据信息，保障追溯体系有效运行。辖区有东单菜市场等4家超市通过评审，授牌为北京市放心肉菜示范超市。推进阳光餐饮工程，全面提升餐饮行业品质。政府监管、公众点评、媒体曝光有机结合，实现餐饮服务业食品信息公开、加工过程可视、信用评价透明。全区3019家餐饮单位完成阳光餐饮工程，实施率80%，其中中小学校、托幼机构及养老食堂完成率100%，新增10条阳光餐饮示范街区，同比增长200%。全区有453家餐饮企业通过餐饮品质提升评审，验收合格。

（吴晓斌）

【食药安全宣传】2018年，区食药监局上线"你点我检2.0"网络直通平台。百姓可用手机随时随地选择辖区食品经营类型及检测项目提出检验诉求，由监管部门定期进行抽检并公布结果，提升监测监管效能。根据百姓关注度设置元宵、粽子等专项，检测领域由商超市场向餐饮单位延伸。上线两年，收集百姓诉求3万余条，专项检测2040件，覆盖辖区200余家大型商超、市场、便利店及340家餐饮单位，该项工作被作为基层政务公开经验在全市推广。东城区食药安全监管工作被中央电视台等各大媒体报道320余次，开展各类宣传活动340余次，发放宣传资料5万份。通过普法宣传日、学校流动课堂、你点我检平台、食品谣言辟谣直播等多种宣传载体，将食品安全纳入公民法制和科学普及、职业技能和学生课堂教育，打造食药安全科普展、中小学生大讲堂、市民健康教育计划三大品牌活动；组建第一支10人组成的食品安全小监督员队伍。

（吴晓斌）

【创建食品安全示范区】2016年，北京市政府出台《北京市创建国家食品安全城市工作方案》，决定创建国家食品安全示范城市，全市16个区同步开展北京市食品安全示范区创建工作。2017年底，根据示范区创建绩效评估结果，经市食品药品安全委员会审议通过，东城区被首批命名为北京市食品安全示范区。2018年，区食药监局制订《东城区落实食品安全党政同责的实施意见》，将食品安全党政同责以区委、区政府两办联合发文的形式固定下来，明确食品安全党委领导责任和政府行政责任，全面提升辖区食品安全保障能力。区食药安委深化食品安全示范区成果，落实食品安全主体责任，完成食品安全示范区跟踪评价工作。

（吴晓斌）

商务行业监督管理

【概况】东城区商务委员会（简称区商务委）是主管辖区国内外经济贸易和对外经济合作的工作部门。内设办公室、人事科、规划发展科、社区

6月6日，区商务委召开商务行业安全生产月动员部署会（区商务委提供）

商业科、流通管理科、外经外贸科、商务服务科、外资管理科、市场监管科、粮食酒类管理科10个科室。编制42人、实有40人，其中公务员39人，公勤人员1人。

2018年，区商务委以围绕中心抓党建、抓好党建促发展为主线，从组织建设、队伍建设、教育管理等关键环节入手，提升商务委党建水平。健全党总支组织架构，增补组织委员，调整支委分工，落实三会一课、组织生活会、民主评议党员、领导干部双重组织生活等制度，召开党组会29次，主任办公会29次，开展谈心活动60余次，专题读书活动6次，理论中心组学习12期，创建商务大家谈党建品牌。提醒谈话4人次，干部选拔任用集体廉政谈话5人次，通报各类典型案例6次，反腐倡廉警示教育7次。基层党组织和在职党员44人完成双报到，参与永外街道党员志愿服务活动3次，结对帮扶困难群众4人。组建新的保密委员会，增补保密干部，购置保密检查设备和手机屏蔽柜。办理网格、信访案件约200件。制订《东城区落实〈深化改革推进北京市服务业扩大开放综合试点工作方案〉实施方案》。坚持疏解与提升并进，完善基础设施、改善购物环境、集聚国内外高端品牌，腾退建筑面积2.08万平方米，疏解商户694户，人员2768人，全面完成年度疏解任务。制订《年度商业活动和宣传计划》，全区实现社会消费品零售额增长3.1%，服务消费增长6.1%。实际利用外资6.2亿美元，同比增长7.2%。进出口额1035.1亿元，同比上升2.2%，其中出口额204.9亿元，同比增长1.9%；进口额830.1亿元，同比上升2.3%。兑现年度辖区总部企业延续性奖励补助资金600万元；1197家企业通过外商投资企业年度经营信息联合报告。1人获北京市粮食行业先进个人。

（孙凌）

【非首都功能疏解】区商务委完成台账内7家、台账外1家市场疏解升级，百荣世贸商城商户疏解，拆除永定门鑫天立、鸿运金宝菜市场，清退（关停）美博汇、心满诚综合市场、景泰桥农副产品市场、世纪天鼎小商品批发市场，金年丰菜市场升级改造。2018年，疏解商户694户，疏解从业人员2768人，超额完成年度疏解工作任务。

（孙凌）

【行业监管】2018年，区商务委培训各类安全员1200人次，出动检查3064人次，督导企业1463家次；组织燃气、电梯、反恐防暴等联合检查小组125个，人员576人；排查整改安全隐患5167处，行政处罚102起，受理“12312”商务举报投诉30件。开展商务行业安全隐患排查、清理、整治专项行动，重点在有无购物出口、中英文双语应急广播设置、排油烟管道清理、安全生产例会制度等方面。完成90家三级达标复评及创建。

（孙凌）

【查处侵权制售假冒伪劣商品】2018年，东城区各行政执法部门出动执法人员3.31万人次，检查经营主体1.55万家次，立案173件，办结150件，罚没款1101.91万元；法院知识产权庭全年受理并审结制售假冒伪劣商品犯罪案件3件，受理侵犯知识产权纠纷案件2498件，审结2517件；公安机关破获销售假冒注册商标商品案件1起，刑事拘留犯罪嫌疑人1人；检察机关批准逮捕涉嫌侵权假冒案件4件，起诉涉嫌侵权假冒案件5件。

（孙凌）

【商务大厦企业集中办公区】崇文商务大厦企业集中办公区2018年续签企业368家，清理、清退企业21家。至年底，有注册资本144亿元，贡献税收约7.1亿元。

（孙凌）

【生活性服务业品质提升】2018年，新建或规范提升各类便民商业网点110个，其中蔬菜零售网点50个，便民商业连锁化率提升7个百分点，完成该年疏解整治促提升工作目标责任书任务。建成社区商业便民服务综合体14个，合理布局社区商业便民服务综合体。推荐驻区品牌连锁企业40家入选年度北京市生活性服务业品牌连锁企业资源库。

（孙凌）

【承办京交会版权交易会】5月28日至6月1日，区商务委承办主题为“尊重智慧创造·捍卫版权规则”京交会版权交易板块，活动内容有版权交易成果展示、主题日特色活动、国际论坛会议及组织知识产权保护推动视听产业发展论坛等。邀请10家版权交易领域相关企业参展，现场签约额320万元。

（孙凌）

【美食体验季】5月30日至7月30日，举办美食体验委，主题是“弘扬工匠精神　提升服务品质”。评选发布年度东城美食节东城招牌菜50道、最具人气餐饮品牌企业10家、推选工匠厨师10人。

（孙凌）

【老字号技艺展活动】9月17—21日，中华老字号技艺展活动在王府井步行街穆斯林大厦一层举办。活动由区商务委员会主办，盛景会展有限公司承办。展会现场搭建活动仪式启动区、VR地图体验区、非遗技艺表演区、产品静态展示区、茶歇交流区5个功能模块，邀请同仁堂、东来顺、吴裕泰、便宜坊、李锦记、雀巢等15家境内外老字号企业进行展示。

（孙凌）

【金秋购物季】9月20日至10月31日，区商务委举办鑫秋会金秋主题购物季。王府井、东直门、崇外、永外4个商圈主要商业设施、老字号企业联动，推出应季商品，提供高品质消费享受，满足市民消费需求。

（孙凌）

【参展进口博览会】2018年，区商务委成立进口博览会北京市交易团东城区分团，分品类、分行业、分领域通知、动员企业参加博览会，整理采购商名录，统计参会企业及人员数

7月11日，区国资委举办2018年度企业领导人员培训班（区国资委提供）

量，开展采购商审核及复审，组织企业到会参加采购。东城区交易分团审核通过125家单位，390人次。向97个单位，311人次发放参展证件。本次博览会东城区交易分团有5家企业与展览商达成合作协议，签订采购合同，成交金额1469万美元。

（孙凌）

国有资产监督管理

【概况】东城区人民政府国有资产监督管理委员会（简称区国资委）是区政府授权代表国家履行国有资产出资人职责的区政府直属特设机构。内设办公室、企业发展科、资产管理科、统计评价科、财务预算科、审计科（董事会监事会办公室）、党群办公室、组织人事科8个科室，编制39人、实有36人。区国资委有下属事业单位2家，其中参公事业单位1家即东城区政府采购中心，全额拨款事业单位1家即东城区中华民族艺术珍品馆。

2018年，区国资委系统监管企业221家，其中有北京天街集团有限公司、北京崇远投资经营公司、北京东方信达资产经营总公司、北京建远投资经营有限公司、北京东方置地投资发展有限公司、北京佳源投资经营有限责任公司、北京京诚集团有限责任公司一级企业7家，二级子企业74家，三级子企业103家，四级及四级以下子企业37家。国资委系统企业资产总额843.33亿元，负债总额554.84亿元，所有者权益288.50亿元。召开区国资委系统党风廉政建设推进会，签订党风廉政建设承诺书502份。树立珐琅厂、红桥市场2个廉洁文化示范点。与10家直属企事业单位党组织签订意识形态责任书。系统150余个党组织和在职党员1726人完成双报到。举办二级企业领导班子成员党的十九大精神、基层党支部书记等培训班，参训人员2300余人次。全年系统企业营业收入合计73.75亿元，利润总额11.46亿元，净利润8.52亿元，上缴税费5.8亿元。

（付建华　朱玥璘）

【疏整促与人口调控】区国资委制订《东城区国资委2018年疏解整治促提升工作方案》，建立区属国有企业房产清理专项台账，将具体目标任务纳入企业年度绩效考评，签订责任书，强化企业责任意识。推进街道吹哨，部门报道，走访服务17个街道，搭建沟通平台，对接系统资源，向一级企业下发《关于继续深入推进疏解整治促提升工作的通知》，配合街道进行综合整治，实现腾退空间科学再利用。至2018年底，疏解项目26处，占全年任务108.33%，涉及面积3739.1平方米，人口239人，占年度目标任务132.78%，超额完成年度疏整促任务指标。新建便民服务网点24家，持续提升辖区生活性服务业品质。

（浦声琦）

【政府重大项目建设】2018年，区国资委通州两站一街保障房竣工交用3728套，豆各庄项目开工建设2157套。区国资委控规调整宝华里项目，重新启动滞留区搬迁。以北京新版总规为刚性约束，编制前门东区整体规划，制订《关于进一步推进南锣鼓巷地区4条胡同修缮整治工作方案》，以雨儿胡同为试点，启动修缮整治工程。清理直管公房居改商590户。整治直管公房违规转租转借172户。腾退简易楼18栋。全区87条道路5731个路侧停车动态监测和电子收费统一纳入国企运营管理。举办地坛文化庙会全球行高雄之旅活动，提升文化东城辐射力和影响力。

（张晓青）

【国资国企运营管理】2018年，区国资委组建以东方置地为主体的王府井街区管理运营平台，承担街区环境整治提升、基础设施建设和公共物业管理及服务职能。与区住建委组建区级保障性住房运营管理机构和共有产权住房代持机构，实现保障房性住房专业化运营管理。压减管理层级，清理低效资产，制订下发《关于理顺产权关系和清理劣势企业工作的指导意见》《关于进一步理顺产权关系工作的实施方案》《关于加快推进劣势企业退出工作的实施方案》，将任务指标完成情况纳入区属企业负责人经营业绩考核，2018年清理退出劣势企业28家。

（浦声琦）

【房产资源和产权管理】2018年，

区国资委建立并上线运行东城区国资系统房产管理平台。平台基于互联网技术，数据实时更新，具备查询分析、报表生成、租赁预警、地图选点等功能，涵盖房产入口、使用、出口等环节，为人口疏解、业态提升等区域重点工作提供基础信息。2018年办理企业占有登记51项，变动登记41项，注销登记11项。

（王星华）

【业绩考核与薪酬管理】2018年，区国资委制订《东城区国有企业违规经营投资责任追究暂行办法》《关于做好区属国有企业负责人薪酬信息公开工作的实施方案》，构建违规经营投资责任体系，公开2016年度企业负责人薪酬情况，完成2017年度企业负责人业绩考核、薪酬兑现。

（李睿）

【国有企业经济责任及内审】2018年，理顺国资委经济责任审计工作流程和体系，完成东方信达公司、崇菜物美2人任期经济责任审计。制订《2018年东城区国有企业内部审计工作要点》，年中召开内审工作会，年底检查7家一级企业内审工作进行情况，举办内审人员培训工作会2次，内审及财务人员200余人次参加。

（沈九久）

【国有资本经营预算管理】完成区国资委2018年度国有资本预算收益收缴7475万元，安排预算支出项目8个5678.46万元，调入一般公共预算2006.92万元。编制完成2019年国有资本经营预算工作。首次开展国资预算项目绩效评价，专项检查2017—2018年国资预算项目执行情况。联合区财政局举办国有资本经营预算绩效管理培训，监督企业规范管理预算项目，提高财政资金使用效益。

（郝留红）

【董监事会建设】2018年，区国资委召开东城区国资委企业董事会年度工作报告会和外部董事工作会，完成区属国有企业2017年度董监事会工作报告。培训一级企业董事会秘书。制订《东城区国资委2018年监事会工作要点》，落实监事会工作规章制度，规范工作流程，提高监督有效性。

（王晓兵）

【安全生产和信访维稳】区国资委修订《东城区国资委安全生产“党政同责、一岗双责”暂行办法》，层层签订安全生产责任书，落实区属国有企业安全稳定主体责任，做好全国“两会”、中非合作论坛北京峰会等重大活动、重要时段、重点区域安全维稳及服务保障工作。2018年，出动检查人员1.3万余人次，检查经营网点8147家店次，排查整治安全隐患713项，化解各类矛盾纠纷1228起，企业发展安全有序。

（张晓青）

【天街集团】北京天街集团有限公司（简称天街集团）实行两会一层管理架构，即党委会、董事会、经营层。集团党委下设党总支和5个支部，设党群工作部、纪检监察部、工会；董事会设战略与风险控制委员会、文化艺术委员会、审计预算与薪酬管理委员会3个专业委员会，下设董事会办公室；经营层下设总经理办公室、企业发展部、预算部、文化信息部、财务部、审计部、安保部、人力资源部、法律服务室、房屋管理中心、劳服中心11个部门，有在职员工1332人。

2018年，东城区人民政府等主办、天街集团等承办的“戏剧东城·第二届全国话剧展演季”，参演话剧25部，反映改革开放40年间国家及北京市取得的丰硕成果，共计演出50场。由东方文化经济发展集团有限公司、北京东方国际文化艺术中心主办，北京喜剧院承办的“喜聚北京——首届全国优秀喜剧剧目展演季”，历时5个月，有15部剧目登台演出，共计70场，接待观众2.5万余人次。天街集团与故宫文化服务中心签署《故宫——前门项目合作协议》，双方共同出资在前门文化体验区打造全新文创品牌，广泛、多元传播故宫文化。皇城艺术馆时隔两年重新开放，由社会力量参与运营，依托藏家资源，推出“从苏东坡到吴之振——清初文坛盛举与黄叶村庄的士林往事”和“玉染草色雪映霞——宋元瓷器精品展”2个特展。国庆节期间，利用玉河下闸遗址南口宽13米、高4.8米的挡墙作为天然投影屏幕，为市民表演灯光秀——我爱你中国，每晚演出4个小时，累计接待游客及市民约3万人次。在北京市第八届商业服务业服务技能大赛暨第32届国际

11月13日，天街集团承办第二届全国话剧展演季开幕（任川摄）

杯发型、美容、化妆大赛中，四联美发青年技师团队获冠军1人、亚军3人、季军1人。天街集团申报的2017北京喜剧艺术节入围十大文化展演活动，北京喜剧院入围十大文化消费地标。东方（北京）国际文化艺术中心获突出贡献单位表彰。玉河被评定为北京市2017年度优美河湖。77文创美术馆项目暨原北京胶印厂改造项目获年度亚洲建筑师协会建筑金奖。天街集团获第三届首都文化企业30强。全年营业收入22.38亿元，利润4.45亿元，资产总额284亿元。

（任川）

【崇远公司】北京崇远投资经营公司（简称崇远公司）内设党委办公室、纪检监察室、工会办公室、董事会办公室、行政办公室、人事管理部、财务管理部、经营管理部、审计统计部、资产安保部10个部门，有在职员工35人。

2018年，崇远公司组织便宜坊集团、东方奥天公司、国艺源公司等权属企业参加龙潭、地坛春节文化庙会，宣传推广老字号品牌形象，5天庙会期间，投入人力1300余人，实现营业收入389万元，同比增长5.12%。国艺源公司完成制帽厂、前进鞋厂东城区级非物质文化遗产京帽制作工艺、千层底制作工艺的北京市级老字号申报工作。崇远万家公司新开便民网点25家。五洲医药公司花市南庆仁堂、前门长春堂、天坛万全堂、弘善长春堂4家老字号直营店通过医保定点零售药店审批和医保刷卡实时结算认证，试点推行慢病管理服务。权属企业推进电商平台发展。国艺源公司发布国艺源公司官网、电子商务平台、微信公众号。崇文菜市场依托物美公司多点销售平台，在各个销售节点开展促销活动。大北公司永定门饭店通过线上扩大客源，线下提供优质服务，促进企业销售增长。东方奥天公司利用电子商务平台开展各类主题促销活动，增加网上商品种类。便宜坊集团利用团购、外卖、支付宝等平台，扩大网上销售额，并与银行合作，持续开展线上促销活动。崇远系统实现电子商务销售9958.58万元。制发《经营性资产管理规定》《经营性房屋出租管理办法》《房屋租赁合同范本》《经营性房屋出租价格指导意见》，规范企业房屋出租行为，明确区域租金指导价标准，保证企业出租房屋经营范围符合《北京市新增产业禁止和限制目录》和《东城区产业指导目录》规定，新签房屋租金单价水平增长10.04%，房屋租赁收入增加923.81万元。检查网点3.6万余处次，出动人员3.3万余人次。完成国资委下达的疏解任务，涉及网点16处，建筑面积1203.91平方米，影响人口73人。崇远公司制订“1357”总体发展战略，即一个战略目标、三大主营方向、五大管理中心、七大业务板块，以及五年发展规划，明确各阶段重点任务及具体举措。调整行政领导班子成员分工。将党建要求纳入公司章程，落实党组织在公司法人治理结构中的法定地位，召开党建工作部署会，传达贯彻全国国有企业党建工作会议精神，要求各权属企业把加强党的领导和完善公司治理统一起来。具备条件的33家国有及国有控股企业，全部完成章程修订和备案。修订《崇远公司“三重一大”决策及报告实施细则》《董事会议事规则》《经理办公会议事规则》等规章制度，制订《委派董事、监事管理办法》，以及人事、财务、行政、资产监管、安全维稳等方面共计15项管理制度，形成《制度汇编》。根据区委第四巡察组反馈意见，制订44项整改措施。崇远公司系统内党员577人、44个法人在职党组织完成双报到工作，到驻地街道、社区参与共建。公司党委理论学习中心组学习12次，组织全员培训45期，干部职工2600余人参加。召开专题会和经理办公会85次。召开职工大会，选举公司职工董事1人、职工监事2人。组织57个在职党支部与78个社区低保家庭结对帮扶。评选表彰区国资委和崇远公司先进基层党组织18个、各类先进146人。实现营业总收入21.32亿元，完成年度预算的105.41%，实现利润总额1.36亿元，完成年度预算的110.26%，上缴税利总额1.63亿元，净资产收益率3.46%，国有资本保值增值率为102.32%。

（初祺）

【建远公司】北京建远投资经营有限公司（简称建远公司）内设党委办公室、行政办公室、纪检监察室、财务

5月，崇远公司举办全员培训（崇远公司提供）

部、审计部、投资经营部、资产监管部7个部室，有员工1200人。

2018年，建远公司监管企业北京正阳恒瑞置业公司(简称正阳恒瑞)竣工交用3728套经济适用房，与2638户业主签订预售合同，收购房款9.45亿元，2453户业主办理入住手续。正阳恒瑞负责开发建设通州、两站一街E5、E6东城区定向安置房项目（简称项目）；竣工验收对接安置房1328套；完成《E5、E6地块东城区旧城保护定向安置房A6组团规划方案优化调整的规划意见复函》《北京市规划和国土资源管理委员会建设工程规划核验（验收）意见》等项目前期手续。正阳恒瑞代建景山学校通州校区项目和东城区文化活动中心项目，取得景山学校通州校区项目施工登记意见函，完成小学部、初中部、食堂主体装配式钢结构安装工程、地下车库主体结构、高中部、体育馆、艺术楼、图书馆、实验楼基础工程；完成用地规划许可证、建设工程项目建设书（代可行性研究报告）的批复、施工登记意见函及告知书等项目前期手续。完成区文化中心项目主体施工、红线内市政管线、道路广场、景观造型等。正阳恒瑞负责北新桥和前门街道百街千巷环境整治提升部分工程；完成东直门北小街片区及跨安定门街道沿街改造工程，通过验收；完成奋章胡同、东八角胡同项目。东城区重启宝华里危改项目，控股企业北京宝华地产有限公司成立60余人组成的项目指挥部，区政府专题会、区委常委会通过《北京市东城区宝华里危改项目拆迁补偿安置实施办法》，调整项目拆迁许可证，筹措资金与对接房源，调整按月发放回迁居民房租补贴，设热线电话解答居民问题，配合街道、社区，走访慰问困难群众。控股企业建新市政公司承建东城区次支路建设项目21个，其中续建2016年项目11个，续建2017年项目7个，新承接项目3个。正义路南延南段和定安里中街完工通车。革新南路、文化中心北侧路完成施工。西晓市街、夕照寺中街、长青南路、龙潭路东段、法华寺路、自然博物馆北路、北极阁头条、后椅子胡同8条道路在建施工。安乐林路、文化用品公司东路、革新中街、刘家窑路、手帕胡同、夕照寺东西线6条道路实施拆迁征收。景泰路、沙子口路和党校西侧路进行项目前期可行性研究调研。直管企业北京红桥市场有限责任公司以党建为引领，打造和建设红桥珠宝、趣质生活、“非遗”走进红桥市场等项目；党建示范点接待各类会议、活动、参观300余场，3万余人次；完成35次外事接待，330余人次，收到市、区商务委就中非论坛接待服务保障工作发来的感谢信；作为北京国际设计周分会场，举办珠宝设计、非遗设计、电商产品及文创品牌专题活动13场；开启电商直播营销平台；参加首都国企开放日、区委宣传部、市商务系统专题拍摄等庆祝改革开放40年系列活动；红桥市场获市安监局颁发年度安全文化建设示范企业、中宝协行业市场开拓奖、北京市三八红旗手等荣誉。监管企业北京天元时尚商业文化有限公司建设创意驿站，以区产业政策为导向，清退企业9家，新引入企业10家，入驻率100%，获区产业扶持项目补助资金20万元。建远公司健全安全生产管理体系，制订《安全生产责任分区制》，修订完善《安全生产“党政同责、一岗双责”暂行办法》《安全生产委员会及工作职责》《带班值班工作制度》。开展三大行动回头看、全国“两会”、防汛、中非论坛等专项检查，出动检查人员3.35万人次。坚持党建引领，履行党风廉政建设主体责任，召开党委会17次，讨论、决策涉及三重一大事项议题近60个，组织集中学习、专题读书会、中高层干部管理培训班，600余人次参加。推进企业三大核心板块建设，提升国有资产运营管理能力，修订完善《北京建远投资经营有限公司系统内各企业派出董事监事管理办法》，出台《建远系统国有企业房屋出租管理办法》，与崇文新世界地产公司签订《合作合同》《章程》，收回经营成果2.74亿元，实现国有资产保值增值。建远公司总资产190.25亿元，净资产28.1亿元。实现利润3.53亿元，实际上缴税金1.18亿元。上缴国有资本收益500万元。

（王楠）

12月，建远公司权属企业红桥市场获奖（房文娟摄）

【东方信达公司】北京东方信达资产经营总公司（简称东方信达）内设11部1室，即战略管理部、资本运营部、房产管理部、股权管理部、财务部、审计部、人力资源部、党群工作部、纪检监察部、安全保障部、退管部、办公室。公司本部在岗员工52人。

2018年，东方信达打造楼宇平台公司，制订国有资本投资运营公司实施方案。落实国资委《关于理顺产权关系和清理劣势企业工作的指导意见》，清算注销东信厚德。筹划完成“地坛文化庙会·高雄之旅”活动。参股企业园区新增面积约4.5万平方米，园区运营面积超过17万平方米。解决东四七条114号产权权属证明。实施地铁五号线东四站A区、B区和C1区招商与运营。交还安外大街10号由歆凯通经营的人防工程至区人防中心。超额完成区国资委下达的疏解整治促提升各项工作指标，获区年度疏解整治促提升专项行动表现突出集体和个人通报表扬。加强权属企业管理，组织成立调研组，分两阶段分析研究参股企业华章东信大股东更换后股权、债权、物权情况。向华章东信发函5次、召开股东沟通会5次、发律师函2次，上报区国资委协调经侦立案。处置华章东信较大亏损、风控机制不健全、大股东违规挪用资金等问题。将参股企业亚泰永安堂党组织由党委调整为党总支，选派党组织负责人兼董事、副总经理，参与经营管理，保障股东合法权利。疏解房产4处，面积2720平方米，人口53人，分别完成区国资委下达指标的130%、125%、122%。再利用疏解房产，与物美、仁和药业、顶新集团等企业签订战略合作协议，开设品牌连锁店和社区服务站12家。受托管理东城区人才创新创业引导基金，子基金创客基金协议投资项目16个，协议投资金额5260万元。维护创投基金日常管理，跟踪项目投后运营情况。创投基金累计投资项目16个，投资金额1.78亿元，收回投资660万元。完成创投基金持有的礼多多股份换购上市公司黑芝麻股票。影视基金退出，完成合伙期限变更。督促全资控股企业完善《房屋出租管理办法》，启用房产数字化管理系统和房产管理系统手机APP，实现全系统房产信息同步更新。组织华龙街物业、保利信物业和京教物业交流研讨，制订服务提升方案并分步实施。控股企业王府井置业发展推动代建、物业、出租三大主营业务，北二环、弓箭大院租金增幅分别超过30%、10%。全资企业东信空间解决大栅栏商贸公司、河沿文化发展中心等单位8000余平方米房产转租及长租期、低租金问题；在安德路乙61号院5号楼合同尚未到期且无违约的情况下，完成租金上调42%；运用法律手段，解决社会租户欠租和改制企业合同到期后拒签合同并无偿占用问题；新签合同租金平均增幅达40%以上。东方信达落实党委主体责任，领导干部理论中心组学习21次，召开党委会21次，听取、讨论议题145项，年度工作交流研讨2次，三重一大事项必须经党组织研究讨论后，再由董事会或经理层依企业章程履行程序。强化党建主体责任，按区委第三巡察组开展“四风”问题专项巡察工作反馈意见，及时研究部署，开展整改工作。做到党风廉政工作与企业各项工作同研究、同部署、同落实、同检查，逐层逐级签订2018年党风廉政建设责任书。制订《东方信达干部选拔任用管理办法》，修订《东方信达全资控股企业负责人薪酬和考核办法》。公司内部岗位交流11人次，调整外派董事、监事43人次，提拔权属企业领导班子成员1人，招聘青年中层管理人员1人。调整企业管理一部、企业管理二部为房产管理部、股权管理部，增强针对性及专业化水平。组织开展春节喜乐会、美在新时代、青年大学习等群团活动及老干部、妇女、统战、保密、首都精神文明单位创建工作，构建大党建工作格局。制订下发《2018年东方信达系统安全生产工作要点》。在全国“两会”、防汛、中非论坛北京峰会等重大活动期间，召开专项工作部署会。执行24小时领导带班值班制度，累计驻岗值班128天、512人次。制订安全生产检查工作方案，公司领导带队，安全检查餐饮、酒店宾馆、电动自行车、地下空间等，出动检查人员506人次，查出安全隐患135处，全部完

12月31日，东方信达组织地坛文化庙会·高雄之旅活动（东方信达公司提供）

成整改。全系统累计检查出租房产2135处，出动检查人员3063人次，查出安全隐患356处，全部完成整改。妥善处置版权交易中心会员闹访事件。公司领导、企业领导、各级分管领导、各部室负责人层层签订《安全生产责任书》，细化落实安全生产责任。修改完善《东方信达安全生产管理办法》中安全事故隐患排查治理条款。落实安全生产工作报告制度，公司主要领导在重要会议上专题研究和工作部署42次。每季度召开安全生产信访维稳工作例会，并向党委会、经办会、董事会汇报工作开展情况。在系统内开展培训演练70余次，1500余人次参加，发放消防宣传挂图500余张，推送宣传信息500余条。实现绝对安全、万无一失安全总目标。接待信访159人，上报预警信息38条。全年营业收入约8.32亿元，利润总额8705万元，实现净利润6654.50万元，上缴税收约7600万元。资产总额29.38亿元，净资产约15.94亿元。

（韩晶晶）

1月21日，东方置地拆除王府井地区违法建设（魏唯达摄）

【东方置地公司】北京东方置地投资发展有限公司（简称东方置地）内设党群工作部、纪检审计部、综合办公室、人力资源部、财务管理部、经营管理部、投资发展部、合同预算部、项目管理一部、项目管理二部10个部室，有在职职工67人。

2018年，东方置地开拓静态交通、商业街区运营、科技园运营、市政基础设施建设四大新业务板块。投标获得第一人民医院、特教学校、青少年科技馆、南新仓遗址公园、朝内21号停车场5个项目代建资格，其中第一人民医院已开工建设。全年房屋建筑累计开复工项目9个，建筑面积1.46万平方米。竣工交付配餐中心、教师研修中心等8个项目，累计竣工面积1.23万平方米。存量房出租收入超额完成预算指标。房改房销售集中签约175户，收取房款1045万元，超额完成年初预算的30%。在2017年竣工验收百街千巷环境整治提升工程473条街巷基础上，中标全过程咨询服务，负责17个街道工程总代建任务，包括8条大街28条背街小巷，开工率超75%，总体完工比例达57%（其中安定门街道工程完工比例已超70%）。承接和平里街道整治提升工程全过程管理工作。启动王府井地区拆违封堵工程，拆除违规广告牌匾1.05万平方米、违法建设1.03万平方米。投标取得隆福广场项目代建资格。金鱼池二期西土地一级开发项目涉及待拆房屋面积1190平方米。签约产籍户33户，面积697.96平方米。出资450万元成立北京东顺达静态交通运营管理有限公司，接管87条道路5731个路侧车位。与北京农商银行合作，取得信用额度3.2亿元，可用于东城区静态交通运营管理业务。权属企业燕厦物业各类安全检查17次，监督落实安全隐患整改83项，完成各项经济预算指标，保证近100万平方米小区住用安全，物业管理平稳运行，完成第三十五届龙潭庙会周边停车管理，统一施划所管辖的路侧停车场车位，取得职业健康安全和环境管理体系认证。权属企业东创空间超额完成收入预算指标，新签、续签合同42份，年度出租率达到94.8%，完成改造食堂燃气、更新院落电动伸缩门、西北辅楼楼道塑钢窗加固等5项工程，增加园区监控探头至36个，实现无死角、全覆盖，提升楼宇服务水平。持续加大对华威西里、安定门96号、菊儿小区等已腾退地下空间的安全巡查，均未出现人员回流现象。制订《办公楼电动车充电管理规定》，规范电动车停放及充电管理。组织开展火灾防控、中非论坛火灾防控等7个专项行动。颁布施行《安全生产“党政同责、一岗双责”暂行办法》。全年未发生安全生产责任事故。办理信访事项43起，结案41起，结案率95%，排查、上报信访隐患2

次，未发生群访事件。学习贯彻习近平新时代中国特色社会主义思想，每月至少组织理论中心组学习1次，全年累计学习中央、市委、区委关于全面从严治党等各类文件34个。组织全体班子成员研读“习近平治国理政”和“三十讲”，撰写学习体会，将理论学习落到实处。组织党员参观廉政教育书画展、“真理的力量—纪念马克思诞辰200周年”主题展览等主题教育活动12次，志愿服务活动3次，学习廉政文件13个，累计参与近400人次。与各部门及权属企业签订个性化党风廉政建设责任书14份。制订出台《党总支工作规则》及关于战略、人才、合同管理和企业文化建设的《四个意见》，修订完善《“三重一大”事项决策制度实施办法》。聘用一级员工主管7人，选拔聘任中管干部7人，选派优秀干部4人下沉权属企业加强党建工作。利山中路竣工交付，办理结算审计。与歌华集团、启迪桑德、京诚集团达成合作设立中关村东城园运营管理平台公司意向，并就打造青龙文化创意街区提出具体工作安排，完成青龙胡同环境整治工作。全年完成营业总收入9337.22万元，实现利润总额775.86万元，缴纳各项税费1086.11万元，公司资产总额4.41亿元。

（魏唯达）

【佳源公司】北京佳源投资经营有限责任公司(简称佳源公司)内设财务部、监察审计部、工程管理部、预算合同部、前期规划部、经营管理部、党群人事部、综合办公室8个部室，有职工63人。

2018年，佳源公司豆各庄保障性住房建设项目规划建设用地40.5公顷，规划总建筑面积151万平方米，其中地上113万平方米，住宅建筑面积102万平方米，可建设住宅1.25万套。在土地手续办理中创新工作思路，以分割土地方式将未收储地块划分出去，按分期形式办理，原豆各庄中学向新建中学搬迁并开学。朝阳土储中心与朝阳教委国资中心签订《朝阳区豆各庄中学拆迁框架协议书》。取得渠西大部分地块《国有建设用地划拨决定书》。取得渠西地块2-06#、2-07#住宅楼《建设工程规划许可证》，为后续工作奠定基础。新开工楼栋2号地2-02#、2-04#住宅楼、4号地4-07#、4-08#、4-09#住宅楼，5号地5-02#、5-05#、5-07#、5-08#住宅楼，可提供房源2849套。竣工楼栋2号地2-07#住宅楼，具备居民办理签约入住条件。新施工楼栋2号地2-08#、2-09#，4号地4-01#、4-02#、4-03#、4-04#、4-05#、4-06#。4号地4-07#、4-08#住宅楼按计划进行结构施工；4-09#住宅楼主体结构封顶。5号地5-01#、5-02#、5-04#、5-05#、5-07#、5-08#住宅楼按结构施工。新开工26.65万平方米，按期完成市区折子工程，累计开工129.54万平方米。竣工3.19万平方米，累计竣工35.39万平方米。在施工77.04万平方米。豆各庄1号、2号、4号地块可提供定向安置房源4432套，其中对接916套，累计对接3658套。豆各庄3号地经适房项目，6栋住宅楼1914套经适房，累计办理居民入住1840户。豆各庄3号地经适房项目部分居民无法办理入住是2017年居民信访诉求突出问题。2018年再次为该项目居民开通预售网签系统，62户居民办理签约入住手续。通州土桥项目用于对接望坛棚改居民。佳源公司与北京城建兴瑞公司合作，妥善解决望坛棚户区改造项目居民诉求，提供130套租赁用房。佳源公司为此放弃部分企业利益，完成房源对接及首批54户居民承租入住。所属燕华公司作为实施主体实施天坛周边简易楼腾退项目、新中西里20-22号简易楼腾退及环境整治项目。天坛周边简易楼腾退项目进入收尾阶段，强执13户、签约14户、拆除3栋简易楼，累计签约2356户，搬家交房2330户，对接房源入住3520套。新中西里简易楼腾退项目完成72户居民签约、107套选房、结算周转金及补偿款3.39亿元，完成3栋简易楼拆除及渣土清运。所属燕华公司完成东直门、东四、朝阳门等5个地区拆违封堵面积约1.32万平方米；完成永外街道环境整治提升工程道路重新铺装5万平方米，立面修复16.8万平方米，新增和补植绿化面积4100平方米，增设阻车桩1100个，修缮市民体育文化休闲场所2处，增加共享单车停放点60余处，新增和规范机动车停车位600余个。完成通信架空线及新建管道入地街巷共602条，超额60%完成既定目标。所属晟世鸿承物业公司搭

9月10日，区领导考察佳源公司豆各庄项目（王修仁摄）

建绩效考核体系，精减人员，提高工作效率，降低人员成本支出。东屿物业开发电梯广告项目，改造地库节能灯、电表、消防主管道阀门等13个项目，节省经营成本，实现盈利231万余元，各项成本费用与2017年相比减少约723万元，总体减幅23.1%。佳源公司党总支落实主体责任，召开党总支委员会议18次，中心组理论学习22次。完成党组织和党员双报到及党支部换届。组织共产党员献爱心，捐款2400元。发展党员1人。完成干部选拔、职工代表选举等工作。发挥党组织引领作用，推进党建工作与业务工作相融合。制订《佳源公司2018年党风廉政建设和反腐败工作要点》，逐级签订《党风廉政建设责任书》《廉政承诺书》，纳入全年整体工作同安排、同部署、同落实、同检查、同考核。在全系统加强廉政风险防控体系建设，严肃查处为官不为、为官乱为及群众身边的不正之风和腐败问题。运用监督执纪四种形态，加强党风廉政宣传教育和廉政提醒。将内审与纪检监察工作紧密结合，监督体制、内审机制贯彻业务工作始终。搭建内控体系，编制《项目开发流程手册》，夯实管理基础，提升管理水平。全面推行预算管理，强化对前期设计、工程项目、销售经营等重要环节的成本控制与监督，编制完成《高层建筑工程技术标准》。建立完善暂估材料设备品牌库，形成暂估材料名录。制订完善《安全“四有”工作考核制度》《安全生产标准化管理制度》。建设档案电子化系统，形成电子化工作新模式，将近14万卷纸质档案扫描形成电子档案，基本实现档案信息化收集、整理、归档、统计、查阅等功能，为逐步提高电子档案管理水平奠定基础。

（王兰）

【京诚集团】北京京诚集团有限责任公司（简称京诚集团）内设党委会、董事会、经营层，内设党委工作部、纪检监察部、行政办公室、工会、财务部、审计部、房产经营部、工程管理部、企业发展部、物业管理部、人力资源部、安全保卫部、策划投资部、信息技术部、法律事务部、信访室、督察室17个部室，下属23个具有独立法人资格子公司。有在职职工1338人，退休职工5004人。

2018年，京诚集团与京宏公司整合重组后，通过承接政府购买服务项目，管理直管公房建筑面积273.27万平方米，其中平房110.93万平方米、楼房162.34万平方米，居民5.69万户。直管公房租金应收尽收，全年实收平房租金5038.88万元，收缴率99.7%；实收楼房租金712.15万元，收缴率99.5%。规范更名、房改售房办理程序和流程，办理各项变更手续 2182件（翻建、其他），完成不动产登记事项295件，受理本管界售房264件，外管界售房287件，标准价改成本价售房9件。确定房屋管理重点环节，落实集团《经营管理工作考核方案》，考核管房单位11个、管理员61人，规范房屋管理制度、流程与标准。投入使用集团直管公房流程管理系统，监控直管公房租赁变动手续审批过程，保证时效性和全程留痕。完成可经营性房产运营管理平台建设。严格管控直管公房转租转借，未发生回流与新增。全年清理172户，影响人口487人。清理整治“居改商”，完成590户任务指标。向天街集团移交带户直管公房租赁合同和计租表1024户，占比97%；移交空置房屋91.5间。承接交道口、东四、建国门、北新桥、安定门等平房地区物业服务项目，总服务面积88.5万平方米、293条胡同。配合各街道办事处推进违法建设拆除、百街千巷整治、流动人口管理、卫生环境整治等各项工作。承接南锣鼓巷蓑衣、福祥、雨儿、帽儿4条胡同老城保护修缮整治项目。以雨儿胡同为试点，探索“共生院”改造路径，改造提升30号示范院，拆除自建房57处，面积1040.94平方米，清理院落公共空间。台基厂三条5号院74户居民全部签约，100%搬迁腾房。东堂子胡同4号、6号文物修缮，9户居民中8户签约腾退房屋，剩余1户已诉至法院。育芳胡同8号住宅翻改建项目完成地下部分结构施工。启动金鱼池中区3号楼危楼腾退项目，北京制帽厂职工7户16人全部签约腾房。清华寺文物保护腾退项目、草厂三条至十条风貌恢复工程有序推进。完成东华门、景山地区6栋简易楼72户居民腾退工作，达到4个100%，即申请比例100%、预签约比例100%、搬家交房100%、居民选房100%。天坛东里北区1—8号简易楼腾退完成签约291户、强制执行未签约5户，共计交房296户，实现“清零”计划。制订李村东里17号、18号简易楼解危改造方案，各项前期筹备工作有序推进。西河沿危改项目取得东区地上部分规划许可证，西区实现结构封顶，东区现场达到三通一平。完成胡家园老旧小区综合整治节能改造、供暖设施用房、热力管线改造，开工建设社区居民综合服务用房及地下车库。落实防汛部署，以危旧房屋和低洼院落为重点，实施雨前排查、雨中巡查抢险、雨后复查维修，组建16个汛期查房小组，投入3715个工日，备勤7356人次、巡查平房2.58万间次、楼房1961栋次；苫盖房屋1720间；疏通排水、抽水14处，应对强降雨，保障居民住用安全，实现了“两不两少”（不塌房、不死人，少漏雨、少投诉）防汛目标，获得北京市防汛抗旱先进集体称号。组建28个修缮服务小组，投入4769个工日，开展冬季查房，实查平房7.77万间，占应查间数的99.56%，楼房674栋，占应查栋数的100%。直管公房平房修缮完成大修346户，中修394户；改造560处直管公房坑洼院落，超计划完成510处任务指标。中修完成附柁4架、附檩525根、附柱54根、墩接柱147根、拆砌山檐墙50个、瓦房屋面维修3558间、屋面维修灰房及平顶房1584间、平房三项改

11月12日，京诚集团举办消防安全演练暨技能比赛（张红红摄）

善226间、局部挑顶131间；完成零维修1.07万户次，及时率100%。对直管公房电梯、配电系统、生活供水、消防设施安全运行进行6次抽查和3次大型联合检查，涉及电梯246部次、配电室19间次、饮用水及消防水泵房9处，消除安全隐患，维修设备设施，整改26栋直管公房防雷装置。全年安全运行无事故。强化管理、规范服务，加强队伍建设，提升工程项目管理水平。修订制度25项，新增制度2项。绩效考核管理办法在集团本部及全资二级企业中正式实施。举办业务培训47项，培训干部职工2244人次，组织考试29次，825人次参加。压缩管理层级，清理、注销小企业61家，6家保留企业中4家完成工商登记注册，17家暂保留企业中2家完成工商变更，35家应注销企业中19家完成工商注销登记，3家待剥离企业正在协调办理。全年办理各项督查132件，督办落实党委会、董事会及董事长关注事项34项，统一网格案件办理标准，接收区网格中心派发案卷4018件，批转办理3029件。办理各级专项督查132件，网格平台案卷3029件；受理群众来信、来访、来电1253件751批1033人次；办理市、区人大代表建议、政协委员提案、民主党派提案24件，办结率100%；办理诉讼案件141件。受理各类法律事务咨询305人次，审理各类合同169件。成立以主要领导为组长的安全生产工作委员会，加强安全培训、安全教育、安全管理，将措施落实、事后检查、安全排查、风险防控等方面工作落到实处。做好春节、全国“两会”、国庆、中非合作论坛等时间节点和重大活动安全保障工作，集团领导带队，出动人员1.23万人次，检查重点部位7753处，查出隐患444个并全部整改，实现安全生产零事故，安全形势总体稳定。全年实现收入总额5.64亿元，社会贡献总额4.25亿元，完成区国资委下达的经营收入指标。

（朱菲）

东城区国资委系统公司负责人

北京天街集团有限公司

董事长、党委书记　　李　桦

总经理　　李　军

北京崇远投资经营公司

董事长、党委书记　　高　琦

总经理　　李润杰

北京建远投资经营有限公司

董事长、党委书记　　陈　艳（女）

总经理　　李永强

北京东方信达资产经营总公司

董事长、党委书记　　彭　湘

总经理　　邹宜凡

北京东方置地投资发展有限公司

董事长、党总支书记　　张　跃

总经理　　刘海江

北京佳源投资经营有限责任公司

董事长、党总支书记　　丁文理

总经理　　王晓彤

京诚集团有限责任公司

董事长、党委书记　　赵春军

总经理　　曹国庆

烟草专卖

【概况】东城区烟草专卖局（公司）为烟草专卖行政主管机关（简称东城烟草），内设办公室（安保科）、专卖监督管理科（专卖稽查支队）、内部专卖管理监督派驻办公室、营销网建科、财务科、人事科、监察科（政工科）、法制科8个科室。编制95人、实有97人。

2018年，东城烟草坚持三会一课制度，各支部建立党建宣传阵地，各党小组组织特色学习活动。党风廉政建设明确一岗双责。修订《党组“三重一大”决策制度》《科级干部问责规定》等制度。召开民主生活会、副科级干部专题组织生活会，分析问题，开展批评与自我批评。开展专项抽查3次，任前廉政谈话8人，发放廉政提醒信5封，办结区纪委监委反馈案件线索4件，对个别干部出边、出格行为，运用四种形态执纪问责，诫勉谈话3人，批评教育2人。建设质量体系，明权责、理流程、定标准。建立责任清单、权力清单和负面清单。梳理立案、调查取证、审查决定、送达执行4个阶段典型执法风险点22个。整理《制度文件汇编》，收录文件519个。组织内部培训45项，参培1888人次，100学时，参加外部培训77项，参培154人次，231学时。组织副科级以上（含非领导职务）干部27人参加普法教育活动。全年上报精益项目1个，QC课题13个，其中营销网建科课题《创新盘库新方法》获市局三等奖，《提高现代终端数据准确率》获北质协QC小组成果三等奖。在全市专卖管理现场会上做讲程序、重证据、办铁案主题发言。组织召开东城烟草（公司）企业管理现场会，营销部门展示企管工作成果。获北京烟草纪念改革开放四十周年歌咏比赛优秀成绩。2018年，烟草销量3.18万箱，同比降低1.2%；单箱结构3.44万元，同比增长2.8%；实现利税2.22亿元，同比上升0.43%。立案202起，查获总烟量329万支，完成全年目标的126%，其中假私烟151万支，完成全年目标101%。

（梁明珠）

【查获案件】1月25日，东城烟草通过市场监管过程中搜集到信息，在鼓楼地区一家以经营电子游戏及周边产品为主的零售店内，查获当事人李某涉嫌违法的Marlboro（MINT）、Marlboro（MENTHOL）、Marlboro（SMOOTH REGULAR）等加热不燃烧卷烟8个品种23条。此案件是东城烟草查获的首起销售加热不燃烧卷烟案件。5月18日，东城烟草在一家零售户经营场所暗格内，查获假烟、走私烟和非渠道卷烟计23个品种，1.18万支，涉案金额2万余元。梳理立案、调查取证、审查决定、送达执行4个阶段典型执法风险点22个。

（梁明珠）

【联席座谈会】1月12日，东城烟草与东城公安分局召开联席座谈会，两单位分管领导和科长6人参加会议，研究2018年打假打私工作重点，达成依法行政、共同惩治、深化合作、无缝衔接共识。

（梁明珠）

【宣传活动】5月15日，东城烟草联合东城公安分局、工商分局等单位，开展“5 · 15”预防经济犯罪主题宣传活动。发放宣传资料、公布“12313”举报电话、展示图片，开展技能教学、法律咨询等活动，倡导消费者参与举报涉烟违法，共同维护卷烟市场经营秩序。发放宣传资料300余份，接受咨询40余人次。6月29日，东城烟草将专卖法、实施条例及专卖法小知识等发布微信群、OA门户等平台，走访零售户20余户，送法入户，告知“12313”举报投诉电话，发放普法宣传手册。

（梁明珠）

【控烟专项检查】5月31日，进行控烟专项检查。东城烟草检查售烟网点是否做到“三有一无”（有醒目的禁止吸烟标识，有不向未成年人售烟标识，有控烟举报投诉电话，无附烟草广告的宣传物品）。督促零售户按照要求粘贴标识、摆放“两员”公示牌，不符合要求的督促整改。同时检查零售户许可证有效期状态，排查学校周边100米内控烟情况，均无违规问题出现。

（梁明珠）

【专题培训】5月25日，东城烟草组织全体行政执法人员“七七工作法则”专题培训。“七何七证”即询问笔录7个构成要素和案件调查需要固定的7类证据。“七何”即何时、何地、何人、何事、何故、何情、何物，“七证”即书证、物证、视听资料、证人证言、当事人陈述、鉴定意见、检查（勘验）笔录。

（梁明珠）

工业　建筑业

保障房建设施工（刘艺萌摄）

综　述

工业运行兼顾稳增长调结构。2018年，东城区围绕京津冀协同发展战略，执行《东城区产业指导目录》，抓好产业调整疏解，推动产业经济提质增效和转型升级，文教、工美、体育和娱乐用品制造业、医药制造业两大重点行业累计实现工业总产值123.4亿元，同比增长0.9%，其中文教、工美、体育和娱乐用品制造业同比下降2.3%，下拉全区工业总产值下降1.4个百分点；医药制造业同比增长10.8%，拉动全区工业总产值增长2.1个百分点。

建筑业房地产开发稳步发展。2018年，全区房地产开发投资同比增长176.3%。各建筑企业单位开展“不忘初心、砥砺前行、苦练技能建新功”职工技能大赛，弘扬大工匠精神，鼓励员工钻研业务、磨炼技术、爱岗敬业、岗位成才。同时，开展法律知识讲座，提高员工法律意识，维护企业合法权益。（赵伟芳　孙丽娟）

工　业

【概况】2018年，东城区规模以上工业企业实现工业总产值174.9亿元，增速-12.6%；实现营业收入180.9亿元，增速-18%；利润总额10.6亿元，增速-27.2%；资产总计196.11亿元，增速-17.4%；地区工业生产总值40.6亿元，增速-0.4%。

（李瑞芬）

【金漆镶嵌公司】北京金漆镶嵌有限责任公司（简称金漆镶嵌公司）内设生产经营部、财务部、党政办公室、总工艺师室4个部室；下设英明斋、艺俱轩、物华苑、天宝楼、金漆艺术馆、金漆镶嵌奇石馆、金漆宫、燕京八绝艺术馆8个连锁经营门店；古艺苑、艺俱轩、古润坊、漆宝斋4个生产部门，有职工202人。

2018年，金漆镶嵌公司参加工美杯北京传统工艺美术大赛，金雕漆乾隆御题燕京八景图屏风被认定为北京传统工艺美术珍品；金髹断纹春秋之韵屏风获银奖；百宝嵌玉景鸣春屏风、红木边百宝嵌海屋添筹座屏、雕填工艺古韵汉风桌椅、脱胎漆器福禄万代摆件和漆瓶系列获铜奖。为中英两国元首会晤、中非合作论坛北京峰会提供多件金漆镶嵌工艺精品，其中：金髹海屋添筹屏风入选钓鱼台国宾馆接待陈设，大型精工花卉九围带帽屏风摆放在钓鱼台国宾馆芳华苑，彰显中华民族文化深厚底蕴和大国风范。举办“金漆镶嵌·六一亲子节活动”，小朋友40余人在工艺美术大师指导下绘制漆盘，体验金漆镶嵌传统手工技艺。联合中国工艺美术协会、北京非物质文化遗产保护中心等单位，举办改革开放40年中华漆艺成果展，展出来自全国各地近100件漆艺精品。在中国工艺美术协会第三届漆器专业委员会换届大会上，金漆镶嵌公司当选漆器专业委员会主任委员单位，董事长柏德元当选委员会名誉主任，总经理柏群当选委员会主任。接待多项考察调研，其中，国家级、市级民委领导20余人，到金漆镶嵌公司考察调研：筹建中的燕京八绝文化体验中心（大厂）接待拉脱维亚、西班牙等国家外交官参访体验团：河北省宝鸡市副市长一行10余人，考察调研大厂生产基地；东城区文化委组织心手相传系列活动之示范基地欣赏非遗活动，社区居民80余人到大厂生产基地参观金漆镶嵌制作技艺；第三届廊坊市旅游产业发展大会期间，国家和省市领导以及各界嘉宾3000余人调研、参观金漆镶嵌公司大厂生产基地，出席大厂燕京八绝博物馆开馆仪式。参加多项展会活动，其中，参加“弘扬经典铸造辉煌”——年度中国当代工艺美术双年展；参加第五届中国非物质文化遗产博览会；参加第十三届中国北京国际文化创意产业

6月16日，金漆镶嵌公司举办改革开放40年中华漆艺成果展（宋江摄）

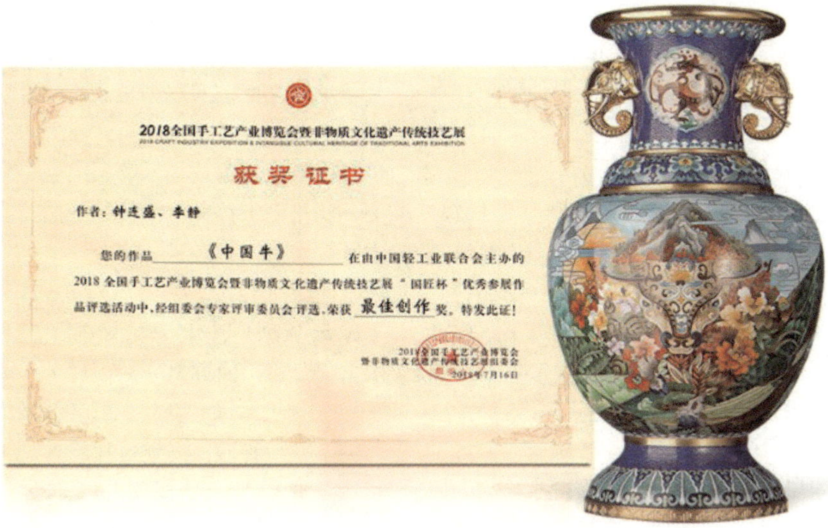

珐琅厂为中国改革开放40周年制作献礼作品铜胎掐丝珐琅瓶中国牛获奖
（白洋摄）

博览会。

（张卓凌）

【北京市珐琅厂】北京市珐琅厂有限责任公司（简称珐琅厂）内设党政办公室、人力资源部、财务部、策划部、公共服务部、设计部、销售部、生产制作部、资产保卫部、商品部、出口部11个部门，有员工187人。

2018年是中国改革开放40周年。珐琅厂设计制作铜胎掐丝珐琅中国牛，作为献礼礼品，制作周期2个月。作品总高40厘米，以牛为主视觉元素，以青山绿水与花团锦簇为主画面，青山化作牛背，体现中国不屈的脊梁，绿水化作牛角，祖国上下一片生机盎然，瓶颈两侧象耳装饰，寓意万象更新、天下太平，该作品获2018年全国手工艺产业博览会暨非物质文化遗产传统技艺展国匠杯优秀创作奖、百花杯中国工艺美术精品奖金奖。珐琅厂承接的中央政府赠送宁夏和广西礼品《美丽宁夏》《八桂飘香》设计制作任务，制作周期4个月。《美丽宁夏》以宁夏回族自治区黄河蜿蜒流转为整体构图，远处沙漠和古代丝绸之路，与近处塞上江南美景相互映衬，展现宁夏深厚文化历史积淀和新时代长足发展。《八桂飘香珐琅瓶》选用桂林山水、友谊关、防城港港口等广西壮族自治区标志性景点作为主视觉图案，底纹采用壮锦纹，12颗镶嵌宝石代表广西有12个民族同胞。2件礼品被破例留下厂名落款。珐琅厂申报的国家艺术基金景泰蓝艺术创作人才培养项目，历经两年，通过审核并批复立项。在网络、报纸、微信等媒体发布举办研修班通知，有110余人报名。经金属专业企业推荐、资格初审、专家终审、录取名单送国家艺术基金管理中心报备等环节，综合考量学术水平、地域分布、学科类别、年龄层次等，择优录取来自全国各地金属企业以及高等院校35人。培训时间4个月。聘请以原中央工艺美院院长常沙娜为代表的专家教授10余人为授课教师。在中国景泰蓝艺术博物馆展出学员创作作品50余件。作品遵循传统，体现创新，具有很高的艺术性和观赏性，景泰蓝行业专业人士点评学员作品。培训期满，成绩合格学员名单录入国家艺术基金人才库，颁发结业证书。珐琅厂与文化和旅游部、恭王府博物馆、国艺源公司联合主办"丝路撷珍——铜胎掐丝珐琅艺术大展"，展示丝路珍宝景

11月，首届中国国际进口博览会在上海举办，北京市政府赠送由珐琅厂制作礼品，景泰蓝壁画"三山五园"摆放在主会场过厅（北京珐琅厂提供）

泰蓝前世今生，特别展现新中国成立后景泰蓝发展历程，展出近200件景泰蓝艺术佳品，包括元明清高仿精品、名师名作及二十世纪七十年代产品，展览期间接待全国各地游客、市民及景泰蓝爱好者计10万余人次，体验技艺制作3000余人次。在首届中国国际进出口博览会上，珐琅厂制作的景泰蓝大型壁画“三山五园”摆放在主会场过厅。该作品与清华大学美术学院设计团队共同研发设计，高3.2米、长4.3米，高级技师100余人在40天制作工期内完成。壁画结合传统工艺与当代设计理念，以简约、象征的表现手法，清新、舒缓的色彩语言，勾勒出传统文化与现代城市风韵相蕴蓄，人与自然、文化和谐共融，柔和的色彩体现构建人类命运共同体主旨。珐琅厂举办第五届景泰蓝皇家艺术庙会、第六届景泰蓝老物件淘宝大集，7天活动销售收入470余万元，比同期增长15%，接待市民1万人。参加在芬兰赫尔辛基和爱沙尼亚首都塔林举办的第九届欢乐春节庙会、2018中国（天津）中华老字号精品博览会、第五届中国（北京）国际服务贸易交易会等展览展示活动30余场次，充分展示“京珐”品牌艺术魅力。举办“不忘初心·砥砺前行”纪念改革开放40年图片展，近1000幅新老照片、文件实物资料、经典代表作品，展示珐琅厂改革发展成就。珐琅厂各党支部按照两学一做常态化、制度化要求，组织理论学习12次，党员出勤率98%以上。讲党课，树理想，评选企业优秀党员和党员先锋岗。参加崇远公司组织的员工培训6期。全体员工每人上调浮动工资300元，员工收入稳中有升，组织职工定期体检，为在职职工办理重大疾病互助合作保险、住院医疗合作保险、计划生育家庭保险及2份意外伤害互助保险，党政工领导看望走访因病住院职工、单亲职工、劳模、退休干部等45人次。实现营业总收入7841.44万元；在上缴国有资产占用费240万元基础上，实际上缴税金1297万元，为东城区财政贡献388.19万元，国有资产保值增值率达126.19%。

（张莉）

【北京剧装厂】北京剧装厂(简称剧装厂)内设综合办公室（含党政工团、劳资、行政等职能）、财务科、保卫科、业务部（含门市部）、生产车间5个部门。有在职职工41人，退休职工254人。

2018年，剧装厂参加国内外展览展示活动10余次，其中，参加第五届中国国际服务贸易交易会，展示京绣技艺和2件剧装精品——红大段龙凤袍、古铜太阳蟒，剧装厂京绣技师1人现场表演京绣技艺；参加市老字号协会与龙顺成公司主办的第七届京作文化艺术节，携黄绸缎男朝服、红绸缎男蟒、黄绸缎男蟒、宫装4件精美剧装及4个手绣龙凤团相框和100余块精美绣品参展，并安排绣工1人现场演示手绣技艺,宣传企业品牌，扩大企业知名度，实现销售收入数千元。在“四十年峥嵘岁月，新时代再谱新篇”为主题的第三届首都国企开放日活动中，北京剧装厂是155条开放线路之一，市妇联组织小学生及家长30余人到厂参观剧装京绣国粹苑。组织党员及中层以上干部参观改革开放40周年图片展，在两学一做教育常态化进程中书记为全厂职工讲党课，提高职工爱国热情和责任感。完成工业总产值632万元，同比减少81.8万元；销售收入973万元，同比增加41.2万元；上缴税金180万元，同比减少75万元；完成利润33万元，同比增加11.3万元。

（杨鹏雁）

【工艺木刻厂】北京市工艺木刻厂有限责任公司（简称工艺木刻厂）有北京市工艺美术大师、工艺美术师和高级技师3人，内设综合办公室、财务部、销售部3个工作部门。

2018年10月，工艺木刻厂搬迁生产基地至河北省固安县。工艺木刻厂抓经营变革，创新模式，培育市场，边整理边生产，实现销售收入50万余元。工艺美术大师王兆琪作品太和盛世红木嵌银丝镶黄杨木雕微缩金銮宝座，获年度工美杯北京传统工艺美术大赛银奖。

（冯军）

【象牙雕刻厂】北京象牙雕刻厂有限责任公司（简称象牙雕刻厂）有国家级工艺美术大师4人，北京市级工艺美术大师22人，高级技师24人，国家级象牙雕刻非物质文化遗产传承人2人，北京市级象牙雕刻非物质文化遗产传承人1人，东城区级象牙雕刻非物质文化遗产传承人1人。内设办公室、财务科、生产经营科3个部门，有员工17人。

2018年，根据《国务院办公厅关于有序停止商业性加工销售象牙及制品活动的通知》精神，自1月1日起，全面停止象牙生产和销售。象牙雕刻厂以产品艺术化、品种多元化、经营市场化、管理职业化、职工利益最大化为指导思想，开发猛犸象牙产品，引进抚顺琥珀雕件，成立北京库鹏传统雕刻技艺发展中心，传承雕刻技艺。全年完成工业总产值127.1万元，业务收入428.2万元，上缴税金47万元。

（邵艺卉）

【远东仪表公司】北京远东仪表有限公司（简称远东仪表）内设技术中心、质量管理部、技术规划部、市场部、企业文化建设部、人力资源部、综合办公室、物业管理部、物流中心、风险管理部、财务管理部、信息中心12个职能部门，解决方案事业部、物联网事业部、罗斯蒙特产品事业部、自动化产品事业部、制造部、山东办事处、沈阳办事处、安徽办事处、新疆办事处9个业务执行部门。有员工427人，工程技术人员占30%以上，其中高级职称20人、中级职称52人、高级技师7人、技师18人。

2018年，远东仪表以成为最具价值力的自动化品牌公司战略目标为统领，跟进项目市场机会，核心业务大项目支撑明显，为业绩实现提供强有力保障，收入利润双创历史新高，且利润增长快于收入。完成GB/T19001-2016版质量体系转版认证，标志着远东仪表首次完成质量、环境、职业健康安全三标一体管理体系整合。依据特色解决方案、优势流程工艺和以往项目实践经验，中标6.6万吨/年高性能碳纤维DCS/SIS项目。该项目计划2023年建成，届时将成为全球产能最大的高性能碳纤维生产基地。在市政物联网业务聚焦智慧城市、智慧供热领域，推出成熟解决方案，获取典型行业业绩，中标北控曙光大数据柴油发电机项目，获取云南滇池生态补偿水量自动站项目，根据客户需求定制化开发的热计量方案应用在北京热力集团、华源热力等项目。获取DN25—DN40和DN350—DN600口径电磁流量计、雷达物位计、热计量系统等7项产品认证资质及水流量标定装置DN25——DN300口径校准证书。构建雷达全系列产品，与中科院签订合作协议，推动雷达水位计产品落地并实现销售。油气回收在线监控系统在山西加油站试用，获得成功。传统火检产品完成FDA-2型手持火检调试器开发，火检系列产品取得SIL3功能安全认证。《城市燃气配输设备智慧管理系统解决方案研究与实施》《雷达水位计》《电磁流量计的研发与产业应用》等申报项目获得650万余元资金支持和奖励。自主研发流量仪表中标中石化电磁和转子流量计框架名单，成为历史记录。中标中石油硫黄回收、俄油加目、新绿化工氯化吡啶等100万元以上项目。致力特色解决方案，聚焦市政物联网，拓展行业深度，重点培育领域方案落地推广。调整自主产品业务结构，加速传统业务升级，寻找培育业务新增长点。推进营销体系建设，开展市场活动，参加第十九届中国环博会（上海）、第十一届上海国际水展、2018中国(宁夏)智能科技及应用博览会、第二十九届多国仪器仪表展等展会，在微信公众号平台推送宣传信息81条，举办行业用户交流会40余场，在多家纸媒投放广告，宣传展示公司自主产品、整体解决方案、物联网等方面的技术能力。加快自主系列产品研发应用和升级改造，推动工程方案制订实施向新领域拓展，申报政府项目、专利及科研项目，提升技术自主研发能力和产品研发能力，获取项目资金支持和奖项表彰。成立业务调整、房产创效、机构精简及人员优化、资产减占4个方面7个管理专项组，推动落实精益管理向纵深发展。修订完善管理制度，持续提升授权履行、制度执行、管理规范。本部职能场地资源调整到位，完成产区内出租房屋场地清退和职能部门办公场所优化调整。开展大清理大排查大整治安全生产检查和安全隐患排查治理，排查整改安全隐患82项。签订各级各类安全生产责任书，分解落实企业安全生产主体责任，保证节日、全国“两会”、中非合作论坛等时间节点公司安全。所属实体生产企业全部完成安全标准化评审达标。加快人力培养力度，开展各种培训6000余人次，尤其加大风险管控类培训力度。远东仪表获年度首都文明单位标兵称号，中国仪器仪表行业协会30周年功勋会员奖，第三十三届北京市企业管理现代化创新成果一等奖；国际制造部获评2017-2018年度北京市青年安全生产示范岗；罗斯蒙特产品事业部京津冀销售团队获上年度北控集团工人先锋号称号；自主电磁流量计产品产业化应用获中国仪器仪表学会优秀产品奖；自主研发电磁流量计获京仪集团2017年度科技成果三等奖。远东仪表报送《北京生产制造企业疏解腾退转型发展的规划与实施》，获第三十三届北京市企业管理现代化创新成果一等奖。

（吴婷）

【龙顺成公司】 北京市龙顺成中式家具有限公司（简称龙顺成）内设综合管理部、财务部、技术研发部、销售部、市场部、修复部、京作传承基地7个部门，有在职职工130人。

2018年，龙顺成创新工作模式，整合资源，提高企业运行质量和盈利能力，调整生产布局和产品结构，开发红木工艺品研制，实施红木收藏品制作发展战略，根据合同要求，分门别类安排生产，确保订单如期履约。加大京作家具研发与创新，实现常规产品与商务礼品、收藏品与工艺品相融合的经营模式。为宁夏回族自治区成立60周年定制《美丽宁夏》国礼。与珐琅厂合作，研发设计仿故宫清中期紫檀嵌珐琅罗汉床、炕桌，仿制故宫收藏的紫檀嵌珐琅夔龙纹翘头案等清式家具。继续参与故宫文物修复工程中木器类文物抢救性修复，完成半圆桌、琴桌、穿衣镜、窗户隔扇等30余件。使用企业收藏的古典老家具残损部件，运用龙顺成古旧文物家具修复技艺，修复完成明代黄花梨木条桌、明代黄花梨木翘头案等4件珍贵文物家具，并记录修复过程，建立修复日志和档案，收藏于龙顺成博物馆并对外展示。为红木家具收藏者修复老红木方桌、圈椅、条桌等古旧家具12件，实现修缮收入12万元。参加韩国冬奥会中国传统文化展、第五届中国（北京）国际服务贸易交易会、大运河文化带非遗大展暨第四届京津冀非遗联展、山东济南中国非遗联展、杭州中国非遗联展、第十三届中国北京国际文化创意产业博览会、2018中国（北京）国际传统文化创意博览会等展会。举办元宵节猜灯谜、“龙顺成·湖社二月二龙抬头非遗文化交流

10月20日，龙顺成组织员工参加国家“非遗”传承人研修培训学习（王乾宇摄）

会”、鲁班碑重修揭幕、鲁班工匠节、国企开放日等活动。举办京作非遗臻品联展暨龙顺成第七届京作文化节，展出景泰蓝、花丝镶嵌、象牙雕刻、北京料器、北京剧装、手工风筝、砑花葫芦、剪纸技艺、北京百花蜂业、红螺食品、茶汤李、月盛斋、丰台邮政等艺术品，并设有榫卯拆装、点蓝、剪纸等互动项目，文化节期间销售收入300万元。以传承京作非遗技艺为定位，发扬京作硬木家具传统制作技法，辅以高精度自动化设备，运用现代管理手段，致力于打造国家级京作非遗示范基地，占地面积1.2万平方米的龙顺成京作非遗传承基地在西三旗落成启用。同时，以承载京作非遗文化宣传和红木知识技能推广为重任，龙顺成鲁班京师学堂成立并启动。龙顺成京作硬木家具制作技艺国家级代表性传承人种桂友出版《榫卯》。经北京家具行业协会等十八省市家具协会审核认定，龙顺成被评为中国十八省市家具行业年度诚信企业，经北京家具行业协会等十省市家具协会审核认定，龙顺成牌家具被评为中国十省市环保家具知名品牌，中国民协家居消费专业委员会授予中国家居优选品牌，通过国建联信认证中心对龙顺成综合管理体系（GB/T19001质量管理体系、GB/T24001环境管理体系、GB/T28001职业健康安全管理体系）运行情况现场监督审核。经市经信委、首都文明办、市工商局、市地方税务局审核认定，龙顺成再获北京市诚信创建企业称号。全年销售收入6078万元。

（邸保忠）

【一商红都公司】北京一商红都服装服饰有限公司（简称一商红都）设综合办、财务部、劳资部、质采部、生产部(下设制作中心、精品车间、良乡红都生产基地、华表车间)、经营部（下设市场部、团装部、红都店、国华商场店、东四店、鼓楼店、北太平庄店、西坝河店、南新仓店）、产品研发部（下设红都设计研发中心、国服工作室、北服—红都工作室，中华技艺大师工作室，首席技师工作室），有在岗员工148人。

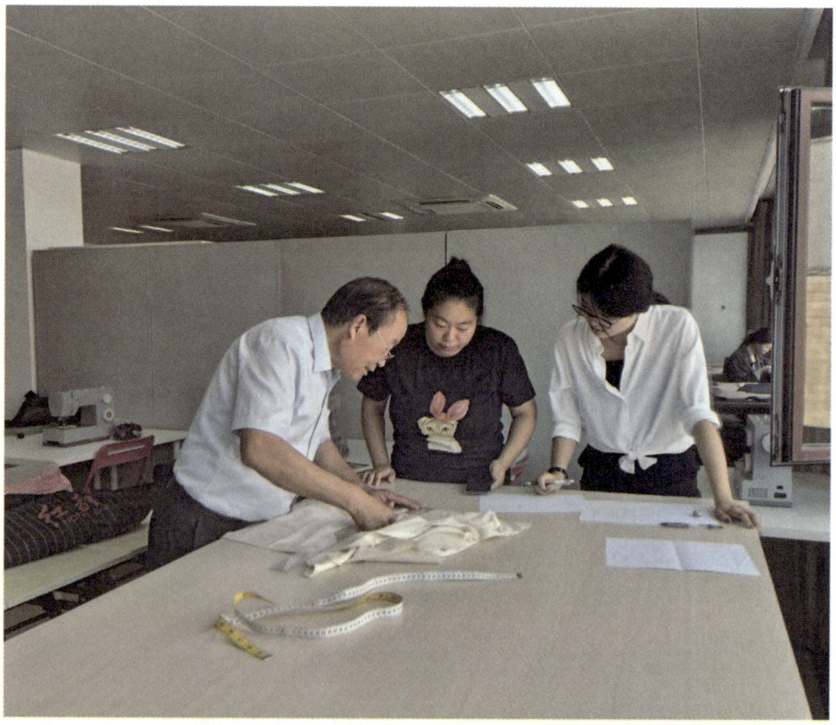

9月28日，红都制装大师蔡金昌复制周恩来总理白色睡衣（一商红都提供）

2018年，一商红都坚持走红都高级定制的特色发展之路，贯彻走高档路线，走精品路线品牌发展战略，创新工艺技术，开发团体工装业务，盘活无形资产，提升品牌核心竞争力。携蓝色尊享男大衣参加中华老字号时尚创意大赛，获改革开放40周年中华老字号优质产品创新成果铜奖。研发中心推出高级定制管家式服务，在量体—试衣—交活过程中向顾客提供全面、完整、专业的建议。质采部在工艺提升中要求裁剪车间一律不得使用倒裁，坚持质量源头追溯制度。男装新式小外衣、短风衣、中式服装受到年轻顾客喜爱。精品车间调整中山装裁剪工艺，解决下档偏肥，臀部出包等问题。改进大衣辅料工艺，解决加衬后硬与厚问题。新增大衣改单开加珠边工艺，效果既薄又美观。制订男、女活高级定制订单和用料率法规范，反复实践，编制标准算料表，消除算料中的不确定因素，同时缩短制装工期。完成全国"两会"服务工作，从9个经营部门选拔业务骨干36人组建9个服务小组，在不减少常规商品西服、中山服、夹克等基础上，新增女装50余款，合计准备120个品种、1.15万件服装，提供免费修改及熨烫，累计服务全国"两会"代表委员440余人（次）。为参加中非论坛非洲客人制作中式元素服装25件，新品中式上衣、京式旗袍、中华礼服受到喜爱。制装大师蔡金昌为周恩来邓颖超纪念馆复制周恩来总理白色睡裤和邓颖超蓝色衬衣。馆内陈列的周恩来邓颖超服装复制品大多出自一商红都。参加东城区商联会主办的"以古闻名，以技出彩"2018年度生活性服务业技能展示会，展示中山装、中华礼服、红都爵士青年装、京式旗袍、中式女装、中式礼服6款特色服装。一商红都员工登台展示红都服装由红都职工代言、红都文化由红都人自己讲述的企业文化建设理念。一商红都作为协办单位之一选送经典中山装及多款精美旗袍参加"中华风采——宋氏三姐妹及其家庭成员旗袍展"，展出的宋庆龄5件旗袍均为珍贵文物，展览开幕当天，京式旗袍传承人李侃大师现场解答观众对红都旗袍文化与制作的咨询并开展义务量体等服务。在第三届首都国企开放日，一商红都作为老字号专线企业，开放研发、设计、制作中心，大师工作室及展示中心，向来自青年汇的市民41人展示非物质文化遗产——红都百年中山装和京式旗袍制作技艺及红都核心品质——高级定制中部分细节工艺。参加市商务委举办的"一带一路"俄罗斯·北京日经贸交流活动，选送中山装、中华礼服、京式旗袍等10余款中式服装参展。加强基层党组织建设，每月26日定为主题教育日，以党建带动劳动竞赛、经营服务、产品创新，增强党组织凝聚力。全年营业收入2.02亿元，上缴税费533.34万元。

（邓海燕）

【东华服装公司】北京东华服装有限责任公司（简称东华服装）设股东会、董事会、监事会，实行总经理负责制。内设经理办公室、行政办、基建网点开发部、财务部、组织人事部、劳资部、外联部、计算机室、工会9个部门。有员工141人，其中在职88人，退休返聘53人。

2018年，东华服装组建东华物业办公室，有工作人员10人，主要服务于王府井大街192号海澜之家和肯德基2个租户。八届4次董事会同意北京京诚集团朝阳门房屋管理有限公司以820万元回购东城区内务部街73号房屋，东华服装公司放弃该房屋使用权。北京东华科创投资有限公司变更法定代表人。精简效能，优化组合，股东会决议注销北京建华雪花皮草有限责任公司。东华分公司与建华分公司合署办公，建华分公司办理员工内退和退休减员12人。召开六届3次股东会，同意免去訾北佳监事职务，选举陈丹丹为公司监事。投资7万元，为东城区弘通巷4号大楼加装消防强排系统。设置排烟风机、排烟口，实施人工机械强制排烟。此系统在火灾发生时，可减少场所内烟气，避免因烟雾导致的人员伤亡。加强所属经营网点安全管理工作，做到有巡查、有抽查，与70余租户签订安全责任书，不合格的下发定期整改通知书，督促排除安全隐患。全年未发生安全责任事故。在政府拆违建活动中，东华服装2处营业网点停业，拆除违建及封堵开墙打洞15处，约1000平方米。东华服装公司党委组织学习贯彻习近平新时代中国特色社会主义思想和中共"十九大"精神，学习宣传全国优秀共产党员郑德荣等7人先进事迹；制订、修改管理制度14项；开展新时代新担当新作为主题宣传教育活动；发挥党组织在各项活动中的带头作用，与各分公司党政负责人签订党风廉政建设责任书3份，明确和细化党风廉政建设责任；以量表测评的形式对党员49人进行民主测评；开展共产党员献爱心捐款活动，党员61人、群众15人捐款1860元；接收申请入党1人为预备党员；预备党员按期转正1人；确定入党积极分子1人；为党员13人接转组织关系；参与工商联党委开展的评选先进活动，评选优秀共产党员8人、优秀党务工作者5人、优秀党支部4个。全年实现营业收入8812万元，上缴税费2962万元。

（刘轶娴）

【白领时装公司】北京白领时装有限公司（简称白领公司）内设总部办公室、人力资源、管理中心、信息中心、营销中心、电子商务中心、设计中心、研发中心、配送中心、形象中心、华贸办公室11个部门，有员工571人。

2018年，白领公司营业收入2.26

8月18日，庄子西三旗专卖店开业（庄子公司提供）

亿元，上缴税费2200万元。

（刘莲）

【庄子工贸公司】北京庄子工贸有限责任公司（简称庄子公司）内设营销中心（包括销售部、客服部、物流部、成品库）、研发中心（包括采购部、皮装部、男装部、女装部、技术部）、生产中心（包括办公室、裁剪车间、缝制车间、毛领车间、原料库、辅料库）、管理中心（包括管理部、行政人事部、总务部）、国际贸易部。有员工300余人，其中专业服装设计和技术人员60人。

庄子公司1999年设立的天坛专卖店，2017年闭店调整，2018年5月11日重新开业，地址位于体育馆西路25号一层，营业面积152平方米。6月2日，回龙观专卖店开业，地址位于昌平区回龙观西大街琥珀天地133号底商，营业面积165平方米。8月18日，位于海淀区西三旗沁春家园3号楼底商的庄子工厂店开业，营业面积181平方米。2018年，庄子公司获中国真皮领先衣王、北京时尚消费月最佳营销创新奖、北京市诚信创建企业、北京市非公有制企业履行社会责任综合评价百家上榜单位等荣誉。全年营业收入1.26亿元，上缴税金795.4万元。

（胡羽歆）

【格格旗袍公司】北京格格旗袍有限公司（简称格格）内设总经办、行政部、财务部、产品研发部、营销部、电商运营部、商品部、品牌推广部、物流部、技术部、生产部11个部门，有员工300余人。

2018年12月，格格在成都王府井购物中心设立专柜，经营旗袍、生活装、婚庆礼服3个系列1000余件商品。格格全年生产各式服装10万余件套，销售收入6000万元，纳税120万元。

（罗天）

12月1日，格格旗袍公司在成都市王府井购物中心开设专柜（罗天摄）

东城区工业企业单位负责人

北京金漆镶嵌有限责任公司		北京市珐琅厂有限责任公司董事长	衣福成
董事长、党总支书记	柏德元	党总支书记	谢燕华
总经理	柏　群	总经理	马洪双

北京剧装厂厂长、党支部书记　石金栓
北京市工艺木刻厂有限责任公司
董事长、党总支书记　曹海平
总经理　马洪双
北京象牙雕刻厂有限责任公司
董事长、总经理　肖广义
党支部书记　洪　燕
北京远东仪表有限公司董事长、党委书记　卢继伟
北京龙顺成中式家具有限公司总经理　王志君
党支部书记　赵海涛
北京一商红都服装服饰有限公司总经理　张　培
党支部书记　孙玉冰
北京东华服装有限责任公司
董事长、总经理　林建华
党委书记　何桂英（12月任）
赵连河（12月免）
北京白领时装有限公司董事长、总经理　苗红兵
北京庄子工贸有限责任公司
董事长、总经理　庄再强
党支部书记　蒲文献
北京格格旗袍有限公司董事长　王金乔

建筑业

【概况】2018年，东城区建筑业企业227家。按资质类别分，施工总承包企业51家，其中特级1家、一级16家、二级20家、三级14家，专业承包企业169家，其中一级25家、二级98家、三级45家、特种作业1家，劳务分包企业7家。

（王守月）

表14

2018年东城区建筑业企业一览表

	资质类别	特、一级	二级	三级	合计
总承包	房屋建筑	12	9	4	25
	机电安装	1	1		2
	通信工程	1	1		2
	市政公用	1	8	7	16
	公路工程	2			2
总承包	石油工程		1		1
	矿山工程			1	1
	电力工程			2	2
	冶金工程				
	水利水电				
小计		17	20	14	51

续表14

	资质类别	特、一级	二级	三级	合计
专业承包	装饰装修	14	71		85
	消防工程	4	5		9
	港航设备安装				
	隧道工程				
	输变电工程			9	9
	桥梁工程				
	地基基础	2	1		3
	建筑防水防腐	1	5		6
	古建筑工程	2			2
	模板脚手架工程				
专业承包	机电设备安装		2	17	19
	城市及道路照明			8	8
	电信工程		1		1
专业承包	公路路基工程				
	电子与建筑智能化工程	1	12		13
	建筑幕墙				
	环保工程		1	9	10
	公路交通工程	1			1
	起重设备			1	1
	钢结构			1	1
	特种工程			不分级1	1
小计		25	98	46	169
劳务分包				不分级7	7
总计		42	108	67	227

（王守月）

房地产开发

【概况】东城区有房地产开发公司6家，2018年全区房地产开发投资同比增长176.3%。全年实现商品房销售额9.2亿元，比2017年下降80.1%，其中住宅销售额3.3亿元，商业营业用房销售额5.9亿元。商品房销售面积1万平方米，比2017年下降85.6%。

（张谊）

【北京东兴建设有限责任公司】北京东兴建设有限责任公司（简称东兴建设）是建设部批准的施工总承包一级资质企业。拥有起重设备安装、建筑装修装饰、园林古建筑工程专业承包和文物保护工程施工一级资质。下设组宣部、办公室、工程部、技术质量部、安保部等9个业务部室及7个基层单位，有职工262人。

2018年，公司完成职代会三届七次会议确定的主要经济指标，全年完成产值5.5亿元，实现经营利润318.27万元，缴纳税金1706.75万元。2018年是公司成立60周年，公司改制15周年，公司将2018年确定为聚力、创先、拓展年。召开职代会三届七次会议，副总经理受总经理委托作题为《并肩携手，竭尽全力，注重效益，狠抓管理，在新征程上为实现企业的既定目标而不懈奋斗》行政工作报告。代表们审议行政工作报告及安全生产工作报告等9项文件，全票通过会议综合决议等议案。召开第三届第二十二次董事会。会议审议通过《2017年工作报告》《2017年财务预算执行情况和2018年财务预算的报告》《2017年企业利润分配方案》、公司章程修正案，决定将审议通过的上述文件提交股东会审议。召开第28次股东会。会议审议通过《董事会工作报告》《监事会工作报告》《2017年财务预算执行情况和2018年财务预算的报告》《2017年企业利润分配方案》及《公司章程修正案》。召开年度专业工作会，公司中高层领导及相关管理人员125人参会。会上，相关负责人分别作题为《狠抓财务管理，严控项目成本，努力提高经济效益，全面促进企业健康发展》《创新经营意识，严格工程管理，为持续提升市场竞争力而努力奋斗》工作报告。年度档案、信息、网站、计生、节水专业工作会，回顾2017年工作，部署2018年工作。公司高层领导听取各分公司年度主要经济指标预测汇报。各分公司结合生产实际，依据工程施工特点分别提出有针对性的合理化建议，制订出具有较强操作性和执行力的新举措。总经理率队组成检查组，听取各分公司上半年经济运行情况汇报，检查工作情况落实。检查表明，公司整体经济运行情况较平稳，对检查中存在的问题，要求各分公司及时采取有效措施加以解决，确保公司经济正常运行。公司总经理带队组成检查组，到北京稻香村（霸州）食品有限公司生产基地项目部进行经济运行情况检查。公司承建的豆各庄3、4号地通惠灌渠东侧地块东城区旧城保护定向安置房项目4-2#、4-3#住宅楼工程，迎接结构长城杯专家组第二次现场检查。专家组分别对该工程施工项目管理、推广应用新技术、节能及环保、施工管理资料、施工技术资料、施工测量资料、施工物资资料、施工记录资料、施工实验、过程验收资料等方面进行检查。专家组对工程的整体情况给予肯定，指出现场存在的一些问题并提出整改意见。5月30日，公司承建的北京稻香村（霸州）食品有限公司年产5万吨食品生产基地项目接受结构长城杯专家组现场检查。专家组对施工项目管理、推广应用新技术、节能及环保、施工管理资料、施工技术资料、施工测量资料、施工物资资料、施工记录资料、施工实验、过程验收资料等方面进行检查并进行现场评价，针对某些细节问题提出整改意见，对工程施工难点提出建议。公司对2-07#、2-08#住宅楼（豆各庄3、4号地通惠灌渠西侧地块东城区旧城保护定向安置房项目）工程外施作业人员56人和现场管理人员8人进行安全教育培训。公司检查组对2-07#、2-08#住宅楼工程，豆各庄3、4号地通惠灌渠东侧地块东城区旧城保护定向安置房项目4-2#、4-3#住宅楼工

9月13—14日，北京东兴建设有限责任公司党政工团联合开展“不忘初心、砥砺前行、苦练技能建新功”职工技能大赛（马慧光摄）

6月15日，朝阳区双井街道背街小巷整治工程竣工，街道面貌焕然一新（田益奇摄）

程，朝阳区豆各庄3、4号地通惠灌渠东侧地块东城区旧城保护定向安置房项目5-1#、5-2#住宅楼、5-13#配套公建及地下车库（北段）工程进行安全检查。对检查中发现的安全隐患下发安全隐患通知单，责令相关管理人员限期整改并做好复查。北京东方纵横认证中心有限公司评审小组对公司质量、环境、职业健康安全管理体系进行再认证审核工作，并获北京东方纵横认证中心有限公司颁发的认证审核合格通知书。组织召开豆各庄3、4号地东城区旧城保护定向安置房项目4-2#、4-3#住宅楼项目成本分析会，并要求各分公司以项目成本分析会为模板，对各自的项目进行成本分析，加强内部管理、强化成本控制。召开北京市第二十四中学校园校舍综合维修工程项目成本分析会。公司高层对项目加强成本控制的做法给予肯定，对以后工作提出具体要求。

（孙丽娟）

【北京筑邦建设有限责任公司】北京筑邦建设有限责任公司（简称筑邦公司），注册资本2261.38万元，总资产7778万元，是国家二级资质建筑施工企业，经营范围为建筑施工、仿古建筑工程及古建筑修缮工程的施工、房屋拆除、室内装饰装修、市政管道、防水工程施工、铁木器加工、水电安装、锅炉安装、机械设备租赁等。设工程部、经营管理部、财务部等7个部门，辖7个分公司、1个施工处，有工程技术人员及经营管理人员218人。

2018年，公司创新开拓建筑市场，参与北京市区背街小巷整治工程及胡同提升改扩建工程，全年完成产值4739万元，缴纳各项税金364.6万元。12月28日公司组织所属3个支部党员25人参观国家博物馆举办的“伟大的变革——庆祝改革开放40周年大型展览”。双井街道背街小巷整治工程位于朝阳区双井街道垂杨柳南街，工程共进行建筑物粉饰1.6万平方米，建筑物外立面清洗3000平方米，新建围墙600米，京式护栏800米，底商牌匾拆除1000平方米，牌匾新装200平方米，底商外立面整治280平方米，铺装透水砖1500平方米。工程完工后提升地区环境品质和景观水平。工程造价478万元。3月15日开工，6月15日竣工。朝阳区双井街道办事处建设，中国航天建筑设计研究院设计，筑邦建设四公司施工，北京东方华太建设监理有限公司监理。

（王勇涛　王春岩）

【崇新公司】北京崇文·新世界房地产发展有限公司（简称崇新公司）是香港新世界集团旗下公司与北京正阳恒瑞置业公司组建的京港合作企业，注册资本2.25亿美元。公司由人事行政部、法务部、财务部等9个部门组成，在职人员125人（包含崇裕、电子）。公司主要针对崇文门外大街1号、5号、6号地进行旧城改造、房地产开发、商品房销售，并对建成的商场、公寓、写字楼等进行租赁经营管理等业务。已完成的开发建设项目有：新世界中心一期、新世界酒店、燕京大厦、新怡商务楼、新裕商务大厦、新景家园，新裕家园，新怡家园等，累计完成开发面积138万平方米。已竣工的项目中，新世界中心曾获北京市20世纪90年代十大建筑称号。

2018年，公司实现销售收入1679万元，租赁收入1.19亿元。缴纳各项税金4385万元。公司连续14年获区政府颁发的区50强企业和百强企业奖牌及证书；获市国税局、地税局联合颁发的纳税信用A级企业奖牌及证书。

（王爽）

【北京崇裕房产开发有限公司】北京崇裕房产开发有限公司（简称崇裕公司）注册资本1.72亿美元。公司主要从事房地产开发、商品房销售及建成的商场、公寓、写字楼经营管理等业务。已完成的开发项目有：新世界中心二期、新世界家园、正仁大厦、新成文化大厦、新阳商务楼等，总建筑面积42.8万平方米。

2018年，公司实现销售收入2592万元，租赁收入5106万元，缴纳各项税金1167万元。公司连续11年获区50强企业，获市国税局、地税局联合颁发的纳税信用A级企业奖牌及证书。

（王爽）

【中国新世界电子有限公司】中国新世界电子有限公司（简称新电公司）是香港新世界发展有限公司与原电子工业部所属企业、北京正阳恒瑞置业公司共同组建的京港合作企业，注册资本5720万美元。主要从事建成后的商场、公寓、写字楼的租赁经营管理业务。

2018年，全年实现租赁收入5996万元，缴纳各项税金1078万元。公司连续10年获区50强企业，获市国税局、地税局联合颁发的纳税信用A级企业奖牌及证书。

（王爽）

【北京住总第六开发建设有限公司】北京住总第六开发建设有限公司（简称北京住六）是国有控股大型建筑安装施工企业。公司集房地产开发、建筑施工、多元经营为一体，注册资本1.06亿元，具有国家一级房屋建筑工程施工总承包、建筑装修装饰专业承包、机电设备安装工程专业承包以及国家二级市政公用工程施工总承包、钢结构工程专业承包、地基与基础工程专业承包等多项企业资质，经营范围辐射与建安施工相关的多个领域。公司下设市场营销中心、项目管理部、安全监管部、技术部、质量管理部等23个部室，专业公司3家，分别在通州、银川、龙口设有分公司，职工总数820人，其中高级职称26人，中级职称97人，初级职称150人。一级建造师40人，二级建造师36人。

2018年，恪守建房人永远想着住房人的企业宗旨，公司在改革发展中，实现两业并举、多元支撑的产业格局。先后承建北京航空航天大学东南区教学科研楼、北京航空航天大学沙河校区公共实验楼、北京银行研发中心、北京市南城养老院、北京第二儿童福利院、昌平区未来科技城第一中学，小学、幼儿园项目，天津大光明商场等数十个大型公建工程；通州台湖轻轨L2线通州段两站一街定向安置房，朝阳区广华新城617地块二区，朝阳区小红门乡肖村公共租赁住房，门头沟区西长安壹号永定镇住宅小区，天津市宝坻区状元城住宅小区，金玉三园小区，通州区通和家园，未来科学城定向安置房工程等数十个大型住宅工程；在轨道交通建设方面承建13号线回龙观车辆段，4号线马家堡车辆段，房山地铁阎村车辆段工程；在市政装饰建设方面承建通州区台湖镇富民路（次渠京华园东路-太平西一路）道路、雨水、污水、给水、再生水管线，通州区台湖镇崔家窑南街（京渠路-生态公园西路）道路，隆福医院北楼改造等工程。在工程质量上，打造出以望京东、西区为代表的国家级奖项9项、詹天佑奖2项、12项国家优质工程奖、9项市级优质工程、117项北京市长城杯精品工程，创造了住六品牌。在企业文化上，塑造出众多优秀项目团队，涌现出一批又一批管理人才，形成特有的不畏艰难、勇往直前、永争第一的住六精神。在品牌建设上，2004年获首都十大名企称号，2006年跻身全国建筑业500强企业行列，累计创造8项国家专利、32项全国及北京市优秀QC成果等建筑业新技术应用示范工程。在首都建筑业率先持有质量、环境、职业安全健康国际标准“三标一体”认证。2018年，完成综合经营额16亿元，施工规模103.66万平方米，其中新开27.7万平方米，竣工27.17万平方米。2018年中标面积18.6万平方米，新签合同额13.66亿元。全年完成结算9项，合同结算金额8.61亿元。以创标杆、重环保和严监督、细检查为抓手，及时消除安全、环保薄弱点、风险源。在大气污染综合治理攻坚行动、首都蓝天保卫战、安全月、节假日等关键时段，以及项目重大危险源作业中，两级领导带班巡视，安全现场旁站，有效保证全年安全零事故、环保零超标、消防零冒烟目标的实现。落实《住六公司空气重污染应急预案实施方案》，坚持施工现场6个百分百达标和门前三包要求。平谷小学工程在环境保护、扬尘治理方面获得全市通报表扬，树立公司在平谷区的良好形象。通和家园工程在施工全过程中采用一体化污水成套设备进行污水处理，经过处理后的水质符合京标B类排放标准，可用于现场洒水降尘、车辆冲洗等，实现环保节能新目标。第二儿童福利院

9月8日，新世界义工队助力贫困地区儿童成长，参与北京善行者公益徒步活动（陈颖摄）

项目获全国建设工程施工安全生产标准化建设工程；密云棚改通过北京市绿色安全文明样板工地验收并获密云区政府奖励；平谷小学获北京市30家环保样板工地；天津宝坻金玉三园、武清大自然广场工程通过天津市文明工地验收；黑庄户定向安置房、肖村保障房获集团消防安全“四个能力”建设优秀单位称号。成立装配式工作小组并开展调研活动，初步形成装配式工程施工指导书，为装配式工程施工提供指导与帮助；围绕北京银行、会展誉景、大自然广场等规模较大，施工复杂的工程开展BIM技术应用，利用先进技术手段，提高项目管理水平；施工现场全面推行喷雾降尘、太阳能、模架以钢代木等绿色施工技术，开展多项微创新活动，降低成本，优化环境。推进创优工程落地，根据年度装修工程多的特点，提出工程质量样板与整体、内檐与外檐、地上与地下、管井与室内四个一样要求，严格质量管控和责任坚守。肖村保障房工程、黑庄户安置房工程获2017—2018年度结构长城杯金奖。北京银行机电QC小组《提高管道保温施工质量一次合格率》获北京市工程建设质量管理小组活动成果1类。由公司施工，位于北京市顺义区高丽营镇张喜庄的北京市第二儿童福利院改扩建工程由7个单体建筑组成，总建筑面积4.28万平方米，地上3.55万平方米、地下7271平方米，其中G1特教康复楼5530平方米、G2行政办公楼8806平方米、G3医务楼3631平方米、G4综合楼（餐厅及多功能厅）6283平方米、1#儿童宿舍楼6000平方米、2#儿童宿舍楼6221平方米、3#儿童宿舍楼6293平方米。工程结构为框架结构，工程总造价1.8亿元。2015年12月15日开工，2018年6月25日竣工。北京市民政局建设，北京维拓时代建筑设计股份有限公司设计，北京住总第六开发建设有限公司施工，北京方圆工程监理有限公司监理。

（刁艾萍）

东城区房地产开发企业负责人

北京东兴建设有限责任公司
董事长兼党委书记　张建忠
总经理　韩　威

北京筑邦建设有限责任公司
董事长兼党总支书记　陈小虎
总经理　何广林

北京崇文·新世界房地产发展有限公司
董事长、总经理　孙　雷
党支部书记　黎　霞

北京崇裕房产开发有限公司
董事长　孙　雷
总经理　李俊辉

中国新世界电子有限公司
董事长、总经理　孙　雷

北京住总第六开发建设有限公司
董事长兼党委书记　靳国忠
总经理　郭顺祥

商业　对外经济

夜色中的红桥市场（区新闻中心提供）

综　述

2018年，东城区全面对接落实市级政策，加强顶层设计和宏观统筹，聚焦转型升级，构建产业政策体系，高质量提升区域经济发展品质，全面完成国民经济和社会发展“十三五”规划中期评估。

出台产业政策。出台《东城区加快文化创新融合构建高精尖经济结构的实施意见》，建立完善“1+5”产业政策体系，开展高精尖企业指数研究，建立重点企业运行大数据监测平台，统筹制订全区产业发展、资金支持、空间利用、人才保障及营商环境等5类17项具体支撑政策，2018年已正式出台9项。健全“1+4”联系服务重点企业机制，精准对接需求，建立服务包制度，开展管家式服务，走访企业899户次，收集问题318项，在区级层面已经有效解决223项。开展公平竞争审查，修订完善产业指导目录，严格实施产业禁限目录。

优化严格准入标准。推动信息服务、金融、文化三大主导产业发展。信息服务业增势强劲，实现增加值390亿元左右，同比增长16%左右，占GDP比重达到15.9%。金融业保持总体平稳，实现增加值570亿元左右，占GDP比重达到23.3%。文化创意产业发展趋势向好，实现增加值352亿元左右，占GDP比重达到14.4%。12家企业当选全国、北京市文化企业30强。以中粮广场改造升级为示范，推动腾笼换鸟、产业升级，发展质效不断提升。持续推动“国家文化与金融合作示范区”创建，支持华夏银行、杭州银行等成立文化金融专营机构，联合清华大学五道口金融学院举办“2018中国文化金融峰会”。中关村东城园严格产业准入标准和约束条件，企业集聚优势逐步显现，美国好莱坞制作中心等一批文化品牌企业落户，园区地均产出、劳均产出均居全市之首。

优化区域营商环境，改革政务服务。制订《东城区进一步优化营商环境行动方案（2018年—2020年）》，推动政务服务“一门、一窗、一网、一次”改革，升级改造区政务服务大厅，实施政务服务“一张网”建设，政务服务事项网上可咨询率、可办率均达到100%，43项高频办理事项实现“最多跑一次”。开展街道综合窗口和区域通办试点。持续推进“互联网+不动产登记”改革。

培育外贸新业态，发展外贸综合服务。落实北京市“发展外贸综合服务，为中小企业提供报关报检、物流、退税、结算、融资、信用保险、保理、供应链管理等综合服务”的要求，推荐北京汇百天地国际贸易有限公司参加外贸综合服务企业申报，获得北京市外贸综合服务示范企业称号，成为北京市首批6家“外综服”企业之一。对目前办理对外贸易经营者备案登记5个工作日的行政时限进行压缩。制订外贸企业走访方案，2018年走访北京源瑞达商贸有限公司、北京润华泽投资管理有限公司、汇百天地国际贸易有限公司、中海石油国际能源服务（北京）有限公司等20余家单位，帮助企业解决问题。召开东城区外贸形势与政策暨改善营商环境培训会2次，印制宣传材料，向企业介绍目前外贸形势与发展趋势、改善营商环境具体措施。　（李瑞芬）

商业服务业

【概况】2018年，区商务委提高商务发展质量和效益，推进建设惠民工程，坚持问题导向和发展导向，全区商务工作持续健康发展。制订《东城区落实〈深化改革推进北京市服务业扩大开放综合试点工作方案〉实施方案》，新建和规范提升各类便民商业网点110个，其中蔬菜零售网点50个，建成社区商业便民服务综合体14个，新增各类生活性服务业功能网点293个，连锁化率提升7个百分点，完成市区便民网点建设任务，百姓满意度明显提升。《人民日报》、北京电视台等媒体发表宣传报道100余篇。制订“1+4”联系服务重点企业制度和企业服务包制度，走访服务重点企业400余次，一企一策为企业发展提供管家式服务。落实北京市多证合一改革要求，压缩行政事项办理时限，精简办事流程，最大限度提升商务领域行政便利化水平。制订《年度商业活动和宣传计划》，举办美食体验季、金九银十购物季、老字号进社区、双十一购物节等促销活动。宣传老字号资源，拍摄老字号视觉映像，制作老字号门店地图册，设计东城老字号形象代言猫熊东东，举办老字号技艺展，支持萃华楼新世界新店、四联美发前门店开业，为浦五房、东兴楼申报北京老字号认证提供服务。举办魅力东城时代秀，集中展示辖区商业服务业发展成果。提升商务监管能力，推出“五个一”工作方法，保障中非论坛等重点期间区域商务安全。培训人员1500人次，出动安全生产检查人员3209人次，检查督导企业1533家次，组织反恐维稳、燃气、电梯等联合检查125次，查出隐患5472处，督促完成整改。为226家企业编制“一企业一标准、一岗位一清单”；22家企业建立安全承诺制度；推动160家商业零售经营单位购买安责险；85家企业完成三级达标复评，实现全区安全生产标准化创建全覆盖。落实粮食安全区长责任制，修订粮食供给应急预案，新增东单菜市场和平里店为东城区第三家粮食应急配送中心，组织年度粮食供应和粮食质量事故应急演练，开展粮食科技

2018 年重阳节，东集泓业慰问退休老职工（程宝忠摄）

周、世界粮食安全日宣传活动，发布东城区粮食应急供应网点便民惠民地图，服务百姓需求，完成粮食安全各项工作。创新扶贫协作新路径，打开对口帮扶工作新空间。在国瑞购物中心、前门大街、东单菜市场和平里店举办东城区支援合作地区农特产品展销会3场，提高受援地农特产品知名度。组织商贸企业到阿尔山市、化德县等地实地考察，增强对当地产品认知度。组织5个受援地企业对接新世界超市、崇远万家，受援地农特产品落地北京。东单菜市场和平里店设立扶贫协作地区农特产品专柜，建立常态扶贫展销中心，中央电视台、《人民日报》、千龙网等30余家媒体报道辖区商贸扶贫工作。全区实现社会消费品零售额增长3.1%，服务消费增长6.1%。兑现年度总部企业延续性奖励补助资金600万元。1197家企业通过年度外商投资企业年度经营信息联合报告。

（孙凌）

【东集泓业公司】北京东集泓业资产经营股份有限公司（简称东集泓业）内设经营部、财务部、人力资源部、权益部、办公室5个部室，有在职员工43人。

2018年，东集泓业调整部室设置，将办公室、权益部和人力资源部合并为综合部。推进厂务公开、民主管理，规范民主议事程序，在反复协商基础上，续签工资协议，明确职工薪酬增长比例及数额。完成年度考核指标的100.88%，总体盈利水平与2017年基本一致，各经营部门及控股企业均完成年度考核指标任务。控股企业广联物业公司强化服务意识，提高服务质量，完善安保制度，配合承租方对大楼深度开发与业态优化。东华门民政福利厂拓展礼品销售，维护老客户，开发新客源，全年实现销售收入472.24万元，比2017年增长10.7%，实现净利润15.64万元，比2017年增长251%。董事会审议通过景山、新中公司优化整合方案，召开股东会、职工会，董事会换届，建立新的经营班子，整合后两公司仍保留独立法人资格，实行一个机构两块牌子，做到制度统一、经营统一、管理统一、财务统一。东集泓业有经营性房产202处，坚持市场运作，在提质增效上下功夫，执行房产经营十项原则和五个统一规范标准，引入有新理念的承租人，由承租方出资改造房屋，提升房产质量，消除安全隐患。全年新签、续签租赁合同137份，平均增幅23.6%。经营部建立房产经营数据平台，完成图像采集、扫描、资料录入等，推动房产经营向科学化、精细化迈进。围绕总体工作目标抓党建，打造勇于进取、善于创新、发挥引领作用的党员队伍，增强党组织凝聚力。修订、完善《考勤管理办法》《福利暂行规定》《奖惩暂行办法》《人事管理制度》。实行一岗双责安全工作目标管理，既要做好房产经营

6 月 29 日，东集泓业公司举办主题党日活动（程宝忠摄）

管理，同时也必须承担房产安全责任。聘请专业老师对全体职工进行安全知识培训。全年未发生任何安全事故。与和平里街道2个低保家庭建立帮扶关系。开展“两节”送温暖、夏季为一线职工送清凉活动，落实女职工专项权益。评选表彰年度表现突出优秀职工7人。

（赵家慈）

【东方奥天公司】北京东方奥天资产经营有限公司（简称东方奥天）设董事会、监事会、经营层，内设办公室、经营改革发展部、财务部、审计部、资产安全管理部、人力资源部、党群工作部7个部门，有在册职工1034人，离退休6614人。

10月25日，盛锡福举办皮帽制作技艺传承拜师仪式（东方奥天公司提供）

2018年，东方奥天举办节日营销及购物节活动，实现销售收入2048万元。参加第123届中国进出口商品交易会，参展商品近百种；参加北京国家会议中心举办的第五届京交会，亮相非物质文化遗产展区。权属企业东单菜市场与乌兰察布市商务局合作，举办当地贫困地区特色农畜产品年货展销会，参展企业30家，汇集30个大类100余种商品，中央电视台、北京电视台、《人民日报》《新京报》、千龙网等媒体现场采访报道。与东城区支援合作湖北郧阳、内蒙古阿尔山、内蒙古化德、河北崇礼和西藏当雄5个地区，开展特色农产品展销会，近300种商品参展，东单菜市场二楼开设专柜，经营商品近千种，是东城区对支援合作地区农业产业精准帮扶的重要尝试。东单菜市场总店及分店销售冬储菜，向市民推荐扶贫地区乌兰察布土豆、新疆栗子和南瓜等利于冬季储存的蔬菜，销售菜类16.5万公斤，销售收入近30万元。东单菜市场安德路分店开业，经营各类生鲜产品、副食品、食用农产品、主食熟食商品、包装类食品及小百货类商品等2000余种，打造“综合便利店+社区菜站”一体化经营模式。东单菜市场获评2017年度北京市放心肉菜示范超市。权属企业同升和首家区域外自营门店—宋家庄分店开业，汇集老北京布鞋、休闲布（皮）鞋、商务鞋等130余个品种。同升和总店在南池子异地重张，汇集手工缝绱皮鞋、手工布鞋、时尚休闲布鞋、休闲皮鞋4个大类400多个花色品种。第三代制鞋技艺传人张庆军在店内展示弯针翻针缝线法和弯针对缝法制鞋技艺。权属企业盛锡福举办皮帽制作技艺传承人拜师仪式。区级传承人陈江山、马万兰分别收吴子镝、马立爽为徒。吴、马2人成为盛锡福皮帽制作技艺第五代传人。权属企业利生体育商厦举办阿迪达斯品牌利生阿迪达斯足球旗舰店开业仪式、殒命系列足球鞋新品发布会、英超曼联俱乐部18/19赛季比赛服售卖发布会等活动，北京国安队队员代表、前曼联球星到店出席宣传，北京电视台体育部、新浪、搜狐等20余家媒体采访和报道。赴上海参加上海回力鞋业有限公司品牌管理会议，获2017 SALES回力品牌区域发展激励奖。携手李宁品牌邀请NBA波特兰开拓者队职业篮球运动员，举办2018中国行之旅北京站球迷见面会。赴福建省厦门市参加2019年斯伯丁中国产品订货会暨5周年庆，获斯伯丁公司颁发的卓越零售奖。利生体育商厦回力专卖店获评王府井十大网红店，阿迪达斯足球店获评王府井十大趣玩部落。经北京市老字号协会认定，利生体育商厦为北京市老字号企业。东方奥天组织权属企业举办或参加多项展会活动，其中：盛锡福博物馆举办“展示新成绩，再创新辉煌”纪念改革开放40周年主题活动，3天接待23家单位340人；参加第四届国际时尚生活博览会，展示10种“非遗”作品，商品100余款；盛锡福、同升和参加“魅力东城时代秀——2018年生活性服务业技能展示会”，盛锡福皮帽制作技艺传承人李金善表演皮帽制作技艺，同升和京派手工沿条缝绱工艺第三代制鞋技艺传人、全国服务明星张庆军展示量脚制楦及弯针翻针工艺法；利生体育商厦、王府井食品商场、新中国儿童用品商店、盛锡福参加2018王府井消费地图发布暨品牌节闭幕式；同升和参加王府井新东安市场举办的“品质新消费 共享新生活”2019北京跨年促销节启动仪式，精心制作手工擦色缝绱皮底素头皮鞋、京派手工沿条三接头皮鞋、千层底工艺大边相巾布鞋、千层底圆口布鞋等特色产品，并进行现场手工技艺展示。东方奥天制订未来五年发展规划，明确企业发展方向和目标。召开职工代表大会、工作会，与各权属企业签订绩效目标、党风廉政、综合治理责任书，分解落实各项指标任务。成立第二届董事会、工会委员会及工会经费审查委员会。召开董事会11次，讨论批准《公司年度工作总结和计划》《2018年度预算编制方案》《董事会年度工作报告》《盛锡福深化改制方案》《同升和品牌增资方案》《升和汇祥改制方案》等议题。新制订《供暖管理费管理办法》《党员领导干部廉政谈话制度》等19个制度，修订完善《党委会议事规则》《董事会议事规则》《经理办公会议事规则》等32个制度。按照“两学一做”学习教育常态化制度化学习方案要求，开展4次主题专题研讨交流会。第五批青年骨干4人挂职、轮岗交流；提拔任用中层管理人员11人；引进外部人才1人；考察干部试用期满转正13人；安排在岗职工767人进行健康体检；筹措资金27万元走访慰问一线职工。组织全员培训10批、613人参加。整合奥士凯安龙、银龙商贸公司、天元和平商厦3家企业，组建安银和公司党支部及工会。完成3家网点疏解任务，收回10家个人租网点，将13处网点调整为经营便民生活服务类项目。公司党委、3个基层党组织、党员和职工30人受到区国资委、崇远公司表彰。全年营业收入7.24亿元，利润1890万元；资产总额12.49亿元，国有资本保值增值率100.84%；上缴税利4134万元。在岗职工人均收入实现全面增长。

（白晓红）

【东方祥泰公司】北京东方祥泰投资管理有限公司(简称东方祥泰)内设综合办公室、人力资源部、财务部、企业管理部、安全管理部、党群工作部6个部门，有在职员工470余人。

2018年，东方祥泰开发青蓝大厦剧场资源，向东城区各教育机构、学校提供文化活动技术支持与服务，打造以发展教育产业、服务教育事业为理念的品牌意识。推进东城区学校后勤社会化进程，向东城区教育技术装备中心等4家教育机构、史家学区联盟校、府学学区联盟校、特教学校、北京市第一幼儿园等19所小学和幼儿园（含24座校址）提供物业后勤管理服务，服务总面积18.5万平方米，约占东城区小学、幼儿园总数的11.5%。探索开发“物业管家”服务项目，打造专业化、精细化服务模式，以服务质量赢得更多市场。为学校提供后勤服务工作人员280余人。全年实现零事故、零投诉。开发普度寺青少年艺术与美术基地资源。组织承办“传承匠心——经典写实”油画展、新开路东总布小学“童真·童趣·童梦”暨新开路东总布小学第一届画展、北京五中教育集团十二年贯通培养国画研究汇报展、三品美术馆和天津湖社画会联合主办的“吾境——天津湖社六家全国巡回展”，参展学生作品1000余幅。针对权属单位与承租户开展安全检查141次，出动人员233人次，领导带队52人次。安排消防演习4次，安全教育培训6次，275人参与。全年未发生任何责任事故。根据国务院进一步深化对央企、国企的改革要求，根据东方信达公司总公司总体发展战略的要求，结合东方祥泰公司实际情况，进一步完善规范公司法人治理结构，完成东方祥泰公司性质改制，由全民所有制公司变更为有限公司。建立三级安全生产标准化，并通过三级标准化现场验收。制订完善《安全标准化记录分册》《安全标准化培训分册》《安全标准化演练分册》《安全标准化隐患排查和安全检查分册》4个安全手册，修订《东方祥泰投资管理公司安全管理制度汇编》《东方祥泰投资管理公司安全生产责任制》《东方祥泰投资管理公司应急预案》等安全生产管理制度。投入80余万元，用于临建房屋改造、添置防火设施设备等。在全国“两会”、防汛、5·12防灾减灾日、中非论坛北京分会、中秋国庆等时间节点进行安全隐患排查、清理、整治工作。完成东方信达总公司规定的各项经济指标，全年总收入6096万余元，上缴税金544万余元，为在岗职工缴纳五项社会保险511万余元。

（李宁）

【王府井百货大楼】王府井集团股份有限公司百货大楼（简称百货大楼）内设总经理办公室、业务营运部、市场营销部、财务部、人力资源部、顾客服务部、物业管理部、党委工作部、工会、安全保卫部、储运部11个职能部门；珠宝精品销售部、化妆销售部、女装销售部、皮具销售部、男装运动销售部、家用儿童销售部、超市销售部、功能管理部8个销售部门，有在岗员工660人。

2018年，百货大楼加快转型与创新，研究客群、客质变化特点，深化创新调整，实施战略性调整二期工作，商店布局空间更加合理，满足目标客层消费需求，改善效益制约因素，优化品类组合及品牌，稳固效益平台。地下一层依据整体购物环境及形象提升要求，历时62天，“飨”食品商场全新亮相。此次调整涉及面积1565平方米，涉及品牌31个，撤场7个，新引进2个。执行国家及企业相关规定，对计划内外的工程、大小修、维保等工作实施逢活必招、凡招必审计操作流程，从根本上杜绝违规操作，招投标41项，送审金额1416.72万元，审后金额1235.05万元，节省资金12.8%。举办法国希思黎（Sisley）黑玫瑰焕采面霜全国首发揭幕仪式，当日销售额217.7万元，创品牌单柜全国日销新高。在第

9月18日，百货大楼举办百年张秉贵纪念日活动（衡琳摄）

三届首都国企开放日，组织南磨房社区服务中心、高碑店社区青年汇和《北京晚报》记者等60余人体验一团火文化之旅，参观大楼建筑、张秉贵纪念馆、王府井梦工厂和哈姆雷斯儿童体验店。举办以“初心·传承一团火 匠心·智造新生活”为主题的63周年店庆经营促销活动，5天销售收入8498.95万元，超计划700万元，同比上升19.45%。发放电子礼金2.26万元，带动销售259.38万元，会员宣传铺点56处，组织重点会员营销活动8次。全年招募新会员6.38万人，生效会员卡24.73万张，同比增长38.5%。会员客单价2136.2元，同比上升19.6%。传承优秀企业文化，举行纪念张秉贵100周年诞辰活动，发布新时代一团火精神：一团火，爱心之火，燃烧自己，温暖他人；一团火，匠心之火，专注品质，铸就经典；一团火，衷心之火，牢记使命，恪尽职守；一团火，星星之火，始于京华，光耀神州。走访慰问困难职工136人，发放补助慰问金6万元。开展总监大讲堂培训34次，听讲2000余人次。组织员工参加商学院培训12次，180人次，累计59课时。大数据、安全教育培训4次，14.5课时，36人参加。优秀店长5人晋升为店内培训导师，围绕体验式服务、顾客投诉应对与处理、会员开发与管理、销售管理4个主题分享工作心得，导师培训24场，1560人次。建立四级安全责任体系，签订19个部门、上至总经理、下至全体导购员《安全责任书》128份，安全责任全覆盖。完善《商店启封店管理规定》《制高点管控管理规定》，制订《突发事件应急处置流程》，按周度、月度、季度为单位进行常态化培训，建立安全宣讲团队，对全体员工进行各项安全培训、宣讲200 次，9000余人次。制订《百货大楼安全隐患治理三年行动方案》《安全生产隐患排查清单》，隐患排查2000余次，查出隐患并整改2300余项，安全生产约谈12次，下达整改通知书35份，全年未发生安全事故。获2017年度区级解决消费纠纷绿色通道示范单位、安全消费教育基地示范单位、诚信服务承诺单位。中华全国总工会、全国妇联授予王府井百货大楼总服务台全国巾帼文明岗荣誉称号。全年销售收入15.79亿元，完成计划101.93%，利润完成1.52亿元，较计划增加653万元。

（王夕晨）

【王府井东安市场】王府井集团股份有限公司东安市场（简称东安市场）设珠宝皮具销售部、女装销售部一部、女装销售部二部、运动销售部4个销售部，总经理办公室、综合业务部、人力资源部、财务部、顾客服务部、行政安全部、党群工作部、工

6月14日，百货大楼举办防恐防暴安全演练（衡琳摄）

会8个职能部室，有员工205人。

2018年，东安市场坚持“两保一拼”总体工作目标，即保稳定、保利润、拼份额。着力于向开源要效益，增强利润蓄水功能，在商品层面筑牢业绩基础，在运营层面启动全员智慧，最大程度释放管理潜能。在场庆、春节、折起统一营销、集团庆、年底等五个重点阶段组织全员劳动竞赛，将奖励重点向一线销售团队倾斜，调动一线销售积极性。通过加强业务管控、打造营销热点、完善服务体验、全过程降费节支等多种措施，上半年利润指标超计划完成。通过开展四季度指标攻坚战，较大程度逆转三季度指标急剧下滑态势，有效缩短年度指标缺口。制订多维度监控指标。区位层面监控到楼层、品类、专柜；时点层面监控到月、周、日、重点期段、重点时段；业绩层面监控到销售、毛利、取费；管理层面监控到毛利率、客单价、交易次数；效能层面监控到销售坪效、毛利坪效、毛收坪效。坚持周例会，点评周计划达成及同比变化情况；跟进品牌置换进程，掌握现状、分析症结，预判变化、早做应急准备，校验营销活动执行及效果情况。指标监管达到促进营销、提高管理质量和服务水平的效果。在品牌管理中，发挥25个重点品牌引擎作用，以点带面，巩固全场业绩。对重点品牌在营销活动上给予更大支持和倾斜，实时关注其日常运营及销售情况，按周掌控重点品牌指标达成情况，密切与供应商沟通，了解难点，知晓诉求，排忧解难，共创佳绩。加强对商品物价、质量、计量、POP宣传等现场检查力度，在不同的时间节点，对检查内容和频次做出相应调整，敦促销售部管理和专柜实操环节各项工作落到实处。全年检查发现问题199起，其中涉及价格135起、POP宣传28起、商品质量29起、商品套码销售2起、赠品2起、货源2起、促销活动宣传1起。查出的问题得到及时整改。以顾客需求和顾客体验为出发点，围绕新技术、视觉体验感、便利性、互动性、超预期等方面策划营销方案，从营销形式与营销话题上丰富营销活动，提升顾客参与度与体验感，拉升营销效果。全年开展营销活动14次，营销天数150天，日均销售70.18万元。在首层打造视觉中心，针对一层客流大的特点，以具有冲击力的造型作为视觉主导，通过视觉动线引导顾客，起到聚集人气作用，设计主题活动配套视觉13次，CD区更换季节视觉5次，视觉设计及宣传点向精细化、一体化完善，增加小创意，注重细节，从感官上给顾客带来舒适的场景化氛围体验。东安市场微信双号（服务号、订阅号）通过游戏PK、话题互动、品牌体验活动等增强粉丝参与感，让粉丝成为二次传播者，提升商场品牌影响力和用户体验度。双号增加2115人，有粉丝1.64万人。与口碑公司合作，开展团购活动，“五一”期间销售代金券415张，使用398张，使用率95.9%。全年自媒体发布155次，其中品牌活动96次，营销活动36次，主题活动23次。根据首旅集团打造生活方式服务业产业集团工作安排，落实推进首客首享平台对接及相关落实工作。借力首客首享打造线下资源聚集地和生活方式聚集地的平台发展战略，在平台营销宣传上寻找新的突破口。开展员工专题培训会及首客首享会员招新竞赛等活动，招募会员1048人。在首客首享新媒体矩阵带动下，线上线下联动宣传，首选季活动期间，活动视觉海报店、内视觉宣传点全覆盖，增大活动曝光度。与首客首享平台微信公众号绑定后，一个月内转发平台活动链接6次9条，合力宣传平台活动。挖掘冰点内购群潜力，营造平台互动效果和热销氛围，创造更大效益，开展两期晒单金手指活跃度评比，评选出金手指奖12人、银手指奖18人、晒单礼31人，活动提升了群内人员关注率、到店率，全年拉新增粉168人，各专柜销售人员在群内发布促销信息653条，推送促销商品图片2330张，引发热点商品互动信息698条。组织潮派创意陈列技能大赛，锻炼导购员陈列技能，美化货场陈列效果，激发服务人员创新意识，收到各品类参赛作品48件，经商场销售部初评，服务乐活圈微信公众平台发布并

1月18日，东安市场举办115周年场庆活动（王颖摄）

6月10日，市民在国企开放日参观王府井工美大厦（王锟摄）

投票，评选出获奖作品8件。制订印发《东安市场安全隐患治理三年行动方案》《东安市场2018年安全生产月活动方案》《东安市场反恐防恐三级联防联动工作预案》等安全工作方案及预案8项，完善安全制度明确安全责任。组织4个销售部和收银组员工参加防火主题应急演练，提升处置突发事件和逃生自救能力。执行安全工作每日巡查制度，同时将检查结果记录在案。每月召开安全工作例会，通报安全检查结果。下发隐患整改通知书42份，排查各类安全隐患109起。制发《东安市场商业装修施工规范手册》，加强审核安全生产许可证、电工证，证件作假、过期、不全，属施工资质不合格,严禁施工。审核施工单位7家,资质不合格2家,修正、补齐资质后方允许施工。加强装修监理及验收管理，现场检查发现违反施工规范行为4次，及时予以制止与修正，装修施工安全得到保证。撤销中共王府井集团股份有限公司东安市场委员会，成立由3人组成的党总支。

（赵泳战）

【王府井工美大厦】北京工美集团有限责任公司王府井工美大厦（简称工美大厦）内设办公室、组织部、工会、人力资源部、财务审计部、工程部、保卫部、物业部、信息部、后勤部、商场管理办公室、综合管理办公室、业务部、经营部、员工餐厅15个部门，有在职员工210人。

2018年，工美大厦结合功能定位，立足长远发展，引入优质资源，配合集团公司完成近5000平方米商业场地招租项目，提升经济效益、品牌效益。持续落实集团公司资源整合部署，与北京天坛工美文化发展有限公司资源共享，两家企业同步管理，工作便捷高效，得到外交部供应处、中国邮政北京分公司等政府及企事业单位认可。官方微信发布企业动态、文化交流、促销信息196条。举办北京2022年冬奥会和冬残奥会特许商品零售店开业及颁证仪式。开售冬奥会会旗交接纪念品，将所有会旗交接限量版产品组合打包，便于收藏爱好者集齐。首发上市开售冬残奥会会旗交接纪念品。北京奥运会10周年纪念限量版特许商品上市首发，1000枚限量纪念徽章20分钟内被抢购一空。冬奥新品销售额近15万元。举办北京中医院、北京医院、农行、东城区老字号、北汽集团等企业内购会29场，聘请专业老师讲解商品文化，销售额304万元。将商场民间工艺组封闭式柜台改为开架式展柜，销售额同比2017年增长12%。文房四宝组与画廊组合并升级，突出传统文化翰墨清香艺术氛围。夏季售卖适销知名品牌扇子，销售额同比2017年增长35%。举办多场文化促销活动，其中：宫廷画法颜派花鸟画等书画展3期；书画家现场写春联送福字；邀请邮政VIP客

5月16日，工美雕漆汇在工美大厦开幕（工美大厦提供）

户30人现场体验京绣；工美雕漆汇暨燕京八绝之雕漆工艺美术大师作品展搭建展销平台，举办雕漆DIY活动4期，汇聚把玩、饰品、摆件、古典家具等雕漆商品，销售额同比2017年增长177%；淘老货售卖2期，销售额90万余元；母亲节黄金饰品以旧换新免工费、每克减10元，销售额400万余元；工美大厦64周年店庆期间，开展黄金饰品以旧换新免工费活动，特邀著名香道师带领顾客现场制作蜜和香丸。首次参与首都国企开放日活动，市民210人走进工美大厦参观互动。召开八届十一次职工代表大会，审议通过《工美大厦关于调整企业离岗待退职工工资议案》。走访慰问困难职工、劳模11人次，发放慰问金9728元，为3人申请工美情重疾救助1.3万元。完成质量管理体系运行各项活动，通过认证公司审核，获2015版标准认证证书。成立法治建设领导机构，制订全面推进法治国企建设实施方案，聘请专业机构担任常年法律顾问，参与企业招租、重大工程项目合同审查。以党支部为单位落实双报到工作，在职党员按时到所在社区报到，参加社区服务活动100余人次。签订消防安全协议书及“两节”、“两会”、“中非论坛”安全协议书42份；召开安全专题会、值班经理会、中层会、部门例会55次；举办消防安全培训26次，900余人参加；开展安全生产月知识宣传活动，发放答卷800余份、宣传卡片700余份；组织消防应急疏散、防恐防暴、处置突发事件、微型消防站拉动演练15次、540人参加；开展安全检查54次，对隐患问题及时监督整改；投入31万元，用于维护保养消防系统、监控系统、防火卷帘门，维修保养消防器材550余具；建立保卫部应急指挥中心、楼层安保组、商户联防小组三级联防联动治安防范体系，在商场营业时间内每2小时一次不间断巡视检查；监督管理施工项目25个，施工结束，聘请专业机构检测电气防火、建筑消防设施。聘请专业保洁公司，提升服务质量和保洁专业化水平。投入110万余元，用于电气火灾监控系统、热力系统、污水井、制冷管道维护，延长设备使用寿命。获中国质量诚信AAA级企业、首都文明单位标兵、首都文明商户、北京市诚信创建企业、北京市优质服务商店、东城区文明商户荣誉。全年营业收入6.03亿元，利税507.2万元。

（范琳　汤雯超）

【北京同仁堂】中国北京同仁堂（集团）有限责任公司(简称同仁堂集团)内设综合办公室、经济运行部、财务运行部、证券部、对外经济工作办公室、品牌法律事务部、科技质量部、工装环保部、媒体广告管理部、医疗管理部、审计部、信息中心、文化传承中心、安全保卫部、房产管理部、行政后勤部、组织人事干部部、宣传部、党委办公室、纪委办公室、工会、团委、文化产业部、政策研究室、投资管理部、物价招标办公室、首席技师工作室27个部门，有职工2.69万人。

2018年，同仁堂集团举办“新时代 新征程 承品牌 传药香”纪念建党 97 周年、改革开放 40 周年职工文艺会演，同仁堂职工自导自演，以歌舞、曲艺、语言等节目形式，围绕学习贯彻习近平新时代中国特色社会主义思想和中共十九大精神，表达作为中华老字号、 国有企业矢志不渝跟党走的坚定决心。与国家卫计委脑卒中预防委员会签署《开展全面战略合作框架协议》，配合国家卫计委在全国范围内开展关爱健康，预防中风为主题社区义诊、健康大讲堂、病友会等系列宣传推广活动。自2015年以来，累计在200余个城市举行各类宣教义诊活动近3000场，50万余人次受益。评书《儒商同仁堂》出版发行，弘扬中华优秀传统文化。同仁堂首家粹和康养生活馆天坛馆营业，标志着北京同仁堂健康养老全国战略落地实施，按照同城协同、异地联动、全国布局规划，推行疗程+课程+旅程服务方式，为客户带来一站式、多层级、连续性、全周期的定制化健康养老服务。全年营业收入190.43亿元，同比增长8.16%；利润总额27.96亿元，同比增长10.29%；资产总额295亿元，同比增长9.6%；归属公司净资产收益率11.45%；国有资产保值增值率112.52%。

（葛冰）

【中国医药公司】中国医药健康产业股份有限公司(简称中国医药)内设董事会办公室、总裁办公室、财务部、人力资源部、党群工作部、企业发展部、审计部、纪检监察室、法律部、信息中心、投资中心、医药工业事业部、医药商业事业部13个部室，在日本、委内瑞拉、厄瓜多尔、古巴、中亚等国家和地区设代表处，有员工1万余人。

2018年，中国医药落实一体两翼发展战略，以品种建设为重点，推进品种、品牌、资本三位一体建设，构建两翼营销体系建设，提高企业核心竞争力。沈阳铸盈河与北金仑2家公司加入中国医药商业体系，扩展中国医药全国网络布局，成为公司新的利润增长点。大兴现代医药物流项目二期工程——医药产品实验楼工程主体结构封顶。工程占地面积1200平方米，建筑面积1.14万平方米。持续深化“板块+协作区”模式，党建工作与生产经营融合能力持续增强。举办中国医药商贸板块党建促生产经营暨支部发挥战斗堡垒作用观摩交流会，所取得的党建工作成果，受到通用技术集团高度评价。公司医药工业板块在全国医药工业企业排名第55位，医药商业板块在医药批发企业主营业务收入排名第6位，国际贸易板块在中国医药保健品进出口企业100强中位居第3位。获上市公司中国创新企业奖、中国改革开放40周年突出贡献上市公司、中国最具投资价值上市公司、上市公司中国百强企业奖、最具工匠精神上市公司金骏马奖等项荣誉。全年营业收入310亿元，利润总额25.3亿元。

（刘璇）

【亚泰永安堂】北京亚泰永安堂医药股份有限公司（简称亚泰永安堂）内设财务资产部、人力资源部、综合管理部、产品管理部、营销管理部（批发、零售）、配送中心、策划部、市场拓展部、质量管理部、数据服务中心10个部门，有员工302人。

2018年，根据董事会决议，原北京亚泰永安医药股份有限公司经工商局核准更名为北京亚泰永安堂医药股份有限公司，聘任杨啓忠为总经理、张粤妮为副总经理、张达维为总经理助理。上级公司东方信达任命安秦川为公司党委书记。公司所持《药品经营许可证》，经市食药监局核准，企业负责人由冯伟杰变更为杨啓忠。亚泰永安堂总部和永安堂连锁公司总部搬迁至朝内大街243号（朝内药房）办公区联合办公，原办公场所东四南大街118号用于对外出租经营，总部原址什锦花园43号，用于建设企业文化中心及存放档案资料。参加市中医管理局、区政府主办的第十一届北京中医药文化宣传周暨第十届地坛中医药健康文化节活动，在3天活动中，展示中华老字号中医药历史文化和非物质文化遗产传承项目，提供免费健康咨询、骨密度检测服务。参加市政府在国家博物馆主办的中医中药中国行展会，演示手工塑制蜜丸制作技艺，展出制药老物件。全年营业收入1.35亿元，比预算增加43.21万元，利润总额11.72万元,比计划增加1.72万元。

（何向阳）

【全聚德前门店】中国全聚德（集团）股份有限公司北京全聚德前门店（简称北京全聚德前门店）内设餐厅部、厨房部、公关销售部、后勤保障部、安全保卫部、人力资源部、财务部、采购供应部、综合办公室9个部室，有在职职工290人。

2018年，前门店接待多国政要、各界宾客等客人参观及用餐。接待中央电视台到店录制全聚德烤鸭、鸭风味菜肴、特色面点、挂炉烤鸭技艺、现场片鸭表演等，在除夕特别节目中播放。接受集团公司质量/食品安全/环境管理体系内审组审核，通过审核。参加首旅集团匠人之星职工技能大赛，获工程系列比赛第二名。赴河南省郑州市参加“美食艺术节暨名菜、名宴博览会”，国内34个省市区餐饮行业协会及名师名厨参加，前门店选派冷荤、热菜、面点厨师长与服务师组建参赛团队，设计精美菜模、北京小吃实物、特制面人儿展台，重现老北京人吃烤鸭经典场景，得到评委会与参会人员一致好评，获中国菜·全国省籍地域主题名宴、中国菜·全国省籍地域主题名菜、京菜——全聚德全鸭席、北京烤鸭、北京满汉全席、一品豆腐、葱烧海参7个奖项。接受食品安全示范区复查验收小组到店检查食品安全制度、实施阳光餐饮、设置公示栏等情况，验收合格。全年安全生产零事故。未发生食品安全事故和重大服务投诉。

（白杰）

【便宜坊烤鸭集团】北京便宜坊烤鸭集团有限公司（简称便宜坊集团）内设1个加工中心、2个工作室（焖炉技艺传承保护工作室、菜品研发工作室）、1个办公室（行政办公室）、10个部（党群工作部、审计监察部、营运管理部、人力培训部、财务管理部、采购食安部、品牌信息部、店铺拓展部、快餐运营部、物业工程部），有员工1805人，

2018年，便宜坊集团秉承“便利人民，宜室宜家”的经营理念，坚持走老字号餐饮品牌传承与创新发展之路，制订下发新的“三五规划”（2018年——2022年），推进规划内容的执行与落实。作为老字号餐饮品牌代表参加2018年特许加盟展。携旗下众多老字号品牌参加第五届京交会高端论坛、品牌展示、产品售卖服务等。参加2018中国餐饮高端峰会，在评选出的全球杰出餐厅1000家中，便宜坊餐厅入选。便宜坊、锦芳

9月12日，北京全聚德前门店菜品获奖（前门店提供）

受邀参加北京端午美食文化节，展卖便宜坊烤鸭、粽子，锦芳驴打滚、艾窝窝、开口笑、糖火烧等北京特色小吃。参加在台湾高雄举办的第七届高雄·北京特色周暨京台厨艺交流赛，便宜坊集团员工4人在热菜、冷拼、面点比赛中获最佳味蕾肉类、最佳荤食海鲜、最佳冷拼组合、最佳面点组合等9个奖项。在北京市第八届商业服务业技能大赛（中式烹调师）项目决赛中，所属功德林素菜饭庄1人获大赛第五名及金手指奖杯、二级技师称号；哈德门店1 人获高级技能三级称号；集团获优秀组织奖。为纳米比亚大使在功德林素菜饭庄宴请接待本国副总理兼外交部部长恩代特瓦等客人提供服务。位于亦庄开发区的便宜坊科创店开业，店面面积约2600平方米，可同时接待就餐宾客500余人，餐厅整体设计古香古色，内设待月厅、缀花厅等23个雅致包间，最大的包间可容纳宾客20人。在2018年首届东城工匠命名表彰暨工匠之歌发布会上，便宜坊集团烧麦制作技艺传承人吴华侠，天兴居炒肝制作技艺传承人郑建华，获东城工匠称号。为锦芳小吃店黄小辉申报东城区首席技师工作室。吴华侠获市级有突出贡献高技能人才称号。集团获中国烹饪协会颁发的改革开放40年中国餐饮协会老字号新辉煌企业、获中国饭店协会颁发的2018中国正餐集团50强、改革开放40周年全国饭店餐饮业功勋企业、《北京商报》社与北京烹饪协会颁发的北京餐饮门店100强、京餐饮企业（集团）50强、北京餐饮十大老字号品牌等荣誉。全年实现国有资产保值增值，销售收入4.42亿元，同比提升15.42%。

（魏森）

【北京稻香村】北京稻香村食品有限责任公司（简称北京稻香村）内设总经理办公室、人力资源部、财务部、市场营销部、市场研究部、法务部、信息管理部、总务部、销售中心办公室、销售管理部、北京区域管理部、外埠区域管理部、督导部13个部门，有198家连锁店，1个物流配送中心，有员工2957人。

2018年，北京稻香村把加强企业文化建设放到与强化制度流程管理同等重要的地位，既强调制度的刚性规范，又重视企业文化的柔性影响，以刚柔并济方式提升管理水平，苦练内功，为公司持续发展奠定基础。北京稻香村子品牌稻田日记太阳宫店开业。年度新品黄逗菌冰糕上市。为第38届华夏北京马拉松提供食品赞助。应邀参加灯市口小学匠心老字号主题文化实践活动，销售中心办公室主任在演讲中，与师生互动50余次，主题活动使老师和同学们更加深入认识和理解百年稻香村企业文化，285人参与。在北京稻香村主办的传统烘焙食品专题研讨会上，中国焙烤食品糖制品工业协会理事长作《焙烤行业的现状和发展趋势分析》报告，上海一仆企业管理咨询有限公司总经理作《老字号中点企业品牌和市场运作浅析》报告，分析传统烘焙行业现状，展示技术创新成果与应用，各方领导、行业专家、加工供应商等100余人参加。举办年度企业文化活动总结表彰大会。在北京2018年度焙烤行业年货展示推介活动中，京八件礼盒获北京金牌年货，饽饽匣子获北京金牌特色食品。参加北京市第72届质量管理小组成果发布会，获二等奖1个、三等奖2个、优秀奖1个。在第十九届全国焙烤职业技能竞赛中，高级技师于伯军制作广式莲蓉月饼、京式自来白月饼、抹茶酥获全国焙烤职业技能竞赛月饼技术比赛北京赛区一等奖。北京稻香村获2005—2017年度北京商业突出贡献奖、受网友喜爱的北京老字号荣誉，生产部炸活车间获评中华全国总工会工人先锋号。

（刘璐）

【吴裕泰茶业】北京吴裕泰茶业股份有限公司（简称吴裕泰）内设财务部、营运部、市场营销部、人力资源部、办公室（党群部）、物流生产部、信息部、产品部、质检部、采购部10个部门，有在职职工366人，退休职工379人(其中离休2人)。

2018年，吴裕泰落实“一一五”战略目标，即一个梦想：百年老店成就千年品牌；一个市场定位：卖老百姓喝得起的放心茶；五个理念：品牌理念（坚守品质、创新品种、提升品位）、经营理念（全方位打造体验店，线上线下协同作战）、管理理念（专业又敬业，用心又细心）、

9月16日，北京稻香村提供食品助力北京华夏马拉松比赛（北京稻香村提供）

服务理念（宁肯自己千难万难，不让客户一时为难）、用人理念（赛马不相马，人人有机会）。新开连锁店41家，连锁店总数为484家。支持区总工会开展的“暖心行动”，为全区180个暖心小屋提供7万余袋泡茶，环卫工人、快递小哥和平房物业保安可以喝到吴裕泰的茉莉花茶。在历时2个月的“旺年约花茶，就选吴裕泰”元旦、春节促销活动中，全体员工抢时间、盯销售、拼业绩，实现终端销售21亿元，创造历史最好成绩。首次开展为期1个月的茶叶质量安全月活动，公司领导带队，分7组检查北京、河北、山西、内蒙古、山东、辽宁6个区域的157家连锁店，集中检查北京连锁店50家，确保茶叶质量不出问题。召开主题为“求变、求实、求精”的年度加盟商座谈会，加盟店45家、加盟商55人出席，公司中高管、督导、产品部员工参加会议。与四川省茶业集团签订战略合作协议，共谋茶产业创新发展，聚力打造天府龙芽。发布以“裕泰品质 花茶故事”为主题新品。六款全新产品中有匠心打造，代表更好品质的贡毫精品；有失传已久、被重新恢复的徽苏窨记系列花茶；有突破传统，选取珠兰花窨制、充分体现故里情浓的珠兰花茶；有纯手工窨制挑选、限量版的冰糖香味顶级花茶；还有将祁门红茶香与茉莉花香完美融合的茉莉红茶。新品诠释出吴裕泰坚守品质、创新品种、提升品位的品牌及产品理念。浙江大学CARD中国农业品牌研究中心中国茶叶品牌价值评估课题组发布“2018中国茶叶企业产品品牌价值评估报告”，在161个评估品牌中，吴裕泰排名第一位，品牌价值15.51亿元。吴欲泰获年度全国文明单位、中国茶叶百强企业、中国茶业品牌传播力十强企业、全国商业质量管理优秀企业、全国商业服务业顾客满意企业、全国商业质量品牌示范单位、质量之光魅力品牌奖、北京十大商业品牌、改革开放40周年中华老字号企业发展历程卓越奖、改革开放40周年中华老字号非凡创新精神奖等荣誉称号；王府井店、前门店、雍和宫店、东内小街店被市商务委授予北京市优质服务商店。吴裕泰产品100g罐装贡毫茉莉花茶、散装徽金芽茉莉花茶被世界茶联合会授予金奖，精选茉莉花茶王被中国茶叶流通协会授予特别金奖。组织员工参加北京市第八届商业服务业服务技能大赛，9人进入茶艺师竞赛项目总决赛，3人分获第七、第八、第十名。吴裕泰董事长获全国商业诚实守信道德模范称号，产品研发部经理1人获全国商业质量管理先进工作者称号，前门店店长获全国商业服务明星称号。完成党组织到交道口街道工委、党员到居住地社区党支部双报到工作。公司党总支换届，选举支部委员5人。

（赵连颇）

【天润金百公司】北京天润金百投资集团有限责任公司(简称天润金百)内设经营部、资产管理部、财务部、人力资源部、审计部、政工部（工会）、综合管理部7个部室，有职工133人（其中在岗50人），离退休职工1873人。

2018年，天润金百调整所属磁器口大街98-102号房屋、新景家园底商、东晓市街60号经营项目，开设便民超市、花店、菜店，实现租金、业态双提升。制订幸福大街38号、福光路3号招商项目定位及方案。成立审计部，独立行使内部审计职能，完成对所属4家子公司内部审计，出具审计管理建议书。监管工程建设项目，送审6项，审减率14%。琉璃井29号、31号房屋取得政府拆迁拨付款。所属前门亿兆商场以振兴老字号品牌为目标，完成北京市老字号年审，获2018年北京市第三批优质服务商店称号，拓展加盟店1家。元隆公司挖掘元隆丝绸发展历史，编写品牌故事，注册中英文域名，设立400品牌服务热线，制订网站建设方案。天润金百持续推进两学一做学习教育常态化制度化，利用天润党员之家微信群，开设每日微党课300余篇。重新编制公司五年规划，确立以全面提升资产经营质量为基础，商业流通、物业服务管理两条发展主线并举，全力打造资产运营高效、老字号经济价值彰显、商业流通服务主营业务不断提升的投资控股集团公司总体定位。召开工会会员代表大会，审议通过工会工作报告、工会财务工作报告和工会经费审查工作报告，选举产生新一届工会委员会、经费审查委员会。召开全体党员大会，增补公司纪委委员2人，健全所属支部纪检委员及党风廉政建设监督员等纪检队伍。梳理入党申请人情况，确定积极分子14人，申请人3人，发展对象2人参加入党积极分子培训班。按照崇远公司要求，执行新的薪酬和考核制度。全年营业收入7698.14万元，完成计划指标的99.09%，利润总额2000万元，完成计划指标的100%。

（李洋）

【工美凤凰公司】北京工美凤凰旅游艺术品集团有限公司（简称工美凤凰）内设综合办公室、财务部、人力资源部、资产管理部、国礼中心、物业部6个职能部门，有在职职工88人，离退休职工954人。

2018年，工美凤凰接待俄罗斯、法国、日本大学生友好访华团、香港青年、清华大学附中学生400余人到百工坊参观交流，体验京剧脸谱面具制作等活动。携传统手工技艺大师精品参加北京文博会。携剪纸、毛猴制作技艺、中国结手链3项传统手工技艺到北京第二中学，与学生及家长共同迎接开学第一课，那些看似简单的手工艺制作项目蕴含着传统文化精髓，显示出民间手工艺人慧心巧手。举办保护、传承、发展非物质文化遗产，123我们在行动——暨京城百工坊15周年庆典主题活动。国家主席习近平夫人彭丽媛邀请出席中非合作论坛北京峰会的外方嘉宾在钓鱼台国宾馆芳华苑欣赏中国非物质文化遗产展示，百工坊非遗传承人张旭在景泰蓝制作演示台为客人表演宫灯葫芦点蓝技巧，该作品获中国工艺美术百花杯金奖。

（姚欣宇）

【华江文化公司】北京华江文化集团有限公司（简称华江文化）内设奥运特许综合管理部、特许事业部、贵金事业部、大客户事业部、北京礼物事业部、研发中心、研发设计部、采购部、公关策展部、人力资源部、经营管理部、政府事务部、系统运营部、法务部、行政部、财务部、国际项目联络部、物流仓储部18个部门，有员工100人（含海外员工）。

2018年，华江文化所属2022北京冬奥会特许零售店前门店、鸟巢店、长城店开门营业，3家门店总面积90平方米，销售冬奥会特许产品徽章、冰箱贴、钥匙扣、毛绒、工艺品、服装服饰、箱包、丝绸、贵金属、邮品、陶瓷制品等，全年销售总额约193万元。与英国陶瓷双年展组织（机构）、英国史丹福郡大学于伦敦达成战略合作协议，共同搭建艺术陶瓷和高端日用陶瓷创意设计平台。华江文化更名为北京华江文化集团有限公司，各项业务指标完成预期要求，在产品研发、项目运营、对外交流、宣传推广、制度建设等方面，尤其是北京世园会特许产品研发营销以及北京冬奥会特许产品研发营销方面，取得良好业绩。设计制作北京世园会昆虫系列徽章套装获第十五届北京礼物旅游商品大赛金奖1个、铜奖1个、优秀奖8个，同时获得优秀组织奖；共创繁荣丝路系列国宴餐具获中国设计红星奖。华江文化获2017年北京市体育产业示范单位、首都文化企业30佳等称号，公司1人获评东城工匠称号。

（杨凡）

【百荣集团】百荣投资控股集团有限公司（简称百荣集团）内设财务管理部、资金管理部、工程管理部、董事会办公室4个部门。有员工1600余人，其中集团总部研究生及以上学历35人，大学本科51人，大专及以下学历38人。

2018年，百荣集团坚持以科学发展观为统领，贯彻落实安全、卓越、创新、和谐的发展方针，全面推行正德厚生、臻于至善、德正商立、功成业满价值观念。获区2017年度百强企业称号。百荣集团党总支下设3个支部，有党员100人。

（何柳）

【百荣世贸商城】北京百荣世贸商城市场有限责任公司（简称百荣世贸商城），有员工近1000人。

2018年，作为全区最大的区域性商业项目，百荣世贸商城推进疏整促工作，调整营业时间、提升卖场形象，引进时尚品牌、丰富品类业态，创新管理模式、提高运营管理服务水平，营造温馨舒适购物环境，转型升级为南城大型综合性服务中心。召开“百荣携手盒马,助力传统商业转型升级”主题新闻发布会，区商务委主任、商城总经理、北京盒马总经理出席会议并发言。盒马鲜生（百荣店）位于商城D座，即可满足消费者到店选购，也可通过APP下单，享受3公里范围内30分钟送货上门服务，这种新兴的零售业态，带动老商业焕发新活力，弥补百荣在此类业态上的短板，其线上线下融合的经营模式，为周边百姓生活带来便捷，其创新理念及消费方式，亦受到更多年轻人群青睐，《北京日报》、千龙网等媒体给予报道。举办“新机遇、新平台、新体验暨百荣商贸云平台上线发布会”，百荣商贸云平台上线，实现消费者线上了解商城、查询店铺、网上购物等流程服务，促进商户贯通线上线下打造全新批零模式，加速提升盈利水平，培育已有的近14万人次微信粉丝量逐步转化成消费主体，通过线上线下一揽子营销，为商户营造更好经营氛围，为消费者提供更加优质购物环境和更便捷购物渠道。百荣商贸云平台正式上线后，几天内浏览人数6100余人次，精选4200余个SPU、2.5万余个SKU，产生3500余笔订单、近200万元销售业绩。尝试开架经营，引入集合店模式，强化空间美陈，更新导视标识，开创百荣特色商业模式。接待区人大常委会副主任带领区人大代表100余人，视察商城调整提升区域、中庭展销区、盒马鲜生百荣店，肯定百荣世贸商城疏整促成果及转型升级新变化，对百荣的未来发展表示关注，希望再上新台阶，为推动东城区经济发展做出更大贡献。百荣世贸商城设立党建活动示范点，打造非公企业党员活动阵地，党建工作与企业同步发展。百荣世贸商城总经理获2018年十大品牌女性及中国商业开放40周年功勋人物奖项。

（武悦）

【大北服务公司】北京大北服务有限责任公司（简称大北公司）内设行政办公室、党委办公室、经营管理部、财务计划部、人力资源部、安全保卫部6个部门。有职工324人，其中在岗249人。

2018年，大北公司召开年度经济工作会议，总结2017年经营管理和党建工作完成情况，分析存在主要问题，明确年度工作目标，全体管理人员和职工代表82人参加。所属企业完成全国“两会”服务工作，其中：大北照相承担全国“两会”拍摄任务，制订工作方案，召开预备会议，进行现场演练，落实工作细节，完成千人以上大合影2场，人大代表分团合影、政协委员界别合影22场，服务7000余人次；永定门饭店承接全国“两会”接待服务，调整接待比例，提升客房品质，强化安保工作，丰富菜品种类，实现营业收入 60.2 万元，同比增长18%，接待3754人次，总出租率达到101.22%。所属大北照

10 月 1 日，大北照相西大望路店顾客盈门（张政委摄）

相前门店投入使用电子叫号系统，顾客进店后在导照人员帮助下取号，系统按照顾客选择的拍摄项目、取号顺序和实际拍照进度叫号，顾客可以合理安排等候时间，有效化解因排队而引起的纠纷，同时规范拍摄秩序，提升服务品质，营造品牌形象。大北照相图片制作中心投入升级改造资金65万元，购置14台爱普生P10080喷墨打印机，新机器色域广、清晰度高、环保、节能、输出稳定，提升产品质量水平，改善图片制作员工工作环境。大北公司与CCTV-老故事频道签约拍摄专题纪录片《感悟中国——一个世纪的记忆》（片长30分钟，12月9日在中央电视台老故事频道播出），该片讲述大北照相历史渊源、社会背景、对地方及各界影响、老字号品牌继承与发展，宣扬大北照相悠久的企业历史文化底蕴，树立行业引领标杆地位，提升大北照相品牌价值，扩大企业知名度。大北公司召开党委会26次，办公会12次，董事会5次，党委中心组（扩大）集体学习12次。举办党员、团员和职工外出参观及竞赛活动。制订、修订、印发《北京大北公司关于进一步加强安全生产工作的实施意见》《北京大北公司安全生产综合目标管理暂行办法》《大北公司2018年全国“两会”安全维稳保障工作方案》等管理制度。成立安全保卫部，负责公司安全生产、保卫制度、教育培训、应急演练、检查、考核、信息反馈、文件归档、评价等工作，全年召开安全生产工作会12次。组织参观中国消防博物馆、参与区安监局安全培训，开展所属企业消防安全知识培训活动。全年完成营业收入7829.46万元，同比增长18.06%；实现利润794.5万元，同比增长38.8%；国有资产保值增值率119.58%，同比增长3.56个百分点。全体一线职工调整基本工资，平均上调8%。

（张楠）

【宏源餐饮公司】北京宏源餐饮管理有限公司（简称宏源公司）总部内设党办、总办、运营部、人力资源部、财务部、配送中心6个部门，有员工800余人。

2018年，宏源公司南门小馆、上海世博源店等4家门店开业或试营业。举办第十一届技术技能比赛，设刨冻肉、切鲜肉、切百叶、兑小料4个项目，各分店选派员工37人参加决赛，上海总店2人分获切鲜肉第一名、刨冻肉第一名，通州店1人获切百叶第一名，朝阳路店1人获兑小料第一名，上海总店获团体一等奖，朝阳路店获团体二等奖，南门店获团体

12 月 25 日，宏源公司举办技术技能比赛（邝迎杰摄）

6月21日，通利达举办承租人身份查验桌面推演（李晶摄）

三等奖。宏源公司研发和升级菜品9个，提升菜品质量。管理创新42项，提高管理水平，改善就餐环境。召开二届十三次职工代表大会，审议通过职工代表参与企业高管会议决议。召开第三届第二次职工代表大会，签订2019年工资协议书、2019—2021年集体合同、2019—2021年女职工权益保护专项集体协议。参与博爱在京城、为千户家庭送温暖等社会公益活动，捐款捐物30万余元。参加东城区组织举办的东城土豆接力爱心团活动，订购崇礼土豆2吨。召开退伍军人座谈会。组织全体党员到北大红楼开展主题党日活动。宏源公司董事长被北京市人民政府授予北京市就业创业工作先进个人称号、区域店长1人被授予首都劳动奖章。

（邝迎杰）

【通利达汽车租赁公司】北京通利达汽车租赁有限责任公司（简称通利达）设立租赁业务部、财务部、车辆管理部、人力资源部、行政管理部、安全技术部、维修部（修理厂）、电商管理部8个机构，下设9个分公司，3个子公司，有在职员工63人。

2018年，通利达承办汽车租赁行业承租人身份信息查验桌面推演。桌面推演是指模拟汽车租赁经营门店形式，演示个人或单位汽车租赁客户在门店办理租赁及车辆交接手续时，对其身份信息查验及处理过程，强化日常业务中承租人身份信息留存、查验。市交通委运输局及相关处室主管领导、各区县行业主管部门、企业代表及公安局公交保卫总队民警等30余人参加。开展新能源汽车分时租赁业务，发展客户3万余人，完成订单6万余单。通利达对全公司范围内各办公、停车场地开展消防检查，并针对新能源汽车充电设施开展专项安全检查，出动检查22人次，投入资金5000余元，更新灭火器60余具，检修自有充电桩35具。通利达通过ISO9001质量管理体系、ISO14001环境管理体系认证及OHSAS18001职业健康管理体系认证复审。参加为千户家庭送温暖活动，向贫困家庭捐款2万余元。被市交通委评为2017年度汽车租赁行业考评优秀企业。全年营业收入1.49亿元，上缴税金2797.25万元。

（施喆）

【世纪天鼎公司】2018年4月，在北京世纪天鼎商品交易市场有限公司原址注册5000万元成立世纪天鼎（北京）文化科技有限公司（简称世纪天鼎）。内设办公室、财务部、招商部、客服部、企划部、工程部、安保部7个部门，有职工54人。投资1亿元，建设天鼎218文化金融园。园区项目建筑总面积3.5万平方米，绿化面积2000平方米，单体办公面积从200到1700平方米。完成整体内部装修改造工程。装修中，保留原建筑挑空高度，一层挑空3.9米，二层挑空7米，56个特色穹顶使自然光照充足。世纪天鼎组织女职工三八爱心接力、

11月8日，世纪天鼎参加东城区消防宣传月活动（王志鹏摄）

踏青运动会等员工活动。在全区消防安全宣传月活动中，请有关领导为天鼎218文化金融园小型消防站揭牌，并组织公司员工进行消防演习。

（朱雪芹）

【天天洁公司】北京天龙天天洁再生资源回收利用有限公司（简称天天洁公司）下设营销部、网点管理部、生产部、市场部、网络部、分拣中心、物流部、客服部、总经办、财务部10个部门，有员工88人。

2018年，天天洁公司在东花市街道开展“绿猫”垃圾分类资源减量活动。设置厨余垃圾投放桶站193个，厨余垃圾收集桶站16个，再生资源回收网点13个。向居民宣传简化垃圾分类参与方法，居民仅需记住三句话：有废品，找绿猫；可腐烂垃圾投绿桶；垃圾袋、其他垃圾投黑桶。居民通过关注绿猫微信公众号或下载绿猫APP,注册之后，一键呼叫上门回收，绿猫回收员通过手机智能回收系统回复上门时间，20分钟即上门。采用“互联网+再生资源”方式，最大限度方便居民参与。厨余垃圾不限定投放时间，引导居民用会不会腐烂辨识是否是厨余垃圾，单独收集，单独投放。同时，提醒居民裸投，即装垃圾的袋子要投放进黑桶，提高厨余垃圾纯净度，利于再利用，全年分拣厨余垃圾961吨。组建东花市街道垃圾分类志愿者团队，有志愿者500余人，组织学习班6期，赴鲁家山和高安屯垃圾焚烧厂参观学习。组织东花市街道“垃圾分类我能行，比比谁最行”楼宇竞赛活动，社区根据户均厨余垃圾分出量，评比最棒垃圾分类奖、垃圾分类进步奖。户均厨余垃圾分出量最多的楼宇授予最棒垃圾分类奖，获奖楼宇中所有“绿猫”注册用户可获得150个绿猫币奖励，户均厨余垃圾分出量较上月增长最多的楼宇，授予垃圾分类进步奖，获奖楼宇中所有“绿猫”注册用户可获得100个绿猫币奖励。在花市小学举办“我给垃圾记个账”垃圾分类环保实践活动，绿猫垃圾分类宣讲员讲解垃圾分类重要性、垃圾分类方法、如何给垃圾记账，指导学生如何称重、记录家庭产生的厨余垃圾、可回收垃圾和其他垃圾，使每个家庭对所产生的垃圾心中有数，唤醒人们垃圾治理责任意识，小学生700余人参与。天天洁公司开展垃圾分类党员做表率巡回宣讲活动，党员1000余人参与。举办“迎新春，垃圾分类环保过年”、“4·22”世界地球日垃圾分类变废为善、“6·5”世界环境日党员承诺我先行现场宣传活动。全年入户宣传2.2万户，发放宣传材料3万份，张贴宣传海报1000多张，悬挂条幅100条，设置固定宣传展板45块。

（肖丽丽）

【当当网公司】北京当当网信息技术有限公司(简称当当网)在广州、天津、成都、武汉、郑州、无锡、济南、沈阳、福州等城市建立物流中心，全国库房面积超过40万平方米，在28个城市提供当日达服务，607个城市提供次日达服务，1761个城市和乡镇提供上门退换货服务。每天有数百万册图书被送到顾客手中。当当网占据中国线上+线下最大图书零售市场份额。

2018年，当当网图书增速45%，其中自营销售15亿册。有世界最大儿童书店，手绘书、科普读物、婴儿读物、图画书、少儿英语等童书在国内销售占比超过70%。当当云阅读是国内最大数字出版平台，有数字出版物50万余种，有自主研发当当阅读器。在沈阳等城市布局新零售实体书店，打造城市文化客厅和阅读地标。获工信部信息中心和中国互联网协会评选年度中国互联网企业100强称号、市工商联评选北京民营企业百强（第27位）、北京民营文化企业文化产业百强（第10位）称号。

（邹培培）

【民族艺术珍品馆】北京市东城区中华民族艺术珍品馆（简称珍品馆）内设办公室、陈列展览处、库房保管处、宣传教育处、市场开发处、安全保卫处、征集处、人事财务处8个处室，编制30人，实有24人。

2018年,珍品馆完成燕京八绝传统技艺展、北京传统工艺美术精品

9月5日，珍品馆协办北京文化创意大赛文博产品设计赛区工作，图为决赛后合影（王泽鹏摄）

展、全国工艺美术大师精品展3个固定展览。更新154件展品，重新梳理记录展品位置。作为2018北京文化创意大赛文博产品设计赛区协办单位，参加北京国际设计周非遗设计板块，发起“辛意”传统文化培训项目。拓展行业资源，与北京手工艺术协会、区民间艺术家协会、北京国际科技文化交流协会等单位建立合作关系，分别签署合作协议，开展合作交流。调研考察徐州民俗文化园、第七届苏州文化创意设计产业交易博览会、深圳文博会、内蒙古旅游发展大会和成都创意产权交易会。联合工艺美术行业专家、非遗传承人为中小学生定期举办非遗讲座。北京国际设计周活动期间，设立中国民族艺术珍品展区，宣传“非遗”项目。与北京国际人才交流协会、北京工艺美术行业协会、北京市职业技能开发协会联合主办第二届燕京八绝“红星杯”评选活动，旨在鼓励青年人传承中华传统工艺，征集全国技工院校学生、大师工作室、校企合作企业学员制作的燕京八绝作品，从玉雕、景泰蓝、雕漆、金漆镶嵌、花丝镶嵌、京绣、宫毯、内画鼻烟壶作品中评选出金奖12件，银奖27件，铜奖36件，优秀奖61件，评选活动期间举办弘扬非遗文化培养技能人才论坛3场。珍品馆完善馆内制度，新增、修改制度35项。闭馆半年，进行消防工程改造。

（沈晨）

东城区商业企业单位负责人

北京东集泓业经贸有限责任公司
董事长、党委书记　马大为
总经理　谢小轩
北京东方奥天资产经营有限公司
董事长、党委书记　刘岳均
总经理　刘　玮（4月任）
　李坤生（4月免）
北京东方祥泰投资管理公司
总经理、党总支书记　刘洪林
北京王府井百货（集团）股份有限公司百货大楼
总经理、党委书记　田怀亮
北京王府井百货（集团）股份有限公司东安市场
总经理、党总支书记　张志刚
北京工美集团有限责任公司
王府井工美大厦党委书记　刘　鹏（7月任）
　刘　红（7月免）
总经理　谢景山（2月任）
中国北京同仁堂（集团）有限责任公司
董事长、党委书记　梅　群
总经理　高振坤
中国医药健康产业股份有限公司董事长　姜　鑫
总　裁　高渝文
北京亚泰永安堂医药股份有限公司董事长　刘晓峰
总经理　杨啓忠
党总支书记　安秦川
中国全聚德（集团）股份有限公司
北京全聚德前门店总经理　寇向利
党总支书记　曾晓俊
北京便宜坊烤鸭集团有限公司
董事长、党委书记　姜　璇
总经理　赵育贤
北京稻香村食品有限责任公司
董事长、总经理、党总支书记　毕国才
北京吴裕泰茶业股份有限公司
董事长、总经理、党总支书记　赵书新
北京天润金百投资集团有限责任公司
董事长、党委书记　宋海燕
总经理　孔　云（4月免）
北京工美凤凰旅游艺术品集团有限公司
总经理　韩　涛
北京华江文化集团有限公司
董事长　陈绍枢

党支部书记 陆英毅
北京市百荣世贸商城市场
有限责任公司董事长 蒋柏荣
党总支书记 王丽华
北京大北服务有限责任公司
董事长、党委书记 汪东儒（4月任）
许仲林（3月免）
总经理 甘华生（12月免）
北京宏源餐饮管理有限公司董事长 马 龙
党支部书记 马 军
北京通利达汽车租赁有限责任公司
董事长 李健秋
总经理 邹存生
党支部书记 王显平
北京世纪天鼎商品交易市场有限公司
董事长 林余存
党支部书记 王 方
北京天龙天天洁再生资源回收利用有限公司
总经理 刘 权
党委书记 郭长华
北京当当网信息技术有限公司总裁 李国庆
北京市东城区中华民族艺术珍品馆馆长 席文韬
党总支书记 王志军

对外经济

【概况】东城区对外经贸工作由区商务委主管。2018年，辖区新设外商投资企业65家，其中中外合资15家，外商独资50家。实际利用外资6.2亿美元，同比增长7.2%。实现进出口额1035.1亿元，同比上升2.2%，其中，出口204.9亿元，同比增长1.9%；进口额830.1亿元，同比上升2.3%。

（孙凌）

【扶持外贸企业】2018年，区商务委完成外贸经营者备案347个（变更230个、新设76个、注销41个）。审核27家企业执行合同，执行金额约3.05亿美元。为企业申报2017年北京市外贸稳增长资金2378万元；申报2018年中小企业开拓国际市场项目资金 286万元、北京市服务外包市级配套资金659.03万元、区产业发展办法奖励资金40万元。

（孙凌）

【出口信保统保】2018年，东城区出口企业累计海外投资保险保额2.09万美元，中长期信贷保险保额12.72万美元。北京苏纳可科技有限公司等3家外贸企业申报保额1500万美元；北京鹿鼎君贸易有限公司申报保额24万美元。中海油销售（北京）股份有限公司出保5400万美元。

（孙凌）

9月20日，区商务委举办外贸企业政策及业务培训会（孙凌摄）

旅游

9月17日，东城区开展“18小时寻找北京”旅游宣传活动，通过视频和图片进行不间断网络直播（区旅游委提供）

综　述

东城区旅游资源丰富，景区品级高密度大，旅游设施完善，文化底蕴丰厚，生态环境优美，成为国内外众多游客到北京旅游的首选之地。2018年，东城区以推动中轴线申遗保护和依法治旅为抓手，打造推广区域文化旅游品牌，通过优化旅游环境、加强旅游市场管理、推进行业管理规范化、倡导文明旅游等措施，推动旅游业实现高质量快速发展。18家A级及以上旅游景区（点）和其他主要旅游景区（点）累计实现营业收入15.7亿元，同比增长14.1%；累计接待游客7093.3万人次，同比下降2.2%。

推动中轴线申遗保护。区旅游委推进南中轴线文化体验探访路的建设，开展文化旅游资源的深入挖掘。对大运河文化带相关文化旅游资源的发展现状进行梳理和调查，并协调相关部门配合市旅游委做好大运河文化带旅游发展规划的编制工作，对涉及大运河文化带的资源点进行实地考察和调研。

打造推广区域文化旅游品牌。从调研、产品设计、形象推广3个层面打造“故宫以东”区域文化旅游品牌。对文旅融合大背景下“故宫以东”旅游品牌进行阐释，拍摄完成《故宫以东》形象宣传片，召开产品包发布活动，面向旅游业界全面推介。强化“18小时寻找北京”目的地营销活动品牌，并与打造中轴文化探访路紧密结合。“18小时寻找北京”微博话题阅读量1.2亿，微博直播曝光量788万次，212万人观看，直播互动量达5000+。该活动获2018金足迹文化旅游峰会暨IAI国际旅游节新媒体创新奖、2018年度博鳌旅游奖年度文旅整合营销案例榜大奖。

推进行业管理规范化。提高为民服务能力，做好创建“一体系建设”、搞好“一行业培训”、推进“一结合活动”和融合“三大项工作”。尝试建立东城区旅游企业信用体系，推动东城旅游企业诚信公示制度建设。在区旅游委官网上设立旅游信用板块，每季度公布旅游投诉处理情况，同时加强与市旅游委联系积极推进“互联网+政务服务”网上办事工作。搞好“一行业培训”。《东城区旅游投诉处理实用手册》为教材，邀请专家开展针对性培训，提升区内旅游企业服务品质和游客满意度，维护游客合法权益。同时，为旅游企业和机关工作人员提供实用资料。转型培训方式，提升志愿服务水平，改变以往集中培训形式，分别开展黄金周、暑期志愿服务项目等专项培训，并录制教学视频形成影像教材。推进“一结合活动”。推动文明旅游建设，开展文明旅游宣传进社区活动。以文明旅游宣传活动为桥梁，将区优质旅游企业引入社区，让东城居民享受高品质旅行社服务，提升旅游文明程度。融合“三大项工作”。围绕全区疏解整治促提升中心工作，配合区公安分局开展社会旅馆清理整治。建立台账，掌握现状；做好旅游提质增效；多管齐下提升旅游服务质量品质，此作法在旅游企业等级评定、便民事项办理、投诉处理、行业分析研究、企业走访、文明旅游建设等多方面实施。

依法治旅，稳定市场秩序。推进“三站一巡”工作机制，与公安、工商、交通、城管、街道等相关部门联合，在故宫、前门、王府井重要区域设立综合执法站。在全区设立旅游流动执法站，实现旅游市场秩序巡查常态化。重点打击非法小广告、无照经营、非法运营、黑导游等违法形态，现场受理游客举报投诉，对违法行为查处遏制。全力做好重要政治活动保障工作，在全国“两会”、中共十九届三中全会、中非论坛、北京峰会等一系列重要会议期间，制订专项工作方案，与各相关部门协调配合，开展安全检查，排除各类安全隐患，检查覆盖率达100%，整改复查合格率达100%。开展旅游行业安全生产大检查，通过企业自查自改、领导带队查、区属各部门督查、明察暗访以及行政执法等方式，推进企业安全生产主体责任落

5月，区旅游委开展文明旅游进社区活动（区旅游委提供）

实。开展旅游秩序“百日整治”专项整治行动。

推进文明旅游建设。争取到市旅游委公共服务设施改造建设资金42万元，用于明城墙遗址公园2个厕所的提升改造项目，增加2个第三卫生间，完成1个游客服务中心提升改造工程，如厕环境得到很大改善，提升区旅游公共服务水平。配合市旅游委开展核心区AAAA级以上封闭景区旅游厕所等级试点评定工作，涉及包括故宫、天坛、地坛等在内的7个景区，51座旅游厕所。评定后由文化和旅游部统一颁发等级牌向游客公示。

实现全年旅游安全生产零事故。区旅游委获2015—2017年度首都精神文明先进单位称号。全区旅游行业有5人被市旅游委和首都文明办联合评为北京旅游行业榜样人物，其中区旅游委优秀干部代表1人入选。

（王钦双）

旅游资源设施

【A级旅游景区（点）】2018年，东城区辖区内共有国家A级旅游景区12家，其中AAAAA级2家、AAAA级5家、AAA级3家、其他2家。

（崔京京）

表15　**2018年东城区A级旅游景区（点）一览表**

景区（点）名称	等　级	地　址	邮　编
故宫博物院	AAAAA	景山前街4号	100009
天坛公园	AAAAA	天坛内东里7号	100061
龙潭公园	AAAA	龙潭路8号	100061
地坛公园	AAAA	安定门外大街	100011
明城墙遗址公园	AAAA	崇文门东大街9号	100062
孔庙和国子监博物馆	AAAA	国子监街13-15号	100007
中山公园	AAAA	中华路4号	100031
前门大街景区	AAA	珠市口东大街19号	100051
青年湖公园	AAA	安定门外大街	100011
南新仓	AAA	东四十条22号	100007
劳动人民文化宫	AA	天安门东侧	100006
京城百工坊	AA	光明路乙12号	100061

【星级馆店】2018年，东城区有旅游星级饭店54家，其中五星级15家、四星级16家、三星级16家、其他7家。

（崔京京）

表16　**2018年东城区三星级以上饭店一览表**

名　称	星　级	地　址	街　道
北京饭店	五星	东长安街33号	东华门
贵宾楼饭店	五星	东长安街35号	东华门
国际饭店	五星	建内大街9号	建国门

续表16

名 称	星 级	地 址	街 道
国际艺苑皇冠假日饭店	五星	王府井大街48号	东华门
王府半岛酒店	五星	金鱼胡同8号	东华门
华侨大厦	五星	王府井大街2号	东华门
天伦王朝酒店	五星	王府井大街50号	东华门
首都大酒店	五星	前门东大街3号	东华门
东方君悦大酒店	五星	东长安街道号东方广场	东华门
好苑建国酒店	五星	建国门大街19号	建国门
丽晶酒店	五星	金宝街99号	建国门
金隅喜来登酒店	五星	北三环东路36号院	和平里
汉华国际饭店	五星	安外西滨河路26号	和平里
北京万豪酒店	五星	建国门南大街7号	建国门
励骏酒店	五星	金宝街90-92号	建国门
北方佳苑饭店	四星	王府井大街218-1号	东华门
东方花园饭店	四星	东直门南大街6号	东直门
和平宾馆	四星	金鱼胡同3号	东华门
保利大厦	四星	东直门南大街14号	东直门
丽亭酒店	四星	金宝街97号	建国门
宁夏大厦	四星	分司厅胡同13号	安定门
鑫海锦江大酒店	四星	金宝街61号	建国门
新侨饭店	四星	东交民巷2号	东华门
翠明庄宾馆	四星	南河沿大街1号	东华门
宝辰饭店	四星	建内大街甲18号	建国门
北京凤展大酒店	四星	安外大街57号	和平里
天伦松鹤大饭店	四星	灯市口大街88号	东华门
天坛饭店	四星	体育馆路1号	体育馆路
北京金龙建国温泉酒店	四星	建国门南大街5号	建国门
北京敦煌飞天商贸大厦	四星	东二环广渠门南大街5号	东花市
内蒙古大厦	四星	崇文门内大街2号	建国门

续表16

名 称	星 级	地 址	街 道
江苏大厦	三星	安定门外大街88号	和平里
平安府宾馆	三星	区东四十条100号	东四
华风宾馆	三星	前门东大街5号	东华门
和平里大酒店	三星	和平里北街16号	和平里
青蓝大厦	三星	东四十条24号	东四
佳龙阳光酒店	三星	朝阳门内大街75号	朝阳门
沙滩宾馆	三星	沙滩后街28号	景山
中谷酒店	三星	北京站东街6号	建国门
和平里宾馆	三星	兴化路化工大院4号楼	和平里
崇文门饭店	三星	崇文门西大街2号	崇外
黄河京都大酒店	三星	夕照寺中街29号	龙潭
陶然大厦	三星	马家堡路1号	永外
大宝饭店	三星	左安门内大街3号	龙潭
交通饭店	三星	东四块玉南街35号	体育馆路
张家口饭店	三星	安德路甲10号1号楼	和平里
金泰绿洲大酒店	三星	永外彭庄甲58号	永外

【北京人家】2018年，东城区共有《北京人家》13家，其中住宿类8家、餐饮类4家、参观类1家。

（崔京京）

表17　　**2018年东城区北京人家一览表**

名称	地址	类别
北京红墙花园酒店	史家胡同41号	住宿类
北京杜革酒店	前圆恩寺胡同26号	住宿类
北京秦唐府客栈	南锣鼓巷前鼓楼苑胡同7号	住宿类
北京阅微庄宾馆	东四四条37号	住宿类
北京康桥思源商务会馆	景山东街三眼井胡同丙68号	住宿类
北京红云阁龙腾酒店	安定门东大街57号	住宿类
北京吉庆堂宾馆	北锣鼓巷纱络胡同7号	住宿类

续表17

名称	地址	类别
北京侣松园宾馆	板厂胡同22号	住宿类
北京宝月出品餐馆	汤公胡同19号	餐饮类
北京悦真餐饮文化有限公司	安定门东大街525355号院	餐饮类
刘宅食府	蒋家大院8号	餐饮类
利群烤鸭店	北翔凤胡同11号	餐饮类
史家胡同博物馆	史家胡同24号	参观类

（崔京京）

【“故宫以东”产品包】12月，第一季“故宫以东”系列主题产品包推出。区内众多吃喝玩乐各类资源被梳理包装成寻迹、跃动、腔调、骑迹4大系列，我家住在紫禁城、漫步中轴线、小鬼当家、网红日记、夜行动物、最佳视角等22个主题，从不同维度全面展示区内文、商、旅资源。“故宫以东”主题产品包的推出，为业内提供最新、最全的东城文化旅游资源信息。

（马丽）

【《故宫以东》宣传片】为在市场中树立“故宫以东”品牌概念，区旅游委策划拍摄5分钟《故宫以东》形象宣传片。《故宫以东》宣传片从4个新老北京人的不同人物视角出发，侧重展示区域的人文情怀和生活方式，通过区域生活场景捕捉、城市精神特质提炼以及文化感染力提升，挖掘东城的历史文化内涵，立体地展示新时期北京文化旅游的名片。该片配合品牌发布于2018年12月19日，上线新浪微博，仅10天阅读量突破1000万。

（康凯）

【“故宫以东”文旅品牌分享会】12月18日，“故宫以东”区域旅游文化品牌首次亮相。在故宫文创馆紫禁书院召开业界分享会，介绍品牌特色和内涵，发布“故宫以东”宣传片，《故宫以东——北京市东城区文旅融合旅游资源专项调研报告》和“故宫以东”系列主题产品包。多家旅行社、酒店、景区、商业企业、媒体代表出席活动并开展现场交流。通过此次品牌分享会，不仅为业内提供最新、最全的东城文化旅游资源信息，也是与业内同仁共同探讨和研究“故宫以东”旅游文化品牌的打造之路。

（方晨子）

9月17日，“18小时寻找北京”旅游宣传活动开幕（区旅游委提供）

旅游活动

【旅游志愿者服务】开展“五一”“十一”黄金周假日志愿服务项目、

5月，区旅游委组织旅游行业安全工作培训（区旅游委提供）

故宫北门暑期专项志愿服务项目，组织旅游志愿者于故宫北门、南锣鼓巷、国子监-雍和宫地区，为游客提供旅游信息咨询、游览路线规划、应急状况处理等多项志愿服务。5月至10月，旅游志愿者提供志愿服务96天，派出志愿者390人次。

（陈鹏）

【旅游咨询服务】参加文化和旅游部主办“2018文明旅游 为中国加分 绿色出行 百城联动活动”、北京市“5.19中国旅游日”系列活动、市旅游咨询中心举办的2018北京系列旅游咨询日活动、东城区第四届行走健康徒步大会活动、区精神文明办主办的志愿服务和温暖东城咨询服务活动等，现场派出咨询员及志愿者60余人次，发放骑行东城、手撕地图、系列折页、文明旅游等宣传材料。

（刘晶伟）

【参加西安丝绸之路旅游博览会】3月30日至4月1日，参加在西安曲江国际会展中心举办的丝绸之路国际旅游博览会，开展东城旅游文化资源宣传推介，接待前来咨询和洽谈的旅行社、业界同行和媒体，主动宣传展示东城区特色旅游资源和近年来新打造的品牌和项目，建立和拓展行业交流渠道。向买家和游客发放旅游宣传资料1000余份。此次参展，拓展西北地区旅游市场对接，加强区域间旅游交流合作。

（刘晶伟）

【旅游资源推介活动】4月19日，由东城区总工会、东城区旅游委和大兴区总工会、大兴区旅游委联合主办的“东城大兴手拉手·两区职工一家亲”大兴旅游资源推介活动，在劳动人民文化宫太庙南广场举办。两区旅游委分别进行特色旅游资源推介。来自东城区和大兴区的40余家旅游企业进行产品展示展卖。东城区对口协作地区湖北省十堰市郧阳区的商家代表，现场展示郧阳区的特色农副产品。通过活动，加强东城区旅游委与兄弟区县旅游委以及对口协作地区的交流与合作，有关领导及工会职工代表、街道及乡镇的百姓代表400余人参与。

（刘晶伟）

【参加北京国际旅游博览会】6月15—17日，东城区旅游委组织杜莎夫人蜡像馆、穷游网、东直门中医医院等6家企业及阿尔山、崇礼、郧阳3家对口帮扶地区旅游局，联合参加由北京市旅游发展委员会在国家会议中心主办的2018北京国际旅游博览会。各参展企业对各自区域内旅游资源及特色产品进行集中宣传推介，取得良好宣传和交流效果。此次参展很好地宣传和推介区丰富的旅游资源，提高东城旅游对外知名度和影响力。同时，借助专业领域交流平台，东城旅游与各方合作伙伴加强专业化互动沟通，促进东城区旅游市场协同发展。

（陈萌）

【参加广东国际旅游产业博览会】9月7—9日，2018广东国际旅游产业博览会在广州中国进出口商品交易会展馆举办。东城区旅游委参加展会。展会以新旅游、新融合、新机遇为发展思路，设立“一带一路”国际旅游馆、中华全域旅游馆、大众旅游卖场馆等十大主题展馆。东城区旅游委展台以区域特色旅游资源为宣传背板，展示北京东城丰富的旅游资源，吸引业内人士和游客到此咨询。同时参与展会多场前瞻性智库论坛，与参展商进行交流，学习优秀旅游促销方式及国内外旅游营销理念。

（陈萌）

【参加北京国际商务旅游展】9月12—13日，北京国际商务及会奖旅游展（IBTM China）在国家会议中心举行。区旅游委组织区内9家旅游企业联合参展，向海内外高端商务买家及客户推介东城区独具魅力的会奖旅游资源和产品。东城旅游通过全方位参与2018年IBTM China展，宣传推介东城旅游整体形象，特别是会奖旅游资源，为企业搭建高质量的合作平台，进一步提升东城旅游在国际上知名度和影响力，促进区域高端旅游产业的长效发展。

（刘晶伟）

【18小时寻找北京活动】9月17日，由东城区旅游委、东城区旅游协会主办的超长网络直播18小时寻找北京开幕。北京电视台《这里是北京》栏目、北京交通广播《一路畅通》栏目、新浪网、腾讯新闻、穷游网、VPhoto云摄影、TimeOut北京（城市消费导刊）等众多媒体和单位参与或报道此次直播。直播开始11小时后，直播观看量118万人次，话题阅读量3662.6万人次。18小时寻找北京从5:00至23:00，通过视频和图片进行不间断网络直播。活动邀请9类不同领域达人作为主播，分别探访东城区明城墙遗址、天坛、国子监等9个文化地标，从历史、建筑、音乐、美食等全新视角,向海内外展示旅游文化资源，特别是城市中轴线及其周边历史文化资源。

（方晨子）

【参加中国国际旅游交易会】11月16—18日，2018中国国际旅游交易会在上海新国际博览中心举行。该届交易会参展国家及地区107个，展位总数2245个。东城区旅游委随北京市代表团前往参展，对区域内旅游资源及特色旅游产品进行集中宣传推介。东城旅游委展台以区域特色旅游资源为宣传背板，现场发放《骑迹东城》《官方旅游指南》《爱上东城十大理由》《玩转东城》等中英文旅游宣传资料1000余份，展示东城区旅游资源。

（陈萌）

【参加海南世界休闲旅游博览会】11月23—25日，“故宫以东”首次亮相2018年海南世界休闲旅游博览会，“故宫以东”区域旅游品牌通过展会正式向国内外游客推出。东城区旅游委展台以“故宫以东”为宣传主题，向海口市民及世界各地游客集中展示和推介东城区旅游资源及特色旅游产品。展会现场吸引业内人士和游客前来咨询，发放《旅游指南》《骑迹东城》《皇城脚下四合院》等旅游宣传资料1000余份；参展人员还为前来展台客人现场提供北京旅游线路规划，推介区域特色旅游资源，并以18小时寻找北京等主打旅游品牌，向到访客人介绍。

（刘晶伟）

10月，区旅游委开展王府井非法一日游专项整治行动（区旅游委提供）

旅游行业管理

【旅游设施建设】2018年投入旅游公共服务设施建设市级转移支付资金42万元，完成明城墙遗址公园2个旅游厕所和1个游客服务中心的提升改造工程项目。地坛公园完成园区内54块标识牌的提升改造建设。

（刘晶伟）

【旅游投诉处理】2018年，区旅游委共受理各类旅游投诉156件，其中通过市旅游委“12301”热线投诉49件，通过“12345”非紧急救助中心热线投诉107件，旅游委及时处理。区旅游委编撰发布《北京市东城区旅游投诉手册》。

（刘晶伟）

【旅游产业发展】2018年，东城区累计旅游接待游客7543.1万人次，同比增加2.3%；旅游收入1157.9亿元，同比增加6.3%。征集北京市旅游产业项目、旅游商品项目共计26个；确定21个支持项目，支持资金511.03万元。区旅游委获得2015—2017年度首都精神文明先进单位称号。区内6家景区获得首都文明旅游景区称号（天坛、中山公园、明城墙、地坛、龙潭、青年湖）。

（刘敏　郭蕊）

旅游创意产业

【助推东城旅游文创产业发展】1月17日，区旅游委组织华江、工美、文创科技等北京礼物运营商、稻香村、吴裕泰、珐琅厂等老字号以及东

5 月 21—25 日，区旅游委赴阿尔山市考察，并对旅游从业人员进行培训
（区旅游委提供）

城邮政公司7家企业赴天坛公园，就天坛公园旅游商品合作开发等内容召开座谈会。各企业负责人就其在产品销售领域、产品设计研发、营销推广渠道等方面的优势作说明。区旅游委表示，将培育旅游消费热点，加强对企业精准服务，了解企业需求，听取企业的意见建议，为市民和游客推出更具创意实用、富含文化内涵旅游商品。

（刘敏　郭蕊）

【旅游商品亮相北京旅游博览会】10月22日，第七届北京国际旅游商品及旅游装备博览会在北京国际展览中心闭幕。该届展会吸引6个国家和地区、国内15个省市以及北京市属16个区近1000家企业参展。东城区旅游委组织中国邮政东城分公司、永新华韵、京华印象、吉兔坊、广誉远、红桥市场等家区内特色旅游商品企业参加展会。同时，还邀请郧阳、崇礼作为友好合作帮扶地区参展。区旅游委获本届博览会、“北京礼物”旅游商品大赛两项优秀组织奖。

（刘敏　郭蕊）

【文商旅融合发展】12月12日，副区长葛俊凯主持召开文商旅融合发展专题会，中国步行商业街工作委员会主任、中国商旅文产业联盟主任应邀参加会议，区旅游委、文化委、商务委、文促中心等相关部门主要领导参会。他指出，文商旅融合可以提升城市品质、树立城市形象和品牌、活化优质的文化资源，文商旅融合发展的最终目标是优化产业结构，实现消费升级，促进经济增长，提升城市品质。12月26日，葛俊凯主持召开区商旅融合发展工作进展调度会。与会部门负责人就区文商旅融合发展工作以往做法进行认真梳理和总结，并就下一步区文商旅融合发展工作方向进行研讨。他指出，东城区在文商旅融合发展方面做出一些有益尝试，2019年要通过加强顶层设计，引导文商旅从自然生长状态向有序深度融合发展。区发改委、区旅游委、区文化委、区商务委、区文促中心等相关部门负责人出席会议。

（刘敏　郭蕊）

精准帮扶推介活动

【助力当雄精准帮扶】5月3日，西藏当雄第三届虫草文化旅游节北京新闻推介会，在东城区京泰龙国际大酒店举行。此次推介会是东城区与当雄县实行精准帮扶的一项举措。5月18—23日，组织北京3家旅行社赴西藏当雄进行旅游资源考察和产品线路调研。两地旅游部门和企业就需求与合作进行探讨，在客源组织、旅游推介、线路设计、互动交流、宣传推广等多方面取得初步共识。

（刘敏　郭蕊）

【赴阿尔山市开展精准帮扶】5月21—25日，区旅游委汇同区外联办组织国旅总社度假部国内区负责人、北京国际职业教育学校教师一行赴阿尔山考察当地特色旅游资源及明水河镇西口村，为当地旅游从业人员进行专业培训，并与阿尔山市分管旅游副市长、当地旅游部门负责人及部分旅游企业代表就阿尔山旅游资源推介、人才培训、旅游研学产品线路策划等方面开展座谈交流，为当地旅游发展及今后双方合作达成共识，取得多项成果。9月，组织国旅总社赴阿尔山考察旅游线路。

（刘敏　郭蕊）

【精准帮扶专项研讨】针对阿尔山精准帮扶，就开展研学及东城在职职工赴阿尔山旅游休闲度假项目实施落地问题，区旅游委组织区教委、国旅总社度假部召开会商会。区教委、区旅游委分别就研学管理办法、研学模式拓展、先期启动方式等方面展开讨论，提出具体可行针对性意见。参会人员还讨论组织东城区工会会员响应帮扶号召，赴阿尔山旅游休闲项目的落地方案，研商解决工会会员及家属享受优惠政策身份识别等问题。

（刘敏　郭蕊）

天坛公园“雅乐开放日”活动（霍燚摄）

天坛公园

【概况】北京市天坛公园管理处（简称天坛公园）隶属于北京市公园管理中心，属全民所有制事业单位，承担着保护天坛，合理利用其文化价值，组织、接待、参观、游览等项管理职能。天坛历史坛域面积273公顷，现管辖面积201公顷，古建筑面积4.67万平方米，绿地面积170公顷，古树3562株，绿化覆盖率84.37%。天坛始建于明永乐十八年（1420年），是明清帝王祭天祈谷的场所，是中国现存规模最大、形制最完整的古代祭天建筑群，同时也是世界最大的祭天建筑群。1918年，天坛正式作为公园对公众开放，1961年3月，天坛被国务院公布为首批全国重点文物保护单位。1998年12月，联合国教科文组织世界遗产委员会将“天坛——北京的皇家祭坛”列入世界遗产名录。2005年天坛公园被国家旅游局评为国家首批AAAAA级旅游景区，2008年被评为全国文明风景旅游区示范单位。2012年获全国首批旅游标准化示范单位、国家旅游系统先进单位等荣誉称号。公园内设行政办公室、党委工作部等14个科室，下设殿堂部、票务部等13个队级建制。在册职工764人，其中管理专技人员374人，技术工人390人。

2018年，服务中外游客1723万人次，完成中非合作论坛北京峰会及法国总理等重要外事接待任务64批次。完成机械厂区域文物腾退工作。完成天坛内坛墙及广利门修缮工程，文物库库房整治项目，双环亭万寿亭及周边建筑油饰彩画，祈年殿周边区域道路铺装等30项修缮工程。加强可移动文物藏品管理，推进遗产保护监测工作，编制《北京皇家祭坛——天坛世界文化遗产监测规划（初稿）》。持续推广公园晚间游览活动，提供定制化、品质化团队游，开展晚游活动66场次。开展天坛公园开放百年暨申遗成功20周年系列活动。持续推广“雅乐开放日”，宣传弘扬中和韶乐文化。开展鸟类系列、古树文化等科普讲座。完成圜丘南景观提升工程，提升绿化景观效果。举办第三十七届“胜春庆百年”主题月季展。加强野生地被养护，持续做好杨柳飞絮治理。完成安全生产标准化二级达标核查。

（张群）

【更换牌示围栏设施】2018年，完成回音壁内墙围栏建设、祈年殿殿前文保隔离围栏的更换以及圜丘坛顶层文保围栏的设置。回音壁内墙围栏、祈年殿殿前文保隔离围栏采用硬度更大、体量更小、更美观的不锈钢拉丝镀钛材质，圜丘坛顶层文保围栏采用铸铁材质、喷塑工艺，工程总计288.5延长米。更换全园14个卫生间的配套牌示、设施。更换卫生间坑位国标图标牌422块、坑位标号标牌364块、工具间标牌37块，安装挂衣钩660件、304不锈钢置物架330个。

（安晓晨）

【雅乐开放日活动】雅乐开放日创新改版。新改版的雅乐开放日时长由30分钟增加到60分钟，采用了针对性更强的招募制形式，活动现场针对招募的亲子家庭设置多个主题讲座，内容更加丰富多彩，趣味性更好，互动性更强，围绕天坛非遗项目特点开展乐器互动体验和制作等，观众慕名而来不断增加。2018年，雅乐开放日活动定期开展164场次，服务接待游客1万余人，培养一批固定雅乐爱好者。

（霍燚）

【科普活动】2018年，完成科普活动82次，包括科普讲座、科普互动、鸟类系列科普、园林科普津冀行、“爱绿一起”暑期生态文明体验系列活动及科普对接系列活动。制作各类宣传展板390块，发放科普宣传折页、特色科普纪念品1万余份，受众10万余人。

（全衡）

【国际电影节评委到园参观】4月21日，第八届北京国际电影节评委会委员詹恩·凯兹梅利克（波兰著名作曲家）、卡特·皮特·内策尔（罗马尼亚著名导演）及相关随行人员约35人到天坛公园参观游览，并在标志性建筑——祈年殿前合影留念。

（许霏）

【文明旅游活动在园举办】4月27

日，由文化和旅游部主办，北京市旅游委协办的2018年“文明旅游 为中国加分”绿色出行百城联动活动启动仪式在天坛公园举办。现场播放文明旅游宣传片后，游客代表宣读倡议书。启动仪式结束后，相关领导和志愿者队伍一起向游人发放文明旅游宣传册，倡导大家从自我做起、绿色出行、文明旅游。

（许霏）

【天坛馆藏文物精品画册出版】5月，《敬天尊祖，礼乐备和——天坛馆藏文物精品》画册由中国建筑工业出版社出版发行。定价298元，印数1500册。该书主要以文物画册的形式呈现，辅以前缀多篇天坛文物相关文章启承，介绍天坛的价值及天坛文物承载的礼乐文化、文物藏品沿革等。全书按“俎豆馨香，祭器载诚”“玉振金声，乐器弘德”“坛庙祭享，陈设告丰”三大部分分类展示介绍天坛文物精品69件（套），画册是天坛公园首次在文物保护领域的出版物，书籍编辑历时一年，在天坛告别祭坛作为公园开放百年纪念的重要年度隆重推出，从文物层面向世人展示天坛文化内涵的深义，表达天坛文物管理者对文物保护的严谨态度。

（林冬生 袁兆晖）

【第三十七届月季展】5月19—27日，天坛公园举办第三十七届胜春庆百年主题月季花展。盆栽展历时9天。花展主要分布在4个区域，即北门展示区、皇乾殿至祈年殿西砖门品种花带展示区、祈年殿内精品盆栽展示区和天坛月季专类展示区。展出面积2万余平方米，展出大花精品盆栽月季2000盆，大型木桶月季及嫁接树状月季70桶，地栽1万余株盆，展出品种200余个，接待游客近30万人次。

（王安）

【圜丘南景观提升工程】项目由北京腾远建筑设计有限公司完成设计方案及图纸并立项申报，6月开工，9月26日竣工。道路铺装1600平方米，种植人工地被1.6万平方米，新增栏杆1000米，铺设灌溉设施，增加服务设施。

（王安）

【遗产日活动】6月9日是全国第二个文化和自然遗产日，天坛公园在皇乾殿后联合举办天坛文化遗产日活动，以文化遗产的传播与传承为主题，通过皇乾殿LED屏播放宣传标语，向游客发放调查问卷和宣传资料，游客免费参观北神厨、北宰牲亭和斋宫展览，利用新闻、微信公众号等对活动进行全方位传播，提升公众对天坛文化遗产的保护意识。宣传活动共回收有效游客调查问卷77份，发放斋宫展览宣传折页200份，斋宫文创120份。

（程光昕）

【安全生产宣传日活动】6月16日，在天坛公园北门开展安全生产宣传日咨询活动。摆放展板18块，发放各类宣传资料2000份，在皇乾殿北侧利用LED大屏幕播放《关注安全 共铸平安》视频宣传片，向游客展示消防车、灭火器等公园消防装备。同时开展游客安全满意度调查，收集游客调查问卷100份，发放纪念品100份。

（冀婷丽）

【天坛公园开放百年展览】7月20日，古坛孕新生 名园惠万民——天坛公园开放百年展览在北神厨东殿对公众开放，2018年是天坛作为公园开放100周年、申遗成功20周年。展览时间为7月20日至10月31日，展厅面积338平方米，展线74米，共11个展柜、2个独立展柜。展览形式包括文字、图片、影像、实物等，以图片为主，文字说明为辅。使用图片320张，文字1.5万字，内容分为前言、开园新生、古坛涅槃、与时俱进、展望5个部分。同时以不同时期的实物展品进行补充，展品包括：古建砖瓦、民国时期文物、档案资料以及印信、门票、奖杯证书、出版物、文创产品等共218件。展览通过图板、实物和影像等形式翔实介绍自1918年始天坛作为公园向公众开放，走过百年，历经民国动荡、建国复兴、十年动乱、改革开放、与时俱进等情况。

（林冬生 袁兆晖）

【入境旅游合作伙伴峰会】9月11日，北京入境旅游全球战略合作伙伴峰会在天坛神乐署举办。天坛公园神乐署雅乐中心为到会贵宾演出导迎乐、海宇升平日、皇都无外、合欢曲、太平令、庆隆舞等曲目。来自海外的30家国际旅行商、近40家海外研学旅游机构及院校负责人200人参加并参观祈年殿、回音壁、圜丘等景点。

（许霏）

【天坛文物展】9月21日，敬天尊祖 礼备乐和——天坛文物展开幕式在江苏常熟博物馆前广场举行，展览由常熟市文化广电新闻出版局、北京市天坛公园管理处共同主办。于9月21日至11月12日在常熟博物馆A2展厅展出。展厅面积564平方米，展厅内共8组展柜，展出天坛文物精品100件（套）。参展的祭器簠、簋、豆、尊，乐器钟、敔等，展品器形端正、纹饰古朴、色彩纯雅、极为典丽，是中国传统哲学、美学思想与精湛工艺完美融合的产物，也是中国祭祀礼仪发展演变的实物例证。展览是天坛公园开放100周年和申遗成功20年系列活动之一。

（林冬生 袁兆晖）

【回音建筑声学研究结项验收】7月4日，《中国回音古建筑回声机理挖掘与保护研究——以北京天坛回音建筑为例》课题，在国家文物局博物馆与社会文物司（科技司）组织召开的专家评审会上，经汇报、答辩，通过结项验收。该项目由国家文物局2013年立项，属国家文化遗产保护领域科学和技术研究课题，由黑龙江大学承担，在2013年12月至2017年6月，与北京市天坛公园管理处和中国国学研究与交流中心合作完成。项目组在不同环境条件下，采用现代测绘、建筑声学测试仪器及室内声场模拟仿真软件，对天坛回音建筑进行18次现场测试，对声脉冲响应图进行分析并开展模拟仿真研究。课题组撰写研究论文5篇，分别在第十八、第十九届全国物理学史学术年会、第四届全国技术史论坛和中国科技史家的使命与实践学术报告会上交流，其中1篇在《文物》杂志上发表，完成出版专著1部，即《中国四大回音古建筑声学技艺研究与传承》，入选中国文化遗产丛书并获得国家出版基金资助，于上年6月出版发行。

（袁兆晖）

【最美十大树王发布】北京“最美十大树王”活动由是园林绿化局主办，经评选，天坛公园桧柏“九龙柏”、东城区花市枣苑社区“酸枣王”等获“最美十大树王”称号。11月19日在天坛公园举办发布仪式。现场为天坛公园“九龙柏”揭牌。播放北京最美十大树王宣传片，面向市民游客发放宣传折页、画册等宣传品。

（孙海洋　张卉）

【天坛修缮工程】根据天坛公园总体规划，修缮Q11-Q16段南内坛墙，同时修缮广利门。修缮内容为坛墙墙帽全部挑顶修缮，揭除原有混凝土构件的墙帽，按原制恢复木椽杆、挂檐板、垫板、望板，恢复削割瓦绿琉璃剪边瓦面及琉璃正脊、垂脊；墙身基本维持现状。工程4月2日开工，11月21日完工。完成坛墙修缮704.4米，广利门修缮248平方米。

（郝影新）

【双环亭万寿亭油饰彩画工程】2018年，双环亭万寿亭及附属建筑为清乾隆皇帝为其母亲 50 大寿祝寿所建，建成于清乾隆六年（1741年）原建于中南海内。20世纪70年代迁入天坛西天门内北侧。建筑油饰彩画为迁建工程时后代新制，不具备相应的文物价值，且多年来受自然侵蚀，油饰彩画破损严重。此项工程重做双环万寿亭及周边建筑油饰彩画，使其与历史照片（清末时期）相一致并恢复其原有功能。工程范围包括双环万寿亭、扇面亭、方胜亭、游廊、方亭、东西垂花门，建筑面积约566.7 平方米。工程于6月27日开工，12月4日竣工。

（郝影新）

【祈年殿景观照明改造】工程10月中旬开工，11月30日竣工。改造工程对祈年殿照明配电箱、远程控制系统进行改造，提升控制管理景观照明。拆除灯具106套，16米灯杆8根，支撑杆8根，配电柜10台。新装2000瓦投光灯6个，1000瓦投光灯65个，新建16米攀爬灯杆8根，远程控制系统2个，配电柜10台，对园区原有16个远程控制系统进行升级改造，提升祈年殿夜间景观效果。

（郝影新）

【安全设施改造更新】2018年，完成1620具灭火器换粉，配置418个器材箱，新配置干粉、二氧化碳灭火器240具。对公园77座消火栓进行试水测压等日常检查保养，完成对园内8座消防栓更新改造。对公园275个点的避雷设施进行检测（均合格）。组织专业公司对公园祈年殿、回音壁、斋宫、神乐署、商店餐厅、回音壁商亭、配电室和消防中控室等32个部位的消防设施和电器设备进行检测。

（冀婷丽）

城市建设与管理

7月，三利大厦项目竣工（刘艺萌摄）

综　述

2018年，东城区城市建设与管理工作在落实《北京城市总体规划（2016—2035）》的基础上，各相关部门各司其职，城市治理实现新提升。

完善规划管控体系。以北京新版总规为战略引领和刚性约束，开展核心区发展品质提升、街区更新等18项课题研究，推动核心区控制性详细规划编制，有序开展29项重点任务。王府井街区和前门东区整体规划编制基本完成。历史文化街区实现风貌保护管控导则全覆盖。开展崇雍大街、前三门大街城市设计。街区责任规划师制度落地，搭建多元参与平台，完善考核监督机制，推进老城整体保护复兴。完成国民经济和社会发展“十三五”规划中期评估。

推进城市更新改造。编制东城区落实中轴线申遗工作方案，完成社稷坛、太庙、天坛公园园内住户腾退，实施法国兵营旧址、估衣会馆等文物腾退10处，修缮文物7处。完成宝华里项目控规调整，重新启动滞留区搬迁；调整崇外6号地、K11项目规划方案；基本完成马圈和金鱼池二期西项目搬迁工作。启动实施简易楼腾退21栋，推进5个老旧小区整治试点任务，在18栋老旧楼房加装电梯。完成560处坑洼院落改造。望坛项目回迁房地块开工建设，位于顺义区和朝阳区的保障房项目实现开工1.3万套，通州区“两站一街”保障房项目竣工交用3728套，全年完成棚户区改造1019户。

提升交通治理能力。东城区实现香河园西街等5条道路完工通车，完成雍和宫桥段等5处疏堵工程。挖潜地区停车资源，增加共享车位3300个，盘活6块拆迁滞留地建设13处停车场，新增停车位3800余个。王府井地区成为全市首个无停车街区，全区无停车胡同累计达到21条。大力推进路侧停车管理改革，规划路侧停车位5731个，电子收费停车位缴费率位居全市第一。在全市首创交通事故视频辅助远程处理、违法停车智能化抓拍等模式。完成广渠门南滨河路等40公里自行车道慢行系统整治。

完善城市综合管理体系。2018年，继续开展百街千巷环境整治提升工作。实施5项疏堵工程。整治自行车道40公里。开展环境卫生大扫除活动6次。完成235座公厕品质提升改造。开展4街道、19个社区垃圾分类全覆盖示范片区创建工作。完成348条背街小巷区级“十无”验收。推进街巷长和小巷管家工作。完成平房区物业管理服务全覆盖。实施架空线入地及梳理工程。开展7个液化气站日常安全检查。开展燃气安全进社区宣传活动7次。完成冬季供暖。改造完成560处直管公房坑洼院落排水。整治自行车道40公里。开展10条道路精细化养护。开展河道集中整治。受理水影响评价审批件18件，水评技术审查服务20件。解决水体环境问题11次。完成3.3公里雨污水合流管线改造。开展33家用水单位及8个社区市级节水型载体创建申报。完成77条道路、5731个路侧停车位电子收费系统建设。完成159辆个体出租汽车调整燃油附加费工作。受理小客车指标申请6971份。办理建筑垃圾消纳证441件。办理网格案件3.27万件。印发《2018年东城区河长制湖长制工作要点》。创制完善《平房区物业管理服务标准》。会同区财政局制订《东城区供热燃料补贴资金使用管理办法》《东城区供热行业考评管理实施细则》。获2017年度首都控烟先进集体、北京市2018年度市级交通安全先进单位等称号。

（杨慧平）

规划和国土资源管理

【概况】北京市规划和国土资源管理委员会东城分局（简称东城规土分局）3月29日正式挂牌成立，是北京市规划和国土资源管理委员会设在东城区负责全区城乡规划管理和土地、矿产资源管理派出机构，同时作为东城区政府依法履行相关职责的工作部门。设办公室、法制科（信访与信息公开科）、规划编制与城市设计科（名城保护科）、规划实施与土地利用科、市政交通科、综合审批科、规划土地核验科、地籍地名科、财务科、机关党委（党建工作科、人事科）、纪检办公室。所属单位6个：规划和国土资源执法队、不动产登记事务中心、规划信息中心、土地整理储备东城区分中心、土地利用事务中心、崇明规划信息服务中心。编制184人、实有152人，其中机关编制61人、实有58人，工勤编制9人、实有5人，所属单位编制114人，实有89人。

2018年，东城规土分局制订《东城区推进〈首都核心功能区控制性详细规划〉编制工作任务》方案。完成全区17个街道82个一级更新单元、140个二级更新单元划分工作，开展街区更新顶层设计。制订《东城区街区责任规划师工作实施意见》和《东城区街区责任规划师管理办法》。编制国子监—雍和宫等6片历史文化街区风貌保护管控导则，实现全区18.5片历史文化街区风貌保护管控导则全覆盖。编制完成《东城区落实北京市工程建设项目审批制度改革工作实施意见》，制订东城区“多规合一”协同平台工作机制。核发各类规划许可及其他服务事项272件，其中批准同意257件，按照优化营商环境要求核发8件。金鱼池二期西项目完成搬迁总量97.08%。启动东城区第三次国土调查工作。组织开展“4·22”世界地球日、“6·25”全国土地日、信访宣传月、国家宪法日、“七五”普法等主题宣传活动。

（杨丽霞）

【规划编制】2018年6月中旬，东城规土分局会同区相关部门组织开展“我们的街区”——崇雍大街沿线公共空间规划设计概念方案征集，共征集到32组设计方案。7月，制订《东城区推进〈首都核心功能区控制性详细规划〉编制工作任务》方案并通过区政府专题会。7月20日，组织全区各委办局召开编制任务部署会。由市规划国土委统筹，东城区和丰台区政府共同组织开展北京南中轴地区概念性规划研究及永外—大红门—南苑森林湿地公园详细规划设计国际方案征集活动，于7月完成国际方案征集评审，之后由市规划国土委牵头组织开展方案综合。制订《东城区落实〈北京城市总体规划（2016年—2035年）〉实施工作方案》。开展完善城市规划体系，打造历史文化“金名片”调研、2017年度城市体检评估数据报送、建设用地减量规划研究等调查研究工作。开展天坛周边（龙潭湖地区）规划研究，配合开展王府井地区整体规划编制工作。编制完成《南北池子大街街道城市设计导则》。组织开展前三门大街城市设计、会同区城管委开展崇雍大街城市设计，年底形成初步成果。制订《东城区2018年无障碍环境建设工作计划及任务分解表》《东城区无障碍环境提升行动方案（2019年—2022年）》《东城区无障碍环境建设摸底调查工作方案》，组织召开无障碍环境建设摸底调查培训会并部署摸底调查。

（杨丽霞）

【名城保护】2018年，东城规土分局完成全区17个街道82个一级更新单元、140个二级更新单元划分工作，开展街区更新顶层设计。制订《东城区街区责任规划师工作实施意见》《东城区街区责任规划师管理办法》，推动街区责任规划师制度化。组织召开专家审查会，对全区所有25条精品类和68条示范类街巷设计方案进行审查。12月8—9日，中国城市科学研究会历史文化名城委员会历史文化街区学部、中国文物学会历史文化名街专业委员会年会在77文创园剧场举办，主题为历史街区复兴与社区发展。

（杨丽霞）

3月29日，北京市规划和国土资源管理委员会东城分局正式挂牌成立
（东城规土分局提供）

【规划实施与土地利用】2018年，东城规土分局完成中关村科技园东城园土地集约利用调查并通过验收。落实高精尖产业用地政策，协助东城园管委会、区发改委做好产业用地政策落实，研究制订东城区政策落实任务清单和高精尖用地政策实施方案等相关文件。开展辖区内10个地热资源统计年报、勘查公示、安全生产、实地核查。完成下年度国有建设用地供应计划和保障性安居工程用地供应计划编制。

（杨丽霞）

【综合审批】2018年10月，东城规土分局组织召开东城区第一次“多规合一”协同平台会商会，讨论通过东四社区服务用房等4个建设项目。12月，编制完成《东城区落实北京市工程建设项目审批制度改革工作实施意见》《东城区“多规合一”协同平台工作机制》。核发各类规划许可及其他服务事项272件，包括建筑工程76件（选址意见书6件，建设用地规划许可证5件，建设工程规划许可证54件，规划许可有效期延续2件，审改试点函1件，规划意见复函5件，规划条件3件），市政工程123件（选址意见书6件，建设用地规划许可证1件，建设工程规划许可证71件，规划许可有效期延续1件，规划条件44件），规划核验52件，地名命名13件，建筑物名称核准8件。批准同意257件，按照优化营商环境要求核发8件。

（杨丽霞）

【重点工程】2018年2月，东城规土分局核发特教学校和青少年科技馆项目规划条件，核发区首例按照优化营商环境要求办理的忠实里危改小区综合配套楼项目建设工程规划许可证。4月，核发东四2个社区服务用房项目选址意见书、建设用地许可证及规划意见复函。8月，核发地铁八号线鼓楼大街站织补项目入市规划条件和用地预审意见。9月，核发望坛棚户区改造项目设计方案调整规划意见复函，完成开工前全部规划国土手续。核发宝华里房改带危改项目用地预审意见、3号地回迁住宅及配套服务设施部门选址意见书和规划意见复函。11月，完成区第一人民医院异地迁建项目开工前全部规划国土手续。12月，完成北京国际戏剧中心项目选址意见书、建设用地规划许可证、供地方案批复的手续办理，完成西河沿房改带危改项目全部手续办理，完成民安10号院职工住宅项目方案调整。调度鲜鱼口消防站项目建设单位与设计单位深化设计方案。

（杨丽霞）

【土地储备开发】11月，东城规土分局完成地铁8号线南锣鼓巷站织补项目前期成本审计，完成第一人民医院异地迁建建设项目成本审计。12月，地铁8号线鼓楼站织补项目完成入市交易，马圈项目完成一级开发。2018年金鱼池二期西项目确认签约产籍户33户，签约率75%，完成搬迁总量97.08%。

（杨丽霞）

【批后监管】2018年，东城规土分局对辖区内已供应土地进行监管，通过国土部及市规划国土委批后监管系统上报 69个项目。全年共涉及督察整改闲置土地项目36个，其中35个项目为2016年及2017年度结转项目，1个为新增项目（通教寺配套设施工程），整改到位2个，整改面积8.38亩，其余34个项目均获得市政府批示确定处置方案。

（杨丽霞）

【不动产登记】东城规土分局根据优化营商环境、推进“互联网+不动产登记”改革工作，4月1日起，将13个业务事项纳入当日办结范围，其他登记业务事项压缩为3个工作日办结。合并收费窗口和发证窗口，实现收费和发证事项合并，减少环节。4月13日，启动一窗办理。5月，启动不动产权属证书寄送。全年完成即时办结业务受理1.7万件，完成一窗受理965件。

4月23日，市规土委东城分局开展第49个世界土地日主题宣传活动
（东城规土分局提供）

开展不动产登记窗口纠正形式主义、官僚主义等作风问题专项整治自查，并通过市规土委组织的检查验收。

（杨丽霞）

【地籍地名】12月，东城区第三次国土调查工作全面启动。2018年，完成2017年度城镇地籍调查数据更新汇总，完成两批共30条无名路命名。

（杨丽霞）

【规划监督】2018年，东城规土分局核验通过并予以发证30件，建筑面积1.80万平方米，其中包括东四地铁A区商业房项目、玉河历史文化保护区修缮项目等重点项目。3个项目纳入全过程监督，对未纳入系统处于事中事后的28件监督项目强化监管。开展全区代征道路用地移交专项整治。

（杨丽霞）

【执法监察】2018年东城规土分局立案查处违法建设163处，核发责令停止建设通知书4件，限期改正通知书1件，限期拆除决定书9件，依法移送27处，出具关于规划审批情况函863件。配合相关街道办事处、区城管执法局、区工商局完成治理“开墙打洞”封堵、“断尾行动”“十无街巷”验收、牌匾标识设置审查等。参与各街道办事处及区内各部门组织的联合执法180余次。全年接收“12336”微信举报违法线索124件，其中122件不属东城管辖范围，2件信息不全。 接收“12336”电话举报国土执法线索管理2件，经查均不属国土资源违法行为。

（杨丽霞）

【信访诉讼办理】2018年，东城规土分局办理信访诉求212件，其中局长信箱40件、区长信箱31件、北京市网上信访信息系统141件。办理行政诉讼案件107件，行政复议案件17件。

（杨丽霞）

【政府信息公开】2018年，东城规土分局办理依申请公开365件，全部在时限内答复完毕。制订分局政务公开全清单，通过东城区试点重点领域单位政务公开全清单的验收。

（杨丽霞）

建设管理

【概况】东城区住房和城市建设委员会（东城区历史风貌保护办公室），简称区住建委，是负责全区住房和城市建设行政管理及历史文化名城保护工作的区政府工作部门。主要职责为负责全区工程建设管理，建设工程招投标监督管理和工程施工许可初审；负责全区保障性住房建设的统计、督促及协调管理等。设办公室、法制信访科、工程建设管理科、招投标管理办公室、建筑市场管理科、行政审批科、基础设施建设科、施工安全管理科、组织人事科9个机构，下设东城区建筑行业管理处、东城区历史文化保护事务中心、东城区建设工程发包承包交易中心3个事业单位，公务员编制38人、实有37人，事业编制91人、实有66人。

2018年，区住建委高标准筹备名城委全会，调整名城委及文物腾退领导小组人员，增补部分专家。创新文物腾退路径，在奖励期内完成社稷坛、天坛公园内住户、太庙3项腾退任务。推进保障房建设，纳入加建电梯试点18部，完成15部、在施工3部。贯穿支撑全区各项疏解、征收、腾退项目，保障街区更新、进院拆违、平房区申请式腾退等大量工作，新增注册工程110项、84.29万平方米，目前在监工程193项，282.30万平方米，其中在施工程139项、238.81万平方米，全年施工许可平均办理时限约3个工作日，压缩高达12天；实行2项建设项目联合验收，3个工作日内取得联合验收通知书；87项公共服务审批事项100%进驻办事大厅纳入综合窗口，实现一窗、一门、一网办理。完成29.64万平方米公共建筑节能绿色化改造综合验收，申请奖励资金826万元，位居全市第二名。获市政府授予首都环境保护先进集体奖、市住建委颁发的市区优秀互动奖、北京市区县机关档案工作测评市级优秀单位等。

（刘艺萌）

【名城保护】2018年，区住建委承接全区中轴线申遗综合整治统筹协调，研究编制《东城区落实中轴线申遗工作方案》，明晰任务目标和工作体系，以区属产权文物为突破口，2018年完成法国兵营旧址腾退，推动湖北麻城会馆、湖北黄冈会馆等8处前门地区直管公房文物腾退，带动开展皇史宬、京师大学堂、故宫西华门屏风楼腾退前期工作。以中轴线申遗为契机，持续推进历史文化精华区建设，协助开展张自忠路北、鲜鱼口等6片历史文化街区风貌管控导则编制，实现所有历史街区风貌管控导则全覆盖。完成南新仓城市空间及文化景观修复项目整体设计方案、初步设计概算及交通规划方案，确定项目代建单位。

（刘艺萌）

【保障房建设】2018年，区住建委不断筹集增加保障房源数量，顺义区和朝阳区豆各庄、望坛棚改回迁等项目1.4万余套保障房实现开工建设，通州区两站一街项目3728套保障房竣工交用。审核安置房用房2000套。组建区级保障性住房专业运营管理机构，强化房源建设、收购和运营管理。开展保障性住房运营管理课题研究，编制区级住房专项规划，促进住房资源均衡配置。解决历史遗留问题，多次提请市级部门、协调兄弟区县，破解豆各庄、“两站一街”、弘善家园等相关手续难办问题。

（刘艺萌）

【轨道交通建设】2018年，区住建委继续搭建平台，轨道交通完成3号线、12号线、17号、8号共4条线路6块场地施工进场；保障8号线3期年底通车；重启地铁14号线红线内剩余6户拆迁，全部进入裁决程序。

（刘艺萌）

【工程质量安全监督】2018年，区住建委防控在前、执法在严、管理在日常。行政执法检查总量1661件，同比增长47.75%；行政处罚总量311件，增长19.16%；处罚金额70.4万元。主动服务中央、市级大型企业，

12月18日，望坛棚改项目回迁安置房顺利入住（刘艺萌摄）

为国家能源集团主楼维修工程、协和医院改造工程、“210”“82”等施工项目协调手续办理、推动工程建设。延伸对全区百街千巷环境整治提升施工现场开展安全、消防、环保、劳务用工管理，成立联合执法检查工作组，制订检查标准。特别是将北新桥街道辖区内的雍和宫大街，在两周时间内打造为样板街巷，施工现场井然有序、文明规范，形成规范推广。2018年约谈环保不达标施工单位219家，移送城管执法局处罚129家，提请市住建委停标13家。推进信息化建设，组织建设完成智能工地及应急指挥综合数据分析中心。狠抓治欠保支，先后处置龙潭湖湖心岛、杰宝公寓等16起讨薪欠薪事件。西河沿危改项目西区完工、东区取得地上规划许可手续，三利大厦、利山大厦二期及大磨坊文化创意产业园竣工，西部会馆、新景商务楼、融坤养老院等项目完成年度投资计划。

（刘艺萌）

【行政审批与服务】区住建委2018年完成建设工程施工、监理招投标及直接发包项目101项，建设规模77.80万平方米，合同金额32.59亿元。办理各类审批服务事项869件，其中核发建筑工程施工许可证及变更167件，建筑规模112.1万平方米，同期增长9.05%；办理施工登记23件；建设工程竣工验收备案77件，总面积97.74万平方米，同期增长26.36%。办理房地产开发企业资质核定及变更47件，与2017年基本持平；办理2017年度三类人员安全证书续期1200人次，同比增加60%。

（刘艺萌）

【优化营商环境】2018年，区住建委成立委内营商环境统筹领导小组，制订《落实“9+N”优化营商环境工作方案》。开展企业培训，讲解政策文件，利用微信、QQ等网络平台向驻区企业推送“9+N”政策及优化营商环境相关内容，宣传工作有效及时。落实服务包制度，做好服务管家工作。

（刘艺萌）

【信访工作】2018年，区住建委信访总量共5500余件，其中受理来信来访件558件，是2017年的95.88%。自接信26件，是2017年的118.18%；便民事项（含“12345”“96010”、微信举报、微博上报、舆情媒体曝光、政风行风、领导批示途径受理）361件，是2017年的92.56%；区长信箱47件，是2017年的90.38%；北京市信访系统113件，是2017年的95.76%，其中行政程序1件，已办理；接访近414人次，接电话4000余个。

（刘艺萌）

建设工程

【概况】2018年，经区住建委受理、初审及决定竣工验收备案的公建工程共有11项，投资19.68亿元，面积31.95万平方米。全年，经区住建委受理、初审及决定竣工验收备案的住宅工程共有4项，投资6.53亿元，面积52.45万平方米。

（赵琳艳）

表18　2018年竣工重点工程项目一览表

工程类别	序号	项目名称	项目法人（建设单位）	建设地点	建设规模及内容	总投资（万元）	竣工时间
公建工程（11项）	1	小学等2项（朝阳区豆各庄一号地块东城区旧城保护定向安置房项目）	北京市东城区住宅发展中心	朝阳区豆各庄	14788平方米。小学14781平方米，地上4层；传达室7平方米，地上1层	4520.43	2017年12月12日
	2	北京市五十五中学教学楼	北京市东城区教育委员会	东城区新中街12号	15698.69平方米。教学楼15048.69平方米，地下2层，地上5层；综合楼8248.26平方米，地下2层，地上2层	2737	2017年12月19日
	3	4#楼（商业办公）（东城区香河园3号居住及商业金融用地项目）	北京香园大道实业有限公司	东城区香河园3号	38218.77平方米，地下5层，地上14层，北侧局部7层	19574.86	2018年6月13日
	4	商务办公（北京鼎创经贸发展有限公司办公楼改扩建工程）	鼎能置业开发有限公司	东城区东直门内北中街乙1号	4278.7平方米，地下3层，地上5层	3688.13	2018年5月31日

续表18

工程类别	序号	项目名称	项目法人（建设单位）	建设地点	建设规模及内容	总投资（万元）	竣工时间
公建工程（11项）	5	3号楼公寓式酒店等2项（利山大厦二期公寓式酒店）	北京利山房地产开发有限公司	东城区朝内南小街	55220.04平方米。3号楼公寓式酒店55126.67平方米，地下4层，地上18层；人防及设备用房93.37平方米，地上1层	30685.01	2018年6月15日
	6	东城区景山街道社区服务中心暨市民文化休闲中心项目	北京市东城区人民政府景山街道办事处	东城区美术馆后街以东	5411.36平方米，地下3层，地上1层	9911.42	2018年7月6日
	7	三利大厦改扩建工程	北京昆庭资产管理有限公司	东城区安定门外大街208号	81698平方米，地下3层，地上13层	37698.95	2018年7月20日
	8	PT-10配套楼等4项（通州区两站一街E5、E6地块东城区旧城保护定向安置房项目）	北京正阳恒瑞置业公司	通州区台湖镇	9200平方米。PT-10配套楼2000平方米，地上3层；PT-11配套楼1300平方米，地上3层；PT-12配套楼2900平方米，地下3层，地上2层；PT-13配套楼3000平方米，地下3层，地上2层	3019.55	2018年10月26日
	9	K5地下车库及变电所、锅炉房（通州区两站一街E5、E6地块东城区旧城保护定向安置房项目）	北京正阳恒瑞置业公司	通州区台湖镇	40297平方米，地下3层，地上2层	11148.872421	2018年10月26日
	10	PT-14配套楼（通州区两站一街E5、E6地块东城区旧城保护定向安置房项目）	北京正阳恒瑞置业公司	通州区台湖	4180平方米，地下3层，地上2层	3890.73	2018年10月29日
	11	敬业西里综合商业楼	北京世纪鸿房地产开发有限责任公司	东城区敬业西里	50555.77平方米。综合商业楼36482.15平方米，地下4层，地上3层；综合商业楼（二期）14073.62平方米，地下4层，地上3层	综合商业楼6619.69 综合商业楼（二期）12725.78	2018年10月18日
经济适用房工程（2项）	12	25#-32#住宅楼（经济适用房）等（通州区两站一街E5、E6地块东城区旧城保护定向安置房项目）	北京正阳恒瑞置业公司	通州区台湖镇	184797.85平方米。25#住宅楼32706平方米，地下2层，地上28层；26#住宅楼13772平方米，地下3层，地上28层；27#住宅楼32706平方米，地下3层，地上28层；28#住宅楼12995.85平方米，地下3层，地上28层；29#住宅楼31572平方米，地下3层，地上28层；30#住宅楼24974平方米，地下3层，地上28层；31#住宅楼12527平方米，地下1层，地上28层；32#住宅楼23545平方米，地下3层，地上28层	51685.63	25#-30#住宅楼2018年10月26日竣工；31#、32#住宅楼2018年10月29日竣工

续表18

工程类别	序号	项目名称	项目法人（建设单位）	建设地点	建设规模及内容	总投资（万元）	竣工时间
经济适用房工程（2项）	13	2-7#住宅楼（豆各庄3、4号通惠灌渠西侧地块东城区旧城保护定向安置房项目）	北京佳源投资经营有限责任公司	朝阳区豆各庄乡	331890.46平方米，地下2层，地上28层	7453.21	2018年12月20日
商品房（2项）	14	SB-6-1院、SB-6-2院住宅（SC03地块）玉河历史文化保护区保护修缮项目	北京东方康泰房地产开发经营有限责任公司	东城区景山街道平安大街南侧	3177平方米，地上1层	2678.25	2018年11月28日
	15	玉河历史文化保护修缮项目南区SC07-3、SC07-4地块住宅及库房（玉河历史文化保护区保护修缮项目南区SC07-3、SC07-4地块项目）	北京东方康泰房地产开发经营有限责任公司	东城区地安门东大街南侧	4644.9平方米。SC07-3地块住宅及库房2523.5平方米，地下2层，地上1、2层；SC07-4地块住宅及库房2121.4平方米，地下2层，地上1、2层	3503.37	2018年11月21日

（赵琳艳）

重大项目协调

【概况】东城区重大项目协调办公室（简称区重大办），是东城区政府派出机构。主要职责为：负责全区重大项目、棚户区改造和环境整治项目、危改遗留项目的统筹调度、综合协调、督促落实，负责定向安置房源统筹调配，承担全区棚改及环境整治指挥部办公室和城市更新改造指挥部办公室的工作任务，整体协调调度全区重大项目。设综合管理科、项目管理科、重点工程协调科和配套管理科4个科室。行政编制18人、在编13人。

2018年，区重大办稳步推动天坛周边简易楼腾退项目、天坛东里北区1-8号楼腾退项目、望坛棚户区改造项目、西忠实里项目环境整治项目、宝华里危改项目、马圈一级土地开发项目、隆福寺等项目并取得重要进展，完成棚户区改造1019户，完成市政府下达的年度任务。

（田士波）

【协调推进全区重大项目】2018年，区重大办完善重大项目工作机制，加强高位统筹和协调调度。完成隆福寺片区整体策划定位，隆福大厦项目竣工投入使用。完成马圈一级土地开发项目搬迁，完成公交临时场站建设，忠实里配套楼实现开工建设。三利大厦、利山大厦二期项目顺利竣工，汇文中学1号楼项目结构封顶。

（田士波）

【完成棚户区改造1019户】2018年，按照市政府要求，东城区年度棚改任务指标为1000户，区重大办年内完成搬迁修缮1019户。推进天坛周边腾退征收工作，恢复天坛周边绿色开放空间，天坛周边57栋简易楼腾退项目累计签约2363户，拆除简易楼19栋。天坛东里北区1-8号楼腾退项目累计签约169户，拆除简易楼4栋。南中轴路项目累计签约59户，剩余16户。西忠实里环境整治项目完成，原址建设的大通滨河公园一期完工。望坛项目累计签约5726户，住宅签约率达98.4%。西河沿危改项目启动回迁区建设，西区1号楼完成结构封顶。宝华里危改项目成立现场指挥部，重新启动项目滞留区搬迁工作。

（田士波）

房屋管理

【概况】东城区房屋管理局（简称区房管局），挂北京市东城区人民政府住房保障和改革办公室（简称住保办）和北京市东城区人民政府房屋征收办公室（简称房屋征收办）牌子。是负责东城区房屋行政管理、住房保障、住房制度改革及房屋征收工作的区政府工作部门。设置办公室、住房制度改革科、房屋市场管理科、房屋登记管理科、住房保障科、房屋安全管理科、租赁管理科、法制科、物业管理科、信访工作科、落实私房政策办公室、房屋执法科、财务科、人事科、机关党委办公室、离退休干部科、征收管理科、征收补偿科、征收法规科、第一房屋管理所、第二房屋管理所、第三房屋管理所、第四房屋管理所23个行政科室，2个纳入工资规范管理事业单位（区住宅小区管理中心、区住房保障事务中心），1个全额拨款事业单位（区房屋安全鉴定管理所），2个自收自支事业单位（区房屋管理局测绘一所、区房屋管理局测绘二所），1个差额拨款事业单位（区房屋管理局机关事务管理服务中心）。全局有行政事业编制154人、实有139人，其中公务员编制81人、实有76人，纳入工资规范管理事业单位编制45人、实有42人，全额拨款事业编制9人，实有7人；自收自支事业编制16人，实有14人，差额补款事业单位编制3人，实有0人。

2018年，区房管局完成平房测绘成果审核157件，房产实测绘成果审核21件。在《北京日报》刊登房屋防汛公告，同时印发《致居民一封信》2万份，进一步加强房屋防汛通知2000份，联系街道社区，利用社区宣传栏，对居民进行广泛宣传。

（蔡会明）

【直管公房管理】2018年，区房管局清理转租转借146户，影响人口443人，区房管局清理居改商590户，影响人口1670人。与京诚集团续签本年直管公房综合服务项目中标协议书及房屋安全性应急抢险和中修服务项目中标协议书，并拨付相应费用。组织开展上年直管公房房屋安全性应急抢险和中修服务项目审计。全区房屋核查工作已明确编制区控制性详细规划所需房屋数据的指标及方式，确定核查所需数据来源的途径与核查方式，汇集相关部门房屋核查基础数据台账。完成700户直管公房平房修缮。制订《东城区直管公房承租人变更管理办法》《东城区直管公房综合管理服务考核办法》，与北京建筑大学合作，对直管公房平房修缮的范围、程序、标准、资金管理等问题进行调查研究。

（蔡会明）

【老旧小区综合整治】2018年，区房管局完成市级试点胡家园东区多层楼房上下水改造工程共计40趟；完成胡家园小区配套供暖设施及管线改造项目，实现市政热力管网集中供热；利用小区周边道路施划157个车位，并实行规范管理；完成胡家园东区19号楼综合改造，包括屋面防水、楼道粉刷、地下空间清理、雨水管更新和空调规整等；完成春秀路小区综合改造。居民室内上下水、供暖管线改造完成24趟；对小区进行楼道内公共区域粉刷、照明系统更新、管线入槽等综合整治；对小区内强电、弱电架空线进行规整和入地，重新铺设小区道路。确定3个区级试点营房西街1—5号楼、朝阳门内大街216、218号院、宝钞胡同107号已成立居民自治组织；体育馆路营房西街1—5号楼项目已完成设计方案制订，正在进行施工招标；朝阳门内大街216、218号院项目完成实施主体初选。

（蔡会明）

【简易楼腾退改造】2018年，区房管局完成东直门新中西里20—22号3栋简易楼腾退，腾退72户，楼体已拆除。实施故宫周边6栋直管公房简易楼协议腾退。区房管局会同京诚集团、景山和东华门街道成立重点地区简易楼腾退指挥部，制订工作方案和实施方案。已完成故宫周边6栋直管公房简易楼协议腾退预签约、交房和选房；启动东华门、景山、安定门、东四、交道口地区12栋简易楼腾退，与北京市城市规划设计研究院合作起草《东城区简易楼分类整治调查研究报告》，对区简易楼现状特征、历史沿革、分类整治原则与方式进行全面调研。总结新中西里3栋简易楼腾退试点项目实施的工作经验，制订《东城区简易楼腾退（征收）实操指导手册》。

（蔡会明）

【征收拆迁】2018年，东城区已发布房屋征收决定项目12个，累计应征

2月8日，新中西里20—22号楼简易楼征收腾退项目进行选房（区房管局提供）

收9026户，已征收8819户，累计完成97.71%，剩余207户。其中地铁七号线珠市口站东南出入口用地项目、新中西里20—22号简易楼腾退及环境整治项目和西忠实里环境整治项目一期已经全部完成协议签订。望坛棚户区改造项目剩余85户住宅未签约，已作出48户征收补偿决定，24户征收补偿决定正在履行相关法律程序；天坛周边简易楼腾退项目剩余53户未签约，已累计作出征收补偿决定99户并送达，申请强制执行79户，实施强制执行13户。北极阁头条道路工程项目和后椅子胡同道路征收项目是东城区试点的以街道办事处为实施单位的房屋征收项目，后椅子胡同道路征收项目启动并于首日4个小时内13户居民全部完成签约；北极阁头条道路工程项目启动后2天内36户居民全部签约。2018年，制订了《东城区拆迁滞留项目现场管理办法》，从责任主体、管理标准、管理要求等几个方面对拆迁滞留区管理予以规范，拆迁滞留区的各管理单位日常管理有据可依。全区26个拆迁滞留项目中只有4个项目实施拆迁，共完成64户居民签约，滞留约1.2万户。金宝街3号地四合院项目签约7户，商业、四合院(金宝街2号地)签约1户，王府井H2号地签约23户，金鱼池二期西土地一级开发项目于2018年10月重新启动，累计签约33户，其他剩余项目处于停滞状态。全年进行安全和环保检查约148次，查出隐患6处，整改6处，受理拆迁事项查询485件。

（蔡会明）

【住房保障】2018年，区房管局完成保障性住房资格新申请审核备案2760户，公租补贴申请审核备案404户，市场租房补贴申请审核备案647户。完成已备案家庭变更2292户，资格终止1365户，解锁2490户。公租房复审2608户，公租补贴复审3201户，市场租房补贴复审1470户，实物廉租房家庭复审1800户。公租补贴家庭发放登记517户，市场租房补贴发放登记及续租登记1042户。发放各类补贴5852万元，其中发放公租补贴金额3557万元，累计发放家庭2.91万户次；发放市场租房补贴金额2295万元，累计发放家庭2万余户次。完成廉租实物住房续签1658户。对廉租实物配租家庭268户家庭开展腾退专项工作，其中135户取消廉租房资格的家庭取得公租房资格进入续签环节。133户家庭需继续腾退，其中有23户已腾退，20户签署补充协议，40户家庭进行约谈，50户进行了政策宣传，不配合工作居民已通知后期管理单位，采取法律手段进行腾退。新增取消资格家庭122户。开展廉租实物住房腾退房源再分配1次，参加选房13户家庭中7户完成选房。

（蔡会明）

【物业管理】2018年，区房管局完成物业项目备案、变更、注销手续42件，检查辖区内物业服务项目收支公示情况，对未履行公示义务或未按要求公示的物业服务企业，责令限期改正。针对违规物业企业，做出行政处理3起，完成行政处罚2起。

（蔡会明）

【房屋防汛】2018年，区房管局建立房屋防汛指挥体系，制订房屋防汛工作方案，成立区房管局房屋防汛指挥部，下设5个分指挥部；组建2支50人的房屋防汛抢险队，储备木材、砂石料、水泵、镐锹、塑料布等防汛物资。组织召开东城区房屋防汛及安全生产工作部署会，市住建委、区防汛办、区安监局、区消防支队相关主管领导参加会议。各街道（地区）、区教委、区卫计委、全区自管房单位、物业公司、征收拆迁项目及区房地一、二中心、抢险队伍等单位约500人参加。

（蔡会明）

【房屋市场管理】2018年，区房管局针对下半年出现的租金上涨问题，制订关于加强东城区房地产经纪机构租赁整治工作方案。对经纪机构下发《关于规范房屋租赁经纪行为的通知》，要求各经纪机构严格落实。同时，对经纪机构分片分区域排查，核心区域全覆盖检查。制订现房销售备案工作方案；认真核查开发企业申报材料，了解市场行情，并将相关材料及一房一价表书面上报市建委进行监测；按照方案对监测后的项目及时组织召开局领导小组会议审定备案，结果上报区政府、市住建委。

（蔡会明）

【法治建设】2018年，区房管局组织召开东城房管局年度法治暨执法工作会。印发《东城区房屋管理局领导干部参与应诉及旁听工作规定》，明确领导干部出庭应诉的各项要求，还对全局工作人员参与法院庭审旁听作出规定，每人每两年至少参与1次。2018年办理260起案件，已结案139件，其中征收类结案76件，拆迁类结案9件，信息公开类结案18件，行政答复类结案1件，住房保障类结案27件，其他类型结案8件，败诉17件。依申请工作共受理196件，已办结186件。已发告知书186件；公开告知102件；不予公开告知16件，不存在告知60件，非本告知8件；撤销3件。同比2017年的307件下降36%。

（蔡会明）

【行政执法】2018年，区房管局受理投诉593件次，其中物业项目投诉71件次，房地产市场及中介机构投诉350件次，房屋安全投诉55件次，普通地下室投诉88件次，拆迁施工投诉3件次，住保中心26件次。执法检查1242处，其中中介机构及分支检查379处，物业项目197处，普通地下室292处，拆迁施工160处，房屋安全使用巡视检查120处，住房保障项目94处。行政处罚案件完成71件，罚没收入63.77万元。其中：一般行政处罚26件，罚没收入61.5万元；简易处罚29件，罚没收入2.27万元。71件行政处罚案件占全年指标的118.3%，全局人均行政处罚量为23.67件，在区案卷评查中，房管局以5个满分卷的成绩名列全区前茅，得到区领导的肯定。

（蔡会明）

【信访】2018年，区房管局受理来信来访2378件次，与2017年同比减少513件次，降幅17.74%，其中来信595件，与2017年同比增加了309件次，增幅108.04%；来访1783批次/2212人次，与2017年同比减少了822批次1326人次，降幅分别为31.55%，37.48%。制订《东城区房屋管理局信访工作考核办法》，完善信访考核工作，细化考核标准。制订《区房管局关于依法分类处理信访投诉请求的工作方案》《工作流程》《东城区房屋管理局分类甄别信访诉求工作办法》。

（蔡会明）

房屋征收

【概况】东城区房屋征收事务中心（简称区房屋征收中心），受区政府房屋征收办公室委托，承担全区房屋征收与补偿具体实施工作，为全额拨款事业单位。内设综合办公室、财务管理科、征收补偿一科、征收补偿二科、征收补偿三科、征收补偿四科。编制38人、实有35人。

2018年，区房屋征收中心承担实施项目8个，其中国有土地房屋征收项目5个，分别为望坛棚户区改造项目、天坛周边简易楼腾退项目、北京国际戏剧中心扩建工程征收补偿项目、西忠实里环境整治项目和南中轴路棚户区改造项目；文物腾退项目3个，分别为社稷坛文物腾退项目、天坛公园文物腾退项目、太庙文物腾退项目。

（李英）

【望坛棚户区改造项目】区房屋征收中心望坛棚户区改造项目涉及居民产籍5822户，住宅5735户，非住宅87户，建筑面积30.81万平方米。2018年签约33户，住宅10户，非住宅23户，22户选房、强制执行2户、办理入住1863户。项目启动后累计签约5726户，签约比例98.35%，其中住宅签约5653户，签约率达98.57%。

（李英）

【天坛周边简易楼腾退项目】区房屋征收中心天坛周边简易楼腾退项目涉及简易楼57栋，居民2410户，总建筑面积7.2万平方米。2018年签约19户，整体拆除简易楼3栋。完成强制执行4次，强制执行10户。项目启动后累计签约2362户，签约率达97.8%。至年底已拆除简易楼19栋。

（李英）

【北京国际戏剧中心扩建项目】北京国际戏剧中心扩建工程项目涉及产权人及公房承租人108户（含3户非住宅），占地面积6522.05平方米。2018年共签约20户。区房屋征收中心全年完成强制执行2次，强制执行5户。项目启动后累计签约108户，签约率达100%，全部完成建设区域内房屋拆除，实现场清地平，达到建设单位用地要求，完成征收补偿工作。

（李英）

【西忠实里环境整治项目】西忠实里环境整治项目（第一期）涉及被征收人253户，占地面积1.11亿平方米。2018年，区房屋征收中心签约1户。完成2次强制执行，强制执行3户。项目启动后累计签约250户，签约比例98.81%。西忠实里环境整治项目（第二期）涉及被征收人56户，其中住宅55户，非住宅1户，占地面积2451.12平方米。2018年签约1户。项目启动后累计签约55户，签约比例98.21%。

（李英）

【南中轴路棚户区改造项目】南中轴路棚户区改造项目涉及被征收人75户，其中住宅70户，非住宅5户，占地面积2184.58平方米。2018年区房屋征收中心签约1户，累计签约59户，签约比例78.67%。

（李英）

【社稷坛文物腾退项目】社稷坛文物腾退项目涉及被腾退居民5户，腾退房屋建筑面积122平方米。4月3日区房屋征收中心启动签约，签约当日即完成5户被腾退居民签约及搬家交房，实现全区首个签约首日即完成整体签约率、搬家交房率双100%，完成腾退工作。

（李英）

【天坛公园文物腾退项目】天坛公园文物腾退项目涉及被腾退居民20户，腾退房屋建筑面积715.04平方米。8月20日，区房屋征收中心启动签约工作；8月22日，完成全部20户签约及交房验收工作。实现整体签约率100%。

（李英）

【太庙文物腾退项目】太庙文物腾退项目涉及被腾退居民73户，腾退房屋建筑面积3600平方米。11月22日，区房屋征收中心启动签约工作，奖励期内完成全部73户签约；至12月1日，10天的时间完成全部被腾退居民的签约、交房验收工作。整体签约率100%。

（李英）

网格化服务管理

【概况】东城区网格化服务管理中心（简称区网格中心）是区政府负责全区网格化服务管理事项监督评价与统筹协调工作的正处级行政机构。主要职责为研究拟订有关网格化服务管理的中长期发展规划，制订年度计划，建立科学完善的监督评价体系；负责采集、派遣、协调、督办出现的城市管理和社会服务管理问题；统筹指导街道和部门网格化服务管理工作；管理城市管理监督员队伍，并

6月4日，东城区代区长金晖接听全市“听民意解民忧”市民热线
（贾卉一摄）

进行业务指导；统筹区网格化服务管理信息系统和为民服务热线的建设、运行、维护及数据更新；负责对市非紧急救助服务中心转办事项的日常处理，登记、受理来自热线、网络、媒体及其他政务渠道的诉求，反馈办理结果。设办公室、考评科、城市管理科、社会服务科、社会治理科、督察科、信息采集一科、信息采集二科、信息采集三科、信息采集四科、科技信息科、体系建设办公室、人事科、宣传科、财务科15个行政科室和北京市非紧急救助服务中心东城分中心、为民服务中心、城管事务处理中心3个全额拨款事业单位。行政执法专项编制78人、在编75人，事业编制48人、在编41人。聘用城市管理监督员450人。

2018年，区平台共接报各类案件59.9万件，网格案件52万件，案件量同比下降22%，其中监督员自行处理8.3万件。市政府热线“12345”案件量首次出现下降。平台各渠道受理的便民事项8.1万件，“12345”派单6.74万件，同比下降2.6%。“两微一端”等新型自媒体渠道开通后，公众通过传统热线诉求表达的趋势有所下降，随手拍上线仅8个月，月平均数和投诉总量均超过所有其他公众举报投诉渠道，成为最受欢迎和利用率最高的公众参与渠道。2018年，受理疏整促相关诉求2.4万件，同比下降16.55%，特别是开墙打洞、地下空间整治、棚户区改造、直管公房清理、拆除违法建设、生活性服务业品质提升六类群众诉求降幅最大，同比下降20%以上。以往高发的废弃家具设备、施工渣土类问题同比分别下降35.9%和23.9%；道路交通、房屋土地、公共设施、园林绿化、施工管理、市容环境六大类案件的街面持续时间同比缩短57.53%。

（李霞）

【网格一体化平台】2018年，区网格中心开发完成全区街道一体化平台系统，各街道按照统一部署，有序上线使用；优化社区微网格平台，在街道网格中心平台上完善微循环上报案件的处置流程，实现小循环与微循环互通，提高问题解决效率；完善街巷长系统功能，开发街巷通案件监控、街巷长工作管理系统、大屏幕展示等模块功能，保障百街千巷环境整治行动落实；提升区级网格化管理信息系统，加大对公众诉求和网格案件数据的分析深度，为区委区政府决策提供依据，为各部门、各街道工作提供服务。

（李霞）

【网格化城市管理】2018年，区网格中心加强对元旦、春节、“两会”、汛期、中非论坛等重点时期的环境保障监督，相关问题同比减少23.97%。重点加强街巷整治、拆迁区管理、执法、环保监管等方面的情况监管，组织开展扬尘、僵尸车、垃圾不落地、裸露绿地、雨水篦子油污问题、门责书签订等专项普查45次，上报问题3.02万件。

（李霞）

【创新闭环工作流程】区网格中心建立“街道吹哨、部门报到”响应处理机制、解决长期未回复的历史滞留案件等疑难问题台账机制，创新问题收集—街道吹哨—部门报到—处理反馈—核实结案—综合评价闭环工作流程，开展吹哨部门、报到部门多岗位、多层级培训，督促各职能部门通过一哨一考核全程留痕方式认真履职，开发市民随手拍APP、编写使用手册、出台激励方案，至2018年底共上报案件7002件，结案6626件。

（李霞）

【数据服务支撑】2018年，区网格中心加强网格案件监控和关联性分析。统筹疏整促、环保、执法等各类数据来源，寻找数据间的内在联系，推动管理方法的优化调整；完善便民事项和城市管理监督综合考评办法，调整不同类别网格案件的绩效权重，重点解决群众关心的难点热点问题；加强视频监控等新技术手段应用，提高对问题易发多发的热点部位、需要重点巡查的重要线路监管能力，增强对首环办点位日常巡查和环保作业等重点问题监管；全年，向市区各部门提供各类监管数据261批次。

（李霞）

【雪亮工程平台建设】2018年，区网格中心更换LED展示大屏及会议电子桌签，提升综治会议系统硬件设施；按照国家数据库标准，建设首都“10+X”（“10”即综治组织及综合业务数据库、实有人口数据库、特殊人群数据库、重点青少年数据库、非公有制经济组织和社会组织数据库、社会治安数据库、矛盾纠纷排查化解数据库、校园及周边安全数据库、护路护线数据库、社会治安综合治理事项数据库。“X”即守望岗点位信息数据、群众安全感调查数据、可防性案件数据、综治考核数据、治安重点地区台账数据、铁路隐患点位台账数据）标准数据库，更新入库综治组织业务、实有人口、特殊人群、治安重点地区整治台账等15项、100余万条数据；完成综治业务受理、立案、派遣、处置、督查、核查、结案七步闭环业务流程设计，搭建起城市管理、社会服务、社会治安3大类共30余小类标准体系；建成综治数据等8大模块，对接公安视频探头5200路，实现对半径100米以内各类综治业务运行情况的实时监控；加强视频指挥建设工作，实现对重点时期、重点位置的实时指挥调度。

（李霞）

【大数据网格预警系统建设】2018年，区网格中心依托北斗全球网格编码和网格地图，对东城区已有网格、综治等数据进行编码及标识，形成东城区空间数据库；在全区范围内开展时空间行为调查，通过对居民行为数据的采集与追踪，形成东城区居民行为数据库；以空间数据和行为数据等内部、外部数据为支撑，以业务为导向，构建多尺度、多维度网格诊断指标体系；基于诊断指标计算结果，构建大数据网格诊断与监控预警系统，对各类指标进行综合评价与可视化展示；基于网格业务数据，建立网格工作机制子指标体系指数，辅助网格重点问题的整治。

（李霞）

【公众诉求智能服务系统】2018年，区网格中心基于网格平台便民事项类来源案件数据，利用大数据手段进行分析处理。建设驾驶舱平台，通过各项分析指标、图表方式，图形化实时展示区内的公众诉求概况；通过大数据技术处理手段，将数据特征处理分析，构建案件特征库。通过各种特征维度对数据进行检索分析，同时为其他功能的数据分析提供依据；通过诉求数据分析，构建诉求人模型，使用数据描绘诉求人的分析画像；通过案件上报时间特征，汇总展示特殊时间段内诉求信息，对数据进行解读，以展示案件与特殊时间段的相关性；按照大类和小类举报数、街道举报数、社区举报数的同比值和环比值观察不同维度案件数据变化；通过大数据分析，获取诉求案件中排名前五的高频词，也可通过搜索展示某个事件的诉求数量趋势；预报趋势，通过系统大数据分析能力对未来3天案件类别，诉求来源，发生时间段占比，接听与处理的时长做出预判；导出关键词生成专题报告，专题报告自动关联关键词诉求数据，生成的专题报告可作为未来专项工作的呈报材料。

（李霞）

【拓宽公众参与渠道】2018年，区网格中心完善社区微网格微信公众号反馈评价功能，新增市民随手拍APP、地方领导留言板等公众诉求受理渠道，公众发现问题、反映问题的渠道更加便捷、畅通，建立完善反馈机制与公众满意度调查机制，搭建公众提出问题—问题反馈—持续监督的监督模式；发挥街巷长、网格助理员、小巷管家等网格力量与群众沟通的独特优势，提升群众满意度。

（李霞）

【标准化建设】2018年，东城区网格化服务管理中心作为北京市东城区网格化数据信息公共服务综合标准化试点单位，推进标准化试点各项工作，研究制订工作实施方案，细化分解各阶段具体任务与完成时限，修订各类城市管理问题和便民事项处置实施细则，梳理86项内部制度规范，编制《东城区网格化热线服务标准体系》。参与数字化城市管理信息系统国家标准的编制和北京市地方标准修订工作。

（李霞）

【宣传工作】2018年，区网格中心更新网站信息1081条，《城市管理监督考核工作通报》12期，公众参与332条，案件公开396条；编辑出版机关刊物《网格东城》12期，微信推送212条，微博发布信息2190条，报送网格化城市管理动态信息90条；组织开展开放日活动9次，组织网格服务进社区活动5次；开展随手拍APP宣传推广活动7次。

（李霞）

【监督员与网格员队伍建设】2018年，区网格中心制订《新招监督员培训方案》，编印《监督员应知应会业务工作手册》，召开监督员管理工作联席会6次、专题工作会3次，开展监督员军训和培训。全年查处违纪监督员161人次，督报各类遗漏问题4.8万件。开展全区网格助理员基本情况摸底调查，按照市区统一要求推进网格督导员和网格助理员持证上岗。编发《东城网格助理员工作动态》17期（专刊1期）。举办全区网格助理员培训班，参加培训人数500余人。

（李霞）

城市管理监察

【概况】东城区城市管理综合行政执法监察局（简称区城管执法监察局）是负责区域城市管理综合行政执法监察工作的区政府直属正处级行政执法

机构，负责对各街道执法队的业务指导、专业培训和执法监督。承担区城市管理综合行政执法协调小组办公室日常工作，具体协调、监督全区城市管理综合行政执法工作。设办公室、法制科、执法监督科、综合执法协调科、财务科、宣传科、组织人事科、党群工作办公室、机关事务管理科、信访科、拆违办公室11个内设机构，指挥中心、督察队、直属执法队3个直属机构及事业单位事务中心。行政执法人员编制82人、在编执法人员81人；事业编制69人、在编48人；工勤6人。

2018年，区城管执法监察局共出动执法人员15.5万人次，执法车辆4.8万车次。先后开展无照经营、门前三包、露天烧烤、非法小广告等专项整治、施工工地管理、燃气安全执法检查等市区交办专项执法任务192次，全区环境秩序明显改善；部署春节两坛（潭）庙会、全国“两会”、高考、中非合作论坛、北京峰会、国庆、工体球赛等重大活动及节假日外围环境管控81次，特勤保障57次；空气重污染防控等临时性执法保障任务22次；全区共拆除违法建设3363处，面积21.56万平方米，腾退占地面积12.67万平方米，封堵开墙打洞2017处；完成街巷销账674条。

（马婷婷）

【整治占道经营违法行为】全年占道经营类行政处罚案件1.26万件，受理占道经营类有效举报4799件，比2017年同期下降23.28%。

（马婷婷）

【大气污染治理】2018年，区城管执法监察局加强扬尘污染源头管控，严管施工扬尘和渣土运输，对各工地展开拉网式排查；依托“96310”举报数据分析，结合辖区实际进行摸排，梳理出重点露天烧烤、露天焚烧点位，对巡查发现的露天烧烤违法行为严格管控；强化“无煤化”治理，对街面游商使用燃煤无照经营食品等违法行为严格查处。全年查处施工扬尘356起、车辆遗撒398起、露天烧烤46起。

（马婷婷）

【燃气安全专项执法】2018年，区城管执法监察局持续开展安全隐患大排查、大清理、大整治“回头看”行动，专项检查辖区餐饮公共服务用户，配合区城管委燃气办定期检查燃气供应企业，查处使用液化石油气从事无照经营的街面游商，共检查餐饮公服用户1.12万家次，发现安全隐患268处，现场整改210处，责令限期整改58起。

（马婷婷）

【“门前三包”专项整治】2018年，区城管执法监察局全面摸排全区“门前三包”责任单位，更新、完善台账，制订《“门前三包”专项治理整顿行动工作方案》，加强多部门联动执法，在全区范围内开展为期3个月的专项执法整治行动，共出动执法人员1.7万余人次，发放宣传材料2.8万余张，规范“门前三包”责任单位7044家次。

（马婷婷）

【治理非法小广告】2018年，区城管执法监察局严厉惩治非法张贴、喷涂、散发小广告行为，固化部门联动工作机制，有效遏制违法行为发生。全年通过小广告停机录入系统录入1686个号码，移送停机836起，其中大案要案8起。

（马婷婷）

【违法建设拆除】2018年，全区拆除违法建设3363处，面积21.56万平方米，其中拆除市级专项任务违法建设3329处，21.44万平方米，完成市级任务的150%，完成区级任务的107%；拆除并销账新生违建34处，面积1158平方米，腾退占地面积12.7万平方米。

（马婷婷）

【开墙打洞治理】2018年，区城管执法监察局结合百街千巷一体化工作，做好空间再利用，实现整治成果共享，打造民旺北胡同等一批群众称赞的精品街区。全区共封堵开墙打洞2017处，完成市级任务和区级任务的100%，位列全市第一。治理和保持街巷方面，完成街巷销账674条，计划任务完成率100%。

（马婷婷）

【规范综合执法】2018年，区城管执法监察局建立综合执法工作新模式，制订《东城区落实“街道吹哨、部门报到”推动城市管理综合执法平台实体化运行实施方案》，梳理出445项违

9月3日，执法人员为中非论坛提供保障（刘满清摄）

法情形及对应的处理执法流程和处置依据，形成《东城区综合执法队工作职权》，实现81部法律法规集合运用。

（马婷婷）

【综合协调管理】2018年，区城管执法监察局组织协调领导小组成员单位召开工作部署会、联络员会、座谈会、调度会、季度总结会等各类会议86次，收集58个成员单位综合执法信息3497篇，向市局推送信息379篇，编发《东城区城市管理综合监管通报》122期，联合执法简报47期，核心区整治专刊35期，“四公开、一监督”专刊12期，其中东城区推送的8篇优质综合执法类信息被市刊选登并向全市推广。

（马婷婷）

【信息宣传】2018年，区城管执法监察局开展对外宣传报道723篇次，其中中央级报道55篇次，市级报道594篇次，区级报道74篇次。编辑信息普刊63期，其中信息409条、简讯483条；向市城管执法局上报信息503条，市局采用228条；向区两刊上报信息297条，两刊合计采用234条。

（马婷婷）

市政市容环境管理

【概况】东城区城市管理委员会(简称区城管委)。按照市、区编委文件精神,以东城区城市综合管理委员会为基础而设立，挂北京市东城区环境建设管理委员会办公室（简称区环境办）牌子。承担全区城市容貌管理责任；组织协调、管理城市道路公共服务设施设置；负责全区城市管理工作的业务指导、组织协调、指挥调度和专项整治；负责组织编制全区环境建设中长期发展规划及专项规划。负责全区平房区物业管理服务工作的综合协调、指导监督职责；负责全区街巷环境整治提升工作和实行“街巷长制”的综合协调和指导监督职责；负责管理户外广告、牌匾标识、标语、宣传品设置；负责城市照明管理工作；承担全区市容环境卫生、燃气、供热、煤炭、电力、电源点、市政管线及附属设施、区管地下综合管廊、再生资源回收、户外广告设施、城市照明设施等方面的安全监管或管理责任；负责相关重要设施建设工程质量和安全运行的监督管理；负责组织、协调、指导、检查城市公共设施事故的预防和应对等工作。

2018年，区城管委继续开展“百街千巷”环境整治提升，实施架空线入地及梳理工程，开展10条道路精细化养护，改造坑洼院落560处，办理占掘路行政许可95件，完成348条背街小巷区级“十无”验收。开展环境卫生大扫除活动6次，开展4街道19个社区垃圾分类全覆盖示范片区创建工作，实施5项疏堵工程，整治自行车道40公里，解决水体环境问题11次，完成235座公厕品质提升改造。推进街巷长、小巷管家工作，完成平房区物业管理服务全覆盖。

（杨慧平　宋婉鑫）

【百街千巷环境整治提升】2018年，区城管委完成134条大街、496条小巷环境整治提升任务，整饰建筑外立面630条街巷74.3万平方米，拆除违规牌匾标识1.33万个，整修破损路面29.1万平方米，规范公共服务设施0.38万处，补建绿化植被3万平方米，清理垃圾渣土及堆物堆料10.1万吨，治理乱停车1.16万处，清理私装地锁0.68万个，治理占道经营0.39万处。启动2018年44条大街、509条小巷环境整治提升工程，其中8条大街、38条背街小巷完成环境整治提升。

（杨慧平　黄昊）

【架空线入地及梳理工程】2018年，区城管委完成主次干道路灯架空线入地26条，电力架空线入地26条；完成支路胡同路灯架空线入地203条、电力架空线入地12条；完成支路胡同通信架空线入地690条，清理各类线缆1万公里，拔杆3312根。

（杨慧平　百千办）

【街巷长制和小巷管家】2018年，全区街巷长1030人、小巷管家2064人，街巷长工作纳入考核，区城管委召开街巷长例会8次，17个街道、176

5月22日，市城管委与北京电视台、《北京晚报》等市属媒体采访报道东城区广告牌匾安全隐患排查治理和规范设置工作（郑鼎摄）

个社区注册管城理市志愿服务队176个，完成小巷管家线上注册1660余人，巡访167.5万小时，处理各类事件16万余件。

（杨慧平　百千办）

【平房区物业管理】2018年，区城管委完成平房区物业管理服务全覆盖，创制完善《平房区物业管理服务标准》，常态管控12个街道、656条胡同，质量评价体系纳入区网格管理监督平台，实现双考核、双挂钩。

（杨慧平　百千办）

【建筑物顶部广告牌匾规范清理】2018年，区城管委完成东城区楼顶广告牌匾规范清理工作，规范清理919座建筑物、1989块建筑物屋顶牌匾标识，重设385座建筑物、646块牌匾标识。

（杨慧平　郑鼎）

【5项疏堵工程】2018年，区城管委通过拓宽路口、路口渠化、增加自行车道等措施，完成安定门东滨河路小街桥段、安定门东滨河路雍和宫桥段、新中街、培新街、双玉中街等5项疏堵工程，缓解道路交通拥堵状况，提高道路通行能力和服务水平。

（杨慧平　董小强）

【自行车道整治】2018年，区城管委通过自行车道路口彩色铺装、增加机非隔离设施、翻修破损较严重人行步道砖等措施，完成广渠门南滨河路等道路40公里自行车道整治，修复沥青路面0.42万平方米，修复步道0.38万平方米，明确自行车路权。

（杨慧平　董小强）

【城市道路管养】2018年，区城管委完成道路小修养护面积5.97万平方米。开展西花市大街等10条道路精细化养护，加强市区巡查互动，落实24小时修复机制。重大活动保障期间应急抢险队伍24小时备勤。办理占掘路行政许可95件，其中占道许可4件，掘路许可91件。

（杨慧平　董小强）

【道路用地移交接收】2018年，区城管委完成鼎创办公楼改扩建等9个建设项目代征城市道路建设用地移交，参与代征道路现场查验，聘请专业测绘单位进行测绘，履行移交接收手续并签订移交协议，承担移交后代征道路用地管理职责；接收西花市西街、羊市口路等15条其他产权道路纳入区属道路维护和管理。

（杨慧平　董小强）

【560处坑洼院落排水改造】2018年，区城管委开展直管公房院落地面和排水管线改造。制订《平房院落排水工程施工工艺及质量标准》，组织相关街道开展前期调查摸排，逐院梳理问题台账，制订改造方案。改造院落560处，涉及房屋8183间，改造管线1.7万余延米，铺装地面3万余平方米，解决9个街道地面坑洼、设施老旧、排水不畅等问题，惠及居民4970户。

（杨慧平　董小强）

【环境卫生大扫除活动】2018年，区城管委开展环境卫生大扫除活动6次，4041家社会单位6.7万人参加，清理堆物堆料、积存垃圾0.36万吨，清理白色污染1.1吨，清除擦拭非法小广告3.2万张（处）。

（杨慧平　张京）

【大气环境精细化管理试点】2018年，区城管委牵头制订工作方案，明确相关部门职责，制订精细化管理及作业标准，在东四、天坛地区实施以小微型电动车新方式为主道路进行环卫作业。

（杨慧平　张京）

【垃圾分类】2018年，区城管委创建4街道、19个社区垃圾分类全覆盖示范片区。制订方案，建立台账和日常检查制度。生活垃圾无害化处理率达到100%。建立餐饮单位、菜市场、农贸市场等系统动态餐厨垃圾排放管理基础台账，规范签约、规范收运3301家餐厨垃圾排放单位，规范收运率达到100%。收集餐厨（厨余）垃圾7.1万吨。结合世界环境日、周四垃圾减量日等时间节点开展垃圾分类宣传476场次，印发各类宣传品3万余份。崇文门外、建国门街道启动东城区垃圾分类系统管理平台调试运行。垃圾分类工作纳入区网格监督管理系统，每月通报考核情况。建立常态联合执法检查制度，每周至少1次，立案查处餐厨垃圾类违法行为110起。

（杨慧平　张京）

【建筑垃圾运输管理】2018年，区城管委开展日间工地检查1848次，夜间多部门联合督导巡查、定点联合执法检查89次，查扣违法违规渣土运输车1466 辆，出动执法人员2350人；移交建筑垃圾违法违规案件145件，约谈施工工地21次，向工地施工单位、运输企业发放建筑垃圾宣传材料1100份，办理建筑垃圾消纳证441件，建筑垃圾运输车辆准运证件1745件。

（杨慧平　周庆）

【推进环卫再生水使用】2018年，区城管委协调区环卫中心扩大冲刷、清洗道路范围，冲洗总用水量52.85万吨，日环卫用水使用峰值达0.37万立方米，其中再生水使用量22.6万吨，自来水使用量30.25万吨。

（杨慧平　张京）

【河道集中整治】2018年，全区清理非法捕鱼8次，集中整治乱停乱放共享单车4次，清理保洁不到位40处，处置非法排污2次，清理僵尸车1辆，开展劝阻钓鱼、游泳、滑野冰行动30余次。

（杨慧平　张鹤龄）

【扫雪铲冰】区城管委制订下发2018—2019年东城区冬季扫雪铲冰应急预案，确定各相关单位扫雪铲冰工作联系人，建立扫雪铲冰指挥系统，有效对接驻区部队扫雪铲冰应急支援工作。扫雪铲冰应急物资储备、积雪应急消纳点设立等各项工作按规定准备齐全。

（杨慧平　张京）

公共事业管理

【概况】东城区防汛、燃气保障、供暖、节水等工作机构设在区城管委，负责全区燃气、供热、煤炭、电力、电源点的行业管理；负责加油（气）站管理的综合协调；负责新能源汽车充电站（桩）的建设和运营管理；统筹全区能源日常运行工作。负责区河湖生态环境监督管理，承担区河长制办公室日常工作；负责全区水土保持工作；依法负责水务方面的行政许可工作。负责全区供水、排水行业的统筹协调；负责区节约用水工作；编制节约用水规划，并监督实施；负责区节约用水监督管理，指导和推动节水型社会建设工作。

2018年，全区开展燃气安全检查，开展燃气安全进社区宣传活动7次，完成3000套器具换装。开展河长制工作。受理水影响评价审批件18件，水评技术审查服务20件。发放《职工住宅清洁能源分户自采暖核对证明》5万余份。改造平房院用水一户一表70户。

（杨慧平）

【河长制管理】区城管委印发《2018年东城区河长制湖长制工作要点》。修订印发河长制巡查、信息共享、信息报送等制度。明确龙潭东湖、龙潭中湖、龙潭西湖、柳荫湖、青年湖各级湖长和管护责任湖长。建立“河长+警长+检长”三长机制。编制“一河一策”方案，完成5个清单。召开河长制工作会议4次，区、街道河长巡河538人次1309公里，开展区街专职巡河队伍每日巡查。印发东城区河长制工作月报9期、工作通报49期，各街道河长制工作打分排名9次，8河6湖打分排名8次，督促街道河长、相关单位及时处置河湖问题95件。完成3.3公里雨污水合流管线改造与市排水集团签订北护城河再生水管线工程（旧鼓楼大街-北京市老干部活动中心）地上物拆除腾退工作委托协议。完成龙潭湖东湖、青年湖水质改善。启动龙潭西湖雨洪调蓄工程。启动北京河长APP试用及河长制信息化平台建设项目。

（杨慧平　张鹤龄）

【坚持节约用水】2018年，区城管委向6467家用水单位下达计划用水指标。下发超计划加价预警通知单276户次，下发超计划用水加价通知单287户次，受理审批临时施工用水6户次。改造平房院用水一户一表70户。完成3000套器具换装，两个单位（小区）雨水利用工作。开展33家用水单位及8个社区市级节水型载体创建申报。节水执法检查260处。

（杨慧平　李自强）

【电力保障】6月，区城管委接管电力相关职能，完成电力迎峰度夏工作，有效处置官书院小区停电故障，修订区级电力事故应急预案，制订老旧小区用电隐患治理工作方案。

（杨慧平　董小强）

【燃气安全检查】2018年，区城管委开展7个液化气站日常安全检查，落实安全制度。辖区液化石油气供应站拉网式检查每月不少于2次。重大节日和重要政治活动期间开展全区范围内燃气隐患排查整改工作，联合属地街道和区内各执法部门开展液化石油气餐饮商户安全检查。出动检查人员8143人，检查5178家用气场所，消除隐患1523处，下发责令限期整改通知807份。

（杨慧平　董文昊）

【燃气安全宣传】2018年，区城管委召开年度燃气安全工作培训会，有关部门、17个街道办事处、3个地区管委会、京诚集团、京宏集团等单位相关负责人，安监局专职安全员，城管执法队人员及燃气使用企业代表450余人参加。制订燃气安全宣传方案，开展燃气安全进社区宣传活动7次，出动宣传人员100余人次，设置条幅和展板100余条块，发放宣传资料及宣传品1万余份。联合市液化石油气公司开展平房区液化石油气安全使用宣传，推广东华门街道经验做法。

（杨慧平　董文昊）

【燃气安全保障】2018年，区城管委制订保障方案，完成春节、“五一”“十一”等重大节日和全国“两会”、中非合作论坛北京峰会、第十三届中国北京国际文化创意产业博览会等重要政治活动燃气安全保障工作。完成建国门内大街甲1号，宝景大厦东侧、贡院西街7号楼东门，天坛东路中国棋院西侧，安定门外大街6号楼西侧等燃气安全突发事件处置。协调燃气集团，做好天坛拆迁区腾退燃气阀门切断工作。协助街道做好安内大街257号地下一层天然气、白桥大街24号楼燃气消隐改造、体育馆路街道燃气消隐等；协调燃气集团完成宝钞胡同17号楼接入天然气调研，联合执法检查东华门街道存在燃气安全隐患企业。

（杨慧平　董文昊）

【冬季供暖】区城管委召开供暖季供热工作动员部署大会。修订《东城区2018—2019年度居民供热工作方案》，建立供热工作及应急指挥系统，完善市、区、街三级供热管理网络，形成三级联动协调机制。会同区财政局制订《东城区供热燃料补贴资金使用管理办法》《东城区供热行业考评管理实施细则》，2018—2019年度采暖季考核供热单位供热情况。完善东城区供热服务管理平台，实现居民投诉举报派遣办理和全过程监督。2017—2018年度采暖季处理居民投诉1.3万件，投诉处理率达100%，居民回访满意率达95%以上。2018—2019供暖季继续委托市热力集团“96069”客服中心运营供热投诉平台，培训供热单位，保证供热季及时解决居民投诉问题。督促供热单位落

6月29日，区城管委联合燃气一分公司开展应急抢险演练（霍然摄）

实设备维修改造。供暖季委托第三方安全检测机构，检测供热锅炉房。做好元旦、春节及全国“两会”等重要节点安全检查。依托热力集团东城分公司组建4支供热应急抢险队，配备各类抢险器材及设备设施。推进供热集约化，开展供热并网。协调热力集团，将胡家园小区，仓夹道5号楼、9号楼，聚龙花园，三联书店等小区并入市政供热管网。协调解决国家体育总局、推进北京市妇产医院机关和宿舍供热并网。配合热力集团与天坛医院完成锅炉房移交、对接。配合区环保局，完成山老胡同7号院供热问题收尾。协调解决上一采暖季小羊宜宾锅炉房供热问题。

（杨慧平　董文昊）

【防汛防灾】汛前，区政府专题会审议通过《东城区2018年防汛工作方案》《东城区防汛应急预案》（2018年修订版）和《东城区暴雨预警响应联动机制》。召开全区防汛准备工作会。签订2018年度防汛责任书。储备307台水泵、69台发电机、5.8万余条麻袋（编织袋）等抢险物资器材，组建155支、4323人抢险队伍，落实17家汛期应急避险场所及3家防汛定点医院。检测防汛短信信息平台和40个雨量站，维修25部800兆电台。与市排水集团、市路政局建立路面积滞水抢险联动机制。与武警二支队和东城消防支队建立军地联动抢险机制，与东城交通支队协商汛期共享道路监测设施。排查养护1.67万平方米区属市政道路。修剪树木1.62万株，排查处理危险树149株，清理绿地内枯枝树叶267吨。存在其他安全隐患树木登记造册，汛期重点监测。排查人防工程，制订3处无法回填重点隐患工程汛期安全措施。排查垃圾楼、公厕、化粪池。排查全区建筑工地和13处建筑基坑。排查38.94万平方米四类房屋、104个低洼院、580处重点观察房、22个拆迁滞留项目。发放查房挂号信1500余封、通知1.6万余份。排查23座下凹式立交桥区和全区2万余块广告牌匾。制订“一桥一策”抢险预案。发动网格监督员450人，对区低洼院落、地下空间、危旧房屋等汛期防范重点进行专项检查。开展进单位、进社区、进家庭、进工地等防汛知识宣传活动。汛期，加强防汛重点部位巡查，区领导一线调度指挥防汛工作，严格24小时值班和领导带班制度，重视汛情灾情信息报送。

（杨慧平　张鹤龄）

交通管理

【概况】区城管委挂北京市东城区交通委员会（简称区交通委），2011年3月18日成立，设在区城管委。主要职责是落实市委、市政府关于交通工作的方针、政策、总体规划；负责组织编制区交通基础设施建设中长期发展规划和专项规划，提出区交通发展措施建议；负责统筹协调区交通基础设施建设、养护和管理，负责区管道路和区级交通基础设施养护和管理；负责统筹协调区交通运输管理，负责全区个体出租、人力三轮客运的管理；负责统筹协调全区交通秩序管理，静态交通管理；负责全区交通战备工作。

2018年，区城管委（区交通委）完成5条次支路建设。完成77条道路、5731个路侧停车位电子收费系统建设。清理二环内154条支路以上占道经营企业21家。统一施划共享单车规范停放点位600余处。受理小客车指标申请6971份。拟定上报《东城区差别化占道停车收费工作方案》。

（杨慧平）

【缓解交通拥堵】制发《2018年东城区缓解交通拥堵工作方案》及任务书，完成各项缓堵任务；成立东城区交通堵点治理工作专班，制发《东城区交通堵点治理工作安排》，推动区域综合治理、区级疏堵工程和乱点治理。制订《东城区2018年9月缓解交通拥堵专项工作方案》，开展缓堵专项工作。

（杨慧平　程佳）

【庙会停车保障】区城管委（区交通委）制订《东城区2018年庙会外围保障工作方案》，保证龙潭、地坛庙会期间良好停车秩序，地坛、龙潭庙会周边设置临时机动车停车场20处、1570个停车位，其中龙潭庙会设置临时机动车停车场9处、935个停车位；地坛庙会设置临时机动车停车场11处、635个停车位。出动停车管理人员793人次，停车1.02万车次。

（杨慧平　何晓蒙）

【路侧停车】2018年，区城管委（区交通委）编制《东城区地面停车规划》，清退路侧占道车位191个，重新施划路侧停车位5731个；王府井地区成为全市首个无停车街区，全区无停车胡同21条；带动24家单位增加共享车位3300个；盘活宝华里等6个拆迁滞留地空间，实施13处停车场平改立，增加车位3800余个；制订《东城区路侧停车电子收费系统建设方案》，完成77条道路电子收费高点视频建设，覆盖5731个车位，缴费率全市第一。组建300人的电子收费服务队；苏州社区试点差异化收费；利用共享单车监管服务平台和620个电子围栏应用管理，实施减量调控，共享单车由20万辆减至6万辆。

（杨慧平　张梦雅）

【共享自行车管理】2018年，区城管委（区交通委）完成重点部位新增规范停放区摸排，施划500处可停放4万辆共享自行车规范停放区；利用GPS和北斗技术，采集停放区坐标，形成电子围栏植入各单车手机APP规范停放秩序；协同北斗导航位置服务产业公共平台研发共享单车政府监管与服务平台，将单车数据接入监管平台。重点商圈、交通枢纽、旅游景点安装蓝牙嗅探电子围栏，监测共享单车流动和停放情况，界定单车合理存量；利用已有监管资源，将单车纳入网格化管理平台；5月、9月，2次开展共享单车秩序治理活动，集中清理城市河道（水渠）等区域散落车辆、占压盲道、占用车行道、消防通道等违规停放车辆。加大文明骑行、规范停放宣传力度，组织社区志愿者维护地铁站点及公交站台停放秩序。建立沟通机制，利用微信群协助处理停放乱象。督促单车企业继续做好减量工作。联合相关部门监管考核共享单车公司，将考核成绩建立管理台账；完成重大活动服务保障，协调共享单车企业调度共享单车300余万辆次。

（杨慧平　郭风林）

7月4日，市人大、市政府有关人员到东城区调研非机动车管理工作（郭风林摄）

【公共自行车租赁系统运营】2018年，区城管委（区交通委）开通运营公共自行车网点232处，运营设备0.7万套，运营公共自行车0.6万辆。办卡13.5万张，其中非京籍办卡2.6万张、外籍人员办卡0.13万张。租、还车次数3436万次。解答咨询电话106万次。调度车辆190万次。

（杨慧平　郭风林）

【机动车停车场备案管理】2018年，区城管委（区交通委）继续开展机动车公共停车场登记备案及归档工作。完成566个停车场年度换证及变更，新增67个停车场6656个停车位，审核通过备案证停车场566个。

（杨慧平　何晓蒙）

【小客车指标申请】2018年，区城管委（区交通委）小客车指标申请窗口受理指标申请6971份。其中个人新购车辆申请1511份，个人更新车辆申请200份，个人信息变更申请3512份，个人普通小客车延期以及切换指标类型申请538份，单位新购车辆申请124份，单位更新车辆申请65份，单位信息变更申请586份，打印申请人获得指标通知书428份，被盗抢车辆指标申请7份，接听咨询电话6116人次。

（杨慧平　何晓蒙）

【个体出租汽车管理】2018年，区城管委（区交通委）完成159辆个体出租汽车调整燃油附加费工作。协助个体出租汽车车主办理车辆过户8起，从业人员上岗46人，更新车辆18辆；申请发放个体出租车油料补贴180余万元；接待来访12次；解决咨询、投诉43起。

（杨慧平　何晓蒙）

消 防

【概况】中国人民武装警察部队北京市东城区消防支队（简称东城消防支队）是武警现役体制旅级建制，担负东城区消防安全监督管理、消防宣传、灭火救援、应急处突、社会救助、重大活动消防保卫等职责。下辖司令部、政治处、后勤处、防火处4个职能部门，有花市中队、北新桥中队、王府井中队、金宝街中队、地坛中队、龙潭湖中队、鲜鱼口中队7个执勤备战中队，正义路勤务中队一个勤务中队，编制612人、实有426人。

2018年，东城消防支队完成春节、全国"两会"、G20峰会、国庆等重大安保任务。王府井中队党支部被北京市公安局评为先进党支部、花市中队党支部被北京市公安消防总队评为先进党支部。1人被评为首都公安现役部队争做军队好干部先进个人。1人获总队二等功；21人获总队三等功。

（魏刚）

【八一建军节慰问消防官兵】7月31日，东城区赵凌云副区长等一行5人到东城消防支队，慰问一线消防官兵并送上慰问品。

（魏刚）

【建军91周年升旗仪式】8月1日，东城消防支队隆重举行建军91周年升旗仪式。支队班子成员、机关和龙潭湖中队全体官兵参加仪式。支队领导宣读《关于批准给王希文等14名同志颁发纪念章的通知》，主官2人为获得纪念章的官兵颁发佩戴奖章。

（魏刚）

【接警出动情况】2018年，东城消防支队接警2145起，出动车辆4650车次，警力3.02万人次。抢救疏散被困人员1728人，抢救财产价值140余万元。其中火警531起，抢险救援382起，社会救助649起，虚假警及到场未处置警情583起。

（魏刚）

【消防宣传】2018年，东城消防支队组织大型主题消防宣传活动12场次，开展人员密集场所消防安全教育培训1800余次，在街道、社区、重点单位开展宣传5000余次，上门入户宣传1万余次；张贴宣传挂图、悬挂横幅10万余张（条），发放宣传材料20余万份；发送周记短信10万余条，微博阅读量10万余人次；推送微信480余条，阅读量超30万余人次；接受消防知识咨询8万余次，受众15万余人。

（魏刚）

【重大火灾隐患整治】2018年，东城消防支队出动警力3.6万余人次，检查单位1.76万家次，发现督促整改火灾隐患和消防违法行为2.94万处，下发责令改正通知书1万余份、临时查封决定书73份，责令三停单位79家，罚款408.16万元，行政拘留22人。消防监督执法实现全年零诉讼、零复议。

（魏刚）

【重大勤务保卫】2018年，东城消防支队执行灭火救援动态执勤巡逻任务350余次，出动车辆2408车次，经历1.44万人次；执行各类消防安保勤务1203次，其中常态化勤务930次，现场勤务273次，共部署执勤车辆1302车次、警力2.23万人次，累计上勤1.2万余小时，完成春节、全国"两会"、G20峰会、国庆节、国家领导人抵离京等消防安保勤务。

（魏刚）

生态环境保护

7月22日，新中街城市森林公园正式开园（薛艺摄）

综 述

2018年，以落实大气污染防治各项措施为主线，东城区协同推进水、土壤污染防治、城市绿化、环境整治、污染源控制、环卫保障、园林绿化等工作，加大监管和行政执法力度，实现辖区大气环境质量持续改善。

改善生态环境质量。针对PM2.5和道路尘土残存量等重点指标，建立完善动态监测通报机制，处理扬尘案件3700余件；路查重型柴油车5万余辆，处罚9400余辆次，处罚量同比增长15倍。在全市率先开展餐饮油烟协同减排试点工作。锅炉低氮改造基本完成，更新“煤改电”电取暖设备4200余户。

开展百街千巷环境整治。实施架空线入地及梳理工程，开展10条道路精细化养护。改造坑洼院落560处。办理占掘路行政许可95件。完成348条背街小巷区级“十无”验，广泛开展环境卫生大扫除活动。

推动垃圾分类全覆盖。开展4个街道19个社区垃圾分类全覆盖示范片区创建工作。居民区实施垃圾“干湿分离”，730家驻区机关、企事业单位和2571家餐饮企业实现垃圾分类规范管理。

增加城市绿化面积。建成新中街城市森林公园等4处大尺度绿地、33处口袋公园，完成屋顶绿化1.2万平方米，新建、改造绿化面积20万平方米，公园绿地500米服务半径覆盖率提升至92.48%。创建首都绿化美化花园式单位1个，首都绿化美化花园式社区1个。完成3.3公里管线改造，实现雨污分流。建立“河长+警长+检长”机制和湖长制，坚持河湖治理“一河（湖）一策”，市级考核断面水质全部达标。

（张谊）

环境保护

【概况】东城区环境保护局（简称区环保局），是区政府依法监督管理辖区内环境保护工作的行政主管部门。主要职责是贯彻落实国家和北京市关于环境保护的法律、法规、规章和政策；建立健全环境保护工作制度，编制区环境保护规划和计划；负责区环境问题统筹协调和监督管理，承担落实区污染减排目标责任，制订主要污染物排放总量控制计划并监督实施；负责环境监察，组织开展环境保护执法检查；负责限期治理，排污申报登记，排污收费等制度实施；参与促进清洁生产，负责建设项目竣工环境保护验收；负责区环境监测，组织实施环境质量监测和污染源监督性监测；组织环境保护宣传教育工作。设办公室、综合规划科、法制宣教科、污染减排科、环境影响评价科、环境监理科、辐射安全监管科7个科室，辖东城区环境保护监察队1个执法机构及东城区环保监测一站、东城区环保监测二站、东城区机动车排放管理一站、东城区机动车排放管理二站4个事业单位。编制 130人、在编106人，其中公务员25人、机关工勤1人、参公事业21人、纳入事业40人、全额事业19人。

2018年细颗粒物（PM2.5）累计年均浓度为52微克/立方米，同比下降13.3%。加强执法检查，按照散煤“四禁”要求，保持散煤动态清零；完成全区锅炉低氮改造；人工检查重型柴油车5.03万辆，超额完成人工检查重型柴油车4万辆的任务要求；淘汰国Ⅲ排放标准的柴油货车515辆，超额完成全年淘汰柴油货车328辆的工作目标。秋冬季期间，东城区细颗粒物（PM2.5）累计浓度为55微克/立方米，重污染天数11天，完成秋冬季控制目标。全年水环境质量整体稳中向好，土壤环境质量保持稳定。制订《东城区土壤污染防治工作考评细则》，对土壤污染防治各有关部门进行考评，健全土壤环境监测网络。完成电采暖设备更新及新增1.4万余台，安装峰谷电表431表户及配套的内、外线电力设施。针对市级环保督察反馈意见，全区整改任务21项，已全部完成。

（席俊）

【第二次全国污染源普查】2018年，区环保局编制《东城区第二次全国污染源普查工作方案》《东城区第二次全国污染源普查预算报告书》，成立东城区第二次全国污染源普查领导小组及办公室，建立普查员和普查指导员队伍。对1425家工业污染源、1350家2874台锅炉、4701家餐饮、36家汽修、540家辐射源进行清查。制订《东城区第二次全国污染源普查数据质量审核方案》，完善数据质量控制体系，通过现场宣传、户外大屏、微信公众号等多种方式宣传污染源普查工作。通过国家及市污普办的阶段性检查考核。

（席俊）

【环保宣传】2018年，区环保局通过微博号“北京东城环保”发布微博694条，微信发布721条。联系各级新闻媒体积极宣传环保工作20余次。组织开展以“美丽中国，我是行动者”为主题的“六五”环境日宣传，餐饮业代表在活动现场向北京市所有餐饮企业发出倡议“拒绝油烟污染　倡导绿色餐饮”，安装高效油烟净化设施，确保油烟达标排放；社区居民代表倡议从现在做起，从自身点滴做起，低碳文明出行，践行绿色生活，节能减排，争做环境保护的行动者。现场还启动环保短剧和摄影作品征集。开展环保大讲堂进社区、进企业、进学校活动，在13个社区、13家加油站，全区医疗机构及5所学校举办环保知识讲座，近2500人参加。组织东城绿色志愿者参加学雷锋志愿服务日、水文化节、防灾减灾日、国家安全日宣传活动，发放环保宣传材料4万余份，接待现场咨询100余人。

（席俊）

【环评文件审批审查】区环保局落实“放管服”要求，加快推进环评制度改革，推进环境保护工作由注重事前审批向加强事中事后监督管理的转变，实现本年精简受理要件60%以上；窗口纳入全市综合窗口实现“一窗”受理，加强政务服务事项系统建设，全部事项实现网上可办，逐步推进“不见面”审批相关工作。2018年累计审批建设项目 568个，其中报告表类13个，登记备案类（含辐射类）555个，验收建设项目33个，否定144个不符合东城区功能定位等问题的新建项目。

（席俊）

【辐射安全行政许可】区环保局2018年受理各类辐射安全行政许可事项101件，全部办结。其中辐射安全许可证相关手续44件，放射性同位素备案43件。

（席俊）

【环境质量】2018年，区环保局落实蓝天保卫战行动计划各项措施，细颗粒物（PM2.5）年均浓度为52微克/立方米，可吸入颗粒物（PM10）年均值80微克/立方米，二氧化氮年均值45微克/立方米，二氧化硫年均值6微克/立方米，降尘年均值8.6吨/平方公里·月，区域环境噪声平均值53.1dB（A），道路交通噪声平均值67.3dB（A）［公里路长计权LeqdB（A）］，道路平均车流量3758辆/小时。

（席俊）

【环境监测】2018年，区环保局完善环境质量监测网络和技术支持，建设完成覆盖全区的粗颗粒物监测网络，实时通报各街道空气质量状况，完成东城区细颗粒物来源解析研究，为政府决策提供有力支持。完成环境质量监测、污染源监测、信访监测、应急监测等各类监测任务，为全面了解和掌握区环境质量状况及污染物排放情况提供数据支撑。在大气主要污染物方面，东城区细颗粒物（PM2.5）年均浓度为52微克/立方米，同比下降13.3%；二氧化硫（SO_2）年均浓度为6微克/立方米，同比下降25%；可吸入颗粒物（PM10）年均浓度为80微克/立方米，同比下降10.1%；二氧化氮（NO_2）年均浓度为46微克/立方米，同比下降4.3%。在水质考核方面，东城区市控断面为：龙潭东湖、筒子河和东便门。2018年，东便门和筒子河为Ⅲ类水质，龙潭东湖为Ⅳ水质，3个断面均达到Ⅳ类水质目标要求。在声环境方面，东城区区域噪声环境质量稳定达标。建成区内共有噪声网格测点107个，达标网格数96个，达标率89.7%；区域环境噪声平均值为53.1dB（A），达到国家55dB（A）的限值要求；建成区道路交通噪声环境质量稳定达标。建成区交通噪声监测路段59条，达标路段47条，达标率79.7%；道路交通噪声平均值为67.3dB（A），与2017年相比降低0.8dB（A），声环境质量保持稳定。

（席俊）

【机动车污染防治】区环保局以重型柴油车为监管重点，对超标重型柴油车进行闭环管理。通过机动车路检夜查、入户、遥测等执法手段，2018年共检查机动车60余万辆，其中入户抽查1799辆，夜查1.2万辆，路检3.7万辆、遥测53万辆，巡查检测场2.1万辆。全年处罚超标车9522辆，处罚遥感非现场超标车32辆，处罚非道路施工机械23台。全年淘汰国Ⅲ排放标准的柴油货车515辆，超额完成年度328辆淘汰任务。

（席俊）

【油气排放监管】2018年，区环保局督促加油站油气回收装置在线监控改造，全年累计对辖区内13家经营性加油站开展巡查359座次，抽测154座次，对非正常使用油气回收装置加油站处罚3座。

（席俊）

【大气污染防治】2018年，区环保局聚焦柴油货车、扬尘、餐饮油烟三大重点防治领域，通过进一步提升精细化管理水平，治理大气污染。完善“时调度、月通报、季汇报”统筹协调机制及约谈机制，区大气办每月通报空气质量情况，各街道排名和重点任务完成情况，约谈空气质量、

6月12日，执法人员在南二环进行机动车尾气遥测（王祎摄）

降尘量排名靠后的街道，并与区政府督查室建立联合督查机制，定期督查大气污染控制措施落实情况。完成北京市对东城区提出的全部指标任务。

（席俊）

【扬尘污染控制】2018年，区环保局制订印发《东城区进一步强化扬尘污染控制工作方案》，统筹推进全区扬尘污染治理。发挥区大气办督查交办职能，组织第三方专业机构巡查扬尘污染源，全年共移送扬尘污染隐患3577处。各街道均按时限反馈问题整改情况，其中立案处罚513起，处罚金额205.28万元，有效遏制扬尘污染。

（席俊）

【空气重污染应急】2018年，东城区累计启动空气重污染预警10次21天，其中蓝色预警2次3天、黄色预警5次9天、橙色预警3次9天。区环保局修改并实施《东城区空气重污染应急预案（2018年修订）》。空气重污染期间，区领导多次带队深入一线督导检查，全区各单位、各街道严格按照应急预案要求，第一时间启动应急响应，严格落实停工、停驶、停限产等保障措施，最大限度发挥“削峰”“降速”作用，有效缓解空气重污染带来的不利影响。

（席俊）

【餐饮行业油烟检查】4月至7月，区环保局与区城管执法局在大型商业中心（崇文门、搜秀），餐饮集中街区（安内大街、簋街）开展联合执法，严厉惩治餐饮油烟污染。执法过程中，邀请市环保局宣教中心和《新东城报》跟随报道，曝光违法单位，加大对违法企业的震慑力度。共出动执法人员5915人次，检查餐饮企业2678家次，监测油烟 290家次，发现环境违法行为并做出行政处罚27件，罚款金额25.9万元，查封餐饮企业4家。其中油烟排放超标（含直排）立案20件，处罚20.8万元；未按规定备案立案3件，处罚2.3万元。

（席俊）

【污染物总量减排】2018年，市考核东城区大气主要污染物总量减排指标氮氧化物和挥发性有机污染物2项任务。全区氮氧化物、挥发性有机污染物分别减排3.23%和7.01%，均超额完成北京市下达的削减3%的指标任务。

（席俊）

【水污染防治】2018年，区环保局加强地表水质监测和评价，每月2次对辖区内8河6湖地表水断面进行全覆盖监测，分析水质变化趋势规律，编写《东城区地表水环境质量月报》并及时向全区通报。开展水环境承载力综合评价，对东城区水环境承载力预警进行等级划分，分析影响东城区水环境承载力的主要因素。

（席俊）

【危险废物监管】2018年，区环保局整理完善辖区危险废物企业台账，建立辖区内汽修行业、二级以上医疗机构及工业企业3个微信群。召开全区二类以上汽修单位危险废物环境管理工作会，组织区应急局安全员对辖区所有产废企业进行全方位监管，辖区危废管理范围涉及工业、医疗机构、实验室、宠物医院、汽修行业共650家，每个安全员按街道管理企业，每月制订检查任务及检查方案，做到负责街道企业百分百监管。发现问题及时上报，并做好企业危废管理的宣传工作。

（席俊）

【污染源监管】2018年，区环保局完成13家加油站、11家医疗企业、1家铁路机务段的突发环境事件应急预案备案。要求9家医院按时完成环境信息及监测数据公开，督促北京医院、北京协和医院完成污水处理设施在线监控设备安装。完成区内汽修喷漆企业技改资金31.44万元发放工作。配合区发改委完成自主自愿的清洁生产审核工作，完成自主清洁生产审核备案11家。完成区内大金空调的ODS备案。根据市环保局及区审改办要求，对突发环境事件应急预案进行备案等15个事项进行更新、公开，完善申请材料、批准形式等信息。

（席俊）

【辐射安全监管】全区辐射工作单位193家，其中涉源单位15家、放射源86枚，射线装置单位178家、射线装置641台（套）。2018年区环保局检查辐射工作单位150家次，出动人员400余人次，检查各类密封放射源86枚、各类开放性场所19处、各类射线装置430台（套）。联合区公安分局、区卫计委对重点涉源单位开展联合检查、专项检查，并对9家违法单位进行47万余元的行政处罚。

（席俊）

【政务信息公开】2018年，区环保局主动公开政府信息726条，其中全文电子化率达100%。通过部门网站公开603条，微博、微信公众号各公开信息123条（不含转载）。网站公开的信息中，双公示类信息154条，重点领域信息公开68条，部门动态类信息301条，执法监督类信息37条，通知公告类信息43条。共接受公民、法人及其他组织政府信息公开方面的咨询 9 人次，均是依申请公开方面的信息申请。

（席俊）

【环保教育】区环保局举办“12·4”国家宪法日主题系列宣传活动，邀请区委党校教授解析宪法修正案。开展环保大讲堂活动。组织开展全区中小学生环保演讲比赛，东城区选送的优秀选手在市第二十二届小学生“我爱地球妈妈”演讲比赛和市第十八届中学生中英双语演讲比赛中，分别获得一等奖。

（席俊）

【环境统计年报】2018年全区纳入环统调查范围并确定为重点调查对象的工业企业9家。环境统计数据通过强制性指标审核、必要性指标审核、辅助指标审核、自定义指标审核，区环保局对各企业及辖区统计数据突变情况进行分析，通过市局审核，完成工业源数据年报。据环境统计制度开展工业源监督性监测，工业企业废水、废气稳定达标率和锅炉烟气排放达标率均为100%。

（席俊）

【行政执法】2018年，区环保局在全区范围内开展大气执法行动，落实双随机抽查制度，完成重大活动空气质量保障、空气重污染应急、大气执法攻坚战、污染源监管、环境投诉办理等工作，全年累计出动1万余人次，检查单位6898家次（其中双随机抽查335家次），发现环境违法行为并处罚50起，处罚金额246.1万元，同比增加168万元，增幅215.1%。下达责令整改决定书20件，查封违法排污企业7家。

（席俊）

【环保费改税】2018年，区环保局排污申报开单户数474家，金额194万元。4月后，追缴国管、部队等75家单位排污费67万余元。自1月1日起，环保系统在全国范围内停征噪声超标排污费、废气排污费，排污费改为环保税，由税务部门进行征收。区环保局配合税务部门完善台账基础数据，进行环保税核查，将每季度新增排污单位情况、噪声情况及时反馈税务部门。

（席俊）

【环境信访】2018年，区环保局累计受理信访案件2383件。涉及大气污染1131件，噪声污染1033件，水21件，备案类11件，煤改电152件，固废危废类3件，辐射类26件，其他类6件。重要信件领导阅批率、信访答复率、信访按时办结率均为100%。

（席俊）

【绩效管理环境保护专项考评】2018年，市政府绩效管理工作领导小组对东城区年度环境保护污染治理专项考评认定：东城区高度重视污染治理工作，认真组织实施蓝天保卫战行动计划，实施百街千巷环境整治，有力推进基层精细化管理工作；创新空气质量末位约谈机制，强化街道城市管理属地责任；全市率先示范餐饮油烟、挥发性有机物协同治理试点，夯实空气质量改善基础；区领导带队督查检查重污染应急措施落实情况。加强水污染防治工作，研究制订辖区水污染防治工作方案，制订“一河一策”方案，完成龙潭湖水质提升工程，认真梳理总结并开展自查自评，加强污染源日常监督管理。抓好土壤污染防治，建立并落实多部门信息共享和联动监管机制，严把用地准入环节，暂未发现未安全利用的污染地块。

（席俊）

环境卫生

【概况】北京市东城区环境卫生服务中心（简称区环卫中心）是负责辖区环境卫生技术性、服务性、事务性工作的区政府财政补助事业单位，是区公共环境卫生服务保障的执行部门。内设办公室、市容业务管理科、市容业务监督检查科、基建科、设备安全保卫科（武装部）、劳动人事科、行政科、财务科（审计科）、法制科、党委办公室（团委）、工会11个科室。下设区环卫中心一所至十所、机械清扫队、经济开发管理所、材料站以及北京市东城区渣土消纳管理所、北京市王府井地区环境卫生管理所、北京环境科技开发中心16个事业单位。中心人员编制2587人、在编1402人，编外职工3495人。

2018年，区环卫中心保洁主要大街170条、立交桥14座、过街天桥42座、道路保洁面积522.22万平方米；保洁管理公厕1265座，管理密闭式清洁站68座。清运生活垃圾50.73万吨，抽运粪便30.86万吨。干路机扫率98.63%，洗地率97.62%，冲刷率97.9%，便道冲刷全覆盖100%，垃圾密闭式收运率达到100%。完成落叶清理、扫雪铲冰等季节性工作及重要节日和重大活动的环卫保障。全年市管委专业考评得分99.06分，环境卫生综合考核评价列首都功能核心区第一名。

（何淑梅）

【尘土残存量检测】3月6日，区环卫中心尘土检测车在龙潭路、天坛东路、交道口南大街、交道口东大街等10条道路试运行，首次开展尘土残存量检测。经对检测数据进行分析，提出工作改进措施。将道路尘土残存量检测纳入环卫作业日常检查范围，尘土残存量检测数据作为区内道路洁净程度的重要参考指标。

（何淑梅）

【道路扬尘污染控制】2018年，区环卫中心落实大气污染防治规划，控制道路扬尘污染，以降低道路尘土残存量为目标，统筹推进人工清扫保洁、机械清扫、道路冲刷、洒水降尘作业。购置洒水车43台、电动三轮车110辆，为道路作业车辆安装北斗导航系统，对作业情况实时监控，确保所有大街保持日间洒水降尘1遍，重点区域的42条大街日间洒水降尘达4遍。更新主要大街果皮箱813个，方便行人投放垃圾废弃物。实现全区主要大街便道冲刷作业全覆盖。

（何淑梅）

【护栏清洗】2018年，区环卫中心购置护栏清洗车1辆，推进大街护栏清洗擦拭作业，实现全区主要大街交通护栏清洗擦拭作业全覆盖。

（何淑梅）

【街巷精细化保洁试点】2018年，区环卫中心探索对街巷精细化保洁作业，购置电动吸尘车19辆、电动洗扫机19辆、中型电动洗地车2辆，在东

10月26日，第四届最美环卫人评选表彰活动在东城区第一文化馆举行
（孙珊珊摄）

四、天坛部分街巷胡同进行深度精细化保洁试点，效果良好。

（何淑梅）

【道路集约化作业】区环卫中心完成对160条大街的人工清扫保洁、垃圾不落地、非法小广告清除、沿街城市家具擦拭、自行车码放（非共享单车）等作业的有机整合。自5月1日起，实施道路集约化作业，道路人工人均作业面积从1万平方米下降至3670平方米，达到集中清扫人员增加，巡回保洁频次加密，人工作业离段倒土时间减少，城市家具更加清洁、自行车码放更加整齐的效果。

（何淑梅）

【垃圾清运】2018年，区环卫中心对2座密闭式垃圾清洁站进行大修，更新吊装设备2套、除臭设备3套、大坑盖板7张、垃圾集装箱52个，确保密闭式垃圾清洁站安全正常运行，垃圾密闭收运日产日清。针对垃圾收运“小车等大车”的问题，与市环卫集团和各街道办事处协调，合理安排垃圾收运时间，“小车等大车”现象有所缓解。

（何淑梅）

【推进“厕所革命”】区环卫中心以长安街和中轴路沿线的东华门、建国门、前门、景山、交道口、东四6个街道辖区为重点，推进厕所革命。对原一类公厕再次提升，原二类公厕升级为一类或二类+公厕，原三类公厕提升为准二类公厕。引进工程设计、全过程管理、全过程审计公司参与公厕改造。改造前广泛听取市民意见建议，不断完善改造方案，面向社会公开招标，严格施工管理，确保工程质量。2018年，完成一期219座公厕（含移动厕所）改造。新改造提升的公厕采用石墨烯发热技术，厕所冬季采暖、水路防冻等难题得到解决。在有效节电30%的前提下实现公厕冬季不冷；采取增加天窗、安装低位排风等设施增强自然通风、自然采光，二类以上公厕采用空气置换系统，安装水封和节水型水冲便器等措施，实现夏季不热和全年无味。新公厕使用感应灯具，达到节能效果；突出人性化设计，根据胡同居民对倾倒便盆污物的需求，视厕所面积增设污物倾倒及冲洗设施；厕所蹲、坐坑扶手采用尼龙抗菌扶手；面积足够的三类公厕，增设洗手设施；在三类厕所坑位、小便斗间增加隔板和厕间门，增强隐私保护；采用“互联网+以商补厕”形式，为公厕安装感应厕纸机，实现厕纸免费供应。

（何淑梅）

【公厕保洁管理】区环卫中心落实市管委公厕保洁质量标准和中心公厕保洁考核要求，加大公厕保洁服务力度，按照夜间集中作业、白天分散作业方式，有针对性地开展公厕除臭工作；加强公厕设施的日常维修保养，2018年进行公厕日常维修2.3万处次，保证公厕环境质量和设施完好率。

（何淑梅）

【环卫车辆淘汰更新】2018年，区环卫中心加大环卫作业车辆淘汰更新力度，报废车辆70台，购置燃油车44台、电动车2台，中心新能源车总数达到153台，占比22%。

（何淑梅）

【环卫暖心驿站】2018年，区环卫中心工会在北二环鼓楼桥下、朝内北小街21号院内等处设立109个环卫职工暖心驿站，使用市总工会为每个驿站下拨的2000元建设经费，根据各驿站不同需求分别配备空调、洗衣机、微波炉、电饭煲、远红外取暖器等电器设备，为环卫职工休息、用餐等提供便利。

（何淑梅）

【城市网格和便民热线办理】2018年，区环卫中心接收网格管理部件、事件1.94万件次，接办市“12345”便民热线案4062件次，所有接办案件全部按期办结并保持A类水平。

（何淑梅）

园林绿化

【概况】东城区园林绿化局挂区绿化委员会办公室牌子，是负责辖区园林绿化工作的政府工作部门，主要职责为负责全区绿化规划的编制监督实施，组织指导监督园林绿化美化，资源保护，进行园林绿化行政执法，负责园林绿化的行业管理，监督指导区管公园的管理和服务，承担区绿化委员会的日常工作等。设办公室、绿化科、园林管理科、规划发展科、资源保护科、法制宣传科、组织人事科、计划财务科8个科室，编制28人、实有在职职工28人。东城区园林绿化管理中心（简称区绿化中心），归口区园林绿化局（区绿化办）管理。中心主要承担全区园林绿化等技术性、服务性和事务性工作，对区属公园和下属园林绿化队伍进行管理的职能。主要负责全区公园及专业道路、绿地的绿化设计、施工、养护管理，接受区园林绿化局委托、承担园林绿化工程招投标的组织和工程管理；承担全区野生动植物资源的保护和利用，林木、绿地有害生物防控，生物多样性保护和植物种质资源、古树名木等林木资源的保护；负责重要节日、重大活动的道路及公园环境设计、布置与协调实施；负责区属公园的建设、服务、文物保护等管理。内设办公室、工程建设科、养护科、服务管理科、公园科、活动管理科、资源保护科、人力资源科、财务科、安全保卫科、行政科11个科室。中心机关编制58人。至年底，在职人员50人，退休94人，离休7人。中心下辖12个基层单位，基层单位编制892人，其中管理人员232人，专业技术人员216人，工勤人员444人。所属基层单位分别为绿化一队、绿化二队、地坛公园、青年湖公园、柳荫公园、南馆公园、龙潭公园、龙潭西湖公园、北京市明城墙遗址公园、永定门地区公园、龙潭湖体育馆，均为差额拨款事业单位。至年底，基层单位在职职工500人，其中管理人员157人，专业技术人员126人，工勤人员238人，（含双肩挑人员21人）退休538人。

2018年，完成新建改造绿化面积20万平方米，其中新建绿地面积5.44万平方米，公园绿地500米服务半径覆盖率达到92.48%，栽摆花卉330余万株盆。完成屋顶绿化1.2万平方米，复壮古树153株。建设东四块玉西侧绿地等33处共3万余平方米小微绿地和口袋公园。实施光体路、天坛北路等6条林荫大道建设，打造林下休憩空间。创建国际职业学校鼓楼校区1个花园式单位，东直门街道香河园北里社区1个花园式社区。推进公园精细化、差异化管理，加强安全生产，督促指导各公园从安全保障、优质服务、环境布置、信息报送等方面做好服务保障工作。

（曹慧　王金）

【新中街城市森林公园建设】工程位于工人体育馆西北侧，西邻新中街，总面积1.1万平方米，于3月开工建设，7月22日正式开园，为东城区首个城市森林公园。该项目列入年度市政府为民办实事工程，是全市拟建设的10处休闲公园之一，也是东城区年度政府折子工程，疏解整治促提升、留白增绿重要工程。工程坚持生态优先、以人为本原则，保护和利用原有大树，合理划分景观区域，营造近自然森林景观。保留加杨、国槐、桧柏等原有大乔木9种、32株，新植银杏、元宝枫、楸树、梓树、银红槭等乔灌木21种、470株，其中乡土树种占85%以上，种植崂峪苔草、萎陵菜、绣球、毛茛、玉簪等地被植物和宿根花卉36种22万株盆；铺设冷季型草坪600平方米，铺装林下广场560平方米，完成园路广场铺装1700平方米；设置各类标识牌200余个，灯具52个，休息座椅、垃圾桶等设施共25个，安装监控探头7个。利用木材、竹筒、气孔砖、瓦片循环再利用材料，搭建“昆虫旅馆”3处，为多种昆虫提供居住和越冬场所。

（曹慧）

【景泰城市休闲公园建设】工程位于景泰路与京津城际铁路交叉处，总面积7060平方米，7月底开工建设，10月29日竣工。通过贯彻城市森林公园理念，营造“漫步林下，健康生活”的绿色空间，为周边居民提供一处游憩健身、体验自然的休闲公园，同时发挥绿地的生态服务、游憩休闲、缓解停车压力等多重作用。项目栽植乔木292株、花灌木170株、色带41.93平方米、藤本月季928株、木本花卉769.27平方米、草坪地被4495.35平方米；铺设园路及休闲广场633平方米、环形塑胶跑道752平方米；设置休息设施4处、改造林荫停车场450平方米。

（曹慧）

【明城墙遗址公园北绿地工程】工程位于明城墙遗址西北角，属于拆违腾退后用于实施绿化建设的地块，总面积5500平方米，列入北京市年度重要民生实事项目。工程于7月底开工，10月29日竣工。绿地设计延续明城墙遗址公园疏朗大气、自然古朴的风格特点，以保护明代城墙遗址为原则，利用植物进行造景，形成复层、混交的稳定植物群落，建成展示古城风貌、展示梅花文化、开展科普教育的休闲文化绿地，同时起到改善区域生态环境的作用。工程共栽植油松、国槐、桑树等191株乔木，引种真梅系、杏梅系、樱李梅系等146株特色梅花，栽植花灌木162株、色带431平方米、木本花卉287株、草坪地被2700平方米。完成园路、广场铺装面积900余平方米，设置景观石9处。

（曹慧）

【500米服务覆盖率消盲工程】东四地铁口规划绿地建设工程，是东城区年度公园绿地500米服务半径覆盖率消盲工程，项目位于地铁东四站东北口及西南口站前广场，地处公园绿地500米服务半径盲区中心位置，项目总面积1561.45平方米。7月底开工建设，11月23日全面竣工。消减绿地500米服务半径盲区2.06%，全

区公园绿地500米服务半径覆盖率达92.48%。

（曹慧）

【故宫筒子河绿地改造】工程位于故宫筒子河及故宫围墙之间，北起神武门南至午门，呈“凹”字形，改造面积约2万平方米，为东城区精品街区重点改造项目，7月底开工建设。

（曹慧）

【香河园口袋公园建设】工程位于东北二环外侧，毗邻清水苑社区，9月底开工建设。项目是东城区年度北京市新一轮百万亩造林绿化行动重点项目，同时也是全区百街千巷环境整治提升工程之一，总占地面积9450平方米。（曹慧）

【重大节日活动花卉布置】区绿化办国庆69周年花卉布置工程按照喜庆、靓丽、节俭的原则，以地栽花卉为主，花球、花容器及立体花坛为辅，对全区“九横八纵”主干路网和重点地区、区属公园进行花卉布置，形成“一轴、一环、多节点”（“一轴”即南北中轴。“一环”即二环路沿线，多节点即重点大街、重点地区）的花卉布置格局。项目9月25日竣工。累计摆放主题立体花坛20组、增设花球160个、栽摆花箱2070个、悬挂花槽2775个、摆放花堆11个，并结合九横八纵主要道路、区属公园绿地进行地栽花卉布置，累计栽摆花卉330余万株盆。

（曹慧）

【屋顶绿化工程】2018年，区绿化办按照政府引导、分类推进、专业支持、社会参与、共建共享原则，完成包括北京市第十一中学分校、北京市东城区华丰幼儿园、东四奥林匹克社区文化体育中心等10余处1.2万平方米屋顶绿化建设。

（曹慧）

【裸露地生态治理试点】区绿化办治理天坛、东四2个街道行政区划范围内专业绿化队和街道管理的行道树裸露树坑、裸露地，9月26日开工，11月28日竣工。采取安装铸铁篦子、金属网格篦子、苗木补植、覆盖摩奇环保降解材料、冬季苫盖无纺布材料等治理方式，治理裸露树坑总面积3436 平方米、裸露绿地总面积1.58万平方米。

（曹慧）

【全民义务植树】4月1日，首都第三十四个全民义务植树日，区绿化办在新中街城市森林公园开展全民义务植树活动。区“四套班子”、驻区单位代表、区绿委成员代表、全国先进工作者、劳动模范和最美家庭、社区青年汇、小学生代表等200余人共同栽植白皮松、银杏、元宝枫等乔灌木200余株。植树日当天，发动15万余人参加各项绿化美化活动，设立宣传点29个，栽植树木5000余株，养护树木20万株，清扫绿地35万平方米，发放宣传材料近15万份。专业绿化队伍将植树日活动与春季养护工作紧密融合，集中力量在辖区街头游园、道路绿化带等专业绿地内开展浇水、开堰、绿地清扫、树木修剪等多项工作。绿化职工1000余人参加活动，设置宣传点10个，植树768株，养护树木2万余株，绿地浇水50万平方米，认养树木356株，认养绿地9800平方米，悬挂宣传横幅20条，设置宣传展板52块，发放宣传材料1.3万余份。

（曹慧　王金）

【市花月季进社区】区绿化办在春秀路小区、天坛东里中区、香河园北社区、左安漪园小区等开展市花月季进社区工作，种植各类月季7万余株，共5157平方米。5月8日开工，6月6日竣工。

（曹慧）

【万株月季绿植“四进”活动】2018年，区绿化办开展绿满万家，爱在东城万株月季绿植进家庭、进校园、进军营、进养老院（简称“四进”）活动，通过与区民政局、教委等单位沟通、实地考察，分别向5家养老院、5家驻区部队、19所学校和1000余户居民家庭开展绿植赠送活动。

（曹慧）

【乐享自然 快乐成长系列活动】2018年，区绿化办在青年湖、龙潭西湖、南馆、劳动人民文化宫等公园针对少年儿童开展乐享自然 快乐成长系列活动，打造公园里的自然课堂。全年共开展活动170余场，1.4万余人参加活动。

（曹慧）

8月，区园林绿化局在龙潭湖举办乐享自然快乐成长系列活动（薛艺摄）

【树木绿地认建认养】2018年，区绿化办指导各街道、各单位挖掘优势资源，做好服务接待，吸引社会单位和个人参与树木、绿地认养。全区认养树木2078株，认养绿地1.7万平方米，认养古树41株。

（曹慧）

【杨柳飞絮治理工程】2018年，区绿化办对区属公园、主要道路、重点街巷和重点小区共计9332株杨柳树雌株注射“抑花一号”药物，达到控制翌年杨柳飞絮目的。

（曹慧）

【绿化养护管理】2018年，区绿化办做好日常养护管理，落实第三方监理日检查、月通报、季汇总、年总评检查评价，扩大监管范围、严格监管标准、完善监管机制，完善绿化养护管理第三方监理机制。做好等级绿地核定与复核，特级绿地面积增加10.99万平方米。

（曹慧）

【有害生物监测防控】区绿化办向各街道、社区、驻区单位、居住区发放多种防控药品9898公斤，并督导各单位进行打药普防。下发监测、打药普防、第一代美国白蛾幼虫网幕普查及防治等防控通知3份。设立美国白蛾成虫监测点309个，共监测到美国白蛾成虫928头（其中越冬代成虫404头），幼虫网幕550个；释放周氏啮小蜂3000万头，在重点地区悬挂国槐叶柄小蛾诱捕器4000套防治叶柄小蛾成虫，完成对594株枣树输液防治枣疯病。开展农药安全管理复查统计，完成警告牌示设置2个，消防设施、急救药箱、防护手套配备14个，2018年出动检查人员50余人次。

（曹慧）

【古树名木复壮】2018年，区绿化办通过地上和地下生长环境改良、围栏保护、有害生物防治、树冠整理、树洞修补、支撑加固以及宣传标牌设置等措施，完成153株濒危、衰弱古树名木复壮任务。

（曹慧）

【园林绿化行政审批】2018年，区绿化办受理行政许可事项486项，退件27项。办理行政许可事项459项，其中区县受理166项，代市局受理225项，上报市局68项。所有项目中，移植树木2780株，砍伐树木749株，其中砍伐危险树木696株，临时占用绿地2.6万平方米，改变绿地性质与用途2021平方米。通过现场踏勘，要求申报单位优化方案，减少砍伐树木113株，减少占用绿地3300余平方米。

（曹慧）

【专业绿地养护管理】2018年，区绿化中心累计绿植浇水930万株次，修剪乔灌木20万余株次，草坪605万余平方米，补植各类植物21.6万余株、麦冬22万平方米，埋施肥料289.4吨；处理网格绿化案件8670件，考核成绩均达到A级。做好重要节日和重大活动期间的环境保障，全年节日栽摆面积21万余平方米，栽摆各类花卉245万株。加大绿地巡查力度，增加保洁力量和频次，加大常发性病虫害的早期预防，喷洒药剂约220万株，悬挂叶柄小蛾等诱捕器0.44万套。落实防汛应急抢险工作，加强汛期值守，支援街道处理险情。汛期剪行道树1.6万余棵，排查处理危险树149株。

（王金）

【重点绿化工程项目】2018年，区绿化中心启动龙潭中湖环境整治提升项目，完成龙潭中湖中心岛建筑、景观规划概念方案及市政设施、管线规划。完成王府井国际品牌中心文物迁建和代征绿地园林景观工程，绿化面积4170平方米，提升王府井地区西侧绿化景观效果；完成龙潭公园园路改造，柳荫公园化粪池改造项目、龙潭西湖公园北侧围墙栏杆加固维修等建设项目。

（王金）

【公园服务管理】2018年，区绿化中心加大行业检查管理力度，开展行业检查75次；开展投诉举报问题专项整治活动，促进园区整体服务管理；开展专项检查，加强食品安全管理，加强基层单位基础设施建设监管力度；开展群众性文化娱乐活动，举办第三十三届地坛、第三十五届龙潭春节文化庙会。举办第四十届义务植树活动、第十一届明城墙梅花文化节、第

7月，区园林绿化局开展“绿满万家 爱在东城”万株月季绿植“四进”之进军营活动（薛艺摄）

八届柳文化节等大型园林特色文化活动；积极协助相关单位开展中医药健康文化节、“5·6”民族团结宣传月、东城区科技周等活动20余项。

（王金）

【专业绿地资源保护】2018年，区绿化中心做好绿地占用和树木砍伐移植手续申报，配合完成地铁、架空线、景观提升改造、雪亮工程及危险树伐除等申报项目128项；开展古树日常检查，完成自管古树复壮24株，配合绿化局更换古树标牌368株；开展林木有害生物防控，共监测美国白蛾成虫459头；开展禽流感防控培训，搞好保护湿地和野生动物宣传，发放宣传材料3000余份。

（王金）

【公园湖水水质改善】2018年，区绿化中心完成龙潭东湖、青年湖湖水水质改善项目工程，设备开始运行后，经检测湖水水质明显好转于往年同期，稳定达到地表Ⅳ类水标准。推进龙潭三湖水系连通及柳荫公园与青年湖公园水系连通工程（简称两个工程）立项，组织可研编制单位完成两个工程的项目意见书（代可行性研究报告），并按照市、区发改委等相关部门意见完成修改。开展南馆公园湖水水质改善工程前期研究，组织召开南馆公园湖水水质改善方案专家研讨会。组织相关公园做好湖水水质日常管理。督促相关公园加大对湖水中漂浮物打捞工作，加强湖体周边环境的清洁及绿地养护，加强对公园湖水保洁情况的日常检查，加强游船管理，防止游船运营对水体的污染。

（王金）

【春节文化庙会】2月16—20日，区绿化中心举办第三十三届地坛春节文化庙会、第三十五届龙潭春节文化庙会。地坛庙会以唱响地坛迎春曲　携手迈进新时代为主题，着力打造皇城文化，在突出京韵京味的基础上融入时代发展新理念；龙潭庙会以欢天喜地聚龙潭　激情冰雪迎冬奥为主题，以冰雪运动为亮点，将民俗活动融合冰雪体育，在弘扬传统文化基础上，不断展现新时代内容。地坛庙会通过文艺演出、图片展示、引进非物质文化遗产、中华老字号等形式，在弘扬民俗文化、皇城文化等传统文化的基础上突出时代特色。地坛庙会突出传统古典特色，举办仿清祭地表演、优秀民间花会展演、歌舞荟萃、天津曲艺、台湾风情和河北杂技等六台文化演出100场次；展出中国改革开放40年、魅力东城、中国新二十四孝、“印象·我的北京”、老北京城墙城门和坛庙文化等6组图片展览；开展了皇城文化、祈福纳祥两项互动体验；举办邮政爱心包裹、儿童基金会爱心助学、志愿服务站、残联和妇联公益区4项公益活动。龙潭庙会将全园分为7大版块，集中展示同心共建、冰雪运动、非遗文化、京津冀特色、文体互动、一带一路、和京城文化7大主题。举办优秀民间花会，笑语欢歌，河北杂技，天津曲艺四大舞台演出80余场次；开设冰雪嘉年华，棋类互动，庙会随手拍，进门好运等四项活动；举办“不忘初心　相约2022”“一带一路”、文明旅游　从我做起、画说老北京和老北京春节民俗等5项展览展示。两大庙会共设置展位263个，其中地坛展位131个，龙潭展位132个，增加非遗手工艺和老字号商户，共引进非遗手工艺展位35个。有景泰蓝制作技艺，北京扎燕风筝制作技艺等国家级项目17项；有泥人张彩塑，北京鸽哨制作技艺等市级项目6项；有北京剪纸，风车制作技艺等区级项目12项。共引入便宜坊、东来顺、护国寺小吃等老字号餐饮展位38个。庙会在所有饮食展位全部安装油烟净化设备共85套。5天期间，2个庙会投入各类安防、服务保障人员5400余人，接待游人170.1万人次。其中地坛庙会接待游人97.6万人次。龙潭庙会接待游人72.5万人次。新华社、《人民日报》《北京日报》、中央电视台、北京电视台、北京人民广播电台以及美联社、法新社等40余家中外新闻媒体对庙会各项活动进行报道，电视、广播和报刊报道170余篇，网络微博微信关注达9500余条，网页新闻达2900余条。

（王金）

【明城墙梅花文化节】3月16日至4月4日，第十三届赏梅会暨第十一届北京明城墙梅花文化节在明城墙遗址公园举行。本届梅花文化节以赏梅花　古楼新春　品城垣悠久文化为主题，以城为依、以梅为介、以文聚神，注重传承梅花精神，展现历史文化内涵。公园铺设3条赏梅栈道，方便游人近距离欣赏梅景，通过花廊、风车等装饰烘托出春日游园赏梅气氛。梅花文化节期间，通过开展赏梅、画梅、摄梅、咏梅系列活动，包括赏梅会及梅花科普宣传、第三届室内梅花盆景书画展、青少年梅花摄影展示、书法家现场作画展示、绿色使者树木认养及花卉展卖等多个项目，全方位展示梅花的形态、品质，弘扬源远流长的梅花文化，使明城墙梅花文化节特色更加突出。活动期间吸引游客9.5万人次。

（王金）

【柳荫公园柳文化节】4月5～7日，第八届柳文化节在柳荫公园成功举办。活动以“柳韵悠悠　初心依旧”为主题，公园东门广场摆放8种不同书法字体的柳字内容的园林置景，道路两旁是写有柳文化理念的道旗。活动开幕式上，有礼仪之邦舞蹈表演、经典咏柳诗词朗诵、古曲演唱、祓禊祈福仪式表演。中小学生100余人参加硬笔书法比赛，用汉字写下自己对咏柳文章的鉴赏，领悟柳文化的博大精深。此次活动为期3天，主打国学文化品牌，公园开展一系列写柳、识柳、戴柳、赏柳等文化活动，包括柳与传统趣味国学知识问答、柳文化科普展、文化柳荫四海同春图片展、柳荫剪影摄影图片展、柳荫杯全

4月1日，第三十四个首都全民义务植树日活动（王金摄）

国征联获奖作品展、清明文化知识展等展览展示，北京朗润语言艺术团诗歌朗诵会、金蜗牛心智障碍家庭服务中心专场文艺演出、汉服北京专场活动等5场专场演出。新华社、《北京日报》、北京电视台等10余家媒体现场报道，活动期间共接待游客近1万人次。

（王金）

【代征绿地园林景观工程】5月31日，王府井国际品牌中心代征绿地园林景观工程全面完工。该工程于2017年7月3日开始施工，项目东临王府井大街，西至皇城根遗址公园，北侧与南侧分别为大阮府胡同和大甜水井胡同，绿化工程面积为4170平方米，包括绿化种植、庭院铺装、园林设施、景观照明等施工内容，共完成栽植乔灌木73株、草坪地被2778平方米、色带108平方米，广场及园路铺装2247平方米。工程突出集雨型绿地特色，兼具功能性、观赏性，有效提升王府井地区西侧绿化景观效果，形成另一个皇城根遗址公园的延伸园林景观，并为身处核心区域的群众及游客提供新的休闲娱乐空间。

（王金）

【群众文化展演季】7月5日，“唱响新时代 文化进万家”年度东城区群众文化展演季开幕式暨纪念改革开放40周年文艺演出开幕式，在玉蜓公园文化广场举办。开幕式演出主要包括歌舞、相声、小品、杂技、快板、合唱等多个精彩节目，展示改革开放和社会主义现代化建设新时期的成果。有关领导、驻区部队战士、在校学生及街道观众1000余人观看演出。

（王金）

【地坛公园游人艺术节】9月15日，地坛公园在八区文化广场举办第十四届游人艺术节。活动主要有3项内容：游人团队文化演出。邀请9支游人团队进行弘扬传统文化为主题的才艺表演，内容涵盖舞蹈、演唱、太极拳、朗诵等。精品非遗手工艺展览展示。邀请以泥人、风筝、毛猴等传统非遗手工艺者参加活动，与游人互动，烘托节日气氛。游人艺术节周年回顾展。通过大屏幕播放游人艺术节回顾视频，对历届活动进行总结。活动当天吸引观众300余人现场观看和参与。

（王金）

【永定门公园中秋诗会】9月24日晚，由区委、区政府主办，区委宣传部、区文化委员会承办的“月圆京城 情系中华”2018中秋诗会活动在永定门公园举行。活动以“月圆京城 情系中华”为主题，宣传贯彻习近平新时代中国特色社会主义思想，纪念改革开放40周年，传承和弘扬中华民族优秀传统文化，营造团圆、丰收、喜庆、祥和的节日氛围。通过吟诵《沁园春·雪》《观沧海》《水调歌头·明月几时有》等古典诗词，突出中秋传统节日特色，抒发爱国主义情怀，督导公园做好环境布置保障，摆放道旗200余面，装饰灯柱喷绘展板80组，并做好卫生保洁，确保活动现场整洁卫生。市区有关领导与驻区部队官兵、学生及周边居民1000余人现场观看演出。

（王金）

【青年湖公园建园60周年】9月28日，为纪念青年湖公园建园60周年，青年湖公园举办第三届游人艺术节活动。活动以“风雨同舟六十年，真情永驻青年湖”为主题，邀请游人团体精心编排歌舞、诗朗诵、二胡演奏、太极拳等9个精彩节目，全部由游人团体自编自导自演，现场共吸引游客200余人观赏参与；活动现场还邀请安定门中医院在园内开展义诊，为游人提供免费号脉、问诊等服务。区园林绿化局、和平里街道办事处、火箭军设计研究院、东城公安分局特警支队和青年湖社区相关领导参加。

（王金）

【永定门公园国庆灯光秀】9月28日至10月7日，“我爱你中国”国庆灯光秀在永定门南广场举办。灯光秀以“我爱你中国”为核心元素，辅之以国旗图案、天安门、长城等象征中华民族和中国精神的图片，以激光投影映射在永定门城楼城墙之上，在北京中轴线的南起点为游客带来一场视觉盛宴。永定门公园在发射塔周边摆放花坛，安排专人值守保证活动用电，增派保安、保洁人员加强巡视，维护浏览秩序、保持环境清洁。国庆灯光

11 月 2 日，地坛公园举办第六届地坛金秋银杏文化节（王冉摄）

秀活动共接待游客2万余人次。

（王金）

【龙潭中湖提升景观民意征集】10月15日，区绿化中心启动民意征集，受到社会各界的广泛关注，至10月24日，共有12.1万人次关注活动，2.15万人次实际登录答题平台或到征集现场，共收集有效调查问卷1万余份。民意征集期间，各类媒体累计报道转载442篇次，其中BTV北京新闻、特别关注、北京您早栏目等10个电视节目；《北京日报》《北京青年报》等7家报纸；人民网、搜狐网等5家网媒报道及转载140篇次，媒体覆盖超过1000万人次。根据征集的民意，组织相关行业专家进行论证，形成对龙潭中湖公园定位、建设方向和规划理念的综合意见，并委托专业规划公司开展龙潭中湖公园景观设计工作。

（王金）

【第六届地坛金秋银杏文化节】11月2—11日，第六届地坛金秋银杏文化节在地坛公园举办，以“金色地坛，银杏传情”为主题，围绕“赏银杏胜地、观秋色美景、品文化大餐”举办系列活动。银杏文化节通过图片展示、互动体验、民族文艺演出、非遗文化展览展示和公益活动等形式，结合银杏文化和民族文化内涵，推出内容新颖、极具民族特色的精品展示和文化活动，打造地坛公园文化品牌新亮点。银杏节期间继续举办地坛金秋银杏文化节摄影展，以银杏和秋色为创作主题，聚焦地坛秋季美景，展示丰富多彩的银杏文化。

（王金）

科　技

11 月 21 日，在东城科技园举办第三届中瑞创业论坛（东城园管委会提供）

综述

2018年，东城区高度重视科技工作，不断推动科技进步，在科技创新和成果转化、科技普及、知识产权保护及科技园区建设等方面取得新的进展和突破。

推动科技创新和成果转化。东城区文化创意产业公共服务平台（线上）系统搭建完成，通过专家验收。向市科委申报国家高新技术企业262家，增长25%，其中市科委认定89家。举办4次北京银行雍和文创专营支行落地服务资源对接会，30家金融机构和70余家文创企业实现对接，累计实现融资5亿元。制订《中国影视科技创新中心规划方案》。完成北京好莱坞影视科技有限公司工商注册相关事宜。举办“乐科技·设计未来2018HPC中国夏季峰会”。组织推荐大数据和物联网技术在治理低效资产及提升城市精细化管理的应用研究、科技支撑智慧社区一站式精细化管理提升示范2个项目，为市区两级重大紧迫任务科技支撑专项，企业获得市科委1000万元资金支持。

宣传和科普。组织1次科技政策法规培训和2次技术合同培训，为企业讲解科创中心建设、高新认定等科技政策。市区联动为视联动力、大道信通送企业专属服务包。举办世界知识产权日系列宣传咨询服务活动，发放宣传材料5000余份。为众创空间配备5000余册图书和宣传材料。举办东城科技活动周主场活动及学生工程创客文化节系列科普活动，开展活动300余项，参与人数4.7万人，发放宣传材料约5万份。组建区级科普基地联席机制，涵盖30余家市级科普基地，组织开展3次学习交流活动。角楼图书馆、鼓楼中医院被认定为市级科普教育基地，全区共有市级科普教育基地34家。

知识产权保护。2018年，全区技术合同交易3446项，较2017年同期增长1.9%，交易金额476.4亿元，同期增长0.2%；专利申请量1.19万件，同比增长19.96%，位列全市第六位；专利授权量7289件，同比增长13.06%，位列全市第四位。帮助企业解决知识产权、融资奖励等困难。核查高新申报资格条件，开展高新政策宣讲，对技术合同认定登记执法检查70余次。 推荐5家单位申报北京市专利试点单位，其中3家被认定为市专利试点单位。推荐4家企业申报国家知识产权优势企业。组织企业参加5次知识产权专题培训。推荐红桥市场申报创建国家知识产权保护规范化市场。启动东方嘉诚知识产权服务试点并通过市局验收。启动故宫知识产权保护服务工作。举办双创知识产权保护沙龙、创新创业知识产权培训。开展知识产权执法检查，查处专利假冒侵权行为23件。举办7次专家服务日活动。

提升中关村东城园。严格中关村东城园产业准入标准和约束条件，园区企业集聚优势逐步显现，美国好莱坞制作中心等一批文化品牌企业落户，地均、劳均产出均居中关村“一区十六园”首位。

（王钦双）

4月，区科委举办知识产权宣传（区科委提供）

科技活动

【概况】北京市东城区科学技术委员会（简称区科委），负责东城区科技工作和知识产权工作的区政府工作部门，贯彻落实国家和北京市关于科技工作方面法律、法规、规章和政策，研究制订东城区科技发展和科技促进经济社会发展行政措施与管理办法并组织实施。内设机构4个，即办公室、科学技术管理科、科学技术普及科、专利管理科。有公务员编制12人，实有11人；工勤编制1人，实有1

5月22日，东城区科委、教委在崇文小学联合举办东城科技周学生工程创客文化节开幕式（区科委提供）

人；事业编制3人，实有3人。

2018年，全区共向市科委申报国家高新技术企业262家，通过市科委认定238家。全区技术合同交易3446项，较2017年增长1.9%，交易金额476.4亿元，较2017年增长0.2%。全区专利申请量11880件，同比增长19.96%，位列全市第六位。专利授权量7289件，同比增长13.06%，位列全市第四位。东城区文化创意产业公共服务平台（线上）系统搭建工作已完成，顺利通过专家验收。举办4次“北京银行雍和文创专营支行落地服务”资源对接会，近30家金融机构和70余家文创企业实现对接，累计实现融资5亿元。进行1次科技政策法规培训、2次技术合同培训。推荐5家单位申报北京市专利试点单位，其中3家通过认定。推荐4家企业申报国家知识产权优势企业。推荐红桥市场申报创建国家知识产权保护规范化市场。启动东方嘉诚知识产权服务试点并通过市局验收。启动故宫知识产权保护服务工作。举办“世界知识产权日”系列宣传咨询服务活动。开展3期6场次科普志愿者培训，300余人参加。

（赵阳）

【科技周活动】5月19日，以科技创新强国富民为主题年度东城区科技活动周，在北京自然博物馆开幕。北京自然博物馆、中国铁道博物馆等10家北京市科普基地、中国实验动物学会等2家国家级学会，带来全息投影、创意吧、皮艺坊、高铁模型制作、飞机模型制作、实验动物实体展示、景泰蓝点蓝、雕版天文图印刷、芽苗菜种植、口腔健康咨询、人体能量亚健康系统、电力知识咨询与互动等知识性、互动性、趣味性较强科普展项，受到场观众欢迎。主场活动参与人数4000余人次，发放宣传资料2500余份，互动设备22台（套）。除主场活动外，本届科技周期间，还在食药监系统和卫计委系统组织开展，在驻区科普基地、全区17个街道开展内容丰富、形式多样、贴近百姓生活科普活动。

（赵阳）

【科普工作】2月2日、4日，区科委对2017年科普专项组织进行专家验收，《基于媒介素养提升的“科技爱阅团”体验中心》《带你走近先进的物联网世界——智享生活体验活动》《全天域星空观测数字工作站》《孔庙和国子监博物馆青少年互动教育课件开发项目》4个科普专项全部完成，通过专家验收。5月11日，东城区科普基地联席工作机制正式启动。为整合东城区科普资源，搭建科普基地合作与交流平台，区科委与北京自然博物馆协商，由北京自然博物馆牵头，科普基地全部参加，共同组成东城区科普基地联席工作机制。6月13日，对2017年科普专项《东城区学生数码探科学工作室》组织进行专家验收通过。组织完成科普基地与街道（社区）、中小学校对接活动，共有6个街道、12所中小学、10个基地的23项活动获得支持，受益人数约8000人。

（赵阳）

【学生工程创客文化节】5月22日，区科委、区教委在崇文小学联合举办年度东城科技周学生工程创客文化节开幕式暨庆“六一”少年创客嘉年华专场活动，主题为科技筑梦创客创新。崇文科技馆、崇文小学等单位共同为小学生200人呈现一场集工程、创客、文化、创新于一体科技盛宴。开幕式后，展示科技创新最新成果——人工智能机器人，进行科学秀表演。学生还参与未来方程式赛车、3D打印、车模、航模、会说话的相框、人行机器人、中国传统建筑创新模型、自动动物头伸缩手、MEV机动电能车等科技体验课程项目。崇文小学科技彩虹活动同期开展。文化节5月开始，至11月结束，共开展8个系列青少年科技教育活动，参与学生约5000人次。

（赵阳）

知识产权保护

【法规宣传】3月，区知识产权局在雍和宫开展知识产权保护法治宣传。对商标注册、专利申请流程、知识产权维权等问题进行解答，对如何规避知识产权方面的风险进行细致说明。活动共发放知识产权漫画读本、创业宝典、12330折页等宣传材料500余份。4月20日，东城区2018年世界知识产权宣传周启动仪式在红桥市场举行，国家知识产权局保护协调司副司长、北京市知识产权局副局长、东城区人民政府副区长等相关领导参加，中国珠宝玉石首饰行业协会副秘书长、北京市知识产权局协调处和执法处、北京“12330”负责人，区知识产权局、区商务委、区工商分局、区文化委相关负责人及红桥市场商户代表80余人参加。东城区区属知识产权相关部门和区人民法院联合开展知识产权户外宣传、专题讲座、知识产权知识进校园、进园区等。

（赵阳）

【课题研究】6月，区知识产权局申报北京市知识产权局《东城区国家知识产权保护规范化市场建设》课题。课题组在对实体市场知识产权保护情况进行理论研究基础上，选取东城区比较有代表性红桥市场实地走访，发放知识产权调查问卷，了解市场整体知识产权保护具体情形，制订课题编写方案，形成《东城区红桥市场知识产权保护规范化市场建设调研报告》《东城区国家知识产权保护规范化市场建设调研报告》，12月18日，组织专家进行课题验收，研究课题通过，形成东城区实体市场知识产权保护报告和东城区培育国家知识产权保护规范化市场工作方案。

（赵阳）

【专家服务日】7月2日，区知识产权局联合区中小企业服务中心，在东城区文化人才（国际）创业园举办知识产权专家服务日活动。北京“12330”、北京知识产权运营有限公司、北京智乾知识产权公司等单位专家，北京图谱天下、北京东方明康等7家公司知识产权负责人参加咨询。专家与参会企业代表就企业发展过程中遇到的专利权和著作权维权途径、专利权质押贷款、知识产权价值评估、职务发明权属和驰著名商标认定等问题进行具体解答、交流。7月20日，北京“12330”东城区分中心，联合区中小企业服务中心在东雍创业谷举办产权专家服务日活动。北京“12330”、北京智乾知识产权公司等单位专家，区妇联权益部负责人，易停车、银翼智迅医疗科技（北京）股份有限公司、公主国度（北京）服饰有限公司等5家公司知识产权负责人参加。8月21日，国家知识产权局审查员、北京“12330”等单位专家，区科委和区知识产权局负责人，老字号协会秘书长、大道信通科技公司董事长参加知识产权咨询。10月26日，区知识产权局联合北京“12330”、区中小企业服务中心工作站，举办2018年东城区创新创业知识产权保护培训。会上，北京“12330”举报投诉部老师详细介绍北京“12330”主要职责、知识产权公共服务模式、开展品牌服务等。培训会还邀请北京知识产权志愿专家以及国家知识产权局北京代办处老师，分别讲解初创企业知识产权纠纷及应对措施、知识产权政策解读，东城区专利试点示范企业知识产权负责人、中小微企业负责人、众创空间负责人及中央戏剧学院创业大学生等100余人参加培训。

（赵阳）

9月26日，“青龙文化创新街区”开街仪式举办（东城园管委会提供）

【知识产权保护规范化座谈会】4月20日，东城区召开红桥市场创建国家知识产权保护规范化市场座谈会。中国珠宝玉石首饰行业协会副秘书长，市知识产权局协调处、执法处、北京“12330”负责人，区知识产权局、区商务委、区工商分局、区文化委相关负责人结合部门职能交流发言。国家知识产权局副局长阐述国家知识产权保护规范市场创建工作背景，指出专业市场知识产权保护有助于专业市场在同质竞争中脱颖而出、有助于抵御电子商务冲击。对下一步创建工作提出要从强化保护理念出发，不断提升保护能力，相关监管部门加大执法力度，发挥行业监督作用，广泛开展宣传教育，加大知识产权保护力度的要求。国家知识产权局保护协调司、北京市知识产权局、区政府等相关领导参加座谈会。

（赵阳）

科技园区

【概况】东城园管委会是区政府派出机构，是统筹协调和管理服务部门。2014年3月，中关村国家自主创新示范区东城园正式成立，园区规划面积6.03平方公里。园区先后获国家级授牌3块和市级授牌5块，即国家级文化和科技融合发展示范基地、国家版权贸易基地、龙潭湖国家级体育产业示范基地、北京市文化创意产业集聚区、北京市新兴产业金融功能区、北京市总部经济集聚区、中关村现代服务业创新发展和北京市商务服务业集聚区。初步建成版权交易中心、红马传媒票务、春秋永乐票务、中演票务、国际剧院联盟5个公共技术和服务平台。文化艺术、新闻出版、艺术品交易、旅游休闲、广告会展、数字版权、移动互联网7个文化科技融合领域。打造胡同创意工厂特色品牌，改造区内老厂房、院落，将文化创意企业有机植入，建成嘉诚印象、东雍创业谷、77文创园等21处胡同创意工厂，涵盖文化演艺、设计服务、影视传媒、数字科技等业态。园区文化金融迅速发展，成立人民币影视文化投资基金“壹影视基金”。北京市文化科技融资担保有限公司落户东城园。机构设置7个，有公务员编制30人、实有30人；事业单位2个、编制20人、实有17人。

2018年，东城园地区生产总值945.7亿元，增速8.0%，占全区地区生产总值38.9%。园区高新技术企业920家，比2017年增加183家，数量增长24.8%。实现高新技术企业收入2550亿元，同比增长9.2%；地均产出率422.9亿元/平方公里，同比增长9.2%，劳均产出率307.2万元/人，同比增长6.7%。以促进产业升级为重点，构建高精尖经济结构。开展东城园产业定位研究，确定科技服务业和信息服务业2个优势主导产业、文化创意产业和体育科技产业2个重点培养产业、金融服务业和商务服务业2个支撑产业的东城园高精尖产业结构定位，制订东城园产业准入目录、准入标准和约束条件。恒信东方、猫眼文化娱乐、五矿钨业等高精尖企业成功落户。开展龙潭湖国家体育产业示范基地建设，契合体育总局协会实体化改革，实现篮协、羽协、华体集团运营公司等12家协会、企业落户东城区。推动北玻大厦转型升级和丽源日化公司挂牌中关村东城园天坛体育文化园。与中粮置地、金隅环贸、航星园3家单位签订战略合作协议。以规划为引领，推动园区疏解整治、腾退空间再利用。成立东城园控制性详细规划编制工作专班，梳理园区土地及产业现状，明确东城园功能定位、发展方向、产业布局及空间优化、配套服务等内容。制订《中关村东城园构建高精尖产业用地管理办法》。采用管委会牵头、多部门协同推进的工作方式，不断细化青龙文化创新街区项目前期概念性研究。顺利完成青龙胡同、藏经馆胡同沿线架空线入地、2个街区入口、3个公共活动广场、2个公共卫生间改造及胡同立面路面修复，青龙文化创新街区试点改造成果亮相北京国际设计周。推进东城园平台公司研究，形成东城园平台公司组建方案（报审稿）。完成龙潭湖地区环境整治提升项目政府采购、可研、规划、设计等前期工作，5月底该项

10月，区科委进行技术合同培训（区科委提供）

目移交至区园林部门。形成《东城区东、北二环路沿线建筑牌匾规划提升设计方案》，并通过市城管委专家评审，涉及东北二环建筑105栋。制订东城区成长型企业服务方案并纳入区优化营商环境服务企业1+4总体工作方案。调整东城园政企联络服务工作制度，对320家重点企业、39座重点商务楼宇、19个胡同创意工厂（集聚区）实行专人走访，了解需求、宣传政策、解决困难、服务企业。全年全委走访、联系企业643户次，收集企业资金、场地、人才、政策、项目等服务需求263项，解决183个，答复率100%，解决率70%。分批次对东城园内13家企业进行深入走访调研，根据企业需求送上专属服务包。全年开展政企联谊、沙龙、座谈、培训等活动63次，3310人次。引导孵化器、加速器引进高精尖企业110家，实现融资3.2亿元，帮助12家孵化运营机构申请到中关村现代服务业扶持资金1743万元。通过政金企活动实现金融机构战略投资1000万元、信贷投资500万元，授信额度达1.86亿元。组织园区7家企业参加中国进口博览会，达成意向合同金额8000万元。

（蒋欣）

【蔡奇调研雍和航星科技园】2月3日，北京市委书记蔡奇到中关村雍和航星科技园调研。在中关村雍和航星科技园，蔡奇一行到光线青春影院，听取北京航星机器制造有限公司促进工业企业转型升级二次创业、外迁生产制造环节、打造高科技创意产业园等情况，了解北京光线传媒股份有限公司通过战略提升、调整布局，提升企业产业结构情况；到北京元心科技有限公司，了解企业突破并掌握系统安全、数据安全、应用安全和接入安全等关键技术，构建云网端一体化安全技术体系及其应用情况。蔡奇对航星科技园及其入驻企业发展情况予以肯定，希望园区结合自身定位，发挥央企示范带头作用，引入并集聚高新技术企业，积极培育上市公司，构建高精尖产业结构，推动首都创新发展。

（蒋欣）

【东城园政金企投融资对接活动】5月29日，由东城园管委会主办的东城园2018政金企投融资对接活动在园区举行。活动旨在通过金融机构推介和企业路演相结合形式，为驻区企业搭建投融资服务平台，解决企业融资难题。中国建设银行北京分行和北京市文化科技融资担保有限公司推介相关金融产品。一千零一夜文化演艺发展有限公司、爱动超越人工智能科技（北京）有限责任公司、北京彩易达科技发展有限公司、北京德上科技有限公司和北京麦钉艾特科技有限公司5家企业分别进行项目路演。40家金融机构及东城园企业代表参加活动并座谈交流。

（蒋欣）

【天坛体育文化园揭牌】6月13日，中关村科技园区东城园天坛体育文化园揭牌仪式在东城区举行。文化园由位于天坛东路66号的北京丽源有限公司大院整体规划、设计、装修改造后建成，引进体育医疗、体育文化等相关产业8家企业入驻。仪式上，东城园管委会、北京丽源公司、北京春景健康文化发展公司签署战略合作协议，三方将在文化园规划、招商、政策支持等方面进行战略合作，共同开发经营文化园，吸引体育企业总部、体育产品研发、体育赛事组织与策划、体育传媒、体育经纪、中介服务等机构入驻，并加入金融服务，为入驻企业提供转型、战略布局等方面帮助。

（蒋欣）

【2018HPC中国夏季峰会举办】6月22日，由东城园企业北京好莱坞影视科技有限公司（HPC中国）与美国艺术中心设计学院（Art Center）联合主办娱乐科技 设计未来HPC中国夏季峰会在北京时间博物馆举行。峰会围绕IP创造与转化和文化科技融合创新2个主题展开讨论与交流，来自中美科技、影视、游戏、文化界的嘉宾100人参会。峰会上，HPC中国在东城园落地启动。HPC为全球第一个好莱坞社区，落户东城园后将打造影视科技创新中心，助力首都文化核心区建设；通过引进好莱坞优质企业、技术、资金、人才及社区模式，推动文化产业与科技、金融创新融合。

（蒋欣）

【东城园党群服务中心启用】6月30日，东城区首个园区党群服务中心——中关村东城园党群服务中心启用。启动仪式上，东城园工委发布党群服务中心功能。党群服务中心将围绕扩大覆盖面、增强凝聚力、塑造新品牌3个方面开展工作。党群服务中心建筑面积800平方米，有咨询大厅、党群阅览室、党建成果展览空间、可分拆组合式多功能厅、健身活动空间、红色直播间、党群办公室等功能分区，可提供党员培训、创业服务、文化沙龙等20余项服务，最多可同时容纳党员群众200人开展活动。

（蒋欣）

【陈吉宁调研产业转型升级工作】7月10日，北京市长陈吉宁到东城区调研产业转型升级工作。在东城园视联动力国际信息技术有限公司，陈吉宁听取公司运营管理、视联网技术开发应用、知识产权保护等情况汇报，并通过视频系统实时连线，了解公司在电子政务、应急指挥、公共安全领域的实际应用成果。陈吉宁指出，市经济信息化委要与企业对接，根据企业技术优势，为企业参与北京市大数据、互联网信息安全、5G技术发展等重大战略工程搭建平台；各相关部门要为企业申请专利、上市融资、人才落户、扩大办公空间等提供支持，落实资金补贴等奖励政策，做好与中央国家机关有关部门协调联系工作，帮助企业扎根北京发展壮大。

（蒋欣）

【卡路里获1.27亿美元融资】7月10日，东城园企业北京卡路里科技有限公司（Keep）宣布完成1.27亿美元融资。融资由高盛领投，腾讯、贝塔斯曼亚洲投资基金（BAI）、纪源资本（GGV）及晨兴资本（Morningside）等股东跟投。公司已完成五轮融资，累计融资6000万美元。公司成立于2014年，致力于为用户提供健身教学、跑步、骑行、交友、健康饮食指导及装备购买等一站式运动解决方案，已发展为以内容为核心，覆盖线上课程、社群、社区，线下硬件及健身房的生态平台。

（蒋欣）

9月，家长和小朋友在青龙胡同参加国际亲子设计节活动（科技园区提供）

【先行先试政策宣讲会举办】8月29日，由东城园管委会主办的先行先试政策宣讲会在中关村雍和航星科技园举行。市财政局、市税务局、市工商局、中关村管委会等有关部门组成的政策宣讲团现场授课。宣讲内容包括2017年以来财政部、国家税务总局联合印发的科技型中小企业研究开发费用税前加计扣除、企业委托境外研究开发费用税前加计扣除、延长高新技术企业和科技型中小企业亏损结转年限等系列政策。东城园190余家企业的代表参加。

（蒋欣）

【知识产权创新沙龙活动】9月3日，由中关村知识产权促进局、东城园管委会主办2018年第五期中关村知识产权创新沙龙在东城园举行。沙龙主题为美国知识产权保护，就美国商标、商业外观及著作权保护、美国知识产权诉讼概览及企业如何应对涉美知识产权纠纷、北京市专利申请优先审查推荐政策及其网上申请平台等内容进行培训，来自中关村示范区企事业单位的代表80余人参加。

（蒋欣）

【创意点亮北京活动举办】9月21—28日，由北京国际设计周组委会、东城区政府主办，东城园管委会承办的第九届北京国际设计周东城园分会场暨创意点亮北京活动在青龙胡同及8个分会场举行。活动包括日常之力艺术装置、国际亲子设计节、雍和青龙New World、东方儿童 · 铸梦未来、青龙会客厅、青龙文化生活节等版块，累计吸引参观人数近4万人次，媒体报道近500次，其中中央电视台、北京电视台、人民网、新华网、《经济日报》《北京日报》等主流媒体报道300余次。

（蒋欣）

【青龙文化创新街区开街】9月26日，由北京国际设计周组委会、东城区政府主办，东城园管委会等单位承办的东城区青龙文化创新街区开街仪式在歌华大厦举行。活动旨在展示中丹合作项目青龙文化创新街区的阶段性成果，将改造后的街区交付市民使用。青龙文化创新街区位于中关村东城园核心区域，整体占地面积24.3公顷。项目由北京歌华文化科技创新中心有限公司负责街区整体规划设计，改造完成总长度1220米的青龙胡同主街，包括对城市客厅打造、地面及园林景观优化、街道立面改造、架空线入地、环卫及公厕提升等。活动期间，两市领导及与会代表参观青龙文化创新街区系列展览，了解街区在环境整治提升、宜居技术应用推广、老城区可持续发展及产业转型升级等方面取得阶段性成果。展览以有形实物、架上展示、视频及图片等形式，再现百街千巷在整治过程中如何借助市场化手段，利用园区创意设计优势，引进新型节能环保技术，更新基础设施，改善街区环境，提升生活品质，同时挖掘街区历史文化价值、促进文化创意产业发展等内容。

（蒋欣）

【第三届中瑞创新创业论坛】11月21日，由中关村雍和航星科技园、瑞典驻华大使馆共同举办第三届中国瑞典创新创业论坛在京举行。论坛主题为“中瑞创新 联合创造”，围绕中瑞两国政府创新创业政策、大企业国际化合作与创新融合、大企业创新赋

11 月，小朋友接受影视科技普及教育（科技园区提供）

能中小企业发展、园区国际化打造双创升级版、中瑞创新创业合作趋势及策略等内容进行探讨，为落实中瑞创新、联合创造提供支撑。会上，北京航星机器制造有限公司与国际应用能源创新研究院、中国瑞典商会签约建立战略合作伙伴关系。来自瑞典在华企业代表，瑞典使馆代表等250余人参加。

（蒋欣）

【青创解忧公开课】11月25日，由东城团区委、东城园管委会联合北京亿幕信息技术有限公司（微博云剪）共同打造青创解忧公开课在东城园开课。第一讲题为《自媒体的尺度：生存与发展如何平衡》，北京一点网聚科技有限公司（一点资讯）主讲人围绕自媒体运营之道开展主题培训。青创解忧公开课项目以创业者最关心、最迫切解决问题为导向，联合东城区孵化创业平台资源，从政策、投融资、传播渠道等板块邀请专业师资，为青年创业者解忧。有关人员110人参加。

（蒋欣）

【与北京昆庭公司开展战略合作】12月12日，东城园管委会与北京昆庭资产管理有限公司战略合作协议签约仪式在中粮置地广场举行。根据协议，双方拟建立协调工作小组机制，合作事项主要包括：为中粮置地广场和入驻企业发展营造良好环境、完善联系企业制度、提升中粮置地广场经济质量。协议自签署之日起生效，有效期3年。东城区政府领导、部门相关负责人等参加。

（蒋欣）

【与北京航星公司开展战略合作】12月13日，东城园管委会与北京航星机器制造有限公司战略合作协议签约仪式在中关村雍和航星科技园举行。根据协议，双方拟建立协调工作小组机制，合作事项主要包括：指导航星园高精尖企业引入工作、提高航星园产出强度、推动园区企业实现高效益。协议自签署之日起生效，有效期3年。

（蒋欣）

【与北京金隅公司开展战略合作】12月13日，东城园管委会与北京金隅地产经营管理有限公司战略合作协议签约仪式在环球贸易中心举行。根据协议，双方拟建立协调工作小组机制，合作事项主要包括：为企业提供管家式服务、健全政企决策层联系对接机制、推进环球贸易中心转型升级。协议自签署之日起生效，有效期3年。

（蒋欣）

教育

4月28日，史家教育集团在国家奥林匹克体育中心举办运动会（唐晨摄）

综　述

2018年，全区教育工作在队伍建设、素质教育、扩优提质及促进各级各类教育教学质量全面提升等方面重点推进。区两委在崇礼、阿尔山、化德、当雄、郧阳5个地区推进精准扶贫帮扶落地，分别与崇礼区教科局、阿尔山市教育局签署框架协议；东城区人民政府教育督导委员会正式成立；通过信息化手段完善校园安保措施，教育系统中小学及直属单位重点部位视频监控覆盖率达98%，幼儿园实现全覆盖；东城教育新媒体联盟正式成立。获基础教育教学成果国家级一等奖2个、二等奖4个。获国家级职业教育成果奖二等奖1个。完成本年国家义务教育质量监测工作，成为首批国家级监测结果应用实验区。北京市中小学集团化办学东城区现场会在广渠门中学召开。

加强队伍建设。启动第五期“双名”工程，新成立36个名教师工作室，校长11人成为名校长工作室主持人；开展师德师风建设年主题活动；召开东城区“弘扬高尚师德 潜心立德树人”庆祝教师节表彰座谈会。

强化素质教育。开展百余项主题教育活动；“健康·成长2020工程”重点对表冬奥“北京时间”，研究制订《东城区校园冰雪运动项目五年行动计划》，启动三期中小学教师100人滑雪项目培训；启动儿童青少年爱眼护眼近视防控专项行动；“文化·传承2030工程”全面铺开，开展经典诵读、书画展览、戏剧展演传统项目活动；出台关于加强学校美育工作实施意见，在全国率先建立义务教育阶段学生艺术素质测评标准；推进青少年法治教育学院建设，中小学校校章编制推进完成；启动成立青少年媒介素养学院；师生2996人次分别赴20余个国家开展友好校交流和境外课程体验活动。

深化教育改革。举办“盟贯带团”教育综合改革专题座谈会4场；在原有学区工作基础上组建学区党建工作组，形成“一组三委一办”的学区工作组织架构。承办北京市中小学教育集团化办学论坛；启动东城区义务教育学校标准化建设，开展全市首批义务教育学校管理标准达标校验收；72组、165校次单位参与改革，优质教育资源覆盖率达97.05%。

推进各级各类教育。区第三期学前教育行动计划正式启动，制订扩增学位专项工作实施方案；通过深度整合辖区内教育系统资源，支持单位自办园新建、改扩建幼儿园，街道办事处提供适宜办园场地举办普惠性幼儿园，鼓励引导社会力量兴办幼儿园等多种途径，拓展学前教育资源，增加学位2000余个；研究试行支持学前教育事业发展专项补助资金管理办法和管理使用实施细则，加大学前教育专项资金投入，调动社会多种力量办园积极性；课程改革深入推进，在加强信息技术与教育教学深度融合上，推进翻转课堂、教学云平台建设等举措；以提供课后托管服务为内容，推进课后服务；职业教育在转型升级中落实“疏整促”专项行动，压缩招生规模；完成148所民办学校年检，压缩培训机构10所，无证园关停7所。

（关英　李银姬）

教育管理

【概况】中共东城区委教育工作委员会、东城区教育委员会（简称两委）。中共东城区委教育工作委员会是负责辖区教育系统党的建设、思想政治工作和干部管理工作的区委派出机构，东城区教育委员会是负责辖区地方教育事业的行政职能部门，区委教育工委和区教委合署办公。两委机关科室30个，其中教工委7个：教工委办公室、组织部、统战部、宣传部、老干部科、教育工会、团少工委，教委21个：教委办公室、教育系统综合改革办公室、德育科、中学教育科、小学教育科、学前教育科、职业成人与社区教育科、民办教育科、校外教育科、体育卫生科、对外交流与合作科、政策法规科、信息办、人事科、财务科、基建科、审计科、保卫科、信访办、机关事务管理科、机关党群工作办公室，督导室2个：督学科、督政科。公务员编制140人、在编133人。有中小学、幼儿园、职业成人教育及直属单位164个。

（关英　李银姬）

【综合改革座谈会】1月10日，东城区2017—2018学年度教育综合改革座谈会在文汇中学召开。研讨2017年教育综合改革工作亮点、2018年发展计划等内容。区委教工委、区教委以及部分科室工作人员出席，东城区18所改革任务校负责人参加。

（陆瑾　李银姬）

【校章建设】3月13日，区中小学校章程建设工作部署会在东城区职业大学召开。会议就中小学校章程建设工作进行整体部署，提出2018年底前实现“一校一章”工作目标；第十一中学、史家胡同小学、崇文小学分别做经验交流；向东城区中小学校章程建设工作评审委员会专家颁发聘书。会议要求，各校要加强对干部教师的法治培训，全面提高依法治校、依法从教意识，增强学生法治观念和法律意识，提高法治教育在国民教育体系中的地位。启动仪式后，相继进行学校章程建设工作专题培训和座谈交流。市教委、区教委有关领导出席，东城区中小学校章程建设工作评审委员会教育专家和法律专家（学区法律顾问），东城区各中小学及职业学校校长、法治工作主管领导，区教委相关业务科室科长160余人参加。

（陈龙龙　李银姬）

【未成年人思想道德建设调研】3月13日，中央文明办三局督察处带队到东城区东交民巷小学就未成年人思想道德建设开展情况进行调研。调研组在听取学校负责人工作汇报后，与师生代表交流座谈，并实地观摩学校中华传统文化主题班会和语文、数学常态课堂，实地查看校园文化建设。首都文明办未成年工作处、东城区文明办、区委教工委相关负责人一同调研。

（李银姬）

【综合改革领导小组会】5月25日，东城区教育系统综合改革领导小组年度第一次会议在区教委召开。会议传达东城区委深改领导小组本年会议精神，审议修订《东城区教育系统综合改革领导小组人员名单及工作规则》《东城区学区工作委员会工作规定》，审议通过《东城区学区工作委员会人员调整名单》《东城区学区办公室人员奖励方案》，安排本年区教育综合改革任务。区委常委、区委组织部、副区长等有关领导出席，教育系统综合改革领导小组全体成员参会。

（陆瑾　李银姬）

【教育集团经验交流研讨会】7月6日，东城区2017—2018学年度教育集团经验交流研讨会在北京市第二中学召开。各教育集团分别做工作汇报，交流集团办学经验。会议指出东城区将进一步加强同首都师范大学开展集团化办学研究合作，探索东城教育集团化办学模式。首都师范大学、市教委相关领导出席。首都师范大学教育学院相关专家应邀出席。7个教育集团理事长、成员校党政负责人和相关干部30余人参会。

（陆瑾　李银姬）

【校园防范恐怖袭击培训】7月12日，东城区组织开展校园防范恐怖袭击培训活动。活动分为理论知识讲座和实战技能培训两部分，授课专家围绕反恐怖主义法视野下校园安全、反恐防恐常识及自救互救基本技能、校园突发事件处置流程等方面向参训人员进行讲解，同时组织开展反恐器材装备使用和自我防护基本要领实战训练。活动还对教育系统暑期安全管理及防溺水教育、突发事件应对、校园治安保卫、反恐防爆等工作进行部署。市反恐办、市公安局、区反恐办、区公安分局及东城区各中小学校保卫干部、安保负责人180余人参训。

（陆启忠　李银姬）

【名教师、名校长工作室】7月16日，东城区教育系统第五期名教师工作室、名校长（书记）工作室启动仪式在东直门中学举办。会议总结第四期“双名工程”情况并就第五期“双名工程”基本情况作解读；名师36人和名校长（书记）11人作为工作室主持人接受聘书；干部教师5人作为工作室主持人代表作交流发言和表态。市教委、首都师范大学、区委、区政府相关领导出席。教育系统各单位党政负责人、工会主席，教委机关全体工作人员，人大代表、政协委员及民主党派代表，党风廉政建设特邀监察员、监督员、民办学校代表近600人参加。

（郭淑华　李银姬）

【教师节表彰座谈会】9月10日，东城区以“弘扬高尚师德 潜心教书育人”为主题庆祝教师节表彰座谈会在区少年宫举办。会上宣读《关于表彰2017—2018学年度东城区教育系统先进个人的决定》，与会领导向获奖教师代表颁发荣誉证书和奖杯；学生代表向老师们献上诗朗诵《九月的献礼》，并为在场所有获奖老师献上鲜花表达节日的祝福和感恩之情；一七一中学、第五幼儿园、回民小学、广渠门中学和史家教育集团的优秀干部教师代表，结合各自工作岗位，向与会领导和干部教师分享他们从教多年的经验、感悟、体会和办好人民满意教育的思考与实践；青年教

6月8日，在第50中学高考考场门口准备参加高考的学生与陪伴自己三年的老师热情相拥（唐晨摄）

师代表以配乐诗朗诵《我是一名人民教师》形式表达新时代东城教育人办人民满意教育的决心。获年度东城区杰出校长、杰出教师、优秀校长、人民教师荣誉称号的教师代表和区教育系统优秀干部教师代表90余人参加。

（蒋仁超　李银姬）

【学院制课程建设成果展示】10月31日，学院制课程建设工作推进会暨优秀课例展示活动举行。东城区青少年教育学院总结学院制改革在新型人才培养模式、育人机制、课程体系建设方面的创新实践；表彰在管理、教学等方面的先进个人；聘请中国教育学会基础教育评价专业委员会理事长等9人为首批顾问团成员；成立东城区青少年媒介素养学院；现场展示8节公开课。会议肯定学院制改革和课程建设取得的成果，要求深入学习贯彻全教会精神，坚持德智体美劳五育并举，不断提高育人质量，提升学生的综合素质。经过8年探索与实施，学院制课程形成了“1+N+8+X”供给主体，构建覆盖小学、初中、高中不同学段若干个课程群，涵盖文化与艺术、科学与技术、体质与健康、职业与社会等方面，为全区学生提供430余门可选择课程。《创新机制　探索“学院制”课程供给模式》获年度基础教育国家级教学成果二等奖。教育部、中国教育学会、北京教育科学研究院、市教育考试院、北京市教育学会相关部门负责人，东城区委教工委、区教委、区教育督导室领导出席，区委教工委、区教委相关科室、教育研修学院负责人、各校教师和学生代表300余人参会。

（蒋仁超　李银姬）

【集团化办学研讨会】11月7日，区教育集团化办学工作研讨会在第二中学举办。与会人员共同学习《北京市教育委员会关于推进中小学集团化办学的指导意见》，7个教育集团负责人围绕集团整体工作推进情况、典型经验与做法进行交流。市教委、区委教工委、区教委有关领导出席，来自第二中学、第五中学、一七一中学、景山学校、汇文中学、史家胡同小学7个教育集团理事长、区委教工委、区教委相关科室负责人参加研讨。

（陆瑾　李银姬）

【国家宪法日主题活动】12月4日，东城区教育系统举办2018年国家宪法日主题教育活动。活动主会场设在东直门中学，并以电视电话会形式，在教育系统各单位设立分会场。活动中，全体人员高唱国歌，并齐声诵读宪法节选内容；公务员代表2人分别分享自己学习宪法、维护宪法、依宪履职的收获和感悟；区教委主任带领全体公务员进行宪法宣誓，并勉励大家要时刻牢记誓词，忠实履行宪法职责，自觉接受人民群众监督；在“教育的智慧”专家报告会环节，邀请北京航空航天大学法学院宪法与行政法研究中心教授，以迈向新时代的宪法为题做辅导报告，详细解读宪法第五次修订的意义和内容。教育系统各基层单位党政正职、党代表、人大代表、政协委员，党风廉政建设特邀监察员、监督员和机关全体工作人员在主会场参加活动。

（陈龙龙　李银姬）

12月4日，工美附中举办国家宪法日主题教育活动，校长带领学生200人进行宪法晨读（唐晨摄）

教育科研

【概况】2018年，区教委重点服务东城区中、小、幼、职成、校外、直属单位130余家，“十三五”阶段在研全国教育科学规划课题3项，北京市教育科学规划课题81项，东城区教育科学规划课题418项。

（沈兴文　傅继军）

【基础教育教学成果奖】4月25日，北京市教育委员会、北京市人力资源和社会保障局、北京市财政局联合下达《关于表彰北京市教育教学成果奖的决定》。在北京市基础教育教学成果奖评选中，东城区共获得2项特等奖、5项一等奖、9项二等奖。其中北京市第五中学《历史“双课堂”项目实验研究》以及北京市第五幼儿园《引导幼儿主动活动的环境创设与指导策略研究》获特等奖。区教委《创新机制，探索“学院制”课程供给新模式》获北京市基础教育教学成果一等奖。

（沈兴文　傅继军）

【31项教育科学课题获推荐立项】6月20日，经北京市教育科学规划领导小组审批，北京市教育科学“十三五”规划2018年度课题评审及推荐立项结果公示，东城区31项课题被推荐立项。在31项推荐立项课题中，东城区史家胡同小学获批优先关注课题1项，东城区教育研修学院获批重点课题1项，北京第一师范学校附属小学、东城区东华门幼儿园、东城区东棉花胡同幼儿园4家单位获批校本研究专项课题，北京市东直门中学、东城区培新小学2家单位获批青年专项课题，东城区教育委员会等15家单位获批一般课题23项。推荐立项课题涉及教育决策咨询研究、教育基础理论研究、教育教学实践研究三大研究方向，覆盖课程、教学、评价改革研究，学生发展研究，传统文化教育与德育研究，教育资源配置与效益研究，教育人才队伍建设研究，教育信息化研究，教育基本理论与国际比较研究多个热点研究领域。

（沈兴文　傅继军）

【6项基础教育国家级教学成果奖】8月1—31日，2018年基础教育国家级教学成果奖拟授奖成果对外公示。东城区共获得6项基础教育国家级教学成果奖。北京市第五幼儿园申报的《引导幼儿主动活动的环境创设与指导策略研究》，北京市东城区史家胡同小学、中国国家博物馆联合申报的《〈中华优秀传统文化·博悟课程〉开发与实践》2项教学成果获一等奖。北京市东城区教育研修学院、北京市东城区青少年教育学院联合申报的《创新机制，探索

7月16日，东城区启动第五期“双名工程”，成立11个名校长工作室（区教委提供）

学院制课程供给模式》，北京市第五中学申报的《历史双课堂项目实验研究》，北京市第一六六中学申报的《优化课程供给，凸显实践育人——深化博雅课程综合改革的实践研究》，北京市东城区史家胡同小学申报的《以家国情怀为底蕴的育人体系实践研究》4项教学成果获评二等奖。

（沈兴文　傅继军）

【推进教育实验研究】1月至12月，东城区继续从理论学习与培训、设计实验方案、开展实验并撰写实验报告三个阶段推进教育实验研究落地见效，塑造提升教师教育科研能力。相继组织教育测量、教育实验研究、研究中的数据统计分析、教育实验研究报告等专题讲座，聘请高端专家对东城区教育系统各单位的65项教育实验研究方案设计和教育实验研究报告撰写中关于实验课题名称、实验背景、文献综述、实验目的、实验假设、实验对象、自变量的操作、因变量的测量、无关变量的控制、实验分组方式、统计检验方法等方面进行学术引领和质量把关。

（沈兴文　傅继军）

教师队伍建设

【概况】2018年，区教委实施双名工程、引才工程、引智工程等，成立36个名教师工作室。开展做“四有”好老师、争当优秀引路人师德师风建设年主题活动。《东城区教师礼仪规范》出台。评选东城区杰出校长、杰出教师、优秀校长、人民教师、先进教育工作者、优秀教师734人。参加轮岗交流干部专任教师4861人。

（黄玉蓉　李银姬）

【师德师风建设年】5月22日，东城区在史家小学礼堂召开2018年师德师风建设年主题实践活动启动仪式暨专家报告会。结合东城区形成的师德师风建设月、师德师风建设年机制，研究制订东城区教育系统《关于开展2018年“做新时代‘四有’好老师和‘四个引路人’”师德师风建设年主题实践活动实施方案》（以下简称《实施方案》），2018年在全区教育系统开展师德师风建设年主题学习实践活动。会议对《实施方案》进行系统解读。启动仪式后，北京师范大学继续教育与教师培训学院做《传承师

道 立德树人》报告。区教育系统书记校长及主管干部400余人参加。

（黄玉蓉　李银姬）

【第五期双名工程】7月16日，区教委以争做“四有”好老师，当好学生引路人为主题召开教育系统第五期双名工程启动大会。第五期双名工程共设立47个工作室，11个名校长（园长、书记）工作室，36个名教师工作室。选配工作室成员304人。实行理论导师、实践导师双导师制，实践导师为工作室主持人。理论导师从北京师范大学、首都师范大学、北京市教育科学研究院等知名高校、教科研机构聘请；实践导师（工作室主持人）由区具有正高级职称、特级教师和市级骨干教师称号的名师、名校长担任。区教育系统书记、校长、教师代表400余人参加。

（黄玉蓉　李银姬）

【新任教师培训启动会】8月25日，东城区2018年新任教师培训启动会及通识培训在广渠门中学报告厅举办。东城区新任教师近500人参加培训。和平里第四小学代表基地校发言，分享指导新任教师的经验和心路历程。在读书分享环节，汇文中学、一师附小、一幼分享对《致老师》《第十六号教室的奇迹》《爬上豆蔓看自己：辛黛瑞拉的教育日记》3本书的阅读体验。北京二中、东直门中学分别代表2017年和2018年新任教师发言。会上为2017年新教师代表颁发结业证书。

（黄玉蓉　李银姬）

教育督导

【概况】东城区人民政府教育督导室（简称教育督导室），主要职责是对东城区教育工作实施监督、检查、评估监测和指导。内设督政科、督学科；有公务员编制10人并聘为专职督学，其中主任1人、副主任3人，督政、督学两科室6人，另有兼职督学35人。

2018年，区教育督导室履行督政、督学、评估监测各项职责，完成学校春、秋季开学，幼儿园安全检查，中小学校师德师风建设和教师校外有偿补课，学校减负工作，学校安全工作，幼儿园规范办园行为等常规督导。责任督学下校督导1300余次，督学培训385人次。成立东城区教育督导委员会。对区少年宫依法管理及运行情况进行专项督导。组织协调教委相关科室，汇总完成年度教育执法检查报告和综合督导。

（张净　苏炜）

【督导室建设】区教育督导室健全文件收发、管理、审阅、登记制度，完成信息、督学薪金管理和财务审核等。编撰并印制《北京市东城区中小学校责任督学挂牌督导工作报告集》《北京市东城区中小学校责任督学挂牌督导工作案例集》《工作足迹手册》《责任督学挂牌督导工作手册》。组织督学参加北京市督学大讲堂，聘请市、区专家开展对责任督学专题培训，召开计划解读、工作总结交流会，2018年各类学校培训540余人次。加强督导信息平台建设。

（张净　苏炜）

【督政工作】1月，北京市东城区人民政府教育督导委员会成立，东城区18家委办局和17个街道办事处成为区教育督导委员会成员单位，是进一步深化教育领域“管办评”分离改革，推进教育督导体制和机制创新的重要举措。3月至4月，完成年度教育执法检查各项自查工作，形成《东城区2018年教育法律法规执行情况督导检查的自查报告》。4月23日，市政府教育督导室组成督导检查组对区教育法律法规执行情况实地督导检查并对区推进中小学办学体制机制改革和建设情况督导调研。检查组听取汇报，就义务教育综合改革、学前教育学位供需矛盾等内容进行交流，分别召开区相关委办局、教育行政相关科室和校长、园长、社区代表参加的座谈会，查阅近3年教育法律法规执法情况档案资料，对部分幼儿园、小学、中学进行实地检查。5月，会同教委有关部门人员组成督导组，对区少年宫依法管理及运行情况进行专项督导。对“十三五”规划和年度计划

11月23日，东城教师在首届京津冀数学教学研讨会上做现场示范课（区教委提供）

1月17日，区教育督导委员会成立（刘毅摄）

的制订和落实情况，实施“健康·成长2020工程”和“文化·传承2030工程”工作情况，领导班子和职工队伍建设情况，规范管理和依法管理实施情况，单位履职和优势特色等方面进行专项督导。

（张净　苏炜）

【专项督导】2018年，区教育督导室完成学校春、秋季开学，幼儿园安全检查，中小学校师德师风建设和教师校外有偿补课，学校减负工作，学校安全工作，幼儿园规范办园行为，社会主义核心价值观等专项督导。责任督学共下校1364次，发放师德建设随访督导调查问卷1436份，完成蓝信平台经常性督导信息上报728份，上交市督导室报告15篇。完成中小学校及幼儿园商业广告禁入校园，空气重污染应急督导。各学区督导组采取听取汇报，访谈干部、教师、学生、家长，召开座谈会、听课、实地查看等方式，共督导1360余校次，完成学校督导报告1360余份。

（张净　苏炜）

【国家义务教育质量监测】东城区顺利完成2018年国家义务教育质量监测。5月24日，全区20所中小学随机抽取学生600人，校长、班主任教师、数学及体育学科教师分别以试卷、问卷形式共同参与此次国家义务教育质量监测。区监测工作领导小组成员及责任督学20人全程监督、答疑解惑。此次国家义务教育质量监测是对义务教育阶段学生数学学习质量、体育与健康状况以及课程开设、条件保障、教师配备、学科教学和学校管理等相关影响因素进行科学性评价。东城区获2018年国家义务教育质量监测实施县级优秀组织单位称号。

（张净　苏炜）

学前教育

【概况】2018年，东城区教委辖属幼儿园52所，幼儿园招生5445人，在园幼儿1.7万人。幼儿园教职工总数3005人。

（关英　李银娅）

【童心杯教育教学展评】1月4日，东城区第六届童心杯教育教学展评活动落幕。活动以领域核心经验与幼儿发展为主题，立足五大领域教育教学，进行说课、集体教育活动、反思3个环节的展评。覆盖各类型幼儿园，涉及教师119人。经评审，光明幼儿园等教师11人，第七幼儿园等教师25人，第二幼儿园等教师35人分别获说课一等奖、二等奖及三等奖；东四五条幼儿园等教师3人，第五幼儿园等教师7人，东华门幼儿园等教师25人，市委机关幼儿园等教师36人获集体教育活动特等奖、一等奖、二等奖及三等奖；此外，光明幼儿园等6所幼儿园获优秀指导奖。

（王娟　李银娅）

【第三期学前教育行动计划启动】5月3日，区第三期学前教育行动计划启动大会在六十五中学召开。会上，区教委部署《东城区第三期学前教育行动计划（2018—2020年）》及《扩增学位专项工作实施方案》；区财政局解读《东城区支持学前教育事业发展专项补助资金管理暂行办法》；区发改委、永外街道办事处、精英未来幼儿园举办者分别从规划引领、发挥地方政府主责作用、提质增效普惠于民等方面做经验介绍。北京市教委、东城区委、区人大、区政府、区政协领导，东城区20余个委办局、17个街道办事处相关领导，各类幼儿园和学前教育机构负责人共400余人参会。

（王娟　李银娅）

【学前教育专职督查】11月28日，东城区学前教育专职督查工作会在东城区教师研修中心召开。东城区教师研修中心相关领导，学前教育专职督查队伍工作人员参会。

（王娟　李银娅）

表19

2018年东城区幼儿园（所）一览表

校　名	地　址	电　话
北京市第一幼儿园	东四北大街汪芝麻胡同19号	64049426
北京市第一幼儿园（吉祥分园）	南吉祥胡同28号	64035681
北京市第一幼儿园（黄化门半日班）	黄化门街8号	64049426
北京市第一幼儿园附属实验园	小黄庄一区7号楼	84275712
北京市第一幼儿园海晟实验园	东直门外十字坡东小街1号	84530874
北京市第二幼儿园	北新桥三条38号	84018171
北京市第二幼儿园（分部）	东直门南小街5号	69945979
北京市第二幼儿园（十二条分园）	东四十二条26号	64068602
北京市第三幼儿园	中山公园内	66056886
北京市第五幼儿园	夕照寺街3号	67122474
北京市第五幼儿园（附属实验园）	西滨河路松林街2号院	67215618
北京市第五幼儿园分园	法华南里33号楼	67161804
北京市第七幼儿园	宝钞胡同23号	64045040
东城区第二幼儿园	广渠门内大街31号	67116076
东城区第二幼儿园（安化北里）	安化北里64号	67113328
东城区第二幼儿园（学前部）	东花市北里西区 1 号	67146141
东城区第二幼儿园（崇外分园）	西花市南里东区12号楼	67119175
东城区崇文第三幼儿园	幸福北里甲12号	67115628
东城区东四五条幼儿园	东四五条41号	64040197
东城区东四五条幼儿园（分部）	藏经馆27号	64017401
东城区分司厅幼儿园	分司厅胡同57号	84037302
东城区东华门幼儿园	北河沿大街149号	65254467
东城区东华门幼儿园（小班部分园）	大鹁鸽胡同14号	65222838
东城区东华门幼儿园分园	南河沿大街19号	65126497
东城区新中街幼儿园（本园）	东直门外胡家园小区24号楼	84543262
东城区新中街幼儿园（鼓楼分园）	草厂胡同24号	64457032
东城区东棉花胡同幼儿园	东棉花胡同20号	64075246
东城区华丰幼儿园	和平里六区21楼	84220194
东城区大方家回民幼儿园	朝内南小街后芳嘉园3号楼	65229658
东城区大方家回民幼儿园（春松分园）	春松胡同1号	65261583
东城区大方家回民幼儿园（小牌坊分园）	小牌坊胡同37号	65250958

续表19

校 名	地 址	电 话
东城区大方家回民幼儿园（站东分园）	柳罐胡同2号	65595007
东城区大方家回民幼儿园（春江分园）	朝内大街124号	65252712
东城区光明幼儿园	光明楼甲25号	67116906
东城区光明幼儿园（弘善分园）	朝阳区弘善家园410	87823929
东城区崇文回民幼儿园	东花市北里东区12号楼	67120322
东城区崇文回民幼儿园（分园）	东八角胡同27号	67050076
东城区安乐幼儿园	永外杨家园路10号	67212868
东城区安乐幼儿园（大班部）	安乐林路17号	87671230
东城区安乐幼儿园（天天家园半日部）	安乐林路22号1号楼	87880471
东城区永东幼儿园	永内东街中里23号	67025321
东城区永定门幼儿园	西园子街32号	67019659
东城区崇文幼儿园	法华南里甲14楼	67156893
东城区前门幼儿园	草厂九条35号	67014546
东城区明城幼儿园	盔甲厂胡同9号	65595651
东城区春江幼儿园	南水关胡同60号	65252712
东城区实验幼儿园	松林街2号	67215618
东城区天坛南里幼儿园	天坛南里西区16号	67021473
东城区革新里幼儿园	西革新里116号院7号楼	
东城区景山魏家幼儿园	魏家胡同19号	64042880
东城区红湖幼儿园	龙潭北里3条3号	67123029
财政部幼儿园	大佛寺东街8号	64018360
商务部幼儿园	台基厂三条2号	65246084
北京军区空军育翔幼儿园	板厂南里11号	66912137
东城区卫生局第一幼儿园	锡拉胡同19号	65274213
东城区卫生局第三幼儿园	和平里民旺园丙7号	64283571
国家林业局幼儿园	和平里七区21号楼	64212759
北京鸿运达物业管理有限责任公司第一幼儿园	旧鼓楼外大街64号	62360237
中央军委政治工作部幼儿园	安德里北街21号	66791070
国家安全生产监督管理总局机关服务中心幼儿园	和平里九区甲3号	64250516
中共北京市委机关幼儿园	光明路1号	67111793
中国人民解放军空军后勤部蓝天幼儿园	北锣鼓巷99号	66725225

续表19

校 名	地 址	电 话
东城区杰思幼儿园	东直门外大街c座101-201	64179960
东城区精英未来幼儿园	青年湖西里4号院甲1号	84130379
东城区金鼎实验幼儿园	和平里中街29号	64206209
东城区青青藤幼儿园	安化北里18号院6号楼	87926515
东城区九月幼儿园	净土胡同9号	84084683
东城区育萌幼儿园	天坛东路13号1号	52172266
东城区环球教育实验幼儿园	天坛东路9号院	64439722
东城区和乐蔷薇幼儿园	培新街10号	67166117
北京市大地实验幼儿园	东花市北里西区9号	67115191

（李银姬）

基础教育

【概况】2018年，东城区教委辖属小学61所、中学42所。招生：小学1.2万人、初中7033人、普通高中5310人。在校生：小学5.93万人、初中2.06万人、普通高中1.5万人。教职工1.67万人。（关英　李银姬）

【首届青少年戏剧节】4月9日，东城区“戏润心灵”首届青少年戏剧节开幕，戏剧节期间，先后成立东城区青少年戏剧教育共同体，聘请戏剧专家14人建立起新一轮戏剧教育专家导师团；成立由专职教研员4人和兼职教研员11人组成的戏剧教研组；聘请表演艺术家为学校戏剧教育总顾问。特别邀请英国莎士比亚青年剧团与该区中小学生同台演出。戏剧节期间，还开展戏剧工作坊、走进金帆、戏剧展演、戏剧论坛、戏剧课程展示5大系列10余项戏剧实践活动。全区83所中小学校学生1487人参加展示演出；全区教师和学生新创编改编话剧、音乐剧、儿童歌舞剧等153部；承办北京市第二十一届学生艺术节戏剧专场演出，全市113个优秀节目在东城区少年宫展演，东城区12个戏剧在展演中取得优异成绩；协助中国教育学会举行来自全国10个省的62个戏剧节目演出，东城区16所学校的17个节目参加演出；60余所学校开展不同类型的戏剧实践活动，全区观剧师生达12万人次。东城区的戏剧教育已经成为培养全方位、创新型人才必不可少的教育手段。呈现出校校演戏剧，人人观戏剧的局面。

东城区青少年学院实现自主选课让每个孩子都有一张属于自己的课表
（徐鹏摄）

12月18日，戏剧节在东城区少年宫闭幕。

（王司光　李银姬）

【世界读书日活动进校园】4月19日，“书香润校 文化育人”东城区小学学校文化建设示范校创建展示活动在东四七条小学举办。北京师范大教育学部、区文明办有关专家和领导出席。东四七条小学现场展示语文、数学、美术、动漫校本课程等学科课堂教学，体现师生在和谐、平等的互动中，共享学生生命成长体验的课堂文化。回民实验小学、东四七条小学代表新一批区级学校文化建设示范校申报单位，分别汇报学校在办学理念下打造“和·美”课程文化，围绕“阳光启志”构建“七奇启气”学校文化发展历程。活动中向全区各小学赠送《我是中国的孩子》丛书，还为新一批区级学校文化建设示范校授牌，东四七条小学等5所小学及2个优质教育资源带被认定为东城区学校文化建设示范校。

（刘哲　李银姬）

【五四表彰大会】5月4日，“传递星火 逐梦青春”——2018年东城区中学生“五四”表彰大会在东城区少年宫举行。大会向青年学生致以节日问候，对获奖的个人和集体表示祝贺；大会表彰感动东城学子6人，2017—2018学年获得东城区三好学生、优秀学生干部、优秀班集体等称号的个人和集体。同学们在现场畅谈青春梦想，并通过直播连线场外，场内外1000余人共同重温入团誓词。区人大、区政府、区政协以及首都文明办未成年人工作处、区文明办、区委教工委、区教委、区政府教育督导室相关领导出席，全区优秀师生、家长代表共600余人参加。

（李肇元　李银姬）

【庆祝国际儿童节活动】5月31日，“新时代 心向往——我们共同成长”东城区庆祝六一国际儿童节主题活动在区少年宫举办。活动向全区少年儿童表示节日的祝贺。主题活动由表彰大会和实践活动体验两部分组成。表彰大会对获市区级优秀班集体、三好学生和东城区十佳少先队员等荣誉称号的807个集体和个人1.94万人进行表彰，同时展示东城区在体育、艺术、科技、传统文化教育等领域探索创新所取得的教育成果。首都文明办、东城区委、区人大、区政府、区政协及区各委办局、各街道办事处相关领导出席，海军某部、中国文联、北京人民艺术剧院、中国滑雪队等单位领导、演员、运动员参加活动，来自河北省张家口市崇礼地区的学生代表与东城区学生共同参加主题活动、共庆六一儿童节。

（刘哲　李银姬）

【儿童青少年近视防控行动】9月12日，东城区儿童青少年近视防控行动在北京市东直门中学启动。区教育、卫生行政部门共同制订《东城区儿童青少年近视防控工作方案》，明确以政府为主导，强化建立家庭—学校—社会综合防控体系，进一步强化健康教育、监测预警、跟踪管理、监督检查等综合防控措施，严控视力不良检出率的增长幅度。两部门联合组织眼科专家开展东城区爱眼护眼知识进校园活动，进行青少年近视防控讲座及学生视力筛查，提供儿童青少年眼病咨询及专业指导，普及科学用眼知识。教育部体卫艺司、东城区政府、首都医科大学附属北京同仁医院、北京大学儿童青少年卫生研究所以及市教委、市卫计委疾控处、东城区教委、区政府教育督导室、区卫计委负责人出席仪式，北京同仁医院、第六人民医院、普仁医院专家、东城区督学代表，中小学、幼儿园校长（园长）、主管领导、校医及部分学生、家长500余人参加。

（金雅静　李银姬）

【美育工作会】10月25日，东城区学校美育工作推进会在北京市东直门中学召开。会议指出，全区美育工作发挥强势引导作用；进一步升级完善、乘势而上，再上新台阶；以提升学生素质，促进德智体美劳全面发展为着力点和突破口，主动发力、主动作为。区教委现场解读《北京市东城区人民政府办公室关于加强学校美育工作的实施意见》。广渠门中学、中央工艺美术学院附属中学、第一师范学校附属小学、北京市第一幼儿园、区

10月18日，同仁医院眼科医生走进府学胡同小学，为学生们进行爱眼护眼健康科普宣教和视力筛查（徐鹏摄）

明城青少年活动中心分别围绕单位美育工作特色成果作交流发言。区美育研究会总结第一届美育研究会工作。北京市教委、东城区政协及相关委、办、局，各街道办事处主管领导和美育研究会全体会员，机关各科室、教育系统各单位负责人、美育工作干部近300人参会。

（王司光　李银姬）

表20

2018年东城区小学一览表

校　名	地　址	电　话
东城区和平里第一小学	和平里中街甲21号	84223532
东城区和平里第三小学	和平里兴化路9号	84279923
东城区和平里第四小学	和平里交林夹道1号	64207723
东城区和平里第四小学优质资源带（和二校区）	和平里民旺南胡同20号	64211804
东城区和平里第四小学优质资源带（东师附小校区）	安定门外东河沿乙7号	64268313
东城区和平里第九小学	和平里七区20号楼	64213889
北京市第一七一中学附属青年湖小学	安外安德里北街20号	64126076
东城区安外三条小学	上龙北巷3号	84132605
东城区地坛小学	和平里九区甲2号	64264084
东城区分司厅小学	鼓楼东大街小经厂2号	64041261
东城区分司厅小学优质资源带（北锣鼓巷小学校区）	安定门内千福巷5号	84024198
东城区黑芝麻胡同小学（本部）	黑芝麻胡同11号	64031828
东城区黑芝麻胡同小学优质资源带（织染局小学校区）	水簸箕胡同甲5号	64032065
东城区黑芝麻胡同小学（前圆恩寺校区）	后圆恩寺胡同甲20号	84034383
东城区府学胡同小学	府学胡同65号	64045995
东城区府学胡同小学优质资源带（美后校区）	美术馆后街57号	84034452
东城区府学胡同小学优质资源带（什锦花园校区）	美术馆后街48号	64042123
东城区府学胡同小学优质资源带（十四条校区）	东四十四条100号	64029960
东城区府学胡同小学优质资源带（香饵校区）	香饵胡同9号	64045995
东城区帽儿胡同小学	帽儿胡同17号	64067114
东城区东四十四条小学	东四十三条73号	64042750
东城区东四十四条小学（北校区）	板桥胡同乙3号	64042750
北京市第五中学分校附属方家胡同小学	方家胡同17号	64014841
东城区史家小学分校	北门仓1号	84070011

续表20

校 名	地 址	电 话
北京市东直门中学附属雍和宫小学	藏经馆胡同27号	64045703
东城区史家实验学校	东中街铜厂子胡同8号	64169554
东城区西中街小学	东直门外十字坡东里10号	64172386
东城区北新桥小学	东直门北大街乙2号	64616471
中央工艺美院附中艺美小学	东直门外胡家园20号	64674998
北京市第一六六中学附属校尉胡同小学	校尉胡同8号	65252652
东城区灯市口小学	灯市口北巷14号	65250582
东城区灯市口小学优质资源带（北池子校区）	北池子大街46号	65250582
东城区灯市口小学优质资源带（东高房校区）	沙滩北街东高房胡同13号	64032310
东城区东交民巷小学（西校区）	台基厂大街14号	65131284
东城区东交民巷小学（东校区）	船板胡同63号	65131595
东城区东四七条小学	东四七条31号	64043873
东城区东四九条小学	东四九条67号	64043778
东城区回民小学	朝内大街124号	65225008
东城区新鲜胡同小学	新鲜胡同36号	65252498
东城区史家胡同小学	南弓匠营2号	64065588
东城区史家胡同小学二年级部	史家胡同59号	64065588
东城区史家胡同小学一年级部	金宝街65号	64065588
东城区西总布小学	西总布胡同19号	65263874
东城区新开路东总布小学	新开路胡同55号	65251340
北京市汇文第一小学	丁香胡同7号	65241994
东城区前门小学	西河沿甲211号	67036606
东城区前门小学新怡分校	新怡家园9号	67036606
北京市崇文小学	花市枣苑小区12号	87193638
东城区新景小学	西花市南里西区7号楼	67122908
东城区文汇小学	广渠门外忠实里南街乙58号	87715309
东城区回民实验小学	东花市大街99号	67122965

续表20

校 名	地 址	电 话
北京市广渠门中学附属花市小学	东花市北里西区1号	67161982
东城区板厂小学	夕照寺街26号	67114386
东城区板厂小学（低部）	板厂南里7号	67114386
东城区板厂小学（高部）	双玉中街35号	67189481
北京光明小学	光明路甲12号	67123839
北京光明小学（幸福校区）	福光路5号	67162078
北京光明小学（和义校区）	丰台区和义东里四区6号	67968590
北京光明小学（广渠门校区）	广渠家园14号	67495076
东城区培新小学	幸福巷4号	67192831
东城区培新小学优质资源带（永生校区）	永生巷6号旁门	67188005
东城区体育馆路小学	法华南里21号	67131514
东城区体育馆路小学（低年级部）四号楼	左安门浦园小区	67163645
东城区精忠街小学	精忠街11号	67021505
东城区金台书院小学	东晓市街203号	67020173
东城区天坛东里小学	天坛东里内8号	67057864
东城区景泰小学	永内东街7号	67212156
北京第一师范学校附属小学	永定门外桃杨路7号	87921073
北京第一师范学校附属小学（低年级部）	安乐林路17号	87921073
东城区革新里小学	永定门外管村5号	67259383
东城区宝华里小学	永定门外沙子口路63号	67221380
东城区定安里小学	定安里26号	87277890
北京汇文实验小学朝阳学校	朝阳区弘善家园119号楼	67119481

（李银娅）

表21 **2018年东城区特殊教育学校一览表**

校 名	地 址	电 话
东城区特殊教育学校	安外小黄庄路一区16号楼	84283449
东城区培智中心学校	体育馆西路23号	67020405

（李银娅）

表22

2018年东城区一贯制学校一览表

校 名	地 址	电 话
北京市第一中学	宝钞胡同甲12号	64043280
北京市第一〇九中学（本校区）	幸福大街43号	67119431
北京市第一〇九中学（法华寺校区）	葱店西街56号	67119431
北京景山学校（本部）	灯市口大街53号	65223416
北京景山学校（北校区）	北官厅胡同11号	64007996
北京市和平北路学校	安外大街168号	64211049
北京市第一一五中学	天坛东路13号	67057896

（李银姬）

表23

2018年东城区中学一览表

校 名	地 址	电 话
北京市第二中学	内务部街15号	65252231
北京市第二中学（国际部）	内务部街15号	65252231
北京市第二中学分校	南竹杆胡同81号	65231981
北京市第五中学	细管胡同13号	64078654
北京市第五中学分校（地安门校区）	地安门东大街127号	64039667
北京市第五中学分校（鼓楼校区）	鼓楼东大街152号	64039667
北京市国子监中学	国子监街26号	64039683
北京市第十一中学（金鱼池校区）	金鱼池西区1号	67025095
北京市第十一中学（东晓市校区）	东晓市大街101号	67018640
北京市第十一中学实验学校	永外街道西革新里114号	67223113
北京市第十一中学分校	天坛南里14号	67024119
北京市第二十一中学	交道口北三条57号	64058672
北京市第二十二中学（交道口校区）	交道口东大街77号	64042225
北京市第二十二中学（安定门校区）	交道口北二条43号	64041325
北京市第二十四中学	外交部街31号	65254402

续表23

校 名	地 址	电 话
北京市第二十五中学	灯市口大街55号	65257525
北京市第二十七中学	东华门大街智德前巷11号	65255586
北京市第五十中学	夕照寺街13号	67173905
北京市第五十中学分校	永定门外安乐林路14号	67271390
北京市第五十四中学	和平里六区9号	64214855
北京市第五十四中学（分部）	和平里中街甲37号	84228550
北京市第五十五中学	新中街12号	64173343
北京市第五十五中学（南校区）	新中街二条1号院	64173343
北京市第五十五中学（国际部）	新中街12号	64169531
北京市第六十五中学	北河沿大街115号	65251745
北京市第九十六中学	崇文门西小街3号	65114904
北京市第九十六中学（南校区）	新世界家园甲5号	67080846
北京汇文实验中学（一二五中学）	后沟胡同乙2号	65246227
北京市第一四二中学（宏志中学）	和平里中街43号	64219035
北京市第一六五中学	育群胡同45号	64004843
北京市第一六六中学	灯市口同福夹道3号	65255651
北京市第一六六中学（东四六条校区）	东四六条甲44号	65255651
北京市第一七一中学	和平里北街8号	64212702
北京市第一七一中学（分部）	青年沟路9号	84282509
北京市东直门中学	东直门内北顺城街2号	64014988
北京市东直门中学（南校区）	北沟沿甲4号	64047132
中央工艺美术学院附属中学	东直门外胡家园小区23号	64674127
北京市崇文门中学	东花市北里西区5号	67182515
北京市文汇中学	忠实里9号楼	87757485
北京汇文中学	培新街6号	67119016
北京市广渠门中学	白桥大街甲1号	67126591

续表23

校　名	地　址	电　话
北京市广渠门中学（分部）	夕照寺中街19号	67112448
北京市龙潭中学	板厂南里3号	67174149
北京市前门外国语学校	前门东大街甲14号	67023169
北京汇文中学朝阳学校	朝阳区弘善家园201号楼	67119016
北京市翔宇中学	东直门北大街甲2号	84481148
北京阳光情中学	开发区天宝北街甲2号	67871129

（李银姬）

高等教育

北京协和医学院

【概况】北京协和医学院是我国最早设有8年制临床医学专业和护理本科教育的重点医学院校。中国医学科学院是我国唯一的国家级医学科学学术中心和综合性医学科学研究机构，为北京协和医学院提供师资和技术力量。北京协和医学院有18个直属所院:北京协和医院、中国医学科学院阜外医院、中国医学科学院肿瘤医院、中国医学科学院整形外科医院、中国医学科学院基础医学研究所、中国医学科学院药物研究所、中国医学科学院医药生物技术研究所、中国医学科学院药用植物研究所、中国医学科学院医学信息研究所（图书馆）、中国医学科学院实验动物研究所、中国医学科学院微循环研究所、中国医学科学院病原生物学研究所、中国医学科学院血液病医院（血液病研究所）、中国医学科学院放射医学研究所、中国医学科学院生物医学工程研究所、中国医学科学院皮肤病医院（皮肤病研究所）、中国医学科学院输血研究所和中国医学科学院医学生物学研究所；6个直属学院：北京协和医学院临床学院、北京协和医学院基础学院、北京协和医学院护理学院、北京协和医学院公共卫生学院、北京协和医学院人文社科学院和北京协和医学院继续教育学院。北京协和医学院占地面积113.02万平方米，学校产权校舍建筑面积91.82万平方米、非产权校舍建筑面积21.20万平方米。北京协和医学院本科开设4个专业，专科开设1个专业；具有一级国家重点学科2个，二级重点学科8个，国家重点（培育）学科1个，一级省、部级重点学科4个，二级省、部级重点学科3个；博士学位授权一级学科点9个，硕士学位授权一级学科点3个，硕士学位授权二级学科点（不含一级学科覆盖点）2个；学校获批国家“双一流”建设学科4

12月23日，中国医学科学院首次发布中国医院科技量值（STEM）（高翠峰摄）

2018 年，协会医学院率先将准聘长聘制度引入国内医学院校（高翠峰摄）

个；博士后科研流动站6个。国家实验室1个，国家工程实验室1个，国家工程研究中心1个，国家工程技术研究生中心2个，省、部级设置的研究（院、所、中心）实验室42个，国家临床研究中心3个。院校正式编制教职工总数1.35万人（正高级1104人，副高级1625人），其中专任教师1541人（正高级870人，副高级542人）；研究生指导教师1945人（正高级1161人，副高级784人），其中博士生、硕士生导师1954人；有院士24人（中科院院士7人，工程院院士17人），长江学者奖励计划讲座教授17人，国家杰出青年科学基金获得者37人。

2018年，北京协和医学院教育经费投入5.17亿元，其中国家拨款4.86亿元、自筹经费3130.02万元。固定资产总值6.19亿元，教学、科研仪器设备资产值1.14亿元。图书馆藏书287.44万册。有计算机872台。学校多媒体教室22个，信息化设备资产7963.17万元，校园网出口总带宽6450Mbps。学校在校学生总数（以下均不含成人教育）4994人（博士研究生1923人，硕士研究生2152人，本科生864人，专科生55人）；本年招生1620人（博士研究生645人，硕士研究生747人，本科228人）；本届毕业生1366人（博士研究生554人，硕士研究生671人，普通本科86人，普通专科55人）。学校成人教育在校生人数772人，本学年成人本科招生148人，成人本科生毕业338人。高考北京地区理科685分。

（易婧婧）

【新百年发展方略】4月18日下午，在院校第九届四次工代会暨第五届四次教职代会上，院校长解读院校新百年发展方略，明确新百年发展方略和核心基地建设目标，制订院校承启文化、健全体系、创新机制、拓展资源的工作方略和成为国家医学卫生健康事业特别是医学研究和教育事业先进的思想源和强劲的动力源的使命。

（易婧婧）

【通过本科教学评估】5月21—24日，受教育部委托，由武汉大学常务副校长担任组长的本科教学工作审核评估专家组，对院校本科教学工作进行审核评估，院校以优异成绩通过教育部本科教学评估，专家组真诚表达对院校的感受：无所不在的育人氛围，深入骨髓的教育自觉，病人至上的医者仁心，行为世范的名师大家，兼容并包的优秀文化，百年不变的品质坚守，砥砺前行的责任担当，百尺竿头的再次进发，真诚期待院校在新的百年发展得更好，担当起历史的重任，为中国的医疗教育体系建设继续发挥领头作用。

（易婧婧）

【肇启“4＋4”临床医学教育模式】2018年9月，北京协和医学院正式开始实施经典含义上的“4＋4”学制临床医学教育模式，在学校新百年之元年，再开中国医学教育先河。“4＋4”临床医学教育模式（4年其他学科培养转入4年医学教育），“4+4”模式有纳多学科素养者从医、纳天下贤才从医、纳爱医者从医等三大妙处，是目前教育体系下，所能设计出的几乎最佳的临床医学院校教育模式，可望培育出推动医学发展的高素质医师和医学界领导者。

（易婧婧）

【引入准聘长聘制度】2018年，北京协和医学院正式启动职称聘任改革，在教师聘用中实行准聘长聘（Tenure-Track）制度，率先在国内医学教育领域接轨国外研究性大学的通行做法，在传统的研究、临床、教学等职称系列之外，建立包括医教研系列和教研系列的准聘长聘职称系列。

（易婧婧）

【突发事件使命担当】2018年，北京协和医学院在基因编辑婴儿事件和长生疫苗等突发事件中担当国家使命，在备受关注的世界首例基因编辑婴儿事件中，院校迅速组织专家研讨，提供技术咨询，组织起草生物医学新技术研究与应用伦理指南，承担组建国家生命伦理委员会任务。

（易婧婧）

【院校北区开工】11月28日，学院北区建设工程在海淀区马连洼新址正式开工，工程总建筑面积约15万平方

4 月 10 日，中央戏剧学院舞剧系、歌剧系学生在纪念鲁迅艺术学院成立 80 周年活动中演出秧歌剧《兄妹开荒》（中央戏剧学院提供）

米，未来将成为服务我国医学科技创新发展和高素质医学人才培养的重要平台。

（易婧婧）

【构建国家医学科技创新体系】2018年，院校依托学科排名居于国内领衔地位的研究机构，筹划完成老年医学研究院、呼吸病学研究院和华西研究基地建设的立项工作，在国家卫生健康委员会委属委管科研、医疗单位试点建设眼科、儿科等12个中国医学科学院创新单元，与医科院现有体系形成互补。院校承接国家卫健委重点实验室管理任务，开展委级重点实验室新建、重新认定、年度报告等工作，完成面向中西部地区11个省市新建委级重点实验室论证工作。

（易婧婧）

【首次发布中国医院科技量值】12月23日，由中国医学科学院主办、中国医学科学院医学信息研究所承办的“2018年（2017年度）中国医院科技量值发布会暨第六届中国医学科学发展论坛”在中国医学科学院礼堂举行。这是院校首次发布中国医院科技量值（STEM），对中国医院这一特殊研究实体的科技创新力给予评价，导引我国医院科技发展方向。科技量值（STEM）是一种围绕科技活动全过程，覆盖创新活动全链条，以统一标准、统一来源、统一方法，从科技产出、学术影响、科技条件3方面反映医院科技活动影响广度和深度的综合测算值。STEM的提出是基于对医学研究，特别是临床医学研究规律的系统思考，基于对医学科技创新发展环境的系统考量，基于对中国医院学科建设与临床研究实际的系统调研，基于对国际相关科技评价研究与方法的系统把握，是对科技的、医学的、医院的科技能力的多指标立体评价，适用于对中国医院这一特殊研究实体的科技创新力评价。

（易婧婧）

中央戏剧学院

【概况】中央戏剧学院是新中国第一所戏剧教育高等学校，教育部直属院校，是中国戏剧影视艺术教育最高学府，是国家确定的世界一流学科建设高校，是中国高等戏剧教育联盟总部、亚洲戏剧教育研究中心总部和世界戏剧教育联盟秘书处所在地，是世界著名艺术院校。中央戏剧学院有2个校区，东城校区位于东城区东棉花胡同39号，昌平校区位于昌平区宏福中路4号。校区总占地面积约23万平方米，建筑面积约18万平方米。中央戏剧学院设表演、导演、舞台美术、戏剧文学、音乐剧、京剧、歌剧、舞剧、偶剧、戏剧教育、戏剧管理、电影电视等系。本科专业设置有表演、戏剧影视导演、戏剧影视美术设计、戏剧影视文学、戏剧学、播音与主持艺术、艺术管理等专业。学院具有戏剧与影视学和艺术学理论博士、硕士学位授权一级学科点。学院设博士后科研流动站。学院拥有中国唯一的表演专业领域国家级教学团队，唯一的导演专业领域国家级特色专业建设点，唯一的音乐剧表演教学国家级人才培养模式创新实验区，唯一的戏剧影视类国家级实验教学示范中心。是中国话剧协会、中国戏剧家协会导演艺术委员会、国际舞台美术联盟、中国舞美学会、国际舞美组织中国中心、国际戏剧评论家协会中国分会、中国音乐剧协会教学专业委员会、中国中小学戏剧教育研究中心、中国戏剧文化管理协同创新中心以及“一带一路”国家电影教育国际联盟所在地。

2018年，中央戏剧学院教育经费投入4.22亿元，其中国家拨款3.11亿元、自筹经费1.11亿元。固定资产总值9.04亿元，其中教学、科研仪器设备资产值2.27亿元。图书馆建筑面积1.05万平方米，藏有纸质图书56.52万册、电子图书424.6万册。有计算机1026台,多媒体教室座位3432个。学校信息化经费投入592万元，信息化设备资产3339.7万元，网络信息点5833个，校园网出口总带宽1534Mbps,电子邮件系统用户3278个，数据库45个。设置12个系，2个教学部；开设7个本科专业，覆盖2个学科；具有一级学科2个，一级学科博士点2个，博士学位授权点2个，硕士学位授权点2个和专业学位授权点1个；博士后流动站2个，其中博士后研究人员在站5人,国家重点学科1个。教职工392人，其中专任教师250人，包括教授65人、副教授81人；博士生导师54人、硕士生导师82人；享受政府特殊津贴专家12人。外籍教师8人。毕业生564人，其中学历教育学生中全日制研究生90人（博士生25人、硕士生65人）、普通本科生471人,非计划招生高等教育学生中在职人员攻读硕士学位3人。招生761人，其中学历教育学生中全日制研究生156人（博士生32人、硕士生124人）、普通本科生605人。在校生2851人，其中学历教育学生中全日制研究生373人（博士生84人、硕士生289人）、普通本科生2472人，非计划招生高等教育学生中在职人员攻读硕士学位6人。留学生毕业11人、招生11人、在校生32人。完成国家精品网络课程——“戏剧概论”的建设工作。拓宽学生国际交流平台，与伦敦艺术大学就舞台美术专业“3+2”校际交流项目开展合作；实施话剧影视表演“丝绸之路”人才培养项目，学历层次实现全覆盖。成立戏剧艺术研究所，探索制订驻所专家制度；建成科研信息化系统平台；组织开展6类院内科研项目的申报，完成32个项目立项和36个项目结项；承担国家重要出版项目《中国大百科全书》（第三版）戏剧学科组稿工作，参与全国和北京市十余类国家和省部级科研项目。继续推进昌平校区基本建设，完成体育场工程建设；影视教学楼通过规划和竣工验收，取得教育部关于舞美制作实验工坊可行性研究报告的批复。

（王兴民）

【iSTAN李锐丁舞台服饰展】5月10日至7月28日，由戏剧学院和国际舞台美术联盟（iSTAN）联合主办的“iSTAN李锐丁舞台服饰展”在戏剧学院展出。展览以中国舞台服装、化装设计领域的代表人物——李锐丁的“戏梦人生”为主题，展现其100余件舞台服饰作品。

（王兴民）

【本科教学工作审核评估】6月4—7日，以中山大学原党委书记为组长的本科教学工作审核评估专家组莅临戏剧学院，对学院本科教学工作进行全面考察。

（王兴民）

【音乐剧电影《家》上映】6月16日，戏剧学院出品的音乐剧电影《家》在全球公映。该片改编自巴金的同名小说《家》。

（王兴民）

【联手创办剧院管理本科班】7月16日，戏剧学院与北京保利剧院管理有限公司就深化校企合作达成协议，双方决定在人才培养、行业高级人才研修、专业研究等领域展开全方位、深层次合作。

（王兴民）

【第四届演艺家论坛】10月12日，由戏剧学院主办、演艺家研究中心承办的第四届演艺家论坛在戏剧学院成功举办。文化和旅游部直属院团、省级演艺集团和院团、演出院线、知名民营演艺机构、演艺集团、高校和研究机构嘉宾近30人齐聚北京，围绕“如何激发演艺机构发展的内生动力”主题展开讨论。会议期间，演艺家研究中心发布《演艺家新时代宣言》。

（王兴民）

【第七届国际剧院团管理大师班】10月13—15日，由中国戏剧文化管理协同创新中心、美国布诗诺艺术中心和中国话剧协会联合主办的“第七届国际剧院团管理大师班——中美高峰对话”在戏剧学院举办。来自美国大都会歌剧院、美国独立演出商业联盟、美国布诗诺艺术中心、美国肯尼迪艺术中心、美国百老汇联盟、美国哈特福德舞台区域剧院、美国Genworth集团等团体的高级管理者及专家学者与国内80家剧院团和艺术中心高级管理者100人一道，围绕“戏剧的当代发展——政府政策与剧院团的经营管理”主题，聚焦中美戏剧行业发展，就合作问题进行沟通，达成诸多共识。

（王兴民）

【一带一路电影教育国际联盟】戏剧学院联合以色列、意大利、尼泊尔、

12月，歌剧系2014级歌剧表演班毕业演出剧目《山村女教师》
（中央戏剧学院提供）

菲律宾、韩国、塞尔维亚、新加坡、斯里兰卡、乌克兰、越南等“一带一路”国家的10余所高等艺术院校和机构发起成立“一带一路”国家电影教育国际联盟。11月28日，联盟成立仪式在戏剧学院举行。12月1日，联盟在海南省海口市举办多场学术活动。“一带一路”国家电影教育国际联盟是我国首个“一带一路”框架下加强各国电影艺术教育合作交流的组织。

（王兴民）

【专业教学指导委员会成立】11月30日，教育部高等学校戏剧与影视学类专业教学指导委员会成立仪式暨第一次工作会议在戏剧学院举行。教育部相关领导、该届教指委全体委员和特邀专家13人出席会议。会议明确本届教指委成立背景、重点工作和具体要求。

（王兴民）

职业与成人教育

【概况】2018年，东城区教委辖属中等职业学校5所、工读学校1所、成人教育学校4所。招生中等职业学校118人、工读学校35人。在校生中等职业学校601人、工读学校75人。教职工总数中等职业学校510人。

（杨成莲　李银姬）

【职普融通工作座谈会】3月14日，东城区教委职普融通工作座谈会在北京国际职业教育学校鼓楼校区召开。会上参观金融、文物保护技术等专业实训基地，3所职业学校和青少年学院分别介绍职业体验课程特色和学院制课程平台开发情况，10所中学提出课程需求和相关建议。区教委相关领导及科室、青少年学院、职教研修室、相关学校干部教师30余人参会。

（覃玉玲　李银姬）

【中小学职业体验课程推介会】4月13日，东城区中小学职业体验课程推介会在北京市第一七九中学召开。会议以“走进职业体验中心，感受传统文化魅力”为主题，分为集中推介和课堂实践2个环节。在集中推介环节，北京国际职业教育学校、北京现代职业学校、第一七九中学分别介绍各自的职业体验课程特色，青少年学院介绍学院制课程平台建设和运行情况。在课堂实践环节，3所职业学校共开设书画装裱、古法制香、手工巧克力制作等12门课程，与会人员现场实践体验。区教委相关科室、教师研修中心、教育研修学院、青少年学院、相关学校干部教师100余人参加。

（覃玉玲　李银姬）

【语言文字规范化建设培训】5月11日，东城区语委办带领专家在大方家回民幼儿园开展全区幼儿园语言文字规范化达标建设工作培训。9月14日，在安外三条小学开展全区中小学校语言文字规范化达标建设工作培训，对《中小学语言文字工作指导标准》进行解读，对本年语言文字规范化达标验收工作进行布置，为各单位语言文字规范化建设工作提供指导，推进全区语言文字规范化达标建设。

（章力红　李银姬）

【推广普通话宣传周活动】9月14日，东城区语言文字工作委员会在东城区安外三条小学举办以“说好普通话，迈进新时代”为主题的宣传活动。开展全区中小学语言文字达标建设工作培训、语言文字公开课、语言文化游戏活动、东城区普通话普及情况调查，儿童诗朗诵体验五大板块活动，让大家理解语言文字的魅力，体验中华传统文化的精妙，提升语言文字应用能力，增强文化自信。上级领导、各学校主管领导、中小学校学生代表、家长代表、社区居民代表等1000人出席推广普通话宣传活动。

（章力红　李银姬）

【全民终身学习周活动】11月20日，“深化城教融合　共建学习东城”东城区第十四届全民终身学习活动周开幕式在北京人民艺术剧院举办。开幕式上，表彰在社区教育工作中获得全国、北京市、东城区荣誉的先进集体和个人；首都市民学习之星代表以《润物细无声——投身市民教育相伴终身学习》为题介绍主动学习，参与学生职业启蒙教育、普及劳动教育的事迹；来自东四街道花友会、建国门街道戏剧公社、东城区百姓学堂——祖文说法流动课堂的3个市民学习团队展示学习成果。北京人民艺术剧院、东城区委常委、宣传部，区委教工委、区教委、区政府教育督导室、东四街道办事处有关领导出席，北京教育科学研究院、市成人教育协会、东城区社区教育合作单位代表、各街道、委办局、学区市民学习基地（中心）、市民职业体验中心代表，市民代表150余人参会。11月至12月期间，举办市民数独大赛、市民花艺大赛、市民厨艺大赛、清风墨韵书画展、中老年市民计算机应用能力竞赛、市民业余棋类比赛、北京大学国子监大讲堂流动课堂、百姓学堂系列讲座进社区等12项主题活动。各街道办事处围绕活动主题，制订活动方案，开展宣传、讲座、才艺展示、市民读书征文等学习宣传和教育培训活动。

（连莲　李银姬）

表24

2018 年东城区职业高中一览表

校 名	地 址	电 话
北京国际职业教育学校（鼓楼校区）	宝钞胡同21号	64006286
北京国际职业教育学校（北京站校区）	柳罐胡同2号	65598391
北京国际职业教育学校（和平里校区）	和平里南口民旺园33号	64280559
北京现代职业学校	定安里12号	67017646
北京市第一七九中学	左安浦园4号	67125384
北京百年农工子弟职业学校	朝阳区望京西路51号	64790702
中央音乐学院鼎石实验学校	南河沿大街19号	65388475
北京市国际美术职业高中	东直门外小街甲27号	64686672
北京市东城区古城职业高中	顺义区后沙峪古城村裕民大街11号	80484523

（李银娅）

表25

2018 年东城区成人教育学校一览表

校 名	地 址	电 话
北京市东城区职业大学	朝阳门外潘家坡1号	65520824
北京市东城区职工大学	东四西大街48号	65520824
北京开放大学东城分校	豆腐池胡同39号	67153071
北京开放大学崇文分校	板厂南里5号	67153071

（李银娅）

文 化

9月29日，“影像北京·东西合璧”摄影作品展开幕（区文联提供）

综　述

东城区历史遗存众多、文化底蕴深厚、文化资源丰富，7.8公里长的旧城中轴线文脉纵贯南北，拥有故宫、天坛、大运河（玉河故道）等3处世界文化遗产，国家级、市级文保单位164处，占全市的1/3；拥有南锣鼓巷、雍和宫——国子监等18.5片历史文化街区，占全市的43%；非物质文化遗产名录数量居全市前列，是“中国民间文化艺术之乡”；拥有北京人艺、中央戏剧学院、中国美术馆等丰富的文化资源，是北京专业艺术院团、演出场所、博物馆最密集的城区。

中轴线申遗和文化遗产保护。组建中轴线申遗工作专班，聚焦钟鼓楼周边等5个片区和各遗产点，编制《东城区落实中轴线申遗工作方案》，完成社稷坛、太庙、天坛公园园内住户腾退，实施法国兵营旧址、估衣会馆等文物腾退10处，修缮文物7处。起草东城区历史文化传承展示工作方案；与故宫博物院开展战略合作，启动实施故宫艺术馆、文创馆项目，故宫艺术馆等落户前门地区。人艺戏剧中心奠基。以中轴线申遗为契机，持续推进“历史文化精华区”建设。“东四胡同博物馆”建成开馆。前门草厂三至十条经过风貌恢复后精彩亮相，引入专业化运营团队，探索新老建筑、居民、文化共生的新路径，展示“老胡同、新生活”优美景观。

文化产业发展。制订“1+5”产业政策体系，聚焦文化、金融、信息服务业三大主导产业。推动“国家文化与金融合作示范区”创建，支持华夏银行、杭州银行等成立文化金融专营机构，联合清华大学五道口金融学院成功举办“2018中国文化金融峰会”。文化创意产业发展实现增加值352亿元左右，占GDP比重达到14.4%，12家企业当选全国、北京市“文化企业30强”。

文化惠民。巩固“国家公共文化服务体系示范区”建设成果，进一步推动图书馆法人治理结构改革，开展图书馆、文化馆总分馆试点。以纪念改革开放40周年为主题，推出系列电视专题片《40年，我和我的东城》，开展170余项、3000余场群众文化展演活动。“书香东城”建设持续推进，新增阅读空间8处，吸引读者81万人次走进图书馆，王府井书店图书馆、角楼图书馆获评北京“十佳优读空间”。深化“戏剧东城”建设，推出10个原创剧目，成功举办全国话剧展演季等五大戏剧节。继续举办周末相声俱乐部、中秋诗会等品牌活动。打造中轴文化探访路线，“18小时寻找北京”活动网络直播阅读量达1.2亿人次。区文化遗产博物馆，区文化活动中心、广和剧场主体完工，北京国际戏剧中心实现开工。9个街道100个社区实现公共文化设施社会化、专业化运营。在2016年成功创建第二批国家公共文化服务体系示范区的基础上，东城区着力提高公共文化服务标准化、均等化水平，并在2017年、2018年市政府开展的公共文化服务效能评估中连续两年蝉联全市第一名。

京津冀文化发展联盟交流合作。办好地坛、龙潭文化庙会，继续推动地坛文化庙会全球行活动，让更多老字号和非遗项目走出去，不断提升“文化东城”品牌影响力。

（王钦双）

文化事业

【概况】东城区文化委员会（简称区文委），机构设置9个，即党委办公室、办公室、公共文化事业科、文化市场管理科（安全生产科）、文物管理科、综合审批科、演艺产业发展促进科、人事科、财务科。区文委行政执法队设：办公室，第一、二、三、四执法分队。有公务员编制80人、实有78人，事业单位17个、编制569人、实有281人。

2018年，区文化委在区委、区政府的领导下，深入实施“文化强区”战略，努力盘活公共文化阵地，更好满足人民日益增长的美好生活需要，为建设“国际一流的和谐宜居之区”提供精神文化支撑，各项工作在全市走在前列。获北京市安全生产月优秀组织奖、北京市履行安全生产监管（管理）职责示范单位；第一、第二文化馆在第十三届“舞动北京”群众舞蹈大赛广场舞、2018歌唱北京等系列大赛中获得40余个奖项；第一图书馆获北京市文化工作先进集体，王府井书店图书馆和角楼图书馆分获北京市十佳“优读空间”；执法队队员代表北京市参加第二届全国文化市场综合执法技能竞赛复决赛，获得移动执法及网络案件办理单项一等奖。

（刘晶伟）

【社会化服务购买】编制《东城区2018年基层公共文化设施专业化、社会化运营指导目录及经费标准》，建立健全公开、公平的政府向社会购买服务工作机制。2018年，东城区把参与试点“政府购买公共文化服务”方案的街道从4个文体中心与46个社区文化活动室扩展到9个街道100个社区，并划转社会化购买经费828.2万元，由街道作为采购实施主体，区文委同步进行绩效考评与课题研究。通过政府购买服务选择符合条件的承接方，发挥社会力量专业、资源优势，针对居民开展菜单式、订单式服务，提供街道文体中心（社区综合文化室）场馆管理、文艺演出、艺术培训、展览展示、娱乐健身、团队辅导、读书活动等公共文化服务内容。

（刘晶伟）

【群众文化需求满意度测评】2018年，抽取全区64个社区综合文化室（含多合一社区），就社区综合文化室及周边居民开展调查，社区覆盖率为50%。共发放问卷1400份，回收1400份，有效问卷1339份。2018年区公共文化设施与服务公众满意度综合指数为82.50分，相较2017年（86.1分）略有下降，减少3.6分，下降率为4.18%。原因上分析，2018年抽样点主要集中在社区，2017年覆盖三级公共文化设施，区级馆及街道综合文化中心满意度得分一般较社区得分高。就各指标项来看，公众对公共文化服务供给和公共文化设施网络建设的满意度较高，得分率分别为86.49%和84.59%；公众对区公共文化设施及服务的整体评价满意度为78.77%；对公共文化服务的消费信心为79.87%。整体来看，东城区公众对公共文化消费信心呈上升趋势。

（刘晶伟）

【公共文化数字化服务平台】4月，东城文化云——东城区公共文化数字化服务平台上线试运行。平台基于SOA（面向服务）分布式架构，实现全区各街道社区的文化资讯、文化活动、文化场所、文化队伍、数字资源、地域文化等版块一体化分级数据上传，第一时间为公众提供全方位、立体化、多层次、多平台的公共文化服务。至年底，公共文化云平台上传活动信息1200余条，资讯信息1300余条，服务用户1万余人。

（刘晶伟）

【文化团队】全区有群众文化团队981支，包括区级团队45支、街道级团队161支（17个街道平均9.47支）、社区级775支（177个社区平均4.53支）。团队活动内容主要涵盖舞蹈、歌唱、声乐、健身、戏剧、曲艺、书法、摄影等类别。有成员2.27万人，每团队平均23人，30人以下的团队占比超过80%。周末相声俱乐部演出超过700场，10余万人观看；银海乐团围绕主旋律创作演出《红旗颂》《长城送》《祖国颂》三部曲获群众好评；华风合唱团、快板沙龙、相声俱乐部、银海民族管弦乐团、北京阳光艺术团、琴书说唱团等成为特色品牌优秀团队。

（刘晶伟）

文化设施

【概况】全区177个行政社区整合建成128个文化社区，文化活动设施总建筑面积4.9万平方米。街道级文体中心和社区文化活动室设施达标率、建有率、完备率在全市处于领先地位。还有196个室外文化广场、40个博物馆、29个剧场、34个电影院、166家对外开放文体活动设施单位，基本形成覆盖均衡、便捷高效的公共文化服务设施网络，居民群众步行不到10分钟就可以找到一处公共文化服务设施，初步实现十分钟文化服务圈。

（刘晶伟）

【东城区第一文化馆】2018年举办新年音乐会、第二十八届新春游乐会、第三十三届地坛春节文化庙会文艺演出、第十二届北京管乐节、首届全球华语朗诵大赛暨第四届曹灿杯全国青少年朗诵展演活动、第九届百姓环保戏剧展演、第八届中法戏剧交流公益演出、第八届北京东城国际喜歌剧公益演出等品牌文化活动。开展“我的舞台 我的梦”群众文化系列文化演出活动48场，受益群众2.4万余人次。面向社区百姓开展话剧、空竹、舞蹈、声乐、古筝等9大门类的公益培训230学时，受益群众近3000人次。周末相声俱乐部举办48场演出，吸引观众1.5万余人次。举办东城书场48场，观众近4000人次。放映公益电影50场，吸引观众2700余人次。举办公益舞会40 场，吸引百姓2300余人次。东城区第一文化志愿者服务分中心参与文化志愿服务累计服务时长近3万余小时，服务8万余人次，受益群众达12万余人。

（刘晶伟）

【东城区第二文化馆】在第三十五届春节龙潭文化庙会提供40余场演出。在元宵节、清明节、中秋节、重阳节期间，举办非遗闹元宵——东城区新春非遗庙会、东城区清明风筝放飞、月圆京城　情系中华——2018中秋诗会、孝满京城　德润人心——纪念改革开放40周年书画摄影作品展。举办第十届北京快板邀请赛暨2018年京津冀快板邀请赛、2018年北京少儿曲艺大赛等赛事。组织辅导舞动北京、歌唱北京等群众文化赛事。2018年开设6大门类12种课程，开办200余班次，参与群众4000余人次。

（刘晶伟）

【东城区第一图书馆】总面积1.18万平方米，是北京市精神文明先进单位，获首都文明单位标兵称号。2018年以全市区级馆总分第一名获文化部地市级一级图书馆称号；馆店深度合作推广全民阅读案例被评为图书馆界、出版界优秀阅读推广案例；王府井书店分馆获北京市十佳优读空间称号；书海听涛——作家与读者见面会获北京阅读季优秀领读者品牌；诵读大赛活动获阅读北京优秀组织奖。图书馆全年到馆读者超过73万人次，外借书刊36万余册次，组织各类读者活动809场，近5万人参与。2018年，书香东城全民阅读数字平台访问310万次，数字图书下载21万次，听书下载量22万次。

（刘晶伟）

【东总布胡同图书馆】建筑面积400平方米，阅览席位50个，电子阅览席位10个，入藏图书2万余册，期刊50

种，报纸15种，音像制品113种，读者通过目录检索，使用RFID自助借还书机借阅。室内设有数字阅读机2台，提供电子图书、听书、视频等数字资源。2018年，外借图书7.632万册次，到馆3.98万人次，办理借书证427张，组织活动讲座353场，5774人次参加。

（刘晶伟）

【第一图书馆王府井书店分馆】是区文化和旅游局与北京发行集团合作建设的基层公共图书馆，7月2日正式开馆，开放时间为早10点到晚8点，每周70小时、全年365天无休。馆内藏书7100种、8884册，可供外借现刊30种、阅览报纸7种，音像制品117种。馆内有读者席位28个（含电子阅览），数字阅读机1台，阅报机1台，读者用数字阅览电脑10台。通过北京市“一卡通”可以访问首都图书馆及馆内各种数字资源。东城区读者可以利用“书香东城”数字阅读卡免费访问“书香东城”数字平台上资源，包括10万册电子图书、2万集有声图书、1500种期刊及14万套中小学课件。获得2018出版界图书馆界全民阅读年会“全民阅读优秀案例”、2018年首都市民系列文化活动“阅读北京·十佳优读空间”、第六届北京王府井国际品牌节王府井十大文艺胜地等奖项与称号。

（刘晶伟）

【东城区第二图书馆】东城区第二图书馆设有火神庙外借处、左安门借阅处、正仁大厦六层3处临时办公点，以及分馆角楼图书馆，下辖7个街道图书馆和47个社区图书馆（室），364个送书点。2018年办证1326个，其中成人证653个，少儿证635个，集体证38个。加工分编图书1万余册，报纸58种，期刊318种，馆藏图书总量79万册。接待读者总量24.9万人次，图书外借总量19.7万册次，集体送书19次共计7885册，举办读者活动628场，直接参与人次7.8万人。公益讲座贯穿全年、每季度举办专题展览、定期举办普法大讲堂；在传统节日、重要节日与相关单位合作开展朗诵会、读书分享会、经典导读等活动；举办阅读推广活动共约110余场，直接参与读者1.94万人次。品牌活动红领巾读书活动、南城往事、诵读大赛广受好评，完成第四届“曹灿杯”青少年朗诵大赛。邀请专业老师、艺术家走进社区、走进学校、走进军营、走进送书服务点，让更多的人通过参与阅读活动，感受阅读的魅力。建立老北京特色数据库， 完成《“星空电影院”推荐图书》《中国的“二十四节气”图书书目汇编》等文献。完成国家图书馆数字图书馆推广工程项目申报即数字资源联合建设地方文献数字化项目。获国家级有声阅读示范基地称号、全国少年儿童我的藏书票设计比赛优秀组织奖、北京市红读活动优秀组织奖。角楼分馆也被列为北京市科普基地、十佳优读空间。

（刘晶伟）

文化活动

【概况】文化委组织群众文化展演季，传统节日、重大节日演出，百姓周末大舞台、精品演出，文化扶贫，加强京津冀区域文化交流、文化联动及春雨工程边疆行等活动。

（刘晶伟）

【传统品牌文化活动】新年期间，举办东城区新年音乐会、东城新春民族音乐会、东城新春合唱音乐会，“非遗”闹元宵庙会，组织龙潭、地坛庙会花会演出等传统品牌文化活动。新春活动参与人数130余万人次。

（刘晶伟）

【群众文化展演季活动】6月28日晚，2018年东城区群众文化展演季开幕式暨纪念改革开放40周年文艺演出在玉蜓公园市民文化广场举行。展演季期间，在各企事业单位、街道、社区、公园文化广场、学校等场所开展各类文艺演出。展演季以唱响新时代 文化进万家为主题，开展歌唱东城、舞动东城、艺韵东城、戏剧东城、影像东城、阅读东城、综合性文化活动七大板块原创东城系列文化活动。活动达158项、1000余场次，参与演出人员近1万人，受益群众30万余人次。10月16日、17日举行闭幕演出。展演季活动中，28家单位获优秀组织奖。

（刘晶伟）

【“八一”慰问演出】7月31日，东城区第二文化馆“爱在东城艺家亲”——庆八一慰问驻区部队文艺演出在区公安消防支队花市中队举行。表演舞蹈看山看水看中国、女声独唱永远跟你走、相声最强大脑等节目，体现军民鱼水之情和人民与军队一家亲。

（刘晶伟）

【中秋诗会】9月24日，在永定门南广场、钟鼓楼文化广场及角楼图书馆举办2018中秋诗会。主会场永定门诗会由市委宣传部、首都文明办、市文化局等单位与区委、区政府共同主办，区委宣传部和区文委承办。现场多名艺术家表演《沁园春·雪》《春江花月夜》《水调歌头·明月几时有》等诗篇朗诵。市区有关领导与部队官兵、高校学生、来京建设者、中小学生及家长、街道社区群众代表近1000人观看。

（刘晶伟）

【周末相声俱乐部】9月27日，庆祝北京周末相声俱乐部成立15周年暨改革开放40年新闻发布会在东城第一文化馆举行。10月3～7日，在东城区第一文化馆风尚剧场上演不忘初心、中流砥柱、名师高徒、名家名段、群星璀璨5场惠民演出，精选近40段相声作品回馈京城观众，部分公益票赠送给节日期间奋战在一线各行各业的劳动者。

（刘晶伟）

【东城区百姓周末大舞台】10月，东城区完成历时6个月的百姓周末大舞台及周末场100场演出。活动自4月至10月在区全面开展，每个周末，在地坛公园和玉蜓公园都有精彩文艺节目上演，演出团体有中国杂技团、北京歌剧舞剧院等26个专业艺术表演团体，演出内容涵盖综艺节目、折子戏、儿童剧、杂技专场等，在2个公园共演出100场，观众3.14万人次。

（刘晶伟）

【送演出到基层】2018年，东城区文委精准对接群众需求，采取菜单式管理、订单式服务模式，将演出送到基层老百姓身边。到各街道演出55场节目，受众人数8000余人。

（刘晶伟）

【精品演出】2018年免费向居民发放部分精品剧目票，让普通百姓也能欣赏精品演出。演出剧目有第三届北京钟鼓楼相声汇、北京喜剧院2018喜聚北京《驯悍记》《开心晚宴》《刘三姐》《李白》等展演剧目，受益群众6800余人。

（刘晶伟）

【文化扶贫】东城区与河北省张家口市崇礼区、内蒙古自治区乌兰察布市化德县、兴安盟阿尔山市、西藏自治区拉萨市当雄县、湖北十堰市郧阳区等贫困地区开展携手奔小康行动。9月，为当雄和崇礼文化干部30人举办为期7天的文化培训班。12月11日，受东城区文化委邀请，西藏自治区当雄县将原创剧《天湖·四季牧歌》搬上东城的舞台。该剧于12月10日、11日在东城区风尚剧场演出3场。

（刘晶伟）

【京津冀区域文化交流】5月，组织知名相声演员赴秦皇岛市文化广场剧场，举办北京东城曲艺专场惠民演出；6月，区文化委作为京津冀公共文化服务示范走廊发展联盟成员单位，受邀赴天津参加新时代新阅读新未来公共文化服务体系示范区创建成果论坛。举办京津冀快板邀请赛暨第十届北京快板邀请赛；9月，东城区组织曲艺界名人到张家口市崇礼区开展文化手拉手曲艺名家名段专场演出。崇礼区委宣传部、文化局领导和干部群众500余人观看演出。

（刘晶伟）

【文化联动及春雨工程边疆行】6月，与海南省三亚市、澄迈县，开展非遗展示、书画交流等活动。10月，区文委组织东城区文化志愿者、工艺美术大师、非物质文化遗产项目传承人及著名书画家16人，赴西藏自治区昌都举办书画作品展、非物质文化遗产代表项目展，与当地书画爱好者和非物质文化遗产项目传承人交流，并将部分参展作品捐赠给昌都市文化局。11月，赴腾冲、芒市开展春雨工程文化志愿者边疆行活动。

（刘晶伟）

戏剧东城

【概况】2018年东城区有艺术表演团体53家，演出经纪机构293家，剧场36家，其中开展营业性演出的场馆27家。东城演出市场全年演出5655场，其中戏剧类演出4023场，观众数量139.2万人次，票房收入2.01亿元，分别在全国戏剧演出市场中占近一成份额。平均每座场馆演出场次达209场，是全国场馆平均演出场次的近3倍。

（刘晶伟）

【南锣鼓巷戏剧展演季】5月18日，东城区戏剧建设促进委员会主办的2018南锣鼓巷戏剧展演季在中央戏剧学院实验剧场开幕，东城故事原创剧目《十年》作为开幕戏上演。展演季持续至8月底，历时3个月，10部原创剧目、25部邀演剧目，100余场演出在中戏实验剧场、首都剧场、保利剧院、长安大戏院等10余家剧场演出。6月16日至7月1日，南锣鼓巷展演季近景短剧单元在青年湖公园戏剧百年广场、77文创园、角楼图书馆共表演20部短剧作品。

（刘晶伟）

【第八届中国儿童戏剧节】7月14日，由中国儿童艺术剧院和东城区委区政府联合主办的第八届中国儿童戏剧节在中国儿童艺术剧院开幕，儿童剧《月亮草》作为开幕戏上演。第八届中国儿童戏剧节历时43天，包括戏

12月11日，西藏自治区当雄县原创剧《天湖·四季牧歌》在东城舞台演出（区文化委提供）

剧展演、艺术研讨、戏剧活动三大板块，16个国家和中国台湾地区38家儿童戏剧团体携61台剧目演出229场。同时举办国际儿童青少年戏剧协会2018年艺术大会，近100个国家的艺术家及戏剧专业人员400余人参与，这是国际儿童青少年戏剧协会成立50余年来首次在中国举办。

（刘晶伟）

【第八届北京喜剧艺术节】9月26日，第八届北京喜剧艺术节在北京喜剧院开幕。艺术节由东城区文化委员会支持，大道文化、东方（北京）国际文化艺术中心有限公司和大麦网共同主办，入选北京文化艺术基金年度传播交流推广项目。戏剧节以欢乐、生活、力量为主题，特别策划狂喜海内外、经典欢乐秀、笑翻北京城三大演出板块，包括《戏台》《老宅》等10部优秀喜剧作品，演出共计32场。

（刘晶伟）

【北京国际青年戏剧节】6月30日，由市文联、团市委、国家话剧院主办，北京戏剧家协会和北京青年戏剧工作者协会承办，东城区文委支持的第十一届北京国际青年戏剧节，在恭王府开幕。本届北京青年戏剧节整合国内艺术力量，融合科技奇趣，28部风格各异的好戏，在北京12个剧场轮番演出63场，打造出多元化的戏剧盛会。

（刘晶伟）

【第二届全国话剧展演季】11月13日，戏剧东城·第二届全国话剧展演季在首都剧场拉开帷幕，展演季由市委宣传部作为指导单位，中国话剧协会、市文化和旅游局、东城区委、区政府联合主办。内蒙古自治区话剧院带来《大国工匠》作为开幕大戏上演。展演季于11月至2019年1月，在国家话剧院、首都剧场、保利剧院、北京喜剧院、国话先锋剧场等剧院集中上演，来自全国15个省、直辖市、自治区25部优秀剧目，共计演出50场。展演季的剧目以改革开放40年建设成就为主题，从全国几十家著名院团中遴选出来。

（刘晶伟）

【东城故事原创剧目展演】10月8日，由东城区戏剧建设促进委员会主办，区委宣传部、区文委承办，区总工会支持的2018东城故事原创剧目展演暨戏剧进基层演出在隆福剧场开幕，东城故事原创剧目《鱼虫儿》作为开幕戏上演。《旗袍》《生逢灿烂》等10部话剧、6部传统戏曲共演出27场。

（刘晶伟）

【戏剧体验】戏剧体验项目自2016年启动，已连续举办3年，至2018年底共举办120次戏剧表演课，受益戏剧爱好者近4000人次。邀请戏剧专业老师、青年导演、青年演员，为免费报名的戏剧爱好者开展零基础戏剧体验课。2018年戏剧体验活动于每周四晚在东城区第二文化馆进行，共举办40场次。

（刘晶伟）

【戏剧开讲】戏剧开讲项目从2016年启动，已连续举办3年，由东城区文化委员会与北京人艺联合在人艺菊隐剧场主办，至2018年底邀请濮存昕、郭宝昌、罗锦鳞等戏剧业内专家进行50期的专题讲座，受益百姓近5000人次。2018年戏剧开讲举办活动20期。

（刘晶伟）

【戏剧一帮一普及成果展演】12月24日，由东城区戏剧建设促进委员会主办、东城区演出行业协会承办的戏剧东城·第二届全国话剧展演季——2018东城区戏剧普及成果展演在菊隐剧场开幕。戏剧普及“一帮一”活动全区24家参与单位，与专业戏剧院团结成帮学对子，一同进行剧目创作排演。历时近3个月，24部由院团辅导参与单位共同创作的话剧作品，在菊隐剧场集中展示5天，戏剧专家评委对作品的创作及表演进行点评。

（刘晶伟）

文化市场监管

【概况】2018年，全区有网40家、游艺娱乐场所17家、歌舞娱乐场所41家、电影放映单位16家、演出场所经营单位23家、出版物经营单位111家、印刷企业20家、地面卫星设施接收单位69家、网络文化经营单位56家、普通文保单位53家。区文化委全面落实文化市场管理和扫黄打非各

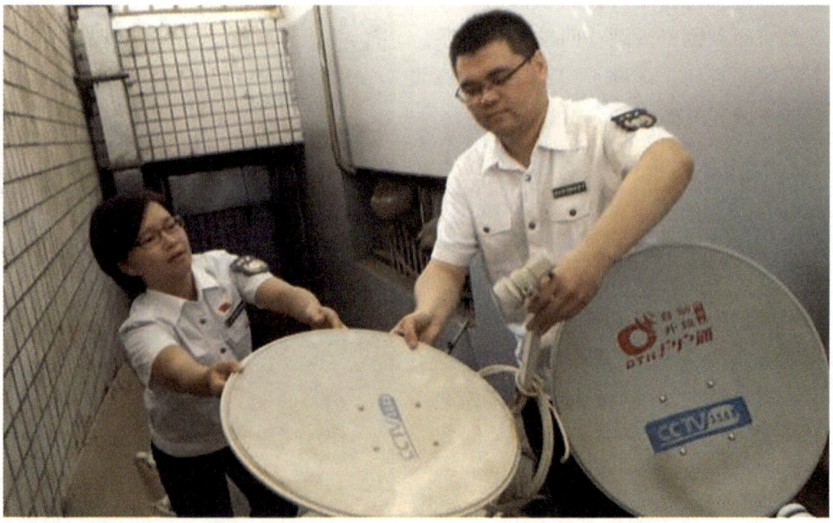

5月，执法队处理举报没收58套非法卫星接收设施（区文化委提供）

项工作任务，全年出动执法人员4000余人次，检查场所2042家次。行政处罚立案361起，同比增长1.21倍，结案362起，同比增长1.26倍，罚没款9.068万，没收非法出版物53册、非法卫星接收设施58套。检查量、立案数、结案数均位居全市各区首位。

（刘晶伟）

【扫黄打非专项行动】3月至10月，区文化委开展“扫黄打非·护苗2018”专项行动。办理网吧接纳未成年人案件5起；办理出版物市场违法行为案件140件，罚没款6800元，没收非法出版物52册。推广《护苗·网络安全课》系列视频，引导青少年健康上网。开展“绿书签2018”集中宣传活动，赠送绿书签200余张、发放宣传品300余件（套）、张贴海报20余份，并专门拍摄视频片在公众号推广。同时，开展“扫黄打非·净网2018”专项行动，通过“一全、二查、三律”方式强化监管。“一全”是实现对网络文化企业监管全覆盖；“二查”是对网络经营内容进行全面检查；“三律”是引导网络文化企业自律自查。重点打击未经批准上线运营的网络游戏、含有淫秽色情内容的产品宣传、盗版侵权及有害网络出版物、含违规内容的推广弹窗信息等违法行为。其间，在线巡查网站2200余家次，网络文化领域办结案件33起，共处罚款1.7万元。

（刘晶伟）

【非法卫星信号整治专项行动】4月至6月，区文化委开展非法卫星接收设施集中整治活动。其间，共立案16起，没收非法卫星接收设施42套。该专项行动分别被《法制晚报》和《北京晚报》刊登，并被10余家媒体转载。

（刘晶伟）

【集中清理非法宗教出版物】3月，对辖区内（重点是雍和宫周边）的宗教出版物销售单位及其他重点场所、地区进行集中检查，并加大网络巡查力度，封堵非法有害信息传播空间。检查印刷厂10家，书店20家，其他场所70余家，作出行政处罚1起，没收宗教类出版物7册，清理非法宣传册200册，在线巡查文化类网站300余家次。

（刘晶伟）

【强化培训引导合法经营】2018年，相继组织辖区文化娱乐场所、出版物经营单位、印刷企业的法人代表和负责人参加法律法规专题培训4场，参训人数210余人次。邀请相关单位专业人员进行法律法规宣讲、政策解读和形势分析，设置考试和问卷调查，全面提高经营人员的守法和安全生产意识。

（刘晶伟）

【文化市场安全工作部署会】5月4日，区文化委召开2018年东城区文化市场安全生产工作部署会，部署2018年三级安全生产标准化创建、安全生产明白人培训报名、安责险推广、文化行业安全隐患治理等四项工作，辖区互联网经营单位、歌舞娱乐场所、电子游戏厅等单位负责人140人参加。

（刘晶伟）

【启用电子许可证书】12月10日，东城区营业性演出审批在全市率先启用电子许可证书，演出举办单位从提交申请到拿到演出许可批文，都可以在计算机等互联网终端设备上实现，营业性演出审批全程实现网络化、无纸化。文化经营单位在京举办营业性演出活动，可凭本单位一证通证书，从首都之窗政务服务网页在线申请营业性演出。

（刘晶伟）

【规范市场管理】坚持演出活动事先约谈，要求演出前严格依法履行报批手续，杜绝非法演出及演出过程中违法违规行为。坚持实体书店举办活动事前备案工作，及时掌握和了解相关情况。2018年共约谈涉外演出、小剧场演出活动420家次，收集实体书店活动备案表440份，涉及活动440余场。

（刘晶伟）

5月，区文化委相关人员参加无线广播信号干扰应急演练（区文化委提供）

文化遗产保护

【概况】2018年，东城区文化委加强历史文化遗产保护力度，以文化遗产日为契机，深化文化遗产保护宣传。召开文博系统安全工作会议、进行安全工作检查、查处文化违法案11件；加强非遗人才队伍建设，建立北京非遗人才创新发展联盟；文化遗产博物馆开馆，丰富居民历史文化生活；修缮和正在修缮惠王府、原中法大学、惠州会馆、韶关会馆、花市火神庙、袁崇焕祠等数十项工程。

（范建铭）

【文物执法检查】2018年，对辖区内三级文物保护单位进行217家次安全巡视检查；对190处尚未核定公布为文物保护单位的不可移动文物进行380家次日常巡视检查。查处文物违法案件11件。

（刘晶伟）

【文物修缮】惠王府修缮工程，与管理使用单位组成惠王府修缮工程项目联合工作组，完成修缮工程邀标工作，产生施工、监理中标单位并签订三方协议。广东惠州会馆修缮工程建设主体为天街集团，2017年3月开工，2018年第三季度完成竣工验收，修缮资金总额1130万元。庐陵会馆修缮工程落实启动资金200万元，实施主体为天街集团。广东韶州会馆修缮工程，建设主体为天街集团，完成文物勘察检测和文物修缮设计方案，并审批通过。奋章胡同53号修缮工程由产权单位北京市高级人民法院完成文物勘察设计，设计方案报送至区文委，已审批通过，经费已经到位。花市火神庙、永定门城楼修缮工程完成房屋安全检测。安乐禅林、花市火神庙、永定门城楼文物勘察设计工作经费已经到位。

（刘晶伟）

表26　　**2018年东城区文物保护单位一览表**

编号		名称	地址及位置	级别	公布时间	类别		年代
总编号	子编号					大类	子类	
1		正阳门	天安门广场南侧	国家级	1988：全国三批	古建筑	城垣城楼	明
2		北京城东南角楼	崇文门东大街9号	国家级	1982：全国二批	古建筑	城垣城楼	明
3		北京大学红楼	五四大街29号	国家级	1961：全国一批	近现代重要史迹及代表性建筑	文化教育建筑及附属物	1918年
4		天安门	天安门广场北	国家级	1961：全国一批	古建筑	城垣城楼	明
5		人民英雄纪念碑	天安门广场内	国家级	1961：全国一批	近现代重要史迹及代表性建筑	烈士墓及纪念设施	1958年
6		北京故宫	景山前街4号	国家级	1961：全国一批	古建筑	宫殿府邸	明、清
7		天坛	永定门内大街东侧	国家级	1961：全国一批	古建筑	坛庙祠堂	明
8		智化寺	禄米仓胡同5号	国家级	1961：全国一批	古建筑	寺观塔幢	明
9	1	袁崇焕墓和祠-墓和祠	东花市斜街50、52号	国家级	2006：全国六批	古墓葬	名人或贵族墓	明、清
	2	袁崇焕墓和祠-庙	龙潭路8号龙潭公园内	国家级	2006：全国六批	古建筑	坛庙祠堂	1917年
10		国子监	国子监街15号	国家级	1961：全国一批	古建筑	其他古建筑	清

续表26

编号		名称	地址及位置	级别	公布时间	类别		年代
总编号	子编号					大类	子类	
11		北京孔庙	国子监街13号	国家级	1988：全国三批	古建筑	坛庙祠堂	元至清
12		雍和宫	雍和宫大街12号	国家级	1961：全国一批	古建筑	寺观塔幢	清
13		皇史宬	南池子大街136号	国家级	1982：全国二批	古建筑	坛庙祠堂	明
14		古观象台	东裱褙胡同2号	国家级	1982：全国二批	古建筑	亭台楼阙	明
15		太庙	天安门东侧	国家级	1988：全国三批	古建筑	坛庙祠堂	明、清
16		社稷坛	天安门西侧，今中山公园内	国家级	1988：全国三批	古建筑	坛庙祠堂	明、清
17		崇礼住宅	东四六条63、65号	国家级	1988：全国三批	古建筑	宅第民居	清
18		北京鼓楼、钟楼	钟楼湾临字9号	国家级	1996：全国四批	古建筑	城垣城楼	明、清
19		可园	帽儿胡同7、9、11、13号	国家级	2001：全国五批	古建筑	宅第民居	清
20		孚王府	朝阳门内大街137号	国家级	2001：全国五批	古建筑	宅第民居	清
21	1	东交民巷使馆建筑群——奥地利使馆旧址	台基厂社区台基厂头条3号	国家级	2001：全国五批	近现代重要史迹及代表性建筑	重要历史事件和重要机构旧址	20世纪初
	2	东交民巷使馆建筑群——比利时使馆旧址	崇文门西大街9号	国家级	2001：全国五批	近现代重要史迹及代表性建筑	重要历史事件和重要机构旧址	1866年
	3	东交民巷使馆建筑群——东方汇理银行旧址	东交民巷34号	国家级	2001：全国五批	近现代重要史迹及代表性建筑	金融商贸建筑	1917年
	4	东交民巷使馆建筑群——法国使馆旧址	东交民巷15号	国家级	2001：全国五批	近现代重要史迹及代表性建筑	重要历史事件和重要机构旧址	1861年
	5	东交民巷使馆建筑群——花旗银行旧址	东交民巷36号	国家级	2001：全国五批	近现代重要史迹及代表性建筑	金融商贸建筑	1914年
	6	东交民巷使馆建筑群——日本公使馆旧址	东交民巷21、23号	国家级	2001：全国五批	近现代重要史迹及代表性建筑	重要历史事件和重要机构旧址	1885年

续表26

编号		名称	地址及位置	级别	公布时间	类别		年代
总编号	子编号					大类	子类	
21	7	东交民巷使馆建筑群——日本使馆旧址	正义路2号	国家级	2001：全国五批	近现代重要史迹及代表性建筑	重要历史事件和重要机构旧址	清
	8	东交民巷使馆建筑群——意大利使馆旧址	台基厂大街1号	国家级	2001：全国五批	近现代重要史迹及代表性建筑	重要历史事件和重要机构旧址	1901年
	9	东交民巷使馆建筑群——英国使馆旧址	东长安街14号	国家级	2001：全国五批	近现代重要史迹及代表性建筑	重要历史事件和重要机构旧址	1861年
	10	东交民巷使馆建筑群——正金银行旧址	正义路甲4号	国家级	2001：全国五批	近现代重要史迹及代表性建筑	金融商贸建筑	1910年
	11	东交民巷使馆建筑群——法国兵营旧址	台基厂三条3、5号	国家级	2001：全国五批	近现代重要史迹及代表性建筑	军事建筑及设施	20世纪初
	12	东交民巷使馆建筑群——国际俱乐部旧址	台基厂大街8号	国家级	2001：全国五批	近现代重要史迹及代表性建筑	重要历史事件和重要机构旧址	1912年
	13	东交民巷使馆建筑群——淳亲王府旧址	东长安街14号	国家级	2001：全国五批	古建筑	宫殿府邸	清
22		柏林寺	戏楼胡同1号	国家级	2006：全国六批	古建筑	寺观塔幢	元至清
23		地坛	安定门外大街东侧	国家级	2006：全国六批	古建筑	苑囿园林	明、清
24		京师大学堂分科大学旧址	安德里北街21号	国家级	2006：全国六批	近现代重要史迹及代表性建筑	文化教育建筑及附属物	20世纪初
25		清陆军部和海军部旧址	张自忠路3号	国家级	2006：全国六批	近现代重要史迹及代表性建筑	军事建筑及设施	清
26		孙中山行馆	张自忠路23号	国家级	2006：全国六批	近现代重要史迹及代表性建筑	重要历史事件纪念地或纪念设施	民国
27		协和医学院旧址	帅府园胡同1号	国家级	2006：全国六批	近现代重要史迹及代表性建筑	医疗卫生建筑	1904-1928年
28		亚斯立堂	后沟胡同丁2号	国家级	2006：全国六批	近现代重要史迹及代表性建筑	宗教建筑	1909年

续表26

编号		名称	地址及位置	级别	公布时间	类别		年代
总编号	子编号					大类	子类	
29	1	明北京城城墙遗存——明北京城墙遗迹	崇文门东顺成街	国家级	2013：全国七批	古遗址	城址	明
	2	明北京城城墙遗存——左安门值房	左安门内大街东南端	国家级	2013：全国七批	古建筑	城垣城楼	明
30		文天祥祠	府学胡同63号	国家级	2013：全国七批	古建筑	坛庙祠堂	明
31		普度寺	普庆前巷35号	国家级	2013：全国七批	古建筑	寺观塔幢	清
32	1	大运河——南新仓	东四十条22号	国家级	2013：全国七批	古建筑	其他古建筑	明
	2	大运河——玉河故道	东不压桥胡同南口至帽儿胡同西口	国家级	2013：全国七批	古遗址	水利设施遗址	元代
33		东堂	王府井大街74号	国家级	2013：全国七批	近现代重要史迹及代表性建筑	宗教建筑	1904年
34		基督教中华圣经会北京分会旧址	东单北大街21号	国家级	2013：全国七批	近现代重要史迹及代表性建筑	宗教建筑	1928年
35		北京大学地质学馆旧址	沙滩北街15号	国家级	2013：全国七批	近现代重要史迹及代表性建筑	文化教育建筑及附属物	1935年
36		京奉铁路正阳门东车站旧址	前门大街东侧	市级	2001：北京六批	近现代重要史迹及代表性建筑	交通道路设施	1903年
37		福建汀州会馆北馆	长巷二条48号	市级	1984：北京三批	古建筑	驿站会馆	明
38		阳平会馆戏楼	小江胡同36号	市级	1984：北京三批	古建筑	驿站会馆	清
39		崇文区新开路二十号四合院	新革路20号	市级	1984：北京三批	近现代重要史迹及代表性建筑	传统民居	民国
40		花市火神庙	西花市大街113号	市级	2003：北京七批	古建筑	寺观塔幢	明
41		隆安寺	白桥大街南里1、3号	市级	1984：北京三批	古建筑	寺观塔幢	明
42		金台书院	东晓市街203号	市级	1984：北京三批	古建筑	学堂书院	清
43		正阳桥疏渠记方碑	红庙街78号	市级	1984：北京三批	石窟寺及石刻	碑刻	清
44		燕墩	永定门外铁路桥西侧（原地址为永外大街31号）	市级	1984：北京三批	石窟寺及石刻	碑刻	清

续表26

编号		名称	地址及位置	级别	公布时间	类别		年代
总编号	子编号					大类	子类	
45		毛主席纪念堂	天安门广场中轴线的南部	市级	1979：北京二批	近现代重要史迹及代表性建筑	重要历史事件纪念地或纪念设施	1977年
46		毛主席故居	吉安所左巷8号	市级	1979：北京二批	近现代重要史迹及代表性建筑	名人故、旧居	民国
47		东四清真寺	东四南大街13号	市级	1984：北京三批	古建筑	寺观塔幢	明
48		嵩祝寺及智珠寺	北河沿大街25号、嵩祝寺北巷4、6号、嵩祝院胡同23号	市级	1984：北京三批	古建筑	寺观塔幢	清
49		宣仁庙	北池子大街2号	市级	1984：北京三批	古建筑	坛庙祠堂	清
50		凝和庙	北池子大街46号	市级	1984：北京三批	古建筑	坛庙祠堂	清
51		和敬公主府	张自忠路7号	市级	1984：北京三批	古建筑	宫殿府邸	清
52		于谦祠	西裱褙胡同21、23号	市级	1984：北京三批	古建筑	坛庙祠堂	清
53		老舍故居	丰富胡同19号	市级	1984：北京三批	近现代重要史迹及代表性建筑	名人故、旧居	1949年
54		茅盾故居	后圆恩寺胡同13号	市级	1984：北京三批	近现代重要史迹及代表性建筑	名人故、旧居	1974年
55		旧宅院	帽儿胡同35、37号	市级	1984：北京三批	古建筑	宅第民居	清
56		礼士胡同129号四合院	礼士胡同129号	市级	1984：北京三批	近现代重要史迹及代表性建筑	传统民居	民国
57		内务部街11号四合院	内务部街11号	市级	1984：北京三批	古建筑	宅第民居	清
58		圆恩寺后街7号、9号四合院	后圆恩寺胡同7号、9号	市级	1984：北京三批	近现代重要史迹及代表性建筑	其他近现代重要史迹及代表性建筑	民国
59		国祥胡同2号四合院	国祥胡同甲2号	市级	1984：北京三批	古建筑	宫殿府邸	清
60		方家胡同13、15号四合院	方家胡同13号、15号	市级	1984：北京三批	古建筑	宫殿府邸	清

续表26

编号		名称	地址及位置	级别	公布时间	类别		年代
总编号	子编号					大类	子类	
61		府学胡同36号四合院	府学胡同36号，交道口南大街136号	市级	1984：北京三批	古建筑	宅第民居	清
62		国子监街	国子监街	市级	1984：北京三批	古建筑	其他古建筑	清
63		北新仓	北新仓胡同甲16号	市级	1984：北京三批	古建筑	其他古建筑	明
64		禄米仓	禄米仓胡同71、73号	市级	1984：北京三批	古建筑	其他古建筑	明
65		原中法大学	东黄城根北街甲20号	市级	1984：北京三批	近现代重要史迹及代表性建筑	文化教育建筑及附属物	20世纪30年代
66		顺天府学	府学胡同65号	市级	1984：北京三批	古建筑	坛庙祠堂	清
67		京师大学堂建筑遗存	沙滩后街55、59号	市级	1990：北京四批	古建筑	学堂书院	清
68		大慈延福宫建筑遗存	朝阳门内大街223号	市级	1990：北京四批	古建筑	寺观塔幢	清
69		西堂子胡同25-37号四合院	西堂子胡同25、29、31、33、35号	市级	1990：北京四批	古建筑	宅第民居	清
70		北京饭店初期建筑	东长安街33号	市级	1990：北京四批	近现代重要史迹及代表性建筑	金融商贸建筑	1917年
71		军调部1946年中共代表团驻地	南河沿大街1号	市级	1995：北京五批	近现代重要史迹及代表性建筑	重要历史事件和重要机构旧址	1946年
72		孑民堂	北河沿大街83号	市级	1995：北京五批	近现代重要史迹及代表性建筑	重要历史事件纪念地或纪念设施	1947年
73		法国邮政局旧址	东交民巷19号	市级	1995：北京五批	近现代重要史迹及代表性建筑	其他近现代重要史迹及代表性建筑	1910年
74		圣米厄尔教堂	东交民巷甲13号	市级	1995：北京五批	近现代重要史迹及代表性建筑	宗教建筑	1904年
75		美国使馆旧址	前门东大街23号	市级	1995：北京五批	近现代重要史迹及代表性建筑	重要历史事件和重要机构旧址	1903年
76		荷兰使馆旧址	前门东大街11号	市级	1995：北京五批	近现代重要史迹及代表性建筑	重要历史事件和重要机构旧址	1909年

续表26

编号		名称	地址及位置	级别	公布时间	类别		年代
总编号	子编号					大类	子类	
77		帽儿胡同5号四合院	帽儿胡同5号	市级	2001：北京六批	古建筑	宅第民居	清
78		美术馆东街25号四合院	美术馆东街25号	市级	2001：北京六批	近现代重要史迹及代表性建筑	传统民居	清
79		东棉花胡同15号院及拱门砖雕	东棉花胡同15号	市级	2001：北京六批	古建筑	宅第民居	民国
80		前鼓楼苑胡同7、9号四合院	前鼓楼苑胡同7号	市级	2001：北京六批	古建筑	宅第民居	清
81		鼓楼东大街255号四合院	鼓楼东大街255号	市级	2001：北京六批	近现代重要史迹及代表性建筑	传统民居	民国
82		宁郡王府	北极阁三条69、71号，新开路胡同92、94、96、98、100号	市级	2001：北京六批	古建筑	宫殿府邸	清
83		陈独秀旧居	箭杆胡同20号	市级	2001：北京六批	近现代重要史迹及代表性建筑	名人故、旧居	民国
84		皇城墙遗址东城段	菖蒲河社区长安街、景山东街等地	市级	2003：北京七批	古建筑	城垣城楼	明
85		黑芝麻胡同13号四合院	黑芝麻胡同13号	市级	2003：北京七批	古建筑	宅第民居	清
86		绮园花园	秦老胡同35号	市级	2003：北京七批	古建筑	宅第民居	清
87		前永康胡同7号四合院	前永康胡同7号	市级	2003：北京七批	近现代重要史迹及代表性建筑	传统民居	清
88		僧王府	位于炒豆胡同73、75、77号，南锣鼓巷110-1、110-2号，板厂胡同30、32、34号	市级	2003：北京七批	古建筑	宫殿府邸	清
89		总理各国事务衙门建筑遗存	东堂子胡同49号	市级	2003：北京七批	古建筑	衙署官邸	清
90		恒亲王府	朝阳门内大街55号	市级	2003：北京七批	古建筑	宫殿府邸	清
91		沙井胡同15号四合院	沙井胡同15号	市级	2003：北京七批	古建筑	宅第民居	清
92		原麦加利银行	东交民巷39号	市级	2003：北京七批	近现代重要史迹及代表性建筑	金融商贸建筑	1919年
93		协和医院住宅群	外交部街59号，北极阁三条26号	市级	2003：北京七批	近现代重要史迹及代表性建筑	典型风格建筑或构筑物	20世纪20年代

续表26

编号		名称	地址及位置	级别	公布时间	类别		年代
总编号	子编号					大类	子类	
94		北京大学女生宿舍	沙滩北街乙2号	市级	2003：北京七批	近现代重要史迹及代表性建筑	文化教育建筑及附属物	1935年
95		东黄城根南街32号宅院	东黄城根南街32号	市级	2011：北京八批	古建筑	宅第民居	清
96		大清邮政总局旧址	小报房胡同7号	市级	2011：北京八批	古建筑	衙署官邸	清
97		史家胡同51、53、55号宅院	史家胡同51、53、55号，内务部街44、甲44号	市级	2011：北京八批	古建筑	宅第民居	清
98		顺天府大堂	东公街9号	市级	2011：北京八批	古建筑	衙署官邸	清
99		魏家胡同18号宅院	魏家胡同18号、小细管胡同15号	市级	2011：北京八批	近现代重要史迹及代表性建筑	传统民居	1919年
100		全聚德烤鸭店门面	前门大街30号	市级	2011：北京八批	近现代重要史迹及代表性建筑	中华老字号	清
101		北平电话北局旧址	东黄城根北街14号	市级	2011：北京八批	近现代重要史迹及代表性建筑	工业建筑及附属物	1938年
102		欧美同学会	南河沿大街111号	市级	2011：北京八批	近现代重要史迹及代表性建筑	重要历史事件和重要机构旧址	民国
103		蔡元培故居	东堂子胡同75号	市级	2011：北京八批	近现代重要史迹及代表性建筑	名人故、旧居	民国
104		北总布胡同2号宅院	北总布胡同2号	市级	2011：北京八批	近现代重要史迹及代表性建筑	名人故、旧居	1918年
105		清末自来水厂旧址	香河园大街3号	市级	2011：北京八批	近现代重要史迹及代表性建筑	工业建筑及附属物	1908年
106		兴隆街四合院	东兴隆街52号	区级	1984：崇文一批	古建筑	宫殿府邸	清
107		奋章胡同四合院	奋章胡同53号	区级	1989：崇文二批	古建筑	宅第民居	清
108		花市清真寺	西花市大街80号	区级	1984：崇文一批	古建筑	寺观塔幢	明
109		药王庙	东晓市街101号	区级	1989：崇文二批	古建筑	寺观塔幢	明

续表26

编号		名称	地址及位置	级别	公布时间	类别		年代
总编号	子编号					大类	子类	
110		法华寺	法华寺街65、67、69号，法华寺东街甲17号	区级	1989：崇文二批	古建筑	寺观塔幢	清
111		南岗子天主堂	永生巷6号	区级	1989：崇文二批	近现代重要史迹及代表性建筑	宗教建筑	民国
112		三一八烈士纪念碑	培新街6号	区级	1989：崇文二批	近现代重要史迹及代表性建筑	烈士墓及纪念设施	1926年
113		夕照寺	夕照寺中街13号	区级	1984：崇文一批	古建筑	寺观塔幢	明
114		安乐禅林	安乐林路63号	区级	1989：崇文二批	古建筑	寺观塔幢	明、清
115		杨昌济故居	豆腐池胡同15号	区级	1984：东城一批	近现代重要史迹及代表性建筑	名人故、旧居	民国
116		通教寺	针线胡同19号	区级	1984：东城一批	古建筑	寺观塔幢	清
117		惠王府	富强胡同3号，灯市口西街5号	区级	1984：东城一批	古建筑	宫殿府邸	清
118		吉安所	吉安所右巷10号	区级	1984：东城一批	古建筑	坛庙祠堂	清
119		朱启钤宅	赵堂子胡同3号	区级	1984：东城一批	近现代重要史迹及代表性建筑	名人故、旧居	民国
120		段祺瑞宅	仓南胡同5号	区级	1984：东城一批	近现代重要史迹及代表性建筑	名人故、旧居	民国
121		东总布胡同53号宅院	东总布胡同53号	区级	1986：东城二批	近现代重要史迹及代表性建筑	传统民居	20世纪30年代
122		北沟沿胡同23号宅院	北沟沿胡同23号	区级	1986：东城二批	古建筑	宅第民居	民国
123		旧宅院（荣禄宅）	菊儿胡同3号、寿比胡同6号	区级	1986：东城二批	古建筑	宅第民居	清
124		僧格林沁祠堂	地安门东大街47号	区级	1986：东城二批	古建筑	坛庙祠堂	清
125		田汉故居	细管胡同9号	区级	1986：东城二批	近现代重要史迹及代表性建筑	名人故、旧居	1953年

续表26

编号		名称	地址及位置	级别	公布时间	类别		年代
总编号	子编号					大类	子类	
126		欧阳予倩故居	张自忠路5号	区级	1986：东城二批	近现代重要史迹及代表性建筑	名人故、旧居	1949年
127		当铺旧址	门楼胡同3、5号	区级	1986：东城二批	近现代重要史迹及代表性建筑	金融商贸建筑	民国初年
128		黄米胡同四合院	黄米胡同5、7、9号，亮果厂6号	区级	1986：东城二批	古建筑	宅第民居	清
129		桂公府	芳嘉园胡同11号、新鲜胡同40、42号	区级	1986：东城二批	古建筑	宫殿府邸	清
130		雨儿胡同13号四合院	雨儿胡同13号	区级	1986：东城二批	古建筑	宅第民居	清
131		东四六条55号四合院	东四六条55号	区级	1986：东城二批	古建筑	宅第民居	清
132		东四四条5号四合院	东四四条5号	区级	1986：东城二批	古建筑	宅第民居	清
133		板厂胡同27号四合院	板厂胡同27号	区级	1986：东城二批	古建筑	宅第民居	清
134		东四八条71号四合院	东四八条71号	区级	1986：东城二批	古建筑	宅第民居	清
135		富强胡同6、甲6、23号四合院	富强胡同6号、甲6号、23号	区级	1986：东城二批	古建筑	宅第民居	清
136		什锦花园胡同19号四合院	什锦花园胡同19号	区级	1986：东城二批	古建筑	宅第民居	清
137		东直门外清真寺	东直门外察慈小区6号	区级	1986：东城二批	古建筑	寺观塔幢	清
138		东四五条55号四合院	东四五条55号	区级	1986：东城二批	古建筑	宅第民居	清
139		法华寺碑	多福巷32号、44号	区级	1986：东城二批	石窟寺及石刻	碑刻	清
140		傅恒征西川碑	现存于北京石刻艺术博物馆	区级	1986：东城二批	石窟寺及石刻	碑刻	清
141		慧仙女校碑	现存于北京石刻艺术博物馆	区级	1986：东城二批	石窟寺及石刻	碑刻	清
142		文昌庙碑	帽儿胡同21号	区级	1986：东城二批	石窟寺及石刻	碑刻	清
143		（文昌帝君庙）皇帝敕谕碑	景阳胡同4号	区级	1986：东城二批	石窟寺及石刻	碑刻	清
144		慧照寺修建碑	东四十三条19号	区级	1986：东城二批	石窟寺及石刻	碑刻	明
145		宝和店碑	现存于北京石刻艺术博物馆	区级	1986：东城二批	石窟寺及石刻	碑刻	清

续表26

编号		名称	地址及位置	级别	公布时间	类别		年代
总编号	子编号					大类	子类	
146		（成寿寺）皇帝敕谕碑	现存于钟鼓楼文物保管所	区级	1986：东城二批	石窟寺及石刻	碑刻	清
147		东安门遗址	东安门大街西口	区级	2009：东城三批	古遗址	城址	明
148		贝子宏昨府	大取灯胡同9号	区级	2009：东城三批	古建筑	宫殿府邸	清中期
149		承恩公志钧宅	大佛寺东街2、4、6号，美术馆后街44号	区级	2009：东城三批	古建筑	宅第民居	清
150		正白旗觉罗学建筑遗存	新鲜胡同36号	区级	2009：东城三批	古建筑	学堂书院	清
151		镶黄旗官学建筑遗存	后圆恩寺甲20号	区级	2009：东城三批	古建筑	学堂书院	清
152		莲园	红岩胡同甲19号，新鲜胡同18号	区级	2009：东城三批	古建筑	苑囿园林	清
153		宏恩观	张旺胡同2、4号，豆腐池胡同21、23号、甲23号，赵府街71号	区级	2009：东城三批	古建筑	寺观塔幢	清
154		翠花胡同27号四合院	翠花胡同27号	区级	2009：东城三批	近现代重要史迹及代表性建筑	重要历史事件和重要机构旧址	清
155		朝阳门内大街头条203号近代建筑群	朝阳门内大街头条203号	区级	2009：东城三批	近现代重要史迹及代表性建筑	文化教育建筑及附属物	20世纪20年代
156		朝阳门南小街439号近代建筑	朝阳门南小街439号	区级	2009：东城三批	近现代重要史迹及代表性建筑	名人故、旧居	民国
157		朝阳门内大街81号近代建筑	朝阳门内大街81号	区级	2009：东城三批	近现代重要史迹及代表性建筑	宗教建筑	20世纪20年代
158		贝满女中建筑遗存	灯市口大街55号	区级	2009：东城三批	近现代重要史迹及代表性建筑	文化教育建筑及附属物	19世纪晚期至20世纪前期
159		同福夹道4号近代建筑	同福夹道4号	区级	2009：东城三批	近现代重要史迹及代表性建筑	名人故、旧居	民国
160		东堂子胡同4、6号近代建筑	东堂子胡同4、6号	区级	2009：东城三批	近现代重要史迹及代表性建筑	名人故、旧居	清
161		原北京大学图书馆	北河沿大街甲83号	区级	2009：东城三批	近现代重要史迹及代表性建筑	文化教育建筑及附属物	1934年

续表26

编号		名称	地址及位置	级别	公布时间	类别		年代
总编号	子编号					大类	子类	
162		菊儿胡同7号近代建筑	菊儿胡同7号	区级	2009：东城三批	近现代重要史迹及代表性建筑	典型风格建筑或构筑物	民国
163		玉河庵	东不压桥北侧	区级	2009：东城三批	古建筑	坛庙祠堂	清

（刘晶伟）

【东城区北京市历史文化保护区】

一、景山前街

该保护区位于故宫紫禁城筒子河与皇家园林景山之间，全长740米。明清时，景山与故宫之间建有北上门、北上东门、北上西门。1931年各门拆除辟路，划分三段：中为景山前街，东为景山东前街，西为三座门大街，1965 年统一定名为景山前街。

二、景山后街

该保护区位于景山公园北侧，东起景山东街，西至景山西街，中与地安门内大街相连，全长482米。元代为大都御苑；明清为皇城。临街南侧古建筑是清乾隆年间所建寿皇殿，为清代皇家供奉先祖神像之所。街北东、西两侧中华人民共和国成立后建设的办公楼，屋顶采用中国传统建筑坡屋顶形式，立面为传统建筑形式的装饰，与南侧景山相互呼应、衬托，形成对景，是保持古都历史风貌的范例。

三、景山东街

该保护区位于景山公园东侧，全长546米。街旁明代曾设有司礼监、都知监、印绶监等衙署。因西邻景山，清末称景山东大街，1956年定现名。街两侧绿树成荫。街东有清光绪二十四年（1898年）开办的中国第一所大学——京师大学堂。吉安所左巷8号是毛泽东1918年在北京时住过的地方。

四、五四大街

该保护区东起东四西大街，西至景山前街，全长740米。1965年曾定名汉花园大街，后改五四大街至今。街北侧为北京大学“红楼”。1919年5月4日的游行队伍，即从“红楼”北边的广场集合出发，1947年被命名为“民主广场”。陈独秀、李大钊、鲁迅、蔡元培、胡适等革命先辈和文化巨匠曾在此任教。共产党北京小组诞生于此。“红楼”内现保存李大钊工作室。“红楼”在中国近代史上具有重要的地位和作用。街东段北侧的中国美术馆是二十世纪五十年代著名的大型文化设施。现在“红楼”为新文化运动纪念馆。

五、南池子　六、东华门

该保护区位于北京皇城内,故宫东南侧,北起东华门大街,南至长安街,西临筒子河、劳动人民文化宫、东接东黄城根南街，总用地面积34.5公顷。该地区处于喧闹的王府井商业街与森严僻静的故宫城墙之间，独特的城市环境造成地段内具有传统风貌的居住街区的独特建筑环境。

七、北池子

该保护区紧邻紫禁城东侧，规划范围东以东黄城根南街为界，西以筒子河为界，北至五四大街，南邻东华门大街，东与东黄城根北街相连，总用地面积39.22公顷。该地区传统居住区的特色构成故宫一侧较为幽静的居住环境，其灰色宁静的形式更有益衬托、表现宫城的宏伟气度。就北京旧城整体而言，其低矮、平缓、匀质的建筑格局也是风貌构成的重要组成部分。

八、东交民巷

该保护区位于天安门东侧，东接崇文门内大街，南临前门东大街，西至天安门广场东侧，北面东长安街，总用地面积62.84公顷。该地区建筑多为西式风格。现以机关办公为主，兼有办公与居住的混合使用形态，在整体上保持了历史文化街区原有的异域风貌特色，在老城区的传统建筑文化基调中独显特质。

九、东四三至八条

该保护区位于朝阳门内大街以北、东四十条以南、东四北大街以东、朝阳门北小街以西。包括整个头条至九条广大地区，总用地面积65.70公顷。该地区是典型传统的四合院落为主的居住性成片街区，从“一进院”到“四进院”都有留存，风貌与质量相当完好是展示传统四合院的极佳场所。

十、雍和宫－国子监

该保护区位于旧城东北部，西至安定门内大街、北至北二环、东至东直门北小街西侧的育树胡同、炮局头条、后永康北条、东城煤炭一厂和华侨饭店用地东边界、南至北新桥三条、方家胡同，总占地面积约74公顷。该地区是北京旧城内重要寺庙建筑和重要文物集中的街区，包括国子监、孔庙、国子监街、雍和宫、柏林寺等。

十一、南锣鼓巷

该保护区位于北京北中轴东侧，

四至为地安门外大街、平安大街、地安门东大街、鼓楼东大街，总用地面积83.80公顷该地区是北京最老的街区之一。与元大都同期建成，现仍保持了传统的胡同结构和大量的传统四合院，是目前北京旧城保存最完整、四合院最集中的地区。

十二、北锣鼓巷

该保护区南至鼓楼东大街，北至车辇店、净土胡同，西至什刹海保护区东界，东至安定门内大街，总面积约45.27公顷。该地区与什刹海、南锣鼓巷、国子监等三个历史文化保护区相邻，是皇城的重要背景，也是保护旧城整体风貌和沿中轴线对称格局不可缺少的地段。

十三、张自忠路北

该保护区南至张自忠路，北至香饵胡同，东至东四北大街、西至交道口南大街，总面积约为42.11公顷。该街区集中了和敬公主府、段祺瑞执政府旧址、孙中山逝世纪念地、欧阳予倩故居等多家文物保护单位。

十四、张自忠路南

该保护区南至钱粮胡同，北至张自忠路，东至东四北大街，西至美术馆后街，总用地面积约为62.81公顷。该区域处于皇城与东四三条至八条保护区之间，现有胡同格局完整，有马辉堂花园等文物保护单位。

十五、新太仓

该保护区南至东四十条，北至东直门内大街，东至东直门内南小街，西至东四北大街，总用地面积约为56.88公顷。该区域现有胡同格局完整，有梁启超旧居、当铺遗址区级文物保护单位。

十六、东四南

该保护区南至干面胡同，北至前炒面胡同，东至朝内南小街，西至东四南大街，总面积约为34.32公顷。该区域是以典型传统的四合院落为主的居住性成片街区，风貌与质量相当完好，是展示传统四合院的极佳场所。现有礼士胡同129号院、内务部街11号院、史家胡同51、53、55号四合院等文物保护单位。

十七、皇城

是北京旧城整体保护的重点区域，包括景山地区、北池子、南池子。内含紫禁城、太庙、社稷坛、北海、中南海及14片第一批历史文化保护区，占地面积约6.8平方公里。

十八、鲜鱼口

该保护区西至前门大街，北至经西打磨厂、长巷四条路东至西兴隆街，东至草场十条，南至薛家湾胡同、北芦草园胡同、青云胡同、得丰东巷、得丰西巷、小席胡同、大席胡同。规划用地为36.245公顷，净用地面积为32.47公顷，现状总建筑面积为26.5万平方米（不含私搭乱建的建筑），规划总建筑面积为44.5万平方米。鲜鱼口地区主要是以居住功能为主的街区，居住用地面积26.81公顷，占整个保护区的73.96%。

十九、什刹海(钟鼓楼属此片,东城占半片）

该保护区位于北京旧城中轴线北部，属东城区的部分四至为草厂胡同一线以西、旧鼓楼大街以东、鼓楼东大街以北、北二环以南，总用地面积26.96公顷。

（刘晶伟）

【文化遗产博物馆开馆】东城区历史文化遗产馆于5月18日（第42个国际博物馆日）正式对公众免费开放，展品为东城区不可移动文物进行提炼，根据文物库房藏品、石刻文物专项调查及信息采集成果等，对东城区可移动文物进行梳理。展览重点介绍东城区历史沿革和文化传承，充分阐释东城区祭祀、国学、儒家、宗教、运河、胡同、王府衙署、名人故居、西洋建筑等文化资源，阐释东城区356项不可移动文物、191万余件可移动文物文化精髓，展现历史文化遗产底蕴，对东城区文化遗产进行全面展示与广泛宣传。

（刘晶伟）

【非遗人才创新发展联盟】6月9日，东城区在故宫博物院举办东城区文化和自然遗产日宣传展示活动暨北京京城非遗人才创新发展联盟成立仪式，宣传东城区非物质文化遗产保护方面取得的成果，同时通过非遗人才联盟的成立，打造非遗传承与发展领域产、学、研一体化综合服务平台，孵化具有创新精神非遗人才队伍，搭建具有传播性、示范性和引领性的非遗人才高地。

（刘晶伟）

【文化遗产日宣传活动】6月9日，区文委在袁崇焕祠文物保管所开展文化和自然遗产日“文化遗产进社区”宣传活动，向过往群众及参观袁崇焕祠游客免费发放袁崇焕祠简介和《中华人民共和国文物保护法》宣传折页，并详细介绍文物保护法相关知识。活动当日袁崇焕祠免费向公众开放，发放袁崇焕祠简介150份、《中华人民共和国文物保护法》宣传折页200余份。

（刘晶伟）

表27

2018年东城区国家级非物质文化遗产一览表

（31项）

名称	类别
便宜坊焖炉烤鸭技艺	传统技艺
全聚德挂炉烤鸭技艺	传统技艺

续表27

名称	类别
景泰蓝制作技艺	传统技艺
雕漆技艺	传统技艺
都一处烧麦制作技艺	传统技艺
月盛斋酱（烧）牛（羊）肉制作技艺	传统技艺
京作硬木家具制作技艺（龙顺成）	传统技艺
北京料器	传统技艺
东来顺涮羊肉制作技艺	传统技艺
盛锡福皮帽制作技艺	传统技艺
北京金漆镶嵌传统技艺	传统技艺
象牙雕刻	传统美术
北京玉雕	传统美术
北京绢花	传统美术
剧装戏具制作技艺	传统美术
北京宫灯	传统美术
围棋	传统体育、游艺与杂技
象棋	传统体育、游艺与杂技
同仁堂中医药文化	传统医药
智化寺京音乐	传统音乐
古书画临摹复制技艺	传统技艺
青铜器修复及复制技艺	传统技艺
古字画装裱修复技艺	传统技艺
葡萄常料器	传统技艺
吴裕泰茉莉花茶制作技艺	传统技艺
风筝制作技艺（北京风筝制作技艺）	传统美术
天坛传说	民间文学
数来宝	曲艺
古代钟表修复技艺	传统技艺
官式古建筑营造技艺	北京故宫
中医传统制剂方法（安宫牛黄丸制作技艺）	传统医药

（刘晶伟）

表28

2018年东城区市级非物质文化遗产一览表
（61项，含国家级非物质文化遗产31项）

名称	类别
意拳	传统体育、游艺与杂技
前门的传说	民间文学
老北京叫卖	传统音乐
天坛神乐署中和韶乐	传统音乐
北京杠箱	传统舞蹈
北京绢人	传统美术
泥人张彩塑（北京支）	传统美术
北京补花	传统美术
北京绒花(绒鸟)	传统美术
北京刻瓷	传统美术
北京扎彩子	传统美术
北京木雕小器作	传统美术
京派内画鼻烟壶	传统技艺
毛猴制作技艺	传统技艺
壹条龙清真涮肉制作技艺	传统技艺
厨子舍清真菜民间宴席制作技艺	传统技艺
北京豆汁制作技艺（锦馨）	传统技艺
北京花丝镶嵌制作技艺	传统技艺
绒布唐工艺	传统技艺
红都中山装制作技艺	传统技艺
京式旗袍制作技艺	传统技艺
北京蒙镶	传统技艺
王氏装裱技艺	传统技艺
花市元宵灯会	民俗
掌礼司太狮老会	传统舞蹈
北京鸽哨制作技艺	传统技艺
谭家菜制作技艺	传统技艺
吴式太极拳	传统体育、游艺与杂技
北京绢人	传统美术
京作硬木家具制作技艺	传统技艺

表29

2018年东城区区级非物质文化遗产一览表

（157项，含国家级、市级非物质文化遗产61项）

名称	类别
崇文门的传说	民间文学
北京的传说	民间文学
藏头诗	民间文学
同聚公乐云车老会	传统舞蹈
花棍舞词	传统舞蹈
群英同乐小车圣会	传统舞蹈
拉洋片	曲艺
牛骨数来宝	曲艺
常氏中幡圣会	传统体育、游艺与杂技
众友同心中幡圣会	传统体育、游艺与杂技
白猿通背拳	传统体育、游艺与杂技
宋氏形意拳	传统体育、游艺与杂技
老北京冰嬉	传统体育、游艺与杂技
陈式太极拳	传统体育、游艺与杂技
祁家通背拳	传统体育、游艺与杂技
宝三跤场跤艺	传统体育、游艺与杂技
抖空竹	传统体育、游艺与杂技
东直门沾衣十八跌功夫跤	传统体育、游艺与杂技
史式八卦掌	传统体育、游艺与杂技
京绣	北京剧装厂传统美术
北京骨刻	传统美术
北京剪纸（徐阳）	传统美术
北京真丝手绘	传统美术
北京火绘葫芦	传统美术
北京传统风筝（王廼新）	传统美术
北京传统风筝（张世德）	传统美术
金·马派风筝	传统美术

续表29

名称	类别
北京面人（张俊显）	传统美术
北京纸扎花灯	传统美术
北京彩蛋	传统美术
琢玉（印章）	传统美术
人物剪纸（张秀兰）	传统美术
京绣（于美英）	传统美术
京绣（仝玉英）（已故）	传统美术
京绣（王淑卿）（已故）	传统美术
竹刻	传统美术
大北照像黑白照片人工着色技艺	传统美术
北京彩塑“金光洞兔儿爷”	传统美术
京剧脸谱绘制	传统美术
古书画临摹复制技术（仿古山水）	传统美术
传统押花葫芦	传统美术
北京面人	传统美术
毛猴制作技艺	传统技艺
内画鼻烟壶制作技艺	传统技艺
天兴居炒肝制作技艺	传统技艺
正阳楼螃蟹宴制作技艺	传统技艺
中国结技艺	传统技艺
样式雷烫样技艺	传统技艺
蒙镶制作技艺	传统技艺
天字号首饰套件制作技艺	传统技艺
毛绣制作技艺	传统技艺
锦芳元宵制作技艺	传统技艺
老正兴寿桃制作技艺	传统技艺
都一处炸三角制作技艺	传统技艺
全聚德全鸭席制作技艺	传统技艺

续表29

名称	类别
北京金鱼培育技艺	传统技艺
都一处马莲肉制作技艺	传统技艺
庆林春茉莉小叶花茶制作技艺	传统技艺
压金银丝嵌宝技艺	传统技艺
万隆合青铜器制作技艺	传统技艺
风车制作技艺	传统技艺
面人汤面人制作技艺	传统技艺
面人曹面人制作技艺	传统技艺
白魁烧羊肉制作技艺	传统技艺
金糕张金糕制作技艺	传统技艺
西德顺爆肚王爆肚制作技艺	传统技艺
聚宝斋装裱	传统技艺
玉印制作	传统技艺
随园官府菜制作技艺	传统技艺
京作硬木家具烫蜡技艺	传统技艺
传统理发技艺	传统技艺
糖画制作技艺	传统技艺
叶派内画技艺	传统技艺
隆庆祥传统西装制作技艺	传统技艺
金石传拓技艺	传统技艺
点翠工艺	传统技艺
堂前燕毽子制作技艺	传统技艺
京式月饼手工制作技艺	传统技艺
蜜供制作技艺	传统技艺
南庆仁堂中药制剂方法	传统医药
千芝堂中药炮制技术	传统医药
长春堂闻药	传统医药

续表29

名称	类别
金针疗法	传统医药
同仁堂手工塑制蜜丸传统制作技艺	传统医药
同仁堂手工泛制水丸传统制作技艺	传统医药
同仁堂阿胶传统制作技艺	传统医药
同仁堂西黄丸传统制作技艺	传统医药
同仁堂牛黄清心丸传统制作技艺	传统医药
手工水丸制作技艺	传统医药
前门上元灯会	民俗
雍和宫密宗金刚驱魔神舞	民俗
普天同乐开路圣会	民俗
来今雨轩红楼饮食文化	民俗
清明习俗之家训格言	民俗
立春习俗之鞭打春牛	民俗
北派茶礼	民俗

（刘晶伟）

表30 **2018年东城区国家级非物质文化遗产传承人一览表**

（33人）

姓名	类别	公布年份
孙　森	象牙雕刻	2007
王树文	象牙雕刻	2007
钱美华（已故）	景泰蓝制作技艺	2007
张同禄	景泰蓝制作技艺	2007
文乾刚	雕漆技艺	2007
卢广荣	同仁堂中医药文化	2007
金霭英	同仁堂中医药文化	2007
关庆维	同仁堂中医药文化	2007

续表30

姓名	类别	公布年份
田瑞华	同仁堂中医药文化	2007
张本兴（已故）	智化寺京音乐	2008
宋世义	北京玉雕	2009
金铁铃	北京绢花	2009
邢兰香	北京料器	2009
种桂友	京作硬木家具制作技艺	2009
孙　颖	剧装戏具制作技艺	2009
李金善	盛锡福皮帽制作技艺	2009
白永明	便宜坊焖炉烤鸭技艺	2009
满运来	月盛斋酱（烧）牛（羊）肉制作技艺	2009
胡庆学	智化寺京音乐	2012
柴慈继	象牙雕刻	2012
李春珂	象牙雕刻	2012
柳朝国	北京玉雕	2012
李博生	北京玉雕	2012
钟连盛	景泰蓝制作技艺	2012
殷秀云	雕漆技艺	2012
费保龄	北京扎燕风筝制作技艺	2012
柏德元	金漆镶嵌髹饰技艺	2012
孙丹威	吴裕泰茉莉花茶窨制技艺	2012
王有亮	青铜器修复及复制技艺	2012
徐建华	古字画装裱修复技艺	2012
祖　莪	古书画临摹复制技艺	2012
李永革	官式古建筑营造技艺（北京故宫）	2012
刘增玉	官式古建筑营造技艺（北京故宫）	2012

（刘晶伟）

表31

2018年东城区市级非物质文化遗产传承人一览表
（75人，含国家级非物质文化遗产代表性传承人33人）

姓名	类别	公布年份
马元良	北京宫灯	2008
张　錩	泥人张彩塑（北京支）	2008
崔　洁	北京补花	2008
郭石林	北京玉雕	2008
舍增泰	厨子舍清真菜民间宴席制作技艺	2008
程淑美	北京花丝镶嵌制作技艺	2008
唐玉婕	绒布唐工艺	2008
闫瑞环	红都中山装制作技艺	2008
黄荣贵	北京杠箱	2008
赵树昌	北京宫灯	2008
张志平	北京玉雕	2008
戴嘉林	景泰蓝制作技艺	2008
米振雄	景泰蓝制作技艺	2008
马启斌	盛锡福皮帽制作技艺	2008
万　紫	金漆镶嵌髹饰技艺	2008
常　弘	葡萄常料器	2008
舍源泰	厨子舍清真菜民间宴席制作技艺	2008
李　侃	京式旗袍制作技艺	2008
陈立新	东来顺涮羊肉制作技艺	2008
赵小刚	同仁堂中医药文化	2008
姚承光	意拳	2011
滑树林	北京绢人	2011
茅子芳	北京刻瓷	2011
李连贵	北京扎彩子	2011
吴中凤	北京蒙镶	2011
屈永增	智化寺京音乐	2015
董　云	掌礼司太狮老会	2015

续表31

姓名	类别	公布年份
李秉慈	吴式太极拳	2015
张铁城	北京玉雕	2015
杨根连	北京玉雕	2015
王希伟	北京玉雕	2015
栾燕军	象牙雕刻	2015
李志刚	雕漆技艺	2015
李　静	景泰蓝制作技艺	2015
衣福成	景泰蓝制作技艺	2015
王　旭	王氏装裱技艺	2015
王兆琪	北京木雕小器作	2015
李燕春	京式旗袍制作技艺	2015
蔡金昌	红都中山装制作技艺	2015
何永江	北京鸽哨制作技艺	2015
吴华侠	都一处烧麦制作技艺	2015
王　悦	同仁堂安宫牛黄丸传统制作技艺	2015

（刘晶伟）

表32　**2018年东城区区级非物质文化遗产传承人一览表**
（259人，含国家级、市级非物质文化遗产代表性传承人75人）

姓　名	类　别	公布年份
孙忠喜	群英同乐小车圣会	2010
王玉书（已故）	白猿通背拳	2010
崔比德	北京补花	2010
刘锦茹	北京彩蛋	2010
王廼新	北京传统风筝（王廼新）	2010
张世德	北京传统风筝（张世德）	2010
郭燕青	北京宫灯	2010
翟玉良	北京宫灯	2010
季　顺	北京火绘葫芦	2010

续表32

姓　名	类　别	公布年份
徐　阳	北京剪纸（徐阳）	2010
滑淑玲	北京绢人	2010
刘　星	北京料器	2010
刘　宇	北京料器	2010
彭小平	北京面人（彭小平）	2010
张俊显	北京面人（张俊显）	2010
耿鸿国	北京木雕小器作	2010
马慕良(已故)	北京木雕小器作	2010
蔡志伟	北京绒花（绒鸟）	2010
员向阳	北京玉雕	2010
续　清	北京真丝手绘	2010
邱志刚	北京纸扎花灯	2010
石金栓	京绣	2010
于美英	京绣（于美英）	2010
刘更生	京作硬木家具制作技艺	2010
耿英建	景泰蓝制作技艺	2010
李佩卿	景泰蓝制作技艺	2010
陈起环	拉洋片	2010
田秋生	老北京冰嬉	2010
萧掌华	毛猴制作技艺	2010
萧掌柜	毛绣制作技艺	2010
张景民	蒙镶制作技艺	2010
张宏岳	泥人张彩塑（北京支）	2010
赵洪泉	庆林春茉莉小叶花茶制作技艺	2010
张秀兰	人物剪纸（张秀兰）	2010
马秀峰	天字号首饰套件制作技艺	2010
陆建国	同仁堂中医药文化	2010
殷顺海	同仁堂中医药文化	2010
刘建华	象牙雕刻	2010

续表32

姓　名	类　别	公布年份
于正勋	样式雷烫样技艺	2010
赵占强	中国结技艺	2010
黄　勇	众友同心中幡圣会	2010
杨宝忠	琢玉（印章）	2010
杨广佳	白魁烧羊肉制作技艺	2010
王华安	北京骨雕	2010
徐汶静	北京绢花	2010
崔　欣	北京绢人制作技艺	2010
姜文斌（已故）	北京玉雕	2010
蔚长海	北京玉雕	2010
杨利平	北京扎燕风筝制作技艺	2010
王国华	风车制作技艺	2010
吕铁智	金·马派风筝	2010
高东升	京派内画鼻烟壶	2010
陈继凯（已故）	景泰蓝制作技艺	2010
张　颜	剧装戏具制作技艺	2010
邱贻生	毛猴制作技艺	2010
刘荫茹	面人曹面人制作技艺	2010
汤　岭	面人汤面人制作技艺	2010
郑旭晔	内画鼻烟壶	2010
时贵新	牛骨数来宝	2010
范永利	普天同乐开路圣会	2010
梅　群	同仁堂中医药文化	2010
孟宪忠	万隆合青铜器制作技艺	2010
王　欣	西德顺爆肚王爆肚制作技艺	2010
潘德珠	压金银丝嵌宝技艺	2010
安全来	月盛斋酱（烧）牛（羊）肉制作技艺	2010
边溪良	竹刻	2010
屈炳庆	智化寺京音乐	2015

续表32

姓 名	类 别	公布年份
王 玲	天坛神乐署中和韶乐	2015
李世儒	数来宝	2015
王 哲	白猿通背拳	2015
周常仁	祁家通背拳	2015
翁福麒	吴式太极拳	2015
王凤明	陈式太极拳	2015
姚晓静	泥人张彩塑（北京支）	2015
常 燕	葡萄常料器	2015
赵 琦	北京玉雕	2015
王 建	北京玉雕	2015
林爱幸	北京彩塑金光洞兔儿爷	2015
张新超	北京补花	2015
马 宁	雕漆技艺	2015
孙 贺	北京扎燕风筝制作技艺	2015
张树中	象牙雕刻	2015
张 颖	景泰蓝制作技艺	2015
肖 静	毛猴制作技艺	2015
杨晓樱	聚宝斋装裱	2015
于建国	北京金鱼培育技艺	2015
郑建华	天兴居炒肝制作技艺	2015
田振江	北京鸽哨制作技艺	2015
孙凤山	北京木雕小器作	2015
李德伦	金漆镶嵌制作技艺	2015
马万兰	盛锡福皮帽制作技艺	2015
陈江山	盛锡福皮帽制作技艺	2015
彭 天	北京面人（彭小平）	2015
吴秀敏	传统理发技艺	2015
耿进兴	传统理发技艺	2015
张志红	同仁堂中医药文化	2015

续表32

姓 名	类 别	公布年份
王志举	同仁堂中医药文化	2015
卢振英	同仁堂中医药文化	2015
杜月新	同仁堂中医药文化	2015
赵 军	同仁堂中医药文化	2015
张冬梅	同仁堂安宫牛黄丸传统制作技艺	2015
于葆墀	同仁堂安宫牛黄丸传统制作技艺	2015
谢振茂	同仁堂安宫牛黄丸传统制作技艺	2015
刘天良	同仁堂安宫牛黄丸传统制作技艺	2015
王立梅	同仁堂安宫牛黄丸传统制作技艺	2015
项英福	同仁堂安宫牛黄丸传统制作技艺	2015
冯秀茜	陈式太极拳	2015
盛 华	京剧脸谱绘制	2015
柏 群	金漆镶嵌髹饰技艺	2015
王宝双	景泰蓝制作技艺	2015
罗淑香	景泰蓝制作技艺	2015
杨之新	雕漆技艺	2015
王来凤	京作硬木家具制作技艺	2015
王燕英	京作硬木家具制作技艺	2015
陈翠路	京作硬木家具制作技艺	2015
于鸿雁	京作硬木家具烫蜡技艺	2015
刘 忠	谭家菜制作技艺	2015
舍英旗	厨子舍清真菜民间宴席制作技艺	2015
舍 鸥	厨子舍清真菜民间宴席制作技艺	2015
鲍志东	同仁堂中医药文化	2015
郭凤华	同仁堂安宫牛黄丸传统制作技艺	2015
王 辉	智化寺京音乐	2017
臧志彪	老北京叫卖	2017
刘全福	抖空竹	2017
刘 伟	吴式太极拳	2017

续表32

姓　名	类　别	公布年份
孟尊荣	东直门沾衣十八跌功夫跤	2017
史乃健	史式八卦掌	2017
韩国卿	宝三跤场跤 艺	2017
徐天嘉	古书画临摹复制技术（仿古山水）	2017
张淑兰	北京骨雕	2017
黄　涛	传统押花葫芦	2017
朱寅寅	北京玉雕	2017
崔奇铭	北京玉雕	2017
李　东	北京玉雕	2017
苏　伟	北京玉雕	2017
凌泽杰	吴裕泰茉莉花茶制作技艺	2017
张志国	官式古建筑营造技艺（北京故宫）	2017
张秀芬	官式古建筑营造技艺（北京故宫）	2017
张志祥	官式古建筑营造技艺（北京故宫）	2017
金家桐	官式古建筑营造技艺（北京故宫）	2017
白　强	官式古建筑营造技艺（北京故宫）	2017
贾永茂	官式古建筑营造技艺（北京故宫）	2017
张吉年	官式古建筑营造技艺（北京故宫）	2017
黄有芳	官式古建筑营造技艺（北京故宫）	2017
翁国强	官式古建筑营造技艺（北京故宫）	2017
焦久芳	官式古建筑营造技艺（北京故宫）	2017
张世荣	官式古建筑营造技艺（北京故宫）	2017
刘建华	官式古建筑营造技艺（北京故宫）	2017
杨景山	东来顺涮羊肉制作技艺	2017
李广瑞	月盛斋酱烧牛羊肉制作	2017
田　磊	同兴和京作硬木家具制作技艺	2017
李胜利	同兴和京作硬木家具制作技艺	2017
吴中立	同兴和京作硬木家具制作技艺	2017
王泽旭	金石传拓技艺	2017
袁小杰	隆庆祥传统西装制作技艺	2017

续表32

姓 名	类 别	公布年份
郑士儒	象牙雕刻	2017
李广辉	糖画制作技艺	2017
刘江华	叶派内画技艺	2017
张 旭	景泰蓝制作技艺	2017
王荣欣	景泰蓝制作技艺	2017
邢景翠	京式月饼手工制作技艺	2017
李志强	庆林春茉莉小叶花茶制作技艺	2017
李 根	雕漆技艺	2017
张 倩	剧装戏具制作技艺	2017
高增维	点翠工艺	2017
侯 雪	金漆镶嵌髹饰技艺	2017
殷 文	堂前燕毽子制作技艺	2017
姜 波	蜜供制作技艺	2017
钮雪松	金针疗法	2017
陈振会	同仁牛黄清心丸传统制作技艺	2017
葛惠明	同仁堂阿胶传统制作技艺	2017
刘立春	同仁堂阿胶传统制作技艺	2017
薛连贵	同仁堂西黄丸传统制作技艺	2017
李 宁	同仁堂西黄丸传统制作技艺	2017
王德胜	同仁堂手工塑制蜜丸传统技艺	2017
刘明华	同仁堂手工塑制蜜丸传统技艺	2017
谢锡昌	同仁堂手工泛制水丸传统制作技艺	2017
孔燕萍	同仁堂中医药文化	2017
丁永玲	同仁堂中医药文化	2017
崔庆利	同仁堂中医药文化	2017
毛 民	同仁堂中医药文化	2017
王伯位	安宫牛黄丸传统制作技艺	2017
张志广	安宫牛黄丸传统制作技艺	2017
冯建华	北派茶礼	2017

（刘晶伟）

文化创意产业

【概况】北京市东城区文化发展促进中心（简称文促中心）是区委宣传部所属副处级事业单位。负责促进区域文化产业发展，开展产业调研，组织文化活动等。设产业部、事业部、综合部，编制11人、实有11人。

2018年，围绕构建“高精尖”经济结构，加快推进文化产业发展，研究制订《东城区“文菁计划”实施办法》、修订《东城区文化产业发展专项资金管理办法》。完成2017年区文创专项资金征集评审工作，有64个项目获5600余万元专项资金支持。加快创建国家文化与金融合作示范区，正式向文旅部、财政部、中国人民银行报送示范区创建方案。组织开展《北京市东城区国家文化与金融合作示范区规划》研究。主动服务文创企业，建设东城区文化产业（线上）服务平台，为锋尚传媒、长江文化、岩浆互动等企业上门送“服务包”，解决企业实际问题，推荐优秀企业参加全国、北京市各项评选，中国出版集团、中国教育出版集团、保利文化集团当选全国文化企业30强，天街集团、《新京报》等15家企业入围首都文化企业30强、30佳。2018年，东城区文化产业实现增加值240亿元，同比增长8.8%，占全区GDP比重9.9%。规模以上文化产业单位总体收入实现1447.6亿元，同比增长13.0%，占全市收入比重13.5%，全市第三。

（赵亮）

【文化产业发展】1月22日，故宫博物院与区政府签署全面战略合作协议，故宫艺术馆项目完成签约，故宫文创馆、冰窖餐厅完成装修方案设计。5月8—10日，举办东城区文化金融研修班。以文化金融为主题，邀请中国传媒大学等高校和上海证券交易所等金融机构的行业专家为学员授课。期间组织学员到天津智慧山和C92文创园参观考察，为两地资源对接搭建平台。区内文化企业、金融机构中高层管理者120余人参加。8月至10月，组织参加第六届北京惠民文化消费季，区文化消费交易金额约2.14亿元。9月，发布《2017年东城区文创产业发展报告》（白皮书），文化创意产业实现增加值320.8亿元，占全区GDP比重14.3%。10月25—28日，以到东城看戏为主题，组织文化企业参加第十三届北京文博会主展场展览展示，分会场推出7场创意东城主题活动。11月16日，举办全球音乐教育联盟理事会落户前门东区广东惠州会馆签约仪式。《东城创意家》杂志全年出刊4期。

（赵亮）

【文化金融融合】创建国家文化与金融合作示范区取得实质性进展。支持华夏银行、杭州银行等银行成立文化金融专营机构。2018年举办文化金融资源对接活动4场，近30家金融机构和70余家文化企业实现对接，累计实现融资6亿元。12月6日，以“开放与融合——文化金融发展新机遇”为主题举办2018中国文化金融峰会。包括“金融改革为文化产业发展带来的新机遇”“文化、科技、金融的三螺旋效应”“城市复兴与文化金融的融合”“文化产业投资热点趋势与文化金融新模式”4个主题论坛，同时发布《东城区支持金融业发展办法》《东城区关于鼓励企业上市挂牌融资的若干措施》等产业政策。文化企业、金融机构高管以及高校、媒体界代表1000余人出席，《人民日报》、新华社、北京电视台等近30余家媒体现场采访报道，宣传覆盖逾1000万人次。

（赵亮）

12月6日，中国文化金融峰会举办（刘立军摄）

报刊　影视

【概况】东城区新闻报道中心（简称新闻中心）是区委宣传部所属正处级全额拨款纳入规范管理事业单位。负责区内重点工作、重大活动的对外宣传。设办公室、总编室、新闻科、网络宣传科、《新东城报》采访科、《新东城报》编辑科、电视编辑科、网络电视科、电视摄像科、摄影科，编制49人、实有46人。

2018年，围绕疏解整治促提升、

“街道吹哨、部门报道”、优化营商环境、街道商会党委全覆盖、对口帮扶、周末卫生大扫除等重点工作，召开新闻发布会、新闻通气会201场，在中央、市属各类媒体刊发新闻报道1.92万篇，同比增长12.3%。推进区级融媒体中心建设，围绕融媒体建设，培训全区新闻发言人2次。《新东城报》出刊102期，推出“学习贯彻十九大精神 展现新气象 实现新作为”“奋斗新时代 建功在东城”“他们温暖这座城市”“优化营商环境 东城在行动”“我的胡同 我的家”“疏解整治促提升”等专题专栏，相关文章得到市、区领导指示。《魅力东城》电视栏目播出52期节目。《美丽东城》高清数字电视交互服务平台创新宣传形式，新增“东城聚焦”栏目播出70余部，《东城探秘之西总部胡同》点击收看量达10万+。《人民日报》与新浪微博联合发布的政务指数北京地区微博排行榜，东城官微在全市17个区级政务微博（包括城16区及亦庄开发区）中影响力排名第一位。开设“走街串巷”“小东在现场”专栏，深入一线直播28次。加强视频发布，全年发布248条，是2017年的19倍。“北京东城”官方微信通过制作海报、表情包、长图、720全景技术、H5等形式，围绕区重点工作及热点话题策划选题。单篇阅读量过5000人次的推送15条，较2017年增长50%。开通“北京东城”抖音认证账号，及时更新今日头条、一点资讯、天天快报等客户端账号内容，扩大网络宣传效应。

（韩苗苗）

【《新东城报》改版】5月15日，《新东城报》与《新京报》合作后，推出改版后的首期《新东城报》。这是新闻中心加强与市属主流媒体协调联动，推动融媒体建设的一项重要举措。报纸由四开小版改为对开大版，优化版面栏目及采编流程。增加文化、聚焦等版面，增加“我的胡同我的家”“东城在行动”等特色栏目，推出改革开放40年主题系列报道，同时强化头条意识，打造重点稿件的速度、厚度、深度，突出新闻性和可读性。改版实现增加容量、提升质量、优化结构的预期目标，更加贴近中心、贴近基层、贴近读者，在讲好东城故事的理念指引下，提升报纸整体质量。全年《新东城报》出刊102期。

（韩苗苗）

【都市阳光·魅力东城电视栏目】2018年，完成《都市阳光·魅力东城》电视栏目52期，播出新闻及专题片326条。重点包括：疏解整治促提升相关新闻66条，占总条数20.25%；推出庆祝改革开放40年专栏，报道区内各类庆祝活动；推出对口帮扶、周末卫生大扫除、“街道吹哨 部门报到”、文化强区、应对空气重污染、我们的节日及优化营商环境 东城在行动专栏等。此外，为适应融媒体发展新形势，策划推出百姓拍东城微视频作品征集活动，共播出微视频作品16部。

（韩苗苗）

【网络电视月点击量突破300万】2018年，美丽东城网络电视点击量有较大提升，月平均点击量在200万以上。其中3月、4月、5月和7月点击量突破300万，3月点击量达到337.4万。提升《东城探秘》栏目拍摄制作水平，在原有记者体验式采访基础上，加大对采访嘉宾的深度挖掘，让更多专家学者、居民百姓参与其中，使节目更具亲和力、趣味性和观赏性，其中《东城探秘——老胡同的尘封档案》点击量突破10万+，《东城探秘——打卡网红博物馆》入选“学习强国”北京学习平台。

（韩苗苗）

【推出系列专题片】2018年，策划推出10集系列电视专题片《40年，我和我的东城》，邀请各领域典型人物及普通市民分享改革开放40年的变迁，讲述东城故事，传递东城声音，反映改革开放以来各项事业发展的巨变。节目在北京电视台新闻频道、东城网络电视、东城官方微信平台同步播出。

（韩苗苗）

地方志编修

【概况】东城区地方志编纂委员会办公室（简称区地方志办）与区委党史工作办公室合署办公，正处级参公事业单位，负责全区党史、地方志工作。内设综合科、党研科、方志科、编辑科，编制16人、实有15人。

2018年，贯彻落实《北京市东城区“十三五”时期地方志事业发展规划纲要（2016—2020年）》，二轮修志工作有序推进，《东城区志》《崇文区志》分别于10月、12月由北京出版社出版。7月，制订《北京市东城区地名志编纂工作方案》，由区政府办发至各参编单位；10月，召开区地名志编纂工作动员部署会，启动区地名志编纂工作。东城年鉴编辑部坚持每周例会制度，完善年鉴框架，对年鉴主笔进行业务培训1次，完成《北京东城年鉴》（2018卷）编辑工作。《北京东城年鉴》（2017卷）获北京市第二届年鉴综合质量评比一等奖。

（马德川）

【志书编纂】上半年，《东城区志》交付出版社排印，完成三审三校、地图审图号审批和主题索引提取工作，10月正式出版。1月，完成《崇文区志》终审稿；2月8日，将终审稿送市地方志办评审；4月19日，向市地方志编委会提交终审请示；5月3日，召开终审评议会；8月17日，通过终审，进入出版程序，9月至11月完成三审三校，12月，由北京出版社出版。

（马德川）

10月19日，东城区地名志编纂工作动员部署会召开（王建国摄）

【地名志编纂】3月，起草《北京市东城区地名志编纂工作方案》；5月，《北京市东城区地名志编纂工作方案（征求意见稿）》发至全区各参编单位征求意见；6月，分别与东城规划国土分局、区民政局就区地名志编纂工作方案、编纂细则、篇目框架、责任分工及召开动员部署会等交流座谈；7月，《北京市东城区地名志编纂工作方案》由区政府办发至全区各参编单位；10月19日，召开东城区地名志编纂工作动员部署会，启动区地名志编纂工作，80余人参加；11月8—9日，召开东城区地名志编纂业务培训会，以地名志词条的撰写、东城区地名的发展历程与释文常见语源问题为主题进行专题培训，70余人参加；完成220条《中华人民共和国标准地名词典》词条释文上报和236条《北京市地名志》词条释文上报。

（马德川）

【年鉴培训会】3月27—28日，召开东城区年鉴工作培训会，总结2017年工作，部署2018年工作，以强化精品意识、提高年鉴质量为主题进行专题培训，围绕如何更好地组织提炼年鉴资料、编写年鉴条目中遇到的困难和问题、对年鉴编纂实用手册中各单位条目的意见开展研讨，撰稿人代表作经验交流，160余人参加。

（马德川）

【年鉴编纂】《北京东城年鉴（2018）》编辑完成，由北京日报出版社出版，为总第22卷。全书设综述、大事记、特载、政党·团体、政权·政协、法治·军事、综合经济管理、工商·旅游·对外经济、财税·金融、城市建设、城市管理、科学·教育·文化、医药卫生·体育、社会民生、街道、人物、统计资料、附录18个类目，类目下设分目，分目下设条目。采用文章、条目、表格等体裁，以条目体为主，共135万字，彩插图片48幅，内文图片226幅。全面、系统地记载2017年全区在政治、经济、文化、社会等各个领域及各项事业发展变化的基本情况和发生的大事、要事、新事和有影响的事，记载取得的新成就、新进展、新经验，为各行各业、各方面人士了解东城、研究东城提供信息和资料。

（马德川）

【业务交流】7月24日，与湖南省衡阳市地方志办围绕修志、年鉴编写、地名志工作、自办刊物和特色亮点工作交流座谈；9月17—22日，赴山西省临汾市史志办，围绕志鉴编纂和期刊编发，尤其是精品年鉴和特色志书编撰进行座谈并交换地情书籍；开展地方志援藏工作，对口支援拉萨市城关区，受援的《拉萨市城关区志》通过复审。

（马德川）

【咨询服务】为部分区属单位提供区志、年鉴、地情资料书籍等1300余册；对全区街道系统、区卫计委进行地名志工作业务指导2次；讲区情、党课9次；承担政务服务事项全部进驻区政务服务中心，为公民、法人或其他组织提供相关服务。

（马德川）

文学艺术活动

【概况】东城区文学艺术界联合会（简称区文联）是在中共东城区委、区政府领导下，负责联系全区文艺家、文艺工作者和业余文艺爱好者的群众团体机关。内设办公室、宣传科、组织联络科，编制10人、实有9人。有14个文艺家协会（学会、研究会）：东城作家协会、东城戏剧家协会、东城书法家协会、东城美术家协会、东城摄影家协会、东城民间文艺家协会、东城民间艺术家协会、东城音乐家协会、东城舞蹈家协会、东城曲艺家协会、东城广角摄影学会、东城区书画研究会、东城书画协会、东城影视家协会；17个街道文艺工作者联谊会（简称街道文联）；会员总数2000余人。主席王富国。

2018年，围绕市区中心工作，繁荣东城文艺事业。区文联深化改革工作，制订《东城区文联推动深化改革工作方案》。微电影《花儿金》在中国电视艺术家协会和中央新影集团等单位共同主办第五届亚洲微电影艺术节中获得金海棠奖——最佳作品奖和

2018美丽乡村国际微电影艺术节（京津冀赛区）最佳制片人奖。区文联被市文联评为2018年度文联系统信息工作先进单位，1人被评为文联系统信息工作先进个人。

（石榴）

【座谈调研】3月8日，组织部分女艺术家与来自北京大学经济、政管、数学和马克思主义学院等多个院（系）女院长、女教授、学科带头人30余人，共同就知识女性视野中的改革开放40年为主题，进行专题研讨。8月28日，东城区历史文化挖掘传承展示工作调研座谈会在区文联召开，研讨就如何做好东城区历史文化挖掘传承展示工作，有关领导出席。9月6日，北京市文联党组副书记、北京作协分党组书记程惠民带队，《北京文学》月刊社社长、副主编等一行7人到东城区开展专题调研座谈会。

（石榴）

【深入生活到基层演出】1月19日，“我们的中国梦”——文化进万家 2018首都艺术家走进东城区慰问演出，在东城区崇文工人文化宫上演。有关领导及东城区离退休老干部、一线干部职工和劳动模范800余人观看。由东城4个书画类协会和东城曲艺家协会、民间艺术家协会组成10余支文艺惠民小分队，陆续走进东城区直机关、街道、社区、部队、学校等，开展迎新春送春联、送演出及文艺培训等文艺志愿服务活动。

（石榴）

【书画家送春联送福字】1月25日，中国书协中直分会、东城文联书法志愿者服务队到东花市街道南里社区开展送春联和送福字慰问活动。北京美术家协会、东城美术家协会组织艺术家开展我们的中国梦——文化进万家新春慰问活动，走进天坛街道永内大街社区养老服务驿站。1月26日，东城书画研究会书画家小分队到崇文工人文化宫，开展迎新春 送春联文艺志愿服务活动，来自东城区教育、卫生一线的干部职工100人参加。1月30日，东城区书画协会主席带领年逾七旬的书法家10人，组成书画小分队，与环卫一线职工30余人用春联和福字传递祝福、共迎新春。

（石榴）

【书法美术作品展】6月8日，由北京市文联事业发展部、东城区总工会、东城区文联，北京九洲书画艺术研究会、天保集团共同主办，东城美术家协会，东城区职工文促会，北京市职工服务中心共同协办的大美时代 翰墨抒怀——首都艺术家、职工艺术家纪念改革开放40周年精品展，在北京市职工服务中心开幕。展览共展出美术作品近100幅，绘画种类多样、风格各异，展示出首都艺术家和职工美术爱好者的风采和艺术水平。6月26日，由区文联、区教委联合主办，东城美术家协会、区学生金帆书画院、中国华侨历史博物馆共同承办的“中国梦 · 东城美——2018 年东城区美丽家园美术精品展”在中国华侨历史博物馆开幕。展览从300余幅美术家作品中选取150幅，从400余幅学生作品中选取101幅入围。7月19日，由东城区文联、东城书画研究会、河北省保定市文化广电新闻出版局、保定红色文化发展促进会、河北省雄县文化广电新闻出版局、雄县文联、北京燕京书画社等单位共同举办的庆祝改革开放40周年京冀书画作品展在北京燕京书画社开幕。书画作品展主办单位组织专家精心挑选来自北京东城、河北保定、雄县书画家100人百幅作品进行展出，这是三地书画界创作水平与实力一次高质量集中展示。展览将持续到7月27日，免费参观。9月26日，为庆祝改革开放40周年及中华人民共和国成立69周年，由东城区文联和东城区书画协会联合主办的东城区书画协会会藏作品展，在东城区文化艺术创作基地开幕。展览展出40幅作品。11月25日，由北京书法家协会、东城区文联共同支持，东城书画研究会主办的“翰墨缘 · 师生情——郑彦伟书法教育四十年师生作品展”在北京琉璃厂泰文楼开幕。

（石榴）

【摄影作品展】9月29日，由东城区文联和西城区文联联合主办“影像北京 · 东西合璧”摄影作品展在北京民族文化宫开幕。展览展出摄影家和摄

“我们的中国梦”——文化进万家 2018 首都艺术家走进东城区慰问演出
（区文联提供）

影爱好者210余人的300幅作品。展览持续至10月5日，免费对公众开放。12月2日，由东城区文联主办、北京广角摄影学会承办、东城区第二文化馆协办“古都运河情”——第二届北京街道市民摄影大展在东城区第二文化馆开幕。此次展览共展出120幅作品，展览共持续3天，免费向市民开放。

（石榴）

【微电影《花儿金》】6月6日，以国家级非遗“花儿金”为主题编创的微电影《花儿金》在东花市街道举行开机仪式。该片由东城区文联、东花市街道工委办事处、东城影视家协会联合出品，北京虎视文化传媒有限公司承制。11月7日，在第六届亚洲微电影艺术节“金海棠奖”颁奖典礼现场，微电影《花儿金》获金海棠奖最佳作品奖。这是继2017年《警察爸爸》和《追梦景泰蓝》获5项金海棠奖后，东城微电影再次获此荣誉。

（石榴）

【戏剧创作】4月24日，东城区文联组织召开戏剧创作专家评审会，就原创话剧《胡同12号》剧本创作开展评审。专家们分别就剧本中心思想、主题架构、故事冲突和所要表达新时代精神等方面提出意见建议。该剧于8月10～19日在菊隐剧场上演。5月29日，东城区文联组织召开戏剧创作专家评审会，就原创话剧《四合院儿》《丹心抗节于谦》剧本创作开展评审。专家们分别就剧本的主题结构、内容主线和表演形式等方面提出意见建议。8月10日，由东城区文联、东城区文委、东城戏剧家协会联合打造，超级豆戏剧制作、北京光影几何文化传媒有限公司承制的原创音乐话剧《胡同12号》在北京人民艺术剧院——菊隐剧场上演。《胡同12号》通过描述4个不同年龄、不同背景、不同追求的人在胡同里寻梦追梦经历，讲述胡同版“深夜食堂”故事，反映东城胡同传统与现代交织的文化以及新东城人中国梦。8月30日至9月7日，由东城区文联、东城区文委、东城戏剧家协会联合打造，北影新青年戏剧工坊制作、北京可立欧文化产业发展有限公司出品原创剧目——《清白人间》在北京人民艺术剧院——菊隐剧场上演。该剧是东城区文联引导文艺工作者深入贯彻落实习近平总书记关于繁荣发展文艺创作指示精神、用心打造“戏剧东城”文化品牌的又一次实践。

（石榴）

【曲艺建设】5月18日，东城曲艺家协会校园曲艺项目基地揭牌活动正式启动，史家七条小学正式成为首家东城曲艺家协会校园曲艺项目基地校。东城曲艺家协会于9月底前陆续走进部分中小学校，开展4场曲艺项目基地揭牌活动。12月17日，“曲艺课程项目成果汇报专场演出——暨曲艺名家走进学校自主课程”活动在史家实验学校举行。东城曲艺家协会在史家实验学校等东城4所中小学成立校园曲艺项目基地。12月22日，东城曲艺家协会、东城曲艺创作基地及“青春鼓曲社”等曲艺品牌正式入驻永新华韵前门传统文化园区。

（石榴）

【庆祝改革开放40周年】5月13日，由区文联主办，东城曲艺家协会、区第一文化馆、北京周末相声俱乐部共同承办“新时代·新东城·新相声”——纪念改革开放40周年专场曲艺惠民演出最后一场圆满落幕。该次活动连演3天，分别是传统节目专场、新作品专场、新人新作专场。6月28日，“新时代之声”纪念中国共产党成立97周年暨庆祝改革开放40周年东城区优秀原创文艺作品展演在崇文工人文化宫上演。近1000人观看演出。12月5日，由区文联主办，东城作家协会、区第一图书馆承办《改革开放话东城》——东城故事纪念改革开放40周年专集出版发行座谈会及赠书活动在东城区第一图书馆举行。被采访人及专集作者和东城作协会员等60余人参加座谈会，会后举行赠书仪式。

（石榴）

【京津冀文艺协同发展】1月31日，由东城区文联与中共正定县委、正定县人民政府、天津广播电视台共同主办的“2018北京·天津·正定三地春节惠民文艺演出”活动在河北正定县常山影剧院举行。东城区文联与天津市、河北省正定县已连续3年开展文艺交流与展示活动。9月11日，京津冀书法创意精品展在中国华侨历史博物馆开幕。展览由北京市东城区文学艺术界联合会、天津市武清区文学艺术界联合会、河北省张家口市文学艺术界联合会、中共正定县委宣传部、河北省正定县文学艺术界联合会共同主办，北京市东城书法家协会、天津市武清区书法家协会、中国楹联书画院武清分院、河北省张家口市书法家协会、河北省正定县书法家协会共同承办。展出书法家150余人150幅书法精品，展览持续至9月15日，免费对外开放。11月2日，区文联组织召开北京东城·河北正定文艺交流座谈会。会议简要通报两地文联近年来工作开展情况，就2019年继续联合主办“东韵正声”“中国梦·正定情”——北京东城·河北正定2019年春节期间文艺惠民演出相关事宜进行磋商，确定下一步工作思路，两地还就文艺深度发展与合作、多领域优势互补等相关事宜进行沟通交流。

（石榴）

【文联业务培训班】9月20日，区文联举办2018年文艺工作者和新社会阶层文艺人士培训班。区委宣传部有关人员、东城区文联机关干部、文艺家协会代表、街道文联代表、功能型党支部代表、新社会阶层人士80余人参加培训。北京市城市规划设计研究院高级规划师讲授《北京城市总体规划编制的基本思路和主要内容》；中央广播电视总台主任编辑、时事评论员讲授《习近平新时代中国特色社会主义思想和文艺理论》；区文联讲授《关于文艺家协会秘书长职责和作用的几点思考》。

（石榴）

【传统节日文艺活动】3月2日，由区文联，东花市街道工委、办事处主办的东花市南里社区第七届元宵灯会暨区文联文化进基层文艺会演，在东花市南里社区文化活动中心举办。区文联机关党支部与花市南里社区党委签订《东城区文联党支部与东花市南里社区党委党建文化共建协议书》，约定区文联定期送服务、送文化进社区等工作内容。南里社区居民100余人参加活动。4月1日，由区文联主办、东城民间艺术家协会与东城区角楼图书馆共同承办沐浴新时代春风——东城区风筝名家作品展在角楼图书馆开幕。展览分4个板块，分别是马晋、胡铁庄风筝，费保龄、杨利平和孙贺曹氏风筝，刘汉祥、王迺新北京传统风筝，唐琦民微型风筝。每个版块都将师徒作品共同展出，呈现完整传承体系，展示东城区土生土长风筝流派作品。展览持续到4月15日，免费对公众开放。6月18日，由东城区文联、东城作家协会共同主办，东城区第二图书馆协办“激情写时代 美文颂东城”端午诗文朗诵会在角楼图馆举行，朗诵由东城作协会员创作的诗文10余篇。诗文爱好者及角楼图书馆读者50余人参加。9月20日，由区政协主办，区文委、区文联协办，角楼图书馆承办东城区海峡两岸暨香港、澳门中秋联谊活动在角楼图书馆举行。来自书画界知名人士、港澳台侨委员会、民族宗教委员会等100人参加。10月17日，由市文联、区文联联合主办，东城民间艺术家协会、角楼图书馆共同承办的“孝满京城 德润人心”系列活动之东城民间布艺刺绣作品展在角楼图书馆开幕。角楼图书馆读者、东城民间艺术家协会会员、社区居民近100人参加活动。展出东城民间艺术家25人70余幅作品，有布艺、汉宫花、绳编、刺绣、点翠5个门类。艺术家协会的艺术家带着亲手制作绳编、布艺、毛猴、绒花等民间手工艺作品走进东城长青养老院，为老人们送上节日祝福。展览持续至10月22日，免费对公众开放。

（石榴）

【民间工艺作品展】9月14日，“匠心筑梦 文脉流芳”——东城区民间手工艺师徒传承教育工坊暨作品展示系列活动，在中国美术馆艺术教育空间开幕。展览共有风筝、剪纸、绢花、传统彩灯等12 类传统手工艺技艺12对师徒40余件作品。期间有专家演示、互动体验、教学交流、作品展示、现场导览等环节，通过寓教于乐形式，展示传统手工艺魅力，讲述师徒传承故事，体现东城民间文艺工作者工匠精神，展示从9月14日持续至10月20日。

（石榴）

【非公经济人士惠民演出】9月7日，由区文联、区工商联联合举办庆祝改革开放40周年主题活动“中国梦 东城美”——东城区艺术家慰问非公经济人士惠民专场演出在东图影剧院举办，东城区非公经济人士500余人观看演出。演出中，东城区工商联向各基层商会赠送记录区工商联系统表彰的10个先进党组织和优秀共产党员10人的先进事迹的书籍——《典型展风采 红色促发展》。

（石榴）

故宫博物院

【概况】故宫博物院成立于1925年10月10日，是建立在明清两代皇宫（紫禁城）基础上，兼容建筑、文物与蕴含其中丰富宫廷历史文化为一体的中国最大博物馆，也是世界上极少数同时具备艺术博物馆、建筑博物馆、历史博物馆、宫廷文化博物馆等特色，且符合国际公认的原址保护、原状陈列基本原则的著名博物馆。故宫占地106公顷，现存古建筑面积约23万平方米，馆藏文物数量186万件（套）。1961年，被国务院公布为第一批全国重点文物保护单位，1987年

12 月，京津冀快板邀请赛举办（文联提供）

被联合国教科文组织列入《世界遗产名录》，2008年被国家文物局列为首批国家一级博物馆。1925年故宫博物院正式成立并对外开放。1931年"九一八"事变后，故宫文物被迫避敌南迁。历时10余年，行程数万里，文物基本无损，创造第二次世界大战中保护人类文化遗产的奇迹。中华人民共和国成立前夕，南迁文物中极少部分被运往台湾。建院90余年来，尤其是中华人民共和国成立以来，故宫博物院在国家和社会各界的支持下，在历届同仁努力下，在古建筑保护、院藏文物保护管理、陈列展览和学术研究等方面，取得很大进步。故宫博物院隶属于文化和旅游部事业单位，内设处级机构38个，在职职工1000余人，离退休人员近1000人。

2018年，故宫以建设世界一流博物馆为目标，实施精细化管理，实现文物安全、观众安全、古建筑安全、形象安全。持续推动平安故宫工程建设，举办第三届"太和·世界古代文明保护论坛"，开启古代文明保护国际合作新历程。全年接待中外观众突破1700万人次，再创年度观众数量新高。

（马翔宇）

9月16—18日，第三届"太和·世界古代文明保护论坛"举办（故宫博物院提供）

【太和·世界古代文明保护论坛】9月16—18日，第三届"太和·世界古代文明保护论坛"在故宫博物院举行。论坛由外交部、文化和旅游部、新华通讯社、国家文物局支持，故宫博物院、北京故宫文物保护基金会主办，邀请国际组织及埃及、希腊、印度、伊朗、伊拉克、以色列、意大利、墨西哥、叙利亚、中国等文明古国文化遗产领域同仁及专家，围绕"作为文化景观的古代文明遗产——古都文化的保护与传承"主题，共同研究和探讨古都文明遗产可持续性发展问题。分场论坛中，参会代表分为6组，就古都文化遗产保护与现代城市建设、古都文化遗产修复与传承、古都文化资源利用与弘扬、考古视野下古都古国与文化交流4个议题进行对话，共同研究古都文明遗产可持续性发展问题，探讨保护与传承古都文化的有效路径。经友好协商，故宫博物院与叙利亚文化部古物和博物馆总局签署合作谅解备忘录，内容包括共同合作筹办展览，共享有关教育、研究、宣传、观众服务、展览信息、博物馆安保、文化活动、博物馆管理方面信息，以及故宫博物院为叙利亚提供考古保护方面的援助支持，协助叙利亚考古文物保护工作和在华培训博物馆专业修复人员等。

（马翔宇）

【平安故宫工程】平安故宫工程七大子项目持续推进。地下文物库房改造项目启动，故宫博物院北院区建设项目启动。基础设施维修改造，一期（试点）工程继续推进，二期工程设计方案上报国家文物局并获得相关批复，文物影响评估报告及项目建议书编制完成。世界文化遗产监测，午门城台监测、养心殿环境监测工作持续推进，查清不可移动文物底账，理清11类遗产要素，确定标准定名。故宫安全防范新系统中，应急指挥平台项目进入内部系统试运行；文物藏品技术防范系统进行联调测试；安防系统功能提升项目完成监控中心系统更新及部分前端施工。院藏文物防震，完成一批陶瓷库房库内改造及文物密集柜安装；阻尼器防震方案进一步细化并完成安装施工招标；完成宁寿门外西院库房内部改造深化设计并开始施工。院藏文物抢救性科技修复保护，修复保养文物757件，复制完成118件；故宫文物医院，接待学习参观160批次，4500人次。5人被评为国家级非物质文化遗产传承人。公开招聘志愿者25人上岗服务。

（马翔宇）

【古建筑保护与文物管理】养心殿研究性保护项目完成工匠选拔、培训工作，召开养心殿研究性保护项目工匠培训总结研讨会，9月4日正式开工，阶段性研究成果向观众展出。故宫城墙西段修缮工程持续推进，西北段、西南段修缮工程进行设计和报批。乾隆花园保护项目，进行建筑环境监测，完成丝毛织品、贴落等仿制以及假山监测和安全评估。大高玄殿油饰彩画修缮工程、长春宫前院修缮工程竣工。为储备紫禁城下一个600年优质古建筑维修保护材料，将苏州陆慕御窑金砖厂、南京金陵金箔集团股份有限公司，设立为第一批故宫官式古建筑材料基地，并接受太湖世界文化论坛捐赠金砖100块、金箔100万张。强化可移动文物管理与保护工作。统筹文物库房使用规划，三期地下库房文物布局初步完成，启动地面文物库房规划调整并完成局部方案。开展全院文物部门业务培训，从操作及流程全面保障文物安全。接受民国唐驼书法《孝悌祠记》《清代赵孟頫书寿春堂记》拓本等捐赠，收购清乾隆铜鎏金大威德金刚三连尊1件。

（马翔宇）

【安全保卫与开放管理】节假日和重点时段对重要施工现场及布展现场实施安全大检查，职能部门进行隐患排查治理，持续组织安全检查和“拉网式”排查，实现隐患排查治理工作常态化、制度化、规范化，全年开具消防隐患通知单61份。9月，巴西国家博物馆发生火灾后，引以为戒，召开专题会议，布置火灾隐患排查，成立由副院长3人带队办公室秩序整治、文物库房整治和施工现场隐患整治3个检查组，实施全方位拉网式检查，针对问题，关停中轴线上耗电量大且有安全隐患的10余处店铺，对院内商业设施开始全面整治规划。安全技术防范系统建设进一步完善，实现火灾报警与视频联动功能。加强应急管理和义务消防队建设，2018年共进行院内外多部门合作应急演练6次，组织第七届消防运动会，进一步提升应急处置能力。观众参观体验环境不断优化，持续推进网络售票，分时段控制观众流量，全年8万人限流天数76天，限流天数突破历史记录，达到削峰填谷、提升参观体验目的。《清明上河图3.0》高科技互动艺术展演展出期间，实施参观门票与大门票同步预约措施，为重要特大展览摸索经验。不断加强与公安、消防、武警之间协调联动，依法严厉打击各种违法违规行为，全年共抓获黑导游、非法散发小广告人员等2406人。新设无障碍坡道23处、路椅150把、移动护栏250组、标识牌166个，制作石台阶原状台面保护37处，加强开放设施设备维护保养，及时消除安全隐患。严格管理院内电瓶车，完善充电场所，规范院内行驶。

（马翔宇）

【陈列展览与宣教服务】实体展览、虚拟展览亮点纷呈。新开设箭亭武备馆、南大库家具馆。家具馆是继陶瓷馆、书画馆等专馆之后，开设的又一大专题展馆，以仓储式展陈清代家具400余件。2018年共举办临时展览16个，包括予所收蓄 永存吾土——张伯驹诞辰120周年纪念展、铭心撷珍——卡塔尔阿勒萨尼收藏展、景泰及天顺御窑瓷器展、铁笔生花——故宫博物院藏吴昌硕书画篆刻特展、清平福来——齐白石艺术特展、故宫博物院藏清初“四王”绘画特展、贵胄绵绵——摩纳哥格里马尔迪王朝展等。境内文博机构举办或参展34个，包括龙凤呈祥——清代皇帝大婚展、中正仁和——走进养心殿展、故宫博物院藏龙泉青瓷精品省亲之旅展等。与凤凰卫视合办《清明上河图3.0》高科技互动艺术展演，吸引超过140万观众参观，并在国家博物馆伟大的变革——庆祝改革开放40周年大型展览中再度引发观众参观热情。故宫博物院获服务社会十佳单位称号。全年提供咨询41.3万人次，志愿者提供志愿讲解8318人次，讲解员接待观众4.19万批次，使用自动讲解器观众23.4万人次，举办各类教育活动2299场。在北京市宣师一附小、双榆树一小、第三十一中学、第一六六中学等9所中小学开设故宫课程。169场教育活动输送到厦门、济南、石狮、秦皇岛、泉州、福州等地。

（马翔宇）

【文创产品研发与出版】年内研发“八仙聚宝”怀挡和“墨梅”领带系列产品、“丝路山水地图”系列产品等独具故宫文化特色文创新品百余种，故宫博物院线上文化创意馆试运营。根据予所收蓄 永存吾土——张伯驹诞辰120周年纪念展、铭心撷珍——卡塔尔阿勒萨尼收藏展等研发随展文物100余种。参加德国法兰克福国际文具及办公用品展览会、2018年国际品牌授权博览会、2018中国（宁波）特色文化产业博览会、第十四届中国（深圳）国际文化产业博览交易会、第八届中国博物馆及相关产品与技术博览会，中国文化中心、中外文化交流中心及故宫博物院等机构联合举办故宫文化创意产品国际综合展，在新加坡、布鲁塞尔、贝宁、曼谷、首尔、悉尼6家中国文化中心举办故宫文创产品展览，中国对外文化集团公司和故宫博物院联合在日本东京举办“让文物活起来——故宫文创展”，李克强总理邀请日本首相安倍晋三前往参观。全年成书共计155种。《紫禁城》被国家新闻出版广电总局推荐为第三届全国百强报刊，被中国期刊协会评为2018年中国最美期刊。《赵孟頫书画全集》获得优秀美术图书金牛杯金奖。《故宫藏吴昌硕书画全集》《故宫藏四王绘画全集》等项目增补进入2018年度“十三五”国家重点图书出版规划。《清宫图典》获得2018年度国家出版基金资助。《故宫日历》《满汉全席日历》《故宫月历》等形成日历家族，受到社会好评。首部互动解谜游戏书《迷宫·如意琳琅图籍》获得2000余万元众筹金额，打破诸多领域世界纪录。

（马翔宇）

【数字故宫】2018年，官方网站访问人数达691万，同比增长98.5%。故宫出品系列App应用全年下载量超过120万，同比增长16%，累计下载量超过600万，《每日故宫》App完成藏品数据整理、添加藏品分类及关键词搜索等功能升级开发，《故宫展览》App进行用户交互界面全面改版和用户体系核心功能拓展升级，《紫禁城祥瑞》PRO版发布。官方社交媒体账号中新浪微博共发布微博925条，总阅读量达12.1亿。“发现·养心殿——主题数字体验展”首次完整走出故宫，落地深圳。启动“V故宫·数字文物专区”建设，完成112件文物三维数据部署，供观众互动体验，完成第七部虚拟现实节目《御花园》制作，为御花园三维可视化研究项目增添新应用实例和场景，完成“V故宫·倦勤斋线上互动体验项目”开发并上线公开展示，启动“V故宫·角楼互动体验项目”。与腾讯、网易、金山软件公司等就漫画、游戏、音乐创新大赛等开展合作，与腾讯合作举办“古画会唱歌”音乐创新大赛，吸引约400万人次投票，音乐专辑播放量超1亿。首档聚焦故宫博物院的文化创新类节目《上新了·故宫》在北京卫视热播，《国家宝藏》第二季在央视推出。“发现·养心殿——主题数字体验展”获2018国际文化遗产视听与多媒体艺术节金奖、第二届国际数字遗产案例竞赛技术创新奖。“微故宫”获微信贡献力十佳账号称号，官方新浪微博账号在年度文化类微博账号中排名第一。

（马翔宇）

【学术研究】《满文大藏经》研究项目获国家社科基金冷门绝学和国别史等研究专项项目，明代金银器史项目获国家社科基金艺术学项目青年资助项目，抬梁式木构古建抗震性能系统化研究、故宫出土明清铜红釉呈色机理的同步辐射应用研究、元大内规划复原研究获国家自然科学基金资助。《新中国出土墓志》（二期工程）、《故宫博物院藏殷墟甲骨文整理与研究》两大社科基金项目稳步推进，《故宫博物院院刊》由双月刊改为月刊。面向院内员工开设藏文中级、高级培训班及学术专题系列讲座。故宫研究院与太湖世界文化论坛合作成立中医药文化研究所，与吉林大学合作成立张忠培考古研究中心。下设各研究所持续开展相关课题研究，推进合作项目，举办第七届西藏考古与艺术国际学术讨论会、四王暨清前期书画研讨会等学术会议。考古研究所完成雄安新区阶段性考古任务，参加安徽凤阳明中都遗址考古调查。故宫学院在重庆、开封设立分院，已在全国建成8个分院，年内举办故宫讲坛28场。面向故宫员工举办藏文中、高级培训。承办国家文物局、地方市级文物局、博物馆等单位委托培训班共7个，涉及官式古建筑木构保护及木作营造技艺、藏传佛教文物保管与保护、文化创意产品开发与市场运营等主题。

（马翔宇）

【对外交流】赴美国芝加哥艺术博物馆“吉金鉴古：皇室与文人的青铜器收藏展”，赴美国迪美博物馆、赛克勒博物馆“凤舞紫禁：清代皇后的艺术与生活”展，赴日本“让文物活起来——故宫文创展”，赴希腊雅典卫城博物馆“重文德之光华：重华宫原状文物”展，赴沙特阿拉伯国家博物馆华夏瑰宝展，赴葡萄牙阿茹达宫“东风西韵——紫禁城与海上丝绸之路”展。分别与伦敦大英博物馆、比利时皇家艺术与历史博物馆、马耳他遗产委员会签署谅解备忘录。与国际文物修护学会联合举办国际文物修护学会——故宫博物院2018北京国际学术研讨会。国际文物修护学会培训中心举办第四届培训班，学员23人。配合国家大湾区战略，推动第二届故宫青年实习计划，接收粤港澳三地实习生48人。故宫考古研究所赴乌兹别克斯坦、塔吉克斯坦等国开展考古工作，故宫宣教团队赴蒙古国、澳大利亚、西班牙等9个国家举办海外交流10场。

（马翔宇）

故宫博物院负责人

故宫博物院院长　　单霁翔

医疗卫生

11月9日，鼓楼中医医院举办“京城名医馆”建馆25周年暨燕京医学传承发展系列学术活动（区卫计委提供）

综 述

2018年，全区共有医疗卫生机构554个，一级以上医院61个。实有床位9947张（平均每千人拥有床位数12.10张），卫生技术人员2.51万人，其中执业（助理）医师9817人［平均每千人拥有执业（助理）医师11.94人］，注册护士1.04万人（平均每千人拥有注册护士12.70人）。全年门急诊诊疗人次数2457.38万人次，出院41.1万人次。全年病床使用率为87.29%，病床周转次数41.34次，出院者平均住院日7.75天。区属医疗机构门急诊诊疗人次数681.52万人次，出院4.95万人次，其中社区卫生服务机构总诊疗人次数267.31万人次。

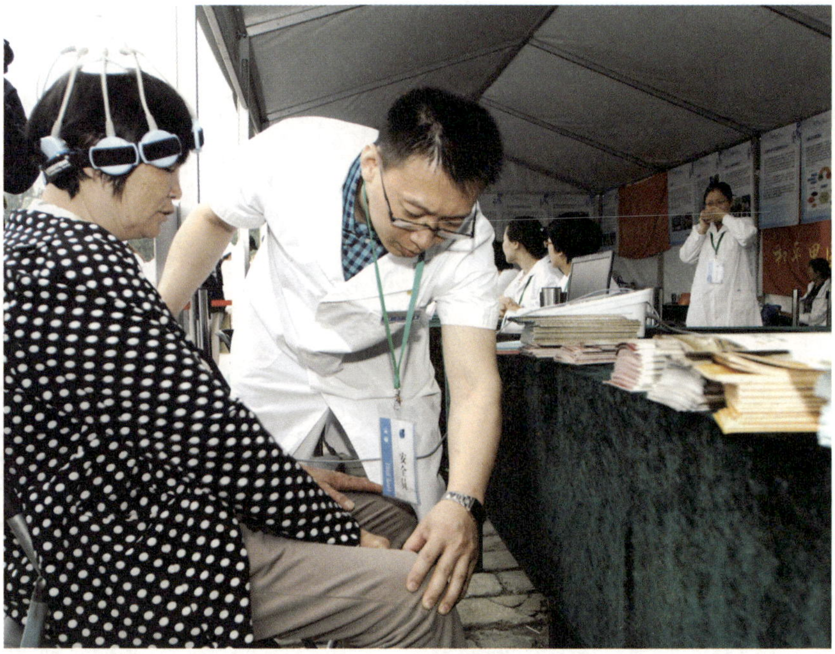

5月11日，第十一届北京中医药文化宣传周暨第十届地坛中医药健康文化节上医生义诊（区卫计委提供）

深化医药卫生体制改革。制订《东城区2018年深化医药卫生体制改革实施方案》，确定13方面共41项任务。新增解放军总医院第七医学中心（原陆军总医院）医联体，建立以同仁医院为核心的东城区眼耳鼻喉专科医联体，全区医联体共计10个，实现三级医院医联体建设体系全覆盖。组织开展2017年度区属公立医院提质增效控费绩效考核，将考核结果与医改资金分配挂钩。选取普仁医院为试点，探索公立医院薪酬制度改革。

推动社区卫生服务建设。全年226个全科团队累计签约25.92万人，总诊疗人次较2018年增长7.39%。在景山街道吉祥社区，试点开展社区卫生分类服务，推出34项菜单式服务清单，满足居民个性化需求。探索创新药品供应链改革，8个中心、54个社区站开展药品第三方配送服务，完成中草药2.5万剂共3800个处方配送服务。扎实开展国家基本公共卫生服务项目，培训家庭保健员1046人。

提升医疗服务能力。启动第三批重点专科建设工作，建立东城区医学影像诊断中心和医学检验（病理）中心。完成东城区护理质量控制和改进中心（第六医院）、医院感染管理质量控制和改进中心（普仁医院）建设。应对长春长生公司狂犬病疫苗事件和百白破问题疫苗事件。举办“5·12”国际护士节护理知识竞赛活动。组织开展京津冀医用耗材联合采购工作，完成2018年度医师定期考核。

深化国家科学育儿试点区建设。东城区户籍出生上报7216人，新生儿活产数1.19万人，计划生育率99.81%。全年孕产妇死亡率为零，婴儿死亡率为2.01‰，积极应对两孩生育高峰，全区调增产科床位77张。规范免费孕前检查和婚前医学检查衔接，发放婚育服务包2882个。完成免费孕前优生健康检查735例，项目目标人群覆盖率达100%。深入开展国家科学育儿试点区工作，分别与北京儿童医院、首都师范大学合作，启动科学育儿项目；与区文委合作，启动2018年东城区宝宝阅读计划。

创建全国健康促进区。2017年全区居民人均期望寿命84.28岁，与2016年相比基本持平。全区甲类传染病报告发病率0.24/10万。乙类传染病报告发病率为132.55/10万。出台健康东城2018—2020年3年行动计划。连续10年发布《东城区居民健康及健康相关因素状况分析报告》，即“健康白皮书”。开展职业人群快乐工作、健康生活，健康体重行动。组织实施7–9岁和12~15岁学生免费窝沟封闭预防龋齿项目，开展幼儿氟化泡沫防龋项目。

推进国家医养结合试点区建设。完善东城区老年医疗康复护理指导中心、老年医疗评估中心、老年医疗服务中心建设。修订东城区《养老机构与医疗机构的绿色通道制度》《东城区医疗入户服务标准》。以中医药服务为特色、以鼓楼中医医院为依托的东直门养老服务驿站投入使用。实施中医药健康养老的卡、包、岗三结合服务模式。完成区属医疗机构与16家养老机构对接，建立绿色就诊急救通道。重点实现医疗团队为托底老人提供一户一策的医疗精准服务。

推进国家中医药发展综合改革试验区建设。 围绕传承创新中医药文化，发展中医药健康服务，提升基层中医药服务能力，探索研发具有东城试验区特色的精品旅游线路，推进北京市中医药文化旅游示范基地建设。举办第十届地坛中医药健康文化节活动。落实北京名中医身边工程，15个名中医团队专家定期到7个社区卫生服务中心为百姓提供中医药服务。

（贾英仙）

医政管理

【概况】东城区卫生和计划生育委员会（简称区卫生计生委），为东城区政府职能部门，负责全区卫生和计划生育工作。内设机构24个，有系统单位36个，编制7508 人（含机关工勤7人），其中行政机构3个、公务员编制224人、实有214 人；医疗机构单位9个、事业编制4778人、实有 3866人；公共卫生机构及其他单位24个（含两家集体单位）；事业编制2499人、实有1808人（含两家集体单位74人）。

2018年，东城区卫计系统总收入49.3亿元，其中财政拨款14.39亿元，事业收入34.15亿元；总支出48.39亿元。全年出院41.1万人次，病床使用率87.29%，平均住院日（不含精神专科医院）7.57天，全年住院手术25.38万人次。医护比为1：1.06。2018年开展服务百姓健康行动东城区大型义诊周活动。北京中医药大学东直门医院、北京市和平里医院、和平里社区卫生服务中心3家医疗机构组成的东城区中西医结合紧密型医疗联合体完成签约。评选区卫生系统优秀护士、优秀护理管理工作者66人。参加“发现最美的自己”北京社区卫生服务机构处方开具技能大赛获冠军；参加北京市基层卫生技术人员岗位练兵活动获团队决赛三等奖，1人获百名全科医生擂主挑战赛二等奖，1人获优秀奖，区卫生计生委获优秀组织奖。全年基建总投资7992.88万元，其中财政资金投资额7689.37万元，自筹资金投资额303.51万元。2018年实施基建项目77项，其中社区卫生项目13个。至年底，已完工71个，其中社区卫生项目10个。推进重点基建工程项目，实现第六医院南北楼加固及节能改造工程、普仁医院（尼奥大厦）中西医结合康复诊疗中心项目、区第一人民医院异地迁建项目开工建设，鼓楼中医医院病房楼装修改造项目竣工。推进社区标准化建设，完成景山中心站、魏家社区卫生服务站、圆恩寺社区卫生服务站标准化建设。

（贾英仙）

【医疗准入备案】2018年，区卫计委正式在全区启动实施医疗机构电子化注册工作。完成医师、护士、医疗机构等行政许可事项初审7816件，其中医疗机构相关许可事项386件、医师相关许可事项720件，护士相关许可事项6703件，麻醉、一类精神药品许可事项7件，启动辖区500家医疗机构医师定期考核工作。

（贾英仙）

【医疗机构质量管理】2018年，区卫计委对辖区内医疗机构进行专题培训和督导检查，组织住院病案质量管理、医院感染管理等培训1000余人次，组织专项检查10余次，累计检查医疗机构100余家。组建东城区护理、院感、影像、检验质量控制和改进中心。

（贾英仙）

【医疗专科建设】2018年，区卫计委启动第六医院和普仁医院为区级医学影像中心和检验（病理）中心的建设工作；进行第一第二批重点专科评估、确认第三批重点专科项目和建设单位；对辖区疫苗接种单位开展“三到位”督导检查。

（贾英仙）

【对口支援】2018年，区卫计委与河北省张家口市崇礼区，内蒙古化德县、阿尔山市，湖北郧阳区，西藏当雄县进行对接，在原有共建基础上，又组织第六医院、区第一人民医院、鼓楼中医医院、普仁医院、和平里医院5家医疗机构分别与崇礼区狮子沟中心卫生院等9家医疗机构结对共建。组建医疗队，选派骨干医务工作者12人赴崇礼、化德、阿尔山医疗机构挂职锻炼和驻点帮扶。组织区属医院选派专家90人赴受援地区开展支医活动，义诊15次，为患者1470人提供医疗服务，服务建档立卡户667人次。接收受援地区骨干医师21人到京跟岗进修，组织开展受援地区乡村医生多发病、常见病诊治，中医适宜技术和生活饮用水事故应急处理等方面培训，共培训17场次，1066人次参加。与受援地搭建远程会诊平台，成功开展远程会诊60例。

（贾英仙）

【血液管理】2018年全区无偿献血10.4万单位，辖区医疗机构临床用血6.51万单位。辖区设固定采血点9个、临时采血点1个。

（贾英仙）

医疗改革

【医疗体制改革】区卫计委印发《东城区深化医药卫生体制改革2018年重点工作安排》涵盖13个方面41项任务，探索区属公立医院薪酬制度改革试点，推进区属公立医院医改绩效考核、区属公立医院提质增效控费考核；开展改善医疗服务十大行动计划；建立“佳医东城”健康管理平台、提升家庭医生签约精准服

4月4日，陆军总医院与北京市第六医院举行医疗联合体签约仪式
（区卫计委提供）

务能力，建立物联网、开展送药到家服务。

（贾英仙）

【医联体建设】区卫计委建立解放军总医院第七医学中心（原陆军总医院）医联体和北京同仁医院眼耳鼻喉专科医联体。至年底，已建立医联体10个，其中5个综合医联体：东直门医院医联体、北京医院医联体、北京协和医院医联体、北京同仁医院医联体、解放军总医院第七医学中心（原陆军总医院）医联体；5个专科医联体：精神专科医联体、儿童专科医联体、口腔专科医联体、神经专科医联体、眼耳鼻喉专科医联体。2018年各综合医联体累计上转患者4608人次，下转患者2229人次，3448人次上级医疗机构专家下沉基层医疗机构指导业务，300人次医务人员在医联体内核心医院完成进修学习。

（贾英仙）

【医养结合】2018年，全区形成以老年医疗康复护理指导中心为依托，以区属二级医院为支撑、以辖区三级医院为技术指导、以社区卫生服务为基础、以社会力量为补充的多元立体医养结合服务体系。医养融合一体化、医养结合一加一、医养联盟等多种模式有效运行。推动隆福医院转型晋升为中西医结合三级老年医院；区第一人民医院向康复机构转型；建立白桥驿站和新中街2个养老精品特色驿站。2018年辖区社区卫生服务机构为老年人提供上门服务6998人次，为辖区养老机构老年人提供服务4743人次。为辖区老人开展入户评估4817人，入户医疗精准服务8515人次。区医养结合三个中心挂牌运行，即老年医疗康复护理指导中心、老年医疗评估中心、老年医疗服务中心。

（贾英仙）

【医疗信息化建设】2018年区卫计委信息化建设总投入4596.1万元。完善区人口健康信息平台，建设区域PACS、区域心电和健康东城APP，满足多种类型医疗数据共享需求。开展平台三级安全等级保护，完善信息安全防护体系。推进影像信息管理系统和电子认证服务体系建设，实现委属医疗机构全覆盖。借助物流网，引入大型药品供应公司，实现社区药品精准配送到家服务。借助便携式移动医疗箱，实现居民常规健康信息的采集和自动上传，项目已列为市卫生健康委2019年惠民服务项目向北京市民推介。区属医院及社区卫生服务机构全部实现微信、支付宝结算医疗费用。以隆福医院为核心，完善区医养护一体化平台。以普仁医院为核心，完善区慢病管理平台。以和平里医院为核心，试点建设区级远程门诊平台。

（贾英仙）

社区卫生

【概况】全区有社区卫生服务中心8个、社区卫生服务中心站5个、社区卫生服务站49个，全部为政府办机构。全区社区卫生系统人员编制1553人，在岗职工总数1386人，其中在编1168人，劳务派遣79人，退休返聘89人。2018年总诊疗267.31万人次，门急诊266.53万人次。

（贾英仙）

【家医签约】2018年，全区组建226个家庭医生团队，累计签约27.28万人。建立城乡居民健康档案63.85万份，规范化电子档案建档率77.67%；65岁以上老年人健康管理5.81万人，健康管理率达69.27%；高血压患者管理6.85万人，高血压规范管理率62.39%；糖尿病患者管理3.33万人，糖尿病规范管理率62.31%。

（贾英仙）

【双向转诊】东城区二、三级医疗机构支援社区医务人员累计1394人次，开展门诊3.61万人次，会诊909人次，讲座32场，体检、义诊等其他服务1.46万人次。2018年社区上转病人1.79万人次，下转病人4069人次。

（贾英仙）

表33　**2018年东城区社区卫生服务机构一览表**

序号	机构名称	地址	联系电话
1	北京市东城区体育馆路社区卫生服务中心	法华南里25号楼西侧	67120019
2	北京市东城区天坛社区卫生服务中心	粉厂胡同57号、珠市口东大街2号107、108室	67074337
3	北京市东城区龙潭社区卫生服务中心	光明中街25号	67111096
4	北京市东城区东花市社区卫生服务中心	广渠家园13号楼	67118044
5	北京市东城区社区卫生服务中心	朝内大街192－1号	65125503
6	北京市东城区永定门外社区卫生服务中心	丰台区蒲黄榆二里2号院	67020979
7	北京市东城区朝阳门社区卫生服务中心	东四南大街灯草胡同31号	65138019
8	北京市东城区建国门社区卫生服务中心	后赵家楼胡同9号	65256218
9	北京市东城区和平里社区卫生服务中心	小黄庄一区9-1号、黄寺大街甲8号9楼	84282143
10	北京市东城区安定门街道花园社区卫生服务站	安定门内花园东巷25号	64013430
11	北京市东城区安定门街道五道营社区卫生服务站	内大街永康胡同9号	64012290
12	北京市东城区北新桥街道北新桥社区卫生服务站	东直门大街184号	64053216
13	北京市东城区北新桥街道海运仓社区卫生服务站	海运仓小区南颂年3号楼	84073206
14	北京市东城区北新桥街道民安社区卫生服务站	民安14号楼	84078626
15	北京市东城区北新桥街道青龙社区卫生服务站	东直门北小街青龙胡同甲1号	64027190
16	北京市东城区北新桥街道十三条社区卫生服务站	东四北大街168号内一层2112号	64053927
17	北京市东城区朝阳门街道朝内头条社区卫生服务站	朝内大街203号	64015610
18	北京市东城区朝阳门街道大方家社区卫生服务站	小牌坊胡同30号	85111691
19	北京市东城区朝阳门街道内务社区卫生服务站	内务部73号	65136054
20	北京市东城区崇文门外街道都市馨园社区卫生服务站	兴隆都市馨园13号楼D102-103	67021437
21	北京市东城区崇文门外街道新景家园社区卫生服务站	西花市大街62、64号	87186099
22	北京市东城区东花市街道东花市南里社区卫生服务站	东花市南里东区13号楼107-108	87103147
23	北京市东城区东花市街道铁辘轳把社区卫生服务站	东花市大街33号	67120077

续表33

序号	机构名称	地址	联系电话
24	北京市东城区东花市街道忠实里社区卫生服务站	忠实里西区7号楼1层106	67118044
25	北京市东城区东华门街道东华门社区卫生服务站	南河沿大街磁器库南巷1号	65597833
26	北京市东城区东华门街道多福巷社区卫生服务站	东四南大街报房胡同45号	65127470
27	北京市东城区东华门街道甘雨社区卫生服务站	西堂子胡同15号	65240060
28	北京市东城区东华门街道韶九社区卫生服务站	韶九胡同22号	65240100
29	北京市东城区东华门街道台基厂社区卫生服务站	台基厂大街台基厂二条3号	65126450
30	北京市东城区东四街道东四三条社区卫生服务站	东四三条45号	64006790
31	北京市东城区东四街道东四社区卫生服务站	东四北大街东四六条甲62号	64017470
32	北京市东城区东四街道南门仓社区卫生服务站	朝阳门内北小街仓南胡同5号、罗家大院1号	84068240
33	北京市东城区东直门街道东直门社区卫生服务站	东直门外察慈小区7号楼	64610470
34	北京市东城区东直门街道清水苑社区卫生服务站	东直门北大街乙4号楼	64611494
35	北京市东城区东直门街道十字坡社区卫生服务站	东直门外十字坡西里10号楼北	64161320
36	北京市东城区东直门街道王家园社区卫生服务站	王家园胡同37号院1号楼1层	65519556
37	北京市东城区东直门街道新中街社区卫生服务站	新中西里6号楼迤北平房院	64165425
38	北京市东城区和平里街道安德里社区卫生服务站	安德里北街21号	84127060
39	北京市东城区和平里街道安德路社区卫生服务站	安外青年路南街11号	84130209
40	北京市东城区和平里街道东河沿社区卫生服务站	东河沿甲7号	64205058
41	北京市东城区和平里街道和平里社区卫生服务站	和平里北街18号西门	64215168
42	北京市东城区和平里街道和平里中街社区卫生服务站	和平里6区6号1层	84220399
43	北京市东城区和平里街道交通社区卫生服务站	交林夹道甲2号	64213430
44	北京市东城区和平里街道青年湖社区卫生服务站	青年湖东里9号楼北	84112543
45	北京市东城区和平里街道小黄庄社区卫生服务站	小黄庄前街2院3楼	84282143
46	北京市东城区建国门街道苏州社区卫生服务站	崇文门内大街苏州胡同120号	65124640

续表33 续表

序号	机构名称	地址	联系电话
47	北京市东城区建国门街道外交部街社区卫生服务站	东单北大街东堂子胡同24号	65281974
48	北京市东城区交道口街道交东社区卫生服务站	土儿胡同10号楼	84046916
49	北京市东城区交道口街道圆恩寺社区卫生服务站	前圆恩寺胡同28号	64072317
50	北京市东城区景山街道吉祥社区卫生服务站	水籤箕胡同甲5号-1	64007169
51	北京市东城区景山街道宽街社区卫生服务站	美术馆后街12号	64006540
52	北京市东城区景山街道魏家社区卫生服务站	魏家胡同55号	84032330
53	北京市东城区龙潭街道龙潭北里社区卫生服务站	夕照寺街35、37号	67183342
54	北京市东城区龙潭街道幸福家园社区卫生服务站	幸福家园19号楼1101、1102号	67111096
55	北京市东城区龙潭街道左安门社区卫生服务站	左安浦园1号楼旁平房	87198967
56	北京市东城区前门街道前门社区卫生服务站	草厂六条4号	67073468
57	北京市东城区体育馆路街道法华寺社区卫生服务站	体育馆西路1号	67133157
58	北京市东城区体育馆路街道长青园社区卫生服务站	长青园16号楼迤南2-2-1-72-29	67120567
59	北京市东城区天坛街道金鱼池社区卫生服务站	金鱼池小区西区13楼1单元001，002，101，102室和16楼5单元103，104室，珠市口东大街2号大厦109室	67023088
60	北京市东城区天坛街道天坛东里社区卫生服务站	天坛东里南区79号	67010624
61	北京市东城区天坛街道天坛南里社区卫生服务站	永内东街西里11号	67073468
62	北京市东城区永定门外街道东革新里社区卫生服务站	东革新里40号	87265202
63	北京市东城区永定门外街道富莱茵社区卫生服务站	沙子口路72号富莱茵小区9-1-101	87817703
64	北京市东城区永定门外街道景泰西里社区卫生服务站	景泰西里西区8号楼底商	67222060
65	北京市东城区永定门外街道望坛社区卫生服务站	永定门外桃杨路二条2号	51335257
66	北京市东城区永定门外街道永建里社区卫生服务站	永定门西滨河路8号院8-2底商	67020979

（贾英仙）

中医中药

【国家中医药综合改革试验区】3月28日，区卫计委召开国家中医药发展综合改革试验区工作座谈会，组织北京广誉远展览有限公司、北京同仁堂王府井中医医院、北京正安康健医药科技发展有限公司申报北京市中医药文化旅游示范基地。部署东城区北京名中医身边工程，市区两级名中医团队与各社区卫生服务中心点位对接，签订《北京名中医身边工程协议书》，各名中医团队专家定期到社区卫生服务中心为百姓提供中医药服务。

（贾英仙）

【名医工作室建设】2018年，金世元国医大师工作室分站落户鼓楼中医医院、隆福医院；4个工作室成功申报北京市中医药薪火传承“3+3”工程基层老中医传承工作室。对第一届区知名中医工作室开展结题验收和出师考核，10个工作室及出师人员16人考核全部合格；对第二届9个区知名中医工作室进行中期考核，考核全部合格。评选出第三届区级知名中医专家及工作室7个、东城区希望之星中青年知名中医专家及工作室3个。

（贾英仙）

【中医药文化节】5月11—13日第十一届北京中医药文化宣传周暨第十届地坛中医药健康文化节开幕。文化节以“弘扬传统文化、促进健康服务——中医药与生活方式”为主题，以健康生活服务为核心，以健康北京人为服务对象和目标。开幕式上，和平里一小的学生们进行中医药传统文化经典诵读；播放地坛中医药健康文化节十年回顾宣传片；发布2018地坛文化节TOP10品牌项目；举行走中医师承之路仪式，请国医大师金世元、首都名国医10人在“师承之路”签名墙签名。国家中医药管理局及市区有关部门领导出席开幕式。文化节为期3天，开设四季健康生活小屋、特色主题日、中医药科普精品图书展示及中医药文化长廊等活动。

（贾英仙）

5月11—13日，第十一届北京中医药文化宣传周开幕（区卫计委提供）

医学教育科研

【医疗科技人才培养】2018年，区卫计委开展住院医师规范化培训，外送规培62人。完成10.42万人慢性乙型肝炎防治和医疗纠纷预防知识培训。医务人员43人参加中法急诊急救与灾难医学高级模拟培训。选送8家单位学员14人参加区县医院骨干培训。组织申报北京市第二批中医护理骨干人才培养项目，1人获批。做好精神科、儿科转岗、全科医生转岗培训工作。系统2人参加精神科转岗培训，1人参加儿科转岗培训；辖区全科医生转岗位培训28人。开展全区社区卫生技术人员岗位练兵，参加市岗位练兵比赛，获得三等奖，区卫生计生委获优秀组织奖。永外社区卫生服务中心被评为北京市中医类别全科医生规范化培训基层实践基地合格基地，朝阳门社区卫生服务中心、龙潭社区卫生服务中心被评为新基地。

（贾英仙）

【医学教育】2018年，区卫计委首次向市继续医学教育办公室申请市级继教管理账号，2个项目成功申报国家级继续医学教育项目，32个项目成功申报北京市级继续医学教育项目。区级继续医学教育项目1949项。举办继续医学教育项目4943场，受训54.77万人次，5339学分，其中举办区级继教项目2292场，受训31.47万次，2444学分，实现参培率、达标率、审全合格率3个100%工作目标。完成辖区年度学分审验工作。

（贾英仙）

【医疗科学研究】2018年，区卫生计生系统共有国家级、市级科研课题25项，其中2项国家自然科学基金项目、2项首都医学发展科研基金项目、1项首都医学发展科研基金基层项目、8项年度北京市中医药科技发展资金项目、6项北京市科委金桥工程种子资金科研项目、1项北京市科委卫生与健康科技成果和适宜技术推广项目、1 项北京市科委首都临床特色应用研究专项课题、1项吴阶平医学基金会临床科研专项资助基金、3项国家中医药发展改革试验区项目。评选2018年东城区卫生科技计划项目26项，其中9项为立项资助项目，资助经费29.2万元，17项为立项不资助项目。全年区卫计系统共发表论文369篇、著作10部，其中属于中国科技论文源统计期刊176篇，SCI论文1篇。

（贾英仙）

疾病控制

【传染病防治】2018年，全区甲乙丙类传染病共计发病6208例，甲类传染病发病2例，死亡0例；乙类传染病发病总数1105例，死亡10例（艾滋病死亡3例，肝炎死亡7例），乙类传染病发病率前三位的疾病是痢疾（发病率42.89/10万）、梅毒（发病率26.56/10万）、肺结核（发病率24.79/10万）；结核病发病211例，死亡0例；性病（淋病和梅毒）发病290例，死亡0例；艾滋病发病27例，死亡3例。手足口病发病766例、死亡0例；无狂犬病、人禽流感、布病发生。11月30日开展以“主动检测 防艾治艾 共享健康”为主题的世界艾滋病日进校园主题宣传活动。

（贾英仙）

【慢病防控】2018年，区卫计委启动脑卒中新一轮随访管理信息核查和随访，完成3324人的数据追踪核查，成功随访高危人群3231人，随访率89.82%；完成北京市户籍肿瘤患者随访4838例，失访205例，失访率4.27%。落实《城市癌症早诊早治项目》，全区完成问卷评估4684例，筛出高危2506例，高危检出率53.50%，总体任务完成率108.5%。完成全年中国成人慢性病与营养监测3个街道、6个社区600人的监测任务。针对2017年新增95对双生子开展第一次随访，成功随访87对，失访率8.4%。依托社区卫生服务基本公共卫生服务平台完成3个街道437例糖尿病患者问卷调查、体格测量、血生化检测及特殊临床检查。全年新增高血压自我管理小组19个、糖尿病患者同伴支持小组8个，社区覆盖率分别为69.2%和29.1%。2018年市级验收通过健康示范社区12家、健康示范食堂2家；区级验收健康步道1条、健康小屋1个、学校健康食堂3所。

（贾英仙）

【精神卫生】全区在册严重精神障碍患者3792人，发病率（报告患病率）4.32‰，其中六类重性精神障碍患者2889人，免费服药患者1992人，正常管理患者2820人，失访患者231人，拒访患者64人，住院患者677人。2018年无精神障碍患者肇事肇祸事件发生。

（贾英仙）

【学校卫生】2017—2018学年东城辖区中小学生9.17万人，视力不良实检人数为9万人，检出人数5.88万人，检出率65.24%；营养不良实检人数9.01万人，检出人数6915人，检出率7.67%；肥胖实检人数9.01万人，检出人数为1.35万人，检出率15%；贫血实检人数9万人，检出人数2478人，检出率2.75%；恒牙龋齿实检人数9万人，检出人数为2.1万人，检出率23.28%。全年处理传染病暴发、集体食物中毒等重大事件104起，其中中小学急性胃肠炎疫情28起（含暴发3起），幼儿园急性胃肠炎疫情8起；中小学集中发热疫情13起（含暴发3起），幼儿园集中发热疫情4起（含暴发1起）；中小学聚集性手足口病疫情19起，幼儿园聚集性手足口病疫情29起（含暴发1起）；中小学水痘暴发疫情2起，幼儿园水痘暴发疫情1起，未发生学校集体食物中毒事件。

（贾英仙）

【计划免疫】2018年，全区接种免疫规划疫苗10种15.07万剂次，报告疑似预防接种异常反应60例；非免疫规划疫苗16种、5.64万剂次，报告疑似预防接种异常反应36例；外来务工人员接种含麻疹成分疫苗2665剂次，流脑A+C疫苗2081剂次。流感疫苗共接种4.81万人（老人1.65万人，学生2.46万人，保障人员1097人，自费5831

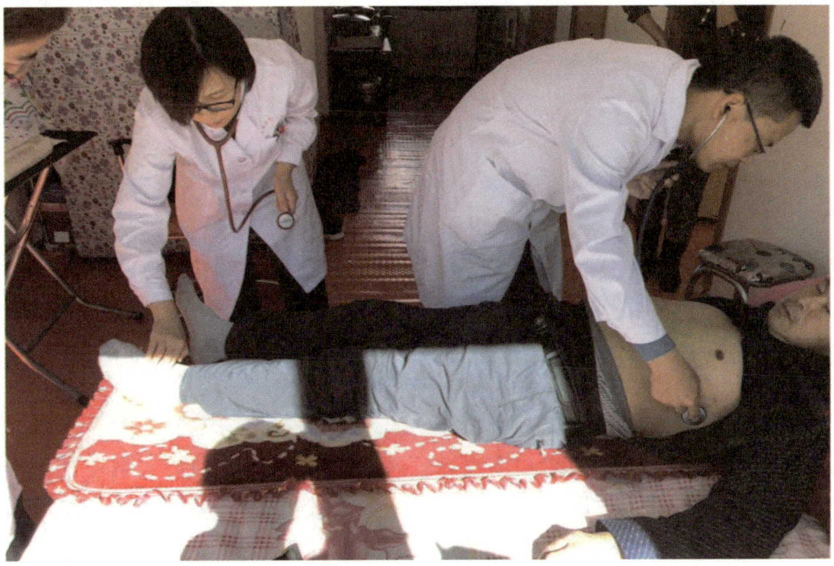

9月28日，东城区卫计委医疗专家组到阿尔山市展开义诊、培训等健康帮扶工作（区卫计委提供）

人）。应急接种麻风疫苗1090剂次，麻腮风疫苗338剂次，水痘242剂次。

（贾英仙）

【职业卫生】2018年，全区共有职业病危害因素企业58家（含放射性因素），职工总人数2.4万人，应体检5231人，实际体检5219人。审核8例职业病病例，其中1例石棉肺病例（Ⅰ期），1例矽肺病例（Ⅰ期），1例石棉所致间皮瘤、肺癌病例，2例电光性眼炎，1例电光性皮炎，1例化学性眼部灼伤，1例其他急性职业中毒，无农药中毒病例报告。

（贾英仙）

【食品卫生及生活饮用水检测】2018年，区卫计委完成14大类、175件食品、19项化学污染物监测，7大类、245件食品、11个项目的食源性致病菌监测，其中致病菌检出率为11.27%。采集水样376件，其中市政末梢水216件，高层建筑二次供水160件。样品整体检测合格率为100%。

（贾英仙）

【健康促进】2018年，区卫计委举办健康大课堂2438场，受众12.33万人次，疾控系统大课堂10场，受众1400人次。创建健康社区12个、健康食堂（餐厅）2个、健康步道1条。培养健康指导员227人，启动37家控烟示范单位创建工作。出动卫生监督员1.96万人次，监督检查各类场所9797户次，处罚违法吸烟个人及单位447户，罚款20.42万元。对718户不合格单位和违法吸烟人责令改正。

（贾英仙）

【爱国卫生】6月28日，爱国卫生相关工作职责由区城管委划转到区卫生计生委。区卫计委筹备国家卫生区复审，制订工作方案，成立领导小组。开展辖区病媒生物防制，追加预算106万元，完成专业消杀公司选聘。开展灭鼠专项行动，出动车辆20台次，282人次。启动全市统一灭蚊行动，出动车辆20台次，126人次。动员居民参与病媒生物防制工作，张贴海报781张，发放宣传折页及《给老百姓的一封信》9793份。

（贾英仙）

行业监督

【公共卫生监督】2018年，东城区公共场所数量1782（户），量化分级1583（户）。2018年区卫计委开展公共卫生监督检查1.08万户次，合格率90.41%，行政处罚851户次，罚没款金额共计118.5万元。开展生活饮用水卫生监督检查1631户次，合格率97.39%，行政处罚72户次，罚没款金额13万元。开展学校卫生监督检查709户次，合格率96.67%，给予警告的行政处罚25户次。开展放射卫生监督检查215户次，合格率97.89%，行政处罚4户次，罚没款金额6.1万元。职业卫生监督3户次，合格率100%。开展传染病防治和消毒产品卫生监督检查1276户次，合格率98.5%。行政处罚17户次，罚没款金额7.2万元。

（贾英仙）

【医疗卫生监督】2018年，区卫计委监督检查516家医疗机构2155户次，覆盖率100%，合格率96.9%，行政处罚16家医疗机构，罚款3.8万元。处理涉及非法行医举报投诉77起，给予行政处罚36起，罚没款金额48.99万元（罚款金额40.75万元，没收违法所得8.24万元）。移送公安部门涉刑案件2件；移送工商部门23件，移送食药监部门1件。共疏解人员38人。全年辖区无吊销医疗机构执业许可证单位。

（贾英仙）

【计划生育监督】2018年，区卫计委监督检查辖区23户从事计划生育技术服务医疗、保健机构，覆盖率100%，合格率100%。

（贾英仙）

【生物安全】2018年，区卫计委开展日常生物安全督察90户次，组织专家开展生物安全督导工作3次。举办2018年度生物安全管理培训工作会。协助市卫生计生委对区各级医疗机构和科研机构开展实验室生物安全调查，全年生物安全无差错。

（贾英仙）

计生服务

【计划生育服务】2018年，区卫计委完成区长与17个街签订的《东城区2016—2018年度计划生育目标管理责任书》各项指标，计划生育政策符合率为99.82%；计划生育家庭特扶资金发放到位率达100%；免费孕前优生健康检查项目目标人群覆盖率100%；区、街、居三级计生机构健全，按要求配备计划生育专干、宣传员，补贴发放到位率100%。17个街道计划生育目标管理考核工作均评为优秀。全区办理一孩生育服务登记5145例，二孩生育服务登记2918例，办理再生育行政确认114例，办理流动人口一孩生育服务登记926例，二孩生育服务登记484例，再生育服务登记9例。东城区卫生计生委获年度全国流动人口动态监测调查优秀单位称号。组织开展把健康带回家为主题的流动人口卫生计生关怀关爱专项行动和以共建生育文明，共享美好生活为主题的第29个世界人口日宣传活动，开展流动人口健康促进示范企业、学校和健康家庭创建活动。

（贾英仙）

【计生药具管理】2018年，全区计生药具免费发放点317个，其中社区发放网点196个，社区卫生服务站56个，身份证自助发放网点58个（包括医院、社区卫生服务中心/站、市场、写字楼、人员聚集地、机关单位等），物流网点5个、区级药具管理站1个，婚姻登记处1个。满足24小时随时发放网点数202个。发放药具种类包括口服避孕药、外用避孕药、避孕套、宫内节育器等四大类。全年共发放各类药具54.51万元，合计1432箱。

（贾英仙）

【生殖健康】2018年，区卫计委优生咨询1896人。免费孕前优生健康检查定点医院变为1家，由东城区妇幼保健院承接，分为南、北院区开展。年内948对夫妇进行免费孕前优生健康检查。开设孕妇课堂88节，受众7726人次。全年分娩823人，孕妇学校建档听课849人。开展特色课堂8节、宣传活动30场、社区讲堂12场、社区义诊10次、活动共计190场次，受益1.64万人次。

（贾英仙）

【计生关怀】2018年，全区计划生育特别扶助目标人数3320人，其中独生子女伤残特扶对象2063人，独生子女死亡特扶对象1257人。计划生育家庭伤残特别扶助金每人每月590元，计划生育家庭死亡特别扶助金每人每月720元，2018年发放计划生育特别扶助金2209.12万元。8072人享受独生子女父母奖励，发放奖励费总金额46.41万元。5855人享受独生子女年老时一次性奖励，发放一次性奖励总金额585.5万元。全年156人享受独生子女意外伤残、死亡后对其父母的一次性经济帮助，发放一次性经济帮助总金额156万元。2018年全区共计477户独生子女死亡家庭选择家政服务，640人参加体检。继续为全区70周岁以下计生特扶家庭投保关爱计划生育家庭安康保险，每个家庭保费为30元/年。继续为全区计生特扶家庭投保补充团体医疗保险（F款），被保险人2019年可在二级及以上医院住院，独生子女死亡家庭享受住院护理补助130元/天，不超过90天/年；独生子女伤残家庭享受住院护理补助100元/天，不超过90天/年。

（贾英仙）

【妇幼保健】2018年，全区孕妇剖宫产率44.54%（4224/9484），孕产妇死亡率0。婚前检查人数1375人、疾病检出数144人，婚检率6.84%（1375/20102）。新生儿死亡数12人、新生儿死亡率1.56‰（12/7690），婴儿死亡数13人、婴儿死亡率1.69‰（13/7690），5岁以下儿童死亡数19人、5岁以下儿童死亡率2.47‰（19/7690）。新生儿出生缺陷发生率20.70‰（197/9515），主要出生缺陷病种：先天性心脏病、外耳畸形、唇腭裂、多指趾、唐氏综合征、脐膨出。0~6岁儿童人数3.54万人，系统管理率97.62 %（34587/35430），0~6岁儿童保健管理率99.51%（35256/35430）。

（贾英仙）

驻区三甲医院

【北京医院】北京医院是一所以干部医疗保健为中心、老年医学研究为重点，向社会全面开放的医、教、研、防全面发展的现代化综合性医院，是国家卫健委直属三级甲等医院。有卫技人员2499人，其中高级职称387人、中级职称940人、初级职称1172人。医疗设备净值6.38亿元。2018年购置医疗设备总值3.84亿元，其中乙类医疗设备4台。业务总收入36.12亿元，其中医疗收入25.96亿元。医院集中优势学科共同发展，先后成立继发性高血压多学科诊疗中心、胃肠道肿瘤多学科诊疗中心、心律失常多学科诊疗中心等9个多学科联合诊疗项目，探索建立以病人为中心的多学科协作诊疗模式（MDT），保障患者得到规范的个体化、综合性诊疗方案。发挥北京医院医疗质量与安全管理委员会职能，进一步修订、完善《北京医院医疗质量综合评价实施方案》及《北京医院医疗质量综合评价实施细则》，细化考评，完善评价指标。在京内践行医联体、医共体等医疗服务模式改革，2014年，东城区在全市成立首个医联体——北京医院医联体。作为核心成员单位，经过4年发展，北京医院医联体成员单位，已由最初4家增加至9家。

2018年，出院4.89万余人次，床位周转43.79次，床位使用率98.98%，平均住院日8.32天，住院手术24994例，剖宫产率32.9%。无孕产妇、围产儿、新生儿死亡。健康体检3.7万余人次。199个病种实施临床路径管理，入径2.74万例，完成例数占出院人数的55.9%。全年临床用血1.82万单位，其中全血0单位，自体输血905人次、2463单位。合理配置门诊医疗资源，通过建设分诊叫号系统、强化医师出诊管理、优化就诊流程等措施，改善候诊环境和病人就医体验。继续推进日间手术中心工作，严格执行手术分级与资格准入制度，确保日间手术顺利开展；启动检查项目诊间预约功能，缩短预约时间，提高工作效率。实行分时段预约就诊，拓展预约方式，患者可通过“114”、手机预约、自助挂号机等方式预约挂号。预约挂号人次占门诊总人次的比例为46.5%。开展新技术、新疗法37项，如无创心脏放射消融术治疗、心脏康复治疗、前列腺记忆金属支架植入术、DSA下肠梗阻减压导管置入术等。运用DRGs指标全面加强医疗质量管理。通过制订全院和各临床科室的调控指标，指导和帮助临床科室控制平均住院日，以实现加快病床周转，缩短平均住院日的目的。全院覆盖DRG组数642组，CMI难度系数达0.99，时间效率指数1.08，费用效率指数1.08。通过媒体宣传、公众教育、科普知识等形式加强器官捐献及移植工作的宣传及培训。共走访、查房京内外合作医院急危重症患者120余次，评估筛选潜在供体50

余人次，院内筛选评估潜在捐献者6人次。成功完成器官捐献6例，主导获取肝脏5个、肾脏12个、肺脏2对、角膜组织7只，成功挽救患者25人、全年药占比35.9%，其中门诊药占比51.36%、住院药占比18.43%。医院抗菌药物使用强度34.6，住院患者抗菌药物使用率44.8%，微生物检验标本送检率38.1%。北京市医保患者住院2.57万人次，总费用6.08亿元；门诊10.31万人次，总费用5.55亿元；门诊特种病2.02万人次，总费用7280.30万元；工伤6304人次，总费用489.80万元。2018年，继续对口支援帮扶西藏、新疆、内蒙古、贵州等省市自治区。根据受援单位专业学科发展需求，定期或不定期派出医疗卫生专业技术人员到受援单位开展临床医疗、教学查房、手术指导、疑难病例会诊、危重病例抢救等，同时结合远程医疗形式进行会诊、教学，提高受援单位技术水平和管理能力。2018年，共向受援单位派出专家223人次，门诊诊疗患者3201；手术示教21次；疑难病例会诊107次，免费接收进修人员46次。2018年，医院发生较大记录在案纠纷74例，结案49例，实际赔付总额为266万元。医院有护士1250人，其中本科780人，研究生13人，医护比1∶1.6。护理部以打造学习型护理团队搭建“STUDY”体系为目标，围绕患者安全、教育培训、标准管理、专科护理和文化建设扎实开展专科建设工作。医院高水平通过中华护理学会和北京护理学会联合开展的专科护士临床教学基地初审和复审，新增中华伤口造口失禁专科领域基地，目前医院承担专业学会基地数量达15个；全年累计接收9个专科领域专科护士培训300人，培养优秀学员13人，带动教学队伍素质整体提升。医院临床护理被正式授予国家临床重点专科称号；在北京市卫计委优质护理评选中，首次斩获优质护理示范医院，并获得示范项目、示范个人各1项；另在国家卫生健康委、科技部、各级学会举办的各类比赛中获国家级、省市级奖项13项。推动中国医学科学院老年医学研究院正式成立，承担国家老年健康标准专业委员会秘书处工作，作为组长单位组织制订国家重点研发计划“主动健康和老龄化科技应对”重点专项指南；组织制订老年健康服务体系建设规划（2019—2022年）、2021—2035年人口老龄化子领域国家中长期科技发展规划战略研究；成立北京医院药物临床试验中心、临床生物样本管理中心。医院首创《北京医院学术专著出版基金》，提升医院学术影响力，已资助10项；组织成立北京医院青年学术联盟，开展系列科研培训及学术报告会；推行即时奖励制度；实现医院职务科技成果转化零突破，首笔收入50万元；组织完成近三年科研评估工作，为学科建设提供基础性数据；引入电子化系统实现无纸化评审；复旦大学医院排行榜北京医院老年医学专科位居全国第一。医院拥有7个国家及省部级科研平台，2018年获科技奖励3项，其中2项华夏医学科技奖（中国老年住院患者的营养诊疗及应用规范建立与技术推广、临床血液和体液检验技术支撑体系的建立与应用），1项北京医学科技奖（磁共振新技术在老年神经系统疾病中的应用）。获国家重点研发专项项目2项，课题4项，参与获得国家重点研发专项课题13项；获批国家自然项目14项；北京市科委招标课题2项；首都临床特色应用研究项目5项；北京市自然科学基金项目4项；中国医学科学院各类项目8项；中央保健专项资金科研课题2项，社会团体项目49项；共计101项，经费1亿余元。完成老研所学位授权点自我评估；新增协和博士生导师 5人；新增博士培养点4个（妇产、普外、皮肤、血液）。继续扩大研究生招生规模，从北京协和医学院和北京大学医学部招生数分别达到23人和29人；在读研究生207人。年内接待外国团组13个230人次专家来访。派出210人次出国学习、交流，其中长期出国学习26人次。聘任名誉教授、兼职教授8人。医院信息化建设投入资金4130万，其中财政资金2930万元，自有资金1200万元。完成PACS机房搬迁、有线网络升级、弱电间改造、环境监控升级、DMZ区域改造等基础设施建设工作，建立临床业务双活系统，进行网络安全设备、数据库审计系统的升级等。北京医院互联网医院于9月正式上线，开展图文咨询、远程门诊、远程教育、远程诊断等多种诊疗业务，实现医疗业务在电脑、手机、IPAD等多终端多场景的应用，患者不出家门便获得医疗咨询，不出远门便享受到权威诊疗服务和健康管理指导。医院2018年牵头成立中国卫生信息与健康医疗大数据学会老年医学大数据专业委员会，在老年医学大数据平台、慢病健康管理平台等方面进行探索。全面更换自助一体机35台，可实现自助查询、挂号、打印、缴费等功能，利用原有的空间提供更加集成化、一站式服务。完成门诊六层皮科装修改造工程，门诊日间病房装修改造工程，诊疗楼核磁共振机房屏蔽改造工程，CT机房装修改造工程，地下食堂排油烟风道改造工程等。

（郝金娟　孙可）

【北京协和医院】中国医学科学院北京协和医院（简称协和医院）是集医疗、教学、科研于一体的现代化综合三级甲等医院，是国家卫生健康委指定的全国疑难重症诊治指导中心，最早承担高干保健和外宾医疗任务的医院之一，也是高等医学教育和住院医师规范化培训国家级示范基地，临床医学研究和技术创新的国家级核心基地。以学科齐全、技术力量雄厚、特色专科突出、多学科综合优势强大享誉海内外。有正式在编职工4263人，其中专业技术人员4006人（卫生专业技术人员3660人、其他专业技术人员346人），正高级职称317人、副高级职称455人、中级职称1449人、初级职称1718人，其他156人。院士3人，长江学者1人，省部级以上突出贡献专家17人，享受政府特殊津贴专家28人，万人计划科技创新领军人才3人，“百千万”人才国家级人选8人，南丁格尔奖1人。

2018年，医院门诊360万人次，急诊19.41万人次，手术5.89万人次。开放床位2005张，入院10.93万人次，出院10.92万人次，床位使用率93.3%，年床位周转次数54.4次，平均住院日6.3天。剖宫产率40.97%，孕产妇死亡率5.36/万，新生儿死亡率5.89‰，围产儿死亡率6.7‰。推行身份证就医，手机APP服务功能及自助机功能实现语音挂号、超声及采血等检查自助预约及改约功能等。设置门诊楼层护士长及护理主管，开展窗口通柜式服务，推进门诊属地化管理。增设智能导诊机器人，成立“浦爱德门诊志愿服务团队”。门诊MDT中心增加盆底生殖道畸形、妊娠合并内分泌代谢疾病、泌外系统肿瘤3个专业组，扩大疑难病会诊服务。药占比为29.37%，其中门诊药占比35.98%，住院药占比20.56%。门诊抗菌药物处方比率为2.77%，急诊抗菌药物处方比率为25.07%，住院患者抗菌药物使用率为34.09%。全年抗菌药物临床应用指标全部达标。全年报告传染病4272例。医院感染现患率3.52%。对22个院感重点科室督导检查69次。首次开展目标科室半年环境卫生学采样，减少耐药菌传播。开展秋冬季流感等呼吸道传染病防控宣讲5次。全年医保出院2.73万人次，总费用6.03亿元，次均费用1.9万元。完成异地医保住院费用实时结算2.39万人，异地新农合住院费用实时结算685人。完成中非论坛等国家重大活动医疗保障任务。医院申报课题1359项，中标220项，获经费2.35亿元，其中中标国家级课题72项，获经费9248.8万元；省部级课题39项，获经费1370.4万元；其他级别109项，获经费1.23亿元。中文核心期刊发表论文1250篇，SCI文章804篇，最高影响因子 79.26。获中华医学科技奖一等奖1项、三等奖3项，高等学校科学研究优秀成果奖（进步奖）二等奖1项、科普奖1项，华夏医学科技奖二等奖1项、三等奖 4项，中国出生缺陷干预救助基金会科学技术奖二等奖1项。获授权专利54项，其中发明专利7项，实用新型 46项，美国发明专利1项；完成护理团队科技成果转化1项。增设临床研究专项课程。免疫疾病国家临床医学研究中心获批。组织申报国家重点实验室。申报北京市科委国际合作基地1个。举办49期学术活动，涉及40个主题，包括15期学术沙龙和34期实验技术讲座，1300余人参与交流、培训。组织院级实验室生物安全常规培训9次，累计考核1100余人次。组织CTSI（临床转化与科学研究所）临床研究设计第十一、十二期课程。完成第三批“组团式”医疗援藏任务，派出第四批医护人员10人。持续开展援疆、援蒙、精准帮扶贫困县、国家巡回医疗队、“义诊周”国家医疗队及社区对口支援等工作，共派出支援849人次。在职博士生导师182人、硕士生导师267人，博士点32个、硕士点26个。国家级继续医学教育基地6个、国家住院医师规范化培训专业基地19个、国家专科医师规范化培训试点基地8个。在院学习8年制医学生467人（含清华八年制学生66人）。2018年招收硕士生117人、博士生85人，同等学力研究生23人；招收住院医师96人（含临床博士后56人，本院住院医4人，基地住院医36人）。接收进修生681人，北京市区县级骨干医师培训等特殊培养项目59人。完成北京市医耗联动综合改革影响测算与数据分析工作。完成首批重点新增医疗服务价格项目申报和医院部分项目价格调整。建立不良事件与舆情日报制度。召开医疗质量与安全大会。建立“依法执业监督员+放射安全监督员+医疗质控联络员+病案质控联络员”体系，变被动监管为主动监管。组织新技术新项目普法培训。成立远程医疗中心，向医联体内机构及外省提供远程会诊152例。开展多学科病例讨论或多学科联合查房。增加新技术管理、依法执业、手术分级授权等医疗绩效考核权重。制订并实施医师职称聘任量化考核方案，推进岗位量化考核，完善院科人三级分配机制。通过学科调研、业绩量化公示、任期目标报告等流程，将轮岗与换届相结合，完成中层干部换届工作。与中科院签署协议合作共建健康科学研

8月20日，中国科学院与北京协和医院签署共建健康科学研究中心战略合作协议（协和医院宣传处提供）

究中心。成立卫生青年创新中心。中国罕见病联盟落户协和，首发《中国第一批罕见病目录释义》。牵头住院医师培训精英教学医院联盟工作，发布住院医师核心胜任力框架共识。成立学科建设专项督导组，全面推进学科建设，提升医院核心竞争力。面向2018级研究生开设中国特色社会主义理论与实践课程。启动老专家口述历史文化传承采集项目。举办“以人民为中心，一切为了患者”主题活动暨百年协和倒计时1000天启动仪式。在复旦大学医院管理研究所公布的中国医院排行榜中九度蝉联榜首。

（王子姝）

【北京同仁医院】首都医科大学附属北京同仁医院，是一所以眼科学、耳鼻咽喉科学为国家重点学科的大型综合三甲医院。“同仁”商标是国家商标局认定的国内首家医疗服务业驰名商标。医院分为崇文门院区和亦庄院区，总面积33.6万平方米，设有62个临床和医技科室，开放病床1611张。北京市眼科研究所、北京市耳鼻咽喉科研究所、北京市糖尿病研究所与医院主体并称“一院三所”，成为集医疗、教学、科研、预防、国际交流五位一体的医疗科研联合体。眼科、耳鼻咽喉科为教育部批准的国家临床重点学科，变态反应科为原国家卫生和计划生育委员会批准的国家临床重点专科，中医眼科学为国家中医药管理局批准的国家级中医重点学科。首都医科大学北京眼科学院和耳鼻咽喉科学院设在院内。医院设有世界卫生组织防盲合作中心和世界卫生组织防聋合作中心，附设北京同仁眼库（国际眼库协会会员）。

2018年，医院有卫技人员2956人，包括正高级职称211人、副高级职称330人、中级职称1342人、初级师764人、初级士309人。护士1451人，其中研究生8人、本科812人，医护比1：1.41，床护比1：0.46。有教师847人，其中教授63人、副教授89人。2018年，录取硕士生117人，录取博士生30人。医院现有中国工程院院士1人，北京学者3人，长江学者1人，享受国务院政府特殊津贴专家11人，获国家级、北京市突出贡献专家12人。2018年，出院10.4万人次，床位周转65.13次数，床位使用率100.8%，平均住院日5.65天，住院手术例数7.62万例。全年医保出院3.91万人次、总费用5.63亿元。剖宫产率38.44%，无孕产妇和新生儿死亡，围产儿死亡率1.49‰。全年用血量：全血0u，红细胞6615 u，血浆61.07万毫升，血小板813治疗量，自体输血133人次537单位。全年预约挂号197.3万人次，占门诊总人次的87.12%。全年药占比25.44%，门诊药占比32.12%，住院药占比18.84%。全年门诊抗菌药物使用率5.33%，急诊抗菌药物使用率24.23%，住院抗菌药物使用率25.59%。2018年参加医责险1655人，总费用310.09万元，发生医疗纠纷60件，其中调解48件、诉讼8件、院内协议4件。2018年赔付总金额304.82万元。审核通过眼肌科的视感知觉检查治疗系统，青光眼科的内路微导管辅助小梁切开术及内路Schlemm管成形术等7项院级新技术项目提供临床应用。年底医疗设备净值13.15万元，其中乙类设备10台。新购置医用设备总金额1.4亿元，其中乙类设备1台。2018年医院总收入42.46亿元，其中医疗总收入29.4亿元。全年申报科研课题获批96项，其中国家级项目21项、省部级15项、局级60项。获得资助经费6033.27万元，医院匹配经费692.98万元。全年医院共获科技成果奖3项，内分泌科杨金奎教授的糖尿病视网膜病变与肾病早期诊断新方法的应用研究获华夏医学科技二等奖，糖尿病微血管病变检测新方法的应用研究获北京市科技进步三等奖，皮肤科魏爱华主任医师的白化病的基因诊断及发病机制研究获北京市科技进步三等奖。内分泌科杨金奎教授带领的团队获得2017中国糖尿病十大研究最具影响力研究奖。该团队的研究项目针对眼损伤的特异性尿蛋白组能够预测2型糖尿病患者的肾脏损害：病例对照及5.3年前瞻性队列研究的成果尿触珠蛋白测定，视网膜病变筛查技术及TSH等危险因素的相关研究成果被最新版中国糖尿病防治指南（2017）所采纳。2018年获授权职务专利15项，其中发明专利5项，分别是利用下颌表面肌电检测颏舌肌肌功能的检测装置、丝状真菌质谱鉴定蛋白提取技术、一种斜视度测量装置、一种血清中GABA、Glu、DA、5-HT及苯丙胺类毒品的检测方法、无创口底电极装置及其制作方法；实用新型专利10项，分别是一种智能护眼台灯、持针器、气管清洁刷及气管清洁组件、气管堵管帽及气管套管、针头固定装置、一种眼科靶向植入支架的治疗装置、基于手机的便携式眼前节检查装置、新型俯卧位辅助趴垫、一种颈部引流装置便携包、医用内衣内裤。4月，医院眼科研究所海聚工程高层次人才宋红欣博士凭借个性化定制3D打印眼镜镜片的应用项目在“2018博鳌·健康界峰会”首届中国医学创新大赛决赛上获得铜奖。7月，医院主持的国家重点研发计划智能机器人重点专项“眼科显微手术机器人系统研制与临床试验”的项目启动和实施方案论证会在京召开。医院与北京航空航天大学联合成立北航—首医大数据精准医疗高精尖创新中心眼科分中心，获得500万经费支持。2018年，放射科眼部肿瘤临床诊疗与研究中心新获批首都医科大学临床与诊疗研究中心。建立多学科专病诊疗中心，依托重点学科和新兴专业学科，打造特色鲜明的多学科专病诊疗中心。改善崇文门院区眼科门诊就诊环境，围绕诊前和诊中进行流程再造，提高眼科患者门诊满意度，该举措被评选为北京市属医院年度创

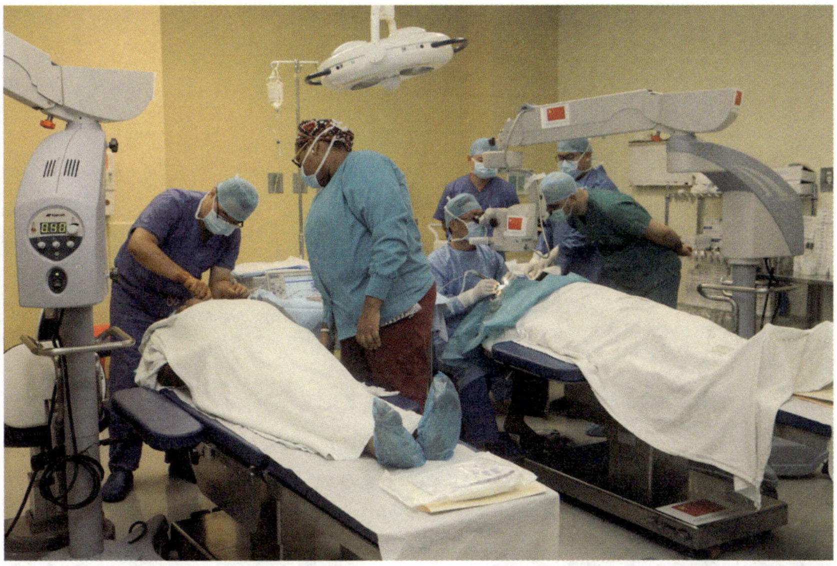

9月14日，中国（北京）光明行项目专家组在北美加勒比地区的安提瓜和巴布达进行为期两周的“安巴光明行”活动（初小飞摄）

新性便民惠民服务项目。新增16个知名专家团队，共有31个知名专家团队正在运行，三年来累计接诊患者46.8万人次，专家团队年门诊量、团队数量、出诊医师人次均位居市属医院首位。医师15人完成第十六批赴基层医疗支援工作，完成教学查房152次，疑难病例会诊236次，进行手术示范254例，病例讨论163次，门诊共接诊患者1.79万人次，举办专题讲座661人次，进行技术培训521人次，参加巡回医疗、健康教育和公共卫生服务义诊等62次。深化与河北省张家口市第四医院医疗合作工作，理顺工作流程，加强业务培训，开展眼、耳鼻咽喉头颈外科医疗新技术、新项目17项，填补张家口市眼科、耳鼻咽喉科学科空白。与张家口市第四医院共同举办京张医疗合作——助力健康扶贫“光明行”活动，聚焦健康精准扶贫工作，由两院专家对张家口地区建档立卡户和贫困患者400人开展义诊，实施白内障复明手术6人；举办第二届眼科、耳鼻咽喉头颈外科临床实用技术论坛为基层医务人员授课。8月，肾内科主任医师1人参加援藏干部团赴藏。耳鼻喉科医师1人到新疆和田地区人民医院执行为期1年的援疆任务。与银川第三人民医院、乌鲁木齐眼耳鼻喉专科医院、赣州市人民医院签署技术帮扶协议。2018全国耳鼻咽喉头颈外科联盟学术会议暨同仁国际鼻科学和过敏科学论坛在北京召开，邀请中国工程院韩德民院士、比利时根特大学的德国国家科学院院士Claus Bachert和张楠教授参会。柬埔寨Preah Ang Duong医院院长LOU LYKHE ANG到医院进行参观访问。教授4人参加在比利时安特卫普召开的第15届国际人工耳蜗及其他听觉植入大会。应世界著名鼻科学者比利时Ghent大学Bachert教授邀请，张罗教授访问Ghent大学上呼吸道实验室，访问期间，邀请张罗教授加入由8人组成的国际专家团队，为Ghent大学第30届内镜鼻窦和颅底手术技术学习班进行授课，这是学习班历史上第一位来自中国的讲者。医院在京举办“第九届国际低视力康复论坛”，邀请多国专家参会。由医院医务人员组成的中国（北京）光明行项目专家组到位于北美洲加勒比地区的安提瓜和巴布达，开始为期两周的白内障筛查与手术“光明行”活动，实施355台白内障摘除人工晶体植入手术。信息化建设投入1231.28万元，完成信息系统安全“三级等保”认证项目实施方案的论证与制订，完成安装调试，上线并通过验收。

（郑洁）

【北京天坛医院】首都医科大学附属北京天坛医院（简称北京天坛医院）是一所以神经外科为先导，以神经科学集群为特色，集医、教、研、防为一体的三级甲等综合性教学医院，是世界三大神经外科研究中心之一，亚洲神经外科临床、科研、教学基地。国家神经系统疾病临床医学研究中心、国家神经系统疾病医疗质量控制中心、全国脑血管病防治办公室、WHO神经科学培训合作中心、北京市神经外科研究所、首都医科大学第五临床医学院、北京脑重大疾病研究院脑肿瘤研究所、北京脑重大疾病研究院脑卒中研究所、北京市脑血管病临床研究中心、北京市脑血管病防治指导办公室、北京市脑血管病抢救治疗中心、《中华神经外科杂志》《中国卒中杂志》等一批机构设在医院。医院编制内专业技术人员1931人，其中正高级210人、副高级329人、中级647人、初级和未定职称745人。北京天坛医院9月15日由原址搬迁至丰台区南四环西路。10月6日，完成搬迁并对外试开诊。2018年获得全国文明单位（通过复审）、全国省级医院思想政治工作先进集体、首都文明单位标兵、第八届首都民族团结进步先进集体等荣誉。乳腺外科获北京市三八红旗集体称号。中国医学科学院医院科技量值排行榜中，神经病学和神经外科继续蝉联第一，10个基础学科进入前100名。复旦大学中国最佳医院排行榜中，神经外科继续保持全国第一，神经内科全国第二。

2018年1月至9月，全院诊疗人次数110万人次，其中门诊103万人次，急诊7.56万人次；出院人数3.15万人次。与2017年比较，诊疗人次数减少1959人次，降低0.18%；出院人数减少1336人次，降低4.06%。全院平均住院日8.99日，较2017年同期缩短0.26日，降低2.81%；医院病床使用率88.26%，较同期有所下降。开展优质护理，无护理不良事件，新增病区全部开展优质护理服务工作。开展“133工程”活动，设立预防跌倒安全主题活动，新增2个护理门诊，有效控制病区噪音，制作辅助检查科室宣教PPT。护理不良事件上报率100%、整改率100%。建立专科护理质量评价标准。开展老年患者出入院评估和40项品管圈工作。完善标本闭环、危急值回报、输血规范等管理系统。承担科技部国家重点研发计划重点专项项目1项，课题12项；国家自然科学基金项目申报总量达140项。获批项目数和经费数在市属医院和首都医科大学系统均排名第一。发表SCI论文306篇，总影响因子985.647分，单篇影响因子≥5分论文36篇，超过10%。赵继宗院士获年度吴阶平医学奖，教授多人获个人奖项。承担首都医科大学教学任务。教师409人，其中教授41人、副教授41人。录取研究生160人，其中硕士生120、博士生40人。到院外进修13人。完成2批标准化病人招募和培训，实现北京市住院医师结业考核中标准化病人应用全覆盖。执行因公临时出国任务4个团组127人次，教科研人员单列计划26个团组42人次，因公临时赴港澳计划1个团组1人次，因公赴台计划2个团组6人次。组建9人专家组，于9月2—30日再次赴特立尼达和多巴哥开展医疗工作，成绩突出，获全国援外医疗工作先进集体称号。突破学科壁垒，调整临床学科，将神经外科划分为18个病区，即神经外科脑血管病1、2病区、神经外科颅脑创伤病区、神经外科脊髓脊柱病区、神经外科小儿病区、神经外科肿瘤1至7病区、神经肿瘤综合治疗病区、功能神经外科病区、癫痫外科病区、

北京天坛医院老院区内花园（胡小明摄）

周围神经外科病区、国际部综合医疗病区1、2（神经外科）；整合介入神经病学科和神经介入科，建立国内最大的神经介入中心；成立心脏及大血管病中心，下设心血管内科和心血管外科；在大外科增设血管外科，胸外科从普外科病房中剥离；重组疼痛科，将针灸推拿并入中医科；整合体检科，成立健康管理中心；新成立康复医学科。天坛神经系统疾病专科联盟辐射31个省市自治区，有400余家成员单位加入联盟，并在联盟成员单位间组织178例远程会诊，进行多次全国范围内疑难病例讨论，保证成员单位“同质化”发展。探索神经内科疾病医疗资源一体化模式，推动医疗资源下沉，与北京市27家二、三级医院组建天坛神经内科专科医联体。做好医疗支援工作，建立内蒙古林业总院神经外科赵继宗院士工作站。

（安帅芸　朱丽丽）

【北京中医医院】首都医科大学附属北京中医医院，是北京市三级甲等综合性医院。占地面积2.8万平方米，总建筑面积5.5万平方米。2018年3月，新成立医院感染管理办公室、下属经营机构管理办公室；国际交流中心并入医院办公室；发展规划部更名为新院区项目管理办公室。职工总数1379人，其中在编职工1126人、合同制职工253人。卫生技术人员1166人，其中正高职称116人、副高职称137人、中级职称347人、初级师362人、初级士204人。医疗设备总价值4.17亿元，2018年新购置医疗设备总值8985.92万元，其中 100万元以上设备23台。医院新院区项目列入北京市2018年重点工程，11月完成设计、可研、水评、稳评、环评、交评及能评招标。

2018年，门急诊人次206.7万，同比下降4.8%；出院2.29万人次，同比上升0.79%；手术量4387例，其中三四级手术2644例，占60.27%；平均住院日稳中有降，达到9.99天，同比下降0.47天；医药收入增长7.55%，符合北京市卫生健康委员会“一控两降”指标要求，医药收入结构得到有效改进，门诊收入占70.8%，医疗收入占44.54%；饮片处方比

38.65%。床位周转次数37.65，床位使用率101.79%。17个科室实施50个病种的临床路径。全年用血量2934单位，红细胞1880单位，血浆10.05万毫升，血小板49治疗量。自体输血242人次，血量579单位。门诊预约方式为114预约平台、京医通预约平台、医生预约，预约挂号181.04万人，占门诊总人次的87.58%。召开2次新技术、新项目管理委员会，11个科室42个项目通过评审；12月，5个科室7个项目通过评审。药占比25.81%，同比下降7.5%；其中门诊27.47%、住院21.84%。医院临床药学科每月对医院、科两级抗菌药物使用情况进行监测。每月对院内全部使用碳青霉烯类抗菌药物及替加环素的医嘱，遵循相关点评规范进行点评。每季度对出院病人抗菌药物消耗量、品种及品种数进行网络上报。抗菌药物使用率1.67%、急诊抗菌药物使用率25.71%、住院抗菌药物使用率23.45%。全年医保患者出院1.49万人次，全院医保患者结算金额10.62亿元，其中医保基金申报7131.89万元。探索中医机构DRGs付费研究，首次提出中医传统治疗指数概念，改变医保特殊病患者就诊流程，取消纸质病历建档。接收上转病人887人次、下转病人516人次。医疗责任保险共计1204人次，全年医责险保费114.95万元，多地点保费1.29万元。发生31例医疗纠纷，经医调委调解29例，法院诉讼2例。新发纠纷赔偿总额为10.88万元，医院承担4.44万元，既往纠纷在2018年结案的案件赔偿总额为3.36万元，医院承担0.6万元。

2018年医院注册护士总数504人，其中非在编护士265人。本科学历195人、研究生学历8人。医护比为1.16：1，床护比1：0.50。全院共22个护理单元，ICU床位10张，CCU床位9张。强化中医医护一体化的全程、连续全人照护，各科室选择一个优势病种建立病友会，已建立18个病友会。各病区医护人员利用微信、APP平台等多种形式进行随访、健康指导，举办健康大讲堂21次。7月，护理部开发HIS护嘱系统上线，为每位即将出院的≥60岁患者提供护嘱。开设“燕京”造口、乳腺、皮肤护理门诊，累计服务2.70万人次。对准定科护士实施双向选择制，对护士进行满意度测评，全院护士自身满意度89.15%。不良事件上报率100%、整改率100%。成立北京中医医院医管中心护理分中心，对托管医院进行绩效考核现场评价检查。肿瘤病房、疮疡病房开展“一证一品”中医护理专科示范病房建设。申报科研课题235项，累计中标纵向课题62项，其中国家级课题15项，省部级课题10项，局级课题38项。获批纵向课题经费1528.02万元，其中国家级课题807.92万元，省部级课题193万元，局级课题527.1万元。累计在研课题230项。课题结题34项。获批第二批国家中医临床研究基地建设项目。中医急诊学科、中医疮疡学科及临床中药学3个“十二五”重点学科通过国家中医药管理局验收。获实用新型专利18项，申请发明专利9项。“益气逐瘀法（参元益气活血胶囊）对缺血性心脏病的心肌保护作用”获北京市科学技术三等奖；《心血管疾病中医药研究进展》中华中医药学会学术著作奖三等奖。有3个北京市科委重点实验室：中医感染性疾病基础研究北京市重点实验室、银屑病中医临床基础研究北京市重点实验室和针灸神经调控北京市重点实验室。选派护士长、护士骨干92人参加各级护理学会培训班。16人参加护理学会专科护士培训班。外派11人分别至首都儿研所、朝阳医院及中国康复医学会进修。完成区级继续教育项目25项授课。完成2018年发展中国家医疗护理技术培训班为期2个月的授课和临床见习，培训学员53人。完成北京中医药大学临床护理学系临床教师遴选考核工作，遴选临床教师47人。接受北京市中医管理局北京市中医护理骨干人才临床实习25人。为北京隆福医院、北京广外医院、王府中西医结合医院培训护士500余人。接收北京城市学院、河南中医药大学护理专业实习生44人，举办岗前培训。完成新生临床观察及考核近60人。接收北京中医药大学16级本科班临床见习163人次。接收托管医院及外省市医院进修人员62人

12月20日，北京中医医院正式获得新院区地块权属（吕宏科摄）

次。北京中医医院、巴塞罗那临床医院、欧洲中医药发展有限公司、巴塞罗那临床医院集团附属Barna诊疗中心等四方共同签署《中医诊疗中心框架协议》。国际交流中心承办中医药培训班4期，学员来自蒙古、老挝、越南等31个国家，学员225人。接待外宾7次，来自美国、日本、乌兹别克斯坦等6个国家，55人。因公出国团组15个，24人次。出访国家有美国、丹麦、英国、斯洛伐克等。获批国家中医药管理局“中国—新加坡中医药中心”，获批建设经费100万元，是北京中医医院首个“一带一路”海外中心项目。北京中医医院明医馆（新加坡）接待患者2200余人次；与新加坡中医研究院合作，举办4次延续教育讲座、44次大型公益活动，与当地医生开展10次中西医学术交流活动。因公赴港澳交流团组2个、5人；赴台团组2个、3人。与河南省许昌市鄢陵县中医院、宁夏回族自治区中西医结合医院、天津市宁河区中医医院、天津市宝坻区中医医院分别签署技术合作协议。派出专家41人，开展门诊带教、教学查房等。开展中医师承，师承老师16人收徒33人；接受10家技术合作医院医师24人、护士12人到院进修。组织、协调北京中医医院医师153人到托管医院院区支援。完成名中医身边工程，派出787人次。完成19人在职医师执业注册、29人变更注册工作。完成知名专家184人认定工作，梳理全院技师人员资质并进行电子化备案。延期2017年援藏技术干部1人，继续援藏1年；选派专业技术干部1人赴新疆和田地区人民医院执行援疆任务；选派专业技术干部1人赴北京市怀柔区中医医院执行人才京郊行项目。6月，16人赴内蒙古奈曼旗蒙医医院进行专项医疗扶贫，8人被聘任为医疗定点片区指导老师，覆盖奈曼旗21个社区卫生服务中心、8个乡镇卫生院、81个家医团队。义诊50余人次、走访贫困户10余家、指导村医20余人次，培训150余人。12月，派专家4人赴内蒙古奈曼旗和扎兰屯精准扶贫。9月，10人赴内蒙古扎兰屯市中蒙医院开展义诊、查房、学术和管理交流，义诊、查房450人次。教师401人，其中教授21人、副教授31人。2018年度录取博士研究生9人，硕士研究生98人，其中首都医科大学博士5人、硕士23人；北京中医药大学博士4人、硕士75人。加强预算管理，将药品、卫生材料、办公用品等项目支出细化到每个科室进行预算控制，将预算执行率纳入科室年度考核体系。制订药品遴选采购制度，召开药品遴选会，调整医院药品目录满足临床用药需求，制订药品采购应急预案保障临床药品供应。引入合理用药监控系统，开展处方前置审核及处方点评。开发应用中药药嘱系统，一人一方为患者定制中药汤剂处方用药服务单；应用二维码用药指导系统，为患者私人定制中成药、西药用药指导单；建设信息化、现代化、智能化的全自动煎药中心，提升中药代煎质量。病房煎药室以传统砂锅替代不锈钢锅为住院患者煎煮中药；整理1979年前历史病案7221卷，建立电子台账及高清晰度电子扫描文件。信息化建设总投入1802.43万元，其中财政拨款项目-信息系统升级改造874.16万元、购买设备及其他软件783.06万元、服务及线路租用费支出145.21万元。信息系统升级涉及55个子系统，75个系统模块，12月31日24点HIS系统成功切换，切换后新系统平稳运行。医院会诊平台搭建完毕，部分托管医院完成会诊平台系统接入，进行远程会诊操作，通过申请病例讨论、影像诊断进行多学科远程会诊和放射科影像进行诊断报告会诊。完成40余例远程会诊，与京津冀、内蒙古等多家医院进行远程会诊对接。

（芦云珊）

【北京口腔医院】首都医科大学附属北京口腔医院（简称北京口腔医院），是集医疗、教学、科研、预防为一体的三级甲等口腔专科医院。有卫技人员1048人，其中正高级职称81人、副高级职称103人、中级职称219人、初级师419人、初级士226人。医疗设备净值11亿元，新购医疗设备3629.85万元。2018年医院总收入10.4亿元，其中医疗总收入5.4亿元。8月20日调整部分职能部门，取消对外合作部，职能并入医务处。编辑部和药物临床试验机构纳入科技处统一管理。

2018年，门急诊85.84万人次，口腔综合治疗台298台；出院2526人次，床位周转41.72次，床位使用率93.55%，平均住院日8.12天，住院手术2391例。患者106人使用230单位红细胞悬液、14单位少白红细胞、2200毫升单位普通冰冻血浆，浓缩血小板40单位。实施临床路径涉及5个科室13个病种。预约挂号方式：京医通平台预约（微信、自助机）、北京市预约挂号统一平台（114电话、网络）、跨科预约、层级预约、医生工作站预约等方式。预约挂号人次占门诊总人次的93.82%。院内开展硅胶材料在口腔颌面部畸形整复中的应用和Medpor在口腔颌面外科领域的应用两项临床新技术。门急诊药占比1.9%，住院药占比20.9%。医院定期开展处方点评、用药动态监测和预警等，每季度进行药品安全检查，每月公示门急诊及抗菌药处方点评及医嘱点评结果、处方干预结果。推进药事服务信息化，推出二维码用药指导。门急诊、住院患者抗菌药物使用率分别为7.07%和32.72%。医保出院1101人次，总费用1040.75万元。完成北京市城乡居民基本医疗保险工作切换。跨省异地就医住院费用实时结算工作顺利开展。2018年接收北京市或外地疑难病转诊患者共23例。口腔无痛治疗中心开诊运营，隶属于麻醉科管理，提供麻醉评估、心电监护口腔治疗、镇静镇痛口腔治疗及全麻下儿童口腔治疗。与大兴区区属6家医疗机构、通州区新华医院、房山区区属7家医疗机构签署《北京口腔医院口腔专科医联体协议》。与银川市口腔医院签订技术合作协议；与贵阳市口腔医院续签协议；在北京市与沈阳市人民政府签订的《京沈合作框架协议》指导下，与沈阳市口腔医院签署技术合作协议。派出挂职干部6人开展医院管理及医疗技术支援，其中援藏干部1人，援疆干部1人。接收京蒙合作挂职干部1人、培养"西部之光"访问学者1人。投保医责险441人，费用47.43万元。报医调委14件，新增诉讼3件，年度赔偿总额为10.5万元，医院承担总额7.5万元。有护士384人，其中本科147人。医护比为1：0.94。床护比1：0.5，病房床位数：62张。ICU床位0张，PACU床位6张。口腔颌面头颈肿瘤外科及整形创伤外科均实施责任制整体护理，每个病区设护理责任组长2人，每名责任护士平均分管患者6人，住院患者均执行腕带身份识别。根据质量管理要求，开展科室责任制护理专项督导、老年住院患者风险评估、延续护理服务及护理工作信息化建设。在门急诊候诊区为患者提供口腔健康知识小讲课，定期开展护理咨询门诊，护理不良事件上报率100%、整改率100%。对新入职护士17人开展为期1个月的口腔专科基础知识及技能操作岗前培训，通过考核进入科室轮转培养阶段。为在职护士18人安排半脱产学历教育临床实习。举办急救培训1次、护士条例、护理人员行为规范等法律法规培训3次、护理科研培训4次。派出护理人员参加护理相关项目培训25项，175人次。接收培养进修护士7人次。培养糖尿病专科护士1人、高压灭菌设备操作人员（暨取得特种行业作业人员证书）1人。承担首都医科大学口腔医学专业五年制、"5+3"一体化、口腔医学技术高职班理论授课及实习带教工作，研究生、博士后各阶段的培养。录取统招研究生56人，其中硕士36人、博士20人。教师257人，其中教授27人、副教授40人。接收外院规范化培训21人。招收外院进修生127人，市级骨干培养医师4人，外籍医师进修3人。选派学生赴荷兰、美国、英国进行培养。派出医师赴美国、加拿大、德国、韩国等进行科研及临床方面的进修和学习。举办国家级继续医学教育学习班19个、北京市级学习班5个、区县级学习班71个。2018年共有自组团组34批、89人次赴美国、日本、加拿大、澳大利亚等国家参加国际会议和学术交流访问。随团团组1人次赴德国参加医疗卫生管理体制化及现代化医院管理创新培训。1人被录取为2018年国家留学基金委国家公派访问学者。选派医师2人赴日本鹤见大学进行为期半年的学习。举办2次院际成果交流会。北京市牙病防治所主办，天津市口腔医院和南开大学口腔医院协办的京津冀第二届牙防论坛暨2018年社区口腔医生继教培训班于8月8—10日在天津举办。作为北京市口腔医疗质量控制和改进中心主任委员单位，开展北京市口腔医疗质量管理培训班、常态化基本技能培训等共计22场次，全年培训学员累计1977人次。对全市10%抽样的108家民营口腔医疗机构开展院感专项评价调研工作。开展基本技能培训基地建设工作，确定第二批"北京市口腔质控中心基本技能培训基地"。年度科研项目申报176项，获批31项，获资助经费782.3万元，其中国家自然科学基金项目4项、国家"万人计划"1项、省部级项目4项。注重过程管理，重视科研伦理审查。加强科研诚信建设，举行学术道德教育宣讲会。新获授权专利11项，获北京市科学技术奖一等奖1项，中华口腔医学会科技奖二等奖1项，中华医学科技奖三等奖1项。与北京大学口腔医学学科共建，获北京高校高精尖学科建设项目资助。医院有1所北京市重点实验室：全牙再生与口腔组织功能重建北京市重点实验室。拥有国家临床重点专科4个，分别为口腔颌面外科专业、牙体牙髓专业、口腔修复专业、口腔正畸专业，2018年已通过国家卫生健康委组织的评价。全年信息化投入1720万元。完成软件正版化任务，并获北京市版权局上年北京市医疗卫生机构软件正版化工作先进单位称号。《北京口腔医学》收到稿件327篇，刊登稿件88篇，影响因子0.573。制订《北京市口腔公共卫生项目工作规范（2018年版）》，对北京市口腔公共卫生项目工作规范和网络数据库进行了修订。创办《牙病防治简报》，增强市区卫生计生委和市牙病防治所之间的信息沟通。组织全市医疗机构为儿童24.2万人提供免费口腔检查服务，共封闭恒磨牙26.33万颗，3个月后复查封闭完好率97.7%；全市16个区的145家指定医疗机构共为1836所幼儿园的学龄前儿童38.66万人提供免费氟化泡沫预防龋齿服务55.18万人次。连续第八年开展口腔健康哨点监测项目。持续开展护齿训练营公益项目、区县健康教育培训班，在全国各地开展各类健康教育活动15次。科普基地完成各项交流接待活动。完成650平方米的可燃彩钢板房改造。完成污水站升级改造和多项工程改造。北京口腔医院迁建工程被列入2018年北京市政府重点工程。并确定新院区概念设计方案。

（李丽璇）

【北京妇产医院】首都医科大学附属北京妇产医院、北京妇幼保健院是集医疗、教学、科研、预防、保健为一体，以诊治妇产科常见病、多发病和疑难病症为重点的国内知名三级甲等妇产专科医院。有卫技人员1703人，其中正高级职称108人、副高级职称151人、中级职称394人、初级师

812人、初级士238人。护士722人，其中本科448人、研究生3人。共接收进修护士66人，接收实习和见习护士264人。第三期助产士规范化学习班招生助产士30人。师资11人完成对西藏自治区助产技术培训基地第二期学员培训。年内录取研究生83人，其中硕士生38人、博士生7人；在职硕士生17人；在职博士生21人。医护比为1：1.42，妇科床护比为1：0.43，产科床护比为1：0.52。NICU床位45张。医疗设备净值1.61亿元，其中乙类医用设备3台。新购置医用设备总金额3380.17万元。业务总收入10.97亿元，其中医疗总收入10.70亿元。新增重大专项项目管理办公室归属科技处。药事部东西两院开设药物治疗管理门诊。生殖医学科开设生殖医学科日间病房。成立产前诊断中心。新增伦理委员会办公室，成立医疗质量管理与控制办公室归属医务处。

2018年，出院4.53万人次，床位周转86次，床位使用率109.75%，平均住院日4.67天。住院手术3.04万例。剖宫产率37.03%，无孕产妇死亡，新生儿死亡率0.27‰，围产儿死亡率9.9‰。实施临床路径管理5个科室6个病种。全年用红细胞2569u、血浆20.25万毫升、血小板86治疗量；自体输血49人次、自体输血2.06万u。全年预约挂号（114、北京市预约挂号统一平台、京医通微信公众号、自助机、医生工作站、出院复诊预约）119.75万人次，占门诊总人次的88.71%。出院1.67万人次，总费用 1.18亿元。药占比20.43%。门诊抗菌药物使用率4.38%、急诊抗菌药物使用率4.14%、住院抗菌药物使用率44.46%。医疗责任险参保人员共计1408人，保险总费用为195.61万元。发生医疗纠纷92例，协调解决83例，其中经北京市医疗纠纷人民调解委员会调解23例、诉讼解决6例、自行化解54例。年度赔偿总额共计201.36万元，其中医院承担111.83万元。通过调整急诊室、产房管理模式，提升危重孕产妇救治能力。走访34个科室征求意见，优化精简绩效管理指标。修订医院内部管理制度47项，起草医院《章程》，编辑出版医院第一本年报。开展人工智能宫颈癌实时筛查系统，病理组织化学PAS染色、病理组织化学网织纤维染色、荧光原位杂交技术（FISH），静脉超声造影在妇科疾病的应用，脊髓性肌萎缩症（SMA）基因检测、无创产前基因检测（NIPT）增强版等新技术、新项目7项。申报课题190项，获批局级以上课题50项，获经费1636万元，其中国家级课题10项、获经费841万元；省部级课题13项、获经费261万元；局级课题27项，获经费534万元，共匹配经费1159.11万元。在研局级以上课题184项，结题32项。3D球形可塑子宫腔支撑骨架、尿液取样器2项获实用新型专利。举办国家级大型学术会议14次、市级学术研讨会12次。邀请国际著名高校及研究机构知名学者37人到院合作，在学科建设、发表论文、人才培养和国际交流等领域取得成果。派出专家27批59人分赴美国、德国、意大利、日本、加拿大、西班牙、新加坡等多个国家和地区参加大型国际学术会议、进修学习及合作项目交流等。2018年信息化建设总投入856.31万元。对HIS系统进行优化及客户化改造200余项。物流管理系统、供应室系统、急诊预交金系统、医保互联互通系统、床旁智能交互系统、“乐活APP”北京妇产医院手机APP系统、京医通自助打印系统、京医通手机缴费系统、京医通候诊查询系统、不良事件上报系统、妇幼三期接口系统、电子导航系统共计12个新系统上线实施。出版《妇产科护理指南》《产前诊断掌中宝》《妇产科护士必读》《怀孕分娩新生儿：医生最想告诉您的那些事》《孕妈妈营养知多少》《新生儿婴儿护理养育指南》《胎儿颅脑超声》《乳腺癌全方位全周期健康管理》等书籍。建立市级危重孕产妇救治指定医院进入、退出动态机制，11家机构通过北京市危重孕产妇抢救指定医院评审，完成对8家市级危重新生儿抢救指定医院及16个区危重新生儿转会诊工作绩效考核，危重新生儿对口转诊比例从46.57%提高至57.39%。组织完成对70家社区卫生服务中心现场评估，80%以上社区卫生中心建立妇保和儿保规范化门诊。对北京市近3年的孕产妇死亡案例进行深入剖析，撰写6篇报告为政府出台政策提供依据。制订北京市高危孕产妇分级管理相关规范性文件。启动孕产妇死亡病例24小时内现场调查制度。针对30家医疗机构开展产科质量督导。完成北京市危重孕产妇抢救培训基地遴选，设立7家培训基地。将高危管理及建册管理要求纳入孕妇学校培训内容。组织儿童保健培训9期，培训1281人。0-1岁筛查率达到92.23%。启动0-6岁儿童听力、视力、肢体、智力和孤独症五类残疾筛查项目。举办托幼机构卫生保健人员岗前培训班5期，培训1000余人。配合市教委完成7个区55所托幼机构级类验收。推动北京市婚前与孕前保健一体化服务。完成全市产前筛查与诊断、出生缺陷监测工作的质量控制督导。加强新生儿疾病筛查，共筛查新生儿19.79万例，发现并追访可疑病人1515人，可疑病人复查率为96.44%；共确诊先天性甲状腺功能减低症（CH）93例、高促甲状腺血症38例、苯丙酮尿症（PKU）27例。首次开展6家儿童听力诊断中心绩效考核，全市听力筛查异常儿童转诊率提高至79.5%，首次抽取8家市级危重新生儿转诊中心NICU，对其住院婴儿的听力筛查技术和信息留存进行质控检查。完善妇幼信息系统中儿童听力筛查和诊断模块功能。持续推进艾梅乙母婴阻断项目。整合两癌筛查和长效体检服务资

4月20日，北京妇产医院启动国家重点研发计划“建立出生人口队列开展重大出生缺陷风险研究”项目（张鹏摄）

源与受众人群，建立适合北京实际的两癌筛查培训考核体系，宫颈癌覆盖率、乳腺癌覆盖率和宫颈癌早诊率通过国家考核均为满分。开展全市青少年及妇幼保健机构服务能力调查。制作北京市妇幼保健工作者青少年性与生殖健康服务包并在全市发放。初步制订北京市更年期保健工作规范，完善更年期保健三级预防体系，建立健全更年期相关疾病筛查、诊断、治疗及随访网络。修订《北京市计划生育技术服务工作规范》。对16个区开展计划生育技术服务的医疗保健机构和人员进行督导，重点督导民营机构。工作重心转移到流产后服务，召开全市计划生育流产后服务工作启动会。全市分娩信息及时录入率达99%以上，出院信息录入率从64%上升至92%。规范出生医学证明管理，组织专项培训4期460人次参加，印发《北京市出生医学证明管理文件汇编》500册。探索0~6岁儿童健康教育的规范化管理，开展建立家长学校前期准备；完成对申报的24家机构孕妇学校的评审。将妊娠风险防范课程纳入孕妇学校必修课，制作妊娠风险防范课件，对全市孕妇学校师资1237人进行妊娠风险防范巡讲培训。举办第一届北京市妇幼健康科普技能综艺大赛。

（刘雪姣）

【东直门医院】北京中医药大学东直门医院（简称东直门医院），是一所集医疗、教学、科研于一体的大型现代化综合性三级甲等中医医院。有卫技人员1132人，包括正高级职称127人、副高级职称173人、中级职称297人、初级及以下职称535人。新引进各类专业技术人员19人，其中高级专业技术人才7人、中级职称骨干9人。聘用合同制专业技术人员45人。接收应届毕业生12人，招录规范化培训医师56人，出站博士后4人。外出进修学习17人，取得教师证5人。

2018年，出院患者1.93万人次，床位周转33.8次，床位使用率100.3%，平均住院日10.8天。全年使用红细胞1771u，血浆22900毫升，血小板224治疗量，自体血回输448人次、160170ml。药占比58.7%，门诊药占医疗收入比49.57%、住院药占医疗收入比9.14%；门诊、急诊、住院患者抗菌药物使用率分别为4.01%、39.52%、41.42%、37.96%、39.18%。参加医责险1150人，总费用52.31万元。发生医疗纠纷14件，其中调解12件、诉讼2件。年度赔付总金额177.16万元，其中医院赔付金额116.36万元。

2018年医院有6项新技术新项目通过审核：超声引导下穿刺活检术、肉毒素注射、皮肤组织填充、内而外淋巴间隙钆MRI成像在梅尼埃病的应用、单髁人工膝关节置换术、斜前方腰椎椎间融合术。新开设甲状腺门诊。完善医院医保管理体系，加强新医保政策宣传，严格落实实名就诊制度，医保出院患者2.02万人次，总费用4.06亿元。采取电话预约、官网预约、京医通预约、医生工作站预约和114平台5种预约挂号方式，预约挂号41.41万人次，占门诊挂号总人次的25.6%。年底医疗设备净值9186.06万元，年内新购置医用设备总金额5400.54万元；医院总收入17.25亿元，其中医疗总收入15.48亿元。2018年专家20人下到16个社区卫生服务站，各站每周出诊一次。启动第二批中医名家师带徒，选拔11位社区中医骨干人员进入跟师学习。与东城区双向转诊居民2092人。7月，医院与遵义市卫生计生委及7家医院（遵义市中医院、仁怀市中医院、绥阳县中医院、湄潭县中西医结合医院、习水县中医院、赤水市中医医院）签订战略联盟合作协议。完成第六届（山西+山东+新疆）、第七届（贵州）“全国乡村中医师3+3提升工程”。院派干部2人对内蒙古自治区锡林郭勒盟多伦县中医综合医院和镶黄旗蒙医医院进行为期一周的帮扶和调研工作；完成第六届北京中医药专家宁夏行活动，对宁夏中卫市中医医院、宁夏回族自治区中西医结合医院进行“点对点”考察指导。医院通过中国人口福利基金会为山西省五寨县捐款401.7万元并购买贫困地区农产品52.6万元。有护士496人，其中本科272人、硕士研究生4人。医护比1：1.07 床护比1：0.86，ICU床位6张、CCU床位10张。护理不良事件上报76件，上报率96.2%，整改率为100%。开展提高窗口服务质量专项工程，规范护士仪容仪表和文明用语，增设便民措施，规范标识指引，合理布置咨询台护士人力，实施首诊负责制。护理管理以质量为中心，运用品管圈组建基层管理群组，解析护理问题，提升临床护理质量。公派护士出国研修6人次，参与国内外学术讲座100余人次，外派进修7人，培养专科护士28人。培养中医护理骨干人才5人。医院有临床护理教师150人，其中北京中医药大学课堂兼职授课教师16人，承接北京中医药大学本科、涉外、高职班，护理学基础、内科护理学、外科护理学、中医护理学、急救护理学、护理学专业导读、中医特色专科专病护理7门课程154学时的课程。接收临床实习护生168人、见习护生248人、进修生23人；承办北京市级继续教育项目1项，参加学习的全国护理骨干200余人；主办全国学术研讨会1次，180人参加。院内举办继续教育讲课180余学时；区县级继续教育讲课90学时。申报国家级课题211项，中标21项。国家自然申报180项，中标17项。获国家重点研发计划牵头项目1项，课题3项。国家传染病重大专项牵头项目1项。年度科研总经费6571.63万元，同比增长34%。在研课题322项，结题142项。申报各类科技成果奖励15项，获市级及以上奖励8项。申请专利4项，授权专利3项。SCI收录论文95篇（第一作者）。有中医内科学教育部重点实验室1个、中医内科学北京市重点实验室1个、国家中医药管理局三级实验室2个。承担北京中医药大学中医学专业教改班、卓越班、岐黄班、台港澳、留学生，针推学院，中药学院，国际学院，管理学院，北京卫生职业学院，新加坡中医学研究院，日本校，日本后藤学园的教学及带教任务；有教师409人，其中教授59人、副教授29人（正高137人，副高162人）。年内录取研究生350人，其中硕士生267人、博士生83人。接待来自美国、澳大利亚、加拿大、法国、德国、西班牙、哈萨克斯坦、东盟等多个国家和国际组织的专家学者100余人到院交流访问。与西悉尼大学联合培养研究生，完成第二批研究生培养。因公出国专家27人次，分别赴美国、澳大利亚、日本、法国、新加坡等国参加国际学术会议。专家5人完成在新加坡南洋理工大学、西班牙巴塞罗那大学、澳大利亚西悉尼大学的中医教学任务。信息化建设投入714万余元，完成医院门诊、病房及院内无线网全覆盖；生物样本库、院感系统、京医通、商保平台正式上线；门诊挂号窗口已实现支付宝、微信支付功能；分诊叫号系统门诊五层已经正常运行，1~4层布线工作完成验收；移动医护项目在脑一科、脑二科、周围血管科上线试运行。平房改造工程、第一会议室及教学办公区重装工程、全院建筑防水工程完工并验收；信息集成平台建设、信息中心外线电缆敷设、放射科乳腺机房改造完成图纸施工内容。

（王红 尹丹）

7月，东直门医院与遵义市卫计委7家中医院签订战略联盟合作协议（荆生龙摄）

表34 **2018年东城区医疗机构一览表**

序号	机构名称	地址	联系电话
1	北京医院	东单大华路1号	85138505、8536、8537
2	北京中医药大学东直门医院	海运仓5号	84013212
3	中国医学科学院北京协和医院	帅府园1号	69155810/5811

续表34

序号	机构名称	地址	联系电话
4	首都医科大学附属北京妇产医院	朝阳区姚家园路251号	52275417
5	首都医科大学附属北京口腔医院	天坛西里4号	67099114
6	首都医科大学附属北京同仁医院	东交民巷1号	58265727
7	首都医科大学附属北京中医医院	美术馆后街23号	52176515
8	北京市和平里医院	和平里北街18号、和平里西街19号楼1层12307号	58043023
9	北京市隆福医院（北京市东城区老年病医院）	美术馆东街18号、沙滩后街14号、三眼井胡同乙68号、昌平区东小口镇中滩村290号、朝阳区北苑5号院606号楼	58918230
10	北京市崇文区中医医院	西兴隆街1号 西园子三巷24号	67117972
11	北京市第六医院	交道口北二条31.36号、东直门内大街184号	64033703
12	北京市东城区第二妇幼保健院	法华南里25号楼东侧	67122966
13	北京市东城区第一妇幼保健院	交道口南大街136号	64043259
14	北京市东城区第一人民医院	永外大街130号	67212233
15	北京市东城区精神卫生保健院	东直门外察慈小区7号楼	64681578
16	北京市鼓楼中医医院	豆腐池胡同13号、和平里中街14－2号、安乐林路10号	64044445
17	北京市普仁医院	崇文门外大街100号、白桥大街8号楼101	67117711
18	北京市崇文口腔医院	东花市北里西区24号楼	67120052
19	北京市东城区北新桥社区服务中心	东直门内大街184号	64040500
20	北京市东城区朝阳门医院	东四南大街灯草胡同31号	65138019
21	北京市东城区东外医院	察慈小区7号楼	64681578
22	北京市东城区建国门医院	朝内南小街后赵家楼胡同9号	65256218
23	北京市东城区口腔医院	交道口东大街4－28号、东四北大街490号、雍和宫大街53号	64043465
24	北京市东城区老年康复护理院	东四六条甲62号	64018363
25	北京市东四中医医院	东四六条甲62号、朝内大街97号	84049919
26	北京市疾病预防控制中心门诊部	和平里中街16号	64407136
27	北京市东城区疾病预防控制南部分中心门诊部	西晓市街16号	67021006
28	北京市东城区疾病预防控制中心门诊部	北兵马司胡同5号	64040807

续表34

序号	机构名称	地址	联系电话
29	北京市崇文区结核病防治所	西晓市街16号	67022677
30	北京市东城区结核病防治所	和平里北街18号	64298123
31	北京市东城区皮肤性病防治所	东直门内大街184号	64010046
32	北京市崇文区急救站	崇文门外大街100号	67181818
33	北京市东城区急救站	安内中绦胡同甲2号	64035289

（贾英仙）

东城区三级甲等医院负责人

北京医院党委书记	汪　耀	北京中医医院党委书记	信　彬
院长	王建业	院长	刘清泉
北京协和医院党委书记	姜玉新	北京口腔医院党委书记	郑东翔
院长	赵玉沛	院长	白玉兴
北京同仁医院党委书记	金春明	北京妇产医院党委书记	张　静
常务副院长	张　罗	院长	严松彪
北京天坛医院党委书记	路　明	东直门医院党委书记	叶永安
常务副院长	王拥军	院长	王耀献

体育

6月2—3日，耐克“别叫我宝贝”儿童节主题活动举办（区体育局提供）

综　述

东城区有体育场馆86个，其中，体育场3个，体育馆11个，游泳场馆60个，健身房28个（不包括学校和驻区中央、北京市单位的体育场馆），体育设施3142件。全区有裁判1447人，其中，国际级裁判员8人、国家级裁判员9人、一级裁判员124人、二级裁判员744人、三级裁判员562人，教练员67人。2018年，东城区在推进体育体制改革、体育事业管理，推动多元化体育服务体系建设，推进全区体育公共服务方面等方面取得新的进展，体育事业全面发展的良好态势日益呈现。

群众性体育活动。2018年举办体育活动50次，参加体育活动人次40万人次。组织指导15个街道参与2018年全民健身示范街道创建工作，并完成评估验收。街道综合性运动会和“一街一品”全民健身活动广泛开展。与地坛公园、第三方机构合作，探索公园动静分区，成立地坛公园全民健身协会，开辟儿童游乐区，加强对游人和健身团队管理。第四届冰雪嘉年华活动为期3个月，在青年湖公园、龙潭公园开展冰蹴球比赛、趣味冰雪体验、工会会员免费体验系列活动共18场，10万余人次参与。

体育竞赛。在十五届市运会上，东城区竞技项目、群众项目总成绩均位列第一，获体育道德风尚奖。在首届市冬运会上，东城代表团取得竞技项目团体总分、奖牌总数“双第一”。东城区输送运动员获奖牌总数224块，其中，国际级比赛奖牌22块，国内级比赛奖牌19块，省市级比赛奖牌183块。

体教结合。组织召开3次体教结合工作联席会，有效解决市运会备战、参赛、运动员转学、学籍申报等问题。区体育局与区教委共同组织举办武术、跆拳道、足球、篮球、网球、高尔夫等20个项目中小学生体育赛事。推动中小学校体育活动有序开展，学生每天在校期间体育活动1小时以上、掌握1项以上体育技能的中小学生达9.3万余人。

（王伟）

4月16日，东城区举办健身气功站点辅导教师培训班（区体育局提供）

群众体育

【概况】区体育局是东城区政府主管辖区体育工作的职能部门，主要职责是贯彻执行国家和北京市关于体育工作的方针、政策和法律、法规、规章，负责全区体育体制改革、体育事业管理，推动多元化体育服务体系建设，推进全区体育公共服务。内设7个科室：办公室、党委办公室、群众体育科、体育法制科、青少年体育科、体育产业发展科、人事财审科。有公务员编制31人，工勤编制1人；实有公务员28人，工勤人员1人。下属事业单位9家，其中公益一类单位5家，即：东城区社会体育管理中心、东城区体育科学研究所、东城区体育运动学校、东城区青少年业余体校、东城区体育后勤服务中心；公益二类单位4家，即北京市东单体育中心、北京市地坛体育馆、北京地坛体育中心、东城区天坛体育活动中心。有事业编制346人，实有人员254人。

2018年，组织举办、参加各类活动59项（次），其中组队参加国际级活动1项，组织举办国家级活动1项，组队参加国家级活动4项，组织举办京津冀级活动4项，组织举办市级活动4项，组队参加市级活动19项，组织举办区级活动17项，举办冰雪活动2项，指导各协会举办活动7项，直接参与各项活动近40万人次，活动覆盖17个街道、5个地区和10个系统，覆盖率达到100%，初步形成全社会参与大群体工作格局。全年完成社会体育指导员854人（60人滑雪、80人冰蹴球、25人组织管理、150人健身操舞、180人国民体质监测项目、221人太极拳项目、健身气功138人）的考核认证，累积为近3100人进行体质测试及健康指导服务。组织指导15个街道参与2018年全民健身示范街道创建工作，并完成评估验收。街道综合性运动会和一街一品全民健身活动广泛开展。

（王伟）

【第十二届“和谐杯”乒乓球赛】5月15日，东城区第四届“外联杯”乒乓球邀请赛暨第十二届“和谐杯”乒乓球比赛启动仪式在地坛体育馆举行。薛国强主持启动仪式，金晖致辞，张家明宣布开赛，并与公安部党委委员、部长助理王俭一同为比赛开球。8月6—7日，区第十二届“和谐杯”乒乓球比赛决赛在北京市地坛体育馆举办。来自全区17个街道、驻区单位经过预赛、复赛选拔出的代表队35支、运动员200余人参加比赛。比赛项目设男女混合团体对抗赛，分为街道社区组和机关单位组两个组别；男、女单打个人赛。最终北新桥街道草园社区、安定门街道五道营社区、交道口分别获街道社区组前三名，民政部、北新桥街道、安定门街道机关队分别获机关单位组前三名。国家博物馆的吴迪获男子单打第一名，安定门街道的潘云获女子单打第一名。

（王伟）

【社会体育指导员培训】6月6日，国民体质监测体育指导员理论培训班举办。来自全区182个社区的体育骨干189人参加，通过考试取得国民体质监测社会体育指导员培训三级证书。这是东城区首次大规模举办国民体质监测项目社会体育指导员培训。这些社会体育指导员深入社区、广场、公园，指导群众根据自身情况，科学选择健身项目和强度，倡导健康文明生活方式。

（王伟）

【全民健身日活动】8月8日，为庆祝北京奥运会10周年与全国第10个全民健身日，由体育局、产促局、旅游委主办，北京卡路里信息技术有限公司（Keep）承办的汗水英雄——2018全民健身日活动，在明城墙遗址公园举行。体操世界冠军莫慧兰、滑雪世界冠军郭丹丹、摔跤世界冠军洪雁、亚洲重量级拳王张君龙，带领众多运动爱好者一起参与活动。

（王伟）

【编辑健康东城专集】7月，启动编辑健康东城主题作品专集。联合区文联，结合东城区全民健身典型人物和典型事件，讲述老百姓身边的健身故事，树立全民健身明星、宣传全民健身榜样，弘扬优秀传统体育文化，发挥全民健身代表人物和事件的示范引领作用，促进体育和文化深度融合。

（王伟）

竞技体育

【概况】组织体育局局属3家单位及22中、景山学校完成市体育局交由东城区承办的排球女子组、篮球乙组、国际式摔跤和体操4个市运会单项比赛。运动员2人入选国家集训队，备战2022年冬奥会。选派传统学校老师、排球教练员、冰雪项目教练员和体校管理人员21人参加市体育局组织业务技能培训，参训人员的业务水平得到较大提高。全年审批办理二、三级运动员55人，审核一级运动员15人的申报材料。

（王伟）

【参加市第十五届运动会】北京市第十五届运动会于5月5日至8月5日举行，分竞技比赛和群众比赛2个项目。在7月7日至8月19日的竞技系列正式项目比赛中，东城区有运动员1170人参加31个项目正式比赛，获金牌138枚、银牌137枚、铜牌136。在5月5日至8月5日群众项目比赛中，东城区有运动员489人参加14个大项24个小项的正式比赛，获17个一等奖、4个二等奖和2个三等奖。在本届市运会上，东城区竞技项目、群众项目总成绩均位列第一，获体育道德风尚奖。10月18日，区代表团召开第十五届市运会总结大会，对为东城区赢得荣誉的运动员、教练员和作出贡献单

7月7日，市第十五届运动会东城区代表团成立誓师大会召开（区体育局提供）

位进行表彰。

（王伟）

【备战市第一届冬运会】北京市第一届冬季运动会由北京市人民政府主办，于2018年11月至2019年1月举行。东城区备战2018年北京市第一届冬季运动会，做好9支冰雪运动队训练和保障，并根据项目特点，分项目进行集训，锻炼队伍，取得竞技项目团体总分、奖牌总数“双第一”。

（王伟）

青少年体育

【概况】与区教委共同组织举办武术、跆拳道、足球、篮球、网球、高尔夫等20个项目中小学生体育赛事，参加比赛人数7000余人，为增强全区中小学生身体素质，发现优秀体育后备人才搭建平台。严格审核23家青少年体育俱乐部报送的年审材料，强化青少年体育俱乐部的规范管理。组织全区39所体育传统学校参加北京市2018年传统校比赛，取得17个第一名。组织迎接市体育局青少年体育工作考评组对东城区两所体校业余训练、9支冬季项目运动队建设、26所青少年体育俱乐部、39所市级以上传统体校工作全面考评。

（王伟）

【体教结合工作联席会】3月2日，东城区2018年体教结合工作联席会在东城区体育局召开。体育局汇报第十五届市运会东城区代表团办公室人员组建情况，研究部分运动员正常转学、保障市运会参赛队员训练时间及参加资格赛请假、集体球类项目学校组队及全员参赛等事宜。参会人员对议题进行讨论，就优秀运动员引进、市运会保障、运动员管理等体教结合相关工作。5月9日，东城区2018年体教结合工作第二次联席会在体育局召开。研究确定市运会东城区代表团办公室联络人员和市运会部分集体球类项目各组别负责人，对区委区政府领导视察市运会部分集体球类项目组队及训练情况事宜作出初步安排。8月31日，东城区2018年体教结合工作第三次联席会在体育局召开。研究确定为东城区引进体育人才补充办理2018—2019学年度第一学期入学事宜。3次体教结合工作联席会，有效解决市运会备战、参赛、运动员转学、学籍申报等问题。

（王伟）

9月10日，东城区前门小学校园滑雪课开课，全市首座校园滑雪机在学校操场落成（唐晨摄）

【校园冰雪运动推广普及交流】1月4日，北京市中小学生校园冰雪运动推广普及活动在北京市广渠门中学举办，来自广渠门中学及其附属花市小学学生200人参加。内容包括模拟滑雪机、仿真冰、旱地冰球、校园真冰场、滑雪和仿真冰壶等课程教学。体验活动后，来自全市各区教育系统冰雪运动负责人、师生代表分享校园冰雪运动推广普及经验和活动开展以来的体验与收获。市教委体卫艺处、市体育局青少处、北京奥运城市发展促进中心大型活动部、北京冬奥组委新闻宣传部文化教育处、东城区政府教育督导室、北京人民广播电台相关负责人参加此次活动。1月25日，区中小学生冰雪运动系列活动启动仪式在国家体育馆——鸟巢举办。有现场拔河比赛、拉雪圈比赛、雪地足球赛、冰壶体验、冰滑梯、雪圈、越野滑雪、堆雪人、奥运大讲堂等体验活动。活动以“畅享冰雪运动 助力北京冬奥”为主题，市教委、东城区政府、区教委、区体育局、区政府教育督导室及世界短道速滑冠军、全国花样滑冰冠军出席启动仪式。部分中小学校学生2000余人参加。12月28日，在史家小学分校，东城区承办北京市校园冰雪运动推广普及经验交流会。现场观摩史家小学分校真冰、旱地越野滑雪、旱地冰球、旱地冰壶和轮滑等冰雪特色课程；东城区教委等3个区教委汇报开展校园冰雪运动情况；东城区史家小学分校等5个小学作经验交流。东城区当年率先制订《东城区校园冰雪运动五年行动计划（2018—2022年）》，有关部门领导、首批52所冰雪特色校、东城区17所区级冰雪特色校领导及教师代表130余人参会。

（陈红　李银姬）

【举办田径运动会】4月21—22日，“阳光体育”2018年东城区中小学生田径运动会在天坛体育中心田径场举行。本次运动会由区教委和区体育局主办，区中小学体质健康管理中心承办，区田径运动协会和天坛体育中心协办，共有来自全区30所中学和40所小学学生参加。比赛新增2个集体项目，即小学组以学校为单位组队的迎面接力赛、初中组和高中组集体旋风跑，新增4个个人项目，即足球射门、挥拍击准、沙包夹远、一分钟象限跳的游戏项目。2018年，参赛学生人数达到1600余人。运动会设团体奖10个、个人奖8个。北京市汇文中学获得高中组团体总分第一名、北京市第50中学和北京市东城区文汇中学分别获得初中甲组和初中乙组第一名，北京市东城区崇文小学获得小学组团体总分第一名。北京市第5中学、54中学、166中学、171中学、北京汇文中学、东城区府学胡同小学6所学校7人打破9项区运会记录。

（陈红　李银姬）

【举办网球比赛】10月27日，阳光体育2018年东城区中小学生网球比赛在天坛体育活动中心举行。比赛由东城区教委、区体育局主办，东城区中小学体质健康管理中心承办，东城区和平里第四小学、飞驰体育运动俱乐部协办。北京市第一七一中学、广渠门中学、崇文小学、东城区西中街小学等14所中小学的近200人参赛。比赛设百步穿杨、障碍运输、网球初体验等6项突显网球特点的趣味活动项目。北京市广渠门中学和东城区史家胡同小学分别获中学团体和小学团体第一名。

（皮唯薇　李银姬）

【启用校园冰场】11月19日，“快乐冰雪 助力冬奥”东城区校园冰场启用暨冰上课程开课仪式在史家小学分校举行。区委书记、区委政法委书记、区政府副区长出席，首都体育学院、区委教工委、区教委、区体育局、区财政局、区冰雪特色学校相关干部及史家小学分校全体师生一同参加活动。活动中，史家小学分校介绍学校冰雪运动开展情况以及冰上课程设置计划；区教委介绍现阶段东城区实施青少年“健康·成长2020工程”五大行动取得的实施成果，并对下一阶段校园冰雪运动工作提出要求；史家小学分校、西中街小学、前门小学学生分别做冰上项目展示。东城区为深入推进校园冰雪运动，使冰雪课程常态化、扩大冰雪运动人口，2018年11月19日至2019年3月期间，通过政府购买服务方式，在北京市第22中学、广渠门中学、东城区和平里第二小学、府学胡同小学、史家小学分校和北京光明小学铺设冰场，为各校及周边学校学生提供基础滑冰、冰上排舞、队列滑、花滑等冰上课程，使学生在冬季不出远门，就能近距离接触冰雪运动。

（皮唯薇　李银姬）

体育设施建设

【概况】2018年完成3片篮球场、2片乒乓球长廊，共5片专项活动场地建设、验收工作。推动学校、单位体育设施向社会开放，完成地坛体育中心冰壶训练馆改建，天坛体育活动中心模拟滑雪馆投入使用。

（王伟）

【全民健身设施监督管理】委托专业机构对全区全民健身器材进行普查“体检”，开展每季度一次的巡检工作。指导、督促街道建立健全基础档案，对需要更新的器材统一登记造册，对问题器材进行维修、维护，及时排除安全隐患。对到期器材和损坏严重的器材登记造册，根据街道的更新需求，争取财政资金统一更新。

（王伟）

7月，业余滑雪队训练（体育局提供）

【地坛冰壶馆落成】12月26日，东城区地坛冰壶馆举行落成庆典仪式，正式投入使用，为北京市三环内首座专业冰壶馆。该项目2017年1月开始筹备，利用地坛体育中心西侧楼地下一层跑廊改建。该馆拥有2条符合冬奥标准冰壶比赛赛道及1条训练道，可同时容纳100人训练、体验，面向冰壶爱好者并帮助学校开展活动，组建校队，普及推广项目、扩大参与基数，培养后备人才。

（王伟）

【篮球馆改建滑雪馆】天坛体育活动中心模拟滑雪馆7月试运营，占地面积1012平方米，馆高8米，安装有四台ARS高山滑雪回转训练设备（简称模拟滑雪器），每台模拟滑雪器可供3～4人同时训练。馆内提供滑雪板、雪鞋、护具等。高山滑雪回转训练设备是由荷兰进口目前最高端、功能最全面的模拟滑雪设备，突破传统滑雪运动受天气、环境、时间、地域等因素的限制，使滑雪爱好者随时体验冰雪。

（王伟）

体育产业

【概况】体育局制订《北京市东城区关于加快发展体育产业促进体育消费重点工作分解方案》，全面推动东城区体育产业发展，为东城体育企业提供健康营商环境。按月向企业信息推送信息服务；副区长带队走访重点体育企业CBA公司和中篮联（北京）体育有限公司，支持百强企业在东城区发展；组织东城体育企业申报北京市2018年度优秀人才培养资助项目，向区人才办推荐Keep公司高管2人参评；组织地坛体育馆推进“国家第五批社会管理和公共服务综合标准化试点项目”相关工作。截至2018年年底，东城区共有北京市地坛体育馆、北京市东单体育中心、北京华江文化发展有限公司、北京市东城区天坛体育活动中心、北京地坛体育中心5家北京市体育产业示范单位。

（王伟）

【为体育企业授牌】4月17日，区体育局领导到东城区体育企业北京华江文化发展有限公司总部为其颁发2017年北京市体育产业示范单位牌匾。北京市体育产业基地评选始于2016年，公开面向全市各家致力于体育产业发展的体育法人单位。北京华江文化发展有限公司是东城区首家获此称号的体育企业，对区体育产业发展产生积极的示范效应和引领作用。

（王伟）

【参展2018年第五届京交会】5月28日至6月1日，组织东城区北京摩嘉普康体发展有限公司、中欧网（北京）足球培训中心、北京乐恩嘉业体育发展有限公司、北京华江文化发展有限公司4家体育企业获得展位，参展2018年第五届京交会。北京乐恩嘉业体育发展有限公司（国际定向主题公园建设及运营项目）、南城（北京）体育文化发展有限公司（龙之跤子全民摔跤赛项目）等9家企业10个项目入选大会《项目汇编》进行项目推介。

（王伟）

【体育场地调研摸底】2018年，上报东城区体育场地基本情况数据154份、体育用地基本情况数据39份、非首都功能疏解腾退空间情况数据13份。

（王伟）

社会建设

12月6日，东城区举办"文明东城 你我同行"道德讲堂（区文明办提供）

综　述

2018年，围绕全区中心工作，加大社会建设统筹协调力度，引领全区社会建设各项重点工作，在“街道吹哨 部门报到”、完善社区治理模式、规范社会工作人才队伍建设、助力促进社会组织健康有序发展、提升市民文明素质和城市文明程度等方面取得新进展。

社区建设规范化和推动社区治理现代化。东城区加强顶层设计、深入基层调研，聚集基层治理“最后一公里”难题，出台《东城区关于党建引领街道管理体制机制创新实现“街道吹哨、部门报到”的实施意见》和街道管理、城市管理等6个配套方案，明确“三级管理、五方联动”总体改革目标。深化周末卫生大扫除活动，突出党员带头、部门联动、社会参与。51家驻区中央、市属单位，1012个区属机关党支部，7.3万余人次参加活动。健全“门前三包”责任制，推广“小院公约”“花友汇”“停车自管会”等自治经验，“五民工作法”被民政部评为全国优秀社区工作法。完成8个市级社区规范化建设示范点、17个市级“社区之家”示范点建设任务。

思想道德建设和群众性精神文明创新。健全规范区、街道、社区三级榜样选树机制，开展“感动东城”道德模范、“东城榜样”评选活动；围绕疏解整治促提升等重点工作，开展周末卫生大扫除专题道德讲堂活动358次；选树学雷锋志愿服务先进典型，在全社会营造向上向善、互帮互助的良好风尚；开展“新时代好少年”学习宣传活动。发挥公共文明引导员作用，维护站台秩序、扶老推幼、答疑指路，全年做好事、办实事2.18万件。“东城文明网”发布信息4600余条，成为展示全区精神文明建设的重要窗口。“文明东城”微信公众平台发布信息820余条，粉丝数3万余人。制发《2018年东城区文明街巷创建工作方案》和《2018年东城区重点商业街区文明商户创建工作方案》，开展文明街巷和重点商业街文明商户的评选活动。持续开展文明单位、文明社区、文明风景区、文明家庭、文明校园创建活动。

（刘婷）

社会治理

【概况】中共北京市东城区委社会工作委员会（简称区委社会工委）和北京市东城区社会建设工作办公室（简称区社会办），是一个机构两块牌子。区委社会工委是负责全区社会建设工作的区委派出机构，列入区委机构序列。区社会办是负责全区社会建设工作的区政府工作部门。内设办公室、党建工作科、社区建设科、社会工作队伍管理科和社会组织工作科5个职能科室，编制22人、实有21人。

2018年，围绕规范社区党建工作、社区治理体系、社区运行机制、社区矛盾纠纷化解、社区管理模式、社区基础工作、社区工作队伍、社区共建共享机制等方面推进工作。统筹推进党建引领的“街道吹哨、部门报到”改革，并取得可复制、可推广的“东城经验”，中央部委专题调研，新华社等中央媒体给予报道，受到市委市政府主要领导的肯定。完成政协北京市东城区委员会提案第十四届二次第50号提案的承办工作，将党派提案办理与解决实际问题紧密结合进行答复，并获得提案单位民建东城区委“非常满意”的意见反馈。

（曹馨月）

【三级管理、五方联动治理格局】2018年，东城区打造“三级管理、五方联动”的治理工作格局。“三级管理”就是指区、街道、社区3个层面。区级层面做到“三个到位”（对中央和市委决策部署认识到位、宣传到位、落实到位），街道层面做到“三个面向”（面向基层、面向群众、面向问题），社区层面做好“五民工作法”的执行者（民事民提、民事民议、民事民决、民事民办、民事民评）。“五方联动”是充分发挥政

4月19日，东城区召开“街道吹哨、部门报到”动员部署会（刘静摄）

府、市场、社会组织、社区、居民等5种力量在社区治理中的多元主体作用。强化政府的主导作用，克服“大包大揽”做法，在做好“政策制订者”“统筹协调者”的同时，更好发挥市场专业力量承接公共服务和资源配置的作用，统筹发挥社会组织协同作用，激发社区居民的“主人翁”意识，实现各类社会力量“聚合力、促发展”，建立“三级管理、五方联动”的社会治理格局。

（冯磊）

【街道吹哨部门报到动员会】4月19日，召开推进“街道吹哨、部门报到”动员部署会，副区长陈之常主持。会议传达北京市委书记蔡奇在“街乡吹哨、部门报到”街乡调研座谈会上的讲话精神和市委工作部署会精神，部署全区推进“街道吹哨、部门报到”重点工作。全区各部门、各街道党政主要负责人和部分社区工作者代表参加。区委书记张家明提出要求：切实提高政治站位，认识落实“街道吹哨、部门报到”工作的重大意义；理清思路，把握重点，确保各项改革任务落地见效；加强领导，落实责任，以“钉钉子”精神推进各项改革任务。

（冯磊）

【完善社区治理模式】7月23日，以区委、区政府名义出台《东城区加强和完善城市社区治理实施方案》，社区协商深入到网格、胡同、小巷、院落、楼宇等小微治理单元，搭建网格议事会、花友会、小院议事厅等载体，解决在院落自治、停车自管、环境美化、矛盾调解等一批重点难点问题，推动社区治理走向精细化、立体化和常态化。梳理总结形成东四街道六条社区“四参与”（社区志愿者参与社区管理、社区社会组织参与社区服务、社区自治组织参与社区自治、社区单位参与社区共建）、交道口街道交东社区“六联共建”（以社区党委为核心，居民自管会、物业服务机构、驻区单位共同参与的“联合管理、联席会议、联民纳谏、联手调处、活动联办、服务联手”工作模式）等34个优秀社区工作法，其中前门街道草厂社区工作法和龙潭街道夕照寺社区工作法，被民政部列为全国优秀社区工作法。《创新实践“五民”群众工作法　深入推进社区协商共治》被民政部列为社区治理典型经验材料，由区委书记在全国社区治理和服务能力建设示范培训班开班式上作专题发言。对全区6个试点街道、30个试点社区开展社区议事协商与创新型冲突管理能力建设专题培训，提升社区一把手协商治理意识和做群众工作能力。对3个试点街道社区专员开展社区治理能力培训。

（冯磊　曾娜）

8月29-31日，东城区开展社区专员社区治理能力培训（刘丽鑫摄）

【共建共治共享行动】6月，社区启动社区共建共治共享行动计划，制订《2018年东城区推动社区共建共治共享行动计划（试行）》，动员鼓励各街道开展共建共治共享示范社区建设工作，经过对街道申报的48个社区治理项目进行审核，对其中35个内容充实、创新性强、实施效果好、居民认可度高的共建共治共享特色项目予以资金支持，涉及居民自治、为老服务、志愿服务、文化培育、社会组织培育、单位共建、互联网应用等方面。通过项目带动和示范引领，多元力量参与社区治理活力不断提升，形成东四街道六条社区“胡同花友汇”、前门街道草厂社区“草厂一家亲”、龙潭街道左安浦园社区“公益认领”等创新品牌。

（冯磊）

【社区规范化建设】8月至12月，制订《关于进一步深化社区规范化建设工作的意见》，聚焦矛盾纠纷、聚焦管理难题、聚焦群众诉求，从规范社区党建工作、规范社区服务管理标准、规范平安社区建设机制、规范和谐社区工作机制、规范社区服务保障等5个方面，明确60项工作措施，以社区建设规范化引领和推动社区治理现代化。12月27日,十二届区委全面深化改革领导小组第十次会议审议通过《关于进一步深化社区规范化建设工作的意见（试行）》。完成《关于构建共建共治共享社区治理格局的实践与思考》课题调研报告。

（冯磊）

【专题座谈会】10月29日，社区规范

化建设工作专题座谈会召开，区委组织部、区社会办、区民政局、东四街道、朝阳门街道、龙潭街道结合赴重庆市考察社区治理成果和工作实际，就推进社区规范化建设研讨座谈。会议提出要借鉴外省市社区治理的先进经验，做好考察成果转化，进一步完善社区服务站设置、社工队伍管理、社区矛盾纠纷化解等工作的体制机制和规范化措施。

（冯磊）

社区教育

【概况】2018年，东城区教委辖属社区学院2所，依托学区建立8个学区市民学习基地，2个市民学习中心，依托职成学校建立8个市民职业体验基地，开展市民教育。

（连莲　李银姬）

【社区教育工作会】5月9日，东城区社区教育工作会在北京国际职业教育学校和平里校区召开。会议总结2017年社区教育工作，部署2018年工作计划，北京国际职业教育学校、东城社区学院汇报2017年工作，邀请毕业于区“百姓学堂”，又在社区文艺骨干学历班学习的市民分享参加社区教育学习的心得体会。会议肯定东城区在促进职业教育、成人教育与社区教育资源融通，根据居民需求，开发特色课程，培养市民学习团队，推动学习型城区建设等方面的做法及成果。并希望东城区进一步促进“城教结合”，将社区教育与社区党建、社区治理等重点工作相结合，推动学习型城市建设走向深入，同时要求社区教育工作者扎根社区、研究需求，持续推进社区教育，坚持自下而上和自上而下相结合的方式推动社区教育，培育学习品牌，加强社区教育队伍建设，提高服务群众的能力。会后，与会人员体验东城区3所中等职业学校带来的8节精品职业体验课。北京市教科院终身学习与可持续发展教育研究所有关领导出席。区教委职成社教科、各街道文教科、东城社区学院、各中等职业学校、各市民学习基地、市民职业体验中心负责人，社区教育协会和专家组专家，文教助理组长以及市民代表100余人参会。

（连莲　李银姬）

【健康大讲堂10周年活动】11月21日，“四时五行话养生”健康大讲堂10周年纪念活动在东城社区学院举行。会上播放讲堂10周年纪念宣传片，回顾讲堂10年来建设历程,表彰一直坚持学习的优秀学员、最受欢迎的优秀教师和坚守岗位的优秀管理者。向北京中医医院以及北京现代职业学校、首都医科大学中医药学院颁发授课聘书，并将北京现代职业学校列为“四时五行话养生”讲堂市民中医文化学习体验基地。会后，北京中医医院作题为《中医血瘀体质的养生保健》讲座。

（连莲　李银姬）

11月21日，“四时五行话养生”健康大讲堂举行10周年纪念活动（区教委提供）

社会组织服务管理

【概况】2018年，完善“枢纽型”社会组织工作体系，建立健全区级“枢纽型”社会组织和街道社区社会组织联合会工作机制，加强培训和支持指导，推进社区社会组织培育发展工作，并依托“社会组织公益行”打造品牌项目。

（黄丹妮）

【志愿者工作】3月，组织志愿者参加北京社会公益行启动式、学雷锋志愿服务主题日等活动。报送3个项目参加北京社会志愿者公益行活动。6月至12月，组织社会领域志愿服务组织参加全市社会领域志愿服务V创投计划。2018年，在非公经济和专业社工机构中推进志愿服务组织建设，在2家非公经济组织中成立2个志愿服务组织，全区非公志愿服务组织达45家。

（刘静）

【加强社会组织能力建设】7月9—13日，组织社会组织骨干24人参加北京大学社会组织治理创新暨能力提升研修班。10月30日至11月2日，组织区、街社会组织孵化基地工作人员22人参加市区街社会组织孵化器培训，学习先进孵化器的运营经验，提高基层孵化器的专业化、规范化工作能力和服务创新能力。

（黄丹妮）

【社会组织公益行系列活动】2018年，以“百街千巷我参与 社会组织在行动”为主题，围绕全区中心工作，汇聚各级各类社会组织实施8大类613项“公益行”活动，累计开展公益行活动3000余场，吸引11万余人次参与。

（黄丹妮）

【参与北京社会公益汇活动】2018年，发动9家社会组织参与第四届北京社会公益汇现场展览展示，并组织观众1500人观展，“胡同花园花友汇”和“小巷管家团”分获北京市社会组织公益服务品牌金、银奖，“五彩梦 四季情”微公益合作社等7个项目被评为提名奖。

（黄丹妮）

3月31日，东城区面向社会公开招考社区工作者笔试现场（刘静摄）

社会工作队伍建设

【概况】2018年，东城区委社会工委分层分类推进社会工作人才队伍建设工作。重基础强化，推进社区工作者队伍管理规范化，完成社区工作者招考工作，建设社区工作者信息管理系统；重人才培养，推进队伍素质专业化，深化社区“匠心工作坊”建设，分类开展社工专业人才培养培训；重环境营造，提升社会认知度和参与度，规范社区工作者工资待遇，加强对社区工作者队伍的激励，建设街道级社会动员中心，开展协管员队伍整合试点工作。

（刘静）

【社工人才培养】2月至10月，推荐社区工作者24人报名定向委培在职研究生。3月至6月，首次采用线上培训的方式，举办社会工作者职业水平考前辅导。2018年，推进社区“匠心工作坊”建设，建立31个优秀社区党组织书记工作室，通过优秀社区党组织书记31人任导师带徒弟、每季度举办区级交流活动的方式，培养年轻骨干社区工作者57人。

（刘静）

【人才队伍建设】3月至6月，开展社区工作者招考工作，共招录237人。10月，完成2018年社区工作者工资待遇规范调整工作，制订并下发《东城区2018年规范社区工作者工资待遇方案》，按照2017年北京市职工平均工资的100%标准确定社区工作者工资待遇。落实五星级社区党组织奖励、社区党建进步奖励，有53个社区党组织被评选为2017年度五星级社区党组织，22个社区被评选为2017年度社区党建进步奖励。2018年，在17个街道购买专业社工岗位，在7个社区开展专业社工社区服务督导，引进专业社工带领社区工作者在培育社会组织、社区自治自管、为老服务等方面，运用专业理论和方法开展工作。

（刘静）

【社会动员工作】4月至12月，在东四街道、建国门街道建立社会动员中心，通过引进专业机构、建设街道级社会组织平台等，开展周末卫生大扫除、制订小院公约、建立自管会、开展胡同大碗茶等，动员社会力量参与“大城市病”治理、疏解整治促提升，开展驻区单位共驻共建，引导非公企业履行社会责任，加强社区民主自治，组织各类志愿服务等，推动社会协同、公众参与，形成共商共治、共建共享格局。

（刘静）

【协管员队伍规范管理试点】2月，确定东直门、东四、朝阳门、龙潭4个街道为协管员队伍整合工作试点街道。结合街道体制改革，将街道现有协管员按照“六办一队四中心”职能设置划分，协管员承担的职责任务可由街道统筹开展的下沉到街道，实行属地管理。

（刘静）

精神文明建设

【概况】东城区精神文明建设委员会办公室（简称区文明办），是区委负责协调、指导精神文明建设的工作部门，挂靠区委宣传部。内设综合科、创建科、宣教科、未成年人工作科，行政编制13人、工勤编制1人，实有行政人员11人、工勤1人。

2018年，开展周末卫生大扫除专题道德讲堂活动，全年开展道德讲堂活动358次。围绕“疏整促”、文明城区宣传、法制宣传、垃圾分类宣传、群众体育活动等，设计制作社区精神文明建设宣传栏5期。利用春节、元宵、清明、端午、七夕、中秋、重阳等7个中华传统节日，在“善满东城送吉祥”“贯彻十九大精神 传承文化中国梦”第十八届花市元宵灯会、清明文化节、“粽叶飘香过端午 幸福和谐一家亲”端午活动、月圆京城情系中华中秋诗会、孝满京城德润人心重阳等品牌活动的示范带动下，开展“我们的节日”主题活动130余场。在巩固王府井商业街文明商户创建工作成果基础上，扩大到前门商业街、五道营商业街、南锣鼓巷、簋街、崇文门外大街等重点商业街。持续开展文明单位、文明社区、文明风景旅游区、文明家庭、文明校园创建活动，发挥各类精神文明先进单位示范引领作用。

（何英华）

【公共文明引导行动】1月11日，组织全区引导员开展首个公共文明引导日活动。主会场设在东四十条桥西西行站和张自忠路交通路口，好乘客代表3人和社会志愿者15人同引导员们一起维护站台秩序，向乘客、行人发放宣传材料。全区有好乘客27人、社会志愿者35人参加，发放宣传材料9750余份、纠正劝导不文明行为847人次，咨询指路1093人次、清理站台周边共享单车280余辆。2月1日至3月12日，全区公共文明引导员骨干80人在北京站开展为期40天的春运宣传服务，向乘客发放各类宣传材料4175份、发放线路便民条2.79万张、网络服务、GPS导航1040余人次、照顾老幼病残孕乘客3835人次、捡拾物品17件、帮助寻人21人次、劝阻不文明行为近1.02万余人、为乘客咨询指路35.5余万人次，收到乘客来信表扬17次、锦旗1面，连续第五年实现无事故、无投诉目标。6月6日，区公共文明引导大队在东四市民小剧场举办“拥抱新时代 红歌唱起来”公共文明引导员歌咏比赛。来自全区12个中队及区舞蹈队、合唱队的引导员们参赛。东四中队获第一名，交道口、地铁二中队获第二名，地铁一、六、景山中队获第三名。6月15日，区协调办以中队为单位，以逐人考核、观摩实操等形式，在全体公共文明引导员中开展站台规范服务流动红旗技能竞赛。7月4日，组织全区引导员开展“当好东道主 文明北京人”主题宣讲活动，收到优秀演讲稿77篇，举办不同类型的宣讲活动49场。11月7日，全区开展公共文明引导员总结评比，表彰区级金牌引导员10人、区级规范服务标兵10个、区级优良秩序交通口10个、区级学雷锋志愿服务品牌团队10个、好乘客推荐活动先进集体和个人10个。

（何英华）

6月1日，区文明办与区委教工委、区教委联合举办“寻找身边最美少年 做新时代美德榜样”庆祝六一国际儿童节表彰活动（区文明办提供）

【市民教育】1月30日，“讲文明树新风——做谦恭有礼的中国人”主题活动成果展示观摩活动举办。全区各街道、各系统开展的23项精神文明建设特色活动以视频和PPT形式现场展示，各街道、各系统主管领导及文明办主任60余人参加。8月30日，第一期东城榜样评审会召开，由相关单位领导、专家学者、驻区单位代表、往届道德模范代表、社区居民代表组成评审小组按照评选标准，围绕疏解整治促提升等中心工作，在体现典型性、示范性的基础上，现场投票评出第一期东城榜样10人。12月6日，道德讲堂总堂活动举办，以“文明东城 你我同行”为主题，围绕做反省、唱歌曲、学模范、诵经典、做承诺、送吉祥6个环节展开。首都文明办主任滕盛萍、区领导宋铁健及区文明委各相关单位领导、驻区单位代表、道德模范代表、各街道、系统的文明办负责人及干部、公共文明引导员代表、社区居民代表等160余人参加。12月20日，第二期东城榜样评审会召开，由相关单位领导、专家学者、驻区单位代表、往届道德模范代表、社区居民代表组成14人评审小组，现场投票评选出第二期东城榜样10人，并确定年度东城榜样名单。

（何英华）

【未成年人思想道德建设】1月至2月，区开展“我的中国年——践行传统美德·争当社区文明小使者”主题教育实践活动，组织未成年人开展1000余次教育实践活动，推荐社区文明小使者752人。3月30日，与区青少年文化艺术学院联合举办第六届小学生新童谣大赛。以我的家规为主题，围绕爱国、诚信、孝善、勤俭等方面创作，通过朗诵、快板、小品、三句半等形式，演绎新童谣，传唱新家规，弘扬好家风。学生和家长180余人参加。6月1日，与区委教工委、区教委联合举办“寻找身边最美少年做新时代美德榜样”庆祝六一国际儿童节表彰活动。组织同学们现场学习观看微视频、情景剧、事迹讲演，向获美德榜样、最美少年和美德小伯乐称号的学生颁发奖杯和证书，号召同学们继承和弘扬中华美德，做新时代的小主人翁。6月27日，区未成年人思想建设工作会召开，部署未成年人思想道德建设工作。区文化委、前门街道、北京汇文中学3个单位分别就净化文化环境、深化社会教育、创新特色教学3个方面交流发言。会议要求各成员单位学习借鉴、结合工作实际，形成本部门、本地区工作特色。会议下发《扣好人生第一粒扣子——东城区2017年未成年人思想道德建设教育实践活动回顾》展示册，并对落实未成年人工作任务及做好全国未成年人思想道德建设测评迎检工作提出要求。区未成年人思想道德建设协调委员会主任、区未成年人思想道德建设协调委员会副主任、区未成年人思想道德建设协调委员成员单位主管领导，各街道文明办主任或负责人80余人参加。6月29日，联合区委宣传部、区委教工委、区文化委、团区委、区妇联召开新时代好少年评比推荐活动，对各街道报送的美德少年17人的事迹材料评比打分，评出新时代好少年6人，并报送推荐材料。全年向首都文明办报送8人，3人入选首都新时代好少年。7月16日，联合区文化委举办“传承中华文化·经典伴我成长”——未成年人中华经典诵读活动。通过古诗独诵、联诵、歌舞表演等形式，引导未成年人走进经典、感受经典、品味经典，提高道德修养，培育民族精神和时代精神，增强爱国主义情怀。区委宣传部、区文明办、区文化委，区第二图书馆主管领导或负责人以及北京小学、广渠附小、崇文小学、前门小学等学生代表120余人参加。9月，开展未成年人思想道德建设创新案例征集评选，向首都文明办推举优秀案例6个，其中区教委心理大数据助力东城区心理教育工作发展活动，获首都未成年人思想道德建设创新案例奖，龙潭街道工委“假期欢乐行，健康成长营”——红领巾成长营活动获首都未成年人思想道德建设创新案例提名奖。9月至12月，联合区委教工委、区教委、区妇联组织参加“中华美德少年行——家风故事”宣讲活动，以传承红色基因为主题，开展故事征集、巡回宣讲等活动，向首都文明办报送作品25个，获特等奖1个、一等奖2个、二等奖3个、三等奖8个、优秀奖11个、区文明办荣获优秀组织工作奖。

（何英华）

【讲文明树新风】春节、元宵节期间，组织开展善满京城送吉祥活动，将首都文明办印制的善满京城春节吉祥包发给全国道德模范及提名奖获得者、首都道德模范及提名奖获得者、北京榜样、身边好人、感动东城道德模范等先进人物。2月28日至3月2日，以“贯彻十九大精神 传承文化 中国梦”为主题的第十八届花市元宵灯会举办。居民用废纸盒、旧瓶罐等制作环保花灯，赏花灯、猜灯谜，展示原汁原味的民俗文化。清明节、端午节、七夕节、中秋节、重阳节期间，组织各街道、各单位开展我们的节日主题活动。4月3日，联合东直门街道开展“清明祭英烈 共铸中华魂”第九届清明文化节活动，邀请学生、居民叠河灯、做纸鹤，在幼儿园开展传授清明传统知识，举办编柳条帽、踢蹴鞠等民俗活动，社区居民、武警战士、学生200余人参加。6月15日，联合前门街道举办主题为“粽叶飘香过端午、幸福和谐一家亲”的庆端午活动，动手包粽子、编五彩香包、拼插龙船，评选粽子达人和编制

3月2日，“志愿服务温暖东城”学雷锋主题活动在钟鼓楼广场举办（区文明办提供）

巧手，共同纪念端午节，社区高龄空巢老人、驻街消防官兵、辖区外来务工人员、辖区居民等50余人参加。8月16日，联合龙潭街道主办“阖家乞巧·情暖龙潭”主题活动暨第二届欢乐一家人家庭才艺展演决赛，通过文艺作品和才艺展示，展示居民生活变化和家庭传承的良好家风，丰富居民业余文化生活。9月21日，联合安定门街道举办诗韵雅集中秋诗会，市民群众在经典诵读、诗歌吟咏间感悟传统文化精髓，讴歌、赞美祖国改革开放40年来取得的成果。10月17日，联合交道口街道举办“孝满京城　德润人心”重阳文化活动，邀请老人观看节目、参观老物件、制作花糕，共度重阳。

（何英华）

【志愿服务】3月2日，“志愿服务温暖东城”学雷锋主题活动举办。活动中，为新命名的10个学雷锋教育实践基地授牌，为新命名的10支学雷锋品牌团队代表授旗。宣读《践行“志愿服务条例”争做新时代雷锋标兵》倡议书。在现场志愿服务宣传区，20家志愿服务队为现场居民提供义诊服务、文明旅游宣传、食品安全宣传、劳动法律咨询、社保咨询等志愿服务活动，现场服务达800余人次。区领导和区学雷锋联盟成员单位领导、学雷锋教育实践基地和学雷锋品牌团队代表、各单位学雷锋志愿服务队代表以及社区居民代表等200余人参加。2018年组织开展关爱他人、关爱社会、关爱自然志愿服务活动，继续推进“关爱空巢老人　千名老人治脚疾”活动，扩大志愿服务范围，空巢老人4000余人受益。

（何英华）

【群众性创建活动】6月20日，在全区各级精神文明创建工作先进集体和先进个人中发展、建立、调整网络文明传播志愿者队伍，收集、汇总、统计队伍名单，全区有网络文明传播志愿者654人。7月6日，举办区网络文明传播志愿者培训会，讲授《新闻采编实务》知识。11月15日，区文明街巷和文明商户推荐工作会召开，推动文明街巷和文明商户创建工作，部署推荐工作。经过推荐、考评等程序，45条街巷被评为首都文明街巷，44家商户被评为首都文明商户。

（何英华）

【精神文明建设工作会】4月20日，精神文明建设工作会召开，区长金晖主持。会上，宣读表彰2017年区精神文明建设先进典型，部署2018年度精神文明建设工作，驻区中央单位、街道和文明商户代表发言。首都文明办巡视员，区领导张家明等及驻区中央国家机关、市属单位和部队的领导出席。区文明委全体委员，各街道、地区、各系统、委、办、局的主要领导、主管精神文明工作的领导、文明办主任或负责人及获奖单位代表300余人参加。

（何英华）

【文明城区测评工作培训会】8月24日，迎接北京市文明城区测评工作培训会召开。会上，讲解测评迎检的形势、《北京市文明城区测评体系》整体情况、测评方式、具体内容、工作要求，解读对材料审核指标中规范文件、说明报告、实景图片、统计表格4种方式的标准、体例、报送要求，并现场答疑。全区各指标责任单位的主管领导等100余人参加。

（何英华）

社会生活

9月8日，东城区婚姻登记处举办“爱在久久”集体宣誓仪式（梁爽摄）

综　述

2018年，全区有针对性地做好促进发展、保障民生等各项工作，坚持稳中求进、勇于担当作为，在就业创业、失业帮扶、社保改革、养老服务等方面推进。

就业创业。全区城镇新增就业人数2.83万人，登记失业人员实现就业9661人，城镇登记失业率0.86%，困难失业人员实现就业7468人，实现创业1013人，带动就业3754人，零就业家庭保持动态为零。提前超额完成农村地区劳动力安置任务。多措并举开展系列扶贫工作，建档立卡人员4300余人在北京或当地实现就业。成立全市首家“对口帮扶地区在京务工人员之家”。组织就业援助月、春风行动、民营企业招聘月、服务类企业专场招聘会，服务企业1419家，直接惠民2.84万人，政策覆盖近44万人，审批拨付各类补贴资金达2.9亿元。举办职业指导大课堂49期，共培训5182人。完成116个批次考生、9385人技能鉴定资格审核，顺利完成全国统一鉴定考试2次，服务考生7862人次。加强劳动能力鉴定分级审核，增聘医疗专家，提供上门鉴定，组织鉴定45场、1013人次，再次鉴定结论改变率为零。

推进社保领域改革。扎实推进社保费征缴体制改革，按时完成各项社保待遇调整，涉及31.83万人次，调整金额达4.4亿元。顺利实施城乡居民基本医疗保险制度，完成城镇特困职工230人一次性医疗救助，涉及救助款532万元。积极开展打击欺诈骗取医疗保障基金专项行动，查处违规定点医疗机构14家、违规参保人员42人。加强新增定点医药机构工作组织领导，审核通过1家医疗机构和13家零售药店。加强养老保险审批管理，核准养老退休人员1.33万人，同比增加36.72%。建立“工伤帮办平台”，受理认定申请1321件，办结认定1307件，行政争议案件同比下降35.3%。成立人力社保政务电话咨询中心，电话接听率达到90%，服务对象满意率达到99%。

完善社会保障。在全市率先打造居家养老紧急救助服务模式，居家养老服务标准化试点项目以优异成绩通过市级考核验收。新建17家社区养老服务驿站，区级老年配餐中心正式运营，试点建立区域养老服务联合体，完成200户家庭适老化改造。推进“国家医养结合试点区”建设，建成区老年医疗评估中心、服务中心和康复护理指导中心，实现区属医疗机构与16家养老机构合作对接，开展托底老人“一户一策”精准医疗服务。区残疾人综合服务中心投入使用。在全市率先开展送教上门，破解适龄重度残疾儿童入校就学、居家康复难题。完善精准帮扶机制，建成2个困难群众救助服务所。

（赵妍）

就　业

【就业情况】2018年，登记失业人员总量1.48万人。实现就业9661人，完成年度任务指标113.66%（指标数8500人）。就业困难失业人员实现就业7468人，同比下降0.41%，就业率67.65%。城镇新增就业2.83万人。城镇登记失业率0.86%，同比下降0.01个百分点。举办各类型招聘洽谈会109场，同比增长12.37%。1467家单位参加，提供岗位11.56万个，接待各类求职人员8296人，达成意向2003人。落实就业创业政策，为灵活就业、自主创业的2.9万人次申请、拨付社会保险补贴2.21亿元。

（何晓晖）

【春风行动】2月至3月，区人力社保局组织主题为“促进转移就业，支持返乡创业，助力增收脱贫”春风行动，围绕“精准 创新”着眼点，接待求职者3000余人，举办各类职业指导及招聘活动32场，参会企业300余家，发布招聘信息2.09万条，提供公共就业创业服务人数923人。发放百姓就业招聘专刊、《就业服务手册》、求职地图等宣传材料1.22万份。

（何晓晖）

【民营企业招聘月】4月16日至5月16日，区人力社保局组织题为精准服务促就业，汇聚人才助发展民营企业招聘月专项活动，举办招聘会13场，职业指导活动23场，参加企业277家，提供岗位信息1.06万个，其中适合高校毕业生就业岗位3557个，签订就业协议262人，发放就业政策等宣传材料8968份。

（何晓晖）

【农村劳动力就业安置】2018年，区人力社保局多次实地走访调研，解决岗位开发、与农村地区和派遣公司对接、资金保障等问题。会同区环卫中心等23家单位联合开发就业岗位1734个。联合区财政局等搭建内部评估、疑难问题会商、双向协调沟通、工作督查督办四大工作机制，推动岗位开发、招聘、入职、培训等。至11月15日，累计安置农村劳动力1591人，完成任务指标106%，得到市人力社保局肯定。

（何晓晖）

社会保障

【帮扶地区在京务工人员之家】2018年，区人力社保局结合职能优势，为在京务工人员搭建集学习、交流、沟通的综合性就业服务平台，提

9月19日，对口帮扶地区在京务工人员之家揭牌仪式举行（方平摄）

供职业介绍、技能提升、劳动维权。创新“一库、一册、一专线、一平台”运行模式，健全推动工作落实的长效保障机制。进入在京务工人员之家信息库务工人员1000余人。精准扶贫创新做法得到人力社保部肯定，新华社等10余家主流媒体进行报道。

（何晓晖）

【成立政务咨询电话中心】2018年，通过硬件设施设备安装、知识库平台系统搭建，网络环境调试等，完成软硬件配备搭建工作。梳理区人力社保局623项业务并进行全员培训，电话接听率达90%，服务对象满意率达99%。

（何晓晖）

【搭建治欠保支平台】2018年，搭建治欠保支联合办公平台，健全重大群体性讨薪事件应急指挥管理机制，实行24小时值班备勤制度，妥善处理讨薪突发案件27起，累计为劳动者1464人追回劳动报酬1826万余元。健全行刑衔接工作机制，畅通向公安部门移送渠道，向公安部门移送欠薪案件3起。开设农民工维权绿色通道，结案率保持100%。落实“黑名单”管理、劳动保障重大违法行为社会公布、工程建设领域拖欠农民工工资不良信息通报和企业诚信等级评价等工作，对58家行政处罚单位实现行政处罚信息7个工作日内通过数字东城、信用中国网站公示；对4家企业违法违规行为进行公示；将2家企业纳人工程建设领域不良信用企业并进行公示；对91家“双随机”抽查单位进行劳动保障守法诚信等级划分。

（何晓晖）

【劳动争议调解】2018年，受理劳动争议案件4390件，同比增长12.82%，其中工资报酬引发案件最多，占58.45%。审结争议案件4299件，同比增长14.09%，结案率97.93%，调解率52.87%。

（何晓晖）

【劳动合同管理】2018年，区劳动合同监控企业1200户，涉及职工6.89万人，签订人数6.8万人，同比分别下降7.55%、5.28%、2.70%。劳动合同签订率98.67%，续订率93.36%。

（何晓晖）

【五项保险参保人数】2018年，职工养老、职工医疗、失业、工伤和生育保险参保人数分别为148.17万人、163.04万人、115.71万人、102.35万人和97.77万人，同比分别增长3.00%、0.75%、3.46%、8.31%、4.59%。

（何晓晖）

【五项保险收缴支付】2018年，职工养老、职工医疗、失业保险、工伤保险、生育保险分别收缴179.4亿元、111.34亿元、7.19亿元、2.93亿元、6.07亿万元，同比分别增长12.67%、11.51%、13.00%、12.76%、12.24%，扩面征缴完成率分别为105.01%、103.32%、103.74%、104.58%、105.7%。城乡居民社会养老保险和城镇居民基本医疗保险分别收缴7610.21万元和69.25万元。

（何晓晖）

【开展对口帮扶】2018年，区人力社保局组建扶贫工作专班，实地调研5次，对接5个对口帮扶地区就业需求，签订7份帮扶协议。在对口帮扶地区开展劳务协作系列活动，举办大型招聘活动5场，提供就业岗位3840个。举办各类职业培训活动19场，培训3693人次，建立劳务实训基地14个，帮助建档立卡贫困人口4515人实现就业脱贫。

（何晓晖）

【社会保障和就业领导小组会】7月10日，区人力社保局召开社会保障和就业工作领导小组会议。通报2017年区就业工作表现突出单位和个人，部署2018年区就业工作重点任务，东四街道、区环卫中心分别介绍2017年就业工作和安置密云区农村劳动力就业经验做法。副区长赵凌云出席，40余家成员单位及区环卫中心、园林中心和京诚集团参加。

（何晓晖）

【治欠保支成员单位联席会】12月14日，区人力社保局召开治欠保支区级联合办公平台成员单位联席会。传达蔡奇书记重要批示精神和陆晓播副巡视员在全市人社系统工作推进会讲话精神，通报治欠保支工作情况，解读《关于通过社区公众号上报集体性讨薪问题的通知》，并对工程建设项目联合执法检查、农民工工资支付情况专项检查进行部署。

（何晓晖）

【协调劳动关系三方委员会会议】12月21日，区人力社保局召开区协调劳动关系三方委员会第一次工作会议。评选年度区和谐劳动关系先进单位，审议通过区参评2016—2018年度北京市和谐劳动关系先进单位和先进个人和区协调劳动关系三方委员会工作制度，通报区突发事件处置情况及案件分析和协调三方委员会2018年工作情况及2019年工作安排。区总工会、区商务委、区工商联、区国资委等单位参加。

（何晓晖）

【仲裁委员会全体会】12月21日，区人力社保局召开区仲裁委员会全体会议。审议通过《东城区劳动人事争议仲裁委员会兼职仲裁员管理办法》，听取并同意调整区劳动人事争议仲裁委员会组成人员和仲裁院2018年重点工作及2019年工作计划的汇报内容。区工会、区工商联、区国资委、区司法局等12家成员单位参加。

（何晓晖）

【医保基金运行情况】2018年，审核城镇职工基本医疗保险1513.58万人次，金额106.54亿元，基金支付76.19亿元。审核城乡居民基本医疗保险100.04万人次，金额5.18亿元，基金支付2.44亿元。审核生育保险医疗费用3.11万人次，金额1.74亿元，基金支付8652.05万元。审核工伤保险医疗费用3.98万人次，金额4140.82万元，基金支付4001.58万元。审核离休人员医疗保险费用11.2万人次，审核金额1.44亿元，基金支付1.40亿元。审核跨省异地住院医疗费用5.68万人次，金额13.88亿元，基金支付8.19亿元。全区医保基金运行平稳。

（李贺）

【实施城乡居民基本医疗保险】2018年，制订《东城区人力资源和社会保障局落实北京市城乡居民基本医疗保险工作实施方案》，建立组织领导机构、制订工作方案、组织宣传培训、开展监督巡查，对城乡居民基本医疗保险实施过程中工作内容、工作要求、责任分工、工作程序、完成时限等进行细化和明确，确保责任清晰、程序严谨、平稳有序。年度城乡居民基本医疗保险集中参保期为2017年12月1日至2018年3月31日，东城区城乡居民参加基本医疗保险人数为16.91万人，其中老年人1.72万人、学生儿童14.78万人、劳动力年龄段居民4139人。

（陈小虎）

【惩治欺诈骗取医疗保障基金】2018年，制订《打击欺诈骗取医疗保障基金专项治理工作实施方案》，成立领导小组，细化人员责任分工，明确任务时间节点。出动检查人员100余人次，检查、走访定点医药机构44家次，排查数据异常手工报销原始票据2536份，排查门诊费用金额排名靠前人员1000人，约谈违规参保人员58人，追回个人违规金额82.84万元；追回14家定点医疗机构违规医保基金126.85万元。

（李贺）

【新增定点医药机构】2018年，新增基本医疗保险定点医药机构工作部署会召开，成立新增工作区级领导小组。成立区级专家评估委员会，对区新增医药机构考察评估。完成4家医疗机构和13家零售药店的材料审核、资料查验、现场检查、函询区级相关行政部门、区级专家评估等环节。

（李贺）

民　政

【概况】东城区民政局（简称区民政局）是负责全区民政事业管理工作的区政府工作部门。内设办公室、法制宣传科、社会工作科、基层政权和社区建设科、社会救助科、双拥工作办公室、优抚和复退军人安置科、军队离退休干部管理办公室、东城区民间组织管理办公室、婚姻登记科、福利科、慈善救灾科、财务科、党群工作办公室、人事教育科15个科室，行政编制56人、实有52人。下属东城区救助管理咨询站、东城区社会组织指导服务中心、东城区社区服务中心、东城区接收捐赠工作等26家事业单位，事业编制289人、实有220人。

2018年，完善“多元参与、协商共治”社区治理模式，深化社区减负增效，加大社会组织培育发展力度，提升社会治理能力；完善社会救助、养老服务、双拥优抚安置体系建设；专项社会事务管理服务逐步转型升级；以第十届社区居委会选举为契机，将全区182个社区调整为177个。深入街道、社区梳理依法履职事项20项，依法协助政府履职事项24项。起草《关于贯彻落实“街道吹哨 部门报到”深化社区减负增效工作的实施意见（初稿）》，明确工作目标、具体任务、总体要求和强化自治功能重要举措。小巷管家和“五民”群众工作法被评为全国优秀社区工作法。

（曾娜）

【社会救助】1月1日，城市低保标准从家庭月人均900元上调为1000元。至年底，全区有低保对象6329户1.01万人，累计支出救助资金1.28亿元。新增低保对象256户、361人，退出1198户、2049人。低保、低收入享受医疗救助人员5804人次，支出救助资金1744.35万元。为635人次办理临时救助，发放救助资金102.7万元。享受供暖救助3209户，支出救助资金403.96万元。享受高等教育新生入学救助80人，支出教育救助资金35.32万元。享受城市特困供养待遇人员209户209人，支出特困供养资金694.24万元。

（曾娜）

12月5—6日，年度社会救助工作培训会召开（区民政局提供）

【扶贫济困送温暖活动】春节期间，区民政局与区财政局、区人力社保局、区总工会、区老龄办、区老干部局、团区委、区妇联、区残联、区红十字会和各街道办事处等联合开展走访慰问活动。走访慰问低保家庭、优抚对象家庭、困难职工家庭、残疾人困难户家庭等1.89万人，发放慰问金1164.34万元。区领导30人重点走访全区60户困难家庭，为每户送去500元慰问品和1000元慰问金。

（曾娜）

【社会组织管理与服务】2018年，全区有社会组织628家，其中社会团体216家，民办非企业单位412家。完成行政许可81项，其中社会团体27项，民办非企业单位54项。应检社会组织443家，办理年检393家，其中社会团体144家，民办非企业单位249家，年检率88.7%。

（曾娜）

【流浪乞讨人员救助】2018年，救助流浪乞讨人员 1290人次，提供乘车凭证361张，提供饮食890人次。完成网格案卷3605件。实施医疗救助111人次，救助未成年人18人次，救助疑似精神病人17人，联系亲属、单位接回60人，处理死亡人员3人。出动巡视救助车辆2000余次，救助站护送返乡11人，涉及吉林、辽宁、河北、重庆等地。

（曾娜）

【优抚安置】2018年，全区有优抚对象1470人，其中残疾军人（含伤残国家机关工作人员、伤残人民警察及伤残民兵民工）855人，烈属526人，享受定期抚恤补助因公牺牲军人遗属11人，病故军人遗属20人，老复员军人13人，参战退役人员16人，老烈士子女13人，60周岁及以上农村籍退役士兵16人，享受定期抚恤补助优抚对象77人免费参加医疗保险，为优抚对象报销医疗费90万余元。办理一次性抚恤金120人，发放抚恤金5061.20万元。接收退役士兵273人，其中义务兵238人，初级士兵22人，中级士官13人（符合安排工作条件士官10人），复员干部4人，发放自主就业补助金2053万元，待分配期间生活补助金4.12万元。有19人报名参加高等院校学历教育和短期技能培训。政府统筹协调，区属事业单位全力保障符合安排工作条件的退役士兵就业，除自愿选择自主就业3人外，全部安排工作。北京站新老兵接待转运工作共接待转运老兵4143人，新兵1141人（始发），中转新老兵4457人，终点到达1.41万人，动用短途车辆59台（次）。

（曾娜）

【双拥工作】制订下发《2018年东城区双拥工作要点》，对创建新一轮全国双拥模范城工作进行规划部署，明确各成员单位工作职责和主要任务。组织召开区双拥工作会，安排部署相关工作。组织驻区部队官兵100余人参加清明节和“9·30”烈士纪念日祭扫活动。组织区四套班子有关领导走访慰问26个驻区部队，为驻区部队赠送慰问品及各项服务保障资金累计600余万元。组织开展社会组织拥军服务进军营活动，投入资金20万元，以政府购买服务方式，依托社会组织为部队官兵提供心理咨询、健康保健、技能培训等服务项目共20余场次，受益官兵1万余人次。开设等级厨师培训班，战士85人获得等级厨师资质，改善部队生活质量。做好军属就业及子女入学优待工作，为随军家属77人发放自谋职业补助金154万元。组织开展助力营区绿化美化活动，为部队营院送花卉绿植300盆。组织开展“双拥杯”军民拔河比赛、文艺演出进军营活动，组织官兵参加年度东城区群众文化展演季开幕式暨纪念改革开放40周年文艺演出、区全民义务植树日、参观区城市建设、社区居民自治和养老服务工作成果等活动。组织驻区部队官兵为社区居民提供医疗咨询、身体检查、家电维修、自行车修理、磨剪刀、理发等便民服务活动。组织15个驻区部队荣立个人三等功及以上荣誉的官兵代表及获得全军士官优秀人才奖人员100余人参加慰问疗养。

（曾娜）

【军队离退休干部管理】2018年，接收安置军休干部62人，召开移交部队领导、退休干部、军休办三方见面会16场次，实现三方满意工作目标。

元旦、春节、八一等重大节日，走访慰问军休干部276人，军休职工88人。完成退役军人3967人信息采集，其中军休干部1936人、军休职工2031人。举办区军休办不忘初心 唱响经典歌咏展示；推广军休原创健身操，在市军休办广播操比赛中取得第一名；出版《东城区军休办普及普惠文体活动画册》。搭建“互联网＋军休”信息化平台，提高工作效率，保障服务质量。完成蒋宅口办公室装修改造、大红门所、四块玉所锅炉房改造等工程。

（曾娜）

【关心见义勇为人员】2018年，全区见义勇为人员110人，其中新确认3人，不予确认1例1人，发放确认奖励金18.2万元。转至见义勇为人员原籍5人，转至外区5人，病故3人。为区因见义勇为伤残人员赵国元（七级）发放定期抚恤金。落实见义勇为人员医疗优待政策，办理医疗保险优待4人，组织见义勇为人员86人赴河北地区疗养，组织见义勇为人员62人在爱康国宾体检中心体检。做好民政一卡通筹备工作，及时补录、完善见义勇为人员相关信息。开展见义勇为生活困难人员帮扶救助，救助困难见义勇为人员3人1.1万元；为4个享受低保的见义勇为人员家庭，发放特殊困难补助金2000元。为见义勇为人员110人发放春节慰问金及困难补助金27万余元。夏季重点慰问因见义勇为牺牲人员家庭2户、因见义勇为负伤致残人员1人、家庭生活困难见义勇为人员14人。

（曾娜）

【养老机构建设】2018年，全区有养老机构17家，实置床位1144张。前门街道养老照料中心和广渠门忠正养老院2家养老机构取得设立许可证并投入运营，1家养老机构（北京市东城区心怡老年公寓）因更换机构运营商，房屋重新装修暂停营业。加强养老机构运营管理，鼓励社会资本参与，对非营利性养老机构收住老年人实际运行床位，区财政按月给予100元至200元资助支持。加强安全监管工作。全年检查养老服务机构612家次，出动人员1278人次，发现隐患927处。建立民政、消防、街道安全管理工作联络机制，出台《关于加强养老机构信息报送工作的意见》。通过政府购买服务引入社会力量开展3轮安全隐患排查，举办16次消防安全教育培训，进行10次应急疏散桌面推演和6次现场逃生演练，制作16家养老机构应急疏散指示图。开展主题为“养老服务标准化建设年”的养老机构服务质量建设专项行动，制订《东城区养老机构服务质量专项行动实施方案》，对全区养老机构服务质量逐一进行再评估。开展服务质量星级评定，天坛尚爱老年养护中心及东直门街道养老院获二星级称号，东华门街道宁心园养护中心及安定门芙蓉养老照料中心获一星级称号。实施养老机构院长及护理员标准化培训项目，委托专业机构对养老机构院长及养老护理员进行轮训251人次。

（曾娜）

【残疾人两项补贴资金发放】2018年，审批享受残疾人两项补贴的残疾人1.58万人，其中生活补贴4305人、护理补贴1.15万人，发放补贴资金4459.85万元。

（曾娜）

【防灾减灾】2018年，全区组织各类主题宣传培训活动120多场、应急演练16场次，开展其他形式的宣传23场次，悬挂宣传横幅80余条，展出展板、挂图200余块/幅，发放宣传材料2万余份、宣传品近3万份，受教育群众3万余人次，被市、区各大媒体组织采编、刊发、播出相关稿件、专题22条。创建安定门街道国子监社区、和平里街道地坛社区、东华门街道东厂社区、天坛街道东晓市社区、崇文门外街道西花市南里西区社区、永定门外天天家园社区6个全国综合减灾示范社区；创建东华门街道多福巷社区、景山街道汪芝麻社区、龙潭街道龙潭北里社区3个北京市综合减灾示范社区；北新桥街道被创建成北京市综合减灾示范街道。全区创建全国综合减灾示范社区52个，市综合减灾示范社区97个，市综合减灾示范街道2个。

（曾娜）

【未成年人保护】2018年，新审批困境儿童3人、为困境儿童34人（事

7月10日，养老机构管理人员标准化培训班开班（区民政局提供）

实无人抚养儿童、贫困家庭重病儿童、贫困家庭残疾儿童）发放生活费53.172万元。向市民政局申报16个社区作为区级困境儿童和留守儿童示范社区。建立基层儿童工作队伍，统计街道儿童督导员20人、社区儿童主任182人，人员信息全部录入至全国农村留守儿童和困境儿童信息系统。开展孤弃儿童养育情况大排查，安置生活无着儿童47人，其中市儿福安置24人、市二福安置15人、市SOS儿童村安置4人、市未保中心安置4人。

（曾娜）

【婚姻登记】2018年，全方位改善婚姻登记处窗口服务环境，完成标准化（二期）工程建设。健全落实各项工作制度，实现婚姻登记管理秩序规范，登记场所温馨、安全、有序。推进婚姻登记工作信息化建设，提高办事效率，助推群众办事“最多跑一次”，实现婚姻登记档案即时电子化工作。举办首次“爱在久久”结婚新人集体宣誓仪式。办理结婚登记1.01万对、离婚登记4637对，补领婚姻证件2756件。

（曾娜）

【接收捐赠】2018年，累计接收捐款10.5万元，接收衣被9.72万件，其中日常捐款0.05万元，“春风送暖”捐款7.61万元，衣被4.58万件；“冬衣送暖”接收捐款2.84万元，衣被3.2万件；全年“敞开收”累计接收衣被1.94万件。落实对口支援，向怀柔区民政局捐赠帮扶资金20万元及毛巾被60条，毛毯30条，用于怀柔区对口帮扶地区救灾和建档立卡民政对象救助。落实捐赠站点规范化建设要求，自查区内79个捐赠站、点设施及工作，实现规范化站点29个，增设捐赠站点10个，其中规范化站点5个、新型捐赠站点1个，发挥区、街、居三级捐赠网络作用，构建方便群众社会捐赠服务网络，满足市民就近捐、随手捐意愿。全区8家慈善超市根据自身特点完成传统物资募集，开展慈善大集、收捐衣物、慈善慰问、宣传义诊等88次救助活动。

（曾娜）

【殡葬管理】2018年，区民政局联合执法组对医疗机构太平间及部分丧葬用品销售网点开展执法检查，对助仁寿衣铺、北京迎路通顺综合商店等10家殡葬用品网点销售封建迷信用品行为进行现场简易程序行政处罚。开展主题为“节地生态安葬、平安文明祭扫”清明节殡葬执法及宣传。审批符合无丧葬补助居民丧葬补贴待遇人员244人，发放丧葬补贴122万元。办理尸体外运行政许可2起。

（曾娜）

【地方退休人员经费发放】2018年，为区地退人员调整基本养老金110万余元。春节前夕，为区地退人员（含征地超转人员）发放慰问金17.49万元。为其中中华人民共和国成立前老工人、劳模、高级专家及特困人员发送慰问金1.74万元。中秋、国庆两节为区地退老人（含征地超转人员）发放节日慰问金23.94万元，为区征地超转人员发放生活补助5.61万元。

（曾娜）

【福利彩票发行】2018年，总销售额2.28亿元，其中电脑福利彩票销售2.17亿元、即开型福利彩票销售1120.86万元。

（曾娜）

民族　宗教

【概况】东城区民族宗教事务办公室（简称区民族宗教办）是负责全区民族、宗教事务的政府工作机构。内设民族科、宗教科和综合科。行政编制12人、实有11人；工勤编制2人、实有2人。

2018年，召开2017年市少数民族经济发展专项资金东城区申报项目绩效评价专家会议。组织区代表团参加第十届北京市民族传统体育运动会，获优秀组织奖和一等奖13个、二等奖19个、三等奖22个。举办社区民族工作暨民族政策监督员、民族特需定点企业及清真饮副食网点负责人培训班。举办区民族宗教工作培训班；开展民族团结宣传月系列活动；举办区宗教界人士培训班；开展“四进”（国旗、宪法和法律法规、社会主义核心价值观、中华优秀传统文化进宗教场所）活动。完成腊八节、复活节、开斋节、圣母升天瞻礼、古尔邦节和圣诞节安全服务保障工作。在传统节日、三八妇女节、六一儿童节、教师节等节日来临前夕，通过走访、座谈会、主题活动等形式慰问少数民族群众、民族园校教职工、宗教界人士、信教群众。全年办理政协提案3件，开展“双随机”抽查12次。完成首都民族团结进步奖东城区推荐工作，先进集体5个、先进个人8人受到市委市政府表彰。1人获首都民族团结进步奖先进个人称号。

（牛志刚）

【清真食品市场执法检查】2018年，中非合作论坛北京峰会期间，对全区清真食品市场进行集中监督检查，重点抽查4家位于人流密集商圈清真饮副食网点。回访已办理清真食品经营许可证商户。对符合许可证办理条件商户，出具《东城区清真食品生产经营许可申请材料补正告知书》，督促限期办理相关证照；对不符合办理条件的现场整改，撤销非法清真标识。联合区商务委、区工商分局、区食药监局、区安监局对全区清真食品市场进行集中执法检查，重点抽查中非合作论坛北京峰会参会人员驻地周边3家清真餐饮企业，对存在问题提出整改措施，督促企业规范经营。中秋、国庆前夕，依托属地街道对清真食品市场执行民族政策情况进行全面自查。9月18日、29日，对王府井、前门等商圈清真网点进行重点抽查。

（玉佶）

【民族传统体育】1月10日，区民族宗教办联合区体育局等单位承办第二届北京市冰蹴球挑战赛。5月25日，联合区教委主办区冰蹴球、蹴球推广体验活动。7月12日，联合市民族文化交流中心、区教委主办区柔力球推广体验活动。7月19日、25日、26日，东城区代表队获北京市第十届民族传统体育运动会蹴球、陀螺和冰蹴球邀请赛第一名。8月8日，召开市第十届民族传统体育运动会东城区代表团成立暨誓师大会。12月26日，举行参加北京市第十届民族传统体育运动会总结表彰会。向表现突出单位和个人颁发荣誉证书。决定在一师附小、65中学、166中学、宏志中学、21—22中联盟校、北京明健体育发展有限公司、天天家园社区、北京市东城区健身操舞协会增设区级民族传统体育项目基地，并进行授牌。

（玉佶）

【民族联谊慰问】2月2日，区领导到大方家社区，走访慰问高龄回族老人，送上区委区政府对老人的关怀和慰问金。六一儿童节，区领导带队前往区回民小学、大方家回民幼儿园、崇文回民幼儿园、回民实验小学等民族园校走访慰问，送去节日问候和慰问金，了解园校办学情况。8月6日，区领导带队前往区回民实验小学、永外天天家园社区，看望备战北京市第十届民族传统体育运动会的运动员和教练员。9月6日，联合区委统战部、区人大、区政协，到区回民小学、大方家回民幼儿园、区回民实验小学和崇文回民幼儿园看望慰问教职员工。

（玉佶）

【民族文化教育活动】3月2日，区崇文回民幼儿园举办第十一届娃娃庙会。孩子们与家长共同策划活动、选择内容、收集材料，在集民俗工艺制作、清真小吃品尝、大拜年、非遗传承项目等活动中体验“过年”风俗，感受传统文化魅力。中国关心下一代委员会、市民委、市民族教育学会及区政协、教工委等单位领导出席。9月26日，新时代 心相连——东城区第十二届中小学民族团结教育周主题活动启动仪式在崇文小学举行。区民族学校、民族团结教育示范校和普通中小学的学生代表，通过民族舞蹈表演、民族体育展示、传统曲艺快板表演等形式，汇报区各中小学健全完善民族团结教育常态化机制，充分利用课堂教学主渠道不断探索实践，将民族团结教育与学校课程建设紧密结合，营造民族团结进步浓烈氛围的教育成果。区政协、北京民族教育学会及区教委等单位出席，区中小学民族团结教育工作主管干部和学生代表参加。9月27日，区大方家回民幼儿园举办“欢腾鼓舞那达慕　妙趣横生映光辉”活动。孩子们通过参与赛马、射箭、摔跤、投掷、薅羊毛、斗鸡、打蒙古鼓等民族游戏，感受民族节日的特色文化内涵。

（玉佶）

【民族团结进步创建】5月15~16日，区民族宗教办提请《关于推荐第八届首都民族团结进步先进集体、先进个人工作方案》在区长专题会和区委常委会审议通过。5月23日，区民族宗教办召开第八届首都民族团结进步奖东城区推荐工作部署会，就推荐工作安排进行说明，区委相关领导提具体要求。10月23日，东城区获第八届首都民族团结进步表彰大会先进集体5家和先进个人8人。

（玉佶）

【民族工作培训】11月14—16日，区民族宗教办举办社区民族工作暨民族政策监督员、民族特需定点企业及清真饮副食网点负责人培训会。对《当前我国民族工作基本形势及习近平总书记对新时代民族工作重要论述》《北京市民族团结进步创建工作三年行动计划》进行专题辅导，解读北京市民族经济发展现状及服务管理政策。邀请第八届首都民族团结进步奖东城区获奖集体及个人代表就如何以首善标准做好新形势下的街道、社区民族工作进行经验介绍，并进行座谈交流。安排全员赴昌平区西贯市回民小学、清真寺等地考察交流。各街道民族工作负责人、民特企业和清真网点代表60余人参加。

（玉佶）

【民族团结宣传月】5月2日，区民族宗教办召开2018年民族团结宣传月工作部署会，推进部署民族团结宣传月和“5·6”民族团结日相关工作，区委宣传部、统战部等33家委办局及17个街道参加。区委区政府领导主持并讲话。5月6日，由区委宣传部、区委统战部、区民族宗教办主办，永定门外街道工委、办事处承办的2018年东城区“5·6”民族团结日暨民族团结宣传月启动仪式在永定门南广场举行。北京市民委，中央广播电视总台央广民族节目中心，天津市民委，河北省民宗厅，区委，区人大，区政府、区政协等领导出席。市民委、14个区民宗部门，东城区委、区人大、区政府、区政协相关部门及相关街道工委、办事处负责人，部分区政协委员及少数民族群众代表参加活动。市、区领导为活动代表赠送宣传品。各族群众表演民族歌舞，观看并体验区民族文化、民族技艺、民族体育、民族医药事业发展最新成果。开展民族政策宣传、党建品牌服务、法律咨询和养老服务咨询等公益服务活动。5月14日，组织区属30余家委办局民族工作者到雍和宫参观学习。

（玉佶）

【庆祝宗教节日】1月24日，通教寺、雍和宫分别举办腊八节舍粥活动，5000余人参加。区领导看望慰问佛教界人士，向宗教界人士、信教群众及广大市民致节日问候和祝福。2

月15—21日春节期间，雍和宫接待信众和游客27.95万人。4月1日是天主教、基督教复活节，王府井天主教堂、东交民巷天主教堂、南岗子天主教堂、崇文门基督教堂、珠市口基督教堂分别举行宗教活动，1.3万信教群众参加活动。6月16日是伊斯兰教开斋节，东四清真寺、南豆芽清真寺、东直门外清真寺、安外清真寺、花市清真寺、沙子口清真寺举行开斋节会礼，3525人参加，其中外宾112人。区领导到各清真寺走访慰问。8月15日是天主教“圣母升天”瞻礼，王府井教堂、东交民巷教堂、南岗子教堂分别举行宗教活动，2850人参加，其中外宾15人。8月22日是伊斯兰教的“古尔邦（宰牲）节”，东四清真寺、东外清真寺、南豆芽清真寺、安外清真寺、花市清真寺、沙子口清真寺举行节日宗教活动，穆斯林群众1450余人参加，其中外宾63人，宰牛3头、宰羊95只。12月24日是平安夜，25日是圣诞节，王府井天主教堂、东交民巷天主教堂、南岗子天主教堂、崇文门基督教堂、珠市口基督教堂分别举行宗教活动。12月24日，区委、区人大、区政府、区政协主管领导到各教堂慰问，市委常委、统战部部长齐静到天主教王府井堂和基督教珠市口堂走访慰问，与两教堂神职人员进行座谈并致以问候，区领导陪同，市民宗委相关处室、区委统战部、区民族宗教办参加。参加活动信教群众1.04万人，其中外宾78人。

（王媛）

【宗教联谊慰问】2月6日，区民族宗教办召开宗教界人士迎新春座谈会，区民宗办领导向宗教界人士表示慰问并送上节日祝福，介绍全年区民族宗教工作开展情况，通报贯彻落实上级各项政策执行情况。3月8日，开展宗教界庆祝三八妇女节活动。全区各宗教团体、宗教活动场所女性工作人员、女性教职人员和机关干部30余人参加。6月13日，伊斯兰教“斋月”期间，东城区伊斯兰教协会举办“善行斋月·精准帮扶”爱心公益活动暨开斋晚宴。中央统战部、国家宗教事务局、中国伊斯兰教协会、市宗教局、区领导以及街道社区群众参加。

（王媛）

【宗教场所安全检查】2月7日，东城区召开雍和宫春节期间服务保障工作会议。区委统战部、区政府办等18个单位负责人参加。各单位实地检查雍和宫内部殿堂、行走路线、宗教活动安排和安保措施情况，汇报工作方案和前期工作落实情况，就存在问题沟通衔接。区委区政府相关领导出席会议。5月17日，组织各清真寺开展消防安全演练。相关单位和清真寺教职人员50余人参加演练观摩，消防支队讲解消防知识。6月11日，在伊斯兰教斋月期间对全区6座清真寺消防器材、安全疏散通道等进行检查，要求各宗教活动场所增强安全意识，特别是反恐意识，确保斋月期间各宗教活动场所安全稳定。9月26日，对天主教王府井教堂、基督教崇文门堂、雍和宫、东直门外清真寺、东四清真寺等历史悠久文物宗教建筑场所进行安全大检查。听取场所消防安全介绍，实地检查内部消防通道、电路使用情况、安全出口、灭火器材。

（王媛）

【宗教界人士培训】5月7—11日，区民族宗教办举办东城区宗教界人士培训班，全区佛教、伊斯兰教、天主教、基督教界代表人士110人参加。学习中共十九大精神，解读新修订《中华人民共和国宪法》《宗教事务条例》，安排《坚持宗教中国化方向》《加快建设现代化经济体系》专题讲座。组织学员参观北京展览馆。

（王媛）

【宗教团体建设】5月11日，区民族宗教办举办主题为学习十九大会议精神心得体会和我眼中的改革开放40年东城区宗教界人士演讲比赛，佛教、伊斯兰教、天主教、基督教选手16人参加。区民族宗教办领导，各宗教团体会长、主席、秘书长，宗教活动场所负责人及街道办事处干部出席。5月18日，中国伊斯兰教协会在东四清真寺举办中华人民共和国国旗、宪法和法律法规、社会主义核心价值观、中华优秀传统文化等

5月18日，国旗、宪法和法律法规等“四进”清真寺活动启动仪式举办
（区民族宗教办提供）

"四进"清真寺活动启动仪式。中央统战部领导，市委领导，市委市政府主管领导，区委区政府领导，中国伊斯兰教协会会长及协会全体出席活动。北京市伊斯兰教界约160人参加活动。

（王媛）

老龄事业

【概况】东城区老龄工作委员会办公室（简称区老龄办）是全区老龄工作协调议事机构，主要职责为统筹、协调、组织、指导，调查研究、督促检查、组织落实老龄工作。为副处级全额拨款事业单位，设办公室、为老服务科2个科室，事业编制10人、实有7人。

2018年，完善基础设施布局，优化提升服务质量，增强老年人获得感，从严管理监督，健全完善"三级五方联动，分类精准供给"的居家养老服务模式。区养老指导中心落成并运营，累计接待民政部、重庆市民政局区党代表等各级各类参观19批次。东四街道驿站大集工作案例入选市养老体系建设工作白皮书。"东城养老"微信公众号累计推送221条、制作H5页面3篇，开发小程序东城老乐会宣传推广线下活动。开设居家养老工作专栏，每月编辑发布全区养老工作动态简报，累计11期214条信息。累计刊发特色亮点工作报道27篇，播出专题8次。

（李慧娟）

【福利服务设施】2018年，区级养老服务指导中心正式运营。社区级养老服务驿站累计建成38家，2018年新建并运营4家，在建13家。具备日间照料、呼叫服务、助餐服务、健康指导、文化娱乐及心理慰藉等六大功能，分别是和平里（交通、安贞苑）、安定门（分司厅、国子监）、交道口（府学、鼓楼苑）、景山（黄化门、景山、魏家）、北新桥（小菊、九道湾、海运仓）、东直门（清水苑、东环、新中街）、东四（南门仓、七条）、朝阳门（新鲜、头条）、建国门（苏州、金宝街）、东华门（甘雨、多福巷）、前门（草厂、前东）、崇外（国瑞城西）、东花市（北里东区、南里东区、广外南里）、天坛（永内大街）、体育馆路（葱店、双玉南街）、龙潭（幸福、左安漪园、安化楼）、永外（定安里、宝华里、桃园）。全区老年活动站（中心、室）402个。

（李慧娟）

【居家养老服务】建立独居老人居家巡视探访服务机制，服务目标人群为居住东城区70周岁及以上非托底、扶助保障群体独居老年人，2018年巡视2068人，5.34万人次，提供拓展服务1364次。开展失能老年人家庭照护者培训，累计开办67个集中培训班，完成268场培训，集中培训2143人；对不能长时间离开被照护老人且有培训需求的家庭照护者193人提供一对一入户培训。为267户老年人进行辅具配备、居室改造等适老化改造工作。通过政府购买服务，开展老年人能力评估，根据老年人自理能力、家庭成员状况、特殊困难等情况，科学分类，确定托底保障群体986人、扶助保障群4961，累计发放居家照护补贴2056.7万元。

（李慧娟）

【老年协会】2018年，全区17个街道、177个社区有街道级老年人协会9个，分别为和平里、北新桥、交道口、建国门、东花市、东华门、崇文门外、体育馆路、永定门外街道；除部分部队大院社区外，其余社区实现全覆盖，社区级老年人协会合计177个。

（李慧娟）

【走访慰问】2018年，春节元旦期间，走访高龄特困老人206人，发放慰问金10.3万元；走访百岁老年人137人，发放慰问金13.7万元。其中区委、区政府领导走访慰问东直门、景山、朝阳门、体育馆路、前门、崇文门外等6个街道困难群众。

（李慧娟）

【老年人优待政策】2018年，落实优待政策，免费、优惠向老人提供

4月20日，南门仓养老驿站大集第四期开集（区老龄办提供）

服务项目。累计办理北京通—养老助残卡4.2万张，发放金额4988.6万元；为90周岁至100周岁（不含100周岁）老年人6036人按时足额发放高龄津贴6.87万人次，为100周岁及以上老年人124人按时足额发放高龄津贴1400人次，合计发放737.6万元；为全区95岁及以上高龄老年人进行医疗补助报销691人次，累计金额162.6万元。

（李慧娟）

【老年维权】2018年，为60岁以上老人免费代写法律文书24人次。为80岁以上老年人和重度残疾人实行全面法律援助服务26人次，为特殊人群上门提供法律援助服务26人次。建立区街居三级法律援助中心工作站、联系点，派遣法律服务律师88人覆盖177个社区，为老年人提供法律咨询3400余人次，调解法律纠纷400余次，发放法治宣传资料2.8万余份，举办法制讲座500余场，代写法律文书80余份，为行动不便老年人提供上门法律服务40余次。

（李慧娟）

【老年教育】2018年，东城区老年学校共有59所。老年大学开办98个教学班，在校学员4742人次，结业49个班，结业学员2369人次。

（李慧娟）

表35 **2018年东城区百岁老人一览表**

序号	姓名	性别	出生年月	年龄	街道
1	任珍	女	1915.06	103	和平里
2	于淑娟	女	1918.08	100	和平里
3	张春英	女	1912.12	106	和平里
4	张刚	女	1917.01	101	和平里
5	许克岐	女	1917.08	101	和平里
6	贾淑荣	女	1917.02	101	和平里
7	张景繁	男	1913.11	105	和平里
8	李洁清	女	1917.10	101	和平里
9	闫美立	女	1917.11	101	和平里
10	祝林	男	1917.09	101	和平里
11	吴统先	男	1918.06	100	和平里
12	施复华	女	1915.05	103	和平里
13	王云	男	1918.07	100	和平里
14	郑启秀	女	1917.03	101	和平里
15	王伯心	男	1918.04	100	和平里
16	李玉珍	女	1917.02	101	和平里
17	谢红胜	男	1918.01	100	和平里
18	斯秋娥	女	1918.09	100	安定门
19	陈玉梅	女	1916.08	102	安定门
20	邵美贞	女	1916.08	102	安定门
21	傅文淑	女	1918.09	100	安定门

续表35

序号	姓名	性别	出生年月	年龄	街道
22	苏德珍	女	1917.10	101	安定门
23	邢汉辉	男	1916.02	102	安定门
24	杨嘉	女	1918.06	100	安定门
25	曹桂莲	女	1918.10	100	交道口
26	陈逊民	女	1917.03	101	交道口
27	刘王氏	女	1918.02	100	交道口
28	缪文	女	1917.11	101	交道口
29	张岳	男	1918.03	100	交道口
30	王川	女	1918.01	100	交道口
31	齐岳	男	1912.11	106	景山
32	周亨巽	男	1914.01	104	景山
33	宋雅琴	女	1918.07	100	景山
34	周淑珍	女	1918.11	100	景山
35	徐湛华	女	1916.07	102	东华门
36	何贵卿	女	1918.10	100	东华门
37	陈秀兰	女	1916.06	102	东华门
38	萨本林	男	1917.05	101	东华门
39	王定国	女	1913.02	105	东华门
40	许俊荣	女	1916.10	102	东华门
41	杜秀文	女	1918.08	100	东华门
42	孟英	男	1913.04	105	东华门
43	翟敏华	女	1914.08	104	东华门
44	吴贵苓	女	1918.02	100	东华门
45	李果珍	女	1915.02	103	东华门
46	田景风	男	1917.05	101	东华门
47	陈浩	男	1918.12	100	东华门
48	梅蕴华	女	1918.09	100	东华门
49	焦若愚	男	1915.10	103	东华门
50	曾绍东	男	1918.07	100	东华门

续表35

序号	姓名	性别	出生年月	年龄	街道
51	柯华	男	1915.12	103	东华门
52	王柱国	男	1916.11	102	东华门
53	景文英	女	1913.04	105	东直门
54	谭以贞	女	1914.12	104	东直门
55	段英臣	男	1917.03	101	东直门
56	苏翠莲	女	1914.07	104	北新桥
57	苏淑芳	女	1917.10	101	北新桥
58	陈阳和	男	1918.06	100	北新桥
59	刘淑敏	女	1918.12	100	北新桥
60	朱秀兰	女	1916.09	102	北新桥
61	杨贵英	女	1918.02	100	北新桥
62	吴玉凤	女	1916.02	102	北新桥
63	王辅玲	女	1917.06	101	北新桥
64	宋玉贞	女	1916.08	102	北新桥
65	马玉玲	女	1917.12	101	北新桥
66	李兆民	男	1917.04	101	北新桥
67	万清芝	男	1918.07	100	北新桥
68	陈秋兰	女	1915.07	103	东四
69	李素馨	女	1918.12	100	东四
70	周景兰	女	1910.01	108	东四
71	刘毓秀	女	1917.12	101	东四
72	白贵富	女	1918.10	100	东四
73	南振民	男	1918.07	100	朝阳门
74	陈秀芬	女	1917.12	101	朝阳门
75	冯传汉	男	1914.01	104	建国门
76	葛继英	女	1914.11	104	建国门
77	邱平	女	1918.08	100	建国门
78	徐竞辞	女	1918.11	100	建国门
79	王慧贤	女	1916.02	102	建国门

续表35

序号	姓名	性别	出生年月	年龄	街道
80	葛秦生	女	1917.02	101	建国门
81	王淑兰	女	1918.01	100	建国门
82	张汝珍	女	1916.11	102	建国门
83	朱端瑜	女	1917.10	101	建国门
84	刘德功	男	1917.02	101	建国门
85	虞根妹	女	1917.11	101	建国门
86	李振声	男	1918.07	100	建国门
87	武绍梅	女	1918.09	100	前门
88	何秀女	女	1911.07	107	前门
89	张　勤	男	1918.01	100	前门
90	王蕴华	女	1916.10	102	前门
91	王承蕊	女	1918.02	100	前门
92	尚友亮	男	1916.11	102	崇文门外
93	杨振荣	男	1917.03	101	崇文门外
94	张亚荫	女	1918.12	100	崇文门外
95	王淑珍	女	1917.06	101	东花市
96	陈秀英	女	1918.10	100	东花市
97	沙秀华	女	1917.05	101	东花市
98	徐藏	女	1918.11	100	龙潭
99	马惠文	女	1918.08	100	龙潭
100	陈永年	男	1916.03	102	龙潭
101	张凌云	男	1918.02	100	龙潭
102	陈小田	女	1918.01	100	龙潭
103	刘仁三	男	1918.06	100	龙潭
104	刘生	男	1918.07	100	龙潭
105	陈玉珠	女	1915.01	103	体育馆路
106	吴英淑	女	1918.05	100	体育馆路
107	吴江平	男	1915.11	103	体育馆路
108	刘承兰	女	1918.07	100	体育馆路

续表35

序号	姓名	性别	出生年月	年龄	街道
109	房仲孝	男	1917.03	101	体育馆路
110	陈静波	男	1918.09	100	体育馆路
111	刘熙何	女	1915.08	103	天坛
112	冯秀果	女	1916.02	102	天坛
113	李秀兰	女	1916.12	102	天坛
114	韩欠	女	1917.08	101	天坛
115	张淑琴	女	1918.07	100	天坛
116	齐连春	女	1918.11	100	天坛
117	葛素贤	女	1918.11	100	天坛
118	严蔼君	女	1916.01	102	永定门外
119	许志勤	女	1918.01	100	永定门外
120	张嘉禾	男	1916.04	102	永定门外
121	姚振芳	女	1917.06	101	永定门外
122	何九停	女	1918.08	100	永定门外
123	赵景芳	男	1918.04	100	永定门外
124	陈家凤	女	1918.06	100	永定门外

（李慧娟）

残疾人事业

【概况】东城区残疾人联合会（简称区残联）是残疾人自身代表组织、社会福利团体和事业管理机构为一体的综合性人民团体。具有代表、服务、管理三种职能。内设办公室、组联部（就业部）和康复部（宣传文体部）3个职能科室，编制9人、实有8人，工勤2人，理事长从艳梅。下辖公益一类事业单位3个：区残疾人就业服务中心、区残疾人综合服务中心、区残疾人职业康复中心，编制46人、实有40人。

2018年，以区残疾人综合服务中心落成使用为契机，推进民生残联、法制残联、智慧残联、廉洁残联建设，审核1866家用人单位，按比例安排残疾人就业6096人；落实全员参保工作计划，发放各类保险补贴3729人，拨付资金3511万余元；慰问困难残疾人家庭1360户，发放慰问金117.25万元，为24人发放临时救助资金4.5万元；4821人享受居家助残服务补助，拨付资金521.75万元；新办残疾人证2004本，完成3.61万张残疾人一卡通激活；开展残疾人乘坐无障碍出租车补贴、免费停车政策宣传，发放补贴4162人，补发22人，发放资金108.84万元；为残疾人3890人提供2万余次精准康复服务。深化京冀、京蒙残疾人事业沟通交流和协同发展，建立东城—阿尔山市残疾人事业长效帮扶机制，举办残疾人工作培训交流会3次；印制配发义齿加工项目教材300册，支持阿尔山市残疾人5人在京免费接受培训，对崇礼区残疾人50人集中开展喜马拉雅FM互联网主播培训；向阿尔山市残联捐赠残疾人辅具127件，价值13万余元。

（贾琳）

【文体助残工程】1月9日，区残联

举办学习十九大精神，不忘初心跟党走主题征文演讲比赛活动，17个街道选手50余人参加。1月30—31日，区残联与北京体育大学在区残疾人综合服务中心举办年度残疾人社会体育指导员培训班暨残疾人群众体育健身项目培训活动，体育指导员51人参加。2月6日，弘扬人道主义精神，共建东城美丽家园暨放飞时代梦想、起航二零一八区残疾人迎新春专场慰问演出在区第一文化馆举办，近400人观看，区残联领导致新春贺词并向区第一文化馆颁发扶残助残奖牌。3月29日，北京市全民健身科学指导大讲堂暨东城区残疾人社会体育指导员培训班在区残疾人综合服务中心举办，残疾人社会体育指导员和残疾人体育爱好者100余人参加。3月30日，冰雪大讲堂在区残疾人综合服务中心举办，区体育局冰雪项目专家为残疾人体育指导员和体育爱好者培训150人次。4月13日，举办区第九届残疾人运动会暨第二十八届残疾人象棋团体赛，102人参加，安定门街道等6个代表队获团体总分前六名。4月25日，联合区第一图书馆举办阳光爱心视障读者体验活动，盲人朋友20人参加。7月6日，区残联组织轮椅舞蹈队20余人赴燕山进行交流展示。7月13日，区残联举办飞镖比赛，100余人参加，永定门外、安定门、交道口获前三名。8月15日，北京市体育公益活动社区行东城区残疾人体育健身进家庭暨喜迎冬奥轮椅大步走活动在北京工人体育馆北广场举办，300余人参加，市、区领导出席并向残疾人代表赠送健身器材大礼包，为北京职工体育管理中心、东直门街道办事处颁发扶残助残荣誉牌，肢残协会主席发出科学健身倡议书，区残疾人太极扇队等进行表演。8月16—19日，区残联在五棵松华熙快手广场组织30余人进行潜水体验活动。

（贾琳）

【就业援助】1月16日，在区残疾人职业康复中心举办就业援助月专项活动之残疾人职业指导大课堂，就业困难残疾人50人参加。区人力社保局职介中心讲解残疾人就业形势、创业环境与政策扶持等，对相关优惠政策进行解读，为残疾人今后确定职业方向、选择劳动岗位提供帮助。1月18日，区残联与区人力社保局在职介中心举办“就业帮扶，真情相助，不让一个困难群众掉队”就业援助月主题招聘洽谈会。阳光假期旅行社、肯德基等11家用工单位参加，提供就业岗位100余个，200人到场求职，现场达成初步就业意向37人。5月17日，区残联举办残疾人专场招聘会，文化艺术人才中心等15家用工单位参加，提供就业岗位100余个。求职残疾人180人，现场达成初步就业意向50余人。

（贾琳）

【购买助残服务项目】1月23日，区残联在残疾人活动中心召开2017年购买服务项目交流展示会，购买助残服务领域专家近90人参加，社会组织代表现场PPT展示成效突出项目。市残联领导进行点评，肯定区残联在购买服务、社会组织管理、温馨家园改革方面的积极探索。3月9日，区残联召开年度购买助残服务项目发包会，80余人参加。对就业、康复、组联三部门康复工作、辅具器具服务、社会组织扶持资金、网络主播培训四类17个项目进行公开发包。科室主任、项目负责人进行项目介绍答疑，第三方机构进行项目监管、项目填报和财务知识培训。

（贾琳）

【文体竞赛获奖】2月8日，区残联选派运动员40人参加市残联第二届“中国残疾人冰雪运动季暨北京市残疾人心系冬奥 喜迎新春冰雪嘉年华”活动，参加滑冰车、冰上自行车、冰上龙舟等7个比赛项目，体验冰滑梯、旋转雪圈等项目，获滑冰车比赛第三名，滑雪圈比赛第三名。2月25~28日，东城区选派4人参加第二届中国残疾人冰雪运动季全国残疾人大众迷你滑雪比赛，获女子肢残组50米第七名、100米第七名、第八名。4月26—28日，选派12人参加市第十届残疾人运动会棋牌比赛，获体育道德风尚奖和男子象棋肢残组第二名、桥牌比赛第二名、围棋比赛第五名。6月20—27日，选派8人参加全国特奥乒乓球比赛，1人获男子单打A组金牌。8月6日，区轮椅双节棍25名残疾人参加市第十届残疾人运动会暨基层优秀残疾人群体项目展示交流大会，表演轮椅双节棍获优秀创意奖和体育道德风尚奖。9月17—18日，选派运动员8人参加市第十届体育大会暨第十届残疾人运动会飞镖比赛，获男子肢体轮椅冠军、女子肢体轮椅第四名，东城区获比赛道德风尚奖。11月19—20日，选派6人参加市第十二届和谐杯暨第十届残疾人运动会乒乓球比赛，4人获奖，区残联获优秀组织奖。

（贾琳）

【爱耳日宣传教育】3月2日，区残联联合东华门街道残联、区聋协、亮耳听力技术有限公司、东盛听力服务中心在东华门街道举办全国爱耳日宣传教育活动，听力残疾人及老年人100余人参加。以“听见未来 从预防开始”为主题，宣传残疾预防工作和耳聋防治工作等知识，聋儿康复中心专家宣讲听力保健知识，同仁医院专家现场义诊咨询，亮耳听力技术有限公司免费为群众检测听力，发放宣传折页及宣传品500份。

（贾琳）

【志愿助残】3月5日，区残联与建国门街道残联举办“参与志愿服务 弘扬雷锋精神”学雷锋志愿助残活动。心世纪志愿服务队、银建的士共产党员车队志愿服务队、国际职业教育学校志愿服务队、慧鹏助听器志愿服务队及残疾人代表60人参加，四家志愿团队与温馨家园梦想路上助残志愿服务站签订志愿服务协议，为优秀志愿者颁发证书，志愿者服务队为残疾人开展心理行为训练，讲解助听器维护方法、耳科保健知识，免费检测听力，开展测量血压，保健按摩等义诊服务。

（贾琳）

【职业康复中心工作】4月3日，区残联举办“快乐健身，幸福生活”东城区残疾人职业康复站学员健身操培训班，20个职康站工作人员40人参加培训。4月3日至5月底，区职康中心与爱馨残疾人服务中心举办“提高生活技能，丰富生活品质”职康学员一日生活技能训练活动，每周二、四培训，每次2个职康站学员及老师参加。7月26日，区职业康复站学员文创古建技能培训班开课，为期2个月400人参加。9月12—28日，市五色土社会工作促进中心承接职康学员心理融合踏秋游园活动，分6批次，350余人参加。10月25日，组织残疾人手工艺品布展、展示、展卖活动，集中展示软陶、皮影、刺绣、线编、剪纸等作品500余件。河北张家口宣化区残联受邀参加。10月25—28日，区残疾人职业康复残疾人手工艺品在第十三届中国北京国际文化创意产业博览会展出，销售近3000元。11月13—15日，举办残疾人帮扶性就业基地管理培训班，温馨家园园长、职康站站长及社会和教育机构老师30余人参加。12月3日，由区残联主办的庆祝国际残疾人日暨“心怀梦想，墨舞人生，国肱传情暖人间”职康学员书画作品、手工艺品展示拍卖会在人民国肱集团礼堂举行。人民国肱集团为东城区中慈文化助残服务中心捐款6万元，双方签订志愿助残帮扶协议，区残联领导为6家爱心助残单位颁发奖牌。活动拍出书法、国画、软陶、刺绣、扎染等拍卖品42件，筹得善款1.25万元。

（贾琳）

【残疾人职业技能】4月9日，区残联在区职业大学、市工贸技师学院、北京联合大学特教学院分别开办残疾人打字员、中西式面点、保健按摩4个职业技能培训课程，74人参加。4月19日，区残联委托北京润威文化交流有限公司开办茶艺师培训班，残疾人20人参加，经考核获得国家初级茶艺师职业资格证书。5月28日，举办区残疾人就业服务机构工作人员职业指导竞赛初赛，17个街道选手11人参加，选手们通过残疾人就业服务典型案例分析及工作经验介绍等环节进行现场展示，评选3人代表东城区参加市级比赛。7月24日，市第九届残疾人职业技能竞赛复赛在东城区职业大学举行，区残联承接文本处理、插花、商业摄影、中式面点、西式面点5个市级竞赛项目复赛，12个区县选手80余人参加理论和实操考试。

（贾琳）

【交流培训】4月23—26日，东城区残联联合河北省石家庄市、张家口崇礼区残联举办基层残疾人工作者业务培训班，120余人参加。内容涵盖基层组织建设、残疾人动态更新工作、就业服务、残疾人康复、温馨家园建设等。崇礼区与和平里街道残联工作人员进行交流探讨，并实地参观体验东华门街道温馨家园。5月29日，区残联与喜马拉雅FM在区残疾人就业服务中心承办残疾人网络主播培训班，33人参加，聘请专业讲师授课。6月13日结课时，学员30人进行汇报展演。7月上旬，各街道残联召开中期成果展示会，禄祥源中心开展中医按摩等就业技能培训，精神、智力残疾人学员18人参加；龙潭街道星星梦工厂残疾人学员10人获聘书，接到第一批皮具产品订单200件。8月21—22日，组织残疾人文体艺术团队近50人开展主题为“牵手冬奥，牢记使命，协同发展”文化交流活动，东城区和崇礼区签订文化体育交流合作协议，建立两地残疾人事业沟通协调等5个机制，并进行两地文化交流展演。9月6~7日，举办基层残疾人专职工作者社工知识培训班，残疾人专职委员40余人参加，邀请专家围绕《社会工作综合能力》《社会工作实务》授课。10月18—19日，组织区残疾人书画会26人到河北滦平参加京冀两地残疾人文化交流活动。

（贾琳）

【残疾人康复系列】4月27日，区残

10月17日，北京市东城区“百姓周末大舞台”残疾人呼吸操公益展演活动在地坛公园举行（区残联提供）

联启动残疾人防盲眼病筛查项目，禄祥源康复综合服务中心与北京中医科学院眼科到东四街道残联为残疾人开展防盲眼病筛查活动。6月13—15日，区盲人定向行走训练与服务指导员培训会在区残疾人综合服务中心召开，40余人参加，盲校专业老师及全盲讲师、辅具评估专业人员针对盲人生活及出行技能、心理服务支持、辅具政策指导等进行培训。8月7日，脊髓损伤伤友30余人参加康复大课堂活动，学习传统中医康复知识和轮椅使用知识。9月14日，区亮耳听力服务中心携手区聋协在东华门街道社区开展公益活动，70余人参加。进行听力残疾预防及康复系列知识讲座，亮耳听力服务中心康复专家现场义诊开展听力检查。10月17日，百名残疾人呼吸操公益展演活动在地坛公园举行，老年人、残疾人队员代表近100人参演。10月11—13日，中国国际康复博览会在北京国家会议中心举办，东城区希望之家带领部分伤友参观体验。

（贾琳）

【微创投项目】5月4日，区残联召开微创投项目宣传启动会，40余人参加，两家专业社会组织为微创投项目提供专业技术支持。6月5日，为入选项目团队骨干举办培训班，30余人参加。11月9日，召开首届助残微创投项目总结表彰会，100余人参加，11个项目团队汇报开展情况，专家进行点评，残疾人代表为优秀项目投票，最终选出《助力出行——重度残障人士出行能力拓展》《南锣里的别样空竹队》等7个优秀微创投项目。

（贾琳）

【全国助残日】5月17日，区残联举办“同心共筑中国梦，残健携手奔小康”庆祝第二十八次全国助残日系列活动启动仪式。中残联、市残联领导及区领导出席。区长金晖致欢迎辞，强调新中心将采取社会化运行为主、合作运行为辅，融合式发展服务模式，全面实现政务服务职能、残联组织自我管理职能和社会化运行助残服务职能。领导为4支特色志愿助残服务团队授旗，为贫困残疾人代表发放爱心大礼包，实地参观残疾人培训和就业服务区、康复和托养服务区及残疾人辅具资源中心，并为北京市肢残人模拟冰壶赛决赛开球。此次助残日还组织开展残疾人辅具服务进社区巡回展、助残服务卡发放和微创投助残项目征集启动等系列活动，为贫困残疾人家庭3000余户发放爱心助残大礼包。

（贾琳）

【温馨家园】5月29—31日，区残联举办温馨家园托管服务岗前业务集中培训班，8家项目承接机构负责人及相关工作人员40余人参加。8月8—9日，召开温馨家园托管服务项目座谈会，8个试点街道温馨家园近40人参加。区残联介绍项目运行情况，各街道残联围绕项目进展、特色做法、存在问题等进行交流研讨，平均每个温馨家园服务残疾人200余人1000人次，每个家园有专业社工2人驻岗服务，开展特色活动20至30余场，链接辖区学校、企业等社会组织5至10家。

（贾琳）

【综合服务中心建设】6月，新建区残疾人综合服务中心投入使用，中心由辅具适配服务区、康复训练服务区、日间护理照料服务区、职业康复技能培训区、社会保障和就业服务区、信访维权服务区、数据应用信息服务区和残疾人综合服务大厅8个部分组成，全面实现政务服务职能、残联组织自我管理职能和社会化运行助残服务职能。拓展服务项目36个，引进培育助残组织9个，累计为残疾人7827人提供康复、技能培训、职业康复、维权等服务。接待天津、河北、四川、山东等19个省市调研团队参观学习。

（贾琳）

【残疾人运动会】6月22日，东城区第九届残疾人运动会在地坛体育场召开，市、区残联和区相关单位领导出席，残疾人200余人在开幕式表演双节棍和扇子操。该届运动会分六大类75小项，17支代表队运动员500余人参加，东华门街道获田径比赛第一名，17个街道荣获体育道德风尚奖。

（贾琳）

【助残服务共建基地】8月15日，区残联与北京语言大学在区残疾人综合服务中心举办融合发展助残服务共建基地揭牌仪式，80余人参加。签订《残疾人事业融合发展意向书》，市残联领导为助残志愿者服务团队授旗。仪式后，参会者参观特色职康产品展示及残疾人培训和就业服务区、康复和托养服务区及残疾人辅具资源中心，现场观摩文创古建技能培训坊，参与网络主播录音剪辑等项目。

（贾琳）

【公益扶助】8月24日，区残联与市残疾人福利基金会举办“残疾预防，从我做起”全国残疾预防日主题活动暨圆梦光明行视力残疾预防和白内障复明公益行活动启动仪式，市残联领导出席，100余人参加，北京爱尔英智眼科医院现场为老人和残疾人80余人建立眼疾病致盲高危人群服务档案并进行眼疾病筛查、白内障复明公益手术医院对接等服务。9月5日至11月29日，与民革东城区委举办脊髓损伤者幸福生活公益扶助活动，脊髓损伤者40人参加。为脊髓损伤残疾人捐赠防褥疮床垫50张价值40余万元。

（贾琳）

红十字事业

【概况】东城区红十字会（简称区红十字会）是区级从事人道主义工作的社会救助团体。以保护人的生命和健康，发扬人道主义精神，促进和平进步事业为宗旨。有基层组织317个，会员11.84万人。机关行政编制10人、实有12人。下设全额拨款正科级事业单位应急救护教育中心1个，编制4人、实有4人，会长刘俊彩。

2018年，依照《中华人民共和国红十字会法》开展宣传传播、募捐救助、应急救护培训、志愿服务等重点工作。创新养老服务模式，打造十五分钟救助圈。与诚和敬驿站养老服务公司通过合作形式联合申请建立市级红十字应急救护培训基地，成功挂牌为北京市红十字会应急救护培训基地。

（范有余　史永红）

【募捐救助】2018年，接收博爱在京城活动捐款153.4万元，发放救助款170.4万元，募捐救助款分别较2017年增长8%、43%，救助困难群体710人次，其中遭遇突发事件家庭6户、因病致困家庭52户、0~18岁大病患儿5人、通过元旦、春节送温暖活动慰问生活困难家庭454户、对口帮扶救助建档立卡贫困户193户、为无业无收入“非典”后遗症人员35人发放专项救助款，所有募捐救助信息发布在区红十字会网站博爱捐赠、人道救助栏。

（张冬光）

【对口扶贫】2018年，与河北崇礼区、内蒙古阿尔山市和化德县三地红十字会对接，分别签订《2018年—2020年三年对口支援帮扶合作协议》，区红十字会领导前往三地开展交流研讨，走访慰问困难户，按需制订个性化帮扶，包括建档立卡贫困家庭救助帮扶、帮助景区救护站开展应急救护培训及急救设备配置，每年给予三地各15万元。

（范有余　史永红）

【红十字青少年活动】2018年，组织区各学校参与北京市红十字会优秀红十字青少年活动、优秀红十字青少年会员评选。文汇中学“将爱传递红十字系列教育活动”获十佳优秀青少年活动奖；景山学校“关爱听障儿童活动”获优秀红十字青少年活动特别奖；东直门中学“120生命的急救线——中学生之生命教育”等15个活动获优秀红十字青少年活动组织奖；109中学20人获2017年优秀红十字青少年会员。5月7—13日，区红十字会在学校系统组织“五八”红十字博爱文化周系列活动。12月，北京二中1人代表中国红十字会参加由日本红十字会举办的国际青少年交流活动，与来自其他20个国家和地区的同学们进行交流。

（高翔）

【志愿服务】3月，与市红会到空军总医院捐献中心，慰问区造血干细胞捐献志愿者。开办志愿捐献巡回讲堂16期，累计50余期，普及志愿捐献知识2500余人。开展《器官捐献宣传手册》设计项目，项目首先创意捐献过程，通过强化活出第二生主题催化社会大众参与共鸣，再由专业志愿者完成形象转化，最终形成卡通通俗读物。该项目获北京市红十字会2018优秀志愿服务项目奖。在2017年组建5支街道应急志愿服务分队基础上，2018年新建12支分队，实现街道应急志愿服务分队全覆盖，并为分队提供统一标识、基础装备及培训。

（高翔）

【应急救护师资队伍建设培训】3月29日，召开应急救护师资业务会，通报2018年培训计划，说明师资队伍建设和管理，并向新师资颁发资格证书。5月3日，召开新师资带教布置会，带教师资按照市红十字会要求，统一教材，合理安排教学。6月5日，召开师资业务交流会，邀请原宣武医院急症科主任讲授急救培训授课技巧、市红十字会资深师资介绍应急救护前沿知识。11月19日，举办年度应急救护师资初训班，区部分中小学校、区红十字应急救护培训基地及相关单位25人参加。11月29日，召开师资总结及业务交流会，总结2018年区红十字应急救护培训工作；与培训师资续签聘用协议；邀请北京市红十字会核心教学组师资对16学时应急救护技能操作进行规范教学。

（苏玉洁）

【应急救护培训】4月，召开应急救护培训工作部署会，总结2017年急救护培训工作，对2018年培训工作目标进行分解。全年举办应急培训班100期，完成取证培训9336人，超额完成工作目标11.67%。通过举办专题讲座、观看录像片、发放宣传资料等方式，普及急救知识9.22万人。重点开展对应急管理工作人员、教育系统师生、机关公务员、社区工作者、武警消防员、旅游服务人员、一线安全员、基层医护一线人员的应急救护取证培训。与区民政局合作，将养老护理员纳入培训重点对象，并达成战略合作意向，基本实现区养老驿站全覆盖。在“5·8”红十字日、“5·12”防灾减灾日等节点开展应急救护知识普及宣传。组织基层红十字组织（17个街道、7所学校）参加中国红十字总会《中华人民共和国红十字会法》暨全国红十字应急救护知识竞赛，答卷1万份。在96中学开展“人道，为了你的微笑——红十字，就在身边”和“交通安全‘救’在身边”两项红十字应急安全教育大讲堂活动。11月8—9日，召开区红十字系统宣传传播业务培训会，进行红十字新闻、信息撰写及报道图片拍摄技巧培训，并开展专题讨论。17个基层红十字会、5个红十字工委、11个相关委办局专兼职干部参加。

（孙凤茹）

【启动十五分钟救助圈模式】5月7日，在诚和敬养老驿站举办十五分钟救助圈（即以驿站为中心辐射周边十五分钟救助范围，为社区孤寡独居老人提供紧急处置帮助）启动仪式，为驿站人员和社区老年人进行急救知识普及培训。30余家媒体转载，为东

12月26日，原创话剧《邂逅红十字》在东城戏剧舞台上演（区红十字会提供）

城首创将应急救护知识与社区养老结合的服务新模式，荣登2018年全国红十字会支援服务新闻。

（范媛媛）

【应急疏散演练】5月10日，区红十字会与体育馆路街道联合开展主题为行动起来，减轻身边的灾害风险应急知识宣传教育。5月11日，区红十字会与区教委在北京市第一七一中学联合开展主题为珍爱生命、共享平安红十字应急疏散演练。9月，区红十字会与区教委联合下发通知，要求全区各中小学在红十字应急疏散演练宣传月活动期间，利用世界急救日、119消防日掀起演练高潮，有71所学校上报演练活动信息。

（张楠）

【应急救护知识上舞台】12月26日，原创话剧《邂逅红十字》在菊隐剧场上演，首次将红十字应急救护知识搬上戏剧舞台。区红十字会领导作为编剧和剧目负责人，与区会工作人员共同参演。该剧将应急救护培训基地建设，十五分钟救助圈工作新模式以舞台剧形式展现，在“《戏剧东城·第二届全国话剧展演季——2018东城区戏剧普及成果展演》”中获三等奖。受到中国红十字总会、北京市红十字会及各区县红十字会关注，荣登年度全国红十字十大志愿服务新闻榜。

（范媛媛）

居民生活

【居民收入】2018年居民人均可支配收入为75547元，比上年增长7.5%。在人均可支配收入中，工资性收入41312元，占人均可支配收入的54.7%，比2017年增长8.6%。经营净收入1223元，占人均可支配收入的1.6%，比2017年下降24.3%。财产净收入12855元，占人均可支配收入的17.0%，比2017年增长9.5%。转移净收入20158元，占人均可支配收入的26.7%，比2017年增长6.7%。

（李成寿）

【居民支出】2018年居民人均消费支出为49026元，比2017年增长6.2%。其中人均食品烟酒支出9980元，占人均消费支出的20.4%，比2017年下降1.3%。人均衣着支出3150元，占人均消费支出的6.4%，比2017年增长7.3%。人均居住支出为17309元，占人均消费支出的35.3%，比2017年增长10.0%。人均生活用品及服务支出为3021元，占人均消费支出的6.2%，比2017年增长7.9%。人均交通和通信支出为5110元，占人均消费支出的10.4%，比2017年增长1.1%。人均教育、文化和娱乐支出为5308元，占人均消费支出的10.8%，比2017年增长9.5%。人均医疗保健支出为3473元，占人均消费支出的7.1%，比2017年增长11.0%。人均其他用品及服务支出为1675元，占人均消费支出的3.4%，比2017年增长9.3%。

（李成寿）

街 道

春节前夕，东直门街道社区居民喜迎小年（吴宁摄）

东华门街道

【概况】东华门街道办事处是区政府派出机构。位于首都中心街区，东至崇文门内大街、东单北大街、东四南大街；南邻前门东大街、崇文门西大街；西到天安门广场西侧、中山公园西缘、故宫西墙、景山前街东段；北靠五四大街、东四西大街。面积5.35平方千米，有大街18条、胡同73条。设社区居委会12个，户籍人口2.03万户9.9万人，流动人口1.5万人，以汉族为主，有回族、满族、蒙古族等少数民族。辖区内有中央、市、区属单位200余家，中学5所，小学3所，幼儿园5所。完成街道机构改革，机构设置：综合保障办公室、党群工作办公室、社区建设办公室、民生保障办公室、社区平安办公室、城市管理办公室、纪工委（监察组）、综合执法队8个科室。公务员编制100人、实有89人，城管公务员编制66人、实有60人，工勤编制4人、实有4；事业单位4个，编制65人、实有50人。

2018年，完成社区党委换届工作，12个社区党委换届后党委班子平均年龄比上届下降12%，大专以上学历上升13.3%。推进在职党支部与低保家庭、困难学生结对子，机关党支部参与率100%，非公企业党组织参与率达87.5%，“七一”前夕全部完成91户家庭的入户结对工作，走访慰问困难党员群众125人。统筹规划疏解腾退空间，优化便民商业设施布局，建立便民菜站 27家、超市和便利店43家、早餐店33家、美容美发18家、末端配送点2处。处理讨薪突发事件2起，协调解决工资款287.8万元。

（刘雪梅）

【城市管理】2018年，街道办事处完成16条大街、77条小街巷整治提升工作。有序推进故宫周边地区、前三门大街环境整治与提升。完成社稷坛内5户居民腾退工作，人艺项目住宅户总户数106户，签约100户；启动南河沿大街43号简易楼、太庙腾退工作。对辖区金水河、筒子河、菖蒲河3条河流继续加强河长制管理。制订《王府井地区共享停车补贴办法》，与9家商户签订共享协议，提供共享停车位630个，确定停车入地菜单式方案供居民选择。以“相约星期三”活动为载体，成立群众工作组对煤渣胡同居民101人进行点对点宣传动员，消除思想顾虑。在各方不懈努力之下，王府井周边3个社区共有298辆居民车辆实现签约入地，王府井地区周边16条街巷胡同全部实现机动车禁停，成为全市首个不停车街区。通过租用移动花箱、翻新闲置花箱，利用韶九、西堂子、甘雨等胡同内机动车禁停后腾退出的路外公共空间，实现见缝插绿，增加绿化景观，提升胡同环境品质。开展第二次全国污染源普查、大气污染精细化管理等工作。街道居民认养树木101棵；申报7株枯死危险树木。加强防汛值班值守，签订责任书45份，及时排除汛期险情，转移安置1户、2人。开展对拆迁滞留区厕所和东皇城根南街32号院内道路基本修缮、下水管道疏通、清淘厕所粪池等工作，督促黄图岗3号地、H2项目地拆迁滞留区内基础设施检查维修。锡拉胡同5、7、9号院（口腔医院拆迁项目滞留区）已纳入东城区直属公房管理范围。平房区物业管理实现全覆盖，重点提高平房区物业公司处置网格案件时效，各类案件的处置达到100%接件、派件、回件。规范城市秩序管理，城管执法一队共处罚各类违法行为2132起，累计清理楼顶及墙体牌匾标识117块，5处占道经营挂账点位均已销账。

（刘雪梅）

【民生保障】2018年，街道办事处发放各类补贴审核表320份，受理260份；发放保障房资格人口、收入资产等变更表210余份，受理150余份；完成各类保障房资格终止66份。完成政策解答、备案查询等接待900余人次。完成东城区二环内区域疏解整治促提升工作中涉及的困难家庭住房保障情况统计表填报工作，疏解人口157户；完成精准扶贫住房区联席会议上报2户。为3644人次发放低保金376.4万元，医疗救助157人次、61.2万元，特困供养21人、48.8万元，低保大学生教育救助2人、9000元，完成残疾人两项补贴发放6540人次、144.4万元。办理60岁老年证279人；发放北京通养老助残卡92张，信息采集1896人；审核推送80岁以上居家养老助残卡拨款2.77万人，278.9万元；新办90岁高龄津贴124人，发放津贴57.5万元；审批上报95岁及以上老年人医疗报销补助27人次，金额7.4万元。“两节”期间对贫困残疾人家庭进行走访，发放慰问金9.5万元。办理残疾证新申请50人，落实残疾人辅助器具服务进社区入家庭服务。在中国残疾人联合会数据采集平台充实残疾人236人社会保障（居家养老助残券）数据。在全国助残日组织残疾人参观APEC展览，游览雁栖湖。完成日间康复服务项目，筛选确定辖区内符合条件的服务对象29人，与慈爱嘉等机构对接，做好入户评估。温馨家园接待来自香港国际学校等各地代表团参观420余人。全年举办9期残疾预防与残疾人家庭康复系列培训，培训学员1100人次，学员制作机绣纪念大浴巾900条，五联京剧脸谱画框10个，创经济效益近1万元。建立职康站帮扶就业基地，与残疾人招聘一站式平台——如常（北京）科技有限公司签订合作协议，已有职康中心学员2人就业。接受群众投诉举报案件16件，受理区人保局批转案件4件，时效内结案率100%，追讨工资4.58万元；行政处罚立案3起涉及处罚金额2.75万元。全年计生窗口接待群众来访86次，处理“12345”居民热线9件。办理一孩生育登记477人次；审核二孩生育登记234人次；办理流动人口生育登记62人；办理三孩生育服务证3个。办理独生子女父母光荣证17个；发放独生子女父母年老时一次性奖励188人，1.88万元。

（刘雪梅）

【社会治安综合治理】全国“两会”及中非论坛期间，驻地周边各类专业力量和群防群治力量人数达到1.8万余人次。176个点位实名制上岗值班巡逻、看门护院。全地区393个探头实现立体防控网络。针对挂账重点地区组织各类综合整治和专项治理，累计出动治安巡逻车超1000部次、执法力量5000余人次。完成非首都功能区人口疏解40户、196人。治理群租房40处，疏解255人。处理“12345”电话举报违法群租房54件，复查87处在账群租房并全部销账。6处市级地下空间违法违规出租行为全部销账。成立扫黑除恶专项斗争领导小组办公室，制订《东华门街道扫黑除恶专项斗争工作方案》，与地区106家中央、市属单位及12个社区分别签订2018年治安管理责任书，雪亮工程全部安装完毕。办结国家网信213件（市区、长信箱）；纸信164件（纸信系统）；访信297件；全年开展矛盾纠纷专项排查6次，排查重点人86人次、重点问题20余件次，确定信访重点人12人并建立工作台账。故宫市民消防学校开课100余次，5000余人参与培训。2018年，出动检查人员7772人次，检查生产经营单位4234家次，发现各类安全隐患2421处，消除安全隐患2385处。维修灭火器3917具，新增灭火器336具。在原有12个社区微型消防站基础上，建立4个平房物业微型消防站，为辖区60岁以上老年人、精神病人、残疾人等弱势群体安装烟感报警器2565个。在王府井社区、东厂社区、灯市口社区、多福巷社区安装4处免费电动自行车集中充电装置；在韶九社区、台基厂社区、黄图岗社区投放自运营收费充电装置。全地区安装电动自行车充电装置20余处。开展3次打非宣传月活动，张贴宣传海报300张，发放各类宣传品2000份，以台基厂、东厂、黄图岗社区为重点，安排专题讲座6场。

（刘雪梅）

2月6日，东华门街道智德社区举办迎新春民俗体验活动（刘海勇摄）

【社区建设】2018年，街道办事处重新修订《东华门街道社区工作者管理办法》，推进社区品牌化建设，韶九、正义路、南池子、智德4个社区被评为东城区五星级社区党组织，韶九社区以“家 社区”为主题成为东城区第一批党建示范点，完善社区党组织、党员情况基础台账。将周末卫生大扫除活动和相约星期三活动工作机制并轨，把机关干部划分为12个工作组，与在职党员双报到相结合，分别对应街道所辖的12个社区，由社区统一安排周末卫生大扫除活动，12个社区共开展大扫除30次，清理院落150个、卫生死角174个，拆除违建14处，清理垃圾杂物306吨，清理僵尸自行车158辆，收集待年检灭火器800余个，参与人数3600人次。

（刘雪梅）

【党建工作】2018年，召开街道工委会46次，其中研究党建工作40次，将党建工作与重点工作一同安排部署。以党规党纪教育和岗位风险防范为重点，强化党员纪律自觉。全年召开地区性会议6次，开展调查研究260次，征求各类意见建议59条，解决实际问题561个。街道工委牵头制订《党风廉政建设责任制主要任务分工》《党风廉政建设责任制重点任务清单》等文件，健全完善责任体系，组织街道、社区全体工作人员逐级签订廉政责任书和承诺书321份。落实党委主体责任“清单式”分值管理任务，将党风廉政内容纳入年度中心组学习计划，做到有组织有落实。加强干部的党风廉政学习和教育，全年组织11次全体干部学习，春节、清明、“五一”、端午等节日前夕编发廉政短信800余条，提醒广大党员干部严格执行党风廉政建设相关规定。以建设“五个好”街工委和“五星级”社区党组织为目标，制订实施《社区党委考核办法》《党建经费使用管理细则》《党组织服务群众专项经费使用管理办法》，加强对社区党建主体责任工作考核；指导12个社区基层党组织服务群众经费的最大化使用，全年使用经费170余万元。持续推进两个覆盖工作，重点对50人、100人以上企业的党员队伍和党组织建设相关情况进行摸排，扎实开展东方广场区域化党建工作，对东方广场近20家代表性企业进行一对一走访调研，深入了解企业党建工作现状和需求。4月底，成立联合党委。11月中旬，完成东华门商会注册工作。街道共管理15个党委、78个党支部、党员2952人，全年发展党员18人。全年开展理论中心组学习17次，在北京电视台、《北京日报》等主流媒体报道街道各项中心工作89篇次；以“不忘初心 筑梦东华”为主题在地区开展百姓宣讲活动6场；依托传统节日开展新春民俗乐 幸福东华年、浓情粽意 感恩父爱、明月几时有 秋韵在东华等文化活动3次，覆盖群众超过1000人次。街道工委落实精准扶贫政策，协调资源加大帮扶力度。韶九社区党委与崇礼区南新街社区党委签订党建共建协议并捐赠1.5万元；街道工委与阿尔山市林海街道党工委签订基层党建结对共建协议，捐赠10万元，发动地区商会企业参与扶贫工作，资助困难学生12个。

（刘雪梅）

【疏解整治促提升工作】2018年地区拆除违法建设111处1.06万平方米，治理开墙打洞32处，清理楼顶及墙体牌匾标识101座、117块，5处占道经营挂账点位均已销账。开展故宫周边地区、前三门大街环境整治与提升工作，完成南北池子和前三门大街城市规划设计，配合规划分局完成街区单元划分及王府井 277 号院周边环境提升整治。 先后完成社稷坛内5户居民腾退，完成南河沿大街43号12户简易楼、太庙73户腾退工作；完成法国兵营腾退74户签约工作。疏解人口5275人。在王府井周边16条胡同率先建成全市首个不停车街区。

（刘雪梅）

景山街道

【概况】景山街道办事处是区政府派出机构。位于东城区西部，因地处景山公园东侧而得名，东依东四北大街与东四街道相连；南临东四西大街、五四大街、景山前街与东华门街道为邻；西起景山东街、景山后街、地安门内大街东侧与西城区什刹海街道毗连；北靠地安门东大街、张自忠路与交道口街道为界。南北最长1024米，东西最宽1702米，面积为1.62平方千米。有大街6条，胡同73条。设社区居委会8个，户籍人口1.54万户、4.20万人，常住人口1.16万户、3.05万人，流动人口1000户6537人。有满族、回族、蒙古族、朝鲜族、壮族、藏族、锡箔族等19个少数民族3012人，超千人的少数民族有满族、回族，其中满族1402人，占少数民族人口的46.5%，回族1187人，占少数民族人口的39.4%。辖区有法人单位996家，中央、市、区属单位235个，文物保护单位国家、市、区级16个，大、中、小学及幼儿园9所，医院2所，卫生站3个，影剧院1座，银行、储蓄所4所。辖区有77文化创意园，聚集文化创意产业企业52家。地区75%以上面积为北京市第一批、第二批历史文化保护区，有各级文保单位19家，同时面临老旧平房不能轻易改造和重建的矛盾。11月，开展街道管理体制改革，内设机构：综合保障办公室、党群工作办公室、社区建设办公室、民生保障办公室、社区平安办公室、城市管理办公室、纪工委（监察组）、综合执法队8个科室，公务员编制106人、实有96人，工勤编制8人、实有6人。事业单位4个：党建服务中心编制9人、实有0人，社区服务中心编制8人、实有6人，网格化服务管理中心编制12人、实有12人，政务服务中心编制21人、实有18人。

2018年，街道办事处完成地区环境整治，推进改造提升打造宜居城市，两会、中非合作论坛北京峰会期间安保维稳、街道管理体制改革等中心工作。完成第四次全国经济普查的清查阶段工作。推进景山街道社区服务中心暨市民文化休闲中心建设。街道工委商会联合党委获北京市非公有制经济组织党建示范单位，中共景山街道工委非公企业党建服务中心荣获北京市非公有制经济组织党员驿站示范点。

（赵海莹）

【城市管理】2018年，地区完成煤改电取暖费报销1872户207万元。新增峰谷电表安装52户，新增审批电暖气117组。签订和回收门前三包责任书530份，发放节水宣传材料600余份。每日清理清运居民生活垃圾和大件废弃物20车4余吨，每日对垃圾桶擦拭一次，全年更新垃圾桶300个，全年开展垃圾分类宣传指导16次，厨余垃圾分出率全年保持在7%以上。清理大件废弃物、无主建筑渣土1679车5008吨，清洗宣传栏257个。接收城市管理平台派遣案件2.15万件，处理“12345”非紧急救助、“96010”热线及其他来源案件共1639件。加强花钵管理，种植各类花卉20万余株，新增、补种乔木58株。树木除虫打药8000余棵，伐除危险树木20棵，修剪树木1800余棵。完成古树摸排核查86棵，修剪树帽过大古树4棵，完成古树复壮5棵。开展人防防灾减灾宣传教育活动，发放宣传材料1万余份，协助回填人防洞口1处。应对雾霾橙色预警1次，黄色预警6次，蓝色预警4次。组织成立专业防汛抢险队伍8支175人，非专业抢险队伍8支84人，做好居民房屋1.44万间、学校幼儿园11所、医院3家、重点单位18家、低洼院落163个、路面积水点2处、雨箅子和排水井727个、污水井643个、井盖6350个、高空广告牌匾156个、地下空间51处、在施工地4处、挂牌古树97棵、行道树8201棵的防汛工作，检查辖区街巷雨箅子727个，疏通53处。制作并发放防汛应急联系卡2000余个。完成20条街巷架空线入地，涉及电力、通信、路灯、监控等4种架空线缆。清除缆线12.77千米。落实三级河长制，巡查玉河55余次，巡查里程160余公里，发现并解决问题30余起，处置水面落叶问题1起，水面漂浮物问题1起。

（赵海莹）

【民生保障】2018年，景山地区新申请公租房家庭225户，新申请公租补贴家庭42户，新申请市场租补贴46户，线上核验进行各类资格复核61个批次632户。4月，集中对正在享受公租补贴家庭进行年审172户，6月，集中开展廉租复核112户变更，终止102户，变更资格246户。比对丧葬信息，核实家庭情况并进行相应的变更终止操作15户，处理配租核验和信息锁定，核实家庭情况，进行解锁或变更、终止操作77户。对低保预警人员进行核查，停发85户、146人，增加低保户12户、17人。至12月，有低保户321户、504人，累计支出520.68万元。发放低保金6237人次、567.81万元，调整低保标准418户、678名。新增残疾人“两项补贴”91人，全年共保障625人、199.05万元。医疗救助（门诊、住院）154人、17.38万元，临时救助款19人、8.37万元，教育救助金7人、3.12万元。办理60、65周岁以上老人优待证4613人，办理80周岁老年人养老助残补助金1703人共计1.75万元，办理90和100周岁以上2个标准的老年人补助津贴330人3.43万元，报销95周岁以上老人22人保险补助12.26万元，审批居家照护服务补贴246人8.48万元。新办理残疾证50人、补办残疾证19人、残损换新17个、变更6个，新转入残疾证3个，转出残疾证8个。新办理一卡通39人，补办一卡通26人，残损换新16人。办理养老助残券8人，发放养老助残款2222人次22.22万元。新申请保险补贴8人，新申请城乡居民养老保险2人，发放保险补贴393人114.93万元，发放儿童2人康复补贴3.6万元。为残疾学生及困难残疾家属的子女6人申请助学款2.26万元。发放燃油补贴182人4.73万元；安置残疾人就业14人。启动家庭医生签约服务入户调查工作，完成摸底问卷7600份，调查居民1.2万人，签约人数达9000余人，基本实现65岁以上常住居民签约率100%。完成2017年度精神障碍患者看护补贴发放123人23.1万元。举办红十字会急救培训2次，完成心肺复苏培训100余人次。新增登记失业人员509人，完成失业人员就业497人，困难人员就业308人，失业人员就业率62.91%，完成城镇登记失业率0.86%，办理灵活就业400人。完成用工调查2次，涉及11 家单位，失业动态监测企业5 家，进行职业介绍200多次，登记招聘单位40家，就业困难人员摸查144人，完成率达100%。完成就业困难人员精细化服务32人，用人需求档案建档76家单位，跟踪服务228次，采集空岗信息2050个，跟踪1602次，百姓就业超市外网授权单位15家。举办招聘会1 次，招聘单位10家，参会失业人员100余人。新办城镇居民医疗保险451人，为2643人缴纳2019年度城乡居民医疗保险。发放无保障人员32人丧葬补助16万元，追回无保障养老金退费9240元，办理城乡居民医疗保险人员9人大病医疗救助9.46万元。受理医疗药费报销626人次，上报药费单据1244张、166.57万元，上报城乡居民医疗救助127人次、9.46万元。全年为失业人员17人办理退休手续，接收新转入社会退休人员317人，办理退休死亡丧葬手续38人，户口转出2人，现管理退休人员累计4811人，为147人发放退休人员养老金、退休人员丧葬费、账户清算现金共计64多万元，追缴死亡人员养老金退费29人共9.19万元。受理退休人员清洁能源自采暖补贴申请430人，发放补贴23.41万元，开具退休人员取暖补贴情况证明及政策咨询218人。完成社退人员历史数据采集3950人，转运4288份退休人员和1200份失业人员实体档案扫描加工。监察辖区建筑施工工地9处，涉及农民工449人，监督建筑施工工地按时足额支付农民工工资约152.1万元。检查395个（次）用人单位，其中国有企业25个（次）、集体企业41个（次）、私营和其他商户195个（次），个体134个（次）、共涉及劳动者4325人次。检查签订劳动合同2129份（次），督促用人单位依法规范劳动合同495份，接待来人来电咨询297人次，调解劳动者劳资纠纷7起，为劳动者追回工资5万多元，涉及劳动者17人。开展劳动用工规范一条街工程，确定大佛寺东街为示范点，对一条街内33家用人单位用工情况进行重新登记，以书面审查方式对一条街用人单位进行劳动用工监察。办理两孩以内生育登记服务北京市308例、流动人口24例，再生育行政确认3例。办理、更换独生子女父母光荣证22个。为26对夫妇提供孕前健康检查。更换安装药具发放箱8个，发放药具107箱、21.4万只。发放独生子女父母奖励费564人3.212万元，发放独生子女父母年老时一次性奖励费244人24.4万元。完成年度特扶年审工作，其中失独65人、伤残88人。开展早教活动24次336人次。

（赵海莹）

【社会治安综合治理】2018年，街道办事处出动各类检查人员6000余人次，检查各类社会单位2060家次，消除各类隐患700余处。检修并更换8个社区的灭火器、消防水喉。开展公共安全集中宣传活动5次，发放各类宣传资料7万余册（张）。对400家企业安全生产管理员开展安全生产教育考核培训。分批组织重点单位消防安全负责人、社区消防大使、微型消防站队员进行消防安全业务知识集中培训4次，实地参观走访消防部队2次。25家规模企业完成三级标准化达标。推广安全生产责任保险，91家辖区企业进行投保。设置治安志愿者守望岗点位96个，安排各类力量2600人次参与社会面防控。开展流动人口和出租房屋治安知识教育宣传活动2次，发放宣传资料1000余份、宣传品500余份。开展“6·26”国际禁毒日集中宣传活动1次。整治群租房4处，地下空间5处，清退242人。开展防邪教宣传活动3次。处理行政处罚案件217 起，罚款总额28.94万元，其中无照经营56起1.27万元，店外经营及乱堆物料34 起1.99万元，施工现场泄露遗撒30起21.03万元，露天烧烤大排档1起、500元，白色污染和生活垃圾7起、2.7万元，户外广告牌匾2起、1000元，停车场及地锁3起、1500元，非法小广告23起、8400元，其他65起、5100元。拆除违规户外广告牌匾397块。劝阻流浪乞讨60余人次。核录非法小广告135个，查处23起，罚款8400元。加强餐厨垃圾收集排放管控，31家餐饮单位和12家企事业开伙单位进行拉网式检查，责令2家单位限期整改，对2家未按规定处理餐厨垃圾单位进行罚款处理。没收黑三轮130余辆，罚款5000余元。开展垃圾不落地，东城更美丽活动，派出队员66人次，志愿者70人，发放宣传材料639份。食品药品监督管理办理案件44件，其中简易程序案件30件，一般程序14件，罚没款入库52.22万元。开展餐饮和单位食堂“厕所革命”。编写网格大数据分析报告12期。召开社区网格例会19次，编写《景山街道社会服务管理社区例会通报》19期；组织社区工作调度会19次，编写《景山街道社区工作调度会信息》19篇。受理人民来信来访146批次、211人次，市网转9件，市访转264件，市信转33件，区访转251件，市长信箱7件、市访18件、市信17件、区访231件、区信5件，共计433件，全部办结。开展信访宣传月活动，发放宣传材料、宣传品670份，现场解答群众提出各类问题13件次。年度未发生重大群体性事件、极端恶性案件、大规模集体越级上访、敏感时期非正常集体访，初信初访化解率达90%以上，重信重访率控制在10%。

（赵海莹）

【社区建设】2018年，街道办事处招录社区工作者10人。制订《景山街道社区副职以上干部选拔、任免、辞职办法》，搭建社区人才库。完善社区养老服务驿站工作，开展老年人需求调查活动4次，指导驿站完善62项养老工作任务。组织新年文艺演出。以“美在新时代、花开在景山”为主题开展第二届景山地区摄影作品展览和第十六届社区文体风采交流展示活动。与东城区文联摄影家协会合作，开展不同内容的摄影培训10场。在地坛体育场举办冬奥文化健康行景山街道第十六届秋季运动会。在文体中心配合下，开展体协单位冠名赛、单项兴趣联盟活动等地区体育赛事。开展第十二届和谐杯乒乓球赛，广播操通讯赛。开展冰雪嘉年华、冰雪展板制作评比等冬奥推广活动。指导8个社区先后开展全民健身活动10余次，开展文体活动20次，社区服务活动7次。

（赵海莹）

【党建工作】2018年，街道办事处完成党委换届工作，选出社区党委委员40人、纪委委员24人。举办跨省友好街道交流活动，与来自天津、重庆等地区的8家友好街道代表，共同探索如何发挥街道治理中的党建引领作用。开展周末大扫除活动48次，举办区域化党建联盟志愿服务大型集市，与驻区单位党组织合作开展健康同心圆、人民书屋项目。开展基层党组织书记培训4期，建立区级优秀党组织书记工作室2个。新成立党组织1个。走访困难党员及群众1400余人次，发放慰问金、慰问品21万元。开设红色传承者、红色朗读者创意党课，《皇城根下的大管家》微电影获北京市二等奖。开展红色讲坛、周末大讲堂等理论学习活动33次、132学时。新发展党员4人，预备党员转正12人，做好线上发展党员46人全程纪实。开展党员献爱心活动，共筹集善款4.64万元。开展社区党组织服务项目14个。看望慰问老干部50余人，开展各类活动20余次。收到信访案件线索9件次，其中初核5件、谈话函询4件，涉及监察对象9人次。提醒谈话9次，通报批评1次，发出监察建议书5件。联合财政科、社建办对8个社区现金使用情况开展专项监督检查。召开社区例会9次，加强对社区纪委工作的业务指导与培训。对34次街道工委会和31次办事处主任办公会的675项“三重一大”决策事项进行监督。新增工会会员信息采集591人。建立10个户外工作者服务站、18个职工暖心驿站。14家20人以上企业完成独立工资集体协商工作，集体合同、工资专项合同、女工专项合同续订率达100%。开展青年大学习团课、团日活动13期，举办机关青年加油站9期。组织机关青年干部收集街巷文化点80余个；成立景山团子小分队暨景山街道青年突击队助力街道中心工作，获评“东城区十佳青年突击队”。发布志愿服务项目18个，高校、在职团员参与260人次，近600小时。组织街道12人赴台交流，接待高雄市鼓山区参访团到街道交流。出版《新景山》报23期，“微微景山”官方微信发布330条，“北京东城筑梦景山”官方微博发布信息7000余条。通过《东城咨询》区级宣传平台，报送线索60余条，共拍摄短片48条。举办机关青年加油站9期，组织青年30余人参加街道就业援助招聘月、就业扶贫行动日活动。

（赵海莹）

【疏解整治促提升工作】2018年，地区累计疏解人口4342人，完成全年任务的102.65%。拆除违法建设255处，拆违面积1.29万平方米，疏解人口2039人，完成疏解人口指标的107.32%；开墙打洞封堵完成248处，封堵面积5106平方米，疏解人口701人，完成疏解人口指标的100%；所有市、区级挂账任务实现动态清零。针对故宫周边黑三轮、无照游商突出问题，强化综合执法和重点盯守。运用街道吹哨，部门报到方式对大佛寺东街进行综合整治，采取架空线入地、单向行车、划定车道、拓宽便道、加强停车秩序管理等举措，取得成效，在北京市最美街巷评选中，成为10条入围奖获奖街巷之一。年初建立起东城区首个居民家门口小型消防站，配备消防官兵和专业救援人员，实现消防站建在家门口的目标。5月，完成22条胡同设计方案。隆福寺区域改造升级被列为市级重点项目。对隆福寺周边15条胡同，加强环境整治和综合执法。结合公共空间设置非机动车停车位，利用拆违腾退空间规划出车位245个，协调周边单位，采取错时停车方式改善居民出行环境。

（赵海莹）

3月5日，景山街道组织中小学生开展学雷锋活动（龚文韬摄）

【夕阳红为老服务队】街道办事处组建夕阳红为老服务队，有主要成员8人，均为党员，平均年龄60岁以上，为社区居民提供志愿服务。开展社区小家电、上下水、电暖气、门窗等简单维修和磨剪子、磨刀，换煤气等志愿活动。2018年为居民理发56人次，磨刀60把。举办2次为老服务“生日季”活动。端午节前夕，组织粽叶飘香过端午活动，景东社区在职党员10余人和社区志愿者23人参与，将亲手包的粽子送到社区20户独居老人家中。

（赵海莹）

【民意社工】2018年，隆福寺社区开创民意社工机制，以动静分离方式多元收集民意，利用“五新”新概念整合社区资源，解决辖区内百姓所需问题。第一新是由街道吹哨部门报到跨进为社区吹哨部门报到，创建社区吹哨群，由民意社工收集民意后立刻反馈至群里，直接指向相关职能部门解决。第二新是社区将党建品牌人民书屋打造为居民会客厅，每天固定安排社工2人轮岗作会客厅堂主，用聊天话家常形式向民意社工倾诉需求，听取居民心声。第三新是全新入户制度，将入户规范化、常态化。明确规定入户次数、入户时间、入户范围，社工入户时可及时反馈问题。第四新是地毯式覆盖收集社区居民心声，以口袋书形式收集民意，将便民服务内容全部添加到口袋书中，居民遇到问题第一时间翻开口袋书即能找到民意社工，由民意社工收集居民问题并帮忙进行反馈。第五新是采取动静分离方式综合收集民意，社区可以多元收集、居民可以多渠道反馈，使点对点服务更加专业化。

（赵海莹）

交道口街道

【概况】交道口街道办事处是区政府派出机构。位于东城区西北部，东起东四北大街与北新桥街道办事处相连，南至地安门东大街、张自忠路与景山街道办事处为邻，西依地安门外大街与西城区什刹海街道办事处毗连，北到鼓楼东大街、交道口东大街与安定门街道办事处为界。面积1.47平方千米，有大街5条，胡同42条，设社区居委会7个，户籍人口1.87万户5.4万人，流动人口1.24万人。回族、满族、蒙古族等少数民族20个。辖区有中央、市、区属单位180家，商业企业526家。大、中、小学及幼儿园7所。国家级文物保护单位5处、市级14处、区级11处。除交东小区外均属于北京市40片历史文化风貌保护街区。南锣鼓巷作为北京最古老的街区之一，既是北京规划中的25片旧城保护区之一，又是完整保存800多年元大都里坊的历史遗存。地铁六号线、八号线及13、60、104、107、108、118、127、612等公交车途经地区。街道管理体制改革后，设综合保障办公室、党群工作办公室、社区建设办公室、民生保障办公室、社区平安办公室、城市管理办公室、南锣鼓巷管委会办公室、纪工委（监察组）、综合执法队。有公务员编制110人、实有105人，工勤人员编制6

人、实有6人，事业单位5个，编制67人、实有52人。

2018年，街道民政工作获北京市民政工作先进集体称号，街道工委课题组完成的《深化区域化党建提升平房区城市治理水平对策的研究报告——以东城区交道口街道南锣鼓巷为例》获北京市党建研究会优秀自选课题成果三等奖。兄弟帮扶中心与崇礼结对帮扶，抢收农业成果，为辖区居民送上爱心土豆。胡雅丽学雷锋志愿服务队每月11日开展公共文明引导宣传日活动，推举文明有礼好乘客204人。为中高考考生和家长保驾护航，开展学雷锋主题活动和多种形式的公共文明引导行动。南锣鼓巷社区居民1人被首都文明办评为“北京榜样”周榜人物，年度榜样候选人。

（侯耀辉）

【城市管理】2018年，街道办事处落实街巷长日巡周查月评季通报机制，推进“十无一创建”工作。组织招募小巷管家协助街巷长对街巷进行日常管理和维护。提升小巷管家积极性和自主性，引导小巷管家参与城市环境管理建设。会同区有关部门对辖区13条胡同、1条大街进行一体化设计，开展环境秩序综合整治。对交东小区底商牌匾、台阶、立面进行改造，对天客隆及东侧立面、路面进行整治提升。制订《交道口街道进一步全面推进河长制工作方案》及相关配套方案，明确工作目标、组织形式、主要任务及各项保障措施，落实三查、三清、三治、三管工作要求，构建水质保障长效机制。通过网络、公示牌等媒介向社会公布街道级河长名单以及监督电话，接受社会监督。继续完善《街道环境保护工作职责落实说明》《交道口街道空气重污染应急预案》《交道口街道2018—2019年秋冬季大气污染综合治理攻坚行动实施方案》《社区环保网格工作职责》等方案、预案、制度等，保证应急指挥、综合决策、协调执行、督察考核等工作体系正常运行。加强应急值班，街道处级领导带班，启动预案落实措施，发现问题及时解决，严格执法高限处罚，确保重污染应对措施落到实处。累计出动执法人员300余人次，检查施工工地200余处，确保重污染期间全部停工。检查餐饮商户130余家，确保不出现油烟直排等环保相关问题。加强对材料运输车辆、渣土运输车辆管控。严格落实各项扬尘污染控制要求，做到建筑施工工地全过程管控、拆除工地喷水降尘、环境整治工地渣土不落地不露天、建筑垃圾和裸露地面喷洒抑尘剂并严密覆盖。对违法违规工地，依法实施停工、限期整改等措施，至年底区移送扬尘案件共计147起，处罚28起，处罚金额22.85万元。成立交道口街道第二次全国污染源普查领导小组，完成第一阶段污染源普查任务，其中餐饮清查296家，锅炉普查189个，工业清查23家，辐射源清查6家。7月，街道启动煤改电低谷电报销工作，通过居民登记、社区初审、街道对电子数据及纸质材料复审、公示等一系列流程，共有1784户居民报销低谷电费，发放补贴资金221.32万元。协调南锣鼓巷南口停车场120个车位用于该地区居民停车，80辆车移入南口停车场。南锣鼓巷周边16条胡同中有4条胡同实现禁停，12条胡同实现单行单停。北兵马司胡同、东棉花胡同、帽儿胡同、菊儿胡同4条胡同精准施划车位187个，全部车辆停车入位。后圆恩寺胡同实现居民共享停车位与自治收费管理，全部车辆停车入位。通过办理通行证，严把入口严格认证放行施行远端管控，并发放5000余张临时通行证。在炒豆胡同、雨儿胡同、蓑衣胡同及福祥胡同安装禁停标识牌、施划交通标线，并加装胡同禁止停放机动车提示牌。多部门参与，建立微信群，联合社区居委会、物业、保洁公司等，在居民中开展以奖品换旧物品等活动，将居民院外堆积的废旧自行车、破柜子等集中清理。动员组织辖区居民、社会单位开展大扫除，清理卫生死角，清理和抵制非法张贴小广告，参与垃圾分类，促进居民公共意识和道德素养的养成。

（侯耀辉）

【民生保障】2018年，在区人保局对新转入失业人员开展一次培训的基础上，街道办事处对失业人员开展二次培训12次，组织辖区失业人员参与各类招聘会6场，实现城镇登记失业人员就业455人。举办社保政策宣传日活动，为辖区居民提供社保政策咨询和就业指导服务。严格落实各项住房保障政策，有序完成保障房申请与复核、市场租房补贴新签续签等工作，惠及辖区居民800余户。做好残疾人服务工作，开展残疾人技能培训、节假日走访慰问等助残服务3000余人次。完善2个社区养老驿站呼叫、助餐、心理咨询、日间照料、健康咨询、文化娱乐六大服务功能，满足辖区居家养老基本需求。打造“党建+精准扶贫”工作模式，提升困难群众脱贫能力。完善社会救助体系，全年受理并发放各类保障金、救助金1.4万人次1000余万元。年度户籍出生人口332人，计划生育政策符合率100%，免费孕前优生健康检查34对，目标人群覆盖率85%以上。街道、社区计生队伍健全，配备专（兼）职计生宣传员200人，发放宣传员补助4万元，到位率达100%。全年办理一孩生育登记265人，办理二孩生育登记134人。办理再生育确认3人。全年办理独生子女父母年老时一次性奖励261人，发放金额26.1万元。办理独生子女意外死亡后经济帮助5人，发放金额5万元。办理独生子女伤残及死亡扶助家庭新增9人，退出7人，年审157人。办理独生子女父母光荣证17个。配合区住保中心，处理动态监管模块已领取补贴家庭再购房案件8户，已配租家庭再购房案件18户。至5月底，完成2018年全部公租补贴家庭年审，总计123户，其中审核通过93户，变更9户，终止21户。全年发放10批选房通知单，共55户，申请市场租补贴已备案家庭30户，新签约31户。续签8户。复审110户，其中变更12户，终止6户。受理各类政策性住房申请229户，新申请公租房家庭159户。

（侯耀辉）

【社会治安综合治理】2018年，街道办事处制订并落实扫黑除恶行动计划，加强社会面等级防控，完成全国“两会”、青岛上合峰会、中非合作论坛峰会等社会面安保工作。加强社区治安防控，配合派出所开展社区压发案，定期召开发案专题分析会，分析发案特点和规律。开展压发案宣传活动，张挂压发案宣传横幅30余条，发放《致居民的一封信》等宣传材料2000余份。在可防性案件高发时段雇佣保安，配合专业力量，加强高发案社区夜间巡逻。对可能影响辖区稳定的事件提前预判、主动介入、及时上报、妥善跟踪处理。将南锣鼓巷社区9个360度监控探头模拟球型机更换为360度高清摄像头，在6个重点位置加装了11个高清监控探头。开展违法出租房屋和地下空间治理，查处违法群租房31处。重视信访工作，完善处级领导接访制，街道开展全面矛盾纠纷大排查4次，办理群众来信来访370余件次，协调相关部门妥善处置四条胡同已腾退居民要求落实全院腾退奖励的群体访事件。开展法律服务活动78场次，全年辖各级调解组织调解民间矛盾纠纷396件，化解377件，成功率为95%。做好流动人口、社区矫正、帮教安置、反邪教、禁毒、养犬年检等工作。召开公益律师座谈会，重新调整社区公益律师队伍，配齐配强律师队伍。发动社区法律志愿服务团队、社区公益律师、大学生志愿团队，围绕三八妇女节、“3·15”“4·26”，残疾人维权服务月、九九重阳节、“12·4”宪法宣传日等节日纪念日和疏解整治促提升专项行动，开展律师以案释法、法官普法进社区、大学生演出普法小品剧等形式的普法宣传教育活动70场次，发放《宪法》读本、宣传折页、普法明信片、普法宣传小年历等宣传材料2万余份。与各社区、辖区单位签订《安全生产目标责任书》，明确单位法人代表为安全生产第一责任人，强化企业安全生产主体责任。加大执法监管力度，街道处级领导带队开展安全生产检查40余次。加大对电动车管理、燃气使用、夜间营业场所、施工现场及周边、文物保护单位的安全排查力度，全年检查生产经营单位4002家次，整改问题隐患960处。“两节”期间，严格落实烟花爆竹安全管控，实现烟花爆竹安全零事故目标。完成大排查大清理大整治专项行动期间上账的32处安全隐患“回头看”迎检工作。与辖区5家电动车经营单位签订安全承诺书，引导商家开展电动车防火自查自纠工作。对交道口东大街沿街高层立面修整现场、张自忠路3号院施工现场、玉河工地现场、花梗胡同1号院等4处施工现场开展安全生产检查。结合开展百街千巷拆违封堵、背街小巷整治，将安全生产监管责任前置，事前宣传提醒，事中现场检查消除隐患，事后总结点评，确保街道各项工程施工安全，杜绝安全事故发生。联合区文委对辖区文保单位开展消防隐患整治。重点检查挂账的12家文物保护单位落实文物消防安全责任、消防设施设备配备和电气线路情况及时消除安全隐患。完成街道5030户60岁以上老人的烟感报警器安装。对辖区2900具灭火器材进行更新维护。

（侯耀辉）

【社区建设】2018年，街道办事处加强社区基础设施建设，投入51.8万元改善社区办公环境。加强社区各类经费审核和监管，制订《交道口街道社区公益金使用要求（征求意见稿）》，完善《交道口街道社区工作者考勤与请假制度（暂行）》。以开放空间、社区议事厅、议事协商会议为平台，发挥社区居民会议、社区代表会议及常务会议事协商作用，以南锣停车自管会为经验，指导其他社区成立停车自管会，2018年共成立停车自管会10个。开展社区之家合作，引入专业力量，培育本土化社会组织。加强社区工作者培训，提升专业服务能力。建立街道社区专员例会制度，

10月，北剪子巷便民菜站开业，居民选购商品（乔万万摄）

为社区专员配备《民情日记》，定期召开社区专员例会，推动社区专员履职尽责。打造“艺术大篷车”文化艺术培训活动，举办不忘初心，牢记使命学习宣传贯彻中共十九大精神文艺党课专场演出，升级打造四合院里闹花灯、七夕乞巧节等精品民俗系列活动。完成地区非本市户籍适龄儿童入学材料审核、校外机构排查摸底及本年高考考场周边环境服务保障工作。举办交道口街道第十五届综合运动会，地区35支代表队、运动员1000余人参加比赛。年度计划生育政策符合率100%。加强志愿者队伍建设，在册志愿者人数达7000余人，人均服务时长约29小时，在治安管理、扶贫济困等6个方面打造志愿服务项目，满足居民需求。

（侯耀辉）

南锣社区模特队常年开展旗袍走秀活动（乔万万摄）

【党建工作】2018年，街道办事处开展一把手讲党课、处级领导干部专题读书活动；成立3个优秀社区书记工作室，自制拍摄《老街坊》《守护一家安》两部优秀党员电教片作品，并入围北京长城网不忘初心牢记使命主题微视频作品展播专栏。制订《在“疏解整治促提升”综合整治工作中强化党建引领的实施方案》，组建8个临时党支部、14个党小组，探索党支部建在项目上，党小组覆盖到胡同，党员深入院落中的组织体系。抽调机关优秀党员干部，组成26个群众工作组，任命55人担任“街巷长”，聘请小巷管家62人和市容市貌监督员5人，深入拆除违建和封墙堵洞一线。新成立2个非公党组织，推动非公企业和社会组织党建工作从有形覆盖向有效覆盖转变。全年接受主流媒体采访20余次，配合相关媒体拍摄报道50余次，向《新东城报》报送新闻线索60余条；报送新闻稿件15篇；向区属媒体东城资讯平台上报新闻拍摄线索90余条。出版6期《南锣鼓巷》杂志。在南锣鼓巷13号打造群团服务阵地——“暖·空间”，完成3个月试运营，工青妇共举办活动32场，街道总工会组织为户外工作者提供暖心服务9次，服务人数100余人。组织志愿者参与“暖心伴考”志愿服务活动；两节走访慰问困难职工23人次；南锣鼓巷联合工会与困难职工帮扶结对子5对；联系企业慰问困难职工7人。与东城职介联合举办招聘会，提供岗位近300个。吸引近200人前来求职，其中达成用工意向约50人。参加区总工会举办的5月的鲜花群众歌咏活动；组织职工210余人参加12次区总工会开展的素质教育活动。

（侯耀辉）

【南锣鼓巷】2018年，街道办事处健全南锣鼓巷地区管理委员会管理和服务机制，制订实施《南锣鼓巷日常巡查制度》，下发《南锣鼓巷节日期间安全保障工作方案》《假日期间突发事件应急组织实施方案》《突发事件信息报送流程图》，将街区治理内容分成5大类、25小项，明确各部门权力和责任清单，形成南锣鼓巷街区“街道吹哨，部门报到”长效工作机制。全年共开展巡查600余次，查处各类违规违法问题4000余件（次）。加强大人流管控，南锣主街节假日期间最高客流量达20万人/天，协调多方配合，实现全年安保“两无两零”目标，即公安无警情，交通无堵塞，工商、食药零投诉。按照业态指导目录和联审流程机制，对于新增、变更的业态进行审核，召开12次联审会议，对42家商户申请进行把控，审核商户立面装修19家，进行经营秩序专项治理，关停无证无照4家，规范一照多店4家，开展“秋风行动”，遏制无照游商、黑三轮等非法经营行为。实施主街空调外机及管线改造项目，80余台空调主机挪移出可视范围。开展最美商户评选活动，鼓励商户参与街区绿化美化，共有43家商户参与活动，评出优秀奖10个。聘请专业保洁公司对主街路面进行深度清洁，加装完成5块导览标识牌和15块应急疏散通道指示牌。召开雨儿胡同示范区修缮整治提升工作专题会23次，完善工作议事决策制度，统筹协调、组织实施雨儿胡同示范区修缮整治提升各项工作。研究制订并经区政府专题会审议通过《南锣鼓巷地区四条胡同修缮整治项目雨儿胡同示范区修缮整治提升工作方案》及实施政策标准、群众工作方案等。街道牵头成立8个群众工作组，坚持“5+2”“白+黑”工作模式，深入居民家中宣传讲解政策，全面摸清留住居民基本情况和改造意愿。雨儿胡同已腾退房屋附属自建房涉及57处，面积共1040.94平方米，已拆除8个院落的30处违建。对具备条件的12个院落进行地面铺装。清理雨儿胡同5号、7号2个拆迁滞留院落。完成雨儿胡同30号样板院落设计方案，已进行施工。北京市委书记蔡奇8月9日、11月10日两次视察调研，11月21日在《2014——2018年南锣鼓巷保护和复兴工作评估报告》上批示"南锣鼓巷整体改造成效好，要继续破解难题，坚持共生院做法，抓紧雨儿胡同修缮工程。"

（侯耀辉）

安定门街道

【概况】安定门街道办事处是区政府派出机构，位于东城区西北部，北起北二环、南至鼓楼东大街、西到旧鼓楼大街、东至雍和宫大街，处在古都风貌保护区和故宫缓冲区内。面积1.76平方千米。有3条大街、69条胡同、9个社区居委会。有居民2.17万户、5.42万人，其中常住人口3.65万人，流动人口7760人。有满族、回族、壮族、白族、维吾尔族等少数民族。驻地中央单位10个，市属以上单位23个，区属单位27个；企业500余家，其中70%以上属于规模以下民营企业。有国家级文物保护单位3个：北京鼓楼、钟楼，国子监，北京孔庙。市级文物保护单位5个，区级文物保护单位2个，32处历史遗存。中、小学校及幼儿园15所。机构12个，其中8个科室为：综合保障办公室、党群工作办公室、社区建设办公室、民生保障办公室、社区平安办公室、城市管理办公室、纪工委（监察组）、综合执法队，公务员编制108人、实有人数99人，事业单位4个，编制52人、实有人数37人，工勤人员编制7人、实有人数7人。

2018年，街道办事处坚持疏解整治与优化提升同步，持续提升生活性服务业品质，在车辇店胡同11号建立大型便民服务综合体1个、修建5个便民快递柜，实现辖区内末端配送服务全覆盖；蔬菜零售网点超额完成目标任务，已达27个。投资222万元新安装高清探头90部；投入19万元为居民更换C级锁684只；破解胡同停车难的方法和路径，采取分区管控停车布局，成立胡同停车居民自管会等方法，制订停车制度，规范胡同停车。

（张宏）

【城市管理】2018年，街道办事处做好各类污染源排查建账，建立包括辖区餐饮、在施工地等14类污染源管理台账；及时响应空气重污染预警。坚持一日两报制度，每次预警期间，平均出动执法人员约50人次，平均检查商户70余家；实现燃煤动态清零和社区单位锅炉低氮改造100%完成。辖区PM2.5浓度1至11月累计为52微克/立方米，低于东城区58微克/立方米的目标值，同比下降14.80%。落实河长制工作职责。全年共开展4次专项整治活动，完成市区两级河长办针对河长制工作的验收。确定地区13条重点胡同及"两横、三纵、两片区"的规划定位。累计完成墙面抹灰4.79万平方米，墙面贴砖3.44万平方米，墙面涂饰5266平方米，地面修整4393平方米，门窗安装440樘，门楼修缮48个，完成进度比约为78%。49条背街小巷旧貌换新颜，既传承了胡同文化，又各有亮点和特色，发挥物业管理平台在日常管理中的基础作用，做好环卫保洁、交通疏导、秩序维护、安全防范等群众家门口的服务。提高清扫保洁频次，加强公共空间堆物堆料和被私人占用的清理力度，整个保洁范围内实行不间断洒水作业。在元旦、国庆、春节等节日期间组织物业配合社区进行多次环境卫生整治活动，清理卫生死角70余处，清运垃圾杂物1041货车20余车次。推进平房区垃圾分类全覆盖和垃圾不落地，超量完成每月的厨余垃圾回收。

（张宏）

【民生保障】2018年，街道办事处受理并初审公租房和各类补贴申请373户，完成各种资格的年度复审779户，办理市场租房补贴领取登记48户，廉租住房租金补贴领取登记60户，完成最后一批经济适用房签约前的核查复审，完成2017年53户廉租房实物配租家庭复审。为辖区低保5486户次，发放低保金921.54万元；上报新申请低保及生活困难补助45户次；发放特困金和特困照料费14.56万元；为545户发放过节费44.9万元；为172户发放自采暖和煤火费补助8.77万元；为433户次申请医疗救助，发放报销后的医疗救助款43.78万元；发放教育和慈善救助8.88万元。走访慰问困难残疾人家庭89户，走访慰问金8万元，为残疾人270余人发放三险补贴270万元。城镇登记失业人员就业人数630人次，城镇登记失业率0.47%，困难人员就业人数504人次，创建充分就业社区群众满意度测评达95%，9个社区全部创建充分就业社区，全年未产生一例零就业家庭，完成了22个安置全市农村地区劳动力就业任务，就业工作位列东城区第一梯队，被评为北京市就业创业工作先进集体。完成 95岁以上高龄老人药费报销10.68万元；发挥地区2个养老照料中心和2个养老驿站的作用，丰富敬老爱老资源和方式，2个养老驿站开展小棉袄巡视探访项目，为辖区有需要的老人30人配备E伴独居老人呼叫器；全年完成近150人次的慈爱嘉失能老人照护者培训，加强老人的自护、自救、照护能力，指导监督协助各社区、养老驿站、养老院开展各类敬老月系列活动；根据东城区养老智慧平台各项数据进行服务督办、服务处理、投诉处理、抽查回访、驿站监管评分等监管事项，2家养老驿站

10月，安定门街道开展百街千巷整治工作（孙建波摄）

共提供助餐、文化娱乐、健康指导等养老服务4200人次。丰富地区百姓文化活动，在春节、元宵节等重要时间节点，组织活动12次，惠及群众2400人次，组织举办第三十二届文化艺术节及东城区群众文化展演季系列演出；举办第八届钟鼓楼杯象棋比赛，活动已经成为东城区一街一品特色体育活动之一；组织开展安定门街道第十二届“和谐杯”乒乓球赛，举办第十九届地区综合运动会，地区35支代表队、运动员1000余人参加比赛。

（张宏）

【社会治安综合治理】2018年，街道办事处做好两节、全国“两会”、中非论坛北京峰会等期间安保维稳工作，启动等级防控67次，出动专业警力3100人次，发动群防群治力量6.85万人次，其中巡防队员1580人次，治安志愿者5.99万人次，其他6980人次。开展重点人、矛盾纠纷排查6次，召开禁毒、安全生产专题部署会等16次。投入29万元完成在京湘福苑小区、东公街64号院20个单元门试点建设任务；开展各类宣传活动发放宣传品4400份，1.2万人次受益。开展消防安全联合检查行动 56次、专项检查298次，出动人员2310人次，检查重点单位11家，各类单位1370家；对辖区11处重大挂账整改单位开展多轮次复查；完成156家单位参保安责险，超额完成全年任务；组织企业负责人和安全生产管理人员，共415人参加培训；组织安全生产检查4327家次，完成率145%，整改率100%；为地区60岁以上家庭安装火灾探测报警器5142户。2018年共受理网上群众来信来访105件次、202批次348人次，全年安排处级领导接访下访146人次，接待群众来访56批次、112人次。

（张宏）

【社区建设】2018年，街道办事处搭建社会力量参与社区建设的动员平台，委托专业社会组织，举办街道第一届社会组织洽谈会；开展居民微自治 文化促和谐院落营造项目。完成方家胡同2个院落硬件改造、成立院管会，院落文化上墙等；打造知心街坊话疗志愿者服务团队、和谐社区锦上添花为老服务项目等特色社区治理品牌。启动小巷管家模式。制订胡同居民公约，引导居民自律；搭建商居互动平台，加强融合互动，上岗小巷管家73人累计巡访约4.4万小时，处理各类事件1000件，其中解决事项800件，上报街巷长协调解决事项约200件。加大培训力度，强化群众工作能力，街道有持证社会工作师资格人员55人，持证人员达到社工编制人数的35%，做好社区换届选举调研，完善修订社区工作者制度、探索制订社区工作绩效考核。网格化社会服务管理。实行日提示、周小结、月通报制度，严格落实监督核查职能，提高办结率、满意率和回馈率，将案件办理情况纳入科室年度考核。2018年街道受理便民事项2798件，城市管理2.85万件，随手拍420件，街道内部小循环6657件。

（张宏）

【党建工作】2018年，街道办事处开展为民服务主题党日、共产党员献爱心等活动；在职党员1680人次参与街道周末卫生大扫除，各社区结合在职党员职业岗位、优势特长建立台账，确保党员到社区报到发挥实效；完成社区党委换届。梳理106项街道内设机构职责清单，创设社区专员破解服务群众最后一公里难题。完善工会组织，面向278家建会单位开展集体协商，完成职工2000余人互助保险参险，以农民工、户外劳动者等群体为重点对象，开展强基层、补短板、增活力工作，建设20家暖心驿站并完成上级验收。开展区域化团建工作，依托方家46号·社区青年汇，推出地区特色品牌活动，推进地区青少年精准帮扶工作。加强妇联组织建设，推进家庭文明创建工程，开展好邻居、最美家庭等评选活动。

（张宏）

【疏解整治促提升工作】2018年，街道办事处加强宣传动员，通过印制《一封信》、社区报、微博微信平台，发布街道“疏整促”信息150余条；建立工作微信群，加强与区相关部门的沟通、调度和统筹，做好定期总结通报和典型经验的积累；发挥社区、街巷长、小巷管家及群众的积极作用，实现部门联动，共同参与，共创共建、共治共享的良好社会治理模式。

2018年，街道“疏整促”工作共涉及5大类、11小项工作任务，涉及人口总目标数为4844人。全年街道完成工作目标数的104.4%，涉及人口5055人。

（张宏）

北新桥街道

【概况】北新桥街道办事处是区政府派出机构，位于东城区东北部，东起东二环路，南至平安大街，西依东四北大街、雍和宫大街，北到北二环路，面积2.62平方千米。设社区居委会12个。户籍人口3.04万户8.07万人，流动人口1.58万人，常住人口7.67万人，回族、满族、蒙古族等少数民族6236人。有中央、市、区属单位161个，私、民营企业4028个，商务楼宇18座，中、小学及幼儿园10所，医院3所，社区卫生站5个。辖区有著名的商业特色餐饮街——簋街及雍和宫、柏林寺、北新仓、通教寺等重点文物保护单位，北京市第一座以中水造景的生态水景园——南馆公园，有稻香村、吴裕泰等中华老字号知名企业，中石油、中青旅、北京移动等大型企业总部。完成街道管理体制改革，机构设置：综合保障办公室、党群工作办公室、社区建设办公室、民生保障办公室、社区平安办公室、城市管理办公室、簋街管理委员会办公室、纪工委（监察组）、综合执法队9个科室及5个事业单位。有公务员编制132人、实有126人，事业编制68人、实有46人，工勤编制6人、实有6人。

2018年，街道办事处加强城市管理，整治辖区31条街巷，完成雍和宫大街北段、青龙文化创新街区环境综合整治提升工程。建成海运仓社区养老服务驿站，实现辖区一公寓、一中心、三驿站（三和老年公寓，北新桥街道养老照料中心，小菊社区养老驿站、九道湾社区养老驿站、海运仓社区养老驿站），居家养老全覆盖。街道获北京市五四红旗团委、北京市家庭文明建设示范基地、北京市防灾减灾示范街道、北京市第十二届和谐杯乒乓球比赛优秀组织奖等，机关干部1人获得市级以上荣誉表彰。

（苏益鑫）

【城市管理】2018年，街道办事处完成煤改电取暖补贴报销2132户、254.54万元，启动煤改电、两增一更新工作，新增电表84户，新增电暖气139户、200余台，更新电暖气2600余户、6000余台。实施辖区31条街巷环境整治，拆除违法建设532处、1.20万平方米，封堵违规开墙打洞448处。完成雍和宫大街北段环境综合整治提升，拆除违法建设38处、1850平方米，封堵违规开墙打洞，修缮房屋28处、40间，恢复雍和宫大街历史风貌。完成青龙文化创新街区项目，承接年度北京国际设计周暨创意点亮北京活动，建成雍和广场、雍和花园、北入口、东入口等特色点位。完成地区防汛应急工作，成立防汛抢险队4支、97人，解决房屋坍塌漏雨、路面坍塌积水等汛期应急事件26起。加强簋街长效管理，完成簋街238家商户一户一档建档工作，办理商户事项审批134件，约谈违规商户100余家。开展簋街违法停车专项整治，出动执法人员920人次，处罚违法占道停车627起，整治违法游商、沿街行乞等86起。加强环境执法，查处无证无照经营540起，清理地桩地锁497个、违规广告牌匾2108块、废旧自行车898辆。规范废品收购点532处，处罚环境违法案件346起49.16万元。深化垃圾分类，加大垃圾不落地宣传力度，组织垃圾分类宣传45场，印制各类宣传品3000份。处理网格案件2.49万件，其中城市管理案件2.04万件，便民事项3722件，回复率100%，结案率99.8%。落实河长制、湖长制，社区河长巡河100余次，街道河长巡查河湖30余次123公里，清理河岸周边垃圾2吨，打包树叶20余包。

（苏益鑫）

【民生保障】2018年，街道办事处受理保障性住房申请403户、公租房补贴申请87户、市场租赁住房租金补贴申请141户，办理市场租赁住房租金补贴领取121户，办理各类保障性住房资格变更210户、资格终止211户，完成各类保障性住房资格复审809户。建成海运仓社区养老服务驿站。提供居家养老助餐9.7万人次、助浴6200人次、家政服务2750人次、理发修脚1650人次、理疗按摩1150人次、日间照料480人次。辖区有90岁以上高龄老人443人，其中百岁以上老人12人，发放高龄津贴5168人次9.26万元。办理老年证659张，累计办理居家养老助残卡3449张，发放补贴3.21万人次324.14万元。有低保家庭791户、1339人，同比减少67户129人，发放低保金1387.56万元，发放低保家庭清洁能源自采暖补贴196户23万元，发放低保家庭用电补贴1614户次、3.54万元。开展救急难救助89人次、11.96万元，医疗救助372人次、23万元，因病致贫救助3人次、1.11万元，临时救助17人次、4.5万元。取消涉及群众办事创业各类证明、审批职权74项，全面梳理公示街道级政务服务事项103项。全年无零就业家庭，实现就业人数805人，完成全年就业指标与就业困难人员就业指标。有登记失业人员422人，登记失业率0.79%，办理灵活就业588人次，开发城市公共服务类岗位23个。有退休人员7665人，新增368人，办理新增退休人员医疗补缴368人，受理医疗手工报销242人次，办理失业人员退休手续26人，开具各类证明638份，受理清洁能源自采暖补贴836人39.7万元。城乡居民基本医疗保险参保6806人，新办社保卡704张，办理社保卡补换1685张，为各类参保对象变更定点医疗机构2008人次，办理参保对象信息变更311人，办理险种转换信息同步506人，协助办理异地退休人员资格认证163人，协助查询参保信息964次。新办残疾证54张，发放残疾人两项补贴1.34万人次、124.13万元。有新生儿685人，2018年计划生育率99.85%。办理生育服务登记557人次，办理独生子女父母光荣证33例，发放独生子女父母年老时一次性奖励501人、50.1万元、独生子女父母奖励费839人次、4.86万元，完成对87户、125人特扶失独家庭、133户、180人特扶伤残家庭的申请登记与年审工作，发放失独家庭慰问金、慰问品447人次、21.39万元。全年对629家单位开展劳动执法检查，涉及职工1.82万人，处理劳动合同案件1起、工资支付案件5起，追发工资15人、5.29万元。完善社区一刻钟便民生活圈，全年新增生活性服务网点15个，改造升级海运仓小区天泽祥便民综合体，设置九道湾社区便民菜站、民安社区便民菜车等。

（苏益鑫）

【社会治安综合治理】2018年街道办事处启动一级超常规社会面防控52天，动员部署守望岗、小巷管家、二环防护屏障等群防群治力量8万余人次。加强社会治安综合治理，摸排出租房屋3900余户，登记流动人口1.5万余人次，清理违法群租42户，拆除违规隔断22间，清退违规地下空间13处。加强安全生产监督管理，核查辖区原有在账生产经营单位6601家，核销4923家，确定实有生产经营单位1678家。针对辖区116家液化石油气使用单位，建立液化石油气使用安全报送平台。出动安全生产各类执法人员5600人次，检查单位2909家次，发现各类隐患1115处，约谈企业100余家次，查封20家，罚款60万元。为平房院落、简易楼配发灭火器4500具，更换燃气软管、减压阀等924户。加强信访矛盾排查化解，全年信访接待292人次，彻底解决重点人信访积案1起，在重要活动、会议期间，管控重点人33人。全年开展民间纠纷矛盾排查1838次，达成民间纠纷调处188件，其中达成书面调解协议33件、口头调解协议151件，出具终止调解协议4件，司法确认案件3件。加强兵役登记与民兵组织，完成适龄青年兵役登记223人，征兵6人，完成街道基干民兵整组264人，有常备民兵应急分队30人。

（苏益鑫）

【社区建设】2018年，街道办事处制订社工借调管理办法，修订抽调社区书记参会规定，完成社区现金余额清理。推进社区两委换届工作，对现任两委班子成员171人进行资格审查。成立“5yi”（议、仪、艺、益、义）社工能力建设平台，开展主题社工培训10次。启动社区微公益合作社项目，全年征集公益项目62个。加强社区社会组织联合会建设，引入5家专业社会组织参与社区治理，安排专职社工3人参与联合会事务管理。全年招录社工10名，组织社工参会社会工作师登记、再登记与补登记25人。规范小巷管家管理，将小巷管家纳入城市管理志愿服务体系，建立日巡、周查、月评、季分析制度，巡防社区环境15.86万小时。11人被评为区级优秀小巷管家，1人获得区级金牌小巷管家表彰。2018年举办新春联欢会、元宵灯会、街道文化节等大型文化活动30余场，覆盖12个社区、1万余人次。创建全民健康生活方式行动示范社区4个，举办第九届北新桥地区综合运动会、趣味运动会等各类文体赛事，直接参与8000余人。优化地区教育环境，审核通过非京籍适龄儿童入学50人，整治非法幼儿园2家、无证无照校外培训机构4家。开展红十字应急救护培训3期、131人次，发放各类救护手册500份。开展博爱在京城募捐活动，收到捐款10万元。

（苏益鑫）

【党建工作】2018年，完成街道管理体制改革。深化党建引领街道吹哨、部门报到机制，启动吹哨程序9次，实现区有关部门参与街道建设、社区治理。落实党员双报到，机关在职党员134人全部报到，街道接收单位党组织报到41个，社区接收在职党员报到2340余名。打造区域党建品牌，开展街道领导民情面对面48次，收集社情民意180余条。开展周末卫生大扫除32次6500余人次，清理楼门院落600余个、卫生死角800余处、垃圾杂物500余吨。在全街127个基层党组织、党员4671人中开展“两学一做”常态化制度化学习教育，开展“不忘初心 牢记使命”主题教育6期、群众工作法延伸培训6期。加强基层党建示范点建设，举办各类党建活动、参观交流50余次2000余人次。全年完成干部选拔23人，发展预备党员7人，转正党员11人，组织入党积极分子培训班3期16人。成立非公党支部5个，返还非公党组织党费14家162万余元。建设宣传阵地，发行《北新桥风采报》12期，发布政务微博2863条、政务微信180条。市、区媒体刊登各类稿件148篇。全年办理人大建议、政协提案、党代表建议8件。完成人大代表联络站建设12个，开展人大代表接待选民活动9场近200人次，收集社情民意97条。完成区人大代表补选工作，选民5367人参与选举，投票率96.9%，赞成率99.4%。发挥海巢HOT·社区青年汇旗舰店作用，接待广东团省委、全国县级团委书记培训班等参观交流活动16次，开展青年主题活动110场1780人次。成立海巢青年服务队等志愿服务队伍5支，开展志愿活动36场600余人次。完成独立工会、联合单位建会41家，建设暖心驿站26家，新增工会会员1063人。

（苏益鑫）

【疏解整治促提升工作】街道办事处完成疏解整治促提升工作，涉及人口变化7463人，完成2018年年初任务量的118.7%，其中拆除违法建设1.25万平方米，涉及人口变化1899人，完

9 月 26 日，青龙文化创新街区正式开街（马天添摄）

成雍和宫大街北段、青龙文化创新街区等31条街巷环境提升。整治占道经营、无证无照及违规开墙打洞，涉及人口变化1664人。推进社会治安综合治理，清理地下空间、群租房、出租房、小旅馆等场所，涉及人口变化548人。加强直管公房管理，进行公房清理、居改商清理，涉及人口变化266人。落实保障房配租配售，涉及人口变化1101人。整治地区非法行医，涉及人口变化2人。利用腾退空间，建成海运仓社区养老服务驿站、九道湾社区便民菜站等。

（苏益鑫）

【雍和宫大街北段环境整治提升】2018年，成立雍和宫大街北段环境综合整治提升工程指挥部，区街主要领导调度，召开各级调度会、现场会10余次。确定雍和宫大街为在施工程综合监管样板街巷，试点标准化规范施工，严格围挡搭建、工程监督与项目公示。通过拆除违法建设、封堵违规开墙打洞，以及危房修缮重建、建筑外立面提升等措施，拆除违法建设38处1850平方米，封堵违规开墙打洞67处，修缮房屋28处40间，恢复雍和宫大街慢街素院、儒风禅韵历史风貌。

（苏益鑫）

【青龙文化创新街区开街】青龙文化创新街区地处中关村东城园核心区域，文化创意产业集聚，有歌华大厦、雍和大厦、东城文化人才创业园、圣唐古驿文化创意园、雍和宫小学等文化企事业单位。6月，街道办事处启动青龙文化创新街区项目，以青龙北环（青龙胡同、藏经馆胡同）为试点，开展胡同景观提升、公共空间改造、静态交通管理、架空线入地、公厕改造五大工程，建成雍和广场、雍和花园、东入口、北入口等多个特色点位。实施藏经馆胡同、青龙胡同单行方向，实现胡同全面禁停，协调育树立体停车场开放车位200个供街区居民使用。9月，承接2018年北京国际设计周暨创意点亮北京活动，青龙文化创新街区正式开街。

（苏益鑫）

东四街道

【概况】东四街道办事处是区政府派出机关。位于东城区东中部，东起东二环路西侧，南至朝内大街北侧，西依东四北大街，北到平安大街。面积1.53平方公里，有大街4条、胡同32条。设社区居委会7个，户籍人口1.7万户、4.58万人，常住人口约4万人，流动人口9746人，回族、满族、蒙古族等少数民族22个、4500万人。辖区有中央、市属单位91家，中、小学及幼儿园5所，医院、社区卫生服务站8家，国家、市级文物保护单位3处，中国工商银行、农业银行在北京分行各1个。设综合保障办公室、党群工作办公室、社区建设办公室、民生保障办公室、社区平安办公室、城市管理办公室、纪工委（监察组）、综合执法队8个科室。有公务员编制105人、实有100人；工勤编制5人、实有5人；事业单位4个，编制50人、实有36人。

2018年，街道办事处率先实施街道管理体制改革试点，将原有的25个科室和4个事业单位，精简为“六办一委一队四中心”。2018年开展周末卫生大扫除49次。出版社区报24期，推送42期，发布微博5000余条。全年在电视、纸质及网络媒体共刊载新闻613条，其中在中央电视台、北京电视台等电视广播媒体刊载97条，《北京日报》等报纸媒体刊登182条，网络媒体刊载334条。党建工作经验文章发表在市级刊物3篇、区级刊物2篇。街道工委被评为第十四届北京市思想政治工作优秀单位。街道办事处被评为北京市安全社区和首都环境保护先进集体。党建宣传片《荡涤尘埃花自来》获北京市“不忘初心、牢记使命”主题微视频三等奖。胡同花园花友汇获北京市第四届社会组织公益服务品牌金奖。

（张春梅）

【城市管理】2018年，街道办事处新建、改造“口袋公园”13处，新砌花池67个，胡同增绿700多平方米，通过社区“花友汇”自治组织，引导居民对花池及廊架进行认养，利用违章建筑拆除后的空间种植葫芦等绿植，打造东四四条39号胡同花园、“福禄巷”等微景观54处。利用胡同“周末卫生大扫除”清理出来的旧砖、门、窗、瓦、门墩等废旧物料，在东四六条43号建设“东四花友汇创意空间”，激发辖区居民参与公共空间改造热情。持续开展大气污染防治精细化管理试点工作，制订“社区环境保护工作考核办法”，依托平房物业管理公司24小时不间断巡逻，按环保要求严格控制扬尘。胡同实行生活垃圾不落地，定时、定车、定人、定段收运，随时清扫保洁。每天对胡同进行8次洒水降尘，日均出动洒水车辆8台、60余车次，用水40余吨。加大环保执法力度，建立14类污染源台账和4类辐射源台账。按照煤改电工作要求，更新平房区居民电暖气1172台，新增电暖气114台。细化网格化城市管理平台，设立24小时环境问题举报热线，定期召开城市运行调度会。全年区城市治理平台案件结案率99.8%，区便民热线平台结案率99%，街道城市治理平台结案率99%，在区城市管理考核和便民事项考核中综合排名第一。东四街道被北京市政府授予“首都环境保护先进集体”光荣称号。东四街道城管执法队荣获2018年北京市工人先锋号。

（张春梅）

【民生保障】2018年，街道办事处利用腾退空间补充居民需要的公共服务设施，新增便民菜站2个，升级改造便民服务综合体1个。建成东四七条养老驿站、豆瓣老年餐桌和“一刻钟社区服务圈”。失能照护托底扶助3800余人次，为辖区老年人提供助餐、助洗等服务6.5万余人次。协助472名失业人员实现再就业，“零就业家庭”动态保持为零。全年受理公租房150户，做好19户廉租补贴家庭的合同续签和补贴发放工作。为15名残疾人签订了劳动合同。解决劳资纠纷25人，追讨工资10.81万元。

（张春梅）

【社会治安综合治理】2018年，街道办事处全面落实安全生产主体责任。出动各类执法力量4908人次，检查生产经营单位2454家次，发现安全隐患832处，开具限期整改通知书559份，保证重大活动和重要时间节点地区安全稳定无事故。强化安全教育，全年入户200余家单位，安全生产培训企业从业人员403人。继续做好“煤改电”居民电取暖设备更新，累计更新及新增2690户，电暖器5027台，保证冬季用电安全。发挥各级人民调解组织作用，深入排查化解各类社会矛盾纠纷，处理突发事件和化解重大矛盾26起。继续推进“雪亮工程”建设，提升立体化治安防控水平。加强群防群治，有注册治安志愿者3622人，发动守望岗志愿者600人，增聘专业保安32名进行夜间巡防，完成全年重大活动和重要时间节点社会面安全稳控工作。清理整治违法群租房和地下空间散租户，全年治理挂账群租房38处，确保零反弹。东四街道被评为全国“扫黄打非”示范街道，豆瓣社区获全国“扫黄打非”进基层工作站示范点。

（张春梅）

【社区建设】2018年，街道办事处建立健全各项规章管理制度，完善对社区工作者队伍考核管理、激励奖励和监督约束机制，强化政治担当及责任落实。选派优秀正科实职干部7人担任社区专员，充实基层工作力量。社区专员主动融入社区，发挥桥梁纽带作用，协调解决社区各种困难和问题，当好党和政府政策宣传员、社区建设联络员、基层自治指导员、居民服务服务员、城市管理监督员。新招录社区工作者8人。推进二条社区、六条社区、七条社区3个办公用房未达标社区建设，加大社区服务阵地建设，打造传统与现代相融合的社区有形空间。成立东四街道社会动员中心，成为社会组织服务、文化服务、民生服务、社会动员四位一体综合服务平台。开展社区大舞台、话剧进社区、报春、清明忆家训、邻居节、美食节等文化活动，播放公益电影37场次，惠及居民647人次。开展全民健身活动，举办4次胡同迷你马拉松。根据群众需求，开设“福禄课堂”，设置包括葫芦彩绘及绳艺编织、葫芦器皿制作等36课时的教学，受众达1000人次。东四奥林匹克社区体育文化中心全年共接待各项活动居民9万余人次，为社区文化团队提供场地392场次，参与活动居民达2.78万人次。街道图书馆和社区图书室、电子阅览室为居民提供文化信息服务，藏书量2.14万册，期刊20种、报纸10

6月28日，市委书记蔡奇参加东四街道周末卫生大扫除（郝飞摄）

种，满足不同读者需求。

（张春梅）

【党建工作】2018年，街道办事处细化街道党建工作责任清单和任务清单。召开工委会44次，研究党建议题124次，领导班子过双重组织生活。理论中心组学习16次，累计完成48个学时。严格指导社区“两委”换届选举，7个社区党委一次选举成功。发挥2个优秀社区党委书记工作室传帮带作用。开展机关党员干部“每月一训”，每名党员集中培训52学时。处级领导、社区党委书记讲党课24场。街道机关10个党支部和13个非公党支部结对帮扶辖区低保特困家庭。全年接待信访12人次，落实政风行风举报1件，提醒谈话4人次，开除违纪党员党籍1人。做好基层党组织和在职党员“双报到”工作，共接收28家党组织、在职党员1371人，机关在职党员127人回居住社区报到。街道总工会举办劳动法律讲座、宣传102次，服务职工2760人次，受理劳动纠纷申请15件，调解成功10件。街道团工委组织团员回社区报到279人，参与社区活动502人次，累计服务时长55小时。成立东四街道街巷文明青年宣讲队，共宣讲10次，服务175人次。街道妇联建立邻里互助社区巾帼志愿服务队及支持网络，常态化为社区独居、空巢、贫困老年妇女及儿童进行志愿服务，服务400余人次，暖心帮帮团立足社区、面向家庭，获2018年全国妇联新时代“巾帼志愿者十大暖心故事”，1人获京津冀十佳银发达人。建立东四街道商会联合党委，打造全区首家非公企业暖心驿站和街道暖心驿站。通过“实体工作室+服务功能中心+创新特色宣传展示”三位一体方式打造街道党建服务中心，全年接待中组部调研、中央及市属媒体30余家，全年开展活动288次，服务8860人次。为冬季户外一线工作者送去暖心服务，服务508人次。

（张春梅）

朝阳门街道

【概况】朝阳门街道办事处是区政府派出机构。位于东城区东中部，东起朝阳门南大街，南至干面胡同、禄米仓胡同，西依东四南大街，北到朝阳门内大街。面积1.24平方千米，有主要大街4条、胡同23条。设社区居委会9个，户籍人口1.5万户4.4万人，常住人口5.1万人，外来人口7000人。有回族、满族、蒙古族、壮族、朝鲜族等少数民族。辖区驻有中央机构编制委员会办公室、国务院新闻办公室、国务院发展研究中心等重点单位，北京市方圆公证处、北京市广播电视局等市属单位。主要商业区为东四南大街，朝阳门SOHO、三友商场等100余个商业网点。有医院、大专院校各1所，北京二中、史家胡同小学等中、小学校6所，幼儿园1所。机构设置8个：综合保障办公室、党群工作办公室、社区建设办公室、民生保障办公室、社区平安办公室、城市管理办公室、纪工委（监察组）、综合执法队。有公务员编制86人、实有77人，工勤编制 2人、实有2人，事业单位4个，编制51人、实有39，行政执法专项编制19人、实有15人。

2018年，街道办事处。推进双报到工作，常态化开展周末大扫除。获北京市我与改革开放故事征集活动优秀奖。推进疏解整治促提升工作，重点打造示范类街巷新鲜胡同，形成具有地区特色的胡同景观。建成和规范提升各类便民商业网点62个，实现商业便民服务基本功能全覆盖。开展安全社区创建，获北京市安全社区称号。推动东四南历史文化精华区建设，建立东四南文化精华区治理创新平台，推进东四南微空间提升项目。街道礼士社区礼士胡同环境服务志愿队获得首都优秀环保公益组织称号。

（李岁竹）

【城市管理】2018年，街道办事处协调城区供电局完成4户居民煤改电新增峰谷电表的安装，组织6户居民购买并安装电暖器11台。开展地区坑洼院落改造工程，39处院落全部于主汛期前完工，共消除积水面积6791平方米，涉及房屋516间，惠及居民302户。启动朝内大街216-218号院老旧小区改造项目，对院内176户居民开展整治需求调查，编制《朝阳门街道老旧小区综合整治试点工作方案》。推进地区停车秩序整体改善，继续以朝阳门SOHO、银河SOHO为依托分别面向居民提供400元/月的全时停车位220个和260元/月的错峰停车位450个；完成西辅路交通秩序改造项目，新建隔离带1500米，外立面粉刷530平方米，整修破损步道300平方米，规范公共服务设施36处，新增绿植3000平方米。开展辖区交通疏堵以及静态停车的推进工作。对史家和内务部街2条胡同施划停车位130个。筹建胡同停车自管会。核查地区140家用水单位，发放年度用水指标，开展世界水日、中国水周宣传活动。组织社区、平房区物业防汛演练，入汛前对存在安全隐患的84棵院内树木集中修剪。对地区32处人防工事及四类危房进行汛期排查。降雨期间共检查胡同平房1961间、普通院落196个、重点低洼院落6个、重点地下空间4处、排查排水设施263处、清理疏通堵塞隐患57处。组织相关科室、各社区和区环卫中心有效应对空气重污染预警5次，开展民防志愿者安全技能拓展培训2次。在地区开展国际民防宣传日活动，发放防震减灾宣传手册200余册。配合有关部门做好街区规划的制订及辖区土地资源的摸排调查。

（李岁竹）

【民生保障】2018年，街道办事处完成674户保障房资格复审，经济适用房、限价房119户摇号选房，发放公租房、廉租房181户选房通知单；

办理入住手续91户。完成便民商业点位、蔬菜零售网点情况及新建或规范提升便民商业网点信息统计，9个社区实现商业便民服务基本功能全覆盖，建成和规范提升蔬菜零售、早餐、便利店等各类便民商业网点62个。开展退役军人信息采集109人次。为268户、437人累计发放最低生活保障金414.74万元；为243人次生活困难人员进行医疗救助，累计发放救助款49.49万元。开展大学生教育救助10人1万元。办理老年证198张，发放养老助残补贴154.22万元、90岁高龄津贴25.94万元。开展春风送暖活动，募集善款1.37万元。为78户计划生育困难家庭和独生子女意外伤亡家庭送慰问金7.55万元。为39户失独家庭发放节日慰问金1.17万元，委托项目方入户走访13户失独家庭。落实暖心计划，发放扶助卡117张，暖心卡 51张。为辖区679个居民办理计划生育家庭安康计划保险。深化长期进院、短期驻站、居家入户养老工作思路，为政府托底保障的老人177人建立档案，为8户特困老人家庭提供精准帮扶，2018年开展居家养老服务惠及2.5万余人次。完成残疾人514人两项补贴录机，享受残疾人生活补贴165人、护理补贴429人。2018年实现就业人数304人，接收失业档案381份，为失业人员240人办理灵活就业享受社会保险补贴手续，为有求职意愿的失业人员763人提供了职业指导服务。空岗信息采集1722条，帮助困难人员245人实现就业，实现创业34人，带动就业143人。

（李岁竹）

【社会治安综合治理】街道办事处完成2018年各重点时期、重大活动期间、节假日期间安全保障工作，累计发动居民和社会单位志愿者5万余人次。组织民兵守桥4次，累计发动民兵200余人次。强化科技创安手段，利用雪亮工程搭建辖区治安防护网络，新安装监控探头16处。清理非法群租房40户，涉及人口380人。完成多合一场所动态清零。开展七五普法宣传，调解处理民事纠纷101起，指导社区调解76次，开展法律咨询60次，举办法制讲座、演出10次，为9个社区配齐法律顾问。开展文艺演出2次，制作展板4期，选送朝西社区舞蹈队节目获得全国防范邪教广场舞大赛第一名。开展安全生产检查4234家次，排查隐患729条，开具限期整改通知659份。检查地下空间20余处。督促企业发挥安全主体责任，与生产经营单位签订责任书300余份，动员企业投保安全生产责任险104家。加强火灾隐患整治力度，开展4次可燃物清理200车，湿化绿地面积累计5万平方米。信访工作开展矛盾排查10余次；接访101件、149批次、180余人次，接收上级转交来访件26件、78批次，纸信3件，网信7件。围绕惩治非法集资、国家安全日、安全生产月、烟花爆竹禁放、信访宣传日、禁毒、征兵、防灾应急、依法养犬、反邪教、普法等活动开展集中宣传咨询40余次，参与居民和社会单位职工超过3万人次，发放和张贴宣传材料4万份，签订烟花爆竹禁放承诺书1500余份。开展专家服务企业活动，为辖区10余家小微企业进行安全风险评价；开展安全生产培训，培训企业员工400余人。在社区、小学、菜市场等开展应急演练活动6次，开展培训4次。

（李岁竹）

【社区建设】2018年，街道办事处公开招聘社区工作者7人。加大社工队伍培训力度，通过购买专业社会组织服务，组织开展社工能力建设项目和社工心理建设项目各1次。组织召开牢记社工心 建功新时代社工日主题沙龙活动。通过引入专业支持性机构开展联众家园筑享计划，动员、辅导、支持居民开展金点子自治服务项目。指导社区专员了解社区民意，按照沟通协调、组织发动、督促指导的职责要求，发挥好领航员、联络员、组织员、指导员、服务员五大员的作用。建立《朝阳门街道办理社区专员反映疑难问题实施办法》。加强对社区专员的理论指导，印制社区专员工作日志，便于社区专员入户记录。设立工作台账，分解工作指标，量化工作内容。进一步推进文化共同体建设。社区文化生活馆举办春节庙会、读书日活动、《当我像你一样》展览、内务朗读者等系列活动。史家胡同博物馆举办东四南老照片展、胡同微花园展览，开展浪漫七夕音乐会、胡同文化系列讲座及论坛。举办朝阳门街道新春音乐会、社区民俗文化庙会活动、朝阳门街道群众文化展演季。组织辖区居民参与北京国际设计周朝阳门分会场开幕及“朝阳门TALK”活动。制订并实施《朝阳门街道文化组织员管理规定》，开展社区文化组织员培训。打造朝内头条社区睦邻驿站、朝西工坊，完善社区文化空间布局，推进社区文化空间建设。组织居民参与餐桌上的40年——庆祝改革开放40周年主题征文活动启动仪式。举办和谐杯乒乓球比赛。联合国安社区举办安心常在 舞动京城广场舞大赛朝阳门赛区海选赛。开展社区健身项目展示活动、看身边的变化城市定向赛。史家胡同文创社深度挖掘胡同历史文化，开发设计史家胡同群英传系列文创、朝阳门党建文创、廉政文创、社区建设文创、百街千巷文创等，挖掘推广社区艺术家15人。礼士传习馆打造礼士胡同礼文化，举办百幅老礼儿画展、礼士胡同户外微花园学礼堂及系列传统文化活动。

（李岁竹）

【党建工作】2018年，街道办事处开展街乡吹哨、部门报到工作，完成街道管理体制改革。推进双报到工作，40个党组织、在职党员1100余人到街道、社区报到。常态化开展周末大扫除，2678人次参与。做好社区党组织

5月8日，朝阳门街道妇联举办“画胡同说变化”画展（党群工作办提供）

换届选举，9个社区全部一次选举成功。新成立非公企业党组织1个，撤销基层党支部3个，调整党组织设置11个。组织开展党员全员培训、基层党组织书记轮训和群众工作法延伸培训，开展集中学习7次，覆盖3500余人次。做好600余人次困难党员帮扶慰问。新发展预备党员12人，预备党员转正12人。落实党员E先锋平台使用及培训，推动党建文创，新建立党建新潮头、乐衔薪传、礼享征程等基层党建品牌。完成年度公务员、事业单位录用和老干部服务工作。完成党建指导员招聘任务并与聘请人员签订协议，实行一年一聘，并进行岗前培训。依托红云东城开展党员管理，2018年在网上开展活动6次，报道信息12篇，网上缴纳党费8812元。组织开展理论中心组学习25次，共计100学时。持续开展红色讲坛、百姓宣讲、小太阳记者团、和谐邻里文化节活动。加大对街道文明单位、文明社区的管理力度，礼士社区、新鲜社区被评选为首都文明社区。发放核心价值观宣传折页2000余份，张贴公益海报1000余份，组织开展寻找身边美好公益项目系列活动、百幅佳作记录百街千巷故事巡回展，为地区妇女儿童提供贴心服务。开展各类特色青年活动20余次，累计参与1000余人次。建立朝阳门街道侨联志愿服务队，参与各类服务活动志愿者100余人次。完成街道12人赴台互访交流活动和台湾高雄市盐埕区参访团来访接待。成立朝阳门街道商会联合党委，选举产生联合党委委员。

（李岁竹）

【疏解整治促提升工作】街道办事处完成2017年环境整治提升项目收尾和竣工报验。史家胡同、内务部街、礼士胡同通过市级“十无”验收，朝阳门南大街，前拐棒胡同通过区级验收。实现史家胡同、内务部街强弱电整体入地，累计入地缆线3公里，完成演乐、大方家、小牌坊等20条胡同弱电入地。结合胡同环境整治，协调供电和通信等部门开展电力墙（地）箱及通信设备挪移，共挪移墙地、箱11处，通信设备2处。提升地区16条街巷，重点打造示范类街巷新鲜胡同，在胡同东、中、西段分别设置LOGO景观、新鲜文化墙和城市绿地花园，形成具有地区特色的胡同景观。启动南水关等4条胡同142处违法建设拆除，2018年共有106处违建开拆，已完成拆除94处。加强街巷长日常培训，提升解决实际问题能力，着力解决辖区环境问题。有序开展疏非控人专项工作，配合朝阳门房屋管理有限公司开展直管公房转租转借和居改商整治，其中清理转租转借4户、商改住18户、清退外来人口40人。

（李岁竹）

建国门街道

【概况】建国门街道办事处是区政府派出机构。位于东城区东中部，东起二环路与朝阳区建外街道相接，南至明城墙外、北京站与东花市街道为邻，西依崇雍大街与东华门街道毗连，北至干面胡同、禄米仓胡同与朝阳门街道接壤。面积2.66平方千米，有主要大街8条，胡同72条。设社区居委会9个，户籍人口2.03万户、5.67万人，常住人口4.44万人，流动人口1.59万人，回族、满族、蒙古族等少数民族2400余人。辖区有中央、市属单位359个，大型商务楼宇28栋，学校8所，三甲医院2家。有古观象台、智化寺、亚斯立堂国家级文物保护单位3个，市级文物保护单位8个。11月，街道进行机构改革，改革后设六办一委一队四中心。内设综合保障办公室、党群工作办公室、社区建设办公室、民生保障办公室、社区平安办公室、城市管理办公室、纪工委（监察组）、综合执法队8个科室。公务员编制157人、实有142人，工勤编制5人、实有5人，事业单位4个，编制62人、实有45人。

2018年，街道办事处开展不忘初心 圆梦同行主题征文活动，编印《初心集》500册，制作街道机关文化墙，打造工委书记与青年干部面对面活动品牌。利用拆迁滞留地累计提供1.2万平方米优先用于建设居民停车场，提供机动车泊位1000个。各项重点工作和特色活动在中央广播电视总台、《人民日报》、北京电视台、《北京日报》等媒体宣传报道406篇次；累计发布新浪微博1356条；发布头条号文章42篇；发布微信公众号文章418篇；新建七彩建国门抖音号，录制发布6条短视频，其中最高一条浏览量达6.3万次；编发《建国门生活》报19期。

（赵丹琦）

【城市管理】2018年，街道办事处坚持开展周末大扫除活动，持续清理胡同、平房院落和楼房区卫生死角，并逐渐向秩序维护、车辆管控延伸，累计开展活动28次，参与1286人次，党员1153人次，28个党支部参加义务劳动，共清理院落113个，卫生死角207处，清运垃圾193车，码放自行车1200余辆。排查汛期、大风等极端天气下危险树木安全隐患，做好辖区树木修剪、枯树伐除及病虫害防治管理。健全环保督办件接件办理流程，全年处置环保案件103起，清查锅炉单位上百家。购置微型消防车，建立网格消防巡查循环流程。加快生活性服务业网点建设进度，新增便民网点30家。稳步推进北极阁头条、后椅子胡同次支路建设房屋征收工作，房屋征收居民签约全部完成，签约率达100%。推进垃圾分类信息化，新建1个垃圾分类体验馆和4个绿色生活驿站，实施垃圾分类积分制，建立东城区首个大件垃圾资源化就地处理站，实现大件垃圾就地变废为宝，减少地区垃圾总量，并缩短运输距离。做好汛前准备、排查、宣传及演练工作，严格落实汛中值班、预警及突发情况抢险工作，及时处置顶银胡同东口电力设施打火险情、赵家楼胡同5号门前路面塌陷险情等突发事件，提前消除东堂子2号楼危房安全隐患。

（赵丹琦）

【民生保障】2018年，街道办事处完成公租房新申请家庭183户、公租补贴新申请家庭11户、市场租房补贴新申请家庭28户。开展保障房选房和复审工作，累计向145户保障房申请家庭发放东小口、燕保、郭公庄等14批次选房通知单。对66户已备案市场租房补贴家庭进行年审。开展公租房补贴年度审核，共计241户。开展廉租房实物年度复审，共计269户，其中廉租房资格家庭85户，公租房资格家庭184户。19户符合廉租住房租金补贴家庭签订补贴，对复审不符合的家庭办理终止，并为其介绍市场租金补贴政策。为20户新备案通过的市场补贴家庭签订合同并办理补贴发放。管理低保人员510人，299户，累计发放低保金601.79万余元。报销医药费254人次，报销金额70.57万余元。特困人员19人，补贴发放26.85万余元。为5268人办理医疗保险参续保手续，为167人办理医疗保险减员手续，为282人办理医药费报销手续，总报销金额103.38万余元。为新参保人员291人办理社保卡。管理社会化退休总人数5284人，档案总数5355份，其中超龄档案440份。为退休人员36人办理丧葬费补贴手续，为34人办理退休相关手续，大额医疗补缴238人，发放医保存折68份，协助188人办理异地养老资格认证手续。全年受理清洁能源自采暖补贴申请945人。联合建国门社区卫生服务中心，建立地区医养结合养老体系，完成赵家楼社区养老驿站建设，新建外交部街老年餐桌。累计慰问退休重病、高龄、党员等重点服务对象460余人。重点加强地区失独孤老8人帮扶力度，定期家中看望。为失独老人17人办理公园年票。为45户失独老人订《法制晚报》。开展专场招聘会，惠及近50家企业、失业人员600余人次。做好劳动监察日常巡查和专项检查，追回薪资36万余元。登记失业人员实现就业475人，就业困难人员实现就业346人，城镇登记失业率0.55%，无零就业家庭。走访跟踪服务用人单位194户，服务582次。累计采集空岗1888次，实现创业71人，带动就业238人。春节期间慰问社区严重精神病障碍患者20人，办理严重精神病障碍患者看护补贴182人，完成4804户家庭签约入户摸底调查。做好残疾人各项权益和社会保障落实，发放社保补贴3292人次、159.83万元，开展两节走访慰问残疾人161人次，发放慰问金10.65万元，举办各项慰问残疾人活动参与411人次，购买活动慰问用品1.8万余元；开展精准康复服务8000人次。办理各类残疾人事项2472项；接待咨询2350人次，残疾人三险补审核发放279人次，153.77万元。为残疾人登记免费花洒安装170余个，开展爱相随家政服务29人，解决残疾人法律咨询问题30人次。为老年人家庭45人拍摄全家福。开展残疾人专职委员团队训练38次。完成非本市户籍适龄儿童少年入学审核工作，设立集中办事窗口，接待现场咨询100余人次，30人通过资格审核。完成43对孕前优生健康检查。接待计生咨询（窗口、电话）2600余人次；发放独生子女死亡家庭特别扶助12人，共12万元；录入失独家庭68人，伤残家庭126人，家庭信息1.64万条。全年举办早教课13堂次，惠及地区0-3岁婴幼儿160余人。

（赵丹琦）

【社会治安综合治理】2018年，街道办事处开展11条胡同联合执法，清退违规商户53家。加大群租房和地下空间清理整治力度，整治违法群租房52户，影响人口1042人。完成保障房配租配售185户，影响人口460人。提前完成占道经营整治、无证无照整治全年工作任务。在群租问题突出的5个楼院、22个单元门安装智慧门禁服务系统。依托微型消防车建立网格消防巡查循环流程，实现消防安全实时监控。做好全国“两会”、中非论坛北京峰会、北京市“两会”等重大会议活动的安保维稳。加强社会面群防群治力量部署，社会面一级超常规防控启动期间，每日发动各类安保值守力量近3000人次。2018年登记录入信访事项121件，其中来访68件次121批次、221人次，网上信访30件、36人次。及时受理率和按期办结率均为

2月4日，建国门街道鞭打春牛活动（孔彦青摄）

100%。集体访3件次38人次。处级领导干部参加接访21件次、19批次、51人次。未出现规模性越级访、群体性事件、个人极端行为等情况。开展各类矛盾排查22次，发现苗头3起，化解3起，化解率100%。

（赵丹琦）

【社区建设】2018年，街道办事处在原有7个社区基础上，新增崇内社区、东总布社区。在全区范围内率先组织社工任期综合测评，对160名在职社区工作者开展综合民主、能力素质及心理三方面测评，全年举办社区人才队伍建设培训班累计课时达104小时。在立春文化节前后，举办迎春送暖、立春民俗庙会、讲好中国故事及民俗趣味运动会等活动20余场次，参与人数超5000人次。

（赵丹琦）

【党建工作】2018年，街道办事处理论中心组（扩大）学习45次，组织不忘初心 圆梦同行主题征文活动，收集征文141篇，结集印制500册《初心集》，并通过报纸、微信、微博联动宣传，设计制作机关文化墙。围绕纪念马克思200周年诞辰，组织11批次、700余人观看电影《青年马克思》。围绕改革开放40周年，结集制作200册《让梦想照进现实——建国门街道改革开放40周年》图文集。加强胡同文化挖掘与传承，开展一系列调研走访、撰写一批专栏文章、拍摄一批微纪录片、排演一批原创节目“四个一”专项任务，通过报纸、微信、微博连载方式讲好胡同故事。邀请胡同专家以文化讲座加实地探访形式，先后组织热心读者、辖区居民300余人开展7次胡同文化寻访，并在《北京青年报》整版刊登寻访内容。开辟“疏整促”、百街千巷等专栏。完成适龄青年189人兵役登记。新增工会会员1745人，建设爱心饮水点、爱心理发等户外劳动者服务点。举办最美家庭宣讲，儿童安全自护及青少年交通安全等系列活动。开展法制讲座、设立法治宣传站向居民宣传法律知识，提供法律服务。邀请法治志愿者开展法治讲座，解答居民有关继承、离婚财产分割、老人赡养等法律问题40余次。元旦、春节期间走访慰问困难党员84人，慰问老妇救会主任、单亲困难母亲、纯老年人家庭困难妇女20人。

（赵丹琦）

【疏解整治促提升工作】2018年，街道办事处稳步推进违法建设拆除专项行动，拆除毛家湾、贡院、苏州片区、大羊宜宾、东总布、北总布、柳罐等地区及金宝街南侧等部分违法建设97处、2.09万平方米，封堵开墙打洞260处。开展11条胡同联合执法，清退违规商户53家，影响人口66人。持续加大群租房和地下空间清理整治力度，完成地下空间清理7处，整治违法群租房22户，影响人口1042人。完成保障房配租配售185户，影响人口460人。完成占道经营整治、无证无照整治9处，影响人口30人，同时加大执法力度，防止反弹。稳步推进37条街巷环境提升，打造西总布胡同、外交部街精品示范类街巷。利用1000余平方米的社科院拆迁滞留地，建成北京市首家快递集中分拣点，用于统一集中辖区中通、圆通、韵达、德邦、优速等7 家快递企业分散的分拣点，解决长期困扰居民的快递扰民问题。建国门街道“疏整促”工作累计影响人口7289人。

（赵丹琦）

【改善区域交通秩序】2018年，街道办事处成功打造西总布“JING”彩胡同，实现西总布胡同单行禁停。统筹规划西总布片区交通导行设计。联系区交通支队，在东单北大街增设中心隔离护栏，加设人行横道，解决车辆违规掉头、停放和行人乱穿行等问题。委托北京市市政专业设计院对西总布片区及周边区域开展专业综合交通整治，全面调查交通组织、交通流量和停车状况，并研究制订西总布片区路网交通整治项目实施方案，对10条主、次道路的交通导行进行重新合理规划。开展苏州、崇内社区车主车位分配集中摇号，最大限度满足居民停车需求。

（赵丹琦）

东直门街道

【概况】东直门街道是东城区人民政府派出机构，位于东城区东部偏北、东二环路以东。东以春秀路、工体西路为界，与朝阳区三里屯街道相接；南以潘家坡胡同、吉市口八条北侧为界，与朝阳区朝外街道交界；北以香河园北街、柳芳南里为界，与朝阳区左家庄街道、和平街街道相接；西以东二环路为界，与东城区东四街道、北新桥街道相邻。辖区面积2.2平方千米，街道5条，胡同20个。设10个社区居委会，户籍人口1.88万户、5.29万人，常住人口1.76万户、4.74万人，流动3371户、1.22万人。有少数民族21个3756人，其中以回族、满族和蒙古族为主。驻区中央单位7个，市属单位7个。辖区有大学1所，中学3所，小学4所，幼儿园2所。医疗卫生机构5个。清真寺1座。10月街道管理体制改革，内设机构调整为：综合保障办公室、党群工作办公室、社区建设办公室、民生保障办公室、社区平安办公室、城市管理办公室、纪工委（检查组）、街道城管执法队。公务员编制89人、实有人数86人，工勤编制4人、实有人数4人，新设4个分中心为事业单位，实有人数40人。

2018年，街道办事处认真落实《街道2018年工作目标责任制（折子工程）》，持续提升城市环境品质，扎实推进地区经济、文化建设，创新社会治理和社会服务，全力维护地区安全稳定。结合机构改革新岗位设置，对街道机关内部办公场所进行功能调整，在一层大厅放置居民办事服务指南，每层设置“一办一室一牌”，方便居民办事，并设置居民接待室。完成新中街社区养老服务驿站建设，为东直门街道首家A级驿站，是康、养、医三位一体医养结合试点，面积2200平方米，是集生活照料和康复关怀为一体的多功能综合性服务型驿站。推进家园计划实施，及时启动问需提案。街道成立社区议事会10个、网格楼宇议事会87个，议事代表575人。初审项目18个，16个项目通过复审。最终10个家园参与式项目和4个公益金项目获得通过，投入资金47.20万元。在香河园北里社区举行创建花园式社区启动仪式，社区多次举办小型交流分享会和志愿宣传活动。街道被评为2018首都绿化美化先进单位。

（马存智）

【城市管理】2018年，街道办事处全面完成新中街、新中西里、工体北里、潘家坡4号院、东营房八条等老旧小区环境建设任务。完成胡家园东区综合整治改造项目、热力交换站主体工程、热力管线改造。组建社区河湖巡查小分队，出动社区工作者370人次，机关干部210人次，清理大件废弃物若干处；加大河岸边各商户巡查力度，整治污染物排放及大件废弃物的堆放；加大与综合执法组、城管分队、社区工作协调配合，形成工作合力，巩固河湖工作成果。培训污染源普查员20人，对辖区内130台锅炉、38家工业企业、281家餐饮企业、43家辐射源企业进行全面摸底清查。检查工地40余次，出动检查人员200人次，严格监督各工地施工标准，控制扬尘等污染，督促施工方做好工地苫盖、洒水降尘等措施。建立并持续完善污染源台账，并对辖区内污染源进行日巡、周查、月更新，严格落实北京空气重污染应对措施。对养护范围内的绿地进行全面清理，为防治美国白蛾，在辖区各小区悬挂诱捕器45个，喷洒农药40余车次，出动人员100余人次。做好防汛工作，针对汛期可能出现的不同险情，确定8支专业抢险救灾队伍，共计498人，包含公安抢险队、武警抢险队、物业抢险队、危树抢险队、危房抢险队、工地工程抢险队、机关防汛力量、社区防汛力量等，落实责任分工，加强汛期值守。在汛前对防汛物资进行购置、盘点，配备燃油抽水机、水泵、雨衣、雨靴、水桶等16类防汛器材，共计636件。首次建立防汛工作预警微信群，召集机关、社区、公安、武警、危房、危树、工地负责人、通讯员38人入群，汛期发布暴雨、强风等气象类预警27条，整个汛期，地区各支防汛力量，汛期抢险、抢修累计出动1743人次，预警期间各单位依照预案，在岗在位，坚守一方平安。

（马存智）

【民生保障】2018年，街道办事处受理各类保障房申请家庭212户，备案家庭193户，资格复核33批次417户。已入住保障房家庭128户、320人。有低保户382户，享受低保人数587人，其中城市特困人员1户、1人，三小人员2户、2人，重残补助人员21户、23人。全年申报审批新增低保2户、5人，停发50户、65人。全年累计发放低保金604.11万元；发放医疗救助132人次、48.73万元；为困难人员申请临时救助23人次、7.29万元，为低保人员办理清洁能源自采暖补贴67人次、8.74万元；为因病致贫人员申请慈善救助11人次、39.59万元。年度高等教育新生救助8人，发放上年度爱心成就未来——高三学生救助金1.2万元。慰问社会救助对象533户、815人、8.8万元。为残疾人办理残疾证89人，保险补贴135人、38.95万元；残疾大学生助学金7人，2.87万元；儿童康复补助6人，区直接拨款；入住农疗机构1人、5520元；儿童福彩康复1人、1.2万元；临时救助0人；燃油补助204人、5.3万元；接待信访维权108人次。开展残疾康复活动48 次，800余人次参加。为残疾人开展技能培育就业项目590人次，间接受益人数120人，就业率达到60%。办理生育登记428例，其中一孩登记276例，二孩登记152例。办理流动人口两孩以内生育登记66例，再生育行政确认6例。办理独生子女父母光荣证23例，为846人发放独生子女父母奖励费4.93万元，发放独生子女父母一次性奖励20.2万元，发放特扶家庭一次性经济帮助2万元，办理新生儿出生上报369人。开展0~3岁婴幼儿早期教育活动80次，庆“六一”大型亲子运动会1次。进行养老院消防改造和环境提升，升级后的养老院有房间17间，分为自理区、护理区、失智区3个区域，可容纳老年人50人入住。建成智慧养老综合服务平台，实现“六库六系统”功能，包含监控系统、呼叫系统、订单交易系统、管理系统、统计报表系统及定位系统，通过智慧平台的监控系统，可随时进行数据汇总和服务监控，对运营商进行监管、考评，对服务投诉进行处理，实现养老项目精细化、管理智能化，打造智慧养老新模式。做好辖区托底、扶助两类老人的信息管理工作，建立10个社区托底、扶助老人的基本信息台账。社区养老服务驿站为辖区内托底、扶助两类老人提供按摩服务共计1437人次、入户保洁服务685人次、修脚364人次、理发370人次、擦玻璃215人次，清洗油烟机165人次、足底调理74人次、测量血压血糖52人次、上门做饭27人次、上门洗衣服14人次、陪同外出15人次、上门助浴14次、代购物品14人次、陪同就医3人次，满意率达100%。街道登记失业人员实现就业248人，城镇登记失业率0.82%，困难人员就业326人，实现创业59人，带动就业216人。推动辖区非公有制企业和30人以下小型企业劳动合同签订工作，各类企业劳动合同签订率达98%，劳动合同续订率达95%以上；开展人力资源市场整顿、工地普查等专项执法5次，检查企业32家；日常巡查各类企业98户，涉及职工1500人；调解劳动纠纷6件，确保劳动者权益；处理群体性讨薪事件3起，涉及农民工50人，追回劳动报酬25万元；开展企业薪酬调查1次，共27家；完成31家企业的劳动合同履行季报、年报工作；召开和谐劳动关系三方会议2次。

（马存智）

东直门街道社区居民喜迎春节（吴宁摄）

【社会治安综合治理】2018年，街道办事处发动社区群防群治力量8万余人次参与社会面防控执勤。开展反恐防暴防范和禁毒宣传，发放宣传横幅300张，各类宣传品2万余份。完善以提前预警、群防群治、重点管理、化解纠纷为内容的多元防控模式，有效保障辖区的安全稳定。对东外大街、工体北路、春秀路等重点大街和新中街、工体社区等背街小巷黑车、黑摩的非法营运现象加大执法检查力度，依法查处违法行为。加大群租房及地下空间清理整治，清理违法群租房34处，疏解人口232人，分别完成全年任务的106.25%和123.4%，各类举报案件结案率100%；清理整治地下空间18处，疏解人口1181人，分别完成年任务量的150%和216.7%。全年接到居民来信（访）115件285人次。其中受理来信40件，受理来访群众75件，信访总量同比有所下降（上年同期134件）。矛盾排查5次涉及重点问题34件，重点人2人次；领导接待53次共102人。115件信访问题办结102件。全国“两会”、中非论坛期间，开展信访矛盾纠纷排查5次，排查出重点问题34件，重点人2人次。

（马存智）

【社区建设】2018年，街道办事处构建区、街、社区三级社会组织服务平台，有街道级社会组织2个，社区社会组织104个，引进社会组织5家。14个社区提案大赛优胜项目获街道资金支持，开展活动215场次，直接服务居民9746人次。东环社区“老乐会”和新中西里社区“让时光的脚步不再匆匆”老年人慢病预防小组2个项目获评北京市优秀社会工作服务项目。引入邻里社区服务中心对东直门街道“社区电视”通讯社进行培育，以居民为骨干，做好社区建设各类活动的拍摄、宣传和视频制作。街道综合文化服务中心继续免费面向地区居民开放，与京演集团合作，每周开放时长达到72小时。2018年文化中心累计开展44场中大型活动，参与人数2584人次；乒乓球会员150多人，全年接待乒乓球会员1万余人次；新增图书1552册，接待读者1万余人次，上报图书馆信息全年20余次，办理借书卡59张；接待固定活动团队23支，接待活动1.8万余人次。完成市文委第三方对综合文化中心《首都文化服务示范区创建工作》实地验收。成立快乐时光俱乐部老年大课堂，免费开设书法、绘画、电脑、英语、象棋、声乐、钩针编织、摄影等20余项课程。

（马存智）

【党建工作】2018年，街道办事处开展不忘初心、牢记使命主题教育活动。深化区域化和非公党建，成立61家功能型党支部，完成非公党委委员补选，增补非公企业党支部书记，配强非公企业党组织力量。建立非公党支部35个。在双报到活动中有48个单位党组织到街道工委报到，其中党委5个，党支部43个；在职党员1837人到社区报到，其中市级单位党员645人，东城区单位党员701人，外区单位党员491人。机关在职党员118人全部按时按要求到居住地完成报到。街道总工会2018年建会371个，发展会员3158人。完成2339人的会员信息采集、办理京卡4514张。为职工3608人投保，对困难企业及困难职工参保予以补贴。慰问困难劳模及困难职工32人次，慰问款3万余元；农民工7人考上大学，慰问款2000余元。妇女工作面向家庭开展“平安家庭”创建活动。开展区域化团建工作。组织动员辖区单位青年志愿者参与两会，中非论坛等重大活动安全保障工作。全年共动员9家驻区单位青年志愿者100余名，服务保障时长300余小时。团员225人到社区报到。

（马存智）

【疏解整治促提升工作】街道办事处制订《2018年东直门街道非首都功能疏解及人口调控工作方案》，通过开展十大专项行动进行整治，本年街道疏解整治促提升工作影响人口减少5813人，疏解涉及人口7892.01人，完成率为135.76%。地区环境进一步优化。违法建设拆除工作持续推进，全年拆除违法建设200处，2.03万平方米。组建东城区百街千巷环境整治提升工作东直门分指挥部，设立综合指导组、执法处置组、民生保障组、宣传报道组、督查督办组等5个专项工作组和7个片区工作组1个办公室，完成15条主要大街和23条背街小巷的环境整治提升工作。

（马存智）

和平里街道

【概况】和平里街道办事处是区政府派出机构。位于东城区最北端，东起东土城路西侧、远东仪表公司、国家林草局东墙，南至北护城河中心线，西依人定湖北巷、旧鼓楼外大街，北到青年沟路、北京第三机床厂南墙、柳荫公园北墙，整个辖区呈“凸”字形。面积6.4平方千米，有大街20条、背街小巷6条，地下通道2处，过街天桥6座。设社区居委会20个，户籍人口5万户、12.6万人，常住人口4.2万户、11万人，流动人口3.7万人，有回族、满族、蒙古族等少数民族32个、6229人。有中央、市、区属单位、企业3800余个，中、小学及幼儿园23所。内设机构综合保障办公室、党群工作办公室、社区建设办公室、民生保障办公室、社区平安办公室、城市管理办公室、纪工委（监察组）、综合执法队8个科室。有公务员编制131人、实有124人，工勤编制7人、实有7人，事业单位4个，编制66人、实有49人。

2018年，街道办事处落实各项主体责任，加强党建工作，发展社区建设和民生保障。街道图书馆新增图书、期刊800余册，新办理借书卡158张，外借图书达1.6万余册，借阅人数达1万余人次。20个社区举办群众活动663余场次，参与居民4万余人次，文化惠民力度加大。对辖区15家人力资源服务机构用人单位进行专项检查，涉及公司近200家；处理10起集体讨薪突发事件，追讨拖欠工资451.75万元，涉及农民工252人。开展平安建设宣传活动，为300户社区居民更换C型锁，提升预防可防性案件能力。

（鄢楚成）

【城市管理】2018年，街道办事处严抓散煤治理，开展拉网式排查，做到及时发现及时处理，确保辖区无煤化。投入456万元对七区、交通、民旺等老旧小区开展整治、绿化景观改造提升工程。完成对兴化居委会文化广场、兴化路周边绿地绿植栽种。开展清理长期停放废旧非机动车，持续改善辖区居民生活环境。拆除老旧小区地桩地锁500余个。组织辖区单位补签门前三包责任书1100余份。街道网格平台处理便民热线事项4179件，城市管理网格平台处理案件3.62万件，社会服务管理信息平台接收事件台账17余万件，民情日志近22万件。清理大件废弃物、无主渣土、暴露垃圾约6600余吨；辖区内2个示范小区和43家物业单位参加垃圾分类工作，在地坛北里和化工大院推行垃圾分类全覆盖试点。严格值守，妥善处置，完成防汛工作。落实河长制工作机制，定期巡视检查，发现问题及时协调解决。PM2.5实现了49微克/立方米左右的目标。

（鄢楚成）

【民生保障】2018年，街道办事处受理新申请保障房备案资格395户，完成132户公共租赁住房租金补贴复审及69户市场化租金补贴复核。加强就业服务，建立就业困难人员求职信息电子档案，共享优质岗位和求职人员信息，城镇登记失业率为0.56%，零就业家庭保持动态为零。规范劳动用工一条街，全年对320个企业、餐饮、旅店、建筑工地进行日常巡查，完成全年任务的106.67%；完成60家单位的薪酬调查数据上报；街道共有低保户303户、433人，累计发放低保金583万元；医疗救助398人次114.5万元；特困供养32人，发放各类保障金131.5万元；慈善大病救助15人39万元。优化政务服务，手工药费报销、灵活就业人员就业情况报告及保险缴纳等业务延伸至社区，方便居民就近办理，临时救助、教

6 月 29 日，和平里街道百街千巷工作组向居民介绍街巷提升计划（党群工作办提供）

育救助、药费报销等社会救助力度显著提高。发放残疾人两项补贴346万元。办理新增60岁老年优待证906人；发放80岁以上养老助残金8.34万人次836.87万元，发放90岁以上高龄津贴8878人次、95.82万元、百岁以上老人高龄津贴18人4.32万元。开展老人入户摸底、专业评估2225人。依托现有养老驿站，为托底和扶助保障老人建立信息档案，提供服务5127人次，发放照护补贴175.35万元。采用互联网+养老专业服务管理技术，对老年人的服务需求进行全面专业的信息采集分析，建立社区老人的健康评估档案、健康监测、参与社区活动和老年课堂档案、居家专业康复和护理服务档案，推进街道养老照料中心和养老驿站建设。做好两孩以内生育登记和再生育子女的行政确认，加强流动人口计划生育服务管理，做好独生子女特别扶助家庭关怀。

（郦楚成）

【社会治安综合治理】2018年，街道办事处完成元旦、春节、国庆和中非论坛等重大活动安全稳定综合保障任务。完成烟花爆竹禁放和重点时段公共安全监管任务，组织地区开展安全生产联合大检查18次，开展零点夜查行动7次，检查单位4533家，覆盖率100%，发现隐患1706处，全部及时整改，消除隐患。9月底完成工商企业台账核查。启动街道市级安全社区创建工作。深入开展安全生产、火灾防控宣传及应急演练等。协助区综治办落实街道综治中心及20个社区雪亮工程视频会议系统的安装、调试；开展北京市禁毒示范街道争创工作。2018年妥善处理群众来信来电来访137件，处理突发事件4起，信访事项办结率达100%。

（郦楚成）

【社区建设】2018年街道办事处开展议事协商80余次，解决环境卫生、施工扰民、车辆停放等问题107件。交通社区创建市级社区之家示范点，地坛社区探索社区社会治理新模式。完善街道社会组织平台建设，依法变更街道社区社会组织联合会法定代表人。培育社区社会组织162个，其中文体公益类 70个、志愿服务28个、自治管类 51个、调解疏导类13个。启动助老微创投公益项目，经评审确定10个项目并实施，共获3.43万元资金支持，涉及10个社区，服务内容为空巢、高龄、托底老人提供采买、陪聊、家政、文化活动等服务，受益人数1000余人。地坛社区老年协会志愿服务队困境老人及家庭帮扶项目，入选北京市V创投项目。在北京市民政局开展的第二届双评活动中，“一米阳光 暖进你心里”失独家庭互助式养老模式项目，入选优秀社会工作服务项目；民旺社区“温心助老 幸福晚年”，入选为优秀社会工作案例。强化社工之家阵地作用，围绕沟通技巧、礼仪文明、心理调适等内容，定期开展寓教于乐活动，社工260人增长知识、学会沟通、增强团队凝聚力。开展第十一届“5·6”民族团结日活动，组织群众文化活动，举办社区达人秀、群众文化展演季系列活动、科普之夏文艺演出等活动。推进基层文化品牌建设，挖掘社区文化资源，扶持邻里一家亲、书香文化周等社区特色文化活动，开展送文化下社区。创建全民健身示范街道，为社区居民和辖区单位职工营造科学、文明、有序、安全的健身环境，完善政府统筹、社会协同、群众参与的全民健身管理体制和运行机制。举办由44支代表队参加的和平里地区第十九届运动会。广泛宣传健康促进知识，培育健康指导力量，做好红十字会工作。

（郦楚成）

【党建工作】2018年，街道办事处坚持抓创新，深化基层党建工作品牌影响力，3个园区联合党委开展志愿服务等特色活动21场，服务企业员工及地区百姓1000余人次；党员志愿者联盟全年开展志愿服务一条街活动4次，驻地中央、市、区级单位68家、志愿服务团队47个参与其中，受益群众8000余人。推动周末卫生大扫除活动深入开展，全年发动30多家驻区单位的在职党员5000余人参与，共清理胡同28条，院落71个，楼房83栋，卫生死角394处，清运垃圾杂物约385吨。持续扩大工会组织覆盖面，保障职工合法权益，年内新建工会组织8家，联合工会覆盖企业31家，新增会员2000人。妇联巾帼志愿服务队为地区300个困难家庭提供上门服务。以社区青年汇为依托，组织开展自主活动40场，覆盖社区、辖区单位60余家，凝聚团员近1000人。

（鄢楚成）

【疏解整治促提升工作】2018年，计划涉及人口减少5788人，实际涉及人口减少9608人，街道办事处完成年度任务的166%。其中拆除违法建设减少2562人；封堵开墙打洞减少1558人；清理无证无照、占道经营及区属房产等减少203人；清理地下空间12处、群租房24处，涉及人口减少638人；保障房配租配售涉及人口减少1144人；综合执法涉及人口减少916人。拆除违法建设324处，拆除面积近1万平方米；封堵开墙打洞462处，涉及房屋面积2.2万平方米；拆除违规广告牌匾1865处。整治无证无照12处。

（鄢楚成）

前门街道

【概况】前门街道办事处是东城区人民政府派出机构。位于天安门广场东南侧，东起祈年大街与崇文门外街道为邻，西至前门大街与西城区大栅栏街道毗连，南依两广大街与天坛街道接壤，北到前门东大街与东华门街道相邻，面积 1.09 平方千米，胡同街巷68 条，其中大街6条，胡同62 条。设社区居委会3个。有户籍人口1.93万人、常住人口7143人、流动人口1617人。地区有朝鲜族、满族、回族、苗族、蒙古族、壮族、藏族、土家族、畲族等12个少数民族。注册商业企业460家，中、小学及幼儿园4所。辖区以平房居住为主。有阳平、汀州、临汾等著名会馆，曾有寺庙 25 座，其中 22 座均始建于明清两代，有文保单位 62 家。街道内设综合保障办公室，党群办公室，社区建设办公室，民生保障办公室，社区平安办公室，城市管理办公室，纪工委（监察组），综合执法一队8个科室，4个事业单位。有公务员编制112人、实有95人，事业编制52人、实有38人，工勤编制 7人、实有7人。

2018年，街道办事处围绕打造首都文化金名片工作目标，推进项目建设、疏解调控、安全稳定、文化发展、民生保障、党的建设6方面工作。探索社区治理“家”品牌，打造以“前门·家”为主题的社区治理品牌，草厂一家亲、大江前门人家、前东和谐家。举办社区恳谈会解决胡同环境提升、文明养犬、院落环境改善等问题。指导企业签订集体合同11份，覆盖企业72家、职工782人。与台湾来访社区签订《社区发展合作交流意向书》。 深化社区民主协商，举办社区民情恳谈会10余场，参与210余人次，商议大小问题并达成共识30余个。为地区孤寡、残疾、低保群体1600余人实现图书、轮椅等微心愿。

（郭宏学　杨柳）

【城市管理】2018年，地区网格化服务管理信息平台接收城市管理案件1万余件，其中施工管理1473件，市容环境7322件，突发事件50件，公共设施35件，街面秩序784件，宣传广告251件，扩展事项28件，有效结案率为98.26%。发起小巷管家志愿项目，招募小巷管家63人，已上岗小巷管家累计巡访1.97万小时，处理各类事件2.18万件，其中随手解决事项1.53万件，上报街巷长协调解决事项6552件。辖区内环境卫生管理建立保洁工作档案，保洁员早6点至晚10点不间断收运垃圾，区域垃圾日产日清。遇空气重污染天气，每日增加一次街巷清扫及洒水降尘。新建机动车停车场西兴隆街、茶食街2处，可停放183辆车；新建非机动车车棚3处，充电桩25个，可停放600余辆车。步道砖拆除、新铺4454.95平方米，两侧外墙面装饰2123.5平方米，墙面粘贴820.89平方米，绿化552.23平方米，更换仿古瓦片2292.45平方米，拆除旧门、旧窗76.89平方米，牌匾框新做118.45平方米，墙面清理刷涂5694平方米，墙面抹灰铲除1520 平方米，块料、石材墙面拆除1240 平方米，新增空调格栅245 平方米，透水砖铺装1992 平方米，清理、整理场地1500 平方米，清理垃圾渣土及堆物堆料115.45吨，立面整饰2591.15 平方米，整修破损路面150 平方米。自管绿地4000平方米，养护树木2500余棵，共清理枯树、枯枝160余车，在重要街巷增设花坛、花箱100多个，栽种葡萄树、竹子、石榴树、紫藤等花卉树木800余株。发放西红柿、茄子、辣椒等菜苗3万余株，组织群众开展庭院绿化、胡同内见缝插绿180余处。做好燃气改电收尾工作。完成电暖器审批530户，1280台。完成电厨房设备审批785台。其中双头电灶291台，单头及红外电磁灶494台。落实地区防汛责任制，做好防汛物资准备工作，汛前发放《应急手册》600本，伐除、修剪危险树木3棵，居民1000余人次参与防汛演练和宣传活动。设立宣传站3处，发放宣传品500余份；开展除四害活动6次，补充、更换禁烟指示牌100余张。

（郭宏学　杨柳）

【民生保障】2018年，街道办事处严格落实最低生活保障、社会救助、住房医疗、劳动就业、计划生育等民生保障政策。辖区有低保家庭200户306人，新批14户、22人，撤销44

户85人。为地区低保对象197户、300人发放低保资金347.5万元；特困人员集中、分散供养人员9人，支出特困供养人员供养金22.8万元；发放医疗救助金205人次、82万元，发放因病致贫救助金3人次、4.4万元；累计发放80周岁以上老年人养老券7603人次、43.7万元，完成“券变卡”工作；累计发放90周岁以上老年人高龄津贴2145人次、22.7万元，95周岁以上老年人医疗费12.2.万元；发放伤残优抚对象抚恤金38.3万元、护理费6.8万元，重点优抚对象定期优抚补助金7.6万元，两节慰问金2.9万元。两节期间，走访慰问192人次，发放慰问金及慰问品34.17万元，发放残疾人补贴118.8万元。困难群众医疗救助69人次40.1万元；加大临时救助力度，救助8人次2.97万元。代发社保（就业）资金198.8万余元，实现创业21人，带动就业93人。发放公租房选房通知6批次48户，签订市场租房补贴合同63份，签订廉租补贴合同6份。受理一孩生育服务107例，审核生育二孩及以上基本资料55份，为辖区单位及地区居民免费发放各类计划生育药具2万余份。处理农民工讨薪事件20余次。街道老年驿站累计为托底老人服务达1188次，为扶助老人服务达2501人次，其中前东驿站为托底老人服务达338次，为扶助老人服务达1214次；草厂驿站为托底老人服务达850次，为扶助老人服务达1287次。

（郭宏学　杨柳）

【社会治安综合治理】2018年，街道办事处对占道经营重点点位开展联合打击行动，封堵崇文门西河沿聚贤里饭店并定期巡查是否反弹，罚款4.43万元。占道经营类群众举报36起，同比下降22%，与辖区商户门前三包责任书签约率达100%。开展扬尘污染控制、餐饮油烟等执法检查，对辖区工地进行巡回检查，严查工地施工规范情况，对未苫盖、遗撒及在空气预警情况下未停工等违规作业行为进行高限处罚，2018年共处罚施工单位施工扬尘立案35起罚款13.65万元。对餐饮单位开展治污专项检查，对排风排烟设备不合格的企业进行督促改正和处罚，共立案2起罚款2000元。开展旅游市场专项治理，在前门月亮湾周边旅游市场一日游、无照经营、非法散发小广告等违法行为开展集中整顿，每天利用旅游检查终端对导游和大巴车实行检查。与辖区95家单位签订《安全生产责任书》，开展安全检查1102家次，覆盖率达100%。开展专项检查26次、夜查行动25次，整治各类隐患155处。南芦茶坊信访接待室，全年接待群众来访377批、477人次，约访66批、151人次，办理网上信访1231件次/1514人次，处理纸质信11批、12人次。

（郭宏学　杨柳）

【社区建设】2018年街道办事处指导各社区开展社区公益项目34个，使用公益资金32万余元。开展前门街道“活力计划”社会组织支持项目，举办活力前门社区公益项目挑战赛，开展居民动员会3场，大江社区银龄互助协会作为唯一一个社区级社会组织参加北京市社工委主办的第四届北京社会公益汇。选取草厂四条32号和草厂七条13号作为第一批试点打造精品院落。举办各类群众文化活动25场次，服务2700余人次；举办和协助举办各类培训、讲座66场次，服务1500余人次；协调机关科室及社区使用会场100余场次；放映电影39场次，服务1560人次；新增图书3728余册，累计藏书量1.35万册，借阅流通量1358册，到馆人次3267人。

（郭宏学　杨柳）

【党建工作】2018年，街道办事处编发《前门》报24期，微信公众号96期。理论学习中心组学习活动22次，全年开展街道机关党员干部、社区党员干部、基层党组织书记、党务工作者、党员培训10期。做好社区“两委”换届工作。逐级签订党风廉政责任书，修订“三重一大”集体决策实施办法，召开工委会37次，研究党建议题95个。发展党员4人，预备党员6人按期转正。105家非公企业党组织全覆盖。新成立华诚合创、诚益源2个非公企业党支部，同时成立街道商会联合党委。选取地区先进党员8人深入开展3场次主题宣传。发放慰问金及慰问品17万元，走访78人次。

前门街道草厂社区定期举办民情恳谈会活动（罗文娟摄）

打造前东社区前门和谐新家园党建示范点，将街道30个党组织、党员855人纳入前门党建微平台，共发布文章666篇，累计学习17.99万次。年内接收报到单位15家、党员623人，回社区报到在职党员348人，开展周末卫生大扫除活动47次，1000余人参加，清扫胡同43个、院落31个、楼房15栋、卫生死角146处、码放乱停乱放自行车1036辆、清运垃圾152.5车107吨。签订各层次《党风廉政建设目标责任书》44份。处级领导13人对接44户拆迁遗留信访户，全年接待来访群众377批477人，约访数量50批76人，集体访两批14人次。工会全年发展会员267人，办理京卡251张，持卡会员共计1067人。为一线职工发放慰问品800余份，为地区困难职工发放补助共计7000元。街道团工委全年开展自主项目活动共计41场，覆盖青少年300余人次。与河北崇礼、内蒙古阿尔山市白狼镇和西藏当雄县乌玛塘乡签订支援合作项目协议。

（郭宏学　杨柳）

【疏解整治促提升工作】持续推进拆除违法建设、查处占道经营、清理医疗卫生资源、地下空间清理整治、出租房屋治理、保障房配租配售疏解、区属企业房产清理、小旅馆整治、前门地区产业调整提升、文物腾退等专项工作，截至2018年底，共完成人口疏解1312人，完成比例为168.42%。拆除违法建设1344.27平方米，完成年度任务的102.8%。切实深化城市管理体制改革，实现前门地区环境秩序水平再上新台阶。实施草厂地区环境提升项目。完成17条胡同管线入地、雨污分流和景观提升，敷设电缆8.7万延米，新建弱电管道4200延米、雨污分流管道3440延米。29处公共卫生间实现“厕所革命”，改善居民生活环境。

（郭宏学　杨柳）

崇文门外街道

【概况】崇文门外街道办事处是区政府派出机构。位于东城区中南部，东起南、北花市大街与东花市街道为邻，南至两广路即珠市口东大街、广渠门内大街与天坛、体育馆路街道毗连，西依北官园、戴家胡同与前门街道接壤，北到崇文门东、西大街与建国门、东华门街道相邻。面积1.12平方千米，有大街12条，胡同街巷23条。主要大街呈“田”字格型分布，南北为广渠门内大街和崇文门东、西大街，东西为南、北花市大街和祈年大街，中间是崇外大街、西花市大街和东兴隆街。设社区居委会12个，户籍人口1.6万户、3.98万人，常住人口4.3万人，流动人口9599人。有回族、满族、蒙古族、朝鲜族、土家族等少数民族14个、1456人。辖区有中央、市、区属单位109个，中、小学3所。有非物质文化遗产项目11项，街道非遗博物馆年接待观众3000人。有新世界百货、国瑞购物中心、搜秀商城等大型购物休闲娱乐中心。11月底完成街道管理体制改革，内设机构为“六办一队四中心”，其中机关科室8个：综合保障办公室、党群工作办公室、社区建设办公室、民生保障办公室、社区平安办公室、城市管理办公室、纪工委（监察组）、综合执法队；事业单位4个。公务员编97个、实有93人，事业编52个、实有40人，机关工勤人员7人、实有6人。

2018年，街道办事处组织理论中心组学习26次，工委书记讲授党课。制订党员发展长远规划，重点打造蒲公英志愿服务楼宇党建品牌，接收在职党员1871人，开展周末大扫除等各类活动90次，双报到工作继续深入。打造工会服务品牌，建立26家暖心驿站。实现崇外地区居民小区、餐饮企业、党政机关、商场写字楼等垃圾分类全覆盖。启动7次吹哨机制，协调解决都市馨园小区污水管坍塌和北花市大街交通移改等问题。崇东社区停车自管会受到市区领导认可。街道获年度市级交通安全先进单位，党建成果宣传片“车来无囧”荣获北京市主题微视频大赛一等奖和最佳创新奖。

（吴婧）

【城市管理】2018年，街道办事处发放17户居民煤改电低谷电价补贴1.2万元。围绕世界卫生日、碘缺乏病日、无烟日等时间节点，进行在线宣传、举办主题健康讲座，组织消杀公司在12个社区统一做蚊蝇消杀。道路改造2908平方米，广告牌整改15块，立面翻新104平方米，清理垃圾106.4立方米，新增绿地2784平方米，新增树木269棵，清理绿地垃圾6吨。启动再生资源回收现场回收、预约电话上门回收功能，再生资源垃圾共1.53万公斤，委托第三方专业机构开展垃圾分类，严格控制监督管理考核办法，12个社区日均厨余垃圾分出量达到5~6吨，厨余垃圾分出率20%以上，小区居民知晓率达90%以上，参与率达到60%，垃圾减量率达到25%以上。新世界家园东侧路、南五老胡同等9条街巷已通过市背街小巷验收部门验收，实现十无目标。汛期，持续做好平台值守、安全检查、信息收集上报和抢险救灾，协调花市上头条39、41号院产权居民与产权单位协商拆迁事宜，联合房管所对2处危房进行苫盖，临时安置1户、2人，特别关注危险点位4个，实现安全度汛。制订河长制工作方案和工作制度，发动辖区志愿者对辖区排水口、雨水篦子进行重点检查，发现问题及时上报，及时整改。办理环保类案件148件，罚款53.17万元，其中查处违规渣土车24辆，罚款5.8万元。运用自开发崇外网格、崇外网格物业微信平台，保证城市管理和为民服务事项正常流转，处理各类网格案件1.89万件，其中城市管理1.74万件，热线举报1538件。通过日常巡视巡查，了解和掌握辖区内商户门前三包责任书签订和落实情况。全年分4期培训网格助理员29人次，提高社区落实城市管理主体责任整体水平和能力。

（吴婧）

【民生保障】2018年，地区新增申请保障性住房资格备案家庭154户，公租补贴资格新增13户，新增市场租房补贴资格27户，市场补贴新签合同17户，廉租补贴续签合同33户。公租房进行四次选房配租，保障轮候家庭选房。发放生活、助学、医疗、慈善救助、扶贫捐款各类救助款共计81.73万元。开展春风送暖、冬衣送暖两次社会募捐活动，募集资金1.49万元，衣物1.29万件。养老驿站正式运营，街道已将80岁以上重度失能老人228人纳入扶助保障人群，低保家庭失能老人42人纳入托底保障人群，累计申请区级居家照护补贴金86.39万元。新增60岁老年优待证181件，新办60岁老年优待卡2003张。新增90岁老人72人，月发放90～99岁高龄津贴人次274人，累计32.4万元；月发放100岁高龄津贴人次3人，每人200元。街道95岁以上高龄老年人补助医疗费申请26人次，报销2.86万元。发放春节百岁老人和高龄困难老人慰问金1万元。累计发放优抚对象春节慰问金3万元，伤残军人因病死亡抚恤金5.56万元，优抚对象残疾抚恤金50.4万元，优抚对象定期补助10.41万元。开展重要民生工程项目无施欠情况等各类专项检查，妥善处理讨薪类突发事件及投诉举报8起，涉及人员180余人，资金1000余万元。共查处新怡家园2号楼和8号楼、太华公寓、国瑞城内4处非法办园。开展博爱在京城募捐活动，募集善款3.35万元，完成年度献血指标。严格按政策进行非京籍子女入学证明的开具和初审工作，受理网上申请66人，通过59人。“六一”前夕购买图书、教具

10月30日，崇文门外街道都市馨园社区举办一年一度的千家宴活动（宣传部提供）

慰问辖区学校、幼儿园。办理户籍两孩以内生育登记339例，再生育登记7例；办理流动人口两孩以内生育登记95例；再生育登记3例。计划生育家庭特扶资金发放到位率达100%。年审特扶家庭105例，新增12例，发放10例特扶一次性经济帮助。发放个体就业残疾人社会保险补贴34人次，18.8万元；协助区残联发放养老助残券144人次；为残疾儿童7人发放儿童康复补贴12.12万元。超额完成按比例安置残疾人就业10人，完成就业培训58人次。区残联购买服务项目，扶持街道温馨家园开展志愿助残活动，温馨家园开展各类活动60余场，受众达1580人次。创办崇外街道一曲一舞残疾人艺术疗愈心理疏导课程，开展一花一世界残疾人职业技能测评。组织文艺演出8场，阅读活动3场和浓情端午包粽子等文体活动。公开招标引入北京京演文化艺术发展有限公司，对京演公司社会运营绩效进行考核评议。完成北京市全民健身示范街道创建工作，做好助力冬奥冰雪系列活动。上报双石头、抖空竹技艺项目入选东城区级非物质文化遗产名录，崇外街道非遗博物馆年接待观众3000人。

（吴婧）

【社会治安综合治理】2018年，街道办事处完成全国“两会”、中非论坛等11次重点时期的安保维稳和社会面防控。启动一级社会面防控等级45天，二级社会面防控等级22天，发动辖区群防群治力量进行巡逻值守，共发动群防群治力量16.23万人次。切实做好扫黑除恶、防恐防暴、禁毒等专项工作，整治崇外商圈拎包扒窃，2018年辖区刑事类警情同比下降22.3%，盗窃立案同比下降32.2%。对地区全年挂账6处地下空间进行清理整治。设计制作禁毒宣传帖6000余张张贴在辖区单位社区，开展各类禁毒宣传活动10次，发放各类宣传品5800份。经安全生产检查队逐一排查，共检查4107家次，检查企业1632家，百分之百完成辖区企业全覆盖任务。开展各类宣传教育培训工作20余次，在检查中发现隐患1283处，整改通知书450份，复查537次，全部隐患均已整改完成。共组织辖区企业400余人完成培训并取得合格证书。安装报警器1933个，其中联网型报警器389个，普通型报警器1544个。针对2017年三

大行动中排查出的重点隐患进行回头看，联合燃气公司入户进行检查。禁放重点看护部位62处，向包括党员干部132人、辖区居民、中小学生发放禁放承诺书3.1万份，发放致居民的一封信2万份。进行可燃物清理44车次，清理大件废弃物、可燃物、易燃物50吨。在民兵整组、兵役登记、八一建军节和征兵宣传期间，在居民和民兵中传播爱国主义、集体主义，《中华人民共和国国防法》法律法规教育。街道应进行兵役登记的适龄青年为91人，实登记91人，兵役登记率达100%。信访工作人员共接待群众来访471人次，来信37封，受理各类信访代理、反映诉求、政策咨询397件，完成395件，结案率99%；完成市、区两级督办件、交办件、复查复核件15件。年度街道信访重点人9人，重点矛盾纠纷为花市三期拆迁居民未安置问题。

（吴婧）

【社区建设】2018年，街道办事处调整社区人员42人岗位，完成社区人才招录，新录用社区工作者18人，社干队伍扩充至207人，社工到岗率达96%。运用专项资金，改造社区现有办公环境，提升软硬件水平。固定社区财务报销日，在社区规范化示范点建设过程中严格执行《崇外街道资本性支出内部比选办法》，对涉及装修、标识项目进行多公司竞价比选，公开透明。组织在编社工体检。组成崇外街道参访团赴台完成定向交流，开展社会动员，以政府购买服务的方式和北京惠泽人公益发展中心、东城区引行社工事务所合作，开展社会治理服务创新改革和社区社会组织培育，对居委会、专业社工、民间组织带头人进行服务居民能力培训和督导，聘请第三方专业评估机构对政府购买服务的2家社区组织服务项目进行全程评估。第四期公益微创投12个社区70个项目参与居民800人，惠及近1万人。发动居民自治，崇东社区停车自管会受到市区领导认可。社区共办理便民事项单217件，全部按时回复，办结率100%。12个社区领导均纳入街巷理事会配合街巷长开展工作，社区干部加强日常巡视和管控。5月24日，崇外街道与北京京演文化艺术发展有限公司正式签署公共文化服务战略合作协议，利用社区服务中心开展公益性文化演出活动，年接待人次3万余人，举办培训、辅导、会议、活动618次，借阅图书1万册。

（吴婧）

【党建工作】2018年，街道办事处开展党员先锋评选，成立优秀社区书记工作室，推广党员积分管理，完善党员先锋日。全年开展各类学习教育活动70余次，参与人数3668人次。打造“崇尚空间”基层党建示范点，开展各类特色活动234场次，党员群众累计参与5153人次。选举产生新一届社区党委班子，选出党委（总支）委员64人，纪委（纪检组）成员36人。实行干部轮岗锻炼，机关优秀青年干部12人担任社区小助手。培养积极分子24人，发展党员14人。成立蒲公英志愿服务队，开展志愿活动28次。形成涵盖机关、社区和非公企业党组织的38个帮扶对子，到辖区困难家庭中帮扶慰问。建立党员全覆盖全参与工作机制，开展周末卫生大扫除活动35次，参与党员2600人次。专题研究部署党风廉政建设和反腐败工作19次，层层签订党风廉政建设责任书64份。重点围绕环境整治提升、城市建设、民生保障、政府采购、社区维稳经费等风险点实施全程监督检查。制订三重一大社区延伸制度，使社区党风廉政建设制度得到进一步细化完善。利用多种载体、多种形式开展党风廉政建设宣传教育活动。将警示教育纳入新到岗干部廉政谈话、岗前培训的重要内容，与6人进行廉政提醒谈话，与新任科级干部15人进行任前谈话。

（吴婧）

【疏解整治促提升工作】2018年，地区市级挂账任务4344平方米，实际拆除4976.95平方米，完成率为114%；全年开墙打洞封堵任务2处，实际封堵24处，完成率为1200%；占道经营案件实现动态清零，涉及减少人口52人。整治普仁医院、崇东美邦旅馆、崇西崇联宾馆等违规使用地下空间共4处，整治面积3440平方米，涉及人口410人；治理群租房70户，整治面积5994.26平方米，涉及人口524人。严格执行北京市和东城区新增产业禁止和限制目录，优化生活性服务业业态与网点布局，国瑞城地下二层低端业态专项整治行动涉及人口减少136人。新建或提升蔬菜零售网点6个、末端配送11个。

（吴婧）

【多元参与促进城市精细化管理】2018年，街道办事处深化街道管理体制改革，发挥社区专员作用，打通联系服务群众的最后一公里，聚焦吹哨报到机制落实，发挥社区吹哨功能，以培育社会组织为抓手，逐步构建多元参与、协商共治的基层治理体系，着力解决社区地面停车、老旧小区物业管理等居民反映强烈的问题。借鉴小巷管家工作模式，自主开发崇外环境卫士APP，发动社区居民、沿街商户、物业单位等人员成立环境卫士理事会，建立街巷环境问题发现、问题上报、问题解决和监督结案闭环管理模式，主动发现问题2.78万件，解决2.75万件，结案率98.5%。

（吴婧）

【精准施策创新垃圾分类模式】2018年，作为全市第一批垃圾分类全覆盖试点街道，重点围绕提高居民参与率和垃圾减量率两项指标，实现崇外地区居民小区、餐饮企业、党政机关、商场写字楼等所有垃圾产生主体的垃圾分类全覆盖，自主研发建立全过程监管信息系统，实现各类垃圾排放数量统计、分类效果监管、异常预警执法、绩效精准考核。7月，系统上线后，12个社区居民平均参与率达到

47.1%，厨余垃圾分出率达20.1%，垃圾减量率达35.8%。住建部、上海、厦门、武汉等20余家单位和地区到此考察学习。

（吴婧）

东花市街道

【概况】东花市街道位于北京市东城区中心东部，东与朝阳区双井街道相连，南与龙潭、体育馆路街道毗邻，西与崇文门外街道相接，北与建国门街道相邻。辖区面积2.05平方千米。交通主干道有东花市大街，南、北花市大街，白桥大街，广渠门内、外大街，崇文门东大街7条大街，东二环主路穿辖区而过。有社区居委会8个，户籍人口1.82万户、4.67万人，常住人口4.26万人，流动人口1.31万人。有回族、满族、蒙古族、朝鲜、族壮、维吾尔族、苗族、土家族、藏族、锡伯族等15个少数民族。辖区内有中央、市属、区属单位61家，中、小学及幼儿园12所、卫生服务中心1个、卫生服务站3个，有甘肃省、云南省、黄山市、泰安市等驻京办事处8家。有国家级文物保护单位北京城东南角楼、北京明城墙遗址、袁崇焕墓和祠，市级文物保护单位隆安寺，未核定等级文物保护单位京奉铁路正阳门东车站信号所旧址、卧佛寺等。11月，进行街道体制改革，机构设置由原有的31个调整为12个，设综合保障办公室、党群工作办公室、社区建设办公室、民生保障办公室、社区平安办公室、城市管理办公室、纪工委（监察组）、综合执法队8个科室，事业单位4个。有公务员编制108人、实有96人，事业编制54人、实有42人，工勤编制4人、实有4人。

2018年，街道办事处开展综合执法180余次，将疏解整治腾退出的空间补齐短板、提升功能，建成1000平方米的北里小区社区文化服务中心，将广渠门东北角疏解腾退用房转型为幼儿园，增加学前教育学位300个。建立花市园丁绿化管理模式，60余家沿街商户认管门前绿地。垃圾分类实现辖区全覆盖，每日厨余垃圾分出量由300公斤上升至5吨，分出纯净度达97%以上。宣传舆情工作获中宣部通报表扬，是全市唯一荣获此殊荣的街道。街道工委书记调研文章被评为北京市丹柯杯优秀研究成果一等奖，党课报告被评为北京市宣讲家杯优秀党课报告。完成全国两会、中非合作论坛北京峰会等重大活动服务保障工作。建立全区首个非公企业之家，获得北京市非公有制经济组织党员驿站示范点称号。街道获年度疏整促工作优秀集体、北京市全民健身示范街道称号，拍摄的微电影《花儿金》获第六届亚洲微电影艺术节金海棠奖最佳作品奖。工会服务站获北京市示范职工之家荣誉称号，东花市南里社区获首都民族团结先进集体称号。

（李雪莲）

【城市管理】2018年，街道办事处发放主动放弃燃煤的10户居民家庭采暖临时补助3.8万元。新增木槿、芍药等新品种植物19种，补植乔木类植物127株，补植黄杨、女贞等花灌木6000余株，增加绿化面积220平方米，绿化总面积达到7585平方米，与东花市大街60余家商户签订门前绿地认管认养公约。完成杨柳飞絮治理、美国白蛾疫情监测、控制治理，修剪无主危树33棵。开展环境脏乱点整治，处理上账案件25件、便民事项类案件100件。清理生活垃圾5400吨。开展社区灭鼠和灭蚊蝇活动，投放药剂10箱。设计并建设宠物厕所4座。清理河岸垃圾350处，清理水面漂浮物150平方米，修理围栏160米。建立防汛应急队伍4支，储备沙袋1000条，车辆6辆，水泵4台，各类雨衣雨伞应急照明手电等防护用具80套，与69处人防工程管理（使用）单位签订防汛责任书，处理地面塌陷等隐患20处，拆改危墙50延米，苫盖漏水房屋10间约100平方米，成功应对极端强降雨天气。实现辖区垃圾分类全覆盖。推进道路清扫保洁标准化、精细化，增设道路洒水、冲刷作业，实现日洒水12吨，有效减少辖区道路扬尘污染。实行建筑垃圾运输车辆规范化管理。完成第二次污染源普查。开展专项执法57次，规范餐饮企业燃气使用33家，检查食品药品经营企业445家，规范门前三包单位441家，查处露天烧烤5起，查扣渣土运输车47辆，清理非法粘贴小广告3200张。网格化服务管理信息处理平台接收城市管理类案件1.13万件，平均办结合格率99.7%；接收“96010”热线“12345”派单等便民事项1333件，平均办结合格率100%。在2018年度区网格化工作考核中，城市管理监督月平均排名第三名，便民事项月平均排名第一名。整治静态交通，增设东花市大街、忠实里南街、鼎新路十字路口交通隔离栏2100米、挡车桩1132个，为忠实里南街、东花市东街安装交通隔离设施400米，清理忠实里四巷违停车辆，并引入专业机构科学规划车位、开展停车管理，改善居民出行环境。

（李雪莲）

【民生保障】2018年，地区新申请保障性住房家庭152户、变更118户、终止54户、复核59户。新申请公租补贴家庭13户、变更44户、终止17户，新申请市场租金补贴家庭34户、变更30户、终止21户。公租房资格复核92户，公租补贴复核133户，市场租金补贴复核122户。为在册低保户282户388人发放低保金516万元，救助95人，发放医疗救助金45万元。新建忠实里忠正养老院，提供床位25个。为90岁以上及百岁老人180人发放高龄津贴12万元，为95岁以上老年人20人发放医疗补助10余万元，为高龄困难老年人10人申请慰问金6000元。开展春风送暖、冬衣送暖社会捐助活动，共捐款1.3万元、捐衣1.3万多件。为困难学生4人申请助学金1万元。为低保老人45人发放慈善医疗救助金1.7万元。开展重残疾家庭家政服务20户、残疾人技能培训52人次，为残疾学生4人申请助学补助1.95万元，为残疾儿童10人申请康复训练补助。为1581人办理残疾人证，开展残疾人康复培训204人次，发放精神看护补贴115人25.51万元。实现失业人员400人就业、困难失业人员264人就业，发放失业救济金127万元，为灵活就业人员282人办理社会保险补贴。全年创业38人，创业带动就业159人，开发单位就业岗位1709个。城镇居民基本医疗新参保793人，城乡养老保险参保81人，城镇居民无保障人员养老托底255人，为退休、失业人员96人申请自采暖补贴 11.6万元，办理社会保障卡服务3895人次。办理一孩生育服务登记385个、二孩生育服务登记686个、再生育行政确认6个、独生子女父母光荣证26个。发放独生子女父母一次性奖励费246人、24.6万元、独生子女父母奖励费207人、1.18万元。办理计划生育家庭意外伤害保险489人次。开展婴幼儿情绪与社交能力促进项目调查147人次。新增特别扶助8人、年审126人，办理特别扶助安康保险188人次。

（李雪莲）

【社会治安综合治理】2018年，街道办事处完成全国“两会”、中非合作论坛、国庆等系列重大活动、重要时期的安保工作，组织发动群防群治力量15万人次。开展专项检查整改120次，出动700人次，整治群租房41处、地下空间4处。忠实里南街6号楼、北里中区8号楼2处地下室共3400平方米改造成幼儿园办公区和社区文化活动中心。协调解决群众问题矛盾300件，化解12件可能发生过激行为的事件，经验在《北京信访》杂志全面刊登。对8座写字楼开展金融风险排查整治，查处涉嫌非法集资公司1家。确定5个涉黑涉恶问题易滋生领域，向公安部门报送涉黑线索1条。签订安全生产责任书416份，开展安全教育活动80次，发放宣传材料21万份。开展安全生产检查，检查单位853家次，出动2000人次，提前完成挂账隐患整治任务35处，消除一般隐患747处，罚款34万元，责令停业整顿8家，行政拘留1人。成功处置4起初期火灾扑救。为22处居民小区、驻街单位安装92个集中充电桩，可供358辆电动自行车同时充电。接待群众来信来访（不含市、区接访）216件次、268人次，协调化解29件、86批次。协调人民大会堂管理局解决辖区1户居民住房安置问题。

（李雪莲）

【社区建设】2018年，街道办事处提升社区服务品质，引导扶持一批养老、助残社区服务项目发展，为居民提供个性化、特色化的社区服务，实现需求与供给的有效对接。建成市级社区规范化示范点1个和社区之家示范点2个，组织驻区单位将内部文化、体育、卫生及生活设施向居民开放，实现资源共建共享。完善便民服务体系，有生活性服务业必备业态网点130余家，在全市率先实现生活性服务业全覆盖。开通社区微信公众号、党员E先锋等线上平台，加大社会工作宣传，动员居民参与社区共治。提高社区智能化服务水平。搭建街道—社区—社会组织三方联动平台，引进北京市夕阳再晨社会工作服务中心专业团队，开展忠实里绿色家园营造计划。通过政府购买服务实施专业社工服务督导项目，引入东城区引行社工事务所，针对枣苑社区的“噪音扰民”个案，帮助解决居民投诉问题，提高社区服务水平。传承非遗文化，举办主题庙会2次。开展新春年货大集市、新春游园会、袁崇焕名人文化节、酸枣树文化节等活动，创作纪念改革开放40周快板作品《辉煌成就耀山河》，举办群众文化展演季系列活动。获北京市全民健身示范街道称号并获50万元全民健身专项资金。完成家庭医生签约任务，重点人群签约率达100%。建设学习型街道，举办各类讲座24次，参与3000人次。

（李雪莲）

【党建工作】2018年，街道办事处完善理论中心组学习制度，组织集中学习、个人自学、专题研讨、专家讲座、空中微党课等形式多样的学习活动40次。研究部署党风廉政建设和反腐倡廉重点工作35项，研究三重一大事项245项，研究党建议题178个。制订《东花市街道意识形态工作责任制实施办法》。开展我是宣讲家、团员青年歌颂改革开放40年演讲比赛等活动20余场，开展我与改革开放40年征文活动，企业家和新的社会阶层人士100余人参与。深化党建工作信息化运行管理体系建设，入选北京市基层社会党建专项调研课题，并在全区专题会上做经验交流。实施问需于民、问计于民、服务于民实践工程，与41家驻街单位对接完成服务事项81项，惠及居民1.4万人，北京电视台《锐观察》栏目等多家媒体专题报道。推动党的组织和工作有效覆盖到辖区307家非公企业和社会组织。以街道党校为平台，培训街道机关、社区、非公企业和社会组织党员干部1500人次。完成社区党组织换届选举，年轻干部16人进入班子。全面建立工资集体协商制度，完成6家百人企业和5家独立企业、8个社区联合工会及3个行业联合工会的工资协商签订及备案，覆盖企业238家。成立地区第一家非公企业团委——共青团北京商鲲教育控股集团有限公司委员会。花市枣苑儿童之家正式开班。街道商会联合党委和新的社会阶层人士联合会先后成立运行，建立全区首个非公企业之家，获北京市非公有制经济组织党员驿站示范

5 月 24 日，东花市街道“问需于民、问计于民、服务于民”实践项目启动
（何迪摄）

点，在全区专题工作会上做典型发言。

（李雪莲）

【疏解整治促提升工作】2018年，街道办事处制订疏解整治促提升工作方案，建立健全7项工作机制及14本疏解整治工作台账。落实街道吹哨、部门报到要求，构建权责明晰、执法规范、运行高效的综合执法平台。全年启动吹哨9次，解决居民诉求点集中事项9件。开展综合执法180次，拆除违法建设143处、6575.6平方米，任务完成率108.85%。集中拆除中国强胡同、崇菜市场西南角、忠实里南街8号楼、忠实里南街甲79号院违建，受到多方好评。封堵违规开墙打洞5处，治理无证无照经营6处，清理占道经营24处，整治非法行医3处，清理群租房44户，清理地下空间4处。拆除并规范各类违规广告牌匾194块，拆除私装地锁200个，清理僵尸车10辆、废旧自行车1500余辆，清理乱堆物料及暴露垃圾2680吨。完成上年21条街巷整治提升任务并验收合格，整治并规范广告牌匾367处，立面整饰、清洗及修复3.13万平方米，道路修复2.89万平方米；新建树池连通和花池1200平方米，补植、新增绿植1020平方米，护栏更换321延米。

（李雪莲）

【生活性服务业全覆盖】2018年，街道办事处将疏解腾退房屋优先用于生活性服务业建设，突出规范化、连锁化、便利化、品牌化、特色化导向。新建蔬菜零售网点2个、综合超市1个，新增1家综合体。创新业态，建成东城区首家24小时无人值守智能零售便利店——缤果盒子，涵盖800个品类，辐射2000余户居民。街道共有130余家生活性服务业必备业态网点，含36家超市/便利店、18家蔬菜网点及2家社区商业便民服务综合体，平均每个社区不少于16家必备业态网点，在全地区形成辐射半径不等的便民服务商圈10个。

（李雪莲）

【花市园丁绿化管理模式】7月，街道办事处推出花市园丁绿地认管计划，鼓励沿街商户认管门前绿地，与街道签订花市园丁绿地认管协议书，对认管绿地进行维护、管理，做到及时清理绿地卫生、及时制止破坏绿地行为、及时上报绿地养护问题。同时担负起门前责任区的环境卫生管理责任，花市园丁的内涵不断丰富。共有60余家沿街商户成为花市园丁，认养绿地总面积达1000平方米。

（李雪莲）

龙潭街道

【概况】龙潭街道办事处是区政府派出机构。位于东城区东南部，东起护城河西岸、隔河与朝阳区相望；南止左安门护城河与朝阳区、丰台区接壤；西依幸福大街、京广铁路与体育馆路街道相连；北至广渠门内大街（东段）与东花市街道分界。面积3.06平方千米，有广渠门内大街（东段）、幸福大街、光明路、夕照寺街、左安门内大街等主要大街，光明、广渠门2座立交桥，京广铁路线1.5公里。设社区居委会10个，户籍人口2.31万户、6.57万人，常住人口5.9万人，流动人口1.09万人，有蒙古族、苗族、维吾尔族、朝鲜族、满族、壮族、土家族、回族、布依族、藏族、彝族、白族等12个少数民族4491人。有中央、市、区属单位和无主管单位2766个，中、小学及幼儿园14所。有龙潭公园、北京教学植物园、北京少年宫、区工人文化宫（红剧场）、京城百工坊等文化设施及袁督师庙、夕照寺等文物保护单位。京城水上游南城水系沿东南环绕而过。办事处机构设置8个：综合保障办公室、党群工作办公室、社区建设办公室、民生保障办公室、社区平安办公室、城市管理办公室、纪工委（监察组）、综合执法队；有公务员编制110人、实有98人，事业单位4个，编制50人、实有39人，机关工勤编制4人、实有4人。

2018年，街道办事处完成街道管理体制改革；选派社区专员9人和社区专员助理1人，深入社区，办好群众家门口的事。重新调整部分社区区域规划，将街道现有11个社区调整为10个，完成全部社区党委换届。街道办事处获北京市安全生产先进单位、北京市就业创业工作先进集体等荣誉，街道微博获评“全国十大基层社区微博”第二名。

（江钱）

【城市管理】2018年，街道办事处清理规范户外广告牌匾256处，完成111条架空线梳理整治。施划板厂南里、光明等老旧小区停车位900个。完成安化北里10号楼坡道建设、板厂南里自行车棚更换彩钢板屋顶、夕照寺中街西段路北侧挡车桩安装等民生实事。积极应对空气重污染，落实渣土苫盖、路面洒水、扬尘管控、散煤整治等措施，全年PM2.5累计浓度同比下降21.1%。深入推进河长制工作，区域内河、湖水质全部达标。做好主汛期防汛和冬季扫雪铲冰工作。巩固市级垃圾分类示范街道建设成果，垃圾分类推广到地区2.5万户居民，居民垃圾分类覆盖率、垃圾规范收运率同步实现100%。

（江钱）

【民生保障】2018年，街道办事处完成街道级养老照料中心选址、签约，新建1家社区养老服务站，其中安化楼社区养老驿站作为首家精品驿站正式挂牌并试运营。为托底、扶助老年人309人提供4大类、18项服务，满足困难老年人基本生活服务需求；编制《龙潭街道为老服务商资源手册》，推动为老服务资源分类管理和老年服务需求汇集。合理配置“一刻钟服务圈”服务设施，通过新建、规范、提升补齐便民服务网点，地区有社区商业便民服务综合体2个，幸福彩虹社区蔬菜车站点4个，悠惠易购帮扶便民菜车站点4个，蔬菜零售网点23个，早餐服务网点24个，便利店30个，美容美发、洗染、家政、末端配送等各类网点50个，实现生活性服务业网点全覆盖。安置失业人员就业639人，安置就业困难人员402人，登记失业率控制在1.48%，10个社区达到充分就业社区标准，零就业家庭动态保持为零；办理生育登记510个，流动人口办理生育服务单115个；保障性住房市级备案219户，发放廉租补贴27万余元；开展劳动执法检查508家；采集退役军人及其他优抚对象信息2800人；完成第四次全国经济普查单位清查和年度人口抽样调查、城乡住户一体化调查。开展星星梦工厂第三季就业技能培训项目21次，提供残疾人个别职业指导15人，实现残疾人单位就业8人。扎实开展与崇礼区狮子沟乡等4个地区的扶贫协作，组织5家地区企业、2个社区与当地贫困村、社区结对。

（江钱）

9月15日，龙潭街道全民健身综合运动会在汇文中学举办（宣传部提供）

【社会治安综合治理】2018年，街道办事处发动各类群防群治力量37万人次，完成全国“两会”、中非论坛等重点时期安保维稳工作；推进雪亮工程建设，新增监控探头19个，完成街道及社区雪亮工程视频会议系统安装调试，实现重点区域监控全覆盖。织密地区安全防护网，累计检查生产经营单位2891家，发现并整改隐患3604处；组织编写《龙潭街道小微企业安全生产制度》发放1000余本，实现地区小微企业全覆盖，完成全年小微企业安全生产零事故目标；建设电动自行车集中充电设施28处、点位303个；为地区60岁以上老年人免费安装普通型感烟火灾探测报警器3451个、联网型感烟火灾探测报警器972个；作为全区唯一街道级单位在市安全生产月活动中获得优秀组织奖。完善处科级领导信访接待日制度，处级领导接访和主动约访60人次，接待办理群众来信来访来电等信访件276件，案件及时受理、按时办结率达100%。为适龄青年152人办理兵役证，适龄青年4人参军。组织3家律师事务所与10个社区签订村居公益法律服务协议，实现公益法律服务全覆盖。加强食品药品安全监管，食品、药品抽检合格率均达100%。

（江钱）

【社区建设】2018年，街道办事处重新调整部分社区区域规划，将街道原有的11个社区调整为10个。完善“1346”社会组织发展模式，以社区社会组织联合会为枢纽，有序引导社会组织融入社区治理。协商治理及社区服务平台上线试运行，实现人才培养、议题收集、协商议事和事项办理的闭环流转。探索老旧小区专业加自治的服务管理模式，选聘物业服务企业对夕照寺西里小区统一管理；发挥社区议事厅作用，实现板厂南里社区、光明社区停车管理居民全流程参与；及时处理怡龙别墅小区业主与城建物业矛盾纠纷，指导业委会有序开展工作，确保新老物业顺利、平稳过渡。夕照寺社区工作法获民政部全国优秀社区工作法。创新社区工作者培训形式，重点培训参与式协商、社会组织培育与管理、居民工作法、心理建设等专项课程，累计参与社区工作者800余人次。深化幸福百宝箱和金台夕照精品课志愿者特色文化服务项目，开课126课时，惠及群众4500人次；举办文化活动614场，受众 3.9万人次，实现公共文化设施社会化、专业化运营；角楼图书馆获评北京十佳阅读空间。举办龙潭街道第二届全民健身综合运动会，连续7年举办军企民风采展示季，举办全民健身嘉年华、和谐杯乒乓球赛等全民健身活动35场。

（江钱）

【党建工作】2018年，街道办事处开展学习活动17场，组织互评互学3次，举办处级领导和支部书记微党课78讲。完成社区两委换届工作。成立街道、社区两级党建协调委员会，统筹协调各类社会资源。地区35个在职党支部、在职党员3041人回社区报到，机关党委在职党员127人回社区报到；开展周末卫生大扫除活动33次，3718人次参与。打造夕照寺西里南区文化墙和休闲小广场；开展纪念改革开放40周年系列主题活动4场。继续深化“走进群众月相逢”活动品牌，机关党员干部走访居民1625人次。继续开展干部队伍建设月系列活动，举办科长论坛、群众工作法集中培训、疏整促参观交流等学习13次，参学1100余人次。制订《龙潭街道关于开展社区资金大清查、大整顿专项治理工作方案》，清查2016—2017年度社区五大类745笔经费。优化职工维权机制，全年开展服务150次，惠及职工1566人次。开展“青少年主题寻访”社会主义核心价值观教育活动15场，组织团员195人回社区报到；完成CC · 青年汇“四室一厅”布局建设，开展3大类、24场活动，参与800人次。成立东城区首家街道级妇女儿童活动中心，打造500平方米活动空间；开展巾帼筑梦花盛开主题活动42场，1700人次参与。成立商会联合党委，在角楼图书馆建设侨胞汇。

（江钱）

【疏解整治促提升工作】2018年，街道办事处制订街道疏解整治促提升工作方案，开展拆除违法建设、治理开墙打洞等专项行动16项，提前超额完成全年目标。坚持违法建设拆除“四到位”（宣传到位、确权到位、协调到位、组织到位），确保民众支持，拆除违建382处1.44万平方米，新生违建保持零增长。年内封堵开墙打洞101户，清理无证无照经营7处，整治地下空间6处、群租房24处、出租房屋79处。开展“三区四街”（幸福片区、龙北片区、板南片区、夕照寺街、龙潭路、龙潭东路、光明路）环境整治提升项目，实现规划设计、施工、管理一体化实施，招标管理、环境整治提升设计方案全部完成。成立8个专项工作组和19个社区推进组，将百街千巷年度整治任务定岗定责到人。认真研究拆违、腾退空间再利用，对2200平方米空间进行留白增绿，提升小区环境品质；集中拆除广渠门内大街12楼南侧京房宾馆地上近1000平方米违法群租房，将950平方米地下人防空间恢复原状；在综合考量地区居民养老需求基础上，规划设计1200平方米地区首家养老照料中心，提供不少于60张床位，涵盖助浴、康复训练、老年餐桌等居家养老服务。

（江钱）

【小巷管家工作模式】2018年，街道办事处不断深化小巷管家工作模式，针对单个小巷管家巡访势单力薄，解决问题力不从心等问题，创新小巷管家团工作模式，推进小巷管家运行实现3个转变：从个体向团队管理转变；从收集问题向协商解决转变；从环境整治向社区自治转变。完善招募和退出机制、激励反哺制度，成立小巷管家团9支，开展环境治理等自治项目14项。召开小巷管家周年庆活动，小巷管家1人获年度北京榜样年榜人物，人物故事入选东城区疏解整治促提升百姓宣讲团；街道“小巷管家团”项目获北京市第四届社会组织公益服务品牌银奖。小巷管家累计巡访9.72万小时，随手解决事项1.27万件，上报事项7353件，其中协调解决事项5666件。接待各类调研交流37次，小巷管家外出交流经验3次。民政部部长黄树贤带队调研社区治理工作，对小巷管家自治模式充分肯定。

（江钱）

体育馆路街道

【概况】体育馆路街道办事处是区政府派出机构，位于东城区东南部，东起幸福大街、幸福东街和京广铁路，西至磁器口大街、天坛路、天坛东路，与天坛街道为临，南至玉蜓桥、京广铁路，与丰台区接壤，北至广渠门内大街。面积1.84平方千米，有街巷胡同59条。设社区居委会9个，户籍人口1.59万户、4.46万人，常住人口3.58万人，流动人口9255人，有回族、满族、蒙古族等少数民族人口3102人。辖区内有国家、市、区属单位150个，中、小学校5所，幼儿园2所，特殊教育学校1所，医院4所，社区卫生服务中心1个，社区卫生服务站2个，法华寺、南岗子天主教堂2处区级文物保护单位。内设机构8个：

综合保障办公室、党群工作办公室、社区建设办公室、民生保障办公室、社区平安办公室、城市管理办公室、纪工委（监察组）、综合执法队。有公务员编制108人、实有100人，工勤编制3人、实有3人；事业单位4个，编制49人、实有35人。

2018年，地区疏解整治促提升等工作取得成效，街巷面貌和品质发生变化。全年拆除违法建设1.35万平方米，100%完成年度拆违任务；全年疏解人口5215人，完成年度疏解指标的172.85%。新增绿化面积3647平方米，种植绿植1.29万株，城市绿化美化水平进一步提升。举办街道第九届社区体育文化节，吸引辖区各年龄段居民3500人次参与，群众获得感不断提高。

（杨泉）

【城市管理】2018年，街道办事处开展地区第二次全国污染源普查，组织普查员全面清查228个普查对象。完成7次大气污染治理各项督查、考核、验收及14大类污染源排查建档、19项工作方案制订、13次空气重污染预警应对。组织地区居民、驻街单位开展义务植树日活动，共栽下28棵树苗，补植黄杨1800棵，新增绿化面积3647平方米。加强自管树木养护，修剪危树157棵，砍伐危树42棵。对体育馆西路、法华寺西口等5个点位进行绿化提升，丰富地区绿化景观。国庆期间景观布置11个花坛，提升地区环境品质。对地区80个裸露树坑增设格栅，降低扬尘污染。汛期做好险情处置，协调处置危房险情10处、房屋漏雨19处、地面塌陷13处、积水9处，转移安置居民4人。推动营房西街1~5号楼老旧小区综合整治，组建营房西街1~5号楼居民自治会，自治会成员64人，包含社区代表、居民代表、产权单位代表等。推进天坛东里50号楼和长青园20号楼加装电梯工作，完成8部电梯报审，其中天坛东里50号楼3、4单元2部电梯正式运营。

（杨泉）

【民生保障】2018年，街道办事处续签廉租补贴家庭合同36户，新签、续签市场租房补贴合同100户，核查登记公租补贴44户。完成已入住公共租赁住房租金补贴家庭申请资格年度复核256户，廉租房实物配租年审157户，市场租房补贴到期复核199户，受理居民主动复核27户。受理保障性住房、市场租房补贴以及公租房补贴新申请236户，资格变更和取消242户。为低保老人63人发放慈善医疗救助资金2.84万元，办理应急救助34人次，发放救助金10.25万元。申请慈善大病救助11人，发放救助金20.07万元。完成60~64岁老年人居家养老助残卡信息登记采集和集中发放，涉及3600人。完成217份年满80岁老年人健在核实、充值申请，审核停发177份，累计审核金额235万元。完成托底扶助老人每月审核推送工作，累计发放资金190万元。聘请2家服务商为地区老人提供餐饮服务，改造环境，调整分餐布局，分餐点数量达5个。完成2017—2018年居家养老辐射项目申报、执行，项目覆盖地区80岁以上及60岁以上失独和重残老人，最终签约1784人，消费人数1485人，消费总次数4732次，项目总金额43.27万元。办理来京务工人员随迁子女在区中小学就读初审51件。开展劳动保障监察，检查各类企业202家，辖区各类企业劳动合同签订率达95%，续订率达92%。办理两孩以内生育服务登记494件，二孩生育再生育行政确认6件，计划生育率100%。全年发放独生子女父母奖励费1.7万元，独生子女父母年老时一次性奖励32.9万元。全年开设早教亲子体验课100节，婴幼儿1000余人参加活动。安置残疾人11人就业，为中重度残疾人30人提供居家与日间康复服务，为重度残疾人15人开展家政服务。至年底残疾人2246人全部持有残疾人一卡通。开展体育馆街道助残日暨第三届趣味接力环湖赛，残疾人150余人参与比赛。

（杨泉）

【社会治安综合治理】街道办事处做好全国“两会”、中非论坛等时期社会面防控，发动地区群防群治力量9万余人次参加。处理群租房举报件27件，将核实为违法群租的房屋纳入整治台账，2018年共整治群租房52处，疏解人口281人。开展6号地已拆迁区域违规出租转借房屋清退工作，协助区综治办召开协调会6次，清退96间违规转租房屋，共194人。搞好公共视频系统雪亮工程建设，完成9个社区综治视联网平台建设和为期3个月的调试。对每季度安全感调查结果开展研究会商，召开工作推进会3次，制订整改方案，开展提升群众安全感活动2次，发放宣传品1000余份。加强长青园护路联防工作站规范化建设，完成护路站制度、治安防控示意图上墙，为铁路护路志愿者购置围巾、护膝等执勤装备。开展大排查大清理大整治和“回头看”等专项行动和日常安全生产检查，共出动专职安全员7518人次，检查生产经营单位1993家，查出隐患1802处，整改隐患1760处，整改率97.67%，完成全年覆盖率的100%。完成建筑施工安全专项治理行动，检查建筑施工单位113家次，发现隐患170处，下达整改通知书41份，复查39家次，现场立即整改2家。全年共接待居民上访62批次，85人次，登记网上系统来信来访案件55件，均已按期结案。

（杨泉）

【社区建设】2018年，街道办事处招募小巷管家115人，引导社区居民参与家门口的环境治理。举办街道社区社会组织联合会暨“社联+”启动揭牌仪式，举办项目接洽会，引进20余支社会组织团队参与社区建设。完善社工队伍建设，招录新社工23人，补

3月1日，体育馆路街道河湖守护志愿者服务队队员在捡拾龙潭西湖湖边垃圾（于佳摄）

充人员缺口，落实社区工作者一次性奖励。结合当前街巷环境整治和街区整体发展规划，对原有10个社区划分及其资源分布情况进行重新摸底，制订街道社区居委会规模调整方案，撤销东玉北街社区，更名双玉南街社区为四块玉社区，更名国家体育总局社区为体育总局社区。成功举办街道第九届社区体育文化节，吸引辖区各年龄段居民3500人次参与。完成北京市全民健身示范街道创建复审。

（杨泉）

【党建工作】街道办事处完成9个社区党委换届选举，组织选派科级干部11人担任社区、非公党建指导员。组织开展不忘初心、牢记使命党员培训、党务工作者培训周、群众工作方法延伸培训等，覆盖地区党员1300余人次。坚持开展周末大扫除活动、每月坚持开展党员先锋日、志愿服务大集活动，2018年集中开展活动40余次，参与党员8000余人次。组织党员群众参观纪念改革开放40周年图片展、纪念马克思200周年诞辰等展览，开展学雷锋主题日活动。街道自主培育的天坛雷锋车队获2018北京榜样特别奖。举办以“寻迹·传承·展望”为主题的纪念改革开放40周年报展活动。推进“双报到”工作，共接收报到党组织32个，党员1275人，将“双报到”党组织全部纳入街道党建协调委员会，依托党员E先锋平台，组织“双报到”党组织、党员参与地区活动。完成社区党组织服务群众经费项目17个，使用经费近200万元，首次引入专业评估及审计对经费使用情况进行专项自查。组织街道机关社区干部赴台交流，法华南里社区与高雄鼓山区民族里签订协议结为友好社区。街道商会向西藏纳木湖乡、张家口崇礼区红旗营乡捐款17万元。在地区设立3家商会暖心驿站。开展寻找最美家庭文明家庭创建工作，获首都最美家庭2户、东城区最美家庭5户。成立红桥市场妇女委员会并召开第一次妇女代表大会。街道总工会开展两节送温暖、夏季送清凉活动，慰问132家企业和困难员工7人；为38家企业职工3074人投保各类在职职工互助保障计划14万余元；建立11个户外劳动者服务站点。

（杨泉）

【疏解整治促提升工作】2018年，街道办事处拆除违法建设1.35万平方米，100%完成年度拆违任务，全年疏解人口5215人，完成年度疏解指标的172.85%。按照“1+5+N”模式配备街道综合执法力量，以党建为引领，新建城市管理党建驿站和综合执法便民服务站。全年组织联合执法130次，出动人员1600人次，封堵开墙打洞13处，治理占道经营重点点位4处，整治无证无照经营11处。清理违规广告牌匾标识238块，清理堆物堆料及暴露垃圾270余吨，清除私装地锁58处，清除小广告650余张。执法队全年完成一般程序执法案卷280卷，罚款77.9万元；简易程序案卷733起，罚款5000元。办理城市管理网格案件1.36万件，便民服务热线事项1614件。

（杨泉）

天坛街道

【概况】天坛街道办事处是区政府派出机构。位于东城区西南部，东起磁器口大街、天坛东路，南至永定门东街，西依前门大街（南段）、天桥南大街、永定门内大街，北到珠市口东大街。面积4.03平方千米，有街巷70条，其中主要大街7条，即天坛路、祈年大街、珠市口东大街、前门大街（南段）、天桥大街、永定门内大街、永定门东街。设社区居委会12个，户籍人口1.57万户、3.72万人，常住人口3.7万人，流动人口9671人，以汉族为主，回族、满族、蒙古族、朝鲜族、土家族等少数民族32个。辖区内有中央、市、区属单位165个，中、小学及幼儿园10所。有世界文化遗产天坛公园，市级文物保护单位金台书院、正阳桥疏渠记方碑，区级文物保护单位药王庙及清末传奇人物大刀王五的源顺镖局旧址，新中国筹建第一座大型自然历史博物馆——北京自然博物馆以及中华民族艺术珍品博物馆。机构改革后设综合保障办公室、党群工作办公室、社区建设办公室、民生保障办公室、社区平安办公室、城市管理办公室、纪工委（监察组）、综合执法队。有公务员编制96人、实有88人，工勤编制8人、实有7人，事业单位4个，事业编制54人、实有40人。

2018年，街道办事处完成春节、"两会"、中非合作论坛北京峰会等各个重点时期服务保障，完成疏解整治促提升、百街千巷环境整治提升、安全隐患大排查大清理大整治和可燃物障碍物大扫除等各项重点工作任务。街道党校共开展系列党课活动30场次。11月，完成天坛街道社区合并与调整，由16个社区变为12个社区。天坛周边3个项目收尾工作顺利推进；12月，东里北区1~8号楼项目清零。完成12个社区党委换届选举。街道被评为北京市劳动监察工作先进单位、北京市民兵营连部先进基层单位。

（马雪薇）

【城市管理】2018年，街道办事处审核通过并发放正规煤改电补贴486表户，补贴金额41.77万元；审核通过并发放简易煤改电补贴43表户，补贴金额4.28万元，共计529表户，补贴金额46.06万元。开展北京义务植树日宣传活动；完成金鱼池小区月季种植；安装白蛾诱捕器，对辖区内3000余棵树木开展草履蚧防治；修剪危险树木150棵。发放辖区136家单位用水指标，开展世界水日中国水周等宣传活动。2018年查处占道经营220余起，规范门前三包350个次，劝阻黑摩的90余个次。规范户外广告、条幅80处，检查霓虹灯断亮30起。清理私接地桩地锁260余个；集中清理堆物堆料130余处；清除张贴小广告1000余份。组织开展燃气安全执法检查累计100余家次，整改隐患30余处。全年检查施工工地1200余个次，依法查处违规施工行为32起，罚款32.4万元，完成年度开墙打洞10处上账点位封堵任务；经过前期摸排认定，入户走访，多波次集中整治，拆除违法建设191处，1.48万平方米。成立城管执法联合巡查小组，及时发现和解决环境污染问题。深入开展污染源普查、大气污染防治精细化管理试点、大气粗颗粒物监测点位基础建设，全面掌握辖区空气质量情况。全年查处环保类违法案件47起，罚款34.25万元。空气重污染期间，及时发布预警信息，加强巡查职守，增加保洁频次，减少二次污染（空气重污染日均出动保洁人员46人、保洁车辆46辆，对街巷胡同进行保洁84次，日均出动洒水车4辆、洒水25吨）。日常保洁每日出动桶换桶车辆30台次，出动小清扫车辆20台次，全年清运生活垃圾及建筑垃圾150吨。建立应急抢险队伍，由机关干部、绿化队、专业抢险队、保洁队等部门共计185人组成，汛期实行全天候备班制度，防汛期间夜间值班173次，处理低洼院落及道路积水98处，抢修房屋漏雨290处。全年启动7次街道吹哨，快速解决城市管理、公众诉求等方面长期存在的问题。全年处理网格案件3.09万件，其中城市管理网格案件共办理2.82万件，便民事项案件共办理2710件。接收市级首都环境建设综合考评系统平台案件102件，全部顺利通过检查。

（马雪薇）

【民生保障】2018年，街道办事处新录入保障性住房申请材料400份，公租房、公租补贴、市场租房补贴备案通过314户。接收变更申请100户；受理终止申请80户；资格复核522户。发放公租房选房通知单100份。整理申请材料档案1000份。廉租补贴续签61户，累计发放廉租补贴约89.04万元。完成低保调幅和年中复审，补发低保金1.8万元。经济核查累计停发110户。累计新批低保26户、41人，认定低收入家庭16户、29人。至12月31日，享受最低生活保障居民614户、1030人，全年发放低保金1264万元。清洁能源自采暖补贴6.4万元、集中供暖补助196户、28.27万元。为低保、低收入群体实施医疗救助511人次、174.52万元，临时救助21户、5.9万元、大一新生学费减免6人、2.7万元。全年办理残疾人证168个，完成残疾人3035人动态更新工作，发放各项补贴款349.20万元。推进天坛户籍严重精神病患者监护人看护补贴制度落实，全年审核符合条件监护人136人，发放补贴款31.22万元。全年残疾人生活补贴386人，护理补贴1036人，累计发放残疾人补贴款437.92万元。天坛地区首家养老驿站——永内大街社区养老服务驿站运营情况良好，覆盖周边5个社区，为居家老人提供六大项养老服务。第二家养老驿站——永内东街东里养老服务驿站装修完毕待运营。天坛街道养老照料中心提供送餐服务，月均制作和配送老年餐1000余份。全年累计报销高龄药费约7.5万元，发放高龄津贴41.9万元，办理老年优待卡3669张、老年证99本，充值养老助残卡292.8万元。完成新增老年人自理能力评估91人，累计拨付居家照护补贴119.27万元。政务服务中心全年失业人员档案转入620份，转出805份；协助完成区折子工程，安置农村劳动力就业21人；退休人员档案新增395份，其中社保所批退48份，转出143份，死亡49份，协助完成东城区折子工程社会化退休档案数字化扫描6394份；灵活就业全年新增504人，减少524人。完成清洁能源自采暖补贴申请材料装订留存 1207份，其中失业人员65人，发放补贴3.75万元；退休人员1142人，发放补贴80.2万元。开展劳动保障政策宣传活动3次，发放宣传材料720份；日常巡查275户，涉及从业人员3230人；开展专项执法检查5次，检查单位63家，涉及从业人员616人，并与43家单位签订《农民

6月22日，天坛街道开展坚持以人民为中心推动法治信访建设为主题的宣传活动（蓝慧摄）

工工资无拖欠承诺书》；书面审查单位275家，规范30家单位劳动合同及工资标准；配合区劳动监察大队受理投诉举报案件8起，快速妥善处理工资争议案件2起，及时调解支付农民工工资16.58万元；受理知青回京材料审批2户，已审批2户，接待知青来访87人次，春节慰问困难知青34人，发放慰问金3.4万元。全年出生上报388人，审核北京市居民一孩生育登记247例、二孩生育登记104例，再生育登记审核6人。办理独生子女父母光荣证15人。办理独生子女父母一次性奖励432 人，审核独生子女父母奖励费499人，发放独生子女父母奖励费2.91万元。年审符合特扶家庭229例，新增特扶伤残11例，特扶死亡8例，办理特扶家庭一次性经济帮助11例。全年走访慰问特扶家庭84户，带领特扶人员参加免费体检54人次，为特扶人员投保计划生育家庭意外伤害保险248份。完成育龄妇女孕前检查登记38人。完成北京市流出人口信息核查256条，完成北京市户籍全员公安信息核查数据整理5065条。开展全地区0~3岁婴幼儿 家庭养育环境干预项目问卷调查、情绪社交能力促进项目问卷调查，协助区卫健委对调查中发现有问题的儿童进行行为矫正。

（马雪薇）

【社会治安综合治理】2018年街道办事处开展国家安全信息员、流管员队伍培训17次，发动治安志愿者18万人次，完成春节、“两会”、中非合作论坛北京峰会等各个重点时期社会面防控任务。集中开展扫黑除恶、防范非法集资、扫黄打非、反邪教等各类形式的宣传活动20余场，发放各类宣传材料1万余份。建立“微+园”群众监督举报平台，全年接到群众举报群租房20余件，全部予以整治。雇佣保安40人组建天坛夜巡队。深入开展天坛医院及周边地区专项整治，全年开展清理整治18次，抓获号贩子24人。制订守望岗志愿者提供情报奖励机制，接到各类有效举报线索117件，奖励志愿者131人，奖励金额1.56万元。全年更新灭火器1345具。组织开展各类宣传活动、安全知识培训会、消防应急演练17次，制作、发放有关安全生产及消防安全各类宣传品6万份。组织区安监局专家指导服务辖区企业15家。推广签订安全生产责任险101份。全年组织开展日常安全检查生产经营单位累计4876家次，发现并整改隐患2240处。全年共办理自收信访件116批次，办理网上信访来访件44件次、142批次，共178人次，办理网信22件次。

（马雪薇）

【社区建设】2018年，街道办事处为东晓市社区、红庙街社区、西草市社区续租办公用房，租用永定门东街商务楼底商作为永内东街社区办公用房，提升社区软硬件实力，提高办公整体环境。社区办以弘扬先进文化、创建和谐团队为主线，结合社区不断吸收新人、培养骨干的工作部署，有条不紊地开展各项活动，提升社区工作能力和服务水平。2月，社区办以心选择 心体验 心征程为主题，开展2017年全年总结活动；6月，天坛街道各社区社工15人通过助理社工师资格考试，社工4人通过社工师资格考试；7月，进行社工工资基数调整，较2017年有所提高；9月，社区办联手北京市东城区益民创新社会工作服务中心在金鱼池西区社区开展我是社工我骄傲——社区工作者心理建设项目；全年，社区工作者撰写《民情日记》3000余篇，全面建立居民基本情况台账。探索社区共治共建共享治理模式，12个社区召开议事协商会60余场。成立天坛街道社会组织服务中心并开始运营，先后与北京敬诚社工服务中心、北京仁益社区建设促进中心2家社会组织签订服务协议，共同打造天坛街道社会组织服务中心。培训社工涵盖社区副职、项目联络员、项目带头人等近50人，组建30余支社区社会组织。开展各类传统文化课堂10余次，参与人数85人次。4月，完成2018年非京籍流动人口子女入学43人初审。6月，完成200人次国民体质测试。8月，组织参加北京市民体质促进项目挑战赛获得优胜奖；在2018年东城区第九套广播体操通讯赛中获二等奖。9月，完成北京市年度重要民生实事项目全民健身示范街道创建。

在东城区老年人防跌倒操推广中，获优秀组织奖。10月，举办天坛地区综合运动会，来自天坛街道辖区内居民、街道及各社区干部、驻街单位共48支代表队1200余人参加。获得北京市第十二届和谐杯乒乓球比赛优秀组织奖。12月，完成年度天坛街道体育工作一街一品推选及26人星级体育指导员、一支优秀健身团队的评选工作。全年，利用科技周、全国科普日及重点卫生宣传日，开展健康教育、科普宣传及活动100余场，受益人数达2万余人。参加区全民终身学习活动周活动，获东城区市民棋类、数独大赛优秀组织奖；第六届东城区市民厨艺大赛团体优秀奖；东城区第三届市民花艺设计大赛一等奖；清风墨韵书画展活动积极参与奖。在东城区全民健康生活方式行动示范机构创建工作中，获优秀组织奖，5个社区在创建北京市健康教育示范社区活动中通过市专家组验收。在东城区社区健康素养知识竞赛中获二等奖。完成初级急救员心肺复苏4学时单项技能取证项目101人。

（马雪薇）

【党建工作】2018年春节、“七一”、国庆节期间，街道办事处走访慰问困难党员群众1700余人，发放慰问金和慰问品77万元。举行庆祝中国共产党成立97周年系列活动，表彰奖励先进基层党组织10个、优秀党务工作者20人、优秀共产党员150人。开展共产党员献爱心捐款活动，地区46个基层党组织党员近1000人捐款4.5万元。街道党校以分类培训为手段，以流动课堂为载体，党政领导深入社区讲党课，先后开展走进社区、走进理论中心组、走进驻街单位、走进支部等系列讲党课活动30场，其中有小教员讲党课13场，小教员练兵比武擂台赛4场。发展新党员14人。更新党员信息库，完成地区82个党组织和党员2922人的信息采集。组织党员干部参观东城区不忘初心 牢记使命——第十届群众性勤廉书画展200余人次。完成年度文明城区复查迎检测评工作，成功申报全国文明单位1个、首都文明社区4个，首都优秀环保公益组织1个。依托“12351”APP平台开展各类服务，惠及会员4622人次；新增独立建会6家，社区联合工会覆盖企业5家。依托社区青年汇，打造精品活动、主题团日活动，开展新青年城市体验营、星光自护教育讲座、一汇一品活动及亲子、困难青少年帮扶和特殊群体关怀系列活动80余次。以常态化开展寻找最美家庭活动为载体，开展最美家庭、天坛示范平安家庭评选，妇女之家突出面对面温暖你心服务特色，用服务促妇联品牌建设。将周末大扫除活动与在职党员回社区报到相结合，自活动开展以来累计清运大件废弃物、干枯树枝等垃圾废弃物100余车。

（马雪薇）

【疏解整治促提升工作】2018年，依照东城区疏解整治促提升工作部署，天坛街道有序推进百街千巷整治。建立一个例会、两个平台、三项原则、四本台账工作机制，深入了解相对人基本情况，耐心讲解相关政策，制订整治提升方案，按建筑原貌进行恢复。联合城管、公安、消防、食药等部门组成专项工作小组，协同安保力量召开调度会、会商会、征求意见会等83次，入户调查5072人次，综合执法100余次，出动执法人员及施工人员2100余人次。拆除东晓市、永内东街、金鱼池东、西园子、东里北等辖区影响市容观瞻的各类违建，封堵经营性开墙打洞，恢复房屋原貌，取缔低端经营业态商户，不断提升辖区环境秩序。市级挂账平台销账违法建设191处，1.48万平方米，提前完成2018年既定任务；封堵开墙打洞10处，220平方米，全年疏解人口3039人。

（马雪薇）

【天坛周边环境整治项目】2018年，天坛周边57栋简易楼腾退项目、简易楼环境整治项目、东里北区1-8号楼项目和南中轴路棚户区改造项目有序进行。4月4日，南中轴路棚户区改造项目签约1户，累计签约59户，交房50户，完成选房47户。8月22日，区委书记张家明调研天坛周边57栋简易楼腾退工作。9月4日，启动简易楼环境整治动员大会。11月21日，市纪委巡查组巡视天坛周边项目。12月20日，天坛东里北区1-8号楼腾退项目完成清零工作，173户居民全部得到有效安置。至12月31日，天坛周边57栋简易楼项目累计完成腾退2364户，腾退比例达98%，完成17次、42户强制执行，剩余50户未签约、21户未交房，19栋简易楼完成拆除，4栋简易楼具备拆除条件，基本完成签约居民入住朝阳区焦化厂燕保·祈东家园一期和二期的选房、入住工作。

（马雪薇）

永定门外街道

【概况】永定门外街道办事处是区政府派出机构。位于东城区西南部，东起蒲黄榆，南至木樨园及南三环路一线，西起北京南站，北至永定门城楼、跨南二环滨河路。面积3.33平方千米，有大街11条、胡同街巷208条、过境公交线30余条。设社区居委会20个，户籍人口3.11万户，户籍人口8.52万人，常住人口8.31万人，流动人口2.99万人。有回族、满族、布依族、蒙古族、朝鲜族、壮族、土家族、苗族等少数民族3100人。有中、小学及幼儿园8所。辖区有全国十大服装批发市场百荣世贸商城、文化用品批发市场及永定门广场、燕墩公园等文化休闲场所。机构设置12个，其中内设机构：综合保障办公室、党群工作办公室、社区建设办公室、民生保障办公室、社区平安办公室、城市管理办公室、纪工委（监察组）、综合执法队8个科室。公务员编制138人，工勤3人，事业单位4个，编制64人。

2018年，街道办事处上报舆情信息190余条，发行永外新报23期，主动公开327条信息。对2条主要大街、29条背街小巷开展环境整治提升，25条街巷环境建设提升项目完工100%，完成总工量的80%。开展废旧非机动车回收置换活动，集中回收1452辆，规范非机动车停车场所20余处。制订《永外街道裸露地面扬尘污染管控方案》，全年PM2.5年均浓度目标值低于66微克/立方米，摆脱全市末位水平，11月全区排名攀升第三。推进平安永外建设和雪亮工程建设，开展扫黑除恶专项活动，集中整治社会治安突出问题，辖区治安秩序明显好转，群众安全感和满意度从一季度排名第十六到三季度排名第七。升级改造电子阅览室为指尖书吧，开展朗读者、导读、蜗牛绘本馆等主题活动117场次、参与活动者2930人，在景泰路建成一处集独立书店、文化沙龙为一体的耕读空间。获市委、市政府授予首都民族团结进步先进集体奖。

（高英琦）

【城市管理】2018年，街道办事处开展燃煤循环排查清理，收缴燃煤800余块、煤炉9个，发放煤改电补贴780户390余万元。实现19个社区垃圾分类全覆盖（桃杨路社区无楼房区居民），举办垃圾分类宣传活动50余场，清理清运无主垃圾和堆物堆料850车，清理违法小广告9.19万张，清涂墙体广告4280平方米，出动保洁员2.58万人次、清运车辆2.58万辆，清理清运垃圾1.02万吨。病虫害喷药面积达到地区树木全覆盖，累计出动930余人次，打药车800余台次，使用药剂3000余斤，防治作业30万平方米，对地区普打近40次，悬挂诱捕器27个。砍伐危树、险树50棵，处理危险树47棵。完成地面塌陷修复、危墙抢修等小修小补工程30余次，完成20个老旧小区综合整治。清理违规广告排匾标识59家，85块；清理私设地桩地锁165个。制订并完善街道防汛工作方案和抢险预案，储备防汛抢险救灾物资，处理危险树木30棵；折枝、树枝压车、树枝压房7处；倒扶树木1棵；修补居民漏雨房屋20处；处理道路塌陷10处，抢修1户拆迁滞留区居民房屋屋顶。清运大件废弃物769车。持续强化永外街道微信公众号的日常受理、派遣和结案工作，共受理微信公众号案件427件，实际解答和办理419件。街道处理城市管理案件实际办结率99.65%。网格化城市管理监督全年考核成绩在总体案件量远高于2017年的情况下，整体分数有所提升。

（高英琦）

【民生保障】2018年，街道办事处完成13批公租房补选工作，完成对249户公租房补贴领取家庭年审，确定继续享受补贴资格家庭191户，补贴档次变更家庭27户，取消资格家庭31户，完成137户市场租金补贴领取家庭年审、续签，发放市场租金补贴80户。积极落实就业工作，安置失业人员963人。办理灵活就业及自主创业926人，帮扶就业困难人员597人。为三无老人1人办理城市特困人员供养；为72户、138人申请临时救助资金24.54万元；为155人审批医疗救助金额37.88万元；帮助两劳释放人员7人办理低保，并在低保审批期间发放救助金2.31万元；为困难群众4人办理住院押金减免和出院实时结算，垫付押金6000元，实时结算医疗费用1.4万元。全年完成2次低保人员调标复核，撤销低保141户，267人，22.76万元，追缴死亡冒领低保金1.82万元。宝华里驿站、桃园驿站、定安里驿站在居家养老、日间照料和老年餐桌等服务方面，全年累计服务托底保障对象95人次，扶助对象722人次，建立托底扶助老人档案817份，举办老年活动346场次，参与人数2万余人次，老年餐桌全年就餐人数8698人次，办卡468张。发放生活补助3782人次，补助款181.58万元；护理补贴1.02万人次，补助款153.8万元；发放保险补助935人次，补助款275.8万元；扶残助学25人，助学款10万元；临时救助1人，救助款2000元；两节走访慰问 123人，发放慰问款10.45万元；发放助残券6872人次，补助款 68.72万元；为地区残疾儿童20人申请康复训练补助，为残疾人3人办理农疗康复补助。开展疏解整治促提升劳动用工执法检查，日常巡查单位309家，涉及劳动者5926人。其中开展专项执法检查5次，检查单位115家，涉及劳动者1342人。对建筑工地开展专项执法检查3次，检查建筑施工企业63家次，涉及农民工516人次。办理一孩生育登记634人，二孩生育登记216人，办理独生子女父母光荣证37人，开展特扶人员家庭医生签约工作，办理特扶人员一次性经济帮助36人，特扶家庭成员实现安康保险全覆盖，为65对新婚夫妇提供免费婚前医学检查。

（高英琦）

【社会治安综合治理】2018年，街道办事处安全生产检查覆盖率99.96%，挂账隐患核销率97.9%，企业台账系统更新完整率100%。开展百日攻坚专项治理行动、安全生产月活动，检查生产经营单位20家，核销处理办结“12345”等群众投诉举报4343件。办理“96310”举报2079件，案卷98件，罚款总额99.18万元。建立施工地、拆迁区、拆迁滞留区常态化检查机制，在空气重污染预警期间，对纳入污染源排放的企业实施停产限产措施。开展挂账隐患回

7月，永定门外街道工作人员对地区用人单位进行集中执法检查
（刘圆媛摄）

头看核查。安装电动车智能充电桩71台，为60岁以上老年人家庭安装独立式感烟报警装置4963个，为112户托底扶助老人免费安装一键呼叫终端设备。加大新生动态无证食品经营违法惩治力度，完成年度辖区挂账无证食品商户清零工作，流通、餐饮抽检合格率为100%。完成市、区挂账违建销账任务112处、2.2万平方米，涉及疏解影响人口3664人，经第三方现场核验均达到场清地净验收标准，并全部完成销账。受理群众来信来访730件次，其中办理市信访信息系统信访件279件；区长信箱66件；接待来访385件。信访案件排查率达98%；按期处结率达到100%。专项检查建筑工地2次，涉及建筑企业35家，农民工652人次。辖区食品药品监管单位总数836户，监督1423户次，办理案件53起，完成污染源普查餐饮企业205户，医疗机构32户，各类锅炉140台，工业企业10家，汽修10户。

（高英琦）

【社区建设】2018年，街道办事处重新修订《社区工作者管理办法》《社区工作者考勤管理办法》，制订《北京市东城区永外街道社区工作者违规违纪处理办法（试行）》，公开招录社区工作者31人，重新修订《永外街道社区财务管理办法》，社区正职岗位调整16人次，新提拔社区正职7人、副职16人。选拔推荐社区工作者4人参加东城区社区社会工作人才专业督导项目实务及督导课程培训班，分别对社区副职25人、社区骨干人员30人、新招录社区工作者31人开展专业技能培训。改善社区办公用房环境，装修民主北街、琉璃井、桃杨路、景泰、革新里5个社区办公用房、服务用房，面积达1840平方米。完成李村社区老旧小区自我服务管理试点工作。指导富莱茵社区成立业主委员会。开展永定情怀文化艺术节、票友大赛、京剧三周年展演、永外曲艺会四周年展演、篮球比赛、第十二届和谐杯乒乓球比赛等文体活动200余项。举办第二届地区全民健身运动会，街道机关干部、20个社区、39家单位共计2000余人参加。深化北京新市民大课堂学习品牌，开展教育观影、足球进校园开幕式暨首届足球校际联赛活动。完成全民健身示范街道复检。启动第三期学前教育行动计划。发挥党建引领作用，先后为安乐幼儿园提供国学剧场演出活动3场次，为长途汽车站举办服务导读活动2场次。完成非京籍适龄儿童入学初审242人、复审58人。

（高英琦）

【党建工作】街道办事处制发《永外街道2018年党的基层组织建设和区域化党建任务清单》《永外街道2018年基层党建工作重点任务清单》《永外街道群众工作方法培训工作方案》《关于服务街道中心工作进一步加强内部机构体制机制建设的实施意见》《社区专员工作指导手册》等一系列规范性文件。成立街巷小区工作室、生态环境工作室等40个。召开2次党风廉政建设工作部署会，逐级签订责任书层层压实责任。采取约谈函询、述责述廉、追责问责等多项措施，强化两个责任落实。以党组织服务群众经费预算349万元开展102项便民服务。20个社区党委全部顺利完成换届选举。全面开展书记讲党课活动。开展纪念中国共产党成立97周年系列活动，评选出最美身边党员23人。组织寻访辖区内老兵或共产党员20人，编纂出版《永恒的记忆·不熄的星火》，并发放至机关、社区、非公各基层党组织及辖区内4所共建学校。辖区非公企业158家，非公企业党员192人，流动人口党员232人，建立非公党支部17个、党总支2个，楼宇支部1个，社会组织支部2个，党组织工作覆盖实现100%。制订百荣商圈党建工作实施方案，组建百荣商圈党建服务中心，打造党建共同体和发展共同体，充实区域化党建新内涵，深度打造永外金色商圈和非公红色名片。

（高英琦）

【疏解整治促提升工作】街道办事处完成2018年疏解整治促提升工作台账及落点落图，完成商市场疏解任务，梳理8大类、15小类疏解项目，共计398项具体工作全部实现落点落图。关停永定门鑫天利菜市场并疏解商户42户，主动关停拆除李村早市并疏解商户100户；百荣世贸商城疏解商户

100户，万朋商城疏解商户10户。全年辖区疏解人口3664人。严控新生违法建设，拆除违法建设10余处，面积3234.56平方米，疏解人口3147人。开展群租房及地下空间专项整治，整治群租房20处，453.56平方米，疏解人口300余人。拆除违法建设112处，2.2万平方米；封堵违规开墙160处，3743平方米；整治群租房71处，6644平方米。规划设计辖区内11处地下空间。疏解望坛拆迁区内餐饮商户42家，流通商户25家，药店2家，大型农贸市场2家。沙子口路和南站周边的南站幸福路、永外车站路、右安门东滨河路共安装16套禁停、禁行自动监控设施，实现该地区24小时无间断交通管理，严禁路侧无序停车，保障道路通畅；在玉蜓桥公园、永铁苑小区北门内建设环保监测设备基座，布设电源管线，架设避雷针及安装不锈钢围栏等；整治规范乱停车500处。

（高英琦）

【望坛棚户区改造项目】街道办事处制发《望坛棚户区改造项目收尾阶段工作方案》，完成征收腾退和1000套回迁住宅建设开工。8月28日望坛棚改项目直配公租房选房238户家庭通过核查，对前100户家庭现场公示，通知选房。38套小套型住房全部配租。10月9日，开展通州土桥租赁房屋选房，正式选房前，总指挥部工作人员开展2次培训会。现场设置居民选房等候区、资料审核区、选房区、资料签署区4个区域。房源共计130套，候选家庭130户。共120户家庭参加选房。望坛项目开展直配公租房选房工作共计四批次，选房家庭1086户中873户选到住房，完成望坛直配公租房工作。12月18日，望坛项目外迁房源，兴悦居项目全面启动交房入住。12月6—7日，完成望坛棚改项目直配公租房最后一次选房工作。

（高英琦）

【宝华里棚户区改造项目】宝华里危改项目位于永定门外地区，紧邻南中轴线，涉及居民产籍2271户，企事业单位18家。2008年1月，街道办事处正式启动拆迁，10年仅搬迁1116户，尚有未搬迁居民1155户，企业14家。从2014年清退原实施主体至2018年底，市、区政府已累计使用财政资金约24亿元，并推进项目重新启动。2018年12月11日宝华里危改项目重新启动，组建宝华里危改项目指挥部，同步成立临时党委，下设6个临时党支部。从全区相关委办局及街道办事处、社区抽调干部100余人，进驻工作组和分指挥部，直接服务居民。宝华里危改之家挂牌成立，正式接待居民来访咨询。12月12日张贴通告，进行房档户档信息核对及相关工作。

（高英琦）

东城区街道工委及办事处负责人

东华门街道工委书记	赵宏松（回族）
办事处主任	向　愚（女，土家族）
景山街道工委书记	冯建国
办事处主任	高永学（满族）
交道口街道工委书记	吕德成
办事处主任	张　黎
安定门街道工委书记	赵明杰
办事处主任	王　昕（女）
北新桥街道工委书记	郑青云
办事处主任	安　虹（女）
东四街道工委书记	荀连忠
办事处主任	张志勇
朝阳门街道工委书记	陈大鹏
办事处主任	董凌霄
建国门街道工委书记	孟　锐
办事处主任	贾　邦
东直门街道工委书记	肖　刚
办事处主任	石崇远
和平里街道工委书记	王品军（回族）
办事处主任	丁选云
前门街道工委书记	李卫华
办事处主任	余海民
崇文门外街道工委书记	韩新星
办事处主任	阮　君
东花市街道工委书记	李承刚
办事处主任	于家明
龙潭街道工委书记	杜　娟（女）
办事处主任	吕晓东
体育馆路街道工委书记	陈志坚
办事处主任	王景芝（女）
天坛街道工委书记	赵秋洁（女，满族）
办事处主任	郭立峰
永定门外街道工委书记	陈卫兵
办事处主任	肇毅凯（满族）

人物 荣誉

先进个人名录

全国（含系统，下同）先进个人

全国五一劳动奖章

李　萌

“中国好人榜”上榜好人

金　薇　段　联　卢　海

全国五好文明家庭

曹雪松　许　艺　郑全生

全国最美家庭

韩秀玲　梁萍新　尚丽新　张京海

北京市先进个人

首都劳动奖章

李　萌　赵　雷　王金坤　柏竹梅　孙永焕　黄禄通　王振荣　姜顺玉　申玉荣　冯雅男　肖佐刚

北京榜样

周　晔　梁　萍　许　艺　李劲松　李东晓　姜亦铮　王惠珠

2017—2018年度“首都精神文明建设奖”

郝金明　李　健　许　艺　王文利　钟连盛　韩卫国　杜　娟

北京市“三八”红旗奖章

刘　晖　朱林海　朱海燕　高天楠　曹　英　杨　淼　郭金平　耿丽萍　宋瑞娟　曾文军　彭　堃　谢凌奕　穆红梅　杨　洁　李　萌　王爱文　韩宁宁　黎　霞　万燕荣　宗永霞　李　春

首都最美家庭

梁　萍　韩五运　赵鸿恩　杨志远　战胜男　侯雅明　王　欣　王爱莲　韩秀玲　王　兰　马淑兰　佘　红　陶东炜　刘永先　杨凤琴　李　华　邢国山　张全森　王　萍　于淑琴　刘惠竹

第七届北京市政法系统优秀人才称号

高　媛

第二届首都环境保护先进个人

吕小军　李　智　李中生　于祥乐　张　建　张志刚　蒋　伟　陈　菲　胡　炜　吕　熠

第十四届北京市思想政治工作优秀个人

徐　岩　冯建国　吴祥明

首都公安杰出青年卫士

邓　标

北京市就业创业工作先进个人

马　龙

北京市构建和谐劳动关系先进个人

马春艳

首都民族团结进步先进个人

王　艳

首都绿化美化先进个人

岳冠澎　王天扬　陆　涛　周　斌　孟庆霞　姬　遇　石　阳　时　伟　耿丽萍　严　峻　马　妍　王　鑫　滕　颖　王慧霞　冯　玮　李贵权　李　杰　曹伊斯　赵瑞鹏　李岐刚　曹振钢　王全禄

东城区先进个人

东城榜样

李劲松　邵　明　杨国旺　孟　阳　汪维信　胡慧英　姚　燕　王惠珠　芦顺来　夏伯渝

“2018·感动东城”道德模范

耿嘉玮　李　萌　钟连盛　周　晔　张岩雄　马恩江　姜亦铮　段　联

先进集体名录

全国先进集体

全国工人先锋号

北京市珐琅厂有限责任公司景泰蓝生产制作部

北京稻香村食品有限责任公司生产一部炸活一组车间

2018 年度全国学雷锋志愿服务“四个 100”先进典型

最佳志愿服务组织：

天坛雷锋车队（隶属于北京市天坛出租汽车有限责任公司）

北京市东城区东四街道八条社区暖心帮帮团

最佳志愿服务项目：

北京市东城区和平里医院“杏林春满助力健康东城”志愿服务项目

北京市先进集体

首都劳动奖状

北京京诚京安保安服务有限公司

北京市东城区国家税务局稽查局

北京市工人先锋号

北京市东城区东四街道办事处城管执法队

北京金板寸文化发展中心学雷锋志愿服务队

北京市和平里医院和医杏林志愿服务队

北京市公安局东城分局和平里派出所

北京榜样

天坛雷锋车队（隶属于北京市天坛出租汽车有限责任公司）

北京市“三八”红旗集体

北京市东城区人民法院民事审判第八庭

北京市东城区地方税务局第一税务所

中共北京市东城区委研究室（区委改革办）办公室（协调科）

北京市东城区城管委财务内审科

北京慈爱嘉养老服务有限公司

北京市东城区史家小学分校

北京市东城区安乐幼儿园

北京市东城区卫生和计划生育监督所

北京市东城区社区卫生服务管理中心和平里中街社区卫生服务站

北京前门都一处餐饮有限公司面点部

北京市五四红旗团委

北京市东城区北新桥街道办事处

第十四届北京市思想政治工作优秀单位

中共北京市东城区发展和改革委员会党组

中共北京市东城区委东四街道工作委员会

中共北京市东城区委龙潭街道幸福社区委员会

第十届北京市人民满意的政法单位

北京市公安局天安门地区分局巡警三大队

第二届首都环境保护先进集体

北京市东城区环境保护局

北京市东城区住房和城乡建设委员会

北京市东城区人民政府东四街道办事处

北京市东城区人民政府天坛街道办事处

第八届首都民族团结进步奖先进集体

北京市东城区对外联络服务办公室

北京市就业创业工作先进集体

北京市东城区东四街道政务服务中心

北京市防汛抗旱先进集体

北京京诚集团有限责任公司

北京市粮食行业先进集体

北京市东城区商务委

首都全民义务植树先进单位

北京市东城区教育委员会

北京市东城区发展和改革委员会

北京市东城区民政局

北京市东城区新闻报道中心

首都绿化美化先进单位

北京市东城区东四街道办事处

北京市东城区东直门街道办事处

北京市东城区永定门外街道办事处

北京市东城区绿化二队

首都绿化美化花园式单位

北京国际职业教育学校鼓楼校区

首都绿化美化花园式社区

北京市东城区东直门街道香河园北里社区

东城区先进集体

东城榜样

天坛雷锋车队（隶属于北京市天坛出租汽车有限责任公司）

“2018 · 感动东城”道德模范

和医杏林志愿服务队（隶属于北京市和平里医院）

暖心帮帮团（隶属于东四街道）

2018 年度“疏解整治促提升”专项行动先进集体

北京市东城区城管执法局

先进人物选介

李萌 女，汉族，大专文化，中共党员，1989年8月出生。2011年2月参加环卫工作，现任东城区环境卫生服务中心十所“三八女子抽粪班”副班长。2012年被评为“北京榜样”，2017年10月，作为全国党代表参加了中国共产党第十九次全国代表大会。2018年，获“北京市三八红旗奖章”“全国五一劳动奖章”称号。她所在单位是全国著名劳动模范时传祥生前工作的单位。在“时传祥精神”的鼓舞下，她始终以建设“美丽新东城”为己任，完善工作方法。在东城区“疏解整治促提升专项行动”中，她不怕脏累、坚守一线，为东城和首都的环境卫生事业做出了重要贡献。作为中共十九大代表，她第一时间将十九大精神传达到本单位，并在18家区级机关、街道、社区宣讲13场。生活中的李萌谦虚谨慎，严于律己，宽以待人，热心帮助有困难的姐妹，关爱新、老职工，宣传倡导爱护环境卫生，在社会主义建设上无私奉献自己的力量。李萌常说，“干上这行，咱就得用心干好”“作为一名环卫职工，用自己的实际行动，传承和践行‘宁愿一人脏，换来万家净’的时传祥精神，接好老前辈的班，没什么比这更好”。

逝世人物选介

陈一鸣 东城区政协原党组书记、主席，男，汉族，1929年8月出生于江苏无锡，1948年10月参加革命工作，1949年9月加入中国共产党。于2018年2月26日在北京因病不幸去世。自参加革命工作以来历任：北京市政府教育局干部；北京市三区中心小学教导主任；中共第三区委、东四区委秘书室、统战部干事；政协东四区、东城区委员会副秘书长；东城区工商联副主任；东城区工业局宣传科负责人；中共东城区委统战部副部长；政协东城区委员会副主席兼秘书长；中共东城区委统战部部长；中共东城区委员会副书记；政协东城区委员会主席。

统 计 资 料

表36　　东城区国民经济和社会发展主要指标

项　目	单　位	2018年	2017年	增长速度%
人口与就业				
人　口				
年末常住人口	万人	82.2	85.1	-3.4
年末常住人口	户	347025	346208	0.2
年末户籍人口	人	973558	967022	0.7
男性人口	人	477372	474381	0.6
女性人口	人	496186	492641	0.7
户籍人口自然增长率	‰	6.10	-5.42	11.5个千分点
就　业				
从业人员平均人数	人	703307	680336	3.4
从业人员年末人数	人	703743	680640	3.4
从业人员年平均工资	元	155198	145422	6.7
城镇登记失业率	%	0.86	0.87	-0.01个百分点
城镇登记失业人员就业率	%	65.27	65.93	-0.66个百分点
宏观经济				
财　政				
一般公共预算收入	万元	1756221	1721743	2.0
#区级各项税收	万元	1581766	1627943	-2.8
一般公共预算支出	万元	2515731	2438281	3.2
固定资产投资				
全社会固定资产投资	万元	—	—	1.2
#房地产开发	万元	—	—	176.3
消费品市场				
社会消费品零售总额	万元	10529179	10215272	3.1
商品交易市场总数	个	20	27	-25.9
综合市场	个	10	12	-16.7
专业市场	个	10	15	-33.3
商品交易市场成交额	万元	263836	360275	-26.8

续表36

项　目	单　位	2018年	2017年	增长速度%
综合市场	万元	17870	20162	-11.4
专业市场	万元	245966	340113	-27.7
消费品市场个数	个	21	31	-32.3
消费品综合市场	个	4	7	-42.9
农副产品市场	个	15	20	-25.0
工业消费品市场	个	0	0	0.0
其他消费品市场	个	2	4	-50.0
居民生活				
人均可支配收入	元	75547	70289	7.5
人均消费性支出	元	49026	46154	6.2
恩格尔系数	%	20.4	21.9	-1.5个百分点
能源消费				
不变价万元GDP能耗下降率	%	3.24	3.68	—
外经、外贸				
实际利用外资额	亿美元	6.2	5.8	7.2
行　业				
工　业				
规模以上工业总产值（现价）	万元	1749038	2001783	-12.6
资产总计	万元	1961069	2374762	-17.4
营业收入	万元	1809258	2207098	-18.0
利润总额	万元	106073	145709	-27.2
从业人员平均人数	人	8368	10528	-20.5
建筑业				
具有资质的建筑业企业总产值	万元	8095915	6748128	20.0
资产总计	万元	22289896	20848730	6.9
营业收入	万元	9747650	7547654	29.1
利润总额	万元	311712	372937	-16.4
从业人员平均人数	人	34102	29694	14.8
信息传输、软件和信息技术服务业				
资产总计	万元	12360548	10294427	20.1
营业收入	万元	5799540	5235365	10.8
利润总额	万元	1290386	951950	35.6
从业人员平均人数	人	29383	27927	5.2
批发和零售业				

续表36

项　目	单　位	2018年	2017年	增长速度%
资产总计	万元	73331567	65926435	11.2
营业收入	万元	65269334	68381638	-4.6
利润总额	万元	2022705	2318283	-12.7
从业人员平均人数	人	80868	95724	-15.5
住宿和餐饮业				
资产总计	万元	4136125	3631341	13.9
营业收入	万元	2562112	2452553	4.5
利润总额	万元	121632	143642	-15.3
从业人员平均人数	人	93554	83092	12.6
金融业				
资产总计	万元	1665991057	1586623237	5.0
营业收入	万元	60445736	100374216	-39.8
利润总额	万元	48101867	88031208	-45.4
从业人员平均人数	人	82007	81833	0.2
房地产业				
资产总计	万元	41699404	42891235	-2.8
营业收入	万元	3364576	3094886	8.7
利润总额	万元	597521	672602	-11.2
从业人员平均人数	人	62014	53678	15.5
租赁和商务服务业				
资产总计	万元	108628908	119650891	-9.2
营业收入	万元	13337567	10563975	26.3
利润总额	万元	5735400	7927286	-27.6
从业人员平均人数	人	89137	72355	23.2
教育、文化、体育、卫生、环境				
教育				
校（园）数	所	197	197	0.0
#中学	所	47	47	0.0
小学	所	61	63	-3.2
幼儿园	所	57	54	5.6
在校生数	人	118232	115915	2.0
#小学	人	59319	55600	6.7
中学	人	36329	37742	-3.7
幼儿园	人	17012	16720	1.7

续表36

项　目	单　位	2018年	2017年	增长速度%
文化				
文物保护单位	个	163	163	0.0
国家级文物保护单位	个	35	35	0.0
市级文物保护单位	个	70	70	0.0
区级文物保护单位	个	58	58	0.0
文化馆（站）个数	个	2	2	0.0
公共图书馆个数	个	2	2	0.0
公共图书馆藏书	万册	154.5	149.9	3.1
体育				
体育场馆数	个	86	99	-13.1
举办体育活动次数	次	253	247	2.4
举办体育活动参加人数	万人次	40	40	0.0
卫生				
卫生机构数	个	554	579	-4.3
#医院	个	63	65	-3.1
#二级以上	个	18	19	-5.3
#三级甲等	个	8	9	-11.1
实有床位数	张	9947	11296	-11.9
每千常住人口拥有医院床位数	张	12.1	13.27	-8.8
卫生技术人员数	人	25099	26554	-5.5
#执业（助理）医师	人	9817	10518	-6.7
注册护士	人	10440	10836	-3.7
城市环境				
公园个数	个	24	24	0.0
#免费公园个数	个	18	18	0.0
人均绿地面积	平方米/人	13.46	12.94	4.0
城市绿化覆盖率	%	33.24	33.08	0.16
年末实有道路长度	公里	425	439	-3.2
年末实有道路面积	万平方米	474	479	-1.0

注：由于2018年为第四次全国经济普查年份，普查数据尚未发布，因此2018年地区生产总值、能源、房地产、工业、建筑业、批发和零售业、住宿和餐饮业、金融业、信息传输、软件和信息技术服务业、租赁和商务服务业等数据为年度初步统计数据，2018年年度最终数据可通过2020年出版的《东城统计年鉴2020》进行查询；社会指标内容来源于各有关部门提供的数据资料。

地区生产总值

表37

单位：亿元、%

项 目	2018年	增长速度%
合计	2425.7	6.3
按产业类别分		
第二产业	89.6	2.7
第三产业	2336.1	6.4
按行业类别分		
工业	40.6	-0.4
建筑业	49.0	5.6
批发和零售业	231.6	1.5
交通运输、仓储和邮政业	51.4	11.4
住宿和餐饮业	64.9	0.8
信息传输、软件和信息技术服务业	322.9	19.4
金融业	562.6	5.3
房地产业	106.3	-19.8
租赁与商务服务业	225.6	1.3
科学研究和技术服务业	264.2	5.9
水利、环境和公共设施管理业	12.7	7.2
居民服务、修理和其他服务业	11.3	-0.1
教育	79.8	7.3
卫生和社会工作	109.8	14.1
文化、体育和娱乐业	112.9	18.9
公共管理、社会保障和社会组织	180.2	13.4
按“二三一”产业体系分		
文化创意产业	240.0	8.8
商业服务业	296.5	1.4
金融业	562.6	5.3
商务服务业	218.2	1.9
信息服务业	396.2	19.3
健康服务业	201.7	12.3

注：1.地区生产总值按当年价格计算，增速按可比价格计算。

2.产业划分依据国家统计局2012年制订的《三次产业划分规定》；行业划分依据《国民经济行业分类》（GB/T4754-2011）。

3.2018年地区生产总值为1-4季度初步核算数。

全社会固定资产投资增速

表38 单位：%

项 目	2018年	2017年
合计	1.2	7.6
按隶属关系分		
中央	97.5	69.9
市属	28.1	95.8
区属及其他	-30.4	-19.1
按登记注册类型分		
国有经济	-33.1	-44.6
外商及港澳台投资经济	35.4	14.3
其他经济	1.9	31.6

注：固定资产投资统计口径为“项目建设地”原则。

规模以上工业企业生产情况

表39 单位：万元

项 目	工业总产值（当年价格）	工业销售产值（当年价格）
合计	1749038	1695529
按登记注册类型分		
内资	1648807	1593943
国有	590	819
集体	6817	6722
国有独资公司	182142	181557
其他有限责任公司	1060364	1043859
股份有限公司	357849	321518
私营有限责任公司	41046	39468
港澳台商投资	58028	59450
与港澳台商合资经营	58028	59450
外商投资	42203	42136
中外合资经营	39002	38950
外资企业	3201	3187
按行业类别分		
石油和天然气开采业	155891	155306
酒、饮料和精制茶制造业	14923	13209
纺织业	600	720
纺织服装、服饰业	24796	22935
皮革、毛皮、羽毛及其制品和制鞋业	12223	10483
家具制造业	11609	9447

续表39

项　目	工业总产值（当年价格）	工业销售产值（当年价格）
文教、工美、体育和娱乐用品制造业	988284	977681
医药制造业	352636	316060
金属制品业	6817	6722
专用设备制造业	69103	68511
汽车制造业	7646	7875
计算机、通信和其他电子设备制造业	20392	21125
仪器仪表制造业	60365	61490
其他制造业	3791	4006
电力、热力生产和供应业	19961	19961

建筑业企业生产情况

表40

单位：万元

项　目	建筑业总产值	#装饰装修产值
合计	8095915	603992
按登记注册类型分		
内资	7923449	526402
国有	13147	615
集体	87	87
有限责任公司	6370520	379043
国有独资公司	3226475	100185
其他有限责任公司	3144045	278858
股份有限公司	63765	63765
私营企业	1475930	82892
私营有限责任公司	1475930	82892
港澳台商投资	136612	71854
与港澳台商合资经营	16994	16397
港澳台商独资	119618	55457
外商投资	35854	5736
中外合资经营	5649	5649
外资企业	30205	87
按隶属关系分		
中央	5863112	119945
市属	570828	83593
区属及其他	1661975	400454
按行业类别分		

续表40

项　目	建筑业总产值	#装饰装修产值
房屋建筑业	2568194	282935
土木工程建筑业	4881466	48882
建筑安装业	336138	11645
建筑装饰和其他建筑业	310117	260530

表41　旅行社基本情况

	计算单位	本期	同期	±%
旅行社单位数	个	238	234	1.7
国内旅游接待总人数	万人次	56.5	94.8	-40.4
入境旅游接待总人数	万人次	19.9	20.5	-2.9
首站前往地出境旅游总人数	万人次	136.8	111.3	22.9
前往地出境总人数	万人次	165	145.6	13.3

表42　社会消费品零售总额

单位：万元

项　目	2018年	增长速度%
合计	10529179	3.1
按限额标准分		
限额以上	8903341	2.0
限额以下	1625838	9.4
按行业类别分		
批发业	2648253	8.8
零售业	6749396	0.5
住宿业	212913	2.0
餐饮业	918617	7.3
按主要行业分		
医药销售	3043881	5.7
计算机、软件及辅助设备零售	1144484	-18.7
汽车销售	549382	-0.7
百货零售	393151	-0.4

注：按主要行业分类中，各行业零售额为限额以上单位汇总数据。

限额以上批发和零售业商品销售类值

表43

单位：万元

项 目	商品销售总额
类值合计	76184896
粮油、食品类	5018948
#粮油类	3387809
肉禽蛋类	546900
水产品类	152607
蔬菜类	15814
干鲜果品类	45205
饮料类	158252
烟酒类	2426128
#酒类	2142644
服装、鞋帽、针纺织品类	1617125
服装类	1013029
鞋帽类	375824
针纺织品类	228272
化妆品类	354771
金银珠宝类	7295708
#饰品类	1571823
日用品类	1447103
#可穿戴智能设备	4
#儿童玩具类	102337
五金、电料类	105102
体育、娱乐用品类	1247605
#照相器材类	1170593
书报杂志类	909245
电子出版物及音像制品类	10910
家用电器和音像器材类	468873
#能效等级为1级和2级的商品	191464
#智能家用电器和音像器材	13
#电视机类	13312
中西药品类	6556963
#西药类	5164973
中草药及中成药类	1094096
文化办公用品类	2128787
#计算机及其配套产品	1187834
家具类	151009

续表43

项 目	商品销售总额
通信器材类	7228053
#智能手机	6548169
煤炭及制品类	9722872
木材及制品类	2079115
石油及制品类	2122075
化工材料及制品类	2320889
#化肥类	121258
金属材料类	10254715
建筑及装潢材料类	243917
机电产品及设备类	3735762
#农机类	7775
汽车类	850207
#新能源汽车类	49704
#汽车配件类	63550
种子饲料类	544096
棉麻类	1427257
其他类	5759409

居民年人均可支配收入

表44 单位：元

项 目	2018年	2017年
可支配收入	75547	70289
工资性收入	41312	38042
#工资	37528	33970
实物福利	74	341
经营净收入	1223	1616
财产净收入	12855	11738
转移净收入	20158	18894
（一）转移性收入	25958	23449
#养老金或离退休金	24029	21953
社会救济和补助	42	32
赡养收入	356	30
（二）转移性支出	5800	4555

表45

居民家庭每百户主要耐用消费品拥有量

项目	单位	2018年	2017年
家用汽车	辆	42	39
摩托车	辆	2	5
助力车	台	28	24
洗衣机	台	102	95
电冰箱（柜）	台	105	98
微波炉	台	81	85
彩色电视机	台	131	122
空调	台	176	156
热水器	台	93	88
洗碗机	台	3	2
抽油烟机	台	89	85
固定电话	线	61	78
移动电话	部	226	210
计算机	台	101	110
照相机	台	59	80
中高档乐器	架	20	12
健身器材	台	7	15
空气净化器（含新风系统）	台	45	41
吸尘器	台	33	39

表46

户籍人口百岁表

年龄	总人数	男	女
合计	973558	477372	496186
0岁	6821	3577	3244
1岁	9699	4939	4760
2岁	12454	6384	6070
3岁	8692	4523	4169
4岁	14193	7435	6758
5岁	10679	5587	5092
6岁	12117	6323	5794
7岁	9631	4998	4633
8岁	7465	3872	3593
9岁	7917	4087	3830
10岁	7251	3694	3557
11岁	7180	3705	3475
12岁	5046	2623	2423
13岁	4460	2231	2229

续表46

年　龄	总人数	男	女
14岁	4907	2530	2377
15岁	2586	1299	1287
16岁	4702	2402	2300
17岁	4085	2078	2007
18岁	4895	2511	2384
19岁	4736	2376	2360
20岁	4585	2289	2296
21岁	5529	2809	2720
22岁	5227	2558	2669
23岁	5735	2812	2923
24岁	6336	3205	3131
25岁	7058	3425	3633
26岁	9076	4399	4677
27岁	7999	3924	4075
28岁	12955	6309	6646
29岁	13785	6751	7034
30岁	15219	7569	7650
31岁	16184	7875	8309
32岁	14887	7203	7684
33岁	15488	7474	8014
34岁	16825	8249	8576
35岁	19527	9586	9941
36岁	22268	10684	11584
37岁	18847	9328	9519
38岁	16735	8235	8500
39岁	14324	7140	7184
40岁	14398	7155	7243
41岁	11582	5830	5752
42岁	10254	5246	5008
43岁	9832	4884	4948
44岁	9984	5044	4940
45岁	12000	5989	6011
46岁	12721	6307	6414
47岁	12559	6121	6438
48岁	12993	6316	6677
49岁	13487	6423	7064
50岁	15061	7161	7900
51岁	9881	4714	5167
52岁	10440	5163	5277
53岁	12259	6173	6086
54岁	16994	8546	8448

续表46

年 龄	总人数	男	女
55岁	26266	13187	13079
56岁	21527	10972	10555
57岁	15473	7713	7760
58岁	18739	9459	9280
59岁	18126	9059	9067
60岁	19906	9830	10076
61岁	21945	10675	11270
62岁	19629	9615	10014
63岁	19024	9241	9783
64岁	19262	9244	10018
65岁	17351	8453	8898
66岁	15801	7628	8173
67岁	14447	7032	7415
68岁	12678	6380	6298
69岁	10682	5366	5316
70岁	8415	4219	4196
71岁	7849	3927	3922
72岁	7221	3527	3694
73岁	6317	2991	3326
74岁	5277	2572	2705
75岁	4825	2297	2528
76岁	5273	2420	2853
77岁	5230	2368	2862
78岁	5439	2328	3111
79岁	5649	2249	3400
80岁	5841	2289	3552
81岁	6047	2464	3583
82岁	5751	2394	3357
83岁	5760	2346	3414
84岁	5280	2256	3024
85岁	4840	2089	2751
86岁	4143	1787	2356
87岁	3374	1490	1884
88岁	3213	1349	1864
89岁	2697	1132	1565
90岁	2291	1005	1286
91岁	1791	733	1058
92岁	1482	656	826
93岁	1169	498	671
94岁	969	409	560
95岁	765	317	448

续表46

年 龄	总人数	男	女
96岁	606	244	362
97岁	487	203	284
98岁	418	175	243
99岁	271	112	159
100岁以上	1462	602	860

表47 **户籍人口变动情况统计表**

		上月末户籍人口数	增加						
			合 计	市外迁入	出 生	市内移动		本管界转化	其 他
						外区迁入	本区他所迁入		
城镇	户数	346200	7804	266	1	4924	1200	0	1413
	人数	967005	37905	6685	8456	17972	4734	0	58
	男	474372	18472	3092	4431	8720	2195	0	34
	女	492633	19433	3593	4025	9252	2539	0	24
乡村	户数	8	2	1	0	0	0	0	1
	人数	17	3	2	0	0	0	0	1
	男	9	1	0	0	0	0	0	1
	女	8	2	2	0	0	0	0	0

减少							本月净增长	本月末户籍人口数	本月末集体户
合 计	迁出市外	死 亡	市内移动		本管界转化	其 他			
			迁往外区	迁往本区他所					
6987	78	357	4410	856	0	1286	817	347017	881
31368	1262	2530	22750	4734	0	92	6537	973542	57029
15481	640	1283	11317	2195	0	46	2991	477363	30803
15887	622	1247	11433	2539	0	46	3546	496179	26226
2	0	1	0	0	0	1	0	8	0
4	0	1	0	0	0	3	−1	16	0
1	0	1	0	0	0	0	0	9	0
3	0	0	0	0	0	3	−1	7	0

主要统计指标解释

一、地区生产总值　是按市场价格计算的地区生产总值的简称。它是一个地区所有常住单位在一定时期内生产活动的最终成果。地区生产总值有三种表现形式，即价值形态、收入形态和产品形态。从价值形态看，它是所有常住单位在一定时期内所生产的全部货物和服务价值与同期投入的全部非固定资产货物和服务价值的差额，即所有常住单位的增加值之和；从收入形态看，它是所有常住单位在一定时期内创造的各项收入之和，包括劳动者报酬、生产税净额、固定资产折旧和营业盈余；从产品形态看，它是所有常住单位在一定时期内最终使用的货物和服务价值与货物和服务净出口价值之和。在实际核算中，地区生产总值有三种计算方法，即生产法、收入法和支出法。三种方法分别从不同的方面反映地区生产总值及其构成。

二、规模以上工业企业　指年主营业务收入2000万元及以上的工业法人单位。

三、建筑业总产值　是指以货币表现的建筑业企业在一定时期内生产的建筑产品和服务的总和。

四、固定资产投资额　指以货币形式表现的在一定时期内建造和购置固定资产的工作量以及与此有关的费用的总称。

五、房地产开发投资　指各种登记注册类型的房地产开发法人单位统一开发的住宅、厂房、仓库、饭店、宾馆、度假村、定字楼、办公楼等房屋建筑物，配套的服务设施，土地开发工程（如道路、给水、排水、供电、供热、通讯、平整场地等基础设施工程）和土地购置的投资；不包括单纯的土地开发和交易活动。

六、社会消费品零售总额　指企业（单位、个体户）通过交易直接售给个人、社会集团非生产、非经营用的实物商品金额，以及提供餐饮服务所取得的收入金额。个人包括城乡居民和入境人员，社会集团包括机关、社会团体、部队、学校、企事业单位、居委会或村委会等。

七、可支配收入　指调查户在调查期内获得的、可用于最终消费支出和储蓄的总和，即调查户可以用来自由支配的收入。可支配收入既包括现金，也包括实物收入。按照收入的来源，可支配收入包含四项，分别为：工资性收入、经营净收入、财产净收入和转移净收入。

八、工资性收入　指就业人员通过各种途径得到的全部劳动报酬和各种福利，包括受雇于单位或个人、从事各种自由职业、兼职和零星劳动得到的全部劳动报酬和福利。

九、消费支出　指住户用于满足家庭日常生活消费需要的全部支出，包括用于消费品的支出和用于服务性消费的支出。根据用途不同，消费支出可划分为食品烟酒、衣着、居住、生活用品及服务、交通通信、教育文化娱乐、医疗保健、其他用品及服务八大类。

十、消费品市场　又称生活资料市场、最终产品市场。它是指生产经营者从事消费品经营，满足人们生活消费需要的经济活动领域，或指消费者为满足生活消费需要而购买商品的场所。

十一、从业人员期末人数　指报告期末最后一日24时在本单位工作，并取得工资或其他形式劳动报酬的人员数。该指标为时点指标，不包括最后一日当天及以前已经与单位解除劳动合同关系的人员,是在岗职工、劳务派遣人员及其他从业人员之和。

十二、从业人员平均工资　本单位从业人员在报告期内平均每人所得的工资额。

$$\text{从业人员平均工资}=\frac{\text{从业人员工资总额}}{\text{从业人员平均人数}}$$

十三、工业总产值　是指工业企业在报告期内生产的以货币形式表现的工业最终产品和提供工业劳务活动的总价值量。包括生产的成品价值、对外加工费收入、自制半成品在产品期末期初差额价值。工业总产值采用“工厂法”计算，即以法人工业企业作为一个整体，按企业生产活动的最终成果来计算，企业内部不允许重复计算，不能把企业内部各个车间（分厂）生产的成果相加。但在企业之间、行业之间、地区之间存在着重复计算。

十四、工业销售产值　是指以货币形式表现的，工业企业在报告期内销售的本企业生产的工业产品或提供工业性劳务价值的总价值量。包括企业在报告期内实际销售（包括本期生产和非本期生产）的全部成品、半成品的总价值，报告期内完成的对外承接的工业品加工的加工费收入，对外工业品修理作业可获取的加工费收入和对内非工业部门提供的加工修理、设备安装等收入。已销售的成品、半成品不论是本期生产的、还是非本期生产的，只要是本期销售出去的均包括在内。企业为本单位基本建设部门、生活福利部门等提供的产品和工业性作业及自制设备也应视同销售，这部分也应作为销售统计。

工业销售产值的计算价格和计算方法与工业总产值一致，但两者计算的基础不同，工业销售产值计算的基础是产品销售总量，工业总产值计算的基础是工业产品生产总量。工业销售产值不包括自制半成品、在制品期末期初差额价值，而工业总产值包括这部分内容。

十五、建筑业总产值　是指以货币表现的建筑业企业在一定时期内生产的建筑产品和服务的总和。

十六、资产总计　指企业过去的交易或者事项形成的、由企业拥有或者控制的、预期会给企业带来经济利益的资源。资产一般按流动性分为流动资产和非流动资产。其中流动资产可分为货币资金、交易性金融资产、应收票据、应收账款、预付款项、其他应收款、存货等；非流动资产可分为长期股权投资、固定资产、无形资产及其他非流动资产等。根据会计“资产负债表”中“资产总计”项目的期末余额数填报。

十七、利润总额　指企业在一定会计期间的经营成果，是生产经营过程中各种收入扣除各种耗费后的盈余，反映企业在报告期内实现的亏盈总额。

十八、商品销售总额　是指对本单位以外的单位和个人出售的商品金额（包括售给本单位消费用的商品，含增值税）。在批发和零售业中，本指标反映在国内市场上销售商品以及出口商品的总量。

附 录

中共北京市东城区委员会主要文件目录

京东发［2018］1号	中共北京市东城区委关于印发《中国共产党北京市东城区委员会工作规则》的通知
京东发［2018］3号	中共北京市东城区委印发《关于推进全面从严治党的实施意见》的通知
京东发［2018］4号	中共北京市东城区委关于印发《区委常委会2018年工作要点》的通知
京东发［2018］6号	中共北京市东城区委北京市东城区人民政府印发《关于进一步推进安全生产领域改革发展的实施办法》的通知
京东发［2018］7号	中共北京市东城区委北京市东城区人民政府印发《东城区关于加强和完善城市社区治理的实施方案》的通知
京东发［2018］9号	中共北京市东城区委北京市东城区人民政府印发《关于贯彻落实市委市政府〈关于全面加强生态环境保护坚决打好北京市污染防治攻坚战的意见〉的实施意见》的通知
京东发［2018］11号	中共北京市东城区委北京市东城区人民政府关于印发《东城区加快文化创新融合构建高精尖经济结构的实施意见》的通知
京东发［2018］12号	中共北京市东城区委北京市东城区人民政府关于印发《东城区进一步优化营商环境行动方案（2018年—2020年）》的通知
京东发［2018］13号	中共北京市东城区委印发《关于建立区政府向区人大常委会报告国有资产管理情况制度的意见》的通知

中共北京市东城区委办公室主要文件目录

京东办发［2018］1号	中共北京市东城区委办公室北京市东城区人民政府办公室转发《关于传达落实北京市委市政府安全生产第十督察组对东城区督察反馈意见》的通知
京东办发［2018］2号	中共北京市东城区委办公室北京市东城区人民政府办公室关于印发《北京市东城区安全生产督察办法（试行）》的通知
京东办发［2018］3号	中共北京市东城区委办公室北京市东城区人民政府办公室关于印发《东城区贯彻落实北京市委北京市人民政府安全生产第十督察组督察反馈意见整改实施方案》的通知
京东办发［2018］4号	中共北京市东城区委办公室北京市东城区人民政府办公室关于印发《东城区2018年全国“两会”维稳安保和服务保障工作方案》的通知
京东办发［2018］5号	中共北京市东城区委办公室关于印发《区十六届人大四次会议代表建议、区政协十四届二次会议民主党派（团体）提案和委员提案办理工作目标责任制（折子工程）》的通知
京东办发［2018］6号	中共北京市东城区委办公室关于印发《东城区2018年政党协商计划》的通知
京东办发［2018］7号	中共北京市东城区委办公室北京市东城区人民政府办公室印发《关于进一步加强和改进离退休干部工作的实施意见》的通知
京东办发［2018］8号	中共北京市东城区委办公室关于印发《区委常委班子2017年度民主生活会查摆问题整改方案》的通知
京东办发［2018］9号	中共北京市东城区委办公室关于印发《区委2018年工作目标责任制（折子工程）》的通知
京东办发［2018］10号	中共北京市东城区委办公室关于印发《区委常委会2018年议题计划》及《区委常委会2018年议题计划任务分解表》的通知

京东办发［2018］11号　中共北京市东城区委办公室关于印发《区委常委、区政府党员副区长指导督促分管联系部门单位党（工）委、党组抓党建工作制度》的通知
京东办发［2018］12号　中共北京市东城区委办公室北京市东城区人民政府办公室关于加强和完善东城区领导干部请假及报备工作的通知
京东办发［2018］13号　中共北京市东城区委办公室北京市东城区人民政府办公室印发《东城区关于党建引领街道管理体制机制创新实现"街道吹哨、部门报到"的实施意见》的通知
京东办发［2018］14号　中共北京市东城区委办公室印发《关于加强党的建设推动实现"街道吹哨、部门报到"的实施方案》的通知
京东办发［2018］15号　中共北京市东城区委办公室印发《关于落实市党风廉政建设责任制检查考核反馈意见的整改工作方案》的通知
京东办发［2018］16号　中共北京市东城区委办公室北京市东城区人民政府办公室关于印发《东城区2018年落实全面从严治党主体责任重点任务分工》的通知
京东办发［2018］17号　中共北京市东城区委办公室北京市东城区人民政府办公室关于印发《东城区落实食品安全党政同责的实施意见》的通知
京东办发［2018］21号　中共北京市东城区委办公室印发《关于建立容错纠错机制激励干部干事创业担当作为的实施意见（试行）》《关于切实加强干部关心关爱的若干意见（试行）》的通知
京东办发［2018］22号　中共北京市东城区委办公室关于印发《东城区机构改革工作方案》的通知
京东办发［2018］23号　中共北京市东城区委办公室关于印发《十二届东城区委巡察工作规划》的通知
京东办发［2018］24号　中共北京市东城区委办公室北京市东城区人民政府办公室关于印发《东城区重点企业"服务包"制度》的通知
京东办发［2018］25号　中共北京市东城区委办公室北京市东城区人民政府办公室印发《关于认真做好全区社区"两委"换届选举工作的意见》的通知
京东办发［2018］26号　中共北京市东城区委办公室印发《关于加强新时代东城区政协党的建设工作的实施办法》的通知

北京市东城区人民政府主要文件目录

东政发［2018］1号　北京市东城区人民政府关于黄洁等十一名同志任免职的通知
东政发［2018］2号　北京市东城区人民政府关于施家贵等六名同志任免职的通知
东政发［2018］3号　北京市东城区人民政府关于于家明等六名同志任职的通知
东政发［2018］5号　北京市东城区人民政府关于余海民等三名同志任免职的通知（审批单）
东政发［2018］6号　北京市东城区人民政府关于新中西里20-22号简易楼腾退及环境整治项目范围内房屋征收的决定
东政发［2018］7号　北京市东城区人民政府关于卿川等七名同志任免职的通知
东政发［2018］9号　北京市东城区人民政府关于康哲才等五名同志任免职的通知
东政发［2018］11号　北京市东城区人民政府关于印发《落实〈深化改革推进北京市服务业扩大开放综合试点工作方案〉实施方案》的通知
东政发［2018］12号　北京市东城区人民政府关于孙明明等五名同志任免职的通知
东政发［2018］13号　北京市东城区人民政府关于胡晓娟等八名同志任免职的通知
东政发［2018］15号　北京市东城区人民政府关于金晖等五名同志任免职的通知
东政发［2018］17号　北京市东城区人民政府关于印发《东城区人民政府工作规则》的通知
东政发［2018］20号　北京市东城区人民政府关于开展第四次全国经济普查的通知
东政发［2018］21号　北京市东城区人民政府关于王玉琳等七名同志任免职的通知

东政发［2018］23号　北京市东城区人民政府关于国税地税机构改革涉及区政府及其部门规范性文件执行问题的通知
东政发［2018］25号　北京市东城区人民政府关于印发《东城区关于做好北京市环保督察反馈意见整改落实工作方案》的通知
东政发［2018］26号　北京市东城区人民政府关于王跃锋等两名同志任免职的通知
东政发［2018］27号　北京市东城区人民政府关于陈之常等十三名同志任免职的通知
东政发［2018］28号　北京市东城区人民政府关于于锋池等十一名同志任免职的通知
东政发［2018］30号　北京市东城区人民政府关于姚鸿滨等五名同志任免职的通知
东政发［2018］31号　北京市东城区人民政府关于许晓征等六名同志任免职的通知
东政发［2018］32号　北京市东城区人民政府关于王佑明等十四名同志任免职的通知
东政发［2018］33号　北京市东城区人民政府关于公布清理现行排除限制竞争政策结果的通知
东政发［2018］37号　北京市东城区人民政府关于印发《东城区人民政府工作规则》的通知（走线下审批流程）
东政发［2018］38号　北京市东城区人民政府关于孙建祥等三名同志免职的通知
东政发［2018］39号　北京市东城区人民政府关于杨桦同志任职的通知
东政发［2018］40号　北京市东城区人民政府关于印发《东城区空气重污染应急预案（2018年修订）》的通知（已走线下审签流程）
东政发［2018］41号　北京市东城区人民政府关于张耀天等三名同志任免职的通知
东政发［2018］42号　北京市东城区人民政府关于东城区社区调整的通知
东政发［2018］43号　北京市东城区人民政府关于印发《东城区打赢蓝天保卫战三年行动计划》的通知
东政发［2018］44号　北京市东城区人民政府关于姚振家等十三名同志任免职的通知
东政发［2018］45号　北京市东城区人民政府关于印发《中关村东城园构建高精尖产业用地管理办法》的通知
东政发［2018］50号　北京市东城区人民政府关于印发《东城区关于鼓励企业上市挂牌融资的若干措施》的通知
东政发［2018］51号　北京市东城区人民政府关于印发《东城区支持金融业发展的若干意见》的通知
东政发［2018］52号　北京市东城区人民政府关于印发《东城区促进信息服务业发展的若干意见》的通知
东政发［2018］53号　北京市东城区人民政府关于印发《区政府重大决策出台前向区人大常委会报告工作办法》的通知

北京市东城区人民政府办公室主要文件目录

东政办发［2018］2号　北京市东城区人民政府办公室关于印发《东城区政府性债务风险应急处置预案》的通知
东政办发［2018］4号　北京市东城区人民政府办公室关于印发东城区2018年在直接关系群众生活方面拟办的重要实事的通知
东政办发［2018］5号　北京市东城区人民政府办公室关于印发《北京市东城区第二次全国污染源普查实施方案》的通知
东政办发［2018］6号　北京市东城区人民政府办公室关于印发2018年人大代表建议和政协提案办理工作目标管理责任制（折子工程）的通知
东政办发［2018］7号　北京市东城区人民政府办公室关于印发《东城区第三期学前教育行动计划（2018—2020年）》的通知
东政办发［2018］8号　北京市东城区人民政府办公室关于印发成立东城区改革优化营商环境工作领导小组的通知
东政办发［2018］9号　北京市东城区人民政府办公室转发区教委关于《东城区2018年本市户籍无房家庭承租人适龄子女入学审核实施细则》的通知（东行规字［2018］1号）
东政办发［2018］10号　北京市东城区人民政府办公室转发区教委关于《东城区2018年非本市户籍适龄儿童少年入学审核实施细则》的通知（东行规字［2018］2号）
东政办发［2018］11号　北京市东城区人民政府办公室关于切实做好五一假日期间安全工作的紧急通知
东政办发［2018］12号　北京市东城区人民政府办公室关于印发《东城区蓝天保卫战2018年行动计划》的通知
东政办发［2018］18号　北京市东城区人民政府办公室关于印发《东城区关于加强学校美育工作的实施意见》的通知
东政办发［2018］21号　北京市东城区人民政府办公室关于印发东城区土壤污染防治工作方案2018年重点任务分解的通知
东政办发［2018］22号　北京市东城区人民政府办公室关于印发东城区2018年政务公开工作要点的通知
东政办发［2018］24号　北京市东城区人民政府办公室关于督促整改东城区突出（重大）火灾安全隐患及突出（重大）火灾隐患销账的通知
东政办发［2018］28号　北京市东城区人民政府办公室关于印发《东城区拆迁滞留项目现场管理办法》的通知

东城区街道社区居委会名录

东华门街道

居委会名称	管辖户数	主　任	联系电话	办公地址	邮编
银闸	1550	熊　英	65260109	北河沿大街141号	100009
东厂	1652	朱玉杰	65277860	东厂北巷甲4号-1	100006
多福巷	2841	宫肇美	65250793	多福巷甲22号	100010
智德	1420	张兆军	65288454	北池子大街60号	100006
黄图岗	1304	杨永力	65256682	东厂胡同乙14号楼1-111	100006
灯市口	1175	周彦茹	85114338	灯市口大街14号楼后平房	100006
韶九	1039	吴祥明	65252874	锡拉胡同21号	100006
甘雨	1216	张　蓬	65251579	甘雨胡同2号	100006
南池子	1200	聂萌妹	65288447	缎库胡同18号	100006
王府井	1931	王　欣	65288523	煤渣胡同11号	100005
正义路	2337	张健玲	65251105	东交民巷32号	100006
台基厂	1997	郭晓彤	85112056	台基厂二条3号	100005

景山街道

居委会名称	管辖户数	主　任	联系电话	地　址	邮编
隆福寺	2249	皇甫秉燕	84014007	崔府夹道5号	100010
魏家	2339	秦　来	84018582	什锦花园15号	100007
汪芝麻	1484	赵雪莲	84017928	南剪子巷40号	100007
皇城根北街	2158	杨海龙	84018656	东皇城根北街40号	100010
吉祥	1461	孙剑飞	84017693	织染局小学北侧	100009
钟鼓	1900	贾冬雪	84018563	嵩祝院北巷41号	100009
黄化门	2045	马　卓	84017928	黄化门街8号	100009
景山东街	2008	贾　伟	84018627	沙滩后街47号	100009

交道口街道

居委会名称	管辖户数	主　任	联系电话	办公地址	邮编
交东	2466	杨春茹	64023661	交东大街6-5号	100007
大兴	2365	刘　熠	64018251	北吉祥胡同13号	100007
府学	3249	裴　毅	64025112	中剪子巷17号旁门	100007
菊儿	1958	李　娜	64009703	菊儿胡同21号	100009
南锣鼓巷	2651	王凤云	64023671	前圆恩寺胡同28号	100009
鼓楼苑	3554	孟立新	64017898	前鼓楼苑10号	100009
福祥社	2492	李德青	84084603	东不压桥胡同12号	100009

安定门街道

居委会名称	管辖户数	主 任	联系电话	办公地址	邮编
交北头条	2540	洪剑松	64068329	交北头条76号	100007
国子监	2718	王颜颜	64068513	官书院胡同40号	100007
五道营	2873	赵金颖	64068350	永康胡同5号院3号楼一层	100007
花园	3108	宋 彩	64067702	谢家胡同40号	100009
分司厅	3128	马 静	64067692	小经厂胡同8号	100009
北锣鼓巷	1568	孙建新	64067517	纱络胡同14号	100009
宝钞南	2327	刘 佳	64066617	琉璃寺8号	100009
钟楼湾	3121	孙 慧	64067668	草厂北巷51号	100009
国旺	2559	张明生	64067076	国祥胡同13号	100009

北新桥街道

居委会名称	管辖户数	主 任	联系电话	办公地址	邮编
北官厅	2005	李桂珍	84064928	北小街8号院3号楼	100007
民安	3426	张春梅	64027401	民安14号楼附属	100007
北新仓	2433	胡进贤	84072141	东直门内大街10号楼3层	100007
海运仓	2448	佟爱香	84073272	南颂年3号搂	100007
门楼	3090	刘彩团	64027400	东四北大街168号内一层1-05号、1-06号	100007
十三条	1770	王荣华	64027569	东四十四条胡同7号	100007
小菊	2596	刘素欣	64020638	大菊胡同16号	100007
九道湾	2028	王淑梅	64015936	九道湾西巷1号	100007
草园	2529	王静松	64066547	雍和宫大街165号	100007
前永康	2649	朱践明	64040317	北新胡同三巷3号	100007
青龙	3023	王学义	64017600	青龙胡同甲3号	100007
藏经馆	1528	张志华	64004112	戏楼胡同一巷25号	100007

东四街道

居委会名称	管辖户数	主 任	联系电话	办公地址	邮编
东四二条	3130	田 卫	64059534	东四北大街460号	100010
东四六条	2472	李 玲	84036571	东四六条45号	100007
东四七条	2035	郝建伟	84043699	东四北大街303号-1	100007
东四八条	2064	刘志颖	64024538	东四八条139号	100007
总院	2464	郎海鹏	84043799	朝内北小街2号凯龙宾馆一层	100700
豆瓣	2544	吕 军	84045893	豆瓣胡同3号楼—6	100010
南门仓	2407	杨 波	84045399	罗家大院1号二层	100010

朝阳门街道

居委会名称	管辖户数	主 任	联系电话	办公地址	邮政编码
史家	1513	赵博言	65244161	史家胡同21号	100010
内务	1561	史海宁	65257583	内务部街73号	100010
演乐	2617	杜伟伟	65230389	演乐胡同59号	100010

礼士	1512	于金凤	65287374	礼士胡同121号	100010
朝西	1929	于春明	65122956	前拐棒胡同17号	100010
朝内头条	2088	姜　靓	84040087	朝内大街97号	100010
竹杆	2584	郑红强	65275801	西水井6号楼1层	100010
新鲜	3275	皮蓓蓓	65246404	新鲜胡同63号	100010
大方家	2530	陈　波	65251577	小牌坊甲48号	100010

建国门街道

居委会名称	管辖户数	主　任	办公电话	办公地址	邮编
金宝街北	2463	李全红	65592011	干面胡同41号	100010
大雅宝	1763	刘　旭	65134594	南小街18-29号南侧	100005
赵家楼	2122	金坤范	85115993	小羊宜宾胡同5-2号	100005
东总布	1107	田文伟	85115993	小羊宜宾胡同5-2号	100005
站东	738	汤秀丽	65126997	柳罐胡同甲2号	100005
崇内	1014	胡　洋	65132663	暂定西镇江胡同25号	100005
苏州	896	陈　雪	65138239	苏州胡同79号	100005
西总布	1161	李晓康	65142960	新开路胡同94号	100005
外交部街	2752	高晓霞	65236163	东堂子胡同47号院内平房	100005

东直门街道

居委会名称	管辖户数	主　任	联系电话	办公地址	邮编
工人体育馆	2803	李　罡	65523201	新中西街12楼1单元对面	100027
新中西里	1406	姜春燕	64165148	新中西里10楼B座2层	100027
东环	2822	石　威	64166798	东直门南大街甲2号楼楼下	100027
十字坡	1648	张立英	64167798	新中街5号	100027
新中街	2270	王瑞新	64165396	新中街4条乙20号	100027
东外大街	5354	韩秀花	64170442	春秀路17号楼东侧平房	100027
胡家园	3196	王　华	64675276	东外小街10号	100027
东外大街北	2838	高明发	64673320	察慈小区8号楼一层北门	100027
清水苑	1418	宋淑贤	64653698	东直门北大街甲6号院1号楼前	100027
香河园北里	2522	焦　燕	64616394	东外香河园北里华夏出版社对面	100028

和平里街道

居委会名称	管辖户数	主　任	联系电话	办公地址	邮政编码
安德里	3431	杨青华	84138422	安外六铺炕甲7号	100011
安德路	2257	李　微	84130610	安德路47号院5号楼北侧平房	100011
安贞苑	1679	张明花	64441201	安贞苑社区安定路20号院北五楼一层	100013
地坛	2132	沈　清	64290996	地坛北里9号楼一层南侧	100013
东河沿	2063	张桂苓	64255840	安外东河沿乙6号楼	100011
二区	2492	尉红梅	84221986	和平里中街3号院1号楼一层北侧	100013
和平里	4987	王京朝	84214298	和平里六区7号楼	100013
化工	1050	鞠苏华	64291097	兴化东里23号楼地下室	100013
黄寺	1053	王　兰	66740841	黄寺大街甲1号	100011

交通	816	邵伟民	64292535	和平里东街10号院东南侧	100013
林调	1162	李　国	64289228	和平里东街12号院2宿舍旁平房	100013
民旺	5581	崇凯军	84214137	和平里民旺园8号楼西侧	100013
七区	3580	邓海红	64228347	和平里七区16号楼北平房	100013
青年湖	4100	张玉兰	84136505	青年湖东里9号楼北侧社区卫生站2层	100011
人定湖	1255	陈　雨	62013450	安德里北街甲25号院9号楼1层	100011
西河沿	2556	张　莉	84116346	安外西河沿18号楼后平房	100011
小黄庄	3645	赵跃桀	84286550	小黄庄一区13号楼东平房	100013
新建路	2674	郑成富	84112941	安外大街3号院	100011
兴化	3481	彭银东	64289631	兴化西里8号楼前平房	100013
总政	3266	任　霞	66794475	安德里北街21号	100120

前门街道

居委会名称	管辖户数	主　任	联系电话	办公地址	邮政编码
前门东大街	1162	冯　杰	67025827	前门东大街甲12楼	100051
草厂	1761	朱耿亭	67022351	草厂十条35号	100051
大江	4298	李文生	67017732	北芦草园81号	100051

崇文门街道

居委会名称	管辖户数	主任姓名	联系电话	办公地址	邮政编码
崇文门东大街	1658	李冬捷	67176503	崇文门东大街12号楼12单元2门	100062
崇文门西大街	1427	李影丽	65594948	崇文门西大街4号楼9单元102号	100062
大桥	937	霍淑义	67011104	商界二期605-607号	100062
都市馨园	3406	刘　燕	67050080	兴隆都市馨园白衣庵	100062
国瑞城东区	1276	孙　哲	67169260	国瑞城东区1号楼3单元	100062
国瑞城西区	2919	常　军	67168950	国瑞城西区3号楼1层	100062
国瑞城中区	1636	贾艳华	67188748	国瑞城中区1号楼3单元	100062
西花市南里东区	1945	冯永刚	87186861	西花市大街30号2层	100062
西花市南里南区	3764	兰凌燕	67152721	西花市南里西区10号楼2-3单元1层	100062
西花市南里西区	3123	苏　丹	87186871	西花市大街102号2层	100062
新世界家园	2603	刘嘉琪	67092050	新世界家园小区内会所地下2层	100062
新怡家园	1612	刘　婧	67010793	新怡家园-1-1-67	100062

东花市街道

居委会名称	管辖户数	主　任	联系电话	办公地点	邮政编码
东花市北里东区	2200	马　林	67126577	东花市北里东区13号楼东花市大街21号	100062
东花市北里西区	1971	李淑红	67152150	东花市大街61号	100062
花市枣苑	2809	李红彤	67164745	花市枣苑10号楼1层	100062
东花市南里	4300	刘　钢	67123193	花市楼南里三区1号1层	100062
东花市南里东区	4776	康　德	87101221	白桥大街12号楼西侧南里东区13号楼2单元1层	100062

广渠门外南里	4054	耿立新	87512480	广渠家园11号楼2单元103室	100021
忠实里	5378	王天长	67785089	忠实里西区7号楼一层103号	100022
广渠门北里	2857	王素花	67155386	广渠门北里36号院1号楼西侧一层、二号	100062

龙潭街道

社区名称	管辖户数	主　任	联系电话	办公地址	邮政编码
左安浦园	2451	郝宏婷	87197554	左安门内大街73-1号	100061
左安漪园	1168	王艳萍	87196358	左安漪园小区3号楼5单元101号	100061
龙潭北里	3028	黄　悦	67126559	龙潭北里五条三楼东侧	100061
板厂南里	1741	姚莉萍	67176216	板厂南里6号楼东侧	100061
光明	3497	刘　娜	67176270	光明楼13号楼北侧	100061
华城	2394	李永红	87185119	夕照寺街16号宝达大厦1层107室	100061
夕照寺	1473	云　瑾	67160489	广渠门南小街领行国际3号楼1-6、1-7	100061
安化楼	2311	黄　奇	67176192	培新街9号院保利蔷薇苑小区1号楼1单元一层东侧	100061
新家园	2241	祁　颖	67171327	幸福家园5号楼2单元102室	100061
幸福	1901	姜　萌	67171332	幸福北里甲17号	100061

体育馆路街道

居委会名称	管辖户数	主　任	联系电话	办公地址	邮政编码
西利	701	高红亮	67112205	驹章胡同43号	100061
西唐	2212	杜进平	67116634	驹章胡同43号	100061
葱店	2235	田立萍	67112483	驹章胡同43号	100061
东厅社	2022	黄　樱	67182421	驹章胡同43号	100061
南岗子	1722	巨小洧	67113397	驹章胡同43号	100061
法华南里	2885	陈淑凤	67185167	法华南里甲8楼	100061
体育总局	1157	李广华	67114632	双玉中街2号楼1层	100061
四块玉	1849	张　婧	67112895	驹章胡同43号	100061
长青园	1823	孙树梅	67195213	长青园3楼1门101号	100061

天坛街道

居委会名称	管辖户数	主　任	联系电话	办公地址	邮政编码
西园子社区	1551	黄海霞	67027573	东晓市街30号	100062
东晓市社区	1854	杨志娟	67014035	东晓市街一巷48号院	100062
金鱼池东区	559	黄婉庭	67021600	金鱼池东区11号楼1单元001、002、003号	100062
金鱼池中区	942	宋莉筠	67023463	金鱼池中区22楼2单元101号	100062
金鱼池西区	1110	王　焘	67014028	金鱼池西区1号楼底商	100050
红庙街社区	1784	周雅楠	67014147	山涧口一巷32号	100050
西草市社区	1283	赵伯良	67018582	西草市街52号	100050
西里北区	1187	左　铭	67016113	西里北区甲2号	100050
永内大街社区	1352	王兰印	67024191	西里东区8号楼西侧	100050

永内东街东里	816	马英乾	67016755	永内东街东里6号楼北侧	100050
永内东街中里	973	程　敏	67024122	永内东街中里7号楼西侧平房	100050
永内东街西里	1166	黄　刚	67024193	永内东街西里5号西侧	100050
东里南区	780	何洪伟	67016323	天坛东里南区4号楼北侧二层楼房	100061
东里北区	1297	董　浩	67018402	天坛东里中区1号楼旁	100061
东市场社区	633	董浩（兼）	67028017	东市场七巷	100050
东半壁街社区	1351	刘长娟	67016916	金鱼池中街2号院4号楼一层106号	100050

永定门外街道

社区名称	管辖户数	主任姓名	联系电话	办公地址	邮政编码
彭庄	856	周　宇	51332951	车站路12号旖南	100069
松林里	2025	高卫东	87923706	中海紫御小区1号楼19、20号底商	100077
永建里	2303	李福山	87923881	西滨河路8号院中海紫御小区8号楼03、04号底商	100077
永铁苑	1306	玉　艳	51332982	永铁苑7号楼109号	100077
革新里	2156	侯广库	51333031	西革新里南路108号院2号楼19号底商	100077
百荣嘉园	1873	陈龙华	67265852	西革新里116号百荣嘉园4号楼一层	100077
革新西里	1685	邢丽靖	51333061	西革新里124号院	100077
管村	1720	冯有琦	51333091	建予园3号楼底商	100077
桃园	1030	王　佳	51233087	桃园南街10号院	100075
桃杨路	1844	刘贵亭	67262352	桃杨路北里7号100075	
杨家园	2036	赵远荣	52172736	琉璃井东街2号楼6门101号	100075
李村	2628	吴　晶	52172772	李村东里7号楼3门003号	100075
富莱茵	1536	李延军	51076631	富莱茵13号楼109号100075	
景泰	2565	徐　蕊	67611651	新奥洋房8号楼底商809号	100075
宝华里	3132	陈鑫鑫	67213606	宝华头条乙17号	100075
定安里	1918	王　策	87291275	景泰西里7号楼前平房	100075
琉璃井	1865	张亚芬	67260595	安乐林路18号	100075
天天家园	2458	王　海	67264591	安乐林路22号天天家园小区1号楼1号底商1-4	100075
安乐林	2017	韩　艳	52172796	景泰西里西区8号楼底商	100075
民主北街	2880	王宗生	51076551	琉璃井路38号	100075

索引

说明

• 本索引为主题索引，又称内容分析索引，主题词（标目）以《北京东城年鉴（2019）》正文出现的专业名词、名词词组、机构名、地名为主。

• 特载、专文、大事记、区情概览、人物 荣誉、统计资料、附录等类目内容不在索引范围内。

• 本索引按汉语拼音音序排列，首字相同时，则以第二字排序，以此类推。以数字、字母、符号开始的主题词，排在最前。

• 主题词之后的数字表示所在页码，数字后面的英文字母 a、b、c 分别表示该页的左、中、右栏。

C

D

H

J

K

L

M

T

W

X

Y

Z